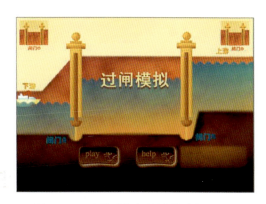

图 4-10　京杭大运河严肃游戏(244 页)

图 4-18　法国国家图书馆电子书服务网站画面(381 页)

图 5-3 图书馆的大幅照片图题却为"博物馆 档案馆 图书馆"(385 页)

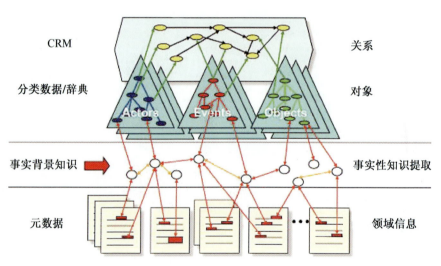

图 2-2 CIDOC CRM 的层次结构图(418 页)

图 6‑1　故宫博物院的检索界面图(450 页)

（a）原始宿主图像

南京
大学

（b）原始水印图像

（c）置乱后的水印图像

图 2‑1　原始图像资源和二值水印图像(479 页)

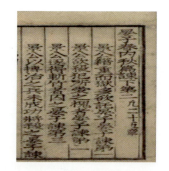

（a）原始视频序列中第 4 帧显示的图像

（b）嵌入水印后的视频序列中第 4 帧显示的图像

图 3 - 9　算法透明性比较(495 页)

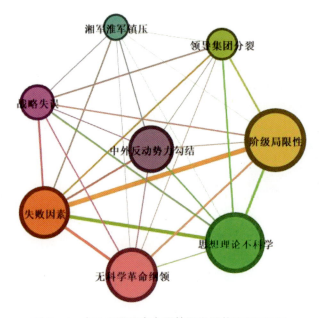

图 2 - 4　太平天国研究主题的语义网络图(529 页)

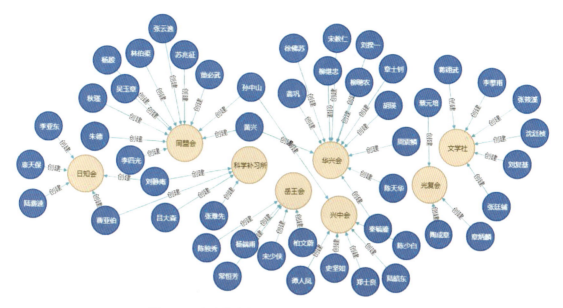

图 4-8　辛亥革命主要团体知识图谱(部分)(564 页)

图 4-10　知识服务 FAQ 系统在图博档知识融合服务实验平台上的入口图(599 页)

图 5‑5　基于多模感知的三维文物交互式呈现实验环境（644 页）

图 5‑2　启动页实现效果

图 5‑3　引导页实现效果（676 页）

图 5-14　万能播放器实现效果(693 页)

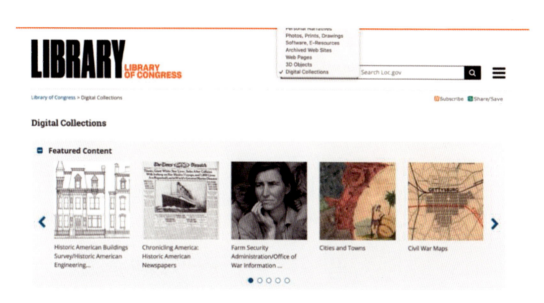

图 1-5　美国记忆首页截图(713 页)

图 3-2　检索结果的多维矩阵可视化展示方案（732 页）

图 4-9　热门书法作品的词云效果展示（744 页）

国家社会科学基金重大项目成果

项目编号：10&ZD134

项目名称：图书、博物、档案数字化服务融合研究

图博档数字化服务融合：
理论、方法、技术与实证

朱学芳 等 著

 南京大学出版社

内容简介

图书、博物、档案数字化服务融合研究以其数字信息资源服务为主要对象,以网络信息环境为依托,以数字信息技术为核心,以实现服务融合功能为目标,探讨图博档数字化服务融合中的理论、方法和技术。本书上集主要介绍图博档数字化服务融合现状、资源、管理机制及体系等方面的理论,具体阐述图博档数字化服务融合思路,描述其内涵、现状、特征、原则、内容,探索基于资源和面向用户的图博档数字化服务融合模式及多维度融合策略、管理机制,架构图博档数字化服务融合体系。下集主要介绍图博档数字化服务融合资源建设、智能化和多媒体化服务融合等方面的技术方法和实验研究,具体阐述图博档数字化服务融合中的数字图博档多媒体信息资源的建设与检索技术、版权管理技术与系统、基于关联数据的知识图谱构建、自动问答系统设计和可视化技术应用,多模态自然交互技术探索、移动信息推荐服务系统以及相关信息服务技术融合分析。

本书是图书、博物、档案领域理论与实践科研人员,文化信息资源建设、管理及决策者的良师益友,是图博档数字化服务融合十多年理论与技术研究成果,可作为情报学、信息资源管理学、信息科学与技术以及其他相关学科的博士后、博士生、硕士生和高年级本科生的研究读本和参考资料。

图书在版编目(CIP)数据

图博档数字化服务融合：理论、方法、技术与实证 /
朱学芳等著. -- 南京：南京大学出版社,2021.11
　　ISBN 978-7-305-25001-9

　　Ⅰ. ①图… Ⅱ. ①朱… Ⅲ. ①信息管理－数字技术－
研究 Ⅳ. ①G203

中国版本图书馆 CIP 数据核字(2021)第 195022 号

出版发行　南京大学出版社
社　　址　南京市汉口路 22 号　　　邮　编　210093
出 版 人　金鑫荣
书　　名　**图博档数字化服务融合：理论、方法、技术与实证**
著　　者　朱学芳 等
责任编辑　甄海龙　　　　　　编辑热线　025-83595840
照　　排　南京南琳图文制作有限公司
印　　刷　徐州绪权印刷有限公司
开　　本　880×1230　1/16　印张 48.75　字数 1450 千
版　　次　2021 年 11 月第 1 版　2021 年 11 月第 1 次印刷
ISBN 978-7-305-25001-9
定　　价　329.00 元

网址：http://www.njupco.com
官方微博：http://weibo.com/njupco
官方微信号：njupress
销售咨询热线：(025)83594756

Achievements of the Key Project,
Research on Digital Service Convergence of Libraries,
Museums and Archives,
Supported by National Social Science Fund of China (10&ZD134).

Digital LAM Service Convergence :
Theories, Methodologies,Technologies, and Demonstrations

Mark Xuefang Zhu, et al.

Nanjing University Press, Nanjing

撰写人员

朱学芳　赵生辉　朱　鹏　朱　光　郝世博

李　刚　张军亮　常艳丽　穆向阳　祁彬斌

张俊丽　冯秋燕　项　欣　师　文　丁笑舒

韩文靓　陈玉鸣　李雪莲　王贵海

前　言

从"文化大国"到"文化强国"，一字之差，中间却不止一步之遥。建设"文化强国"，切实提高国家文化软实力，是一项扎扎实实的硬任务，图书馆、博物馆、档案馆等文化事业机构责任重大，应该为社会主义文化建设事业作出更大的贡献。

承载文化遗产信息的图书文献、档案、文物虽然被保存在不同的文化机构，但是它们都是人类文化历史发展的产物，从不同角度反映了文化发展。图书馆、博物馆与档案馆三者的本质属性都是致力于人类社会文化遗产的保存、利用、传播和维护的文化机构，在功能、运行模式、服务及使用目的上，既有类似，又有差异，有时能起到相互补充作用。它们三者不仅为人们的终生学习，为科研和社会公众服务，也为人类社会文化、知识与信息资源的保护传承与传播发挥了重要作用。数字信息技术的产生，使得数字式的信息资源通过现代网络通信及计算机等信息工具快速、容易且方便地传输、存储、处理、使用，特别是其永久性的质量保持，长距离的保真传输。这些优点能够更好地支持开展人类文化资源的继承、保护、交流、服务、弘扬及传播等。随着互联网在人们工作和生活中不断渗透，信息资源的运用模式与用户的需求都发生了变化，图博档及其相关领域也在纷纷思考、研究如何通过寻求和利用新的技术手段来改变现有的服务模式，各国陆续将馆藏图博档资源数字化并通过网络提供服务。

图书、博物、档案数字化服务融合是涉及图书馆学、博物馆学、档案学、管理学以及计算机技术、网络技术、多媒体技术、信息处理技术等多学科、跨领域的宏大创举，对图博档信息资源数字化服务融合的研究有助于网络环境下应用现代数字信息技术，实现信息资源全媒体化、跨媒体无缝衔接与集成应用服务，信息资源的全面高效应用，数字资源建设的规范运作。发达国家大规模建设跨国、跨区域图博档机构间的数字资源服务融合项目，一方面旨在避免资源重复建设；另一方面通过统一资源发布的方式，旨在能够使用户平等简捷地获取资源，这一行动模糊了数字图书馆、博物馆、档案馆之间的界限，使其服务更加开放。技术与文化的联姻对于图书、博物、档案数字化服务而言，可谓是机遇与挑战并存。借助信息技术推动图书、博物、档案数字化服务融合，不仅有助于不断满足公众日益增长的精神文化生活需要，也是应对数字服务技术挑战的需要。数字人文的兴起，使不同领域信息资源的采集、利用、整理和交流服务呈现出全新的学术生态。用户的一站式搜索和不同机构、不同数据库、不同地区的数字信息资源利用成为一种必然趋势，图博档数字化服务融合的研究成为近年来公共文化服务领域的一个研究热点。

正是依据上述要求，我们构建了全书的框架，拟定了撰写思路。全书包含十三篇内容（分为上、下集），其中概论阐述了图博档数字化服务融合现状、内涵、必要性与可行性、原则、内容与方向。其后二至十三篇分别为：基于数字资源理论的图博档数字化服务融合、图博档数字资源多维度服务融合策略、面向用户的图博档文化遗产资源数字化服务融合管理、图博档数字化服务融合管理机制、立足国情的图博档数字化服务融合、数字图博档影像信息资源的建设与检索服务、图博档多媒体资源服务融合中的版权管理技术、基于关联数据的图博档知识图谱构建、图博档的数字化服务融合中的问答系统、面向图博档数字化服务的交互技术、移动图博档数字化信息推荐服务技术、图博档数字化服务融合中可视化技术应用、数字图博档资源服务中的多源数据融合和图博档数字化信息服务技术融合分析。

本书为国家社会科学基金重大项目"图书、博物、档案数字化服务融合研究"（项目编号10&ZD134)成果之一，是全体课题组成员智慧的结晶。为了探索图书、博物、档案数字化服务融合的理论、技术、方法，大家经常一起讨论、撞击思想火花，对图书、博物、档案数字化服务融合有了深刻的理解，也使得本书内容更加成熟。本书具体分工如下：朱学芳构建了全书及各篇框架，第一篇由朱学芳和常艳丽合作撰写，第二篇由穆向阳负责撰写，第三篇由赵生辉负责撰写，第四篇由常艳丽负责撰写，第五篇由郝世博负责撰写，第六篇由朱学芳、韩文靓和王贵海合作撰写，第七篇由张俊丽和师文合作撰写，第八篇由朱光负责撰写，第九篇由李刚和朱鹏合作撰写，第十篇由张军亮负责撰写，第十一篇由祁彬斌和项欣合作撰写，第十二篇由陈玉鸣、朱鹏和李雪莲合作撰写，第十三篇由丁笑舒和朱学芳合作撰写，附录由冯秋燕撰写，另外，朱学芳、赵生辉、朱鹏、穆向阳、郝世博、丁笑舒、常艳丽、祁彬斌、项欣、左静远、汤金羽、王贵海、王梦婷、李雪莲、母咏然、王若宸、邢绍艳等人参加了本书部分章节撰写，刘有力和刘勇参加了实验平台软件设计。朱学芳对全书进行认真审阅和修改。参加本书讨论的学者有：李伟超、曹梅、曾娜、耿志杰、Milad T. A.、田梅、徐浩、胡玉宁、薛燕等。

本书在研究和撰写过程中得到了国家社会科学基金的资助，得到了江苏省哲学社会科学规划办公室、南京大学社会科学处和南京大学信息管理学院的大力支持，在此对全国哲学社会科学规划办公室、江苏省哲学社会科学规划办公室、南京大学社会科学处和南京大学信息管理学院表示衷心的感谢。感谢中国国家图书馆、故宫博物院、中国国家档案馆（局)、南京图书馆、南京博物院、江苏省档案馆（局)、中国第二历史档案馆等机构的大力协作支持；南京大学出版社吴汀、甄海龙两位编辑在本书出版过程中所给予的大力帮助。本书参考了大量文献和资料，在此对相关作者一并表示感谢。

本书系我和我们团队在项目及其前后十多年研究成果总结，由于作者在理论方法、技术及其应用研究等方面水平有限，书中不当与疏漏之处在所难免，敬请读者不吝指正。

朱学芳

2021 年 8 月于南京

Preface

Books, documents, archives, and other cultural relics carrying cultural heritage information are all products of human culture and history development, reflecting cultural evolution from various aspects. The essential attributes of libraries, archives and museums(LAM) are non-profit cultural institutions dedicated to the preservation, utilization, dissemination, and maintenance of human social and cultural heritage. Although they are preserved and serving people in different cultural institutions, some of LAMs work processes are similar: preserving the resources related to culture and meeting the user's information needs from different perspectives. LAM professionals and administrators are more open to collaborating on digital projects to make their holdings widely accessible.

The convergence service of digital LAM resources or digital LAM convergence service is a cooperative and collaborative sharing service based on their co-constructed or integrated digital information resources in the IT technology and Internet communication environment. Hence, its synonyms are collaboration and cooperation of digital LAM resource service. Indeed, these cooperative and collaborative efforts aim to provide deeper, comprehensive, efficient, one-stop, multi-view and interactive knowledge service for users. It is a complicated cross-disciplinary construction process involving LAM and computer, multimedia, information visualization, Internet technology, etc. , which is very helpful to realizing all-media resources, seamless convergent and integrated services in the background of digital humanities. Digital technology advantages better support preservation and protection and the convergence service and dissemination of LAM resources.

Moreover, open-access digital information is blurring the lines of the original collections. With the increased focus on digital resources and online access, promoting virtual convergence service among LAMs can greatly decrease the collaboration costs of managing physical LAM collections while keeping user's learning in an information-rich environment. Further, it connects with many issues, such as quality of resources, service platform, cooperation management, intellectual property right protection, etc.

China is one of the largest countries in population and territory with more than 5000-year cultural history. To develop the convergence service of digital LAM resources in China, we should have a full understanding of China's national conditions and its social development process from a historical and overall perspective and fully understand the social value of China's cultural causes and cultural resources, the significance of national development of social science. And it is preferable to pay attention to the differences in the administrative system, ideology and the need to protect it, language and national characters, and the compatibility of the service management mechanism between China and foreign countries. And it is necessary to investigate and explore the feasibility, scope, depth and methods of digital LAM convergence services technologies.

The digital LAM convergence service involves multiple disciplines and fields such as library science, archives science, museology and computer technology. The book mainly describes our investigation on theoretical, technological methods for digital LAM convergence service. Part one includes the convergent services based on the information integration management theory, especially multi-source information, multidimensional services convergence strategy, user-oriented service convergence management of the cultural heritage resources, digital service management mechanism, its patterns with the Chinese characteristics. Part two deals with the experimental investigation of technologies, such as multimedia LAM resource reconstruction and retrieval service, resources copyright management technology, linked data and knowledge graph construction, automatic question answering system, natural interaction technology, mobile information recommendation system in the application of the mobile LAM service, visualization technology, and technologies' convergent analysis for the digital LAM services convergence.

This book contains our theoretical and technological research achievements related to digital LAM service convergence for more than ten years. Thus, it is suitable for theoretical and technological researchers in the fields of LAM services, construction and management as well as decision-makers. It can be used as a research reference material for postdoctoral fellows, Ph. D. candidates, graduates and senior undergraduates in information science, information resource management, information technology and other related disciplines.

The research and writing were supported by the National Social Science Foundation, the Planning Office of Philosophy and Social Sciences of Jiangsu Province, the Department of Social Sciences of Nanjing University and the School of Information Management of Nanjing University. I want to express my heartfelt thanks to the National Planning Office of Philosophy and Social Sciences, the Jiangsu Provincial Planning Office of Philosophy and Social Sciences, the Department of Social Sciences of Nanjing University and the School of Information Management of Nanjing University. Thanks to National Library of China, Palace Museum, National Archives (Administration) of China, the Second Historical Archives of China, Nanjing Library, Nanjing Museum, Archives (Administration) of Jiangsu province, etc. , for their effective cooperation and support. Further, thanks to Mr. Ding Wu and Mr. Hailong Zhen for their valuable efforts during the publication at Nanjing University Press.

Prof. Mark Xuefang Zhu, Ph. D
Institute of Multimedia Information,
School of Information Management, Nanjing University

目 录

上 集 理论与方法研究

下 集 技术与实证研究

上　集

理论与方法研究

第一篇 概 论

第1章 引 言

以五千多年文明屹立世界的中国,在文化的深度、广度、内涵上都毫无疑问站在世界前列,文化资源十分丰富。文化越来越成为民族凝聚力和创造力的重要源泉、越来越成为综合国力竞争的重要因素,党和政府以推动中华文化繁荣兴盛为己任,不断加大对文化建设的投入力度,保障人民的文化权益,丰富大众的文化生活,解放和发展文化生产力,不断提升我国的文化影响力和竞争力。我国文化事业的突飞猛进大家有目共睹,"文化大国"的称号也当之无愧。和谐文化是和谐社会的重要根基,和谐社会越发展,和谐文化的地位和作用就越突出。构建社会主义和谐社会,就需要和谐信息文化的引导和支撑。

党的"十七大"尤其是"十八大"以来,党和国家最高领导人更加重视公共文化服务,加上国家层面的一系列规划和指导意见的发布,如2015年1月中共中央办公厅、国务院办公厅印发的《关于加快构建现代公共文化服务体系的意见》和2017年1月国务院发布"十三五"推进基本公共服务均等化规划等,进一步号召推动全国文化信息资源共享、数字图书馆博物馆建设等公共数字文化工程建设;对图博档信息资源合作共建共享及服务融合进行政策制度的制定、相关研究设计、相关标准制定、版权保护等方面广泛、深入探索具有重要的理论与实际指导作用,极大地激发了全社会各界重视文化资源开发、建设、保护和利用的积极性。习近平同志强调:"文化是一个国家、一个民族的灵魂。文化兴国运兴,文化强民族强。没有高度的文化自信,没有文化的的繁荣昌盛,就没有中华民族伟大复兴。"①他在党的十九大报告中提出,要坚持中国特色社会主义文化发展道路,激发全民族文化创新创造活力,建设社会主义文化强国。

图书馆、档案馆和博物馆(简称图博物三馆或图博档,国际图联使用英文缩写词LAM)是现代社会最重要的三类公共文化服务事业机构,它们在历史上有着相同的渊源,是古代的"守藏机构",是随着现代社会的建立和人类社会分工的日益细密而出现分化并各自发展起来的三个独立的文化服务体系,承载了社会文明的记忆。其在属性、职能、使命、资源方面有着天然的联结,在人类社会生活中一直发挥着不可替代的作用。由于图博档三馆业务模式的相似性和业务领域的交叉性,尽管在我国隶属于不同的行政体系,但推动档案、图书、博物业务的协作一直是其关注的重要问题。三者馆藏资源具有较高的质量及系统性,具有很高的知识含量,但知识孤岛现象十分严重。正是不同机构的信息资源存在差异性,融合服务才有独特的价值和核心竞争力。

数字人文的兴起使不同领域信息资源的采集、整理、利用、服务和交流呈现出全新的学术生态,三馆分别将馆藏资源数字化并通过网络提供更加便捷的服务。数字化馆藏资源相对于传统的文献及实物等信息资源来说具有易于传播、存储、处理、使用等优点,能够更好地支持人类文化遗产的保护、文化服务的开展及人们的终生学习等。另外,资源的数字化也为三馆资源及服务的融合提供了方便。近年来,许

---

① 习近平.决胜全面建成小康社会夺取新时代中国特色社会主义伟大胜利[M].北京:人民出版社,2017.

多国家纷纷关注 LAM 数字资源整合方面的研究，以减少 LAM 间存在的知识孤岛以及资源重复建设等现象，并积极展开实践以提供深层次的、一体化的信息服务。

信息时代的到来，不仅极大地改变了人类的生活、工作、娱乐等方式，还极大地改变了人类的教育以及学习模式。人们对高质量的文化资源的需求越来越迫切，用户行为的改变以及公共休闲时间的增加，客观上要求 LAM 三个部门联合起来以提供更好的服务，而基于数字文化资源深度组织与共享的信息服务融合能够更好地满足人们的需求。图博档数字化服务融合需要图书馆、博物馆、档案馆的内部动力、政府和社会的引力、用户需求的拉力、企业院所相关单位等的推动力，以及法律、人才、网络技术、社会力量的支持力共同作用。学界也充分关注三馆合作方面的研究，但由于机构设立的法源依据、管理体制机制、各类机构的属性功能定位、馆藏资源性质、服务内容和服务方式的差异，LAM 难以实现机构整合。然而，可以通过开展图书、博物、档案的信息资源的深度组织与共享，研究图书、博物、档案数字化服务融合，即以其数字信息资源服务为主要对象，以网络信息环境为依托，以数字信息技术为核心，以实现服务融合功能为目标，探讨图博档数字化服务融合中的理论、方法和技术。

1.1 研究背景

1. 迅猛发展的现代信息技术的影响

现代信息技术快速发展，信息传播媒体多样化，云计算、大数据、人工智能、虚拟/增强现实等技术层出不穷，4G/5G 互联网迅速发展，使得数字信息传播、接受和应用更加方便，影响力越来越大。

需要注意，现代信息技术是当代科学技术发展的主导领域，其概念不能简单等同于信息技术。一般的信息技术是指以通信、计算机及网络技术硬件基础设施以及数据库、管理信息系统、地理信息系统、决策支持系统等基本应用为主的常规概念。而现代数字信息技术是指在硬件基础设施普及和上述各基本应用系统深入运用的基础之上，以图像、视频、语音和动画的数字多媒体信息及应用技术为代表，相关数字信息资源建设、使用与管理的一些技术。

网络信息服务融合让原本异构的网络信息服务机构走到了一起，形成了一种新的分布格局。这种新格局的出现，使各信息服务机构既增添了新的竞争对手，也增添了新的合作伙伴。同时，网络融合也是业务融合，使信息服务机构的业务由单一业务模式转变为多业务模式，实现了技术、业务上的大统一，极大地拓展了信息服务机构的功能，降低了信息服务机构的运营成本，增强了其竞争力。

2. 网络环境下数字资源日益增加及开放获取带来的变化

众所周知，互联网络环境极大地改变了传统的信息资源及其检索、使用、参观等应用方式主要依靠馆藏文献、实物的状况。各种网络全文数据库、专业文献数据库、大型综合性商用数据库检索系统等把信息资源访问使用的检索平台拓展到基于远程网络数据库检索的一个多维立体环境中，数字化信息资源呈现出快速生产以及日益开放的趋势。我国通过自建或引进数据库等方式构建了相当规模的数字化信息资源，并通过互联网为广大用户提供了方便快捷的信息服务，提高了信息服务的水平。然而，从国家整体上看，这些数字化资源相对比较分散，分别由数字化的图书馆、博物馆和档案馆等机构（或系统）保存，且由众多的开发商采用各自的技术自主开发专门系统提供服务，缺少融合性。用户使用时往往需要花费较多的时间来学习各类资源的使用方法，适应各种检索界面，这在很大程度上影响了数字化资源的利用效率。我国一些信息资源保存及服务单位、有关行政管理部门及相关企业正在开展信息资源的共建、共享、服务融合的研究和实践工作，在探索服务融合实践方面取得了许多成效，但与广大人民群众日益增长的精神文化需要相比，还有一定的差距，需要进一步地开展更深入、广泛的研究。

3. 图书、博物、档案数字化服务融合的现实需求

图书馆、博物馆和档案馆的业务流程类似，分别从不同的角度满足用户的信息需求，所收集和保存的信息资源存在着相互交叉的现象。图书馆主要收集保存各类文献资料，构建公共知识资源库；博物馆收集和保存文物等各类藏品，提供实物藏品的公共展示空间；档案馆收集和保存档案资料，构建社会记忆库。由于社会信息资源形成的复杂性，存在部分藏品在属性上可以从不同角度同时被不同机构所收藏的可能性。例如，档案馆所收藏的某古代文书同时属于图书馆古籍管理的范围，也属于博物馆系列对应主题文物藏品范围；图书馆内同时也可能设有相关主题的实物藏品展览；博物馆为了配合藏品的展出，也会提供相应的古籍或档案等背景知识的信息服务。在互联网络高度发达的当今时代，三类机构都有体现自身的特色藏品服务之外，还存在与另外两类机构业务范围有一定的性质类似情况。推动图书馆、档案馆和博物馆之间的合作一直是学界关注的重要问题。21 世纪以来，三类信息机构顺应社会信息化潮流，分别启动了数字图书馆、数字档案馆和数字博物馆等信息化项目，通过互联网向社会大众提供数字化服务。互联网技术的介入在提升图书馆、博物馆、档案馆传统服务能力的同时，也为图书、博物、档案数字化服务融合的探索创造了前所未有的机遇。

4. 数字信息及其处理技术本身的优势

数字信息时代特征（信息技术发展迅速、信息量大、呈现形式多样、视觉效果好、范围广、程度深等）使得信息可以长期存储、质量不变和高质量长距离传输；网络信息传播过程所传播的都是数字化信息，传递速度快、支持多用户同时使用。数字资源具有分布离散性、复合性、动态开放性、交互性、关联性、嵌套性、集合性、可重组性、软硬件强依赖性等复杂特征。许多图博档数字信息资源处理的技术和方法相同，例如，对于数字档案馆中保存的孤本、某些珍贵的档案材料、历史资料等馆藏资料的保护、浏览、查询访问数字资源处理技术方法；而博物馆、美术馆要数字化文物图片资料，图书馆要保存大量的数字图书以及图像和视频等图的信息资源，城建及房产部门建筑用图、公安应用中要对指纹和身份证等图像档案资料进行存储检索需要的数字资源处理的技术方法也类似或相同。

5. 数字化服务融合理论研究较多，实践研究相对滞后

近年来，计算机技术、网络技术和多媒体技术的飞速发展，加速了社会信息化的进程，人们已经深深感受到图博档各自保存、收集与应用的方式已经从传统方式向现代数字化方式快速转变（但在程度上有一定的差别），而且建设和服务业务工作日趋多样化，管理工作日趋复杂化。目前国内大多数研究主要侧重于图书、情报、档案的一体化，而对于博物的数字化信息传递及与图书、档案信息的融合研究较少，其主要原因是图书、博物、档案信息其存储的特殊性及在保存价值上各自的差异性、资源复杂性，特别是共享融合方面难度较大，认识不足，管理方式的差异性，标准不统一，技术应用不够重视，博物、档案与数字化联系不紧密。虽然理论研究较多，但实践及实践研究相对较少；重视硬件建设多，但服务的技术应用研究相对较少。因此，理论研究和技术方法实践的整体上都需要进一步改革和深化。

1.2　研究意义

图书、博物、档案数字资源建设及服务融合是涉及图书馆学、博物馆学、档案学以及互联网通信、计算机技术、信息处理等多学科、跨领域的宏大创举。图博档信息资源数字化服务融合研究的目的是应用网络环境下现代数字信息技术，对图博档资源多媒体化、数字化、信息资源跨领域共建共享，实现信息资源大规模数字化存储、高效应用、良好服务和管理，进一步帮助数字资源建设规范运作，进一步促进我国社会文化资源的永久传承、保存、利用、传播、维护和服务、交流、弘扬及传播。

有效的图博档数字化服务融合，可以加深公众对图书、博物、档案等文化信息资源的理解和印象，更

容易被大众群体尤其是青少年和低层次文化群体、文化信息资源比较贫乏的广大农村居民以及边远地区的少数民族群体获取、使用、接纳。有利于赢得青年这一意识形态工作最突出和最核心内容，有利于大众文化素质提高、区域文化协调发展，城乡一体化精神文明建设、基本公共服务均等化，能不断满足人民对美好精神生活的向往，使得优秀的中华文化更好地为中国社会主义现代化建设事业发挥越来越大的作用，有利于进一步繁荣国家科学文化教育事业发展和社会和谐稳定，弘扬中华民族精神、传承中华优良传统，还有利于中华文化"走出去"、让世界了解中国，进一步树立中国文化自信心。

第 2 章　图书、博物、档案数字化服务融合研究现状

2.1　图博档数字资源统一组织与共享研究现状

2.1.1　国外图博档数字信息资源整合与共享研究

图书、博物、档案(亦常简称为图博档或 LAM)数字资源的统一组织与共享是图博档三者进行服务融合的基础。从概念的内涵及外延上来看,LAM 数字资源的统一组织与共享涉及的范围较广,对信息资源进行集中、聚合、整合以及融合等都属于信息组织的范畴,它们都是以信息资源的共享为最终目的,只是强调的重点略有不同。学术界尚未对这些概念进行明确界定,也未对上述概念进行严格区分,从文献检索结果上来看,目前学术界主要探讨的是资源的整合模式。资源整合的目的是实现资源的深度共享,因而首先对 LAM 数字资源整合模式进行了着重分析。从系统工程的角度来讲,整合是对各系统单元进行调整、合并以减少重复,消除阻塞,提高互通能力,实现信息共享。信息资源整合,主要是指按照信息资源之间的知识关联关系进行优化以及重组,以形成系统化的、智能化的数字资源体系。

1998 年,新南威尔士大学教授 Rayward 等人首先探讨了 LAM 数字资源的整合问题,认为 LAM 馆藏资源的数字化将会极大地缩小 LAM 资源之间的差异,因而应该对馆藏资源重新认识、重新定义[①]。他们主要研究了 LAM 资源从物理资源整合向数字资源整合的发展动力以及机制,首先提出了馆藏数字化以及整合问题,并分析了实体资源和信息资源之间的主要差别。虽然没有直接谈及 LAM 数字资源的整合模式,但可以从其文章中分析出早期 LAM 数字资源整合模式的雏形。首先,分别将 LAM 资源数字化;其次,将这些数字资源按照主题以及兴趣等机制进行统一组织、存储;最后,提供统一信息检索服务。文中的 LAM 数字资源整合模式处于理论雏形形成阶段,作者并没有探讨资源整合的机理以及更深层次的理论问题,也没有分析这种整合资源对信息服务模式的影响,不过作者认为 LAM 数字资源整合与共享可能会带来革命性变革。

Shipman 等人在 2000 年发表的论文中,系统地介绍了 Walden's Path 机制,这种机制通过分享用户访问路径的方式揭示网页和网页之间的关联,这是信息整合与共享的重要方法[②]。用户可以编辑访问路径,相对于以前的共享模式来说,在这种模式下用户拥有更多的参与性。在该文的实例中,开发了一个管理路径的软件,该软件主要以学校用户为背景,老师为路径的主要编辑者,将路径保存在 Path 数据库中,学生通过分享这些路径以获得所需的信息资源,同时学生也可以参与路径的调整。该文并没有针对 LAM 数字资源探讨整合问题,但对 LAM 数字资源组织来说同样具有十分重要的指导意义。

越来越多的学者关注到 LAM 馆藏资源标准以及格式上的差异,并尝试通过不同方法解决 LAM 数字资源的共享问题。Francisca 等人介绍了 COVAX(Contemporary Culture Virtual Archives in

---

　　① Rayward B, Miller G A. Electronic Information and the Functional Integration of Libraries, Museums and Archives[J]. History and Electronic Artefacts. 1998, pp207 – 226.

　　② Shipman F M, Furuta R, Brenner D, et al. Guided Paths Through Web-based Collections: Design, Experiences, and Adaptations[J]. Journal of the American Society for Information Science, 2000, 51(3): 260 – 272.

XML)项目，该项目由欧洲委员会 IST 计划提供资金支持，旨在解决 LAM 数字资源分布式存储带来的信息标准及存储格式标准化等问题①。XML 可以将图书馆的 MARC、档案馆的 EAD 以及博物馆的 AMICO 描述为统一的格式，并结合 HTTP、Z39.50 等协议使得分布在不同地理位置的馆藏资源能够被统一检索。Bertram 等人探讨了如何将 XML 应用于数字档案的保存工作，并提出了基于 XML 对档案 DTD 进行扩展的方法，使其囊括更多的语义信息，以提供基于知识的档案组织方式②。

Frommholz 等人为 LAM 数字资源共享模式的改进做出了很大贡献，不仅介绍了 COLLATE 的系统结构，还对其进行改进，其目标旨在充分挖掘专家头脑中的隐性知识，并通过 Annotation thread 机制对专家头脑中的隐性知识进行保存与分享③。他们设计了一套算法使得这些 Annotation 影响被检资源与检索式间的匹配关系，以提供基于语境的信息检索。Frommholz 等人的工作极大地丰富了 LAM 数字资源共享理论，不仅考虑到不同媒体资源的共享问题，更考虑到如何挖掘用户头脑中的隐性知识等问题；他们希望以资源为纽带为研究人员提供基于主题的检索，并促进学者之间基于主题的交流。

Carole 等人通过问卷调研、专家访谈等方法研究了现有元数据的特点以及存在的问题（例如都柏林核心（Dublin Core）元数据在描述馆藏资源上存在的问题等），分析其原因，然后深入探讨了联邦馆藏资源库的元数据标准问题④。Hutt 等人通过对开放档案的元数据进行收割并统计了都柏林核心集的使用情况，最后提出一些建议以构建更理想的元数据方案⑤。Nicholson 等人以 DREW(Digital Reference Electronic Warehouse)项目为例探讨了如何构建电子资源参考仓库的问题，例如如何通过 XML 统一标准，为用户提供不同的检索方式⑥。虽然这些论文没有直接针对 LAM 馆藏资源组织方法进行研究，但这些成果却在很大程度上丰富了 LAM 数字资源共享理论。

随着新技术的发展，越来越多的学者开始研究如何通过语义网技术实现 LAM 数字资源的整合与共享，Gendt 等人研究了如何通过语义网技术建立资源间的深度联系，例如通过 Ontology(本体)技术以及 Mapping Knowledge(映射知识)方法等建立资源之间的深层关联，并探讨了从资源获取到最终服务整个过程的标准化问题⑦。他们的研究极大地丰富了 LAM 资源共享的基础理论，深化了资源之间的知识关联。

Ferro 等人分析了数字档案元数据存在的问题，探讨如何通过都柏林核心集解决分布式数字档案之间存在的异构问题，以实现分布式环境下数字档案的共享。他们提出了一种可以实现数字档案从 EAD(Encoded Archival Description)到 Dublin Core 的映射方法，并试图通过这种档案元数据的自动转

① Francisca H, Carlos W, Ignacio R, et al. Xml for Libraries, Archives, and Museums：The Project Covax[J]. Applied Artificial Intelligence. 2003,17(8-9)：797-816.

② Bertram L, Richard M, Reagan M. Preservation of Digital Data with Self-Validating, Self-Instantiating Knowledge-Based Archives[J]. SIGMOD Record, 2001(30)：54-63.

③ Frommholz I, Brocks H, Thiel U, et al. Document-Centered Collaboration for Scholars in the Humanities—the COLLATE System [C]. in Research and Advanced Technology for Digital Libraries, ed. by Koch T and Solvberg I T, 2003, 434-445.

④ Carole L P, Ellen M K. Metadata Practices and Implications for Federated Collections[C]. Proceedings of the American Society for Information Science and Technology, 2004(41)：456-462.

⑤ Hutt A, Riley J. Semantics and Syntax of Dublin Core Usage in Open Archives Initiative Data Providers of Cultural Heritage Materials[C]. Digital Libraries, 2005. JCDL'05. Proceedings of the 5th ACM/IEEE-CS Joint Conference. IEEE, 2005：262-270.

⑥ Nicholson S, Lankes R D. Creating the Infrastructure for Collaboration Between Digital Reference Services and Researchers：the Digital Reference Electronic Warehouse (DREW) Project[C]. Proceedings of the 5th ACM/IEEE-CS Joint Conference on Digital Libraries. ACM, 2005：394-394.

⑦ Gendt M V, Isaac A, Meij L V, et al. Semantic Web Techniques for Multiple Views on Heterogeneous Collections：a Case Study[M]. Research and Advanced Technology for Digital Libraries. Springer Berlin Heidelberg, 2006：426-437.

换实现不同文化机构间元数据的共享①。Carmichael 等人以文化机构为例探讨了多媒体资源的检索问题，例如基于内容的图片、视频及音频资源检索等②。

Calistru 等人充分关注到文化机构数字资源的特征，认识到随着数字化浪潮的到来，图书馆、博物馆、档案馆等文化机构的资源将更多地保存为数字图片资源，数字资源的重要性及地位其至会超过文本资源。基于这样的认知，作者给出了如何描述、存储、传递数字化馆藏资源的理论模型，以提供资源的统一检索③。他们的工作进一步丰富了 LAM 数字资源的组织理论。

Srinivasan 通过具体的案例比较了 LAM 数字资源内容上的差别，然后探讨基于元数据的馆藏资源描述方法及馆藏资源的数字化及表示方法，并深入研究了博物馆数字化描述方法和馆藏物品之间的关系，以及口述资源等虚拟资源的描述方法等④。Gergatsoulis 等人试图通过映射机制解决文化机构间不同 XML 元数据间的异构问题，以协调异构元数据间的管理⑤。随后关联数据作为一种新的方法被广泛用于信息组织研究，Neubert 等人于 2012 年尝试将关联数据的方法引入文化机构馆藏资源的组织理论之中⑥。关联数据作为一种新的资源组织方法不仅能够深化 LAM 数字资源内部之间的关联，而且还能够使 LAM 数字资源与其他数据集结合在一起，进一步丰富了 LAM 数字资源组织与共享的方法和理论。

2.1.2 国内图博档数字资源整合与共享研究

图书馆、档案馆以及博物馆数字资源共享的重要性同样受到了国内学者的关注。早在 2002 年，我国便开始了这方面的理论研究与实践，"全国文化信息资源共享工程"便是 LAM 数字资源服务融合的典型代表。"全国文化信息资源共享工程"由文化部、财政部联合启动，主要将全国图书馆、博物馆、档案馆、艺术院团、美术馆等机构精选出的文化资源进行统一组织与共享，并通过现代信息技术提供服务，旨在打造中华文化信息中心。另外，在相关的理论研究上我国也取得了很多成果。

国内较早探讨 LAM 数字资源整合与共享的学者是刘家真，其于 2003 年在《中国图书馆学报》上发表了论文《我国图书馆、档案馆与博物馆资源整合初探》。该文分析了阻碍 LAM 资源整合的因素，例如：我国民族文化资源主要零散地分布于不同的图书馆、档案馆与博物馆等机构，而这些机构之间缺乏有效的信息资源共享渠道。落后的管理体制以及管理方式等因素也是资源整合的极大障碍。作者还指出了这些障碍主要表现在：缺乏资源共享的技术平台，文化资源的技术标准不一，不同的资源分类体系，难以预知用户的习性与需求等。该文还探讨了 LAM 的合作基础，并且建议中国的数字图书馆资源从开始就应注意扩展文化资源涵盖的广度⑦。刘孝文、张海英探讨了基于 FRBR 的 LAM 数字资源的整合与共享模式，FRBR 是国际图书馆界为了适应信息时代的发展要求，规范书目记录而开发的编码模

① Ferro N，Silvello G. A Methodology for Sharing Archival Descriptive Metadata in a Distributed Environment[M]. Research and Advanced Technology for Digital Libraries. Springer Berlin Heidelberg，2008：268 - 279.

② Carmichael J，Larson M，Marlow J，et al. Multimodal Indexing of Digital Audio-visual Documents：A Case Study for Cultural Heritage Data[C]. International Workshop on Content-Based Multimedia Indexing，IEEE，2008.

③ Calistru C，Cristina R，and Gabriel D. Multimedia in Cultural Heritage Manuscripts：Integrating Description，Transcription，and Image Content. Journal on Image and Video Processing 2009(2009)：2 - 3.

④ Srinivasan R. Diverse Knowledges and Contact Zones Within the Digital Museum[J]. Science，Technology & Human Values，2010. 35(5)：735 - 768.

⑤ Gergatsoulis M. Mapping Cultural Metadata Schemas to CIDOC Conceptual Reference Model[M]. Artificial Intelligence：Theories，Models and Applications. Springer Berlin Heidelberg，2010. 321 - 326.

⑥ Neubert J，Tochtermann K. Linked Library Data：Offering a Backbone for the Semantic Web[M]. Knowledge Technology. Springer Berlin Heidelberg，2012：37 - 45.

⑦ 刘家真. 我国图书馆、档案馆与博物馆资源整合初探[J]. 中国图书馆学报，2003(3)：36 - 38.

型。他们分析了 FRBR 的层次结构以及基于 FRBR 实现 LAM 数字资源整合与共享的可行性[①]，主要尝试解决 LAM 数字资源描述标准之间存在的差异问题。薛理桂、吴宇凡将文化典藏机构进行跨机构间的整合类型分为行政整合和载体整合。行政整合类型具体又包括：最小限度整合，即 LAM 服务空间上联合，除此之外并没有其他交集，如在图书馆中提供博物与档案的使用等；选择性整合，主要指 LAM 三馆在某些项目上的合作，并不是全面地整合；完全整合，LAM 进行整体式整合，不仅包括馆藏资源，还包括财政、人事、馆舍等资源的全面整合，如加拿大 LAC 等。载体整合包括典藏空间、处所等实体元素的整合以及数据库所包含的虚拟资源的整合[②]。郑燃等人提出了基于关联数据的 LAM 数字资源整合模式，尝试通过关联数据的方法将 LAM 数字资源整合在一起，并给出了整合模式的理论框架[③]。欧石燕结合本体和关联数据理论设计了语义数字图书馆资源描述与组织框架，旨在实现数字图书馆资源语义层面上的关联[④]。国内高校和图书、情报学界许许多多的专家如黄长著、马费成、孙建军、张晓林、赖茂生、周晓英、王知津、肖希明等的研究成果都可以用于指导 LAM 数字资源的统一组织与共享工作。

2.2 图博档数字化服务融合研究现状

2.2.1 国外图博档数字化服务融合研究现状

1. 图博档信息集成服务

信息集成服务最早可追溯到 20 个世纪 90 年代，具有代表性的是美国国家图书馆创造计划二期工程。信息集成服务是现代化的服务理念，是建立在融合信息基础上的一种服务，数字资源共享的深度和广度影响着信息集成服务的模式。我们从 SSCI、A&HCI、CPCI-S、CPCI-SSH 等数据库中检索出大量论文，并按照相关度，选择了期刊及部分会议论文，通过对这些论文的分析揭示信息服务集成与融合模式的发展历程及现状。

1995 年，EAD 标准问世并在图书馆、博物馆、档案馆中进行应用测试，随后三馆之间的合作成为众多论坛和会议讨论的主要话题。1998 年，雷沃德首先在文章中提到了图博档馆藏资源的数字化及三者的功能整合问题[⑤]。2000 年，第 24 届图书馆系统研讨会探讨了图书馆、博物馆与档案馆在数字环境中的联合服务，认为三类机构数字资源的增多也会带来合作服务的增多，网络化编目、虚拟展览等让三馆的合作逐步变为现实；同年，欧洲图书馆自动化组织（European Library Automation Group，ELAG）年会也就三馆基于数字化技术的服务融合进行了讨论与展望[⑥]。越来越多的学者和机构认识到图书馆、博物馆、档案馆作为"记忆机构"在数字化环境下所面临的共同挑战和机遇，进行了诸多的理论研究和实践探索。

从 2000 年开始，对于图书馆、博物馆、档案馆的合作研究渐趋热烈。LAM 之间的跨馆合作与服务融合一直受到国外学界及文化机构的重视，例如国际图联从 2002 年开始就非常重视 LAM 之间的合

① 刘孝文，张海英. 图书馆，档案馆和博物馆资源整合初探[J]. 兰台世界：上半月，2007(08X)：47-48.
② 薛理桂，吴宇凡. 三种文化典藏机构进行跨机构合作馆藏发展初探[J]. 台湾图书馆管理季刊，2010(7)：66-74.
③ 郑燃，唐义，戴艳清. 基于关联数据的图书馆，档案馆和博物馆数字资源整合研究[J]. 图书与情报，2012(1)：71-75.
④ 欧石燕，面向关联数据的语义数字图书馆资源描述与组织框架设计与实现[J]. 中国图书馆学报，2012(38)：58-71.
⑤ Rayward B，Miller G A. Electronic Information and the Functional Integration of Libraries，Museums and Archives[M]. Higgs E History and Electronic Artifacts，Oxford：Clarendon Press，1998：207-224.
⑥ 季晓林. 图书、情报、档案一体化管理的探索和思考[J]. 情报资料工作，2005(05)：91-93.

作,从2002年开始已经有十多次会议的主要议题涉及LAM合作中的问题和经验探讨①。国际图书馆协会和机构联合会于2008年出具了一份报告《公共图书馆、档案馆与博物馆:合作趋势》,探讨了公共图书馆、档案馆和博物馆开展合作的趋势,调查了来自加拿大、美国、英国、俄国、丹麦、挪威、瑞典、德国、意大利、西班牙、南非、澳大利亚和新西兰等国的合作实例,包括展览、社区项目、数字资源和共用设施等方面的合作,总结出合作指南、最佳实践范例、合作利益与风险等,可以说是这一研究主题的指导性报告②。

Anderson分析了可以在数字馆藏机构之间开展的四种合作类型,它们是形成数字馆藏管理网络的组件:内容保管机构(图书馆、档案馆、研究中心)之间基于数字内容长期保存的合作;标准机构、专业协会、数字保存专家之间的合作;基础设施供应商、软件开发商等服务提供商之间的合作;研究资助机构和课程开发机构的合作③。Parent认为图博档基于互联网的数字资源整合是机遇,也具有社会发展的必然性;当前的资源整合还处于初始阶段,面临的最大挑战不是技术层面的,而是相关机构工作人员的态度问题④。Cathro介绍了图博档机构基于发展、管理、提供数字内容服务等方面所面对的挑战和合作机会,根据对澳大利亚国家图书馆在国内、国际层面与其他机构实施的合作进行分析,认为网站档案保存、物理存储设备上的数字资源迁移、数字化、馆藏备份与灾难恢复等都是图博档机构间可以利用的合作机会⑤;三馆之间的合作活动能在几个方面对数字馆藏产生经济影响,如合作共用技术基础设施能够减少发展和维持数字馆藏及相关服务的成本,合作能够增加数字馆藏内容在用户眼中的价值⑥。维尔纽斯探讨了能够保证在图书馆、博物馆、档案馆集成数字化服务平台上的非物质文化遗产数字化格式、标准及其应用问题⑦。Prasad对印度图书馆、博物馆、档案馆之间开展合作、建立合作组织的必要性进行了分析,并提出了合作模型⑧。

2015年第81届IFLA大会议题为"有活力的图书馆:获取、发展与改革",在这次会议中,有很多篇论文分享了LAM服务融合实践项目的相关经验,例如:1) 扩展档案馆、图书馆和博物馆的使命,使之不仅是知识的储存所:马齐恩皇家档案馆、博物馆和信息中心的案例;2) 为提供创新性和丰富内容的服务而进行的合作和整合:新加坡国家图书馆管理局(NLB)的经验。这些报告从具体的工作实践中总结经验和教训,探讨如何通过LAM的合作来提高信息服务质量。

2. 数字信息集成服务系统构建

Blackburn以用户心理健康和社会护理的信息需求为目标,构建了为精神疾病患者提供图书馆服务融合的框架结构,研究了如何将该服务体系中的信息源以及信息流进行整合,以及如何将统一的信息

① 王海荣,李娟娟. 图书馆、档案馆、博物馆合作研究进展分析——基于IFLA会议主题及我国国家级、省部级课题的分析[J]. 现代情报,2016,36(08):137-142+150.)

② Alexandra Y, Barbara C, Jennifer-Lynn D. Public Libraries, Archives and Museums: Trends in Collaboration and Cooperation [R]. The Hague, IFLA Headquarters, 2008.

③ Anderson M. Evolving a Network of Networks: the Experience of Partnerships in the National Digital Information Infrastructure and Preservation Program[J]. International Journal of Digital Curation, 2008, 3(1): 4-14.

④ Parent I. Internet-driven Convergence Between Libraries, Archives and Museums: an Opportunity, an Inevitability or Both? [A]. Cirinna C, Lunghi M. Cultural Heritage on Line: Empowering Users: an Active Role for User Communities[C]. Florence, 15th-16th December 2009. Firenze University Press, 2010: 31-33.

⑤ Cathro W. Collaboration Strategies for Digital Collections: The Australian Experience[C]. International Conference on Libraries Leading the Global Knowledge and Information Society. 2009, National Library of Korea: Seoul, Korea, 25-26, May, 2009.

⑥ Cathro W. The Australian Perspective[A]. Digital Library Economics: an Academic Perspective[C]. Chandos, 2009.

⑦ 维尔纽斯. 文化遗产的数字化与书目存取方法和组织:立陶宛的解决之道[R]. World Library and Information Congress: 75th IFLA General Conference and Council, Italy, Milan: 2009.

⑧ Prasad N. Synergizing the Collections of Libraries Archives and Museums for Better User Services[J]. IFLA Journal, 2011, 37 (3): 204-210.

资源集提供给患者等问题①。另外，该体系还关注患者的信息需求、信息检索行为等相关问题，以期改进信息服务质量。

Coello-Coutiño 等人指出随着 Internet 的繁荣，出现了信息爆炸现象。一方面，用户可以方便地获取丰富的信息资源；另一方面，网络信息量的激增给信息服务带来了极大的挑战②。事实上，用户在面临巨大的"信息海洋"时常常有一种挫败感，因为用户得到的可能是良莠不齐的信息资源。Hermes 是为了信息资源共享而开发的一个工具，该系统旨在融合不同的数据库、不同语言、不同的检索协议等以提供更好的信息服务。Hermes 包括：1）元搜索引擎（Metasearch Engine，ME）是第一个以引导对不同著录数据库检索的组件，论文详细介绍了 ME 的框架结构和工作原理。2）信息过滤和本地文件管理器，该组件是 Hermes 的核心，它包括两个主要的数据库：在线期刊数据库、本地图书馆数据库。3）链接外部事实及知识模块，通过对外部事实及知识的链接以扩展信息服务范围。从该文提供的 Hermes 检索界面来看，该系统虽然包括检索和展示等功能，但主要通过改进的信息检索服务，为用户提供更丰富的信息资源。

Tellis 等人尝试通过 Java Message Service 框架将来自不同医疗信息系统数据库中的信息资源组织到一起，用户可以使用 ED Printers、Mail Server、PDAs 等不同方式获取所需信息资源。文中对不同信息获取方式的使用情况进行了统计分析，实验表明在功能上 Wet-read 模块要优于 fax-based 模块③。该研究关注信息流从信息系统到不同信息终端的传送机制问题，丰富了信息服务融合的理论基础。

Nirel 等人研究了社区医院信息系统对信息服务质量的影响④。2005 年，社会医院信息融合系统被应用于 Clalit Health Services（CHS），研究目的是探讨该信息系统对服务质量的影响，通过对系统投入使用前后的统计数据进行对比，以定量的方式揭示这种影响。该研究提供了一套思路以评价信息服务的效果。Chen 通过调查的方式研究组织决定性因素对信息系统整合与利用的影响，文中的电子服务系统有机地整合了众多功能单一的信息系统⑤。文章从管理与技术能力等不同侧面考察组织因素对信息系统整合的影响，该研究为构建多组织信息服务融合模式提供了帮助。Huha 等人介绍了数字服务融合网络，主要探索信息服务融合相关的技术问题，并关注系统服务的性能⑥。

3. 图博档数字化服务融合及管理

学者们同时也对图博档数字化服务融合项目实践环节中的各种问题进行了讨论和总结。例如，Beamsley 对博物馆、档案馆数字图像的风险管理进行了思考，并介绍了在英国构建的一个以图博档为主体的文化遗产门户网站。Tariffi 对欧洲数字文化遗产项目 TRIS 的开展情况进行了介绍。Kirchhoff 介绍了德国 BAMP 文化遗产数字资源服务网站的元数据、搜索引擎、资料展示等的设计实施，对 BAMP

① Blackburn N. Building Bridges: Towards Integrated Library and Information Services for Mental health and Social care[J]. Health Information & Libraries Journal, 2001, 18(4): 203 - 212.

② Coello-Coutiño G, Ainsworth S, Escalante-Gonzalbo A M. Hermes, the Information Messenger. Integrating Information Services and Delivering them to the End User[C]. Proceedings of the American Society for Information Science and Technology, 2002, 39(1): 260 - 269.

③ Tellis W M, Andriole K P. Integrating Multiple Clinical Information Systems Using the Java Message Service Framework to Enable the Delivery of Urgent Exam Results at the Point of Care[J]. Journal of Digital Imaging, 2005, 18(4): 316 - 325.

④ Nirel N, Rosen B, Sharon A, et al. The Impact of an Integrated Hospital-community Medical Information System on Quality and Service Utilization in Hospital Departments[J]. International Journal of Medical Informatics, 2010, 79(9): 649 - 657.

⑤ Chen Y C. Citizen-centric E-government Services: Understanding Integrated Citizen Service Information Systems[J]. Social Science Computer Review, 2010, 28(4): 427 - 442.

⑥ Huha S J, Shirato H, Hashimoto S, et al. An Integrated Service Digital Network (ISDN)-based International Telecommunication Between Samsung Medical Center and Hokkaido University Using Telecommunication Helped Radiotherapy Planning and Information System (THERAPIS)[J]. Radiotherapy and Oncology, 2000, 56(1): 121 - 123.

的检索功能和用户服务进行了说明。Holley 对澳大利亚图书、博物、档案合作项目 TROVE 进行了介绍。Kaiser 等介绍了 Europeana Connect 项目，该项目旨在解决 Europeana 平台的基础体系结构及功能，为 Europeana 提供了基于时间和空间的用户查询界面、移动信息获取渠道和含多媒体信息标注、GIS 服务组件在内的增值服务。Vivien 对欧盟 Europeana 项目文化遗产数字资源的多语言存储与检索功能进行了介绍，Europeana 建立了包括停用词表、语言探测器、语言分析器和翻译词典在内的语言资源库，对来源馆藏所使用的不同语种的受控词表和文档之间建立映射，映射后形成的语义网络构成了 Europeana 的语义数据层，用于查询提问重构和基于概念浏览检索。Gann 等人介绍了 NHS 系统，2013 年 NHS 委员会推出了新的客户服务平台。新平台通过众多渠道向用户提供访问，比如通过网络、电话等渠道[①]。NHS 是英国国民健康服务系统，同时它也是世界上最大和最古老的单一付款人医疗保护制度系统。NHS 通过互联网向公众提供信息，它允许个别医院及公众提出意见，这些评论是在网络上公开的，病人可以通过博客相互交流。该系统有助于促进组织间相互协作，以改善临床决策[②]。People's Collection Wales，开发于 2009 年至 2011 年，是 LAM 融合的服务的一个例子，展示了用户参与数字内容的创建[③]。许多创新的应用，包括移动技术、GPS（全球定位系统）和三维查看工件，都在该项目中实现[④]。

国外学术界的服务融合研究也非常重视从合作实践的具体内容出发进行服务融合管理的探讨，如 Moll 等人探讨了传统博物馆如何与现代科研机构对接，服务于现在的学术研究等存在的价值与经验等[⑤]。Skora 等人探讨了博物馆、档案馆与图书馆工作环境的微生物污染问题，关注如何从环境角度提高服务质量[⑥]。Seol 探讨了教学档案的构建问题，借鉴多伦多教育局的成功经验，对教学档案建设进行了调查，分析了教学档案的作用和 LAM 的环境和互动等方面的需求[⑦]。

2003 年联机计算机图书馆中心（Online Computer Library Center, Inc., OCLC）做了一份研究，调查了现在与未来影响 OCLC、图书馆、博物馆、档案馆及其他联盟组织的重大议题和趋势，指出未来的架构模式包括：① 降低对取用内容时所需的导引，越来越多人们在知识寻求的过程中，不需要中介；② 由集中走向分散（Disaggregation），最小的可出版单位是微内容（Microcontent）；③ 合作，强调脉络（Context）更为重要[⑧]。早在 1998 年，Rayward 在其文章《图书馆、博物馆和档案馆的电子信息和功能整合》中就提出：看似明显不同的机构（图书馆、博物馆和档案馆）之间的差异终将消失[⑨]。

2009—2012 年，加拿大多伦多大学的教授 Duff 和蒙特利尔大学教授 Joan 等人[⑩]研究档案馆和博

①　Gann B, Grant M J. From NHS Choices to the Integrated Customer Service Platform[J]. Health Information & Libraries Journal, 2013, 30(1): 1 - 3.

②　NHS Choices[EB/OL]. [2013 - 4 - 6]. http://www.nhs.uk/Pages/HomePage.aspx.

③　MLA. Our Vision[EB/OL]. [2013—4—6]. http://www.mla.gov.uk/about/our_vision.

④　Tedd L A. People's Collection Wales Online Access to the Heritage of Wales from Museums, Archives and Libraries[J]. Program-Electronic Library and Information Systems 2011, 45(3): 333 - 345.

⑤　Moll F H, Rathert P, Fangerau H Museum, Library, and Archive of the German Society of Urology as a Corporate-Museum A Neglected Size of Scientific Collections of Professional Societies[J]. UROLOGE. 2016(55): 671 - 676.

⑥　Skora J, Gutarowska B, Pielech-Przybylska K. Assessment of Microbiological Contamination in the Work Environments of Museums, Archives and Libraries[J]. Aerobiologia. 2015(31): 389 - 401.

⑦　Seol M. Establishing the Educational Archives through Integrating Museum, Archives and LibraryFunctions in Gyeongsangnam-do[J]. Journal of Korean Library and Information Science Society. 2015(46): 153 - 180.

⑧　OCLC. Environmental Scan: Pattern Recognition (2003)[EB/OL]. 2013 - 02 - 21. http://www.oclc.org/reports/escan.en.html.

⑨　Rayward W B. Electronic Information and the Functional Integration of Libraries, Museums and Archives[J]. History and electronic artefacts, 1998: 207 - 226.

⑩　Duff W M, Carter J, Cherry J M, et al. From Coexistence to Convergence: Studying Partnerships and Collaboration Among Libraries, Archives and Museums[J]. Information Research An International Electronic Journal, 2013, 18(3): 26.

物馆、图书馆之间伙伴和协作共存融合关系的一个跨学科研究项目，是由 Gladys Krieble delma 基金会资助的。该研究调查了在图书馆、档案馆和博物馆之间的协作和融合的不同的动机，以及所经历的挑战和涉及的机构所产生的利益。它们分享共同的功能（如收藏、保护、研究和公共服务），掩盖了专业实践、培训和组织方法的不同，这些方法在很大程度上构成并区分了这些领域。同时他们指出数字环境的出现和公共可访问性的提高是推动图书馆、档案馆和博物馆之间更多合作的两个因素。自 2000 年以来，包括期刊文章、会议记录、邀请和行政合并在内的一系列倡议表明，人们越来越有兴趣探索图书馆、档案馆和博物馆之间的新形式的合作和融合。

三家主要期刊（《图书馆季刊》、《档案科学》与《博物馆管理和策展》）的编辑通过协调努力，于 2008 年至 2010 年之间出版了关于这三家机构融合的专辑。一些图书馆会议同样探讨了融合问题，著名的如图书馆研究集团（Research Library Group，RLG）论坛等调查与教育以及文化遗产信息专业人员有关的问题；因为他们可以跨越图书馆、档案馆和博物馆的边界工作，来满足所有使用者的资讯需求，包括图书馆读者、博物馆访客以及包括所有类型的文化遗产组织地一般市民及其他专业人士。

2011 年于印度新德里召开的国际会议（International Conference on the Convergence of Libraries，Archives and Museums，Theme：User Empowerment Through Digital Technologies，ICLAM），讨论图书馆、博物馆、档案馆融合，主题为通过数字技术提升用户能量，目标之一就是促进图书馆、博物馆和档案馆等文化收藏机构的数字化融合①。美国的档案局局长 David② 说现在图书馆员、档案馆员与博物馆员遇到的一个关键的挑战是，面对着高技术用户日益增加的需求，要能够提供跨学科联合的、无缝的服务。在一次整合图书馆、档案馆和博物馆的哈佛图书馆战略对话中，他提到，其实三馆都做着同样的一件事情：保护信息、收集信息、让信息得到应用。曾经任纽约公共图书馆主任的 Ferriero 说，图博档联合的基础是真正理解用户，以及如何让信息相互交流。图书馆、博物馆、档案馆作为人类社会文化资源的收藏单位，本身有着共同的工作目标，因此在馆藏、资源、服务上又存在一定的重复。

2.2.2　国内图博档数字化服务融合研究现状

图书馆、档案馆和博物馆业务协作思想在我国有着深厚的历史渊源。在现代社会意义上的图书馆、档案馆和博物馆产生之前，承担辅政和修史功能的"天府"、"兰台"、"石渠"等官方机构长期以来是图书和档案收藏为一体的；历史上许多著名的民间藏书楼同时承担着藏书和文物收藏双重功能。民国时期著名学者王重民、傅振伦等人曾经提出研究人员要兼通图书馆、档案馆和博物馆"三馆"知识的思想，并称其为"三馆学"；王金夫先生为此还专门写了《三馆学略议》一文。后来，"三馆学"逐渐淡出了人们的视野，尽管实践当中图书馆、博物馆、档案馆会有一些小范围交叉的情况，例如图书馆举办珍品古籍展览、博物馆将藏品与相关论著、档案等一起展出等，但是国家层面上的三馆协作的战略框架始终没有达成。直到 21 世纪初期，随着人们逐渐认识到信息技术强大的资源整合潜力，图书馆、档案馆和博物馆业务协作问题才再一次被各方关注。

图书馆、档案馆以及博物馆数字资源共享的重要性同样受到了国内学者的关注，在相关的理论研究上我国也取得了不少成果，研究 LAM 数字化服务融合可以从信息集成服务研究成果中获得借鉴。

---

① ICLAM 2011. International Conference on the Convergence of Libraries，Archives and Museums[EB/OL]. [2017 - 07 - 18] http：//www. nift. ac. in/ICLAM_2011/index. htm，2013 - 04 - 21.

② Chuck L. Linking libraries，museums，archives[EB/OL]. [2013 - 3 - 16]. http：//news. harvard. edu/gazette/story/2012/04/ linking-libraries-museums-archives/.

1. 信息服务集成模式

国内学界对信息集成服务的研究已经形成了很多共识,信息集成服务按照不同的标准,可以分为不同的模式,例如胡昌平、周永红提出信息集成服务模式可以分为:关联模式、结构组织模式、综合模式、分析模式等①。

毕强、史海燕根据信息组织的深度,将集成服务模式分为两大类:第一类,主要是基于语法层面信息组织的集成服务,即基于共享信息的集成服务模式;第二类,主要是基于知识组织的集成服务模式,即基于知识集成的服务模式②。

黄晓斌等人探讨了基于 GeoAgent 和 Web 服务的空间信息服务集成模式的若干方面,并重点介绍了基于 GeoAgent 的 web 服务流,它由一个作为工作流引擎的 Agent 来解析和控制整个工作流的执行,作者认为这属于一种综合型的集成模式③。

郑邦坤、吕先竟提出了"一站式"集成服务模式,作者认为"一站式"服务的实质就是服务的集成与整合④。

邓胜利在对面向用户的信息服务体系与信息集成服务发展过程分析的基础上,提出了面向用户的信息集成服务模式。该模式以信息机构的集成为逻辑起点,以数字信息资源为核心实现多种要素的集成,最大程度地发挥系统内外部信息资源的价值,从而形成全面的、系统的数字信息资源服务保障体系⑤。

周永红总结了图书情报领域内的七种以用户为中心的信息集成服务模式:个人数字图书馆集成服务模式、学科信息门户集成服务模式、面向用户的集成检索服务模式、基于合作数字咨询的集成服务模式、基于智能代理的信息集成服务模式、基于 Web services 的信息集成服务模式和集成化的知识服务模式⑥。

卓文飞总结了不同国家农业数字图书馆研究与发展的特点,并详细研究了中国农业数字图书馆信息集成服务系统的总体设计。他分别从系统构架的总体目标、指导思想与原则、基本特点、基础架构与模式、机制建设等几方面深入研究了信息集成服务系统,另外也探讨了中国农业数字图书馆的整合模式⑦。

梁孟华研究了面向用户的档案信息集成服务模式,阐述了个人数字档案馆集成服务模式、档案信息集成检索服务模式、基于智能代理的档案信息集成服务模式的服务机制和主要服务功能⑧。可以看出,面向用户的档案信息集成服务将会是档案馆服务未来发展的主要方向。面向用户的档案信息集成服务理论可以指导 LAM 数字化服务融合模式的构建。

贾立斌探讨了面向国土资源的学科化信息集成服务模式,作者认为学科化信息集成服务是图书馆一种新的服务模式和服务机制,该模式在强调学科化的同时还强调集成服务要以用户为中心。该论文还强调,加强学科资源建设与规划,要以用户及其科研过程为指导,加强研究课题与学科建设的有机联系,以信息利用为目标构建学科化信息集成服务平台,并加强国土资源管理机制建设,确保学科化信息

① 胡昌平,周永红.信息集成服务回顾与展望[J].图书馆论坛,2005(4):1-7.
② 毕强,史海燕.信息集成服务模式研究[J].图书情报工作,2004(9):30-33.
③ 黄晓斌,李琦,董宝青.基于 GeoAgent 和 Web 服务的空间信息服务及应用集成体系[J].计算机科学,2004(9):72-75.
④ 郑邦坤,吕先竟.基于"一站式"服务的模式及支撑平台[J].现代图书情报技术,2004(5):52-54.
⑤ 邓胜利.面向用户的文献信息服务集成探索[J].图书情报工作,2006(1):109-111.
⑥ 周永红.试析以用户为中心的信息集成服务模式[J].图书馆论坛,2008(1):101-104.
⑦ 卓文飞.中国农业数字图书馆信息集成服务系统研究[D].北京:中国农业科学院,2008.
⑧ 梁孟华.面向用户的档案信息集成服务模式研究[J].档案学研究,2009(2):47-50.

集成服务的针对性与时效性。[①]

邸家琴探讨了高校档案馆信息集成服务模式，认为信息化背景下高校档案馆的信息集成服务形式包含的内容主要有借阅、信息共享、用户导航、实时咨询等[②]。该服务主要包括两大层次，即对传统信息服务的扩展和新型远程信息服务。

台湾学者吴明德、许凯琳在充分研究美国国会图书馆 American Memory 的 The Learning Page、加拿大国家图书馆与档案局的 Learning Center、英国大英博物馆的 Children's COMPASS 以及史密森尼博物馆的 Smithsonian Education 四个数字资源网站所提供的教学网站后，比较其网站内容、教学资源与组织、版面设计、查检方式与导航、互动设计等内容，为当地博物馆与图书馆建立数字化教学网站提供参考[③]。这是为数不多的研究图书馆、博物馆、档案馆服务融合模式的成果之一。

国内不同学者分别从各自视角出发对信息集成服务模式进行了研究，虽然对于信息集成服务来说没有一套绝对的标准或原则，但目前学界已取得的大量研究成果为本集 LAM 数字化服务融合模式的构建奠定了坚实的理论基础。

2. 图博档集成服务

许俊平、夏忠刚重点论述了图书馆、博物馆、档案馆三者之间的相互关系，比较了三者社会功能的共同之处，认为图书、文物、档案可以集中式管理[④][⑤]。赵红杰认为三馆具有同样的服务模式，即收集—整理—保管—提供利用。通过数字化服务融合，能够消除馆藏的重复建设，为用户提供高质量的一站式搜索服务，以更高的效率实现共同的目标[⑥]。李金海等人分析了浙江上虞的图博档资源共享现状[⑦]。关萍从图书馆、博物馆、档案馆的机构组织性质和社会服务功能出发主张"三馆合一"[⑧]。刘蔚论述了图书馆、博物馆、档案馆打破行政界线，实现集中式管理的必要性和可行性，认为这种集中式管理应该建立在尊重各个机构管理方法和资源组织形式的基础之上，实现物理上的三馆地域集中，但不存在相互渗透和融合[⑨]。

刘家真提出利用信息技术打破三馆各自为政的管理体系，将资源纳入统一的框架内为用户提供服务以谋求共同发展[⑩]。王重民先生较早地认识到图书馆、博物馆、档案馆在资料采编、鉴定、研究、传播过程与方法中的相通之处，是图博档研究的发起者；博物馆学家傅振伦紧随其后，将这一思想发扬光大，他将工作期间所接触的诸多国外实践及心得体会整理成专著出版，推动了图博档研究的丰富和发展[⑪]。

李农研究了美国及欧盟国家的图书馆、博物馆和档案馆之间所开展的合作情况，从行政组织、资源建设、服务功能方面研究各个合作项目进展及完成情况，对于我国的相关研究有一定启发[⑫]。

唐晶等人对于图书馆与博物馆的公共休闲服务合作做了初步探讨，指出图书馆和博物馆都是社会公共休闲服务体系的一部分，需要寻求新的立足点，实现资源和服务的最优化组合，在数字化、休闲环境

① 贾立斌. 面向国土资源的学科化信息集成服务模式探讨[J]. 中国国土资源经济,2012(3):44-46.
② 邸家琴. 集成化信息服务——高校档案馆信息服务新方式[J]. 兰台世界,2012(32):10-11.
③ 吴明德,许凯琳. 数位图书馆与数位博物馆教学网站内容之分析研究[J]. "中华民国"图书馆学会会报,2005,(75):37-62.
④ 许俊平. 档案馆与博物馆学界的对话[J]. 档案管理,2000(4):21-23.
⑤ 夏忠刚. 档案馆博物馆图书馆社会功能之比较[J]. 浙江档案,2001(01):15-16.
⑥ 赵红杰. 试论我国档案馆、图书馆、博物馆的协作与共建[D]. 武汉:湖北大学,2009.
⑦ 李金海,顾韵. 谈档案、图书、博物系统的资源互补[J]. 浙江档案,2003(6):34.
⑧ 关萍. 体制创新——"三馆合一"[J]. 科技情报开发与经济.2006(3):75-76.
⑨ 刘蔚. 图书、档案、文物集中式管理研究[D]. 济南:山东大学,2012.
⑩ 刘家真. 我国图书馆、档案馆与博物馆资源整合初探[J]. 中国图书馆学报,2003(3):36.
⑪ 赵红杰. 试论我国档案馆、图书馆、博物馆的协作与共建[D]. 武汉:湖北大学,2009.
⑫ 李农. 欧美图书馆、博物馆、档案馆馆际合作趋势[J]. 图书馆杂志,2008,27(08):59-61,37.

等方面跨馆合作,具体来讲有合作办展,设立微型图书馆、博物馆,共建数字化馆藏,提供馆际免费通行证等方式①。这是一篇注重图书馆和博物馆具体服务方式合作的文章,表明国内学者的注意力已经从单纯资源整合面,上升到了服务合作面。肖永英、谢欣总结国外 LAM 文化机构合作的研究现状,认为 LAM 应该加强合作与交流,从而完善馆藏和服务,以更好地为保存和共享文化资源做出贡献②。刘美、王海荣介绍了德国文化机构在文化科学信息领域的国内和国际合作,并从中总结和分析了文化机构合作的成功经验,国内 LAM 等文化机构的合作可以借鉴德国的成熟经验③。

我国台湾地区也非常关注图博档合作研究,于 2010 年 3 月专门就图书馆、博物馆与档案馆资源整合与分享举办研讨会,从技术整合、资源整合、服务整合三方面进行探讨,涌现出很多创新观点。薛理桂探讨了档案馆、图书馆与博物馆跨机构合作馆藏发展,提出跨机构资源整合的模式可分为行政整合与载体整合两种类型,并提议三馆建立合作联合目录。行政整合方面,可以提供个别服务场所,如在图书馆设立专门空间供博物馆或档案馆使用;也可以让档案馆与图书馆在某些共同的项目或部门部分予以整合,例如虚拟层面的整合;最后还可以在两个或两个以上单位进行实体的整合,例如档案馆与图书馆在行政、人事、馆藏、馆舍等层面的整合,加拿大的国家图书馆与档案馆(LAC)就是这种类型。而载体整合方面,则可以共用载体储藏空间,共用同样的管理软件,共用特定的阅读使用软件等。

3. 图博档数字化服务融合

朱学芳总结了图书馆、博物馆、档案馆各自信息资源数字化建设及服务现状,指出目前国内外正积极开展 LAM 合作建设的研究工作,并取得一定成效。但是,现有的研究更多地侧重于资源本身的数字化共享融合,对服务融合的研究与关注仍然欠缺④。针对我国 LAM 数字信息资源的特点,作者认为我国需要大力加强图书馆、博物馆、档案馆数字信息资源的共建共享以及图博档信息资源数字化服务融合理论和实践工作。

赵生辉、朱学芳针对图书馆、档案馆以及博物馆的馆藏资源特点提出了 LAM 数字化协作框架 D-LAM(Digital-Library & Archive & Museum),对我国图书馆、档案馆以及博物馆数字化协作目标、原则以及利益格局等进行了分析,并提出了很多有益的策略⑤。

2014 到 2017 年间国内关于 LAM 服务融合方面研究较多,取得了十分丰富的学术成果,这些成果分别从资源整合及服务融合的模式、方法、实践以及安全等多角度展开。董凌轩等人分别从技术、管理、人员及法律四个方面探讨了图博档数字化服务融合中的信息安全管理问题⑥。毛文婷探讨了建立 LAM 馆际合作的必要性和可能出现的问题,并进行探讨提出建议⑦。郁秋瑾专注于高校图书馆、博物馆、档案馆的合作,探索了三位一体服务的可能性⑧。张佳丽以内蒙古民族大学为例探讨少数民族高校图书馆、博物馆与档案馆整合研究,从信息生态角度出发,全面系统地研究我国西部地区少数民族高校 LAM 合作问题,旨在提升服务质量,更好地发扬与传承少数民族的优秀文化。穆向阳、朱学芳对国外一些图博档合作项目的服务模式进行分析,探讨资源和服务之间相互关系和影响,提出了资源整合层次化的服务模式策略,以期促进 LAM 服务融合模式的创新⑨。贾筱筱探索了图博档联合服务问题,探索

---

① 唐晶,辛璐,马新蕾. 图书馆与博物馆公共休闲服务合作初探[J]. 图书与情报,2012,(04):48-51.
② 肖永英,谢欣. 图书馆、档案馆、博物馆合作机制研究进展[J]. 图书馆杂志. 2015(1):29-48.
③ 刘美,王海荣. 德国图书馆、档案馆和博物馆合作的组织运行实践[J]. 高校图书馆工作,2016(9):37-40.
④ 朱学芳. 图博档信息资源数字化建设及服务融合探讨[J]. 情报资料工作,2011(5):57-60.
⑤ 赵生辉,朱学芳. 我国图书馆、档案馆、博物馆数字化协作框架 D-LAM 研究[J]. 情报资料工作,2013(4):57-61.
⑥ 董凌轩,刘友华,朱庆华,等. 图博档数字化融合服务中的信息安全管理[J]. 图书馆论坛. 2014(3):107-112.
⑦ 毛文婷. 档案馆、图书馆和博物馆的馆际合作研究[J]. 黑龙江史志. 2015(7):261-264.
⑧ 郁秋瑾. 对高校图书馆、档案馆、博物馆三位一体服务创想[J]. 2016(8). 中国管理信息化,2016,19(16):199.
⑨ 穆向阳,朱学芳. 图书、博物、档案数字化服务融合模式研究[J]. 情报科学,2016(3):14-19.

LAM数字资源的"一键式"检索服务与体验[①]。王晋月等人探讨了LAM融合背景下的专业课程体系改革问题，比较分析了LAM融合所需要的人才素质[②]。

4. 图博档集成服务管理研究

朱学芳认为国内研究关注图书、情报、档案的一体化较多，而对于数字形态的图书、博物、档案信息的融合研究较少，数字档案、博物的共建共享和图博档数字资源的服务融合研究与实践有待加强[③]。李华新认为博物馆与图书馆在基本职能与社会功能上关联，博物馆与档案馆在本质属性与工作流程上相似，三者具有合作的基础与美好的前景[④]。肖希明、郑燃对图书馆、博物馆用户展开调查，了解用户对两馆数字服务的使用情况及满意程度，调查显示，公众对图书馆数字服务的满意度高于博物馆，他们对实现两馆资源的一站式跨库检索与服务融合有很高的期待[⑤]。吉林大学张卫东课题组介绍了欧美图书档案数字化服务融合实践[⑥]，分析了我国图书档案数字化服务融合的研究内容与领域[⑦]，论述了数字化服务融合中的保障机制和评价模型[⑧][⑨]。刘孝文，张海英引入FRBR理念及内容框架，论证了FRBR模式下图博档资源整合的可行性[⑩]。

王红提出从领导重视、财政支持、特色资源建设、提高馆员综合素质四个角度加强三馆之间的馆际合作，形成综合开发、利用、服务于一体的新型信息服务体系[⑪]；李大青主张在全国文化信息资源共享目标下，成立跨机构协调部门或综合管理委员会逐步实现三馆的资源整合与共享[⑫]；莫振轩提出建立馆际合作执行机构、围绕重点项目采取先易后难合作模式、加强馆际合作技术研究的发展策略[⑬]；杨茜茜构建了三馆馆藏信息资源整合模型，提出三馆以特定主题为整合依据、馆藏资源互相弥补支撑，实现资源高效利用和传承中华文化的目的[⑭]。

赵昆、潘琳对欧洲虚拟博物馆与世界数字图书馆网站的创建、发展历程、内容建设和网页视觉设计进行了对比分析[⑮]；王世慧、杜伟与王艳翠分别对澳大利亚Trove的内容建设、以用户需求为中心的信息服务方式及电子资源的扩展进行了介绍[⑯][⑰][⑱]。

郑燃等人探讨过关联数据在图书馆、档案馆和博物馆数字资源整合中的作用和发展现状，构建出基于关联数据的图书馆、档案馆和博物馆数字资源整合模式，以为用户提供全方位、多层次的数字资源集成服务[⑲]。2012年，肖希明、郑燃研究了国外图书馆、档案馆和博物馆数字资源整合的进展，研究LAM

① 贾筱筱. 图博档联合服务探索研究[J]. 科技创新月刊. 2016(12):107-108.
② 王晋月,李秋月,杨杰. 图书馆、档案馆与博物馆融合背景下的专业课程体系改革研究[J]. 浙江档案. 2016(5).
③ 朱学芳. 图书、博物、档案数字信息资源共建思考[J]. 中国科技资源导刊,2012,44(2):80-84.
④ 李华新. 联合的机遇——博物馆、图书馆和档案馆信息整合初探[J]. 中国博物馆,2012(01):66-71.
⑤ 肖希明,郑燃. 公共数字文化服务需求的调查分析——以图书馆博物馆为例[J]. 图书馆,2013(06):41-43.
⑥ 张卫东,赵红颖,李洋. 欧美图书档案数字化融合服务实践及启示[J]. 图书情报工作,2013(12):23-27,22.
⑦ 赵红颖,王萍. 图书档案数字化融合服务研究论纲[J]. 图书情报工作,2013(12):17-22.
⑧ 邓君,贾晓青,马晓君,赵红颖. 图书档案数字化融合服务保障机制研究[J]. 图书情报工作,2013(12):28-33.
⑨ 王萍,王毅,赵红颖. 图书档案数字化融合服务评价模型研究[J]. 图书情报工作,2013(12):34-40.
⑩ 刘孝文,张海英. 图书馆、档案馆和博物馆资源整合初探[J]. 兰台世界,2007(16):47.
⑪ 王红. 浅析图书馆、博物馆、档案馆的馆际合作及实现[J]. 图书情报工作,2011(S1):352-353.
⑫ 李大青. 试论图书馆、档案馆与博物馆的跨机构合作[J]. 图书馆界,2012(06):11-13,83.
⑬ 莫振轩. 我国图书馆、档案馆、博物馆馆际合作的现状与发展策略[J]. 图书馆工作与研究,2012(08):8-12.
⑭ 杨茜茜. 档案、图书、博物馆三馆信息资源整合研究[J]. 浙江档案,2013(04):19-21.
⑮ 赵昆,潘琳. 关于欧洲虚拟博物馆与世界数字图书馆的调查报告[J]. 数字图书馆论坛,2010(1-2):114-141.
⑯ 王世慧,杜伟. 澳大利亚搜索引擎Trove对CALIS的启示[J]. 图书馆学研究,2011(24):61-64,10.
⑰ 王艳翠. 资源共享在澳大利亚:Trove的检索及获取——让获取更美好[J]. 图书馆理论与实践,2012(12):96-99.
⑱ 王艳翠. 资源共享在澳大利亚之Trove范围扩展——澳大利亚图书馆界的电子资源共享[J]. 图书馆杂志,2013(07):68-74,78.
⑲ 郑燃,唐义,戴艳清. 基于关联数据的图书馆、档案馆和博物馆数字资源整合研究[J]. 图书与情报,2012,(01):71-76.

数字资源整合的背景、政策和资金资助情况，LAM 在数字资源整合中合作关系的三种形式，资源平台建设，LAM 在数字资源整合中所面临的问题以及 LAM 数字资源整合的发展趋势，指出目前国外 LAM 数字资源融合研究的重点在技术和数字化服务平台的建设方面，对于不同机构数字资源与服务融合的制度机制和管理机制则关注不够①。

秦雪平研究了世界数字图书馆（WDL）整合世界各国图书馆、档案馆和博物馆数字文化资源所依赖的合理高效的管理体制、资源组织机制、技术实现机制以及运行机制后，提出 LAM 数字资源整合，需要解决知识产权、合作机制和元数据互操作等问题②。郝世博、朱学芳将信任管理机制引入 LAM 数字化协作可信监督体系，建立了一种图书馆、博物馆、档案馆数字化协作可信监督模型③。

齐聪、花实还做了解决博物馆内专业图书馆不可开放性矛盾的尝试研究，介绍国家博物馆对图书数字化的初步实践，算是博物馆与图书馆数字化服务合作的初步尝试④。

有一系列与图书馆、博物馆、档案馆整合相关的研究课题相继得到各类科研基金的资助。例如，国家社科基金重大项目"图书、博物、档案数字化服务融合研究"（本项目）、肖希明主持的中央高校基本科研业务费专项资助项目"面向公共文化服务的图书、博物、档案数字资源整合模式构建"、张卫东主持的教育部人文社科基金项目"图书馆、档案馆数字化服务融合研究"、戴艳清主持的"公益性数字文化服务合作机制研究"、宋琳琳主持的"图书馆、档案馆和博物馆数字资源的深度聚合研究"等等。尽管我国在图书馆、档案馆和博物馆整合领域具有深厚的传统积淀，这一领域的实践进展却非常缓慢，有较大影响力的实践案例寥寥无几。

2.3 图博档数字化及服务融合研究发文情况

2.3.1 图博档数字化及其服务理论研究论文发表情况

2.3.1.1 国外相关领域研究论文发表情况

从 SSCI 和 A&HCI 数据库检索，统计国外的数据，数字（含网络、虚拟）图书馆、数字（含网络、虚拟）档案馆、数字（含网络、虚拟）博物馆数字化服务理论研究方面研究论文发表情况如表2-1和图 2-1 所示。

表 2-1 国外数字图书馆、数字档案馆、数字博物馆方面发表研究论文年份分布表

年份	00	01	02	03	04	05	06	07	08	09	10	11	12	13	14	15	16	17
数字图书馆	158	152	170	175	163	211	218	213	217	238	229	216	222	231	253	244	206	199
数字档案馆	16	36	25	35	29	42	63	48	58	82	77	95	76	134	108	123	129	123
数字博物馆	28	9	14	17	11	11	21	7	22	27	22	50	42	55	53	61	66	43

从图 2-1 可以看出，从 SSCI 和 A&HCI 数据库检索情况来看，图书馆、档案馆、博物馆服务以及相关的数字化研究项目，已在一定程度受限，特别是数字图书馆研究，可由文献分析明显看出其已日趋饱和。

———————

① 肖希明，郑燃. 国外图书馆、档案馆和博物馆数字资源整合的研究进展[J]. 中国图书馆学报，2012(3)：26-39.
② 秦雪平. 图书馆、档案馆与博物馆数字资源整合研究——以世界数字图书馆为例[J]. 情报探索，2013，(01)：69-72.
③ 郝世博，朱学芳. 基于信任管理的图书馆、档案馆、博物馆数字化协作可信监督模型构建[J]. 情报资料工作. 2014(5)：43-48.
④ 齐聪，花实. 解决博物馆内专业图书馆不可开放性矛盾的尝试[J]. 图书情报工作，2007，(01)：273-276.

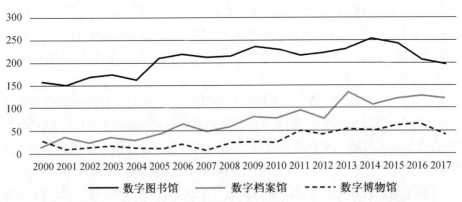

图 2 - 1　国外数字图书馆、数字档案馆、数字博物馆方面发表研究论文年份分布图

2.3.1.2　我国相关领域研究论文发表情况

我国大陆地区在数字(含网络、虚拟)图书馆、数字(含网络、虚拟)档案馆、数字(含网络、虚拟)博物馆方面的数字化服务理论研究文献发表情况如表 2 - 2 和图 2 - 2 所示。

表 2 - 2　我国数字图书馆、数字档案馆、数字博物馆方面发表研究论文年份分布表

年份	01	02	03	04	05	06	07	08	09	10	11	12	13	14	15	16	17
数字图书馆	501	693	687	752	687	625	515	484	516	477	487	437	378	306	213	162	145
数字档案馆	44	79	112	104	127	149	158	146	133	150	153	146	200	190	152	127	125
数字博物馆	1	10	9	12	5	28	15	20	19	16	15	21	10	21	13	18	17

表 2 - 2 数据取自中国知网的核心期刊,在关键词和题名字段中进行检索,由图 2 - 2 可见,国内对于数字图书馆的研究热度更高,在 2004 年达到峰值,此后就逐渐回落;对于数字档案馆和数字博物馆的研究热度相对平稳,尤其是数字博物馆,数字档案馆相对有微小提升。可见虽然国内不断加强数字图书馆、数字档案馆、数字博物馆方面的建设,但是国内对于这类领域的理论研究论文正在慢慢减退,创新的研究成果的实现难度增大。

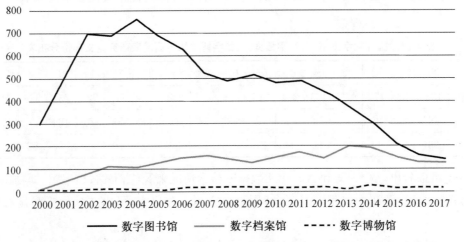

图 2 - 2　国内数字图书馆、数字档案馆、数字博物馆方面发表研究论文年份分布图

2.3.2 图博档数字化服务融合研究论文发表情况

2.3.2.1 国外相关领域研究论文发表情况

从 SSCI 和 A&HCI 数据库检索，统计国外图博档数字化服务融合理论研究论文发表情况如表 2 - 3 和图 2 - 3 所示。

表 2 - 3 国外图博档数字化服务融合论文数量统计

年份	00	01	02	03	04	05	06	07	08	09	10	11	12	13	14	15	16	17
数字化融合	0	1	2	4	0	0	2	0	0	0	6	4	2	5	4	5	1	5

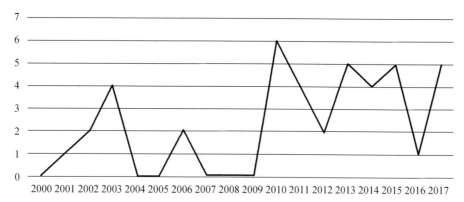

图 2 - 3 国外图博档数字化服务融合论文数量统计

国外 Libraries、Museums、Archives 两两融合研究论文发表数量统计如表 2 - 4 和图 2 - 4 所示。

表 2 - 4 国外 Libraries、Museums、Archives 两两融合研究论文发表数量统计

年份	Libraries, Museums	Libraries, Archives	Museums, Archives
2000	24	35	18
2001	25	63	14
2002	28	62	21
2003	32	58	26
2004	24	59	21
2005	23	86	24
2006	35	102	34
2007	37	84	31
2008	36	105	39
2009	37	94	48
2010	43	105	48
2011	51	122	56
2012	50	104	55
2013	74	127	60
2014	42	112	52
2015	68	129	77
2016	59	129	77
2017	46	102	52

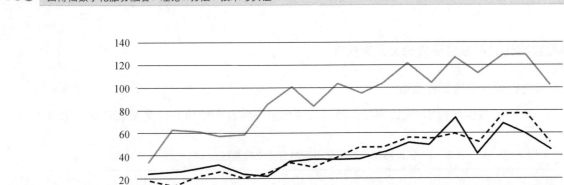

图 2－4　国外 Libraries、Museums、Archives 两两融合研究论文发表情况

数字化服务融合日趋多元和创新，并持续升温。发表论文数量有逐年上升的趋势，其中，近三年发表论文数量明显增大（由于收录时间的关系导致 2017 年数据低于 2016 年），说明这一领域已经引起相关学者的重视。

2.3.2.2　我国相关领域研究论文发表情况

为了解 2010—2017 中国图博档数字化服务融合理论研究论文发表情况，统计了所有的 13 个省部级以上项目基金支持发表的论文情况，以及无项目基金支持发表的论文情况，发表情况如表 2－5 和图 2－5 所示。

表 2－5　我国图博档数字化服务融合理论研究论文发表情况

年份	小计	基金支持	无基金支持
2010	1	0	1
2011	5	1	4
2012	8	4	4
2013	5	0	5
2014	16	10	6
2015	5	1	4
2016	19	13	6
2017	5	1	4

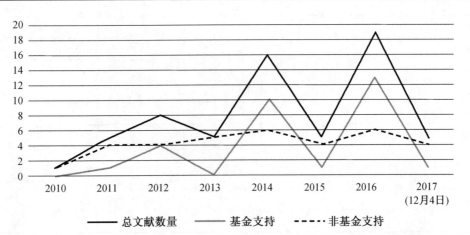

图 2－5　2010—2017 图博档信息服务融合理论研究国内论文发表年度统计曲线

第3章　图博档数字化服务融合实践现状

3.1　国外图博档数字化服务融合实践现状

在档案馆、图书馆与博物馆联合委员会(CALM)、国际图联(IFLA)、OCLC、美国博物馆与图书馆服务学会(IMLS)、欧盟以及英国博物馆、图书馆和档案馆理事会(MLA)等组织的积极推动下,开展的图书馆、博物馆、档案馆文化遗产数字化服务融合项目逐渐增多。世界数字图书馆项目、美国国家网络化文化遗产项目、欧洲 Calimera 项目和 Europeana 项目、英国 Cornucopia 项目、德国 BAMP 项目、澳大利亚 Trove 等都是图书馆、博物馆、档案馆联合开展的文化遗产数字资源建设和共享项目。此外,谷歌实施的"Art project"项目联合 100 多家博物馆、美术馆将其馆藏艺术作品进行数字化处理生成"虚拟展品",让用户可以通过网络平台以 360 度全景视角游览博物馆的每一个展品[①]。

3.1.1　世界数字图书馆

世界数字图书馆(World Digital Library,WDL)定位于服务全球对文化遗产信息资源感兴趣的公众,学校师生、研究人员和普通公众可以用不同方式访问网站资源。所有在线数字资源使用杜威十进制分类法进行主题分类,提供七种语言的用户服务界面,满足世界各地访问者的文化信息需求。网站的服务内容由 WDL 内容选择工作组确定,这些内容源自不同地区和时代,具有不同的形式和语言。为了突出各国文化遗产特色和重大意义,WDL 与联合国教科文组织的世界记忆名录紧密协作确定数字化内容的选择,以凸显网站服务内容的文化价值。目前世界数字图书馆网站所呈现的各国的文化遗产资源总计 8042 个,其中也包括我国向全球用户所展示的部分珍贵文献[②]。

世界数字图书馆网站的资源类型有图书、期刊、手稿、地图、影片、报纸、图像、摄影作品、录音制品,主要提供的信息服务形式是信息检索和主题浏览,世界数字图书馆的特色是把这两种形式巧妙地融合在一起,用户可通过地点、时间、专题、条目类型、机构五种形式检索或浏览服务内容。主题浏览界面采用了可视化技术,直接可以看到每个资源的缩略图,在世界地图上点击浏览特定地区资源或拖动时间轴选择某一时间段的资源。检索结果包括缩略图和该资源的详细描述元数据信息,以杜威十进制进行的专题分类,确保了来自各个机构的资源能够纳入统一的信息组织体系,为用户提供多途径的信息获取;每个页面都有收听此页按钮,点击可以收听关于数字资源的语音介绍;缩略图下方有相似资源自动推荐,点击缩略图可以浏览放大、拖拽浏览被检索资源的细节,书籍可以直接在线阅读,支持语音和视频在线播放,所有的资源都支持高分辨率下载,利用社会媒体或 Email 发送给其他人。

3.1.2　欧盟数字资源整合系统 Europeana

早在 2000 年,欧盟委员会信息社会总局支持的一项调查报告就提出,要建立网络环境下欧洲图书馆、

---

①　Google Artproject[EB/OL]. [2013 - 04 - 02]. http://www.googleartproject.com/.
②　程蕴嘉. 全球数字图书馆计划现况与发展[J]. 图书馆学研究,2009(10):9 - 12.

博物馆、档案馆合作框架，以统一的资源门户向欧洲公众提供创新性的文化信息服务[①]。2005 年欧盟委员会宣布在其欧洲信息社会 2010 政策框架下支持 Europeana 项目的实施，该项目的目标是为研究人员、学者和公众提供一个访问、查询、参与、共享欧洲文化遗产的综合性数字资源服务平台，使欧洲图书馆、博物馆、档案馆、美术馆丰富多样的馆藏资源能够在互联网环境下得到广泛传播。

欧盟于 2008 年 11 月上线的 Europeana 系统（http://www.europeana.eu），是欧洲地区跨国图书馆、博物馆及档案馆不同组织的数字资源整合系统，到 2010 年已提供约 1000 万笔数字资源。提供 26 种语言版本，采用互通标准 OAI-PMH（Open Archives Initiative Protocol for Metadata Harvesting）协议提供图像、纸本、声音及影像四大类资源，以字体大小表示数据的多寡。具有英语、法语及荷兰语三种接口的语义检索功能，用户可以依时间轴浏览资源，也可以用简单检索和高级检索两种方式；另外，使用者之间、使用者与管理者之间可以分享与交流。它的最终目标是在 2025 年实现公众对欧洲全部文化遗产信息资源的在线访问，其《2011—2015 年战略规划》中指出 Europeana 希望成为公众获取欧洲文化遗产信息资源的可信平台[②]。

Europeana 网站的文化遗产信息资源包括来自各个领域的图书、照片、地图、绘画、电影、音频、博物馆展品、档案、用户生成内容等，将这些内容丰富的数字资源整合在一个知识库中提供给公众访问正是 Europeana 平台的独特价值所在。Europeana 门户网站的服务方式主要有数据检索、虚拟展览、交互参与式服务、基于社会媒体的信息传递。

数据检索

Europeana 提供基于所有字段、标题、创作者、主题、日期、地点的简单检索，高级检索中提供基于媒体类型、语言、年代、来源国家、版权、内容提供机构和用户参与内容的检索功能。其中基于版权的检索主要是基于知识共享许可协议的检索，细分为 11 大类，用户可以清楚地查询文化遗产的版权信息。另一个特色是支持用户生成内容的检索，大大丰富了 Europeana 的文化遗产资源覆盖面和类型，检索结果涵盖了文本、图像、视频、音频、3D 对象五大类型，支持 36 种语言的检索[③]。

虚拟展览

虚拟展览是基于 Europeana 平台文化遗产的专题信息组织展示，虚拟展览打破了传统的图文单一介绍，嵌入了视频、音频等内容，以多媒体形式呈现欧洲过去的历史文化。为了避免语言给用户浏览展览带来障碍，Europeana 还将大多数的展览内容介绍进行了语言翻译，尽量以英语展现文化遗产内容。

交互参与式服务

Europeana 平台为用户提供的个性化服务窗口，也是用户与其进行互动的主要媒介。用户注册后就可以在个人空间保存某一特定主题的文化遗产信息、添加标签、上传文化遗产信息、向社会媒体分享资源、进行 API 程序开发、数据混合再利用等。Europeana1914—1918 项目是提供一战信息的主要服务项目，引入用户参与后，用户上传分享了 30 多个关于家庭的一战历史路线数字故事。该项目中提交的用户生成内容还允许用户进行混合再利用生成新的媒体形式进行传播。支持 API 应用程序开发是 Europeana 平台提供的另一种文化遗产元数据再利用形式，开发人员注册成功后可以获得个人私有认证密钥，通过 API 控制台进行基于 Europeana 元数据的应用程序开发，已有 50 多个机构和个人使用 API 服务功能。

[①] Dempsey L. Scientific, Industrial, and Cultural Heritage: a Shared Approach: a Research Framework for Digital Libraries, Museums and Archives[J]. Ariadne 22, January 2000.

[②] Europeana Strategic Plan 2011-2015[R/OL]. [2013-05-13]. http://www.pro.europeana.eu/c/document_library.

[③] De Haan H, Friberg A, Verwayen H. Collections and Metadata Analysis, Strategy and Plan 2013[R/OL]. [2013-08-15]. http://pro.europeana.eu/documents/866067/1660973/D 3.8%3A+Content+Strategy+Update.

基于社会媒体的服务

Europeana 与 Pinterest、Wikipedia 等社会媒体平台合作开展信息服务,早在 2012 年在 Wikipedia 赞助下发起"GLAM 纪念"(GLAM Monuments)竞赛,吸引了 4600 多人的关注,Facebook 画廊中的图片也被广泛地分享;与五个机构合作在 Pinterest 网站分享的十个主题 225 个高分辨率图像被收藏了 2000 多次。积极的媒体宣传服务为 Europeana 带来了大量的用户,2012 年网站访问者达到 520 万次的点击量,Facebook 和 Twitter 的追随者分别达到 14 500 和 8000 个,社会媒体相关反馈 7 万个[①]。

3.1.3 欧洲数字文化遗产的入口 MICHAEL

MICHAEL(Multilingual Inventory of Cultural Heritage in Europe)是欧洲的一个多国合作项目,由英国博物馆图书馆档案馆评议会(MLA)、法国文化厅和意大利文化厅等国家及机构共同参与。其网站主页提供跨学科的多语种整合,是获取欧洲数字文化遗产典藏资源的入口,促进信息服务以及教育、研究、观光等其他潜在性的服务。该项目注重国家文化遗产数字化的整合和国家间文化机构的互动,推广图书馆、博物馆和档案馆的数字内容建设。用户能够检索和浏览所有的文化遗产典藏机构,涵盖国家级、区域级、本地、大型和小型、公共和私人等所有层级和面向档案馆、图书馆、博物馆的非物质遗产、文物建筑、视听资料、景观等与文化机构有关的信息、与文化项目和计划有关的信息、与文化信息有关的服务和产品[②],以及从馆藏资料的实物中得到的信息。该项目已经建立了国际化的在线服务,使得用户能够搜索、浏览和查看存在于欧洲文化机构内的电子资源[③]。MICHAEL 多语种资料库如图 3-1 所示。

图 3-1 欧洲文化遗产 Michael 多语种资料库

MICHAEL 项目旨在向用户提供欧洲文化遗产的数字馆藏服务,该项目体现欧洲文化底蕴,由欧盟委员会的 eTen programme 提供资金资助[④]。目前该项目的合作国家包括:法国、意大利、英国、芬兰、德国、希腊、匈牙利、马耳他、荷兰、波兰、葡萄牙和瑞典,MICHAEL 项目拥有数字化馆藏四万两千多件。MICHAEL 提供的服务比较简洁且具有自己的特色,其具体的服务模式如图 3-2 所示:

① Europeana. Building a Movement:Annual Report and Accounts 2012[R/OL]. (2013-04)[2013-05-13]. http://pro. europeana. eu/documents/858566/99cea5ba-46ce-4037-a913-a9c81080079b.

② 李农. 欧美图书馆、博物馆、档案馆馆际合作趋势[J]. 图书馆杂志,2008,(8):59-61+37.

③ Menon Network. Michael-Multilingual Inventory of Cultural Heritage in Europe[EB/OL]. [2013-03-30]. http://www.menon. org/projects/multilingual-inventory-of-cultural-heritage-in-europe/.

④ Multilingual Inventory of Cultural Heritage in Europe[EB/OL]. [2013-4-8]. http://www. michael-culture. org/.

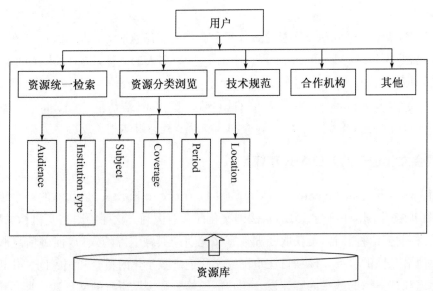

图 3 - 2　MICHAEL 项目的服务模式

　　MICHAEL 提供的分类方式并不丰富，其大的分类类目仅包括：Subject、Coverage、Period、Location 等。但比较有特色的是 MICHAEL 项目公开了自己的技术细节，用户可以通过该网站了解资源具体的描述方式与标准，并且该系统支持相关技术文件的导出，用户可以基于此了解 MICHAEL 项目所采用的相关标准，这也使该项目具有很好的可扩展性。

3.1.4　Cornucopia

　　英国 Cornucopia 项目收录了来自 2000 多家图书馆、博物馆、档案馆的 600 多万条馆藏资源[①]，用户可以通过不同方式获取所需信息，例如其主页上提供了统一检索入口，用户可以通过一个或多个关键词进行检索，也可以通过其具体分类类目查找与浏览所需资源。其具体的服务模式如图 3 - 3 所示：

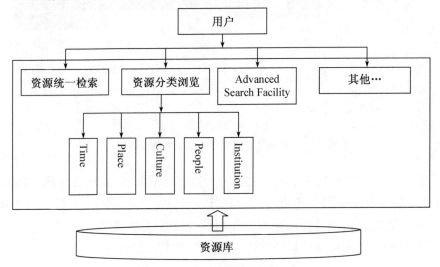

图 3 - 3　Cornucopia 项目的服务模式

　　Cornucopia 界面十分简单，服务功能主要围绕着资源的检索与浏览，另外附加了一些其他服务项目。该系统支持元数据收割协议 OAI-PMH（The Open Archives Initiative Protocol for Metadata

---

　　① Cornucopia Discovering UK Collections：Help[EB/OL]. [2013 - 4 - 9]. http://www.cornucopia.org.uk/html/help.

Harvesting)，其他应用程序可以直接操作该系统的数据库。该系统提供了大量的藏品元数据以及其他一些描述信息，旨在帮助用户找到真实藏品的所在馆等相关信息。

3.1.5 美国

1. IMLS 支持的 LMA 合作项目

在美国，国会图书馆和美国博物馆与图书馆服务学会(Institute of Museum and Library Services，IMLS)是推动图书馆、博物馆、档案馆数字化服务融合的重要力量。国会图书馆发起实施的"美国记忆"项目，以及与联合国教科文组织实施的世界数字图书馆项目，对世界各国文化机构的资源整合与数字化服务有着深远的影响和推动作用。美国博物馆与图书馆服务学会隶属于全美人文科学基金学会(NEH)，该机构通过"数字化联通倡议"、"数字化人文倡议"等项目以及图书馆博物馆合作基金、IMLS/NEH 数字化合作基金支持了许多图书馆、博物馆、档案馆之间的合作活动，以经济赞助的形式推动图博档合作服务。IMLS 支持的 LMA 合作项目列于表 3-1 中。

表 3-1 IMLS 曾支持的部分 LMA 合作项目

	合作机构	服务对象	服务内容	服务形式
纽约市布鲁克林探险网①	布鲁克林的儿童博物馆、公共图书馆、艺术博物馆	9～16 岁学生及其教师和家长	拉丁美洲、布鲁克林历史文化，及物质形状结构方面的知识	网页图文展示，教师资源以 WORD、PDF、HTML 形式呈现；属于三个机构共建的专题网页
华盛顿大学西北太平洋美国印第安项目②	华盛顿大学图书馆、西雅图历史与工业博物馆、西北太平洋和西北艺术文化博物馆	k-12 师生、研究人员	美国西北海岸和高原印第安文化，大约 2300 个照片和 7600 页的文本③	信息检索(基本检索和高级检索)、信息浏览(按主题、按字母顺序)；检索结果为缩略图和描述元数据，支持在线订购副本
佛罗里达档案馆、图书馆和博物馆资料出版项目(PLAMM)④	佛罗里达州高校、图书馆、博物馆、档案馆等	佛罗里达州学生、研究人员和普通公众	反映佛罗里达州政治、经济、文化、法律、科学、历史的各种资料	35 个专题数据库的浏览；基于关键词、主题、类型的跨库检索；支持检索结果添加到个人空间 采用集中式服务，检索结果返回元数据、部分已经数字化的资源可在线浏览
南俄勒冈数字档案(SODA)⑤	图书馆、博物馆	社会公众	南俄勒冈历史、生物集合、土著居民专辑三个主题	三个主题是各自独立的数据库，每个数据库提供关键词、学科、作者、年代、标题检索和按照字母顺序的作者、标题浏览，采取集中式服务，可在线查看元数据和全文数字资源
印第安纳记忆⑥	印第安纳州图书馆、博物馆、档案馆等	社会公众	图书、手稿、照片、报纸、地图、其他资料	基于主题和基于关键词的检索；基于收藏机构的专题浏览 采用分布式浏览，查看元数据描述，点击链接到数字资源所属机构网站查看全文数字资源

---

① Brooklyn Expedition[EB/OL]. [2013-08-13]. http://www. brooklynexpedition. org/default. htm.

② American Indians of the Pacific Northwest Collection [EB/OL]. [2013-08-13]. http://content. lib. washington. edu/aipnw/.

③ University of Washington Libraries. American Indians of the Pacific Northwest Final Report[R/OL]. [2013-08-16]. http://content. lib. washington. edu/aipnw/LCAmeritech_FinalReport. pdf.

④ Publication of Archival, Library & Museum Materials[EB/OL]. [2013-08-13]. http://palmm. fcla. edu/.

⑤ Southern Oregon Digital Archives[EB/OL]. [2013-08-13]. http://soda. sou. edu/.

⑥ Indiana Memory[EB/OL]. [2013-08-13]. http://www. in. gov/memories.

（续表）

	合作机构	服务对象	服务内容	服务形式
北卡罗来纳州 ECHO 项目①	北卡罗来纳州图书馆、博物馆、档案馆	社会公众	图书、照片、地图、家族历史、州政府文件、报纸等	基于关键词的检索和基于地理位置的检索,检索结果返回元数据和缩略图 采取分布式服务,检索结果链接到合作机构网站,支持 PDF、文本方式查看,可添加评论、标签、重要级、分享、下载和打印
AlabamaMosaic②	阿尔巴马州图书馆、博物馆、档案馆、高校等	最初服务于学生学习,现在服务于全体公众	反映阿尔巴马州历史、文化、地理和人文的照片、信件、明信片、手稿、图书、地图、幻灯片、数字文件和音频记录	基于标题、作者、学科、所有字段的关键词检索;基于馆藏机构的分类浏览 采用分布式服务,元数据与缩略图集中于项目网站,点击链接可进入馆藏机构网站查看详细的数字资源细节
亚利桑那州档案在线(AAO)③	包括图书馆、博物馆、档案、历史学会在内的14个机构	社会公众	反映亚利桑那州历史、人文的各种资料	基于关键词的简单检索;基于文本、馆藏机构、标题、作者、学科、年代的高级检索,采用集中式目录服务,检索结果返回描述元数据,不提供在线的资源浏览
康涅狄格历史在线(CHO)④	图书馆、博物馆、历史学会	对康涅狄格历史文化感兴趣的教师及其他人群	16 000 种各类型的数字资源及相应的解释材料和教育材料	检索服务分为简单检索、高级检索、可视化界面检索、媒介类型检索;过去之旅栏目分为文化多样性、民生、生活方式、环境探索、基础设施五个专题反映康涅狄格州的社会历史;教育栏目为教师提供课堂教案、活动及参考资料 集中式服务模式,可查看描述元数据和高分辨率资源,支持分享、评论、重要性评级、下载、打印
爱荷华州遗产数位典藏(IHDC)⑤	图书馆、档案馆	爱荷华州的公民、学生、终身学习者、学者、研究人员,州和联邦政府,商界,业余爱好者	关于爱荷华州历史文化的文件、图片、地图、教育材料、其他媒体资料等	简单检索和高级检索;专题浏览查看活动、工商、地图、音乐、人物、地理、出版物、战争共8个专题的信息 采用分布式服务,检索结果返回元数据与缩略图,点击进入所属馆藏机构网站查看原始图像

① North Carolina's Cultural Heritage Online[EB/OL]. [2013-08-13]. http://www.ncecho.org/.
② AlabamaMosaic[EB/OL]. [2013-08-13]. http://www.alabamamosaic.org/.
③ Arizona Archives Online [EB/OL]. [2013-08-13]. http://www.azarchivesonline.org.
④ Connecticut History Online [EB/OL]. [2013-08-13]. http://www.cthistoryonline.org/.
⑤ Iowa Heritage Digital Collections [EB/OL]. [2013-08-13]. http://omeka.iowaheritage.org/.

美国记忆中提供的服务形式有以下五种：① 信息检索，检索途径细化为所有信息检索、专题展览检索、个人收藏检索、书目记录检索和全文检索五个类型，根据不同的检索方式又提供了适当的辅助检索途径；② 专题浏览，支持按字母顺序浏览、按主题浏览和按标题浏览 100 多个专题展览，此外，还可以通过主题、时间段、媒体类型、所在地区四大浏览模式观看自己感兴趣的内容；③ 特色栏目服务，包括重点展览推荐和历史上的今天两个栏目，它们是美国记忆数字文化遗产资源的挖掘与展示窗口，前者紧扣节假日和公众关注的热点推荐专题展览，后者则拉近了公众与历史的距离；④ 在线参考咨询，提供基于 FAQ 的咨询、基于 QuestionPoint 表单的咨询和网上实时咨询，为用户答疑解惑；⑤ 教师资源服务，是以教师为服务对象、促进文化遗产数字资源在学校课堂中使用的学习空间。该学习空间有教学资料检索、教师专业发展、TPS 合作等内容，为教师提供用于课堂教学的不同主题内容教案、谜语、游戏等，帮助教师开展自学、组织培训活动，并通过与教育机构联合促进美国文化遗产资料在教学中的应用。美国记忆与教师的互动也很频繁，每月组织一次网上交流、鼓励教师通过视频参与美国记忆学习组，提供与教师在 Twitter、Youtube 等社会媒体的互动，以及支持 RSS 订阅和播客下载应用①。

2. 加州档案在线

该项目缘起于 1993 年，1993—1995 年加州伯克利分校图书馆的 Daniel 及其同事开发了一个基于 SGML 文档形成的原型系统，1995—1997 年 UC-EAD 开发了档案检索帮助的原型系统，伴随 1997 年加州数字图书馆的建立，UC-EAD 项目更名为加州档案在线，成为加州数字图书馆的一个永久部分②。1998 年加州数字图书馆发起了博物馆与加州档案在线项目，该项目能将 EAD 格式应用到博物馆领域。目前加州档案在线已经发展成为由包括加利福尼亚州大学、图书馆、博物馆、档案馆、历史学会等 200 多个机构联合形成的数字资源服务平台，是公众获取加州历史文化信息的重要渠道③。

加州档案在线经过多年运行，已经收集了来自加利福尼亚州图书馆、博物馆、档案馆、历史学会及加州大学的艺术品、手稿、文件、历史照片等 2 万多个专辑的数字资源，包括 22 万个数字图像和文件，通过借助 EAD 和 MARC 元数据将这些资源组织整理，为师生、研究人员及社会公众准确定位所需的资源提供帮助，以促进加州文化的传播。

加州档案在线提供的服务分为信息检索和内容浏览两类。信息检索框提供基于关键词的基本检索和高级检索，支持布尔逻辑检索，检索结果分为馆藏级和条目级两类，两种结果都可以按照机构、日期、是否数字化进一步缩减范围；内容浏览分为按收藏的专辑浏览、按馆藏机构浏览和按地图浏览三种类型，每种浏览都提供多种方式，如专辑浏览支持字母顺序浏览和自动输入内容浏览，按机构浏览可以看到每个机构的馆藏，有些内容已经数字化并能在线查看详细说明，而部分内容尚未数字化，需要联系相关机构获取；按地图浏览支持基于 Google 地图的机构查询和馆藏浏览。在收藏指南中介绍了每个机构的馆藏专辑内容、类型、数量以及是否数字化。

3. 其他

科罗拉多图书馆、博物馆、档案馆、历史学会等机构联合开展了科罗拉多数字化项目（Colorado Digitization Project）④⑤；美国西蒙斯大学发起的"全球记忆"项目利用集合内容描述和 DC 兼容元数据，

① American Memory[EB/OL]. [2013-08-14]http://www.loc.gov/teachers/.

② Chandler R L. Museums in the Online Archive of California (MOAC)：Building Digital Collections Across Libraries and Museums[J/OL]. First Monday 2002，7(5-6). [2014-07-15]. http://firstmonday.org/ojs/index.php/fm/article/viewArt icle/952.

③ Online Archive of California[EB/OL]. [2013-08-14]. http://www.oac.cdlib.org/about/.

④ Allen N. Collaboration Through the Colorado Digitization Project[J/OL]. [2014-07-15]. First Monday，2000，5(6). http://journals.uic.edu/ojs/index.php/fm/article/view/755.

⑤ Bishoff L. Interoperability and Standards in a Museum/Library Collaborative：The Colorado Digitization Project[EB/OL]. [2014-07-15]. http://journals.uic.edu/ojs/index.php/fm/article/view/755.

对各种类型的数字资源进行组织和描述，并为用户提供多种检索方式，其主要目的是融合全球图书馆、博物馆和档案馆中的信息资源，以促进历史文化遗产数字资源的全面共享和服务融合[①]。

3.1.6 加拿大

1. 加拿大图书档案馆(Library and Archives Canada,LAC)的数字化服务

加拿大图书档案馆是在政府推动下，国家图书馆与国家档案馆于 2004 年 5 月合并后形成的机构。LAC 集文化遗产信息资源收藏与服务为一体，馆藏内容包括出版著作、档案记录、音频和视听材料、照片、艺术品、网站电子出版物。其宗旨是为公众获取反映加拿大政治、经济、军事、文化、民生发展的各种类型的文化遗产信息提供便捷的、一站式服务[②]，主要服务形式有：馆藏目录检索、专题浏览与展览、虚拟参考咨询、预约馆藏、馆际互借、馆藏复制、交互服务等。

LAC 的馆藏目录检索包含图书馆检索、档案检索、图片检索和家族成员历史检索四大内容，每一个功能都提供基本检索和高级检索。图书馆目录检索范围从小到大分为加拿大图书馆目录、LAC 目录、AMICUS 目录(含 LAC 和加拿大 1300 多个图书馆的馆藏目录)检索三种方式；档案检索支持建筑和技术图纸、艺术绘画、电影和视频、地图、照片、邮票和邮政资料、音频资料、文本材料八大类型档案材料的全宗级、系列级、文件级、条目级、获取级检索。图片检索可检索 393 076 个图片，建筑和技术图纸、艺术绘画、电影和视频、音乐、地图、照片、奖章、邮票和邮政资料、音频资料、文本材料等资源类型；家族成员历史检索查询有 4 280 727 个馆藏条目，根据人名可以检索出生、结婚和死亡、移民事务、土地、军事、企业雇佣等信息。

专题浏览与展览可以对将近 20 多个专题数据库进行检索浏览，其中有一部分馆藏被制作成虚拟展览，以图文并茂的形式展现给网络访客，用户可以在浏览展览时添加社会标签，或者将内容转发到其他社会媒体。虚拟参考咨询服务形式多样，支持 FAQ、在线、传真、Email、电话、到馆、预约咨询，还提供兼职研究员协助服务，馆际互借支持在 AMICUS 之内的馆际互借服务。

LAC 基于论坛、电子邮件和社会媒体推出了交互服务，在 Flickr、Twitter、Youtube、Facebook 上进行文化遗产信息发布和服务，基于重要藏品开发的专题播客节目均发布于社会媒体上进行广泛传播，这些播客不仅吸引了公众对馆藏的关注，而且也有利于历史文化知识发现和共享。LAC 的图片门户网站提供了约 15 000 个高质量的扫描图像，吸引了大量公众浏览和使用，目前网站图片以每月 2000 个的速度增加[③]。

2. 皇家不列颠哥伦比亚博物馆集团(RBCM)的数字化服务

RBCM 馆藏 700 多万件文物、档案、照片、胶片、艺术品等，用以保存和研究不列颠哥伦比亚省的文化和自然遗产，同时激发公众的求知欲和好奇心。展示、发展、传播和共享该省历史文化是其神圣使命。信息技术的发展为不列颠哥伦比亚博物馆集团服务与项目的改进、商业化的资产运作提供了强大的支持，该博物馆上线的动态交互式网站成为服务宣传与延伸的重要平台，移动技术、社会媒体、虚拟现实技术充实了网络服务的内容与形式，吸引了越来越多的人在线获取不列颠哥伦比亚省的历史文化知识。该馆 2012—2013 年的年度报告显示，一年内有 48 万人到馆参观、60 多万人在线浏览网站，用户满意度达 91％[④]。

---

① Global Memory Net[EB/OL].[2013 - 04 - 02]. http://www.memorynet.org.

② Library and Archives Canada[EB/OL].[2013 - 08 - 15]. http://www.collectionscanada.gc.ca/index-e.html.

③ Caron D J. Library and Archives Canada's Reality in 2012[R/OL]. on Association of Canadian Archivists' 37th Annual Conference.(2012 - 10 - 17)[2013 - 08 - 16]. http://www.bac-lac.gc.ca/eng/news/speeches/Pages/8-june—whitehorse.aspx.

④ Royal BC Museum Corporation. RBCM-AnnualReport - 2013[R/OL].[2013 - 08 - 15]. http://royalbcmuseum.bc.ca/assets/RBCM-AnnualReport - 2013.pdf.

馆藏检索与展览是 RBCM 两大主要的数字化服务方式。馆藏检索涵盖自然、历史、人文遗产资源的检索，分为人类学、家谱、近代史、自然历史博物馆馆藏资源目录检索和专业档案资源检索，前者属于分类的目录检索，融合了 RBCM 所有资源类型的目录信息；后者包括各个历史时期的文本、图书、电影、音频、照片、图片、地图、法律文书的一站式目录检索。

展览服务的内容有展览回顾、展览预告、当前展览、在线展览、移动展览。例如，时光穿越档案展览是 RBCM 专门面向学校师生开辟的教育资源[①]，利用馆藏历史档案资料分类组织，形成了反映不列颠哥伦比亚社会政治、经济、文化发展风貌的 11 个专题展览，图文并茂地讲述该省的历史文化发展历程，每个专题下的教师空间介绍可开展的课堂教学活动和本专题资源的检索使用，以及相关的图书和二手资料。

皇家不列颠哥伦比亚博物馆集团还在展览制作中大量应用多媒体交互技术和移动技术。例如，2009 年制作的雷鸟公园展览以交互 Flash 形式展现了位于雷鸟公园户外印第安文化展示区的印第安文化历史发展[②]。2011 年，身边的外来生物展览以交互地图的形式介绍了不列颠哥伦比亚的各种生物物种，该展览还支持移动设备浏览，支持用户通过手持设备提交自己所看见的物种名称、时间、地点、图片及描述信息，并标注到 Google 地图上，还可以就生物物种在线咨询专家[③]。2013 年制作的探索文化展览区以虚拟现实技术呈现了印第安文化展示区的全貌，使用户拖动鼠标就可以身临其境地体会不列颠哥伦比亚的文化[④]。这些交互式服务增加了用户的参与，体现了以用户为中心的服务理念。

3. BAnQ

作为魁北克国家图书馆、国家档案馆和一个大城市的公共图书馆，魁北克国立档案馆（BAnQ）汇集、保存和推广来自魁北克或与魁北克有关的遗产材料。作为知识社会的重要参与者和真正的文化中心，BAnQ 努力使获取知识的途径民主化。[⑤] 亚历山德拉等人评论道："BAnQ 为所有魁北克人提供的服务的整合是独一无二的，标志着为该省居民提供新的优化服务的开始。"BAnQ 为该省提供的资源优化服务，保存文物资料，并首次通过数字门户提供这些资料的普遍使用权。

3.1.7 澳大利亚

经过十多年的发展，澳大利亚国家图书馆联合图书馆、博物馆、档案馆和其他文化机构建立了九个单独的馆藏文化遗产信息一站式服务门户网站，它们是澳大利亚国家书目数据、网络档案 PANDORA、澳大利亚研究在线（Australian Research Online）、图片澳大利亚（Picture Australia）、澳大利亚档案与手稿中心（Register of Australian Archives and Manuscripts）、澳大利亚报纸（Australian Newspapers）、澳大利亚人民（People Australia）、澳大利亚音乐（Music Australia）、澳大利亚舞蹈（Australia Dancing）[⑥]。

Trove 是澳大利亚国家图书馆在多年计划和发展后，于 2009 年 11 月发布的一站式免费搜索引擎，集成了 1000 多个图书馆、博物馆、档案馆和其他机构的文化遗产资源，整合了之前的九个文化遗产资源门户网站数据，以及开放图书馆（Open Library）、HathiTrust 数字图书馆、OAISTER 等国际项目的数

①　Time Machine[EB/OL]. [2013 - 08 - 16]http://www.bcarchives.gov.bc.ca/sn - 1B50912/exhibits/timemach/main.htm.

②　Thunderbird Park[EB/OL]. [2013 - 08 - 16]http://royalbcmuseum.bc.ca/exhibitions/online/thunderbird/.

③　Aliens Among Us[EB/OL]. [2013 - 08 - 16]http://alienspecies.royalbcmuseum.bc.ca/eng/content/home.

④　Explore the Cultural Precinct [EB/OL]. [2013 - 08 - 16]http://royalbcmuseum.bc.ca/explore-precinct/♯close.

⑤　魁北克国立档案馆[EB/OL]. [2013 - 08 - 16]. http://www.banq.qc.ca/collections/collection_numerique/index.html.

⑥　Cathro W, Collier S. Developing Trove: the Policy and Technical Challenges[EB/OL]. [2013 - 09 - 11]. National Library of Australia Staff Papers,2010. http://www.nla.gov.au/openpublish/index.php/nlasp/article/viewArticle/1666.

字内容①。Trove 所提供的 2.6 亿个各种类型数字资源大大满足了用户需求,网站每天接受 6 万多人的查询访问,其中超过 10% 的用户使用的是手机移动访问的方式②,可见,一站式的数字化服务融合方式为公众的文化信息获取与再利用提供了便利。

作为免费的搜索引擎,Trove 的与众不同之处就在于它整合的是有重大历史价值的深网资源,这些隐藏于各个文化遗产机构的数字资源是商业搜索引擎很难全面收录和准确检索的。

各种类型文化遗产资源的检索服务是 Trove 的核心功能,Trove 包括任何与澳大利亚有关的数字资源,支持对图书、图像、期刊、文章、数据集、数字报纸、音乐、音频、视频、地图、日记、信件、档案、网站档案、人物、机构和列表的分类检索与跨库检索,但是它不存储数字资源内容,因此检索结果只返回根据相关性排序后的详细描述元数据,以便于用户查找资源。

数字报纸检索、网站档案检索和列表检索是 Trove 的特色服务。数字报纸项目实施于 2008 年 7 月,包括了 18 世纪至 20 世纪中期的澳大利亚报纸全文内容,由于部分报纸年代久远存在模糊不清、难以分辨的情况,因此 Trove 将所有的报纸内容利用 OCR 转换成 TXT 格式,发动 Trove 用户进行文字校对,所以数字报纸检索结果可以 PDF、JPG、TXT 三种格式查看,高分辨率的数字图像可以直接点击"Buy"按钮在线订购。网站档案检索内容包括了 1996 至今以.au 为顶级域名的商业、政府、教育等类型网站页面 7343 万个,涵盖政治、经济、文化、体育、法律、交通、大众传媒等多方面的内容,通过超链接可以查看网站的图片、文章、政府文件。列表查询可以检索 Trove 用户在个人空间中保存的数字资源,这也是 Trove 个性化服务内容的一部分。

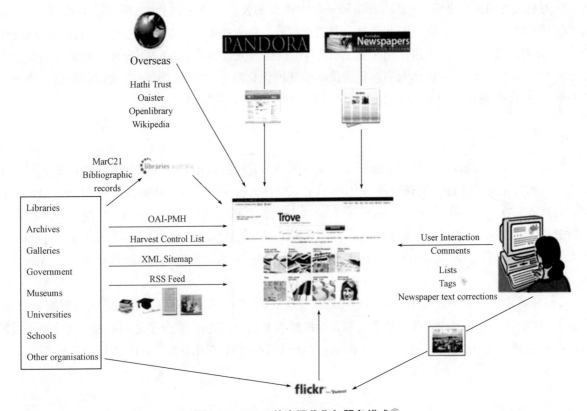

图 3 - 4 Trove 的资源收集与服务模式③

① Holley R. Trove：More than a Treasure? How Finding Information just Became Easier[J]. Brisbane，2010(9)：1-8.

② Trove[EB/OL]. [2013-08-07]. http：//trove. nla. gov. au/.

③ James V，Bryce C. Trove：Let us Work with you to Tell Your Story[R/OL]. (2013-05)[2013-07-06]. http：//trove. nla. gov. au /general-test/files/2013/05/Friday_RRC-Plenary-2_11-1220_Virginia-James-and-Catriona-Bryce. ppt.

3.2 国内图博档数字化服务融合实践现状

3.2.1 国家文化信息资源共享工程

国家文化信息资源共享工程[①]是 2002 年以来国家文化部、财政部组织联合实施的重大国家文化公益项目。中国文化部和财政部联合发布了《关于实施文化信息资源共享工程的通知》,旨在调动各有关社会阶层的积极性,统筹规划,形成统一的标准。项目与各部门合作共建共享,克服了参与成员单位及人员隔离的困难。文化信息资源共享工程主站——国家数字文化网络的建成,扭转了互联网上中文信息匮乏的局面,形成了中国文化在互联网上的整体优势。建成了覆盖各省、自治区、直辖市、多数市、县、部分乡、街道、社区的文化信息资源网络传输系统。文化信息是在全国范围内构建和共享的。

文化共享工程定位于大众性特色文化服务,服务平台主站和各省级分中心共同组成了面向大众的公共文化服务体系。服务平台主站中也提供了多种文化遗产信息资源,如经典剧场展现了中华戏剧曲艺文化,共享讲堂的名家讲坛、文艺鉴赏、文物瑰宝向公众传播文化遗产信息,文化专题下的多媒体资源库、文物典藏、红色历史、人物传记、艺术欣赏、非遗专题从多方面展现了文化遗产信息。各省级分中心也是提供地方文化遗产信息资源服务的窗口,如,江苏分中心的老商标老广告数据库、中国古代体育图片库等,浙江分中心的越地联匾集萃图文数据库、温州家谱数据库、瓯海泽雅古法造纸数据库等,广西分中心的文物精品数据库和云南分中心的青铜器文物数据库,都从各个侧面展现了民族传统文化。

3.2.2 中国国家图书馆·国家数字图书馆·国家古籍博物馆

中国国家图书馆于 21 世纪初在北京国家图书馆推出了中国国家数字图书馆。此外,2012 年 7 月,国家图书馆还成立了国家古籍图书博物馆,位于国家图书馆内。自 2014 年起,它还提供在线展览等古籍相关服务。[②]

中国国家数字图书馆提供图书、期刊、报纸、学位论文、会议论文、参考工具、专利/标准、索引/摘要、数字/事实、音频/视频、图书馆目录和移动服务的电子资源,共提供超过 175 万本 PDF、图像和文本格式的电子书。这些资源包括经济学、文学、历史、医学、健康、法律等 22 大类,来自 3000 多名授权作者。10 个主要数据库分为 40 个类,3000 种,截至 2016 年 1 月共计 1181.57TB[③]。同时,通过整合文献资源,实现资源的深度加工和揭示,以积极推进网络信息的保存和服务。

将云计算、大数据、唯一标识符、关联数据等多种技术应用于特色资源云服务系统,方便国家数字图书馆的数字服务[④]。同样,通过互联网和移动设备,国家数字图书馆为图书、期刊、报纸、论文、古籍、参考书、音像等提供了一个在线阅读门户,并提供了与资源使用相关的检索和统计发布。同时该馆还提供智能推荐服务,以实现基于云门户的跨终端、跨平台应用。

国家古籍博物馆是中国第一家以展示中国古籍、传播中国文化为目标的图书馆,依托丰富的馆藏资源,拓展了国家图书馆的教育功能,主要包括收集、展览、研究、保护和提供公众教育、文化遗产和文化休闲服务。此外,在世界上它是一个大型博物馆,拥有丰富的馆藏和代表性的展览[⑤];将其网站引入传统

① 国家文化信息资源共享工程[EB/OL].[2017-09-26].http://www.ndcnc.gov.cn/.
② 中国国家图书馆·国家数字图书馆[EB/OL].[2017-09-26].http://www.nlc.cn/.
③ 魏大威,张炜.信息化环境下国家数字图书馆的创新与发展[J].图书馆杂志.2016.35(12):4-9.
④ 童忠勇.国家数字图书馆特色资源云平台的建设与实践[J].国家图书馆学刊,2018.5:99-105.
⑤ 国家古籍博物馆[EB/OL].[2017-011-26].http://www.nlc.cn/nmcb/gywm/js/.

图书馆中,可以使之与国家数字图书馆和中国国家图书馆以相同的方式集成。

除了在线服务外,国家古籍博物馆数字展厅还采用了数字多媒体设备等高科技数字展示技术,以传递博物馆资源内容。同样,该博物馆也依赖于大数据管理,在屏幕上展示和播放馆藏藏品或从相关博物馆借来的藏品。该博物馆借助三维互动的方式,体现了图书馆历史档案数据服务融合,展示的信息和馆藏范围更广①②。

3.2.3 天津泰达图书馆档案馆

泰达是中国大陆唯一实行图书、档案、情报一体化信息综合管理的区域性文化机构。其档案服务主要包括基于网络的档案接收、整理、保存、识别、保护、展示和共享,实行数据标准化处理,有序组织③。

天津泰达图书档案馆是天津市滨海新区以"搭建平台、服务社会、传承文明"为宗旨,建立的区域性"信息中心、知识中心和文化中心"。该馆融图书、档案、情报服务于一体,截至2012年,馆藏各类图书与视听资料合计将近41万册、馆藏各类档案50多万卷,日均接待到馆读者用户5000人次,网络平台资源访问量近36.8万人次④。泰达图书档案网站将图书馆和档案馆的常用服务融合在一个平台,提供图书文献资源和档案资源服务。其地方文献数据库、珍藏档案和非物质文化遗产、传世国宝、中华民族风采等专题视频展现了天津开发区的历史文化。除此之外,网站还推出了英文版、手机版和儿童版的服务形式。

该馆中有中文3亿多项数据,外文2亿多项数据。开放资源包括28个数据库和1万多份受版权保护的期刊。泰达的主要特点是多逻辑功能组合形成的高级检索,具有一站式的检索服务和精确获取的功能。泰达还支持中文、英文、日文等8种语言的全文、关键词、标题、作者、ISSN、ISBN等9个检索字段。此外,检索结果支持可视化,以图形和表格的形式对资源类型、引文、学科和语言进行分布展现。同时,提出了不同相关性的选择,展示了关注的主题出版物用户的趋势⑤。泰达图书馆档案馆还提供短信、社交网络、图书馆WAP(Wireless Application Protocol)、移动阅读终端、移动定位、移动视频播放等附加服务⑥。

3.2.4 台湾数位典藏与数字化学习科技计划

台湾的数位典藏科技计划始于2002年,2006年与数字学习科学与技术计划相结合,纳入《词典汇编》和《数字学习科学与技术计划》⑦。两个大型项目在科学、技术、人文、经济等多个领域成功地融合开发。项目藏品主要来源包括博物馆、美术馆、档案馆等公共机构,如台湾理工学院、台湾博物馆、县、市文化局、文化馆等,其余藏品是从许多私人数字数据所有者那里收集或接收的⑧。

该项目的主要功能与目标是呈现台湾文化与自然的多样性,希望能吸引更有效的科技教育力量,并促进宝贵文化资产的保存与文化创新。

---

① 徐浩. 数字展厅在博物馆中的建立与探索——以国家博物馆"国博典藏《乾隆南巡图》长卷数字展示"为例[J]. 博物馆研究. 2015(3):83-88.

② 刘畅. "互联网+"助力博物馆陈列进化——以国家典籍博物馆陈展为例[J]. 科技传播. 2018(7):136-138.

③ 天津泰达图书档案网[EB/OL]. [2017-11-09]. http://www.tedala.gov.cn/index.html.

④ 天津泰达图书档案网. 2012年度报告[R/OL]. [2013-07-05]. http://www.tedala.gov.cn/gywm/ndbg/2012/menu.html.

⑤ 易守菊. 基于CNKI学术资源发现平台的泰达发现探析[J]. 图书情报工作. 2018,62(S1):52-55.

⑥ 刘蕾. 数字阅读与公共图书馆发展的思考—以泰达图书馆为例[J]. 河南图书学刊. 2014,34(10):25-26.

⑦ 台湾数位典藏科技计划[EB/OL]. [2017-11-09]. TELDAP, http://teldap.tw.

⑧ Chen, H. The Development of Digital Collection and Resources Organization Related Program in Taiwan[J]. Journal of Library and Information Studies. 2011(16):49-65.

中文信息元数据交换（MICI）框架主要使用都柏林核心（DC）的 15 个字段，以及开发人员定义的称为 MIC-DC 的字段，这些字段用于处理古籍、文档、地图集、图像/照片、书画和工艺品等，通用系统元数据是基于 XML/元数据设计的。

其主要特点是实践早、技术先进、数字资源丰富、与文化组织和市场共建机制。

表 3－2　数字典藏与数字学习型科技计划分项计划组成①

内容	内容	拓展台湾数字典藏计划
技术	技术	数字技术研发与整合计划
平台	平台	数字核心平台计划
应用	推广应用与授权平台	数字典藏与数字学习之学术与社会应用推广计划
	产业发展与推动	数字典藏与学习之产业发展与推动计划
	远程教育	数字教育与网络学习计划
	语文教学	语文数字教学计划
	全球合作	数字典藏与学习之海外拓展暨全球合作计划

该计划已于 2012 年年底执行完毕，可通过数字典藏与数字学习网站（http://digitalarchives.tw/）体验计划成果，开设有英文版面。首页列有珍藏特展、目录导览、技术体验、成果网站资源等栏目。

表 3－3　数字典藏与数字学习成果入口网栏目设置

珍藏特展	目录导览	成果网站资源	工具与技术服务	关于我们
珍藏特展	联合目录	成果网站资源库	技术体验	计划简介
建筑排排站	快速关键词导览	教育学习	关键词标示工具	关于本站
建筑转转乐	主题分类	学术研究	线上艺廊	如何利用本站资源
天地宫	典藏机构	创意加值	时间廊	著作权声明
安平追想 1661	进阶搜寻			隐私权声明
工艺大冒险				资源公开说明
原住民服务				网站地图
原住民仪式				

另外可以检索联合目录资源和网站资源，该网站在著名的社交网站 Facebook 设有专页，以便主动

图 3－5　数字典藏与数字学习成果入口网

---

① 王汎森. 数位典藏与数位学习科技计划［EB/OL］.［2013－04－07］. http://teldap.tw/Files/101Q4RP. pdf.

走进网络社区，与用户互动，开拓潜在用户群。可以根据不同的使用者及使用目的，提供多种快速导览，例如联合目录导览提供最热关键词快速导览、主题分类、典藏机构导览、高级检索；教育学习对象（小学生、中学生、职业专科、大学生、教师、研究人员）导览；学术研究分为人类学、档案学、影音、数字典藏与学习计划介绍、文化、历史、文物；创意加值则可通过网络学习等方式实现。

3.2.5　香港记忆

"香港记忆"是基于文化机构、政府部门、商业机构、民间团体多方合作，实现历史及文化资料集中储藏，以数码形式展现香港历史及文化遗产的服务融合平台[①]。香港大学的香港人文社会研究所和香港大学图书馆负责"香港记忆"项目的具体指导，香港赛马会慈善信托基金、康乐及文化事务署是其赞助与合办机构，服务平台的资源来自香港历史博物馆、香港文化博物馆、古物古迹办事处、香港政府档案处及其他文化、娱乐机构，资源类型，包括文件、图片、海报、录音、电影及录影[②]。

"香港记忆"提供四种类型的文化遗产信息服务，即专题特藏、展览、口述历史和社区参与。专题特藏储藏了资源合作机构的数字资源，按内容和资料的性质分为历史与社会、地理与环境、艺术与文化、传播与媒体四个专题；展览服务对专题特藏资源精挑细选，按照主题和故事制作成丰富多样的专题展览；口述历史中有专题档案和"香港留声"口述历史档案库，让公众通过服务平台的声音记录了解香港过去的生活面貌，提供工业、教育、社区、社会生活、日治时期、文化与艺术六个主题的检索；社区参与引导香港市民参与到历史文化资料整理中，旨在唤起香港公众的集体记忆、增强文化归属感，目前推出了"记忆校园"和"我们的数码故事"两种参与形式，前者鼓励学校师生组成团队，整理本校历史资料形成文字、图片、影音档案等，分享到记忆校园网站，后者鼓励市民利用数码技术记录和展示个人的生活片段，分享到服务平台，以见证香港历史文化的发展。

"香港记忆"是为文化机构、政府部门、商业机构及非政府机构提供集中存放历史文化资料及数码展示香港历史文化遗产的服务整合平台，香港人文社会学院及香港大学图书馆均负责推行这项计划。其主要特色包括全面的网络服务、多元文化背景的资源和由香港大学图书馆资讯科技专家指导的服务整合网站计划。

3.2.6　香港海事博物馆

香港海事博物馆设有实体及虚拟图书馆，向公众开放。这些图书馆包括 3000 册图书、期刊、图片、地图册和其他文件；虚拟图书馆还包括到其他网站的链接。它提供了方便使用的各种印刷品和档案，为科研人员提供了保存与展示与香港和中国东南部有关的海洋遗产和历史的途径[③]，与此同时，一些当地学者在图书馆中增加了更多的研究成果，使图书馆的资源库越来越丰富[④]。该博物馆的多元文化遗产"非常独特，在其他地方都找不到"，它的收藏品来自有影响力的个人、家庭、小型企业和大型或非营利组织的捐赠[⑤]，依据的是英国政府网站档案的检查清单和质量要求；主题服务及其与自身图书馆的内在服务融合是其主要特色。

---

① Hong Kong Memory Project[EB/OL]. [2013 - 03 - 25]. http://www.hkmemory.hk/.
② Hong Kong Memory Project[EB/OL]. [2013 - 03 - 25]. http://www.hkmemory.hk/.
③ Lo P. But K, Trio R. Links between Libraries and Museums: a Case Study of Library-Museum Collaboration at the Hong Kong Maritime Museum[J]. Italian Journal of Library and Information Studies. 2014, 5(1):102 - 120.
④ 香港海事博物馆[EB/OL]. [2018 - 03 - 25]. http://www.hkmaritimemuseum.org.
⑤ 同④。

3.2.7 青岛市北区数字档案馆

青岛市北区数字档案馆①拥有 11 万余册、4 万余件档案，主要包括党政、群众团体、分区办事处档案，属于市北区党委、区人民政府。此外，还有婚姻、会计、科技、名人档案，实物档案，人口、工农业普查、重大活动档案。

除了档案外，还有 24 500 本书、期刊、报纸和特殊收藏。图书主要包括经典著作、政令汇编、国内外政治、经济、文化、军事、科技资料、各类参考书、年鉴和各类统计资料及 50 多种报刊；还有该地区有关部门编制和编写的图书、期刊和重要文件。配合党的中心工作，另外与其他部门合作编制了具有较高实用价值的参考资料。除了文档文件之外，还有照片、视听文件。图书馆配备了各种检索工具、计算机局域网、文档和文件级目录等所有输入方式，实现了文档的收集、文件编目和统计。其特点是典型的政府机构里的档案图书数字化服务融合，以档案为主，图书为辅。

在地区层面，还有浙江省景宁县、河南省鹤壁市、江苏省无锡市、浙江省义乌市、青岛开发区等都对三馆合一或馆际协作进行了实践探索，广东省建立了包括数字图书馆联盟、网上图书馆、网上博物馆在内的数字文化服务网络②，等等。

---

① 青岛市北区数字档案馆［EB/OL］.［2018－01－15］. http://www.qdda.gov.cn/sbdigitalarchives/front/article.jsp? param＝0&dqdm＝SB.

② 郑燃、李晶. 我国图书馆、档案馆与博物馆数字资源整合研究进展［J］. 情报资料工作，2012(03)：69－71.

第4章　图博档数字化服务融合的内涵辨析

4.1　LAM 数字化服务融合的内涵辨析

文献一词最早见于《论语》,早期的"文"指典籍,"献"同"贤",文献指文字资料和贤能之人,随着历史演变与技术发展,"文献"之外延逐步扩大,现在通常指用各种文字符号、图表、声音、影像等形式表达信息的资料。所以,文献由内容、记录方式和载体三部分组成,其实质是符号化的知识信息,是人类思想和智慧的结晶①。记录方式和载体的多样性决定了文献形式的多样性,以文字或其他信息符号记录于一定载体,借以传播知识的图书,也是文献的一种。另外,用于传播交流和舆论宣传的期刊、报纸、杂志,记录作者思维活动的日记、随笔的本质也都是文献。图书馆是我国重要的文化机构,其所收藏的图书、连续出版物、科技报告、会议资料、学位论文、专利等都是文献资料,文献的收集、整理、典藏和服务构成了图书馆的主要工作内容。

档案指过去和现在的国家机构、社会组织以及个人从事政治、军事、经济、科学、技术、文化、宗教等活动直接形成的对国家和社会有保存价值的各种文字、图表、声像等不同形式的历史记录②。可见,档案作为历史之记录具有历史凭证、参考作用及情报价值,其本质属于记录信息的载体。档案所记载的既有文献型信息也有非文献型信息,其所具有的原始记录性是档案区别于其他信息载体的一个重要特点。档案馆是我国主要的档案保存与服务机构,它与图书馆有着天然的联系,二者都是文献信息服务机构。

文物是指人类在社会历史发展进程中遗留下来的,由人类创造的或者与人类活动有关的一切有价值的物质遗存的总称。从我国《文物保护法》可以看出,文物外延丰富,包括可移动文物和不可移动文物两大类,只要是具有历史、艺术和科学价值的遗址、建筑、石雕石刻、实物、艺术品、手稿、图书资料等都属于文物的范畴,它们从各个角度反映了人类社会各个历史时期的生产、生活面貌。当然历史遗留的遗物、遗迹无以计数,现今保存下来的只是其中的一部分精华。博物馆是我国主要的文物收藏和保护机构,也是保护人类文明、传播文化知识的重要机构。

4.1.1　信息服务

国际标准化组织编制的《质量管理和质量保证术语》ISO9004-2③中服务被定义为:为满足顾客需要,供应方与顾客之间接触的活动以及供应方内部活动所产生的结果。

随着信息时代的到来,服务的内涵和外延得到了扩充和深化,人们逐渐认识到了信息服务的重要价值。信息服务的含义非常宽泛,当前主要存在三种不同的界定:一是从信息服务业和信息产业的构成方面来讲,信息服务是一项产业活动,通常包括对与产业发展相关的行业构成的界定,美国经济学家马

---

① 吴江华.“文献遗产”与“档案文献遗产”概念辨析[J].山西档案,2010(01):26-28.

② 国家档案局.中华人民共和国档案法[EB/OL].(2010-02-08)[2013-04-10].http://www.saac.gov.cn/xxgk/2010-02/08/content_1704.htm.

③ 蒲伦昌,朱立恩.服务质量体系的建立与运行:ISO9004-2标准的实施[M].北京:中国计量出版社,1994.

克·尤里·波拉特在其1977年出版的研究报告《信息经济》①中对信息产业进行重新界定,以是否向社会提供信息产品和信息劳务为特征,从而把信息部门划分为一级信息部门与二级信息部门。二是将信息服务界定为一项以传播和提供信息的信息劳动为主的社会活动,岳剑波在其专著中将信息服务划分成狭义的信息服务与广义的信息服务②,信息服务机构以有效满足社会公众的信息需求为目标,向社会公众精确提供丰富信息资源的活动被称为狭义的信息服务;而广义的信息服务包含了信息服务产业当中的所有活动,这些信息劳动主要通过劳务或者产品的模式将各类信息资源提供给社会公众,包括信息产品的研发、流通传播、分配报道等。三是将信息服务界定为一个系统的运行过程,指的是信息收集、加工、利用等一系列环节的综合,张燕飞等认为"信息活动是一个不间断的过程,其中的每个环节都密不可分,信息服务渗透于每个环节中,单纯以提供信息为信息服务的内涵难以体现信息服务的广泛社会性"③,胡昌平认为"信息服务是以用户的信息需求为依据,面向用户开展的一切服务性活动"④。

信息服务的有效开展离不开多种基本要素的共同参与,其中信息用户和信息服务者是信息服务活动中的参与主体,信息产品是信息服务活动中的参与客体,而信息服务设施和信息服务方法是实现信息服务活动的根本保障⑤。齐虹在其文章中对信息服务过程中包含的基本原理进行了深入探析,信息服务的成本与收益原理、信息服务的需求动力原理、信息服务增值原理、信息服务的信息选择原理、信息服务有限性原理共同构成了信息服务基本原理的内涵⑥。需求动力原理对信息服务活动的外动力机制进行了揭示。信息资源在制造与传播过程中产生的费用被称为信息服务的成本;信息服务的收益包含两个组成部分,一部分是社会公众借助信息资源而得到的价值增值,另一部分是信息开发者在信息资源传播过程中得到的收益。信息选择与传递是客观存在的,是信息服务功能存在和拓展的基础,贯穿在整个信息交流过程当中。信息服务的增值过程主要通过以下几个方面综合体现:一是交流服务方面的增值,二是序化积累方面的增值,三是相互获取方面的增值。信息服务的有限性体现在两种因素的制约:一种因素是信息主体的处理与认识能力,另一种因素是信息流动与存在的物质条件。

当前信息服务的发展趋势呈现出四大特征:一是由单一形式的信息服务向综合性服务形式发展,主要表现在利用先进的计算机技术、互联网技术和远程数据处理技术等,将原本分离的通信业务、信息处理和信息提供等服务相互结合,形成综合性的网络信息服务;二是由以行业为主线的部门信息服务向社会化信息服务模式转变,当前各个系统的信息服务正在不同程度地向社会开放,社会化信息服务体系正在形成,并且以经济、科技信息服务的协调发展为主要标志;三是专项信息服务和系统化信息保障服务逐渐成为主流需求,随着社会信息化进程的不断加快,用户的信息需求正在向专门化和综合化的方向发展,对信息的专深程度越来越高;四是多元化及多样化的信息服务不断涌现,经营性信息服务机构的有偿服务与国家信息服务机构的无偿服务形成相互补充和协调发展的局面,与此同时信息服务的方式和内容正在向多样化方向发展。

4.1.2 数字化信息服务

随着信息技术的快速发展和互联网的普及,全球信息化进程不断向前发展,基于数字形式与网络形式的信息环境正在不断发展成熟,革命性的改变已经开始发生在信息的生产、存储和利用过程中,与传

---

① Porat M. The Information Economy: Definition and Measurement[M]. Washington DC: National Science Foundation,1977.
② 岳剑波. 信息管理基础[M]. 北京:清华大学出版社,1999.
③ 张燕飞,严红. 信息产业概论[M]. 武汉:武汉大学出版社,1998.
④ 胡昌平. 信息管理科学导论[M]. 北京:科学技术文献出版社,1995.
⑤ 常艳丽. 图博档文化遗产信息资源数字化融合服务研究[D]. 南京:南京大学,2014.
⑥ 齐虹. 信息服务原理研究[J]. 档案学通讯,2004,(4):57-60.

统信息资源相比,数字信息资源具有难以比拟的优势,并且已经成为信息资源的主体。与此同时,当前的信息环境为信息服务机构实现更有针对性的信息服务提供了可能,在满足用户个性化信息需求的过程中产生了以用户为导向的数字信息服务。数字信息服务可以定义为以数字技术、网络技术及软硬件设备为依托,通过集成访问不同表现形式的信息资源,面向用户提供所需信息的服务方式[①]。例如,图书情报领域包含的服务方式有:科技查新服务、网络导航服务、参考咨询服务、学科门户服务、联机书目服务、检索帮助服务、网络信息推送服务等[②]。与传统信息服务模式相比,信息服务内容与信息服务手段的丰富性与差异化是当前数字信息服务主要呈现出的典型特征,由单向、静态、封闭的传统文献信息服务模式转变为双向、动态、开放、交互的数字信息服务模式。数字信息服务的优势是快速、精准、及时,快速指的是能够打破时间与空间的限制,通过友好的服务界面对社会公众存在的信息需求进行及时满足;精准指的是具备尊重社会公众的信息需求进行信息资源的加工与组织,为用户提供准确的个性化信息服务;及时指的是服务资源存储和传递方便,并且更新周期快,能够及时满足用户的信息需求[③]。

与传统信息服务相比,数字化服务的特点在于信息服务内容与信息服务手段有所不同。数字化服务就是以数字技术与软硬件设备为手段向用户提供数字化的资源以满足用户信息需求的服务方式,包括服务资源的数字化、服务手段的数字化、服务方式的数字化,数字化服务的开展离不开数字资源、数字技术、服务机构、用户,以及相关的制度、标准、规范与服务理念,它们相互联系、相互影响,构成了数字化服务的要素[④](如图 4-1 所示)。

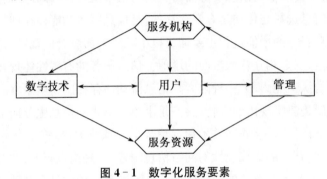

图 4-1 数字化服务要素

4.1.3 数字化服务融合

1. 服务融合

“融合”是把两类及以上的相关事物进行一体化合成的过程。融合有“融为一体”之意,与集成、一体化、整合等词语意思相近。网络环境的开放性、动态性使得信息资源数量激增,面对海量数据,用户希望能够方便、快捷、准确地获得信息,因而渴望信息服务机构能够提供信息服务融合。信息服务融合指将分散的多源多层次信息进行取舍、加工和集合划分,减少信息冗余,使多源信息成为集成互补的有机整体,使信息的价值得到最大程度的发挥,以全面、快捷地满足用户的信息需求。

图书、档案和博物服务三者业务之间的复杂关系,它们在存在大量共性的同时,也有其各自的历史

① Bhattacharya P, Siddiquee Q, Jha P K, et al. Digital Information Services: Challenges and Opportunities[J/OL]. [2014-07-20]. http://members. tripod. com/siddiquee_q/DigitalInformationServices. pdf.

② Gu B, Zhi Q Q. Research on Structure and Construction of Digital Information Service Industry Chain in China[C]. Proceedings of the 2009 International Conference on Public Economics and Management, 2009: 43-46.

③ 常艳丽. 图博档文化遗产信息资源数字化服务融合研究[D]. 南京:南京大学,2014.

④ 毛秀梅. 高校图书馆数字化服务要素及优化策略[D]. 长春:吉林大学,2006.

传统和业务特征,无法完全实现融合。因此,本书研究的视角就是基于"资源聚合、服务融合,技术支撑"的思路进行的。

相似的概念词义:关于图博档(数字化)服务融合的容易混淆的概念,英文中主要有三组词,我们项目组理解为:

(1) 合并(Merge)、集成(Integration)、聚集(Aggregation)和联盟(Alliance)四种策略,均含有"聚在一起"一起的意思,本项目研究中称为"聚合",用于描述资源方面,主要指典藏资源方面的内容。

(2) "融合、混合(Fusion)"或者融合"Convergence",均含有"聚在一起"一起的意思,本项目研究中称为"融合",用于描述服务方面的内容。

例如,2011 年于印度新德里召开的国际会议(International Conference on the Convergence of Libraries, Archives and Museums, Theme: User Empowerment Through Digital Technologies, ICLAM),会议主题就是围绕图书馆、博物馆、档案馆融合(Convergence)。

(3) Collaboration(协作),Cooperation(合作)

Collaboration:共同劳动、共同生产制作

Cooperation:合作(协同合作)、共同运营、共同操作

Collaboration、Cooperation 主要指服务管理、服务运营开展方面的事务。

我们研究认为,与本书最贴切的对应"融合"的英语词汇是"Convergence",表达的是"数字化方式信息服务融合形态"[①],其内含是社会公众能够基于单一接口对不同来源的数字资源进行访问和获取,在上述过程中信息服务与数字资源的切换过程是感受不到的,最终形成一体化的信息服务环境。当前开放、动态的网络环境使得数字资源种类与数量急剧增加,广大用户希望在面对海量数字资源的时候能够快捷、方便、准确地获取所需信息,期望所有不同种类的信息服务机构能够对信息服务融合提供相应的支持。其中,信息服务融合的内涵是指对多源的、分散的多层次信息资源进行取舍、加工、集合操作,使得不同种类的信息资源集成为互补的有机整体,一定程度上减少了信息的冗余,同时较为全面和快捷地满足了各类用户的信息需求。

2. 数字化服务融合

数字化服务融合是指以数字技术为手段,根据用户的需求将若干分散却有着密切联系的异构分布式数字资源聚集在一起,建立共同的机制使之相互渗透、融合,形成协调有序的有机统一体,为用户提供融合多源数据的一站式信息展示与获取服务。数字化服务融合表现出四个特点:以用户为中心,对资源进行动态聚合和优化重构;以规范的资源组织为基础;提供一体化的信息展示和智能获取途径;必须依托网络环境与数字技术实现[②]。

数字化服务融合作为一种现代化的服务模式,它是基于系统论、知识组织基础之上的信息服务,不是信息内容和业务的简单拼凑,数字化、网络化、虚拟化的信息环境是开展数字化服务融合的最佳环境,用户需求、数字资源、数字技术是开展数字化服务融合的必备要素。如何面向用户需求,利用数字技术对数字资源进行科学有效组织并提供给用户高质量和高效益的服务产品,是数字化服务融合的核心。可见,用户需求是数字化服务融合的动力,数字化服务融合不仅要对已有的服务功能和服务能力进行融合提供一站式的服务,而且要通过融合纳入更多的服务内容和服务方式,为用户提供整体化的数字资源服务保障,以获得更好的服务效果。

根据融合程度的不同,数字化服务融合可以分为:协作层面的服务融合、协调层面的服务融合、协同

---

① 赵生辉,朱学芳.图书、档案、博物数字化服务融合策略探析[J].情报资料工作,2014(4):68-74.
② 胡昌平等.面向用户的信息资源整合与服务[M].武汉:武汉大学出版社,2007:95-96.

层面的服务融合以及和谐层面的服务融合；而根据服务的侧重点不同，数字化服务融合可以分为：面向资源的服务融合、面向用户的服务融合、面向技术的服务融合、面向机构合作的服务融合[①]。必须依托数字技术与网络环境实现、以规范的资源组织方式为基础、依据用户需求对数字资源进行动态优化重构、提供一体化的信息获取途径是数字化服务融合所具有的四类突出特征[②]。作为现代化的先进服务模式，数字化服务融合并不是多种数字资源与信息服务的简单拼凑，而是基于系统论、协同论、知识组织理论的高等级信息服务。

4.1.4 图博档数字化服务融合

从语法上来看"图书、博物、档案数字化服务融合"是一个主谓结构的短语，这一概念的主语部分是"图书、博物、档案数字化服务"，而动词部分是"融合"。其中主语部分较为复杂，可以对其进行如下分解，"图书、博物、档案数字化"构成了"服务"这一词汇的总的限定性定语词组，也就是说这里的服务是以数字资源为内容、数字信息技术为工具的服务，对图书馆里的图书、档案馆里档案以及博物馆里的文物都有着各自的数字化服务，不仅仅体现在服务的内容上还体现在服务的模式上。那么要将"图书、博物、档案"的数字资源作为一个统一的文化有机体让三馆的服务联系起来，而做到这一点首先就是要实现服务的融合。"图书、博物、档案"是服务的第二层限定性定语，它意味着这一概念关注的是图书、档案和博物的数字资源服务，而不是其他所有的数字资源服务。"融合"与整合不同，它强调不同主体间建立更为无缝的联系，意味着不同主体间边界的打破，使之成为一个有机的联系整体。另外，融合还意味着融合后的效果应该大于融合前效果的简单代数和。从严格意义上讲，本项目理解为"图书、博物、档案"三个或两个不同行业例如图书馆与档案馆之间的关于"图书、博物、档案"数字式的服务融合。网络环境下，分布于多地的图书馆、博物馆、档案馆共同面对跨越时空限制的多个用户，虚拟用户的激增促使这些机构的服务方式发生变化，将分散的信息资源以数字技术进行服务融合已成为动态虚拟环境下满足用户信息需求的重要手段。图书、博物、档案的数字化服务融合是图书、博物、档案基于用户的文化信息需求，形成相互渗透、互为补充、相互促进、扬长避短的虚拟服务联盟，利用数字技术对图博档数字资源进行统一序化组织，面向用户开展一体化数字式的融合服务方式。

另一方面看，将"图书、博物、档案数字化服务融合"理解成一个偏正结构的短语，也不能算错，但是应该理解成，是关于图书、博物、档案之间的数字化方式的融合。如果理解成关于"图书的数字化服务融合"、"档案的数字化服务融合"和"博物的数字化服务融合"，是这三个主体的各自两个以上相同行业主体之间（例如省级与市级图书馆）数字式的服务融合，那就不合国内外研究人员的一般主流的认识了。

要注意，经常有人会将"图书、博物、档案"数字化服务融合与"图书馆、博物馆、档案馆"数字化服务融合混为一谈，两者的差别在于：前者是后者的藏品及服务的主要内容，它们可以实物形态或数字形态呈现，而后者是前者存在和发挥其服务功能的场所，以及服务融合实现的主体承担者（或实施者）和管理者。另外，也常常有人"服务融合"和"融合服务"，这是各人看问题或研究侧重点不同，这里指出的是，前者侧重于"服务"融合，而不是资源、人员、机构等等的融合；而后者侧重于融合"服务"。

4.1.5 LAM 数字化服务融合的目标

LAM 数字资源服务是信息服务的一种，与其他的信息服务既存在相同之处又存在很大的差别。

---

① 胡昌平. 信息服务与用户[M]. 武汉：武汉大学出版社，2008.
② 胡昌平，邓胜利. 数字化信息服务[M]. 武汉：武汉大学出版社，2012.

LAM 数字资源特征上存在很大差别，客观上要求我们应该提供一种与之匹配的服务以充分发挥 LAM 数字资源有机体的价值，所以 LAM 数字化服务融合要与三馆的数字资源及其组织策略相互照应，以更好地为用户提供服务。服务融合是 LAM 数字资源和用户间联系的枢纽，因而确立一个明确的目标将有助于 LAM 数字化服务融合的构建工作。

LAM 数字资源的统一组织具有层次性，因此 LAM 数字资源的服务同样应该具有层次性，而且两者的层次性应该相互对应。除此之外，LAM 数字化服务融合还应该包括一些创新的服务方式，以多元化、多角度、多层次地展示 LAM 数字资源等。

在分析了 LAM 数字化服务融合内涵的基础上，可以确立一个明确的模式构建目标：构建与 LAM 数字资源组织及共享层次相互对应的 LAM 数字化服务融合，最大程度上实现原有 LAM 数字资源服务的基本功能，并提出一些新的服务方式使用户和资源的交互变得简单容易。LAM 数字化服务融合将成为资源与资源、资源与用户、用户与用户相互联系的平台。

4.2　LAM 数字化服务融合内涵认识角度

LAM 数字化服务融合就是将与图书、博物、档案有关系的数字资源服务进行融合，重新建立各个元素之间的关系使它们成为一个统一的有机的整体，融合后的服务即为"LAM 数字化服务融合"。LAM 数字化服务融合是连接 LAM 数字资源与用户的纽带，应该从如下几点认识它的内涵。

第一，LAM 数字化服务融合是连接 LAM 数字资源和用户的桥梁。一方面，图书馆、博物馆、档案馆的数字资源通过前文提出的资源组织策略，构成多层次的资源有机体，它打破原有的资源馆藏边界限制使资源成为相互关联的整体。但 LAM 数字资源不会被直接提供给用户，它们与用户之间需要 LAM 数字化服务融合作为中介和桥梁。LAM 数字资源的内在和外在特征在很大程度上决定着 LAM 数字化服务融合，另一方面，用户只有通过相应的检索系统、展示系统才可以获得并使用相应的资源，而 LAM 数字资源的统一检索与展示正是 LAM 数字化服务融合所需要考虑的内容。LAM 数字化服务融合所起的连接作用可参见图 4 - 2。

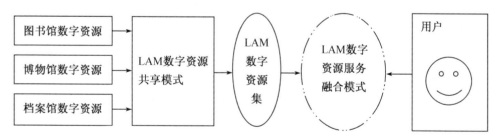

图 4 - 2　LAM 数字化服务融合的连接作用

第二，LAM 数字化服务融合是资源与资源、资源与用户以及用户与用户之间交互的舞台。图书馆、档案馆与博物馆的数字资源并不是完全静态的，而是统一组织的数字资源集成为一个不断成长的有机体。然而，资源与资源的交互关系，以及资源与用户、用户与用户的关系需要一个简易的、便于所有用户操作和使用的平台，而这一切完全依赖于 LAM 数字化服务融合。只有构建与资源和用户相互协调的服务才能够使得各个元素之间的交互变得轻松自如，一方面让资源之间的关系不断扩充和完善，另一方面使得用户彼此的交流能够不断加强。LAM 数字化服务融合作为资源和用户的接口，因而也就成为了不同元素之间交互的天然舞台，如图 4 - 3 所示。

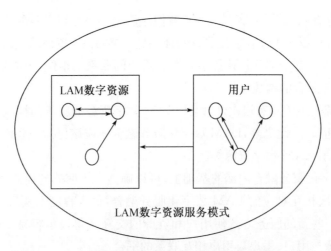

图4-3　LAM数字化服务融合作为不同元素间的交互平台

第三，LAM数字化服务融合和LAM数字资源组织策略相辅相成。LAM数字资源的内外部特征及其组织方法在很大程度上决定着LAM数字资源服务的融合方式。LAM数字化服务融合要与资源的组织策略相配合，尝试通过一种简单便捷的方式以实现LAM数字资源共享的功能要求，并最终实现LAM数字资源价值的发挥与增值。可以看出，LAM数字化服务融合并不是孤立的，它的构建受到资源和用户的双重影响，它需要与LAM数字资源的组织方法相辅相成，一方面LAM数字化服务融合需要以LAM数字资源统一组织作为前提，另一方面LAM数字资源组织策略需要LAM数字化服务融合作为保障。

第四，LAM数字化服务融合是LAM数字资源价值增值的重要渠道。信息服务中包含着服务人员等相关主体的智力劳动，且信息服务能够实现信息资源价值的增值。在信息服务演变的历史进程中信息服务人员的智力劳动占据了越来越重要的位置。然而信息服务人员以及广大专家学者的智力资源的发挥需要一个与之相适应的平台，如果没有良好的隐性知识挖掘和共享的渠道那么就会阻碍智力资源对LAM数字资源产生的增值效应。LAM数字资源具有严肃的学术资源特质，因而LAM数字化服务融合一方面注重用户头脑中隐性知识的挖掘，另一方面又要对其进行合理规范和控制，以保证这部分资源的学术严谨性。LAM数字资源组织和数字化服务融合方法应该注重对用户头脑中存储的知识元间相互关联关系这部分知识的挖掘，而对于用户的评论要对其进行严格控制，以保证LAM数字资源的严肃性和学术权威性。这一点可以通过对用户的权限进行合理控制来实现，如对图书馆、博物馆、档案馆内的专业馆员和领域内的专家学者赋予较高的权限，而普通用户可以先赋予较低的权限，对普通用户的资源使用行为进行跟踪并酌情赋予较高的权限等。

第五，LAM数字化服务融合应该包括一些创新的信息服务方式。LAM数字资源的组织与共享具有层次性，较低的组织层次是资源的简单聚合，而较高的组织层次则能够实现资源间的深度关联，使LAM数字资源构成一个有机的整体。LAM数字资源多层次共享的特点必然决定了其服务融合不是原有图书馆、博物馆、档案馆三馆数字资源服务的简单相加，LAM数字化服务融合应该起到1+1>2和1+1+1>3的效果，也就是说LAM数字资源服务要有所突破有所创新。从LAM数字资源发挥作用的方式上可以将LAM数字资源所有的服务方式分为两大类：一类是以LAM数字资源占主体地位的信息服务方式，比如LAM数字资源的检索、浏览以及使用等；另一类则是LAM数字资源占辅助地位的信息服务方式，主要指数字资源在现实图书馆、档案馆以及博物馆中的一些应用，如天津图书馆等具有的书籍自动借还系统等，天津博物馆、国家博物馆等博物馆的微信语音导航系统、虚拟场景再现系统等。因而，在探讨LAM数字化服务融合时，可以从这两方面分别进行探索，并尝试提出新的数字资源服务方式,具体可参见图 4 - 4。

图 4 - 4　LAM 数字化服务融合涉及的信息服务创新

第六,LAM 数字资源服务是 LAM 数字资源价值得以发挥的重要保障。LAM 数字资源的共享不仅仅是信息资源层面上的共享,同时还是文化的共享、知识的共享以及价值的共享,LAM 数字资源之间的相互关系在不断加强的同时会带来文化、知识以及价值的增值,然而这些都是以 LAM 数字化服务融合为保障的,也就是说必须有一个与 LAM 数字资源相互协调的服务才能够保证 LAM 数字资源文化、知识等价值的发挥。在具体探讨 LAM 数字资源服务的同时应该充分考虑到 LAM 数字资源的文化属性,如博物馆数字资源的艺术表达效果等。另外,LAM 数字化服务融合还应该注重知识性,因为 LAM 数字资源具有极高的学术权威,是人类文明沉积下来的智慧结晶,含有大量的无法取代的知识,所以 LAM 数字化服务融合也是一种知识型服务,信息服务提供者与用户都需要具有一定的知识储备才能够有效地开展,才能使 LAM 数字资源最大限度地发挥其价值。

4.3　LAM 数字化服务融合的层次辨析

LAM 数字资源的共享与服务的融合并非简单地将图书馆、博物馆、档案馆的数字资源与服务形式拼合在一起,而是应该充分考虑彼此的关联,并积极创新服务方式。在已经确立的 LAM 数字化服务融合目标指导下,不仅应该注重信息和知识资源的提供,还应满足用户文化及艺术鉴赏的要求,以充分挖掘数字资源的深层价值,最终支持国民终身学习,提升国民素质。

既然是图书馆、档案馆以及博物馆数字服务的融合,理所当然要先了解三馆原有的数字服务包括哪些,并在此基础上探讨哪些服务方式是可以融合在一起的,哪些服务方式值得其他馆借鉴,以及如何实现这些具体服务方式的融合。基于 LAM 数字资源共享的层次,LAM 服务融合可以分为三个层次:第一,基于外部特征的数字资源共享,提供资源基本单位级的统一检索和浏览等服务方式;第二,基于 LAM 数字资源的知识服务方式,对不同数字馆藏资源进行知识挖掘,对所得知识进行分类、存储等,最终向用户提供深层的知识资源。第三,充分调动馆员以及用户的智力资源,在 LAM 数字资源基础上进行再开发,以形成文化资源的创新。LAM 服务融合的三个层次如图 4 - 5 所示。

基于对 LAM 数字化服务融合的分析,可以从三个层次建构其基本框架。第一层:信息服务层。该层是基础层,主要任务是实现元数据层的图书、博物、档案数字资源共享,类似 Rayward 提出的构想,从功能上看基本上实现的是 1+1+1=3 的服务。该层提供统一的检索及浏览服务,用户可以检索、浏览 LAM 数字资源。另外该层可以结合 Web2.0 技术提供更加丰富的服务形式,用户可以搜集、保存以及分享自己的收藏。为了提供更加方便的信息导航,需要相关领域的学者从宏观上把握 LAM 数字资源并提供合适的主题分类方法,以引导用户方便地浏览资源,从 World Digital Library 和 Google Art Project 提供的服务方式上来看,两者的服务形式基本属于该层次的服务。第二层,提供知识服务,主要包括定题服务、参考咨询等。第一层是基础层,对 LAM 数字资源内部的语义关联揭示不足。LAM 数

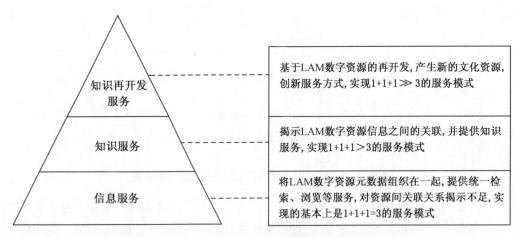

图 4-5 基于 LAM 数字资源整合的集成服务层

字资源的统一组织与共享要求馆员不能只熟悉自身领域的资源，而应该掌握整个共享的 LAM 数字资源集合，熟悉资源内部的深层联系，以为用户提供高品质的知识。第三层，属于最高层次，该层次提供的服务不仅融合了 LAM 的数字资源所含有的知识资源，还包括三馆馆员以及相关领域专家学者的智力资源，是在资源深度共享的基础上进行的再创造与创新。LAM 数字资源的共享深度在很大程度上决定了服务融合，如第一层次的服务主要基于对数字资源格式和标准的共享与融合，对应于 LAM 数字资源统一组织的第一层和第二层。第二层次的服务主要基于 LAM 数字资源内容之间的语义关联。而第三层不仅基于 LAM 数字资源内容间的关联，还集成了三馆馆员以及相关领域专家学者头脑中的隐性知识，因此在这个层次上应该开发出更好的服务形式，以更好地体现资源深度共享的效果。

第5章 图博档数字化服务融合的必要性与可行性

5.1 图博档数字化服务融合的必要性

1. 公众日益增长的文化信息需求的必然要求

中国国家图书馆《少数民族古籍漫谈》、《跨越千年的对话——敦煌吐鲁番文书解读》、《清皇室的天禄琳琅藏书》、《明清稿抄本赏析》、《郑振铎的西谛藏书》、《古籍鉴赏与收藏》等与古籍相关的讲座与沙龙场场精彩,频频爆满①。服务场馆空间有限、服务信息不对称带来了各个场馆用户的"冷""热"不均,节假日高峰时间段的"井喷"让图书馆、博物馆颇感压力,也影响了用户的服务体验。数字技术和互联网的发展为图书馆、博物馆、档案馆的文化信息服务带来了新的契机,面对公众高涨的文化信息需求,它们纷纷利用现代信息技术开展服务创新,数字图书馆、数字博物馆、数字档案馆的推出打破了公众在信息获取中所受到的时空限制,适时地缓解了这些机构在文化信息服务中所面对的服务压力。

然而,互联网络充斥的海量信息、分散而置的文化信息资源客观上增加了公众的信息搜寻与获取成本,各个场馆参差不等的文化资产数字资源种类与数量也让公众很难全面、深入地挖掘文化信息资源的精髓。公众渴望能够实现图书馆、博物馆、档案馆之间文化信息资源的存取网络化、信息使用共享化、信息提供增值化、信息传递及时化②。目前国外已经有多个国家图书馆、博物馆、档案馆开展合作,利用数字技术实现了文化信息资源的服务融合。我国图书馆、博物馆、档案馆界都已经认识到社会公众对文化信息的需求变化,部分学者已经展开了三馆合作提供文化信息服务的研究。三馆打破行政管理藩篱、携手合作,共同利用数字化手段丰富文化信息资源供给正是社会的渴望。

2. 最大程度发挥文化信息资源价值的需要

文化资产具有不可量化的存在价值和可量化的使用价值③,尤其是在历史研究、文化审美、科研教育、情感交流等多方面所体现的存在价值意义重大。正如中国民间文艺家协会副主席、吉林省民间文艺家协会主席曹保明所言,它能"让我们的子子孙孙刻骨铭心地认知自我,认知自己值得骄傲的民族,认知这片生我养我的热土"④。文化信息的价值以其所传达的信息体现出来,而信息必须依附于一定的物质载体而存在,故文献、文物、档案虽然在载体形式和内容上有所不同,但都是一种表现信息、传达信息的方式,其本质上都是记录历史文化发展的信息,是重要的文化遗产信息记录载体。图书馆、博物馆、档案馆的设立,旨在以科学有效的方法保护文化遗产信息、传播中华文明。

文化信息价值实现需要经历自在、自为、再生三个阶段。处于自在阶段的文化信息价值既具有客观存在性,又具有一定程度的隐蔽性;处在自为阶段的文化信息价值具有主观性,不同认识主体发挥主观

---

① 邢宇皓. 国家珍贵古籍特展观众逾万[N/OL]. 光明日报. (2009 - 06 - 29)[2013 - 04 - 05]. http://www.gmw.cn/content/2009 - 06/29/content_941838.htm.

② 颜惠. 从用户需求看图书馆的发展模式[J]. 现代情报,2006(01):108 - 110.

③ 余佳. 文化遗产价值探讨[J]. 科协论坛(下半月),2011(03):185 - 186.

④ 龚保华. 文化遗产保护的价值与意义[EB/OL]. 中国吉林网. (2009 - 07 - 17)[2013 - 04 - 05]. http://www.chinajilin.com.cn/content/2009 - 07/17/content_1659802.htm.

能动性所认识到的价值是不相同的；再生阶段的文化遗产信息价值是认识主体对文化信息价值的创造性发现①。图书馆、博物馆、档案馆发现馆藏文化信息的隐蔽价值，对珍藏的各种文献、文物、档案所进行的加工、标引、组织等有序化整理并形成各种类型的信息资源，就是发挥主观能动性实现文化资产信息从自在阶段向自为阶段的转换，挖掘隐性价值转化为显性价值的过程。图书、博物、档案向社会公众提供种类丰富的文化资产信息资源，就是完成文化信息从自为阶段向再生阶段的转换，是促进文化信息多种价值的实现途径之一。

可见，对于文化信息而言，其价值的充分实现受到自在阶段的信息记录、自为阶段的信息加工和再生阶段的服务方式的影响。由于文献、档案、文物在记录文化信息时各有侧重，例如档案是对历史的原始记录，强调原真性、不能事后编写，而文献是对信息的编辑整理，重视知识的系统性，不具有直接性和原始性②；文物看重的是历史价值和审美价值，既有实物形式，也有文献形式和档案形式。所以，在文化资产信息资源价值实现的过程中，文献、档案、文物能够互为补充、相互印证，帮助人们全面了解和利用文化资产信息资源。然而，现实中，经过加工整理的文化资产信息资源被分散保管于图书馆、博物馆、档案馆，由三馆分别向公众提供文化资产信息资源服务，这种时空分隔在客观上为人们系统利用文化信息资源造成了障碍，阻碍了文化信息资源价值的充分实现。

数字技术和网络技术的最大特点就是能够打破时空阻隔，图书馆、博物馆、档案馆将馆藏文化资产信息资源加工成数字资源，提供网络化服务，拓展了文化信息资源的价值实现空间，同时也为文化信息资源的再生和共享提供了便利的条件。三馆利用数字技术联合实现文化遗产信息资源的服务融合，能够将文献、文物、档案连接为"一体"，有助于共同挖掘三馆文化资产信息资源的隐藏价值，合作实现其显性价值，并面向更多的用户群体最大限度地实现文化信息资源的再生性价值。

3. 推动图书馆、博物馆、档案馆事业向前发展的需要

图书馆具有搜集、整理、保管和利用文献资料的社会功能，博物馆的社会职能是收藏、保护、研究、传播并展出人类及人类环境的文化信息资源，档案馆的社会职能是积累和管理档案、提供原始凭证维护历史真实面貌、传播档案信息和开展宣传教育。可见，图书馆、博物馆、档案馆的文化存贮、社会教育、情报服务职能有很大的相似性，都是为了解决信息资源的收藏和利用之间的矛盾③。为了保存和传播我国五千多年文明发展所积累的宝贵精神财富，图书馆、博物馆、档案馆都在不遗余力地利用数字技术开展文化信息资源建设和服务。

档案馆长期被认为是"为政府机关服务的机要部门"，十一届三中全会后重新对档案馆文化事业性质进行了正确认识④。在新的信息环境下，档案馆确立了档案安全保管基地、爱国主义教育基地、档案利用服务中心、政府信息查阅中心、电子文件中心"五位一体"的功能定位⑤，并积极地接收文化遗产档案和利用数字技术开展文化遗产信息资源服务，如天津档案网建设了"在家看档案——档案全文数据库"、3D 网上展厅⑥；上海浦东新区档案馆的网上展厅、浦东记忆利用图片、视频、在线杂志等形式展现了馆藏珍品和浦东的历史文化发展⑦。但是"以藏为主、秘而不宣"的传统工作模式为公众带来了思维定式，加之档案馆信息传播渠道的有限、缺乏与公众的互动、馆藏档案加工简单、创新性的文化挖掘匮乏，都让公众对档案馆的信息资源服务不太满意。程结晶（2012）的调查显示，只有 27.8% 的公众认为

---

① 谭晶. 档案信息资源的开发与社会价值的实现[J]. 兰台世界，2006(05)：8-9.
② 索聪. 浅析档案与图书之异同[J]. 黑龙江科技信息，2010(02)：211,88.
③ 夏忠刚. 档案馆博物馆图书馆社会功能之比较[J]. 浙江档案，2001(01)：15-16.
④ 夏忠刚. 档案馆博物馆图书馆社会功能之比较[J]. 浙江档案，2001(01)：15-16.
⑤ 程结晶，朱松涛，彭小芹. 档案馆形象塑造现状的调查分析[J]. 档案学研究，2012(06)：27-32.
⑥ 天津档案网[EB/OL]. [2013-04-13]. http://www.tjdag.gov.cn/.
⑦ 浦东新区档案馆[EB/OL]. [2013-04-13]. http://pdda.pudong.gov.cn/pddaxxw_gnzc/List/index.htm.

档案馆是公共文化服务部门,观看过档案展览和浏览过档案网站的调查对象分别只有 26.6% 和 30%,而仅有 7.8% 和 8.9% 的调查对象感觉档案展览和网络服务还不错,16.3% 的调查对象认为档案馆的服务能够完全满足需求,18.6% 的调查对象认为完全不能满足需求。档案馆在自身形象的塑造,以及面向公众的数字文化遗产信息资源建设和服务都有待进一步提高。

博物馆长期以来是公众获取文化遗产信息资源的首选场所,在文化遗产信息资源的展示服务上独树一帜。在数字信息技术环境下,博物馆以立足公众需求、增强服务体验为目的,将语音导览、多媒体视频、虚拟现实、增强现实、全景漫游、FLASH 动画等多种技术手段应用于馆藏文化遗产信息资源的展示,其动态、交互的展览形式深受公众欢迎。然而,博物馆系统琳琅满目的文化遗产至今还没有统一的分类标准,在数字资源的描述方面也缺乏统一的元数据规范,各馆自成体系的资源分类标准和难以统一的数字资源描述规范在客观上影响了各个博物馆之间的信息资源建设与共享。

可见,迅猛发展的网络环境下,馆藏文化信息资源的数字化建设与服务成为图书馆、博物馆、档案馆需要面对的共同课题。三馆在文化信息资源的数字化服务中各有优势又互存"短板"。三个文化机构联合开展数字化服务融合,既能在资源上形成了互补,满足公众的文化信息需求,又能进一步推动三馆事业向前发展:图书馆能够借鉴博物馆和档案馆的文化资产保护技术和经验提高馆藏资源的保护水平;档案馆能够分别从图书馆和博物馆吸收数字资源的建设与服务经验,增加"人气"、提升服务水平;博物馆能够从图书馆借鉴数字资源的分类组织经验,从档案馆获取佐证材料丰富馆藏文物的信息描述。

5.2 图博档数字化服务融合的可行性

图书馆的主要职能是构建公共知识资源库,收集和保存各类的文献资源;档案馆的主要职能是构建社会记忆库,收集和保存档案资料;而博物馆主要提供实物藏品的公共展示空间,收集和保存各类藏品。上述机构能够从不同角度分别满足用户的信息需求,收集与保存的信息资源存在一定程度的交叉现象。例如:博物馆所展示的某古代文书可能既属于图书馆古籍管理的范畴,又属于档案馆所收藏的珍贵历史档案资料范畴。这种部分资源在属性上可以从不同角度同时被不同机构收藏的现象,源自社会信息资源形成的复杂过程。图书馆、博物馆、档案馆作为非营利性的信息服务机构,其原始职能都是收藏与保存,随着社会的不断进步和发展,逐步扩展出社会教育和科学研究等职能。三馆当前已经发展成为传递知识信息、保存人类文化遗产、开展社会教育、辅助科学研究的多功能复合形态。鉴于上述业务模式的相似性和业务领域的交叉性,学界一直特别关注推动图书馆、博物馆、档案馆合作问题。

构建图书馆、博物馆、档案馆文化信息资源数字化服务融合体系的本质是为了利用数字化技术最大限度地满足用户的文化信息需求。从图书馆、博物馆、档案馆的馆藏信息特征、三馆的历史渊源,以及数字化技术发展和应用来看,三馆的数字化服务融合具有理论上和现实上的可行性。

1. 三种资源相似又互补,可以共同数字化管理

文献/图书、档案、文物虽然被保存在不同的文化机构,但是它们都是人类文化历史发展的产物,从不同角度反映了文化发展。

文献、图书、档案的产生是以文字的形成和发展为前提的,如殷墟出土的甲骨文就是记录祭祀、卜筮等方面的档案,《尚书》是用殷周两代的档案材料编纂的图书[①]。文物的前身是器物,经过一定历史时期自然转化形成,如原始社会的石器、商周时期的青铜器、记录文字的甲骨都是文物。三者之间关系可以

---

① 吴祥瑞. 我国档案、图书史简述[J]. 江西社会科学,1982(3):99-101.

用"大同小异"来概括①：

第一，本质相同，都是反映社会历史文化发展的信息载体。档案、文献、图书属于记录性信息载体，文物则是兼有记录和实体信息或者只含实体信息。

第二，来源相似，都是源自人类的社会实践活动。档案产生于机关、组织、个人的实践活动，文物源于人类的社会生活实践遗留，文献/图书是对社会实践活动的思考与总结。

第三，功能相似，都能证明历史，发挥科学研究价值和艺术价值。文物和档案是客观反映历史发展的原始性凭证，属于一手资料。文献/图书是经过一定加工整理形成的二手资料，受到主观性因素的影响。

第四，在一定条件下可以相互转化。档案可以经过编辑整理出版转化为图书，图书经过历史积淀可以转化为档案、文物，如宋、元的旧刻本书，档案和文物也可合二为一，如甲骨文。

文献/图书、文物、档案之间的天然联系为三者的集中管理提供了可能。事实上，早在奴隶社会，文献/图书、档案、文物就共存于象征神权社会宗法制度的宗庙里。《周礼》记载，周代的宗庙谓之"天府"，收藏了具有档案性质的法典、谱牒、盟约、文书等，具有文物性质的镇国宝器——青铜器、玉器等，以及具有图书性质的"贤能文书"②。从历史发展来看，从先秦到唐朝，档案和文献/图书一直被封建统治阶级特设场馆集中管理，而历朝对文物的收藏也从未停止，如隋炀帝将魏以来的古籍字画分别存放于妙楷台和宝迹台③。直到宋代，文献/图书、档案、文物才逐渐分开存放，档案仍由官府管理，图书放开后私人著作增多、民间藏书风行④，同时统治者将皇家图籍档案与中央政府图籍档案分开保管，皇家档案库仍然集中管理皇室的档案、图籍、宝物，如龙图阁、天章阁等，这种做法也沿用到了其后的明清两代⑤。

当然，现今的图书馆、博物馆、档案馆都保管了大量的文献/图书、文物、档案并形成了各自完善的管理体系，重新将三者从物理上合并，耗费巨大，但是利用数字化手段将三馆资源集中在一个数据库系统中共享和共用，则具有现实的可能性，既有利于宏观管理全国的文化资产信息资源，又有利于社会公众对文化信息的获取。

2. 三类机构工作职能相似，可以联合开展数字化服务

图书馆、博物馆、档案馆都是古老而长青的机构，它们都是一定时代的经济、政治、文化、科学的产物，是在历史发展的长河中不断演变而形成的。

虽然图书馆、博物馆、档案馆三个名词是在近代以后才进入人们的视野，但类似的机构在我国古代已经存在。正如前文所言，周代的"天府"就同时具有图书馆、博物馆、档案馆的性质，而清朝的国史院、起居院、会要所等皆属于档案馆性质；唐朝的弘文馆、宋朝的崇文院、元朝的宏文院、明朝的文渊阁、清朝的四库七阁等皆属于图书馆性质；汉代的兰台、隋朝的宝迹台、宋朝的博古阁、元朝的奎章阁等都具有博物馆的性质。1840年以后，我国开始正式出现图书馆、博物馆、档案馆，如今，它们已经形成三个独立的机构并且有着各成体系的管理方法。

共同的历史渊源决定了图书馆、博物馆、档案馆之间存在许多共同之处。

首先，性质相同、职能相似。三个机构所具有的专业性保管职能和面向社会的服务性职能决定了它们具有相同的服务对象和服务目的⑥，尤其是面对网络环境下公众信息需求的变化，三馆完全可以合作

① 陈贤华. 试论档案与文物、图书的异同[J]. 四川档案，1984(02)：21-22，24.
② 韩文靓. 图博档数字化服务发展趋势研究[D]. 南京：南京大学，2013.
③ 苏东海. 博物馆演变史纲[J]. 中国博物馆，1988(01)：10-23.
④ 吴祥瑞. 我国档案、图书史简述[J]. 江西社会科学，1982(3)：99-101.
⑤ 刘蔚. 图书、档案、文物集中式管理研究[D]. 济南：山东大学，2012.
⑥ 季晓林. 图书、情报、档案一体化管理的探索和思考[J]. 情报资料工作，2005(05)：91-93.

开展数字化服务,提供更为丰富的文化信息产品以满足更多公众的信息需求。

其次,管理对象本质上相同、工作内容相通。虽然图书馆、档案馆和博物馆分别管理的是文献、档案和文物,但是三者同为记录文化信息的载体,本质上是相同的。图书馆、博物馆、档案馆的工作重点是文化信息资源管理与服务,图书馆的工作内容是文献采访、分类、编目、典藏、流通推广、情报服务;博物馆的工作内容是藏品收集、鉴定、登账、分类、编目、保护、陈列、社会教育[①];档案馆的工作内容是收集、整理、鉴定、保管、检索、编研、利用。由此可见,三馆的工作内容可以概括为收集、整理、收藏、服务四类,它们在信息组织、管理与保护、信息技术利用等方面具有相通之处[②],因此理论上有条件联合开展文化资产信息数字化服务融合。

3. 三馆已有的数字化建设实践,提供了坚实的合作基础

20世纪90年代,数字技术在信息传播及利用方面的独特优势开始引起社会各界的广泛关注,我国图书馆界、博物馆界、档案馆界也敏锐地抓住数字信息技术发展带来的机遇,开展了一系列研究与实践。

从1997年"中国试验性数字图书馆"立项起,图书馆学界可谓是一直活跃在数字图书馆研究领域的中坚力量,它们在数字资源建设与评价、信息组织技术标准规范、信息检索与服务、知识产权保护、移动图书馆等方面的理论研究与实践应用中都取得了显著的成果。中国国家数字图书馆、全国文化信息资源共享工程、大学数字图书馆国际合作计划、中国高等教育文献保障系统等的实施扩展了文化信息传播的渠道,许多公共图书馆和高校图书馆也纷纷对馆藏资源数字化,并建立了数字图书馆。

博物馆界对数字博物馆的研究稍晚于图书馆界,但是在数字化应用方面是与发达国家同步的[③]。数字故宫项目、国际敦煌项目、大学数字博物馆项目、中国数字博物馆工程等的实施将大量珍藏的文化遗产资源数字化并搬到了网络[④],以多种形式生动地展现文化遗产的魅力,也推动了国内数字博物馆的建设与发展。目前,许多博物馆都建立了数字博物馆,如国家博物馆、故宫博物院、北京空竹数字博物馆、台湾史前文化博物馆、澳门艺术博物馆、北京中医药大学中医药数字博物馆、山东大学考古数字博物馆等。

在数字图书馆建设的启发下,档案馆界在20世纪90年代末也提出了建设数字档案馆的设想,将馆藏档案数字化以提供网络检索和共享。2000年起,国家档案局开始在全国试点建设数字档案馆,深圳档案馆、青岛档案馆、中国第一历史档案馆都是率先开始数字档案馆建设尝试的机构。高校系统内,南京大学档案馆较早地搭建了数字档案馆信息管理平台,上海交通大学档案馆、浙江大学档案馆、复旦大学档案馆在档案资源的数字化建设和网络服务中也都比较有代表性[⑤]。目前,国内档案馆也基本上都进行了馆藏数字化,搭建网站开展了数字化服务。

综上所述,经过约二十年的数字化建设实践,图书馆界、博物馆界、档案馆界在数字化建设实践中已经取得了丰硕的成果,并积累了丰富的经验,三个行业都有应用成熟的元数据标准,如DC、MARC、FRBR、EAD、CEDARS、VGA Core、CIDOC CRM、MPEG-7、CDWA等,也都建立了部分数字化建设标准规范,如中文文献著录规则、数字图书馆服务政策指南、数字图书馆资源建设指南、数字图书馆安全管理指南、数字图书馆资源建设和服务中的知识产权保护政策指南、档案著录规则、数字档案馆建设指南、博物馆藏品信息指标著录规范、博物馆藏品二维影像技术规范等。这些实践也为三馆开展数字化服务融合提供了坚实的合作基础。

---

① 马继贤. 博物馆学通论[M]. 成都:四川大学出版社,1994:96-105.
② 魏丽. 网络环境图书馆、档案馆、博物馆信息资源开发的一体化优势[J]. 档案天地,2011(12):50-51.
③ 牛培欣. 太原太山数字博物馆研究[D]. 西安:陕西科技大学,2012:7.
④ 李华. 面向知识服务的传统农具数字博物馆设计与构建[D]. 南京:南京农业大学,2008:18-20.
⑤ 李翠萍. 高校数字档案馆建设的现状、问题与发展[J]. 文教资料,2011(07):182-183.

4. 科技发展为三馆的数字化服务融合提供了技术支撑

万维网的蓬勃发展为三馆数字化服务融合提供了应用大环境。语义网将 Web 技术与人工智能结合，基于 XML 和 RDF 实现网络信息资源的描述和组织，使得互联网增加了一定的"思考"和"推理"功能，不仅可以更为快速、准确地查找信息，而且还可自动实现机器之间的交互沟通，提供跨越异构应用系统的信息集成服务①。移动互联网的发展进一步扩大了互联网的信息传播范围，移动终端、移动网络接入实现了信息与用户之间的快速信息传递和精准信息推送，人们再也不用"困守"在电脑前，而可以随时、随地遨游信息空间，享受信息服务。借助语义网和移动互联网技术，图书馆、博物馆、档案馆可以基于异构系统建立文化信息资源的数字化服务融合，利用移动互联网将文化资产信息传递给更多的人群。

目前图书馆、博物馆、档案馆都以元数据作为数字资源描述语言，建立了丰富的馆藏文化资产信息资源数据库，然而三馆资源存在差异，元数据描述字段并不统一，元数据互操作的研究与应用为三馆开展网络环境下的文化信息资源服务融合提供了可能。元数据在语义、语法、结构层面都可以实现互操作，语义层元数据互操作通过建立元数据之间的转换对照表实现不同元数据之间的转换或映射，如 MARC 到 DC、DC 到 EAD、CDWA 到 DC 等；RDF/XML 组合实现了结构层和语法层的元数据互操作②，METS、Z39.50 协议、OAI-PMH 协议、Z39.88 协议等从综合管理的角度解决了元数据之间的互操作问题。国外不少图书馆、博物馆、档案馆已经借助元数据互操作实现了馆藏文化资产信息资源的数字化服务融合，同样，元数据互操作也能应用于我国图书馆、博物馆、档案馆之间的数字化服务融合实践。

集成融汇（Mashup）技术立足于满足用户多元化的信息服务需求，可以在网络环境下实现信息资源的跨界调用，如数据层面的简单混合、分析汇聚；功能层面的基于时间、多维空间、展览馆、分类图表、主题空间的可视化融汇；表示对象层的数据型组件嵌入，都是常用的数据融汇方法③。集成融汇可以在不改变物理存储的前提下，通过开放接口调用不同图书、博物、档案的资源，以个性化的方式向用户提供丰富的文化信息资源。

多媒体技术的发展为文化资产信息资源提供了更为立体生动的展示途径。多媒体技术将音像技术、计算机技术和通信技术紧密结合，是以数字形式对文本、图形、图像、声音、动画、视频等进行综合处理集成呈现于用户的交互性系统技术，目前在各个领域得到普遍应用。虚拟现实和增强现实都是多媒体技术领域的研究热点，也是在文化资产信息展示中应用较多的技术手段。虚拟现实技术利用计算机模拟产生三维空间，能够提供视觉、听觉和触觉等多种实时感知交互手段，为用户营造身临其境的交互感。增强现实技术对真实世界在一定时空内难以体验的实体信息进行科学仿真生成虚拟信息，通过真实世界信息和虚拟世界信息"无缝"集成丰富用户对物体的感知。这些技术在图书、博物、档案信息展示中的应用，能够扩大人类的信息感知和认识能力，将文化资产信息资源服务与展示推向一个新的高度。

综上所述，信息服务的开展离不开信息技术的发展，语义网、移动互联网、元数据互操作、集成融汇、多媒体技术的蓬勃发展与应用，能够为图书馆、博物馆、档案馆的文化信息资源数字化服务融合提供技术支撑。

---

① 崔亚辉. 语义网的起源与发展[J]. 机械管理开发,2009(05):186-187.
② 雷萨. 元数据互操作研究[J]. 情报科学,2014(01):36-40.
③ 李春旺. 图书馆集成融汇服务研究[J]. 现代图书情报技术,2009(12):1-6.

5.3　图博档数字化服务融合的原则

LAM 数字化服务融合的目标是构建一个与共享后的 LAM 数字资源相匹配的服务,融合后的服务被称之为 LAM 数字化服务融合。既然同样是以信息资源作为主要内容的服务,那么它应该遵守信息服务的最基本原则,如针对性原则、及时性原则、易用性原则以及成本/效益原则等。但是,LAM 数字化服务融合有着自己的特点,因为它面对的资源具有区别于网络上其他泛泛的信息资源的独特禀赋,因而这也对其提出了特殊的要求,LAM 数字化服务融合应该遵循如下一些原则。

第一,层次性原则。对 LAM 数字化服务融合进行层次性划分是解决其模式构建问题的有效手段,另外层次化可以使 LAM 数字化服务融合更加清晰,能够使不同的服务方式体现出自身的特点,同时层次性原则与资源共享的层次之间也是相呼应的。通过不同层次服务的目的、理论、方法以及技术的分析,可以从微观层面逐步解决问题,从下至上地构建整个 LAM 数字化服务融合。LAM 数字化服务融合的不同层次之间不是完全分离的,它们体现着内在的递进关系,如从最基础层到最高层体现着馆员、专家及用户等智力资源不断深入地参与到 LAM 数字资源的组织过程,而高层次的信息服务也离不开基础层的信息服务方式。对于开展的不同层次的信息服务来说,也可以区分它们的服务性质,如基础层的服务方式应该是公益性的,但对于高层次的馆员或相关专家投入大量精力和时间的信息服务方式可以是有偿的,这种对不同层次服务方式的区分一方面有助于社会的公平,另一方面也可以激发馆员以及相关专家学者的创新热情,从而实现 LAM 数字资源价值的再创造。

第二,动态性原则。动态性原则对于 LAM 数字化服务融合来说主要体现在两方面:第一方面,主要是指共享的 LAM 数字资源是不断变化的。有些服务方式要能够动态跟踪资源的变化,例如对于目前大部分 LAM 数字资源合作项目来说,它们的资源大部分来源于一些世界上文化机构的捐赠,也就是说它们拥有的资源集处在一个动态的成长过程之中,因而一些服务方式需要及时跟踪这种变化,将相关信息推送给所需用户。另外,LAM 数字资源之间的关系处于不断的变化之中,这种动态的变化也应该有相应的服务方式予以监测,以便将这部分动态信息推送给所需要的用户。第二方面,是指 LAM 数字化服务融合应该能够跟紧信息技术发展的步伐,能够动态地引进一些新的信息技术,以提供新的服务方式。例如,目前很多博物馆已经提供二维码扫描、微信语音导航等,通过新出现的社交网络工具带给用户全新的服务体验。

第三,开放性原则。开放性原则对于 LAM 数字化服务融合来说,同样体现在两方面:一方面主要是对资源的开放。图书馆、博物馆以及档案馆的数字资源都具有不同格式,因而 LAM 数字资源服务应该对这些不同格式的数字资源保持一定的开放性,以能够存储、检索和展示不同格式的信息资源。另一方面,LAM 数字化服务融合要对用户保持一定的开放性,也就是说允许用户参与到 LAM 数字资源的相关操作之中,比如用户可以建立资源之间的链接等。LAM 数字化服务融合只有坚持一定的开放性原则才能使之成为资源和用户等不同元素或主体之间交互的舞台。

第四,图书、博物、档案资源并重的原则。LAM 数字资源服务应该充分考虑图书、博物、档案数字资源的特点,不应该只注重仅与某一种资源相关的服务方式。例如,图书馆的数字资源主要发挥的功能是知识的存储、检索、获取、阅读等功能,对于社会来说其主要作用在于知识的存储与传播、教育以及学术研究等。博物馆的数字资源主要以藏品的数字图片为主,另外还包括一些其他格式的数字资源如藏品 3D 数字模型等,它们发挥的主要功能包括文化的传播、文明的传承以及艺术审美等,旨在以直观的视觉形象带给用户以文化的教育、艺术的熏陶等。而档案馆具有很多珍贵的图片、视频以及音频材料,它们具有很重要的历史佐证价值。图书、档案以及博物的数字资源功能上的不同正是对它们进行统一组织与共享的原因，三者只有相互补充才能最大限度地发挥文化有机整体的作用，因而不应该过于强调某种资源的主体地位，在构建 LAM 数字化服务融合时应该给予三者相同程度的考量。

第五，以用户为中心的原则。以用户为中心的信息服务原则体现了以人为本的理念，是构建 LAM 数字化服务融合时需要遵守的十分重要的原则。LAM 数字化服务融合的深化和发展要以用户需求为基础，通过对 LAM 数字资源的获取、组织、分析、创新等，形成满足用户所需知识产品的服务方式。对于 LAM 数字资源组织策略来说，LAM 数字服务融合将成为资源与用户交互的平台，所以它十分注重用户与资源交互以及挖掘用户头脑中隐性知识。LAM 数字化服务融合旨在充分挖掘、存储以及共享用户头脑中的知识，并考虑用户的个性化需求。

第6章 图博档数字化服务融合研究方向及其内容

6.1 图博档数字化服务融合研究方向

国外特别是欧美等一些发达国家,在原先就比较深厚的图书、博物、档案融合收藏、管理、服务的基础上,在先进的信息技术及良好软硬件环境支持下,围绕数字化信息资源共建共享服务,在图书、博物、档案信息资源加工、处理、保护技术等方面展开了相当规模的研究,进行了大量的合作工作并已见成效。

在我国,虽然图书馆、博物馆、档案馆信息化建设研究起步较晚,但在上述几个方面都开始了一系列不同程度的研究,有些已经通过互联网为广大用户提供了方便快捷的信息服务,提高了我国信息服务的水平。但是由于基本国情、资源分布、管理体制等方面存在差异,国内的图博档数字化服务融合研究及应用整体发展水平落后于世界先进水平,除了图书的资源共享及服务应用比较有规模和有水平以外,多年来,在图书、博物、档案数字化服务融合研究方面,理论成果丰硕,书籍、报纸、杂志、会议、网络中均有阐述,但实践成果及效果颇显不足。主要表现在图、博、档跨系统的资源共建共享研究尚不多见,原因是:观念跟不上,情节解不开,管理条块化,领导分散化,标准不统一,整体规范缺乏,这些造成了信息资源的兼容性差、信息转换麻烦、信息使用受限、标准化程度不高、重复建设等问题,从而导致各自独立服务、服务融合困难在所难免;除了这些因素以外,整体上技术应用也不够重视等。因此,国内图博档数字化服务融合体系尚未形成。此外,即使在这方面信息化发展水平较高、信息技术发展较快的国家,对以多媒体信息技术为代表的现代信息技术在数字化服务融合的作用的研究方面也存在盲点,如用于版权利益保护的数字技术、信息检索中的可视化关联技术等,国内外普遍缺乏运用现代数字信息技术进行图博档数字化服务融合的系统的理论与实践研究。

LAM服务融合模式受其研究对象本身特征的影响具有自身的研究规律。总体而言,近年来关于LAM服务模式融合的研究取得了不少丰富的成果,但在研究方面仍然存在一些不足之处,今后的研究着重点体现在:

(1)在融合组织管理上,研究以数据高密度融合为目的的数字信息资源融合、组织、协同过程、提高共享和服务效率的智能化管理及用户和环境等隐私数据、数字资源知识产权的智能管理模式等。

(2)在融合服务模式上,研究大数据时代5G网络环境下的图书、情报、博物等领域数字信息资源智能服务、智能化移动服务、基于新媒体和社交媒体智能化服务模式,需要加强双向互动和情境式体验服务研究。如何能够更智能地提取有价值的信息,进而为网络信息检索服务提供更加精准的指导,是一个值得深入研究的问题。

(3)在融合服务手段可用性上,研究以用户为中心、智能知识可视化和互动情境式服务方式,如智能搜索与推荐、可视化、深度挖掘、大数据、机器学习等智能化服务技术手段的可用方式与用户的接纳程度和效果。今后对5G网络环境下的超可靠、低延迟的自然人机交互及基于VR/AR及MR(混合现实)等技术的知识可视化实现方法方面仍需加强研究,以促进智能服务技术手段本身最佳应用。

(4)在用户信息行为上,当前需要把握5G网络、大数据服务环境下用户行为的模式特征与演变规律,关注技术发展与其信息服务需求间的分歧,基于用户服务内容与方式(如情境信息和社交互动等行为数据)构建个性化知识推荐服务方式,包括对特定虚拟社区的用户数据实现良性互动,提供更加精准化的信息服务。

(5)在智能化服务融合建设上,要重视不同智能化方法的在融合平台上的应用融合,数据、技术方法与应用场景的融合,建立合适的跨学科、应用领域的综合评价体系,有效地评测新时代图博档数字信息资源服务融合技术可用性及其应用效果,以达到整体服务融合系统的最佳应用服务效果。

6.2 图博档数字化服务融合研究内容

全书主要内容包含图博档数字化服务融合理论、方法、技术与实证研究。

6.2.1 理论与方法研究内容

图博档数字化服务融合理论与方法分析探索或简称理论与方法研究(上集),主要研究内容包括:

1. 图博档数字化服务融合研究与实践现状

为了解、掌握图博档数字化服务融合研究与实践现状,完成对世界著名的、主要的国外及国内图书馆、博物馆、档案馆进行文献调研及网站浏览,对国外著名的国际协会及机构、组织、基金会进行的图博档数字化服务融合实践项目、计划进行调查分析,对我国大陆及台湾、香港等地开展的代表性的图博档数字化服务融合实践项目、计划等理论和实践成果进行调查分析,对国内外多年来在数字图书馆、博物馆、档案馆以及图博档领域的服务融合研究论文及有关研究报告阅读分析,对我国有关数字图书馆、博物馆、档案馆以及图博档领域的专家调研和访谈,并且深入剖析图博档数字化信息服务融合的内涵、目标、原则、必要性与可行性等。

2. 基于资源的图博档数字化服务融合

基于图情领域的基本理论对 LAM 数字资源本质属性、特征间的差异进行全面而深入的分析,以及这些差异对 LAM 数字资源统一组织以及服务融合模式的影响。在现有的 LAM 数字资源的组织与共享理论及实践的研究成果之上,结合对 LAM 数字资源特征及其差异的分析,深度探讨 LAM 数字资源的共享,特别是基于用户协同编辑关联表的方法重视对隐性知识的挖掘,使 LAM 数字资源和用户之间建立更为紧密的联系。

在宏观上以 LAM 数字资源在服务中的地位为依据,将所有的基于 LAM 数字资源服务方式分为两大类:以 LAM 数字资源为主体的服务方式和 LAM 数字资源与实体资源相协同的服务方式。重点研究 LAM 数字资源的融合检索以及展示服务等内容,使 LAM 数字化服务融合模式和资源组织策略之间形成良好的相辅相成的关系,最终为用户带来全新的服务融合体验。探讨基于 LAM 数字资源层次化组织与共享策略以及 LAM 数字化服务融合包括的基本服务方式、相互协同以及其他创新服务融合方式,探讨构建基于资源的 LAM 数字化服务融合模式。

3. 图博档数字资源多维度服务融合策略

从数字化服务融合的广度和深度等方面探讨服务融合的应用模式,从协作系统维度分析,构建"图博档数字资源聚合"需要适应我国国情的 D-LAM 战略框架,推动"图书、博物、档案信息共享空间(IC-LAM)"的规划与实施;从数字人文维度分析"图博档物数字资源聚合"需要围绕人文社会科学领域研究对象本体,实现与之相关的各类数字资源的深度整合与保存,向用户提供专题信息服务并为相关应用提供支持;从社会记忆维度分析,"图博档物数字资源聚合"重点是研究建立从各个视角、各个层面、多维度反映国家发展变化过程的社会记忆资源库,基于关联和协同思想,提高社会记忆资源聚合程度,建立政府管理部门主导、社会组织和成员广泛参与的共建共享机制。

4. 面向用户的图博档数字化服务融合管理

首先,运用信息需求、信息服务、生活形态、界面管理等理论,对我国图博档文化资产信息资源的数字化服务融合进行探讨,提出面向用户开展文化资产信息资源数字化服务融合,并探讨三馆文化信息资源数字化服务融合的服务理念、组成要素、动力机制、实施策略;其次,运用信息需求理论与生活形态理论对图书馆、博物馆、档案馆的用户展开调查,通过对样本用户的统计分析,归纳出用户对文化资产信息需求特征及对数字图博档文化信息资源一站式服务平台的服务需求;最后,结合图书馆、博物馆、档案馆实地访谈、调查分析和用户需求调查分析,设计三馆文化信息资源数字化服务融合平台,引入界面管理的思想,分析三馆数字化服务融合体系中存在的界面类型及界面障碍,构建界面管理模型,探讨数字化服务融合体系的管理。

5. 图博档数字化服务融合管理机制

探析典型的凭证信任管理系统和行为信任管理模型,分别进行系统功能的比较研究,对自动信任协商的工作原理及系统基本要素进行研究,对比分析当前典型的自动信任协商系统架构,研究将信任管理机制应用于数字资源互操作及数字化服务融合管理中。深入剖析当前具有代表性的工程项目实践,针对跨域环境下的安全互操作问题,从安全检测实施维度、协作架构维度、建模辅助维度等方面进行细致研究。针对数字资源互操作过程,从图书、博物、档案数字化服务融合管理入手,构建数字化协作系统架构,在此基础上进行数字资源互操作中的信任管理模型的构建研究,重点对信任管理层中的动态信任评估架构进行设计。在上述研究的基础上,针对当前动态信任评估中反馈信任聚合的缺陷,设计新型反馈信任聚合机制,最后针对数字化服务融合用户交互过程,构建自适应自动信任协商模型,研究请求方与被请求方之间的自适应自动信任协商流程,针对自适应自动信任协商中的一致性校验问题,重点进行访问控制策略描述研究、一致性校验算法研究以及策略语言的改进研究。

6. 立足国情的图博档数字化服务融合

通过对中国图博档典藏机构概况,中国图博档典藏机构历史发展及组织管理情况,欧美图博档典藏机构、组织、管理方式及功能,中国和欧美图博档数字化服务发展现况,中国和外国图书馆、档案馆、博物馆数字化服务及其服务融合组织管理机制,图书、博物、档案数字化服务功能研究,图博档数字化服务现况调查分析,进行图博档数字化服务融合模式分析,研究我国图博档数字资源共建共享及数字化服务发展态势和趋势以及立足国情的图博档数字化服务融合考虑因素,为图博档数字化服务融合进一步发展提出建议。

6.2.2 技术与实证研究内容

图博档数字化服务融合技术与实证研究是指与图博档数字化服务融合相关的信息技术及其实验验证研究,简称技术与实证研究(下集),主要研究内容包括:

1. 图博档数字信息资源的建设与检索服务

系统阐述数字图博档影像信息资源的数字化建设目标、原则、建设模式和建设流程;构建基于语义元数据的分布式数字图博档影像信息资源管理系统框架并提出相应的改进措施。提出利用标签传播算法对影像信息进行标注的方法及一种基于形状特征融合的组合视觉特征的标本图像检索方法,从而更好地满足在线标本检索、识别以及实时共享等应用系统的要求。

2. 图博档数字化服务融合中的版权管理技术

详细分析数字水印技术在馆藏图博档数字历史资料资源的融合服务中的三种应用模式。进行多媒体资源版权鉴别中的鲁棒水印技术、内容认证中的半脆弱水印技术、访问控制中的水印标签的技术研究。针对现有访问控制模型安全性和灵活性上的不足,设计一种基于数字水印技术和上下文感知的用户组访问控制模型，构建实现基于数字水印技术的图博档多媒体资源版权管理系统。

3. 基于关联数据的图博档知识图谱构建

借助关联数据等相关技术，构筑包括源数据层、数据语义关联层、服务应用层的图博档资源融合的多层次可视化服务框架及知识图谱结构模型，从图博档关联数据中获取数据创建语料库，进行实体、属性、关系抽取、知识融合（实体对齐）、知识发现、质量评估等步骤处理，对人工标注领域数据集训练算法进行了针对性和领域专业性的优化，进行图博档自动知识抽取和实体对齐算法设计，以辛亥革命主题为例从图博档关联数据中获取构建知识图谱的 RDF 文档数据，进行 RDF 三元组的知识表示并绘制知识图谱并展示。

4. 图博档的数字化服务融合中的问答服务系统

分别研究基于图博档概念簇的图博档知识表示、图博档知识服务 FAQ 中问题相似度算法、面向图博档问句分类以及面向图博档问句的答案抽取等关键技术；构建基于互联网的面向图博档问答服务系统，包括图博档知识服务 FAQ 系统和自动问答系统两个子系统，以及用户管理、日志管理，实现用户可以利用网络浏览器向系统请求服务。

5. 图博档数字化服务融合中多模交互式呈现服务

采用实验研究方法对基于触觉的多模交互式呈现系统进行可用性评估，为多模交互系统可用性的改进提供建议。从促进馆藏实体与数字资源的融合开发、支撑特殊人群的无障碍服务、营造协作共享的知识服务形态以及创造情感、认知体验情境等四个方面进行自然人机交互在图博档中的应用分析。通过将触觉技术引入三维文物展示领域，提出一种基于多模感知的三维文物交互式呈现的算法框架和方法。

6. 移动图博档数字化信息推荐服务技术

结合基于标签的推荐和历史记录的推荐方法的优越性，提出以用户需求为中心、实现功能融合以及友好人机交互界面的移动端图书馆推荐系统的设计方案，并完成基于 Android 的移动图书馆资源推荐系统软件开发，研究实现数据库的配置与搭建，建立检索、推荐、历史记录 3 大功能模块各自的检索、标签推荐、历史记录推荐等独立功能，分别对标签推荐和历史记录推荐两大推荐方法进行模拟实验并计算实验结果准确率和召回率及进行用户使用满意度反馈分析。还完成基于 Android 的移动图书馆信息服务系统 APP 开发，针对 APP 进行操作测试并着重对资讯和发现功能模块进行优化，并且完成了移动博物馆信息服务系统 APP 功能设计。

7. 图博档数字化服务融合中可视化技术应用

尝试构建由数据基础层、信息描述层、语义聚合层、逻辑交互层和应用可视化层构成的 LAM 数字资源服务融合与可视化展示框架实现的可能性，直观描述 LAM 数字资源从零散到聚合，最后实现可视化展示的过程。研究利用可视化工具实施地图、词云、关系网络、时间轴在网页中的可视化效果呈现，探讨既满足用户需求又顺应公共文化传播与共享服务要求的可视化展示框架实现的可能性，并进行具有一定实际应用价值的可视化实例设计。

8. 图博档数字化信息服务技术融合分析

针对当前信息技术的跨学科跨领域融合情况，设计一套量化信息技术间的融合程度的方法，为图博档数字化信息服务融合技术改进和创新提供理论基础。以本课题中涉及的智能分析、大数据处理、模式识别、版权管理、问答系统、信息推荐、人机交互、信息可视化、图像检索 9 种图博档数字化服务融合中所使用的信息技术，从 4 个属性空间维度检测其融合情况并进行一致性分析。

结束语

本篇叙述了图书、博物、档案数字化服务融合研究项目研究背景及意义,图书、博物、档案数字信息资源服务融合研究现状,国内、国外图博档数字化服务融合实践案例分析,图博档数字化信息服务融合的内涵辨析及数字化服务融合的原则,图博档数字化服务融合的必要性与可行性,开展图书、博物、档案数字化服务融合理论及实证研究重点关注的主要研究方向及其内容、研究体系框架,作为项目研究的基础和准备内容。

第二篇 图博档数字资源及 服务融合基础

第1章 引 言

对图书馆、档案馆和博物馆的数字资源进行统一组织与共享,并在此基础上实现信息服务的融合是一项庞大的系统工程。LAM 数字资源的组织方法以及服务模式融合的研究涉及方方面面,除了支持性的政策、资金、人员以及制度等方面的研究外,更重要的是资源统一组织与服务融合等核心问题的研究,例如,信息资源组织以及共享理论、技术方法、服务模式融合、资源及服务平台的构建、共享资源的管理方法等[①]。

Levitan 认为信息资源是指经过加工并被组织起来能够重复使用的信息集合[②]。数字信息资源是数字化的信息资源,按照不同标准可以划分为不同的类型,数字信息资源类型的多样性给融合服务体系的构建带来了挑战[③]。LAM 数字资源不仅与其他类型的数字信息资源存在较大差异,三者彼此之间也有很大不同,这些差异给 LAM 数字资源的统一组织与共享带来了很多困难。图书馆、档案馆、博物馆所拥有的数字资源大多属于结构化信息资源,相对于其他信息资源来说包含更多的知识以及文化价值,这些特点无疑会影响到 LAM 数字资源的统一组织。另外,三馆的馆藏资源之间也存在诸多差异,这些差异可以通过信息资源的相关理论进行分析,如波普尔三个世界理论[④]、数字资源的生命周期理论等。馆藏资源的内在禀赋会影响数字资源的组织策略,因此,应当充分分析 LAM 馆藏资源的特征,以探索与之相适应的组织方法,减少馆藏资源间的知识孤岛现象,并奠定 LAM 数字资源服务融合的基础。

LAM 数字资源整合是我国学界最常使用的术语,它是一种深度的资源组织方式,目前在信息资源整合方面有很多可以借鉴的理论与方法。例如,Rao 等人针对考古学数字图书馆,提出了基于 5S (streams, structures, spaces, scenarios, and societies)的资源整合框架[⑤]。墨西哥学者开发了一个轻量级本体 OntoAir,该本体通过机器学习方法几乎不需要人工干预便可以实现多方面文献的整合[⑥]。随着数字资源整合理论与技术的不断发展,资源整合的层次也在不断加深,从早期的数据和信息层面的整合逐渐发展到知识层面的整合。LAM 馆藏资源自身的特点以及三馆协同服务都要求从知识层面对三馆资源进行整合以实现深度共享,因此对馆藏资源深层整合的研究越来越引起学界的重视。除了本体技

---

① 穆向阳. 图博档数字资源统一组织与服务模式融合研究[D]. 南京:南京大学,2014.

② Levitan K B. Information Resources as "goods" in the Life Cycle of Information Production[J]. Journal of the American Society for Information Science, 1982, 33(1): 44-54.

③ 孙建军,柯青. 论国家数字信息资源战略体系的构建[J]. 中国图书馆学报,2007(33):73-78.

④ Popper K. Three Worlds, The Tanner Lecture on Human Values, Delivered at The University of Michigan[J]. The Tanner Lectures, Humanities Center, University of Utah[EB/OL]. [2014-05-26]. http://tinyurl.com/yjf7n3x, 1978.

⑤ Rao S, Naga S V, Weiguo F, et al. Integration of Complex Archeology Digital Libraries: An ETANA-DL Experience[J]. Information Systems. 2008, (3): 699-723.

⑥ Alfredo S, Medina M A, Starostenko O, et al. Organizing Open Archives via Lightweight Ontologies to Facilitate the Use of Heterogeneous Collections[J]. Aslib Proceedings, 2012, 64(1): 46-66.

术外,网格技术也备受关注,例如 Giannadakis 等人开发了可以在网格框架下运行的数据集成中间件引擎 InfoGrid,它着重提供信息获取服务,并且以通用的方法为各种不同的、大范围的科学应用提供数据出版和整合机制①。我国在信息资源整合方面的研究也取得了不少成果,如欧石燕结合本体和关联数据理论设计了语义数字图书馆资源描述与组织框架,以实现数字图书馆资源更深层次的融合②。郑燃等人构建了基于关联数据的图书馆、博物馆和档案馆数字资源的整合模式③。这些理论与方法提供了资源深度整合的基础,可以用来进一步完善 LAM 馆藏资源的组织策略。

随着信息技术的发展,世界各国都非常关注用户环境的研究。LAM 馆藏资源具有极高的文化和学术价值,对 LAM 数字资源以及服务进行融合是满足用户知识及文化需求的保障,也是三馆资源内在禀赋上的客观要求。信息服务的发展越来越突出用户的中心地位,英国情报学家 Wilson 在进行用户信息行为模式研究时,探讨了信息需求、信息行为、信息利用与环境之间的关系,并给出了用户信息查询行为的逻辑模式,该模式全面而系统地研究了用户进行信息查询的动机④。用户查询和利用馆藏资源的行为,与普通的信息查询与使用行为有所不同,这些差异使得 LAM 资源组织方法与服务融合模式区别于其他信息资源。为了提高信息服务质量,需要对用户行为及需求,以及如何挖掘用户大脑内的隐性知识等问题进行深入研究。

LAM 数字资源的统一组织与共享是信息服务融合的基础。信息集成服务是该领域比较常用的一个术语。信息集成是针对某个既定目标、特定任务对信息进行组织和管理的理念⑤,目标是使集成服务的总体效益大于集成前分服务效益的和。早在 2000 年,Ferguson 便构想了一个以图书馆为中心的三级集成服务模型⑥。从这个三级集成服务模型中可以看出,集成服务秉持以用户为中心的服务理念,主要采用主动的信息发布服务和智能化个人信息检索代理服务。按照资源的组织情况,毕强教授认为信息集成服务模式可以分为两方面:一,基于信息共享的集成服务模式;二,基于知识的集成服务模式⑦,该模式主要解决的是语义甚至语用信息的集成问题。基于知识的服务也是 LAM 融合服务考虑的重点。LAM 数字资源组织的深度会影响到服务模式的融合,所以应该充分关注资源组织与服务之间的关系。

---

① Giannadakis N, Rowe A, Ghanem. InfoGrid: Providing Information Integration for Knowledge Discovery[J]. Information Sciences. 2003, 155(3-4): 199-226.

② 欧石燕.面向关联数据的语义数字图书馆资源描述与组织框架设计与实现[J]. 中国图书馆学报,2012(38):58-71.

③ 郑燃,唐义,戴艳清.基于关联数据的图书馆、档案馆和博物馆数字资源整合研究[J].图书与情报,2012(1):71-76.

④ Wilson T D. Models in information behaviour research [J]. Journal of Documentation, 1999, 55(3): 249-270.

⑤ 霍忠文,张捷.信息集成服务发展战略[J].情报理论与实践,2001(24):1-5.

⑥ Ferguson C. 'Shaking the Conceptual Foundations' too: Integrating Research and Technology Support for the Next Generation of Information Service[J]. College & Research Libraries, 2000, 61(4): 300-311.

⑦ 胡昌平,周永红.信息集成服务回顾与展望[J].图书馆论坛.2005(25):1-7.

第2章 LAM数字资源特征差异及共享分析

2.1 数字信息资源概念及特点

2.1.1 数字信息资源的概念

Bhattacharya认为数字信息资源是指用数字形式保存的信息,这些信息的特点是:读写由机器驱动;不可触摸;大多数情况下支持多用户同时访问;有时只有信息的镜像形式能被访问;可以分散于世界的不同位置等[①]。作者对数字信息资源进行了分类,如图2-1所示:

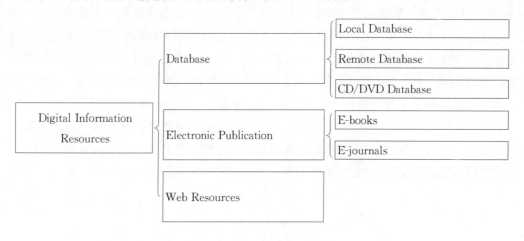

图 2-1 数字信息资源分类

数字信息资源的最主要特征就是数字化也就是其最底层编码为0和1,以方便计算机存储、传输、加工以及检索等,数字信息资源可以通过bit来计量其所占存储空间的大小。从来源上来看,数字资源主要来自两方面:一方面,对非数字信息资源的数字化,通过信息技术使信息资源转化为数字化形态,如对文献资源、缩微胶片等资源的数字化等;另一方面,主要是直接产生的数字信息资源,如直接通过网络出版的E-book以及E-journal等。现实世界存在的各种各样的信息资源都可以被数字化,具体如图2-2所示。

文献型数字资源指以文字方式表达的数字资源,比较常见的形式有电子书、电子期刊论文等。图形图像型数字资源主要指的是通过二维或三维图形、图像记录信息的数字资源,常见的图形图像型数字资源有彩色或黑白图片、3D数字模型等。音频数字资源是指通过声音记录信息的数字资源,例如网络上的音乐、录音等。多媒体数字资源,指利用两种及以上方式记录信息的数字资源,如视频(包括图像、声音或文字)数字资源、图文数字资源(比如网络上由文字和图片构成的博客、微博等)。按照资源的记录

---

① Bhattacharya U. Digital Information Resources and Digital Information Literacy: A Symbiotic Approach[J], 2007(12):351 - 357.

方式对数字资源进行分类具有十分重要的意义,数字资源记录方式在很大程度上决定着资源的组织方式。

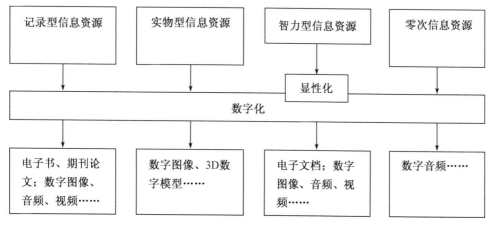

图 2 - 2 不同类型信息资源的数字化

按照记录方式数字资源又可以进行如下分类:1) 文献型数字资源;2) 图形、图像数字资源;3) 音频数字资源;4) 多媒体数字资源。具体如图 2 - 3 所示:

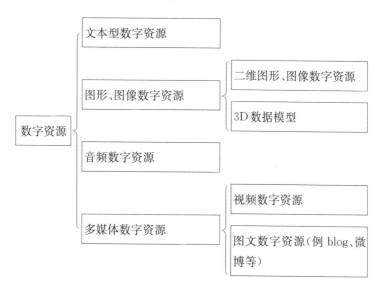

图 2 - 3 按记录形式的数字资源分类

2.1.2 数字信息资源的特征

数字信息资源是计算机与网络技术发展的必然产物,也是人类走向信息文明的客观基础。作为与社会步伐相适应的资源形态,数字信息资源与其他信息资源相比具有如下特征:

第一,数字信息资源打破传统资源的时空限制。无论何种形式的数字资源其底层编码都是便于计算机处理的 0 和 1,因此用户能够利用计算机随时随地获取网络上公开的数字信息资源。资源的数字化特征打破了传统资源的时空限制便于存储、传播、加工、获取等,极大地促进了人类的信息平等。

第二,数字信息资源具有良好的可操作性。用户可以方便地利用相应的程序处理、加工数字信息资源,例如通过 Word 编辑文本型信息资源,通过 Photoshop 处理图形图像型信息资源等。由于用户具有了更多的参与性以及自媒体技术的不断发展,网络上的数字信息资源变得越来越丰富。

第三，数字信息资源具有极好的可链接性。非数字信息资源一般按照树形结构进行分类组织，如图书馆常用的各种分类方法（中图法、人大法、南大法等）基本上都是树形的资源组织方式，这种方式具有很多弊端，无法真正揭示资源之间的深层关系。而数字信息资源可以通过超链接的方式建立资源间的网状关系，突破原有树形结构的局限，使资源间深层的关系能够被更好地揭示，以形成庞大的数字资源网。

第四，数字信息资源具有共享性。数字信息资源可以被无限复制，因此数字信息资源具有很好的共享性，不同用户使用同一资源时彼此不受任何影响。另外，数字信息资源因为其具有无限的可复制性以及易操作性等特点使得相关的知识产权问题备受关注。由于数字信息资源易于获取以及篡改，从某种程度上说，数字信息资源具有一定的不安全性等弊端。

2.1.3 图书馆数字资源的主要特点

世界上很多著名的图书馆已经体现出 LAM 数字化服务融合的趋势，如美国国会图书馆、波士顿公共图书馆等，但是图书馆提供的最主要的数字资源仍然是文献型信息资源，如 E-book、E-journal 以及 Thesis 等，资源主要的存储格式为 PDF 和 JPG，虽然 JPG 主要是图形图像的存储格式，但很多图书馆数字资源仍然采用 JPG 存储格式。图书仍然是图书馆最重要的资源，图书馆提供的数字化资源以数字化的文献为主要内容。图书在人类的历史上起着极为重要的作用，从中国的甲骨文、埃及的象形文字以及两河流域出现的楔形文字到现在的电子书，图书的形式一直发生着变化，但是其作为人类思想容器的角色一直没有改变，随着人类对文化的需求变得越来越强烈，图书的价值也越发重要。为了便于对国际的图书发行量进行统计比较，1964 年 11 月在法国巴黎举行的会议上，通过并采用以下定义：图书是不包括封面和封底在内，至少含 49 页的非期刊类印刷品，并且于该国家公开予公众①。目前比较权威的定义是联合国教科文组织对图书的定义：凡由出版社（商）出版的不包括封面和封底在内 49 页以上的印刷品，具有特定的书名和著者名，编有国际标准书号，并有定价并取得版权保护的出版物称为图书。

期刊是图书馆提供的另一种主要资源，期刊又称"杂志"。其具有相对统一的名称，相对固定的版式、篇幅和内容范围，每年至少出两期，每期载有两篇以上不同作者写的文章，按一定的卷期号或年月顺序号连续出版下去的出版物，不包括报纸、机关团体的会议资料（会议录、会议论文集等）②。学术论文一般通过相关的期刊出版，学术论文在知识的交流以及共享方面发挥着十分重要的作用，通过对知识的分享可以避免学术资源的重复投入等浪费现象，能够加速人类的知识生产过程，所以期刊对于图书馆具有非常重要的意义。

学位论文是图书馆提供的另外一种非常重要的资源。我国现行的国家标准《科学技术报告、学位论文和学术论文的编写格式》（GB7713-87）对学位论文进行如下定义：学位论文是表明作者从事科学研究取得创造性的结果或有了新的见解，并以此内容撰写而成、作为提出申请授予相应学位时评审用的学术论文。可以看出学位论文是学术论文的一种特殊形式。《中华人民共和国学位条例暂行实施方法》规定：已经通过的硕士学位和博士学位论文，应当交存学位授予单位图书馆一份；已经通过的硕士和博士学位论文，还应当交存有关的专业图书馆一份，以供各单位查询使用③。目前，很多图书馆将学位论文公开，不同用户可以通过图书馆网站下载数字学位论文，如英国牛津大学图书馆（Bodleian Library）等。

---

① Taycher L. Books of the World, Stand up and Be Counted[EB/OL]. [2014-03-15]. http://bocksearch. blogspot. com/2010108/books-of-world-stand-up and-be-counted. html.

② 王绍平，陈兆山，陈钟鸣，等. 图书情报词典[M]. 上海：汉语大词典出版社，1990：897-898.

③ 朱金，韦美珠. 高校学位论文的管理与利用[J]. 图书馆学研究，2004，3（3）：80-83.

除上述数字资源外,图书馆还向用户提供法律法规、会议记录、科技学术报告、政府公开信息等其他数字资源,这里不一一赘述。

图书馆数字资源的总体特征可以概括为以下几点:

第一,从记录形式上来看,图书馆的数字资源主要以文字符号作为记录手段,其数字资源大部分属于文献型数字资源。虽然图书、期刊以及学位论文等在形式以及功能上有很多不同之处,甚至图书、期刊等文献中包含了大量的图表等非文献型信息,但是文字符号仍然是图书馆数字资源表示、存储信息以及知识的最主要手段。所以,图书馆数字资源主要属于文献型信息资源。

第二,图书馆的数字资源可以按照已有的分类法进行组织。目前国际上比较常用的图书分类法主要有杜威十进分类法(Dewey Decimal Classification(DDC))、国会图书馆分类法(Library of Congress Classification (LCC))、Colon Classification (CC)、Harvard-Yenching Classification、中国图书馆分类法等。现有的图书馆分类法可以用来组织图书馆数字资源,以更好地将图书馆数字资源展示给用户。

第三,图书馆的数字资源有大量的重复现象,图书馆拥有的资源除极具文物价值的珍本、善本等图书外并不是像博物馆的文物以及档案馆的档案一样具有稀缺性、唯一性等特征,同样的图书可以出现在不同的图书馆内,但是同样的文物以及档案等资源却无法同时出现在不同的博物馆或档案馆。由于图书馆资源的可重复性特征,不同的图书馆可以采用同样的资源管理模式。

第四,图书馆的数字资源增长速度极快。世界上每年都有大量的图书、期刊等文献出版,特别是随着计算机以及网络技术的发展,很多图书、期刊等直接以电子版的形式出版发行,图书馆的纸质文献资源以及数字文献资源的数量都在不断增大。另外图书馆也会因文献老化等原因将一些资源剔除,因此图书馆资源相对于博物馆以及档案馆来说往往呈现出比较明显的动态性特征。

2.1.4 博物馆数字资源的主要特点

从基本要素上看,亚历山大博物馆和现在的博物馆没有什么两样,它是历史上第一家真正的博物馆。大约在公元前 290 年,托勒密一世为女神缪斯建了一个学习中心(因此博物馆的英文单词为"Museum",意指献给缪斯女神的殿堂)[①]。该博物馆由多个学院组成,每个学院由一名首席教士负责。博物馆仿效雅典哲学学校,全部由政府投资与管理。亚历山大博物馆可谓人类文明史发展的一座里程碑。后来,像亚历山大这样的博物馆在人类的历史上销声匿迹了数百年。直到 1682 年,出现了世界博物馆历史上第一个真正意义的博物馆,即英国阿什莫林艺术与考古博物馆。

二十一世纪中期,博物馆如同雨后春笋,1996 年美国的博物馆已经达到了约 7500 家,现在几乎美国所有大大小小的社区都有博物馆[②]。博物馆的藏品可谓包罗万象,按照其收藏的藏品博物馆可以分为不同的类别,主要包括:艺术博物馆、历史博物馆、科学博物馆、自然历史博物馆等。

没有藏品就没有博物馆的一切,所谓藏品是指由具有相同或相似的重要意义的物件所组成的收藏单位,而物件是指三维空间形式的一件实物[③]。博物馆的数字资源主要是指,通过摄像等技术对藏品进行拍照、标引、存储等过程形成的数字化图像、视频等资源,主要是以 JPG、GIF 以及 PNG 等格式存储的图片。对藏品进行数字化一方面有利于藏品的保存,另一方面便于馆藏资源的检索以及浏览等,图像类数字资源已经成了博物馆数字资源的最主要部分。另外,博物馆的藏品一般是三维空间中的物件,为了让用户更好地浏览馆藏资源,很多博物馆纷纷为藏品建立 3D 模型,以增强用户观赏数字藏品的真实

---

① McHenry R. The New Encyclopaedia Britannica[M]. Chicago:Encyclopaedia Britannica (UK) Ltd,1998:440.
② G. Ellis Burcaw. 新博物馆学手册[M]. 重庆:重庆大学出版社,2011:18.
③ 同②.

体验。

博物馆数字资源总体特征可以概括为以下几点：

第一，从信息的记录形式上来看，博物馆的数字资源主要以图像作为信息的记录形式，一般采用JPG格式存储。虽然博物馆在不断开拓新的数字化服务形式，如虚拟博物馆可以为用户提供虚拟参观服务，提供藏品3D数据模型增强用户与藏品的交互等，但是目前博物馆数字服务所依托的资源仍然是数字图片，博物馆数字资源主要属于图像型资源。

第二，从藏品分类法的角度来看，很难形成针对博物馆数字资源的全面而统一的分类法。虽然藏品的"藏"与"用"等功能的开展都是以分类为基础的，但藏品定义的模糊性和种类的多样性使得形成一个统一的博物馆藏品分类标准十分困难，不用说整个世界范围就是在我们国家内都尚未形成一套统一的博物馆藏品分类法。我国博物馆繁多，大部分博物馆都是从自身的藏品特点以及便于收藏和管理的角度进行藏品分类的，因而形成的藏品分类法五花八门，难于统一。我国比较有影响的藏品分类法有：宋伯胤提出的四部四项分类法[1]、何直刚提出的三系三段分类法[2]等。另外还有一些学者提出了其他的分类法，如王根发、高和等。

第三，博物馆的藏品一般具有相应的级别，如我国一般将文物类藏品分为珍贵文物和一般文物等。《中华人民共和国文物保护法》和《中华人民共和国文物保护法实施细则》对文物的级别制定了严格的标准。文物藏品一般分为珍贵文物和一般文物，而珍贵文物分为一、二、三级[3]。文物藏品的级别是博物馆藏品的重要属性，藏品级别从侧面反映出藏品的价值，所以同样是博物馆数字资源的重要属性。

第四，虽然博物馆以及藏品的数量都在不断增加，但是珍贵文物的数量却相对稳定，所以相对应的博物馆的数字资源的数量也相对稳定。相对于图书馆的数字资源来说博物馆的数字资源的总量相对稳定。

2.1.5 档案馆数字资源的主要特点

档案形成于国家机构、团体、企事业单位以及其他社会组织及个人的社会职能活动之中，这些职能包括政治、经济、科学、文化、军事、生产、宗教等领域的社会实践活动，它是历史的原始记录，是一种社会智力资源[4]。档案是国家的产物，它承载了人类的记忆。和其他信息资源不同的是档案多是人类在社会生活中产生的副产品，是人类社会活动的附带产物，正是由于档案具有非主观意识的特点，以及具有的本源性特征，所以档案具有极高的凭证价值。另外，由于档案是来源于历史事件的真实记录，所以档案具有文物属性，可供收藏和鉴赏。

档案馆是国家从事档案事业的主体，对于档案的存储与管理活动可以追溯到早期历史。档案事业在古代中国、古希腊以及古罗马已经很发达，但遗憾的是由于当初的档案材料大都以草纸为载体，因而很多珍贵档案都已丢失。后来欧洲中世纪的教堂、城市等相应机构保存了大量的档案材料，这部分珍贵档案被遗留下来，成了人类的宝贵财富。现代意义的档案馆源于法国大革命，法国国家档案馆是世界上最大的档案馆，拥有大量的珍贵档案。

档案馆的数据资源主要存储格式为JPG、CDA、WAV等，主要是以JPG图像存储的数字化档案，以及CDA及WAV等格式存储的数字化音视频档案等。

档案馆数字资源总体特征可以概括为以下几点：

---

① 宋伯胤. 论博物馆藏品分类（下）——兼述"四部四项分类法"[J]. 东南文化,1991(6):230-237.
② 何直刚. 藏品分类略说——附述三系三段分类法[J]. 中国博物馆,1986(3):79-83.
③ 文物藏品定级标准[EB/OL]. [2013-05-02]. http://www. gov. cn/banshi/2005-08/21/content_25093. htm.
④ 周晓英. 档案信息论[M]. 北京:中国人民出版社,2000:47.

第一，档案馆的数字资源来源于档案的数字化，人类社会实践产生的档案主要是一种附属品。与图书、期刊等资源不同，档案并不受人的主观思维的影响，因此在一定程度上档案具有客观性特征，也正因如此档案具有极高的权威性，具有极高的凭证价值。档案馆的数字资源主要来源于传统档案的数字化，因此档案馆的数字资源同样具有很高的凭证价值。

第二，从信息记录的方式上来看，档案数字资源主要通过文字、声音以及视频等方式记录信息。虽然档案数字资源的记录形式主要是文字，但其存储格式一般为 JPG，主要通过图片存储文字型信息。另外，音频以及视频资料也是档案馆的主要部分，其重要性不可小觑。以图像方式记录的档案虽然也是档案馆数字资源的主要部分，但其在档案馆数字资源中所占比例远不如博物馆。

第三，档案馆跟图书馆以及博物馆不同，《中华人民共和国档案法》第二章第六条规定："国家档案行政管理部门主管全国档案事业，对全国的档案事业实行统筹规划，组织协调，统一制度，监管和指导。"档案馆传统上重档案的保存，而轻档案的利用，普通公众如需借阅档案材料需要经过严格的审查程序。《中华人民共和国档案法》第十四条规定："保密档案的管理和利用，密级的变更和解密，必须按照国家有关保密的法律和行政法规的规定办法。"因此，密级也是数字档案的重要属性。

第四，数字档案资源的总量不断地增加。随着人类的社会活动不断进行，档案资源也不断增加。不过具有文物属性的档案数量相对稳定，这部分档案资源能够反映一定历史时期的政治、经济、军事以及文化背景等，因而这部分档案同样具有较高的文化特征。

2.2　LAM 数字资源特征差异分析与共建共享

通过对图书馆、档案馆、博物馆数字资源各自特征的分析可以看出三馆数字资源之间存在很多共同之处，但也存在较大区别。深入分析资源禀赋上的差异有助于深化对资源的理解，以及这些差异产生的原因，最终有助于研究 LAM 数字资源的组织方法以及服务的融合模式。

2.2.1　LAM 数字资源记录形式上的差异及成因分析

无论是传统的纸质信息资源还是现在的数字信息资源，都是通过一定的记录方式将信息记录到相应的载体上。按照信息的记录形式，信息资源可以分为：文献型信息资源、图形图像信息资源、音频信息资源、多媒体信息资源等。

文献型信息资源是指通过语言文字等形式将文字符号记录到相应的载体上，最后仍然以语言文字的方式呈献给用户的信息资源。图书馆数字资源主要包括 E-book、E-journal、Thesis 等，这些资源主要是通过摄影等技术对纸质文献进行数字化得到的产物，其存储格式主要为 PDF 等。由于 PDF 文件的诸多优点，很多文献型数字资源是以 PDF 格式存储的。不过，实际项目中也有些文献型信息资源是以 JPG 格式存储的，比如很多珍贵手稿是以 JPG 格式存储的。

博物馆数字资源最主要的记录方式是图形图像，所以博物馆数字资源主要是图形图像型信息资源。图形图像作为记录形式，主要是指将事物的几何轮廓、色彩颜色、光线明暗等视觉信息直接记录到载体上。博物馆图形图像数字资源，通过丰富的视觉信息呈现藏品的原貌，能够为用户提供身临其境的观赏体验。博物馆主要的数字资源，是通过摄影等技术对藏品进行数字化得到的产物，虽然博物馆还拥有3D 藏品数据模型等数字资源，但二维的图形图像型信息资源仍是目前博物馆最主要资源形态，其存储格式主要为 JPG、GIF、TIFF 等。

档案馆数字资源主要的记录方式为文字，但是其数字资源的主要存储格式为 JPG。档案多为人类社会生活中产生的副产品，其内在的逻辑性不如图书或论文等文献型资源，所以档案经常用图片存储，这有点类似博物馆的藏品。档案馆另外两种重要的信息记录方式是音频和视频。音频是通过声波信号将信息记录到相应的存储介质上，用户通过声音获取信息。而视频是将影像和声音同时存储在相应的存储介质上，用户通过观看和收听两种方式获取所需要的信息。对于档案来说，音频和视频这两种数字资源具有举足轻重的地位，记录了历史上真实声音以及影像的信息资源是档案资源中非常重要的组成部分。

可以看出，图书馆、档案馆与博物馆的数字资源在信息记录方式上有很大不同，具体如表 2-1 所示。

表 2-1　图书馆、档案馆、博物馆数字资源的主要记录形式

	图书馆	档案馆	博物馆
主要记录方式	文字	文字、音频、视频	图形图像

信息的记录方式是与信息源以及人对信息的需求相适应的，造成上述 LAM 数字资源记录方式上差异的主要原因是三馆数字资源的禀赋不同。从本质上来说，图书馆存储的是人类在思想、自然以及社会三大领域内取得的知识成果的集合，而图书馆内的大量书籍只不过是知识与信息存储的一种载体，书籍并不是我们追求的终极目的，它只是我们寻找的信息与知识的客观依托形态。图书作为存储着人类在思想、自然以及社会领域取得的知识的容器，客观上要求有一种与之相适应的信息记录方式，显然与之最为匹配的是语言文字。人类通过语言文字传递情感、交流思想，通过文字记录无形的知识，可以说语言文字是通往人类心灵深处的桥梁。文字是记录语言的方式，这种信息记录方式的优势在于文字不仅能够描绘现实的物质世界，它还能够描述人的内心世界，信息与知识正是通过人类的内心才被价值化的实践产物，它们与文字有着天然的适配关系。但是文字作为一种信息记录方式也有它的弊端，如在描述客观世界的细节时永远无法像图形图像那样直观、生动、丰富。

博物馆的资源主要是通过藏品的外观带给人以学习的体验以及文化的熏陶，图形图像这种信息记录方式的最大特点就是能够真实地记录客观物质的轮廓、形态、颜色、光泽等视觉信息，能够最大限度地恢复真实藏品带给用户的视觉体验，因此图形图像是博物馆数字资源的最主要的信息记录方式。如果说图书馆数字资源所存储的信息与知识发源于人类的思想，那么博物馆数字资源所存储的信息则发源于客观的物质形态即藏品，当然藏品也是人类智力劳动的成果，反映着人类的精神世界，不过藏品本身的价值如此重要以至于欣赏藏品成了人们参观博物馆的最主要的目的。

档案馆的资源主要是人在社会活动中留下的附属品，档案的价值在很大程度上是因为它能够客观地还原历史事实，因此人类在社会活动中所附带产生的文字记录、声音以及视频是档案的最主要材料。通过文字、声音以及视频能够相对全面地记录一个人、组织的活动过程，因此三者共同成了档案馆数字资源最主要的记录方式。从档案的本质上来看，档案馆的数字资源价值主要发源于人类的社会活动。

通过上述分析，已经可以清楚地看到图书馆、档案馆与博物馆在信息记录方式上产生差别的主要原因，三者的主要差别在于信息源的内在禀赋，具体如图 2-4 所示：

图 2-4 不仅清晰地揭示了 LAM 数字资源记录方式上产生差异的原因，还充分地反映了图书馆、档案馆、博物馆所记载人类文明成果的不同视角。图书馆旨在存储人类在自然、社会以及思维领域内的认知成果，主要以文字的方式记载到纸质载体之中。随着信息技术的发展，这些成果逐渐数字化，但其本质并没有变，仍然属于文献型信息资源。正是由于图书馆本质上存储的是人类的知识，所以图书期刊等作为知识的物理载体其地位并不是十分重要，也正是这个原因图书馆的图书可以出现大量重复，也会被经常替换。博物馆注重的是藏品本身，藏品的文化价值如此依赖于藏品的物理形态，以至于人们将两者等同起来，所以藏品本身是博物馆保存的资源，藏品的价值也无法被其他载体所复制，所以藏品不会

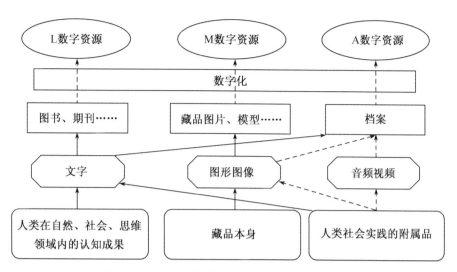

图 2 - 4 LAM 数字资源记录形式差异产生的原因

像图书一样重复出现。档案资源在某种程度上与博物馆的藏品相似,档案具有很大的文物价值,历史档案通常按照文物一样保存,档案上记录的信息虽然可以被复制,但档案的文物价值且无法被复制,档案同样具有唯一性。

图书馆数字资源主要属于文献型信息资源,世界上有众多的语言以及文字系统。这些不同的语言文字可以表达人类共同的情感、思想,也可以共同描述世界上同一件客观事物,但不同的人只能通过自己熟悉的语言以及文字才能了解信息的内涵,对不熟悉的语言即使它描述的是自己最常见的事物也很难理解,而图形图像数字资源却没有这样的问题,虽然有着文化背景差异,但世界上任何有鉴赏力的人都可以欣赏梵高的《星夜》之美。文字上语种的差别给 LAM 数字资源的共享带来了障碍。

从信息资源的记录方式上看,图书馆、档案馆、博物馆三者数字资源的共享是建立在不同记录方式信息资源基础之上的,这要求我们在探讨 LAM 数字资源共建共享策略时,不能只把眼光局限在文献型信息资源之上,而应该同时关注其他记录方式的数字资源。同样道理,向用户提供信息服务时,不能一味强调信息知识的加工与检索等服务方式,还应该注重用户对图形图像型数字资源的需求,注重图形图像型数字资源带给用户的审美以及文化体验。在信息的呈现方式上,也要注意多种记录方式数字资源的展示方法,这需要在 LAM 数字资源服务上有所改进以及创新,丰富数字资源的展示途径,以建立真正与 LAM 数字资源相适应的服务。

2.2.2 LAM 数字资源组织体系上的差异及成因分析

LAM 数字资源绝大部分是在其原有物理形态上通过拍照以及扫描等手段产生的,因此原有的图书馆、档案馆、博物馆的信息组织体系在很大程度上决定了三者数字资源的信息组织体系。图书馆、博物馆以及档案馆在收藏的资源范围上出现很多交叉现象,因此这里只用三者最典型的资源形态进行对比分析。

图书馆的纸版图书以及相应的电子图书其主要的记录方式是文字,图书一般是一个丰富的信息或知识集合,需要通过大量文字来表达作者的看法以及观点等。因此需要从语义信息构成的单位来看,文字是语义信息的最小单位,它首先构成词汇,词再形成句,句构成段落与章节,最后构成书。数字化图书跟纸质图书除存储以及呈现方式上不同外,本质上并无太大差别。期刊论文以及其他文献型信息源与图书极为类似,因此不做单独分析。

博物馆的数字资源大部分是对藏品进行拍照获得的,这种类型的数字资源与图书具有完全不同的信息组织结构。博物馆的藏品一般可以数字化为一幅图片,最常见的例子就是绘画类艺术作品,这类作品因为是二维空间内表达的一种艺术形式,因此通过对绘画作品进行一次拍摄即可将藏品数字化,也就是说一件藏品对应于一副数字图片。对于三维空间的物件藏品,可以通过 3D 建模的方式将藏品数字化,也可以通过从多角度拍照的方式进行数字化,这时一件藏品会对应几幅数字化图片,目前通过拍照的方式将藏品数字化仍然是最主要的方式。

　　档案馆信息资源拥有自己独特的信息组织方式以及术语体系。传统的档案是通过全宗、案卷这样的体系进行组织。"全宗"是一个独立的机关、组织或人物在社会活动中形成的档案有机整体①。一个全宗内所含的档案文件数量庞大,因而要对其进行组织、分类、排列等操作,要对庞大的档案文件进一步系统化,将档案文件组织成下一级保管单位——案卷。案卷是按照一定的主题等内容特征和外部特征编立的、具有密切联系的若干文件的组合体②。案卷是档案进行统计与检索等操作的基本单位。案卷一般包括封面、目录、案卷号等信息,具体的档案文件存储在案卷中。LAM 数字资源的组织体系受传统资源组织体系上的影响,三者差别可见图 2-5:

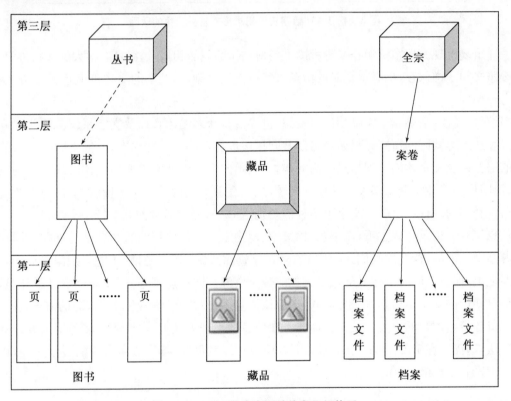

图 2-5　LAM 数字资源的信息组织体系

　　从图 2-5 可以看出,LAM 数字资源在信息的组织体系上有很大不同,例如,一本书含有大量的信息和知识,是一个丰富的信息知识集合,但是元数据无法描述书中具体页面所含的信息,而只能描述整本书的信息。案卷同样如此,它包含很多档案文件,用户可以通过案卷目录查找到具体的档案,但是案卷通常是档案检索的基本单位。博物馆藏品数字化后形成一幅或者几幅图片,代表一件藏品的数字化图片的数量远远小于图书所含的页数或者案卷内所包含的档案文件数,因此馆藏的数字图片可以直接和藏品画等号,也就是说完全可以通过元数据描述代表藏品的数字图片。

　　图书、案卷分别是图书馆和档案馆提供检索的最基本单位,也就是说图书馆与档案馆在组织信息时

---

　　① 邓绍兴,和宝荣. 档案管理学[M]. 北京:中国人民大学出版社,1989:35.
　　② 同①.

元数据描述的是图书与案卷层即图中的第二层,而对具体内容页(第三层)的揭示缺乏有效手段。可博物馆数字资源的层级关系很不明显,虽然图2-6中将博物馆的数字资源画在了两个层次,但是现实案例中两者往往处于同一层次。因为档案与博物馆藏品在范畴上有很大交叉,而且具体的档案文件间的关系不像图书书页之间的关系那样紧密,所以在具体的LAM合作项目中,档案往往被当作博物馆藏品一样进行处理,也就是说案卷与具体的档案文件之间的层级关系被忽略,而直接通过元数据描述具体的档案文件。但是图书的层次体系始终无法打破。世界数字图书馆(World Digital Library)项目就是对图2-6中第二层的图书以及第三层的藏品以及档案进行直接描述的[①]。

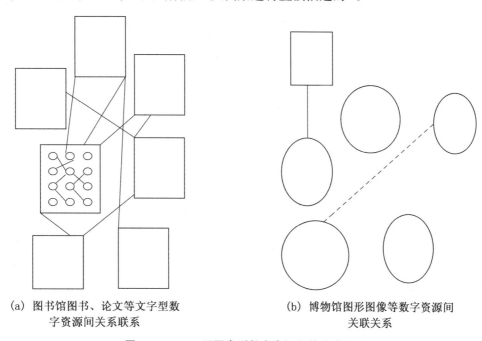

(a) 图书馆图书、论文等文字型数　　　　(b) 博物馆图形图像等数字资源间
　　字资源间关系联系　　　　　　　　　　关联关系

图 2-6　LAM 不同类型数字资源间的关联关系

上述现象的产生,原因在于图书这类文献型信息资源的内在禀赋。图书是以文字的方式记录信息,并且通过文字对人类的认知、思想或对事件等进行描述以及存储,图书具有完整性特征,单独的书页包含丰富的信息以及知识,但是只有一本书内所有的内容页合在一起才能构成完整的表述。图书的整体性使得其包含的内容都要围绕统一的逻辑架构,因此书页之间的关系不会像档案与藏品那样零散。从LAM数字资源共享的角度来看,图书作为一个基本信息单位的整体性与书页内容知识的丰富性之间构成了一对矛盾,一方面资源间的深度共享要求从底层建立知识之间的关联,另一方面图书是一个不可打破的整体,这一矛盾也给LAM数字资源间的深度共享带来了障碍,因此应该探寻相应方法以解决上述问题。

图书、论文等文献型信息资源具有更为完整的逻辑结构以及信息知识体系,另外图书作为人类知识以及文化的容器,记载着不同时代人类的文化成果以及对整个世界的认知,而人类文化成果的取得是具有历史沿革的,因此图书类资源能够更好地体现出这种资源之间深层的关联关系。相对于图书馆的图书、论文等文献型数字信息资源来说,博物馆、档案馆的数字资源之间关联性相对较弱,例如:学术期刊论文之间有大量的引用以及被引现象,虽然博物馆、档案馆的数字资源之间也会有参见等关系,但这些关系明显不如图书、论文等之间的相互关系那样丰富,图2-6能够形象地表明这一现象。

图2-6形象地表明了LAM不同类型数字资源之间的关联关系,可总结如下几点。

①　World Digital Library[EB/OL]. [2013-05-08]. http//:www. wdl. org. [2013-05-08].

第一，图书特别是学术期刊论文之间有着丰富的引用关系。基于论文间引用关系的统计数据已经作为评价期刊、作者学术影响力等的重要参数。

第二，图书甚至包括论文，内容页之间具有极为丰富的知识关联关系，也就是作为图书这个基本单位其内部仍含有大量的知识关联，如图 2-6(a)中间的矩形表示图书馆信息资源基本单位的图书或者论文，而中间的小圆圈表示具体的知识点，它们之间的连线表示这些具体知识点间的关联关系，比如不同页间的"参见"关系等。这些关联关系虽然具有很高的重要性但并没有被很好地被揭示出来。

第三，博物馆以及档案馆数字资源之间的关联关系并不像图书、论文等之间的关联关系那样丰富，图 2-6(b)形象地表明了这一点。造成这一现象的原因是博物馆和档案馆的数字资源主要是图形图像型信息资源，图形图像这种表达方式虽然具有形象性、丰富性等特征，但却不像文字表达方式那样具有很好的逻辑性以及体系性，因此博物馆、档案馆数字资源之间的关联性较差。

第四，博物馆、档案馆数字资源的基本单位为数字图片，很显然它们无法像图书馆数字资源基本单元图书、论文那样具有内部关联性。一幅数字图片或一份档案文件的数字照片都不具有内部的关联性，并且它们之间的关联性并不像论文之间的关联性那样强。

第五，博物馆、档案馆的数字资源能跟图书馆的资源间建立关系。如图 2-6(b)中椭圆表示博物馆、档案馆数字资源的基本单位，方形表示图书、论文类数字资源基本单位，图示中椭圆和矩形的关系表示的就是博物馆数字资源和图书、论文等数字资源之间的关系。

通过对上述差异的分析，可以发现图书馆数字资源之间具有更为复杂的关系，而且这些关联关系携带更多的语义信息，但是博物馆、档案馆数字资源间的关系并不像图书馆数字资源关系那样复杂，因此在探讨数字资源的统一组织策略时，应该考虑到这种关联关系的不平衡现象，应该充分利用图书馆数字资源间已有的丰富关联关系，并向博物馆、档案馆数字资源扩展，以建立 LAM 数字资源的深层语义关联。

2.2.3 LAM 数字资源分类体系上的差异及成因分析

实际工作中图书分类以学科知识内容为基础，有很成熟的理论依托，其思想和方法都比较成熟。档案分类无法像图书分类那样具有普遍性，档案分类主要以人类社会实践活动为分类依据，但由于社会文化的差异其分类普适性较差。博物馆藏品分类更是显得五花八门，受传统思维影响藏品分类以更好地保护藏品为目的，不同博物馆的藏品存在很大不同，因而不同博物馆采用的藏品分类法也存在很大差异。

图书分类具有很长的历史，我国在图书分类方面研究较早，汉代就出现了图书分类的研究[①]。总体而言，图书分类法具有如下几个特点。第一，发展比较成熟，具有很高的科学性，容易形成统一标准。第二，只从图书的内容特征入手，而不关心图书的外部特征。第三，与博物馆不同的是，图书的组织和检索可以采用同一种分类思想。第四，图书分类法具有明显的跨区域性，能够组织世界上全部图书文献，这也是依靠学科体系组织文献的重要优势。

要进行藏品分类首先应该明确藏品的定义，《中国大百科全书·文物博物馆卷》将藏品定义为：博物馆依据自身性质、任务和社会需要搜集并经过鉴选符合入藏标准，完成登记、编目等入藏手续的文物和自然标本。藏品的丰富性和多样性等特点给藏品分类造成了极大的困难。另外，藏品定义的界限本身也是相对模糊的，从世界范围内来看，博物馆经历了蓬勃发展后出现了一些别具特色的博物馆，藏品范围也不断扩大。例如，德国的斯图加特艺术博物馆、法国的格雷万蜡像馆、美国的间谍博物馆等所保存

---

① 杜定友，钱亚新，钱亮，等. 图书分类法史略[J]. 广东图书馆学刊，1987(1)：1-13.

的藏品都极大地丰富了原来的藏品内涵。

分类是指从事物的概括方面出发，研究并确定它的固有属性，以及它与其他事物之间的关系①。博物馆的藏与用等功能的开展都是以分类为基础的。然而藏品种类的多样性和藏品定义本身的模糊性使得很难形成一套放之四海而皆准的博物馆藏品分类标准。大部分博物馆都是从自身的藏品特点以及便于收藏和管理的角度进行藏品分类的。

总体上来看，我国的藏品分类法有这样几个特点：第一，体系分类思想和分面组配思想相互混杂，很多藏品分类法总体上体现出体系分类思想但是摆脱不了分面组配思想的影子。第二，各馆只按照自身特点制定分类法，经常"因物设类，因量分类"，这种做法已经体现出很多弊端。第三，分类的主观性与科学性的矛盾。很多分类法缺乏科学性，体现了主观干预的缺点。第四，藏品的内容属性和外部属性相互纠缠。李之龙提出在藏品分类过程中应该将"藏"与"用"区分开来，强调藏品分类和藏品组织之间的差别②。第五，我国藏品分类法大多体现出主要针对历史文物进行分类的特点，这些特点具有自身的局限性。

档案学在其发展初期受图书分类思想的影响较大，档案馆曾经采用图书分类法对档案进行分类，不过这种做法无法满足档案实践的要求，因而需要建立新的档案分类法。1987 年 12 月档案出版社出版的《中国档案分类法》试行本是以国家机构、社会组织从事社会实践活动的职能分工为基础，并结合档案的内容和特点，分门别类组成的分类表。《中国档案分类法》包含政治、文化、经济三大部类，共包括 19 个基本大类如 A 中国共产党党务、B 国家政务总类、C 政法、D 军事等。另外，由于档案都是孤本，具有唯一性特征，这也给形成一套统一的档案分类法造成了困难。

我国档案分类法的主要特征包括：第一，受《中国图书馆分类法》影响很大，《中国档案分类法》的分类体系类似于图书分类法；第二，中国档案法的分类思想以党和国家的职能特性和工作活动为依据；第三，档案的唯一性、零散性以及不稳定性等特点，使其很难形成一套放之四海而皆准的档案分类法，这一点与博物馆藏品分类法颇为相似。

从图书分类法、博物馆藏品分类法以及档案分类法的总体特征上来看，三者存在很大不同。首先，从这些分类体系总体的发展程度上来看，博物馆的分类法、档案分类法的发展程度不如图书分类法。第二，从标准化程度上来看，图书分类法已经达到了非常高的标准化水平。第三，从分类法所具有的体系性和科学性来说，图书分类法也明显高于另外两者。大部分图书馆分类法依据的是学科体系之间的族性关系，具有很好的层次性和逻辑性，而博物馆分类法和档案馆分类法所体现的系统性要差些。第四，图书分类法相对稳定，而博物馆藏品分类法需要不断发展。随着新型博物馆的不断涌现，藏品的范围也在不断扩充，这要求博物馆分类法应该具有更好的弹性。档案的范畴与藏品的范畴存在很大程度的交叉，档案分类法虽然在系统性及层次性上优于博物馆分类法，但同样面对档案的唯一性及零散性等所带来的问题。第五，图书分类法只需考虑书籍的内容特征，但档案需要考虑的是档案的社会职能，因此两者在分类的科学性上存在很大差别。理论上讲国际上可以采用同一图书分类法，但档案分类却受不同社会背景的制约无法形成统一的档案分类法。博物馆的藏品分类受传统思维的影响，注重对藏品的保护，因此多从文化保护的角度对藏品进行分类。

在图书分类法、藏品分类法以及档案分类法总体特征差异的背后，有着其极为深刻的客观原因。同是作为世界文明的记忆，它们价值的体现全都以信息为最基本的媒介，从信息及信息资源的角度进行分析能够在一定程度上揭示这些差异背后的原因。

---

① 祝敬国.博物馆藏品分类标准化研究[J].中国博物馆，1991(1)：30-35.
② 李之龙.关于博物馆藏品分类和藏品组织的关系[J].东南文化，1993(4)：176-177.

图书分类、藏品分类、档案分类面对的对象不同，从信息源的角度上来看，图书属于文献型信息源，而藏品则属于实物型信息源，档案虽然以文献型信息资源为主，但又包含大量的音频以及视频信息资源，而且档案在很大程度上具有历史文物的特点。这里需要指出的是，虽然藏品可以包括部分具有历史文物价值的文献资料，但我们主要从实物信息的角度看待博物馆藏品，而档案处于两者的中间状态。具体来说，可以在如下几方面对图书、藏品、档案进行对比。

第一，图书作为文献型信息源，它的价值体现在其所携带的文献信息，而诸如符号系统、记录方式和文献载体等要素都不是主要特征。就是因为这种价值体现上的非实体性，图书分类法的编制可以将文献所反映的内容特征比较彻底地抽取出来，从而可以尽可能少地考虑其外部特征。博物馆藏品作为一种特殊的实物型信息源，其价值的体现不仅仅在于本身所存储的信息，而同样体现在信息所依附的载体，甚至载体本身的价值往往会高于它所存储的信息价值。当考古发现一件不知道功能和作用的文物时，我们能从藏品本身获取的信息较少，而其价值主要体现在作为实物的载体上。同样在编制藏品分类法时，很难将藏品的内容属性和其外在属性严格地分开，这使得大部分藏品分类法都不可避免地将藏品的外在属性和内容属性混在一起。即使现在的数字博物馆在展示其数字化藏品时也带着这种惯性。美国大都会博物馆网站上数字化藏品的分类上就体现了这一点，其Collections 导航下，所设立的 what、where、who、when 等具体导航项都体现了这种特点①。档案分类法最基本的特征是按照档案的社会职能进行分类，虽然档案大部分为文献类信息资源，但对其描述信息的抽取主要考虑其社会职能，而对于图书来说比较重要的属性如学科类别、语种等属性对于档案来说则仅能作为分类的辅助标准。

第二，作为文献型信息源，图书能够被无限复制，另外数字化的图书、期刊等与纸本图书具有同样的价值，因为图书、期刊的价值在于它存储的知识本身而非物理载体。博物馆藏品作为实物型信息源其藏品的价值主要体现在藏品的唯一性，藏品无法被复制，或者只可以复制它的外在形态而其价值难以复制。档案与藏品类似具有唯一性，档案的价值就在于它的客观性。藏品和档案对应的数字化资源虽然可以复制，但这种复制只是藏品外观的一种延伸和重复，其数字资源的价值不是物理藏品或档案价值本身的复制，而是其具有的使用价值。任何一本关于梵高的传记书籍没有什么不同，只要这些书是同一版本，但是梵高的名画《向日葵》却只能有一个，其他复制品不可能具有原作的藏品价值。形象地说，可以找到两个馆藏相同的图书馆，但是绝不可能找到两个馆藏相同的博物馆或档案馆。图书和藏品作为不同类型信息源的这一差异，对图书分类法和藏品分类法的建立有着极为深远的影响。大型的图书馆所面对的分类对象基本上是相同的，即面对的是人类的全部知识。而博物馆所面对的分类对象是不同的，这使得博物馆分类法从一开始便带有片面性特征，如东亚国家包括我国、日本、韩国等，在建立分类法的时候一般包括：陶器、青铜器、瓷器、漆器、书法等主要大类②。而欧洲的博物馆则更倾向于按照民族、国家、地区等进行分类，如大英博物馆的网站上提供了地区、民族等检索入口③。这种东西方博物馆藏品在分类上的差别在一定程度上是实物型信息源的不可复制性决定的，这也使得博物馆分类法很难形成统一标准。藏品的价值体现在其唯一性，而图书价值的发挥体现在其知识性，图书复制的越多越有利于知识的传播和其价值的发挥，这也给图书分类法的建立带来了方便，容易实现图书分类的统一化和标准化。

第三，图书作为一种特定的文献型信息源，具有一定的系统性和知识性特征，能够携带比较丰富的

---

① The Metropolitan Museum of Art：Browse Highlights［EB/OL］．［2013－5－21］．http：//www. metmuseum. org/ collections/ browse-highlights.

② 中国国家博物馆［EB/OL］．［2013－05－21］．http：//www. chnmuseum. cn/tabid/214/Default. aspx.

③ The British Museum：Highlights［EB/OL］．［2013－05－21］．http：//www. britishmuseum. org/explore/highlights. aspx.

语义信息。而作为实物型信息源的博物馆藏品以及档案馆的信息资源,则显得比较零散,缺乏图书的系统性,其所携带的语义信息相对于图书来说要少些。这一点也给博物馆藏品分类法及档案馆档案分类法的编制带来了很大麻烦。由于藏品、档案不像图书所包含的内容语义那么明显,对博物馆藏品进行语义提取并不是容易的事。而图书天生就是人类知识的体现,它所存储的内容是已经被作者系统加工过的知识,因而它自身并不是客观世界的简单记录,其自身就携带了较强的系统性和知识性特征,容易按照学科分类体系对图书进行分类处理。但藏品、档案所携带的信息过于零散,很难往学科体系上靠,这使得藏品分类法的建立要独自探索一种不同的框架体系。

第四,从实物型信息源和记录型信息源的范畴上来看,图书的范围明确且相对较小,而藏品以及档案的范畴相对模糊,内容包罗万象。图书具有严格的定义,而且它属于记录型信息源所包含范围内固定的一部分。相比之下,档案(包括文献型档案、实物档案、口述档案等)、藏品作为实物型信息源,没有固定的界限,它们的边界在实物型信息源的范围内可以不断扩展,甚至可以扩展到文献型信息源的范畴,例如有文物价值的图书古本、手稿等。随着博物馆的不断发展,很多物件都可以被列入藏品或档案的范围内,例如筷子这种生活常用品都可以进入藏品之列,也可以进入实物档案之列(如历史名人用过的筷子)。藏品和档案的这种边界不固定特征使得博物馆藏品、档案分类法的建立难上加难,在没有一个一劳永逸的藏品分类法建立时,藏品分类法应该保持一定的弹性以适应这种变化。

另外,作为不同类型的信息源,图书、藏品、档案还有很多不同之处,比如藏品的分类首先需要对藏品进行鉴定,以及对其定级,档案需要确定保密级别等。而图书相对简单,需要人为干预的因素并不多,这也给图书分类法的建立带来了很多方便。

通过波普尔三个世界理论进行分析,能够进一步发现图书分类法、博物馆藏品分类法、档案分类法总体特征上差异的形成原因。卡尔波普尔是奥地利犹太裔英国哲学家,在其作品《客观知识》中提出了重要的"三个世界"理论。该理论认为存在三个世界,第一个世界是客体或物理状态的世界,第二个是意识和精神状态的世界,第三个为思想内容的客观世界。这三个世界可以分别简称为:W1 物质世界,W2精神世界,W3 知识世界。通过波普尔的三个世界理论进行分析,可以更好地解释图书分类法、博物馆藏品分类法以及档案分类法总体特征上的差异。图书分类作为一种活动来说,它所解决的主要问题是对图书的内容特征进行分类,也就是说图书分类的对象是属于第三个世界即 W3 知识世界的范畴。知识世界的明显特征是具有很好的内在一致性、确定性、科学性和体系性等。图书分类法体现了知识世界的整体结构,不同的图书分类法虽然有细微的差别,但是体现的知识体系结构在本质上是一样的,图书馆分类法依靠学科知识体系的内在特征因而很容易构建图书分类的统一标准。

但是,博物馆的藏品作为客观存在的实体,也就是说它的价值不仅体现在其所包含的信息也同样体现为藏品的实体本身,它的内容属性和外部属性在地位上不分伯仲。档案是人类社会活动留下的附带产品,跟博物馆的藏品类似具有唯一性以及零散性等特征,可以以人类社会活动的目的为基础组织档案资源,但档案资源同样来自 W1,并不具有 W3 的内在科学性、体系性等特征。藏品、档案与图书不同,虽然部分图书也是博物馆的藏品,但是藏品、档案主要来源于第一个世界即 W1 物质世界。W1 的特点和 W3 的特点有很大的不同,客观世界充满了无限的不确定性和非体系性,人类距对 W1 彻底认知的目标还相差很远,所以很难找到像 W3 的那种体系框架。藏品、档案只不过是客观物质世界很小的一部分,人类从中选择了具有收藏价值的客观实体作为馆藏。然而这些藏品在一定程度上体现了 W1 的特质,比如十分零散,很难找到统一的分类框架等。

如果把波普尔的三个世界理论用图形的方式表示,并且在时间轴上展开,那么就可以直观地体现图书馆、档案馆、博物馆与各自面对分类对象上的关系。具体如图 2-7 所示:

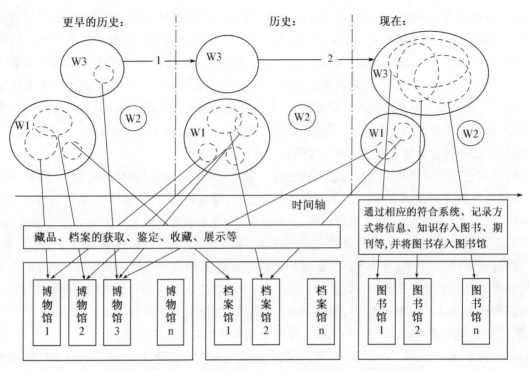

图2-7　图书馆、档案馆、博物馆处理的对象与三个世界理论的关系

　　图2-7很直观地体现了图书馆、档案馆、博物馆进行分类时所面对对象的区别，这些具体的不同点可以总结如下：第一，图书馆所面对的对象，也就是存储于图书中的知识主要来源于知识世界W3，而且不用考虑历史上的古本图书，因为古代形成的知识内容通过图书的复制等会形成映射，正如图2-7中箭头1和箭头2所表示的那样，阅读古人写的书籍并不需要去查找原版图书，而是直接在现代印刷的图书中查找相关内容即可。图书分类法不必过多考虑文献的时间问题。第二，不同的图书馆分类过程中所面对的对象存在着大量相交关系。图2-7表示的现阶段的W3中，也就是说不同的图书馆面对的分类对象其实并无太大的差别，因此能够采用统一的图书分类原则。第三，藏品以及档案大部分来自第一个世界即客观物质世界W1，而且主要集中在历史上的客观世界，所以藏品、档案的时间属性对于博物馆、档案馆来说具有十分重要的意义。第四，不同的博物馆、档案馆分类所面对的对象不存在交集。虽然不同博物馆的藏品可能存在质地、年代上的相似性，但是这种分类原则的可借鉴性要比图书分类差很多，另外藏品的分类还受到馆藏布局和设施以及藏品数量等因素的影响。档案同样具有唯一性、零散性等特征，因此很难形成统一的档案分类法。从上面的分析可以看出，博物馆藏品的分类以及档案分类要比图书分类复杂得多，因为藏品以及档案来自W1，W1本身具有零散性以及非确定性等特征，它不像W3具有内在的一致性等特征。LAM数字资源因为是藏品、档案以及图书等客观实体数字化的产物，因而不可避免地受到藏品、档案以及图书本身的影响，因此在对LAM数字资源进行分类时应该探索更好的分类方式，以揭示LAM三者数字资源间深层的关系。

　　这些影响具体如下：

　　第一，LAM数字资源记录形式的影响。

　　LAM数字资源记录方式上的差异直接影响三馆元数据的统一组织以及知识的共享，另外还直接影响LAM数字资源的内容展示。LAM数字资源的记录方式上的差异主要是由信息资源自身的特征决定的，不同的信息记录方式在表达信息的具体内容时各有侧重，语言文字能够解释信息源背后的深层知识，以及信息源所包含的人类精神、情感、心理状态等，因此语言文字是记录人类知识的最主要手段。

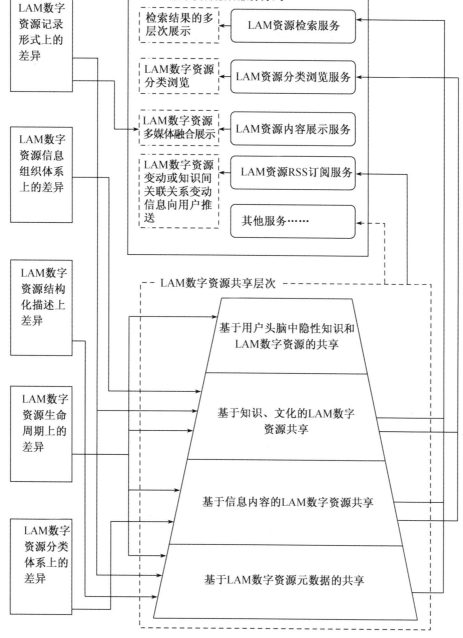

图 2-8　LAM 数字资源特征对资源共享模式及服务融合模式的影响

图形图像的主要优势在于从视觉上直观揭示信息源的外观特征,其形象性和直观性等特征是文字资源所无法比拟的。音频主要是对声音的记录和再现,而视频是动态图像与音频的结合。不同的元数据在描述不同记录方式的信息资源时各有侧重,例如 DC(Dublin Core)主要善于描述网络上的文献型数字资源。目前,图书馆、档案馆、博物馆数字资源包含多种记录方式,因此需要探讨适合于 LAM 数字资源集的元数据共享方案,以实现元数据层面的 LAM 数字资源共建共享。

　　基于知识的 LAM 数字资源组织与共享涉及知识元的抽取、表示、存储以及检索等操作,对于文献型资源来说语言文字可以直接表达知识元,而对图形图像型、音频、视频等其他数字资源知识元的揭示以及存储等存在很多困难,因此 LAM 数字资源记录形式的多样性对基于知识、文化的 LAM 数字资源共享产生很大的影响。

另外，LAM 数字资源融合展示服务直接受到 LAM 三馆资源集的影响，LAM 数字资源之间的共享使得它们形成了一个文化、知识的共同体，也就是说在使用 LAM 数字资源时用户需要在不同的馆藏资源之间切换，与用户关注的主题相关的 LAM 数字资源需要被相继展示出来，所以资源浏览界面要能够展示不同类型的数字资源，例如既可以展示 PDF 文件也可以展示 JPG 格式以及其他的音频或视频等其他格式文件。

第二，LAM 数字资源信息组织体系的影响。

LAM 数字资源的信息组织体系上的差异直接影响着基于文化和知识的 LAM 数字资源共享。人类对信息资源需求的粒度在不断缩小，数字资源整合的研究就是在不断地追求细粒度的知识整合。图书馆的文献类信息资源以图书或者论文作为信息描述的基本单位，这样的信息基本单位本身是一个信息或知识集，它所包含的知识单元不仅与其他资源之间存在关联关系，其本身包含的知识元之间也存在语义联系。而博物馆数字资源基本单位一般不可以再分解，虽然博物馆的藏品一般对应一幅或多幅图片，但一般这些图片没有明显的语义差别，仍然可以视为一个语义关联的基本单位。档案馆的案卷跟图书结构上类似，但存在很大不同，因为档案文件之间并不像图书书页之间那样具有极为紧密的语义关系，案卷内的档案文件可以分别拿出来作为信息描述的基本单位，这一点与博物馆数字资源类似，也就是说案卷这种结构可以在组织 LAM 数字资源过程中被人为忽略，不过图书的结构却无法打破。

第三，LAM 数字资源结构化描述的影响。

LAM 数字资源结构化描述上的差异直接影响其元数据层面的资源组织。基于元数据的 LAM 数字资源组织原则要求尽量统一组织三馆资源的元数据，目前比较成功的 LAM 数字资源合作项目（例如 World Digital Library 等）就是通过一套统一的元数据来描述 LAM 三馆的数字资源，这种方法能够极大地提高 LAM 数字资源的检索效率，用户可以通过统一的检索平台获取所需要资源。

第四，LAM 数字资源生命周期的影响。

LAM 数字资源生命周期上的差异影响到 LAM 数字资源共享的各个层次。不同层次的 LAM 数字资源组织都需要考虑资源集的变动问题，只有使 LAM 数字资源间的关联关系具有一定的动态性，才能使 LAM 数字资源共享适应于资源集的变化。基于知识元之间的关联虽然与基于数据、信息的关联处于不同的维度，但在适应资源生命周期差异的影响上是一样的，知识元之间的关联关系也要保持相应的动态性，一方面它能够适应新老资源的交替，另一方面还可以将不断增加的用户头脑中的隐性知识整合到 LAM 数字资源体系。合理利用 LAM 数字资源集的动态信息还会产生其他的信息服务，如针对用户关注的知识元变动提供 RSS 服务等。

第五，LAM 数字资源分类体系的影响。

LAM 三馆的数字资源具有不同的分类体系，分类体系上的差异直接影响着资源的分类组织，从而间接地影响着 LAM 数字资源分类浏览服务。由于 LAM 数字资源从不同维度和层面实现共享，因此也涉及不同层次的数字资源分类方法。LAM 数字资源不仅仅具有知识性还具有极高的文化性和艺术性，因此还应该探索基于分类的博物馆数字资源展示等服务方式。

总而言之，LAM 数字资源特征上的差异对其资源共享和服务融合模式的影响是非常复杂的，有些影响因素甚至是决定性的，LAM 数字资源组织与服务的融合必须考虑到资源本身的特征才能够合理而充分地将资源及其深刻内涵传递给用户，才能够更好地拓展 LAM 数字资源的服务方式。

2.2.4 LAM 数字资源生命周期上的差异及成因分析

信息资源生命周期相关理论的研究最早源于对信息资源老化现象的关注，时间可以追溯到 1917 年

Cole 等人对解剖学文献情况的研究,作者通过对解剖学文献相关数据进行统计,发现了信息资源的老化等现象[①]。一些学者纷纷投入相关问题的研究之中,比如 Gosnell 发现了文献老化的规律等[②]。后来"半衰期"、Price 指数等概念的相继出现标志着信息生命周期理论的形成。国内也进行了很多信息资源生命周期理论的研究,例如朱晓峰、苏新宁探讨了基于生命周期理论的政府信息资源管理等相关问题[③],作者认为政府信息资源生命周期一般包括四个阶段:生产期、处理期、应用期、衰退期,本篇基于该文的理论模型,分别从这四个阶段对 LAM 数字资源进行比较,以发现它们在不同的生命周期阶段所具有的差异。

第一阶段,LAM 数字资源的生产期。图书馆、档案馆、博物馆在数字资源的生产上有很大不同。图书馆数字资源主要来自对纸质文献的数据化,出版社每年都要出版大量图书、期刊等文献,一些数据公司机构会购买相关文献数字化的授权,并将数字化后的文献存储到数据库中,图书馆按照需求购买所需资源并向读者提供服务。文献型信息资源因为主要关注符号所包含的语义,而非字符的颜色光泽等外表特征,因此数字化处理手段与博物馆的图像型数字资源采用不同的标准。

博物馆数字资源主要来源于藏品的数字化,为了能够更好地再现博物馆藏品的真实面貌,博物馆藏品数字化过程要尽量采用已有的技术标准与规范。《博物馆藏品二维影像技术规范(试行)》详细地规定了文物影像技术应该采用的标准,并对不同级别的文物分别对待,这些标准不仅规定了拍照的技术标准还规定了拍照环境等相关参数,如影像设备的光学分辨率、JPEG 文件的压缩比等参数。另外,博物馆藏品增量较小,相对图书、档案等资源,博物馆藏品数量相对稳定,所以博物馆数字资源的增量远不如图书馆、档案馆数字资源。

档案是人类社会活动的副产品,只要社会存在就时时刻刻有档案产生,所以相应的数字档案的增长速度相对迅速。与图书馆、博物馆的资源相比,档案的增长速度是最快的,不过受到档案本身保密性的限制以及我国档案馆传统服务思维的影响,档案的数字化速度受到了很大限制,因此数字档案资源的增长速度并没有图书馆数字资源那样快。另外档案与博物馆藏品在范畴上有很大交叉,因此其数字化过程所采用的标准也与图书馆有所区别。

在 LAM 数字资源的生产阶段,图书馆、档案馆、博物馆所生产的数字资源主要在两方面存在差别:首先,数字资源产生过程中所采用的规范以及技术标准不同,而且这种差异是资源禀赋造成的,因此很难统一数字资源的生产标准;其次,图书馆、档案馆、博物馆三馆资源的增长速度有很大差异。现实生活中档案的增长是最快的,因为任何社会部门在活动过程中都会产生档案。图书馆的图书、期刊等资源产生的速度相对较慢,因为图书以及期刊的出版发行都需要一定的流程。博物馆的藏品数量增长最慢,所以博物馆数字资源的总体增长速度也是最慢的。三者数字资源间增长速度的差异,可以由图 3-8 形象化表示:

图 2-9 是 LAM 数字资源增长速率的示意图,它只是形象地表达了三者资源增长速率的大小关系,而并没有反映信息资源的真实增长速率,而事实上资源的真正增长速率是极为复杂的。

第二阶段,LAM 数字资源的处理期。数字资源的处理期所包括的主要工作有资源组织、序化、存储、维护与保护等。比较图书馆、档案馆、博物馆数字资源在这一阶段的主要差别对 LAM 数字资源的统一组织与共享具有十分重要的意义。本篇按照信息组织的基本顺序,进行三者的对比。从数字资源

① Cole F J, Nellie B E. The History of Comparative Anatomy—A Statistical Analysis of the Literature[J]. Science Progress, 1917(11):578-596.

② Brookers B C. The Growth, Utility and Obsolescence of Scientific Periodical Literatre[J]. Journal of Document. 1970, 26(4): 283-294.

③ 朱晓峰,苏新宁. 构建基于生命周期方法的政府信息资源管理模型[J]. 情报学报,2005(2):136-139.

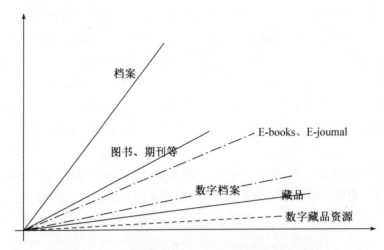

图 2-9　LAM 数字与非数字资源增长速率示意图

生产到提供检索服务一般经过著录、标引以及存储等过程。LAM 数字资源之间因为有很大差异，所以三者在处理方式上也有很多不同。

数字资源的著录是指将数字资源的外部特征与内容特征揭示出来，以便为用户检索使用。数字资源在禀赋上有很大差异，因此不同的资源拥有不同的著录项目，资源著录项目的设计在很大程度上决定了对资源的揭示程度，决定了资源的著录质量。图书是图书馆的主要资源，是图书馆著录的最主要对象。为了提高著录工作的标准化水平以及不同机构间书目数据的共享，图书馆界先后出现了很多著录规则标准，如 AACR2、RDA 等。

RDA 是 AACR 的一个新版本，它对数字资源著录的条款在原有基础上有所增加，规定更为具体，内容也更为丰富，理论上 RDA 可以用来描述所有类型的资源[①]。所以 RDA 能够更好地适用于电子资源的著录，有的学者认为 RDA 取代 AACR2 是大势所趋[②]。

MARC(Machine-Readable Cataloging)是由美国国会图书馆于 20 个世纪 60 年代制定的书目数据数字格式的描述标准。MARC 渐渐发展成为书目数据描述的国际标准，为不同图书馆书目数据共享做出了很大贡献。后来，为了揭示不同馆藏资源的个性化特征 MARC 发展出了一些不同版本，其中最为有名的版本是 MARC 21。

国际博物馆界非常重视藏品的著录工作，《国际博物馆协会职业道德准则》对博物馆藏品的著录工作做出了明确而严格的规定，可以说未经著录的藏品并不具有藏品的资格[③]。我国博物馆藏品著录所遵循的原则是国家文物局颁布的《博物馆藏品信息指标体系规范(试行)》以及《藏品珍贵文物信息指标著录规范》等[④]，《藏品珍贵文物信息指标著录规范》规定每件藏品登录的核心指标项规定为 28 项，包括文物原名、名称、文物类别、年代类型、年代、质地类别、形态特征、完残程度、完残状况、尺寸、尺寸单位、质量、质量单位、实际数量、实际数量单位、来源方式、来源、收藏单位、总登记号、入藏日期、鉴定日期、鉴定机构、鉴定人、保护记录等[⑤]。

①　AACR3：Resource Description and Access，Part I. Description. Background to the December 2004 Draft[EB/OL]. 2005-08-19[2013-05-16]. http://www. libraries. psu. edu/tas/jca/ccda/docs/chair22. pdf.

②　庄蕾波，胡小菁. 中国文献编目规则[J]. 图书馆建设，2012(011)：33-38.

③　游庆桥. 关于美术馆藏品登记著录与普查工作的思考[J]. 中国美术馆，2012(4)：10-11.

④　陈红京，吴勤旻. 数字博物馆资源建设规范与方法[M]. 上海：上海科学技术出版社，2006：2.

⑤　馆藏珍贵文物数据采集指标项及著录规则[EB/OL]. 2009-03-30[2013-05-10]. http://www. sach. cn/tabid/437/InfoID/17434/Default. aspx.

1996 年发布的 CDWA(Categories for the Description of Works of Art)被认为是第一套针对博物馆信息资源开发的元数据体系。CDWA 适用于描述艺术品、建筑、图片以及艺术品组等资源,它包括 27 个核心元素,每个元素又包含一层或多层子元素。从目前的情况来看,CDWA 在国际博物馆界将发挥越来越重要的作用。

档案著录国际标准 EAD 是目前国际档案界研究的热点之一,Encoded Archival Description(EAD) 主要用以描述档案资源。王萍总结了 EAD 在国际上的应用以及 EAD 项目资助等情况①,她指出虽然 EAD 作为我国的档案著录规范还有很多问题需要解决,但是实践证明 EAD 在我国的推广以及应用是可行的。EAD 目前已经被国外很多项目所采用,而且它还支持对图书、藏品等类型资源的描述。EAD 以 XML 作为编码标准,能够支持档案工作者惯用检索工具的一般结构,而且不依赖于某些特定平台,并且具有足够的灵活性可以适用于多种类型的馆藏。EAD 能够使图书馆、档案馆、博物馆采用相同的方式描述自身馆藏资源,生成类似于 MARC 的机器可读条目,以更好地支持对馆藏资源的查询、交换等操作②。EAD 比 MARC 更为详细,共包含 146 个元素,这 146 个元素可以分为四个类型:说明元素、管理元素、检索元素和数字化信息描述元素。

抛开 LAM 三者数字资源描述元数据技术性差异,仅从它们揭示资源的角度不难看出,图书馆、档案馆、博物馆所采用的不同著录标准都试图更全面深入地揭示自身资源的特征,是资源本身的差异造成了这些著录规则上的差异。比如我国博物馆主要遵循的《博物馆藏品信息指标体系规范(试行)》等,其元素项包括质量、尺寸等,显然这些指标是用来揭示三维物件信息的,对于图书来说这些元素项是不必要的。图书馆、档案馆、博物馆在元数据上有很多不同,可以把元数据中的每一个具体元素项看作认识资源的一个视角,各自的元数据都试图最详尽地揭示自身资源。不过 LAM 三者数字资源无论在物理形态、产生过程以及使用目的上都存在很大差别,所以描述资源的角度越多一方面会更详细地揭示资源,另一方面就会造成和其他元数据之间的差异增大,给 LAM 数字资源的统一描述带来了困难,LAM 资源深入而丰富的描述与三者资源的统一描述构成了一对矛盾。

第三阶段,LAM 数字资源的应用期。在 LAM 数字资源的使用上三者也有所差别,用户使用图书馆数字资源主要是为了获取文献中包含的信息以及知识。用户使用博物馆、档案馆数字资源除了获取相应的信息以及知识外,还有一些特殊目的,比如很多人使用博物馆数字资源旨在获得文化熏陶以及艺术体验。图形图像类信息资源的一大特点就是能够真实地反应藏品的外部特征,因此用户通过浏览博物馆藏品图片可以获得真实的视觉体验,可以得到文化上的熏陶,满足艺术鉴赏的需求。档案馆的数字资源最大特点就是其具有凭证功能,因为档案是人类社会活动中的附带产物,并不包含过多的人类主观意识,所以具有极高的客观性,常用来作为历史事件的凭证。LAM 三馆的数字资源在使用上虽有不同,但是作为重要的文化机构,三者共同肩负着传承人类文明以及教育大众的目的,三者资源在使用目的上的差别正好说明了三者资源之间的互补性,所以应该充分结合三者资源的优势,相互协作共同发挥 LAM 数字资源的文化以及教育功能。

第四阶段,LAM 数字资源的衰退期。在数字资源的衰退期,图书馆的数字资源与博物馆以及档案馆的数字资源之间存在明显差异,主要原因就是文献型资源的老化现象。文献的老化通常包括两方面的意义:一种是指文献所载的信息以及知识随着时间的增长被使用的频率越来越低,另外是指载体本身随时间的流逝而退化变质的现象。对于图书馆的数字资源来说,其载体本身很难会因为时间而老化,所

---

① 王萍. 档案著录国际标准(CAD)的推广应用[J]. 档案学通讯,2010(2):89-93.
② Barry R K, Pitti D V, Thibodeau S G. Development of the Encoded Archival Description[EB/OL]. [2013-05-18]. http://www.loc.gov/ead/eaddev.html.

以本篇提到的资源老化现象主要指资源内容本身的价值随着时间流逝变得越来越小,使用率不断变低的现象。为了定量研究文献的老化规律,美国的巴尔顿(R. E. Burton)和凯普勒(R. W. Kebler)提出了著名的"巴尔顿-凯普勒"方程[①]。另外,普赖斯指数也是衡量文献老化速度的一个参数,某一领域内文献其普赖斯指数越大说明其文献老化的速度也就越快。按照普赖斯指数的计算方法被引用的文献被分成了两大类:一类指年龄超过 5 年仍被引证的文献,这类文献被形象地称为"档案性文献";另一类则是年龄不超过 5 年的文献,被称为"有现时作用的文献";普赖斯通过大量统计指出各学科文献的普赖斯指数总平均值为 50%[②]。

人类知识的不断进步使得文献的老化成为一种必然,数字资源同样会面对老化问题,因为对于图书馆的数字资源来说造成其老化的原因并不是载体,而是信息或知识本身。网络环境下新的知识与信息产生的更快,特别是比较年轻的学科半衰期一般较短,因而老化现象更为明显。王富国对网络环境下的图情学与管理学的文献老化规律进行了比较,发现过去几年图情学文献比管理学文献的半衰期要短[③]。

博物馆以及档案馆的数字资源因为大多含有文物性以及艺术性特征,因而其数字资源并不会像图书馆数字资源那样很快老化,事实上博物馆、档案馆的数字资源很大程度上是为了长久保存而被开发的。博物馆、档案馆数字资源并不像图书馆数字资源那样价值更多地体现在其包含的内容上,而是更多地体现于其载体本身的价值。另外,博物馆以及档案馆数字资源之间的联系没有图书馆数字资源之间的联系那样紧密,也就是说博物馆和档案馆数字资源更为独立,一个资源的价值被另外一个资源完全囊括在博物馆与档案馆数字资源之间是极少存在的现象,新产生的数字资源无法完全取代原有数字资源的地位。而文献型信息资源本身存储的是信息或知识,新的知识代替原有的知识是常有的现象,所以文献的老化现象较之博物馆、档案馆要明显得多。博物馆、档案馆数字资源也会出现老化现象,但主要原因并不是一个数字资源代替另外一个数字资源,也不是用户兴趣的改变等原因,而更主要的是因为资源本身已无法满足新的技术标准等。LAM 数字资源老化现象可以通过图 2-10 形象说明:

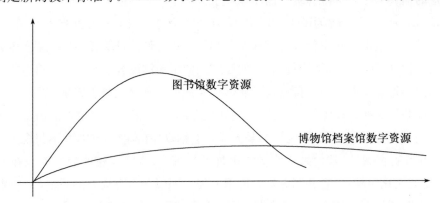

图 2-10　图书馆数字资源与博物馆档案馆数字资源老化现象对比示意图

图 2-10 形象地反映了图书馆数字资源和博物馆、档案馆数字资源的老化现象,图中强调的是老化现象的对比关系,而不是反映数字资源真实的老化情况。博物馆、档案馆数字资源在资源老化现象上存在很多共同之处,因此这里并没有将两者区分开来。从资源的老化规律上看,LAM 数字资源的共享是

①　Burton R E, Kebler R W. The "half-life" of some Scientific and Technical Literatures[J]. American Documentation. 1960,11(1):18-22.

②　De Solla P D J. Is Technology Historically Independent of Science? A Study in Statistical Historiography[J]. Technology and Culture, 1965;553-568.

③　王富国. 网络环境图情学与管理学老化规律及其比较研究[J]. 情报杂志,2013(32):63-67.

动态资源和静态资源间的共享,所以 LAM 数字资源的组织方法需要具有一定的灵活性,以应对资源老化现象上的差异。

2.3　LAM 数字资源层次化组织与共享策略

不同的 LAM 数字资源合作项目会根据具体情况选择不同的资源组织方案,它们可以分为两大类:第一类,主要包括基于元数据、关联数据以及本体的 LAM 数字资源组织方法。从元数据到本体和关联数据体现着资源组织语义深度上的递进,但它们都是以 LAM 数字资源的基本单位为对象的,其中元数据是基础。本体扩展了元数据的语义可以为用户提供基于自然语言的检索。关联数据则把 LAM 数字资源与 Web 上的其他数字资源关联起来,使 LAM 数字资源更加开放;第二类,是本篇提出的基于用户协同编辑关联表的方法。这种方法的主要特征是通过每个 LAM 数字资源的关联表可以深入资源的内部,如对于文献型数字资源可以深入具体的页甚至行、列,而对于视频型数字资源来说可以深入具体的时间片段。也就是说,这种方法最主要的区别是它更关心具体的知识元之间的关联,旨在通过用户的协同编辑将知识元链接成关于某一主题的网络,并向用户提供检索。

关联表很像文献型资源的参考文献部分,不过跟参考文献不同的是虽然关联表隶属于具体的 LAM 数字资源但它是相对独立的,并不属于资源内容的一部分。其次参考文献是文献型资源的特有现象,而对于关联表来说任何类型的资源包括图片、音频、视频等资源都可以拥有关联表。参考文献是作者个人编辑的,而关联表是用户协同编辑的。这两类 LAM 数字资源组织方法并不矛盾,虽然它们关注的重点不同,但是它们可以相互合作以实现 LAM 数字资源间更好共享。

实际工作中,LAM 合作项目应该根据具体情况采用最合适的资源组织策略。欧洲的 MICHAEL 项目基本采用的是基于元数据的资源共享模式,系统能够提供部分信息资源,另外它还提供元数据的检索结果或者资源的具体参观游览信息等[1]。谷歌艺术计划不仅提供资源的检索与展示服务,而且还注重资源间的关联关系等[2]。学术界在理论方面对 LAM 数字资源共享的研究也取得了丰富的成果,本篇总结了国内外的资源共享相关实践和理论研究成果,并在充分考虑到 LAM 数字资源特征对共建共享策略的影响,在此基础上本篇提出了更为完善的资源组织策略,如图 2 - 11 所示。

从图 2 - 11 中可以看出,图书馆、档案馆、博物馆本着自愿的原则将本馆的数字资源拿出来共享,这些供共享的 LAM 数字资源首先需要被分成不同的类。对资源分类的主要原因在于抛开图书馆、档案馆以及博物馆作为非学术定语的局限,以采用最佳的元数据描述方案。在分类的基础上,对其进行元数据描述,比如图书无论是存在于图书馆、博物馆还是档案馆都用 MARC 对其进行描述,同理藏品可以用 CDWA 进行描述,档案用 EAD 进行描述,这样做的好处是避免数字资源和元数据之间的不协调现象。对 LAM 数字资源的元数据描述形成了不同的元数据仓库,作为服务提供方可以通过 OAI-PMH 协议对其进行收割,收割后形成的数据库可以直接用于信息检索。以不同的类型的元数据集为基础,可以对其进行本体化描述,并将资源描述本体关联数据化以形成基于语义描述的 LAM 数字资源仓库,从而能够更好地支持基于语义的资源检索。另外,本体以及关联数据都会扩展资源之间的关系,这些关系可以同元数据间的关联关系、文献资源的引用关系结合在一起向用户提供更丰富的二次检索、浏览等,这些关系结合在一起便构成了 LAM 数字资源基本单位级的网络。

用于共享的 LAM 数字资源可以供用户直接获得,用户在使用过程中通过和资源间的交互建立知

---

①　Multilingual Inventory of Cultural Heritage in Europe [EB/OL]. [2013 - 12 - 17]. http://www.michael-culture.org/.

②　Google Art Project [EB/OL]. [2013 - 12 - 17]. http://www.google.com/culturalinstitute/project/art-project? hl=en.

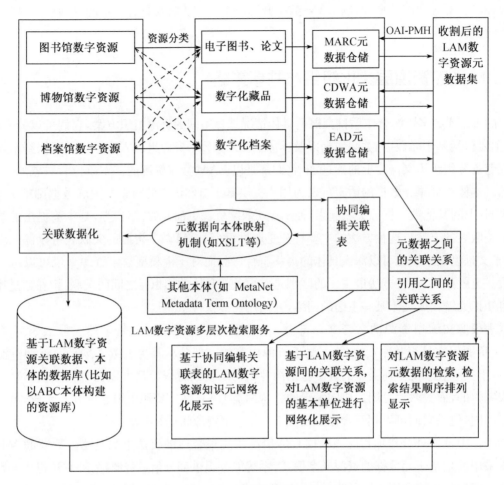

图 2 - 11　LAM 数字资源的共享策略

识元间的关系，并对其进行说明，通过对这些说明文字的数据挖掘以及标引存储等操作，向用户提供针对知识元网络的检索服务。因此，本篇提出的 LAM 数字资源组织策略能够为用户提供多层次多维度的信息检索服务，第一层，是针对 LAM 数字资源元数据集和语义描述的 LAM 数字资源集的检索，可以向用户提供最基本的检索服务；第二层，旨在通过 LAM 数字资源间的网络向用户提供二次检索，可以通过可视化工具向用户展示 LAM 数字资源网络；第三层，向用户提供知识元网络检索，使用户直接获取所需要的知识。知识元网络以"链接点"为基本单位，所以可以深入 LAM 数字资源基本单位的内部，不仅能够建立资源与资源间的关系还能建立资源内部不同"链接点"的关系。知识元网络是围绕某一主题而构成的网络，体现了面向用户的服务理念。

相对于现有的 LAM 数字资源组织与共享模式来说，本篇构建的 LAM 数字资源组织策略具有如下一些特点：

第一，综合了现有实践、理论成果，将 LAM 数字资源检索与内容检索结合起来，从两个维度上向用户全面展示 LAM 数字资源。本篇提出的 LAM 数字资源组织策略相对全面，实践中具体的 LAM 数字资源组织可以以本篇的思想为模板，也可以以前文讨论的部分理论为依据实现资源的共建共享。

第二，用户在使用 LAM 数字资源过程中能够与资源进行互动，用户间的协同编辑可以使资源间的联系越来越紧密，从而促进 LAM 数字资源的融合。另外，因为用户能够主动参与到资源的编辑中，所以真正地体现了以用户为中心的理念。

第三，能够处理和保存 LAM 数字资源的动态变化信息。用户在使用 LAM 数字资源的过程中可以随时建立资源间的关系,图书馆、档案馆以及博物馆馆员可以负责维护这些链接的正确性。

第四,需要充分关注与 LAM 数字化服务融合之间的关系。因为服务是链接用户和资源的桥梁,是用户与资源之间交互的接口,所以应该建立与之相应的 LAM 数字资源服务。

总而言之,该模式由于充分重视资源内部的关联,这种机制可以打破 LAM 数字资源基本单位的限制,能够深入资源的内部,给 LAM 数字资源共享带来了新的可能。所以本篇的资源组织策略可以促进图书馆、档案馆以及博物馆原有服务的融合,能够催生出新的服务类型,在后面两章将对 LAM 数字资源的服务融合进行深入探索。

本章小结

本章先明确了 LAM 数字资源的定义以及三种资源各自的属性,并总结了 LAM 数字资源不同于其他数字资源的特征,LAM 数字资源具有知识性、文化性、权威性以及结构性等共同特点,也正是由于图书馆、档案馆、博物馆三馆的资源具有的共同特征才使得 LAM 数字资源以及服务的融合成为一种必然趋势。然而,图书馆、档案馆、博物馆三者的分化是历史发展的产物,三者无论在服务职能以及资源特征等方面都存在很大差别,本章详细地探讨了图书馆、档案馆、博物馆各自拥有资源的总体特征,并基于信息资源管理的基本理论,例如信息生命周期理论、波普尔三个世界理论以及文献老化规律等,对三者资源之间的差别进行了详细分析,并探讨了这些差异背后的原因。

本章分别探讨了基于元数据、关联数据以及本体的组织方法,这些组织方法以该领域内的实践经验以及理论成果为基础。针对这些具体的技术以及理论本篇展开了深入探讨,并在前文对 LAM 数字资源特征分析的基础上提出了不同层次的 LAM 数字资源组织策略。这些策略虽然可以单独使用,但它们之间并不是孤立的,从元数据到基于关联数据、本体的 LAM 数字资源语义描述体现出明显的组织深化过程。而基于用户协同编辑关联表的 LAM 数字资源共享则注重用户和资源的交互过程,注重资源具体内容所包括的知识元之间的关联,这种方法可以打破资源存储格式上的界限,从而将文字、图片以及视频等资源结合在一起。上述 LAM 数字资源共享方案不是矛盾的,它们可以一起合作更好地促进资源间的共享,因而本章最后提出的 LAM 数字资源共享策略将两者有机地结合在一起,结合不同方法的优势对资源进行深度组织,以从多层次多角度向用户展示 LAM 数字资源。

第 3 章　LAM 数字化服务融合影响因素

图书馆、档案馆、博物馆数字资源服务是连接三馆数字资源与用户的桥梁，所以对于三馆的合作来说，信息服务质量一方面在很大程度上决定着 LAM 数字资源价值的发挥，另一方面还决定着用户的最终满意度。信息服务作为一种服务方式是以特定的信息资源为基础的，也就是说，信息服务需要充分考虑到其拥有资源的基本特征。LAM 数字化服务融合模式研究正是针对图书馆、档案馆与博物馆所拥有的这一类特殊资源集展开的，另外研究工作还需要充分考虑到用户的需求，贯彻以用户为中心的服务理念。

图书馆、档案馆、博物馆间的充分合作为 LAM 数字资源的服务融合带来了新的契机。以三馆数字资源为基础的服务并不是原有三馆服务的简单相加，三馆的合作会催生出新的服务方式，这意味着服务在广度和深度两个方向上的双重进化。目前，学界多关注三馆数字资源层面的整合以及共享，而对服务的研究尚处于起步阶段。本篇尝试构建与 LAM 数字资源相符合的服务，以充分挖掘资源的价值，带给用户更为个性化的、多样的、便捷的信息或知识服务。不过，在构建具体的 LAM 数字化服务融合之前需要明确以下几点，主要包括：LAM 数字化服务融合模式的内涵、目标以及影响因素等，本章对这些问题进行深入探讨，为后续具体构建 LAM 数字化服务融合做好理论准备。

3.1　图博档数字化服务融合的影响因素

从国内的相关实践来看，单一系统内的信息资源共享实践也带动了文化遗产信息资源的共享，跨系统的文化遗产信息资源服务还相对较少。图书馆界，以公共图书馆和高校图书馆为主的馆藏文化遗产信息资源的共享较多，博物馆界和档案馆界的资源共享合作相对较少，因此馆际文化遗产信息资源的共享不如图书馆界。剖析影响三馆资源共享的障碍因素，有针对性地采取措施才能进一步推动图博档信息资源的数字化服务融合。

在文献调查的同时，作者也到国家图书馆、国家博物馆、上海图书馆、第二历史档案馆、南京博物院、天津泰达图书馆档案馆、南京图书馆、江苏省档案馆（局）、南京市博物馆、河南省文字博物馆、南通博物院、不列颠哥伦比亚博物馆、温哥华图书馆等十多个图博档单位、机构进行了走访，了解上述机构的文化信息资源建设与服务开展情况，同时获取三类机构在文化信息资源数字化服务融合中所关注的因素。对访谈资料进行分析整理后发现，就机构性质、馆藏资源特点，上述机构主要关注图博档数字化服务融合以下几个方面的因素[①]：

1. 政策和资金因素

目前很多国家对图书馆、档案馆、博物馆这些文化机构间的合作给予了充分的重视，以充分发挥它们的文化及教育等功能。美国博物馆和资金资助会（IMLS）为了更好地促进图书馆、博物馆以及档案馆

---

① 穆向阳,朱学芳,常艳丽.图书馆数据服务中数据质量影响因素模型的构建[J].图书馆论坛,2013,33(05):86-90+98.

之间的合作,积极制定相关的 LAM 合作政策并为相关的合作项目提供资金支持①。英国 2000 年 4 月成立的博物馆、图书馆和档案馆理事会(MLA)是促进英国图书馆、博物馆、档案馆开展合作的重要机构,该机构旨在从战略层面为 LAM 三馆合作提供指导和支持,以为英国公民提供更好的文化和教育环境,最终提升社会的公正②。加拿大制定了《加拿大图书馆档案馆法令》,以法律的形式支持图书馆、档案馆以及博物馆之间的合作,并开展了成功的实践,成功地合并了加拿大国家图书馆和档案馆等③。在资金方面,目前有越来越多的组织为 LAM 的合作项目提供资金支持,例如 NLG(美国国家领导补助)和英国的 PRISM 补助基金等。从世界范围内的数字资源共建共享的成功案例可以看出,政府政策和投资可能是最关键的因素,相比学术研究和技术研究领域更为关心的内容是管理决策。

2. 机构协作因素

由于图书馆、博物馆、档案馆的机构差异,三馆之间的合作交流还不够紧密,因此,三类机构的合作首先需要解决馆际协调问题。例如,南京图书馆规划以馆内资源为基础、结合馆外数字资源采集,实施"江苏记忆",但是实现规模化、系统化、标准化的数字资源建设与管理需要多机构间的长期协作协调,需要调动各方的参与积极性,其中离不开有效的激励机制和必要的经费支持。档案馆的机构性质,决定了其对档案使用的严格管理,因此,有图书馆、博物馆的工作人员表示,在加工数字资源时需要到档案馆查访档案,档案馆严格的使用管理往往会使他们在利用档案资料开发信息资源时心存顾虑。另外,由于人力、物力、技术限制,图书馆、博物馆、档案馆在数字资源建设与服务中也部分地采取了外包模式,因此,访谈中也有机构表示,图书馆、博物馆、档案馆主要具有资源建设与管理优势,而百度、Google 等互联网内容服务商在贴近用户、了解用户需求方面也存在优势,企业与文化服务机构优势互补,在保障知识产权和数据安全的前提下,由三馆提供资源、企业面向用户提供服务,也是一种可以尝试的做法。

3. 知识产权因素

知识产权是基于个人的智力创造性劳动成果依法产生的权利,具有排他性、专有性等特征,这些特征对 LAM 数字资源之间的组织共享有很大的影响。知识产权属于一种私权,对信息资源的社会公共传播与使用有所制约,因此要在知识产权与 LAM 数字资源之间找到一个平衡点,既要确保对知识产权的合理保护又要合理地扩大 LAM 数字资源共享的范围,以充分发挥这些资源的价值。本质上讲,知识产权与信息共享在目标上是一致的,知识产权的终极目标是鼓励和促进技术创新、知识创新以及维护公共利益。因此,LAM 数字资源的组织与共享,要正确对待知识产权和 LAM 数字资源共享之间的关系,以平衡个人权利与公共利益之间的矛盾。

数字信息易于复制、修改、传输和重新发布。因此,版权的保护是困难的。网站及其网站内的所有内容和其他常见的数字数据(即信息)是机构的财产,受版权和其他知识产权法的保护。大量 LAM 的文件,特别是在一些专业领域的文件内容是科学与科技成果和技术,许多涉及版权问题,如照片、电影、摄影、录音录像、地图、产品设计、工程设计、计算机软件等④。知识产权可以确保 LAM 信息生产者和消费者之间的利益平衡⑤。

数字环境下,便捷的信息传播也在一定程度上增加了三馆在数字信息资源建设、传播、服务中的知识产权风险。本篇所访谈的机构都谈到了知识产权保护问题,图书馆更多是面向社会提供服务,但出于

---

① Allen N, Bishoff L. Collaborative Digitization: Libraries and Museums Working Together[J]. Advances in Librarianship, 2002, 26: 43 - 81.

② MLA. Our Vision [EB/OL]. [2013 - 08 - 09]. http://www.mla.gov.uk/about/our_vision.

③ About Us [EB/OL]. [2013 - 08 - 09]. http://www.collectionscanada.gc.ca/about-us/index-e.html.

④ 赵海军. 数字档案馆建设中涉及的版权问题分析. 档案建设. 2018, 10: 10 - 14.

⑤ 个人图书馆[EB/OL]. [2013 - 05 - 06]. http://www.360doc.com/content/13/0827/08/176053_310165089.shtml.

知识产权保护的需要，它们所购买的图书期刊数据库以及其他自建的数据库，有些仅向本馆用户开放，有些是提供低分辨率资源供网络用户浏览，获取和使用高分辨率数字资源需要联系服务部门获得相关资源的授权使用。博物馆文物来源复杂，有些文物博物馆拥有财产所有权但未必拥有相应的版权，使得其信息资源在数字化和网络传播中受到限制。同时，文物和档案作为历史遗留物都具有稀缺性，出于保存和保护的需要，博物馆根据文物的稀缺性价值进行分级管理，档案馆根据保密级别对档案资源有限度公开，两类机构的资源特点加上知识产权保护的需求，使得博物馆和档案馆更多的是实现行业内部文化遗产信息资源的共享，而在社会服务中仅提供有限的目录检索和专题展览服务。

4. 数字资源组织因素

图书文献、档案、文物都是文化遗产信息的记录载体。图书馆、博物馆、档案馆统一按照载体的形式特点实现馆藏资源管理，因此这些信息资源也散落在不同载体的资源中，按照图书、档案、文物的分类组织体系进行管理。图书馆以学科知识内容体系为依据，采用《中国图书馆分类法》、《中国分类主题词表》进行馆藏资源管理与描述，都柏林核心元数据和 MARC 是主要的资源描述标准，针对文化遗产信息资源也建立了组织规范，如古籍著录规范、金石拓片著录规范等。档案馆依据档案形成和运动规律，以职能分类为基础，基于全宗思想采用《中国档案分类法》、《中国档案主题词表》对档案资源分类组织管理，在检索中实现全宗级、案卷级、文件级和全文检索，也囊括了甲骨档案、金文档案、简牍档案等文化遗产信息资源。博物馆馆藏文物资源庞杂，目前还没有形成全国统一的分类法，各馆都根据馆藏资源建立了分类管理体系，使用较多的有时代分类法、质地分类法、功用分类法。另外博物馆内部对资源的著录描述也不统一，尤其在实物类型的文化信息资源著录描述中更为明显。所以在数字化服务融合中，图书馆、档案馆的文化遗产信息资源统一组织管理更易于实现，而博物馆内部因缺乏统一的分类组织标准，客观上影响了博物馆界内部以及博物界与其他文化机构之间的资源共享。虽然国家文物局已经在推动博物馆内部的资源共享，但分类组织体系与描述规范仍是实现资源共享的一大障碍。

5. 跨系统数据交互

图书馆、博物馆、档案馆同为文化服务机构，但是馆藏资源的特点决定了三馆在服务开展中的侧重点存在差异。图书馆更偏重于服务，博物馆和档案馆不仅是服务还要做好馆藏资源的保护，更为关注数字资源迁移和载体转换中的安全问题。在馆藏信息资源共享方面，图书馆界已经在实践中积累了丰富经验，基于都柏林核心元数据集对手稿、图像与视频资料、古籍、甲骨、拓片等专门资源的元数据进行了规范和应用推广，能够借助 OAI-PMH 协议等实现馆际文化信息资源的跨系统交互。档案馆界建立了《中国档案机读目录格式》、《信息与文献——文件管理——文件元数据》国家标准，对明清档案和全国革命历史档案的采集、分类标引和著录形成了行业标准。各地也纷纷建立了地方性档案数据规范，如《江苏省文书档案文件级目录数据库结构与数据交换格式》、《四川省档案资料数字化标准》、《福建省文书档案目录数据交互格式与著录标准》等，因此专题类文化信息资源和区域内的档案资源数据交换易于实现，而跨区域的档案数据共享还有一定的难度。博物馆界与档案馆界类似，各馆基于馆藏资源建立文物管理信息系统，馆际的跨系统数据交互和资源共享还不易实现，但是博物界已经重视并在推动文物数据资源共享，目前国务院统一组织实施的第一次全国可移动文物普查正在进行，目的是全面掌握和科学评价各馆文物资源和价值，促进馆际文物资源的整合利用。

6. 文化因素

LAM 数字资源是含有极高的文化属性，LAM 数字资源具有极强的国家、地区、政治以及民族等文化背景。政治环境是环境背景中最重要的影响因素，政治环境对 LAM 数字资源共享的影响起到决定作用，良好的政治环境能够促进不同机构之间的信任，图书馆、博物馆以及档案馆只有在坦诚互信的氛围内才能够开展更好的合作。另外，文化背景经常涉及宗教信仰、意识形态等因素，所以应该尊重彼此的文化差异树立正确的合作意识才能促进 LAM 数字资源的共享。

7. 语言因素。

LAM 数字资源中的文献资源部分一般是由多种语言构成的,语言上的不同不仅影响到 LAM 数字资源的共享,还影响用户对数字资源的最终使用。LAM 数字资源来源于不同的国家及民族文化,由于不同的文化采用的语言文字不同,所以在共享 LAM 数字资源时需要对不同的语言进行转换。随着 Web3.0 技术的到来,一些新型门户网站都在试图为不同国度用户解决语言沟通上的障碍,旨在通过机器翻译等手段使互联网真正成为跨国家、民族和语种的沟通平台。LAM 数字资源的共建共享可以借鉴相关领域成果,以形成跨语言的 LAM 数字资源文化和知识平台。

8. LAM 固有的服务

图书馆、档案馆、博物馆拥有不同的文化资源和服务宗旨,因此三馆形成了不同的服务。图书馆传统的服务内容主要包括:文献资源的流通服务、信息服务、读者教育服务以及技术服务等。文献资料的流通服务是指图书馆直接为读者提供印刷型载体的馆藏一次及二次文献等。信息服务主要包括:文献报道、定题服务以及参考咨询等。技术服务主要帮助读者进行文献服务以及视听服务等,而教育服务主要是帮助用户提高资料的获取能力等[①]。随着数字图书馆的出现,出现了一些新的服务形式,极大地丰富了图书馆传统的服务,国家数字图书馆开展了很多特色服务方式,例如:掌上国图、盲人数字图书馆服务、数字电视服务、数字资源触摸体验系统、数字共享空间服务、虚拟现实以及智能价位服务等[②]。在服务上档案馆与图书馆颇为类似,比如两馆都提供检索、浏览、参考咨询以及培训等服务,但是受档案馆传统服务思维的影响,我国档案馆服务相对单一,重保密保管,轻开放服务,因此在考虑 LAM 数字化服务融合时应该推进档案馆服务思维的转变,以充分发挥档案资源的价值。从信息源的角度上来看,图书馆、档案馆所拥有的资源主要是文献型资源而博物馆拥有的资源大部分为实物型信息资源,因此在服务上造成了很大差异,比如博物馆、档案馆提供外借服务而博物馆并不提供外借服务,不过博物馆间也会经常交流馆藏,比如开办主题展览、藏品巡展等。博物馆传统服务形式包括参观游览服务、讲解服务、教育服务、科研服务、设施服务等。数字博物馆服务则主要包括资源检索、在线浏览、展览信息、教育培训、信息服务等。

在资源的共建共享过程中,定能发现 LAM 数字资源内部的深层联系,这些联系必定能够催生出新的服务形式。

9. 技术因素

技术因素深刻地影响着 LAM 数字资源组织与服务融合模式的方方面面,信息技术为信息组织和 LAM 数字资源融合服务提供最基本的支撑,与 LAM 数字资源生命周期类似技术因素也影响着数字资源组织和服务的各个层面。总体而言,技术方面的影响因素主要包括两大方面,一方面是技术标准问题。虽然资源元数据在获取、交互、检索、传送、链接等环节中都有相应的标准可循,但在 LAM 数字资源的统一描述以及使用过程的不同环节中标准上的差异仍然是数字资源共享的主要障碍。另一方面就是相关技术如何应用于 LAM 数字资源的组织及使用之中,对 LAM 数字资源组织的不同层次进行划分,不同层次的数字资源共享涉及不同的技术,不同技术的引入需要考虑到其与具体资源间的匹配问题。LAM 数字资源不同层次的共享对应着不同的理论和技术,例如 LAM 数字资源描述、交互、传递等标准对应的是元数据层共享的技术问题,基于知识文化的共享对应的是本体技术等。

---

①　毛晓苔.浅谈图书馆传统服务与现代信息服务之异同[J].情报学报,1999(18):219-222.

②　陈魏魏,孟桂平.浅谈从传统图书馆服务模式到数字图书馆新型服务模式的转变——以国家数字图书馆为例[J].情报杂志,2011,30(B06):216-219.

另外，LAM 数字化服务融合还包括其他一些外界因素的影响，例如市场、法律等因素。

3.2 LAM 数字资源特征及组织策略对服务融合的影响

在探讨 LAM 数字资源共建共享的影响因素时曾经提到其影响因素可以分为两大类即内因和外因。从内外因两个方面对事物的影响因素进行划分是一种简单易行的分类方法。内因来源于事物发展的内部，构成了事物产生、发展以及变化的根本动力，因而内部矛盾决定了事物发展的主要方向。本节主要讨论影响 LAM 数字化服务融合模式的内部因素，在前文探讨 LAM 数字资源共建共享的影响因素时曾经对这方面进行了一些探索，这里进行进一步的补充和深化。LAM 数字化服务融合模式的内在影响因素主要包括 LAM 数字资源本身的性质以及其组织策略上的要求，如图 3-1 所示。

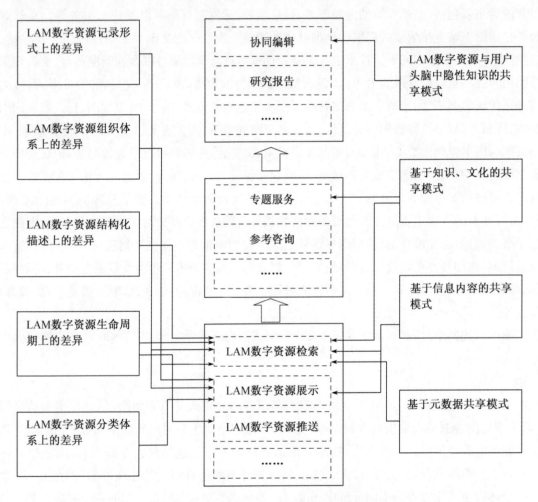

图 3-1　LAM 数字化服务融合的内部影响因素

图 3-1 揭示了 LAM 数字资源的特征以及组织策略对 LAM 数字化服务融合模式的影响，由于空间限制，该图无法详细展示这些影响因素如何作用于 LAM 数字资源服务的融合。不过在具体探讨其包含的服务方式时应该给予这些因素以充分重视，从而构建一个与之相适应的 LAM 数字化服务融合。这些内部影响因素主要包括：

第一，LAM 数字资源的记录方式。前文已经对世界上著名的图书馆、档案馆、博物馆以及一些三馆合作项目拥有的资源情况进行了简单统计，在整个 LAM 数字资源中，文字、图片、视频以及音频等资源都占有很高的比重,因而不能忽视任何一种类型的信息资源。记录形式上的差异必然深刻影响到 LAM 数字资源的组织策略以及其服务方式,比如对于 LAM 数字资源检索来说,需要考虑信息资源存储格式以及元数据上的差异,另外对于 LAM 数字资源的展示服务来说,也应该重视不同类型资源的展示方法,如何将不同类型的资源统一展示将是 LAM 数字化服务融合的一个非常重要的研究方面。

第二,LAM 数字资源组织体系上的差异。以图书、论文为代表的文献类数字资源与图形图像型数字资源在信息的组织体系上存在着很大的差别,这种差异同样影响到 LAM 数字资源的检索服务以及展示服务。对于 LAM 数字资源的检索来说,一方面要将图书以及论文作为一个基本的信息组织单位进行检索操作,另一方面也要深入其包含的具体内容层面。对于 LAM 数字资源的展示服务来说,既需要将图书以及论文作为信息资源的基本单位进行展示,也需要展示其内部的知识元。另外,这种资源组织体系上的差异还会对其他的服务方式有所影响。

第三,LAM 数字资源生命周期上的差异。LAM 数字资源生命周期上的差异主要表现为新资源的引入和旧资源的剔除,显然资源的引入以及退出都可以产生出一些与之对应的服务,比如当新资源引入时系统应该提供相关的信息推送服务,用户可以根据自己的兴趣订阅相关的信息。同样当某一资源被其他资源所替代时也可以通过 RSS 向相关用户发出提醒。

第四,LAM 数字资源分类体系上的差异。LAM 数字资源分类体系上的差异主要影响用户基于主题的资源浏览。图书馆、档案馆、博物馆所采用的资源分类方法存在很大差异,因而对三者统一分类存在很大的困难。目前出现了一些新的比较灵活的资源分类浏览方案,比如谷歌艺术计划允许每个用户收藏自己所喜爱的资源,其他用户可以根据其所收藏的资源进行浏览,用户彼此可以分享各自的收藏。

第五,LAM 数字资源结构化描述上的差异。在研究基于元数据的 LAM 数字资源组织时本篇曾经提出了一种组织与共享策略,其中图书、藏品以及档案被更好地区分,图书、藏品以及档案最好的描述方式仍然是采用各自独立的描述元数据,那么这种元数据标准上的不同必然会影响到 LAM 数字资源的检索服务。

第六,基于信息的 LAM 数字资源共建共享。基于信息内容的 LAM 数字资源的共享增强了资源之间的相互关系,然而不将这些关系展示出来对于用户来说则毫无用处。因而需要研究与之对应的 LAM 数字资源展示服务以更好地向用户展示这些资源,另外资源间新增的关系可能会促进新服务方式的产生,因而可以尝试构建新的服务方式以提供更好的服务。

第七,基于知识的共建共享。其主要影响的是如何将不同的知识节点进行存储、标识、检索以及展示等操作,比如如何通过本体实现资源的检索等操作,如何实现基于本体的推理以及展示等。知识网络不断变化,如何将这些变化信息提供给所需用户,都是 LAM 数字化服务融合应该考虑的问题。

第八,LAM 数字资源与用户头脑中隐性资源的共建共享。前文提到的基于用户协同编辑关联表的 LAM 数字资源组织并不是孤立的,它应该与 LAM 数字化服务融合相辅相成,如果没有相应的服务作为支撑协同编辑关联表将无法实现。LAM 数字资源组织策略应该具有一个与之相应的服务方式,能够使用户轻松地检索和浏览资源并能够十分方便地对检索结果进行连接,简易地编辑资源的关联表。另外关联表也为资源展示提供了一个工具,它不仅仅能够应用于知识元之间关系的存储和管理,还能够应用于资源的浏览服务,浏览窗口通过资源的关联表可以自动调出相关资源,带给用户多样化的资源体验。

以上几点将是 LAM 数字化服务融合构建需要考虑的主要因素,它们在很大程度上决定着其包含的具体服务方式,另外也影响着服务方式的创新。LAM 数字化服务融合是承接着资源与用户的桥梁,因而要立足于数字资源自身特征及其组织策略才能够更好地发挥出图书馆、档案馆、博物馆合作的巨大优势。

3.3 图博档数字信息服务融合效益

3.3.1 图博档数字信息服务融合效益的概念

"效益"在经济学上的含义是指投入与产出之比，比值越大，则效益越高。追求效益的本质就是以最小的投入获取最大的产出[①]，而对于图书馆、博物馆和档案馆的数字信息服务融合而言，其所追求的除了经济效益外，更重要的是其对用户服务的效果和产生的社会影响。因此对于图博档数字信息服务融合效益的概念需要从多个层面进行理解。

从图博档自身层面而言，图博档数字信息服务融合效益是指图博档进行数字信息融合之后所产生的服务效果和社会影响与产生这些效果所投入的各类资源成本总和之比。两者比值越大，则表示效益越好。对于图博档而言，其进行数字信息资源服务融合的初衷很大程度上是为了减少资源共性投入和重复建设，节省人力物力等。因此，从这一层面可以看到图博档数字信息服务融合效益的概念涉及的是经济效益。

从社会层面而言，图博档数字信息服务融合效益是指全社会在进行图博档数字信息服务融合过程中所取得的服务效果和社会影响与产生这些效果所投入的各类社会资源总和之比。社会层面的概念更加注重数字资源服务融合对于用户和社会所产生的影响，特别是中长期的影响，因此，从这一层面可以看到图博档数字信息服务融合效益的概念涉及的是社会效益。

从信息生态层面而言，图博档数字信息服务融合效益是指在进行图博档数字信息服务融合后所产生的信息环境的改善与为产生这些改善所投入的资源之比。这一概念更加注重图博档进行数字信息服务融合后，对于信息环境和信息系统生态所产生的影响。因此，从这一层面可以看到图博档数字信息服务融合效益的概念同样涉及信息系统生态效益。

3.3.2 图博档数字信息服务融合效益的特征

1. 模糊性

图书馆、博物馆和档案馆都属于公共文化服务性机构，三者都非常注重其社会服务性，因此，其进行数字信息服务融合后，一般也都将社会效益作为其服务效益的主要关注点。然而社会效益又是一种隐性效益，一般无法用直接的数据进行量化和统计，只能通过一些间接的数据指标来反映其产生的社会效益的程度，但是这种反映也是非常模糊的，无法精确地展示数字信息融合后所产生的服务效益数值。近年来，以武汉大学邱均平教授为代表的专家学者已经在国内的图书情报领域开展了实证分析研究，并为图书情报研究提供了很多测度指标。但是在实际操作层面来看，其对于服务效益的量化并不容易实现。对于自然科学而言，其实证分析因素是确定且唯一的，因此，其量化结果也是准确的，但是对于人文社会科学而言，其分析因素是不确定的，存在很大的模糊性，人文社会科学的特殊性决定了其只能采用定性分析和定量分析相结合的方法来进行研究，而定性分析本身就存在矛盾性和双面性，因此，图博档数字信息服务融合效益的一大重要特征就是模糊性。

2. 间接性

图博档数字信息服务融合所产生的效益并不像物质生产所产生的效益那么明显和直接，它并不容易被用户直接感知。特质生产的最直接结果是物质质量的提升或物质产生数量的增加，这些增多或增

---

① 刘璇. 基于成本-效益分析的公共图书馆经济价值研究[J]. 图书馆杂志，2010，29(02)：10-15.

加可以直接由货币进行衡量，但是图博档数字信息服务融合的成果主要是服务形式的改变、服务内容的增加、服务体验的改善、服务效率的提升、服务需求的更大满足、服务形象的改变、服务人员素质的提升等，而以上所有的内容几乎都无法直接用数字或某项具体的指标来衡量。虽然图博档数字信息服务融合效益无法直接衡量，但是它可以从多个角度被用户间接感知，这就是图博档信息服务融合效益的间接性。另外，图博档数字信息融合之后所产生的效益可能会逐渐释放，并且可以持续发酵。其除了对自身的服务产生效益外，还可能会对其他领域产生很大的影响，这也是图博档信息服务融合间接性的另外一种表现。

3. 社会性

图博档数字信息服务融合效益的社会性是指图博档进行信息服务融合以后，其受益者是全社会，即为整个国民经济和全民服务的各个领域带来好处。图博档内的信息资源是面向全社会开放的，任何人都有利用这些资源的权利，而在图博档进行融合的过程中，其信息数字信息的融合更具可操作性，也更容易产生效益。这些数字信息进行服务融合之前，有很多信息资源，普通民众是无法获取或查阅的，这些信息资源所产生的社会性效益自然会被削减。进行服务融合之后，更多的信息资源可以更加深入全面地展示在社会大众面前。在社会工作中不同岗位、不同角色的大众可以利用这些资源来提高经济效益或工作效率，同时还可以促进国民素质整体水平的提高。这些都是数字信息服务融合效益具有社会性的体现。

4. 延展性

图博档数字信息服务融合效益的延展性是指，其除了对图书馆、博物馆和档案馆自身产生直接或间接经济效益及服务效益外，还对于其他很多领域效益的产生提供了可能性。如其对于国民素质提升方面的效益促进了整体国民经济的增长，其对信息资源的融合，节省了读者大量的时间，从而提升了学习效率。数字信息的深入融合也避免了很多资源的重复订购与建设，从而避免了社会资源的浪费。其对数字资源的深度开发与展示，让人们能够从多个视角去掌握相关的信息知识。其对数字资源的服务融合模式，也为其他公共服务及相关领域的融合或一体化建设提供了很多可借鉴的内容。

5. 长期性

图博档数字信息服务融合效益的长期性是指图博档在实现数字信息融合以后所产生的影响是持续的、长期的，而且会一直稳定地发挥作用。图博档的数字信息服务融合所产生的主要效益分为自身效益和社会效益两种。对于自身效益而言，一旦完成信息融合并开展相关服务以后，会节省大量的人力、经费、空间等资源，而这些节约不是一时的，而是长期的。对于社会效益而言，其对数字信息资源的深度融合所产生的影响将会长期存在，人们将会在未来的很长一段时间里享受服务融合所带来的各种便利。另外，这种融合模式对于其他领域的示范作用也将是长期的。[①]

3.3.3　图博档数字信息服务融合效益的影响因素

图博档数字信息服务融合效益的大小，不仅仅取决于其自身的努力，还包括很多其他的因素，如信息技术的应用程度、社会支持力度的大小、用户的意见与参与度等。只有综合考虑这些影响因素后，才能实现数字信息服务融合效益的最大化。图博档数字信息服务融合效益的影响因素有：

1. 自身因素

影响图博档数字信息服务融合效益大小的最直接因素就是其自身因素。因为图书馆、博物馆和档案馆三者的数字信息资源各有特点，其在记录形式、组织体系、结构化描述、分类体系等方面都有很大的

① 孙健夫,陈兰杰,金胜勇.信息资源共建共享投资效益评估研究[M].北京:人民出版社.2014:43-44.

差异，所以图博档数字信息的服务融合需要考虑很多方面的因素，如何将三馆数字信息资源及其深刻的内涵合理且充分地展示给用户是一个非常复杂的过程，其融合的效果、融合的深度等都会对服务效益产生很大的影响。同时，图博档中的人力因素也会对数字信息服务融合效益产生很大的影响，如图博档三馆领导者的管理能力、决策水平、合作意识等都会对数字信息资源的融合产生很大的影响。另外，图博档中工作人员的素质和馆内建筑设备对数字资源融合的支撑服务也是影响服务效益的重要因素。

2. 信息技术因素

在人类社会发展的过程当中，科技作为第一生产力始终扮演着重要角色，而信息技术在现代社会科技体系中已经成为主导技术和关键技术。信息基础设施的建设和信息技术的应用在图博档数字信息资源服务融合中同样起到了非常重要的作用。数字信息资源的搜集、整理、加工、存储、转换、传播等，几乎任何一个环节都有信息技术的参与，而且，信息的所有先进技术都在数字资源融合的过程中得到了应用，如数据的传输与处理技术、大数据技术、人工智能技术、云计算技术、数据挖掘技术、数据仓储技术等，这些技术在数字信息资源整合过程中的应用是否深入与合理，对于图博档的信息资源融合起到了非常重要的作用。同时，融合后对于网络技术、网页技术、3D技术等信息技术在成果展示方面的应用也对会用户的利用体验产生重要的影响，因此，可以说信息技术对图博档数字信息服务融合效益会产生非常重要的影响。

3. 用户因素

图博档这类公共文化服务场馆，其作用除了保存历史文化遗产、传播文化知识外，最主要的目的就是为广大用户服务，让用户的各类需求得到满足。可以说用户既是图博档建设的起点，也是图博档服务的终点。1989 年，美国社会学家 Ray Oldenburg 在《The Great Good Place》一书中提出"第三空间"的概念。所谓"第三空间"就是指除家庭空间、工作空间以外可供人们放松、消遣、聚会、交流的社会空间，既指物理空间，又是数字空间，满足人们对社交、创意、娱乐的需求。[①] 融合后的图博档物理空间和数字空间，绝对是第三空间的代表，而这一空间的价值是否得以体现，则取决于其对用户的吸引程度和评价的高低。图博档数字信息服务融合更加注重数字空间的建设，而这一服务效益的产生较之物理空间的融合更加依赖于用户的参与和评价。

4. 支持因素

图博档在作为公益性服务机构，其在独立运行期间的经费主要来源于国家和社会的支持，而三者在进行服务融合的过程中对于多方支持的需求会更加强烈。在国家方面，除了经费的支持外，还需要相应政策法规的支持。在社会方面，除了物资方面的捐赠外，还需要民众提供有建设性的建议和积极的反馈，同时对于融合过程中的出现的问题给予理解和支持。在技术方面，还需要相关领域人才能够在关键性问题的解决和攻关性问题的突破方面提供支持。因此，可以说图博档数字信息服务融合的效益也取决于整个社会的支持。

5. 竞争因素

图博档在进行数字信息服务融合的过程中，也需要考虑一下竞争因素，即其竞争者或替代性产品的出现，这个竞争者就是互联网的存在。据美国计算机学家 Bergman 预测，早在 2001 年，网络表层可见的个体文献就达到 10 亿，深层文献达到 550 亿。[②] 从现在的现实情况来看，互联网已经成为人们日常生活信息来源的重要来源地。随着信息环境的变化，很多人查找信息已经很少有人从图书馆或档案馆

---

① 曾建勋."第三空间"诠释[J]. 数字图书馆论坛，2015(10)：1.

② Bergman M K. The Deep Web：Surfacing Hidden Value[EB/OL]. [2019－05－30]. http://brightplanet. 18. 220. 177. 184. xip. io/wp-content/uploads/sites/8/2012/03/12550176481-deepwebwhitepaper1. pdf.

开始他们的信息获取行为。而随着谷歌学术和百度学术等学术类专题网站的迅速崛起,也对于图博档的数字信息资源产生了新的威胁。但是好在,图博档的信息性和公益性仍然对用户有很大的吸引力,因此,我们在进行图博档的数字信息融合的过程中如何发挥自身的优势,并借鉴竞争者的优点,提升竞争力已经成为一个重要的研究课题。

3.3.4　图博档数字信息服务融合效益的内容

图博档数字信息服务融合主要可以产生三个方面的效益,分别是社会效益、经济效益和信息生态效益,在经济学角度看来,效益就是收益与投入之比,比值越大,则效益越大,该项目则越值得投资。但是与普通的生产投资更加注重经济效益不同,图博档的数字信息服务融合更加注重的是其社会效益和信息生态效益的提升。

3.3.4.1　社会效益

图博档数字信息服务融合的社会效益是指进行服务融合后对社会产生的贡献与价值。图博档数字信息服务融合的社会效益主要包括以下几个方面。

1. 信息资源保障效益

图博档进行数字信息融合以后,在信息资源保护方面会有很大的提升。在融合之前,图书馆、博物馆和档案馆是独立运行的,其在信息资源的采订与收集过程中是有各有侧重的,由于三馆各自的使命不同,其收集信息资源的类型和数量也都各不相同,因此,他们在信息资源上的覆盖面上都不会非常全面,而进行数字信息服务融合之后,馆内收藏的信息内容会更加丰富全面。而且由于三馆独立运行时,各自都有一些更加擅长的内容,融合之后可以互相取长补短,彼此借鉴。图博档三馆在融合之前都有保存民族文化遗产的使命,三馆融合之后,会形成一个完整的信息资源保存和保障体系,这一体系本身就具有巨大的社会价值,其发挥的作用也会较三馆独立运行期间更加明显。

2. 用户满意度效益

图博档进行数字信息服务融合之后,用户的满意度会得到明显提升,除了前文提到的图博档数字信息融合之后,可以使信息资源在数量和质量上得到保障外,其深度融合后的内容会让用户对于信息资源在获取和利用上也更加方便,从而节省时间和精力,新的信息技术在融合中的应用也会让读者对于融合后的服务有一个良性的感知,其需求也更加容易得到满足,当需求得到满足以后,其再次寻求信息帮助时,也更加容易再次利用融合后的数字信息系统,从而形成一个良性的循环,从而使得图博档的利用率得到了一个明显的提升,图博档在利用率和满意度方面的提升也抑制了其竞争对手的发展。

3. 形象价值效益

信息资源的保障率用户的满意度得到提升的同时,也会促进全社会对图博档形象价值的提升。因为需求得到满足,其在读者心中的地位自然就会提升,从而也就树立了融合后的图博档的良好形象。图博档的吸引力也更大,使得读者更愿意走进和利用融合后的图博档,这样也更容易得到政府或相关部门的重视,从而也提高了图博档的社会地位。

4. 社会成员素质效益

图博档进行数字信息服务融合后,其所提供的信息和知识资源将更加丰富,尤其是图博档融合后赋予了很多信息资源新的知识,这些知识会让社会成员的素质和技能得到提升,也能对社会成员的劳动效率起到一个催化的作用,同时这些知识的应用可能对一些稀缺资源起到替代作用,如利用人工智能去完成很多不能完成的工作等。[①]

---

① 孙健夫,陈兰杰,金胜勇.信息资源共建共享投资效益评估研究[M].北京:人民出版社.2014:119-121.

3.3.4.2　经济效益

图博档数字信息服务融合的经济效益是指利用资金货币来衡量的收入或实施图博档数字信息服务融合之后所节省下来的开支以及其他由此融合所带来的经济效益。图博档数字信息服务融合所带来的经济效益主要包括以下几个方面。

1．节省开支效益

图博档进行数字信息资源融合之后，其首先在数字资源采购成本上会有很大的节省空间，由于之前三馆的独立管理，为了丰富本馆的资源结构，很多数字资源会被重复订购，很多项目也会出现重复建设的现象，而三者进行融合之后，这种重复订购和建设的现象将会得到极大的改善，从而避免了资源浪费，节省了开支。同时图博档数字资源融合后，对于服务人员的需求数量会降低，以前在三馆设立的很多重复岗位可以合并，很多相似的岗位也可以进行融合，从而在人员开支方面得到明显的效益，同时在数字资源和人力资源的管理方面，也会节省很大一部分开支。图博档进行数字信息融合后，节省开支方面的效益还是相当明显的。

2．额外支持效益

图书馆、博物馆和档案馆三者都属于公益性服务机构，其经费主要来源于政府支持和社会捐赠。在进行服务融合之前，每个类型的场馆都已经拥有了各自的支持来源，而融合之后，这些支持来源在节省开支的条件下没有减少，而且，由于三馆资源的融合带来了更多的社会效益，如资源保障率、资源利用率和用户满意率等方面的提升，这会促使更多的社会支持出现，如政府会给予更多的财政支持和政策倾斜，各类企业或个人会提供更多的捐赠，同时也会为融合后图博档带来更多的合作机会。

3．有偿服务效益

图博档在进行数字信息服务融合之前，大多提供一定的有偿信息服务，如信息咨询、情报分析、科技查新、科技档案开发、形象文化产品定制等，这些有偿服务在图博档进行数字信息融合之后，由于信息资源的丰富与融合，从而使原有的有偿服务产品在内容和质量上都会有所提升，从而使其有偿服务产品在市场上更具竞争力，而且融合后的图博档，还可以开发出更具创新和融合意义的有偿服务类产品，虽然图博档更加注重其公益服务性，但是由于社会的特殊需求，很多服务采取有偿模式是不可避免的，图博档的数字信息服务会使这些有偿服务具有更加深层的价值。

4．隐形经济效益

图博档的数字信息服务融合还可以得到一些隐形的经济效益，所谓隐形经济效益，就是暂时无法被明确说明的一些经济效益，但是其确实存在，如图博档数字信息的融合，会促进资源的利用率，利用率的提升会促进国民素质的提升，而国民素质的提升会促进社会的经济效益的提升。这种连锁似的反应，图博档进行数字信息服务融合后会经常出现，虽然这些经济效益并不直接产生，但是其确实存在，而且随着时间的推移和数字信息融合的不断深入，这些隐形经济会越来越多。

3.3.4.3　信息生态效益

图博档数字信息服务融合的信息生态效益是指由于图博档的信息融合，使得信息生态系统中信息资源这一参数得到了改变，而这一改是会对信息生态系统带来有益影响或有利结果。图博档数字信息服务融合的信息生态效益主要包括以下几个方面。

1．信息利用率提升

图博档的数字信息服务融合促使信息资源的利用率的提升，而信息是信息资源的基本组成要素，因此,信息利用率也必然得到提升,信息利用率的提升促进了信息在信息链中的流动①,这种流动也为信息链中的信息生产者、信息组织者、信息传递者、信息消费者和信息分解者都提供了新的能量,从而使整个信息生态的效益得到了提升。同时,这种数字信息服务融合也加速了整个社会的信息化服务进程。

2. 信息环境改善

图博档的数字信息服务融合也促进了信息环境的改善,信息环境由信源、信道和信宿组成②,前文已经提到,图博档的数字信息服务融合使数字信息资源在数量上和质量上都有很大的提升,这种提升在信息环境中就是信源方面的改善。信道是人们获取信息的渠道,通过图博档的数字信息服务融合,人们在获取信息的过程中更加方便快捷,以前需要从多个渠道获取的信息,此时却可以在融合后的系统中"一站式"获取齐全,这无疑是对信道非常有利的改变。而作为信息接收者的信宿,是图博档数字服务融合的最直接受益者,他们在服务融合之后获得了更多的良性感知。

3. 信息污染控制

图博档在进行数字信息服务融合之前,各自独立运行,其在数字资源建设方面有各自独立的分类体系和资源结构,对于广大用户来说,收集信息时,其信息噪声会非常大,不容易直接获取全部有用的信息,而且资源的重复建设和交叉建设,也让用户在过滤有用信息的过程中负担不断加重。而图博档开展数字信息服务融合之后,信息资源会利用统一的标准和结构去组织这些资源,并且直接过滤掉那些重复资源,从而使信息污染得到有效的控制。

3.3.5　图博档数字信息服务融合效益的评估

图博档数字信息服务融合效益和评估是对图博档进行服务融合后所产生的效益进行衡量、检查、评价和估计,从而判断出服务融合的优劣和利弊。评估在项目管理、工程管理等管理学领域是非常重要的研究课题,但是在信息资源共享和融合领域,却是一个比较薄弱的环节。图博档数字信息服务融合效益评估可以分为融合前的预评估和融合之后的后评估。预评估是指在进行数字信息资源融合前,通过对各方资源进行考察和调研分析,为了评服务效益更大而提出融合方案的过程,预评估有利于图博档数字信息资源融合能够顺利开展且减少漏洞和缺陷。后评估的目的就是对于图博档进行数字信息服务融合后,所产生的效益是否达到预期目标或是否达到效益最大化。在融合后的应用过程中,是否存在需要及时地做出调整和改进。当然,图博档数字信息服务融合的效益评估并不是一件一蹴而就的事情,其他各类因素的变化,需要进行多次反复且形成规律的评估,只有这样,才能让图博档数字信息服务融合不断改进,让效益不断增加。

3.4　图博档数字信息服务融合利益

获取更大的利益是图博档进行数字信息服务融合的最大动力,但是在数字信息融合过程中,三个参与主体之间所投入的资源、人力、技术、经费等各不相同,因此在数字信息服务融合后,其产生的利益不可能直接平均分配,各主体都需要在其中寻找一些投入与产出之间的平衡。③ 如果这种平衡没有实现,就容易产生利益上的冲突,这种冲突如果不及时解决,那么随着冲突的加剧会极大影响三个主体间的融合及后续服务健康的发展。

---

① 赵云合,娄策群,齐芬.信息生态系统的平衡机制[J].图书情报工作,2009,53(18):22-25.
② 郭家义,张晓林.个性化信息环境研究[J].中国图书馆学报,2004,30(3):24-29.
③ 韦楠华,吴高.公共数字文化资源共建共享现状、障碍及对策研究[J].图书馆建设,2018(09):18-26.

3.4.1 利益冲突产生的原因

利益冲突产生的原因主要有：

1. 主体利益诉求与共创价值分配冲突

图博档数字服务融合的主体利益诉求与共创价值分配冲突是指图博档在进行数字服务融合后，各主体所获得的利益在与其所期望获得的利益在数量或类型上有很大的差距。这种差距主要表现在两个方面，一种是数量上的差距，一种是类型上的差距。数量上的差距是指某个主体认为自己所获得的利益与其期望的利益在数量上有很大的出入，认为获得的利益与自己所付出的资源、精力、技术等内容没有在数字信息融合后形成等价交换。类型上的差距是指某个主体认为自己所获得的利益类型与自己期望的不相符，如其可能在数字信息融合后得了获得了更多的社会效益，但是却很少得到经济效益，或其得到的经济效益比未进行融合之前减少了等。当然在数字信息服务融合也要出现，相关主体的体益诉求在数量和类型上都没有得到满足的情况。

2. 主体间偏利共创利益冲突

图博档数字服务融合的主体间偏利共创利益冲突是指在进行数字信息服务融合后，在进行利益分配时更倾向于其中的一个主体或两个主体，而没有惠及进行服务融合的三个主体，从而出现利益分配失衡现象。主体间偏利共创的利益冲突包括主观和客观两种类型，主观上的主体间偏利共创的利益冲突是指图博档中的一个或几个参与服务融合的主体从主观上认为自己所付出的没有得到足够的回报，或者说投入与产出并不相匹配。而客观上的主体间偏利共创利益冲突是指数字信息服务融合的管理者在进行利益分配时，更偏向于其中一个或几个主体，这种分配偏差可能是由于某个主体的贡献因为各类原因被管理者忽视，也有可能是由于管理者在主观上更重视其中的某一个或几个主体。

3. 主体间偏害共创利益冲突

图博档数字服务融合的主体间偏害共创利益冲突是指图博档在进行数字信息服务融合中，需要牺牲某些参与主体的利益而出现的利益冲突现象。这种利益冲突现象也可以从两个角度进行考虑。一种是图博档在进行数字信息服务融合过程中，除了各主体都需要付出的成本之外，还需要某一个或某几个主体付出额外的成本或补偿性投入，从而使主体利益受损。另外一种现象则是"搭便车"现象的产生，出现寄生主体。所谓寄生主体是指在进行数字信息融合过程当中，某个主体既没有投入任何成本，也没有在信息服务中提供任何的服务，但是却可以参与共创利益的分配。这种寄生主体的存在必然会对其他做出投入和牺牲的主体造成利益的损害，从而产生利益冲突。[①]

3.4.2 利益保障原则

既然在图博档数字信息融合过程当中容易产生利益冲突，那么我们有必要在针对参与主体的利益保障问题事先做出相应的规划，在做出规划前，首先应该考虑的是图博档数字信息服务融合利益的保障原则。

1. 遵守互利互惠原则

图博档的数字信息服务融合是由图博档三个主体共同完成的任务，三个主体在进行融合之前都有其各自的地位和使命，三者之间的关系是平等的，并不存在从属或强弱关系，因此，三个主体在进行数字信息服务融合过程中应该遵循互利互惠原则，即在融合过程中三个主体都发挥自己的优势，取长补短，共同努力创造最大的价值，同时在利益分配时，让图博档三者都得到相应的利益，而不是牺牲某个主体

---

① 张苗苗，毕达宇. 价值共创视角下公安情报共享利益冲突研究[J]. 情报杂志. 2018,37(9):32-37.

的利益而使另外的主体获得过多不平等的权益。

2. 明确利益与义务

图博档三馆本是地位上相互平等且又在信息资源上存在一定交叉的三个主体,其在进行数字信息融合过程当中,很容易出现共有资源提供过剩,而稀缺资源提供不足的情况,而对于提供的过剩的资源,同样希望获得相应的回报,而这种现象又很容易出现利益的上冲突,因此,在图博档在进行数字信息服务融合之前,应该先明确各主体的义务以及其应该承担的责任,并根据其所承担的责任和义务去获取相应的利益和权利。

3. 用户利益最大化原则

图博档进行数字信息服务融合的最直接目的就是让用户的体验和需求得到最大化的满足,因此,图博档三个主体在进行融合过程中应该首先保障用户的利益得到最大化,而不应该因为考虑主体自身的利益,而损害用户的利益。如一些稀缺资源或容易消耗的资源因其稀缺性,而显得更加珍贵。而拥有这些稀缺资源的主体不能因为融合后,这些资源无法得到相应的利益回报,而将之雪藏,不为用户提供服务或减少被用户提供服务的次数。图博档数字信息服务融合应该首先考虑用户的利益,并在用户利益得到最大化后再考虑主体自身利益。[①]

3.4.3　利益分配方法

为了保障图博档数字信息服务融合后,各参与主体的利益分配可以得到充分保障,在进行数字信息融合之前先找到合理的利益分配方法,有了确定的分配方法可以使以后的利益冲突概率大大降低。利益分配主要有:

1. 形成价值共识

图博档在进行数字信息融合之前,三个主体都有其各自的使命和服务方向,因此其在进行数字信息服务融合的过程中,三个主体的利益诉求也各不相同,在经济利益与社会利益、长远利益和眼前利益、整体利益和个体利益都有着各自的想法。要解决这种利益冲突和差异,我们应该积极推进三个主体之间的融合,形成一种价值的共识,即:树立综合价值理念,正确处理物质利益与精神利益的关系,实现物质利益与精神利益双赢;树立长远价值理念,正确处理短期利益与长期利益的关系,实现图博档数字信息资源的可持续发展;树立整体价值理念,正确处理个体利益与整体利益的关系,在实现整体利益最大化的过程中,体现个体利益。[②]

2. 制定利益分配协议

在现代社会中提及利益分配方法,一般都把法治作为其最终权益兑现的保障。因此,在图博档数字信息服务融合中涉及利益分配时,最好的方法是先制定利益分配协议,数字信息服务融合的参与主体根据自身提供的资源、人力、经费、管理等方面内容提出自己的利益诉求,三者经过协商后制定三方认可的利益分配协议,当然这份协议除了利益分配内容外,也应该涉及风险承担方面的内容。因为这种利益分配协议的存在,利益有了保障,参与数字信息融合的主体才会积极参与融合建设,努力实现利益的最大化。

3. 建立权益仲裁机构

图博档在数字服务融合过程中,仅仅制定利益分配协议是不够的,因为在数字化服务融合建设的过程中,除了我们能够考虑到的涉及利益分析的内容外,还会有很多我们忽略的内容或者之前没出现过的

---

①　蔡卫平. 我国文献资源共享基本原则初探[J]. 图书馆论坛,2009,29(06):100-104.
②　高鹏,毕达宇,娄策群. 信息内容服务产业链利益冲突与利益平衡[J]. 情报杂志,2014,33(02):144-148+127.

状况，即使是在协议中存在的内容，也有可能会因为个体理解角度和理解深度的不同而产生分歧，此时，就需要我们建立一个所有参与服务融合的主体都认可的权益仲裁机构，当利益分配产生冲突时，冲突主体可以向仲裁机构提出仲裁申请，仲裁机构在经过充分调查和评估之后给出最终判定结果。当然，对于仲裁机构的管理和监督也是一个需要预先解决的问题。

4. 建立政府补偿机制

由于图博档在独立运行期间各自服务方向的不同，其所拥有的信息资源和社会资源也各不相同，因此在进行数字化信息融合共建的过程中，有的主体较之其他主体会有一些先天的优势，其在相同的投入或投入较少的情况下，可能会获得更多的利益。而有的主体已经投入了全部精力却在效益上收获甚微，但是这些工作又是不可或缺的内容，此时，就应该考虑建立政府补偿机制，对于那些社会有需要但是回报率很低的工作内容或主体提供专门的补贴或者提供相应的政策倾斜，使其能够获得足够的工作动力，从而保障融合后的数字信息资源产生最大的综合效益。

本章小结

本章是下一章 LAM 数字化服务融合模式构建的理论准备，主要对 LAM 数字化服务融合的影响因素等，影响因素特别是内因部分和图博档数字信息服务融合效益及利益，是 LAM 数字化服务融合需要考虑的重点，正确全面地认识这些因素能够为后续研究提供更为充分的理论准备。

第4章 LAM 数字化服务融合模式

LAM 数字化服务融合模式是一个宏观的概念,它从宏观层面上负责 LAM 数字资源与用户之间的交互模式,作为资源以及用户等要素的舞台,其功能需要具体的服务方式来实现。前文已经探讨了 LAM 数字资源的特征及其组织策略,在此基础上应该深入研究与其相适应的具体服务方式,以充分发挥资源价值,更好地满足用户的需求。通过对 LAM 数字资源的统一组织,图书馆、档案馆、博物馆共享的资源已经成为一个关联在一起的整体,尤其是基于信息和知识的关联使得 LAM 数字资源彻底打破原有的馆藏及分类的界限,成为一个有机的数字资源集,这就要求应该在原有的服务方式上有所创新,以真正地达到图书馆、档案馆以及博物馆合作的目标。

之前章节已经构建了 LAM 数字化服务融合模式的基本框架,该框架被分为三个层次,每个层次又包含一些具体的信息服务方式,然而并没有回答这些服务方式是如何实现的、需要采用哪些具体方法、哪些服务方式是可以改进的等问题。本章在前几章的研究基础上主要探讨 LAM 数字资源的具体服务方式,比如 LAM 数字资源的检索、展示等具体服务方式,并构建整体的 LAM 数字化服务融合模式。

4.1 LAM 数字化服务融合基本方式

4.1.1 LAM 数字资源检索服务融合方式

相对于其他类型信息资源的检索(比如网络信息资源的检索等)来说,LAM 数字资源的检索具有如下的一些特征[①]。

第一,LAM 数字资源属于结构化的信息资源。基于元数据的 LAM 数字资源组织策略已经指出,图书馆、档案馆以及博物馆所拥有的数字资源十分复杂,使得图书馆数字资源、博物馆数字资源以及档案馆数字资源在很大程度上存在交叉,以图书馆、档案馆以及博物馆对资源进行界定已经失去了学术上的严谨性,因而可以先按资源的自身特征对其进行分类,并采用与之相适合的元数据进行描述[②]。图书文献类数字资源可以用 MARC 进行描述,藏品类数字资源可以用 CDWA 进行描述,而档案类数字资源可以利用 EAD 进行描述。所以对于 LAM 数字资源的检索来说其最大便利就在于它们都是结构化的信息资源,而且其相应的元数据结构都支持 OAI-PMH 元数据收割协议,这些优势为 LAM 数字资源的检索带来了极大的便利。

第二,LAM 数字资源间存在着丰富的关联关系。在探讨 LAM 数字资源的组织策略时已经得知这些资源间存在着很多信息基本单位层面的关联关系,这些关联关系富含有丰富的语义,因此可以利用这些丰富的关联关系向用户提供二次检索。另外如何向用户展示相关的资源检索结果也是 LAM 数字资源检索服务应该考虑的内容。

---

① 穆向阳,朱学芳. 图书、博物、档案数字化服务融合模式研究[J]. 情报科学,2016,34(3):14-19.

② Elings M W, Waibel G. Metadata for all: Descriptive Standards and Metadata Sharing Across Libraries, Archives and Museums [J/OL]. [2007-03-05]. [2013-10-06]. http://firstmonday.org/ojs/index.php/fm/article/viewArticle/1628.

第三，LAM 数字资源存在着多种存储格式。LAM 数字资源的文件格式比较丰富，包括 pdf、jpg、rmvb 等，因此对 LAM 数字资源的检索涉及众多类型的结构化数据，并且检索结果应该考虑不同类型文件检索结果的显示方式等问题。

第四，在探讨 LAM 数字资源组织策略时，本篇提出了基于用户协同编辑关联表的 LAM 数字资源方法，这种方法主要为了解决文献类数字资源在与其他资源关联时无法深入资源内部的问题。基于用户协同编辑关联表的方案主要在于通过文件浏览器自动记载用户所浏览页的页码，当用户建立两个资源之间的关联时，程序可以自动将关联内容所在的页码存储到其关联表中。而且这种模式要求用户对建立的关联进行简要说明，用户做出的基于自然语言的说明将同样被存储到关联表中。对用户的说明（或称评论）进行处理，利用自然语言处理技术将其转换为标准的关键词，进行存储、加工以及标识等操作，作为其所描述的知识元的检索词。基于这种方法用户的检索操作可以突破文献类数字资源基本组织单位的限制，直接深入相关的知识元。LAM 数字资源的检索应该包含这部分内容，因而要充分考虑到这种检索方法以及结果的展示等。

基于用户协同编辑关联表的知识元，在用户使用过程中不断地相互链接、扩展并形成知识元网络。因为这些链接的知识点都是关于某一主题的，因而某一个链接在一起的网络便构成了关于某一主题以及相关主题的知识元网络，这些知识元可以分布在 pdf 格式的文件中，也可以分布在 jpg、rmvb 以及 mp3 等格式的文件中，主要是因为关联表的设计原理包括如何记录这些文件中的具体片段。用户使用资源的过程中可以随时编辑关联表，因而知识元网络处于动态的变化之中，需要动态地存储、标识这些网络，以向用户提供直接面向知识元网络的检索，具体可参见图 4-1 所示。

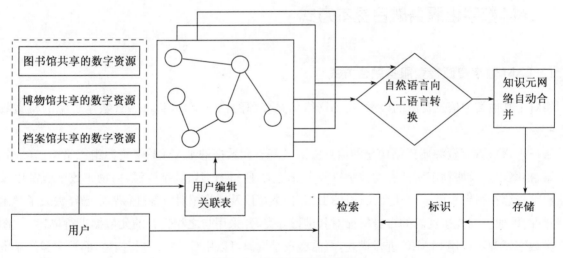

图 4-1　知识元网络的检索

如图 4-1 所示，用户在使用 LAM 数字资源时可以随时编辑资源的关联表，也就是说利用用户头脑中对知识间关系的了解建立知识点之间的链接，通过这些链接的共享使其他用户能够获得关于某一知识点或者主题的更多的 LAM 数字资源以及网络上其他的数字资源。LAM 数字资源的统一组织可以分为多个层次，这些层次可以独立应用于 LAM 数字资源的组织与共享，如果 LAM 数字资源采用了基于本体的组织方法，则 LAM 数字资源的检索界面除关键词检索入口外还应该提供树形列表检索等其他入口。对于 LAM 数字资源本体的检索来说其设计思路可以参照比较成熟的本体检索系统：利用本体解析 API 从本体中提取出三元组，因为本体的定义语言采用的是 RDF 三元组的语法结构；将提取出的三元组转换为图，比如可以通过 Java 相关技术绘制出网状连通图；最后结合 Applet、Ajax 以及

J2EE 等技术实现 B/S 模式下的本体可视化展示[①]。

对于本体的检索一般包括树形列表检索入口,树形列表展示本体库的概念层次关系,根节点代表所有类的父类,而其余节点代表本体中的一个概念类,类与子类关系通过树形层次结构展示。另外本体的检索工具还包括关键词检索入口,用户输入关键词后,在文本框的下方显示出下拉列表,列出与用户输入相匹配的词汇,这些词汇来源于本体中的类名、实例名以及属性名等。用户输入关键词后,单击搜索按钮,检索结果在相应的显示区域内输出[②]。LAM 数字资源的本体可视化检索可以采用如图 4－2 所示的实施方案。

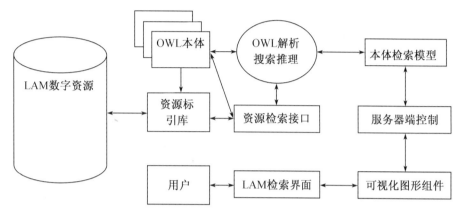

图 4－2　基于本体的 LAM 数字资源检索方案

如图 4－2 中方案所示,用户通过检索界面发出本体的检索请求,服务器端则负责用户请求的监听,并且把用户请求交给本体检索模型。本体检索模型是整个方案的核心,它封装了 OWL 文档解析接口、本体推理、本体检索等功能。用户在客户端可以对本体进行可视化浏览,并通过鼠标点击等方式与服务器交互。本体检索的结果通过图形化的方式展示给用户,用户可以实时通过点击查询结果等方式与资源进行交互,用户可以随时调整本体的显示中心,如果查到的是资源的一个实例,系统能够检索并输出相关信息。

LAM 数字资源检索的方法以及策略,以最终构筑 LAM 数字化服务融合模式。

LAM 数字资源检索的界面层是用户和 LAM 数字资源交互发生的场所,用户通过检索界面查找所需的 LAM 数字资源,检索到的结果在界面层进行展示,所以界面层对于 LAM 数字资源检索服务来说十分重要。

根据 LAM 数字资源的存储方式、功能需求等,一般检索界面提供基于关键词和分类两种方式进行信息检索。第一,检索界面包括关键词检索功能和分类检索功能。关键词检索要求用户对相应的检索课题进行分析、选择相应的关键词并制定合理的检索策略,通过合理的检索式进行检索,然后用户根据需求对检索结构进行人工选择。而分类检索则需要用户判断所需资源属于哪个类别,然后从系统提供的分类表中找到目标类目,最后从中获得所需要的信息。

第二,检索界面需要考虑到 LAM 数字资源本身的特点。对于采用基于用户协同编辑关联表的 LAM 数字资源检索来说,其资源集主要包括两部分,这两部分支持不同层面的信息检索。在处理层已经探讨过,它们一方面包括 LAM 数字资源元数据以及本体的检索,另一方面支持知识元网络的检索。因而,检索界面应该与资源的这种特征相适应,提供相应的检索入口以及检索结果的显示方式。

① 丁最春,甘利人,陈开浩.本体的图形化可视检索研究与应用[J].中国图书馆学报,2007(3):64-68.
② 颜端武,岑咏华,毛平,等.领域知识本体的可视化检索研究[J].中国图书馆学报,2007(4):66-76.

第三，要考虑到用户的特点。对于 LAM 数字资源的用户来说，如果系统采用了基于用户协同编辑关联表的资源组织方法，那么应该允许用户在一个浏览界面同时打开至少两个资源，也就是说用户在浏览一个资源时能够在不关闭该资源窗口的情况下同时检索并打开另一个资源，这是 LAM 数字资源检索自身具有的特点。另外，因为 LAM 数字资源具有很高的权威性和学术性等特征，因而应该适当控制用户的权限，以维护 LAM 数字资源的学术权威。比如可以把用户分为不同的类别，如超级用户（主要指专业的图书馆、博物馆以及档案馆工作人员）、高级用户（领域内的专家学者）、普通用户等。

第四，LAM 数字资源检索界面的设计要本着审美与实用相结合的理念。比如：资源检索界面要设计得尽量简单，便于理解、执行①。审美方面应该做到色彩柔和、明快，线条简洁，字体端正，界面区域划分简明合理。对于 LAM 数字资源的检索以及浏览界面来说，应该十分重视审美方面的要求，因为 LAM 数字资源涉及大量的艺术品图片等，用户使用这些资源时并不是仅仅在于信息以及知识的获取，还十分重视审美体验和艺术享受。因而要充分注重 LAM 数字资源检索以及浏览界面的艺术效果，值得借鉴的是谷歌艺术计划的主页，它能够提供简洁、明快、动态的界面，以及超清晰画质，能够带给用户逼真的、生动的艺术体验。

LAM 数字资源检索界面的基本构想包括三方面：关键词检索界面、分类检索界面、辅助功能项。LAM 数字资源检索的关键词检索可以采用两种检索提问方式，包括利用自然语言的提问和基于关键词的提问方式。LAM 数字资源检索服务默认的主界面可以只提供一个简单的关键词检索入口，目前这种方式也是 LAM 数字资源合作项目采用的主要方式。不过对于熟悉检索策略的用户来说还应该为其提供高级检索界面，高级检索界面允许用户对多个检索词进行组合或编制检索式对资源进行检索，以提高资源检索的精度。对于 LAM 数字资源检索来说应该采用简单检索和高级检索相互结合的策略，以一个文档框中输入单一检索词的简单检索方式为主，但同时向用户提供高级检索入口的链接。

对于一般的 LAM 数字化服务融合项目来说，提供一个简单检索入口和一个高级检索入口已经足够了。关键是用户需要使用资源时，在使用一个资源时可以检索并同时打开另外一个资源，以建立资源之间的链接，并方便地编辑资源关联表。页面中含有两个窗口的情况并非创新，谷歌艺术计划等一些项目就可以在同一页面同时打开两个资源②。LAM 数字资源检索界面的两个窗口可以分为主窗口和次窗口，主窗口和次窗口可以分别显示不同的内容，并且可以分别对两个窗口进行最大化以及最小化等操作。在不需要同时打开两个资源时，可以将主窗口最大化，最大化后的窗口与一般的检索界面相似。

可以将 LAM 数字资源存储的基本单位设置为主窗口的默认显示结果，比如显示的检索结果为一本图书、一张图片或者一段完整的音视频等。同样的检索词，也可能检索到相应的知识元网络，那么检索到的知识元网络可以在次窗口中显示。

LAM 数字资源分类检索也是用户查找资源的重要方式，分类检索的基本思想是按照信息资源的内容特征进行分类，使资源有序化，便于读者浏览和检索。分类检索在组织方法上包括两种，即等级体系分类法和分面组配分类法。等级分类法一般通过分页方式显示类目层级，一级类目的类表在主页面上列出，并为各类目设置链接，用户点击相关条目进入子类目，进入类目的底层便能得到具体的资源，为了使资源查找更为便捷，分类的层级不宜过多。分面组配式分类法将主题概念分解为简单概念，标引时用两个或多个简单概念的分类号的组合来表达一个复杂的概念。对于 LAM 数字资源分类检索来说，目前主要采用的体系分类法，比如美国记忆、世界数字图书馆项目等，如图 4 - 3 所示。

从美国记忆和世界数字图书馆项目的资源分类检索上看，形成一套唯一的 LAM 数字资源分类体

---

① 乔冬梅. 搜索引擎文本检索界面设计分析[J]. 图书情报知识，2003(6)：48 - 50.
② Google Art Project[EB/OL]. [2013 - 12 - 11]. http://www. google. com/culturalinstitute/project/art-project.

系是非常困难的也是不必要的。不同的合作项目完全可以根据自身资源的特点设置相关的分类体系，这可以保证分类体系的灵活性，便于用户的信息检索。因此对于 LAM 数字资源的检索来说，应该根据所拥有资源的内容特征灵活地设置自己的分类检索体系。

上文分别讨论了 LAM 数字资源检索模型的主要层，即资源层、处理层和界面层，其他层如工程层、查询特征、用户认知、动机以及情境层虽然重要但对于本篇的写作目的来说并非重点，因而在此不做一一探讨。LAM 数字资源检索服务的资源层、处理层以及界面层构成了 LAM 数字资源融合检索服务的基本框架，在具体的实践中本理论模型可以通过与其他层的结合向用户提供更好的 LAM 数字资源检索服务。

a：American Memory　　　　　　　　b：World Digital Library

图 4 - 3　美国记忆和世界数字图书馆的分类浏览

4.1.2　LAM 数字资源展示服务融合方式

LAM 数字资源浏览是用户使用这些资源的重要方式，前文对 LAM 数字化服务融合模式影响因素的研究可知，LAM 数字资源的展示方式不仅直接受到资源内容及外部特征的影响，还受到 LAM 数字资源组织策略的影响，比如基于用户协同编辑关联表的组织方式直接影响着资源的展示服务。LAM 数字资源展示服务的设计应该考虑以下几点：

第一，LAM 数字资源的记录方式直接影响着 LAM 数字资源的展示。基于前文对世界著名图书馆、档案馆、博物馆数字资源的统计，文献类、图形图像类、音频视频类数字资源都占有相当高的比重。因此要求 LAM 数字资源浏览界面能够方便地展示不同类型的数字资源。

第二，LAM 数字资源是人类文化精华资源的数字化形态。这些资源中有些珍贵的资源（特别是档案类资源）是历史的鉴证，时间参数是 LAM 数字资源的重要属性，因而在展示 LAM 数字资源时要充分重视时间参数的作用。另外还应该考虑到其他参数比如资源所属的地理位置等，将这些因素合理地组织起来可以构成更形象生动的资源展示方式。

第三，LAM 数字资源的浏览可以分为资源的被动展示方式和主动展示方式。所谓被动的资源展示方式是指对用户检索出资源的展示，而主动展示是指用户并未发出检索请求时主动向用户提供一些资源的展示，比如谷歌艺术计划主页的背景图片就进行动态地切换，以向用户推荐本项目拥有的资源，另外它还向用户提供了幻灯片式的资料浏览服务。

第四，LAM 数字资源的展示还直接受到所采用的资源组织策略的限制，其展示界面还肩负着与资源交互的任务，因而在相关界面中应该安排适当的功能按钮以完成组织策略所需的交互功能。

第五，LAM 数字资源的展示服务还应该注重资源展示的艺术效果。LAM 数字资源用户不仅仅注重信息以及知识的获取，还注重资源使用过程中的艺术体验以及审美享受，因而 LAM 数字资源的展示应该注重审美效果与实用功能的结合。

以上是 LAM 数字资源展示服务应该注意的几点，为了更好地展示 LAM 数字资源以及配合 LAM 数字资源的组织方法，本篇认为 LAM 数字资源的展示可以包括以下几种类型：

第一，LAM 数字资源的普通展示方式。

在上一节中已经就 LAM 数字资源检索结果的展示方式进行了探讨，本节则主要关注 LAM 数字资源在使用过程中的展示方式。所谓 LAM 数字资源的普通展示方式是指，用户查找到相关资源并打开后的资源展示方式。首先，普通的资源展示方式很简单，只要在打开的网页窗口中将资源原样展示出来便可。比如资源的馆藏单位、创建时间、专题等，用户再点击"查看条目"便真正打开资源图片，供用户浏览。

其次，资源展示窗口还应该包括一些基本的功能按钮。比如为资源展示添加变焦按钮，提供资源的扩大、缩小等浏览功能，还应该包括全屏浏览以及恢复显示等功能按钮。这些按钮的设计应该遵循审美原则，要与网页的整体风格协调统一。比如谷歌艺术计划的功能按钮采用透明设计，与资源图片十分和谐。另外，浏览窗口还应该响应键盘以及鼠标等外部设备的操作，比如用户可以通过鼠标对图片进行缩放，以及挪动图片等。

再次，资源展示还应该注重艺术效果。为了再现图书馆、档案馆以及博物馆资源的原始样貌，有些 LAM 数字资源采用高清拍摄技术，比如谷歌艺术计划采用街景全景拍摄技术向用户提供高分辨率的艺术品图片[①]。用户在浏览这些资源时一般期望具有身临其境之感，能够欣赏到图书、藏品或者档案等资源的细节，因而浏览窗口不应该降低这些资源图片的质量，而是能够传达出这些资源的艺术效果。

最后，资源展示窗口能够便捷地展示不同类型的资源。比如能够灵活地显示文本、图形图像以及音频/视频等，并在资源切换时应该自动调出控制相应资源的一些功能按钮，允许用户灵活操作相关格式的文件。

本篇提到的 LAM 数字资源展示服务，除了应该遵守上述几条原则外还可以对其进行一些改进。例如，在探讨基于信息的 LAM 数字资源组织策略时发现 LAM 数字资源基本单位之间存在着很多关系，比如元数据中相关资源提供的关联关系、论文相互引用产生的关联关系以及关联数据等提供的关联关系等，这些关联关系使得 LAM 数字资源基本单位之间形成一个网络。因此，基于这个网络用户的浏览过程可以在相互关联的 LAM 数字资源之间切换，为了实现这一功能可以构建资源之间的导航图，在浏览某一数字资源时，导航图可以悬浮在资源展示窗口之上，如图 4-4 中所示。

图 4-4 是一个带有导航窗口的资源展示示意图。为了不影响用户对主窗口已打开资源的浏览，可以将左上角的 LAM 数字资源导航窗口隐藏起来，也可以将资源导航窗口的透明度设置为可调整状态，另外还可以在导航窗口中添加其他一些功能按钮，比如缩放按钮、挪动按钮等。LAM 数字资源导航图中每一个资源单位都用一个节点表示，节点中的文字描述该资源的一些基本信息，比如题名、创作者时

---

① National Treasures: Google Art Project Unlocks Riches of World's Galleries[EB/OL]. 2013 - 02 - 01[2013 - 12 - 24]. http://www. washingtonpost. com/wp-dyn/content/article/2011/02/01/AR2011020106442. html.

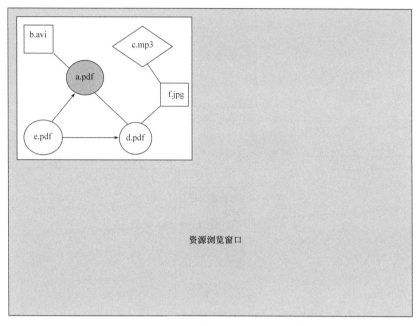

图 4 - 4　LAM 数字资源浏览窗口中的导航图

间等,节点的形状可以代表资源的存储格式,高亮显示的资源节点如图中的 a.pdf 表示资源浏览窗口中正在打开的资源。资源之间的关系用节点之间的连线表示,对于一些特殊的关系可以用带箭头的线段进行表示,比如图中资源 a.pdf 与 e.pdf 的关系可以表示 a 文献引用了 e 文献。另外导航图还应该与用户之间能够进行简单互动,当用户想切换到其他相关资源进行浏览时,直接点击导航图中代表该资源的节点,则主窗口随即切换到该资源,导航图也随之发生变化,即将新打开的资源节点变为中心,并且高亮显示,重新显示以该节点为中心的资源导航。

第二,与 LAM 数字资源组织方法相匹配的资源展示方式。

LAM 数字资源的浏览方式不仅受到资源本身特征的影响还受到组织策略的影响,表现在 LAM 数字资源的浏览应该和组织方式相互结合起来,以充分发挥 LAM 数字资源的共享优势以及 LAM 数字资源的价值。在探讨 LAM 数字资源检索的界面层时,本篇提出了双窗口的资源检索方案,主要是为了使用户能够方便地编辑资源的关联表,两个窗口有主次之分,当把主窗口最大化后便与其他的 LAM 数字资源合作项目一样,能够向用户提供单一资源的检索以及前文提到的展示服务。当两个窗口同时打开时,便可以支持用户对检索出的两个资源进行关联表的编辑。所以,LAM 数字资源的展示模式与基于关联表的资源组织之间相互呼应,两者相互协作共同完成资源的共享与展示服务,其实施方案如图 4 - 5 所示。

从图 4 - 5 中可以看出,基于用户协同编辑关联表的 LAM 数字资源组织需要图 4 - 5 中的资源展示方式与之配合。图 4 - 5 中包括两个检索窗口、两个资源展示窗口,其中左侧的窗口可以被定义为主窗口,而右侧的窗口为次窗口。LAM 数字资源展示及关联表的编辑过程如下:首先,在主窗口的检索框输入检索词,点击搜索按钮后检索结果在主窗口按照一定的方式进行显示,比如可以按照通常的列表显示等,也可以按照本篇提出的矩阵式显示方式。当用户点击所需的资源时在主窗口中展示相应的资源,与此同时在后台打开主窗口所展示资源的关联表,这一过程对于用户是不可见的。另外在主窗口下方的资源定位选项中的下拉菜单要自动转换为与资源相匹配的格式,比如当主窗口打开的资源是文献型资源时下拉菜单可以包括具体的页、行、列值。如果是视频音频类资源时下拉菜单可以包含一些时间值,资源定位选项的功能主要是选择资源中的一个具体片段。当显示的资源为图形图像类资源时可不

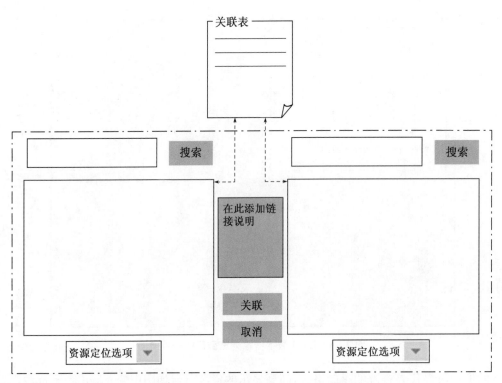

图 4 - 5　用户编辑 LAM 数字资源关联表的浏览窗口设计方案

进行选择，而是将整幅图片作为连接点。其次，当未使用次窗口对应的检索框进行检索时，前文提到次窗口可以默认为显示关于检索词的一个知识元网络。而当利用次窗口的检索框进行检索时，则在次窗口中检索出相关的 LAM 数字资源。这些检索出的资源可以按照不同的方式显示。用户点击所需资源后，则在次窗口打开相应资源，同样在次窗口下方调出与资源相匹配的定位选项。但是，因为用户建立的链接并不需要同时保存在两个关联表中，因而在次窗口打开资源时不需要打开关联表。通过两个窗口展示资源还能够建立同一资源内部知识点的链接，对于图书类数字资源这种现象比较普遍。最后，两个资源中的连接点定位好以后，就可以建立它们之间的关联，用户也可以在两个窗口中间的文本框中输入建立链接的原因等说明文字，系统会自动地将这种链接关系存储到主窗口资源的关联表中，如果建立了错误的链接则可以通过下方的取消按钮取消刚刚建立的链接。

关联表还可以作为展示资源时围绕某一知识元进行跨资源转换的一种工具。比如在 LAM 数字资源的普通浏览模式中，当用户打开资源的同时，可以在后台同时打开资源的关联表，当用户浏览到拥有知识元链接点的位置时系统会自动进行提示，如图 4 - 6 所示。

在 LAM 数字资源的普通浏览方式中加入资源关联表作为切换浏览的工具，其显示效果如上图 4 - 6 所示。窗口中的左上角仍然是资源导航图，该导航图已经在前文讨论过，它主要展示的是资源基本单位间的关系。利用关联表作为资源切换工具时，用户在打开某一资源的同时后台将其所具有的关联表同时打开，因为关联表对机器可读，因而系统会自动根据正打开资源的情况对其关联表进行检索。比如当打开一本电子书时，系统会自动获取正在展示的资源页码，这是 Office 以及 Adobe 浏览器都具有的功能，然后在其关联表中检索该页是否存在与其他资源之间的关联，如果没有则不进行任何操作，如果存在链接则在该页显示出链接的示意图。该资源展示窗口还应该具有一定的交互功能，用户可以通过点击资源缩略图能够在主窗口打开所链接的资源，并且通过正在浏览的资源关联表中记载的信息直接定位到与其存在链接关系资源的具体位置。当打开新的资源后，左上角的导航窗口需要进行调整，调整到为正打开资源的导航，而且新打开资源的关联表也应该被打开，以显示该资源与其他资源知识点

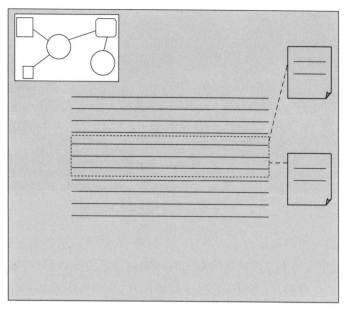

图 4-6　利用关联表的 LAM 数字资源切换浏览

间存在的关联。通过这样的机制，用户便可以围绕着某一知识点在不同的 LAM 数字资源之间进行切换浏览。

第三，LAM 数字资源的多维展示。

LAM 数字资源是人类文明的数字化表达形式，人类文明是漫长的历史进程中各个领域内社会实践取得成果的沉淀。既然 LAM 数字资源跟历史具有如此紧密的关系，那么时间参数作为 LAM 数字资源的一个属性就显得极为重要了，因而在很多 LAM 数字资源的实际项目中都十分重视时间轴的作用。比如加拿大皇家蒂勒尔博物馆（Royal Tyrrell Museum）主页导航菜单下方是非常实用和简易的时间轴，通过点击代表不同地质年代的颜色条，下方的大幅图片便会自动切换到相应地质年代的图片。图片左下方还有蒂勒尔的照片，并提供一些文字性介绍，如该地质年代的一般特征等[1]。德国的日耳曼国家博物馆[2]、埃及博物馆[3]、东京国立博物馆[4]也具有基于时间轴的资源展示服务，不过东京博物馆的时间轴展示的是博物馆日程信息。世界数字图书馆是基于时间轴的 LAM 数字资源检索与展示的典型实例。用户通过对时间轴上的两个滑动块儿（图中的绿色部分所示）的调节，便可查找某个特定时间段的资源[5]，具体可参见图 4-7 所示。

可见时间参数对于 LAM 数字资源来说具有十分重要的意义，因而本篇认为可以通过时间参数以及其他一些参数比如国家、学科等属性构建 LAM 数字资源的多维展示方式。目前信息可视化已经成为信息展示的主要发展方向。可视化一般指经过一系列的转换，将原始的数据转换为可视图像，使其更为直观[6]。将信息检索结果转化为可视化状态的方法主要包括基于分类的文档簇法、基于超链接法以及基于语义内容法三种[7]，而从资源的展示方式上来看，又分为不同维度的展示方案。

① Royal Tyrrell Museum [EB/OL]. [2013-12-29]. http://www.tyrrellmuseum.com/index.htm.

② Germanisches National Museum [EB/OL]. [2013-12-29]. http://www.gnm.de.

③ Rosicrucian Egyptian Museum [EB/OL]. [2013-12-30]. http://www.egyptianmuseum.org/.

④ Tokyo National Museum [EB/OL]. [2013-12-30] http://www.tnm.jp/modules/r_free_page/index.php? id=1255.

⑤ World Digital Library [EB/OL]. [2013-12-30]. http://www.wdl.org/zh/.

⑥ Haber R B, McNabb D A. Visualization idioms: A Conceptual Model for Scientific Visualization Systems[J]. Visualization in Scientific Computing，1990:74：93.

⑦ 周宁,文燕平. 检索结果的可视化研究[J]. 中国图书馆学报,2002(6):48-53.

图 4-7 世界数字图书馆中的时间轴

多维展示方案包括以一维时间轴为基础进行的资源展示、二维展示以及三维展示。一维展示方案被广泛使用，比如加拿大皇家蒂勒尔博物馆的基于时间轴的展示方案，用户可以调整时间轴上的滑块，下方便显示该时间段内的馆藏图片，当鼠标悬停于资源图片上方时，图片如果存在链接便被突出显示，比如图中剑龙的轮廓已经变为绿色，通过鼠标点击便可进入资源的浏览页面，如图 4-8 所示①。

二维的 LAM 数字资源展示也经常被采用，比如世界数字图书馆主页的资源便是二维可视化方式。如图 4-7 中最下方为时间轴，图中主体部分为世界地图，而 LAM 数字资源则被集中到相应的地理区域。因而世界数字图书馆对资源的这种可视化展示方案便是二维展示的典型实例，用户可以方便地对其进行资源检索，比如选择相应时间段资源以及相应地理区域的资源。

图 4-8 加拿大皇家蒂勒尔博物馆的基于时间轴的展示

三维展示方案是立体的资源可视化展示方法。VR-VIBE 是一个三维立体化的信息检索系统，该系统支持对大文件存储的浏览和过滤，VR-VIBE 突破了二维信息展示的限制采用虚拟现实技术支持信息资源的三维展示，并强化了用户和系统的交互功能②。在 VR-VIBE 系统中，用户可以确定关键词在金字塔中的位置，根据关键词在金字塔中的位置计算出每篇文档的距离，文档在三维空间的位置便被确定了。用户可以浏览三维立体空间中展示的资源，并与资源进行交互。图 4-9 是 VR-VIBE 文档的三维空间展示样例③。

---

① Royal Tyrrell Museum [EB/OL]. [2013-01-12]. http://www.tyrrellmuseum.com/index.htm.

② Benford S，Snowdon D，Greenhalgh C，et al. VR-VIBE：A Virtual Environment for Co-operative Information Retrieval[C]. Computer Graphics Forum. Blackwell Science Ltd，1995，14(3)：349-360.

③ Visualization[EB/OL]. [2014-01-20]. http://www.crg.cs.nott.ac.uk/research/technologies/visualisation/vrvibe/#applications.

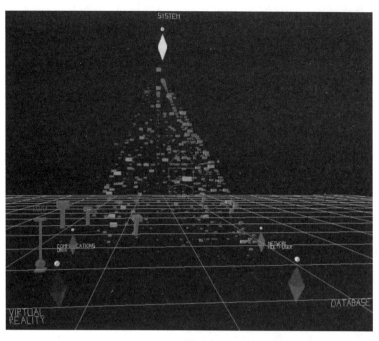

图 4‑9　VR‑VIBE 虚拟三维空间的文档展示

　　LAM 数字资源的信息检索结果可以进行可视化展示。但没有在上一节探讨信息检索时考虑这个问题，原因在于 LAM 数字资源的可视化，特别是对某一知识元相关的资源可视化展示，不仅仅作为检索结果的形象化展示方法，而且它还可以作为一种研究与分析的工具，在用户浏览资源时能够发挥更大的价值。LAM 数字资源的多维展示是一种可视化的资源展示方案，可以应用于不同的场合，比如以用户建立的关联表为基础构建多维的展示方式等。前文提到在主窗口的检索框中输入关键词时，主窗口显示相应的资源检索结果，而次窗口则显示以知识元为中心构建的资源网络。多维可视化的展示方案便可以用于这两个窗口的检索结果显示。例如，当用户检索到某知识元网络后，在检索窗口中可以以知识地图的方式显示检索结果，这是信息检索可视化最常用的一种手段，主要表现为知识元所在的信息资源用节点进行表示，节点上可以添加一些文字说明以帮助用户了解该资源，而节点间的关系可以用连线表示，如图 4‑10 所示。

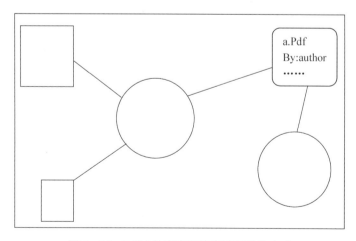

图 4‑10　LAM 数字资源检索的可视化方式

　　但是这种展示方案存在很多缺点，比如它只表明了资源节点间的关联关系而它们的相对位置不带有任何语义，另外这种显示方式无法展示出资源的内在规律，不利于对相关知识元进行分析。因而本篇希望在此基础上进行改进，以便于用户发现相关资源的内部规律，比如可以添加一些功能按钮，使用户能够选择 LAM 数字资源可视化展示的维度，这样关于某一知识元的 LAM 数字资源检索结果能够按照用户的要求重新布局以及提供多维展示。比如用户选择一维显示时系统可以让用户选择资源展开的维度。以时间轴作为资源展示的坐标轴为例，那么检索出的围绕某一知识元的 LAM 数字资源便以时间轴为坐标进行显示，例如图 4 - 11 所示。

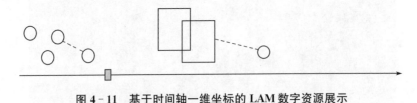

图 4 - 11　基于时间轴一维坐标的 LAM 数字资源展示

图 4 - 11 是以时间轴作为一维坐标，将围绕某一知识元的 LAM 数字资源检索结果进行展示，资源节点用不同的图标显示，这些图标代表了不同的资源类型，资源之间的关系可以用节点间的连线表示。基于时间轴的资源展示能够让用户方便地看出该知识元的历史发展脉络以及相关的发展规律，比如 LAM 数字资源节点相对密集的地方反映了该知识元研究的热点时期。另外，还可以采用加拿大皇家蒂勒尔博物馆的基于时间轴的资源展示方法，用户拖动时间轴上的滑块以检索所需时间段的相关资源。

当用户选择二维显示方式时，需要用户设置 LAM 数字资源展示的二维坐标轴，比如当用户选择时间和国家两个属性作为资源展示的两个坐标时，那么检索出的 LAM 数字资源便在二维坐标系中展示出来，例如图 4 - 12 所示。

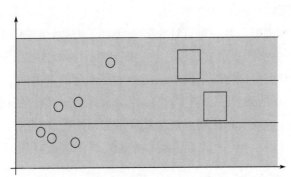

图 4 - 12　基于二维坐标的 LAM 数字资源展示方式

图 4 - 12 中用户选择的两个维度构成了 LAM 数字资源检索结果展示的坐标系，检索出的 LAM 数字资源根据其在两个维度上的具体属性值被显示到相应的位置。基于二维坐标系的资源展示方式能够进一步展示资源所包括的知识元的发展规律。假设上图 4 - 12 中的横坐标是时间轴，纵坐标表示的是资源所在的国家，那么检索出的 LAM 数字资源在二维坐标中的排列方式不仅包括一维坐标展示时的功能，还可以用于不同国家关于相同知识元资料的对比。

用户也可以设置三个维度的资源展示，只要用户再多选择一个展示维度构成一个三维坐标系即可，例如图 4 - 13 所示。

由于在二维基础上再加上一个维度，因而三维坐标能够展示出另外一层的语义，资源之间的相对位置能够揭示出更多的内涵，有助于用户发现其他规律。因此，基于坐标的 LAM 数字资源显示方式不仅仅实现了检索结果的可视化，它还能够作为对某一主题相关规律进行研究的重要工具。另外，LAM 数字资源检索结果多维可视化展示界面应该同样具有交互功能，应该设置一些辅助功能按钮，比如缩放按钮等。可视化窗口还需要遵循用户与资源交互的两个基本原则即可见性和可伺服性，即要求资源对象

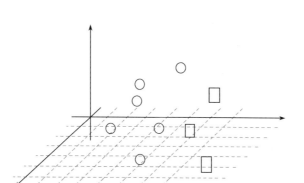

图 4 - 13　基于三维坐标的 LAM 数字资源展示方式

及对其操作过程对用户可见,而且用户发出的控制指令能够与控制结果形成良好的映射,要求界面提供的实际内容应该与目标用户想象中该对象包含的属性和操作尽可能吻合[①]。

第四,LAM 数字资源展示服务的幻灯片式浏览。

LAM 数字资源的幻灯片式浏览是一种主动的资源展示方式,主动的资源展示方式是指系统主动将资源展示给用户,用户并不需要对所展示的资源进行检索。LAM 数字资源的幻灯片浏览方式是系统通过选定的一个资源集,并将资源集中的资源按照某一顺序轮流向用户进行切换展示的方式,它主要注重资源展示的视觉效果。这种服务方式主要展示的是图形图像类数字资源,因而对于博物馆资源的浏览来说具有十分重要的意义。对于 LAM 数字资源的幻灯片浏览方式来说,主要应该考虑两个方面的内容:第一,用于幻灯片浏览的 LAM 数字资源集选取问题;第二,幻灯片展示的艺术效果问题。因此本篇主要从这两方面来探讨 LAM 数字资源的幻灯片展示服务方式。

LAM 数字资源集的选取在本质上是如何对资源进行分类的问题,对资源进行分类以后便形成了不同的资源集,通过对某一资源集中资源的切换展示便构成了 LAM 数字资源的幻灯片展示。因为 LAM 数字资源范围极其广泛,涉及图书馆、博物馆和档案馆三个馆的资源,因而构建一套统一的分类体系十分困难。另外不同的图书馆、档案馆、博物馆合作项目拥有的资源集也存在很大差异,即使存在一套统一的分类体系也无法应用于所有项目。所以更为合适的方法是不同的项目按照自身资源的特点灵活地进行分类,可以采用不同的分类标准对所拥有的资源进行分类。比如世界数字图书馆项目主要采用了五种分类方式,分别为:Place、Time、Topic、Type of Item、Institution,按照每一种分类方式可以分别将其拥有的 LAM 数字资源划分到具体的资源类,比如按照 Place 方式将资源分为:Africa、Central and South Asia、East Asia、Europe、等 10 类,而按照学科进行分类又分为:Computer science,Information & general works、Philosophy & psychology 等十个类[②]。美国记忆也提供了不同分类方式,比如 Topic、Time Period、Containing、Place,按照不同的方式可以浏览具体的资源类[③],其按照学科进行分类又可以分为:Advertising、African American History、Architecture,Landscape 等 29 类。

不同的项目应该对资源进行灵活分类,采用与自身资源相匹配的分类方式。除了这些传统的分类方式以外,有些项目还采取了个性化的分类方式,比如谷歌艺术计划具有"我的艺术馆"功能,用户可以从 30 000 多件艺术作品中任意进行选择,利用选择的资源创建自己的个性艺术馆。用户也可以向每幅作品添加评论,然后将整个收藏集与朋友和家人共享,其他用户便可以以幻灯片的浏览方式浏览这些用

①　周宁,文燕平. 检索结果的可视化研究[J]. 中国图书馆学报,2002(6):48 - 53.
②　World Digtal Library [EB/OL]. [2014 - 01 - 25]. http://www. wdl. org/en/.
③　The Library of Congress American Memory [EB/OL]. [2013 - 01 - 25]. http://memory. loc. gov/ammem/browse /index. html.

户建立的"个性艺术馆"。对于 LAM 数字资源项目来说也可以借鉴谷歌艺术计划的方法，允许用户构建自己的资源收藏集，并可以设置资源集的开放级别与其他用户共享。

通过资源间的关联，LAM 数字资源构成了一个资源网络，用户可以以某一个资源节点作为起点，然后对资源所处在的整个网络进行广度优先遍历方式的自动切换展示。另外，还应该设置一些资源过滤功能，用户可以选择特定格式资源的浏览，比如有的用户只想浏览图形图像类数字资源那么只需选择这类资源便可。因此，对于 LAM 数字资源的幻灯片式浏览来说，可以多提供一些资源集合的选择方式，使用户可以选择自己所感兴趣的类目以幻灯片的方式进行浏览。

还需要考虑的另一方面的问题是 LAM 数字资源幻灯片展示服务的艺术效果，因为与单纯的信息检索与浏览不同，对于一部分用户来说，在浏览 LAM 数字资源时希望得到的是文化的感悟和审美体验，这部分用户十分在意资源展示的艺术效果。幻灯片展示可以作为休闲式的资源浏览方式，因而更应该注重资源展示的艺术效果，本篇认为可以从如下几点入手提升幻灯片式资源展示的艺术效果：1）播放过程中应该保证图片的质量，应该展示出资源图片的真实色彩与细节，最大限度地还原图片的真实面貌；2）在播放过程中可以为图片加入一些动态效果，比如播放过程中增加图片拉近、挪动等动态效果；3）幻灯片式浏览过程中应该全屏展示图片，其用户可以选择是否在图片播放的过程中同时播放该资源的文字说明，如果选择文字说明那么应该同样注意文字与图片之间的协调问题，注重文字显示的艺术效果。4）幻灯片的切换过程也可以添加一定的艺术效果，比如类似 ppt 中的图片淡入淡出、溶解等效果。5）幻灯片播放过程中可以加入适当的背景音乐。

以上探讨了 LAM 数字资源展示的四个方面的问题，不同的展示方式分别从 LAM 数字资源的内在特质、LAM 数字资源的组织策略以及艺术效果等方面出发，提出了一些具体的适合于 LAM 数字资源的融合展示服务方法。具体的 LAM 数字资源项目应该灵活运用，可以采用与其相适应的一些展示方式，使用户能够获得更好的 LAM 数字资源展示服务融合。

4.1.3 LAM 数字资源的个性化服务融合方式

网络技术的发展以及信息时代的到来使用户的个性化需求日益强烈，个性化的信息服务方式也在不断发展。传统信息的资源组织方式与方法越来越不能满足个性化服务的要求，也越来越不适应网络时代对信息资源组织的要求。因此，LAM 数字化服务融合模式应该包括一些常见的个性化服务方式。

本篇主要从如下几方面探讨基于 LAM 数字资源的个性化服务方式：

第一，个人 LAM 数字资源收藏。

个人 LAM 数字资源收藏主要是指用户可以根据自己的兴趣爱好任意选择 LAM 数字资源，建立个性化的 LAM 数字资源收藏夹。用户需要通过自己的账户登录，在浏览资源时可以任意选择所喜爱的资源并点击收藏按钮，该资源便被收藏到个人的收藏夹中。比如在谷歌艺术计划中，用户可以将自己感兴趣的资源收集到"我的艺术馆"中，如果"我的艺术馆"设置为公开状态，其他用户便可以浏览这些公开状态下的资源集。对于 LAM 数字资源的个人收藏夹也应该采取同样的策略。用户可以设置个人收藏夹的权限，当收藏夹设置为公开状态时其他用户可以访问这些公开的个人 LAM 数字资源收藏夹。不过个人 LAM 数字资源收藏夹存在以下两个问题：1）个人 LAM 数字资源收藏夹数量巨大本身就构成了一个庞大的资源集，比如谷歌艺术计划项目个人收藏夹在本论文写作之时就已经达到两万多个，而且还处于不断的增长过程之中，因此同样需要对 LAM 数字资源个人收藏夹进行管理；2）每个收藏夹下的资源也需要进行分类组织，所以应该允许用户构建自己的分类体系，形成个性化的树形资源组织框架。LAM 数字资源个人收藏夹可以通过采用如下方法解决问题：首先，可以按照用户名的字母顺序组织众多的个人收藏夹，形成个人收藏夹的检索目录。当用户点击某用户名时则链接到该用户的个人收藏夹;其次,对于某一具体的个人收藏夹,允许用户按照树形方式组织自己收藏的资源,用户可以自由地编辑资源组织的树形结构。用户的 LAM 数字资源个性化收藏模式如图 4-14 所示:

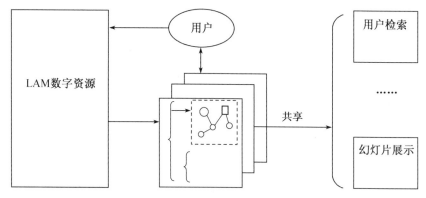

图 4-14　基于 LAM 数字资源的个性化收藏模式

因为很多 LAM 数字资源用户具有很高的知识水平,他们经常围绕某一主题进行个人 LAM 数字资源的收藏,所以这些个人收藏夹具有很高的学术价值。其他用户可以按照用户名查找这些收藏夹并选择相应的展示方式(比如幻灯片浏览方式等)。另外,如果采用基于用户协同编辑关联表的 LAM 数字资源组织方法,那么用户可以基于某一主题构建知识元网络,并将相应资源收藏到个人收藏夹中。

第二,基于 LAM 数字资源的信息融合推送服务。

信息推送服务是指针对用户的信息需求通过数据库和互联网检索到符合用户需求的信息,然后通过一定的方式将相应的资源发送到用户手中。目前,许多信息服务机构都推出了诸如个性化频道定制、个人智能化搜索代理等信息服务融合[1]。

信息融合推送服务一般分为两大类:一类是系统或人工根据用户订制的个性化需求进行针对性检索,定期将这种需求有关的相关信息推送给用户;另一类则由智能软件以“网络广播”的方式将信息发布到服务器端的“信息频道”,供用户选择和预订。LAM 数字资源项目可以根据具体的情况采用不同的策略。

LAM 数字资源的深度关联与共享也为个性化服务带来了新的契机,能够带来新的信息推送服务内容,比如前文提到的用户收藏的知识元网络被其他用户扩充时便可以将这一信息及时推送给用户,那么该用户便可以了解到新添加的资源。本篇认为基于 LAM 数字资源的信息推送服务可以采用以下模式,如图 4-15 所示。

如图 4-15 所示,基于 LAM 数字资源的信息推送服务的过程为:首先将用户提交的一些个人需求信息以及个人的兴趣爱好等信息保存到用户的 Profile 中。然后信息检索模块根据用户的个性化需求对 LAM 数字资源集进行检索,并将信息检索的结果发送给信息过滤模块。信息过滤模块的主要功能是计算检索到的资源与用户需求间的匹配度,如果两者的相似度小于阈值则丢弃该检索结果,符合要求的检索结果将被推送,用户接口负责与检索结果与用户间的交互。另外用户接口还负责用户的注册、登录等功能,并通过用户反馈模块完善用户个人兴趣模型。反馈模型完善个人兴趣建模的方式如图4-15中虚线框所示,比如通过对用户的日志进行挖掘以抽取用户的行为模式等。LAM 数字资源的检索模块还应该具有监听功能,比如当系统增加资源时,检索模块能够监听到这种变化,能够将新的资源根据用户的兴趣爱好以及需求推送给相应的用户。另外对于 LAM 数字资源来说如果采用基于用户协同关联表的方法,那么当用户关注某一知识元时,如果这个知识元网络被其他用户编辑而发生变化,比如该

①　张晓林,袁莉.基于 Web 的个性化信息服务机制[J].现代图书情报技术,2001(1):25-29.

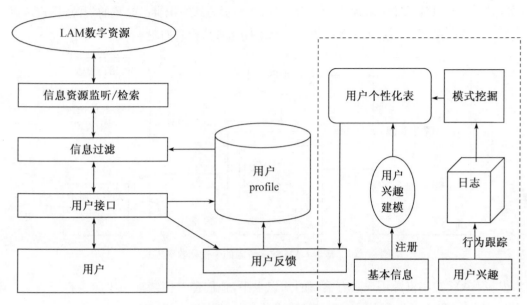

图 4 - 15　基于 LAM 数字资源的信息推送服务

知识元网络得到了进一步扩展的话，那么信息检索模块应该能监听到这种变化并将这些变化信息推送给对该知识元感兴趣的用户。

第三，LAM 数字资源的订阅服务。

LAM 数字资源的订阅服务是指用户按照个性化需求偏好、兴趣以及习惯等订制信息资源的服务方式。目前很多图书馆、档案馆、博物馆合作项目提供 RSS 服务。RSS 是基于 XML 技术的互联网内容发布和集成技术，是一种描述新闻或其他 web 内容的方式，通过"Feed（提要）"将信息从在线信息发布者传递到 Web 用户面前，用户通常通过 RSS 阅读器来订阅多个站点的新闻或 BLOG[①]。对于 LAM 数字化服务融合来说，系统可以提供信息订阅服务，用户不仅可以订阅感兴趣的 LAM 数字资源，还可以订阅知识元，当知识元网络发生变化时，系统可以把相关信息推送给用户。

第四，LAM 数字资源特色专题知识库。

特色知识库是具有资源特色、组织特色、风格特色以及服务特色的行业数据库和机构自建数据库，它一般按照使用的目的创建知识体系，可以将特色库看作一种知识的创新过程，在知识服务上特色库要比普通的数据库更具效率[②]。LAM 数字资源的统一组织为其特色库建设提供了良好的基础，尤其是基于用户协同编辑关联表的方法使得不同类型不同馆藏的资源能够根据某一主题结合在一起。特别是辅以前文提到的 LAM 数字资源多维展示模式，使得构建某一主题的特色知识库变得更为方便。LAM 数字资源特色知识库很有可能成为开展 LAM 数字资源知识服务的基础。

第五，LAM 数字资源呼叫中心服务。

呼叫中心能够提供一对一的用户服务，它是指利用现代通信与计算机技术，如 IVR（交互式语音呼叫中心流程图应答系统）、ACD（自动呼叫分配系统）等，可以自动灵活地处理大量不同的电话呼入和呼出业务及服务的运营操作场所。呼叫中心也被应用于图书馆领域，比如我国的一些高校图书馆已经提供了呼叫中心服务，如上海交通大学图书馆、西安交通大学等。LAM 数字化服务融合可以开展呼叫中心服务，咨询馆员可以通过呼叫中心系统向用户提供实时的咨询服务。

---

① 王正元. 基于 RSS 的数据库资源信息推送服务［J］. 农业图书情报学刊，2007（7）：36 - 39.
② 靳红，程宏. 知识管理与知识服务的实践探索——特色专题知识库建设［J］. 现代情报，2004（5）：119 - 120.

4.1.4　LAM 数字资源的其他服务融合方式

在具体的 LAM 数字资源合作项目中,根据项目自身特点发展出了一些独具特色的服务方式。这些具体服务方式有如下几种:

第一,网页语音朗读服务。

世界数字图书馆(World Digital Library)项目是典型的 LAM 数字资源合作项目。该项目网站设计非常简洁美观,用户能够方便地获取所需资源而并不需要繁琐的中间步骤。当用户检索到某条资源时,系统首先打开资源的相关信息界面,该页面主要展示资源的预览图以及相关元数据信息,比如资源的标题、机构、日期以及语种等。如图 4-16 所示。

如图 4-16 所示,该页面是用户浏览具体资源时的过渡页面,它主要负责展示资源的相关信息。比较有特色的是在该页面的右上角提供了网页文字的语音朗读服务。该语音播放器采用了 ReadSpeaker 公司提供的在线文本朗读技术。用户通过点击"听此页"按钮便可以听到朗读该页文本的语音,用户还可以通过快进按钮随意调整朗读的进度。ReadSpeaker 还提供了一些高级设置选项,比如可以选择是否高亮显示正被朗读的句子,高亮度显示的文字颜色、语速以及是否自动滚屏等。另外网页朗读语音的 mp3 格式文件允许用户下载。

第二,谷歌艺术计划的艺术品对比研究服务。

图 4-16　世界数字图书馆资源相关信息展示界面(部分)

谷歌艺术计划存储的主要信息资源为高品质的图片,该项目利用谷歌街景技术对博物馆的内部实景进行拍摄,并且以超高像素拍馆内历史名画,供全球用户欣赏。为了让用户更好地研究艺术作品,谷歌艺术计划为用户提供了艺术品对比浏览服务,如图 4-17 所示。

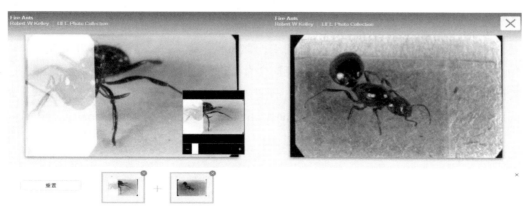

图 4-17　谷歌艺术计划的图片对比服务

　　如上图 4－17 所示，谷歌艺术计划的图片对比浏览工具在页面最下方提供了两个虚线框窗口。当浏览某一作品过程中点击对比按钮，正被浏览的图片的缩略图将出现在下方的第一个虚线框中。查找到要进行比较的第二幅作品后可以按照同样的方式进行操作，该作品的缩略图显示在第二个虚线框中。点击左侧的对比浏览按钮后，两幅被选中的图片会同时展现在主窗口中供用户进行对比浏览。鼠标悬停在图片上时会自动弹出放大缩小按钮供用户操作相关图片，以帮助用户浏览图片的细节。

　　第三，与社会网络的交互。

　　图书馆、档案馆以及博物馆等文化机构在 Web2.0 信息环境下，不应该像过去一样等待用户主动上门，而是应该主动走到用户之中，扩大自身影响力，也扩展自己的服务对象群体。从 2009 年到 2010 年，由五个国家的成员组成的 RLG 社交元数据工作组研究了图书馆、档案馆以及博物馆相关的 70 多个网站，考察了这些网站的社会交互媒体功能，如标注、评价、浏览、排序以及推荐等。考察结果表明，在现代信息环境下，主动深入网络社区与用户互动，才是形成长期活力的可行之策①。

　　现在很多 LAM 数字资源合作项目都提供了社交网络工具接口，用户通过这些社交网络工具可以从单纯的信息使用者的角色向内容生成者的角色转变。通过社交网络工具，用户可以与世界各地的人们分享文字、图像、影音、链接、文件等。LAM 数字资源合作项目只有借助社交媒体具有的创造、分享、交流等功能，才能使其与传统屏幕媒体和网站相比，具有较好的传播速度、传播广度以及影响力，另外还可以强化品牌认同，增加自身的曝光度等。比如谷歌艺术计划中，当用户浏览某一资源时点击下方的分享按钮，可以打开不同的社交网络工具接口，如图 4－18 所示。

图 4－18　谷歌艺术计划的社交网络工具接口

　　如上图 4－18 所示，谷歌艺术计划包括多种社交网络工具接口。比如用户通过点击图 7－25 中的微博图标，便可以将正在浏览的资源通过自己的微博账户与好友分享。用户还可以选择其他社交网络工具，比如人人网、QQ 空间等。社交网络工具的出现，能够为图书馆、档案馆和博物馆提供一种新的营销和推广的渠道，它能够使 LAM 数字资源延伸到新的用户，也有助于建立忠实的用户群体。

　　第四，Q&A。

　　问答服务，为用户解决各种知识难题发挥了重要作用。问答系统自产生到现在经历了两个阶段：第一阶段主要是搜索问答模式，以信息为主；第二阶段强调以人为主，以即时通信和 SNS 为基础，辅之以搜索互动问答②。目前很多 LAM 数字资源项目都含有问答服务，其主要方式是用户通过电子邮件或者在线的方式提交问题，然后由专业的馆员对问题进行解答，并将答案返回给用户。例如，美国记忆项目的问答服务为用户提供了便捷的问答接口，用户点击"Ask a Librarian Home"便可进入问答界面。首先系统要求用户选择所提问题的主题领域，如图 4－19 所示。

　　当用户选择具体的主题类目后，打开的新界面会直接告诉这个主题系统能够提供什么服务，用户可以直接看到其中提供的服务内容。用户还可以查看那些经常被用户提问的问题以及答案。页面下方是三种提问题的方式，包括：Ask a Librarian Online、Contact us by Fax、Written Correspondence，用户点

　　① Smith-Yoshimura K. Social Metadata for Libraries, Archives, and Museums[C]. Presentation, DLF Fall Forum, Palo Alto, California. 2010.

　　② 刘高勇，邓胜利. 社交问答服务的演变与发展研究[J]. 图书馆论坛，2013，33（1）：17－21.

图 4 - 19 美国记忆问答服务界面

击相应图标便可进入相应的问题输入界面,系统承诺一般在 5 个工作日内对用户的问题进行答复。

问答服务是帮助用户解决使用 LAM 数字资源时所遇到困难的重要手段,也是图书馆、博物馆以及档案馆馆员与用户交流的重要渠道。对于 LAM 数字资源项目来说问答服务给图书馆、博物馆以及档案馆馆员提出了新的要求,馆员不仅要了解本馆资源还应该对其他馆藏资源有所了解,彼此相互合作才能够更好地应对用户在使用 LAM 数字资源时遇到的困难。

第五,论坛。

论坛是用户之间相互自由交流的空间,用户在网络论坛中可以共同探讨问题以及彼此交流信息与心得。对于 LAM 数字资源合作项目来说,论坛有助于用户之间形成不同的兴趣小组,不同用户可以在小组中进行自由讨论,也可以交流一些资源比如软件、文档以及邮件等,系统可以在论坛上张贴新闻通知等。对于 LAM 数字化服务融合来说,其用户群体很大一部分具有很高的文化素养,如果能够让他们自由交流则非常有助于知识的交流,用户的真知灼见对于 LAM 数字资源合作项目来说将会具有很高的借鉴价值,可以借助用户的智慧改进服务方式提升服务水平。用户之间通过双向互动可以扩大人际网络,这种自由的交流环境会给 LAM 数字资源合作项目带来新的活力。

4.2 LAM 数字化服务融合的创新服务

4.2.1 基于 LAM 数字资源的参考咨询

图书馆领域内的学者认为参考咨询是由"社会(用户)、图书馆(咨询馆员)、文献信息源"构成的信息交流系统[1]。参考咨询是比较传统的一种服务方式,在我国参考咨询服务已经有一百多年的发展历史,其所涉及的各个元素都发生了很大的变化,比如信息源、服务手段以及服务内容等都有很大程度的发展,目前数字参考咨询渐渐成了咨询服务的主要方式。对于 LAM 数字资源来说,数字参考咨询服务作为知识服务的基本手段具有十分重要的意义,主要表现在:

第一,网络技术的发展使用户能够方便地获取所需要的信息,但是在信息的海洋中找到真正所需的信息资源并非易事。对于 LAM 数字资源来说,用户所需要的信息或者知识往往散存于不同类型的数字资源之中,因而用户很难找到真正需要的信息资源,也很难直接找到所需要的知识。基于 LAM 数字资源的数字参考咨询服务具有十分重要的作用,它需要参与合作的馆员能够打破原有的馆藏限制熟练

---

① 詹德优. 20 世纪中国参考咨询服务:发展历程,成就与局限[J]. 高校图书馆工作,2000,20(1):1-7.

掌握 LAM 数字资源体系,并通过网络回答用户在资源检索以及使用等环节遇到的问题。

第二,在探讨 LAM 数字化服务融合模式的原则时,以用户为中心是 LAM 数字资源服务的重要理念,而数字参考咨询服务是以用户为中心的重要体现。从数字参考咨询发展历程上来看,突出以用户为中心的服务理念,个性化参考咨询服务是数字参考咨询服务发展的主要方向。

第三,LAM 数字资源参考咨询服务能够突破传统参考咨询服务的局限。传统参考咨询服务容易受到时空的限制。而数字参考能够实现全天候的服务,用户不管在任何时间地点只要能连接到网络便可以进行相关问题的咨询。

数字参考咨询的形式比传统参考咨询丰富得多,比如前文提到的 FAQ(Frequently Asked Questions)、实时交互式服务 IRS(Interactive Reference Service)、合作数字参考咨询服务等。对于基于 LAM 数字资源的参考咨询服务来说,通过知识网络进行数字资源参考咨询服务融合可作为其首选。因为 LAM 数字资源虽然处在不同的文化机构,但它们在之间是由通信网络互联的,一旦需要图书馆、博物馆以及档案馆相互协调与配合,三者需要在资源上进行互通以及"人"方面进行合作完成网络环境下的数字资源的服务融合,如图 4-20 所示①。

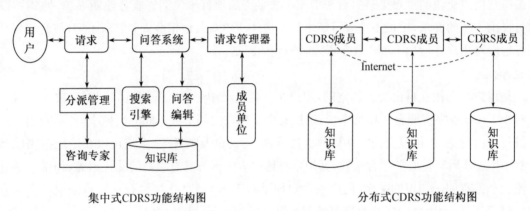

集中式CDRS功能结构图　　　　　　分布式CDRS功能结构图

图 4-20　合作数字资源参考模式

集中式合作数字资源包括一些具体的方式,比如传统参考咨询与网络参考咨询合作互补、中心馆与各成员馆之间合作信息咨询、联机在线合作咨询等。而分布式主要包括不同机构合作信息咨询、网上专家合作咨询系统、基于 Web 的联合表单咨询、网上实时合作咨询、远程视频虚拟合作咨询模式等。对于 LAM 数字资源合作项目来说,可以根据不同文化机构间的合作程度选择不同的服务方式。目前,图书馆、档案馆、博物馆因为在资源、场馆以及制度方面的融合上还处于较低的层次,因而本篇认为在目前的情况下采用分布式的 LAM 合作数字资源参考服务比较合适。

在图书馆界,合作数字参考咨询服务在理论上以及实践上都取得了很多成果,因而基于 LAM 数字资源的合作数字参考咨询服务可以借鉴其成功经验。在功能上,参与 LAM 合作项目的图书馆、博物馆以及档案馆拥有各自的问答系统以及问答知识库,通过网络不同的成员馆之间能够进行音频、视频等实时交互,以合作提供参考咨询服务。用户可以通过 DRS 合作中心提出自己的问题,中心可以通过不同成员馆的专家以及馆员为用户提供最好的答案。以 DRS 合作中心为中介实现 LAM 数字资源、专家资源的服务共享。根据 LAM 数字资源合作的范围,可以采用不同的等级管理模式,对于大型的 LAM 数字资源合作项目可以采用三级合作机构管理模式,而中小型的 LAM 数字资源合作项目可以采用两级合作机构管理模式。基于 LAM 数字资源的合作咨询参考服务模式如图 4-21 所示。

① 柯平. 信息咨询学[EB/OL]. [2014-02-02]. http://wenku. baidu. com/view/e4ea74bec77da26925c5b02b. html.

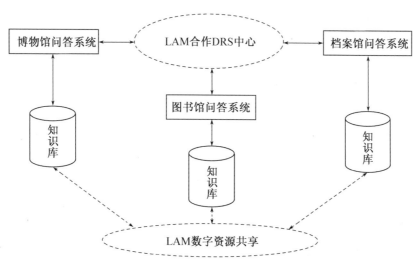

图 4 - 21　基于 LAM 数字资源的合作咨询参考服务模式

如图 4 - 21 所示,LAM 数字资源 DRS 中心主要负责控制以及协调内部各成员馆的数字参考咨询和知识库。DRS 中心可以由参与合作的某一机构负责,比如在数字参考咨询方面开展比较成熟的成员馆。成员馆负责自身的参考咨询服务,另外也要相互合作充分利用自身的特色馆藏实现参考咨询的合作。

虽然在模式上基于 LAM 数字资源的分布式合作数字参考咨询与现有的图书馆合作参考咨询服务没有太大的区别,但是以如此复杂的图书馆、博物馆以及档案馆的共享资源集作为基础,给分布式合作数字参考咨询服务带来了新的困难和挑战。

基于 LAM 数字资源的分布式合作数字参考咨询服务,主要包括如下一些特点:第一,基于 LAM 数字资源的合作数字参考咨询服务为相关的咨询馆员以及专家提出了新的挑战。主要表现在图书馆、档案馆、博物馆三者的合作使馆员面对不同形式和内容的资源,以这些资源为基础提供服务需要相应的馆员与专家拓展自身的知识结构,不仅要熟练掌握本馆资源的情况还要对参与合作的其他馆的资源有一定的了解。然而这些资源在内容以及外在特征上都存在很大差异,比如博物馆的数字资源不仅具有知识价值还具有艺术、文物以及历史价值,其他馆员需要具有相关的知识才能够对其进行深入了解,才能够为用户提供更好的数字资源参考服务。另外,图书馆、博物馆以及档案馆的参考馆员之间需要加强合作,相互交流经验,或者通过相关的培训课程拓展参考馆员的知识结构。第二,基于 LAM 数字资源的合作数字参考咨询服务,可以充分利用前文探讨的 LAM 数字资源组织方法构建各自的知识库。LAM 数字资源统一组织从不同层面建立了资源间的联系,特别是基于用户协同编辑关联表的模式注重资源内部知识元之间的联系,因而可以充分利用这些组织方法构建自身的知识库,并基于这些知识库提供更好的参考咨询服务。第三,基于 LAM 数字资源的合作数字参考咨询服务将会面临更复杂的用户提问,用户的问题将更为多样。因此应该合理地对这些问题进行分类并针对这些类目积极开展新的服务类别,使服务的种类以及方式更为灵活多样。

基于 LAM 数字资源的合作数字参考咨询,在开展具体的服务过程中应该注意以下几点:

第一,要充分利用图书馆、档案馆以及博物馆的资源,使三馆的数字资源能够有机地结合,通过网络联系在一起形成优势互补,从而从多个角度帮助用户解决问题,为用户提供多样化的、多维度的、多层次的数字参考咨询服务。

第二,要注重挖掘图书馆、档案馆以及博物馆资源中的知识,这是比较困难的任务。可以建设一些有针对性的微型知识库。

第三,应该为 LAM 数字资源的合作数字参考咨询服务制定相关的规章、制度,使其流程以及业务更加正规。开展合作数字参考咨询服务需要三馆协作，共同构建相关的业务流程标准，使三者工作能够有条不紊地进行，最终发挥三馆合作所带来的优势。

第四，注重用户对服务效果的反馈，构建良好的反馈机制。不同的成员馆也要建立自己的反馈机制，可以指派专门人员，对用户的反馈数据进行分析和整理，以进一步提高合作数字参考咨询服务的质量。

最后，对于 LAM 数字化服务融合模式来说，它以 LAM 数字资源作为服务的基础。在这种服务方式的视野中，LAM 数字资源不是独立分割的单位而是一个有机的整体，它以 LAM 资源的无缝连接作为服务的前提，并且充分结合咨询馆员以及专家用户等头脑中的智力资源，为用户提供更具有知识含量的服务。所以，基于 LAM 数字资源的合作数字参考咨询服务不仅具有较高的知识含量，而且还能够提供多样化的服务方式，它使得图书馆、博物馆以及档案馆的知识资源与智力资源提供用户一定的服务融合，达到 1+1+1 大于 3 的效果。

4.2.2 基于 LAM 数字资源的专题服务

专题服务是专题检索服务的简称，是指针对用户所委托的课题进行检索，以书目、索引、文摘、全文、汇编等形式作为检索结果提供给用户的一种服务类型。可见，专题服务是针对用户需求的某一主题而进行的一种检索服务，对于检索结果并不需要进行过多编辑，服务的重点在于针对某一主题的查全率和查准率。同理，基于 LAM 数字资源的专题服务，是针对用户需要的主题，对 LAM 数字资源集进行检索，将检索结果简单编辑并返回给用户，应该注重检索结果的查全率和查准率。在此基础上还可以对某一主题进行跟踪，定期或不定期地进行检索，向用户提供关于某一主题的最新检索结果，向用户提供更及时的检索服务。

基于 LAM 数字资源的专题检索服务包括用户、资源以及馆员等因素，它们之间的关系如图 4-22 所示。

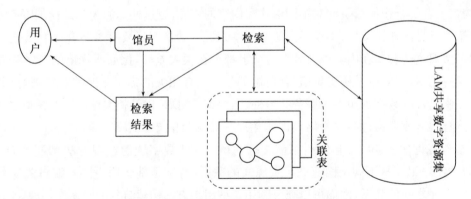

图 4-22　基于 LAM 数字资源的专题服务

图 4-22 反映了基于 LAM 数字资源专题服务的模式以及过程。用户首先需要向馆员提供所需的主题，馆员根据主题进行检索然后对检索结果进行简单编辑比如汇总等操作，再将处理后的检索结果返回给用户。不过对于 LAM 数字资源来说，馆员可以对用户提供的专题进行两方面的检索：第一，主要针对 LAM 数字资源的检索。这是目前图书馆界最常用检索方式，也就是说检索返回的结果是 LAM 数字资源的基本单位，比如一本书、一幅画或者一份档案文件。

LAM 数字资源构成了有机的、复杂的资源集，相对于图书馆的传统专题服务来说，基于 LAM 数字资源的专题服务将会面临很多问题。首先是资源的检全率问题，其次 LAM 数字资源包含复杂的资源形式，不仅包含文献型数字资源还包括丰富的图形图像型资源以及音视频数字资源等。

为了更好地提供基于 LAM 数字资源的专题服务，本篇认为可以从以下几方面着手：

第一,对用户所需要的专题要采取主动出击的策略。所谓主动出击的策略是指相关馆员不要被动地等待用户提供的专题委托,而是应该主动出击帮助用户明确所需的相关专题,并提前为检索做好准备。有些情况下,用户并不能明确自己的检索目标,甚至对相关的主题也并不了解,因而主动的专题服务会对用户有很大的帮助。采用主动出击的策略能够帮助用户明确检索目标,并提升专题服务的质量,有助于提高用户的满意度。

第二,馆员在对某一主题相关资源的检索过程中,应该充分注意资源的关联表和整体 LAM 数字资源集间的配合。将基于两者的检索结果结合起来,使两者的检索结果能够实现互补,尽量保证资源的检全率。另外,还可以对检索结果进行一定的手工筛选,以提高资源的检准率。

第三,对于某一主题的检索结果,可以让图书馆、档案馆以及博物馆三馆的相关馆员共同审定,LAM 三馆的相关馆员一起对检索结果进行评价,如果检索结果达到要求则返回给用户,如果达不到要求则重新制定检索策略再次检索,直到得到满意的检索结果。

第四,对于检索结果还要进行一些简单操作,比如根据结果制定相应的汇编等。如果为用户提供进一步的专题服务,不应该提供一个简单的资源集合。而需要对检索结果进一步加工,这些深加工手段包括统计、整理、分析、综合等,将检索到的资源加工为具有一定深度的信息或知识产品再返回给用户。

第五,要注重用户的反馈,根据用户的反馈信息及时调整专题服务融合的方法、方式以及策略,实践中逐步完善基于 LAM 数字资源的专题检索服务融合。

4.2.3 基于 LAM 数字资源的学科服务

目前,不仅仅图书馆领域开展了学科服务,一些 LAM 数字资源合作项目也开展了学科服务,比较有代表的就是美国记忆项目专门为老师开展的一些学科化服务,如图 4 - 23 所示①。

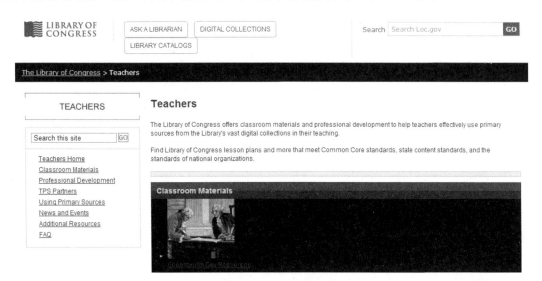

图 4 - 23 美国记忆项目为老师提供的学科服务

如图 4 - 23 所示,美国记忆为学生课堂提供了大量的数字资源,并进行合理分类以帮助老师在课堂上方便地使用这些资源。例如,图 4 - 23 中的"Constitution Day Resources"类目下,提供了大量关于美国宪法的资源。在此类目下又对资源进行了具体细分,不仅提供了美国宪法在历史发展过程中不同版本,还提供了相关博客、课程计划等,这种数字资源管理方法极大地方便了老师的教学工作。另外,美国

---

① Teachers[EB/OL]. [2013 - 02 - 05]. http://www.loc.gov/teachers/.

记忆的学科服务还是教师间相互交流的平台,老师们可以通过该系统共享自己的教学材料、实现资源共享、丰富自己的社会关系等。

学科服务能够很好地体现了"以用户为中心"的理念。对于 LAM 数字资源合作项目来说,其资源的学术性以及权威性等特征使其成了学科服务的天然原料,因而学科服务是发挥 LAM 数字资源价值以及提升项目影响力的重要渠道。本质上讲,基于 LAM 数字资源的学科服务针对具体的学科,建立以学科为中心的多种 LAM 数字资源整合与共享、多种载体共存、强化学科特征的知识服务融合平台,旨在帮助教学机构高效、广泛地利用数字化手段开展教育工作。并依托学科馆员,提升用户的知识水平。因此,从如下几方面入手,以提升基于 LAM 数字资源的学科服务融合水平:第一,为教师提供日常教学、学习、研究等所需要的 LAM 数字资源,并充分注重图书馆、档案馆、博物馆资源之间的有机结合,充分调动不同形式的数字资源,增强资源的学科性以及品质;第二,将零散的 LAM 数字资源按多种不同类别进行梳理,加以分类,关联在相应的类别里,尽量做到"专"与"全",从多个维度,以多种样式向用户展示丰富的 LAM 数字资源;第三,积极促进教师以及学生之间的交流,为老师和学生提供一个学习和交流的平台,达到利用无所不在的信息环境、教学和研究成果的管理、分享和再创新。

在学科服务模式的研究上有很多可借鉴的成果,比如刘颖从社会网络的角度提出了嵌入式学科服务创新模式[1],曹学艳提出了基于结构洞理论的学科服务模式[2],对于 LAM 数字资源合作项目来说,应该以相对成熟的学科服务模式为基础,并且应该充分关注 LAM 数字资源合作对学科服务模式的影响,构建与项目自身相适合的学科服务模式,本篇构建的基于 LAM 数字资源的学科服务模式如图 4-24 所示。

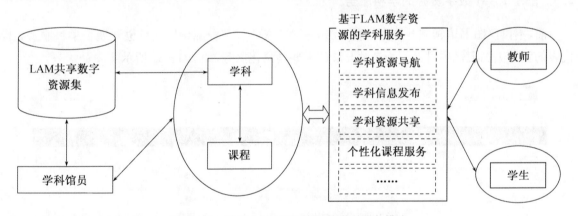

图 4-24　基于 LAM 数字资源的学科服务模式

从图 4-24 中可以看出,基于 LAM 数字资源的学科服务并不是一种单一的服务方式,它由一些具体的服务方式构成,但这些服务方式的目标却只有一个,那就是围绕着学科以及课程为教师和学生提供服务融合,该服务模式的重要基础就是 LAM 数字资源。对于 LAM 数字资源合作项目来说,开展学科服务的主体可以来源于不同的文化机构,比如图书馆、博物馆以及档案馆,通过三者之间的合作打造结构完善的学科馆员团队。学科馆员是开展基于 LAM 数字资源的学科服务的主体,他们最主要的职责就是基于学科或者课程合理组织 LAM 数字资源,对其进行仔细筛选,建立与之相符的资源具体类目,以为具体的学科或者课程提供支持。LAM 数字资源内容丰富,且形式多样,学科馆员可以根据自身的专业知识并结合前文提到的检索方法筛选出所需要的资源并合理地组织在一起,向教师以及学生提供获取所需资源的便捷途径,为学科以及具体课程打造最真实和丰富的信息资源环境。基于 LAM 数字

① 刘颖.嵌入式学科服务创新模式研究[J].图书情报工作,2012(1):18-22.
② 曹学艳.基于结构洞视角的学科服务模式研究[J].图书情报工作,2012,56(15):37-41.

资源的学科服务包含很多具体的服务方式,这些服务方式是教师以及学生与 LAM 数字资源的接口,学科服务所包含的具体服务方式有很多,具体的合作项目可以根据自身特点进行方式上的创新。总体而言,学科服务一般应该包含下面一些基本的服务方式:学科资源导航、学科资源共享、个性化课程服务。LAM 数字资源因为其本身具有的内容特征,使得它在人类的知识以及文化中体现出很高的学术性、权威性、客观性以及知识性,这使得它与学科服务融合之间存在着必然联系。这些资源能够使教学以及科研变得更加形象与生动。基于 LAM 数字资源的学科服务可以通过形式丰富的、多维度、多角度的资源展示带给学生以真切而生动的学习体验。对于 LAM 数字资源本身来说也会使自身的价值得到更好发挥。

上文探讨了 LAM 数字化服务融合模式第二层包含的一些相对具体的服务方式,对本层中其他的一些服务方式不再一一探讨。

4.2.4　基于 LAM 数字资源的服务形式创新

图书馆、档案馆、博物馆数字资源的融合带来了巨大的机遇,也带来了巨大的挑战。首先,LAM 数字资源的共享使得传统服务方式不得不进行调整,以提供更为完善的服务。另外,LAM 数字资源作为一个有机整体为服务方式的创新提供了基础,因此需要开拓新的服务方式以更好地发挥资源本身的内在价值。新的服务形式需要充分利用文化资源的内在语义关联,并充分挖掘三馆馆员以及相关领域专家学者头脑中的隐性知识,向用户提供优质的更具创新性的服务。本篇设想了几种服务形式:

第一,基于主题的专家讲座:充分利用 LAM 三馆数字资源,并聘请相关的领域专家就某一主题开展专家讲座,并将视频上传到网络,用户可在线观看,或者邀请领域内的学者开展网络公开课等。开展这种类型的专家讲座或者公开课要充分重视 LAM 数字资源的应用,不要一味地强调知识灌输,而是合理利用这些资源带给用户丰富的知识体验,专家应该像导游一样通过对不同资源的浏览使用户在轻松愉悦的心情中获得知识以及文化的熏陶。

第二,LAM 馆员加强协作,可以就某一主题进行再创造。很显然 LAM 数字资源相关的合作项目在资源的拥有情况上具有得天独厚的优势,比如充分发掘三馆信息资源就某一主题深入研究,那么可以将研究过程和结果拍摄成纪录片,并通过有偿或者无偿的方式提供给用户,有助于丰富用户的知识结构,提升文化素养。另外,有偿的服务方式也可为 LAM 数字资源合作项目带来经济上的收益。

第三,将 LAM 数字资源整合在一起,为用户提供虚拟游览。数字资源能够摆脱时空限制,将不同物理位置或不同馆的资源集在一起,并通过资源的再组织以提供资源虚拟浏览服务,类似目前网络上的虚拟博物馆等。

以上几节分别探讨了 LAM 数字化服务融合的不同层次中所包含的一些基本服务方式,其中第一层是另两个层次的基础,而后两个层次是基础服务的深化与升华。然而本篇无法一一探讨基于 LAM 数字资源的全部服务方式,因为具体服务方式的开展不仅与资源的特征有关还与具体项目的目标相关,而且服务方式也会被不断创新。本章的前两节探讨了 LAM 数字化服务融合模式中的一些基本服务方式,这些服务方式都是以 LAM 数字资源为基础的,这是本篇关注的重点。另外,在现实生活中,人们往往将数字资源和实体资源结合起来共同支持用户的参观游览等服务。在这方面博物馆最具代表性,这种 LAM 数字资源与实体相互协同的服务方式也占有很重要的地位。

4.3　LAM 数字资源与实体资源相互协同的服务融合方式

本篇以观众的实际参观顺序为逻辑,探讨相关环节中涉及的 LAM 数字资源与实体资源相协同的服务方式。

4.3.1 数字信息技术在馆藏资源参观导览服务中的融合应用

有些 LAM 数字资源合作项目十分注重提供实体馆的参观导览信息，最具代表性的是 MICHAEL（Multilingual Inventory of Cultural Heritage in Europe）项目，目前参与该项目的合作国家包括：法国、意大利、英国以及 MICHAEL 等十多个国家级项目拥有数字化馆藏四万两千多件，并对这些资源进行分类，其具体大类仅包括：Subject、Coverage、Period、Location 等。MICHAEL 项目并不十分注重提供 LAM 数字资源本身，而是提供资源的具体馆藏信息，比如用户可以通过其提供的信息了解某一藏品所属的文化机构以及对其参观游览的一些基本信息等，如该馆的具体地理位置、乘车路线等。

另外一种数字资源和实体资源协同的服务方式是基于社会网络工具的语音解说服务。目前很多博物馆不仅提供导游设备，还提供方便的基于社交工具的语音导览服务。观众参观博物馆时，经常可以见到某一博物馆的二维码标识，观众可以通过扫描该馆的二维码添加对本馆的关注。

目前国内有很多博物馆提供了基于二维码的信息服务，比如微信解说服务等，观众通过扫描二维码便可添加对该博物馆的关注。添加关注后，便可以通过与博物馆微信服务平台的互动获取所需的信息了。例如，国家博物馆、天津博物馆等展出的部分藏品附有微信服务编码，如天津博物馆的"中国古代玉器陈列"展厅中，有一件藏品为宋代的"白玉飞天"，藏品介绍中提供了其微信服务编码为"0320"，观众通过手机微信将该代码发送至天津博物馆的微信服务平台后，便会收到系统介绍白玉飞天的语音短信，比如藏品背后的历史文化信息等。二维码也有其他的使用方式，比如南京博物院等为展品提供了二维码服务。用户社交网络工具以及智能手机在博物馆参观游览中应用得越来越广，通过这些工具能够使用户方便地获取所需信息也可以实现藏品信息的分享，不仅有益于博物馆的宣传，也有助于提升博物馆服务质量。

4.3.2 数字信息技术在馆藏资源展示服务中的融合应用

藏品的数字化展示服务是博物馆最主要的服务方式，对于博物来说至关重要。因为它是连接博物馆藏品和观众的纽带，所以博物馆注重藏品展示中数字媒体的应用，旨在通过实体藏品与数字信息技术的结合给观众带来更为生动的参观体验。博物馆在藏品的展示服务中常用的数字信息技术主要包括：

第一，通过投影技术让视频以及图像与场景模型结合起来，带给观众以真实的视觉体验。这种方式一般要搭建某一场景的现实模型，然后通过投影技术使投射出的图像或者视频与真实场景模型无缝拼接，通过两者的结合还原更为逼真的场景。另外，这种方式能够让动态的视频图像与静态的模型结合起来，使场景及人物活灵活现地展现在观众的面前。目前，很多博物馆都采用了这种展示方式，数字与实物两种类型资源的互补能够带给观众最真实的视觉体验。比如江宁织造博物馆的云锦展厅，通过这种方式还原了清代街景画面，观众不仅能看到清代真实的民居模型还能看到当时人们生活的画面，加之声音效果的配合使人感到穿越历史来到了清代的市井生活。天津博物馆的"天津人文的由来"展厅，搭建了京剧舞台的真实场景，然后通过投影技术将京剧演员的视频图像投射到场景中，使虚拟的图像和真实的场景结合起来，观众可以看到京剧演员表演的画面，能够听到戏曲的声音，有一种身临其境之感。目前这种展示方式在博物馆中越来越普遍。另外，多投影的高清画面拼接技术也被应用于博物馆的藏品展示之中，这种技术将多个投影机的画面拼接在一起，使画面更为宏大壮观。比如江宁织造博物馆的红楼梦馆，有一个环形展室，由多部投影仪将画面投射到墙壁上，不同投影机的画面无缝地拼接在一起使用户被环形的画面所包围，用户可以 360 度观看播放的视频画面。

第二，展品的 3D 展示。展品的 3D 展示包括借助设备的 3D 展示，比如通过计算机浏览展品的 3D 模型等方式，台北故宫博物院的网站上，人们可以通过"3D 虚拟文物展示系统"欣赏到"北宋汝窑胆瓶"、

"青瓷圆洗"、"青瓷莲花式温碗"、"青瓷盘"等藏品。在此系统中,可通过鼠标的移动、拖拽从各个角度查看藏品。还有一种方法就是可以裸眼观看的藏品 3D 展示,比如国家博物馆以及天津博物馆等拥有的 3D 全息显示柜,用户可以裸眼观看 3D 视频。全息展示柜是近年来在国际上兴起的一种新型展示技术,该技术可以使立体影像不借助任何屏幕或介质而直接呈现在设备中的展示区域,观众从一定角度便可以看到展品的三维展示图像。由于技术方面还未完全成熟以及设备成本等方面的原因这种展示手段应用得并不广泛。

第三,增强现实技术(Augmented Reality,简称 AR)在博物馆领域将会有广阔的应用前景。在博物馆领域增强现实技术会有多方面的应用,比如实现个性化导游,用户只需配戴相关的数字终端便可以获得完全个性化的导游服务,比如佩戴谷歌公司开发的 Google Project Glass 用户可以通过现实场景与虚拟现实屏幕中导览信息的叠加方便地参观博物馆,也可以通过该终端获取展品相关的信息,并与之进行交互等。目前已经有很多博物馆使用了增强现实技术,随着相关技术的进一步成熟增强现实技术可以使博物馆展品与数字资源完美结合,比如通过某些设备可以观看已损展品的原貌。随着增强现实技术的逐步完善其在博物馆中的应用将会越来越广。

第四,数字资源与观众之间的互动。博物馆越来越重视用户的参与性,于是数字资源与用户间的互动越来越多地出现在博物馆的藏品展示之中,而且用户和资源之间的交互方式也趋于多元化,基于体感的交互方式与基于光线以及声音的交互方式都被陆续采用。通过这些交互方式用户不仅可以操作相关的资源而且还可以参与相关的游戏之中,这不仅提高了用户的参与性还提高了参观的娱乐性。例如,天津博物馆"天津民间艺术陈列"厅门口有一个可以与用户交互的投影设备。设备将风筝的图像投射在门口的墙壁上,风筝与场馆墙壁上的图画协调为一体,当用户走近墙壁时,通过手臂在风筝线上的挥动可以将投影中的风筝放飞。通过信息技术用户在与投影图像的交互过程中,不仅感受到天津民间文化的熏陶还获得了很好的娱乐体验。

第五,博物馆还提供了其他数字化显示设备,比如用户可以通过电脑触摸屏与系统进行交互,并且可以通过终端查询和浏览本展厅的数字资源。

另外也应该允许这些观众通过智能终端登录并参与编辑资源的关联表,这样图书馆、档案馆以及博物馆便被无缝地连接在了一起,观众得到的是 LAM 数字资源以及实体资源融合在一起的服务方式,其过程如图 4-25 所示。

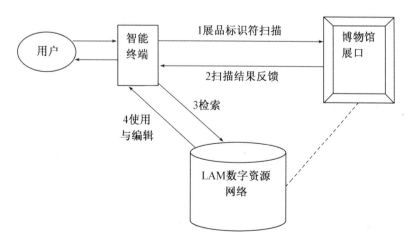

图 4-25　基于 LAM 数字资源网络的数字/实体资源协同展示服务

4.3.3 信息技术在馆藏数字资源产品服务中的融合应用

图书馆、档案馆、博物馆间的数字资源共享能够极大地方便用户对资源的使用，比如采用本篇上一节中提出的基于 LAM 数字资源与实体资源相结合的展示方式，观众在参观的过程中为了深度了解某一展品或者对某一主题产生了浓厚兴趣可能会产生借阅相关图书的需求。那么通过图书馆、博物馆以及档案馆之间的资源关联关系，应该允许有权限的用户在博物馆下载或者打印相关电子资源，以便于用户使用。所以博物馆可以开展相关服务，帮助用户方便地获取所需资源。

另外，对于博物馆来说还可以利用 3D 打印技术为观众提供服务。随着 3D 打印技术的渐渐成熟以及相关产品成本的下降，3D 打印越来越多地走进人们的生活。在日本 3D 打印机已经渐渐普及起来，3D 打印机越来越多地走入日本普通家庭。对于博物馆来说，观众在参观过程中可能会对某一展品非常感兴趣，那么博物馆可以提供 3D 打印方面的服务，比如观众支付一定的费用就可以购买该展品的 3D 打印模型，对于博物馆来说 3D 打印服务不仅能促进自身的宣传还能带来经济上的收益。

4.3.4 数字信息技术在参观评价中的融合应用

观众的参观评价是博物馆获取反馈信息的重要方法，也是改进服务质量的重要依据。为了提高观众参与评价的积极性，一些数字信息技术被应用于其中。例如，中国湿地博物馆将观众的评价过程做成了一个互动的游戏，博物馆通过投影仪将问题投射在墙壁上，观众站立的位置上标有赞同与反对等选项，针对不同的问题观众通过选择不同的站立位置便可给出评价，评价过程变成了一个有趣的游戏。另外，观众还可以通过录制视频或者拍照以及手写输入等方式留下自己的评论信息。信息技术的应用使用户参与评价的热情得以提高，对这些反馈信息的分析可以帮助博物馆改进自身的服务质量。

4.4 LAM 数字化服务融合模式构建

对于具体的 LAM 数字资源合作项目来说，其采用的 LAM 数字化服务融合模式存在很大差异，然而它们却有着共同的特点。本篇的 LAM 数字化服务融合模式旨在探索其中包含最基本服务的模式层面的融合，这些基本服务方式无疑是最重要的。前几节探讨了 LAM 数字资源合作项目所包含的一些具体信息服务模式层面的融合，比如 LAM 数字资源的融合检索以及展示等具体服务方式等。通过本篇构建的服务模式使 LAM 数字资源以一个资源有机整体的身份提供服务，从而打破原有服务模式的隔阂，向用户提供更完善的信息服务。那么 LAM 数字化服务融合的宏观模式是什么样的？具体服务方式之间又是什么样的关系呢？ LAM 数字化服务融合模式又存在哪些特点呢？这些问题的答案都需要从宏观层面审视 LAM 数字化服务融合模式。从宏观层面上看，本篇的 LAM 数字化服务融合模式包含如下一些特点：

第一，本篇构建的 LAM 数字化服务融合模式并不是孤立的，它处于一个大的逻辑因果链的末端，是在前文的研究基础上构建而成的。正是由于 LAM 数字资源在内容以及外在特征上的巨大差异才使得它们分别存放于不同的文化机构之中。资源特征上的差异是影响资源共享的最主要因素，也正是基于此本篇先探讨了 LAM 数字资源的组织策略，它们影响着 LAM 数字资源服务模式的融合。

第二，LAM 数字化服务融合模式与其组织策略之间是相辅相成的，也就是说 LAM 数字资源的统一组织是服务融合模式的基础，而其本身也需要服务融合模式的驱动。特别是基于用户协同编辑关联表的方式需要 LAM 数字资源的展示服务中为其提供便捷的接口，使用户能够方便地编辑资源之间的关联，使 LAM 数字资源有机体处于不断成长之中。

第三,LAM 数字化服务融合模式并不是图书馆、博物馆以及档案馆原有服务模式的简单合并,而是体现出了 LAM 数字资源共享之后的新内涵。从 LAM 数字化服务融合模式的视角来看,图书馆、档案馆、博物馆的资源不是独立的,它们是一个有机的文化、知识资源整体,需要创造新的服务方式以挖掘其内部的巨大价值。

第四,LAM 数字化服务融合模式不是一个松散的集合,其包含的具体服务方式之间有着深层的内在关系。从 LAM 数字资源在服务中所处的地位来看:一方面,是占主要地位的服务方式,这部分是本篇研究的重点;另一方面,LAM 数字资源能够与实体资源之间相互协同,能够带给观众全新的参观体验,本篇的研究成果同样可以应用于其中。另外,这两大类服务方式其内部仍然存在逻辑结构,比如本篇提出的服务模式的三层结构等。

由上述几点可知,本篇的 LAM 数字化服务融合模式是以资源基本特征和统一组织策略为基础的层次化的灵活的服务模式,它为具体 LAM 数字资源合作项目提供的是一种参考架构,而不是理论上的规定,与 LAM 数字资源组织策略一样它是可拆分的理论框架,也正是这一原因使得该模式具有更好的灵活性。宏观层面上看,本篇的 LAM 数字化服务融合模式可参见图 4-26 所示。

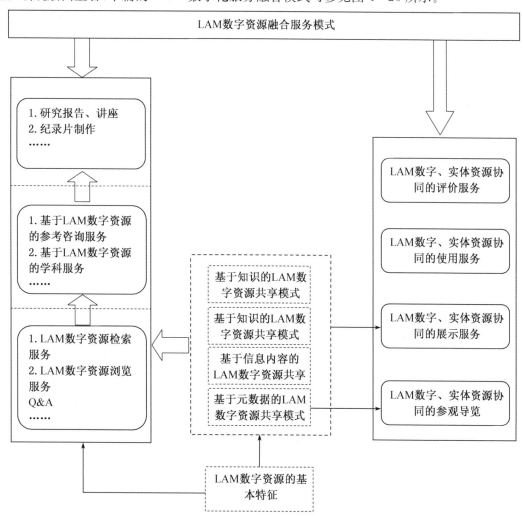

图 4-26　LAM 数字化服务融合模式

如图 4-26 所示,本篇的 LAM 数字化服务融合模式分为两大部分,这种划分方式是以服务所依赖的主体资源为依据的,即以 LAM 数字资源本身为基础的服务模式和以 LAM 数字资源与实体资源相互协同为基础的服务模式。其中,第一种服务模式是本篇研究的重点,它为图书馆、档案馆以及博物馆开展数字服务合作提供了重要的理论依据。第二种是实体图书馆、档案馆以及博物馆利用数字资源以及技术的主要方式，对实体图书馆、档案馆、博物馆的数字化建设具有可借鉴价值。

本篇构建的服务融合模式的具有如下一些优点：

第一，本篇的 LAM 数字化服务融合模式是建立在 LAM 数字资源的内容特征以及相应的资源组织策略基础上的，处在一个因果链的最终环节，也就是说它并不是孤立的而是最大可能地顾及资源及其组织方法的影响。从另一个角度来说，如果 LAM 数字资源不存在差别，那么图书馆、博物馆的资源共享以及服务也就不存在融合问题了，正是由于资源禀赋上的差异造成了三者共享以及融合上的困难，因而组织策略以及服务模式都应该以资源的这些特征性差异为出发点。

第二，本篇构建的 LAM 数字化服务融合模式涵盖了目前 LAM 数字资源合作项目的大部分功能。例如，目前的一些 LAM 数字资源合作项目提供的功能主要有检索、浏览等，按照本篇提出的层次划分方法主要位于 LAM 数字化服务融合的基础层，是最基础也是最主要的服务方式。本篇的服务融合模式不仅重点探讨了上述的基本服务方式，还考虑到 LAM 数字资源共享的深度，并注重这些资源与人脑中隐性知识的共享，注重从知识文化创新等方面为用户提供知识化程度更高的服务。

第三，宏观层面上考虑到 LAM 数字资源与实体资源相结合的服务方式。新技术的出现能够使得 LAM 数字资源和实体资源的结合更为紧密，两种形态的资源有着不同的优势，它们之间能够实现很好互补，这种数字与实体资源相结合的服务方式不仅提高了用户参观过程的多样性、交互性、娱乐性，还极大地提高了文化机构的教育功能。目前很多博物馆纷纷引入新的信息技术，这种趋势有助于相关文化机构发挥社会功能，增强人们对社会发展的信心。

第四，本篇提出的服务融合模式使得 LAM 数字资源集处于动态变化之中。在 LAM 数字资源组织策略的探讨中，本篇提出了用户协同编辑关联表的方法，但这种机制需要相应服务模式的支持，而本章构建的 LAM 数字资源的展示服务为用户编辑关联表提供了极大的方便。有权限的用户在使用资源的过程中能够方便地建立知识点间的关联，并且可以控制这些关联的权限，开放状态的关联能够为其他用户所共享。这种机制便于用户可以将头脑中的隐性知识显性化，而且在资源的使用过程中资源间的关联程度和范畴会不断增加，LAM 数字资源集便成为了一个不断增长和深化的有机整体。另外，资源间的关联关系也可以被轻松取消掉，这些优势使得资源能够动态地适应环境以及用户需求的变化，并且资源之间有机融合的逻辑性会得到不断修正，深度也会不断加强。

第五，LAM 数字化服务融合模式具有很强的灵活性。不同的 LAM 数字资源合作项目没有必要照搬该服务融合模式，该模式包含的具体服务方式虽然存在着逻辑上的关系，但其中很多具体服务方式是可以独立使用的。具体项目可以以此模式为母版，对其进行增删等修改以灵活地构建自身的服务体系。

鉴于 LAM 数字化服务融合模式具有的上述优点，它对未来的 LAM 数字资源合作项目来说具有一定的指导意义。该模式不是一个僵硬的框架而只是一个母版，具体项目可以根据自身特点对其删减，灵活处理，以充分发挥该模式的优势。对于具体的 LAM 数字资源合作项目来说，该模式具有一定的理论及实践价值。

本章小结

本章主要探讨了 LAM 数字化服务融合模式及其所包含的一些具体服务方式，主要包括 LAM 数字资源的检索服务、浏览服务、参考咨询服务等。这些具体服务方式借鉴相关的理论及实践成果，并以前文的 LAM 数字资源组织策略为基础，旨在深层次地揭示 LAM 数字资源的关系，并通过服务方法上的创新提升服务的品质，充分发挥 LAM 数字资源合作共享的优势。

结束语

本篇针对图书馆、档案馆、博物馆的服务融合及资源组织策略进行了深入研究。近年来，图书馆、档案馆、博物馆间的合作在国内外越来越受到重视，然而目前学术界的研究主要集中于三馆资源的共建共享，而对数字化服务融合关注不足，因此对于 LAM 数字化服务融合模式的研究在理论高度以及科学深度上都需要进一步加强。

LAM 数字资源在内容及外在特征上的巨大差异导致了三馆合作的诸多障碍，所以本篇接着从 LAM 数字资源的基本特征出发，借助图情领域的相关理论如：波普尔三个世界理论、信息资源生命周期理论等对 LAM 数字资源的特征及差异进行了深入分析，以发现三馆资源间的主要差异以及这些差异如何影响三馆数字资源的组织以及服务的融合。然后在此基础上，结合目前学界理论研究以及具体实践的成果提出了本篇的 LAM 数字资源组织策略，本篇的组织策略充分考虑到 LAM 数字资源的基本特征，旨在最大限度地消除三者差异对资源共享的不利影响，期望 LAM 数字资源能够更紧密地更有机地结合在一起，以形成无缝的 LAM 数字资源集。LAM 数字资源的深度共享在很大程度上需要 LAM 数字化服务融合模式的支持，LAM 数字化服务融合模式直接决定了服务融合的质量和用户的最终满意度。所以，本篇对 LAM 数字化服务融合模式进行了深入探讨：一方面，本篇的 LAM 数字化服务融合模式充分考虑到资源的固有特征以及组织方法的影响；另一方面，还注重 LAM 数字资源服务模式与资源组织策略间的相互关系以及自身的相对独立性。本研究不仅丰富了基于 LAM 数字资源的服务方式，还提高了 LAM 数字资源与用户间的互动性，对具体的 LAM 数字资源合作项目来说有一定的借鉴意义。

第三篇 图博档数字资源多维度融合策略

第1章 引 言

图书馆、博物馆和档案馆是现代社会最重要的三类公共文化服务机构,它们在历史上有着相同的渊源,是古代的"守藏机构",随着现代社会的建立和人类社会分工的日益细密而出现分化并各自发展起来的三个独立的文化服务体系。

本篇根据我国图书馆、档案馆和博物馆数字资源整合的复杂性需求,提出了体现我国国情特征的图博档数字资源多维度聚合战略构想,并从协作系统、数字人文、社会记忆三个维度论证了实现图博档数字资源信息集成和服务融合创新的思路和方法。第一,"图博档数字资源多维度聚合"是相关机构通过技术和管理等多种手段的综合应用,对所需的各类资源进行优化重组,构建面向用户的融合形态信息服务环境的过程;第二,从协作系统维度分析,"图博档数字资源聚合"需要构建适应我国国情的 D-LAM 战略框架,推动"图书、博物、档案信息共享空间(IC-LAM)"的规划与实施;第三,从数字人文维度分析,"图博档数字资源聚合"需要围绕人文社会科学领域研究对象本体,实现与之相关的各类数字资源的深度整合与保存,向用户提供专题信息服务并为相关应用提供支持;第四,从社会记忆维度分析,"图博档数字资源聚合"重点是建立从各个视角、各个层面、多维度反映国家发展变化过程的社会记忆资源库,基于关联和协同思想,提高社会记忆资源聚合程度,建立档案管理部门主导、社会组织和成员广泛参与的共建共享机制。本篇的研究结论对大数据环境图书馆、档案馆和博物馆等公益性信息机构的服务创新具有重要的指导意义。

图博档数字资源多维度聚合的框架与策略研究主要从战略层面上对我国图书馆、档案馆和博物馆在数字资源聚合过程中面临的各类需求和复杂问题进行统筹规划,确定整体性的战略框架,然后分别从"协作系统"、"数字人文"和"社会记忆"三个维度来审视图博档数字资源聚合的具体策略。

每章的主要内容如下:

第2章,图书、档案和博物数字化服务融合的广度与深度分析、分析框架、策略体系、政策建议等。

第3章,基于协同系统维度的图博档数字资源聚合策略,主要围绕"图博档数字化协作框架 D-LAM"、"图博档信息共享空间 IC-LAM"两个问题展开研究,分为 D-LAM 的提出背景、构建过程、实施策略;IC-LAM 的提出、概念界定、理论模型、建设思路等等。

第4章,基于数字人文维度的图博档数字资源聚合策略,主要从高校数字人文中心、数字人文仓储 DHR 两个角度展开研究,分为高校数字人文中心的概念界定、国外高校数字人文中心的建设概况、我国高校数字人文中心的建设现状、我国高校数字人文中心建设的建议、数字人文仓储 DHR 的建设背景、概念界定、体系架构、实现思路等。

第5章,基于社会记忆维度的图博档数字资源聚合策略,主要结合社会记忆保存问题展开研究,分为"数字化社会记忆资源跨机构聚合机制"和"城市记忆工程2.0理论与实践初探"两个问题。前者主要包括数字化社会记忆资源跨机构聚合问题的提出、理论基础、战略框架、实现思路等;后者主题包括城市记忆工程1.0的建设概况、城市记忆工程2.0的概念与特征、城市记忆工程2.0的体系架构、城市记忆工程2.0的实施策略。

第2章 图博档多维度数字化服务融合

本章按照信息空间思想,从广度和深度两个维度构建了融合策略的分析框架,逐一探讨了图书、博物、档案数字化服务融合的12种组合策略,经过综合比较后认为,当前我国应该优先发展"仓储策略",重点发展"联盟策略",适当发展"集成策略",暂缓发展"合并策略"[①②]。

图书、博物、档案数字化服务融合是一项复杂的系统工程,是以对服务层要素为外在特征的多种类型资源和要素集合体的整合与优化。按照数字化信息服务"前后台"划分的思想,数字化服务的融合相当于服务体系的"前台整合",前台的运行模式和特征必须以信息资源、管理机制、制度环境等各类"后台"各类因素为支撑,如果"后台"要素出现问题或者配置不合理,前台的服务"融合"就无法顺利实现。因此,从战略层面上构建图书、博物、档案数字化服务融合问题的逻辑框架,分析与之相关的各类要素之间的互动关系,以此为基础提出适合我国国情的图书、博物、档案数字化服务融合发展策略,有助于改变我国图书馆、博物馆、档案馆业务协作较少信息化项目建设各自为政的局面,有助于更好地满足网络时代用户的集成信息服务需求[③]。

2.1 分析框架

1989年,美国贝尔实验室执行总监罗伯特·拉奇(Robert Lucky)就在其著作《硅谷之梦》当中提出"信息空间"(Information Space)的概念。按照他的理解,"信息空间"就是供相关机构和个人进行业务处理和信息交互的在线计算机网络环境。图书、档案和博物数字化服务融合是三种类型的信息机构在同一信息空间内部实现资源的优化重组,以实现分散管理所不能有效实现的服务功能,达到"1+1+1>3"的效果。对于图书、档案和博物数字化服务融合问题的分析可以围绕"信息空间"进行。按照信息空间的思想,图书、档案和博物数字化服务融合问题可以通过"广度"和"深度"两个方面进行分析。

2.1.1 图书、档案和博物数字化服务融合的广度分析

图书、档案和博物数字化服务融合的"广度(Scope)"是指被整合数字资源的覆盖范围,例如是实现三类机构当中的两类的数字资源整合,还是进行整体性整合。按照整合的角度,"广度"可以分为垂直和水平两个方面,如图2-1所示。

1. 垂直整合策略

一般意义上的图书馆、博物馆、档案馆数字资源整合就是指垂直整合,即通过对数字资源进行合并或集成的方式实现服务的融合,其结果是三类机构的数字资源在逻辑上合为一体,供社会大众进行访问。图书馆、博物馆、档案馆数字资源的垂直整合分为合并(Merge)、集成(Integration)和联盟(Alliance)三种策略。其中,合并模式是指以数字图书馆(D-L)、数字档案馆(D-A)和数字博物馆(D-M)

① 赵生辉,朱学芳.图书、档案、博物数字化服务融合策略探析[J].情报资料工作,2014,(04):68-74.
② 赵生辉,朱学芳.图书、档案、博物信息共享空间的理论模型与建设思路初探[J].图书馆论坛,2014,34(10):15-23.
③ 赵生辉.图档博数字资源多维度聚合的框架与策略研究[R].南京大学信息管理学院博士后出站报告.2015.9.

三者之一作为整合平台，将两类机构的数字资源集中到这一平台上，相应就会有三种策略，M1是以数字图书馆作为整合平台，M2是以数字档案馆作为整合平台，M3是以数字博物馆作为整合平台。集成模式是指数字图书馆(D-L)、数字档案馆(D-A)和数字博物馆(D-M)保持相对独立，通过建立公共整合平台和门户网站(D-LAM)实现三类机构数字资源的集成服务，图2中简称为I策略。联盟策略与集成策略类似，也是要建立公共交换平台，不同的是信息服务并不是通过公共的集成门户提供的，而是通过数字图书馆(D-L)、数字档案馆(D-A)和数字博物馆(D-M)以三种不同的视角向用户提供信息服务，经过整合以后，通过任何一个平台都能访问到联盟所有机构保存的数字资源，图2-1中简称为A策略。

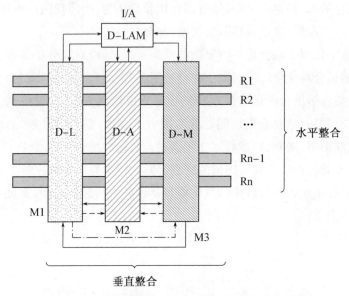

图2-1　图书、档案和博物数字化服务融合的广度分析

2. 水平整合策略

与垂直整合为社会大众提供综合信息服务不同，水平整合是按照特定的主题采集和保存图书馆、博物馆、档案馆数字资源，提供特定领域信息资源的专题服务，其结果是建成一定数量的专题数字资源库，满足特定的社会群体对具体领域信息资源的深度服务需求。在水平整合过程中，需要根据主题的需要检索和保存来自数字图书馆(D-L)、数字档案馆(D-A)和数字博物馆(D-M)的数字资源，根据对特定领域数字信息保存的全面性要求，还有可能采集来自其他机构的数字资源，甚至利用数字化设备进行必要的原始采集，取得特定文化资源的数字化成果。在信息管理领域，这种面向主题的多元化数字资源集成保存体系被称为数字仓储(Digital Repository,DR)，因而图2-1中将其简称为仓储策略(R)。

2.1.2　图书、档案和博物数字化服务融合的深度分析

图书、档案和博物数字化服务融合的"深度(Depth)"是指数字资源经过整合以后的一体化程度。根据数字资源整合领域的研究成果，按照整合对象的不同，数字资源一体化程度可以分为数据整合、信息整合和知识整合三个层次。

1. 面向数据的整合策略

面向数据的数字资源整合策略是对异构资源系统中的异质、异类数据在逻辑上或物理上的集中，提供统一的表示和查询，以解决多种异构数据资源的互联和共享。数据整合的主要对象是数字资源实体，其核心目标是解决数据的跨系统访问问题，对数据的内容关注较少。例如，应用联邦数据库(Federated Database System, FDBS)、数据仓库(Data Warehouse)、中间件(Mediator)等技术手段将分布在多个信

息系统中的数据资源联结起来,为用户提供统一的访问界面。

2.面向信息的整合策略

面向信息的数字资源整合策略是通过某种标准对不同性质、不同来源和不同格式的数字资源进行描述和链接,使相对独立的资源实体产生联系。信息整合的对象主要是数字资源实体之间的关系,其核心目标是揭示、关联和链接信息之间的关系,以满足用户通过单一入口找到所需要的所有数字资源的需求。信息整合必须以信息组织机制为基础,主要依靠数字资源的元数据(Metadata)实现资源实体之间的逻辑关联。在互联网环境下,基于信息整合的策略主要依靠信息链接(Links)、信息门户(Portal)等手段来实现。

3.面向知识的整合策略

面向知识的数字资源整合策略是以知识体系为基础,参照知识体系对数字资源的内容进行深度分析和语义标注,从而使体系当中的数字资源在内容层面建立深度关联,从而为信息服务融合过程中的逻辑推理和智能检索提供支撑。知识整合的对象主要是构成数字对象内容的概念体系及其逻辑关联,以满足用户对数字资源高精度检索的需求。数字资源的知识整合以知识组织体系(Knowledge Organization System,KOS)为基础,目前用来表示知识体系的方式主要有分类表(Classification Schemes)、主题词表(Subject Schemes)、分类主题词表(Classification-Subject Schemes)、词网(Word Net)、概念地图(Concept Map)、主题图(Topic Map)、本体(Ontology)等,其中本体被认为是最具代表性的知识体系表达和组织方式。

图书、档案和博物数字化服务融合深度的三个层次反映了数字资源一体化程度的高低。数据整合关注的是多来源数据的可访问和互操作,是数字资源整合最基础的层次;信息整合关注数字资源实体之间的逻辑联系,相比数据整合而言一体化程度有所提高;知识整合关于数字资源内容的语义联系,是数字资源整合的最高层次,也是数字资源整合的最高目标和最终归宿。在知识整合实现以后,来自数字图书馆、数字档案馆和数字博物馆的信息资源就以共同的知识组织体系为参照系,被紧密地联系在一起,融合成为一个整体。当然,数据整合、信息整合与知识整合三个阶段是密不可分的,后一个层次必须以前一个层次的实现为基础,即信息整合必须建立在数字资源可以被访问的基础上,知识整合必须建立在数据可访问而且数字对象有完整的描述和揭示机制的基础上。在图书、档案和博物数字化服务融合的项目实践中,可以根据项目需求选择合适的目标层次,并充分考虑未来的发展趋势,尽量使用具有可扩展性能的技术架构。

2.2　策略体系

图书、博物、档案数字化服务融合不是单纯的技术问题,而是综合了多种复杂因素的系统工程,需要根据各类整合策略优缺点,结合我国公共文化管理体制的特征做出综合判断。

2.2.1　图书、博物、档案数字化服务融合的策略组合

根据对数字资源整合信息空间的结构分析,图书、博物、档案数字化服务融合问题的策略主要有合并策略、集成策略、联盟策略、仓储策略四种类型,每种策略对应数据整合、信息整合、知识整合三个层次,其策略组织矩阵如表2-1所示:

表 2 - 1　图书、博物、档案数字化服务融合的策略组合

广度＼深度	合并策略（M）	集成策略（I）	联盟策略（A）	仓储策略（R）
数据整合（D）	D-M1/M2/M3 数据合并策略	D-I 数据集成策略	D-A 数据联盟策略	D-R 数据仓储策略
信息整合（I）	I-M1/M2/M3 信息合并策略	I-I 信息集成策略	I-A 信息联盟策略	I-R 信息仓储策略
知识整合（K）	K-M1/M2/M3 知识合并策略	K-I 知识集成策略	K-A 知识联盟策略	K-R 知识仓储策略

表 2 - 1 的策略组合矩阵共有 12 种不同的策略组合，每种策略内涵概要分析如下：

1. 数据合并策略 D-M1/M2/M3

"数据合并策略"就是将图书馆、档案馆和博物馆当中保存的数字资源实体集中保存到其中的一类系统。D-M1 是以数字图书馆作为整合平台，例如，我国学者刘家真曾撰文指出中国数字图书馆工程应当成为整合中华文化资源的平台[①]；D-M2 是以数字档案馆为整合平台，从社会记忆资源整合的角度推进图书、博物、档案数字化服务的融合；D-M3 是以数字博物馆为整合平台，在通过网络展示博物馆藏品的同时，利用网络的虚拟性整合分散保存在不同地点的藏品，收藏与之相关图书和档案资料的数字化成果。

2. 信息合并策略 I-M1/M2/M3

"信息合并策略"是在图书馆、博物馆、档案馆相对独立运行的情况下，利用数字资源的元数据和互联网统一资源定位机制（URL）将异构数字资源链接到数字图书、数字档案或数字博物馆其中一类系统资源的数据库中，实现数字资源的"虚拟整合"。其中，I-M1 是以数字图书馆为元数据链接整合的平台，I-M2 是以数字档案馆为元数据链接整合的平台，I-M3 是以数字博物馆为元数据链接整合的平台。针对异构元数据的转换和保存，三类机构都有相应的标准可以遵循，例如国际图联制定的书目记录功能需求（Functional Requirements for Bibliographic Records，FRBR）标准是可以从数字图书馆的角度整合另外两类机构的数字资源[②]；美国空间数据系统咨询委员会制定的开放档案信息系统模型（Open Archival Information System，OAIS）则是从数字信息存档角度出发为包括数字图书馆、数字博物馆在内的各类数字资源的长期保存和读取提供了完整的概念框架[③]；国际文献工作委员会制定的概念参考模型 CIDOC CRM 从数字博物馆角度定义"文化遗产信息本体"，作为整合图书馆、档案馆文化数字资源的语义元数据框架[④]。

3. 知识合并策略 K-M1/M2/M3

"知识合并策略"是以数字图书馆、数字档案馆和数字博物馆当中的一类作为知识整合平台，参照统一的知识体系本体模型，对整合后的数字资源及其元数据进行语义标注，支持跨系统的知识检索。其中，K-M1 是以数字图书馆为语义整合平台，K-M2 是以数字档案馆为语义整合平台，K-M3 是以数字博物馆为语义整合平台。

4. 数据集成策略 D-I

"数据集成策略"就是建立公共整合平台，将数字图书馆、数字档案馆和数字博物馆当中的数字资源

---

① 刘家真，我国图书馆、档案馆与博物馆资源整合初探[J]．中国图书馆学报，2003(3)：38．
② 刘素清，书目功能需求 FRBR 初探[J]．大学图书馆学报，2004(6)．
③ 李明娟，OAIS 参考模型与数字信息长期保存[J]．图书情报知识，2007(5)．
④ 陈艳，周馨．基于 CIDOC CRM 的文化遗产资源元数据集成[J]．现代情报，2010(5)：31．

实体及其元数据保存到公共数据库当中,例如建设大规模的数据仓库,将各类数字资源采集和保存到公共数据仓库当中。

5. 信息集成策略 I-I

"信息集成策略"是指公共整合平台不保存数字资源实体,只保存数字图书馆、数字档案馆和数字博物馆中数字资源的元数据和链接关系,以信息门户(Information Portal)的形式向用户提供一体化的信息服务。例如,德国的 BAMP(图书馆、档案馆、博物馆门户)项目将三类机构数字资源的元数据集中到整合平台,结构转换为都柏林核心集 Dublin Core,通过统一的搜索引擎和展示模块向大众提供服务①。

6. 知识集成策略 K-I

"知识集成策略"是在数据基础或信息集成的基础上,参照知识组织体系对来自数字图书馆、数字档案馆和数字博物馆的信息资源元数据或者内容信息进行语义标注,进而支持高精度语义检索和智能知识检索。近年来得到广泛关注的图书馆、档案馆、博物馆开放关联数据(Linked Open Data in Libraries,Archives and Museums,LOD-LAM)方案通过整合平台建立元数据语义层面的逻辑关联,将三类机构的数字资源以融合视图的方式提供给用户进行知识检索②。

7. 数据联盟策略 D-A

"数据联盟策略"建立在公共数据交换平台的基础上,数字图书馆、数字档案馆和数字博物馆通过数据交换平台各取所需,将原属于另外两类机构的数字资源复制到本地进行保存,同时对其元数据结构进行转换以支持统一的检索。联盟策略没有公共信息服务平台,整合后的信息资源仍然通过数字图书馆、数字档案馆和数字博物馆向用户提供服务。例如,联合国教科文组织 2009 年 4 月开通的世界数字图书馆项目(World Digital Library,WDL)所提供的资源除了数字化图书之外,还包括地图、手抄本、影片、照片等档案或文物的数字化成果③;近年来以武汉、广州、上海、大连等城市为代表的全国 50 余个城市相继启动的"城市记忆工程"项目④。这些城市记忆工程项目主要收集和保存反映城市发展并具有永久保存价值的文字、照片、录像和实物等资源及其数字化成果,而有相当数量的社会记忆资源是保存在图书馆和博物馆的。

8. 信息联盟策略 D-A

"信息联盟策略"以元数据交换平台为基础,数字图书馆、数字档案馆和数字博物馆向公共元数据交换平台提交各自数字资源的元数据,从平台当中选取需要的元数据链接,经过格式转换后加入自身系统当中,实现数字资源的"虚拟扩张"。按照信息联盟策略,三类机构虽然没有保存"扩张"的数字资源实体,但是可以通过统一定位符 URL 进行访问,对用户而言与数字资源保存在本地的信息服务差别并不大,用户甚至感受不到这种变化。

9. 知识联盟策略 K-A

"知识联盟策略"建立在数字联盟策略和信息联盟策略的基础上,通过对数字图书馆、数字档案馆、数字博物馆当中的数字资源及其元数据进行语义标注,使三类机构的数据交换和元数据交换在语义层面进行,支持通过三类服务界面提供的知识检索和智能服务。

10. 数据仓储策略 D-R

"数字仓储策略"就是按照用户需求和特定的主题搜集现有数字资源,采集必要的数字资源,建设数字资源的集成保存和服务系统。这个系统在设计之初就考虑到用户一体化检索的需求,数字资源涵盖

① 张卫东,赵红颖,李洋. 欧美图书档案数字化融合服务实践及启示[J]. 图书情报工作,2013(6):26.
② 郑燃,唐义,戴艳清. 基于关联数据的图书馆、档案馆和博物馆数字资源整合研究[J]. 图书与情报. 2012(1):71-76.
③ 田力. 世界数字图书馆正式启用[J]. 情报资料工作,2009(3):5.
④ 冯惠玲. 档案记忆观、资源观与"中国记忆"数字资源建设[J]. 档案学通讯,2012(3):3.

数字知识资源、数字档案、文化数字化成果等，集数字图书馆、数字档案馆、数字博物馆的功能于一身，可以实现知识学习、事件查证和文化展示等多重功能。数字仓储策略最典型的应用就是我国台湾地区的"数位典藏科技计划"。我国台湾地区于 2008 年启动了"数位典藏科技计划"，先后召开了四届"数位典藏与数位人文国际学术研讨会"，多所学术研究机构和博物馆参与了此项计划，数字资源覆盖了生物、考古、地质、人类学、档案、拓片、器物、书画、地图与遥测、善本、汉籍、新闻、影音、建筑等主题，通过综合性浏览网站提供给学术研究、教育推广和产业应用使用①。

11. 信息仓储策略 I-R

"信息仓储策略"围绕特定主题，检索和保存数字图书馆、数字档案馆和数字博物馆当中的数字资源的元数据，以主题信息门户方式将其保存在数字仓储系统当中。数字资源物理上分散保存，逻辑上集中保存，为用户构建虚拟专题信息资源库。例如，爱尔兰皇家科学院建立了爱尔兰国家数字典藏馆，由爱尔兰国家科学院和六所著名国立大学参与，目的在于保存爱尔兰的文化和社会遗产，同时使得公民可以有机会接触到这些文化和社会的遗产②。

12. 知识仓储策略 I-R

"知识仓储策略"围绕特定主题，建立在数据仓储和信息仓储的基础之上，在搜集和保存来自数字图书馆、数字档案馆和数字博物馆等来源的数字资源之后，参照统一的知识组织体系对数字资源的内容和元数据进行语义标注，从而从知识层面上构建其数字资源之间的深度联系，支持高精度的语义检索和智能信息服务。

2.2.2 图书、博物、档案数字化服务融合策略的比较

数字资源整合不是单纯的技术问题，推进策略必须与支撑其运行的管理机制综合起来考虑，从多个维度寻求能够平衡各方需求的合理方案。我国的公共文化管理体制当中，公共图书馆隶属于文化行政机构（部、厅、局）；综合档案馆隶属于各级档案行政机构（局），历史博物馆隶属于各级文物行政机构（局），自然科技类博物馆隶属于科技行政机构（部、厅、局），军事博物馆隶属于原解放军总政治部。如此复杂的隶属关系是欧美国家 LAM 资源整合很少遇到的情况，因而其研究所关注的大多是技术问题，然而体制障碍的协调恰恰是我国图书馆、档案馆和博物馆资源整合的关键所在。综合各方面因素对表 2-1 当中各自类型策略的对比如表 2-2 所示：

表 2-2 图书、博物、档案数字化服务融合的策略比较

指标 策略	体制阻力	合作意愿	技术成熟度	技术先进度	整体工作量	优先程度
D-M1/M2/M3 数据合并策略	大（-3）	低（1）	高（3）	低（1）	中（-2）	暂缓发展（0）
I-M1/M2/M3 信息合并策略	大（-3）	低（1）	中（2）	中（2）	中（-2）	暂缓发展（0）
K-M1/M2/M3 知识合并策略	大（-3）	低（1）	低（1）	高（3）	中（-2）	暂缓发展（0）
D-I 数据集成策略	中（-2）	中（2）	高（3）	低（1）	大（-3）	适当发展（1）

---

① 台湾地区数位典藏科技计划介绍［EB/OL］［2013-06-16］. http://www.ndap.org.tw/.

② ［爱尔兰］桑德拉·柯林斯，爱尔兰数字典藏项目介绍［EB/OL］. ［2013-06-16］. http://finance.sina.com.cn.

（续表）

指标 策略	体制阻力	合作意愿	技术成熟度	技术先进度	整体工作量	优先程度
I-I 信息集成策略	中（-2）	中（2）	中（2）	中（2）	大（-3）	适当发展（1）
K-I 知识集成策略	中（-2）	中（2）	低（1）	高（3）	大（-3）	适当发展（1）
D-A 数据联盟策略	小（-1）	高（3）	高（3）	低（1）	最大（-4）	重点发展（2）
I-A 信息联盟策略	小（-1）	高（3）	中（2）	中（2）	最大（-4）	重点发展（2）
K-A 知识联盟策略	小（-1）	高（3）	低（1）	高（3）	最大（-4）	重点发展（2）
D-R 数据仓储策略	最小（0）	中（2）	高（3）	低（1）	小（-1）	优先发展（5）
I-R 信息仓储策略	最小（0）	中（2）	中（2）	中（2）	小（-1）	优先发展（5）
K-R 知识仓储策略	最小（0）	中（2）	低（1）	高（3）	小（-1）	优先发展（5）

表2-2当中，从"体制阻力"、"合作意愿"、"技术成熟度"、"技术先进度"、"整体工作量"五个方面进行策略的分析和比较，得到结果如下："合并策略"要求图书馆、档案馆和博物馆当中的两个机构要将自身采集的数字资源合并到另外一个机构的系统当中，成为其新的组成部分，意味着牺牲前者的利益实现对后者的强化，难以被其行政主管机构所接受，体制阻力巨大，合作意愿低下。在"集成策略"模式下，三类机构共同向公共整合平台提供数字资源或元数据，较合并策略阻力稍小，但是也会因为三类机构自身工作无法有效体现而动力不足，存在不愿意合作的情况。"联盟策略"较好地兼顾了用户的一体化访问和三类机构各自的利益，可以实现三类机构的共赢，因而受到的阻力较小，合作意愿较高。"仓储策略"是按照特定主题新构建的数字资源保存体系，受到现有管理体制制约最少，但是由于需要从数字图书馆、数字档案馆和数字博物馆搜集数字资源，不一定会得到对方的支持，例如按照主题原则需要从数字档案馆搜集的数字资源可能因为公开制度等限制无法提供。就技术成熟度而言，面向数据的整合策略最高，面向信息的整合策略次之，面向知识的整合策略最低。就技术先进度而言，面向数据的整合策略最低，面向信息的整合策略次之，面向知识的整合策略最高。"整体工作量"是衡量整合策略所需投入成本大小的指标，"联盟策略"由于要兼顾整体和部分的利益，要同时考虑资源整合与多维度呈现，工作量最大；"集成策略"侧重于整体利益，不需要考虑多维度呈现问题，工作量次之；"合并策略"属于将两类机构的资源加入另外一类机构的系统当中，不需要新建整合平台，工作量再次之；而"仓储策略"则是新建专题数字资源库，单个数字仓储库的规模要远远小于数字图书馆、数字档案馆以及综合型数字博物馆，工作量最小。

综合上述因素，采用赋值比较法进行图书、博物、档案数字化服务融合策略的综合比较，如果对"最小"赋值0，"小"赋值1，"中"赋值2，"大"赋值3，"最大"赋值4，"体制阻力"和"整体工作量"为负值，"合作意愿"、"技术成熟度"、"技术先进度"为正值，假定各类指标的权重完全一致，则对各类策略赋值进行加总之后得到优先度指数。该指数大致反映了各类策略进行综合权衡以后的关系和排序。其中，对数字资源进行水平整合且对管理体制依赖程度最低的"仓储策略"可以优先发展；在垂直数字资源整合领域可以重点发展以数字化协作和多维度聚合展示为特征的"联盟策略"，在条件具备的领域或者地区可以适当发展以公共整合平台和服务门户为特征的"集成策略"。鉴于我国公共文化管理体制的复杂性，图书馆、博物馆、档案馆三类机构数字资源实现合并的难度较大，应该尽量暂缓发展按照"合并策略"推动的资源整合项目。在同一策略当中，"数据整合"、"信息整合"和"知识整合"三个层次紧密联系，虽然走向知识整合是大势所趋，由于知识组织工作的复杂性，尤其是用来表示知识体系结构的各类技术远没有达到成熟的程度，根据实际需求进行数据层面和信息层面的数字资源整合是未来过渡到知识整合层面的重要基础。需要指出的是，上述结论只是针对作为社会文化服务机构的公共图书馆、公共档案馆和公共博物馆的情况提出的，不一定适用于机构内部的图书馆、档案馆和博物馆。例如，高校内部的图书馆、档案馆和博物馆不存在管理体制的障碍，完全可以按照"三馆合一"的思路来发展，其数字化服务融合也可以应用"合并策略"。

2.3 政策建议

基于上述分析，对我国推进图书、博物、档案数字化服务融合进程提出如下政策建议：

第一，尽快完成国家层面"图书、博物、档案数字化服务融合体系"的顶层设计。由于我国图书馆、档案馆和博物馆隶属于不同的行政体系，数字化服务融合必须在更高一级主管部门的推动下，从国家战略层面分析支持数字化服务的资源和管理体系的构成和互动方式，确立我国公益性信息机构资源整合服务的重点发展方向，为进化这一领域的发展提供战略参照体系。

第二，基于"全国文化信息资源共享平台"，推动各类文化资源数字仓储系统的开发与服务。2002年，文化部和财政部联合启动了"全国文化信息资源共享工程"，目标是建立覆盖全国的文化信息资源传输网络，实现优秀文化信息在全国范围内的共享[①]。然而，这项工程目前还是采用层级分中心方式推进，缺少对各中心之间数字资源的深层次整合，也没有考虑整合利用数字图书馆、数字档案馆和数字博物馆的信息资源，整体上还处于较为初级的发展阶段。未来可以基于这一平台，通过开发各类专题数字仓库，实现对图书馆、档案馆和博物馆数字资源的整合，推动文化信息资源广度共享和深层次共享，使用户可以通过这一平台访问到与主题相关的各类信息资源。国家相关部门需要出台鼓励各类研究机构开发数字仓储系统的政策，同时参照国际相关组织制定的可信数字仓储（Trusted Digital Repository，TDR）评价标准建立认证体系[②]。

第三，推动我国"公益性信息机构数字化协作联盟"的建立和发展。基于"知识共享工程"、"社会记忆工程"和"文化共享工程"等信息化项目建设的现实需求，本着"合作共赢"的思想建立公益性信息机构数字化协作联盟，兼顾相关各方的利益诉求，在实现体系整体价值的同时，要保证所有参与协作的各方都能够从协作当中受益。

第四，开展我国"图书、博物、档案领域公共知识本体"相关技术和标准的联合攻关。知识整合是数字资源整合的主流趋势和最终归宿，领域本体的构建是知识整合的研究重心，也是知识组织过程中难度较大的环节。为了促进图书、博物、档案数字化知识服务融合的实现，图书馆、档案馆和博物馆及相关研究机构应该参考现有的 WordNet、HowNet 等知识本体模型，构建适用于图书馆、档案馆和博物馆的知识组织体系和知识标注方法，为实现知识层面的数字资源整合奠定基础。

---

① 国家数字文化网，全国文化信息资源共享工程介绍［EB/OL］.［2014－01－15］. http://www. ndcnc. gov. cn/gongcheng/jieshao/201212/t20121212_495375. htm.

② Alexandra Y，Barbara C and Jennifer-Lynn D. Public Libraries，Archives and Museums：Trends in Collaboration and Cooperation［R］. The Hague，IFLA Headquarters，2008. - 50p. 30 cm. -（IFLA Professional Reports：108）.

第3章 协同系统维度的图博档数字资源聚合策略

利用现代信息技术推动图书馆、档案馆和博物馆(LAM)的业务协同与合作是公共文化服务体系建设的重要问题。本章分析我国图书馆、档案馆和博物馆数字化协作目标、原则和利益格局,提出了达到一体化整合目标的同时可以兼顾三方利益的 D-LAM 战略框架,并分析实施该框架的若干策略,研究结论为"中国图书馆、档案馆和博物馆数字化协作工程(D-LAM 工程)"奠定了理论基础[①]。

3.1 图博档数字化协作框架 D-LAM

欧美国家在 LAM 整合领域的实践和研究代表了这一领域的国际潮流,对我国图书馆、档案馆和博物馆的协作具有非常重要的借鉴价值。但是需要注意的是,图书馆、档案馆和博物馆协作问题不仅仅是单纯的数字资源整合问题,三类公共文化服务机构是否可以有效协作,实际上反映的是相关国家公共文化管理体制的差异性,切不可简单照搬。

3.1.1 图博档数字化协作体制障碍

武汉大学的刘家真教授认为,各自为政的行政管理体系是我国图书馆、博物馆、档案馆资源整合的第一大障碍;尽管从理论上说,"中国数字图书馆"应该成为整合各类资源的中心平台,但是在实践中该项目却很难整合来自档案馆和博物馆的数字资源。造成上述现象的主要原因在于在我国的公共文化管理体制当中,图书馆隶属于文化行政机构(部、厅、局);档案馆隶属于各级档案行政机构(局),博物馆中部分隶属于各级文物行政机构(局),部分隶属于科技行政机构(部、厅、局),而军事博物馆隶属于原解放军总政治部。如此复杂的隶属关系是欧美国家 LAM 资源整合很少遇到的情况,因而其研究所关注的大多是技术问题,然而体制障碍的协调恰恰是我国图书馆、档案馆和博物馆资源整合的关键所在。因此,从战略层面上全面审视我国图书馆、博物馆、档案馆协作过程中各类利益主体之间的博弈关系,在顺应 LAM 整合领域国际潮流的同时,探索出一条可以为相关各方所共同接受同时又可以发挥各自优势的体系架构,保障图书、博物、档案数字资源建设和数字化服务的可持续发展,是解决这一问题的当务之急,D-LAM 框架正是围绕上述战略目标所提出的。D-LAM 框架的建立将有助于改变我国图书馆、博物馆、档案馆协作领域重视技术、轻管理的缺陷,为各类相关研究确立统一的战略参照体系,为我国"图书馆、博物馆、档案馆数字化协作工程"奠定理论基础。

3.1.2 D-LAM 框架的构建过程

D-LAM 框架的构建是将 LAM 领域的前沿理念与我国国情相结合的过程,分为目标设定、原则确定、需求分析、框架构建等步骤。

1. 图博档数字化协作的目标

图博档数字化协作(Digital Collaboration)是指图书馆、博物馆、档案馆等公共文化服务机构以各自

---

① 赵生辉,朱学芳.我国图书馆、档案馆、博物馆数字化协作框架 D-LAM 研究[J].情报资料工作.2013(4).

现有资源为基础，按照"1＋1＋1＞3"的集成管理思想，借助互联网等现代通信技术对各类资源进行优化组合，拓展各自的业务空间，创造新的业务模式，实现合作共赢的过程。图博档数字化协作的总体目标就是打破机构和地域带来的信息共享障碍，为用户提供完整的、一体化、深层次的信息服务，使用户可以通过单一入口访问到与需求相匹配的各类数字资源。

2. 图博档数字化协作的原则

图博档数字化协作应当遵循以下原则：

第一，集成为主，再造为辅。图书馆、档案馆和博物馆的多头管理格局是按照职能层级设置公共组织的结果，具有权责明确和专业化管理的优点，短期内改变这种格局实现三类机构合并的可能性并不大。因而，图博档数字化协作问题不能借助流程再造（Process Engineering）的方法实现，更多还要依靠集成的方法，将分散在不同结构内部的资源整合成为一个整体。当然，在一些局部问题上也可以使用再造的方法对组织的整体架构和流程进行重组。

第二，顺应领域发展趋势。数字资源的整合分为数据整合、信息整合和知识整合三个层次，不同的层次实现的难度和需要投入的成本是不一样的。按照领域的发展趋势，知识整合是数字资源整合的最终归宿，因而框架设计之初就应该考虑到知识整合问题。

第三，兼顾各方利益，实现协作共赢。框架设计应该考虑到相关各方的利益诉求，在实现体系整体价值实现的同时，要保证所有参与协作的各方都能够从协作当中受益，从而使相关各方都有足够的动力参与协作，完成协作要求的各类任务。

3. 图博档数字化协作的需求

按照"经济人"的观点来分析，图书馆、档案馆与博物馆是图博档数字化协作的三类行为主体，分别隶属不同的行政机关，在参与数字化协作的过程当中，都有各自的利益诉求，决定是不是要参与协作时存在"趋利避害"的倾向。具体而言，大致需要考虑以下因素：

第一，协作是不是有利于强化各自的专业优势。图书馆、档案馆和博物馆的业务形式上具有相似性，但是在本质上还是存在较大差别。图书馆主要是知识资源集中保存和传播的场所，其特色体现在资源的丰富性和服务的综合性；档案馆是档案材料集中保存和利用的场所，其特色主要体现在资源的证据价值和社会记忆的建构功能；博物馆是各类文化资源实体集中保存和展示的场所，其特色主要体现在资源的实体性，其服务强调直观性和视觉冲击。如果图博档数字化协作的结果导致某一类机构专业优势的削弱和丧失，则这类机构就可能拒绝参与协作。

第二，协作是不是意味着对前期项目的否定。近年来大量的数字图书馆、数字档案馆和数字博物馆项目建设都已经启动，各类机构在其中都已经投入了大量成本，如果数字化协作会削弱甚至取代这些项目，则相关机构也有可能拒绝参与协作。

第三，是不是已经做好应对协作风险的准备。例如，知识产权问题是目前困扰图书、档案、博物数字化协作的问题之一，如果在协作之前没有就知识产权保护等问题达成一致，则有可能导致严重后果。此外，数字档案馆对信息的安全性要求较高，如果数字化协作的信息安全程度达不到要求，则档案馆可能放弃参与协作。

总而言之，图书馆、档案馆和博物馆的数字化协作需要综合考虑各方的利益需求，尽最大的可能探索可以满足各方需求的协作模式。

4. D-LAM 框架的提出

综合以上分析，本篇构建的图书馆、档案馆和博物馆数字化协作框架 D-LAM 如图 3－1 所示：

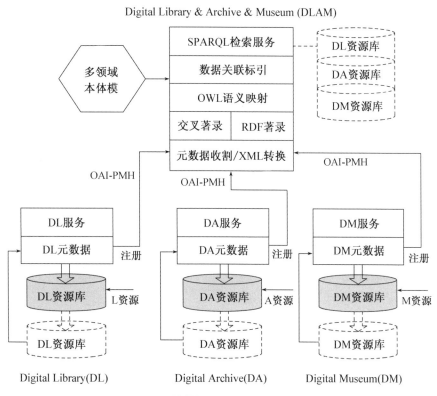

图 3-1　图博档数字化协作的 D-LAM 框架

图 3-1 所示的图博档数字化协作的整体框架由主要包括以下内容：

1. D-LAM 的构成与关系

D-LAM 框架由数字图书馆 DL、数字档案馆 DA、数字博物馆 DM 和图博档数字化协作中心 DLAM 四部分组成。DL、DA、DM 是图书、档案、博物近年来已经启动建设的数字化工程项目，为简化问题，三类机构内部的数字资源整合问题只做示意。DLAM 是通过图博档数字化协作中心对 DL、DA、DM 的元数据进行收割和加工处理所形成的虚拟数字资源服务体系，采用 OAI-PMH（The Open Archives Initiative Protocol for Metadata Harvesting）协议使"数据提供者"与"服务提供者"相分离，DL、DA、DM 向 DLAM 注册各自数字资源的元数据，DLAM 对元数据的进一步加工后向用户发布，使信息服务的范围和深度更加符合用户需求，但是数字资源的访问还是要通过链接方式在资源提供者的服务器上进行。在该模式下，用户只需要关注数字资源的内容而不用关心这些资源物理上存储地点和存储方式，如图 3-2 所示：

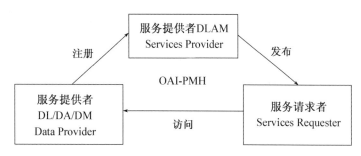

图 3-2　基于 OAI-PMH 的服务模式

整体而言，DLAM 是包括 DL、DA 和 DM 在内的，没有 DL、DA 和 DM 提供元数据和数字资源，DLAM 无法单独实现任何服务。同时，DLAM 并不是对 DL、DA 和 DM 的简单组合，而是通过对元数据深度加工组合，为用户提供综合性、深层次、智能化的信息服务。因此，D-LAM框架并不仅仅强调数字资源整合DLAM，而是在注重整合的同时也关注DL、DA和DM的发展。

2. DL/DA/DM资源库的虚拟扩展

由于图书馆、档案馆、博物馆各自业务的专业性，在各自的数字化项目建设过程中，对数字化信息收集和保存的目标也有所侧重，DL的主要目标是构建公共知识资源库；DA的主要目标是构建数字化社会记忆资源库；DM的主要目标是构建公共文化资源可视化展示平台。由于业务领域的交叉性，三类机构所收集和保存的信息资源也存在着相互交叉现象。例如，档案馆所收藏的某古代文书同时属于图书馆古籍管理的范围，也属于博物馆系列对应主题文物藏品范围。从提升资源完整性和强化专业优势的角度出发，三类机构都有扩展其收藏范围的需求。在藏品实体管理当中，这种矛盾通常难以协调，而数字化环境下，由于数据和服务相互分离，只要对属于交叉领域的数字资源进行交叉著录（Intersect Description）就能很好地解决这一问题，如图3-3所示：

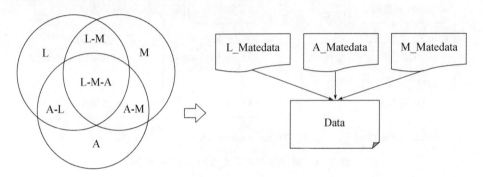

图3-3 图博档数字资源交叉著录原理

图书馆、档案馆和博物馆数字资源的交叉著录就是从维护三类机构藏品完整性的需求出发，按照各自领域数字资源著录的标准和规范，对同时属于多个主体业务范畴的数字资源进行多次著录，使同一数字资源与多个元数据相对应，通过任何一个元数据的链接都可以访问到该资源。交叉著录是保证数字图书馆、数字档案馆和数字博物馆等信息化项目持续发展的重要手段，通过数字化协作，三类机构所能够提供的数字资源的规模得到了扩充，相当于在原有资源库的基础上又附加了一个虚拟的资源库。因此，图书、档案、博物的数字化协作并不是对三类机构各自领域数字化工程的否定，而是通过协作强化了各自的专业优势，因而是对三类机构都有利的共赢方案。

3. DLAM元数据的深度整合

在兼顾各方利益的同时，图博档数字化协作还要达到整体性目标，要对从DL、DA和DM收集到的元数据进行深度加工以满足用户的综合需求。知识整合已经成为数字资源整合领域的主流趋势，通过知识领域本体模型揭示数字资源之间的深层次联系是图博档数字化协作的最终归宿。为了达到这一目标，首先需要应用网络本体语言OWL构建领域本体模型并建立多领域本体的逻辑关联，通过本体模型库对数字资源进行语义映射和语义标引后，就可以使用SPARQL（Simple Protocol and RDF Query Language）进行集成检索，为用户提供信息服务。多领域本体模型库的构建是非常艰巨的任务，也是图博档数字化协作走向智能化阶段的必由之路。同时，由于图书馆、档案馆和博物馆业务领域的交叉性和相似性，三类机构收藏的数字资源之间具有非常密切的关系，旨在揭示资源之间复杂关系的关联数据技术被认为是解决图博档资源整合问题的一种有效方法。将语义信息处理技术和关联数据技术相结合，实现数字资源复杂关联的语义标引是实现图博档数字化协作整体目标的关键。

3.1.3　D-LAM 框架的实施策略

D-LAM 框架是对图书馆、档案馆和博物馆数字化协作过程中各类关系所做的战略性安排,要真正落实 D-LAM 框架还需要考虑多方面的问题。

1. D-LAM 战略整合

我国图书馆、博物馆和档案馆数字化协作需要各自隶属行政机构在战略层面上达成一致,具体可以由国家文化部牵头,联合国家档案局、国家文物局、国家科技部等机构就图博档数字化协作问题进行协商,就实施"国家图书馆、档案馆和博物馆数字化协作工程(简称"D-LAM 工程")"相关问题达成共识,签订战略合作协议,共同推动图博档数字化协作的进行。

2. D-LAM 组织架构

与 D-LAM 框架相对应,要确保图书馆、档案馆和博物馆的数字化协作,需要建立"国家图书馆、档案馆和博物馆数字化协作工作领导小组"、"国家图书馆、档案馆和博物馆数字化协作联盟工作委员会"、"D-LAM 工程国家中心"、D-LAM 工程图书馆分中心、D-LAM 工程档案馆分中心和 D-LAM 工程博物馆分中心等机构,如图 3-4 所示。

其中,国家图书馆、档案馆和博物馆数字化协作工作领导小组由各相关隶属行政机构的主管领导组成,对图博档数字化协作工作的相关重大事项进行决策,把握"D-LAM 工程"的发展方向;"国家图书馆、档案馆和博物馆数字化协作联盟工作委员会"由各相关行业专业技术人员组成,负责 D-LAM 工程的具体实施,委员会可以按照工作职能设立技术、标准、人事、财务等部门;D-LAM 工程国家中心主要负责接收三类机构注册提交的元数据并进行语义和关联标引,提供综合性检索服务;D-LAM 工程图书馆分中心、D-LAM 工程档案馆分中心和 D-LAM 工程博物馆分中心是原有的数字图书馆、数字档案馆和数字博物馆等管理机构当中的一个工作部门,主要职责是向 D-LAM 工程国家中心提交元数据。同类型机构之间的数字资源整合是原有的数字图书馆、数字档案馆和数字博物馆的工作范畴,由相应的管理机制负责推动。博物馆行业的行政隶属关系较为复杂,可以由国家文化局牵头组织国家博物馆系统的数字资源整合,并向 D-LAM 工程国家中心提交元数据。

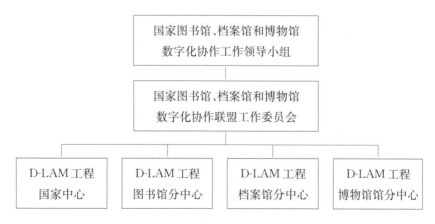

图 3-4　D-LAM 组织架构示意

3. D-LAM 保障体系

D-LAM 框架的实施涉及一系列管理问题,必须在启动 D-LAM 工程之初就予以考虑:第一,标准规范问题,数字化协作需要打破机构的限制进行信息共享,对于各类数字资源异构元数据如何进行转换、如何保证所有资源具有全局唯一标识、如何进行元数据交叉著录、如何参考本体模型进行元数据语义著录、如何进行关联数据标引等问题都需要制定标准规范供各方遵守;第二,知识产权问题,相关各方应当就元数据知识产权问题达成共识，防止数据提供者的元数据被滥用，鼓励更多的机构参与到数字化协作当中来。第三，信息安全问题，需要建立完整的信息安全管理体系，通过技术、管理、法律等手段的综合应用，保障图博档数字化协作的安全性；第四，服务质量管理，由于资源提供和服务提供相分离，如果资源提供者提供的数字资源出现读取问题或者链接地址发生改变，则可以使服务出现"断链"现象，应当建立相应的监测机制来发现和处理此类问题。

3.2　图博档信息共享空间 IC-LAM

随着社会信息化建设朝着纵深方向发展，跨系统、跨机构、跨行业的数字资源整合与共享成为信息资源管理学科的热点问题。在公益性信息服务领域，整合来自数字图书馆（Digital Library）、数字档案馆（Digital Archive）、数字博物馆（Digital Museum）等信息化项目的数字资源，构建一体化的信息服务体系，实现图书、博物、档案数字化服务的融合，正得到越来越广泛的关注。

3.2.1　IC-LAM 的提出

由于业务模式的相似性和业务领域的交叉性，推动图书、档案、博物的资源共享和服务融合一直是学界关注的重要问题。我国的公共文化管理体制当中，图书馆、档案馆、博物馆隶属于不同的各级行政机构，复杂的隶属关系是我国图书、档案和博物资源整合必须考虑的问题。纵观国内外相关研究和实践，推动图书、档案、博物数字资源共享和服务模式整合的思路主要有以下三种：第一种，合并模式，即以图书馆、博物馆、档案馆三类机构当中的一个作为整合主体，吸收另外两类机构的数字资源，提供一体化的数字信息服务，例如我国学者刘家真认为中国数字图书馆工程应当成为整合中华文化资源的平台；第二种，集成模式，即保持图书馆、博物馆、档案馆三类机构数字资源的相对独立性，通过建设公共整合平台实现元数据的转换与共享，以统一的服务门户对外提供一体化的数字信息服务。例如德国的 BAMP（图书馆、档案馆、博物馆门户）项目将三类机构数字资源的元数据集中到整合平台，结构转换为都柏林核心集 Dublin Core，通过统一的搜索引擎和展示模块向大众提供服务。第三种，联盟模式，即建立图书、博物、档案数字化协作联盟，由公共协作平台为三类机构的资源共享和交换提供融合服务，用户可以通过三类机构的不同的服务界面访问联盟资源。在我国各自为政的体制约束之下，合并模式难以推行，集成模式三类机构的参与动力不足，只有同时兼顾整体和三类机构利益的联盟模式相对可行。图博档数字化协作联盟建设是复杂的系统工程，涉及技术、管理、服务等多方面的内容，按照科学的理论规划各类因素及其关系，就成为当前图书、博物和档案资源整合的重要任务，信息共享空间（Information Commons，IC）就是最重要的理论之一。信息共享空间是经过特殊设计的一站式服务平台和协同学习环境，为用户提供整合的空间、资源和服务，目前已经在全球数百所高校图书馆得到了成功应用。从"信息共享空间"视角系统思考图书、档案、博物信息服务的深度整合问题，构建"图书、博物、档案信息共享空间（IC-LAM）"将是拓展信息共享空间的实践领域，推进图书、博物、档案服务融合的又一次重大机遇。

3.2.2　IC-LAM 的概念界定

准确界定"图书、博物、档案信息共享空间（IC-LAM）"的基础概念和内涵特征，是分析和构建 IC-LAM 的架构模型，推动 IC-LAM 实践项目建设的前提条件。

3.2.2.1　信息共享空间 IC 的概念

自 20 世纪 90 年代初期信息共享空间的概念最先在美国图书馆学界提出以后，全球多个社会组织和多名学者都曾经对信息共享空间进行概念界定，大体上可分为三类：第一类认为信息共享空间是在线的计算机网络环境，代表性人物主要有美国贝尔实验室执行总监罗布特·拉奇（Robert Lucky）和美国学者李·费尔森斯坦（Lee Felsentein）等人；第二类认为信息共享空间是指支持信息共享的宏观社会文化环境，最具代表性的就是国际图联当选主席阿列克斯·拜恩（Alex Byrne）提出的全球信息共享空间（Global Information Common）的概念；第三类认为信息共享空间就是以整合的空间、资源和服务为基础的一体化服务环境，代表性人物是美国北卡罗来纳大学的唐纳德·比格（Donald Beagle），国内任树怀、阳国华等学者也持类似观点①，这也是信息共享空间理论与实践结合最为紧密的一类研究视角②，主要从资源和服务集成角度探讨如何满足读者多样性需求的问题。"图书、博物、档案信息共享空间"的范畴已经超越计算机网络空间，还没有达到宏观文化空间的层面，因而是从服务环境角度进行论述的，采用第三种视角。

3.2.2.2　IC-LAM 的概念

信息共享空间的概念是由图书馆领域的学者最早提出的，也最先在图书馆领域得到了实践，美国爱荷华大学 1992 年建立的名为"信息拱廊"被认为是全球最早的信息共享空间。此后，信息共享空间作为一种图书馆的服务模式在北美地区的多所大学得到了成功实施并迅速发展成为一种全球化的发展潮流。目前国内外绝大多数的有关信息共享空间的研究和实践都是以大学图书馆为背景的。在图书馆信息共享空间建设方兴未艾的同时，不能忽视的一个事实是：就其本义而言，信息共享空间并不是只针对图书馆信息服务提出的，除了图书馆所能提供的文献信息服务之外，档案馆能够提供的凭证信息服务、博物馆能够提供的藏品参观等直观信息服务等都可以包含在信息共享空间的范畴之内。按照信息服务的"省力原则"和"价值原则"，以最少的时间和精力投入获取最符合需求的信息资源成为社会大众的重要诉求。如果能够将图书馆、博物馆、档案馆的信息资源和服务资源整合成为一体化的服务体系，则可以有效弥补图书馆文献信息资源类型和数量方面的不足，减轻甚至消除与数字图书馆、数字档案馆和数字博物馆等信息化项目相伴而生的"数字资源孤岛"现象，使得用户通过单一入口获得分散在多个异构系统当中的资源，满足大众对信息服务完整性、多样性等方面的深层次需求。

基于上述理解，图书、博物、档案信息共享空间（Information Commons-Library, Archive, Museum, IC-LAM）是指图书馆、博物馆、档案馆以各自的空间资源、信息资源、人力资源为基础，通过战略协作和技术整合为用户所构建的一站式服务和协同交流环境。IC-LAM 可以使用户通过互联网上的单一接口访问三类机构的信息资源，只需要提交相关主题信息就可以检索，而不必考虑信息资源的种类、物理位置和三类机构之间的协作过程。此外，IC-LAM 不仅仅局限于虚拟的网络空间，三类机构各自为用户提供信息服务的实体空间也可以通过信息技术连接在一起，使到实体空间寻求服务的用户同时可以同时接受另外两类机构的信息服务，或者以更加直观的形式实现文本信息服务所不能达到的传播效果。IC-LAM 本质上是在协作制度框架内，通过分布式技术重新组织和配置三类机构的各类资源，在保持各自业务相对独立性的前提下，根据信息一体化共享的需求，建立起资源共享、相互协作的协同工作模式，实现"1+1+1＞3"的服务效果。

3.2.2.3　IC-LAM 的内涵

图书、博物、档案信息共享空间（IC-LAM）的内涵特征主要体现在以下方面：（1）"面向用户"是IC-LAM 集成服务的基石。图书、博物、档案信息共享空间建设初衷就在于满足用户信息访问的集成性

---

① 任树怀. 信息共享空间的实现机制与策略研究［M］，上海：人民出版社，2011.04：11-13.
② 阳国华. 图书馆信息共享空间建设［M］，北京：海洋出版社，2010.04：19.

需求，因而以用户需求为导向，最大限度满足用户的需求是 LC-LAM 建设所要遵循的基本准则。(2)"资源共用"是 IC-LAM 建设的核心思想。Common 本义是与产权属性相联系，是指不属于任何人专有，可以与他人共同使用的事物，可译为"共有"、"共用"等。图书、博物、档案信息共享空间首先就是要克服制度、管理和技术等层面的限制，使用户可以访问三类机构的信息资源。(3)"协同交流"是 IC-LAM 的重要功能。与一般的一站式服务系统不同，信息共享空间应该提供不同群体间的交流功能，构建协同学习和研究的环境，如用户群体之间的相互学习和交流，三类机构服务人员之间的交流，用户与服务人员之间的动态交流等功能。(4)"多维呈现"是 IC-LAM 的特色体现。图书馆、档案馆的主要藏品是文献和知识资源，内容丰富但不直观；博物馆的藏品主要是实物，可以通过图片、视频等多媒体形式进行呈现，但是缺乏对背景知识的理解直接影响对实物的深刻认识和理解。图书馆、博物馆、档案馆信息共享空间建设就是要发挥各类信息资源的优势，通过背景知识、档案文献和实物等形式全方位展示特定主题的信息。(5)"服务共同体"是 IC-LAM 建设重要基础。Common 共用的范围除了三类机构的信息资源之外，还包括各类服务支持人员、物理空间等等，发挥各自的领域的专业性优势，最终将提供服务的各类机构整合成为一个相互协作的服务体系，为用户提供"一站式服务"。

3.2.3 IC-LAM 的理论模型

信息共享空间是一个动态发展的服务体系，国内外多名学者曾经对其结构模型进行过探索。例如，唐纳德·比格的"物理＋虚拟＋文化"层次模型、吉姆·邓肯和拉里·伍兹的"物理＋虚拟＋支持"层次模型、亚力克·库奇曼的"物理＋虚拟＋社会"层次模型、戴维·博利埃的"物理＋逻辑＋内容"层次模型、任树怀的"实体＋虚拟＋支持"层次模型等等。参照上述研究，结合图书、博物、档案信息共享空间 IC-LAM 的定义，本篇对 IC-LAM 的理论模型的设计如图 3-5 所示。

图 3-5 所示的图书、博物、档案信息共享空间 IC-LAM 模型整体上划分为实体层、虚拟层、服务层和支持层四个层面。

1. 实体层

实体层是 IC-LAM 所依托的物理场所，由设在图书馆、档案馆和博物馆中的 IC-LAM 体验室和 IC-LAM 协同管理中心构成。"图书馆 IC-LAM 体验室"、"档案馆 IC-LAM 体验室"、"博物馆 IC-LAM 体验室"是构成 IC-LAM 的现实基础，由实体建筑空间、计算机和网络设备、信息存储设备、信息服务设施、相关服务人员等组成。"IC-LAM 协同管理中心"是按照协作战略设立在图书馆、档案馆或博物馆当中负责联盟战略规划、数据整合平台建设和综合事务管理的实体机构，由必要的建筑空间、硬件设备、办公设施、技术人员和管理人员组成。IC-LAM 体验室的核心资源主要有空间（Space）、信息（Information）和人力（Human）三类；空间资源主要是 IC-LAM 体验室所依赖的实体建筑空间；信息资源是信息共享空间的核心资源，考虑到跨机构共享的需要，一般是指数字化形式存在的信息资源及支持其存储和运行各类软硬件资源，包括直接生成的原生数字资源和对纸本信息资源进行数字化加工获得的再生数字资源；人力资源是围绕数字资源服务所应该配备的各类服务人员和用户的集合，例如提供咨询服务的馆员、对特定领域有深入了解的专家学者以及可以就相关问题展开讨论的各类用户等。为了便于表达，IC-LAM 理论模型当中将图书馆的三类资源简写为 S_L,I_L 和 H_L，将档案馆的三类资源简写为 S_A,I_A 和 H_A，将博物馆的三类资源简写为 S_M,I_M 和 H_M，如图 3-5 所示。

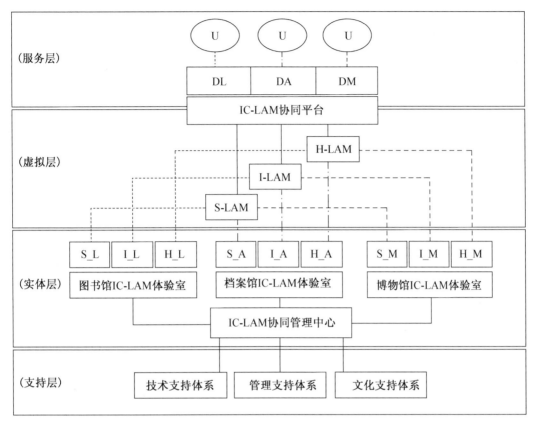

图 3 - 5　IC-LAM 的理论模型

2. 虚拟层

虚拟层是基于计算机网络的资源整合与信息服务环境,是 IC-LAM 功能实现的关键部分。虚拟层主要是通过信息技术将图书馆 IC-LAM 体验室、档案馆 IC-LAM 体验室、博物馆 IC-LAM 体验室的核心资源整合成为一个整体,向用户提供一体化的在线服务和交流环境。根据信息共享空间核心资源的分类,虚拟层主要解决三类资源的整合问题:S_LAM 解决空间资源的整合问题,主要通过远程会议等技术手段将地理上分布在不同位置的空间整合在一起,用户可以非常方便地获取远程空间的服务资源并参与互动交流;I_LAM 解决信息资源的整合问题,主要是通过资源整合平台采集 IC-LAM 体验室当中保存的各类数字资源的元数据,实现基于链接的数字资源虚拟扩展,支持基于本体的关联数据深度检索;H_LAM 解决人力资源的整合问题,主要是通过专用的 IC-LAM 社交软件,来实现图书馆 IC-LAM 体验室、档案馆 IC-LAM 体验室、博物馆 IC-LAM 体验室中的管理人员、服务人员、专家团队、用户群体之间的在线沟通交流,开展在线咨询、在线研讨、在线调查、在线讲座、在线培训、休闲娱乐等各类活动。

3. 服务层

服务层是 IC-LAM 以各类整合资源为基础向用户提供一体化服务的平台,是 IC-LAM 价值的最终体现。IC-LAM 服务层主要由远程会议系统、统一检索系统和在线交流软件系统等部分构成。考虑到图书馆、档案馆和博物馆参与协作的动力问题以及三类机构用户的使用习惯,IC-LAM 整合服务可以通过数字图书馆(DL)、数字档案馆(DA)、数字博物馆(DM)三种不同的界面来实现,除了虚拟拓展的资源之外,其余的资源以关联数据方式提供。与一般性的资源整合系统不同,基于整合资源的交流互动是 IC-LAM 的主要特色。因此,IC-LAM 服务层工作的重点在于开发基于整合资源、支持各类群体在线交流的软件平台,并根据用户需求的变化开发多样性的服务功能。这一类型的软件系统与流行的社交软件系统类似，只是功能要体现图书馆、档案馆和博物馆信息服务的特征，参与交流的群体主要是围绕信息服务当中的角色进行分类。

4．支持层

支持层是驱动 IC-LAM 建设和运行的核心动力层，属于 IC-LAM 协同管理中心的工作范畴，由技术支持体系、管理支持体系和文化支持体系三部分构成。技术支持体系主要是对 IC-LAM 建设过程中涉及的各类技术问题进行综合研究，制定总体的技术发展战略，根据项目建设需要制定对应领域的技术标准，并对实践当中遇到的各类问题提供技术支持服务。管理支持体系是 IC-LAM 运行管理的组织机构，由战略决策层、管理控制层和执行操作层等构成，需要在 IC-LAM 战略框架之下建立必要的业务流程、服务规范、激励机制、培训机制和评价体系等制度。文化支持体系是从 IC-LAM 深层整合的视角为全体人员的价值观念和合作意识、服务意识等做出的整体设计，除了要在图书馆、档案馆和博物馆相关工作人员当中达成共识之外，还要通过各种方式向社会大众做宣传推广，提高大众主动参与公共文化服务和交流的意识。

总之，IC-LAM 的实体层、虚拟层、服务层和支持层是一个整体，通过各层次相关因素的互动和融合共同支撑和驱动 IC-LAM 体系的运行和发展，为图书馆、档案馆和博物馆用户群体构建一体化的信息服务和在线沟通交流环境。

3.2.4　IC-LAM 的建设思路

IC-LAM 建设是通过技术和管理手段的综合应用，实现图书馆、档案馆和博物馆资源虚拟重组的过程，其建设必须立足用户需求，以最大限度满足用户需求为最高目标。

3.2.4.1　建设步骤

IC-LAM 是在图书馆 IC 建设的基础上实现信息共享空间的跨机构拓展，其实现过程比在图书馆这样的单一机构内部实现 IC 更加复杂，需要从战略层面上进行系统性规划和组织。信息共享空间理论先驱唐纳德·比格在 2006 年出版的《信息共享空间手册》一书中将信息共享空间的规划分为自我发现、情境构建、勾画未来空间、组织校园访谈、起草与撰写规范文档共五个步骤，即"唐纳德·比格信息共享空间规划模板"。科瑞特·斯图尔特曾经提出调查和评论、学生和教师咨询小组、午餐邀请、实地调查、焦点小组访谈、结构性访谈、录像访谈、设计实验、校内外专家、沙箱实验、学习空间监督委员会、报告卡和用户评价等 12 种用来规划信息共享空间的常规技术。唐纳德·罗素·贝利将信息共享空间的实施过程细分为资源配置和部署、保存项目文档、安全与隐私、员工培训、使用预约、营销与宣传等步骤。

参照上述思想，IC-LAM 建设过程可以分为以下步骤：(1) 联盟战略框架搭建，根据业务范围的相关性原则，由部分图书馆、档案馆和博物馆就战略协作问题达成共识，签订框架协议；(2) 用户需求联合研究，通过大量调研探索三类机构用户需求之间的联系，为实现资源和服务整合提供依据；(3) 各馆资源梳理，明确参与协作的成员馆现有的空间资源、信息资源、人力资源等，作为信息共享空间资源规划和调配的基础；(4) IC-LAM 情境构建，根据用户需求对信息共享空间的理想状态进行界定和描述；(5) IC-LAM 总体设计，按照 IC-LAM 理论模型设计其实现的整体架构；(6) IC-LAM 机构设置，建立图书馆、档案馆和博物馆联盟组织和参与协作的各成员机构；(7) IC-LAM 实体层建设，建立联盟协作中心和图书馆、档案馆、博物馆 IC-LAM 体验室，进行各类硬件设施建设；(8) IC-LAM 虚拟层建设，在网络环境下实现跨机构信息共享并配置在线交流软件系统；(9) IC-LAM 服务层建设，实现信息资源和服务的多维度呈现并推动各类在线服务项目的开发和运行；(10) IC-LAM 整体评价，按照科学的评价体系对 IC-LAM 实施情况进行整体评估；(11) IC-LAM 持续进化，根据用户需求不断完善和升级，最大限度满足用户的需求。

3.2.4.2 关键问题

IC-LAM 建设需要解决的最为关键的三个问题是：（1）空间资源的整合；（2）信息资源的整合；（3）人力资源的整合。其中，空间资源的整合可以采用远程视频会议系统，通过信息技术缩小空间因素对资源共享的制约；人力资源的整合可以通过专用的社交网络软件，为基于整合资源的沟通和交流提供支持。上述两个问题都是在信息资源整合的基础上进行的，信息资源的整合是 IC-LAM 建设的重中之重。IC-LAM 建设的核心是实现图书馆、档案馆和博物馆数据资源的整合，建立图书馆、档案馆和博物馆之间数字化协作机制，使三类机构在物理上分散，有相对独立的业务范围；同时，通过协同机制使三类机构所保存的信息资源在逻辑上互联互通，形成一个虚拟的"信息池"，可以被集成访问和应用。IC-LAM 数据基础原理由"图书馆 IC-LAM 体验室"、"档案馆 IC-LAM 体验室"、"博物馆 IC-LAM 体验室"和"IC-LAM 协同平台"四部分组成。IC-LAM 体验室所依托的数字信息资源主要来源于 DL(Digital Library)、DA(Digital Archive)、DM(Digital Museum)等近年来图书馆、博物馆、档案馆已经启动建设的数字化工程项目，为简化问题，三类机构内部的数字资源整合问题只做示意。IC-LAM 通过协同平台对 DL、DA、DM 的元数据进行收割和加工处理所形成的虚拟数字资源服务体系，采用 OAI-PMH(The Open Archives Initiative Protocol for Metadata Harvesting)协议使"数据提供者"与"服务提供者"相分离，DL、DA、DM 向 IC-LAM 协同平台注册各自数字资源的元数据，IC-LAM 协同平台对元数据的进一步加工后向用户发布，使信息服务的范围和深度更加符合用户需求，但是数字资源的访问还是要通过链接方式从资源提供者的服务器上进行。在该模式下，用户只需要关注数字资源的内容而不用关心这些资源物理上存储地点和存储方式，从而实现了基于元数据的数字资源一体化检索。此外，为了支持基于本体的信息资源语义关联检索，需要应用网络本体语言 OWL 构建领域本体模型并建立多领域本体的逻辑关联，通过本体模型库对数字资源进行语义映射和语义标引后，就可以使用 SPARQL(Simple Protocol and RDF Query Language)进行集成检索，为用户提供具有知识推理功能的智能信息检索服务。最后，基于 IC-LAM 协同平台的整合数据资源通过 DL、DA、DM 三种界面进行多维度呈现，用户可以通过三者当中的任何一种界面访问全局资源。从资源覆盖面而言，三类机构所能够提供的数字资源的规模都得到了扩充，相当于在原有资源库的基础上又附加了一个虚拟的资源库（见图 2）。因此，IC-LAM 建设并不是对数字图书馆 DL、数字档案馆 DA、数字博物馆 DM 等数字化工程的否定，也不是要取代这些数字化工程，而是通过协作强化这些项目的专业优势，是同时对用户、联盟、图书馆、博物馆、档案馆都有利的多赢解决方案①。

3.2.4.3 推进策略

为了推进 IC-LAM 的实施，在实践中可以采用以下策略：（1）开放联盟策略。IC-LAM 建设依托隶属于不同行政体系和不同层级的图书馆、档案馆和博物馆等信息服务机构，建立图书馆、档案馆和博物馆联盟是 IC-LAM 建设的重要基础。在实践中，可以由某几个核心机构发起，按照"资源共享、优势互补、求同存异、协作多赢"的原则设计联盟战略框架，充实和发展各类成员机构。为此，IC-LAM 基础设施建设必须考虑开放性的需要，可以在系统整体架构不做根本性调整的前提下将联盟的资源加入系统当中来。（2）逐级发展策略。IC-LAM 建设不可能一蹴而就，在实践中可以按照功能完善程度划分为基础级 IC、发展级 IC 和完备级 IC 三个级别，本着先易后难的原则，首先实现元数据的跨库检索，逐步推进知识整合与在线可视交流等功能建设，由基础级 IC 逐步发展和完善，最终过渡到完备级 IC，实现以用户需求为导向的一体化信息服务和在线交流体系。（3）前瞻规划策略。IC-LAM 是为用户提供整

---

① 马文峰,杜晓勇.数字资源整合：理论、方法与应用[M].北京:北京图书馆出版社,2007:113.

合服务的一种构想，其技术架构取决于联盟机构的决策，可以采用基于局域网的内部办公模式，基于互联网的开放服务模式，也可以采用基于云计算（Cloud Computing）的高度整合模式。在云计算技术还没有完全成熟之前，可以暂时采用基于互联网的整合模式，在业务完全梳理和定义清晰以后，可以分步骤向云计算平台迁移。

IC-LAM 框架的实施涉及一系列管理问题，必须在建设之初通过制度予以规范，主要有：（1）法律遵从问题。IC-LAM 建设必须在国家法律法规允许的范畴之内，不能违反图书馆、博物馆、档案馆现有的相关法律的规定。例如，档案馆所收藏的档案文献有明确的保密期限，如在保密期之内不能向外界公布。因而能够参与 IC-LAM 的信息资源都是依法予以公开的资源，处于保密期的档案信息资源不在 IC-LAM 范畴内。（2）标准规范问题。数字化协作需要突破机构的限制进行信息共享，对于各类数字资源异构元数据如何进行转换、如何保证所有资源具有全局唯一标识、如何进行元数据交叉著录、如何参考本体模型进行元数据语义著录、如何进行关联数据标引等问题都需要制定标准规范供各方遵守。（3）知识产权问题。相关各方应当就元数据知识产权问题达成共识，防止数据提供者的元数据被滥用，鼓励更多的机构参与到数字化协作当中来。（4）信息安全问题。需要建立完整的信息安全管理体系，通过技术、管理、法律等手段的综合应用，保障图书馆、档案馆和博物馆数字化协作的安全性。（5）服务质量管理问题。由于资源提供和服务提供相分离，如果资源提供者提供的数字资源出现读取问题或者链接地址发生改变，则可以使服务出现"断链"现象，应当建立相应的监测机制来发现和处理此类问题。

第4章 数字人文维度的图博档数字资源聚合策略

21世纪以来,随着人们对数字技术和人文社会学科融合问题认识的不断加深,全球多个国家的多所高校相继成立了数字人文中心(Digital Humanities Center)之类的机构,通过开展各种类型的数字人文项目和数字人文活动,推进计算科学和人文社会科学研究人员的协同创新以及数字人文教育的普及,全球性的数字人文组织联盟(Alliance of Digital Humanities Organizations,ADHO)也随之建立[①]。在我国高校数字图书馆建设的基础上,探索数字人文中心的基础理论和建设规律,总结国外数字人文中心建设的成功经验,制定符合国情特征的数字人文中心的发展策略,已经成为当前我国高校科研服务创新的重要课题。

4.1 数字人文中心建设初探

数字人文中心是与文化相关机构尤其是高校为推进信息技术和人文社会科学深度融合而建立的协同创新服务与管理机构。本节在界定数字人文中心相关概念的基础上,介绍了国外数字人文领域形成和发展的过程,尤其是欧美国家高校数字人文中心建设的概况和特征,分析了我国数字人文中心建设的现状,提出了促进我国数字人文中心建设的若干建议,结论对于推进数字人文理论在我国的普及和发展具有重要价值。

4.1.1 数字人文中心的概念界定

"数字人文"是新兴的研究领域,学术界对其定义和内涵还没有完全达成一致,在讨论数字人文中心建设问题之前,有必要对相关概念进行准确界定。

1. 数字人文(Digital Humanities,DH)

"数字人文"是在人文计算(Humanities Computing)的基础上发展而来的一个新兴的研究领域。"人文计算"侧重于人文社科科学领域的计算机应用问题,其发展从电子计算机技术诞生之初就已经开始。自20世纪40年代意大利学者罗伯托·布萨(Roberto·Busa)将计算机用于书籍编辑和文献索引以来,全球有多位学者对人文社会科学领域计算机技术的应用问题进行了探索,在不同的学科内部发展出众多的独立研究领域,一般被统称为"人文计算"[②]。例如,文学领域的计算机文本分析、语言学领域的电子语料库、历史学领域的文物三维呈现、艺术学领域的舞蹈动作捕捉等等,每个领域都有特定研究对象和大量有待解决的科学问题,至今仍然是全球各类研究机构关注度的热点。

21世纪以来,随着社会信息化的重点从技术系统开发转向跨系统资源整合,特别是知识管理(Knowledge Management,KM)思想在人文社会科学领域的广泛传播,人们对信息技术和人文社会科学之间关系的认识又有了新的发展。2004年,美国学者 John Unsworth 与 Susan Schreibman、Ray

---

① 李巧明,王晓光.跨学科视角下数字人文研究中心的组织与运作[J].数字图书馆论坛,2013(6):26-31.
② 林穗芳.罗伯托·布萨和全球最早的计算机辅助编辑巨著《托马斯著作索引》[J].河南大学学报(哲学与社会科学版),2007(4):167.

Siemence、联合出版了《相伴数字人文》（A Companion to Digital Humanities）一书，提出要克服人文计算"单纯数字化"（Merely digitalization）的倾向，从对技术视角回归到研究对象相关知识体系的数字化呈现上来，建立"数字人文"新视角。后来，John Unsworth 教授在《什么是人文计算，什么不是》一文中对这一思想进行了详细阐述，尽管该文中使用的是"人文计算"，但是其定义恰好体现了与以往人文计算在本质上的不同，因而被很多人视为"数字人文"的经典定义。John Unsworth 教授认为，数字人文（人文计算）是一种由高效计算和人文交流需求共同决定的描述性实践，一种建模或模拟的方式，一种推理的途径和一系列本体化的约束①。

因此，"数字人文"可以看作"人文计算"基础上发展起来的与之相对的一个概念，"人文计算"关注人文社会科学领域计算机技术的应用，本质上属于计算科学，推动者大多是技术专家；而"数字人文"关注人文社会科学研究对象知识本体的数字化保存和应用，本质上属于人文社会科学，推动者主要是人文社科领域的学者。"数字人文"并不是要取代"人文计算"，而是在"人文计算"的基础上，围绕研究对象知识本体的数字化保存问题实现人文计算数字化成果和相关信息资源的深度整合。当然，"数字人文"和"人文计算"的界限并不清晰，很多时候取决于研究者的视角是什么，因为大多数实践项目可以同时从技术和人文两个角度进行探讨。

参照 John Unsworth 教授的定义，本篇所述的"数字人文"是指围绕人文社会科学领域特定研究对象知识本体数字化保存和应用所进行的相关信息资源采集、加工、组织、服务、研究、教育等活动总称。"数字人文"是知识管理思想通过数字化技术在人文社会科学领域的应用，是人文社会科学领域数字信息资源深度整合的结果，有助于弥补人文计算领域多学科分散研究的不足，有助于实现人文社科领域研究范式的转型，最终促进人文社会科学领域知识的创新和传播②。

2. 数字人文项目

"数字人文"是对人文社会科学领域本体数字化保存和应用领域的总称，必须通过具体学科的特定实践项目得以体现，本篇将这些项目被称为"数字人文项目"。"数字人文项目"一般具有以下特征：第一，面向主题（Subject Oriented）。与数字图书馆、数字档案馆为大众提供综合性信息服务不同，数字人文项目是围绕特定领域而建立的，追求对特定主题数字资源的深度描述和组织，因而必须是围绕特定问题进行的。第二，关注本体（Ontology Focused）。数字人文项目围绕领域知识结构模型进行相关数字信息的采集和组织，包含了设计者对特定领域知识体系结构的理解，可以基于本体模型进行高精度知识的智能推理，引导建设者由已知信息探索未知信息。因而，数字人文项目建设本身并不仅仅是单纯的数字资源保存项目，它同时带来的是相关领域研究方法和研究范式的重大变革。第三，基于数字仓储（Digital Repository Based）。数字人文项目所关注的特定研究对象知识本体由多种类型的数字信息资源通过系统化的组织方式得以实现，必须以体现该研究对象特征的知识仓储库为基础平台，支持基于数字仓储的各类应用。第四，跨学科整合（Cross-Disciplines Integration）。数字人文项目一般不进行数字资源学科属性的精确界定，不限定数字资源的保存形式和存储格式，不进行服务形式的人为区分，只要与主题相关都会被收集或采集。第五，多机构协同（Multiple Institutions Collaboration）。数字人文项目建设是一个系统工程，其数字仓储包含了数字图书馆、数字档案馆和数字博物馆与主题相关的各类数字资源，信息服务融合了数字图书馆、数字档案馆和数字博物馆的共同特征。同时，项目需要有专门的开发机构、高水平专家的支持、稳定的资金供给作为保障，需要多个机构相互协作才能完成。第六，持续

---

① John Unsworth 教授的原文为：Humanities computing is a practice of representation，a form of modeling or … mimicry. It is … a way of reasoning and a set of ontological commitments，and its representational practice is shaped by the need for efficient computation on the one hand，and for human communication on the other.

② 维基百科，Digital Humanities[EB/OL]. [2014－02－12]. http://en. wikipedia. org/wiki/Digital humanities.

性开发(Long-Term Development)。由于人类对知识探索的长期性,对特定领域本体的描述和数字化保存必然是长期的,只有建立在长期可持续管理体系基础上的数字人文项目才能及时反映人类对特定领域研究的最新进展,为用户提供的数字化信息服务才具备可信性。

3. 数字人文中心(Digital Humanities Center,DHC)

高校数字人文中心是高等学校为了支持数字人文项目生命周期当中的规划、立项、协调、建设和评价等环节的技术和管理需求,推进数字人文领域的协同创新而建立的专业性、综合性管理和服务机构。由于人文计算领域的广泛性,部分由具体学科特定人文计算问题专业化研究机构发展而来的数字人文研究机构也存在对外称"数字人文中心"的情况,这类机构一般有专职的专家和技术人员队伍,其本质是数字人文领域问题的学术研究中心(Academic Research Center),而并非跨学科协作意义上的数字人文中心。与面向具体学科领域的各类学术研究中心不同,本篇所述的数字人文中心一般情况下没有明确的研究范畴,其主要功能在于为信息技术领域和人文社会科学领域的专家学者提供沟通和交流的平台,为面向特定学科具体问题数字人文项目的构想和实施提供良好的技术和管理环境,相当于各类数字人文项目的"孵化器"。数字人文中心集多种职能于一身,例如:第一,保存数字人文项目信息资源的公共数据中心,搜集来自图书馆、博物馆、档案馆等信息机构的信息资源,通过数字化技术采集必要的信息资源,实现各类数字人文项目信息资源的集成存储;第二,推进数字人文项目技术实现的技术支持中心,形成人文社会科学专家提供需求和知识支持,计算科学专家提供技术方案和算法支持,数字人文中心技术人员负责技术实现的协同创新格局;第三,以"小众化、深层次"知识服务为特征的在线服务中心,在中心门户网站通过数字人文项目链接为特定用户群体提供基于知识管理的特定领域信息资源深层次信息服务;第四,进行多个机构和各类人员优化配置的协同管理中心,围绕数字人文项目建设协调各相关机构之间的关系,实现各类人力资源的合理配置;第五,促进数字人文领域知识和技能传播的教育培训中心,通过开展各类教育培训活动,增进不同群体之间的相互了解,强化社会大众的数字人文意识和相关工作技能。总而言之,数字人文中心就是为数字人文项目建设提供全生命周期技术和管理保障的协同创新服务机构。

4.1.2　国外数字人文中心的建设概况

数字人文中心建设起源于美国,西方发达国家在数字人文中心建设中所积累的成功经验对于我国尤其是高校数字人文中心建设具有重要的启示意义。

1. 国外数字人文中心建设的概况

数字人文是在人文计算的基础上发展而来的,早期主要关注人文领域文献计算机编辑索引、词典编纂、电子文本编码标准化 TEI(Text Encoding Initiative)等问题。20 世纪 90 年代,伴随着文本编码技术在美国女作家档案(the Women Writers Archive)、罗塞蒂档案(the Rossetti Archive)、威廉布莱克档案(The William Blake Archive)等文本和图片数字档案项目当中的成功应用,一些人文计算研究机构在美国相继成立。2004 年 John Unsworth 教授等人提出"人文计算"的概念以后,受到了美国人文基金会(National Endowment for the Humanities, NEH)的高度关注。NEH 与马里兰大学(University of Maryland)合作启动了人文社会科学信息基础设施建设项目,即"国际数字人文中心网络 CenterNet"(International Network of Digital Humanities Centers)。2008 年,美国人文基金会推出了"数字人文行动计划"(Digital Humanities Initiative),成立了专门的"数字人文办公室",资助美国学者和研究机构开展数字人文项目①。

美国人文基金会的"数字人文行动计划"使"数字人文"理念得以在美国和世界各国广泛传播，众多在人文计算领域具有长期积累的研究机构纷纷加入数字人文研究领域，一些高校为此专门成立数字人文中心，来推动各种类型数字人文项目的规划和实施。与此同时，在德国"文学和语言计算学会（The Association for Literary and Linguistic Computing，ALLC）"和"计算机和人文学会（The Association for Computers and Humanities，ACH）"基础上成立的国际数字人文组织联盟（ADHO）迅速发展壮大起来。根据 ADHO 成员单位 CenterNet 提供的数据，自 2007 年 3 月成立以来，该网络已经有来自全球 19 个国家超过 180 所大学的数字人文研究机构先后加入，目前 CenterNet 在亚太、欧洲、北美、英格兰及爱尔兰建立了分支机构。

从全球数字人文中心的分布情况来看，绝大多数的高校数字人文中心集中在北美和欧洲国家，澳大利亚和亚洲国家只有数量不多的专门研究机构。其中，国外较为知名的高校数字人文中心主要有：美国弗吉尼亚大学人文先进科技研究所、美国马里兰大学科技人文研究所、美国内布拉斯加大学林肯分校数字人文研究中心、美国斯坦福大学数字人文实验室、美国伊利诺伊大学香槟分校人文艺术与社会科学计算研究所、加拿大维多利亚大学人文计算与媒体中心、英国伦敦大学学院数字人文中心、英国伦敦国王学院人文计算中心、英国格拉斯哥大学人文科技信息研究所、英国谢菲尔德大学数字艺术与人文专门研究中心、德国哥廷根大学数字人文中心、日本立命馆大学日本篇化艺术数字人文中心等等。

2. 国外数字人文中心的主要特征

欧美国家将数字人文中心建设作为推动人文社会科学研究的重要举措，其数字人文中心建设模式的特征主要体现在以下方面：第一，数字人文中心建设主要是由综合性大学推动的，虽然数字人文中心发起机构可以有多种类型，但是从实践来看，同时有数字技术科学和人文社会科学学科的综合大学是数字人文中心建设的最主要推动机构；第二，数字人文中心的形成和发展背景各异，绝大多数定位于"跨学科协同创新服务机构"，数字人文领域极为广泛，因而数字人文中心主要依托机构的学科背景呈现出高度多元性特征，有的依托文学、艺术、历史、考古等学科系，有的依托计算机、信息管理等学科院系，有的则依托图书馆或信息中心等机构，也有的数字人文中心依托于数字人文领域行动计划推进办公室，但是，绝大多数的欧美国家高校数字人文中心的定位是协同创新管理服务机构，主要为所依托大学的相关学科之间互动提供服务，专职工作人员数量相对较少，绝大部分工作是由来自学科的各类人员兼职完成的；第三，"项目制"是数字人文中心运行的基本方式，中心通过具体的数字人文项目将不同学科的研究力量整合在一起，为数字人文项目的运行提供必要的技术和管理服务，并通过中心网站对外展示项目的研究成果，因此数字人文项目管理是数字人文中心最主要的工作内容；第四，大多数数字人文中心兼有多种职能，通过开展各种形式的活动促进信息技术和人文社会科学的融合，如举办数字人文领域的讲座、培训、参观、研讨，招收和培养研究生，召开相关学术会议，出版学术期刊等等。

4.1.3　我国数字人文中心的建设现状

"数字人文"是从欧美国家输入我国的新概念，"数字人文中心"建设在我国还处于起步阶段，机遇与挑战并存，相关问题还在探索之中。

1. 我国数字人文领域相关研究概况

尽管"数字人文"在学术界还是个新概念，我国多所大学的研究机构实际上已经在从事与这一领域

---

① U. S. National Endowment for the Humanities, Introduction of Center Net［EB/OL］.［2014 - 01 - 26］. http://digitalhumanities. org/centernet/about/.

相关的研究工作。1986 年,美国威斯康星大学华裔学者陈炳藻教授公开发表《电脑在文学上的应用:〈红楼梦〉与〈儿女英雄传〉两书作者用词的比较》一文之后,国内有多名学者用类似的方法进行过文学作品的计算机定量分析[①]。例如,施建军对鲁迅和瞿秋白的 18 部作品进行计算机聚类分析,总结出两位作家作品在用词方面的风格特征,武晓春研究了通过计算机识别文学作品作者的方法[②]。此外,北京大学中国语言学研究中心孔江平教授研究了中国语言资源数字化采集和保存的方法[③];北京师范大学周明全教授研究了秦兵马俑的数字化保护技术;中国科学院计算机研究所、武汉大学和浙江大学联手进行"数字敦煌"工程相关研究[④];中国艺术研究院建设了"西北人文资源环境基础数据库"等等[⑤]。这些研究是各学科学者对数字人文相关领域问题的分散探索,还没有从管理机制层面上建立专门的跨学科推进机构。

2. 我国数字人文中心建设概况

"Digital Humanity"在美国出现后,被我国台湾地区翻译为"数位人文",并将作为数字人文项目基础的数字资源库称为"数位典藏(Digital Archive)",以体现按照档案原则管理数字人文信息资源的思想。台湾地区于 2008 年启动了面向整个地区的"数位典藏科技计划"[⑥],先后召开了四届"数位典藏与数位人文国际学术研讨会",包括台湾大学在内的多所学术研究机构和博物馆参与了该计划,数字资源覆盖生物、考古、地质、人类学、档案、拓片、器物、书画、地图与遥测、善本、汉籍、新闻、影音、建筑等主题,通过综合性浏览网站提供给学术研究、教育推广和产业应用领域使用。作为"数位典藏科技计划"的重要内容,台湾大学"数位人文研究中心"于 2008 年成立,通过与台湾大学图书馆、博物馆、档案馆的合作,已经成功开发涉及明清档案、古契书、国民党党史、台湾老照片、植物标本、民族文化等为主题的多个数字人文项目,数字资源著录条目超过 183 万条。同时,中心还开发了官职对照表、中西历转换器、词频分析、多维度分类、年代分布图等增强检索、对比、呈现等效能的研究工具。中心还不定期举办工作坊、研讨、读书会、访问奖助计划等活动来加强数字人文研究学者之间的联系[⑦]。

2011 年 5 月,我国大陆地区首家高校数字人文研究中心在武汉大学正式成立,马费成教授出任主任,王晓光教授担任执行主任。中心致力于在全校范围内全力倡导和推动各类数字人文项目和交流,在数字人文基础理论与方法、数字人文相关技术与标准、数字人文通用软件和平台等领域开展深入研究,并在包括人文专题数据库和古籍文本数字化建设,基于 GIS 的历史地理信息可视化研究,基于数字古籍语义分析的历史与档案研究,基于文本挖掘与统计的文学、新闻、话语与传播研究,基于数据库的法律条文、文书、证词研究,基于语料库的计算语言学研究,基于视频捕捉、运动分析与虚拟现实的民族文艺研究,基于图像分析、色彩还原和数字重建的考古与历史建筑研究,基于互联网的学术出版、专题资料库与知识门户社区建设等方面开发各类数字人文实践项目[⑧]。

近年来,随着"全国高等学校创新能力提升计划(2011 工程)"的实施,部分在文化研究领域具有共同志趣的高校联合成立了数字人文领域的协同创新中心,例如中山大学、华中师范大学、厦门大学和哈

① 施建军.关于以《红楼梦》120 回为样本进行其作者聚类分析的可信度问题研究[J].红楼梦学刊,2010(5):318-325.
② 武晓春等.基于语义分析的作者身份识别方法研究[J].中文信息学报,2006(6):61-68.
③ 北京大学中国语言学研究中心网站,研究项目[EB/OL].[2014-02-14].http://ccl.pku.edu.cn/project.asp.
④ 敦煌石窟公共网,数字敦煌工程简介[EB/OL].[2014-02-14].http://tour.dha.ac.cn/aspx?Id=294885210346.
⑤ 人民网,西北建立人文资源数据库[EB/OL].[2014-02-14].http://www.people.com.cn/GB/paper39/12481/1122505.html.
⑥ 台湾地区数字典藏科技计划网站,介绍[EB/OL].[2014-02-14].http://www.ndap.org.tw/.
⑦ 台湾大学数字人文研究中心网站,中心介绍 EB/OL].[2014-02-14].http://www.digital.ntu.edu.tw/introduction.jsp.
⑧ 武汉大学人文社会科学研究院网站,武汉大学成立数字人文研究中心,推动数字技术深层融入人文社会科学研究[EB/OL].[2014-02-14].http://ssroff.whu.edu.cn/2011/0504/428.html.

尔滨工业大学联合成立的"文化遗产传承与数字化保护协同创新中心"①。这些协同创新中心本质上是围绕数字人文领域相关课题进行跨组织协作的学术研究机构，范围比"高校数字人文中心"更加广泛，运行机制也更为复杂。

总体而言，"数字人文"理念还没有被我国学术界广泛接受，就严格意义而言，目前我国建有"数字人文中心"的高校只有台湾地区的台湾大学和大陆地区的武汉大学两所。迄今为止，国内还有相当多的学者对"数字人文"一词存在误解，很多人仅仅将"数字人文"看作多个数字化领域的简单组合，没有认识到其面向本体进行数字资源深度整合的本质，也没有认识到作为文理协同平台的"数字人文中心"对高校学术创新的巨大推动力。我国数字人文中心建设机遇与挑战并存，随着武汉大学数字人文研究中心引领和示范作用的发挥，相信我国高校数字人文中心的数量将会持续增加，其潜力将会被逐步开发出来。

4.1.4 我国数字人文中心建设的建议

"数字人文中心"是推动数字人文领域研究工作的重要基础，随着学术界对数字人文的关注和了解，从高校内部跨学科协同创新层面建设"数字人文中心"，就成为推进数字人文领域研究和实践的重要任务。在综合国外数字人文中心建设经验的基础上，对当前我国数字人文中心建设建议如下：

1. 开展数字人文领域相关基础问题研究

从科技哲学视角研究数字技术和人文社会科学之间的互动关系，尤其是知识论、本体论在数字人文项目当中的体现方式。明确"数字人文"的研究范畴和学科特质，尤其是"数字人文"和"人文计算"、"文化遗产数字化保护"等领域之间的区别和联系。构建"数字人文"领域的理论体系框架和学科体系框架，明确"数字人文"与计算机科学、图书馆学、情报学、档案学、博物馆学、科研管理、文化管理等学科领域之间的关系。

2. 探索我国高校数字人文中心的建设规范

建议高等教育主管部门从职能定位、组织架构、运行机制等角度确立我国数字人文中心建设的基本策略和评价标准并向社会公布，鼓励各高校按照规范构建体现自身特色的数字人文中心。我国高校数字人文中心建设规范主要包括以下方面的内容：

职能定位。在探讨学术研究型"数字人文中心"和协同创新型"数字人文中心"的区别和联系的基础上，明确我国高校数字人文中心的职能定位。建议重点发展承担高校信息技术学科和人文社会学科跨学科整合中枢功能的协同创新型"数字人文中心"，并将学术研究型"数字人文中心"纳入协同创新型"数字人文中心"的运行体系当中。

组织架构。按照"跨学科、跨机构"集成整合的思想构建高校数字人文中心的组织架构。参照按照信息共享空间（Information Commons，IC）思想，构建高校数字人文空间（Digital Humanities Commons，DHC），基于中心门户网站搭建信息技术学科和人文社会学科学者之间的交流平台，实现数字人文项目和多学科专家团队之间的弹性组合、动态调整和优化配置。同时，要明确高校数字人文中心与科研管理机构、图书馆、博物馆、档案馆、信息中心等机构之间的关系，将数字人文中心纳入高校运行体制，最大限度利用好高校现有的各类信息资源。

运行机制。探索基于"数字人文项目全生命周期管理"思想的高校数字人文中心运行机制。高校数字人文中心内部可以按照行政管理、项目管理、数据保存、信息服务、教育培训等功能建立分支部门，建立各部门之间的协同工作机制。为了确保高校数字人文中心的顺畅运行，需要建立"高校数字人文行动

---

① 中国高校之窗. 华中师范大学合作启动"文化遗产传承与数字化保护协同创新中心"[EB/OL]. [2014-02-14]. http://www.gx211.com/news/201331/n9040128910.html.

计划领导小组"或"高校数字人文中心决策委员会"等跨机构合作机制,平衡数字人文项目建设过程中的各类利益关系,调动各类机构参与合作的积极性。

3. 建立我国数字人文项目资助体系

参照美国人文基金会"数字人文行动计划"的经验,在我国哲学与人文社会科学研究基金资助体系当中新增"数字人文专项研究资助项目",鼓励各高校以数字人文中心为依托,申报体现自身特色的数字人文项目,基金会择优予以资助。在此基础上,积极鼓励企业和个人参与部分市场开发潜力的数字人文项目,构建起国家社科基金、省区社科基金、高校科研基金和社会资助将结合的数字人文项目资助体系。

4. 构建数字人文项目评价与认证体系

数字人文项目管理是数字人文中心的核心职能,需要按照项目管理原理,围绕数字人文项目的目标构建项目评价体系。数字人文项目围绕人文领域研究对象的数字化保存问题展开,实现研究对象知识本体信息资源保存功能的数字仓储就成为数字人文项目标志性的研究成果。由于数字仓储库最终要通过网络向用户提供信息服务,所提供信息内容的可靠性和信息服务的可持续性等问题就成为评价数字仓储的重要因素。我国数字人文中心建设过程中,需要参考国际上已经发展成熟的"可信数字仓储(Trusted Digital Repository,TDR)"评价体系,制定我国数字人文领域的可信数字仓储评价标准并建立相关的认证机构。该体系建立以后,用户在科研过程中可以通过项目网页是否包含认证标志来判断是否引用该数字仓储提供的信息。

5. 开展数字人文领域复合型人才的培养和培训

数字人文是典型的交叉性领域,对从事数字人文研究和实践的人才素质有着较高的要求。例如,熟悉人文社科领域基础知识,有自己擅长的研究领域,要熟悉计算机技术,掌握数字常用软件操作,能够搭建技术架构,会编写计算机程序。同时,要对信息资源管理领域的知识有完整而清晰的理解,尤其是要熟悉知识库的构建原理。英国伦敦大学学院数字人文中心已经在招收数字人文领域的学术型硕士研究生、专业学位硕士研究生、博士研究生,并可以通过部分课程的学习获得数字人文领域的培训证书。鼓励我国高校数字人文中心,依托图书馆学、情报学、信息资源管理等学科的学位点,开展数字人文领域硕士研究生和博士研究生的培养工作[①]。同时,参照国内相关行业的职业认证制度,探索数字人文领域职业资格认证和培训相关问题。

6. 推进国内外数字人文领域交流与合作

在我国高校数字人文中心建设达到一定的规模之后,可以适时组建"中国高校数字人文中心联盟",在更大的范围内实现信息技术科学和人文社会科学资源的共享与交流。鼓励具备条件的高校数字人文中心加入 CenterNet、国际数字人文组织联盟 ADHO 等国际组织,参与数字人文领域的国际合作,学习国外高校数字人文中心建设的经验,提升我国高校数字人文中心的管理水平。

4.2 数字人文仓储的构建与实现研究

数字图书馆、数字档案馆和数字博物馆是公共文化机构应用现代信息技术整合传统资源而发展出的新服务形态,由于服务模式的相似性和业务范围的交叉性,它们的整合与共享一直是学术界思考的重要问题。目前,学术界对图书馆、档案馆和博物馆资源整合问题的思考大多基于垂直整合策略,即建立图书馆、档案馆和博物馆数字化联盟,基于三方公共技术平台进行相关信息资源的整合,通过一体化门

---

① 伦敦大学学院数字人文中心网站,UCL-DHC 数字人文领域硕士、博士研究生培养项目简介[EB/OL].[2014-02-14]. http://www.ucl.ac.uk/dh/courses/mamsc.

户向大众提供服务。然而，我国的图书馆、档案馆和博物馆机构隶属于不同的行政部门，各自为政的管理体制使垂直整合策略的实施面临巨大的阻力，短期内难以实现根本性突破。因此，在垂直整合策略之外，在不打乱现有公共文化机构管理秩序的前提下，探索新的整合模式就成为推动图书、博物、档案数字化服务融合研究和实践的迫切需要。

4.2.1　DHR 的建设背景

图书馆、档案馆和博物馆资源水平整合策略最典型的应用就是特色馆藏资源建设，一般是围绕主题进行相关信息资源的广泛搜集，图书、档案、文物都可能被纳入对应主题特色馆藏的范畴。由国家推动的文化信息资源水平整合可以追溯到 21 世纪初期启动的"国家文化信息资源共享工程"。2002 年 6 月，为了促进文化信息资源的传播和共享，国家文化部和财政部共同启动了"文化信息资源共享工程"，应用现代信息技术，将中华优秀文化信息资源进行数字化加工与整合，依托各级公共图书馆、文化馆（站）等公共文化设施，通过互联网、广播电视网、无线通信网等新型传播载体，在全国范围内实现中华优秀文化资源的共建共享。"文化信息资源共享工程"的主要任务是围绕特定主题整合相关信息资源，由各级分中心和站点开发具有区域文化特色的主题信息资源数据库或者网站并向社会大众提供浏览服务。各分中心和站点在进行特色主题文化资源库或网站过程中，信息资源来源具有广泛性，数字图书馆、数字档案馆和数字博物馆是其中最为重要的三个来源。基于主题信息资源库的文化信息资源共享模式在保障公民基本文化权益，满足社会大众基本文化需求方面发挥了重要作用，也面临着一系列迫切需要解决的挑战和问题。例如，文化信息资源库规范化程度低、文化信息资源著录深度不够、公众参与度不高等，亟待进行改革与升级，探索更加科学有效的文化信息资源保存和服务体系[①]。

"文化信息资源共享工程"是"社会信息化"进程中基于互联网进行的公共文化信息资源传播，目前正面临着"社会智慧化"潮流的巨大挑战。从需求角度来看，用户对文化信息资源获取和利用正呈现出一系列新的特征，主要表现在：(1) 集成性需求，即用户希望实现信息资源的集成获取，可以通过单一入口访问到原本需要从多个异构系统中逐一检索的各类文化信息资源；(2) 专业性需求，即用户希望不仅仅访问到文化信息资源的数据本身，还能够从中获取数据所蕴含的知识体系，从对文化信息资源浅层数据的关注过渡到对文化内容本身的关注；(3) 精确化需求，即用户希望信息检索过程中，计算机系统能够相对准确地理解用户的检索需求，尽可能减少自然语言歧义和多义现象对检索结果的干扰，为用户提供与需求基本一致的检索结果；(4) 智能化需求，即用户希望计算机系统可以基于某种推理规则，对检索结果进行一些智能化处理，例如同时提交近义词的检索结果等；(5) 互动性需求，即用户希望在接受文化信息服务的过程中不仅与技术系统进行交互，而且可以与领域相关人员有互动和交流，促进领域知识更好地理解和传播。

上述需求对"文化信息资源共享工程"的完善和升级提出了新的思路和方向。在数字图书馆、数字档案馆和数字博物馆等大众化数字文化信息服务难以满足特定群体深层次信息需求的情况下，依托文化信息资源共享工程的技术平台，建立面向主题领域的小众化、专业化、精细化、智能化的深层次信息服务模式，就成为公共文化服务体系的重要补充和潮流趋势，也成为文化信息资源服务创新的重要源泉。基于水平整合策略和数字人文理论，构建基于特定主题的文化信息资源数字仓储和面向用户群体深层次需求的多功能复合服务形态，就成为解决这一问题的重要思路。本篇将这种特定人文社科科学主题领域内，集数字图书馆、数字档案馆、数字博物馆等功能于一体的新型数字信息服务形态称为"数字人文

---

① 国家数字文化网，全国文化信息资源共享工程［EB/OL］.［2014 - 06 - 14］. http://www.ndcnc.gov.cn/gongcheng/jieshao/201212/t20121212_495375.htm.

仓储"(Digital Humanities Repository，DHR)，并对其建设背景、概念内涵、架构模型、实现思路等基础问题进行分析，进而探讨"国家数字人文基础设施建设工程"的策划和实施等问题。

4.2.2　DHR 的概念界定

"数字人文仓储"是与文化信息服务集成化、精细化、智能化潮流相适应的服务形态，其出现具有一定的必然性，对其概念和内涵的准确界定是进行理论和实践探索的前提条件。

1."数字人文仓储"的定义

"数字人文仓储"是"数字人文"与"数字仓储"两个领域的合成概念，是数字人文项目实现的技术基础，也是数字仓储技术在人文社科领域的应用方式。

"数字人文"是近年来西方国家逐步发展起来的新兴的研究领域，目前全球已经有超过 180 所大学相继成立了数字人文领域的研究和服务机构。"数字人文"是指围绕人文社会科学领域特定研究对象知识本体数字化保存和应用所进行的相关信息资源采集、加工、组织、服务、研究、教育等活动总称。"数字人文"的精髓就是在人文社会科学领域数字对象内容的深度整合的基础上开发与之相关的各类应用，满足用户群体的深层次需求。数字人文项目是数字人文建设的关键，一般具有六大特征：面向主题、关注本体、基于数字仓储、跨学科整合、多机构协同、持续性开发。因此，数字仓储是数字人文项目顺利进行的基础，也是数字人文项目研究成果展示的主要平台。

"数字仓储"是在数据仓库(Data Warehouse)基础上发展而来的一个概念。数据仓库是计算机科学发展多年的领域，是指面向主题的、集成的、稳定的、随时间变化的数据集合，主要通过对多种来源的数值数据进行集成保存进而为决策支持系统提供支持。把数据仓库的开放性和集成性特征应用到数字对象的管理和保存领域，就产生了"数字仓储"的概念。"数字仓储"是在网络环境下为各类数字对象提供保存和管理服务的系统，进行保存的数据内容和形式呈现出高度多样性特征。一般而言，数字图书馆、数字档案馆和数字博物馆只保存特定专业领域内的数据，而"数字仓储"是一种通用型的数据保存环境，与主题相关的各类文本、图片、音频、视频、网页等数据都可以被纳入保存的范畴。数字仓储可以分为机构仓储(Institution Repository)和领域仓储(Domain Repository)两种类型，前者是组织机构提供集成数据保存服务，例如为分散在各地的分支机构提供一体化的数据仓储服务；后者实现某一学科领域多类型数字对象的集成访问，例如根据特定主题或者特定学科进行学术资源的集成仓储。由于 Repository 含有知识库之意，所以数字仓储涉及的各类数字对象并不是简单的保存关系，而是要按照知识管理思想从内容层面上进行数字对象的深度整合。近年来，数字仓储领域发展迅速，大量基于 DSPACE、Fedora 等平台的数字仓储系统被开发出来，成为组织推行知识管理的基础技术架构。

综上所述，"数字人文仓储"是指在人文社会科学领域特定主题领域内，基于研究对象知识本体进行相关数字对象的采集、加工、组织和保存，并为对应用户群体提供集成化、专业化、精确化、智能化、互动化服务的信息系统及相关资源的总和。数字人文仓储是数字人文项目的信息资源基础，有助于推动人文社会科学领域数字对象深度整合，提高特定领域专业化信息服务的质量，满足目标用户群体深层次服务需求，从而促进数字信息技术与人文社科领域专业知识的融合，最终推动人文社会科学研究范式的转型。

2."数字人文仓储"与相关概念

"数字人文仓储"与一系列学术概念紧密联系又相互区别。

"数字人文仓储"与"文化信息资源库"。"文化信息资源库"是对集中保存和管理文化信息资源的技术系统的总称，常见的文化信息资源库大多基于网络环境，通过数据库或者主题网页来保存文化信息资源。"数字人文仓储"是文化信息资源库的一种表现形式，与常见的文化信息资源库按照主题分类进行信息组织不同的是，"数字人文仓储"是基于本体进行相关信息资源的采集和组织，文化资源对象所蕴含的知识体系也纳入保存范围，因而"数字人文仓储"可以看作建立在知识管理层面上的主题文化信息资源库，即主题文化知识库。

"数字人文仓储"与"数字图书馆"。由于 Library 一词具有多种含义，除了我们一般理解的主要用来保存图书文献的图书馆之外，Library 还包括了个人收藏、资料库等含义。如果从广义的角度来理解，"数字人文仓储"实际上也是 Digital Library 的一种表现形式。在实践中，很多本质上属于数字人文仓储的信息系统对外使用的名称是数字图书馆，例如美国弗吉尼亚大学藏学中心建立的"喜马拉雅数字图书馆"所收藏的信息资源并不限于图书、论文等文献资料，大量与藏学研究有关的图片、音频、视频等资料也在收藏的范围[①]。本篇认为，围绕特定主题进行信息资源服务多维度聚合服务与图书馆为社会大众提供基本图书文献资料信息服务具有存在多方面差异，其建设思路也是不同的，为了避免概念冲突，本篇从狭义视角进行数字图书馆概念界定。

"数字人文仓储"与"数位典藏"。"数位典藏（Digital Archive）"是我国台湾地区的学者在推动数字人文项目建设过程中提出的概念，其基本思想是通过信息技术手段将文化资源所蕴含的信息真实、完整地保存到长期可读的数字档案当中并提供与之相关的各类利用[②]。台湾地区于 2008 年启动了面向整个地区的"数位典藏科技计划"，先后召开了四届"数位典藏与数位人文国际学术研讨会"，包括台湾大学在内的多所学术研究机构和博物馆参与了该计划。"数位典藏"即"数字典藏"，就概念而言，"数字人文仓储（DHR）"与我国台湾地区的"数位典藏（DA）"的范畴基本一致，只是"数位典藏"更多强调对文化信息资源的档案化保存和管理，而对数字图书馆、数字博物馆相关的展示、互动等功能关注相对较少。

"数字人文仓储"与"文化遗产数字化"。"数字人文仓储"与"文化遗产数字化"都属于计算机等现代信息技术在文化资源保护领域的应用，但是"文化遗产数字化"主要强调文化遗产相关信息的数字化采集技术和过程，而"数字人文仓储"更多强调基于文化资源本体实现文化资源数字化成果的深度整合与共享。因此，"数字人文仓储"可以看作基于文化遗产数字化成果构建的主题领域知识库。

可见，"数字人文仓储"是与数字图书馆、数字档案馆和数字博物馆不同的一种文化信息服务形态，主要表现在：第一，数字人文仓储所保存信息资源的内容只限于具体的主题领域，而数字图书馆、数字档案馆和数字博物馆往往没有明确的主题，需要从服务大众的角度出发收藏各类主题的信息资源；第二，数字人文仓储所保存信息资源的形式极为广泛，可以囊括与主题相关的各类数字对象，无论这些数字对象的内容来自图书、档案还是文物，其格式是文本、图形、图像、音频、视频还是多媒体复合文件；第三，数字人文仓储要在知识管理层面上实现信息资源组织和保存，对信息资源标注要求比一般的信息管理系统要高，本质上是针对人文社科领域特定主题建立的文化知识库；第四，数字人文仓储提供的信息服务具有集成性特征，融合了数字图书馆、数字档案馆、数字博物馆、数字出版社、数字社群等在线信息服务的多重特征。

4.2.3 DHR 的体系架构

数字人文仓储是围绕特定主题构建的数字对象多功能复合服务形态，是多种数字化服务功能的融合与集成，根据数字人文仓储的定义和原理对其体系架构进行分析的结果如图 4-1 所示。

---

① 弗吉尼亚大学藏学中心，喜马拉雅数字图书馆[EB/OL].［2014-06-14］. http://www.thlib.org/.
② 台湾地区数位典藏科技计划网站，计划介绍[EB/OL].［2014-06-14］. http://www.ndap.org.tw/.

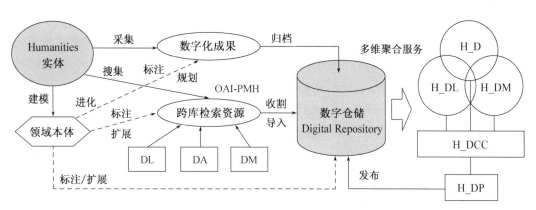

图 4-1　数字人文仓储的架构模型

图 4-1 所示的数字人文仓储模型整体分为人文实体界定、领域本体建模、人文实体数字化采集与归档、跨库信息资源搜集和导入、多源信息资源的知识组织和存储、多维度聚合服务等模块，各模块的主要任务简要介绍如下：

（1）人文（Humanities）实体。数字人文仓储是面向主题的，因而整个仓储必须围绕特定的研究对象进行，这个研究对象就是"人文实体"。人文实体可以分为多种类型，特定的学科、古籍、文物、建筑、绘画、音乐、舞蹈等都可能成为实体的表现形式，从而使数字人文仓储具有丰富多彩的形态。例如，"敦煌学数字仓储"、"《大藏经》数字仓储"、"唐卡数字仓储"、"故宫建筑艺术数字仓储"、"民歌数字仓储"等等。

（2）人文领域本体建模。数字人文仓储是通过信息资源的采集和组织实现人文实体的虚拟保存，因而建立人文实体的本体模型是构建数字仓储的重要基础。领域本体建模是一项复杂的任务，需要按照知识本体工程的规范和流程进行构建并根据实际应用情况进行持续完善。

（3）人文实体数字化采集与归档。在领域本体建模完成以后，就可以参照本体模型对人文实体数字化加工成果的类型进行详细规划，根据需要进行相关数字信息资源的采集。例如，通过摄影或二维扫描设备进行古籍、绘画等人文实体的数字化拍摄或扫描，通过三维扫描设备进行建筑、文物等的立体数字扫描，通过音频信息技术进行歌曲、语言等声音信息的数字化采集，通过视频拍摄或者动作捕捉技术对舞蹈进行数字化记录和采集。各类数字化采集成果根据数字仓储建设需求进行格式转换，基于领域本体进行知识标注后归档保存到数字仓储系统当中。

（4）跨库信息资源搜集与导入。除主动采集途径之外，从数字图书馆（DL）、数字档案馆（DA）和数字博物馆（DM）检索和导入也是数字人文仓储的重要来源。搜集来自数字图书馆、数字档案馆和数字博物馆的信息资源可以采用虚拟集成和实体导入两种方式，前者主要是基于开放文献元数据收割协议 OAI-PMH 进行元数据采集和处理，按照统一的界面对外发布，信息的访问仍然是从原有路径进行；后者是将相关文献信息资源进行下载和加工后导入数字仓储库，实现了数据的实体集成。在检索过程中，可以根据领域本体进行检索词的扩展，尽可能全面地搜集来自图书馆、档案馆和博物馆的相关信息资源。在转换过程中，需要基于领域知识本体对各类信息资源进行深度标注，以满足智能检索的需求。

（5）多源信息资源的知识组织与存储。从数字化采集、跨库搜集两种途径获取主题领域内的信息资源以后，需要基于领域知识本体进行各类信息资源的标注与存储，以实现人文实体各类属性在信息技术环境下的数字化再现。由于数据来源的多样性，采用统一的元数据格式成为信息共享的前提条件。具体采用哪种数据格式，需要根据人文实体的类型来判断，可以选择与该实体类型最匹配的一种元数据框架同时兼顾其余类型，例如文化遗产语义元数据模型 CIDOC CRM、电子档案描述框架 EAD 或者书目记录的功能需求模型 FRBR 等等。如果人文实体是某个学科领域，来自图书馆、档案馆和博物馆的信息资源数量都很多，则可以转换为通用型的元数据模型，如 Dublin Core，RDF 等等。

（6）多维度聚合服务。数字人文仓储通过对主题信息资源的搜集和保存，基于数字人文仓储平台，为特定群体提供多维度智能信息服务，满足用户群体的深层次信息需求。这里的多维度服务是指从用户群体而言，数字人文仓储平台提供的信息服务同时融合了多种大众化信息服务的资源和特征，主要有：① 主题数字图书馆（Humanities_Digital Library，H_DL），提供与主题相关的各类文献信息资源在线服务；② 主题数字档案馆（Humanities_Digital Archive，H_DA），提供与主题相关的各类数字档案在线服务；③ 主题数字博物馆（Humanities_Digital Museum，H_DM），提供与主题相关的各类场景和实物的在线展示服务；④ 主题出版社（Humanities_Digital Press，H_DP），提供与主题相关的各类图书、期刊的在线发布或发表服务；⑤ 主题社群信息中心（Humanities_Digital Community Center，H_DCC），为对主题有持续兴趣的目标用户群体提供沟通和交流服务[①]。

总之，数字人文仓储是在人文社会科学领域范围内为目标用户群体所提供的融数字图书馆、数字档案馆、数字博物馆、数字出版社、数字社群等功能于一体的小众化、集成化、智能化信息服务形态，是公共信息机构大众化信息服务的重要补充和深度拓展，具有重要的社会价值。

4.2.4　DHR 的实现思路

"数字人文仓储"是数字仓储在人文社科领域的具体应用，其实现必须综合考虑制度、技术和管理等多重因素，最终推动数字人文仓储在我国文化信息资源共享工程中的应用和发展。

1. 数字人文仓储的建设规范

数字仓储建设是涉及多种因素的系统工程，在技术、安全、管理等多个方面存在使信息服务不可持续或信息内容无法被信任的风险，为了确保数字仓储的可靠性，美国研究图书馆学会（RGL）在 1996 年就提出了"可信任数字仓储"的概念，并在 2002 年发布的研究报告《可信任数字仓储：属性与责任》中对其进行了详细阐述[②]。2006 年 12 月，德国 Nestor 项目组发布了《可信任数字仓储标准目录》，致力于保障数字信息存储的真实性、完整性、保密性、易获性。2007 年，美国国家文件与档案总署 NARA 与研究图书馆学会 RLG 联合发布了《可信任的馆藏审计和认证：标准和清单（TRAC）》，提出 3 大类共计 84 项认证规则。同年，欧盟的"数字欧洲保存项目（DPE）"发布了《基于风险评估的数字仓储审计方法》。2011 年，国际空间数据系统咨询委员会发布了题为《可信赖数字仓储的审计与认证》的技术报告。2013 年，国际标准化组织 ISO 发布了标准《ISO 16363 可信任数字馆藏的审计与认证》，首次提出了国际通用的数字仓储认证标准[③]。

数字人文仓储作为数字仓储的典型应用，建设过程中可以参照可信任数字仓储认证的国际标准，结合我国文化信息资源共享的现实需求，制定数字人文数字仓储的建设规范。一般需要从以下几个角度进行考虑：（1）组织体系，必须具有严密的组织体系和专业化的工作人员，在政策、资金、法律等方面能够提供长期而稳定的支持；（2）基础设施，数字仓储系统必须具有良好的软硬件配置并对存储过程中的各类风险有应对的措施和方法；（3）系统功能，数字仓储系统必须维护所保存的数字对象的完整性、真实性、可用性、保密性，确保数字对象在现在和未来可查找、可参考、可识别、可转换的能力。此外，考虑到数字人文仓储对领域知识专业性的要求，还需要构建必要的数字对象鉴定机制，通过专家团队和用户群体相结合的方式对数字对象内容可信程度进行判定，以保障通过系统发布的各类信息资源具有可靠性和可信性。

---

① 李广建，黄永文，张丽. IR：现状、体系结构与发展趋势[J]. 情报学报，2006，25(2)：236-241.
② 杨璐. 可信任数字仓储认证：必要性、标准和主体[J]. 北京档案，2014(5)：19-22.
③ 何欢欢. 可信数字仓储的构建与认证[J]. 情报资料工作，2008(6)：40-44.

2. 数字人文仓储的技术架构

数字仓储源于机构保存其多样性数据的基本需求，其概念提出以后得到了学术界和企业界的广泛关注，全球多家研究机构都曾经开发过数字仓储领域的应用软件，例如商用数字仓储软件有 ArchivalWare、CONTENTdm、DigiTool、VITAL 等，开放源代码的数字仓储软件有 DAITSS、Dspace、EPrints、Fedora、Greenstone、Keystone DLS 等。数字人文仓储构建过程中，需要结合人文实体对象应用需求进行程序模块开发，因而采用开放源代码软件较为适合。在开放源代码数字仓储软件系统当中，Dspace 和 Fedora 的应用最为广泛。

Dspace。Dspace(数字空间)是由美国麻省理工学院(MIT)和惠普(HP)公司联合开发的开放源代码数字对象存储系统，可以收集、存储、索引、保存、发布任何数字格式的永久性数字对象。Dspace 可以接受的电子化材料包括：论文与预印稿(Articles and preprints)、技术报告(Technical reports)、雇用证书(Working papers)、会议论文(Conference papers)、电子论题(E-theses)、统计数据、地理信息数据、Matlab 文件、图像文件、声频文件(Audio files)、视频文件(Video files)、学习资源(Learning objects)等等。Dspace 提供了"位存储"(Bit preservation)和"功能存储"(Functional preservation)两种不同的数字对象存储方式，位存储保证提交的数字材料没有任何改变；功能存储是随着时间的变化改变存储内容的格式，以保证数字对象可以通过最新的应用软件进行读取和利用。Dspace 中设定了很多数字空间群，工作人员被设定为"提交者"(Submitters)、"审核者"(Reviewers)、终审者(Coordinator)等角色，可以分派给不同的人去承担从而组成角色群或称"电子工作组"(E-person group)。Dspace 系统是一个开放源代码的软件平台，可以从其网站上免费下载，可以自由使用、复制和修改[①]。

Fedora。Fedora 即灵活可扩展数字对象仓储架构(Flexible Extensible Digital Object Repository Architecture)，是由美国康奈尔大学(Cornell University)和弗吉尼亚大学(Virginia University)合作开发的数字对象存储系统。数字对象(Digital Object)和仓储架构(Repository Architecture)是 Fedora 的两大核心概念，通过数据流将文本、图像、期刊、数据集、多媒体数据等数字对象及其操作封装起来。仓储框架是 Fedora 系统的整体结构，主要提供系统维护、访问、存储、安全、服务等模块。Fedora 广泛适用于图书馆、档案馆和博物馆的数字内容管理领域[②]。

参照 Dspace 和 Fedora 的技术架构，数字人文仓储的技术实现可以通过数据存储层、业务逻辑层和 Web 服务层三个层面来完成。其中，数据存储层主要是实现数字对象和保存并实现读、写、删等操作；业务逻辑层是对数字对象仓储相关的安全管理、工作流管理、内容管理、存取管理等功能进行界定和支持；Web 服务层是仓储功能的最终体现，需要围绕数字人文仓储实体对象的类型设计不同的应用形式，在领域范围内实现数字图书馆、数字档案馆、数字博物馆和数字出版社等功能的有机融合。根据数字人文仓储的定位，系统在实现过程中要基于知识管理理念和技术，发挥领域本体在数据处理和数字对象组织过程中的作用。

3. 数字人文仓储的推进策略

数字人文仓储是"国家文化信息资源共享工程"升级和创新的重要方向，可以有效解决层级文化信息资源库服务模式存在的信息量少、缺少深度关联、与用户群体互动少等问题，提高我国公益性数字文化服务的质量。根据数字人文仓储的特征，对于我国文化信息资源共享工程当中的应用和发展提出如下建议：

适应社会"智慧化"潮流，在"国家文化信息资源共享工程"基础上，策划和实施"国家数字人文基础

---

① 唐兆琦. 基于 Dspace 的机构仓储应用研究[D]. 上海：上海交通大学，2008.06.34-36.
② 林颖，Fedora 仓储体系研究及其拓展案例分析[J]. 现代图书情报技术，2005(8)：43-47.

设施建设工程"。从国家战略层面上分析数字人文仓储体系开发的重要意义，完成"国家数字人文基础设施建设工程"的顶层设计，通过数字化手段实现国家优秀文化资源在互联网上的全面记录和保存，为文化创新和传播奠定基础。建议在我国"文化信息资源共享工程"体系架构的基础上，规划建设若干体现我国特色文化资源的数字人文仓储，形成各类数字人文仓储资源相互补充、互相联系、交相辉映的格局。为此，需要对我国数字人文领域知识本体模型的构建做出统一规划，确定顶层本体模型的结构，各领域本体在参考顶层本体模型的基础上，由各领域数字人文仓储建设机构进行深度开发。

调动社会力量参与数字人文仓储开发，构建文化行政部门提供规划、公共文化服务机构提供平台、各类社会组织协同参与的新机制。目前我国文化信息资源共享工程主要由分布在全国各地的分站点负责进行文化信息资源库建设，缺乏领域专业化人才的参与，同时缺乏对用户需求的深入了解，部分地区的文化信息资源共享工程站点资源少，访问量不够，整体绩效差。建议变革各分站点全面负责信息资源库建设的做法，改由政府推动，社会力量建设，按照项目制推动数字人文仓储开发，调动社会各界参与数字人文仓储的积极性，充分发挥高等院校、研究所等专业化机构的优势和潜力。政府文化行政部门可以对区域内的数字人文仓储开发进行规划，通过向社会招标或者对机构选题进行筛选等方式，鼓励对特定主题有长期研究积累的机构负责该领域数字人文仓储建设，以提高文化信息资源库的专业性和权威性。

构建我国数字人文仓储的评估和认证体系。参照国际组织制定的可信数字仓储审计和认证准则，制定我国数字人文仓储评估的标准体系，开展我国数字人文仓储的认证工作。发挥数字人文仓储认证体系在仓储建设当中的方向引导、内部评估和外部评价等方面的作用，引导我国数字人文仓储建设向着规范、可靠和长期服务的方向发展。

第5章 社会记忆维度的图博档数字资源聚合策略

大规模数据聚合与关联是大数据时代公共信息资源服务的必然趋势。本章在介绍档案记忆观及其实践项目的基础上,提出数字社会记忆资源跨机构聚合问题,对其理论基础和博弈格局基础进行分析,构建了基于档案馆、图书馆和博物馆数字化协作机制的社会记忆资源跨机构聚合的战略框架模型并探讨了其技术实现的思路。本章的研究结论对于大数据背景下图博档案数字资源融合建设与服务具有一定的参考意义。

5.1 数字化社会记忆资源跨机构聚合机制

"大数据(Big Data)"是信息资源管理研究的前沿领域,其所具有的"总体代替抽样"、"关联分析处理"和"多维度聚合"等特征已经对各相关学科的研究思路产生了巨大的影响。大数据时代,图书、博物、档案管理工作的范畴将不仅仅局限于馆藏资源,通过信息处理手段进行数字资源的跨机构聚合与虚拟拓展,构建更加完整、细致的数字社会记忆资源库将成为图博档案数字信息资源管理与服务融合的重要职责。

5.1.1 数字化社会记忆资源跨机构聚合问题的提出

社会记忆(Social Memory)是社会学用来表述集体记忆形成、维持和传播现象的专用术语。社会记忆与档案之间具有密不可分的联系,从社会记忆视角来审视档案管理工作是档案学者重要的研究思路和方法,学界称之为"档案记忆观"。"档案记忆观"认为,档案是构成社会记忆最重要的载体,档案馆是社会记忆最主要的保存场所,档案工作者肩负着构建社会记忆主体框架的神圣使命,档案工作的理念和方法直接决定了社会记忆的构成和内容是否真实反映了社会实践,而可以被信任。

"档案记忆观"为档案学研究提供了新的分析视角,也为档案管理实践提供了新的工作思路。近十年以来,以武汉、广州、上海、大连等城市为代表的全国 50 余个城市相继启动了"城市记忆工程"项目,抢救性地收集反映城市发展并具有永久保存价值的文字、照片、录像和实物等档案资料,构建起全面反映城市记忆的多媒体档案信息资源系统[①]。2009 年以来,中国人民大学冯惠玲教授及其课题组提出了建设"中国记忆"数字资源库的倡议,即构建一个基于互联网的,以档案数字资源为主体,以文本、图片、音频、视频等各种形式记录反映我国悠久灿烂的历史文化和当代多彩的社会生活的,提供全民便捷利用的数字资源库。此后,冯惠玲教授多次以"中国记忆"数字资源库建设为主题发表演讲,在档案学界和档案管理实践部门当中引起了巨大反响和强烈共鸣[②]。

然而,无论是"城市记忆工程"还是"中国记忆"数字资源库建设过程中,档案馆都必须面对和处理与其有类似社会功能的图书馆、博物馆的关系问题。从档案本身的内涵来看,判断一个事物是不是属于档案范畴关键是看其是否具有原始记录性和保存价值,而不是看其收藏和保管的机构。因此,图书馆、博

① 丁华东. 档案记忆观的兴起及其理论影响[J]. 档案管理,2009(1):16-20.
② 冯惠玲. 档案记忆观、资源观与"中国记忆"数字资源建设[J]. 档案学通讯,2012(3):4-8.

物馆的部分藏品有可能同时具有多重属性的，既是知识载体、文化载体，又有可能是社会记忆的载体。例如，古代皇帝的圣旨在档案馆来看是档案，在博物馆来看是文物，在图书馆来看也是特殊类型的知识载体。因此，社会记忆的构成形式是多种多样的，档案是其中最主要的形式。除此之外，图书馆收藏的古籍、博物馆所收藏的文物都可能是社会记忆的载体。在传统技术条件下，同时具有两种或两种以上属性藏品之间的信息共享存在较大的难度，即使可以用简介、照片、复制件等方式进行信息交换，一般也是局限于较小的范围。

21世纪以来，伴随着社会信息化进程的推进，图书馆、博物馆、档案馆系统各自建设起了自己领域内的信息化项目，例如数字档案馆、数字图书馆和数字博物馆等等。信息技术的介入，在给公共信息服务带来诸多便利的同时，也为社会记忆资源的数字化整合提供了前所未有的机遇。在数字化环境下，藏品实体与藏品信息可以相互分离，从而使同一藏品的信息可以在多个数据库当中重复出现，访问者可以通过单一接口访问到尽可能全面的信息，无论这些信息相关的实体藏品保存在哪一类公共信息机构。对于社会记忆资源共享而言，就是要以档案馆所保存的数字档案为基础，通过与图书馆、博物馆等公共信息机构的数字化协作，将它们保存的具有档案属性的藏品信息也纳入档案馆的数字化服务体系，实现档案资源在更大范围内的整合，满足公众对档案信息查全率的需求，这就是数字社会记忆资源的跨机构聚合问题。大数据的概念正在迅速普及，实现数字社会记忆资源的跨机构聚合已经成为大数据时代图书、博物、档案管理工作的基础性需求。

数字记忆资源跨机构聚合旨在通过建立档案馆与图书馆、博物馆的协作机制，实现更大范围内的数字信息资源整合与服务。就学理层面而言，保存在图书馆、博物馆具有原始记录性和保存价值的藏品也属于档案。但是，这一概念难以得到图书馆和博物馆的认可，不利于协作共识的达成。因此，本章将其称为"社会记忆资源（Social Memory Resources）"，是指社会实践当中所形成和遗留下来的具有原始记录属性和保存价值的所有事物及其相关信息的总和，包括图书、文献、实物、建筑等等。此外，社会记忆资源的整合主要是借助数字信息技术实现的，这里所说的社会记忆资源实际上默认的形式是数字化形式，即"数字社会记忆资源（Digital Social Memory Resources）"，是采用计算机等数字化设备进行处理和存储的与社会记忆有关的各类信息资源。社会记忆资源数字化整合体系当中，资源的存储地点和服务方式并没有严格的对应关系，整体性公共记忆实际上是由分散于各类信息管理机构的社会记忆资源聚集而成，这些资源在整合过程中相对独立性并没有完全丧失。

5.1.2 数字化社会记忆资源跨机构聚合的理论基础

社会记忆资源跨机构聚合以公共信息机构的数字化协作为基础，并不是单纯的技术问题，它与整个社会的公共信息服务体制紧密联系，需要考虑和应对问题背后错综复杂的利益博弈关系，最终找到可以实现合作共赢的解决方案。档案馆、图书馆和博物馆是现代社会最重要的三类公共文化服务机构，它们在历史上有着相同的渊源，是古代的"守藏机构"随着现代社会的建立和人类社会分工的日益细密而出现分化并各自发展起来的三个独立的文化服务体系。由于业务模式的相似性和业务领域的交叉性，尽管在我国隶属于不同的行政体系，推动档案、图书、博物业务的协作一直是学界关注的重要问题。

在国外，图书馆、档案馆和博物馆通常被合称为LAM，多个国家的政府和各类国际组织在推动LAM合作方面做了大量工作，例如：英国于2000年成立了博物馆、图书馆和档案馆理事会（MLA-Resource）以推动和指导三类机构之间的合作；美国于2003年修改了《博物馆图书馆服务法》（Museum and Library Services Act，MLSA），从法律层面上确保博物馆和图书馆的持续合作；西班牙成立了名为FESABID（西班牙档案学、图书馆学、文献学和博物馆学协会联盟）的组织，目的是推动图书馆、文化管理中心、档案馆、博物馆的协作；德国于2001年成了名为EUBAM的专业组织，目标是推动在德国国内和欧盟各国两个层面推动图书馆、博物馆、档案馆、美术馆在文化科学信息领域的合作；加拿大于 2004 年颁布了《加拿大图书档案馆法令(Library and Archive of Canada，LAC)》，实现了国家图书馆和档案馆的正式合并；欧盟于 2005 年宣布实施"欧洲文化和科学内容数字化协作行动计划"，推动档案馆、图书馆和博物馆等文化机构数字化服务的协作。在研究领域，基于开放关联数据(Linked Open Data)的图书、博物、档案数字资源整合模式成为近年来 LAM 合作领域研究的焦点和潮流。2011 年 6 月，第一届"国际图书馆、档案馆、博物馆开放关联数据峰会(The International Linked Open Data in Libraries，Archives & Museums Summit，简称 LOD-LAM)"在美国旧金山举行，旨在促进开放关联数据在 LAM 整合方面的研究和应用。第二届 LOD-LAM 峰会于 2013 年 6 月 19～20 日在加拿大的蒙特利尔市举行。

欧美国家在 LAM 整合领域的实践和研究代表了这一领域的国际潮流，对我国档案馆、图书馆和博物馆的数字化协作，尤其是基于三馆资源进行社会记忆资源整合具有非常重要的借鉴价值。但是需要注意的是，档案馆、图书馆和博物馆协作问题不仅仅是单纯的数字资源整合问题，三类公共文化服务机构是否可以有效协作，实际上反映的是相关国家公共文化管理体制的差异性，切不可简单照搬。武汉大学的刘家真教授认为，各自为政的行政管理体系是我国图书馆、博物馆、档案馆资源整合的第一大障碍；尽管从理论上说，"中国数字图书馆"应该成为整合各类资源的中心平台，但是在实践中该项目却很难整合来自档案馆和博物馆的数字资源。造成上述现象的主要原因在于在我国的公共文化管理体制当中，图书馆隶属于文化行政机构(部、厅、局)；档案馆隶属于各级档案行政机构(局)，历史博物馆隶属于各级文物行政机构(局)，自然科技类博物馆隶属于科技行政机构(部、厅、局)，军事博物馆隶属于原解放军总政治部。如此复杂的隶属关系是欧美国家 LAM 资源整合很少遇到的情况，因而其研究所关注的大多是技术问题，然而体制障碍的协调恰恰是我国档案馆、图书馆和博物馆资源整合的关键所在。

因此，从战略层面上全面审视我国档案馆、图书馆、博物馆协作过程中各类利益主体之间的博弈关系，在顺应 LAM 整合领域国际潮流的同时，探索出可以为相关各方所共同接受同时又可以发挥各自优势的体系架构，保障图书、博物、档案数字资源建设和数字化服务的可持续发展，是解决社会记忆资源跨机构聚合问题的当务之急。

5.1.3　数字化社会记忆资源跨机构聚合的战略框架

由于业务领域的交叉性，档案馆、图书馆和博物馆所收集和保存的信息资源存在着相互交叉现象。例如，档案馆所收藏的某古代文书同时属于图书馆古籍管理的范围，也属于博物馆系列对应主题文物藏品范围。从提升资源完整性和强化专业优势的角度出发，三类机构都有扩展其收藏范围的需求。由于档案馆、图书馆、博物馆的藏品当中都有助于强化其他两类机构专业化优势的信息资源，推动机构之间的信息交换、优势互补是三类机构的共同需求，符合相关各方的长远利益，是公共信息资源服务领域的必然趋势。

然而，按照"经济人"的观点来分析，档案馆、图书馆与博物馆是数字化协作的三类行为主体，分别隶属不同的行政机关管辖，在参与数字化协作的过程当中，都有各自的利益诉求。例如，档案馆、图书馆和博物馆在各自的数字化项目建设过程中，对数字化信息收集和保存的目标各有侧重：数字档案馆的目标是构建数字化社会记忆资源库；数字图书馆的主要目标是构建公共知识资源库；数字博物馆的主要目标是构建公共文化资源可视化展示平台。因此，社会记忆资源的跨机构聚合核心矛盾是要兼顾各方利益，实现协作共赢，应该考虑到相关各方的利益诉求，在实现体系整体价值实现的同时，要保证所有参与协作的各方都能够从协作当中受益，从而使相关各方都有足够的动力参与协作，完成协作要求的各类任务。

在档案馆、图书馆和博物馆的数字化协作博弈格局当中，大致需要权衡以下因素：第一，协作是不是有利于强化各自的专业优势。档案馆、图书馆和博物馆的业务形式上具有相似性，但是在本质上还是存在较大差别。图书馆主要是知识资源集中保存和传播的场所，其特色体现在资源的丰富性和服务的综合性；档案馆是档案材料集中保存和利用的场所，其特色主要体现在资源的证据价值和社会记忆的建构功能；博物馆是各类文化资源实体集中保存和展示的场所，其特色主要体现在资源的实体性，其服务强调直观性和视觉冲击。如果数字化协作导致某一类机构专业优势的削弱和丧失，则这类机构就可能拒绝参与协作。第二，协作是不是意味着对前期项目的否定。近年来大量的数字档案馆、数字图书馆和数字博物馆项目建设都已经启动，各类机构在其中都已经投入了大量成本，如果数字化协作会削弱甚至取代这些项目，则相关机构也有可能拒绝参与协作。第三，是不是已经做好应对协作风险的准备。例如，知识产权问题是目前困扰图书馆、博物馆、档案馆数字化协作的问题之一，如果在协作之前没有就知识产权保护以等问题达成一致，则有可能导致严重后果。此外，数字档案馆对信息的安全性要求较高，如果数字化协作的信息安全程度达不到要求，则档案馆可能放弃参与协作。总之，基于档案馆、图书馆和博物馆数字化协作的社会记忆资源聚合机制的构建需要综合考虑各方的利益需求，尽最大的可能探索满足各方需求的协作模式。

基于以上分析，社会记忆资源跨机构聚合意味着档案馆要通过和图书馆、博物馆的相互协作实现资源交换，将图书馆、博物馆所保存的具有档案属性的信息资源纳入数字化资源体系，提高社会记忆资源的完整程度。作为回报，档案馆需要在协作体系当中，按照法律规定将图书馆、博物馆所需档案资源数字化成果提供给它们。这样就构成了由三个主体两两连接的数据交换网络。这种数据交换结构的优点是组织起来比较简单，只要其中两个主体达成数据交换协议就可以进行。但是，这种模式的缺点也非常明显，首先，由于对其他机构收藏的信息资源缺乏详细了解，往往不能明确向对方表达自己的数据需求，主体间沟通和协调的任务较重。其次，这种交换模式的数据交换采用的是资源数据的直接交换方式，如果是多媒体数据则速度较慢，且交换后的知识产权维护难度较大。再次，其中的一方如果需要向另外两方提供同一馆藏的数字化信息，则至少需要进行两次数据交换，存在重复劳动现象。针对以上问题，对这种结构进行改良后，在体系当中增加一个协作中心，三个主体都只需要向中心发布自己所保存资源的元数据，由其余两方通过元数据来进行服务链接，增加服务的覆盖面，而资源本身存储的位置并没有发生改变。此外，考虑到目前数据资源的聚合以知识层面的聚合为趋势，档案馆、图书馆和博物馆数字化协作过程中，也应该考虑到知识整合需求，采用具有语义映射和知识标注功能的元数据结构。基于档案馆、图书馆和博物馆数字化协作的社会记忆资源聚合机制的战略框架如图 5-1 所示。

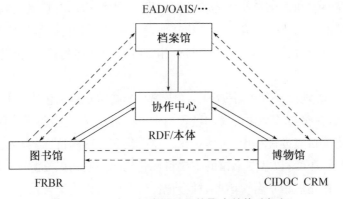

图 5-1 社会记忆资源跨机构聚合的战略框架

图 5-1 中,档案馆、图书馆和博物馆之间通过协作中心联系在一起,以协作中心为中介实现数据交换。三类机构共同向协作中心发布自己的元数据,协作中心将元数据转换成为 RDF 格式以便进行多用途利用。档案馆从协作中心当中寻找具有档案属性资源的元数据,将其再度转换成为档案元数据的存储格式,例如 EAD、OAIS 模型数据格式等等。按照知识管理需求,可以由档案馆、图书馆、博物馆建立联合知识本体,由相关各方对保存的元数据进行语义映射,从而为知识检索和智能服务奠定基础。目前图书馆的 FRBR 模型、档案馆的 CIDOC CRM 模型都是比较成熟的语义元数据模型。档案管理领域 EAD、OAIS 模型虽然比较成熟,但是属于二维结构的元数据模型,还不能表现数据项之间的复杂语义关系,迫切需要以现有二维元数据模型为基础,结合本体思想设计能兼容二维元数据档案语义元数据。为了满足社会记忆资源的跨机构整合的需要,可以将其定义为社会记忆资源语义描述框架模型。目前,这一问题已经得到了相关学者和研究机构的重视,相关的研究项目已经启动,但是比较成熟的社会记忆资源语义描述元数据框架模型还没有出现。

此外,基于本体的数字资源整合是知识整合的主流技术,建立相关专业领域的本体模型是进行知识整合的前提和基础。本体模型的建立是个系统工程,可以参考现有的通用本体模型,也可以在三类公共信息机构现有的叙词词表的基础上实现本体模型的开发,经过在使用过程中进行学习和进化最终作为语义标注的基础。

5.1.4 数字化社会记忆资源跨机构聚合的实现思路

社会记忆资源跨机构聚合的关键是实现社会记忆资源保存和社会记忆资源服务分离,实现档案馆社会记忆资源的虚拟拓展。资源与服务相分离可以借助目前广泛使用的关联数据(Linked Data)技术来实现。关联数据是万维网的发明人蒂姆·伯纳斯-李(Tim Berners-Lee)提出的一种万维网发布数据方式,可以看成语义 Web 的一种实现方式。关联数据一般要求采用 RDF 数据模型,利用 URI(统一资源标识符)命名数据实体,发布和部署实例数据和类数据,从而可以通过 HTTP 协议揭示并获取这些数据。关联数据采用开放档案元数据收割协议使"数据提供者"与"服务提供者"相分离①,见图 5-2。

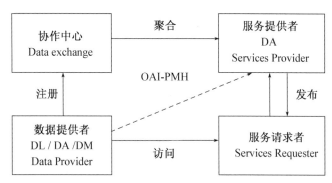

图 5-2 基于 OAI-PMH 社会记忆资源服务

如图 5-2 所示,档案馆、图书馆、博物馆通过协同中心进行元数据注册,同时通过协同中心获取自己需要的元数据,经过整合之后通过各自的网站向用户进行服务发布。对社会记忆资源集成服务而言,用户通过数字档案馆 DA 的服务界面进行档案信息检索,如该信息是数字图书馆和数字博物馆所提供的,则从对应机构的服务器上调取数据。按照 OAI-PMH 协议,所有的资源都是用 HTTP 协议网址来标识的,即使通过其他机构的服务器提供了信息服务,用户也不一定能够感知到其差异性。以数字化协

---

① 魏彬,张明果. OAI-PMH 协议在数字资源共享中的应用[J]. 情报杂志. 2005(8):68-70.

作机制为基础，用户只需要通过数字档案馆的服务门户就可以访问到三类机构当中保存的所有具有档案属性的所有社会记忆资源。在上述结构当中，档案馆、图书馆、博物馆的数字化协作并不是对三类机构各自领域数字化工程的否定，而是通过协作资源进行了虚拟拓展，可以提供给用户的资源更加全面、强化各自的专业优势，因而是对三类机构都有利的共赢方案。

当然，技术方案仅仅是社会记忆资源跨机构聚合系列问题之一。要实现基于档案馆、图书馆和博物馆的数字化协作机制的社会记忆资源跨机构聚合，必须依靠三类机构之间的战略整合让三类机构各自的行政管理机构就数字化协作各类问题达成共识。在执行的过程中，还必须建立科学合理的组织机构，解决好标准规范问题、知识产权问题、信息安全问题，才能最终实现"1＋1＋1＞3"的效果。

5.2 城市记忆工程2.0理论与实践初探

智慧城市(Smarter City)是以物联网、云计算等新一代信息技术为基础，通过对城市构成要素相关信息的全面感测和高度整合，支持社会成员的科学决策和协同运作，推动产业发展和社会管理持续创新的城市发展形态[①]。智慧城市的本质是以信息为中介提高社会活动的科学化、理性化和精准化程度，实现城市各类资源的优化配置。在大数据时代，智慧城市的实现必须以尽可能完备的社会记忆信息为基础，使得城市社会生活中的机构和个人可以实时掌握城市各类要素的状态，了解某领域社会系统运行的客观规律，为科学决策奠定基础。上述需求对以抢救城市历史记忆为主题的"城市记忆工程"提出了诸多挑战，结合智慧城市建设推动传统城市记忆工程的拓展和升级，构建广覆盖、多维度、多层次的现代城市社会记忆体系，已经成为智慧城市基础设施建设的重要内容。

5.2.1 城市记忆工程1.0的建设概况

"城市记忆工程"是档案记忆观在城市文化管理领域的实践形式，在城市文化记忆留存方面发挥着重要作用，这里将这种以抢救城市历史记忆为主题的城市记忆工程称为"城市记忆工程1.0"。

1. "城市记忆工程1.0"的发展历程[②]

20世纪末期以来，从社会记忆视角审视档案管理工作逐渐成为全球档案事业发展的新潮流。1992年联合国教科文组织启动了著名的"世界记忆工程(The Memory of World)"，主要任务是保护和保管在世界范围内具有较大影响的手稿、档案、古籍等珍贵文献遗产。与此同时，伴随着我国各地城市建设进程的加速，城市面貌日新月异，城市历史记忆留存面临着前所未有的挑战。受到"世界记忆工程"的启发和影响，我国多座城市的政府部门启动和实施了旨在抢救和留存城市历史记忆"城市记忆工程"(Urban Memory Project)。据上海大学丁华东教授研究，我国的城市记忆工程缘起于当代著名作家和画家冯骥才先生1999年发起的以"抢救天津老街"为主题的系列文化保护活动。2002年，青岛市政府率先启动了"城市记忆工程"，通过摄像、照相等技术手段，全面记录21世纪初期青岛的城市面貌，在国内率先形成了规模化的城市面貌档案库，为档案管理部门参与城市记忆构建积累了宝贵的经验。2003年，武汉市档案局启动了"城市记忆工程"，收集和拍摄了大量反映城市原貌、旧城改造、历史建筑和街区等主题的档案资料。2004年，广州市城建档案馆启动了"广州城市记忆工程"，以数据库、电视专题片、照片、画册展览等多种形式记录广州城市历史面貌的变化。2005年，上海市档案局将"城市记忆工程"列入《上海市档案事业十一五发展规划》，建设包括"世博会档案"在内的多种形式的档案资源保存体系，

① 吴胜武，闰国庆，数字城市：技术推动和谐[M]．杭州：浙江大学出版社，2010.10：11-13.
② 王红敏，世界记忆工程概述[J]．中国档案，2003(10)：11.

完整记录上海城市发展的历史轨迹。同年,长沙市政府启动了"城市记忆工程",构筑全面反映长沙城市风貌的档案信息资源系统。2006年,济南市档案馆启动"城市记忆工程",通过照片、录像等方式集中展示老街巷、古建筑、特色民居、泉水、商铺等历史原貌。2008年,重庆市档案局启动"重庆市城市数字记忆"工程,建设覆盖全市的分布式档案信息资源共享体系。同年,辽宁省丹东市启动"城市记忆工程",建设全面系统反映丹东历史发展进程的档案资源体系。根据2007年在上海举办的"档案与城市记忆"研讨会公布的数据和近年来相关新闻报道,目前我国已经开展"城市记忆工程"的城市有北京、上海、天津、重庆、武汉、广州、沈阳、太原、长沙、福州、大连、青岛、柳州、南通、苏州、威海等50余座城市,在构建城市历史记忆,延续城市"文脉",提升档案部门影响力等方面发挥了重要作用①。

2."城市记忆工程1.0"的不足之处

"城市记忆工程"反映了我国各地政府部门社会记忆构建和保存意识的觉醒,具有积极的社会意义和深远的社会影响。但是,受到行政体制等因素的制约,目前我国各类城市开展的"城市记忆工程"在运行模式上存在诸多不足之处,主要体现在以下方面:(1)普遍存在"先实践、后总结"的问题,理论准备相对不足,对一些基础性的问题理解还没有完全取得共识。例如,尽管各地的"城市记忆工程"已经取得了相当显著的成就,但是对于究竟什么是"城市记忆","城市记忆"通过什么形式来体现,"城市记忆"应该如何构建和留存等基础性问题仍然缺乏较为清晰的理解。(2)绝大多数由所在城市的档案行政机构推动,由市级综合档案馆或城建档案馆负责实施,与其他城市记忆相关机构的合作较少。尽管不同城市的"城市记忆工程"推进机制实现形式上有所差别,其共同特征是档案管理部门承担着核心功能,推动"城市记忆工程"的机构类型较为单一,例如与城市记忆紧密相关的博物馆、图书馆等公共文化机构很少参与这项工程。(3)绝大多数"城市记忆工程"采用的是技术主义视角,缺乏对城市记忆构建和留存过程中深层次管理问题的关注和思考。例如,"城市记忆工程"大多重视城市记忆信息资源的单次采集和保存,将"城市记忆工程"等同于城市记忆主题档案信息资源管理系统的开发和建设,却忽视城市记忆资源采集和保存过程中各类复杂关系的协调和梳理,而后者才是真正理解和构建"城市记忆"的关键所在。(4)"城市记忆工程"的工作重点是采集和保存反映城市面貌的各类图片、视频、文字材料等档案信息资源,保留城市的历史记忆和文化记忆,对其余类型的城市记忆资源关注不够,城市记忆工程在城市生活当中渗透程度不够。"城市记忆"是内涵非常丰富的术语,除了历史记忆和文化记忆之外,还有大量属于城市记忆的信息资源没有被纳入"城市记忆工程"的范畴之内。例如,对市民生活具有重要参考价值的交通历史数据、气象历史数据、物价历史数据等档案信息普遍不在"城市记忆工程"关注的范围之内,因而城市记忆档案信息资源服务社会的能力会受到一定程度的制约②。

5.2.2　城市记忆工程2.0的概念与特征

"城市记忆工程"在推进城市管理智慧化的道路上已经迈出了重要一步,其历史贡献应该得到充分的承认和肯定。但是,随着大数据时代的到来和智慧城市建设的推进,这种模式已经不能满足大规模数据智能分析的需要,顺应时代潮流进行传统"城市记忆工程"的拓展和升级成为大势所趋。

1."城市记忆工程2.0"概念的提出

"智慧城市"是为了满足大数据时代城市系统数据大规模智能分析的需要,在"数字城市"的基础上发展出来的新概念,是工业化、信息化和城镇化高度成熟和深度融合的产物。自2008年IBM公司发布《智慧城市白皮书》以来,全球有超过200个城市先后加入探索和实践"智慧城市"的行列当中。2009年

---

① 丁华东,尹雪梅.城市记忆工程开展现状的调查与分析[J].档案管理,2011(5):50-53.

② 同①.

至今，我国有多座城市先后启动了与"智慧城市"相关的城市信息化项目，掀起了建设"智慧城市"的热潮。例如，北京市启动了"感知北京"示范工程；上海市以世博园为契机，推进智慧城市样板工程建设；深圳市启动了"智慧深圳"的建设任务；无锡市提出了打造"传感网示范城市"的目标；武汉市启动了"智慧城市"建设规划。据统计，我国所有的一线城市，50%的二线城市的信息化建设规划当中都包含有"智慧城市"的相关内容。可以预见，智慧城市建设将成为未来一段时期我国绝大多数城市信息化建设共同面临的重要任务[①]。

根据 IBM 公司的研究，"智慧城市"的核心特征在于充分运用信息和通信技术手段感测、分析、整合城市运行核心系统的各项关键信息，从而可以对社会大众在日常生活、城市服务、公共安全、环境保护、工商业活动等领域的各种需求做出智能响应，为人类创造更美好的城市生活。一般而言，"智慧城市"必须符合四个基本特征：(1) 全面感测，由分布在各处的传感器和智能设备对城市运行的核心系统进行测量、监控和分析；(2) 深度整合，实现物联网、互联网、电信网、电视网、能源网等多种类型网络的融合，实现各种来源、各种类型信息资源的充分、便捷共享；(3) 协同运作，城市系统各类参与者围绕公共信息平台进行高效协作；(4) 激励创新，依托智慧基础设施进行业务领域和生活领域的持续创新。因此，构建智慧城市社会记忆基础设施平台，全面采集、记录城市运行过程中各种类型要素的状态信息，妥善保存各类要素运行发展的历史数据，就成为智慧城市建设最重要的基础性工作。上述任务与我国"城市记忆工程"的目标和任务具有一定的相似之处，这里将其称为"城市记忆工程2.0"。由于"城市记忆工程 2.0"是"城市记忆工程"在智慧城市建设背景下的拓展和升级，为了便于表述，本节将以记录城市面貌、留存城市历史记忆为主题的传统城市记忆工程简称为 UMP1.0(Urban Memory Project 1.0)，而将面向智慧城市建设需求的新型城市记忆工程简称为 UMP 2.0(Urban Memory Project 2.0)，即"智慧城市记忆工程"。

综上所述，"城市记忆工程 2.0"是为了满足公民和社会组织在城市生活中的智能决策需求，对城市社会系统各类构成要素的状态信息和历史信息进行全面感知、记录、采集和保存的所有技术和管理活动的总称。根据软件工程原理，输入端的数据质量决定了信息系统的整体质量（Garbage in，Garbage out）。"城市记忆工程 2.0"处在智慧城市建设任务的底层，是智慧城市大规模数据流的源头，其核心功能是为城市系统各类应用提供大规模基础数据，是各类智能分析软件和决策支持系统功能得以发挥的前提条件，因而是智慧城市建设成败的关键环节。

2. UMP 2.0 与 UMP 1.0 的联系与区别

"城市记忆工程 2.0"是"城市记忆工程"的升级版，两者之间具有一定的承接和延续关系，主要体现在：(1)"城市记忆工程 2.0"与"城市记忆工程"的核心目标都是真实记录和保存城市系统的状态和变化，满足公民和各类社会组织对此类信息的利用需求。(2)"城市记忆工程 2.0"与"城市记忆工程"都与档案学、档案工作者具有密切的联系。"档案记忆观"认为，档案是构成社会记忆最重要的载体，档案馆是社会记忆最主要的保存场所，档案工作者肩负着构建社会记忆主体框架的神圣使命，档案工作的理念和方法直接决定了社会记忆的构成和内容是否真实反映了社会实践而可以被信任。因此，尽管工作范畴和工作方法有所不同，"城市记忆工程 2.0"与"城市记忆工程"都离不开档案学理论与方法的指导，离不开档案工作者的参与和努力。(3)"城市记忆工程 2.0"与"城市记忆工程"对构成社会记忆的信息资源所采用的评价标准是一致的，即记忆信息凭证效力的保障程度，要对信息资源的真实性（Authenticity）、原始性（Originality）、可靠性（Reliability）、完整性（integrity）、可用性（accessibility）、安全性（Security）等属性做出判断。

① 朱虹．我国智慧城市发展现状与标准化建设思考[J]．标准科学，2013(11)：10 - 13．

"城市记忆工程2.0"是为了适应智慧城市建设需求而对"城市记忆工程"进行的改进,在诸多方面与"城市记忆工程"有所不同,主要体现在:(1)"城市记忆工程"是对城市面貌、城市特色等相关主题社会记忆信息的选择性采集和保存,而"城市记忆工程2.0"着眼于对城市系统运行状态信息的全面记录和保存。"城市记忆工程2.0"的工作目标是构建城市系统各类要素状态和变化信息的采集和保存体系,为智慧城市提供基础数据支持,其范畴比"城市记忆工程"更加广泛,"城市记忆工程"所关注的城市面貌、城市文化等信息只是"城市记忆工程2.0"社会记忆信息资源体系当中的一个组成部分。(2)与"城市记忆工程"由档案管理机构单独推动不同,"城市记忆工程2.0"是在档案管理机构的规划和引导下由城市系统当中的多类机构和个人协同推进的,其目标是实现城市社会记忆系统的多主体共建共享,因而更加复杂和困难。(3)"城市记忆工程"主要的成果是以一次集中采集的信息资源为基础构建的城市记忆资源库,而"城市记忆工程2.0"的工作成果除了城市记忆基础设施平台之外,更重要的是建立各类机构和个人在社会记忆采集和利用过程当中的长期、稳定的协作机制。(4)"城市记忆工程"是按照主题进行相关信息资源的采集和组织,对社会记忆信息完整性关注相对较少;而"城市记忆工程"要为智慧决策提供支撑,因而要细化到按照城市系统要素本体进行信息采集和组织,最终目标是要构建对应事物的知识本体。(5)"城市记忆工程"重在城市文化记忆和历史记忆的留存,其服务社会的功能相对较弱,而"城市记忆工程2.0"着眼于支持城市系统的智能分析和智慧决策,与大众生活联系较为紧密,"城市记忆工程"所忽视的日常生活当中的各类业务记录信息都在"城市记忆工程2.0"所关注和采集的范畴之内。

3. "城市记忆工程2.0"的主要特征

基于以上分析,"城市记忆工程2.0"是在档案管理部门规划和引导下,社会成员的共同参与构建的城市系统运行变化状态信息全面采集和集成保存体系,其目的在于最大限度地反映城市系统运行发展的真实过程和规律,为智慧城市提供基础数据支持。"城市记忆工程2.0"的内涵主要体现在以下方面:(1)全员参与(Totally Participation)。在档案管理部门规划和引导下,建立城市记忆相关机构和个人的协同配合机制,实现城市记忆资源的共建共享。(2)全面采集(Comprehensive Collection)。基于智慧城市建设需要,通过技术和管理手段的综合应用,对城市生活中涉及各类事物的状态信息进行多角度、多层次的采集和保存。(3)集中存储(Centralized Storage)。构建统一的城市记忆基础设施平台,对从各类来源采集到的多种类型的社会记忆信息资源进行整合与集成。(4)深度整合(Deep Integration)。对各类社会记忆信息资源进行深度整合,使其可以反映对应事物本体的现实状态和运动变化的客观规律。(5)持续扩展(Continued Expansion)。随着时间的推移,持续性积累城市系统运行的历史数据,扩大城市社会记忆信息资源保存体系的规模,改进社会记忆信息资源保存的方式,为智能分析功能的实现奠定基础。总而言之,"城市记忆工程2.0"是通过技术和管理手段使城市系统当中的各类重要事物的状态都可以通过信息的形式记录和反映出来,从而为城市社会管理和日常生活当中的科学决策提供数据保障。

5.2.3 城市记忆工程2.0的体系架构

作为智慧城市建设的重要组成部分,"城市记忆工程2.0"必须以科学的理论为指导,对涉及的各类要素进行整体规划,构建工程建设各项任务的体系框架。

5.2.3.1 "城市记忆工程2.0"的规划思路

"城市记忆工程2.0"是要尽可能完整地记录和保存城市系统的状态信息,从而使决策行为可以基于较为全面准确的信息,降低决策的风险。近年来在系统工程学当中发展起来的"平行管理(Parallel

Management）"理论可以对"城市记忆工程2.0"的战略规划提供理论指导[①]。"平行管理"由系统工程学当中的"平行控制"理论发展而来，其基本思想是：以计算机建模方式构建实体系统的"虚拟模型"，通过建立两者之间的关联使两者的状态保持一致，通过观察和分析"虚拟模型"的参数来实现对实体系统的掌控，也可以基于"虚拟模型"进行管理政策的计算机实验。基于"平行管理"思想的"城市记忆工程2.0"的整体思路如图5-3所示。

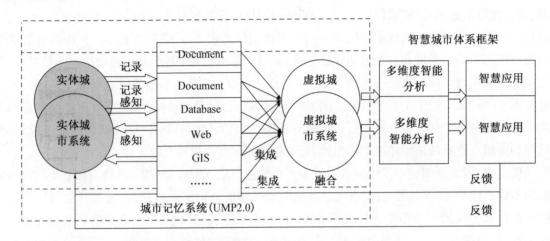

图 5-3　城市记忆工程（UMP2.0）示意图

图5-3中智慧城市体系框架被分为"城市记忆系统"、"智能分析系统"和"智慧城市应用体系"三个子系统。其中，"城市记忆系统"是智慧城市建设最为关键的组成部分，也是"城市记忆工程2.0"的主要内容。"城市记忆工程2.0"建设的基本思路是通过对城市系统各类要素的记录和感知，获得反映城市系统状态的各类信息资源，然后对其进行集成组织和深度整合后构建起基于本体的虚拟城市系统，为智慧城市其他功能的实现奠定基础。这里的"记录"是指通过人工方式完成对城市系统要素状态的描述过程，例如撰写文档、修改数据库记录等等，本质上都是对外部世界的一种描述和记忆过程。与此对应，"感知"主要是通过传感设备完成对城市系统状态的采集过程，例如通过遥感技术获得城市地理信息、通过视频监控系统完成对街道交通情况的视频信息采集等等。

"城市记忆工程2.0"建设的过程同时也是实现人类对城市的感知和认识由分散走向集中、由浅层数据走向深度融合的过程，参与"城市记忆工程2.0"的相关各方所产生的文档、数据库、网页、遥感信息、业务数据等社会记忆信息，实际上代表了这些机构和个人对城市系统当中某一部分、某一侧面或某一片段的记录和认识，相当于是城市记忆的"碎片"，当这些信息积累到一定的程度并按照一定的规律进行序化集中组织的时候，就可以大体上还原城市系统运行和发展变化的规律和面貌。因此，"城市记忆工程2.0"的思维方式，实际上也代表了大数据时代信息管理的基本特征，即关注数据的总体而不是用抽样，关注数据的广泛性而不是精确性，关注数据之间的相关关系而不是因果关系。可以说，"城市记忆工程2.0"正是为大数据在城市管理当中应用的典型案例。

5.2.3.2 "城市记忆工程2.0"的体系框架

结合图5-3所示的基本思路，对"城市记忆工程2.0"建设的体系框架梳理如图5-4所示。

图5-4中的"城市记忆工程2.0"的整体架构可以分为11大模块，分别为：城市系统建模、城市记忆信息资源规划、智慧城市记忆基础设施（云计算）平台建设、城市记忆信息资源通信网络整合、城市记忆

---

①　崔峰，程长建.基于SOA架构的平行管理管理信息系统设计[J].计算机与应用，2010（9）：71-76.

工程标准规范体系建设、城市记忆工程战略协作机制构建、记录型城市记忆信息资源归档管理体系建设、感知型城市记忆信息资源采集体系建设、城市记忆信息历史数据导入体系建设、城市记忆信息资源深度整合系统建设、智慧城市应用系统接口,各模块主要建设任务如下:

(1) 城市系统本体建模。城市系统本体建模就是对城市运行过程中的各类子系统及其互动关系进行全面梳理和归纳,明确各子系统的构成要素和组合方式,以此为基础建立城市系统的本体模型。城市模型的构建是非常复杂的任务,需要多方参与,反复修改和完善才能投入使用,作为城市记忆系统构建和城市记忆信息资源整合的重要依据。

(2) 城市记忆信息资源规划。对城市系统各相关主体的信息资源进行整体梳理,根据不同类型社会组织或个人设计多个层次的城市记忆信息资源管理级别,确定纳入"城市记忆工程 2.0"的信息资源的采集范围,明确各类城市记忆信息资源的数据质量要求。

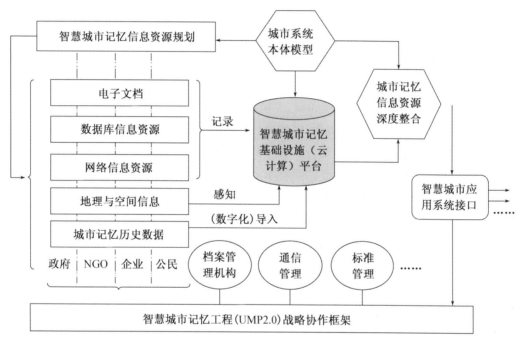

图 5 - 4　"城市记忆工程 2.0"的体系框架

(3) 基于云计算技术的智慧城市社会记忆基础设施平台建设。鉴于信息资源分散保存带来的信息孤岛问题,尤其是对数据大规模关联分析所带来的制约,"城市记忆工程 2.0"必须高起点规划,基于云计算技术建设城市记忆基础设施平台,为各类机构和个人提供硬件和软件服务,制定优惠政策鼓励尽可能多的社会组织利用云平台开展数字化业务。

(4) 城市记忆信息资源通信网络整合。为了实现各类社会记忆信息资源的整合,需要实现物联网、互联网、电信网、电视网等多种信息网络的融合,为基于城市社会记忆基础设施平台的信息资源采集和保存提供通畅的信息通道。

(5) 城市记忆工程标准规范体系建设。结合智慧城市建设,参照智慧城市信息资源共享的相关技术和管理标准,制定"城市记忆工程 2.0"实施过程中的社会记忆信息资源的编码、元数据、描述方法、存储格式、安全管理等标准规范,为城市系统互联互通提供重要保障。

(6) 城市记忆工程战略协作机制构建。"城市记忆工程 2.0"是全员工程,几乎涉及城市系统中所有的机构和个人,需要按照合作共赢的思路构建起多元主体战略协作机制。在城市档案管理主管机构的规划和引导下,兼顾各类机构和个人的信息权利保护与社会记忆资源整合的双重需求,采用有条件的管理权限让渡等方式实现社会记忆信息资源采集各类主体的参与和配合。

（7）记录型城市记忆信息资源归档管理体系建设。记录型城市记忆信息资源是通过人工方式产生的，是处在各类场合的人对外部世界进行理解后通过文字、图表、数据记录等形式表达出来的记忆信息，是人的生物记忆外化为文献信息资源的过程，是社会记忆工程的重中之重。记录型社会记忆信息分为电子文档、数据库记录和网络信息资源等类型，其中，电子文档是档案管理部门最典型的工作领域，已经积累了较为完整和成熟的工作方法和经验。数据库记录是非常重要的社会记忆信息资源，尤其是公共机构建立的业务数据库本身就是对现实世界某类事物属性和状态的记录和描述，对来自多个数据库的数据资源进行联合分析是智慧城市运行的主要方式，因而对数据库记录的采集和保存也是城市记忆工程的重点任务。网络信息资源的采集和保存是档案工作范围的拓展，可以通过对网络信息资源的深度发掘，发现社会舆论的动向和传播规律，为政府了解舆情民意奠定基础。

（8）感知型城市记忆信息资源采集体系建设。感知型城市记忆信息资源采集必须以传感网或物联网（The Internet of Things）为基础，是通过传感设备自动采集到的城市系统的相关信息，例如通过遥感设备记录城市空间地理概况、通过视频监控设备记录城市运行动态、通过射频识别（RFID）技术记录城市物流情况、通过气象仪器记录城市天气状态等等。

（9）城市记忆信息历史数据导入体系建设。"城市记忆工程2.0"不仅仅是要记录城市当前的运行状态，同时需要根据历史数据进行关联分析，因此各行各业在长期的发展过程中所积累起来的历史数据也是城市记忆信息资源体系的重要组成部分。对于其中以纸质文档、微缩胶片、录像磁带、录音磁带等载体的非数字化方式保存的信息资源需要按照科学的流程进行数字化加工，将其转换为数字化信息资源后再导入"城市记忆工程2.0"的公共信息平台。

（10）城市记忆信息资源深度整合系统建设。以城市系统本体模型为框架，对城市记忆基础设施平台集中保存的各种类型的信息资源进行重新组织和整合，构建城市系统各类实体的虚拟信息本体模型，为实现城市系统的"平行管理"和"平行控制"奠定基础。

（11）智慧城市应用系统接口。"城市记忆工程2.0"是智慧城市建设的基础性工程，城市系统运行的现实状态信息进行采集和保存之后，将信息资源体系结构和参数等信息提供给应用支撑系统的开发人员，供进行大规模关联分析编程使用。

5.2.4　城市记忆工程2.0的实施策略

"城市记忆工程2.0"是智慧城市建设的基础性工程，是社会信息化发展的新阶段和最前沿。"城市记忆工程2.0"要对电子政务、电子商务、企业信息化、社区信息化、家庭信息化、个人信息管理等领域信息资源进行整合与集成，实现云计算、物联网、大数据等前沿理论和技术的集中应用，其范围和规模超过以往的任何信息化项目，其建设任务的综合性、复杂性和难度也前所未有[①]。基于我国城市信息化的现实状况，对实施"城市记忆工程2.0"有如下政策建议：

1. 梳理与协调与"城市记忆工程2.0"相关的信息化建设项目

"城市记忆工程2.0"的内容与近年来社会信息化建设领域的部分项目存在重合交叉现象，需要进行梳理，明确各类项目之间的关系，尽可能按照一体化思想进行重新布局。"城市记忆工程2.0"与社会信息化项目的关系大致分为以下几种类型：（1）对原有信息化项目的继承和扩展，例如对作为"数字地球（Digital Earth）"概念组成部分的"数字城市"项目的继承，在原有的城市空间地理信息的基础上，继

---

① ［英］维克托·迈尔-舍恩伯格，［英］肯尼思·库克耶著．盛杨燕，周涛译．大数据时代［M］．杭州：浙江人民出版社，2013－01：1-5．

续整合来自其他来源的信息,逐步构建起虚拟城市的模型。(2)对行业或领域信息化项目的整合集成,例如对电子政务(Digital Government)、电子商务(E-Commerce)、数字社区(Digital Community)、数字家庭(Digital Home)、企业信息化(Enterprises Informatization)等领域产生的电子文档、数据库记录和网络信息资源进行整合;(3)对信息化领域前沿技术的应用,例如应用物联网技术进行城市系统地理和空间信息的采集,应用云计算技术促进城市跨行业、跨机构信息资源的共享。总之,需要协调诸如"数字城市"、"感知城市"、"智慧城市"等概念的城市信息化项目,尽可能通过统一的规划,使城市信息化建设具有相对固定的思路和架构。

2. 在智慧城市建设中制定"城市记忆工程 2.0"专项规划

智慧城市是个系统工程,大体上可以分为"城市系统信息记忆"、"城市系统智能分析"和"城市系统智慧应用"三个模块。"城市系统信息记忆"模块是对城市现实系统状态的大规模采集,工作原则是"面向城市系统本体",最高目标是建立与现实城市系统相对应的"虚拟城市系统";"城市系统智慧应用"模块是以城市记忆信息为基础对社会大众的决策需求提供智能化支持服务,工作原则是"面向用户需求",最高目标是通过满足公众智能决策需求带动城市系统持续创新;"呈现系统智能分析"模块则是介于两者,通过对城市社会记忆信息的多维度智能分析满足社会的动态需求。可以看出,"城市记忆工程 2.0"与"智慧城市应用系统"的建设思路具有很大的差异,也面临着比"智慧城市应用系统"更加复杂和困难的局面,决定了智慧城市建设最终的成败。因此,建议各地在智慧城市建设过程中将"城市记忆工程 2.0"作为重点项目制定专项规划。

3. 制定和推行城市社会记忆信息资源通用语义描述框架标准

"城市记忆工程 2.0"要实现多种来源、多种格式社会记忆信息资源的整合,为基于大规模数据的关联分析提供基础条件。数字信息资源整合的难点在于数据结构的不统一,尤其是实现信息资源管理的元数据结构的不兼容。目前,元数据结构互操作性的解决主要是使用通用元数据框架,例如资源描述框架 RDF(Resources Description Framework)就是应用最为广泛的通用元数据框架之一。

作为智慧城市建设组成部分的"城市记忆工程 2.0"对社会记忆信息资源的智能化利用的需求,要求社会记忆信息资源的元数据能够支持基于语义推理的智能检索,因而需要建立社会记忆信息资源的语义元数据框架标准。目前图书馆的 FRBR 模型[①]、档案馆的 CIDOC CRM 模型[②]都是比较成熟的语义元数据模型。档案管理领域 EAD、OAIS 模型[③]虽然比较成熟,但是属于二维结构的元数据模型,还不能表现数据项之间的复杂语义关系,迫切需要以现有二维元数据模型为基础,结合本体思想设计能兼容二维元数据的社会记忆信息资源语义描述框架模型。在通用语义描述框架标准制定以后,档案管理部门就可以通过推行标准的方式参与到城市各行各业的信息系统建设过程中,使得各类机构和个人在开发各自的业务系统时尽可能考虑到社会记忆信息采集的需求,按照规范的格式和方法进行相关信息资源的著录,从而减少在后期进行格式转换方面的工作量。

4. 以基于云计算技术的城市社会记忆基础设施平台建设作为突破口

"城市记忆工程 2.0"是涉及多个领域、多个层面的复杂工程,推进过程中可以将"城市记忆基础设施平台"作为重点,以带动工程的整体性进展。在硬件基础设施具备以后,先期可以将档案管理部门所收集和保存的电子文档、测绘部门采集的城市空间地理信息、公共安全部门采集的城市监控录像、重要的网络信息资源等导入平台,并按照城市系统本体模型的思路进行组织与整合,构建起城市记忆信息资

① 刘素清. OPAC 最新发展态势——论 IFLA 书目功能需求 FRBR 对 OPAC 的影响[J]. 图书情报工作,2005(04):81-84.
② 陈艳,周馨. 基于 CIDOC CRM 的文化遗产资源元数据集成[J]. 现代情报,2010(5):31.
③ 李明娟. OAIS 参考模型与数字信息长期保存[J]. 图书情报知识,2007(5):65-69.

源的总体框架。此后，可以随着城市记忆信息资源规划、城市记忆信息资源共建共享机制的建立，在与各类社会机构沟通协调的过程中增加新的机构和新的社会记忆信息资源，鼓励各类机构采用云计算架构开发业务系统，从技术角度促进社会记忆信息资源的整合。总之，"社会记忆基础设施平台"是"城市记忆工程2.0"的关键所在，对于全局具有重要的引领和促进作用。

5. 构建以档案管理部门主导、各类机构和个人广泛参与的共建共享机制

档案管理部门是当前文档型社会记忆信息资源最主要的管理机构，承担着搭建社会记忆"骨架"的使命。在长期的档案管理实践中，档案管理部门逐步总结出了"前端控制"、"全生命周期管理"、"档案需求嵌入"等参与社会记忆建构的基础理论，在推进"城市记忆工程1.0"过程中积累了丰富的实践经验。"城市记忆工程2.0"极大地拓展了社会记忆信息资源采集和管理的范围，但是总体性框架还是沿用了档案管理的基础模式，档案部门参与城市记忆建构的原理与档案管理原理基本类似。因此，档案管理部门是"城市记忆工程2.0"实施过程中最主要的机构，其主要职责是：进行城市社会记忆信息资源体系整体性规划，指导各类机构和个人进行社会记忆信息资源管理，接收和管理公共机构呈缴的社会记忆信息资源，引导私人机构提交社会记忆信息资源或者进行特定条件下社会记忆资源使用权利的让渡。同时，通过社会记忆信息资源管理培训和教育，提高全社会的记忆留存意识，引导社会组织和个人按照规范化的方式管理业务和生活当中的各类记录信息，在保护商业机密和个人隐私等信息权利的前提下，有条件地进行社会记忆信息资源的共享。总之，"城市记忆工程2.0"必须处理好社会记忆信息资源采集过程中的利益关系，使得参与提交社会记忆信息的机构可以优先享受智慧服务项目，实现城市记忆信息资源的"共建"和"共享"。

结束语

"图书、博物、档案数字化服务融合策略"是指机构或个人以保存在图书馆、博物馆、档案馆的数字资源为基础，通过技术和管理等多种手段的综合应用，对独立提供数字化信息服务所需的各类资源进行优化重组，构建面向用户的融合形态信息服务环境的方案集合。根据对数字资源整合信息空间的结构分析和综合比较，对管理体制依赖程度最低的"仓储策略"可以优先发展；以数字化协作和多维度聚合展示为特征的"联盟策略"需要重点发展；以公共整合平台和服务门户为特征的"集成策略"可以适度发展。鉴于我国公共文化管理体制的复杂性，图书馆、博物馆、档案馆三类机构数字资源实现合并的难度较大，应该尽量暂缓发展按照"合并策略"推动的资源整合项目。

D-LAM(Digital-Library & Archive & Museum)是在综合国内外LAM协作问题研究趋势和我国国情的基础上提出的我国图书馆、博物馆、档案馆数字化协作的战略框架。D-LAM框架由数字图书馆DL、数字档案馆DA、数字博物馆DM和图博档数字化协作中心DLAM四部分组成。DLAM是基于OAI-PMH协议资源提供者和服务提供者相互分离的原理，通过图博档数字化协作中心对DL、DA、DM的元数据进行收割、语义映射和关联标引，从而形成一体化信息服务体系。同时，DL、DA、DM在数字化协作过程中通过交叉著录各自的专业优势得到了强化。D-LAM框架的实施要考虑战略整合、组织架构、知识产权、信息安全、服务管理等问题。

图书、博物、档案信息共享空间(IC-LAM)是指图书馆、博物馆、档案馆以各自的空间资源、信息资源、人力资源为基础，通过战略协作和技术整合为用户所构建的一站式服务和协同交流环境。IC-LAM的建立主要基于图书馆、博物馆、档案馆信息服务的关联性、交叉性和用户需求的集成性，遵循面向用户、资源共用、协同交流、多维呈现、服务共同体等发展原则。IC-LAM的理论模型分为实体层、虚拟层、服务层和支持层四个层面，通过对图书馆、档案馆和博物馆的空间资源、信息资源和人力资源的整合为

用户提供一体化的服务环境。IC-LAM 建设是一个渐进过程，需要依托开放式联盟机构，在系统规划之后，按照规范化的流程，逐步发展和完善。

数字人文仓储是人文社会科学领域特定主题领域内，基于研究对象知识本体进行相关数字对象的采集、加工、组织和保存，并为对应用户群体提供集成性、专业性、互动性、精确化、智能化服务的信息系统及相关资源的总和。数字人文仓储是图书馆、档案馆和博物馆资源水平整合策略的体现，也是推动"国家文化信息资源共享工程"升级和创新的动力源泉，其体系架构主要分为：人文实体界定、领域本体建模、人文实体数字化采集与归档、跨库信息资源搜集和导入、多源信息资源的知识组织和存储、多维度聚合服务等功能模块。数字人文仓储的实现可以参照国际组织制度的可信任数字仓储认证标准，推动 Dspace、Fedora 等开源软件的应用和开发。为了适应社会智慧化潮流，我国数字人文仓储建设需要策划实施"国家数字人文基础设施建设工程"，整合各方力量，发挥各类社会组织的优势，通过评估和认证保障数字人文仓储可持续发展。

在大数据背景下，我国各地开展的"城市记忆工程"应该拓展思路，建立由档案管理机构主导，聚合来自图书馆、博物馆甚至家庭和个人的数字记忆资源，更加全面、细致地展现城市发展的面貌。国家层面上的"中国记忆"资源库也应该建立多源数据关联呈现的思路，由档案管理机构联合多家机构来共同完成。

图书、博物、档案数字化服务融合是涉及多个学科、多种因素、多种方法的系统工程和复杂性问题，尽管跨越行业的藩篱，实现公共信息资源顺畅流动和共享面临诸多困难和挑战，但在全球众多机构和学者的共同努力下，这一天终将到来。

第四篇 面向用户的 LAM 文化遗产数字化服务融合管理

第1章 引 言

1.1 研究背景

1. 文化遗产保护与传承的紧迫性

作为有着五千年文明传承的国家，我国拥有丰富多彩的文化遗产；它们具有重要的历史与文化价值、精神与审美价值、科学与教育价值、政治与经济价值，共同组成了我们的文化之魂、民族之根。然而，由于近年来西方文化与思想的渗透，加之我国的文化生态环境发生了巨大的变化，文化遗产损毁、流失、消亡的现象时有发生，因此保护和拯救濒临消亡的民族文化瑰宝已经刻不容缓。

面对严峻的文化遗产保护形势，2005 年国务院两次发文要求加强文化遗产保护，明确了文化遗产保护的指导思想、基本方针和总体目标，提出了要运用文字、录音录像、数字多媒体技术等手段建立档案和数据库，系统全面地记录、保护和传播文化遗产信息[1][2]。针对非物质文化遗产的保护，我国颁布并实施了《中华人民共和国非物质文化遗产法》，指出图书馆、文化馆、博物馆、科技馆等公共文化机构和其他相关机构应当根据各自业务范围，开展非物质文化遗产的整理、研究、学术交流和宣传展示等活动[3]。2017 年国务院印发《关于实施中华优秀传统文化传承发展工程的意见》，强调"实施非物质文化遗产传承发展工程，进一步完善非物质文化遗产保护制度"[4]。

在联合国教科文组织实施"世界遗产工程"和"世界记忆"工程后，我国社会各界积极行动，建立了国家、省、市、县文化遗产名录体系，已有多项文化遗产成功申报并入选《世界遗产名录》和《世界记忆名录》。据统计，我国已有 55 项文化遗址和自然景观列入《世界遗产名录》，其中文化遗产 37 项、自然遗产 14 项、文化和自然双重遗产 4 项，总数列居世界第一位[5]；入选联合国教科文组织非物质文化遗产名录的项目总数已达 42 项[6]，成为世界上入选"非遗"项目最多的国家。此外，图书馆、博物馆、档案馆也是文化遗产保护的有生力量，"中华再造善本工程"、"中华古籍特藏保护计划"、"民国时期文献保护计划"、

---

① 中国政府网.国务院办公厅关于加强我国非物质文化遗产保护工作的意见（国办发〔2005〕18 号）[EB/OL].（2005 - 03 - 26）[2013 - 03 - 04]. http://www. gov. cn/zwgk/2005 - 08/15/content_21681. htm.

② 中国政府网.国务院关于加强文化遗产保护工作的通知（国发〔2005〕42 号）[EB/OL].（2005 - 12 - 22）[2013 - 03 - 04]. http://www. gov. cn/gongbao/content/2006/content_185117. htm.

③ 中国政府网.中华人民共和国非物质文化遗产法[EB/OL].（2011 - 02 - 25）[2013 - 03 - 04]. http://www. gov. cn/flfg/2011 - 02/25/content_1857449. htm.

④ 中国政府网.关于实施中华优秀传统文化传承发展工程的意见[EB/OL].（2017 - 01 - 25）[2020 - 12 - 23]. http://www. gov. cn/zhengce/2017 - 01/25/content_5163472. htm.

⑤ 数据统计截止日期为 2019 年 7 月 6 日. https://t. qianzhan. com/caijing/detail/190707 - d7ab07d1. html.

⑥ 数据统计截止日期为 2020 年 12 月. http://www. ihchina. cn/chinadirectory. html＃target1.

"中国档案文献遗产工程"、"国家重点档案抢救工程"等项目的实施[①]，有力地推动了文化遗产保护工作的开展。

2. 数字技术应用日益广泛

数字技术与通信技术的结合催生了互联网络，也带领人们走入了信息时代，数字技术的应用在各领域迅猛发展。数字技术为文化遗产的保护与传承提供了新的技术手段，它所兼具的记录、保存、阅览、检索、共享等功能，不仅使保存传统文化遗产的相关信息达到了无可比拟的丰富程度和前所未有的深度，也为不同文化之间的交流与发展提供了现实空间，推动了人类文化成果在全球的广泛传播。数字技术在文化遗产保护上的应用得到了国际社会的普遍关注，例如虚拟系统与多媒体会议、数字图像与视觉艺术会议等多媒体、虚拟现实技术或图形学方面的国际会议都多次开设文化遗产专题，讨论多媒体与虚拟现实技术在文化遗产保护中的应用[②]。

截至 2019 年 1 月 9 日，我国各级管理部门颁布的涉及非物质文化遗产数字化保护的专门政策共计153 个[③]。数字技术的发展，也为传播文化信息、进一步满足人们的文化需求带来了新的契机。国家"十四五"经济和社会发展规划纲要提出"强化重要文化和自然遗产、非物质文化遗产系统性保护"、"推动公共文化数字化建设"[④]。图书馆、博物馆、档案馆在文化遗产保护和公共文化信息服务中尝试性地应用数字技术，数字图书馆、数字博物馆、数字档案馆共同构成了数字文化信息服务网络，为人们提供了丰富的精神食粮。

总之，在新的技术环境下，应用数字技术可以促进文化遗产信息传播，而满足人民群众快速增长的精神文化信息需求是图书馆、博物馆、档案馆共同面对的重任。文化部十三五规划提出，以"需求导向、分工合作、共建共享"为原则，"推进数字图书馆、数字文化馆、数字美术馆、数字博物馆建设，开展线上服务，提高公共文化服务信息化、网络化水平"，"推动各类公共数字文化服务平台互联互通，实现数据资源和应用服务的合理调度"[⑤]。以满足用户日益增长的文化信息需求为出发点，三馆携手合作，基于数字技术开展文化遗产信息资源的数字化服务融合，是时代发展赋予图书馆、博物馆、档案馆的历史使命，也是党和国家的殷切期望。

面对文化生态环境变化下许多物质文化遗产濒临灭失、非物质文化遗产濒临失传的现状，我国加大了文化遗产保护和宣传的力度，各级各类图书馆、博物馆、档案馆也在积极地以展览、讲座等形式传播文化遗产信息；然而由于传播媒介的有限及其他因素的影响，很难让更多的人感受到文化遗产的真正魅力。5G 时代的来临和新媒体的普及让越来越多的人希望以新的传播方式接受文化信息，同时也为我国文化遗产的保护和传承带来了新的契机。图书馆、博物馆、档案馆已经开展大量的文化遗产数字化项目，并生成多种格式的数字资源在网络平台进行展示与传播。

图书馆、博物馆、档案馆是重要的文化遗产保存和传播机构，它们在开展文化遗产数字资源服务中各有特点。本篇从三馆数字化服务融合的角度，探讨三类机构如何根据用户的文化遗产信息需求特点进行网络平台的数字化服务，如何引导公众参与到文化遗产信息服务中；响应了文化部"挖掘文化遗产的历史、文化、科学价值，利用现代传播技术全面提升文化遗产展示、展演水平和传播能力"的号召，在丰

---

① 周耀林."世界记忆工程"背景下《中国档案文献遗产工程》的政策审视与推进[C]. 2010 年全国档案工作者年会,广西南宁,2010:435-444.

② 李欣.数字化保护:非物质文化遗产保护的新路向[M].北京:科学出版社,2011.

③ 文琴.图书馆参与非物质文化遗产数字化的政策研究[J].图书馆建设,2019(S1):160-164.

④ 中国政府网.中共中央关于制定国民经济和社会发展第十四个五年规划和二〇三五年远景目标的建议[EB/OL]. (2020-11-03)[2020-12-23]. http://www.gov.cn/zhengce/2020-11/03/content_5556991.htm.

⑤ 文化部.文化部"十三五"时期文化改革发展规划[EB/OL]. (2017-07-07)[2017-12-03]. http://zwgk.mct.gov.cn/auto255/201708/t20170801_688980.html.

富公众精神文化生活的同时，也促进了公众对文化遗产的了解，促进了我国文化遗产的宣传与保护①。

1.2 文化遗产信息资源

1. 文化遗产

文化遗产从字面可以理解为"关于文化的遗产"，是个偏正结构的词语，强调的是遗产的文化性。最初，各国对文化遗产的称谓并不统一。中国称为"文物"、"文化遗产"，但这里的文化遗产主要指狭义的文学方面的遗产。而日本一直以"文化财产"称之，1950 年的《文化财产保护法》明确提出了有形文化财产、无形文化财产、民俗文化财产、纪念物和传统建筑群的保护。进入 20 世纪 60 年代后，文化遗产的概念得到了扩展和延伸，1964 年的《威尼斯宪章》把"遗产"定义为"文物和遗址"，主要指建筑遗址②。1965 年美国在环境保护中引入"遗产"，指代"世界杰出的自然风景区和历史遗址"③，此时"遗产"的内涵和外延开始发生变化，代表"祖先留给全人类的共同文化财富"。1972 年，联合国教科文组织为保存和维护世界遗产，制定了《世界遗产公约》，对文化遗产与自然遗产的概念进行了正式的书面界定，从此"世界遗产"、"文化遗产"、"自然遗产"等词语开始鲜活地在各国传播和使用开来。但此时的文化遗产的概念还比较狭隘，仅指从历史、艺术、科学、审美、人种学或人类学角度看具有突出普遍价值的建筑物、碑雕、碑画、建筑群、铭文、人类工程、考古地址、窟洞以及自然与人联合工程等④。从《世界遗产名录》中可以看出，这里的"文化遗产"更强调的是有形性、世界性的普世价值，偏重于大型的不可移动文化遗产。随着人们对文化遗产理解的深化，一些无形的、口头相传的民俗、技能等的文化价值日益凸显并开始受到重视，联合国教科文组织统一称之为"非物质文化遗产"（Intangible cultural heritage），指被各群体、团体或个人视为其文化遗产的各种实践、表演、表现形式、知识体系和技能及其有关的工具、实物、工艺品和文化场所⑤，如民族语言与文学、传统表演艺术、社会风俗礼仪节庆、民间信仰、民间知识、传统的手工艺技能、传统体育竞技等。

可见，文化遗产为正在存活或已经消失的文明提供了非凡的证明，它们从外在形态角度，可以划分为物质和非物质文化遗产两大类；前者有具象的物质形态，强调静态性、原真性保护，侧重修复、维护和展示，后者以精神、思想、技艺、知识等抽象形态存在，注重传承和发展、强调活态或动态保护⑥。同时二者之间也存在无法割裂的相互依存关系，非物质文化遗产中有物质的因素，因为抽象形态必依附于一定的物质载体表现出来；物质文化遗产中也有非物质的因素，因为物质形态通常也是一定精神、思想、技艺、知识的反映和固化。物质文化遗产和非物质文化遗产相辅相成、缺一不可，共同构成了文化的整体形态⑦。文化遗产内容丰富，可分为农业、革命、音乐、服饰、体育、建筑等不同主题，各个民族也有着各具特色的文化遗产，如岭南醒狮文化遗产、西藏格萨尔文化遗产等。我国丰富多彩的文化遗产是中华民族历史的见证物，是历史长河中人类信息的载体，从不同领域和不同侧面反映出不同时期人们改造世界并改造自身的活动状况，体现了中华民族的物质文明和精神文明的创造。

---

① 常艳丽.图博档文化遗产信息资源数字化融合服务研究[D].南京：南京大学.2014.

② 金露.游走于有形与无形之间的文化遗产——物质文化遗产和非物质文化遗产的定义、分类、特征与关系[J].徐州工程学院学报：社会科学版，2012,27(2)：36-43.

③ 苑利.文化遗产与文化遗产学解读[J].江西社会科学，2005(3)：127-135.

④ UNESCO.世界遗产公约(1972)[EB/OL].[2013-02-25].http://whc.unesco.org/archive/convention-ch.pdf.

⑤ UNESCO.保护非物质文化遗产公约(2003)[EB/OL].[2013-02-25].http://unesdoc.unesco.org/images/0013/00 1325/132540c.pdf.

⑥ 王云霞.文化遗产的概念与分类探析[J].理论月刊，2010(11)：5-9.

⑦ 彭岚嘉.物质文化遗产与非物质文化遗产的关系[J].西北师大学报(社会科学版)，2006.43(6)：102-104.

2. 图博档与文化遗产

清楚地认识事物的本质与属性，是科学地认识与分析事物的前提条件。从本质属性来看，图书、档案、文物与文化遗产之间有着内在的必然联系。

文化遗产是人类文化的记忆存留之物，而文化作为一种精神产品，其记忆与保存需要依附于一定的物质才能实现。纵观历史发展，文化记忆的外在存储形式主要有三种，即人脑记忆、文献记忆和器物记忆；文献记忆保存了社会发展的重大变革、重大发现和成果，其所记载的历史文化发展轨迹与社会知识积累形成了文献遗产，而器物记忆所反映的则是物化的人类概念、心理、体验、社会观念，因而又形成了文物[①]。可见，文献、档案、文物作为人类社会活动的衍生物，和文化之间都有着密切的联系，与社会文化发展形影相随，也是记录和积累文化的重要媒介。珍贵的文献、档案、文物构成了宝贵的文化遗产，是延续民族文化发展的重要载体。一般而言，事物的属性往往具有单一、排他性的特点，但也有些事物同时具备多个属性，文化遗产就属于此类。例如，《史记》手稿就兼具图书、档案、文物三重属性，而陈景润的"1+2"手稿则既是宝贵的科技档案，又是稀有的文物[②]。所以，图书馆之文献、档案馆之档案、博物馆之文物都是人类记忆的载体，均属于文化遗产范畴，且有着内在的必然联系。联合国教科文组织已明确指出，记录和传递知识、思想并以文献形态呈现的可移动物品也是文化遗产的一部分，如具有特殊意义的文件档案、照片、电影胶片、录音录像带、机读记录和手稿、古版图书、古籍抄本、现代图书等出版物[③]。

3. 文化遗产信息资源

信息资源是一个诞生于 20 世纪的新概念，它作为一个专业术语，70 年代流行于西方国家，80 年代中期以后开始流行于我国。国内外对信息资源概念的界定五花八门、各有千秋；总体而言，可以归纳为广义和狭义信息资源两类。广义信息资源指信息活动中所涉及的各种要素（如信息、人员、设备、技术、资金等）的总称；狭义的信息资源指以文献、数据等媒介形式形成的、经过有序组织加工的有用信息的集合[④]。虽然信息资源类型和形式多种多样，但一般具有知识性和共享性的本质特性。

文献、档案、文物所记载的人类整体知识记忆，经过有序加工组织构成了文化遗产信息资源。文化遗产信息资源具有分散性、相对无序性、非对称性、稀缺性[⑤]。

① 分散性。文化遗产形成时期有早有晚，其所反映的社会生活内容和科学技术发展程度也是千差万别，因而造成了资源差异性大、信息离散度高的特点。图书馆、博物馆与档案馆所存储的只是一部分文化遗产信息资源，还有相当一部分文化遗产信息分散于其他机构，没有得到有序的整理与妥善的保护。

② 非对称性。文化遗产信息资源呈现出地区非对称性，有的地区文化遗产信息资源丰富、数量集中，有些地区文化遗产信息资源相对较少。不同地区文化遗产信息资源的载体差异也较大，不同机构的技术条件差异，以及信息资源加工利用程度差异，造成了文化遗产信息资源保护和利用的非对称性。

③ 相对无序性。文化遗产信息种类繁多，地理位置的分散性和研究利用的分散性，决定了文化遗产信息资源的相对无序状态，在图书馆、博物馆、档案馆的某一单一机构，资源经过分类整理形成有序资源得以利用，但从全国整体来看，文化遗产信息资源还处于杂乱无序状态，缺乏统一的有序管理。

④ 稀缺性。文化遗产信息资源与文化发展密不可分，属于长期历史发展积淀而形成的文化资源，

---

① 马学强. 档案馆文化功能研究[D]. 济南：山东大学，2006.

② 刘蔚. 图书、档案、文物集中式管理研究[D]. 济南：山东大学，2012.

③ UNESCO. 关于保护可移动文化遗产的建议[EB/OL]. 国家文物局. (2007 - 10 - 28)[2013 - 07 - 24]. http://www.sach.gov. cn/sach_tabid_369/tabid/319/InfoID/6261/Default.html.

④ 程焕文，潘燕桃. 信息资源共享[M]. 北京：高等教育出版社，2004：1 - 2.

⑤ 彭远明. 档案文献遗产保护与利用的方法论研究[D]. 上海：复旦大学，2008.

通常是独一无二的、特殊的和稀有的。载体的特点、历史跨度、内容记录都导致了文化遗产信息资源的稀缺性，越是历史久远、载体脆弱、研究价值大的文化遗产信息资源，对其保护和有效利用的迫切性越高。

本篇重点研究的是图书馆、博物馆、档案馆以数字形态呈现的文化遗产信息资源，不局限于国家文化遗产名录和非物质文化遗产名录所列出的文化遗产，而是指三馆能够反映政治、经济、历史、文化发展，且具有重大经济价值和社会价值的文化信息资源，包括直接形式的文化遗产，如甲骨文片等，也包括根据文化遗产原型数字采集后形成的各种载体信息资源，如拓片、图像、音频、视频、三维对象等。

1.3 国内外图博档文化遗产数字化服务融合实践述评

网络环境下文化遗产机构联合开展数字化服务融合的重要程度，已经在世界各国形成共识，世界数字图书馆项目、欧盟 Europeana 项目以及英国、德国、美国、加拿大、澳大利亚等国家的图博档文化遗产资源数字化服务融合案例正体现了这一点。从这些项目与国家实践中可以总结几点：

1. 图博档机构的数字化服务融合离不开政府部门支持

世界数字图书馆项目展示的是各国文化信息资源之精品，体现了各国的文化风貌，作为世界级项目投资巨大，各个项目参与单位需要自筹参与经费。从已有的项目参与单位来看，多数都是各国的国家级文化遗产机构代表本国政府签署合作章程并参与内容贡献，政府部门为其提供项目参与经费支持。洲际项目 Europeana 的主要参与单位为欧盟成员国，该项目是纳入欧洲第七框架，得到欧盟委员会的支持；美国国会图书馆所实施的美国记忆项目在 1994—2000 年曾获得国会两党 1500 万美元的资助[1]，其他企业、基金会的捐赠也是项目发展的重要动力，美国各州所实施的文化遗产机构数字化服务融合项目大多得到了美国博物馆与图书馆服务学会、全美人文科学基金学会的资金援助；加拿大和澳大利亚则直接由国家图书馆、博物馆、档案馆领导实施本国的数字化服务融合项目，政府支持下的图博档机构合并重组以开展数字化服务是加拿大的显著特色。

2. 信息服务内容和服务对象各有侧重

从世界数字图书馆和 Europeana 网站的信息服务来看，前者定位于世界各国对文化遗产感兴趣的公众，服务内容强调精而深，网站主要围绕文献信息检索与浏览提供可视化信息服务，每种数字资源都有清晰的分类编目、详细的元数据描述并支持高分辨率的在线浏览；后者定位于为研究人员、学者和公众提供一个访问、查询、参与、共享欧洲文化遗产的数字资源服务平台，服务内容强调综合性、广泛性，信息检索作为其网站的一项服务内容而存在，检索结果返回数字资源的缩略图和元数据，还有较多的在线展览和用户参与内容、API 应用。

美国 IMLS 以服务社区、为公众终生学习提供机会、提升教育效果为目标，支持图博档机构的数字化服务融合，因此美国的合作项目多是以用户为中心和关注教育学习的，在项目中专门为教师和 K-12 学生提供教育资源，项目的持续时间比较长，比如布鲁克林探险项目从 1997—2002 年持续了五年之久，同时高校图书馆在图博档数字化服务融合中也发挥着重要作用。

加拿大的图博档数字化服务融合项目以部门合作重组为基础，以服务社会公众为目的，强调资源的广泛性与综合性，涵盖内容比较齐全，另外新技术的应用展现也比较明显，例如不列颠哥伦比亚博物馆集团网站结合交互地图引导用户参与到项目展览的互动之中。澳大利亚的数字化服务融合是对集成资源的再次集成，以服务社会公众为目标，倡导"和用户一起提供服务"，将九个单独的文化信息服务门户

---

① 韩志萍,刘燕权.美国记忆——美国历史资源数字图书馆[J].数字图书馆论坛,2009(7):66-70.

网站和国外的数字资源都集中在一起提供服务,网站档案查询功能、众包的报纸文本校对功能都是其信息服务特色。

3. 普遍开展了基于社会化媒体参与的交互式用户服务

社会化媒体是提供用户与信息平台交互和用户之间相互建立联系的数字服务媒介。尼尔森的调查显示,网民使用社会化媒体的时间较以往增长了 43%,而且还在持续增长[1],社会化媒体已经在逐渐替代电子邮件成为主流的个体通信交流工具。文化遗产机构也敏锐地认识到用户在社会化媒体中贡献的内容能够整合到文化信息服务中,丰富文化机构现有的元数据。Smith-Yoshimura 等对六个国家的 76 个图书馆、博物馆、档案馆网站调查显示,80% 的网站支持评论和信息标注,54% 的网站支持标签功能的使用[2]。本部分调查的这些数字化服务融合项目中或多或少都应用了社会媒体技术,支持用户对馆藏内容的评论和转发。而其中欧盟 Europeana 和澳大利亚的 Trove 项目所开展的用户参与服务比较深入,二者在信息检索服务中都支持用户生成内容的检索。Europeana 服务平台出于丰富网站内容的目的在专门实施的 Europeana1914—1918 项目中,鼓励用户上传与一战有关的数字资源;而 Trove 发动用户对澳大利亚报纸项目中 OCR 转换后的报纸文本进行校对,既节约了服务成本又增进了用户对该服务的深入了解。

在我国,近年来,随着全国非物质文化遗产保护工作普遍展开,我国的研究重心逐渐转向利用文字、录音、录像、数字化多媒体等现代化科技手段实现对珍贵、濒危的非物质文化遗产的数字化保护与传播。2005 年江西省艺术档案馆建成并开通的"江西省非物质文化遗产保护网"起到了良好的宣传、交流、传播的作用[3]。2006 年 12 月,成都图书馆建立了"蜀风雅韵·成都非遗数字博物馆",收集川剧和蜀派古琴的音频、视频文件上百部,数字资源总量达 500GB[4],以文、图、影、音四种表现形式展现了成都非物质文化遗产的风采[5]。"中国文化遗产网络"、"中国非物质文化遗产数字博物馆"也都是传播我国文化遗产的重要网络平台。目前许多省市档案馆都认识到了非物质文化遗产的重要性并开始接收非物质文化遗产档案入馆,如,成都档案馆开展了对蜀锦的宣传保护[6];福建龙岩市档案局(馆)广泛征集闽西汉剧、山歌剧、采茶灯、木偶戏等具有闽西特色的非物质文化遗产档案资料并形成了包括文字、照片、录音录像、多媒体等各种形式的专题数据库[7]。在我国,2002 年,文化部和财政部联合启动了"全国文化信息资源共享工程",目标是建立覆盖全国的文化信息资源传输网络,实现优秀文化信息在全国范围内的共享。然而,这项工程目前还是采用层级分中心方式推进,缺少对各中心之间数字资源的深层次整合,也没有考虑整合利用数字图书馆、数字档案馆和数字博物馆的信息资源,整体上还处于较为初级的发展阶段。由于缺乏实践项目现实需求的推动,目前我国在图书馆、档案馆和博物馆整合领域的研究水平整体上还处于起步阶段,至今没有形成系统的研究框架,与之相关的技术、模式和机制等问题亟待进一步的探索。

———————————

① Nielsen. State of the Media: The Social Media Report - Q3 2011[R/OL]. [2013 - 08 - 20]. http://cn. nielsen. com/doc uments/Nielsen-Social-Media-Report_FINAL_090911. pdf.

② Smith-yoshimura K, Shein C. Social Metadata for Libraries. Archives and Museums[R/OL]. OCLC Research, On behalf of the RLG Partners Social Metadata Working Group, DLF Fall Forum 2010 - 11. http://www. diglib. org/ wp-content/uploads/2011/01/ SocialMetadataforLAMs. pdf.

③ 江西省非物质文化遗产保护网[EB/OL]. [2013 - 03 - 29]. http://www. jxfwzwhycw. com/default. aspx.

④ 张珏娟. 成都非遗数字博物馆获文化部"创新奖"[N]. 四川日报,2009 - 11 - 19(09 版).

⑤ 杨丽芝,王迪. 成都首建非物质文化遗产数字博物馆[N]. 华西都市报,2006 - 12 - 11.

⑥ 曾涛. 成都档案馆开展非物质文化遗产的保护工作[J]. 中国档案,2006(09):19 - 20.

⑦ 林永忠. 福建龙岩市档案局(馆)建立全市非物质文化遗产档案和专题数据库[J]. 兰台世界,2012(25):56.

第2章 三馆文化遗产信息资源数字化服务融合分析

推动图书馆、博物馆、档案馆之间的跨系统合作,实现文化遗产信息资源数字化服务融合,对进一步满足人民精神文化需求具有重要意义。本章主要介绍了我国开展三馆数字化服务融合的有利因素,分别对比分析了国外和国内的相关服务实践,对影响我国文化遗产信息资源数字化服务融合的因素进行了分析,提出面向用户开展三馆文化遗产信息资源数字化服务融合的理念,并简要阐述了动力机制、实施策略。

2.1 国内三馆的相关服务实践

2.1.1 单一系统内文化遗产信息资源共享服务

1. 图书馆界

我国的公共图书馆积极开展馆际合作和资源共享,形成了图书馆服务联盟,比如浙江省公共图书馆信息服务联盟、吉林省图书馆联盟、“中三角”(湘鄂赣皖)公共图书馆联盟、陕西公共图书馆服务联盟。它们在资源建设和服务中紧密合作,具体到文化遗产信息资源方面,主要服务内容包括两类,一是各馆依托馆藏自建资源,二是文化信息资源共享工程中反映地方特色文化的信息资源。联盟成员馆之间开展文化遗产信息资源联合征集、联合编目、珍稀文献保护与开发、联盟培训与技术协作等,利用多馆资源查询、联合参考咨询、文献传递、资源互借、联盟讲座展览等多种形式,面向本馆用户和成员馆用户提供服务。

中国高等教育文献系统(CALIS)、大学数字图书馆国际合作计划(CADAL)作为高校系统全国性的信息资源共建共享工程,其中也包括部分文化遗产信息资源,如 CALIS 于“十五”期间建设的专题特色数据库,整合了高校图书馆独有的和稀缺的资源,形成了富有学科、地方和民族特色的特色文献数据库服务群,其中不乏部分珍贵的自然和文化遗产资源[1]。服务平台提供特色库浏览、学科导航、高级检索、全文获取、问题咨询和个人空间服务,支持基于库名、主题领域、学科的数据库浏览;高级检索提供基于资源题名、作者、摘要、类型、地区、年代、语种的组合检索;全文获取支持成员馆用户对电子原文的下载和传递获取;问题咨询和个人空间依托 CALIS 完善的服务体系,满足成员馆用户的参考咨询与个性化服务需求。

CADAL 服务平台整合古籍书画、篆刻、建筑工程、戏剧、工艺品等在内的多种资源,面向国内外用户提供一站式个性化知识服务。服务平台的资源包含古籍、民国书刊、现代图书、学位论文、报纸、英文资源和“以珍藏中华文化”为主题的音像、书画资源,资源总量将近 274 万件[2],有资源检索、书目推荐、资源借阅和基于个性化方式的互动参与服务,其中灵活多样的检索和个性化互动参与服务是 CADAL

---

① CALIS 特色数据库[EB/OL].[2013 - 09 - 08]. http://222.29.81.74/tskportal/pages/index/index.html.
② 熊炜. 高校数字图书馆建设——以 CADAL 项目为例[J]. 大学教育,2015(3):165 - 166.

的两大特色。CADAL 提供快速检索、高级检索、图像检索、视频检索、书法字检索功能[①],其中图像检索支持基于语义和基于内容的两种检索形式,每种检索方式下都可浏览或进行关键词检索;视频检索支持基于名称、作者、摘要、版权的关键词检索;书法字检索包括按书法书籍、书法作品属性的关键词检索或字母顺序浏览,按朝代或字母顺序的书法家浏览,按文字或按形状的书法字检索。在互动参与服务方面,CADAL 为注册用户开辟个人空间,注册用户可以在线借阅资源、管理书架、添加资源评注、接受系统资源推荐、参与资源描述信息的修订,还可以与其他用户相互关注、分享资源与评注信息。服务平台在首页中部和下部动态显示资源的借阅情况、推荐书目和注册用户对资源所做的最新评注信息。

2. 博物馆界

博物馆界在联合开展文化遗产信息宣传、满足公众文化需求方面也进行了尝试,如教育部 2001 年发起的中国大学数字博物馆项目,以及百度与多家公共博物馆合作推出的百度百科数字博物馆。

大学数字博物馆门户网站以 23 所大学博物馆馆藏为基础,实现了超过 10 万件自然遗产和文化遗产信息的在线展示与共享[②]。网站囊括了从远古至近现代各个时期的藏品,分为人文艺术、生命科学、地球科学和工程技术四大主题特色展馆,每个主题展馆下分设多个院校特色展馆[③]。服务平台内容资源分为展品和展项两大类,对四大学科进行自上而下的细化形成树状分类体系,服务平台提供资源检索、主题浏览、自建博物馆、三维互动展示几大服务功能,其中资源检索功能提供快速检索和基于用途、年代、质地等的高级检索;主题浏览提供基于学科和基于主题的浏览模式,提供图片、视频、动画、三维模型等多种展示方式,并标明版权信息和原始出处;个人博物馆服务支持注册用户将自己感兴趣的展品和展项资源收藏和组织形成个人博物馆,便于自己访问,或设置成公开状态供其他用户访问;特色服务提供三维互动展览。

百度百科数字博物馆涵盖综合类、专题类、纪念类、遗址类共计 330 家博物馆的馆藏资源[④],提供基于关键词、地图、馆藏机构类型、专题的多种查询浏览形式,其中地图检索支持面向特定地区的多个博物馆资源的浏览,每个博物馆都有多类型的馆藏品展示,同时提供预约参观、服务指南、留言服务;专题浏览提供特定主题文物资源的系统知识展示,而且还可以连线专家进行咨询。每个展品都提供了文字、图片、录音解说、实境模拟、立体 Flash 等多种展示方式,全景展现了各家博物馆的权威信息和独家藏品知识,用户通过电脑端或手机端所提供的便捷同步展现途径,可以随时感受中华历史文化的无穷魅力。

3. 档案馆界

档案馆界近年来在社会服务理念指导下,也在积极尝试档案信息资源的共建共享,比如福建省公共档案信息共享平台、天津档案信息资源社会共享平台。

福建省公共档案信息共享平台以“集中存储、分布管理”为思想,分为公共档案信息资源管理平台和公共档案信息资源查询平台,前者为福建省各级综合档案馆提供管理与维护档案数据库的统一平台;后者面向社会公众,提供福建省档案馆和福建 9 个地区市县区档案馆开放档案基础数据库、公共档案专题数据库、爱国主义宣传档案数据库的一站式查询和浏览[⑤],包括基于题名、作者、时间、馆藏机构的开放档案和专题档案查询,网上展厅和档案视频服务分别实现图片档案和视频档案资源的检索和浏览。截至 2020 年 12 月,服务平台共有开放档案 30 113 条、专题档案数据 55 022 条[⑥]。天津档案信息资源社会

① 毕玉侠,隋晶波,于占洋. CADAL 数字图书馆评介[J]. 医学信息学杂志,2012(01):68 - 70.
② 云霞,鲁东明,袁庆曙. 大学数字博物馆 IPv6 升级与应用[J]. 中国教育网络,2013(5):56 - 60.
③ 中国大学数字博物馆[EB/OL]. [2013 - 11 - 16]. http://digitalmuseum. zju. edu. cn/.
④ 百度百科数字博物馆[EB/OL]. [2020 - 12 - 28]. https://baike. baidu. com/museum.
⑤ 构建公共档案信息共享平台[J]. 中国档案,2011(10):20 - 21.
⑥ 福建省公共档案信息共享平台[EB/OL]. [2020 - 12 - 25]. http://www. fj-archives. org. cn/dawh/dagx/.

共享平台,集中天津市档案馆及下辖各区县档案馆130多万条档案数据供用户在线查阅①,在家看档案全文数据库中包含了馆藏珍品、百件档案展示,公众可以在线全文浏览档案原件。

2.1.2 总结分析

在数字技术普及应用的环境下,我国图书馆、博物馆、档案馆都认识到用户文化信息需求的变化,以及加强合作、实现资源共享的重要性。从国内相关服务实践来看,在政府部门的支持与引导下,我国图书馆、博物馆、档案馆已经在行业内部推动文化遗产信息资源的共享并形成了各具特色的管理模式和服务体系;图书馆界在其中表现突出,实施了包含文化遗产信息资源在内的全国性、地区性服务项目,博物馆界和档案馆界稍逊一筹,百度百科数字博物馆体现了文化机构与企业之间基于文物信息服务的跨界合作。国内也有少量的多机构数字化服务融合实践,其文化共享工程中囊括了图书馆与博物馆的部分文化遗产信息资源。天津泰达图书档案服务网体现了公共图书馆与档案馆的跨界合作,"香港记忆"的实践说明公共文化服务机构之外,高等院校、政府部门、商业机构、民间团体也是推动文化遗产资源数字化服务融合的有生力量。

从服务内容和服务形式上来看,本篇所介绍的这些数字化服务实践项目既有共性又有个性。首先,它们都提供了多种主题、多种载体形式的文化遗产信息资源,同时立足信息检索、专题浏览/展览等基本服务形式推出了特色服务,如:大学数字图书馆国际合作计划推出的在线借阅、基于内容的图像检索和基于文字形状的书画字检索;以博物馆文物资源为主的百度百科数字博物馆和大学数字博物馆都提供了立体、形象的三维展览等。其次,它们都不同程度地存在社会媒体的应用,但互动参与程度存在差异,因此还有更大的提升空间。CALIS专题特色数据库、大学数字博物馆都提供个性化服务;天津泰达图书档案服务网、百度百科数字博物馆都有不同程度的社会媒体应用;"香港记忆"开辟了面向特定群体的用户参与专区;大学数字图书馆国际合作计划的个性化服务和用户参与都比较细致,服务平台基于SNS理念,强化了注册用户之间以及注册用户与服务平台之间的互动交流,注册用户可以互相加为好友、分享信息,注册用户还可以对平台资源添加评注信息、参与资源描述信息的修订。

2.2 面向用户三馆数字化服务融合的实现探讨

从前面国内外项目对比分析可见,我国的文化遗产信息资源共享大多数还局限于单一的行业,也有少量的三馆数字化服务融合实践。从服务内容与形式来看,国外的项目体现了以用户为中心、服务社会大众、关注教育学习等特点,整合的文化遗产信息资源内容广泛,而且引导用户参与到文化遗产信息资源建设与服务中;相比较而言,国内的相关实践在服务人群范围、服务内容规模、用户参与等方面都还有待加强。

本篇认为建立三馆数字化服务融合的本意在于促进文化遗产信息资源共享,满足社会公众的文化需求,因此图书馆、博物馆、档案馆应当以用户为中心,树立面向用户的服务理念,探讨实施三馆文化遗产资源的数字化服务融合的可能性(如图2-1所示)。

1. 面向用户的服务理念

理论和观念是开展各种工作的指导,正确的理念是图书馆、博物馆、档案馆开展文化遗产信息资源数字化服务融合的保障。本篇认为三馆开展文化遗产信息资源数字化服务融合需要以用户为中心,坚

---

① 天津档案信息网. 天津档案信息资源社会共享平台[EB/OL]. [2013 - 11 - 16]. https://www.tjdag.gov.cn/zh_tjdag/archives/navIntroduce. html.

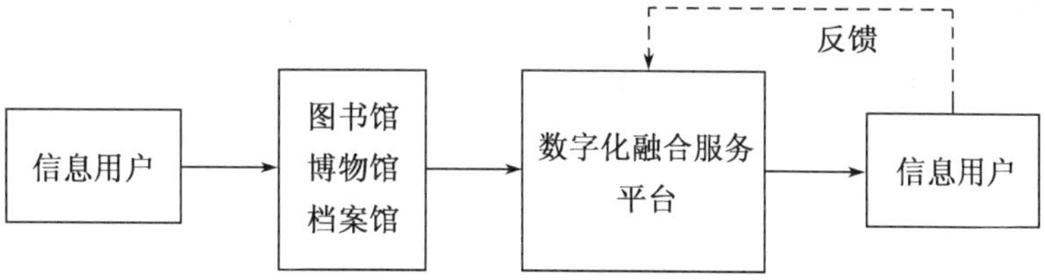

图 2-1　面向用户的三馆数字化服务融合

持智慧与服务、平等与开放、个性化与人性化结合的服务理念(刘晓晓,2010)。

① 智慧与服务。智慧与服务是三馆开展文化遗产信息资源数字化服务融合的基本信念。首先,"知识就是力量",知识武装的民族才能智慧和强壮,文化遗产是中华民族的智慧结晶,其中所蕴藏的知识对于民族发展、国家强盛意义重大。图书馆、博物馆、档案馆有必要以智慧传播为理念,整合三馆所保存的文化遗产信息资源,向社会提供更多的优质资源。其次,服务是图书馆、博物馆、档案馆联合开展数字化服务融合的主题思想,面对用户日益增长的文化信息需求,三馆应该始终保持公益性服务,充实多元化的服务内容和服务方式,提供高质量的、特色的文化遗产信息资源服务。

② 平等与开放。平等与开放是三馆开展文化遗产信息资源数字化服务融合应当遵循的一个原则。这里有两层含义,一方面,文化遗产信息资源是中华民族所共有的宝贵财富,每个用户都有权利合法、平等地获取相关的资源及服务,这就要求图书馆、博物馆、档案馆为公众提供平等、开放的服务空间,满足公众的信息获取需求;另一方面,也要求图书馆、博物馆、档案馆以公众利益为重,打破行政体制束缚,以平等开放为理念开展更多的合作、互补和资源共建共享,充分挖掘各馆文化遗产信息资源并加工组织形成优质资源,向公众提供更大范围和更深层次的文化信息资源服务与共享。

③ 个性化与人性化。在图书馆、博物馆、档案馆文化遗产信息资源数字化服务融合中,各种技术的应用不是万能的,用户才是文化遗产信息资源的最终使用者,也是三馆数字化服务融合中需要重点关注的主体。在信息化、网络化的环境中,用户不再满足于共性的信息服务,更加渴望信息服务机构能够提供多样化、智能化的服务内容和服务手段。图书馆、博物馆、档案馆明确认识用户的主体地位,以了解用户需求作为开展数字化服务融合的第一要务,结合用户的共性需求和多样化的个性需求,组织文化遗产信息资源和设计合适的服务形式才能确保三馆数字化服务融合取得成功。

2. 三馆数字化服务融合的要素组成

三馆数字化服务融合中,用户是服务对象,图书馆、博物馆、档案馆构成了主要的服务机构,各种文化遗产信息资源是开展服务的数字资源,利用数字技术搭建一站式服务平台,建立相应的管理手段和保障措施是开展数字化服务融合的有力支撑。可以说,用户需求、文化遗产数字资源、数字化服务融合平台、管理措施和保障途径构成了三馆数字化服务融合的要素(见图 2-2)。这些要素相辅相成,其中图书馆、博物馆、档案馆在数字化服务融合理念指导下,以用户需求为出发点,组织文化遗产数字资源和建设相应的服务基础设施;管理措施和数字化服务融合平台的结合,不仅为公众提供了便利的服务途径,还可以与公众进行互动,针对信息技术发展和用户需求变化,适时调整文化遗产数字资源的服务内容和形式,提供更为丰富的文化服务;保障途径如同"后勤"机构,为各要素的有序运行提供全面保障,并提供一定的反馈评价机制,进一步调整和优化三馆数字化服务融合。几个要素相互支撑与协作,才能确保三馆数字化服务融合的顺利运转。

3. 三馆数字化服务融合的动力机制

文化遗产信息资源数字化服务融合是社会公共文化信息服务的一个子系统,其成长和发展受到多方面因素的综合作用和影响,这些因素既有来自图书馆、博物馆、档案馆的内部因素,也有来自社会大环境的外部因素。三馆数字化服务融合的实现必须正视各种内因和外因的影响，区别分析、因势利导，建立有利于数字化融合发展的动力机制，推动数字化服务融合的实现。

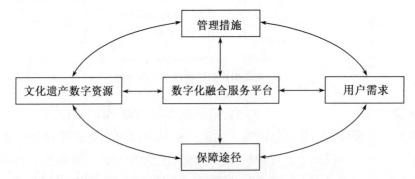

图2-2　数字化服务融合体系组成要素①

数字化服务融合的发展很大程度上取决于图书馆、博物馆、档案馆的内在动力，对于用户需求的了解、对于机构使命的认识、对于文化遗产资源价值的认识能够推动三个机构联合开展数字化服务融合。除此之外，来自外部的政府政策和社会认识，以及由人才、法律、技术、社会力量等因素组成的支撑体系，也会影响三个机构的内部动力，推动数字化服务融合的顺利开展。另外，外在的动力主要由企业、高校、科研机构技术供给及其他相关文化机构的支持组成，它们与用户需求相互协作，能够共同推动数字化服务融合的发展。因此，图书馆、博物馆、档案馆文化遗产资源数字化服务融合的实现依赖于"五种力量"的综合作用（见图2-3），三馆的内部动力、政府和社会的引力、用户需求的拉力、企业院所相关单位等的推动力，以及法律、人才、网络技术、社会力量的支持力共同作用，是实现我国三馆文化遗产资源数字化服务融合的必由之路。

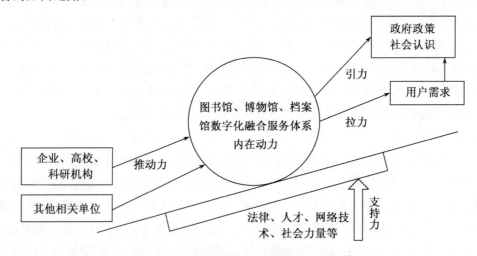

图2-3　三馆数字化服务融合的动力机制②

4. 三馆数字化服务融合的实施策略

结合国内外现有的相关服务实践，以及影响图书馆、博物馆、档案馆数字化服务融合的障碍因素分析，本篇认为在实施三馆文化遗产信息资源数字化服务融合时，可以具体从以下角度开展：

① 坚持政府引导，建立跨组织馆际合作协调机构推动服务融合开展

---

① 图形绘制参考了：刘晓晓. 区域性数字化教育资源共享体系的构建[D]. 南昌：南昌大学，2010.
② 图形绘制参考了：马娇. 科技中介服务体系界面管理研究[D]. 秦皇岛：燕山大学，2010.

　　从本篇所调查的国外数字化服务项目来看,世界数字图书馆、欧盟 Europeana 项目分别由联合国教科文组织和欧盟委员会协调实施,美国的馆际合作支持机构主要是美国博物馆与图书馆服务学会(IMLS),加拿大采取实体机构合并重组模式,澳大利亚直接由国家图书馆领导实施馆际资源服务融合,它们无一例外都有专门组织或政府部门来协调实施。我国图书馆、博物馆、档案馆虽然同属于文化机构,但业务主管部门各不相同,开展跨系统的文化遗产信息资源数字化服务融合,首先需要打破管理体制造成的合作壁垒,推动三个机构之间的各种交流合作。结合国外实践和我国国情,由文化部、国家文物局、国家档案局共同协商,建立类似于美国 IMLS 性质的跨组织馆际合作协调机构比较合适,图书馆、博物馆、档案馆地位平等地参与其中,从国家层面推动文化遗产信息资源的数字化服务融合。

　　跨组织馆际合作协调机构发挥三个方面的作用,一是统筹规划确立三馆文化遗产信息资源数字化服务融合中的实施战略,包括推进步骤、资源内容、技术应用等;二是宣传和引导图书馆、博物馆、档案馆加强馆际合作和交流,鼓励和指导三馆开展馆际数字化服务融合项目;三是募集资金,为三馆文化遗产信息资源的数字化服务融合提供必要的资金支持。围绕上述三个方面的作用,本篇在第六章组织界面管理中,具体阐述了跨组织馆际合作协调机构的组织结构。

　　② 三馆资源共建共享,采取混合式服务模式为用户提供文化遗产信息服务

　　当前国内外图书馆、博物馆、档案馆基于文化信息服务采取的合作主要有机构合并重组模式、实体场馆集中模式、共建共享模式、资源共享模式。结合我国的国情,本篇认为三馆文化遗产信息资源共建共享,基于数字技术实现资源服务融合更为合适,该模式既有利于促进三馆协作交流、共同发展,同时也能够实现馆际文化遗产信息资源的优化配置。三馆文化遗产信息资源的共建共享,必然涉及多种资源的交互协作,因此在第六章资源界面管理中探讨了三馆数字化服务融合中的激励机制、知识产权保护和团队合作文化。数字化服务融合体系在规划建设文化遗产数字资源时,可优先选择三馆内用户需求大、社会价值高、载体易损毁的文化遗产进行数字化建设,发布到数字化服务融合平台供用户访问和获取。

　　数字环境下异构资源的服务融合可以采取集中式、分布式或混合式的服务模式,如世界数字图书馆采用了集中式服务模式,而欧盟 Europeana 项目采用了混合式服务模式。为了保护文化遗产知识产权和各馆数字资源安全,三馆数字化服务融合体系可借鉴 Europeana 的做法采取混合式服务模式,即文化遗产数字资源仍然完整存储于图书馆、博物馆、档案馆之内,数字化服务融合平台仅接收三馆的文化遗产信息的元数据和缩略图,用户如果希望获取原始资源,则通过链接进入馆藏机构网站,在获得馆藏机构许可后方能获得文化遗产信息资源。混合式服务模式可以减少数字化服务融合平台的资源存储,保护参与机构的知识产权,提高参与机构的网站访问量。

　　③ 鼓励多方参与,结合现有服务项目逐步推进数字化服务融合实现

　　数字化服务融合的实施离不开资源数字化和多种数字技术的应用,而不少图书馆、博物馆、档案馆往往拥有丰富的文化遗产资源,却缺乏相应的资金、数字化设备和技术人员。澳大利亚 Trove 项目、大学数字图书馆国际合作计划、百度百科数字博物馆、"香港记忆"的实践已经证明,高校、科研机构、企业、社会团体、用户都可以参与到文化遗产信息资源数字化服务融合的建设中,协助三馆开展文化遗产数字资源建设、建立数字化服务融合平台、策划专题展览等。

　　图书馆、博物馆、档案馆的数字化服务水平不一,因此齐头并进地推进数字化服务融合并不现实。从目前的数字化服务现状来看,三类机构都不同程度地开展了文化遗产信息资源共享服务,其中图书馆界开展了多个全国性数字化服务项目,它们在机构协作、资源建设、服务管理中积累了丰富经验。因此,从集约建设、逐步推进的角度考虑,可以从两方面推进文化遗产信息资源数字化服务融合的实现:一是,在现有的服务项目中融入多机构的文化遗产信息资源,例如,在中国数字图书馆工程全国联合书目数据库中,加入博物馆和档案馆的馆藏资源目录,在全国文化信息资源共享工程中纳入高校图书馆、档案馆

的文化遗产信息资源，以中国大学数字博物馆和百度百科数字博物馆为基础，扩大博物馆之间的馆际合作；二是，以先行业内后行业间、先局部后整体的推进策略为指导，分别推动图书馆内部、博物馆内部、档案馆内部的文化遗产信息资源数字化服务融合，同时，对于三馆共有的且有规范数据描述标准的文化遗产信息资源，可考虑在三馆间试点开展横向的、基于特定主题的文化遗产信息资源数字化服务融合实践，解决三馆文化遗产信息资源的统一组织和跨系统交互问题。最终，将所有的文化遗产信息资源融合到一个服务平台，实现全国范围的文化遗产信息资源服务融合。

第 3 章　三馆用户文化遗产资源数字化服务融合需求分析

　　用户需求研究即利用有效的研究工具和方法对目标群体展开深入细致的研究,以发现目标群体对产品或服务的需求特征与行为偏好,有针对性地开发产品与服务满足用户的期望。用户需求是开展信息服务的前提,也是用户研究的一部分重要内容。本章尝试将生活形态理论与用户需求理论结合应用,设计问卷对三馆用户展开调查,以研究图书馆、博物馆、档案馆用户群体对于文化遗产资源数字化服务的需求特点和偏好。

3.1　研究思路

　　公众关注什么类型的文化遗产信息资源? 通过什么途径获得文化遗产信息? 对图书馆、博物馆、档案馆的数字化服务使用情况如何? 尽管在这些方面已有较多的用户需求研究成果,但主要是针对某一机构的研究或某一种服务模式的研究,如张林旺等对网络环境图书馆用户需求及服务模式进行了分析,针对用户需求内容、需求方式和需求心理的变化提出了若干措施[①];纪杰等探讨了高校图书馆数据库与用户需求的契合度[②];马慧娟对数字图书馆信息推荐服务中的用户需求偏好模型研究进行了综述[③];刘雅楠分析了公众需求与数字博物馆的发展趋势,指出博物馆应积极与公众互动,数字博物馆正朝着以观众为中心、大众化、多媒体化服务的方向发展[④];王运彬从用户需求调研、需求规模、需求领域、服务模式等方面对 2000—2009 年国内档案领域的用户需求研究进行了较为全面的综述分析,指出档案用户需求呈现出互动性、立体化、多元化的需求特点,应当加强档案用户需求实际调研和服务模式研究、加强对档案的市场需求及运作模式研究[⑤];已有的研究还缺乏对三馆用户的文化遗产信息需求和数字化服务需求的研究。

　　生活形态理论在产品设计与营销中已经得到了成功应用,并扩展到了网络信息产品与信息服务领域。例如,Jih 等人对台湾高校大学生生活形态与手机购物动机的关系进行了探索性研究[⑥];Swinyard 等从生活形态角度入手,分析了影响消费者网络购物的因素[⑦];Lekakos 等人分析了通过数字互动电视传递个性化广告的消费者生活形态[⑧];Yang 分析了台湾用户的互联网生活形态与网络广告之间的影响

　　① 张林旺,马凯.网络环境图书馆用户需求及服务模式分析[J].河北科技图苑,2012(05):35-36,59.

　　② 纪杰,冯有胜.高校图书馆数据库与用户需求的契合度实证研究——基于重庆工商大学的调查[J].图书情报工作,2012(23):74-77,49.

　　③ 马慧娟.数字图书馆信息推荐服务中用户需求偏好模型研究[J].科技情报开发与经济,2012(19):1-2.

　　④ 刘雅楠.公众需求与数字博物馆的发展趋势[A].携手共进,创新发展——2011 年北京数字博物馆研讨会[C].2011:36-39.

　　⑤ 王运彬.近十年来档案用户需求研究综述[J].档案学通讯,2011(01):66-70.

　　⑥ Jin W J K, Suzanne D, Lee S F, et al. An Exploratory Analysis of Relationships between Cellular Phone Users'Shopping Motivators and Lifestyle Indicators[J]. Journal of Computer Information Systems, 2003, 44(2): 65-73.

　　⑦ Swinyard W R, Smith S M. Why People (Don't) Shop Online: a Lifestyle Study of the Internet Consumer[J]. Psychology & Marketing, 2003, 20(7): 567-97.

　　⑧ Lekakos G, Glaglis G M. A Lifestyle-based Approach for Delivering Personalized Advertisements in Digital Interactive Television[J]. Journal of Computer-Mediated Communication, 2004, 9(2): 1-18.

关系①；Brengman 等人对基于网络使用相关的生活形态进行跨文化环境下用户细分的有效性进行了研究②；范欣珩分析了生活形态与即时通信工具使用的关联关系③；任琼瑶将生活形态与网页文化要素偏好结合，研究了基于生活形态分类的三个群体对网页风格、网页模板的使用差异④；Zhu 等人调查了中国手机市场消费者生活形态与手机使用态度之间的关系⑤；Lee 等人研究了韩国用户生活形态与高技术产品采纳之间的关系⑥；王欣分析了不同生活形态的 IPTV 用户使用行为⑦；张祺以大学生为研究对象，尝试研究了不同生活形态大学生在网站浏览方面的用户体验特征与差异⑧；韩珍玉探讨了生活形态与信息产品的创新设计策略⑨；Yu 构建了具有活动、兴趣、观点、价值四维度的电子生活形态维度⑩；Chen等人以武汉高校大学生为对象的研究显示，不同群体的生活形态影响其手机服务的使用⑪；Sarrina 探讨了台湾地区公众生活形态对互联网相关九大产品与服务的采纳影响关系，研究表明生活形态揭示了人们的需求和欲望，能够进一步预测对不同功能和技术的采纳⑫。

　　成功的用户服务建立在对用户消费心理和行为特点的深入分析与精准服务之上，对于图书馆、博物馆、档案馆的信息服务也是毫无例外的。近年来"以用户为中心"的服务理念逐渐得到了上述各个文化机构的认可，信息服务管理与营销已经成为图书馆、博物馆、档案馆工作的一部分内容。仅仅依靠年龄、职业、教育背景、月收入等人口统计信息开展信息服务已经不能满足用户日渐强烈的个性化服务需求。因此笔者萌生借用用户研究中常用的生活形态理论，对图书馆、博物馆、档案馆的文化遗产信息与数字化服务需求特点进行分析。通过对生活形态理论及信息需求、信息行为理论的消化吸收，借鉴已有相关研究的积累，本篇形成以下思路：首先，以信息需求、信息行为、生活形态理论为基础构造调研问卷，了解图书馆、博物馆、档案馆用户对文化遗产信息资源的关注与相应的数字化服务使用情况；其次开展预调查检验调查问卷设计的合理性，结合预调查的反馈结果调整问卷内容并确定正式的调查问卷；然后通过网络和图书馆、博物馆、档案馆的实地调查获取调查样本数据，最后对回收的有效问卷借助 SPSS 统计软件进行描述性分析，尝试进行因子分析和聚类，对目标用户进行人群细分，研究不同人群的文化遗产信息需求与数字化服务需求是否存在差异。

---

①　Yang K C C. A Comparison of Attitudes Towards Internet Advertising Among Lifestyle Segments in Taiwan[J]. Journal of Marketing Communications，2004，10 (1)：195 - 212.

②　Brengman M，Genuens M，Weijtrs B，et al. Segmenting Internet Shoppers Based on Their Web-usage-related Lifestyles：a Cross-cultural Validation[J]. Journal of Business Research，2005，58：79 - 88.

③　范欣珩. 生活形态与即时通讯使用的关联性研究[D].北京：中国传媒大学，2007.

④　任琼瑶. 基于用户生活形态的网页文化要素偏好研究[D]. 杭州：浙江大学，2008.

⑤　Zhu H，Wang Q，Yan L，et al. Are Consumers What They Consume? Linking Lifestyle Segmentation to Product Attributes：an Exploratory Study of the Chinese Mobile Phone Market[J]. Journal of Marketing Management，2009，25(3)：295 - 314.

⑥　Lee H J，Lim H，Jolly L D，et al. Consumer Lifestyles and Adoption of High-technology Products：a Case of South Korea [J]. Journal of International Consumer Marketing，2009，21(3)：153 - 67.

⑦　王欣. 基于生活形态的 IPTV 用户使用行为研究[D]. 上海：华东师范大学，2010.

⑧　张祺. 基于生活形态分群的用户体验研究[D]. 杭州：浙江大学，2010.

⑨　韩珍玉. 基于用户生活形态的信息产品创新设计研究[D]. 武汉：武汉理工大学，2010.

⑩　Yu C S. Construction and Validation of an E-lifestyle Instrument[J]. Internet Research，2011，21(3)：214 - 235.

⑪　Chen Z H，Zheng W Y，Zhou W Y，et al. Effect of Lifestyle on the Adoption of Mobile Services[C/OL]. Eleventh Wuhan International Conference on e-Business，2012. http：//aisel. aisnet. org/whiceb 2011/34.

⑫　Sarrina L I S C. Lifestyle Orientations and the Adoption of Internet-related Technologies in Taiwan[J]. Telecommunications Policy，2013，37：639 - 650.

3.2　问卷设计与调查实施

3.2.1　问卷设计

本篇开展用户调查有两个目的,首先是了解三馆用户的文化遗产信息需求和对三馆的数字化服务使用情况,获取用户对数字化服务融合平台的服务功能需求;其次是借助生活形态理论,进一步探讨三馆用户的生活形态是否对其文化遗产信息需求、数字化服务使用和服务平台功能需求等产生影响。由于用户的数字化服务使用与其网络信息行为联系紧密,因此考虑调查问卷设计包含四个方面的内容,即网络信息行为、文化遗产信息需求与图博档数字化服务应用、日常生活形态测量、用户背景信息。

1. 网络信息行为

数字化服务的开展离不开网络设备的使用和各种网络工具的应用和交互行为的参与,因此本部分主要是了解被调查对象经常使用的网络访问设备、浏览网站关注的因素,经常使用的 web2.0 工具和经常参与的网络交互活动,以及参与网络交互的动机。

2. 文化遗产信息需求与图博档数字化服务应用

本部分是研究的重点,主要获取用户的文化遗产信息需求、和对图书馆、博物馆、档案馆数字化服务的使用情况,分为三个层次:首先基于信息需求理论了解被调查对象对文化遗产的关注程度以及对文化遗产信息资源的需求认知结构、需求效用结构和需求内容结构;其次了解被调查者对图书馆、博物馆、档案馆已有的数字化服务的使用情况;最后了解用户对三馆文化遗产资源数字化服务融合的态度以及服务需求。

3. 生活形态测量

对于生活形态的测量国内外都有众多研究,其中基于 Plummer(1974)的四维度 36 层面 AIO 生活形态量表的研究居多,尤其是在台湾和大陆地区的相关研究中。本部分主要希望分析三馆用户的生活形态,揭示生活形态与文化遗产信息需求与数字化服务应用的相关关系。考虑到文化差异,生活形态量表题项的选择,主要参考大陆和中国台湾地区基于信息产品和网络服务方面的相关研究成果。

Chen 等从吴垠的 China-Vals 中选取了 33 个题项对武汉高校大学生生活形态与手机服务使用进行研究,发现生活形态指标对手机服务的使用有积极的作用,如,生活观显著影响手机交流和信息服务的使用、媒体观和时尚观对所有类型的手机服务都有显著影响等;Yu 构建的电子生活形态维度以39 个生活形态题项进行实证研究,发现需求动机、兴趣动机、娱乐动机、社会性动机、感知重要性、创新性是影响 ICT 相关产品和服务的主要生活形态因素。Sarrina 以 22 个生活形态题项在台湾的研究显示,生活形态在预测九大产品技术采纳中发挥了显著作用,尤其是对于信息导向和娱乐导向的信息产品与服务,时尚观、休闲观、媒体观都对不同产品技术的采纳有影响作用。

基于上述研究,本部分主要收集用户个人生活状态、人际交往、休闲娱乐、对科技产品的使用情况以及价值观、消费观、传播观等,希望据此深入了解图书馆、博物馆、档案馆用户的态度观念与行为特点与其网络信息行为、文化遗产信息需求与数字化服务是否有关联关系。提出以下四条研究假设:

假设 1:图书馆、博物馆、档案馆用户可以分为几种不同的生活形态群体;

假设 2:图书馆、博物馆、档案馆用户生活形态与网络信息行为间具有相关关系;

假设 3:图书馆、博物馆、档案馆用户生活形态与文化遗产信息需求间具有相关关系;

假设 4:图书馆、博物馆、档案馆用户生活形态与数字化服务需求具有相关关系。

本研究具体的生活形态测量指标的选取,以 AIO 生活形态测量为指导,从 Plummer 的生活形态测量维度中选取 12 个维度(见表 3-1)。在探索阶段,从 Jih 等、吴垠、范欣珩、张祺、Sarrina 的研究中选取了能够反映 12 个维度生活形态的题项,组成了含有 60 个问题的量表,采用李克特七级量表测量被调查者在生活形态各个方面的态度。

表 3-1　本研究制定的生活形态层面

活动	兴趣	意见	人口统计变量
工作	流行	自我	性别
交际	媒体	个性	年龄
休闲	成就	文化科技	教育程度
消费	审美	新事物	职业、收入

4. 用户背景信息

用户背景信息是调查问卷中必不可少的一部分,主要是收集调查对象的性别、年龄、教育程度、职业、月均收入五项基本的人口统计变量,以此进行用户生活形态调研及用户群体确定的辅助分析。

3.2.2　预调查

为了保证问卷设计的质量和数据研究的效果,本研究在正式调查开始之前首先发放了 120 份问卷进行小范围的预调查,回收有效问卷 92 份并进行初步分析,据此对调查问卷的内容进行了调整和修正。

对调查问卷的内容、形式、措辞以及问题的严谨性进行修改与调整,增加了两个问题用于甄别受试对象所填答的问卷是否有效。问卷第一部分根据被调查者的反馈意见,删除了"您上网时通常浏览下列哪些信息"和"您看过新闻或者访问论坛、微博站点后的交互行为"两个不便于精确作答的题项,保留的五个题目对其选项进行了精简合并。问卷第二部分受试者反映选项过于详细、专业术语看不明白,删除了"您对哪个历史时期的文化遗产感兴趣"的题项,其他题项进行相应的调整:"关注文化遗产信息的原因"主要是从科研、学习、休闲娱乐等角度考察用户获取文化遗产信息的效用结构;"获取文化遗产信息的场所和途径"主要获取用户的信息获取途径,以便有针对性地向其传递文化遗产信息内容和服务信息;对涉及物质文化遗产和非物质文化遗产的题项进行了归类精简,将物质文化遗产信息分为 11 个主题大类,根据国家非物质文化遗产分类标准整理出 9 个大类的非物质文化遗产信息主题,分别了解用户的文化遗产信息内容需求结构。问卷第三部分主要对生活形态量表进行了信度和效度分析,多次因子分析和 Cronbach's α 系数值、KMO 值检验比较后,保留了能够体现用户的个性特点、休闲观、媒体观、消费观,以及对文化科技、新事物态度的 30 个题项;第四部分人口统计特征变量对年龄、受教育程度、职业和月均收入的选项内容进行了合并优化处理。正式调查阶段采用的是修正后的问卷。

3.2.3　正式调查

据国家统计局数据显示,截至 2019 年底,我国有各级各类公共图书馆 3189 个、博物馆 3410 个、各类档案馆 4136 个[①],这些机构的信息服务丰富了公众的文化生活。本篇旨在尝试性探究图博档用户的群体特征与文化遗产服务需求,然而研究经费、时间、精力有限,故采用图书馆、博物馆、档案馆实地调查

---

① 　国家统计局. 2019 年国民经济和社会发展统计公报[EB\OL]. (2020-02-28)[2020-12-28]. http://www. xinhuanet. com/fortune/2020-02/28/c_1125637788. htm.

与网络问卷调查相结合的调研方法。实地调研主要在南京图书馆、南京市博物馆、南京民俗博物馆、江苏省档案馆、河南博物院、河南省图书馆、河南省档案馆、苏州昆曲博物馆进行,调查样本的选取以自愿参与为原则。为了扩大样本用户的地域分布,委托同学、朋友在深圳图书馆、国家图书馆、上海图书馆以及西安历史博物馆回收了一部分问卷。考虑到实地场馆的调查并不能覆盖所有的三馆用户,同时运用方便抽样、判断抽样和滚雪球抽样三种非概率抽样方法结合,利用电子邮件、即时通信工具对企业、政府部门、事业单位、高校历史专业的学生、初高中历史教师进行了网络问卷调查,利用问卷星在线调研网站的样本服务也回收了部分问卷。

正式调查阶段共回收问卷 464 份,在人工排查中明显填答有误和数据填写不完整的无效问卷 26 份,根据甄别题和量表题的回答剔除无效问卷 93 份,最后得到用于研究的有效问卷 345 份,有效率为 74.35%。

为了验证调查问卷量表测试的真实性和有效性,本篇对回收的有效问卷生活形态量表题项进行了信度和效度分析。统计学上经常利用 Cronbach's α 系数来衡量问卷量表的信度,Cronbach's α 系数值介于 0～1,Cronbach's α 系数越高表示量表测试结果信度越高,测量误差值越小[①]。一般认为,Cronbach's α 系数要在 0.7 以上才可接受,信度理想的量表 Cronbach's α 系数要在 0.8 以上。效度分为内容效度、准则效度和结构效度三种类型,其中内容效度和结构效度的分析更为常用。内容效度的分析经常采用的方法是单项与总和的相关系数衡量,相关系数至少要在 0.4,相关系数越高说明内容效度越高。结构效度的分析经常借助于因子分析进行,KMO 值、巴特利球形检验值、累积贡献率、共同度和因子负荷都是衡量结构效度的依据,一般要求共同度大于 0.2,因素负荷量大于等于 0.45。

在本问卷中效度主要指所收集样本数据能在多大程度上反映图书馆、博物馆、档案馆用户的真实生活形态特点。在内容效度方面,量表内容以生活形态理论为基础,量表题项基于 AIO 测量维度,借鉴了已有相似研究中的测试题项,并通过预调查修改而成,具有相当的内容效度。首先,在 SPSS 中进行的独立样本 T 检验和双因素 Pearson 相关分析显示,以 t 值大于 3、相关系数大于 0.4 来衡量,30 个量表题项的测试区分度都符合要求,具有良好的内容效度。对正式问卷生活形态量表部分进行内部一致性检验后显示,Cronbach's α 系数为 0.969,大于 0.8,信度较好。结构效度的衡量主要通过因子分析进行检验,反复试验后发现,删除 Q8、Q11、Q34、Q35、Q42、Q55、Q59、Q60 后,KMO 值由 0.958 提升至 0.961、Bartlett 球形检验值由 8696.097 升至 8866.711,Cronbach's α 系数由 0.969 增加至 0.972,因此生活形态量表部分后续正式统计时仅使用了保留后的 22 个题项。

3.3　样本的描述统计分析

3.3.1　人口统计特征

本研究主要调查了样本的性别、年龄、受教育程度、职业状况、月均收入五项信息,基本数据见表 3-2。

---

① 吴明隆. 问卷统计分析实务——SPSS 操作与应用[M]. 重庆:重庆大学出版社,2010:239.

表 3-2 样本特征描述

变量	指标	频数	百分比	累积百分比	变量	指标	频数	百分比	累积百分比
性别	男	154	44.6%	44.6%	受教育程度	初中及以下	2	0.6%	0.6%
	女	191	55.4%	100.0%		高中/技校/中专	21	6.1%	6.7%
年龄	<19 岁	8	2.3%	2.3%		高职/大专	54	15.7%	22.3%
	19～29 岁	69	20.0%	22.3%		大学本科	185	53.6%	75.9%
	30～39 岁	102	29.6%	51.9%		研究生	83	24.1%	100.0%
	40～49 岁	81	23.5%	75.4%	职业	学生	40	11.6%	11.6%
	50～59 岁	80	23.2%	98.6%		教师	50	14.5%	26.1%
	≥60 岁	5	1.4%	100.0%		事业单位人员	45	13.0%	39.1%
月均收入	≤1000 元	42	12.2%	12.2%		党政机关公务员	11	3.2%	42.3%
	1001～2000 元	9	2.6%	14.8%		企业/公司人员	157	45.5%	87.8%
	2001～3000 元	34	9.9%	24.6%		个体户/自由职业者	17	4.9%	92.8%
	3001～5000 元	100	29.0%	53.6%		离退休人员	12	3.5%	96.2%
	5001～8000 元	99	28.7%	82.3%		其他	13	3.8%	100.0%
	>8000 元	61	17.7%	100.0%					

从上表数据可以看出，19 岁至 59 岁的人群是使用图书馆、博物馆、档案馆数字化服务的主要群体，相应的比例分别为 20%、29.6%、23.5%、23.2%；19 岁以下的人群使用图书馆、博物馆、档案馆的数字化服务相对较少，调查中也了解到该类人群对文化遗产的概念很模糊，不清楚具体是什么，因此不是本调查的主要目标人群；60 岁以上的人群由于年纪大，在接触现代网络、使用数字化服务方面也相对较少，在实地调查中部分老年人表示对数字化服务很支持，但是自己"玩不转"，不知道该怎么使用而且学习起来比较慢、容易忘；部分老年人还表示眼睛花对小字体看不清楚，影响网络使用和体验数字化服务。

在教育程度方面，本调查的样本主要是高职/大专以上的人群，其中尤以大学本科以上人群居多，占到 53.6%，达到一半。因为数字化服务要求有相应的计算机使用技术、较高的信息素养，因此高学历人群更易接受网络变化带来的便捷和应用数字化服务，加之图书馆、博物馆、档案馆作为主要的文化场所，其所提供的信息服务往往吸引的是有一定文化知识背景的人群。职业分布数据显示，被调查对象主要是企业/公司人员，占到 45.5%；学生、教师、事业单位人员所占比例也较高，党政机关公务员所占比例相对较低；在月均收入方面，月均收入达到 3000 至 8000 元的人群占到 55%，符合正态分布的特点。

3.3.2 网络信息行为

1. 浏览网站时看重的因素

CNNIC 的调查表明，使用台式电脑的网民比例继续下降，而手机上网网民比例保持快速增长[1]。本次调查数据也印证了这一点，在四种常用的上网设备中，智能手机所占比例为 81.45%，其次是笔记本电脑（79.42%）和台式电脑（71.88%），使用平板电脑上网的用户占到 40%。上网设备由固定变移动、由有线转无线的变化得益于近年来无线移动网络的发展，各种小巧便捷的移动应用程序的开发也推动了无线上网的发展。

---

① CNNIC.第 32 次中国互联网络发展状况统计报告［R/OL］.（2013 - 07）［2013 - 10 - 12］. http://www. cnnic. cn/hlwfzyj/hlwxzbg/hlwtjbg/201307/P020130717505343100851.pdf.

　　网络设备的发展、多种终端的涌现,丰富了公众的信息获取途径,但是不论科技怎样发展,传播手段如何更新,面对海量的信息数据,"内容为王"的实质不会改变。在浏览网站信息时,对内容的关注仍是用户看重的因素,74.78%的用户表示内容准确很重要,73.62%的用户希望网站的内容权威可靠,关注内容全面性和内容更新频率快慢的用户分别占到 68.70%和 53.04%;网站的易用性、知名度、访问速度的快慢和服务的多样性也是 40%的用户会考虑的因素,相对而言,对网页简洁性的关注只有 26.09%。所以图书馆、博物馆、档案馆在利用数字化技术开展文化遗产信息服务时,内容的组织与建设仍然是排在首位的。

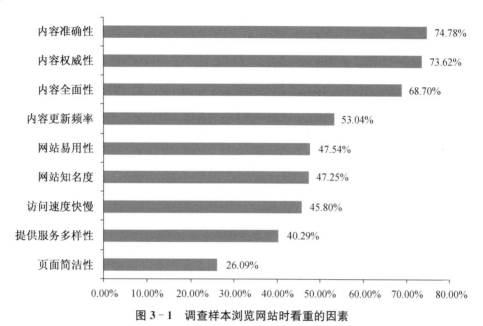

图 3 - 1　调查样本浏览网站时看重的因素

　　2. Web2.0 工具使用

　　Web2.0 盛行的时代,交互与参与的理念已经深入人心,各种 Web2.0 工具在各个年龄段不同职业的人群中都有着广泛应用。总体来说,即时通信工具、微信、微博以短、平、快的特点位列三甲,所占比例分别达到 94%、75%、70%;其次,使用博客(36%)、视频分享的播客网站(28%)、SNS 类型的社交媒体应用(23%)的人群也较多,而 RSS 信息订阅、维基和标签的应用相对较少,分别是 13%、11%和 7%。究其原因,大多数的被调查用户是企业/公司人员,web2.0 的应用多是休闲、分享性质的,而最后三种应用更加注重信息的推荐、组织,一般是对特定信息主题感兴趣的人群使用。

　　3. 网络交互活动及交互动因

　　网上购物(83%)和论坛/空间/博客(83%)、下载/上传信息资源(65%)是被调查者参与较多的网络交互行为,经常在网络上咨询问题(48%)、参与网络游戏(33%)和进行协作学习(31%)的用户也占到30%以上;使用讨论组(邮件列表)交互的人群非常少,只有 23%。这说明在网络上,普通公众更多的是进行娱乐、休闲活动,如果图书馆、博物馆、档案馆能把信息服务与公众的网络交互行为结合起来,把信息主动推送到目标用户经常参与的网络交互中,势必能营造更加有效的服务效果。

　　动机是产生行为的前提,用户的交互动机受到多种因素的综合影响,如获取信息的动机、娱乐动机、社交动机等①。总体来讲,用户的交互动机在某种程度上也是马斯洛需求层次在参与行为上的反映。调查问卷从内在性动机和外在性动机、生理性动机和社会动机两个维度的调查显示(见表 3 - 3),用户

①　常亚平,朱东红.社交网络用户参与动机的测量[J].图书情报工作,2011(14):32 - 35.

参与交互的动力仍然源于对有价值信息的需求，调查样本参与网络交互主要是受内在的、生理性动机驱动，希望获得有价值的信息(93.9%)，内容为王是驱动网络互动蓬勃发展的根源，也有59.7%的用户是为了满足个人的好奇心与兴趣，52.5%的用户是为了体验参与的乐趣，还有38.6%的用户是希望发表意见获得他人认可或者能够帮助到别的用户，为了获得优惠或积分奖励的用户有31.6%。这说明信息资源内容的建设、个人兴趣的驱动是推动网络交互的主要动力，因此信息服务机构必须充分挖掘用户的兴趣与需求，加强自身的信息资源建设，不断提供高质量的服务产品。

表3-3　调查样本参与网络交互的动因

参与网络交互的动因	动机类型		频数	百分比
获取有价值的信息	内在动机	生理性动机	324	93.9%
满足好奇心或兴趣	内在动机	生理性动机	206	59.7%
获得优惠或积分奖励	外在动机	生理性动机	109	31.6%
发表意见获得他人认可	外在动机	社会性动机	133	38.6%
希望能够帮助他人	外在动机	社会性动机	133	38.6%
体验参与乐趣	内在动机	生理性动机	181	52.5%

3.3.3　文化遗产信息需求

1. 关注文化遗产的原因

图书馆、博物馆、档案馆面向社会提供信息服务，面对的用户群体中既有普通的个人又有团体、组织机构。不同类型的用户对文化遗产信息资源的需求存在差异，调查问卷按照专业用户和休闲娱乐用户分类的思想对调查样本进行的调查发现，样本用户对文化遗产信息的需求是多方面的，其中学习和丰富知识(79.7%)、个人兴趣爱好(65.2%)、休闲娱乐(60.6%)是比较主要的需求原因，多于30%的样本用户是出于工作/教学需要或给子女文化熏陶，可见大多数用户都认为文化遗产兼具知识性、趣味性、教育性，不仅能够丰富知识结构，而且能够调剂业余休闲生活。

2. 了解文化遗产的途径

互联网络的发展让人们在电视、图书、报纸、广播等传统的信息获取渠道之外，又多了一种选择，而且网络的交互性、跨时空性也让更多的人首选利用网络获取信息。调查样本对于文化遗产信息的获取也不例外，网络媒体是样本用户获取文化遗产信息的首选途径，所占比例达到83.8%，博物馆、图书馆也是样本用户获取信息的重要阵地，分别有78%和74.5%的样本用户表示会在博物馆和图书馆接收信息。这一点也和公众对文化遗产的理解有关，许多公众将文化遗产与文物联系在一起，对文化遗产信息的获取场所主要是博物馆，同时图书馆与公众生活联系紧密，近年来图书馆加大了文化遗产信息的宣传，如上海市中心图书馆专门开辟的非物质文化遗产分馆，就向公众传递了较多的文化遗产信息①。此外，电视媒体(71.6%)和图书杂志(51.3%)也是多数用户获取文化遗产信息的途径，如中央电视台的《国宝档案》和《寻宝》栏目都是公众喜爱的文化视频栏目，尤其是《寻宝》以用户参与的互动形式增加了文化遗产信息传播的趣味性，让用户了解了文化遗产及其价值。

---

① 中国新闻网.上海图书馆非物质文化遗产分馆正式亮相[EB/OL]. (2011-06-15)[2013-10-13]. http://www.chinanews.com/cul/2011/06-15/3114110.shtml.

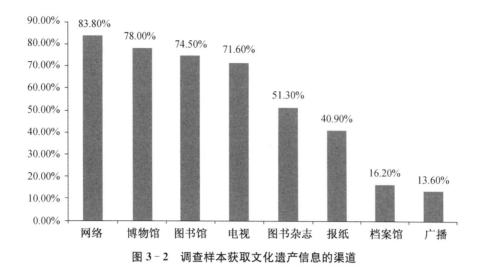

图 3-2　调查样本获取文化遗产信息的渠道

3. 关注的文化遗产类型

我国的物质文化遗产和非物质文化遗产分布于全国各地、类型多样,笔者根据文化遗产所反映的内容大致分为若干类,了解调查样本对文化遗产信息资源的需求结构。60%以上的样本用户对历史人物类、民族特色类、民俗生活类物质文化遗产感兴趣,相对而言,对家族谱牒类、商贸经济类的物质文化遗产关注较少,不足 30%。对于非物质文化遗产,传统手工技艺(69%)、民间美术(55%)、民间知识(52%)、民族语言文学(52%)、礼俗节庆(50%)是多数样本用户所感兴趣的主题。分析数据可以发现,样本用户所感兴趣的物质和非物质文化遗产类型多数是生活中通过网络、电视、博物馆、图书馆或旅游景点等各种渠道能够较多接触的。

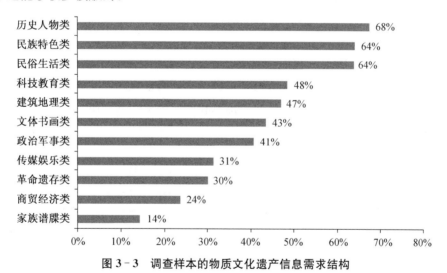

图 3-3　调查样本的物质文化遗产信息需求结构

3.3.4　数字化服务的使用

通过对样本用户的调查可以看到,图书馆、博物馆是大多数用户都经常会去的场馆,比例分别为86.4%和79.7%,去过档案馆的人数较少只有 16.2%的人去过,只有 13 人(3.8%)表示平常没有去过图书馆、博物馆或档案馆。数字化服务的使用情况分析发现,图书馆的数字化服务使用率最高,达到85.8%,博物馆的数字化服务使用率为 57.7%,档案馆的数字化服务率只有 18.8%,数据对比分析还发现,去图书馆的用户几乎都使用过图书馆的数字化服务,这与样本用户的教育背景有关系,因为除了

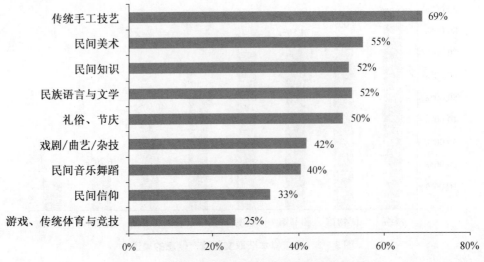

图 3-4 调查样本的非物质文化遗产信息需求结构

公共图书馆，高校图书馆也是重要的信息获取场所，大多数用户都在学校使用过图书馆的数字化服务，与图书馆的高接触率也带来了较高的数字化服务使用率；去博物馆的用户相对少点，而且用户去博物馆的频率低于图书馆，一些用户只在节假日会去博物馆，平常有意识地到博物馆网站获取信息的较少；去过档案馆的用户非常少，这与人们长期将档案馆视为行政机构而不是文化机构有关，但是数字化服务的使用却拓展了人们对档案馆信息的获取与利用，样本用户中去过档案馆的只有56人，而使用过网站数字化服务的却有65人。调查样本中，三个场馆都没有去过的人极少，只有13人，但是没有使用过三个机构数字化服务的人有33人，这说明数字化服务的应用在一定程度上拓展了人们的信息获取和接受服务的渠道，尤其是对档案馆而言，这种作用更为明显，但是总体上来说，除了图书馆，博物馆和档案馆的数字化服务的使用率还有待提高。

目前，大多数的图书馆、博物馆、档案馆都开通了网络平台和利用数字技术丰富服务形式，大大拓展了信息服务渠道。对使用过三馆数字化服务的用户进一步的调查分析可见，无论是图书馆、博物馆还是档案馆，资源检索、信息阅览（浏览帮助信息、服务信息和展览讲座资讯）、在线展览/讲座、视频点播都是用户接触较多的服务形式。

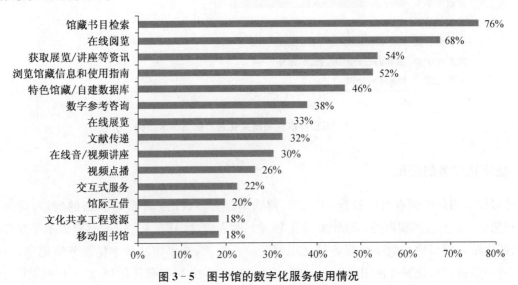

图 3-5 图书馆的数字化服务使用情况

　　图书馆是大众日常生活中接触较多的文化机构,信息资源数量众多、类型丰富,所提供的数字化服务形式也比较多,其中,馆藏书目检索、在线阅览、获取展览讲座资讯和服务指南是多数用户都使用过的数字化服务,数字参考咨询、文献传递也有较多的用户使用,但是馆际互借、文化共享工程资源和移动图书馆的使用率还不够高。

　　博物馆立足馆藏文化遗产资源的展览宣传,以数字化服务作为延伸服务的一种手段,也推出了较多的数字化服务形式。馆藏藏品检索、参观指南、特色资源、在线展览都是用户使用较多的数字化服务,另外,在线预约参观、语音导览的推出也为用户提供了较多便利,少数博物馆还推出了手机自助导览、移动博物馆、交互式服务,但用户对这些服务的知晓率低,使用率也相对较低。

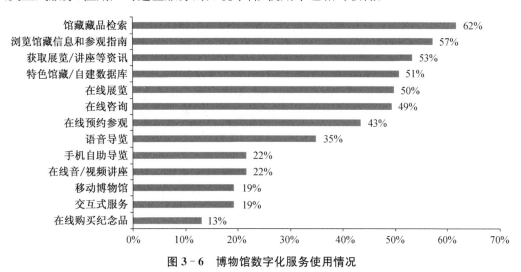

图 3 - 6　博物馆数字化服务使用情况

　　档案馆的各种数字化服务形式与图书馆、博物馆类似,用户对档案检索、服务指南、展览讲座资讯、档案查证复制的使用率较高,档案编研成果、馆际文献传递、在线展览与咨询也有相当一部分用户使用,在交互式服务方面相对使用率较低。

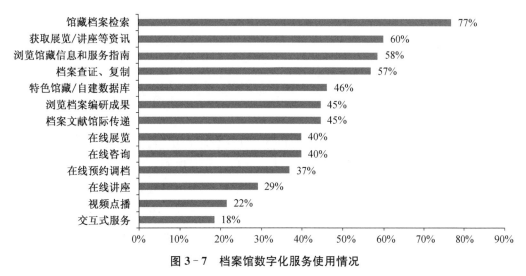

图 3 - 7　档案馆数字化服务使用情况

　　用户普遍觉得三个场馆的馆藏文化遗产资源非常丰富,但是网站能够检索的数字资源在种类和数量上都还有限,而且资源比较分散、不易查找(46%),有些用户(31%)反映在服务中遇到问题得不到及时的帮助或专业指导。在服务改进方面,64%的样本用户希望能够增加与公众的交流互动力度、63%的用户希望信息数量能够进一步增加,希望提高信息质量和提高信息展示效果的用户有 54%,51%的样本用户希望工作人员的服务响应速度能够进一步提高，一半的用户表示可以开展机构合作提供更多的信息服务，还有40%的用户希望能够改进服务界面和增加更多的个性化及移动应用。

　　一站式服务需求情况调查结果是，89%的用户都赞同将图书馆、博物馆、档案馆文化遗产信息资源集成在一个平台提供服务，跨机构信息资源检索、支持移动设备访问、形象可视化的专题在线展览、展览/讲座/培训预告与查询、馆际资源互借是50%以上的用户希望一站式服务平台能够提供的服务形式，参考咨询（46%）、预约服务（38%）、定制个性化服务/上传资源（38%）、交互游戏/视频点播（36%）、分享信息到社交媒体（34%）也是较多用户希望能够提供的服务形式，而对RSS信息订阅、在线购买纪念品或出版物的服务需求并不多。

　　可见，用户对一站式服务平台的服务需求首先是满足资源与资讯的获取，其次才是各种交互服务及应用，而且随着移动互联网技术的发展和各种移动终端的应用，用户希望能够使用移动设备访问服务平台的需求也是比较强烈的。

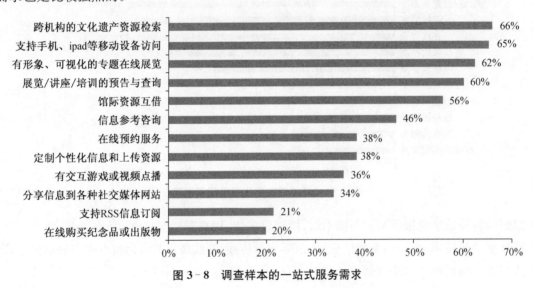

图3-8　调查样本的一站式服务需求

3.4　讨论

　　1. 公众对图书馆、博物馆、档案馆的文化遗产信息资源服务功能存在认知偏差，三馆还需要进一步加强与公众的信息宣传交流，完善形象塑造

　　虽然图书馆、博物馆、档案馆都是国家拨款的公益性文化事业单位，但在公众的心目中对它们的认知却存在差异，所以导致了对三馆的数字化服务认知度和认可度都不一样。

　　公众对图书馆的认知度最高，这一方面是图书馆分布广泛与公众接触较多，比如各级各类学校图书馆可以说是伴随在公众的学习生涯之中，向公众开展信息素养教育和提供各类学习资料，所以公众普遍认为到图书馆查阅资料是一件习以为常的事情，而且部分公众离开学校走入社会后仍会保留到图书馆的习惯。另一方面，图书馆所存储的主要资源是图书，而图书以传播文化知识为目的面向社会公开发行，是公众获取文化信息的主要精神食粮，随处可见的图书让人们对图书馆也并不陌生。公众已经认同图书馆的文化休闲、娱乐功能，并且乐于到图书馆或者使用其数字化服务获取文化遗产信息资源。

博物馆的职能是搜集、保存、研究、传播和展览人类和人类环境的见证物①,虽然它在不断演变中已经形成了与图书馆类似的功能,即面向公众开放、提供文化信息服务,但是公众仍普遍认为博物馆是个庄严而神秘的机构,这主要是因为博物馆馆藏文物都是稀缺资源,其所富含的文化信息没有专业的解读很难完全理解和传递,再加之严密的安检和保护措施,让公众觉得不如图书馆亲近。所以,虽然许多博物馆已经免费开放,但人们仍然视其为节假日旅游、休闲场所,而对其文化性和信息性认知不足,因而不会频频光顾。

在三类机构中,公众对档案馆的认知度最差,它们普遍将档案馆视为政府机关,严肃而不易亲近,日常生活中也尽量避免到档案馆查阅资料。这与档案的稀缺性和保密性不无关系,也是历史原因和信息宣传不足造成的。虽然档案界已经认识到社会服务的重要性,也在振臂呼吁档案馆应该面向公众提供文化信息、休闲服务,然而收效甚微。所以,与图书馆、博物馆相比,身份相似的档案馆经常门庭冷落、缺乏人气。

显然,在文化遗产信息服务中,图书馆和博物馆发挥的作用更大,而档案馆无论是到馆率还是数字化服务都稍逊一筹。三类机构一方面要互帮互助,共同提高文化遗产信息服务水平,另一方面需要利用各种信息媒体加大与公众的对话交流,宣传服务内容和服务形式,完善公共文化服务形象。所以,图书馆、博物馆、档案馆开展文化遗产信息资源数字化服务融合,有利于三馆共同提高信息服务水平,也可以进一步提高公众对三馆的全面认知。

2. 以小众化为理念,面向细分人群创新服务形式,有利于进一步提高图书馆、博物馆、档案馆的文化遗产信息服务

当我国人均 GDP 达到 3300 美元,向小康社会过渡之时,小众化时代已悄悄来临,人们的需求逐步向价值取向各异的多元化需求转变②。其实小众化的概念并不新鲜,它与营销学中的市场细分类似,同样是基于用户需求将用户细分为若干个群体,针对不同群体的需求定向提供产品或服务。互联网环境下依靠数据库技术可以获取每一个用户的需求特点,迅速聚焦相似需求的用户群体,这就为用户细分下的小众化服务提供了极大的便利,所以有人称之为个性化时代来临。

小众化在互联网信息传播中也有所体现,尤其 SNS 网站的涌现和移动互联网的发展让小众化信息传播更为广泛。小众化时代用户对信息服务也有了新的期望,具体可概括为借助多种服务手段、提供个性化服务内容、增强互动参与性、满足多样化需求③。小众化信息服务以族群为基本服务单位,而主题和成员构成了族群的两个基本要素。因而小众化信息服务可以基于信息用户特征或用户需求主题进行族群划分,为不同族群提供便捷、灵活、全方位的贴身服务,一方面体现了对用户的尊重,有利于优化资源配置、缩小"信息鸿沟";另一方面也激励信息服务者的工作热情,增强了信息服务机构的环境适应性和市场竞争力④。

目前,用户细分、个性化服务已经在部分图书馆、博物馆、档案馆得以实践,但总体而言仍以大众化服务为主要模式,仍缺乏对用户特征和需求主题的深入分析。对于图书馆、博物馆、档案馆而言,以小众化为理念、以"主导价值＋辅助价值"的定位开展文化遗产信息资源服务,主导价值就是强调知识普及,突出文化遗产信息资源的知识价值,辅助价值即文化遗产信息资源的娱乐休闲价值,即图书馆、博物馆、档案馆以尊重用户需求差异、增加用户满意度为出发点,从用户的人口统计特征和文化需求主题两个方

---

① 赵红杰. 试论我国档案馆、图书馆、博物馆的协作与共建[D]. 武汉:湖北大学,2009.

② 张有卓. 小众化时代与家居业规模效益. 搜狐网[EB/OL]. (2010-01-19)[2013-11-15]. http://home. focus. cn/news/2010-01-18/162539. html.

③ 张亚然. 手机媒体小众化传播对大众媒介的影响[J]. 中国广播,2013(02):47-49,74.

④ 王广宇. 数字档案馆小众化信息服务研究——理念与比较[J]. 档案学通讯,2008(04):23-28.

面去研究用户的结构层次，分析用户的文化遗产信息需求特点和规律、需求趋向与动机，深入挖掘用户的潜在需求，将用户动态划分为不同的群体。将文化遗产的知识价值和休闲娱乐价值，与不同群体的需求特点综合考虑，搭建信息交互平台并优化组织文化遗产信息资源，为不同群体提供符合其需求的文化遗产信息服务。图书馆、博物馆、档案馆以小众化为理念开展文化遗产信息服务，能够在稳定原有目标用户的同时，扩大新的目标用户群体，最大限度地实现三馆文化遗产信息资源的社会价值，更好地满足用户的文化信息需求、提高自身服务质量。

第4章　界面管理视角下的数字化服务融合管理

图书馆、博物馆、档案馆开展文化遗产信息资源的数字化服务融合,实质上是三馆基于网络数字技术在特定资源服务上的跨界合作,在这种跨越机构部门的数字化服务中存在合作机构之间的协作与资源竞争,以及合作机构与用户之间基于服务开展而产生的各种交互行为。因此,本章将数字化服务融合中的各种交互关系视为界面,引入界面管理的思想,探讨各种界面交互的障碍,构建图博档文化遗产信息资源数字化服务融合管理体系。

4.1 数字化服务融合界面分析

1. 数字化服务融合界面要素

图书馆、博物馆、档案馆合作所开展的文化遗产信息资源数字化服务融合本质上是一种信息服务,其所形成的界面属于服务界面。服务的无形性、异质性、生产与消费不可分离性使得服务界面更具有复杂性。

信息服务的开展必不可少的要素包括服务人员、用户、信息资源、服务技术与必要的服务管理。对于图书馆、博物馆、档案馆的数字化服务融合而言,服务的信息资源主要是三馆的文化遗产数字资源,服务的用户是来自社会各界的个体或者组织机构,服务人员来自由图书馆、博物馆、档案馆的工作人员所组成的服务团队,技术手段主要是利用网络技术和数字技术。与其他服务形式相比不同之处在于,这种数字化服务融合是以文化遗产数字资源交互为主的服务,服务提供者和服务消费者无须面对面,而且服务中弱化了机构差异,尽管三个机构之间基于信息资源服务有着错综复杂的交互关系,但对于用户而言这些交互是透明的。

2. 数字化服务融合的界面类型

三馆数字化服务融合属于多对多的信息服务方式,数字化服务融合平台是信息服务双方的服务中介,基于服务平台所形成的交互关系如图4-1所示。

根据图博档文化遗产信息资源数字化服务融合体系的交互结构,可以将其中存在的界面分为三种类型:

界面Ⅰ:存在于图书馆、博物馆、档案馆三类机构之间。其中的交互又可以分为两类,即同类型机构之间的交互和异类型机构之间的交互,前者如图书馆与图书馆之间的交互、博物馆与博物馆之间的交互,后者如图书馆与博物馆之间的交互或者博物馆与档案馆之间的交互。界面Ⅰ中既有垂直界面又有水平界面,同时也存在纵向界面、横向界面和斜向界面,界面交互的效果直接影响着数字化服务融合的顺利开展。

界面Ⅱ:存在于整个数字化服务融合系统与外部宏观环境之间,包括与外部用户、政府、媒体、其他类型合作企业等相关利益者之间的交互。由于图博档数字化服务融合体系建立的最主要目的就是满足用户的文化遗产信息需求,各类型用户是服务体系的主要服务对象,所以本篇仅讨论服务平台与用户之间的界面管理。

界面Ⅲ:存在于各馆内部的业务部门之间。无论图书馆、博物馆还是档案馆,内部都有详细的业务分工,数字化服务的实现通常离不开多个业务部门之间的协作。以南京图书馆为例,历史文献部、信息资源开发部、信息技术应用部、读者服务部、社会工作部都是与文化遗产资源数字化服务相关的业务部门,各自的工作重心有所不同,在具体服务项目的开展中需要较多的沟通协作。这类型的界面管理可称之为界面Ⅲ管理,因为其中一些部门馆员的工作内容并不直接与数字化服务融合相关,部门间基于数字化服务的协作程度对整个数字化服务融合的实现影响较小,不再赘述。

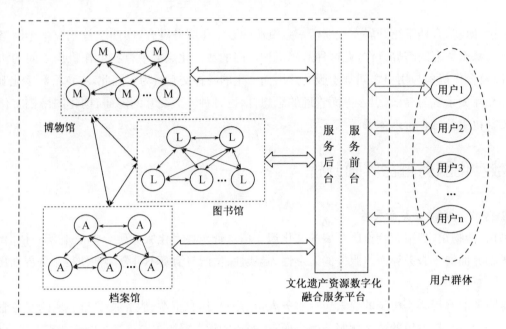

图 4 - 1　数字化服务融合中的交互结构

由上可见,对于数字化服务融合体系而言,界面Ⅱ是面向用户的外部界面,界面Ⅰ和界面Ⅲ共同构成了服务体系的内部界面,界面Ⅰ、Ⅱ互相作用、互相影响,构成了集成的界面系统。其中,界面Ⅰ和界面Ⅱ涉及多个服务机构和多个用户的交互,直接关系数字化服务融合的顺利开展;鉴于各个文化机构都有着自成体系的管理模式,故本篇着重对界面Ⅰ和界面Ⅱ的管理进行研究。

4.2　面向图博档机构之间的管理界面

4.2.1　界面Ⅰ管理模型构建

1. 界面Ⅰ交互类型分析

为了完成数字化服务融合体系的既定服务目标,图书馆、博物馆、档案馆之间围绕文化遗产信息资源数字化服务融合存在不同类型的交互。根据交互主体的机构性质及交互方向,界面Ⅰ中形成了既有垂直界面又有水平界面,同时还存在纵向界面、横向界面和斜向界面的复杂界面体系,其中伴随着信息流、业务流、物流、资金流和价值流的传递。

从整体来看,界面Ⅰ中的类型有组织交互、资源交互和信息交互。组织交互是图博档三类机构为了实现服务目标、协调机构合作关系而进行的交互,其目的在于通过充分的交流和沟通,打破图书馆、博物馆、档案馆现有管理体制对文化遗产数字化服务融合的影响,促成三类机构形成共同的服务目标,合作实现文化遗产信息资源的数字化服务。资源交互是在数字化服务融合开展中,包含人力、物力、财力等的有形或无形资源在三类机构之间的交互,其目的在于通过各类资源的共享推动服务融合,为用户提供一站式数字文化遗产信息服务。信息交互是图书馆、博物馆、档案馆在文化遗产数字化服务融合开展中，组织关系协调和服务资源协调中伴随的信息传递交互。

2. 界面 Ⅰ 交互障碍与成因分析

组织目标、组织文化、专业分工、历史合作经历、管理因素、信息因素都会对机构间的界面管理产生重要影响（聂柯渐，2006），从而引发界面障碍。在文化遗产信息资源数字化服务融合体系中，这些因素也同样影响图书馆、博物馆、档案馆之间的界面交互。

图书馆、博物馆、档案馆之间组织层面的交互受到三类机构的组织目标、管理因素的影响最大，同类型机构之间的组织界面交互障碍小于不同类型机构之间的组织交互。比如高校图书馆与公共图书馆虽然在服务对象的定位上不同，但二者同属于图书馆系统，组织目标相近、管理因素相似，易于开展组织交互，更容易在文化遗产信息数字化服务融合中达成共识；图书馆、博物馆与档案馆之间的管理因素和组织目标定位差异都较大，很容易产生界面障碍，并影响到资源界面和信息界面的交互活动。

组织文化、专业分工、历史合作经历都对图书馆、博物馆、档案馆之间资源层面的交互有着不同程度的影响。例如，组织文化能够在潜移默化中影响组织成员的行为准则和意识形态，处于不同组织文化背景中的馆员对数字化服务中的数字资源组织和利用理解不同，就会产生文化冲突而影响到双方的信任。图书馆、博物馆、档案馆专业分工的差异客观存在，有着各自成熟完善的资源服务管理模式，当三个机构不同学科背景下的工作人员共同开展文化遗产信息资源数字化服务融合时，这种专业知识的差异也会对资源界面产生影响。组织之间既往的合作历史会对组织机构新的合作产生影响，和谐的历史合作经历有利于服务提供者之间快速建立资源交互中的信任关系[①]。

专业分工、信息因素是造成图书馆、博物馆、档案馆之间信息交互的最主要原因。专业分工使得图书馆、博物馆、档案馆工作人员的知识结构出现专业化的趋势，这些专业差异让三馆工作人员在数字化服务融合中对同一事物的认识会产生认知偏差，从而影响到信息界面中所包含的知识结构。专业差异不像文化差异根深蒂固，但在短时间内也会引起激烈的界面冲突，因此在信息界面管理中不容小觑。信息因素，即信息内容、传递渠道等是影响信息界面的主要因素，尤其是信息粘滞很容易导致信息界面障碍。

3. 界面 Ⅰ 管理模型构建

图书馆、博物馆、档案馆基于数字技术的文化遗产信息资源服务融合，并不改变三类机构的性质和职能，只是在信息服务上联合起来，加强文化遗产信息资源的社会供给渠道，类似于跨界的虚拟服务联盟。对界面 Ⅰ 的管理，实质上就是对图书馆、博物馆、档案馆在虚拟服务联盟中交互关系的管理。

组织界面是三馆数字化服务融合开展的基础，首先，三馆之间的信息沟通和服务协作，需要有相应的协调机构来负责，其次，整个服务体系的有序运行也依赖于管理机构和管理制度。所以，组织界面管理的重点是设计合理的馆际合作协调机构，形成职责明确的组织结构和完善的管理制度，分工协作推动数字化服务融合的开展。

资源界面存在多个机构之间基于资源、服务、人力、设备等要素的交互，包括馆员与馆员的交互、物与物的交互、馆员与物的交互等。经济学有关于"理性人"的假设，即经济活动中的主体都希望以最小成本获得最多的收益，这一点对非营利性质的图书馆、博物馆、档案馆也不例外。数字化服务融合体系的参与机构规模不一、资源投入水平不等，从"理性人"假设出发，出于对信息服务过程中成本投入和服务收益的考虑，参与机构之间会形成协同合作与竞争冲突并存的关系，这种博弈关系在信息不对称和收益分配不均的情况下就会导致资源界面冲突。此外，数字化服务融合中，图书馆、博物馆、档案馆也不同程度地面临知识产权风险，在没有有效制度规避这一风险的情况下，参与机构之间的资源交互也会困难重

---

① 官建成，高柏杨. R&D/市场营销界面管理的实证研究［J］. 中国管理科学，1999，7（2）：8－16.

重。所以，资源界面管理的重点就是尽可能减少参与机构之间的信息不对称，同时建立激励机制、强化团队合作文化、加强知识产权管理，以减少界面冲突、促进参与机构之间的资源交互。

各种业务信息、服务信息在图书馆、博物馆、档案馆之间的传递构成了信息界面。根据申农的信息传递模型可知，信源、信宿、信道是信息传递中不可缺少的要素，信息传输的质量受到信源所发送信息的编码方式、信息传递的渠道、信号噪声、信宿端的解码方式等环节的影响。在信息界面中，图书馆、博物馆、档案馆对于信息的编码和解码方式是基于各自学科知识背景形成的，这种专业分工的差异会导致编码解码环节的信息误读，产生信息界面障碍；另外图书馆、博物馆、档案馆所选择的信息传递渠道所传输信息的能力，以及在传输中的抗噪音干扰能力直接影响着信息界面交互的质量。因此，信息界面管理的内容应该是降低图书馆、博物馆、档案馆之间的信息不对称程度，提高三类机构的信息编码解码技能，改善信道传输质量和降低噪音干扰。

基于上述分析，构建界面Ⅰ管理模型如图4-2所示。

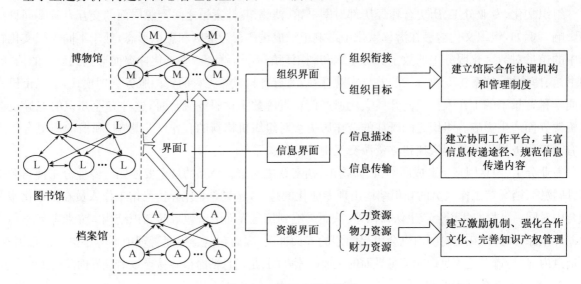

图4-2　界面Ⅰ管理模型

4.2.2　组织界面管理

4.2.2.1　馆际合作协调机构设计

1. 设计原则

馆际合作协调机构是为了协调图书馆、博物馆、档案馆完成文化遗产数字化融合服务目标而设定的管理机构。与单一组织的管理相比，它的组织结构设计需要考虑多个组织的资源、技术、人力的有效集成（欧亮，2011），设计应当遵循层级适度原则、权力对等原则、权力均衡原则、协调统一原则，此外还要考虑界面交互特点，遵循以下原则。

第一，利益相关者立场。管理机构是存在于现实的、具体的环境中的开放系统，管理机构的设计必须放在其所处的现实、开放环境中去考察，使组织目标符合所有相关利益者的需要，实现最终的合作共赢。对于馆际合作协调机构而言，直接利益相关者包括参与服务体系的图书馆、博物馆、档案馆，以及个人用户或组织用户，还有一些为开展数字化服务提供技术支持的合作伙伴，管理机构设计中必须理顺这些利益相关者之间的需求关系。

第二，减少界面数，提高界面信息流量和质量。界面是容易引发矛盾的地方，减少界面数、增加界面信息流量、提高界面"接口"的信息传递质量有利于减少界面矛盾和避免信息失真。例如，决策中心与信息中心靠近,就有利于减少两个部门的交互信息在多环节传递中所造成的损耗与失真,有助于正确决策。图书馆、博物馆、档案馆属于不同行业类型,学科背景和业务管理模式的差距容易引发界面矛盾,因此三类机构在合作中应当避免产生过多的交互界面数量。

第三,设置缓冲层。设置缓冲层也是有效避免界面冲突的一种方式。缓冲层作为信息中介,必须由具有足够宽泛的专业知识背景和业务技能的人员组成,在面对界面冲突时,能够缓解冲突双方的信息负荷,减轻冲突的强度。图书馆、博物馆、档案馆三类机构之间的文化遗产资源数字化服务融合也涉及多个学科领域的知识交互,因此设立由图书馆、博物馆、档案馆领域专家和数字化服务专业技术人员组成的专家团队,就能够在界面冲突中形成缓冲层。

第四,嵌入或互嵌原则。"凹凸槽原理"主张界面双方基于组织结构设计和制度安排,在保持界面边界不变的前提下,增大交互接触面积,形成互嵌关系以增大界面沟通、减少界面矛盾产生[①]。图书馆、博物馆、档案馆基于文化遗产信息资源的数字化服务融合,只是三者之间基于信息服务的合作,三类机构的边界性质并不改变,符合"凹凸槽原理"的应用场景,能够为三类机构的数字化服务融合提供组织支撑。

第五,重视非正式沟通渠道的建设。信息因素是造成界面冲突的重要成因,组织结构设计中应充分考虑多渠道的信息传递,除了正式沟通渠道之外,还要重视非正式沟通的影响。非正式沟通渠道的信息能够补充和验证正式渠道传递的信息,避免信息不足或虚假信息误导而引发的界面冲突。

2. 组织结构模式选择

直线制、职能制、直线职能制、事业部制、二维矩阵制、网络制都是在机构管理中经常采用的组织结构模式,其中直线职能制具有职责分工明确、管理等级清晰的特点,是较多组织采用的管理机构组织模式。例如图书馆、博物馆、档案馆的管理机构采用的多是直线职能制结构。

Cash 等人对直线职能制、事业部制、二维矩阵制、网络制四类管理机构结构模式进行了比较分析[②],各类机构组织模式的界面冲突、信息失真程度、非正式沟通程度以及应用环境是有所不同的(见表4-1)。四种组织结构模式各有优缺点,由分析结果可见,虽然网络制模式比较好,但对管理实施的技术环境和管理人员的素质要求较高,而二维矩阵制容易造成多头管理引发界面冲突,事业部制虽然组织层面的界面冲突少,但各自相对独立的事业部容易导致对事业部之间的利益争夺,造成对组织整体利益的忽略。对于复杂的组织机构而言,其组织结构往往是几种结构模式的组合。组织结构模式是随着外界环境变化而动态调整的,在信息技术环境影响下,组织结构日益呈现出由集权式、机械式向扁平化、网络化、分权化、边界模糊的"集成体"转化的趋势。本篇所设计的馆际合作协调机构处于多需求的复杂信息环境中,其组织结构也应当体现出扁平化、边界模糊的特点。

表4-1　基于界面管理的组织结构比较[③]

	直线职能制	事业部制	二维矩阵制	网络制
分工依据	根据输入	根据输出	根据输入和输出	根据知识
边界	核心和外围	总部和分部	多个界面	渗透和变化
协调机制	层级等级制监督与协调	高层管理和底层工作人员分开	双重报告	跨功能团队

---

① 吴秋明. 界面设计的"凹凸槽"原理[J]. 经济管理,2004(6):36-38.

② Cash J I, Nohria N, Eccles R. Building the Information-Age Organization Structure Control and Information Technologies[M]. McGraw-Hill Press, 1998, P35.

③ 蔡纯杰. 界面基本理论与界面管理组织结构设计研究[D]. 福州:福州大学,2005.

(续表)

		直线职能制	事业部制	二维矩阵制	网络制
界面冲突	内部	多	少	多	少
	外部	多	少	少	少
信息失真程度		高	较高	较低	低
非正式沟通程度		低	较低	较高	高
环境应变能力		差	好	一般	优
对管理者的素质要求		低	中等	较高	高
适合的应用环境		稳定的环境	多样化的环境	多需求的复杂环境	异变的环境

3. 图书馆、博物馆、档案馆合作项目组织结构模式比较

张学福将国内外图书馆联盟常用的组织模式总结为理事（董事）会模式、实体组织机构模式和协议联盟模式①。笔者比较分析了国内外与图书馆、博物馆、档案馆跨机构合作有关的服务项目（见表4-2），它们的组织界面多以水平界面为主，根据项目实施的特点设计了不同的管理机构。世界数字图书馆和欧盟 Europeana 的参与单位来自多个国家和地区，为了减少界面数量和体现成员平等的思想，均采用了理事（董事）会管理模式，其组织结构值得借鉴。

表 4-2　图博档合作项目管理结构比较

项目名称	管理结构模式	组织形式	参与机构类型	界面类型
世界数字图书馆	执行委员会和项目主管单位共同负责的委员会管理制	理事（董事）会	图书馆、博物馆、档案馆	水平界面
欧盟 Europeana	选举委托的基金会管理制	理事（董事）会	图书馆、博物馆、档案馆、美术馆	水平界面
美国记忆	国会图书馆领导的多主体机构参与、分工协作	实体组织机构	图书馆、博物馆、档案馆	水平界面
加州档案在线（OAC）	加州数字图书馆领导下的会员制管理	实体组织机构	加利福尼亚州大学、图书馆、博物馆、档案馆、历史学会	水平界面
澳大利亚 TROVE	澳大利亚国家图书馆为主的多机构协作的管理模式	实体组织机构	图书馆、博物馆、档案馆等	水平界面
全国文化信息共享工程	工程领导小组领导下的三级共享管理中心	实体组织机构	公共图书馆、博物馆、美术馆等	垂直界面
大学数字图书馆国际合作计划 CADAL	项目管理委员会领导下的法人负责制	理事（董事）会	高校图书馆	水平界面
中国高等教育文献保障系统 CALIS	教育部项目管理委员会领导下的三级分布式管理	实体组织机构	高校图书馆	水平界面
福建省公共档案信息共享平台	福建省档案馆领导	实体组织机构	档案馆	垂直界面

---

① 张学福.图书馆联盟共建共享机制研究[J].中国图书馆学报,2008(1):33-37.

4. 馆际合作协调机构组织结构设计

我国图书馆、博物馆、档案馆类型多样,其业务主管单位各不相同,三类机构有着各自独立、完善的信息组织与管理模式。考虑到这种体制障碍和专业背景差异,笔者主张馆际合作协调机构的建设应当以"求同存异、协同服务"为原则,淡化管理体制差异,强调平等参与、共同发展的理念。基于这一指导思想,结合管理应该具有的计划、组织、指挥、协调、控制五大职能,并参考国内外已有数字化服务融合管理模式,本篇设计了如下的组织结构(见图 4-3)。

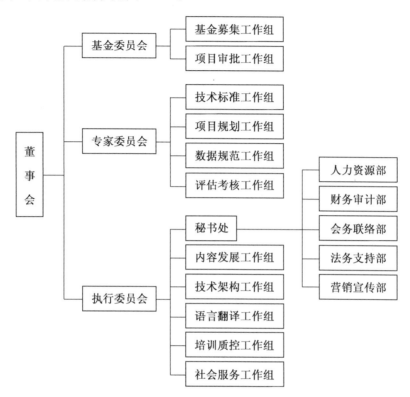

图 4-3　数字化服务融合管理机构组织结构

董事会对项目的宏观发展进行规划和执行监督,由图书馆、博物馆、档案馆的业务主管单位人员和项目参与单位的代表共同组成,其中项目参与单位代表从参与项目的合作机构中选举产生。人数可设定在 5～19 人(根据参与项目的机构数量确定),做到尽可能有各个类型机构的代表,所有董事中推选出一名董事会主席。董事会的职责是召集项目年度会议,向参与单位报告工作;决定项目管理机构的设置和人员任命;宏观把握项目的发展,制定战略目标;批准基本的项目管理制度;听取下属委员会的工作报告并做出决议。

基金委员会成员来自为项目提供资金支持的机构和个人,包含政府部门、企业、社会团体、个人以及各种类型的基金会。基金委员会人员数量根据项目发展的规模而定,政府部门提名人员可固定,其他人员实行轮换制。基金委员会负责项目资金的募集和使用管理。其职责是:通过各种渠道为项目的发展筹措资金,保障项目的可持续发展;遵照委托人的意愿分配资金的使用去向;对年度资金使用计划和临时性资金使用计划进行审批。基金委员会召开年度会议和临时会议审批项目资金的使用,半数以上委员通过的决议即可执行。

专家委员会发挥计划和控制的作用,协助董事会制定项目的战略发展规划,为基金委员会的项目审批提供咨询,并对项目标准规范的制定和实施效果的评估提供建议和指导。专家委员会通过年度会议研究项目的宏观规划,通过季度会议和临时会议指导项目的具体开展。专家委员会由图书馆、博物馆、档案馆以及相关机构的专家组成，是一个具有丰富知识的跨学科团队，能够在界面管理中起到缓冲层的作用，下设项目规划工作组、数据规范工作组、技术标准工作组和评估考核工作组，通过年度会议、季度会议和临时性会议为项目各个环节工作的开展提供咨询和指导。

执行委员会负责项目的具体组织、指挥和协调，在业务上接受专家委员会的指导，在资金使用上受到基金委员会的监督。下设秘书处、内容发展工作组、技术架构工作组、语言翻译工作组、培训/质控工作组和社会服务工作组。秘书处负责项目运作相关的行政事务管理，是项目实施的后勤保障部门，具体细分为办公室（会务、对外联络、界面协调、成员参与的审批）、人力资源部、财务/审计部、法务支持部、营销宣传部；内容发展组下设图书馆部、博物馆部、档案馆部、用户参与部，负责数字化服务融合平台的服务内容建设；技术架构组负责数字化服务平台的体系架构、技术实现；语言翻译工作组对数字化服务平台的多语言服务提供支持，负责元数据和各种资源内容的翻译；培训/质控工作组负责项目实施中的人员培训、收集项目参与单位的反馈意见和对服务资源的质量监控，该部门的设置旨在促进各机构之间的沟通，在一定程度上起到了非正式沟通渠道的作用；社会服务工作组负责数字化服务平台面向社会公众的服务，包括策划服务产品和创新服务形式、收集用户反馈意见改、进服务质量，接受团体和个人特殊服务请求（比如定题服务、资料汇编、文化遗产数字化处理）。

4.2.2.2 管理制度设计

"制"有节制、限制之意，"度"有尺度、标准之意，通俗地讲制度就是节制人们行为的尺度。从诺贝尔经济学奖获得者诺斯到普通学者都没有给出一个准确的、令人信服的制度定义。但一般认为，制度是一系列权利和义务的集合，不仅告诉人们能、可以自由选择去做什么，也告诉人们不能、禁止和如何做什么，它包括成文的行为规范即正式制度，和道德、观念、习俗等不成文的行为规范，即非正式制度。

管理制度通常指组织以书面文字形成的正式制度，包括章程、条例、守则、规程、程序、标准等[①]，制度思维指导下的组织管理不仅能让每一个群体变得强大有力，也致力于使特定的群体在整体上变得强大而有力。本篇所指的管理制度是参与数字化服务融合项目的全体成员所应共同遵守的办事规程和行动准则，也是对所有项目参与组织和个人的权利和义务的明确。科学、文明、完善的管理制度是跨边界机构开展管理活动的基础，也是一种解决组织界面冲突不可或缺的方法手段。

1. 管理制度设计的原则

管理制度应当与文化遗产资源数字化服务融合体系的目标宗旨一致，做到平等公正、利益相容、合理合法、科学可行。此外，还要考虑以下几点：

第一、以合理的人性假设为前提

制度设计是一种管理态势，最终是要体现人性的要求，制度设计必须以某种人的预设为前提。哈耶克曾提出，人性假设是制度设计的关键环节，人性假设有许多观点，一般认为制度的设计需要坚持从最坏情形和状态着手，即从"坏人"的假定出发能够设计出好制度。界面冲突即是一种"坏情形"的出现，避免界面冲突出现就需要假定参与数字化服务融合的所有成员都是"无赖"，建立明确、刚性的外在约束制度，能对一些可预见的界面冲突提前防范。

第二、激励、约束、竞争三位一体

激励、约束、竞争三位一体的管理制度，才能使组织保持旺盛的生机与活力。虽然制度的制定是以遏制坏情形为前提，但这并不意味着制度只是为了约束"坏人"，它还应当能确保"好人"能有做好事的环境，即发挥激励作用。制度框架下的竞争不会引发界面冲突，而且能发挥"鲶鱼"效应，促进竞争各方的利益增加。因此，数字化服务融合体系中的制度应当是激励、约束、竞争三者不可偏废，相互协调、共同

---

① 郑石桥，马新智. 管理制度设计理论与方法[M]. 北京：经济科学出版社，2004：7.

运作,发挥"防火墙"和"推进器"两方面的作用。

第三、高效率、低成本原则

制度管理也需要成本的投入,因此好的制度应当是效率最高和成本费用最低的。效率主要体现在信息传递和激励方面,即提高信息传递效率、降低信息传递成本,以及激发群体积极性、降低机会主义行为的发生。而信息传递效率的提高也是界面管理中很重要的一个因素。当然高效的制度也应当有完善的结构,即有内在联系的制度之间共同"镶嵌"形成制度体系,发挥整体作用促进制度管理效率的提高。数字化服务融合体系的制度设计首先要分清主次,形成制度框架,然后分门别类地细化和充实制度内容,形成一套完善、互嵌的制度体系。

2. 数字化服务融合的制度体系

图书馆、博物馆、档案馆文化遗产信息资源数字化服务融合的制度体系应当具有三个层次,即宏观层次、中观层次和微观层次的制度。

宏观层次的制度:数字化服务融合的基本框架,是确保整个数字化服务融合体系正常运行所必备的、根本性的制度。宏观层次的制度统揽全局,起到观念导向的作用。例如,《世界数字图书馆章程》就是世界数字图书馆项目的宏观层面管理制度,明确项目目标和内容、参与单位、主管单位、组织结构、权利义务等。图书馆、博物馆、档案馆数字化服务融合项目首先就要建立这样的宏观制度,明确责权利,避免界面冲突发生。

中观层次的制度:数字化服务融合体系运行的业务规则,如图书馆信息服务联盟中的文献传递制度、信息参考咨询管理办法等。在数字化服务融合体系中,涉及由图书馆、博物馆、档案馆机构之间协作完成的业务,或者与参与单位切身相关的责权利,其相应的管理制度内容必须明确,避免责任不清引起机构间互相推诿,形成界面障碍。

微观层次的制度:主要是针对具体岗位或工作任务的制度,通常是一些具体的技术标准规范或业务流程说明。

4.2.3　资源界面管理

4.2.3.1　激励机制

激励是管理中最重要、最基本、最困难的职能[①]。激励机制是通过一套理性化的制度来反映激励主体与激励客体之间通过激励相互作用的方式。对于数字化服务融合体系而言,建立激励机制的目的是提高三馆参与积极性,减小资源交互中界面冲突发生的概率。当然激励机制应充分考虑各类参与机构的利益,满足两个条件:第一,参与约束条件。即图书馆、博物馆、档案馆参与数字化服务融合所获得的期望效用应该不小于单馆开展数字化服务时所获得的最大期望效用。第二,激励相容约束。即所建立的激励机制应当让各类参与机构倾向于选择对数字化服务融合体系有利的行动,能够促进数字化服务融合体系目标的实现。可见,激励机制需要在确保三类参与机构和数字化服务融合体系的期望效用都能有所增加的前提下,以构造的激励契约来确保参与机构个体利益与数字化服务融合体系整体利益的有机统一。

1. 基于监控信号的激励模型

智猪博弈模型和猎鹿博弈模型都说明,合作效益受到合作者的努力程度和合作收益分配模式的影响,处理不善将导致合作终结。在数字化服务融合体系中,参与其中的图书馆、博物馆、档案馆之间的合作关系类似于不完全信息下的动态博弈。资源交互中,三类机构都需要投入一定的人力、物力、财力,它

---

① 刘正周.管理激励[M].上海:上海财经大学出版社,1999:28-30.

们所付出的努力程度，以及努力后所能获得期望收益影响着数字化服务融合的合作效果。而努力程度信息的不对称，资源投入和预期收益的不平衡，会让一部分机构选择偷懒或者搭便车，最终破坏数字化服务融合体系的整体利益。如果能够建立监控机制来获取项目参与单位的努力程度信息，并结合监控所获得的努力程度信号惩罚或奖励项目参与机构，势必能促进数字化服务融合体系的和谐发展。因此本篇在阅读大量激励机制相关文献，比较分析后，借鉴马轶德(2012)的研究，引入监控信号监督项目参与机构在资源交互中的努力程度，建立相应的激励机制[①]。当然监控也是有成本的，激励机制要在降低监控成本和提高数字化服务融合整体效益之间寻求平衡。

① 建立模型假设

假设数字化服务融合体系中，e 为图书馆、博物馆、档案馆等参与机构所付出的努力水平，C 代表参与机构所需的成本，$C=ae^2$，$a(a>0)$ 为参与机构的努力成本系数，a 值越大代表相同的努力成本 e 为参与机构带来的负效用越大；而 Q 表示参与机构在项目参与中的产出，$Q=be+\gamma$，b 为参与机构数字化服务的能力系数，γ 是服从正态分布 $N(0,\delta_\gamma^2)$，且不受数字化服务融合体系和参与机构控制的外生随机变量；数字化服务融合的最优线性激励契约为 $T=\alpha+\beta Q$，α 是预先设定的固定分成，$\beta\in[0,1)$ 是参与项目的产出分成系数；数字化服务融合体系是风险中性的，其期望效用函数是 $E(X)$，参与机构是严格风险规避的，其效用函数为 $E(Y)$，风险成本为 $\rho Var(Q)/2$，ρ 为绝对风险规避量；S 为与参与机构努力水平相关的可测监控信号，$S=e+\varepsilon$，ε 为外生随机变量，服从正态分布 $N(0,\delta_\varepsilon^2)$，$\varepsilon$ 和 γ 相互独立且协方差系数为 0。

② 常规的激励模型

根据上述假设，可知数字化服务融合体系的期望效用函数是

$$E(X)=E(Q-T)=-\alpha+(1-\beta)be \tag{4.1}$$

而各类参与机构的期望效用函数为

$$E(Y)=E(T-C)-\rho Var(Q)/2=\alpha+\beta be-ae^2-\rho\beta^2\delta_\gamma^2/2 \tag{4.2}$$

数字化服务融合体系和项目参与机构都希望自身期望效用函数最大化，而前者的期望效用函数可视为激励模型的目标函数，后者为激励模型的约束条件。考虑到任何一个项目参与单位都不愿意降低自己的期望效用，即参与数字化服务融合体系的期望效用不能低于未参与项目时的保留效用水平 $\overline{Y}$，而且参与机构所选择的努力成本也是有益于其自身期望效用最大化的。因此，激励模型可描述如下：

$$P1 \quad \max E(X)=\max[-\alpha+(1-\beta)be] \tag{4.3}$$

$$s.t(IR):\alpha+\beta be-ae^2-\rho\beta^2\delta_\gamma^2/2\geqslant\overline{Y} \tag{4.4}$$

$$(IC):e\in\arg\max[\alpha+\beta be-ae^2-\rho\beta^2\delta_\gamma^2/2] \tag{4.5}$$

(4.5)式一阶导数为 0 时，数字化服务融合参与机构的最优努力水平为

$$e^*=\beta b/2a \tag{4.6}$$

(4.4)式等号成立时是最优状态，可计算出参与机构可获得的固定分成 α，

$$\alpha=\overline{Y}-\beta be+ae^2+\rho\beta^2\delta_\gamma^2/2 \tag{4.7}$$

(4.6)与(4.7)式代入(4.3)式，对 β 求导，可得最优激励系数 β，

$$\beta=b^2/(b^2+2a\rho\delta_\gamma^2) \tag{4.8}$$

---

① 马轶德.考虑道德风险的供应链企业间知识共享激励机制研究[D].重庆:重庆大学,2012.

从而可推出最优水平的最终表达形式：

$$e^* = b^3/(2ab^2 + 4a^2\rho\delta_\gamma^2) \tag{4.9}$$

③ 引入监控信号的激励模型

当引入与参与机构努力水平相关的监控信号 S 时，数字化服务融合体系中的线性激励契约改进为 $T = \alpha + \beta Q + \lambda S$，其中 λ 代表以监控信号为依据，项目参与单位能得到的分成系数。同理可得，

$$E(X) = E(Q - T) = -\alpha + (1 - \beta)be - \lambda e \tag{4.10}$$

$$E(Y) = E(T - C) - \rho Var(Q)/2 = \alpha + \beta be + \lambda e - ae^2 - \rho\beta^2\delta_\gamma^2/2 - \rho\lambda^2\delta_\varepsilon^2/2 \tag{4.11}$$

此时激励模型为：

$$P2 \quad \max E(X) = \max[-\alpha + (1 - \beta)be - \lambda e] \tag{4.12}$$

$$\text{s. t(IR)}: \alpha + \beta be + \lambda e - ae^2 - \rho\beta^2\delta_\gamma^2/2 - \rho\lambda^2\delta_\varepsilon^2/2 \geqslant \overline{Y} \tag{4.13}$$

$$(\text{IC}): e \in \arg\max[\alpha + \beta be + \lambda e - ae^2 - \rho\beta^2\delta_\gamma^2/2 - \rho\lambda^2\delta_\varepsilon^2/2] \tag{4.14}$$

(4.14)式求一阶导数，可得：

$$e^{**} = (\beta b + \lambda)/2a \tag{4.15}$$

最优情况下，(4.13)式中的等号成立，固定分成系数 α

$$\alpha = \overline{Y} - \beta be - \lambda e + ae^2 + \rho\beta^2\delta_\gamma^2/2 + \rho\lambda^2\delta_\varepsilon^2/2 \tag{4.16}$$

(4.15)与(4.16)式代入目标函数，可得最优激励系数 β，

$$\beta = (b^2 - b\lambda)/(b^2 + 2a\rho\delta_\gamma^2) \tag{4.17}$$

$$\lambda = b(1 - \beta)/(1 + 2a\rho\delta_\varepsilon^2) \tag{4.18}$$

再求解(4.17)和(4.18)式中关于 β 和 λ 的方程组

$$\beta^{**} = b^2\delta_\varepsilon^2/(\delta_\gamma^2 + b^2\delta_\varepsilon^2 + 2a\rho\delta_\gamma^2\delta_\varepsilon^2) \tag{4.19}$$

$$\lambda^{**} = b\delta_\gamma^2/(\delta_\gamma^2 + b^2\delta_\varepsilon^2 + 2a\rho\delta_\gamma^2\delta_\varepsilon^2) \tag{4.20}$$

最终努力水平的表达形式为

$$e^{**} = b(\delta_\gamma^2 + b^2\delta_\varepsilon^2)/2a(\delta_\gamma^2 + b^2\delta_\varepsilon^2 + 2a\rho\delta_\gamma^2\delta_\varepsilon^2) \tag{4.21}$$

④ 模型的结论与分析

上述两种激励模型的比较，可以发现以下几点：

第一，监控信号的引入带来了参与机构努力程度的提升，有利于建立更公平合理的激励契约。由于监控信号分成系数 $\lambda \geqslant 0$，比较(4.6)和(4.15)，可知 $e^{**} > e^*$，即引入监控信号后参与机构的努力程度要高于未引入监控信号时的努力水平。比较(4.8)和(4.19)可知，$\beta^{**} \leqslant \beta^*$，而(4.18)式则表明 λ 和 β 呈负相关关系，即数字化服务产出分成比例增加时，监控信号分成比例将相应减小。这说明，参与机构在数字化服务融合中因各种投入而产生的服务效果，受到外界随机因素的干扰，根据监控信号对其进行激励，有利于让参与机构所能获得的预期效用更为合理。

第二，努力水平虽然与数字化服务融合体系的固定奖励 α 无关，但 α 的值不能低于参与机构未加入数字化服务融合体系时的收益，有效的激励机制应综合考虑数字化服务分成系数 β 和监控信号分成系数 λ 的影响因素。由(4.19)和(4.20)可知，β^{**} 和 λ^{**} 均与 b、a、ρ、δ_γ^2、δ_ε^2 等因素相关，分别求一阶偏导数，则可得 β^{**} 与 b、δ_ε^2 正相关，与 a、ρ、δ_γ^2 负相关；而 λ^{**} 与 b、δ_γ^2 正相关，与 a、ρ、δ_ε^2 负相关。即提高参与

机构的数字化服务能力、增加监控信号的准确性、提高监控信号分成系数都有利于增强三类机构参与数字化服务积极性，同时还要帮助三类机构降低参与成本、减少参与风险和外界不利因素的干扰。

2. 基于监控信号的激励模式的实现

当然基于监控信号的激励模式主要目的是减少项目参与机构在资源交互中的道德风险行为，引入监控信号，数字化服务融合管理机构可以收集各个参与机构的努力水平信息，依据数字化服务效果和监控的努力程度信号进行激励。

基于监控信号的激励模式受到外部环境和内部数字化服务融合体系整体目标和各个参与机构个体利益的影响，因此激励的具体措施应该是在综合内外环境因素，协调参与各方利益的基础上科学制定，尤其是监控的成本不能过高，同时激励措施也要在整个服务体系运行中根据外部环境变化和内部信息反馈适时地做出调整。在具体奖惩制度的内容制定上还要注意物质激励与精神激励相结合、组织激励与团队激励相结合，以形成公平合理的激励体系。

绩效评价是对项目参与单位进行奖惩的重要依据，在绩效评价体系中应当体现各个参与机构的努力水平，以及所观测到的与努力水平相关的监控信号，并据此定期对各个参与机构进行评价和奖惩分配，参与机构根据所能获得的奖惩决定是否合作，当不满意奖惩分配时可以提出反馈意见要求改进激励机制。

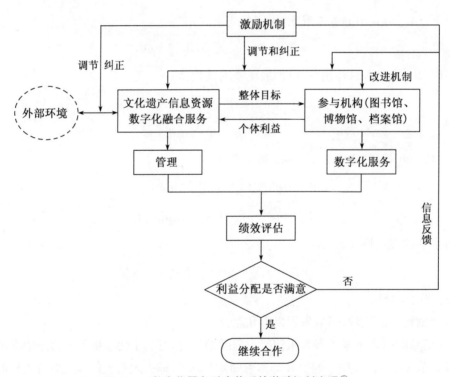

图 4-4 数字化服务融合体系的激励机制实现[①]

4.2.3.2 知识产权管理

文化遗产作为人类智力劳动产生的成果，受到知识产权法的保护，基于文化遗产实体数字化形成的信息资源，作为无形知识财产同样受到知识产权法律的保护。对于图书馆、博物馆、档案馆而言，著作权法中的"合理使用"制度为三馆开展公益文化信息服务扫清了一部分障碍，然而数字环境下著作权主体

---

① 图形绘制参考了：张蕾.基于风险防范的广播电视大学数字图书馆联盟管理激励与约束机制研究[J].情报探索，2013(02):31-34,38.

法律关系的复杂化、合理使用范围的限制,让三馆在文化遗产数字资源建设、传播、服务中随时可能面临侵权风险。因此,知识产权问题也成为开展文化遗产资源数字化服务融合的拦路虎,需要三馆共同面对和妥善解决。

1. 数字化服务融合中的知识产权风险

在数字化服务融合体系中,图书馆、博物馆、档案馆和用户(含机构和个人)是主要的知识产权利益群体,此外还有为平台提供技术支持,或与服务平台建立合作关系的诸多企业和机构,如软件开发商、网络运营商、数据库商、高校及科研院所。三馆基于公益信息服务所拥有的权利不能想当然地扩展到网络环境下的数字化服务融合中,因此需要清晰辨明数字化服务融合中所面临的知识产权风险,正确处理"馆藏文化遗产资源的收藏权与作品所有权"、"馆内服务与馆外服务"、"本馆收藏资源与他馆收藏资源"、"数字浏览与数字化复制传播"等基本概念和法律关系[①]。

总体来看,图书馆、博物馆、档案馆在数字化服务融合中所面临的主要知识产权风险可以归纳为两大类:基于服务业务类型的知识产权风险和基于文化遗产信息资源因素的知识产权风险。前者存在于数字化服务融合平台的若干服务业务环节中,包括馆藏文化遗产资源的数字化、平台信息发布、数字音视频服务、馆际资源传递、虚拟参考咨询、网络导航,后者主要指因馆藏文化遗产资源产权归属、产权瑕疵,以及用户侵权使用所引致的知识产权风险[②]。

2. 数字化服务融合中的知识产权管理

数字化服务融合体系所面对的知识产权问题,归根到底是版权保护与文化遗产信息资源共享之间的矛盾冲突,其焦点在于版权所有人、信息服务机构、信息用户三方之间的利益不平衡。在法律制度内协调各方利益的共存与共融,促进版权保护与信息资源共享和谐发展,是需要版权法和相关制度来担当的重任[③],本篇重点探讨三馆如何在数字化服务融合中加强知识产权保护和管理。

① 建立知识产权管理机构,开展常态化的知识产权管理

虽然图书馆、博物馆、档案馆在数字化服务中都面临着不同程度的知识产权风险,但是三馆对知识产权管理必要性的认识,以及相应知识产权管理的开展还存在不足。以公众接触较多的图书馆为例,陈传夫等人对 49 所图书馆的调查显示,仅有 8 所(15.33%)图书馆制定了专门的版权政策,5 所(10.2%)图书馆设有专门的版权管理岗位,4 所(8.16%)图书馆编制了版权费用预算,3 所(6.12%)图书馆与版权机构建立合作关系[④]。

在数字化服务融合体系中,图书馆、博物馆、档案馆是一个面向公众提供文化遗产信息服务的共同体,合理、合法地建设数字资源、开展传播利用是三者应当共同坚持的首要原则。为了防范数字化服务融合中的各种知识产权风险,三馆必须高度重视知识产权管理的重要性,建立常设性知识产权管理机构,统一管理数字化服务融合中的各种知识产权问题。

首先,建立明确的知识产权管理机构。前文在论述数字化服务融合管理机构的设计中,建议在执行委员会秘书处下设法务支持部,正是出于防范和化解知识产权风险的考虑。法务支持部作为常设部门,由多名法律顾问和图书馆、博物馆、档案馆知识产权管理人员共同组成,负责随时跟进国家知识产权保护法律的动态、评估服务体系所可能面临的知识产权风险、制定规章制度协调三馆的知识产权利益、及时处理数字化服务融合中出现的知识产权纠纷。

其次,加强制度建设,规范化开展知识产权管理。图书馆、博物馆、档案馆在数字化服务中分别针对

① 冉从敬. 图书馆知识产权风险的影响因素分析[J]. 图书馆论坛,2009,29(2):22-24,15.
② 冉从敬. 图书馆知识产权风险的主要类型研究[J]. 图书情报工作,2009(11):28-31,79.
③ 陈剑. 数字图书馆的信息资源共享模式及其版权问题研究[D]. 哈尔滨:黑龙江大学,2010.
④ 陈传夫,孙凯,吴钢,等. 中国图书馆界对知识产权问题的认知调研报告(下)[J]. 图书与情报,2010(2):18-22,30.

馆藏文化遗产资源的特点，形成了各自的知识产权管理制度。但是在数字化服务融合体系中，三馆对文化遗产资源知识产权的不同理解，会影响服务平台资源服务的效果，所以法务部和三馆在平等协商的基础上，形成共识性的知识产权管理制度，如制定《馆藏文化遗产信息资源著作权评价制度》、《馆藏文化遗产信息资源价值评估方案》、《数字化服务融合中的知识产权分级管理制度》、《数字化服务融合平台资源交互协议》等，统一、规范的知识产权管理制度必然能够减少资源交互中的界面冲突，提高数字化服务融合平台的服务效果。

再次，向参与数字化服务融合体系的图书馆、博物馆、档案馆宣传知识产权管理的重要性，引导三馆遵循服务体系的知识产权管理制度开展常态化知识产权管理。例如，以《馆藏文化遗产信息资源著作权评价制度》为依据，定期对三馆文化遗产信息资源的知识产权归属状态进行评价，根据信息资源的版权保护状态调整数字化服务融合的内容和形式；以《馆藏文化遗产信息资源价值评估方案》为指导，参考经济学价值评估的方法，采用社会效益的收益现值法客观评估文化遗产信息资源的价值①，并据此开发服务产品或处理侵权纠纷。

最后，利用数字版权管理技术完善知识产权管理。数字版权管理（DRM）是指在数字化内容生产、传播、销售、使用的整个生命周期内，采用智能代理、访问控制、信息加密、数字水印、电子签名等技术手段，锁定和限制数字内容传播的技术②。DRM 的应用能够起到干预用户的信息使用行为、降低侵权行为发生的作用。Yee 教授曾指出，与传统版权保护措施相比，DRM 能够赋予版权人法律规定外的更多权力，更为有效地保护版权人利益③。数字化服务融合平台可在后台管理中加入 DRM 模块，根据文化遗产数字资源的属性特点和知识产权风险等级，设定不同的版权应用技术，然后打包发布到服务平台，允许用户在不同权限下访问、传播和再利用平台资源。

② 建立灵活高效的数字资源知识产权许可机制

文化遗产信息资源的版权状态可以分为四类：已经进入公共领域不再受著作权法保护的资源、著作权人自动让渡或放弃版权的资源、受著作权保护的资源、达不到著作权法保护条件的资源。根据我国《著作权法》和《信息网络传播权保护条例》的规定，对于受著作权保护的信息资源，图书馆、博物馆、档案馆只能在取得法律或合同授权，或者利用"合理使用"的豁免权对其进行数字化建设、传播和服务。对于图书馆、博物馆、档案馆而言，仅仅依靠"公共领域"和"合理使用"下的文化遗产数字资源已经不能满足用户需求，而以法律和合同授权为依据开展数字化服务，又面临着海量资源多种授权的复杂性、寻找版权所有人的巨大成本投入。显然，建立低成本和灵活的授权许可方式，更加有利于数字化服务融合的开展④。

第一，依托著作权集体管理组织，解决部分文化遗产信息资源在数字化服务融合中面临的许可问题。

根据我国《著作权集体管理条例》和《著作权法》（修改草案）的规定，具有非营利中介性质的著作权集体管理组织可以代表其会员行使著作权法所规定的权利，具有广泛代表性的著作权集体管理组织在国务院著作权行政管理部门的许可下，可以代表非会员开展延伸性著作权集体管理业务⑤。著作权集体管理制度为数字化服务融合体系寻找著作权人、获得文化遗产资源的授权使用提供了便利。数字化

① 陈剑. 数字图书馆的信息资源共享模式及其版权问题研究[D]. 哈尔滨：黑龙江大学，2010.

② 谷玉荣. 数字图书馆版权保护现状及策略[J]. 科技情报开发与经济，2005(19)：59 - 61.

③ 转引自：冉从敬. 图书馆知识产权风险的影响因素分析[J]. 图书馆论坛，2009,29(2)：22 - 24,15.

④ 常艳丽，张俊丽. 公共部门信息再利用中的版权保护——澳大利亚基于知识共享许可协议的实践及启示[J]. 情报理论与实践，2013,36(04)：34 - 38.

⑤ 中华人民共和国政府网. 著作权集体管理条例[EB/OL]. [2013 - 12 - 26]. http://www.gov.cn/zwgk/2005 - 05/23/content_270.htm.

服务融合体系可积极与著作权集体管理组织建立合作关系,通过该中介组织寻找文化遗产信息资源的著作权人,并获得资源的数字化使用许可;对于尚在版权保护期内,且经过勤勉努力仍无法确定版权所有人的"孤儿作品",以延伸性著作权集体管理制度为依据,获得该类文化遗产资源的数字复制、传播权利。

第二,建立基于知识共享许可协议的文化遗产数字资源许可制度。

知识共享许可协议(Creative Commons Licences,以下简称 CC 许可)是以承认和尊重创作者版权为前提,在"保有作品部分权利"的理念下,通过署名(BY)、非商业性使用(NC)、禁止演绎(ND)、相同方式共享(SA)四种基本授权方式的组合,以及两个专门用于公共领域作品的 CC0 和 PDM 标识为基础,支持公众在特定条件下自由使用作品的灵活许可机制。CC 许可与传统版权保护机制具有同等的法律效力,为寻求网络环境下版权所有人和信息使用者之间的利益平衡提供了思路,目前已经在包括我国在内的 70 多个国家和地区得到广泛应用,例如 Europeana 项目就以 CC 许可为基础建立网络服务平台的知识产权保护机制。CC 许可在我国的宣传和推进,以及 Europeana 项目的实践为三馆应用知识共享许可协议,保护数字化服务融合平台的文化遗产信息资源提供了条件。

首先,以服务平台参与主体和各种数字资源的价值和属性特点为依据,制定《数字化服务融合平台资源交互协议》,明确图书馆、博物馆、档案馆和注册用户在数字化服务融合平台上发布和使用文化遗产数字资源时,基于知识共享许可协议所具有的权利和义务。

其次,向参与数字化服务融合体系的图书馆、博物馆、档案馆宣传知识共享许可协议的内容和特点,鼓励三馆遵循平台资源交互协议,向数字化服务融合平台发布以知识共享许可标识明示的文化遗产信息资源。知识共享许可协议操作灵活,以六种基本的授权标识,涵盖了文化遗产信息资源的版权状态,并能衍生出更多的授权方式,图书馆、博物馆、档案馆可在数字资源描述元数据中应用 CC 许可协议标明资源的知识产权风险等级和许可形式。例如,超过著作权保护期限或自愿放弃著作权的文化遗产资源,可使用公共领域作品标识 PDM 加以声明;珍贵、濒危和具有高知识产权风险的文化遗产信息资源,可选择署名—禁止演绎、署名—非商业性使用、署名—非商业性使用—禁止演绎等较为严格的授权方式以限制数字资源的合理使用。

再次,组织形式丰富的宣传活动,引导服务平台用户遵循知识共享许可协议,方便对文化遗产数字资源加以网络传播和再利用。2016 年全球使用知识共享许可协议的作品数量达十二亿以上[①],我国目前的知识共享许可协议已更新至 4.0 版本[②],在开放教育平台、网络社区、文学摄影以及国家图书馆、中国科学院国家科学图书馆资源发布中都有应用。江江对本科以上学历的网民调查显示,77.2% 的受访者曾经向网络发布个人作品,其中 66.67% 的网民都有不同程度的侵权担忧,45.2% 的网民表示了解或听说过知识共享许可协议,已经使用或打算使用知识共享许可协议的人群比例分别为 1.8% 和 26.3%[③]。可见,多数公众都对网络作品发布存在侵权担忧,但对 CC 许可的作用认识还很有限。用户的知识产权意识直接影响到其在数字化服务融合平台的信息行为,而不当的用户行为可能造成侵权。因此,图书馆、博物馆、档案馆要在实体场馆和数字化服务融合平台大力宣传知识共享许可协议,通过专题讲座、展览竞赛、社会媒体互动等多种途径引导用户使用知识共享许可协议,促进其对服务平台文化遗产数字资源的合理传播和再利用。

---

① 知识共享中国大陆项目组. 知识共享组织发布《2016 年共享领域情况报告》[EB/OL]. (2017 - 06 - 01)[2020 - 12 - 28]. https://creativecommons. net. cn/sotc - 2016/.

② 知识共享中国大陆项目组. 知识共享协议 4.0 简体和繁体中文版发布[EB/OL]. (2020 - 02 - 24)[2020 - 12 - 28]. https://creativecommons. net. cn/cc-licenses - 4 - 0-simplified-and-traditional-chinese-launched/.

③ 江江. 知识共享许可协议在开放教育资源下的中国本土化研究[D]. 武汉:华中科技大学,2011.

4.2.4　信息界面管理

4.2.4.1　建立协同工作平台

图书馆、博物馆、档案馆合作开展数字化服务融合的宗旨，是通过三个机构的同心协力、相互配合、优势互补，形成共同服务、共同发展的亲密关系，实现"1＋1＋1＞3"的功能倍增效果，满足社会公众的文化遗产信息需求。信息充分共享有利于数字化服务融合的开展，信息共享的更高层面则是知识的共享，然而图书馆、博物馆、档案馆所处地域分散，它们之间的信息不对称又客观存在，因而信息和知识在三类机构之间得不到充分的交流与共享，信息的价值优势就无法体现出来，解决的办法是建立数字化协同工作平台，打通图书馆、博物馆、档案馆之间的各种信息壁垒和边界，增加三类机构之间的信息透明度、增强信息共享与其他界面的交互效果。

协同一词来源于古希腊语，其意思等同于和谐、同步、协作、合作，指对多个不同资源、机构或个人进行协调，使它们一致、有效地实现预期目标的过程或能力[①]。协同可以发生于人与人之间、异构应用系统或数据资源之间、不同终端设备或应用情景之间；此处主要指图书馆、博物馆、档案馆三类机构之间基于文化遗产信息资源数字化服务融合的协同。

图书馆、博物馆、档案馆之间的协同，本质上是打破资源（人、财、物、信息、流程）之间的各种壁垒和边界，使它们为数字化服务融合体系服务目标的实现而协调运作，通过对三类机构各种资源的最大化开发、利用和增值以充分达到一致性的发展和服务目标。数字化协同工作平台能够为参与数字化服务融合的图书馆、博物馆、档案馆提供一个跨组织、跨区域的虚拟工作场所及相关应用工具，成为项目参与各方信息沟通与交流的平台，其价值体现在连接、沟通、协作、监控四个方面。

在数字化协同工作平台所营造的虚拟时空中，包括服务体系管理机构在内的所有机构将数字化服务融合有关的各种工作信息输入协同系统中，并设立恰当的共享权限，这些信息资源可以在图书馆、博物馆、档案馆之间畅通传递、充分共享。例如，馆际合作协调机构的管理信息在平台上扁平化的快速传播，可以缩小纵向的信息传递路径，促进机构之间的横向沟通；图书馆、博物馆、档案馆之间的组织文化、专业知识及服务经验等信息在数字化协同工作平台上的传递，能够促进三类机构之间的交叉学习，增进各机构之间的了解，对彼此的组织文化产生认同感，缩小数字化服务融合体系中的组织文化差异。当各个项目参与机构从数字化协同工作平台的信息和知识共享中获得了"实惠"，他们将自发地把"信息的高度共享"主动推进下去，让更多的参与机构从中获得益处，最终产生良性循环。因此，数字化协同工作平台以信息的畅通交流与共享为纽带，能够促进图书馆、博物馆、档案馆之间彼此认同、互相理解，降低信息界面交互障碍，形成目标一致、利益共享、风险共担的数字化服务共同体，实现多方"共赢"的局面。

4.2.4.2　采取多样化的信息传递渠道

信息的传递必然依附于一定的载体，故而信息传输渠道的建设是信息传递中必不可少的一个环节。从古至今，人们对信息传递渠道的建设从未停止过。古人曾利用烽火、灯塔、旗帜、鸽子等作为信息传递的载体，可谓是水、陆、空全覆盖。如今以电话、电报、电视、微波、通信卫星、计算机互联网、无线移动网络为载体的立体信息传输网络为我们营造了更为安全、迅捷的信息传递渠道。虽然今天的信息传递渠道，其功能和效率与古代不可同日而语，但是它们的目的却是一样的，都是尽可能准确和迅速地传递信息。

信息传递渠道的畅通与信息传递的效果息息相关。信息渠道不畅通导致的负面影响是显而易见

---

① 杜栋.协同管理系统[M].北京:清华大学出版社,2008.

的。例如,信息粘滞就是信息在传递渠道某一环节中的滞留而引发的,而过长的信息传递渠道会让信息的时效性大打折扣,从而产生信息延迟。信息粘滞和信息延迟是信息界面管理中的两大"祸患",有时也是引发其他界面冲突的根源。故而,数字化服务融合体系中的信息传递渠道建设也至关重要,需要兼顾两个方面:一是信息传输载体的选择,要做到安全灵活、抗干扰能力强;二是对于信息传递效率的考虑,有价值的重要信息如果不能及时传递到接收方,有时会造成难以弥补的损失。增加信息的流动时间、减少信息传递的中间环节都是提高信息传递速度的有力措施。

当前通信技术的飞速发展,为我们营造了数字化的信息环境。数字通信系统可以传输包括模拟和离散信号在内的各种信息,抗干扰能力强、传输可靠性高,已经成为人们生活中的一种主流信息传输方式。图书馆、博物馆、档案馆也都建立了数字信息传输网络,显然利用数字信息技术连接三个机构的信息传递有助于提高数字化服务融合体系的信息传递效果。电子邮件、IM、远程视频、邮件列表、电子论坛、手机短信、微博、微信都是当前信息传递中比较常用的方式,它们各有特点,可以适用于不同的场合。数字化服务融合体系的信息传递可以根据信息内容的重要程度、信息扩散的范围和时效要求灵活选择信息传输方式,如属于广而告之性质的会议纪要、通知、简报、行文、条例制度等采用电子公告形式传递;少部分人员参加的重要会议则适合利用电子邮件传输;需要多个机构实时沟通协调的工作采用远程视频会议形式效率更高;电子论坛可以作为便捷的在线思想交流平台,有利于项目参与机构之间就某一主题展开远程、平等的在线讨论,或就工作中遇到的问题运用头脑风暴法集思广益;手机短信群发则适合于临时、突发性事件信息的快速准确传输。总之,图书馆、博物馆、档案馆数字化服务融合体系的信息传递渠道应该有着立体的、多元化的信息传输形式,具备完整信息与部分信息传递相结合、主动性和被动性信息传递相结合、同步信息与异步信息传递相结合、单向信息传递与双向信息传递相结合的功能。

4.2.4.3　形成规范化、标准化的信息传递内容

在信息传递中,信息发送端的信息编码能力和信息接收端的信息解码能力也会影响信息传输的质量,甚至得出大相径庭的信息传输结果。通常来说,信息的语言表述方式会影响信息编码和解码,同时个体内在既有的文化水平、学科和专业背景、知识结构也会在编码和解码环节的信息理解中发挥作用。在文化遗产信息资源数字化服务融合体系中,存在自上而下的信息传递、自下而上的信息传递,以及横向的图书馆、博物馆、档案馆之间的信息传递,不同的信息发送端和接收端都可能会产生编码解码失误,尤其是图书馆、博物馆、档案馆之间专业分工不同,因而学科专业术语使用方面也存在差异,差异化的信息表述方式在跨机构的信息传输中很容易产生信息界面交互障碍,当信息发送端对信息理解不透彻、不全面时会导致部分重要信息缺失,信息接收端信息解码错误时会导致信息失真,信息失真和信息缺失都不利于信息界面的正常运转。

"以假乱真"对艺术作品来说是一种赞誉,而在信息传递中却是一种失败。在数字化服务融合体系中,提高图书馆、博物馆、档案馆之间信息编码解码能力可以从四个途径入手。

一是建立信息传递语言规范。图书馆、博物馆、档案馆虽然都是文化遗产保护与传播机构,但三者的工作重点各有侧重,相似的工作内容中也存在专业术语差异,例如对于文化遗产信息所依附的物质载体,图书馆更多使用文献一词,而档案馆和博物馆则主要以档案和文物相称,其实三个术语存在概念上的交叉和重叠。类似于此类情况,数字化服务融合体系中可以建立《专业术语解释与对照表》将信息界面交互中涉及的信息传递语言提前予以规范。此外,三个机构所提交的文化遗产数字资源的内容格式、数字化服务的方式与流程,也需要建立相应的标准和规范的服务文档。有证可查、有据可依的标准与规范体系可以提高数字化服务融合体系的信息传递效率,减少三个机构之间的信息交互障碍。

二是重视编码解码环节对信息的全面理解。在数字化服务融合体系中,无论是图书馆、博物馆、档

案馆还是其他相关的管理机构，都需要不断传递信息和接收信息，都必然会涉及信息的编码和解码。为了确保信息不失真、不缺失，增加对信息内容的充分理解是很重要的，尤其是需要图书馆、博物馆、档案馆协同开展的数字化服务，其信息内容表达必须规范、审慎、清楚。比如文献资源传递，既要准确吃透用户的信息需求，又要清晰传达给协作的其他机构以获取所需的文化遗产数字资源反馈给用户，不规范的信息传递很容易导致信息理解歧义从而影响整个服务体系的数字化服务质量。

三是加强机构之间的专业知识交流。信息交流的途径有正式交流与非正式交流、主动交流与被动交流、面对面交流与虚拟交流。数字化服务融合体系中的专业知识交流可以缩小三类机构在信息界面交互中存在的学科知识差异，促进图书馆、博物馆、档案馆之间的知识共享。在正式交流方面，建议将培训作为一项内容纳入数字化服务融合体系的常规工作内容与考核中，建立制度化、动态化的培训制度。数字化服务融合体系应当鼓励图书馆、博物馆、档案馆的工作人员积极参与定期开展的培训，同时针对数字化服务中遇到的新问题和新现象，举行不定期的培训，帮助数字化服务机构和人员更新知识、提高服务质量。除了数字化服务融合体系内部的培训外，还可以邀请文化遗产研究专家学者为项目参与机构馆员进行知识培训，提升馆员的业务水平与服务能力。在非正式交流方面，可以在数字化协同工作平台中开辟虚拟互动空间，鼓励图书馆、博物馆、档案馆工作人员在虚拟空间分享专业知识与交流服务内容，也可以组织沙龙、俱乐部等让三类机构的馆员在放松休闲中进行知识交流。

四是建立防范与及时反馈机制。事前防范、事后反馈是管理活动中经常采用的方法，信息界面交互中的防范机制旨在减少信息界面冲突造成的负面影响，数字化服务融合体系的信息传递机制必须要有相应的风险防范机制，在做好服务体系内信息传达和工作部署的同时，要提前做好可能的界面障碍处理预案。另外，在信息界面交互中，及时的沟通反馈，可以对错误信息进行过滤、对偏差信息进行校正、对正确信息进行放大，有利于确保信息的完整性和真实性。

4.3 面向用户的图博档数字化服务融合的管理界面

4.3.1 界面Ⅱ管理模型构建

1. 界面Ⅱ交互类型

三馆文化遗产信息资源数字化服务融合体系中的服务界面与传统的服务界面相比，更具有开放性和综合性。在界面Ⅱ中，服务双方之间的接触界面主要是文化遗产数字化服务融合平台，它是由图书馆、博物馆、档案馆工作人员基于数字技术共同提供的交互服务运作系统，用户主要通过这个数字化服务融合平台接受与文化遗产信息资源相关的服务、进行服务感知和据此形成对整个服务平台的交互体验。用户与数字化服务融合平台之间的交互可以是实时交互，也可以是打破时空限制的异步交互。对于图书馆、博物馆、档案馆而言，界面Ⅱ是具有明显任务导向和制度约束的工作界面，而对用户而言，界面Ⅱ是不具有明显工作属性和制度约束的信息服务感知体验界面[①]。

整体而言，界面Ⅱ具有三个主要的界面交互类型：以实现信息提供者和信息需求者之间双向信息交流为目的的信息界面，以传递和接受文化遗产信息资源服务产品为目的的业务界面，以服务感知、行为参与和情绪反应为特征的心理界面（谢朝武，2009），这三个界面层次的叠加与整合构成了界面Ⅱ的服务界面系统（见图4-5）。

---

① 谢朝武.顾客服务体系的界面管理：理论、机制与酒店业的实证研究[D].厦门：华侨大学，2009.

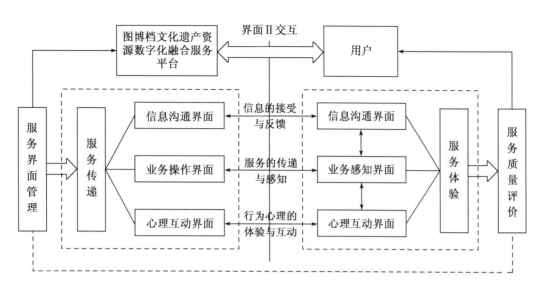

图 4‐5　界面 Ⅱ 的交互类型结构图

2. 界面 Ⅱ 交互障碍及成因分析

业务界面是图书馆、博物馆、档案馆工作人员基于数字化服务融合平台与用户之间的直接交互形成的界面，服务产品主要是文化遗产数字资源。业务交互中的界面障碍有服务资源冲突、服务流程冲突、服务功能冲突。

服务资源冲突来源于服务双方对服务产品本身的种类和数量的供求矛盾。文化遗产信息资源种类繁多、类型各异，不同的用户对文化遗产信息资源的需求种类和内容大不相同，而三类机构馆藏的文化遗产信息资源各有偏重，结合馆藏资源、数字化水平等因素开发的文化遗产数字资源很难完全满足各类用户的需求，服务双方在服务资源上就可能出现冲突。

一个服务活动往往涉及多个环节的协作，而服务流程是对整个服务活动中各个服务环节衔接次序逻辑的安排。服务流程设计不合理会导致服务流程冲突的出现，如服务流程繁琐致使用户等待服务的时间过长，用户产生不满。数字化服务融合平台的文化遗产信息资源服务涉及图书馆、博物馆、档案馆三个机构之间的协作，不当的服务流程设计很容易导致用户不满，引发服务流程冲突。

服务功能冲突表现在数字化服务融合平台的服务功能定位在满足用户服务期望方面的不足。数字化服务融合平台建立的目的是拓展和延伸三馆的服务功能，以满足用户对文化遗产信息资源的多样性信息需求。但用户的服务期望具有层次性、动态变化性，数字化服务融合平台服务功能的定位不可能同时满足各个层次、各个类型用户的服务期望，用户服务期望的获取和服务功能的调整不能同步进行，这种时滞会导致服务功能冲突。

信息界面是图书馆、博物馆、档案馆工作人员借助数字化服务融合平台向用户提供文化遗产信息资源服务的过程中，信息的双向传递在服务双方之间形成的交互界面。信息界面伴随业务界面而存在，信息粘滞、信息失真、信息延迟等都会导致信息界面障碍的形成，表现为服务双方信息沟通渠道不畅、服务信息不对称，进而影响数字化服务活动的正常开展。

心理界面是用户在接受数字化服务融合平台提供的文化遗产信息服务时，用户与服务平台之间基于服务过程而体验到的情感交流，从而引起的心理认知变化。和谐的心理互动界面建立在目标一致、相互信任的基础之上，此外用户对数字化服务所形成的心理互动还受到业务界面和信息界面的影响，消极的业务交互过程和信息界面会引发服务双方之间的负面心理互动，形成心理互动界面障碍，表现为双方互相不信任、对服务体验的满意度低。

3. 界面Ⅱ管理模型构建

如前所述,界面Ⅱ中的界面类型有业务界面、信息界面和心理界面,这些界面的交互效果影响着数字化服务融合体系的服务质量以及用户的服务满意度。对于界面Ⅱ的管理,需要重视三种界面的交互渗透和影响,全盘考虑其管理方式。

通过对界面Ⅱ交互障碍及成因的综合分析,构建界面Ⅱ管理模型如下(图4-6)。其中,业务界面主要是对服务资源、服务流程、服务功能方面加强管理,因此提出以用户为中心,科学设计服务功能、丰富服务资源和优化服务流程;信息界面是架起用户与数字化服务融合体系的沟通桥梁,其管理任务主要是畅通潜在用户和现实用户与数字化服务融合体系的沟通渠道,与业务界面和心理界面一起为用户提供满意的文化遗产信息资源服务。

心理界面交互效果受到用户服务体验的影响,因此很多学者指出服务的本质就是提供用户体验[①]。基于服务过程和服务结果的体验构成了用户体验的两大内容[②],用户据此最终形成的服务体验包括功能性体验、情感性体验、社会性体验三个维度[③]。功能性体验是用户对数字化服务融合体系所提供的各种数字化服务最直接的使用和评价,数字化服务体系所提供的服务资源、服务流程、服务信息交流渠道、服务行为都会直接影响到功能性服务体验。情感性服务体验是用户在接受数字化服务融合时所伴随产生的情绪、情感或心得,情感性体验微妙和复杂,没有特定的规律,服务情景、用户个性特质以及业务交互、信息交互中的某些环节都会影响用户的情感性体验。用户在基本的服务需求得到满足后,还追求更高层次的社交、尊重和自我实现需要的满足,社会性体验就是用户使用数字化服务体系所提供的延伸性服务功能时所产生的体验。所以,心理界面管理的内容在于把握用户的需求与期望,根据数字化服务中的用户体验维度,不断采取措施完善服务细节、规范服务行为、拓展服务功能、引导用户参与,满足用户的功能性体验、情感性体验、社会性体验需求,增进用户与数字化服务融合平台的情感交流,形成良性的心理交互。

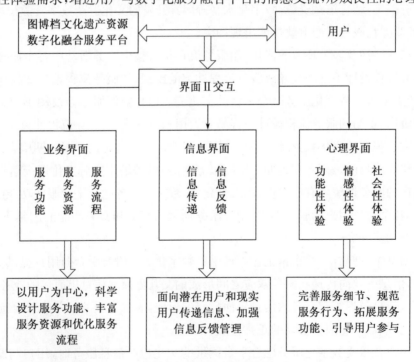

图4-6 界面Ⅱ管理模型

---

① 刘文超.顾客参与共同创造服务体验的机理研究[D].长春:吉林大学,2011.

② 胡瑜慧.服务体验与顾客行为管理[J].南昌航空工业学院学报(社会科学版),2006(04):39-42.

③ 李建州,范秀成.三维度服务体验实证研究[J].旅游科学,2006(02):54-59.

4.3.2　业务界面管理

4.3.2.1　以人本理念为出发点，科学设计服务功能

我国图书馆、博物馆、档案馆担负着传承文化遗产、传播信息知识的重任，在满足社会公众文化需求方面形成了各具特色的服务功能。当然服务功能不可能一成不变，也需要随着服务环境及用户需求的变化适时做出调整。图书馆、博物馆、档案馆联合开展文化遗产信息资源数字化服务融合，是顺应数字化信息环境发展的必然举措，也是满足社会公众需求变化实现服务功能的必然选择。服务功能定位不能满足用户需求、服务功能不够深入细致是产生服务功能冲突的原因，数字化服务融合体系的服务功能管理中必须重视用户需求，以用户需求为中心定位服务功能和开展服务管理。

1. 树立以人为本的服务理念

在信息技术环境下，图书馆、博物馆、档案馆顺应服务环境的变化，利用数字化技术共同为社会公众提供更为丰富的文化遗产信息资源正是"以人为本"理念的体现。所以，"以人为本"应当也必须成为数字化服务融合体系的服务理念，并实践于各个数字化服务功能中。

数字化服务融合体系的"以人为本"，应该包括三层含义：第一，确立用户在数字化服务融合体系中的主导地位，围绕用户需求设计数字化服务功能；第二，保障每个用户的信息权利，确保每个用户都能通过数字化服务平等的获取文化遗产信息资源；第三，关注用户的人生发展、自我完善，通过数字化服务帮助用户实现个人的全面发展。

服务功能是服务机构开展服务活动能够为被服务者带来的需求满足，服务功能的实现必然是在服务理念的指导下，围绕服务对象的需求，利用服务技术以特定的服务形式提供服务内容的过程。因此，服务理念、服务对象、服务内容、服务技术、服务形式共同构成了实现服务功能的五大要素。在数字化服务融合体系中，围绕用户需求确定服务功能的定位是开展具体数字化服务的基础和关键，也是设计服务内容与服务形式的重要依据[①]。在"以人为本"服务理念的指导下，数字化服务融合体系服务功能的管理要做到：以用户需求为中心提供服务内容、以用户便利为原则选择服务技术、以用户偏好为参考设计服务形式。

2. 科学分析用户需求类型

了解服务功能与用户需求之间的差距是开展服务功能定位的前提，图书馆、博物馆、档案馆数字化服务融合体系的服务功能与用户需求之间的差距衡量，可以借鉴日本质量管理专家狩野纪昭提出的KANO模型进行。在 KANO 模型中，用户的需求被划分为无关需求、基本需求、期望需求和潜在需求四种类型，各种服务功能在不同类型用户需求上的满足程度是有差异的，用户基于自身需求的满足程度对电子服务质量进行评价[②]，当服务功能不能满足用户的基本需求时，用户会非常不满意，服务功能超出用户期望需求时，用户的满意度会增加，用户的潜在需求即使没有满足，也不会引起用户满意度明显下降，而一旦潜在需求得到满足，用户满意度会超比例提升[③]。

利用 KANO 模型衡量数字化服务融合体系的服务功能与用户需求的匹配程度，可以按照以下步骤开展：第一，确定待衡量的数字化服务功能和用户的需求类型，由于有些数字化服务功能的实现可能是由多个子服务形式组成的，所以数字化服务功能的细分程度需要提前考虑；第二，设计具有正反向探测

---

①　颜雯,严洪明,吴晓明.优化网站服务功能的探索与实践——以浙江自然博物馆网站建设为例[J].中国博物馆,2012(04):38 - 40.

②　常广庶.电子服务质量与卡诺模型[J].世界标准化与质量管理,2004,7(3):53 - 55.

③　姚瑶,张梅霞,李妙,等.卡诺模型在医院服务质量持续改进措施筛选中的应用[A].第三届中国质量学术论坛论文集[C].中国质量学会,2008:577 - 581.

问题的数字化服务 KANO 调查问卷,问卷中包含调查对象的背景信息和其对数字化服务融合功能的满意度评价,满意度可采用五级评价体系,正反向问题的设计有利于从两个角度衡量用户的需求满足程度;第三,实施调查,根据 KANO 判定表汇总分析各个服务满足用户需求的频次,由于用户需求的差异,同一服务在不同需求上的频次分布是不同的,此时以频次最高为原则确定服务所属的需求层次;第四,根据频次汇总分析的结果,确定各个数字化服务在满足用户需求中的优先级。

3. 根据服务优先级逐步完善服务功能

数字化服务融合体系不可能一步到位,满足所有公众的文化需求,但可以对公众细分后确定目标用户群体,根据服务功能与目标用户群体需求之间的匹配程度,优先提供用户认为重要和必需的服务功能,并逐步丰富和完善整个数字化服务功能。

利用 KANO 模型识别公众需求与数字化服务功能之间的匹配差距仅仅是服务功能定位的前期工作,获得的只是整体的服务信息,究竟哪些公众是数字化服务融合体系的目标用户,它们的需求具有什么特点,希望能够提供哪些数字化服务? 所以在 KANO 需求类型分析的基础上,还需要进一步汇总参与调查的用户所表现出的群体特征,以及不同群体对不同类型服务的需求程度,使用服务—用户—需求交叉分析方法确定数字化服务融合体系中不同用户对不同服务的需求强度。服务—用户—需求交叉分析方法以 KANO 理论为基础,具体步骤为[①]:第一,制定细分标准,将参与 KANO 问卷调查的用户细分为若干类别,例如用 $P_1, P_2, \cdots, P_N$ 分别表示不同用户群体;第二,建立用户—服务交叉表,横向代表用户群体,纵向显示不同服务功能(可分别用 $S_1, S_2, \cdots S_m$ 表示),横向纵向交叉表中显示用户群体对特定服务的需求评价,将所有细分用户群体对不同服务的需求评价和频次列于交叉表中;第三,利用公式 $Q_{ij} = F_{ij} \times (P_j/P) \times 100$ 计算需求强度,其中 Q_{ij} 代表 S_i 的需求强度值,F_{ij} 代表用户群体 P_j 对服务 S_i 的需求强度,P_j/P 代表用户群 P_j 在用户总体 P 中的比例;第四,计算数字化服务功能的需求分布、不同用户群体需求的满足程度,根据基本用户、期望用户和潜在用户的数字化服务功能需求,确定服务功能优先级和用户优先级,并进一步调整和完善数字化服务功能。

4.3.2.2 以用户需求为中心,丰富服务资源

用户对文化遗产信息资源的需求是图书馆、博物馆、档案馆合作开展数字化服务融合的基础,业务界面的重要任务就是通过"供应"文化遗产信息资源满足用户的相应需求,业务界面产生的服务资源冲突是文化遗产信息资源的供求不平衡造成的。一般而言,供求不平衡主要表现为供求总额之间的矛盾、供求构成之间的矛盾、供求在时间和空间上的矛盾。深入分析不难发现,图书馆、博物馆、档案馆拥有大量的文化遗产信息资源,在资源"供应"数量上并不会匮乏,数字化服务跨时空的特点,能够有效缩小供求在时间和空间上的矛盾,所以服务资源冲突更多的是供求构成之间的矛盾。解决这一矛盾的办法就是以用户需求为中心,调整和丰富可"供应"的文化遗产数字资源种类。

1. 积极开展用户调查,主动搜集用户信息需求

用户对于文化遗产信息的需求具有层次性而且复杂多变,受到社会环境、工作职业、知识储备、信息素养等因素的影响,数字化服务融合体系的资源服务需要围绕用户需求开展,建立用户调查制度,主动搜集用户的文化信息需求。开展用户调查的方法有很多,比如问卷调查、用户访谈都是常用的用户需求搜集方法。本篇在第三章中曾利用问卷调查方法获取一部分用户对图书馆、博物馆、档案馆文化遗产信息的需求,发现不同生活形态的用户对于物质文化遗产和非物质文化遗产信息的需求具有差异性。数字化服务融合体系内参与的图书馆、博物馆、档案馆数量众多,每个机构都有大量的用户群体,采用定期的问卷调查和不定期的用户座谈方式可以广泛搜集用户需求数据,通过用户数据分析有针对性地优化

---

① 赵生辉. 政府电子化公共服务需求分析模型构建研究[D]. 成都:电子科技大学,2007.

服务资源的种类和数量,有助于减少资源服务中的供求矛盾。

同时,服务反馈环节的信息搜集也不容忽视。在数字化服务融合体系中,一部分用户在所需文化遗产信息资源得不到满足的时候,会主动通过服务反馈功能表达自己的信息需求,因此数字化服务融合体系应当为用户建立多样化的沟通反馈渠道,确保用户能够及时反馈自己的需求。对于各个渠道反馈的信息,图书馆、博物馆、档案馆需要认真分析总结,提取出用户的信息需求,适时推出用户所需的文化遗产信息资源满足用户渴望。

2. 利用数据挖掘技术,主动分析用户潜在信息需求

科亨的信息需求理论表明,用户的信息需求状态存在客观状态、认识状态、表达状态三个层次,处于表达状态的显性信息需求只是用户需求的一小部分。兰开斯特的实验测试也证明,用户理解并表达出的信息需求只是其真实信息需求中的冰山一角,还有大量未理解和表达出的潜在信息需求有待挖掘[①]。图书馆、博物馆、档案馆所面对的用户群体同样存在大量未清晰表达出的潜在信息需求,这些潜在信息需求通常隐藏在用户的文化遗产数字资源使用行为中。

数据挖掘技术能够从数据库的大量数据中揭示出隐含的、先前未知的并有潜在价值的信息,也非常适合应用于数字化服务融合体系以揭示用户对于文化遗产信息的潜在需求。巧妇难为无米之炊,开展数据挖掘的前提是有丰富的数据供分析,这就要求数字化服务融合体系在资源服务中要有数据搜集行为和分析意识。首先在后台的数字化服务模块存储用户的个人背景信息以及跟踪用户使用平台数字资源的过程,存储用户的文化遗产信息使用行为数据,比如服务平台注册用户的年龄、职业,各个主题的文化遗产资源被注册用户浏览和下载的数量等;然后建立相应的关联规则对用户和资源进行分析,提取出用户的需求偏好和资源使用规律,主动向用户推送能够满足其潜在需求的文化遗产信息资源。

4.3.3　信息界面管理

4.3.3.1　面向社会公众,实施全媒体信息传播

本篇对图书馆、博物馆、档案馆的用户调查结果显示,数字化服务的应用在一定程度上拉近了三馆与用户之间的距离,用户对三馆数字化服务的知晓率和使用率还有待于进一步提高。数字化服务融合体系面对注册用户和潜在用户全面、全方位宣传数字化服务融合平台的资源内容和服务形式,才能吸引更多的用户关注文化遗产数字资源服务和使用服务平台的各种资源。

全媒体是美国一家提供生活资讯服务的家政公司 1999 年提出的,是指该公司利用图书、杂志、网络等各种形式全方位地向用户传递生活信息[②]。全媒体信息传播模式倡导以文字、图片、动画、音频、视频等多种媒体表现手段,利用广播、电视、图书、期刊、音像制品、报纸、网络等不同信息传播媒介搭建的广电网络、电信网络、互联网络实现信息的广泛传播,实现任何人、任何时间、任何地点、以任何终端都可获得任何想要的信息。数字化服务融合体系面对的服务对象是数量庞大的社会公众,而且他们在接受文化遗产信息时存在内容和渠道选择上的偏好,以单一的信息内容和信息传播渠道很难满足公众的信息传播需求。所以,结合用户的文化遗产信息偏好、制作特定形式的信息展现方式,构建面向公众的全媒体文化遗产信息传播与资源服务方式,实现网上与网下、实体场馆和虚拟场馆的同步信息传播,才能将文化遗产信息与服务辐射扩散到社会各界。

---

①　冯花朴. 潜在信息需求转化为信息行为的机理分析[J]. 现代情报,2009(10):11-13.
②　郜书锴. 全媒体:概念解析与理论重构[J]. 浙江传媒学院学报,2012(04):37-42.

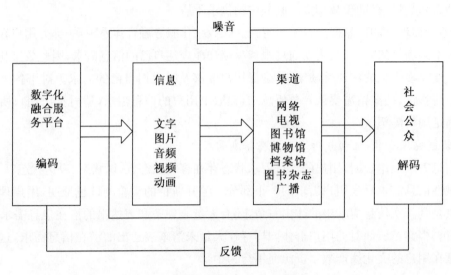

图 4-7　全媒体信息传播模式

1. 信息传播的内容

数字化服务融合体系向社会公众传播的信息内容应当包括以下几大部分：

第一，文化遗产的价值与重要性。文化遗产的独特性和不可再生性决定了其具有重大的历史价值、文化审美价值、科研教育价值、情感价值和使用价值[1]，公众对文化遗产的价值了解不清晰，影响了公众对其有效使用。所以数字化服务融合体系首先要告诉公众文化遗产是什么、有什么价值，与图书馆、博物馆、档案馆的图书、文物、档案有什么联系。清晰地认识文化遗产、重视文化遗产的价值，用户才会使用数字化服务融合平台的文化遗产信息资源。

第二，与文化遗产相关的法规、政策。文化遗产是社会共有的珍贵文化财产，每个公众都有保护文化遗产的义务和合法利用文化遗产信息资源的权利。文化遗产性质特殊，不能毫无限制地供公众使用，对其利用必须合理合法。因此，要向公众传播与文化遗产保护相关的法规政策，如《中华人民共和国文物保护法》、《传统工艺美术保护条例》、《中华人民共和国非物质文化遗产保护法》等，同时还要向用户宣传与文化遗产相关的知识产权保护规定，让用户在尊重文化遗产信息资源知识产权的前提下，合法地使用文化遗产信息资源。

第三，文化遗产信息资源的内容及数字化服务。"酒香也怕巷子深"，当前文化服务产品较多、用户选择余地较大，数字化服务融合体系还要利用各种信息媒介向社会大众充分地传播服务平台的文化遗产信息资源及所开展的服务形式，吸引社会公众使用服务平台的各种数字化服务，并利用自己的人际网络传播给更多的人群。

2. 信息传播的原则

根据信息传递理论，信息传播的效果受到多种因素的影响，如信息传播主体所发送的信息内容与形式（信息质量）、信息传播渠道的选择（可信度）、信息传播客体（受众）的信息获取成本和对信息的理解。数字化服务融合体系面向社会公众的信息传播过程中，如果发生信息扭曲、损耗、延迟，都会影响信息传播的真实性和可用性，也不能有效实现数字化服务融合体系的信息传播目的。

从传播受众的角度出发，数字化服务融合体系面向社会公众的信息传播，要坚持以下原则：

首先，根据受众的信息接收特点设计信息内容与形式。数字化服务融合体系开展的文化遗产信息

---

① 余佳.文化遗产价值探讨[J].科协论坛(下半月)，2011(03)：185-186.

传播，所面对的社会公众在年龄、职业、学历层次上都有较大的差别，"一刀切"的信息传播显然不会取得理想的宣传效果。因此，要以公众为中心，考虑信息内容与形式如何满足公众的"胃口"、如何便于公众"阅读"。具体而言，根据不同公众群体的特点，有针对性地设计制作信息传播内容，同时需要结合各种信息传播渠道的传输容量和社会公众碎片化信息获取的特点，恰当控制信息内容的长度和容量。例如，针对专业用户群体的信息传播，信息组织中就可以使用一些专业术语；而针对休闲娱乐为主的用户群体，信息传播的语言就要通俗易懂，采用 FLASH、漫画等灵活生动的信息表现形式；利用自媒体传播渠道制作的微视频等，就应该短小精悍。国内多家图书馆引进的中华连环画数字阅览室[①]，将少年儿童作为文化遗产信息传播受众，以连环画的形式诠释中国古典名著、成语故事、革命历史，就取得了良好的信息传播效果。

其次，根据受众的信息获取特点，合理选择信息传播渠道。信息传播渠道众多，有图书、电视、期刊、报纸、有线/无线网络等，但是如果不考虑受众的信息获取特点，信息传播的效果就会大打折扣。数字化服务融合体系在选择信息传播渠道时，需要以充分的受众分析为前提，综合权衡信息传播渠道的传播特点、需要投入的信息传播成本、渠道机构的信息传播能力。其中，渠道的信息传播特点主要考虑信息传播的准确性、及时性、覆盖面；成本投入包括人力成本、技术成本和支付给信息传播机构的服务成本；信息传播能力主要考察信息传播机构的可持续传播性、在公众中的美誉度和能够覆盖的人群。

3. 信息传播效果评估

信息传播效果的评估，指根据信息传播的目的，建立一套信息传播效果评价指标体系，以定量或定性的方式衡量实际的信息传播效果与预期的传播目标之间的差距。评估信息传播效果有助于数字化服务融合体系更好地设计信息传播内容和方式，吸引更多的用户使用数字化服务融合平台的文化遗产信息资源。

数字化服务融合体系的信息传播效果评估，应坚持目的性、科学性、实用性、动态性原则，综合采用定性和定量的方法进行[②]。目的性原则是指评价指标体系的确定应当紧紧围绕信息传播的预期目的，客观地反映信息传播效果。科学性原则即指标体系的内容要兼顾全面性和独立性，既能反映各个单独信息传播渠道的效果，又能从整体上衡量服务体系的信息传播效果。实用性原则即所确定的指标体系具有操作可行性，每个指标所确定的内容都能够便于获取数据和测量。动态性就是指标体系的内容可以根据评估目标灵活地组合调整，能够从一个时点或纵向的时间段反映信息传播效果。

建立数字化服务融合体系的信息传播评估指标体系，可以从评估公众对各种信息传播渠道的接触效果、信息传播渠道对社会大众的影响效果、传播目标的实现效果和社会大众的信息需求满足效果四个方面入手。

公众与信息传播渠道的接触效果，需要根据各种信息传播渠道的特点来制定，例如，以电视媒介为信息传播渠道时，电视节目的收视率、覆盖率就是主要的接触效果衡量指标；以网络为媒介的信息传播中，用户对信息的点击量、转发量就是重要的衡量指标。在数字化服务融合体系以外的其他渠道传播信息时，具体的指标数据可以由负责信息传播的机构来提供。

信息传播渠道对大众的影响主要考察公众在接收到信息后对其态度和行为造成了什么影响，例如，公众接收信息后，对文化遗产有了更深入的认识，能够主动登录数字化服务融合平台浏览服务、使用资源，将信息传播给其他人群等。数字化服务融合平台的流量变化，如用户注册率、用户在网站的停留时间、资源的使用量等都可以反映信息传播对公众的影响。

---

① 中华连环画数字阅览室[EB/OL].［2014-01-12］http://www.gxiang.net/.
② 郑佳.基于信息传递的整合网络营销策略研究[D].长春：吉林大学，2011.

传播目标的实现效果主要是比较预期制定的目标、成本投入和信息实际对公众的影响效果。成本包括人力、物力、财力成本，当然，不同信息内容、不同信息传播渠道所需投入的成本是有差异的，文字、图片形式的信息成本较低，制作电视节目、音像制品的成本就较高，同时利用电视传播时成本也会较高。

公众的信息需求满足效果主要是一种基于满意度的程度衡量，如对信息服务的内容、形式是否满意，信息传播的渠道是否便于其获取信息，还期望提供什么形式的信息内容或文化遗产信息资源。开展用户调查和利用平台服务反馈信息都可以获取数据，分析公众的信息需求满足效果。

4.3.3.2 面向平台用户，促进全方位信息交流

在数字化服务融合平台上，用户、数字化服务平台、馆员构成了信息交流的三大主体，伴随数字化服务的开展，它们之间存在四种类型的信息交流：自助式信息交流、咨询类信息交流、反馈类信息交流、参与式信息交流。自助式信息交流发生在用户与数字化服务融合平台的服务界面之间，属于人机交流，用户在界面信息内容的指导下完成所需服务；咨询类和反馈类信息交流发生在用户与馆员之间，属于人际信息交流，主要传递服务需求、服务反馈信息；参与式信息交流同时含有人机交流和人际交流，包括用户参与服务平台资源建设与服务时，与服务平台及馆员的信息交流，以及用户与用户之间以文化遗产信息资源为主题，所进行的各种信息交流。

穆斯定律认为，一个信息系统，如果对用户来说，取得信息比不取得信息更伤脑筋和麻烦的话，这个系统就不会为用户所用[①]。对于数字化服务融合平台也是如此，从时间上讲，用户希望服务平台信息内容更新及时、信息交流反馈迅速，从空间上讲，用户希望信息内容布局合理、信息交流形式便捷。所以，根据用户对信息交流的时间和空间要求，数字化服务融合平台信息界面管理，重点是合理组织信息内容和结构、确保信息的时效性，利用恰当的信息技术实现用户和信息的跨时空连接与互动交流。

1. 基于用户认知心理，科学组织信息内容

用户与数字化服务融合平台的信息交流受其感觉、知觉、思维、记忆、期望、注意等的影响[②]，尤其当面对大容量的信息时，用户对信息的感知能力有限，反而会导致用户注意力的缺乏[③]，所以数字化服务融合平台信息内容组织的科学性关乎用户的信息交流效果。信息组织是根据信息的外在特征和内容特征，依据科学的规则与方法将分散、无序的信息筛选、整序、优化形成有序信息的过程。从广义上讲，数字化服务融合平台信息内容的组织既包括对信息源的序化处理，也包括对信息空间的合理布局[④]。数字化服务融合平台各种信息内容的组织是个巨大的系统工程，在此难以一一详尽叙述，从用户的认知心理特点来看，数字化服务融合平台的信息内容组织需要注意以下几点：

首先，基于用户感知觉特点，设计信息交流界面，确保脉络层次清晰。用户的感觉来自外在信息对其感官的刺激，尤其是视觉刺激；知觉则来自感官刺激和已存贮知识经验的相互作用。从用户的感知特点出发，要求服务平台的信息交流能为用户带来视觉美，同时符合用户已有的知识经验。即从整体而言，服务平台的版面布局、颜色搭配、字体大小、功能设置要为用户留下美好的第一印象。

其次，根据用户注意力特点，适当突出重点信息内容。注意是人对外界刺激有选择的加工分析的心理过程，用户对信息的感知能力有限，有时候丰裕的信息反而会导致用户注意力的缺乏[⑤]，所以信息内容的组织需要减少对用户注意力的干扰，适当突出重要信息。例如，导航系统简洁易用，减少用户记忆

① 范敏.我国网络信息组织概述[J].科技情报开发与经济,2011(17):130-131,138.
② 梁芳.基于用户心理的网络信息组织研究[J].图书馆学研究,2007(07):2-4.
③ 杜元清.信息环境与信息传递样式[J].情报理论与实践.2009(08):16-20.
④ 李希海,赵俊杰,费志勇.知识服务型高校门户网站信息组织模式研究[J].情报杂志,2009(07):157-160,174.
⑤ 杜元清.信息环境与信息传递样式[J].情报理论与实践.2009(08):16-20.

负担；常用的信息功能放在突出位置显示；在屏幕的第二象限放置重要的信息内容，以吸引用户的注意力等。

再次，信息语言体现用户思维习惯。用户对信息的阅读、推理建立在对信息语言的理解之上，深奥、歧义的信息语言会成为信息交流的障碍，所以信息语言要尽量通俗易懂、便于理解。比如，考虑目标用户的检索习惯，在信息描述中尽可能包括多种可检特征；在设置类目体系名称时，要做到见文知意，避免使用令用户困惑的冷僻术语名词；在关键性信息交流环节，增加必要的信息提示。

2. 丰富信息传递途径，畅通信息交流渠道

人们之间的信息沟通往往是依靠多种信息途径组合实现的，美国心理学家莱维特和戴维斯的研究发现，群体间的正式信息沟通存在链式、轮式、环式、全通道式、Y 式五种结构，其中全通道式信息正确性高，Y 式解决问题速度快，都能获得较高的交流满意度；非正式沟通则有单线式、流言式、随机式、集束式四种网络结构，而集束式则是非正式沟通中应用最普遍的信息传递网络[①]。上述理论对数字化服务融合平台的信息传递途径构建具有借鉴意义，服务平台的正式信息交流应当体现全通道式、Y 式信息传递特点，而非正式信息交流应当便于集束式信息传递，数字化服务融合平台的信息传递网络模型见图4-8。

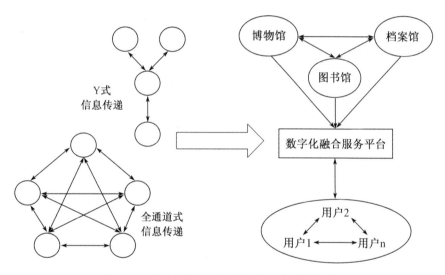

图 4-8　数字化服务融合平台信息传递网络模型

Web2.0 环境下，平等、双向、互动的信息交流深受人们喜爱，CNNIC 的调查显示，即时通信工具、博客、微博、社交网站用户群体增多，成为网民主要的交流沟通工具[②]。数字化服务融合平台的信息交流形式也需要顺应大众的信息交流特点，使用多种技术丰富服务平台的信息传递途径，实现跨时空的便捷信息传递和快速响应。

第一，拓宽信息交流途径，实现与用户的无缝连接。目前，留言板、论坛、电子邮箱、FAQ 等信息交流形式几乎在各个图书馆、博物馆、档案馆网站得到了应用，有些机构还尝试应用了 IM、博客、微博、RSS 订阅、短信息发送、定制信息推送等沟通形式，主动发布信息到各种社交网站。笔者的调查显示，图书馆、博物馆、档案馆的用户对 IM、微信、微博的使用率较高，分别是 94%、75%、70%，对博客、播客、SNS 的使用也相对较多。主动走向用户，以用户喜爱的形式传递信息才能提高信息交流效果。数字化

① 陈亮. 企业内部沟通中信息传递问题研究[D]. 长沙：中南大学，2005.
② CNNIC. 第 32 次中国互联网络发展状况统计报告[R/OL]. （2013-07）[2013-10-12]. http://www.cnnic.cn/hlwfzyj/hlwxzbg/hlwtjbg/201307/P020130717505343100851.pdf.

服务融合平台依然需要应用这些信息交流形式拉近与用户的沟通距离，同时还可以进一步拓宽信息交流途径，更多地支持移动化、碎片化的信息交流。如，制作微视频传递信息内容、支持手机二维码扫描直接获取信息、制作播客供用户手机下载观看、开通微信账号随时与用户交流等。

第二，开辟信息聚集地，促进非正式信息交流。勒温的场动力理论认为，个体行为总是产生于个体与环境的交互作用之中，个体与环境交互所产生的行为存在于特定的空间，个体特征、个体所处环境及个体所在的特定场所是影响个体行为的三个因素[①]。Fisher等基于信息交流行为的研究提出了"信息聚集地"（Information Grounds，IGs）理论，认为信息交流行为同样存在于特定的环境之中，主体、场所、信息三者构成了信息交流的三大要素[②]。"信息聚集地"理论对于网络信息交流同样适用，而且对促进网络非正式信息交流大有裨益。例如，虚拟社区在网络信息交流中所承担的就是"信息聚集地"的角色，各类主体在此传播、分享各类信息内容，传递情感交流。以"信息聚集地"理论为指导，数字化服务融合平台可以开辟信息交流专区，以三馆的服务馆员和各类型注册用户为主体，为不同类型用户提供融知识学习、休闲娱乐为一体的信息内容，为用户之间以及用户与服务平台之间的参与、互动提供环境支持。

3. 建立多主体参与的复合信息反馈模式

反馈是系统的输出对于输入的影响，它是衡量系统对环境适应性的重要手段，一个良好运转的系统必然是具有完善反馈功能的系统[③]。信息反馈有直接反馈、间接反馈和复合反馈三种模式，直接反馈模式直接从系统使用者处收集信息，优点是直接方便，有针对性，但存在内容单一、价值有限的缺点；间接反馈模式从系统内外的利益相关者处收集信息，信息来源广泛、真实可靠，但往往是回收率低、时效性差；复合反馈模式将直接反馈与间接反馈相结合，取长补短，是一种理想的信息反馈模式[④]。数字化服务融合平台的运转同样离不开信息反馈管理，构建融直接反馈与间接反馈于一体的复合信息反馈模式，利用信息反馈的启发与监督作用，服务平台能够通过不断地自我反省，持续地优化资源建设和提高服务质量。

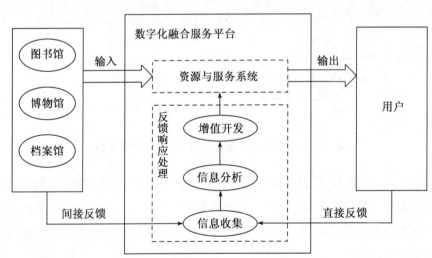

图 4-9　数字化服务融合平台反馈管理模型

数字化服务融合平台的反馈信息分别来自多个图书馆、博物馆、档案馆和用户，包括用户需求信息、资源描述与使用信息、服务请求与评价信息等类型。服务平台的反馈管理模型如图所示（图4-9），在

① 李森，崔友兴.论教师专业发展动力的系统构建和机制探析——基于温勒场动力理论的视角[J].教育理论与实践，2013(02)：33-36.

② 李鹏，韩毅.基于场所理论的信息聚集地研究——对于信息交流行为场所的思考[J].情报资料工作，2013(01)：47-51.

③ 孙东川，林永福.系统工程引论[M].北京：清华大学出版社，2004：85-86.

④ 周耀林，张露.论档案利用的信息反馈工作[J].档案管理，2013(04)：18-20.

后台建立反馈响应处理系统,包括信息收集、信息分析、增值开发三个子系统,实现反馈信息的收集、处理、加工,并输出反馈处理结果。其中,信息收集子系统负责接收信息服务机构的间接反馈和平台用户的直接反馈,前者主要包括三馆基于实体场馆和网络服务平台搜集到的用户需求信息、业务工作信息、用户与服务统计分析信息等,后者包括用户直接向服务平台提交的服务请求信息、资源评价信息、投诉/建议信息等;信息分析子系统负责对收集存储的信息进行分类整理与分析,剔除无用信息、挖掘有价值的信息,然后将信息分析结果传达给相关机构和个人;增值开发子系统负责根据提取出的用户需求与服务改进建议,组织有关服务机构完善服务内容与形式,生成新的服务产品重新输出给用户。

广泛、及时、准确的信息反馈管理不仅需要信息服务机构和用户积极主动参与,而且也需要数字化服务体系内的各管理部门相互配合。因此,数字化服务融合体系内部的全员重视和外部用户的积极参与是有效信息反馈管理的保障。

首先,明确信息反馈枢纽部门。高效的信息反馈依靠信息服务机构、用户和服务平台管理机构三者的紧密合作,必然要求有职能明确的枢纽机构来维系三方之间的信息沟通。在作者所设计的馆际合作协调机构中,执行委员会下设的培训/质控工作组和社会服务工作组可以共同发挥信息反馈枢纽的作用,前者负责从参与数字化服务融合的图书馆、博物馆、档案馆收集各类反馈信息,后者负责收集信息用户的资源建设与服务反馈信息。然后两个部门将会商整理的信息反馈处理结论,传达给执行委员会秘书处和其他相关部门,进行后续的管理和服务改进。

其次,将信息反馈纳入激励机制中,各项目参与机构在信息反馈管理中的努力程度视为激励奖惩的一个因素。参与数字化服务融合的图书馆、博物馆、档案馆高度重视并主动参与,才能确保信息反馈管理系统的持续运转,所以一方面是全员宣传,在项目参与机构中强化信息反馈管理意识;另一方面,将项目参与机构在信息反馈管理中的参与表现视为努力程度信号,纳入基于监控信号的激励机制中,如,主动提交的用户需求信息、对用户反馈的响应处理速度等,通过监控其在信息反馈管理中的努力程度信号,给予适当的经济或物质激励。

再次,向用户宣传信息反馈途径,鼓励用户参与信息反馈管理。信息用户作为数字化服务融合平台最直接的服务对象,是信息反馈管理中的重要主体,它们所提交的反馈信息不仅有助于信息界面的管理,也有助于业务界面和心理界面的管理改进。因此,一方面要向用户宣传数字化服务融合平台的各种信息传递途径,明确传达信息反馈的价值;另一方面,将提交反馈信息作为一种用户参与形式,将信息反馈管理与用户参与管理连接,鼓励用户参与信息反馈,获取积分和奖励。

4.3.4　心理界面管理

4.3.4.1　关注服务细节,体现人文关怀

在当前竞争激烈的买方市场环境中,许多企业都在想方设法提高用户体验,以改进服务质量、培养用户忠诚,在信息服务行业也不例外。信息服务关注的重点不是信息资源数量的多寡和信息技术的先进程度,而是能否提供有价值的信息满足用户需求,并让其获得积极的服务体验[①]。用户体验是大脑本能层、行为层和反思层感觉的综合反映[②],用户对服务的体验是逐步递进的,首先是感官,即服务产品看起来如何;其次是行为,即服务产品使用起来的感觉;最后是对服务产品的探索和思考[③]。用户的感官层体验主要是来自感知系统对服务环境和服务氛围的感知,人类的感知系统主要分为听觉、味觉、视觉、

---

①　邓胜利. 基于用户体验的交互式信息服务[M]. 武汉:武汉大学出版社,2008.

②　[美]唐诺曼. 情感化设计[M]. 付秋芳,程进三,译. 北京:电子工业出版社,2005:83-85.

③　李雪娇. 基于可用性工程的网站界面设计[D]. 上海:上海交通大学,2009.

触觉,而其中90%的感知是来源于视觉系统①,即视觉感知与用户感知层体验的形成关系紧密。用户对网站的感知也是如此,有研究表明,用户对网站所做的可信性评价46.1%与网站的外观有关②。

对于图书馆、博物馆、档案馆文化遗产信息资源数字化服务融合体系而言,服务环境就是服务体系营造的虚拟服务场景,服务氛围是通过服务界面元素的有机组合营造出来的。数字化融合体系的服务界面是用户可以直接通过视觉感知的"服务窗口",用户第一眼看到的服务界面其视觉效果所引起的心理反应,会成为用户对数字化服务融合体系的"第一印象",而之后对于数字化服务的体验多少都会受到这个"第一印象"的影响。所以,用户对数字化服务的体验更多的是来自与服务页面的交互过程中所形成的心理感受,这种心理感受无法直接设计,但是可以通过改进服务页面的视觉效果,帮助用户提高服务体验。

服务界面设计内容包括主题风格、版面设计、导航设计、多媒体效果、色彩、图片、文字、音频、视频及Flash动画等元素的有机组合,优秀的设计不仅使服务界面赏心悦目,更能增加信息传递的有效性,改善用户的服务体验。因此,数字化服务融合体系要以用户为中心、以"KISS"原则(keep it simple stupid)为指导,在服务界面设计中实现用户需求、技术与艺术三者和谐统一③。

1. 根据用户视觉感知特点组织界面元素

用户对服务界面的视觉体验具有差异性,受到用户的年龄、心理、个性、经验、教育背景、生活方式、所处环境的影响④,服务界面作为用户与服务体系进行沟通的终端,更需要从用户的角度出发组织界面元素。

人在接触一个物体时,最先会注意到物体的色彩。色彩有色相、明度和纯度三个属性,视觉同时接触到色彩的三个属性并综合而形成色彩感知,耶鲁大学用户交互体验视觉习惯研究小组研究认为,交互中的色彩应用能够更好、更为完整地帮助用户完成搜索任务并理解信息⑤。数字化服务融合体系的界面色彩设计可根据"总体协调、局部对比"的美学法则,将主色调和辅助色控制在三种以内,依据服务流程相互衔接的界面在色彩上保持一致。

服务界面的图片包括图标、logo、图像。图标是常用的界面识别符号,也是使用较多的图片形式之一,图标的设计要简明、清晰,贴近用户的日常语言,图标尺寸较多,如 32＊32、64＊64、88＊31、120＊60、120＊90 等,通常根据界面信息传达的目的选择恰当的图标尺寸。图像的数量与服务界面的加载速度呈正相关,服务界面应尽量避免使用大尺寸的真彩图像,即使使用也要恰当切割处理,另外,图像的颜色也要与服务界面色调连贯、一致⑥。

文字是信息最主要的载体,服务界面的文字能够起到吸引用户注意、区分信息重要度、美化界面的功效。文字的颜色要与服务界面的基调整体协调,文字的组合首先要顺应用户的阅读顺序及心理感受,字体、大小、间距要以用户舒适为原则。一般而言,服务界面的字体及样式以不超过三种为宜,不同类别的文字空间适当留白或集中,字体与背景色的对比度要清晰,标题、正文、辅助性说明文字的字体、字号及行间距在大小上区分处理。

Flash、音频、视频、3D展览等多媒体元素的应用,可以为服务界面增添动感和趣味性、立体感,能够同时调动用户的视觉和听觉,使用户得到更为丰富的服务体验。多媒体元素通常占用磁盘空间大、制作

① 顾文佳. UI 设计中用户交互体验的视觉思维[D]. 杭州:中国美术学院,2012.
② 胡昌平,邓胜利. 基于用户体验的网站信息构建要素与模型分析[J]. 情报科学,2006(03):321－325.
③ 王昌亮. 网页怡人化设计的研究[D]. 南京:南京师范大学,2011.
④ 宋玲. 网页交互设计的视觉体验[D]. 西安:西安美术学院,2010.
⑤ 顾文佳. UI 设计中用户交互体验的视觉思维[D]. 杭州:中国美术学院,2012.
⑥ 杜翠翠. 简约思维与用户体验下的 Web 界面设计探讨[D]. 青岛:青岛理工大学,2012.

技术众多、格式多样、播放时需要必要的插件支持,因此在服务界面设计中,首先要考虑多媒体元素是否会影响界面的加载速度、制作技术和必要的插件兼容性;其次要选择恰当的文件保存格式。

色彩、图片、文字、多媒体的有机组合就形成了服务界面的布局或者版式,布局能够起到功能分区、引导用户视觉流程的作用,营造出界面的层次、节奏和韵律感。服务界面要素的布局组合首先要以用户便利为前提,交互按键、列表、图片、文字的摆放位置要服务用户的使用习惯;其次,服务界面的布局要体现比例、秩序、均衡和统一,黄金分割、三分法、音乐式逻辑、数学式逻辑、网格线分割都是常用的布局设计方法①。

2. 根据服务资源的特点体现民族文化特色

数字化服务融合体系的服务内容是来自图书馆、博物馆、档案馆的各类文化遗产信息资源,而文化遗产是体现中华文明的重要载体,服务界面在色彩、图片、文字、多媒体元素及布局等细节上要能够传承中华文化,突出民族特色。

首先,在颜色搭配上体现中华民族的色彩认知习惯。中华传统文化在用色上很有讲究,古人根据"五行论"哲学思想归纳出"五色论",即青色—东方、赤色—南方、黄色—中央、白色—西方、黑色—北方,并总结出"青与白相次也,赤与黑相次也,玄与黄相次也"、"软靠硬,色不愣"、"光有大红大绿不算好,黄能托色少不了"、"五采备谓之绣"等基本的色彩审美规范,许多文化遗产的色彩使用均体现了上述色彩搭配思想。

其次,选用富有民族特色的图片、文字、多媒体元素为服务界面增辉。青花瓷、古筝、轴画、灯笼、团扇、脸谱、剪纸、篆字、甲骨文等都是五千年历史留下的宝贵文化遗产,都是传播独特中华文化之载体。以文化遗产为素材设计图片、文字、多媒体元素应用到服务界面上,更为符合数字化服务融合体系的服务宗旨,彰显民族化、个性化的服务特色,其所传达的浓郁中国风也会让用户在感官和精神上产生共鸣。

再次,融国画构图思想于布局,追求高层次服务意境。中国画以意境为灵魂,强调"外师造化,中得心源"、"意在笔先,画尽意在",要求以形写神、形神兼备,在画面构图上独具特色。如"虚实相生"就是意境的结构特征,可产生对比美、节奏美和韵律美等视觉传达效果,因此清朝笪重光在《画筌》中有"虚实相生,无画处皆成妙境"之语句。虚实相生在国学类、传统书画或民俗类艺术设计中表现明显,具体到数字化服务融合体系的服务界面布局上,就是要注意虚实空间的适当结合,恰当"留白",从而让服务界面的张力、动势得以释放与延伸,营造富有中华传统文化特色的服务"意境"。

3. 服务关键点实现人性化交互

在服务过程中,能够引起用户的心理变化,形成对服务质量正向体验的时刻,可以称之为服务关键点或关键时刻,服务关键点是展示服务质量的重要机会,服务关键点的体验在很大程度上会影响用户的服务满意度②。在数字化服务融合体系为用户提供服务的过程中,用户与服务界面之间的服务接触通过多种形式的交互行为实现。低层次的单一交互行为有浏览、点击、下载、上传、输入文字、载入图片等,多个单一交互行为组合又形成了评论、讨论、交友、分享等复杂交互行为,这些交互行为又是基于不同目的产生的交互,如提取信息的交互、信息控制交互、社交交互③。但是不管是什么类型的交互,在数字化服务融合体系中归根到底都要以鼠标和键盘为"道具"实现。这些交互中同样存在会给用户带来好感、留下美好记忆的服务关键点。提高用户的服务体验,就要在能为用户带来正向情感的交互设计中"做文章",以细节上的人文关怀打动用户。

① 马福浚. 基于视觉体验理论的 WEB 界面设计研究[D]. 济南:山东大学,2011.
② 何倩茵,杨丽明. 顾客服务体验管理[J]. 企业经济,2005(10):46-48.
③ 马琦媛. 电子购物网站的交互体验度研究[D]. 杭州:浙江大学,2008.

以"更好地利用人类自身所具有的能力"为宗旨，当前交互技术的发展日益呈现出多感官、多通道、多维度和智能化的发展趋势[①]。用户也日益期望服务中的交互能够更加简洁、友好、智能，数字化服务融合体系中的服务交互设计应当顺应技术发展趋势、满足用户期望。站在用户角度考虑，交互设计中的细节可做如下处理：① 简化交互复杂性。如，支持用户使用开放平台账号登录；在服务界面提供适度的信息提示；在用户输入信息后的数据完整性校验环节，直接将光标定位于错误处，便于用户快速修改；保持服务流程的完整性，避免将一个服务的交互切割到多个服务窗口中实现等。② 体现交互友好性。如，为不同用户群体提供可定制的个性化服务界面；服务过程中如果必须要有弹出式对话框，则弹出层次控制在三层以内；在每个服务页面显示帮助信息，便于用户随时在服务中跳转并获得帮助信息；服务页面的打开时间控制在 14 秒以内；当服务耗时 30 秒以上时，在服务页面添加进度条显示，帮助用户缓解等待的焦虑；耗时 2 分钟以上的服务，则采用异步多线程处理方式，提高处理速度；③ 添加智能性交互。如，自动记忆用户名和密码；自动保存用户的服务查询条件组合；能够根据用户的使用频度自动对服务功能进行优先级排序。

4.3.4.2　内外齐抓共管，规范服务行为

在服务活动中所发生的服务行为有两个主体：即服务提供者的行为与用户（服务接受者）的行为，两者服务行为的交互效果会引发用户形成正向情绪或者负向情绪，并据此做出服务体验评价。数字化服务融合体系中的服务行为也有两类：来自图书馆、博物馆、档案馆机构的馆员在服务中的行为和用户接受数字化服务中表现出的行为，两种行为的不和谐导致服务行为冲突发生，从而造成交互界面障碍，因此，交互界面中的服务行为管理应当是对服务体系内部和服务体系外部服务行为的共同管理。

行为表现管理科学认为，行为的发生离不开前因和后果两个要素，前因能够诱导行为发生，但对行为的控制有限，它并不一定会引起行为的发生，后果紧随行为之后出现，并且可以改变行为再次发生的可能性。行为管理的内容就是行为发生之前的诱导和行为发生之后的干预[②]，人们只有多次体验到与前因相符的后果之后，才会真正对前因做出预期的行为反应，因此，行之有效的行为管理应当是前因诱导和后果强化有机组成的整体。

1. 服务体系内部馆员的服务行为管理

用户在接受数字化服务之前，会对服务过程有最低限度的心理期待值，这种期待受到用户的个体需要、以往接受服务的经历、服务提供者的承诺的影响，也是用户评价服务体验的标准[③]。用户在接受数字化服务时，会将心理预期与所感知到的服务过程进行比较，当实际接受的服务质量高出服务预期时，就会心理愉悦，形成美好的服务体验。服务活动开展的过程中，通常会涉及仪容、仪态、服饰、语言和岗位技能等五个方面的行为，因此对服务人员的行为规范也是从这五个方面展开的[④]。而在数字化服务融合体系中，服务人员更多的是基于网络向用户提供虚拟服务，服务行为不包括面对面服务所涉及的仪容、仪态和服饰，而主要是服务语言和岗位技能。用户对数字化服务的体验更多是将心理服务预期与感知到的服务语言表达风格、岗位技能熟练程度进行比较，然后形成服务质量评价。

馆员的数字化服务行为通常可以分为"命令职能服务行为"和"拓展职能服务行为"，前者源于数字化服务体系所指定的岗位工作规范和服务体系所规定的责任和义务，是服务体系期望馆员在为用户提供数字化服务时使用的行为，后者是馆员在与用户的服务接触时，发挥主观能动性自觉为用户提供服务

①　刘景春. 自然人机交互技术中的界面设计[J]. 佳木斯大学学报（自然科学版）. 2008, 26,（3）: 356 - 358.
②　刘学民. 管理应该管行为[M]. 北京: 经济管理出版社, 2006: 60.
③　何倩茵, 杨丽明. 顾客服务体验管理[J]. 企业经济, 2005(10): 46 - 48.
④　刘士俊. 试论参考咨询馆员的服务行为规范[J]. 全国新书目, 2007(24): 84 - 86.

的行为,是从本职工作中延伸出的服务行为[①]。两种服务行为的存在说明,数字化服务融合体系既要规范馆员的命令职能服务行为,又要为馆员营造出温馨、舒适的服务环境,让其自觉、自愿地为用户提供更多高质量的拓展职能服务行为。

命令职能服务行为的规范在行为管理中发挥前因诱导的作用,可分别对馆员的服务语言和岗位技能提出服务行为标准。第一,服务语言标准。语言是服务双方表达思想、交流感情、沟通信息的一种工具。在数字化服务融合体系中,馆员的服务语言包括口头语言和书面语言,电子邮件、留言反馈、信息发布等服务中离不开书面表达的文字语言,利用电话、IM 工具为媒介的服务形式使用口头语言。俗话说"言为心声",可见心情会影响语言表达,语言表达又会将情绪传染给他人。馆员在提供数字化服务时,保持愉快的心情提供服务,此时馆员的语音语调和所使用的文字词汇也会将快乐传递给用户。馆员的服务语言要文明、谦恭、有礼,无论是使用口头服务语言还是书面服务语言,都要多多使用问候语、迎送语、请托语、征询语、应答语、求助语、致谢语,向用户传递尊重、耐心、热情、周到、礼貌的服务态度。第二,岗位技能标准。岗位技能是馆员完成本职工作所必须具有的技能,是馆员专业修养和职业素养的体现。岗位技能熟练程度是用户体验的一个组成部分,也是用户感知服务质量的参考因素。在数字化服务融合体系中,每个岗位都应当有准确的职责描述和服务规范,同时细节上的岗位技能展示也更能彰显出馆员的专业服务精神。如,在接待用户过程中,能将专业术语通俗化,化繁就简解答用户;提前拟定常见情况下的服务用语规范,当用户表达疑问时,及时发送已经写好或准备好的服务提示信息;在与用户文字沟通时,能够保持或不断地用文字与用户交流以传达对用户问题的兴趣;针对用户的 E-mail 问题,第一时间确认并回复用户;保护用户隐私,不随意公开用户身份信息和服务请求。

后果强化则有利于激发馆员的服务积极性,促使其在数字化服务中更多地使用拓展职能服务行为。行为表现管理学理论认为,行为后果的管理有四种方法,正面强化、负面强化、自然消退、强制消退,其中正面强化是最有效的行为后果管理手段[②]。所以,数字化服务融合体系的服务行为管理应当采用正面强化,即"加分"管理。体现在服务行为规范中,就是多用鼓励性的语句、奖励性的激励,少用"不准"、"禁止"、"不许"、"否则"等负面激励语句。在激励机制的设计上,可以采用累加积分激励。在数字化服务融合体系中,首先根据各个岗位的服务职责确定服务行为标准,制定量化考核细则,建立服务行为评价数据库,每个服务馆员的初始积分为 100 分。在数字化服务融合体系的服务界面增加服务评价功能,用户接受完服务时自动弹出评价窗口,让用户对提供服务的馆员进行服务满意度评价,评价内容涵盖服务语言、服务技能、服务时间、服务结果,用户打分转换为数值存入馆员服务行为数据库,定期分析数据库数据对得分高的服务馆员及其所属机构给予奖励,奖励可以是物质形式也可以是精神激励,可以事先制定若干个奖励方案,让馆员和所属机构进行选择。

2. 服务体系外部的用户服务行为管理

用户在数字化服务中产生的行为涉及三个方面,即用户在服务过程中的参与行为、用户之间的信息交流互动、用户与服务馆员之间的互动。服务活动的发生离不开用户的参与,在数字化服务融合体系中,有些服务具有自助特征,如用户在服务界面中检索自己所需的文化遗产信息资源,或者点击观看在线展览,在自助式数字化服务中,用户在服务中的参与行为决定着服务的产出与效果[③]。用户对数字化服务的体验也会受到其他用户的影响,如,其他用户在论坛内的不当语言,对服务质量的负面评价。用

---

①　林赟. 服务行为职能对提升酒店服务质量以及员工授权的思考——概念框架与初步的理论假设[J]. 山东商业职业技术学院学报,2012(03):6-8,26.

②　刘学民. 管理应该管行为[M]. 北京:经济管理出版社,2006:97.

③　胡瑜慧. 服务体验与顾客行为管理[J]. 南昌航空工业学院学报(社会科学版),2006(04):39-42.

户与服务馆员的互动中，用户的不友好行为也会引发服务馆员与用户的服务冲突，影响用户的数字化服务体验。

① 利用服务剧本指导用户服务行为

服务剧本是服务活动的参与者或观察者根据以往自己接受服务的经历，在内心形成的对某一服务场景预期的服务过程，包括预期自己和服务提供者的行为方式，并以此来指导自己的服务行为[①]。服务剧本有情景剧本、个人剧本、操作剧本三类，情景剧本存在于有两个以上人员交互的服务中，如用户论坛讨论，个性化服务中经常用到个人剧本，而自助类服务中用户使用的是操作剧本。用户的服务剧本表明了用户对服务的期望，用户据此产生相应的服务行为，当用户的服务剧本与所实际接受的服务不一致时，用户会产生不满意或较满意的服务体验。对于数字化服务融合体系而言，了解用户对数字化服务形成的服务剧本，分析服务体系所提供的服务剧本（如服务流程指南、帮助信息），使二者一致或提供超出用户预期的服务剧本，有助于帮助用户产生更为积极的服务体验。

首先，从多角度了解用户期望的数字化服务剧本内容，尤其是一些自助式的数字化服务，只有亲身经历的用户才会有深刻的服务体验。例如，在用户需求调查时，可以向用户询问希望提供什么类型的数字化服务，希望服务流程是什么样子；在用户访谈时，可以询问用户对现有的数字化服务流程是否满意，在哪些方面期望有所改进；从服务反馈信息中分析用户对哪些服务流程不满，考虑如何改进。其次，调查服务馆员对现有数字化服务剧本的意见。服务馆员也是各种数字化服务流程的体验者，从服务工作角度提出的意见有助于形成更为科学的服务流程。再次，根据对服务双方的调查，设计并验证改进的服务流程，生成新的数字化服务剧本。服务剧本的内容可繁可简，可以文字、图片、FLASH动画、游戏等多种形式呈现，但一定要清晰明了，便于用户理解。最后，指导用户熟悉新的数字化服务剧本。如果是变动较大的服务或新增的服务，一定要放在醒目的位置便于用户了解，必要时可以配合策划营销活动将服务剧本传达给用户；变动不大的服务剧本，可以放在相应的服务界面、用户指南或帮助页面，便于用户在接受服务的过程中查找浏览新的服务剧本，指导自己的服务行为。

② 利用行为规范引导用户使用文明行为

用户在接受数字化服务中，还产生其他类型的行为，如资源使用行为、语言交互行为、资源上传行为。尤其是资源使用行为容易引发版权冲突，因为数字化服务融合体系所提供的文化遗产信息资源来自有合作关系的图书馆、博物馆、档案馆，部分数字资源是由用户提供的，其中部分数字资源享有版权保护。用户行为管理的重点是制度规范与引导。第一，制定《数字化服务融合体系用户服务行为规范》，内容涵盖所有数字化服务中用户的服务行为。例如，服务资源使用中，用户在使用资源时需要首先查看该资源的版权说明信息，如果版权无限制，可以自由使用数字资源，如果有版权使用限制，应当尊重版权所有者的要求，合法使用数字资源。第二，加强与用户的沟通，及时杜绝不文明的行为。用户采取不友好的行为，往往是对服务存在不满，以不文明语言行为发泄不满。此时，服务提供者需要主动与用户沟通，找到问题的症结所在，及时采取服务补救措施。第三，对文明友好的用户行为给予肯定。以数据库记录用户对资源的使用行为、语言行为和资源上传行为等，根据行为积分进行奖励，对主动举报不文明行为的用户也要给予奖励。

4.3.4.3 拓展服务功能，与用户共同创造服务体验

图书馆、博物馆、档案馆是人们精神食粮的源泉，它不仅具有保存文化遗产、传递信息的功能，还具有文化休闲、社交娱乐的功能。笔者所收集的用户数据显示，希望利用文化遗产信息资源满足工作/教学、科研、艺术创作的用户比例分别为33.9%、18%、18%，而出于学习和丰富知识、个人兴趣爱好、休闲

---

① 吴曦. 总服务台服务剧本对旅客期望的影响[J]. 旅游研究与实践，1996(04)：15-18.

娱乐、给子女文化熏陶的用户比例分别为 79.7％、65.2％、60.6％、30.4％,虽然用户对文化遗产信息的需求是多层次的,但多半用户更希望能够通过获取文化遗产信息资源实现社交、尊重、自我实现层次的需求。对于数字化服务融合体系而言,用户的需求是数字化服务的动力,数字化服务"永无止境",应以基本的服务满足用户低层次的需求,同时不断推出创新的服务满足高层次的用户需求,让用户的社会性体验"不留缺憾"。

1. 围绕用户需求,全方位拓展服务功能

在数字化服务融合体系中,对用户需求的关注应当是贯穿数字化服务始终、存在于各个环节之内的。拓展服务功能提高用户社会性体验,依然离不开对用户需求的调查与分析,因为社会性体验仍然来自用户需求,是用户需求向高层次的延伸。用户需求是拓展数字化服务功能的第一要义,"想用户所想、急用户所急",有针对性推出的创新型数字化服务,更能触动用户的情感,增进双方的心理交互效果。

用户对文化遗产信息资源的高层次需求是伴随所处信息环境、工作环境、技术环境而产生的,其对文化遗产信息资源更高层次的需求特点表现在:

第一,希望资源加工更为深入和全面。文化遗产信息资源数字化服务融合体系面对的用户群体既有专业的教学/科研工作者和文化遗产爱好者,也有出于丰富知识和休闲娱乐的普通用户,尽管他们对文化遗产信息资源的偏好与需求强度不同,但都有一个共同点,就是在面对一个特定主题的文化遗产信息时,希望能够在横向或纵向上对其有系统的了解,形成完整的知识体系。例如,对于分布全国多地的传统文化遗产剪纸艺术,业余休闲类用户群体则希望能够获得关于剪纸发展的概略性的信息全貌;专业类用户群体则是深入一点,希望能获得与某地特定剪纸技法相关的各种类型资源以便深入研究,这就要求数字化服务融合体系在资源加工的广度和深度上有所增强。

第二,希望信息资源获取更为便捷和智能。网络技术和计算机技术的结合让人们在文化遗产信息资源的获取上打破了时空限制,但是依赖有线信息传输介质和信息终端设备携带不便仍是制约人们便捷获取信息的障碍。移动通信技术和空间信息技术的应用则让人们摆脱了这一束缚,一部智能手机在手,随时可以通过移动网络获取信息资源与开展商务、社交活动,也可以将与自己所处位置附近的生活资讯"一网打尽"。在这种技术应用环境下,人们当然也希望能够随时通过移动设备了解图书馆、博物馆、档案馆的文化遗产信息资讯,希望能够随时将自己周边的文化遗产信息"尽收眼底",希望能与他人随时分享自己的文化感悟。

立足用户高层次的信息需求特点,数字化服务融合体系可以从以下几方面拓展服务功能:

① 服务内容深化,提供知识服务

数字化服务融合体系的目标不仅仅是提供信息服务,还应当提供知识服务。以提供文化遗产信息检索、展览与讲座资讯满足用户低层次的信息需求,策划加工深层次的专题文化遗产信息资源满足用户高层次的知识服务需求。

首先,根据用户的需求确定知识产品加工主题。用户对文化遗产的需求反映在用户的反馈信息和用户的资源使用行为中,数字化服务融合体系可以根据后台用户数据库和资源使用数据库的数据统计分析,确定用户关注较多的文化遗产类型,组织开发知识产品,或者发布主题征集或定题服务,鼓励用户将自己的需求提供给数字化服务部门,便于有针对性地组织文化遗产数字资源开发。

其次,搜集主题文化遗产信息资源形成知识产品开发方案。用户所提交的主题文化遗产信息资源分布于各个图书馆、博物馆、档案馆,所以数字化服务融合体系首先要向各个参与机构展开调查,确定能够收集到的资源种类和形式,然后策划知识产品加工方案,包括确定该主题文化遗产信息资源的组织方式、展示形式及加工层次。

再次,组织相关服务机构对文化遗产信息资源深加工形成知识产品。文化遗产信息资源加工的原则是确保有针对性、标准化、智能化，即资源标引深度要有针对性，做到少而精；资源的标引描述标准化，便于三类馆藏机构资源的统一组织；资源的组织智能化，实现资源在不同标引层级的灵活组织①。按照规划的加工方案，将标引描述后的文化遗产信息资源进行集成和相互关联，形成文本、图片集或多媒体形式的知识产品，提供给用户使用。

② 技术手段升级，创新服务形式

迅猛发展的移动互联网技术在影响多种行业发展的同时，也在逐渐渗透与改变大众生活。人们利用各种移动 APP 应用可以随时沟通、获取信息，这种技术的发展也为三馆的文化遗产信息服务打开了泛在服务的大门。泛在图书馆倡导在互联网空间中，实现全世界用户无障碍的"在任何时间、任何地点开放存取任何类型、任何格式、任何语种"的文化信息资源②，这种泛在服务理念同样适用于图书馆、博物馆、档案馆合作的文化遗产信息数字化服务融合体系。

利用移动互联网技术，数字化服务融合体系可以提高文化遗产信息服务的时效性，开展移动检索、短信资讯、移动展览等服务形式，让用户在"碎片"时间内也能随时了解文化遗产信息，同时还可以将移动技术与空间信息技术结合，拓展信息服务的空间，如提供基于位置的文化遗产信息服务。用户可以通过智能手机查询周边图书馆、博物馆、档案馆的地理分布、信息服务，还可以查询自己所处位置的文化遗产，了解该地的历史文化。

利用多媒体技术，数字化服务融合体系还可以在文化遗产信息资源的展示形式上有所创新，如，严肃游戏、3D 虚拟展览、有声电子书，以直观、形象的方式开展文化遗产信息资源服务。严肃游戏是指以知识教育和技能培训为目的的，基于现实事件或过程模拟而成的游戏，国内外都有将严肃游戏应用于文化遗产信息传播的实例，如，Jacobson 等人基于虚拟埃及神庙项目开发了荷鲁斯之门（Gates of Horus）严肃游戏③，浙江大学以京杭大运河为主题开发了沉浸式严肃游戏④。3D 虚拟展览在文化遗产信息展览中应用也较多，数字化服务融合体系可以设计基于移动终端设备的文化遗产严肃游戏、3D 虚拟展览和有声电子书，便于用户随时涉猎文化遗产知识。

图 4 - 10　京杭大运河严肃游戏⑤

①　黄建年，陶茂芹. 图书馆数字资源加工机制初探[J]. 冶金信息导刊，2005(04)：30 - 33.

②　于新国. 泛在图书馆及其多语种信息资源泛在服务的实现途径[J]. 福建图书馆理论与实践，2013(02)：12 - 14.

③　Jacobson J，Handron K，Holden L. Narrative and Content Combine in a Learning Game for Virtual Heritage[J]. Distance Educ，2009，9(2)：7 - 26.

④　Chen S N，Pan Z G，Zhang M M，et al. A Case Study of User Immersion-based Systematic Design for Serious Heritage Games[J]. Multimed Tools Appl，2013，62：633 - 658.

⑤　同④.

2. 用户参与,共同创造服务体验

Ostrom 等人发布的研究报告提出通过与用户合作共同创造价值来增强用户服务体验将是服务科学优先发展的研究方向[①],组织与其伙伴共同创造服务产品,将为每一个参与者带来价值[②]。维基百科与百度百科的运作模式、各种个性化定制服务的开展已经证明,用户乐于与服务提供者共同创造服务产品,在参与中赢得更满意的服务体验。图书馆界也认识到"以用户中心、吸引用户参与、关注用户体验"的重要性,并积极探索和实践如何让用户参与图书馆的数字资源建设与服务。对于数字化服务融合体系而言,引导用户参与文化遗产信息资源服务,与用户共同创造参与、互动、协作、个性化的数字化服务体系,不仅有助于形成更高质量的服务资源,而且有助于增进对文化遗产信息资源的了解,在服务体系与用户、用户与用户之间的交互中,增进各方的沟通与理解,在和谐的服务氛围中提高用户的社会性服务体验。

① 数字化服务融合中的用户参与形式

图书馆界对用户参与信息资源建设与服务进行了较多研究和实践,形成了资源评价类参与、协助咨询类参与、内容贡献类参与和资源描述类参与、意见建议征询类参与、内容维护类参与等常见的用户参与形式[③]。在数字化服务融合体系中,这些用户参与形式依然值得借鉴,笔者认为用户可以参与到数字化服务融合体系中的下列环节(见表 4-3)。

表 4-3　数字化服务融合平台的用户参与类型

参与类型		参与内容
资源建设	资源规划	提供选题、评选选题
	资源制作	自制展览、提供免费资源、提供文稿资料、协助制作数字服务产品
	资源组织	标签、内容纠错、多语种翻译
资源服务		协助咨询、策划服务宣传、协助服务管理

首先,文化遗产信息资源建设阶段。文化遗产信息资源内容丰富,在数字资源建设规划中,可以引导用户提供感兴趣的文化遗产资源建设主题,数字化服务融合体系就用户提供的选题组织专家、服务参与机构和用户进行评选,选择合适的主题进行相应的数字资源建设。在数字资源制作阶段,可以发布资源建设协助邀请,让用户发挥自己的技术优势和专业优势参与到资源的制作中,如用户自制专题展览、提供免费的文化遗产资源、推荐文化遗产信息资源、协助制作多媒体数字产品(制作动画、配音等)。在资源组织阶段,鼓励用户为文化遗产信息资源添加标签、校正数字化过程中的文字错误、协助进行多语种翻译。

其次,在文化遗产信息资源服务阶段,用户可参与到虚拟咨询、服务宣传、馆员培训、用户需求调查中。图书馆、博物馆、档案馆工作馆员数量有限,同时要兼顾实体馆的服务工作和数字化服务融合平台上的服务工作,再加之知识面有限,不可能在虚拟咨询中完美地回答每一个用户的咨询,此时来自社会各界、各个工作岗位的用户参与其中,即体现了用户之间的交流互动,也促进了知识分享。在服务宣传中,用户可以发挥专业优势,帮助数字化服务融合体系策划宣传文案、制作主题网页或宣传材料、将服务信息分发到更多的公众中。在馆员培训中,用户的参与可以为服务体系注入新的知识内容,帮助馆员提高软件使用技能、丰富专业知识结构。同时,用户还可以协助服务平台开展用户需求调查,获得更多的

①　Ostrom A L, Bitner M J, Brown S W, et al. Moving Forward and Making a Difference: Research Priorities for the Science of Service [J]. Journal of Service Research, 2010, 13(1): 4 - 36.

②　刘文超. 顾客参与共同创造服务体验的机理研究[D]. 长春:吉林大学,2011.

③　李书宁. 用户参与的图书馆数字资源建设研究[J]. 图书馆杂志,2011(12):21 - 25.

用户需求数据，有针对性地开展数字化服务。

　　② 用户参与管理

　　动机是理解个体行为的核心出发点[①]，用户的动机受到内部、外部因素的影响，用户在数字化服务融合平台的各种行为也是受其动机驱使的。笔者前文的调查数据显示(见表3-3)，图书馆、博物馆、档案馆用户群体的网络交互仍处在满足低层次的生理需求阶段、社会性参与意识有待进一步提高，纯粹让用户公益性地参与到文化遗产信息资源数字化服务中，未必能调动用户的参与积极性。可见，数字化服务融合体系应当结合用户的行为动机特点，采取行之有效的用户管理以提高用户的参与积极性。

　　表现行为管理理论认为，有效的激励应当是包含前因诱导和后果强化两个内容，而正面激励是最有效的后果强化方式[②]。研究用户参与行为的发生机制可以发现，用户感知到的内在需要不足以促使其产生了满足需要的动机，从而产生了相应的行为，即用户需求是引发参与行为的起点。行为发生后得到的结果如果使用户满意，用户就会在需要再次产生时，采取类似的行为。用户的网络参与行为也符合服务需要—动机—行为模式，因此，数字化服务融合体系的用户参与管理应当根据用户的参与行为模式，在关键环节强化管理。从图4-11可见，数字化服务融合体系的用户参与管理包括三个环节：用户需求调查、激励机制设计与实施、用户参与效果评估。

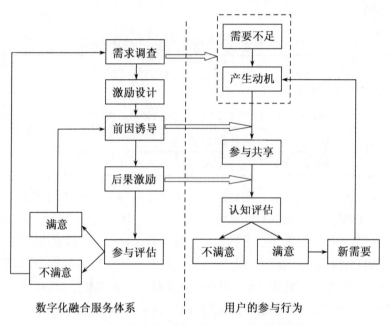

图4-11　数字化服务融合平台的参与管理模型

　　第一，用户需求调查。对用户需求的调查是用户参与行为管理的起点，调查的内容不仅包括用户对文化遗产信息的需要，还要包括对其参与行为动机的调查。调查可以采用问卷调查和用户资源使用行为分析相结合的方式进行。

　　第二，设计激励机制。激励机制的设计应当完整包括前因诱导和后果激励两个环节。前因诱导因素考虑用户的需要和动机，还要考虑以什么样的参与形式和利用什么样的参与技术能让用户便捷地参与到服务体系的数字化服务中，各种网络服务平台普遍使用的积分制激励模式值得借鉴，该模式以清晰明确的量化激励机制贯穿于网络平台各种形式数字化服务之中，非常适合数字化服务融合平台使用。能够应用于后果强化的激励方式多种多样，如物质激励、荣誉激励、信任激励等，在后果激励中要坚持及

　　① 常亚平，朱东红. 社交网络用户参与动机的测量[J]. 图书情报工作，2011(14)：32-35.

　　② 刘学民. 管理应该管行为[M]. 北京：经济管理出版社，2006：97.

时正面激励、激励幅度和频次合理、内生性激励为主外生性激励为辅的原则[①]。及时的正面激励体现了对用户参与行为的关注和重视,被重视的感觉会让用户更积极地参与到数字化服务中。根据用户参与服务的难易程度,确定合理的激励幅度和频次,物以稀为贵,适时、适度的激励会让用户更有参与的动力。有研究表明,不恰当不合适的外生性激励会对内在动机产生抑制作用,打击参与主体的积极性[②]。图书馆、博物馆、档案馆用户的交互行为更多的是受内在动机驱使的,如果过分强调功利性的外生性激励既有违数字化服务融合体系公益性服务的本意,也是对用户参与积极性的伤害。

第三,用户参与效果的评估。用户参与效果评估基于数据库统计分析技术,对数字化服务融合平台的用户参与强度、频度、参与类型进行分析,能够帮助服务平台修正和完善用户参与形式和激励机制。RFM 模型根据客户行为模式将用户分类,衡量不同类型客户的价值和创利能力,是客户关系管理中经常用到的一种工具。基于 RFM 模型,刘伟等在兴趣性虚拟社区用户分类研究中设计了 LAT 模型,分别以登录进度、发帖频度、积分分值为分类标准,探讨了社区用户的参与行为[③]。数字化服务融合体系的用户参与是建立在对文化遗产感兴趣基础之上的,可以借鉴 LAT 模型设计用户参与评估模型。

本篇认为,数字化服务融合体系的用户参与评估可建立 LAPT 模型,L(Last Time ofparticipation)表示用户最近一次参与数字化服务的时间,A(average Frequency of participation)表示用户参与数字化服务的频度,P(type of participation)代表用户在服务平台上的参与类型,T(total points)表示用户的参与积分。利用服务平台的用户数据可以获得用户的上次参与时间、登录次数、参与类型和参与积分,平均参与次数可通过登录次数和总的参与次数得到,对获得的数据进行聚类分析,总结不同类型用户的参与特点,然后有针对性地制定激励措施,定期分析用户参与数据,总结用户参与行为的变化特点,评估激励机制在引导用户参与时的有效性。

总之,在与用户的心理交互中,数字化服务融合体系不仅是文化遗产资源传播载体和平台,更应转变成用户与用户、用户与文化遗产信息资源之间的联结中心,与用户形成互相信任的合作伙伴关系,共同参与文化遗产的保护与传播,推动文化遗产信息资源数字化服务融合的价值提升。

结束语

本篇以我国图书馆、博物馆、档案馆的文化遗产信息资源数字化服务融合为研究对象,在前人已有研究成果的基础上,运用信息需求理论、信息服务理论、生活形态理论、界面管理理论,对我国图博档文化遗产信息资源的数字化服务融合进行了探讨,提出面向用户开展文化遗产信息资源数字化服务融合,并探讨了三馆文化遗产信息资源数字化服务融合的服务理念、组成要素、动力机制、实施策略;其次,运用信息需求理论与生活形态理论对图书馆、博物馆、档案馆的用户展开调查,通过对样本用户的统计分析,归纳出用户对文化遗产信息需求特征及对图博档文化遗产资源一站式服务平台的服务需求;结合图书馆、博物馆、档案馆实地访谈结论和用户需求调查结论,设计了三馆文化遗产信息资源数字化服务融合平台,引入界面管理的思想,分析了三馆数字化服务融合体系中存在的界面类型及界面障碍,构建了界面管理模型,探讨了数字化服务融合体系的管理。

---

① 赵立芳.论城建档案馆员工正向激励制度设计及实施[J].城建档案,2013(07):23-25.
② 张晶.我国高校仪器设备资源内部共享激励机制研究[D].西安:西安建筑科技大学,2012.
③ 刘伟,丁志慧.基于参与行为的兴趣型虚拟社区成员分类研究[J].商业研究,2012(11):92-95.

第五篇 图博档数字化服务融合管理机制

当前基于开放网络的新兴分布式计算模式越来越多地出现在人们日常生活中,并开始应用于图博档等公共文化服务机构。高度自治的参与主体、复杂灵活的交互协作和多变异构的网络环境已经成为当前数字信息资源共享与服务融合过程中呈现出的典型特征。基于上述网络环境,实现充分的数字信息资源共享和安全的交互协作面临若干新的问题。信任管理机制作为当前能够有效解决分布式、开放网络环境中安全问题的核心支撑技术之一,有助于在没有足够先验知识的参与实体之间进行有效、健康协作关系的构建与维护。针对信任管理领域的相关问题,国内与国外研究人员都进行了较为广泛的研究工作,多种专用或通用信任管理模型被先后提出。然而,当前已经存在的信任管理机制或模型在应对不断涌现的新需求、新环境和新应用时,还是在信任表征、信任获取、反馈信任聚合以及信任度评估等方面表现出种种不足。本篇拟从数字资源互操作和数字化服务融合用户交互的双重视角出发,为满足分布式开放环境中数字资源互操作和服务融合的安全及信任需要,在深入分析国内外现有研究成果的基础上,进行数字资源互操作信任管理机制、数字化服务融合信任协商机制等相关研究,为图博档数字资源互操作与服务融合提供安全可靠、方便快捷的网络环境。

本篇详细阐述本研究工作中涉及的相关核心概念和基础理论,为本研究的顺利进行寻找理论依据。然后对当前信任管理和自动信任协商存在的系统架构与典型模型进行论述,深入分析现阶段信任管理机制存在的多种应用模式;针对数字资源互操作及服务融合这一研究主题,分析国内外典型的应用实践,论述数字资源互操作存在的典型应用系统,从可行性、广度和深度等方面探析数字化服务融合模式;针对当前开放、动态网络环境下数字资源互操作、数字化服务融合用户交互过程中存在的信任问题和安全需求,分别构建数字资源互操作的信任管理模型和数字化服务融合的自动信任协商模型;在数字资源互操作信任管理模型的研究中详细设计各个功能模块,并给出其中动态信任评估模型的设计原则,针对反馈信任聚合机制存在的问题进行新型反馈信任聚合机制的研究,通过仿真实验验证该机制的有效性;在数字化服务融合自动信任协商模型的研究中详细设计各个功能模块,具体论述自适应自动信任协商流程及其实例、访问控制策略描述方式、一致性校验算法、改进的策略语言逻辑结构等。最后系统归纳本篇相关的研究工作,总结研究结论和研究贡献,指出本篇研究工作的局限并探讨后续还需努力的研究方向。

第1章 引　言

1.1　研究背景

当代信息技术的高速发展对世界各国政治和经济等多个领域产生了全面且深刻的重要影响。当前时期,我国经济、社会发展新阶段所面临的紧迫且重要的战略任务就是全面推进我国的信息化与数字信息资源建设。作为当今社会十分重要的公共文化服务机构,图书馆、档案馆和博物馆等基础设施有力推动了数字信息资源的全面建设与广泛共享。如今数字信息资源成爆炸式增长,为了给广大用户提供便捷、准确的个性化信息服务,有效开发和合理利用数字信息资源成为当前的热门研究课题。已有众多学者开始在以图博档为代表的公共文化服务机构中探索数字资源整合及服务融合等方面的研究,并取得了阶段性成果。

在文化传承和资源服务方面,图书馆、档案馆和博物馆具有相似或相同的工作内容与服务方针。随着数字信息相关技术的应用普及以及计算机互联环境的逐步形成,图博档三馆当中蕴藏的巨量信息资源被逐渐转换为数字化信息资源,借助计算机网络向社会公众提供超越时间与空间的信息服务。但目前图博档的管理体系仍处于各自为政的状态,其提供服务的方式也较为分散和无序,上述现状导致现阶段数字信息资源无法充分共享,用户服务体验不佳。如何向社会公众提供一体化、深层次的信息资源服务,形成知识资源的无缝集成与协同共享环境,成为近年来国内外图情领域十分关注的研究课题[1][2]。

与此同时,协同计算、服务计算、普适计算、对等计算、移动计算等基于开放网络的新兴分布式计算模式越来越多地出现在人们日常生活中,并开始应用于图博档等公共文化服务机构。当前数字信息资源共享与服务融合面临以下转变:参与的用户及资源由熟识状态转变为陌生状态;网络环境由静态、封闭状态转变为动态、开放状态;管理方式逐渐由原来的集中控制方式转变为参与实体自主决策方式。高度自治的参与主体、复杂灵活的交互协作和多变异构的网络环境已经成为当前数字信息资源共享与服务融合过程中呈现出的典型特征。

在上述新型环境下实现充分的数字信息资源共享和安全的交互协作面临若干新的问题。首先,必须对交互协作的实体的可信度进行精确与动态的计算评估,参与协作实体所具有的动态性导致现阶段计算机网络环境中的信任关系存在较大的不确定因素,在解决上述难题的过程中,传统访问控制方案容易暴露出比较难以克服的缺点;其次,必须对实体能否提供相关的信息资源服务进行可信决策,但是计算机网络所固有的开放特性导致数字信息资源的共享与交互过程中必然面临较大的风险,仅依赖对参与实体的信任程度进行决策是不全面的,还应当充分考虑决策者对风险的承受能力,单纯运用传统的信息安全风险评估手段不能很好地实现可信决策。

信任管理机制有助于在没有足够先验知识的参与实体之间进行健康、有效协作关系的构建与维

---

① 郝世博;朱学芳.基于信任管理的图书馆、档案馆、博物馆数字化协作可信监督模型构建[J].情报资料工作,2014.(03):43-48.
② 郝世博.数字资源互操作及服务融合中的信任管理机制研究[D].南京:南京大学.2015.

护①。自 1996 年，Blaze 等学者把信任管理思想应用于计算机网络安全领域，国内外相关领域的大量研究人员针对信任管理等相关问题开展了较为广泛的研究，能够适用于不同类型特定环境的多种专用或通用信任管理模型被提出。然而，当前已经存在的信任管理机制或模型，在应对不断涌现的新需求、新环境和新应用时，还是表现出种种不能胜任的情况。

本篇围绕国家社会科学基金重大项目"图书、博物、档案数字化服务融合研究"和江苏省普通高校研究生科研创新计划"大数据环境下信息资源安全的信任管理机制研究"两个课题，拟从数字资源互操作和服务融合的角度出发，基于对当前国内外相关研究成果的深入探讨，为了满足数字资源互操作及服务融合过程在现阶段开放、分布式网络环境中的安全需求，进行新型动态信任管理机制的相关研究。目的是实现对主观信任关系的精确评估，能够进行可信决策的有效实施，为图博档数字资源互操作与服务融合提供相对快捷、安全、方便、可靠的网络环境②。

1.2 信任管理研究

互联网环境的出现与普及，导致软件系统的存在形式产生了彻底的改变。其形态由网络服务形式发展到 Web 服务形式，近年来又发展到智能 Web 服务形式，软件系统开始形成面向公共可访问与开放用户群体的服务模式，而不再是面向熟知及封闭的用户群体，由相对静态的形式转变为高度动态的形式。上述服务模式的改变导致目前 Web 应用系统所面临的安全风险变得愈来愈复杂，访问控制列表、公钥证书体系等基于传统软件系统存在形式所研发的安全授权机制已经无法较为完善地解决现阶段的 Web 安全难题。为了有效解决当前网络服务存在的新型安全难题，"信任管理"概念于 1996 年被 Blaze 等人③率先提出，信任管理概念的内涵认为当前开放网络系统中不可避免地存在非完整的安全信息，在进行安全决策的过程中需要向可信、可靠的第三方寻求支持与帮助。构建出适用于动态、开放、分布的 Web 应用系统安全决策框架，为 Web 环境存在的新型安全问题提供了全新的解决思路，对信任管理相关研究具有重要意义。

基于 Blaze 等学者的研究成果，Povey④ 通过分析 Adul-Rahman 等人⑤构建的主观信任模型，将信任管理认为是信任意向的获取、评估、实施，被认为是信任管理更具一般性的定义。信任意向的具体表现可以包含安全凭证和授权委托，主观信任模型基于信任的定义，利用不同的数学方法对信任意向的获取与评估过程进行详细描述。在主观信任模型研究中，信任可以看作一种主观可能程度的预期，这种预期主要依据主体对客体相应行为的判断，与此同时，上述预期还能够伴随客体行为的相应变化而及时更新判断结论。直接信任与推荐信任是主观信任模型当中存在的两类信任关系，直接信任描述的是主体与客体之间的信任关系，而推荐信任描述的是客体推荐者与主体之间的信任关系。直接交互以及推荐者间接反馈是主观信任评估过程中主体对客体进行信任判断的两种重要途径，从主体到客体的信任链由此产生，主体对客体行为的主观预期正是基于上述直接和间接经验的综合判定。信任描述方式、信任度量方法、信任度评估方案是信任管理模型研究的主要内容，而信任管理模型研究的核心内容是信任度

① Liu L，Shi W S．Trust and Reputation Management[J]．IEEE Internet Computing，2010，14(5)：10－13．

② 郝世博，朱学芳．LAM 数字化融合服务中动态信任评估研究[J]．图书情报工作，2014，58(15)：64－69．

③ Blaze M，Feigenbaum J，Lacy J．Decentralized Trust Management[C]．Proceedings of the 17th Symposium on Security and Privacy．Oakland，CA：IEEE Computer Society Press，1996：164－173．

④ Povey D．Developing Electronic Trust Policies Using a Risk Management Model[C]．Proceedings of the 1999 CQRE Congress，1999：1－16．

⑤ Abdul-Rahman A，Hailes S．A Distributed Trust Model[C]．Proceedings of the 1997 New Security Paradigms Workshop．Cumbria，UK：ACM Press，1998：48－60．

评估。依据不同的信任关系获取及表述方法,信任管理研究可以划分成基于策略的信任管理研究、基于声誉的信任管理研究。

1.2.1　基于策略的信任管理

作为早期实验性质的信任管理系统,PolicyMaker[①] 主要基于 Blaze 等学者提出的信任管理思想而设计实现。为了更好地对服务请求、安全凭证、安全策略进行匹配,PolicyMaker 包含可以独立于特定应用的一致性验证算法,上述设计思路不同于访问控制与认证相结合的传统方式,是一种能够完整直接进行网络服务安全授权的解决方案。但是 PolicyMaker 系统并不支持安全凭证的收集与验证功能,只是实现基于安全策略、安全凭证以及操作请求的一致性验证功能,而安全凭证的足量收集与其可靠性验证工作必须由应用系统完成。上述应用系统和信任管理系统之间不同的功能分工无疑增加了应用系统需要承担的职责,该系统存在的缺陷是可能发生因安全凭证收集不充分进而产生一致性验证失败结果。

KeyNote[②] 同样由 Blaze 等研究人员设计实现,KeyNote 基于类似电子邮件信头的格式对安全凭证、安全策略进行描述,极大地增强了系统应用过程中的标准性与易读性。作为一种深度优先算法,KeyNote 中的一致性验证方案设计思想主要是基于递归方式对满足请求的安全策略进行查找。为了有效减轻应用系统的操作负担,KeyNote 中包含用于描述安全凭证、安全策略的专门语言,同时具备对安全凭证进行可靠性检验的功能。因此 KeyNote 具有易于和应用系统进行集成的特性,并且有力推动了安全凭证、安全策略描述格式的标准化进程,便于应用系统便捷地对安全凭证、安全策略进行获取、传播、利用。

为了有效解决 Web 浏览安全问题,Chu 等研究人员进行了 REFEREE[③] 信任管理系统的开发工作,该系统具有较为复杂的一致性验证过程,即由对安全凭证或安全策略程序间的调用构成该验证过程。依据具体需求,程序可以自主地对安全凭证进行调用、收集、验证等相关操作。此外,REFEREE 可以对非单调的安全凭证与安全策略进行验证操作。REFEREE 系统内部存在的这种灵活的一致性验证机制使得 REFEREE 具备较强的计算处理能力,但会导致该系统实现的代价较高。在 REFEREE 信任管理过程中应用系统需要提供的内容包括:安全凭证、安全策略、必要的验证上下文、需要验证的内容等,基于上述内容,REFEREE 可以在一致性验证时对安全凭证进行自动收集并验证其可靠性。

1.2.2　基于声誉的信任管理

基于声誉的信任管理,其内涵是在进行实体之间信任关系的评估与度量过程中基于已经存在的历史经验与推荐经验利用持续的信任更新及经验收集达到信任关系动态管理的目的。Marsh[④] 在 1994 年提出的信任评估模型主要通过时间、能力、效用、风险、重要程度等多种变量对信任关系进行描述与合成,普遍被认为是首个较为正式和全面的信任计算模型。但是上述信任计算模型在信任关系评估中依据的变量数量过多,而这些变量在真实的实践环境中难以获得,导致该模型比较难于真正实现。

———————————

① Blaze M, Feigenbaum J, Lacy J. Decentralized Trust Management[C]. Proceedings of the 17th Symposium on Security and Privacy. Oakland, CA: IEEE Computer Society Press, 1996: 164 - 173.

② Blaze M, Feigenbaum J, Keromytis A D. Keynote: Trust Management for Public-key Infrastructures[C]. 1998 Security Protocols International Workshop. Berlin: Springer-Verglag, 1999: 59 - 63.

③ Chu Y H, Feigenbaum J, LaMacchia B, et al. REFEREE: Trust Management for Web Applications[J]. World Wide Web Journal, 1997, 2(2): 127 - 139.

④ Marsh S P. Formalizing Trust as a Computational Concept [D]. Stirling: University of Stirling, 1994.

基于全局声誉的信任管理模型 EigenRep,由 Kamvar 等[①]研究人员基于信任的传递特性进行设计实现。模型中节点可信度的获取方式主要是邻居节点之间交互满意度的迭代计算。借助该模型获得的声誉度能够在不存在恶意行为的网络环境中比较准确地反映节点的实际行为。但是 EigenRep 在收敛性方面存在缺陷,起始节点必须选定为若干信誉度较高的节点,然而如果高信誉度的节点退出网络或者无法工作,该模型就会陷入瘫痪状态而不能进行正常的信任评估。

PeerTrust 信任管理模型是由 Xiong 等人[②]基于置信因子对全局声誉与局部声誉进行综合计算而提出的。主要考察提供评价的节点可信度、交易评价、交易上下文、交易次数、社区上下文等影响信任评估的多种因素,同时该模型中的信任度评估方法是纯分布式的。该模型对影响信任评估的因素考虑较为全面,也能对虚假评价进行有效应对,遗憾的是并没有给出置信因子的详细确定方法,无法有效对抗共谋行为也是该模型存在的劣势。

针对网格环境存在的信任需求,陈建刚等人[③]提出一种基于贝叶斯函数的信任评估模型。信任评估模型中的推荐者由推荐能力最强的中间节点来担任,首先对资源节点存在的信任链路进行搜索,再对经由信任链路获取的资源节点属性基于贝叶斯函数进行综合评估,根据评估结果最终确定能否对该资源节点进行访问。有效降低信任链路中间节点的随意、主观性判断是本模型的重要特点。

针对资源共享系统环境中存在的节点恶意行为,贾晓琳等人[④]提出一种能够在节点之间的服务和被服务过程建立信任关系的群组信任管理模型,该模型主要基于证据理论实现,能够对恶意节点的破坏行为产生有效抑制。该模型依据直方图的改进方法对节点直接信任度进行计算,并依据冲突信任加权证据组合的改进规则对推荐信任度进行计算,再在本地信任度与其他推荐信任度有效融合的基础上进行目标节点的信任度评估,最后利用服务节点选择算法进行服务提供节点的最终选择,有助于避免服务请求节点得到错误性或者破坏性的资源。

为了实现激励节点协作的目标,孟宪福等人[⑤]基于惩戒机制与重复博弈理论提出适用于 P2P 网络环境的信任评估模型。在对 P2P 网络环境中的不协作均衡深入探讨的基础上详细阐述了基于惩戒机制的信任评估模型,该模型首先借鉴重复博弈理论对节点的重复交易行为进行分析,然后提出协作均衡定理并进行了相关证明,该定理综合考察了节点耐心程度与理性节点比率等因素,最终推导出协作条件。

张仕斌等人[⑥]在对复杂网络环境下信任影响因素、信任机制等相关问题深入研究的基础上,提出了基于云模型理论的信任评估方案。该方案以复杂网络环境为应用背景,对信任关系的模糊性、随机性、不可预知性进行了较为客观真实的反映,同时实现了信任关系定量与定性的转换。研究中还提出了信任惩罚方法和特殊属性评价方法,能够有效防止声誉欺骗与炒作等不合理行为。

鉴于当前开放网络环境中的信任关系具有不确定性和主观性等特征,孙光华等[⑦]研究人员提出一种基于模糊理论的主观信任评估模型。借助模糊理论当中的典型算法,在引入不诚信节点约束机制和时间因子等基础上,该模型给出了节点之间综合信任评估的计算公式,最终通过模糊等价关系的研究实

① Kamvar S D, Schlosser M T, Garcia-Molina H. The EigenTrust Algorithm for Reputation Management in P2P Networks[C]. Proceedings of the 12 th International World Wide Web, New York: ACM Press, 2003: 640-651.

② Xiong L, Liu L. Peertrust: Supporting Reputation-based Trust for Peer-to-peer Electronic Communities[J]. IEEE Transactions on Knowledge and Data Engineering, 2004, 16(7): 843-857.

③ 陈建刚,王汝传,王海艳. 网格资源访问的一种主观信任机制[J]. 电子学报,2006,34(5):817-821.

④ 贾晓琳,张森,覃征. 构造基于证据理论的群组信任管理模型[J]. 小型微型计算机系统,2009,(12):2369-2373.

⑤ 孟宪福,王动. 基于重复博弈和惩戒机制的 P2P 协作激励信誉模型[J]. 计算机辅助设计与图形学学报,2010,(5):886-893.

⑥ 张仕斌,许春香. 基于云模型的信任评估方法研究[J]. 计算机学报,2013,36(2):422-431.

⑦ 孙光华,甘刚. 基于模糊理论的主观信任评价模型的研究[J]. 计算机应用研究,2014,31(3):769-772.

现了信任度聚类分析。

1.2.3　信任管理应用研究

当前国内外研究人员主要将信任管理应用于 P2P 网络、Ad Hoc、网格计算、云计算等环境当中。Sarjaz 等人[①]针对 P2P 网络中 Sybil，Collusion，Lying-Piece，Fake-Block 和 Chatty-Peer 等攻击手段提出一种新型的基于信誉的信任管理系统，利用节点间的直接信誉值与全局信誉值判断攻击者。Qureshi 等人[②]在调查分析针对移动 P2P 网络的四种典型分布式信任管理系统基础上，提出一种稳健的分布式信任管理方案 M-trust，该方案引入置信度的概念，减少了计算复杂度。

Cho 等人[③]对移动 ad hoc 网络中信任管理的信任链最优化问题进行建模和分析，在可信网络中确定了节点间信任链的最优长度。Singh 等人[④]针对 MANET 网络环境提出一种有效的安全与信任管理算法，算法由初始化、数据传输、检测三部分构成。

Siddiqui 等人[⑤]针对网格计算环境提出一种基于角色和模糊理论的信任计算方法，其中作为输入输出的信任因子有可靠度、能力和用户满意度。Elenin 等人[⑥]在网格系统中提出一种信任模型，该模型由应用域、客户域、资源域和信任管理器组成，信任管理器根据每个客户和资源的信任等级来控制客户域和资源域之间的关系。

Arias-Cabarcos 等人[⑦]将身份管理与信任管理相结合来解决云环境下的访问控制和身份管理问题。Sanchez 等人[⑧]针对消费者云计算范式中安全和身份管理问题，提出一种基于隐私和信誉扩展机制的身份管理架构。Noor 等人[⑨]将信誉模型引入信任管理中，不仅能区分可靠的信任反馈，而且有能力检测出恶意信任反馈，同时提出一种重复决策模型，可以动态决策信任管理服务中最优副本的数量。

国内直接与数字资源信任管理相关的文献有两篇，王斐、王凤英[⑩]研究数字资源分发中的使用权控制问题，将 UCON 所涵盖的传统访问控制、信任管理和数字版权保护结合起来，实现开放式网络环境下在线阅读资源分发控制系统，保障受保护的数字资源只能被授权者利用。同时为了更加灵活和方便地进行权利撤销和授予，文中采用了基于模糊理论的可信度概念，在分发数字资源使用权的过程中具有较好的可控作用。

---

①　Sarjaz B S，Abbaspour M．Securing BitTorrent Using a New Reputation-based Trust Management System[J]．Peer-to-peer Networking and Applications，2013，6(1)：86－100．

②　Qureshi B，Min G Y，Kouvatsos D．A distributed Reputation and Trust Management Scheme for Mobile Peer-to-peer networks [J]．Computer Communications，2012，35(5)：608－618．

③　Cho J H，Swami A，Chen I R．Modeling and Analysis of Trust Management with Trust Chain Optimization in Mobile Ad hoc Networks[J]．Journal of Network and Computer Applications，2012，35(3)：1001－1012．

④　Singh A，Maheshwari M，Nikhil，et al．Security and Trust Management in MANET[J]．Information Technology and Mobile Communication，2011，147：384－387．

⑤　Siddiqui M N，Saini V，Ahuja R．Trust Management for Grid Environment Using Rule Based Fuzzy Logic[J]．Advances in Network Security and Applications，2011，196：649－657．

⑥　Elenin S A，Kitakami M．Trust Management of Grid System Embedded with Resource Management System[J]．IEICE Transactions on Information and Systems，2011，E94D(1)：42－50．

⑦　Arias-Cabarcos P，Almenarez-Mendoza F，Marin-Lopez A，et al．A Metric-Based Approach to Assess Risk for "On Cloud" Federated Identity Management[J]．Journal of Network and Systems Management，2012，20(4)：513－533．

⑧　Sanchez R，Almenares F，Arias P，et al．Enhancing Privacy and Dynamic Federation in IdM for Consumer Cloud Computing [J]．IEEE Transactions on Consumer Electronics，2012，58(1)：95－103．

⑨　Noor T H，Sheng Q Z．Credibility-Based Trust Management for Services in Cloud Environments[J]．Service-Oriented Computing，2011，7084：328－343．

⑩　王斐，王凤英．基于可信度和 UCON 的资源分发研究与应用[J]．现代图书情报技术，2007，(9)：40－43．

邓仲华等人[①]深入分析云计算环境图书馆信息服务各参与方（网络服务提供方、通信服务提供方、云服务提供方、信息资源提供方，图书馆和读者方面）由安全问题所引发的信任问题，通过制定服务等级协议（SLA）来保证信息的安全，使得信息服务各参与方之间逐渐建立起可靠的信任关系。

1.3　研究内容

首先对当前信任管理和自动信任协商存在的系统架构与典型模型进行论述，深入分析现阶段信任管理机制存在的多种应用模式；其次针对数字资源互操作及服务融合这一研究主题，分析国内外典型的应用实践，论述数字资源互操作存在的典型应用系统，从可行性、广度和深度等方面探析数字化服务融合模式；然后针对当前开放、动态网络环境下数字资源互操作、数字化服务融合用户交互过程中存在的信任问题和安全需求，分别构建数字资源互操作的信任管理模型和数字化服务融合的自动信任协商模型；接着在数字资源互操作信任管理模型的研究中详细设计各个功能模块，并给出其中动态信任评估模型的设计原则，针对反馈信任聚合机制存在的问题进行新型反馈信任聚合机制的研究，通过仿真实验验证该机制的有效性；最后在数字化服务融合自动信任协商模型的研究中详细设计其中涉及的各个功能模块，进行自适应自动信任协商流程、访问控制策略描述、一致性校验算法和策略语言改进等方面的研究。

1.4　相关概念阐述

1.4.1　互操作

互操作（interoperability）指的是不同的组织机构和系统之间能够相互合作、协同工作的能力。电气和电子工程师协会对互操作的定义是：两个或多个系统或组成部分之间交换信息以及对所交换的信息加以使用的能力[②]。为了实现上述目标，需要进行包含计算机网络、计算机操作系统、数据库系统、应用软件、数据格式及数据语义在内的不同层次的互操作。

1. 知识组织系统互操作

知识组织系统（Knowledge Organization System，KOS）是一种包含术语表、叙词表、分类法、语义网络、概念本体及其他检索语言与标引语言在内的，有组织地表达和阐述知识结构的语义工具的统称[③]。当前实现跨数据库检索与浏览不可或缺的关键技术之一就是知识组织系统互操作，当前知识组织系统主要表现在三个层面上的异构，包括概念异构、术语异构和句法异构[④]。知识组织系统研究中常用的互操作模式与方法有：派生法、翻译/转译法、映射法、中介词典法、卫星子表法、元叙词表法、集成词表法、连接数据库法等[⑤]。

派生法在构建专业或者简化词表的过程中，主要依据综合性的、现存的、完整的词表为模型。《美国

①　邓仲华，涂海燕，李志芳，等. 基于 SLA 的图书馆云服务参与方的信任管理[J]. 图书与情报，2012，(4)：16 - 20.

②　Institute of Electrical and Electronics Engineers. IEEE Standard Computer Dictionary：A Compilation of IEEE Standard Computer Glossaries[M]. New York：IEEE std 610，1991.

③　Hodge G. Systems of Knowledge Organization for Digital libraries：Beyond Traditional Authority files[M]. Washington DC：The Digital Library Federation Council on Library and Information Resources，2000.

④　宋文. 知识组织体系语义互操作研究[J]. 图书馆论坛，2012，32(6)：117 - 121.

⑤　胡滨，吴雯娜. 国内外知识组织系统互操作模式及方法研究[J]. 情报科学，2012，30(9)：1291 - 1297.

国会图书馆标题表》①是使用最为广泛的标题词表之一,而 OCLC 的 FAST(Faceted Application of Subject Terminology)②正是基于 LCSH,保留其丰富词汇的同时,简化 LCSH 的句法,使得词表更易于控制和理解。

翻译/转译法是将一种语言的受控词表修改后或者未经修改而翻译为另一种语言的受控词表。例如作为世界范围内使用最广泛的图书馆分类法 DDC(Dewey Decimal Classification)③,已经被翻译成30多种文字进行使用,利用此方法的还有美国国家医学主题词 MeSH(Medical Subject Headings)④。

映射法包括直接映射和共现映射两种类型。直接映射需要在分类号和不同词汇之间、不同受控词表之间建立对等关系,如 OCLC 的 LCSH 与 ERIC 映射、DDC 与 LCC 映射都是应用直接映射的典型实例。共现映射是将不同词表中同时出现的词汇建立映射关系,OCLC 的 LCSH 到 LCC 的映射正是基于共现映射构建的。

中介词典法表述为:在多词表中转换相同语言时,首先选择一种转换语言或词表作为中介词典或转换中心,通过中介词典联结参与互操作的多种词表实现多词表之间的转换。例如欧盟 Renardus 项目⑤选用 DDC 作为实现互操作的转换中心,试图实现跨库、跨主题网关的信息资源浏览与检索。

卫星子表法的含义是把专业化较强的专门词表作为上层结构的卫星表,又称为微词表模式,通常在以一部综合类词表为模型的基础上,从不同的角度编制各种专业的词表。通常将综合类词表视为母表,将新编词表视为子表,综合类词表与新编词表的兼容性较好,能够进行有机融合与关联。例如美国加利福尼亚自然资源署的 CERES 图书馆⑥和美国国家生物信息基础设施(National Biological Information Infrastructure,NBII)⑦在开发叙词表过程中采用的是卫星子表法。

元叙词表法是建立一种可以包含不同领域叙词表的术语体系的一般性上层结构,在上述结构之下使得各专业词表互相联系。由美国国立医学图书馆研发的一体化医学语言系统(Unified Medical Language System,UMLS)⑧是计算机化的受控词表集成系统,正是基于元叙词表法通过三级模式实现了生物医学领域的叙词表、受控术语列表之间的互操作。

集成词表法的内涵是融合特定领域的多个叙词表或者分类法,通过对等价词、准等价词的识别,建立词汇转换系统,实现分类表与叙词表的互操作。例如我国《中国图书馆分类法》系列版本的编制、《军用主题词表》与20部专业词表的有效兼容、《国防科学技术叙词表》机读版的编制都主要是基于集成词表法实现的。

连接数据库法分为临时列表连接和协议连接,由欧洲国家图书馆员会议(The Conference of European National Librarians,CENL)赞助的 MACS 计划⑨为了实现图书馆目录的多语言主题检索,创建了连接管理系统与查询系统。

①　The Library of Congress. Library of Congress Subject Headings[EB/OL]. [2014 - 07 - 06]. http://id. loc. gov/authorities/subjects. html/.

②　OCLC Research. FAST (Faceted Application of Subject Terminology)[EB/OL]. [2014 - 07 - 06]. http://www. oclc. org/research/activities/fast. html? urlm=159754.

③　Organize your Materials with the World's Most Widely Used Library Classification System[EB/OL]. [2014 - 07 - 07]. http://www. oclc. org/dewey. en. html.

④　Medical Subject Headings[EB/OL]. [2014 - 07 - 08]. http://www. nlm. nih. gov/mesh/.

⑤　Huxley L. Renardus: Following the Fox from Project to Service[C]. ECDL '02 Proceedings of the 6th European Conference on Research and Advanced Technology for Digital Libraries,2002:218 - 229.

⑥　CERES[EB/OL]. [2014 - 07 - 07]. http://www. ceres. ca. gov/.

⑦　National Biological Information Infrastructure (NBII)[EB/OL]. [2014 - 07 - 07]. http://ice. ucdavis. edu/partner/nbii.

⑧　Unified Medical Language System[EB/OL]. [2014 - 07 - 08]. http://www. nlm. nih. gov/research/umls/.

⑨　Patrice L. Multilingual Subject Access the Linking Approach of MACS[J]. Cataloging and Classification Quarterly,2004,37(3/4):177 - 191.

2. 元数据互操作

美国国家航空航天局的《目录交换格式》(Directory Interchange Format，DIF)[①]手册中首次出现了元数据(Metadata)这一名词，最常用的定义是：元数据是关于数据的数据(Data about data)[②]。元数据的作用可以概括为以下几个方面，即资源管理、著录描述、确认与检索等。随着互联网及计算机技术的高速发展，种类繁多的电子资源、网络资源呈现出爆炸式增长趋势，同时具有多元性、无序性、动态性和分布性等特征，元数据在此过程中取得了广泛而深入的发展与应用。例如机读编目格式标准 MARC (Machine-Readable Cataloging)[③]，编码档案著录标准 EAD(Encoded Archival Description)，政府信息定位服务标准 GILS(Government Information Locator Service)，博物与艺术资源描述标准 CDWA (Categories for the Description of Works of Art)、CIDOC 和 VRA Core(Visual Resources Association Core)，地理空间信息标准 FGDC(Federal Geographic Data Committee)等[④]，不仅针对不同资源产生了不同的元数据标准，甚至针对同一种资源出现了多种元数据标准。为了在开放、分布式的网络环境下促进数据资源、信息资源、知识资源的有效管理与共享，需要在不同元数据标准描述的体系之间进行资源的检索与利用，因此元数据互操作的研究受到普遍关注。目前主要从语义互操作、语法和结构互操作、协议互操作[⑤]三个层面进行研究，不同的解决方案又可以根据互操作的实现水平分为模式级、记录级、仓储级三个级别[⑥]。

语义互操作

这里的语义指的是元数据标准中元素本身的含义。元数据语义互操作层面主要解决语义差别、版本差别、款目与集合差别等资源描述过程中语义相关的障碍。

元数据衍化是指依据学科领域的相关需求，在已存在的元数据标准的基础上，通过增减、改写、扩展元数据元素的方式形成新的元数据标准。这种方案在保证元数据元素基本结构的基础上，实现了深化、细致描述部分元素的目的。

元数据映射又称为元数据对照，是通过一对一、一对多、多对一和多对多等映射方式，直接转换两个元数据标准中的元素。元数据映射能够从根本上提高互操作的范围，通常应用于元数据标准创建的初始阶段。目前最常用的映射目标是 MARC 和 DC(Dublin Core)[⑦]两个通用的元数据标准。

应用方案通过参照、采用现有国内外元数据标准，引进规范、成熟编码体系中的元素，形成适用于特定实际需求的元数据应用模式。具体就是采用裁减、修改、扩展等方法创建元数据元素，将新型元数据元素有机地组合起来形成新的元数据标准。

中心元数据格式转换方案适用于参与互操作的元数据标准较多、映射过程较为复杂的情况。将使用较为普遍和广泛的一种元数据标准作为中心转换标准，其他各种标准都向中心标准进行转换，以达到中心元数据标准为中介的元数据标准转换目的，该方案实质上是一种元数据星型映射方式。

元数据标准框架是抽象化的元数据，规范了制定针对特定资源的元数据标准时需要遵照的方法、规则，规定了元数据标准制定中的相关细节内容，如功能、设计方法、格式、数据结构、语法规则等。标准框

---

① Directory Interchange Format (DIF) Writer's Guide[EB/OL]. [2014 - 07 - 08]. http://gcmd. gsfc. nasa. gov/add/difguide/index. html.

② Hannemyr G. The Internet is not your Friend：Using the Dublin Core on the Internet[EB/OL]. [2014 - 07 - 08]. http://dublincore. org/archives/1999/dc7/results/dc7-hannemyr/index. htm.

③ MARC Standards[EB/OL]. [2014 - 07 - 08]. http://www. loc. gov/marc/.

④ 毕强，朱亚玲. 元数据标准及其互操作研究[J]. 情报理论与实践，2007，30(5)：666 - 670.

⑤ 朱超. 关于元数据互操作的探讨[J]. 情报理论与实践，2005，28(6)：644 - 655.

⑥ Zeng L, Qin J. Metadata[M]. New York：Neal-Schuman Publisher Inc，2008.

⑦ Metadata Innovation[EB/OL]. [2014 - 07 - 09]. http://dublincore. org/.

架的制定包含两类方式：一是依照特定需求，制定全新的元数据标准；二是对现有元数据标准进行扩展、细化。

语法与结构互操作

这里的语法规定了元数据标准中的元素如何通过机器可读的方式进行编码，而结构则规定了元数据标准的基本内容、语义和句法结构等。语法、结构互操作过程中的关键点在于标准资源描述框架的建立，所有的元数据格式能够被该框架描述，不同的应用系统通过解析标准的资源描述框架来准确解读对应的元数据格式。目前在语法与结构互操作的研究过程中，XML、RDF 和 XSLT 应用较为广泛。

可扩展标记语言 XML（eXtensible Markup Language）[1]是标准通用标记语言 SGML（Standard Generalized Markup language）[2]的简化子集，通过开放的自我描述形式对数据结构进行定义，在突出对数据结构描述的同时体现数据间的关系。与 HTML（HyperText Mark-up Language）用于显示数据的功能不同，XML 被设计用于传输和存储数据，从语法角度上使得不同种类元数据标准的互通成为可能。目前 XML 主要通过 DTD（Document Type Definition）[3]和 XML Schema[4] 两种方式对 XML 文档的合法构建模块进行合理定义，主要作用是描述 XML 文档结构，限定文档的数据类型。DTD 方式构建的 XML 文档结构包含元素、属性、实体、PCDATA 和 CDATA。在实际应用过程中，DTD 只能提供对 CDATA、NMTOKEN 等十种数据类型的支持，通常无法满足文档可理解性和数据交换的需求，XML Schema 作为 DTD 的替代者应运而生。其优势主要包括：一是 XML Schema 具有丰富的数据类型，如整数、浮点数、布尔型、字符型、数值型等三十七种，此外支持用户通过简单类型和复合类型两种方式实现对数据类型的定义；二是在支持对子元素节点顺序描述的基础上，简化了对无序情况的描述方式；三是 XML Schema 支持命名空间，即能够在一个 XML 文档中使用其他 XML 文档中具有通用性的定义，提供 include 和 import 两种方式引用命名空间；四是通过使用 DOM、SAX、JDOM 等 XML API 可以较为容易地解析 XML Schema，更加有利于数据的传输与交换。

资源描述框架 RDF[5]是用于描述资源及其之间关系的语言规范，提供一种机器可理解的元数据描述框架。通过对结构化的元数据进行编码、交换和重用等操作，实现不同元数据标准之间语法、语义、结构的支持，从而有效解决元数据的互操作问题。RDF 由 RDF DataModel、RDF Schema、RDF Syntax 三部分组成。RDF DataModel 包含资源、属性和陈述三种对象类型，利用统一资源标识符对相关资源进行标识，而资源、属性、属性值的组合可以形成一个陈述，其主要作用是形成对资源的形式化描述。RDF Schema 是对 RDF 的一种扩展，其主要功能是提供相应的属性类、属性类包含的特性及其意义等信息，上述信息都是描述资源定义过程中所必需的内容。RDF Schema 实际提供的是一种属性和类的框架，是专门用于描述应用程序的，使得能够通过类的实例和类的子类等方式定义资源。在 RDF DataModel 提供抽象的资源描述框架和 RDF Schema 定义及声明属性类的基础上，RDF Syntax 构造出完整的语法体系以便形成人机可读的具体文件。

①　Extensible Markup Language (XML)［EB/OL］.［2014 - 07 - 09］. http://www.w3.org/XML/.

②　程喜荣. 元数据及 SGML 在数字图书馆中的应用［J］. 现代图书情报技术，2001，17(4)：6 - 8.

③　Basci D，Misra S. Document Type Definition (DTD) Metrics［J］. Romanian Journal of Information Science and Technology，2011，14(1)：31 - 50.

④　Currim F A，Currim S A，Dyreson C E，et al. Adding Temporal Constraints to XML Schema［J］. IEEE Transactions on Knowledge and Data Engineering，2012，24(8)：1361 - 1377.

⑤　Khosravi-Farsani H，Nematbakhsh M，Lausen G. SRank：Shortest Paths as Distance Between Nodes of a Graph with Application to RDF Clustering［J］. Journal of Information Science，2013，39(2)：198 - 210.

扩展样式表转换语言 XSLT(EXtensible Stylesheet Language Transformations)[1]与 XPath、XSL-FO 一起构成扩展样式表语言 XSL(EXtensible Stylesheet Language)，其中 Xpath 是用于在 XML 文档中导航的语言，XSL-FO 是用于格式化 XML 文档的语言，而 XSLT 是一种将 XML 文档转换为 XHTML 文档或其他 XML 文档的语言。XSLT 在定义源文档的多个预定义模板过程中主要通过 Xpath 来实现，如果匹配成功，XSLT 便将源文档的匹配部分提取并转换为目标文档[2]。

协议互操作

网络中的机构或者组织通过联盟的形式，在应用层面上对数据的发布与检索进行操作，操作过程中约定同一规则、遵守相同的协议，这种互操作模式被称为协议互操作。Z39.50 协议和 OAI 协议是协议互操作中的典型代表。

信息检索应用服务定义和协议规范 Z39.50[3]是由美国图书馆界创立的用于计算机数据库网络互联通信的协议规范，其产生源于美国国会图书馆、美国研究图书馆协会、OCLC 等机构间数据的交换，是一种开放系统互联参考模型的应用层协议。该协议针对异构计算机系统间的信息检索及数据库查询等服务规定信息交换的相关格式和过程，有利于促进信息资源的开放互联与广泛共享。Z39.50 协议采用的是客户端/服务器模式，其中提出信息检索请求的一方称为"源端系统"，接受检索请求的一方称为"目的系统"。系统交互过程通过初始化、查询、提取、删除结果集、存取控制、记账/资源控制、排序、浏览、扩展服务、解释、结束 11 种机制来完成。

OAI(Open Archives Initiative)[4]开放文档先导致力于网络资源互操作标准的制定，是一个旨在促进网络信息资源开发、发布、共享的合作组织，当前其工作内容已经扩展到促进 eScholarship、eLearning、eScience 数字资源的广泛获取，目前由美国国家科学基金会、网络信息联合会、数字图书馆联盟等机构联合资助。元数据收割协议 OAI-PMH[5]利用 TCP/IP 协议作为数据仓储与收割者之间的传输框架。元数据的生成、发布、组织与管理共同构成了数据提供者需要承担的职责内容，服务提供者利用元数据收获机(Metadata Harvester)从数据提供者处获取元数据信息，以便提供增值服务。数据提供者与服务提供者之间采用了基于 HTTP 协议的请求方式和基于 XML 格式的响应方式。OAI-PMH 将都柏林核心元数据作为元数据互操作的标准集合，同时支持其他类型编码成 XML 格式的元数据标准。OAI-ORE(Open Archives Initiative Object Reuse and Exchange)[6]协议主要用于解决分布式数字仓储之间复合数字对象的交换问题，其核心任务是制定标准的、机器可读的、可互操作的相关机制，便于准确表达网络中的复合对象信息[7]。同时有利于建立起复合数字对象内部组件之间的逻辑关系、复合数字对象与其他资源之间的逻辑关系，便于对复合数字对象资源进行交换、重用和可视化等操作。OAI-ORE 协议结合了 Web 架构、语义网、关联数据(Linked Data)及 URI 等相关研究成果，数字对象之间的关系通过基于 RDF 模型的"主—谓—宾"三元组来表示。

---

① Groppe S, Groppe J, Klein N, et al. Transforming XSLT Stylesheets into XQuery Expressions and vice versa[J]. Computer Languages Systems & Structures，2011，37(2)：76-111.

② Breitling F. A Standard Transformation from XML to RDF via XSLT[J]. Astronomische Nachrichten，2009，330(7)：755-760.

③ Boberic D.，Surla D. XML Editor for Search and Retrieval of Bibliographic Records in the Z39.50 Standard[J]. Electronic Library，2009，27(3)：474-495.

④ Tennant R. The Expanding World of OAI[J]. Library Journal，2004，129(3)：32-32.

⑤ 郭少友. 基于 OAI-PMH 的信息资源整合[J]. 大学图书馆学报，2005，(3)：16-18.

⑥ Kozievitch N P，Torres R D. Describing OAI-ORE from the 5S Framework Perspective[C]. 12th International Conference on Asia-Pacific Digital Libraries，2010.

⑦ Open Archives Initiative Object Reuse and Exchange[EB/OL]. [2014-07-10]. http://www.openarchives.org/ore/.

3. 数字图书馆互操作

"数字图书馆"一词起源于数字图书馆创始工程(Digital Library Initiative,DLI),该项目由美国国家科学基金会、美国国家航空航天局、美国国防部高级研究计划局联合发起①。数字图书馆的发展过程总体上经历了从基于数字化资源的数字图书馆到基于集成信息服务的数字图书馆,再到基于用户信息活动的数字图书馆②,上述三种模式是不断递进和深化的关系。有效帮助社会公众通过信息资源的合理利用,实现学习与知识的创造一直以来都是数字图书馆的根本目标,上述目标的实现离不开完善服务机制的支持。当前数字图书馆系统环境由大量分布式、自治和异构的信息资源及服务系统组成,为了提高数字图书馆之间信息资源的共享程度及服务协作的能力,必须有效解决数字图书馆间的互操作问题。

数字图书馆的互操作要求来自技术、内容、组织架构三个层次的合作,其中技术层次包括协议、格式、安全系统等,内容层次包括数据、元数据、信息语义等,组织架构包括访问控制、认证规则、支付方式等③。根据 Bill Birmingham 提出的互操作架构,数据传输与中间件、信息模型、信息管理、知识产权管理、社会关系五个层次共同构成了数字图书馆互操作的总体框架,如图1-1所示。

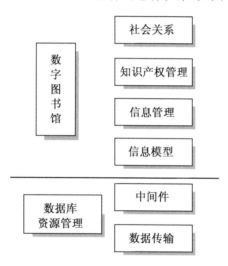

图 1-1　数字图书馆互操作框架④

数据传输与中间件层

数据传输定义了数字馆藏存取过程中的通用机制,以便于不同类型的数据以比特的形式传输到中间件。中间件又称为分布计算中间件,是指在网络环境中支持应用软件有效开发、部署、运行、管理的支撑软件,中间件建立在具有基本通信协议的操作系统之上。中间件介于分布式应用程序与操作系统之间,能够屏蔽系统底层环境的异构性、复杂性,无须对通信协议、操作系统和硬件体系结构等差异进行考虑,只用于为数字图书馆的互操作提供高级抽象。按照通信机制和程序设计范式的不同,主要分为面向对象中间件、消息中间件、远程过程调用中间件和面向服务中间件等⑤。数字图书馆馆藏存取系统与中间件技术之间接口的建立是实现数字图书馆互操作的重要环节。

---

① 曾蕾,张甲,杨宗英.数字图书馆:路在何方? —关于数字图书馆定义、结构及实际项目的分析[J].情报学报,2000,19(1):64-73.

② 张晓林.数字图书馆机制的范式演变及其挑战[J].中国图书馆学报,2001,27(6):3-8.

③ Arms W Y,Hillmann D,Lagoze C,et al. A Spectrum of Interoperability:The Site for Science Prototype for the NSDL[J]. D-Lib Magazine,2002,8(1).

④ Birmingham B,Bohm K,Christophides V,et al. EU-NSF Digital Library Working Group on Interoperability Between Digital Libraries Position Paper[EB/OL]. [2014-07-15]. http://www.ics.forth.gr/isl/publications/paperlink/interop.htm.

⑤ 吴泉源.网络计算中间件[J].软件学报,2013,24(1):67-76.

信息模型层

信息模型层需要对数字图书馆拥有的多种类型对象进行定义，这些对象主要包括馆藏对象、查询对象、文件对象等，在研究数字图书馆互操作时需要对不同对象的相关特性进行详细定义，还需要定义对象能够执行的操作，这样才有利于构建以统一方式对馆藏资源进行操作的相关应用软件，不需要考虑实际采用的馆藏存取机制或文档格式。例如：通过 SQL 数据库引擎访问 SGML 编码文档数据库的操作与通过 Z39.50 协议访问书目馆藏数据记录的操作，在客户端程序看来是相同的，使用 SQL 或 Z39.50 的细节问题被封装在相应的馆藏对象中；万维网联盟（World Wide Web Consortium）提出的文档对象模型（Document Object Model，DOM）①定义了文档对象的结构和操作规范。对象模型需要通过分布式对象体系中不同的中间件提供互操作性，不同的中间件系统可以提供各种通信机制和语义等方面的内容。

信息管理层

在当前网络信息资源类型多样化、用户信息需求难以准确定位的环境下，数字图书馆可以通过有效的管理机制与技术手段，为不同用户群建立相应的信息筛选、过滤和组织机制，这就是数字图书馆互操作架构的第三个层次——信息管理。该层次关注的不是信息的传输而是信息的有效管理，核心任务就是信息的筛选、过滤、组织等。例如：将文档信息从中文翻译成英文、将彩色图像信息转换成黑白图像信息、过滤 E-mail 信息等。

知识产权管理层

知识产权管理是一种系统工程，包括知识产权制度设计、战略制定、流程监控、创新整合和人员培训等一系列管理行为，也是数字图书馆互操作架构中非常重要的组成部分。EU-NSF 知识产权与经济议题工作组白皮书②中对与知识产权管理相关的法律、经济和技术问题进行了较为完整的探讨。数字图书馆所面临的新型信息保护问题包括多媒体资源知识产权保护、计算机软件知识产权保护、数据库产品知识产权保护等。

社会关系层

数字图书馆互操作架构中的社会关系层主要对社会公众的信息资源需求进行重点关注，对数字图书馆中信息交流、知识构造的过程、反馈、效应和社会影响等进行深入研究，主要包含以人为中心、以数字资源为中心、以系统为中心的三种研究取向。第一种取向关注单个用户、团体成员、信息创造者、传播者、交流者、使用者和管理者等，第二种取向关注创造、组织、存储、检索数字资源，第三种取向关注的是作为系统的数字图书馆，该系统的目标是支持并推动技术、资源、用户之间的交互，构建出合理有效的数字图书馆评价机制。

数字图书馆互操作的策略主要包括搜集（Gathering）、采集（Harvesting）、联盟（Federation）三种类型③。搜集策略指的是数字图书馆成员之间不需要组成联盟的形式，仅利用基础网络协议和相关搜索引擎广泛搜集完全开放的馆藏信息资源，通过上述途径获得一定程度的互操作，在此基础上建立本地索引库或全文数据库。通过搜集策略实现的是连接级别的互操作，其实质是多个馆藏资源的简单相加，不能对馆藏资源体系中蕴藏的知识关联进行深入挖掘，无法实现真正意义上的不同信息源馆藏资源的交

---

① Tian X H，Cheng Y，Shen X M. DOM：A Scalable Multicast Protocol for Next-Generation internet[J]. IEEE Network，2010，24(4)：45-51.

② Nikolaou C. EU-NSF Working Group on Intellectual Property Rights (IPR) and Economic Issues[EB/OL].［2014-07-15］. http://www.ercim.eu/publication/Ercim_News/enw32/nikolaou.html.

③ Arms W Y，Hillmann D，Lagoze C，et al. A Spectrum of Interoperability：The Site for Science Prototype for the NSDL[J]. D-Lib Magazine，2002，8(1).

换与共享。

采集策略指的是从多种馆藏资源中提取元数据，经过转换和合并等操作后，在本地建立索引库，从而提供检索服务。采集策略通过元数据互操作实现对馆藏资源内容、结构的类聚和重组，是对馆藏资源信息内容的整合，而不是简单集合和连接，完成的是功能级别的互操作。采集策略的实施有助于规范描述和深度揭示不同来源馆藏资源及其之间的关联，有助于形成基于新型组织结构和功能的资源体系，该体系的形成主要依据馆藏资源间的知识关联，最终有助于推动基于深层标引的分布式资源服务的实现①。

联盟策略指的是所有数字图书馆的联盟成员都需要遵守联盟内部制定的相关协议和规范，基于共同的协议和规范实现数字图书馆的互操作，实现的是领域级别的互操作。基于联盟策略，通过馆藏资源开发、组织、利用等环节的统一标准与协调，能够有效提升信息资源的全方位保障能力。基于共同协议的遵循，联盟成员能彼此消除语义等方面的歧义，安全便捷地获取、处理对方的信息资源，实现广泛意义的协作。

近年来国内外涌现出多种有关数字图书馆互操作的具体实现方法。Melnik 等人②提出的数字图书馆服务体系属于中介方法，即利用中介层构件为信息源提供通用的数据模型和查询界面，通过 3 个包装层(SDLIP wrapper、Z39.50 wrapper、NCSTRL/Dienst wrapper)隐藏数据源之间的异构性，实现 SDLIP 客户端程序对 NCSTRL 和 Z39.50 服务器的访问。密歇根大学数字图书馆(University of Michigan Digital Library，UMDL)③主要基于 Agent 方法实现了对异构馆藏资源的跨库检索，UMDL 中包含用户界面 Agent、馆藏界面 Agent、信息服务提供者、系统辅助者等，利用 Agent 的局部决策能力实现与终端用户、其他 Agent 和馆藏资源的交互。张付志④将元搜索引擎(meta-search engines)⑤的概念引入数字图书馆的互操作研究中，元搜索引擎向多个搜索引擎自动、并行地提交查询请求，将收集的返回结果处理后以统一的格式显示给用户，可以实现对多个数字图书馆的透明访问。此外，张付志、孔令富⑥为了提高不可靠环境下数字图书馆互操作服务的可靠性，提出基于移动 Agent 的互操作框架，实现了由 CiteSeer 数字图书馆、D-lib Magazine、DBLP 和 IEEE 数字图书馆参与互操作的原型系统。NDLTD(Networked Digital Library of Theses and Dissertations)⑦和 NSDL(National Science Digital Library)⑧都是基于 OAI 元数据 Harvesting 方法实现互操作的，该方法中包含数据提供者和服务提供者两类参与方，数据提供者按照相应的元数据标准建立馆藏元数据，而服务提供者为了达到增值服务的目的，基于 OAI-PMH 协议进行相关元数据的获取操作。孙雨生⑨在阐述基于 ABC 本体模型的元数据互操作机制的基础上，提出一种由资源层、元数据层、知识本体层、表示层构成的基于 Ontology 的数字图书馆语义互操作机制，包括元数据管理和基于通用本体的元数据互操作两部分内容。徐宏发、王卫平⑩设计

① 俞力. 数字图书馆互操作策略研究[J]. 图书馆学研究，2011，(2)：41-44.

② Melnik S，Garcia-Molina H，Paepcke A. A Mediation Infrastructure for Digital Library Services[C]. Proceedings of the Fifth ACM Conference on Digital Libraries，2000：123-132.

③ Wellman P P，Durfee E H，Birmingham W P. The Digital Library as a Community of Information Agents[J]. IEEE Expert，1996，11(3)：10-11.

④ 张付志. 一种基于元搜索引擎的数字图书馆互操作解决方案[J]. 情报学报，2004，23(4)：422-427.

⑤ Mark H C，Jacek G，Richard C B. Discriminating Meta-search：a Framework for Evaluation[J]. Information Processing and Management，1999，35(3)：337-362.

⑥ 张付志，孔令富. 一种基于移动 Agent 的数字图书馆互操作框架[J]. 计算机工程，2004，30(20)：9-11.

⑦ NDLTD[EB/OL]. [2014-07-16]. http://www.ndltd.org/.

⑧ National Science Digital Library[EB/OL]. [2014-07-16]. http://nsdl.org/.

⑨ 孙雨生. 基于 ontology 的数字图书馆互操作机制研究[J]. 情报资料工作，2007，(3)：79-81.

⑩ 徐宏发，王卫平. 基于 SOA 的数字图书馆互操作开放框架[J]. 计算机工程与应用，2006，42(34)：221-224.

了由服务区、注册区、应用区和用户区组成的基于面向服务体系结构（Service-Oriented Architecture, SOA）的数字图书馆互操作开放框架,框架中包含服务提供者、服务代理者和服务使用者三种角色,文中基于 Web Services 和 XML 实现了框架中的主要组件。潘浩[1]基于开放网格服务架构（Open Grid Services Architecture, OGSA）和 OAI-PMH 协议,提出具有数据层、网格层和应用层的数字图书馆互操作框架,利用网格技术进行元数据的高性能搜索、收集、索引等工作。毕强、韩毅[2]在探讨基于本体的元数据互操作模型和元数据结构转换与语义关联的基础上,提出由资源层、语义网格中间层和应用服务层组成的语义网格环境下的数字图书馆资源互操作框架,对数据流程、本地处理、统一资源空间和语义空间生成等进行了详细设计。陈卓群等人[3]设计实现了基于 XTM(XML Topic Maps) 的数字图书馆语义互操作原型系统,该系统由资源层、元数据层、主题图层和应用层构成,主要运用主题图技术解决语义互操作问题。

1.4.2　信任的定义

信任是社会团结的基石和社会运行的润滑剂,是有助于将社会进行有机整合的重要因素。我国《辞源》中信的含义包括两个方面的意思,一是被信任方具有诚实、实事求是的属性,二是信任主体对信任客体可信程度的判断与估计,分别对应了《论语》中信所表达的"诚实、信用"和"相信、信任"两类含义。如"弟子,入则孝,出则悌,谨而信,泛爱众,而亲仁"、"子曰:始吾于人也,听其言而信其行,今吾于人也,听其言而观其行"。《左传・昭公二年》中"忠、信,礼之器也",表明信被当作为人处世的基本道德准则。由于西方的宗教信仰较为普遍,因而西方社会的信任被渲染上浓厚的宗教色彩,如《圣经》中写道:"你当依靠耶和华而行善事,以他的信实为粮"。洛克认为"保证诺言和契约的完成要依靠约定双方之外的第三方力量,人们是因为惧怕作为第三方的上帝的愤怒,才履行诺言"[4]。英语中通常用"trust"表示"相信并敢于托付"的含义,《韦氏词典》中"trust"的含义是对某人或某事的正直、能力或性格的坚定信赖,《牛津词典》注释为:对实体的可靠性、真实性或实力的坚定信念。信任作为一种复杂的社会与心理现象,已经成为社会学、心理学、经济学、管理学、计算机科学、伦理学、组织行为学等领域的热门研究主题,各学科根据不同的研究视角对信任做出相应的界定。

1. 社会学方面

社会学家将信任看成一种根植于整个社会宏观背景中的社会关系或社会行动,其研究主要从社会的视角对信任的形态、信任的产生及作用机制进行阐释。德国社会学家格奥尔格・齐美尔（Georg Simmel）是最早对信任问题进行专门论述的学者,他在 1900 年出版的《货币哲学》专著中认为信任是"社会中最重要的综合力量之一"[5],"没有人们相互间的一般性信任,社会自身将变成一盘散沙,因为很少有一种关系能够建立在对他人确切的认知之上。如果信任不能像理性证据或者个人经验那样强或更强,那么几乎一切关系都不能持久"[6]。德国当代重要的社会学家 Luhmann 将信任理解为一种对具有风险的外部条件所做的纯粹的内心估价,在其论著《信任与权力》中从新功能主义的角度对信任进行界定,认为信任是重要的社会复杂性简化机制[7]。Barber 在《信任:信任的逻辑与局限》一书中将信任界定

①　潘浩.一种基于网格技术的数字图书馆互操作框架[J].情报杂志,2006,25(7):10-11.

②　毕强,韩毅.语义网格环境下基于元数据本体的数字图书馆互操作研究[J].图书情报工作,2009,53(15):17-20.

③　陈卓群,王平,王忠义.基于 XTM 的数字图书馆语义互操作研究[J].情报科学,2011,29(3):462-468.

④　Seligman A B. The Problem of Trust[M]. Princeton: Princeton University Press, 2000.

⑤　Simmel G. The Philosophy of Money[M]. London and New York: Routledge, 1900: 178-179.

⑥　Simmel G. The Sociology of Georg Simmel[M]. New York: The Free Press, 1950: 313-386.

⑦　Luhmann N, Davis H, Raffan J, et al. Trust and Power: Two Works by Niklas Luhmann[M]. Hoboken: Wiley Chichester, 1979.

为对未来的期望,包括对社会的自然和道德秩序的期望所形成的一般性信任、对社会交往对象有称职表现的期望所形成的技能信任、对社会交往对象能够履行责任和义务的期望所形成的义务信任①。美国社会学家Zucker认为信任是基于法律制度和社会规范而形成的,从发生学的视角分析信任的产生与建构机理,阐述了信任包含三个层面的内容,分别是基于交往经验的信任、基于行动者具有的社会文化特性的信任和基于制度的信任②。英国著名的社会学家Giddens将信任看成本体性安全,表现为习以为常和不为人察觉的信任感,他认为这种具有本体性安全意义的基本信任是人类生活和实践的立足点③。Fukuyama认为信任取决于文化因素,产生于伦理和宗教等文化资源④。社会学视角下,学者侧重于利用社会规范阐释信任的形成机制,更加注重研究特定文化环境和社会制度背景下的系统信任,研究中多采用统计分析法阐述信任水平与社会因素之间的相关性。

2. 心理学方面

心理学研究将信任理解为社会个体在特定社会环境中由情境刺激产生的个体心理反应和行为,心理学家认为信任不是互动的而是个体化的概念。美国心理学家Deutsch基于囚徒困境过程中产生的信任关系研究,率先在心理学领域开展了信任的相关研究。认为一个个体对特定事件的发生具有信任,是指该个体期望事件的出现并采取相应的行为,该期望无法得到满足所形成的负面心理影响大于与期望相符合所形成的正面心理影响⑤。他利用心理学微观实验得出:信任是以行为体为中心的、主观的信念,行为体对外界的主观态度决定了行为体是否信任他者。Rotter将信任定义为个体将他者的言辞、承诺、书面或者口头陈述可靠性的概括化期望⑥。Sabel认为信任是交互双方共同持有的、不会利用对方弱点的信念⑦,是人际交往必不可少的组成部分。Hosmer通过一系列测量、统计和比较的心理学实证方法认为:信任是一种相对稳定的性格特质,存在于个体内部且经过社会学习逐步形成⑧。Mayer等人将信任理解为一种预期,即信任客体能够依照信任主体所期望的方式行事,且信任主体使自身处在容易被信任客体伤害的境地⑨。纵观心理学方面的信任研究,可以将信任看成一种心理状态、一种行为选择和一种理性决策,并且由社会关系所决定。

3. 经济学方面

大多数经济学家从理性选择的角度对信任问题进行研究,将信任理解为一种理性决策的结果,认为是有助于规避风险、减少交易成本的理性计算过程。美国著名经济学家Arrow在美国经济学会第86届年会的讲演中提出信任是经济交换的润滑剂,是不易购买的独特商品,是最有效的控制契约机制⑩。Hardin进一步总结出理性计算所包含的两类要素:一是判断可信度所需的信息,二是信任者履行信任内容的动机⑪。基于理性选择研究的基础,经济学领域的学者们在对信任的形成与演化机制研究中引

① Barber B. The Logic and Limits of Trust[M]. New Brunswick: Rutgers University Press, 1983.

② Zucker L G. Production of Trust: Institutional Sources of Economic Structure, 1840—1920[J]. Research in Organizational Behavior, 1986, (8): 53-111.

③ Giddens A. Modernity and Self-identity: Self and Society in the Late Modern Age[M]. Cambridge: Polity Press, 1991.

④ Fukuyama F. Trust: the Social Virtues and the Creation of Prosperity[M]. New York: The Free Press, 1996.

⑤ Deutsch M. Trust and Suspicion[J]. Journal of Conflict Resolution, 1958, 2(4): 265-279.

⑥ Rotter J B. A New Scale for the Measurement of Interpersonal Trust[J]. Journal of Personality, 1967, 35(4): 651-665.

⑦ Sabel C F. Studied Trust: Building New Forms of Cooperation in a Volatile Economy[J]. Human Relations, 1993, 46(9): 1133-1170.

⑧ Hosmer L T. Trust: The Connecting Link Between Organizational Theory and Philosophical Ethics[J]. Academy of Management Review, 1995, 20(2): 379-403.

⑨ Mayer R C, Davis J H, Schoorman F D. An Integrative Model of Organizational Trust[J]. Academy of Management, 1995, 20(3): 709-734.

⑩ Arrow K J. Limited Knowledge and Economic Analysis[J]. American Economic Review, 1974, 64(1): 1-10.

⑪ Hardin R. The Street-level Epistemology of Trust[J]. Analyse & Kritik, 1992, (14): 152-176.

入博弈论的思想，认为信任关系是交往双方为了保持关系的持续性和维持声誉，经过多次博弈而建立的。美国著名微观经济学家Kreps[1]认为为了尽可能提高人际的信任，需要对持续的重复博弈过程不断进行促进，影响信任形成的因素由以下两个方面构成：一是影响重复博弈可能性的因素，二是影响重复博弈中策略选择的因素。Coleman[2]借助新古典经济学中的理性选择理论研究法人组织的信任问题，认为信任是一种需要权衡信任风险与收益的市场决策行为，其中成本与效益的计算在信任形成和发展过程中起到了关键性作用。Granovetter[3]提出所有的经济行为都包含在现阶段的社会架构当中，而当前社会架构的核心组成部分是存在于社会公众日常生活过程中的社会网络，其中信任关系是维系上述社会网络机制健康运行的重要支撑，由此得出的结论是，经济行为嵌入在社会网络的信任结构中。经济学视角倾向于利用博弈论和成本—收益范式对信任进行研究，更注重信任的理性基础和制度设计，同时新经济社会体系的嵌入性研究成为信任研究的新趋向。

4. 计算机科学方面

随着互联网的快速普及与发展，通过网络共享为人们提供统一、开放的计算与信息服务环境已经成为一种趋势。互联网中的资源与环境具有动态性、分布性、异构性等多种新型特征，在当前环境下为用户提供安全可靠的信息共享服务面临严峻的安全挑战。为了有效应对现阶段存在于多代理系统运行过程中的信任难题，Marsh[4]于1994年在其研究成果中对信任的形式化问题进行了较为系统的表述，提出能够度量信任内容和信任程度的数学模型，这一研究成果为信任应用于计算机领域奠定了坚实的基础。当前信任概念在计算机领域得到了较为广泛的应用，但还没有形成精确、统一的定义。Gambetta[5]提出信任是在无法提前监控代理特定行为以及影响该行为相关内容的前提下，代理能够完成相应特定行为的主观可能性。甘贝塔考察信任时，将其置于信任者与被信任者的互动关系中，将信任理解为预期概率中的分界点，认为行为者的理性计算能力是决定行动的关键因素。Grandison等人[6]在综合阐述了各类信任定义的基础上，将信任定义为"针对实体能够在给定的上下文环境中安全、可靠、可依赖地采取行动的能力，是一种坚定的信念"，认为信任是由包括安全性、可靠性、诚实性、真实性、可依赖性、及时性在内的多种属性组成的概念。Dimitrakos[7]将信任定义如下：A方对B方有关于服务S的信任指的是一种能够预测的信念，关注的是B方能在给定的时段和给定的上下文环境中，在与S相关活动里可依赖的表现。计算机科学领域的信任研究主要集中于静态客观证据的身份认证、动态行为特征的度量与评估，基于以上两种方式对实体的信任能力进行判断。

综合分析当前多种学科领域对于信任的理解和界定，信任具有以下共同特性：信任是实体之间互相作用的依据；信任的建立在很大程度上基于对实体历史行为的不断认知和更新；信任的表征作用主要体现在实体能力、实体真实、实体可依赖等方面。

① Kreps D. A Course in Microeconomics[M]. Princeton：Princeton University Press，1990.

② Coleman J S. Social Theory，Social Research，and a Theory of Action[J]. American Journal of Sociology，1986，91(6)：1309－1335.

③ Granovetter M. Economic Action and Social Structure：the Problem of Embeddedness[J]. American Journal of Sociology，1985，91(3)：481－510.

④ Marsh S P. Formalising Trust as a Computational Concept[D]. Stirling：University of Stirling，1994.

⑤ Gambetta D. Can We Trust Trust？[M]. Gambetta D. Trust：Making and Breaking Cooperative Relations. Basil Blackwell：Oxford Press，1988：213－237.

⑥ Grandison T，Sloman M. A Survey of Trust in Internet Applications[J]. IEEE Communications Surveys & Tutorials，2000，3(4)：2－16.

⑦ Dimitrakos T. System Models，E-risks and E-trust[M]. Schmid B，Stanoevska-Slabeva L，Tschammer V. Towards the E-Society：E-Commerce，E-Business，and E-Government. Kluwer Academic Publishers，2001，(74)：45－48.

1.4.3　信任的属性

1. 信任的动态性

信任关系中实体的自然属性决定了信任具有动态性。这里的动态性可以由心理状态、知识结构、性格特征、意愿、能力等实体的内因引发,也可以由实体表现出的行为特征、协议规范、策略选择等外因引发。在现实社会和计算机网络的虚拟社会中,要对实体的内因进行判断和量化非常困难,实体的外因虽然非常模糊和不确定,但可以通过直接或间接的方法对其进行量化、预测和推理,进而进行统一、有效的管理[①]。

2. 信任的主观性

信任主观性的内涵指的是信任关系的产生主要基于主体、客体之间的主观判定,在实际的判定过程中,不同种类的实体执行的判定依据不尽相同,对于在相同时段、具有相同上下文环境而产生相同行为的同一客体,不同的主体根据自身具有的判定标准以及以往的历史交互情况,很可能得出不一致的信任判定结果。

3. 信任的传递性

若两个实体 A 和 B 以往存在交互的情况,则 A 和 B 之间可以依据对方行为的历史记录对双方进行评价和判断,通过上述方式建立的信任关系称为直接信任;若实体 A 和 B 之前没有直接的交互,或者在存在交互情况的基础上为了提高信任判断的准确性,则可以通过第三方实体 C 的推荐信息为 A 与 B 相互间的信任获取提供参考依据,间接信任关系由此产生。即 A 信任 C,C 信任 B,那么 A 可以通过 C 建立起与 B 的信任关系,以上情况可以说明在特定的约束条件下,信任关系具有一定程度的传递性,信任判断过程中存在推荐关系。

4. 信任的不对称性

信任的不对称性源于实体的自然属性,实体 A 信任实体 B,反过来不能认为实体 B 也信任实体 A,同样可以得出的结论是,实体 A 对实体 B 的信任程度与实体 B 对实体 A 的信任程度可以是完全一致的状态,也可以是不完全一致的状态。信任关系不仅可以是一对一的形式,还可以是一对多和多对多的关系。

5. 信任的时间衰减性

实体之间的信任程度具有随时间衰减的趋势。信任的判断主要源于对实体历史行为的评估,然而随着时间的不断流逝,历史行为对现实情况下信任判断的参考意义逐渐减弱。例如:某一特定时刻 T,实体 A 信任实体 B,随着时间的推移,若两者之间不再存在交互关系,那么实体 A 对实体 B 的认知程度就会下降,进而表现为实体 A 对实体 B 信任程度的衰减。由此可见,实体交互过程中,越接近当前时间的交互活动越能更准确地反映实体的信任程度。

6. 信任的量化性

哲学角度认为外因是内因的外部表现形式,因此在信任程度的判断中可以根据实体的外因特征值间接地评估内因。基于上述观点,尽管信任被认为是一种模糊的、主观的关系,但还是可以通过模糊数学中隶属函数等多种数学方法量化表示出来。我们对实体在某一时刻信任程度的外因进行采样,可以得到相对稳定和静态的特征值,信任判断的准确性取决于采样过程中的时间粒度。

---

① 李小勇,桂小林. 大规模分布式环境下动态信任模型研究[J]. 软件学报,2007,18(6):1510-1521.

本章小结

通过对国内外相关研究的总结可以看出，图书、博物、档案数字资源建设、开发研究已经比较深入和成熟，但图书、博物、档案数字化服务融合的相关研究还需进一步深化细致。国外通过组建政府机构及专业组织，实施一系列基金项目共同推动 LAM 合作、数字资源整合及数字化服务融合平台建设，关注点主要集中在宏观战略规划、资源整合架构及技术实现，对用户与 LAM 交互过程、LAM 之间数字资源互操作过程的管理及监督机制研究较少。国内理论研究和实践成果相对匮乏，跨部门的数字资源整合不够全面和深入，数字化服务融合刚刚起步，动态多变的网络环境成为制约 LAM 协同发展的重要因素之一。信任管理机制的应用为解决上述问题提供了可行的解决思路和方案。本篇尝试从图书、博物、档案数字化服务融合的全局过程考虑，从数字资源互操作、用户与数字化服务交互两方面入手，结合 LAM 数字资源的特点和服务融合模式，将信任管理机制应用在图书、博物、档案数字化服务融合中，推动数字化服务融合的发展，建立更加完善的数字化公共文化服务平台。

第2章　信任管理机制及应用模式分析

随着互联网的快速普及与发展,当前网络中计算机数量及各类资源急剧增加,通过网络共享提供开放和统一的信息服务环境逐渐成为主流趋势。然而现阶段互联网环境及其存在的各类资源具有动态、异构、分布、多管理域等新型特征,如何在上述环境下向用户提供安全可靠的信息共享服务和应用执行环境,成为亟须解决的难题。信任管理机制的出现对于可信网络服务环境的实现不仅具有重要的理论意义,同时还具有一定的现实意义。本章对信任管理、自动信任协商的相关定义、模型及现有的典型系统进行深入研究,并详细阐述了信任管理机制目前存在的应用模式。

2.1　信任管理

2.1.1　定义

为了有效解决当前开放环境中新型应用形式存在的安全难题,1996 年,信任管理(Trust Management)被 Blaze 等人[①]率先提出,将其定义为采用统一方式对安全凭证、安全策略、直接授权关键性安全操作进行解释与描述的信任关系。信任管理研究的重要意义在于提供一种基于安全凭证的、独立于具体应用的安全决策框架,其本质是使用理性、精确的方式对复杂的信任关系进行描述与处理,其研究内容主要包含以下三个方面:一是安全凭证的获取,二是安全策略的制定,三是安全凭证能否满足安全策略的判定。Povey[②]借鉴 Abdul-Rahman 等人[③]阐述的主观信任思想,将信任管理的内涵表述为信任意向的获取、评估以及实施,此类信任管理研究重点关注信任度量、信任表述、信任评估。

2.1.2　信任管理模型

信任管理模型的核心内容包括两个方面:一是安全策略描述语言研究,主要用于对安全凭证、安全策略进行准确描述;二是信任管理引擎研究,主要用于对安全凭证集、安全策略、请求等进行一致性校验。该引擎由以下五个基本组成部分构成,即描述请求行为的语言、识别主体的机制、定义应用程序策略的语言、定义信任证书的语言、一致性检查器。基于信任管理引擎(Trust Management Engine,TME)的信任管理模型如图 2-1 所示,由凭证系统、本地策略库、信任管理引擎和应用系统四个组成部分,整个信任管理模型的核心是信任管理引擎,在设计中需要考虑:对安全凭证和安全策略进行描述与表达,对应用系统与信任管理引擎间的职能进行划分,对策略一致性校验算法进行设计。

①　Blaze M, Feigenbaum J, Lacy J. Decentralized Trust Management[C]. Proceedings of the 17th Symposium on Security and Privacy. Oakland, CA: IEEE Computer Society Press, 1996: 164-173.

②　Povey D. Developing Electronic Trust Policies Using a Risk Management Model[C]. Proceedings of the 1999 CQRE Congress, 1999: 1-16.

③　Abdul-Rahman A, Hailes S. A Distributed Trust Model[C]. Proceedings of the 1997 New Security Paradigms Workshop. Cumbria, UK: ACM Press, 1998: 48-60.

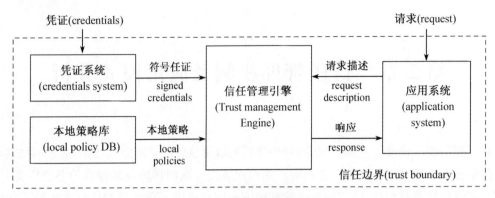

图 2 - 1　信任管理框架①

　　基于 M. Blaze 信任管理思想设计的相关模型可以归属为基于凭证的信任管理模型,适用于参与信任管理实体数量不多的封闭或小型系统当中。随着当前网络环境开放性、分布性、共享性、动态性的提高,基于凭证的信任管理模型已经无法满足系统中信任管理的需要,许多学者开始对以 A. Abdul-Rahman 主观信任模型为代表的基于行为的信任管理模型进行深入广泛的研究②。基于行为的信任管理模型中研究的信任关系称为动态信任关系,ITU-T (International Telegraph Union-Telecommunication Standardization Sector,国际电信联盟电信标准化部门)推荐标准 X. 509 规范③中将信任定义为:当实体 A 假定实体 B 会严格地按 A 所期望的那样行动,则 A 信任 B。

　　参考上述定义,本篇认为行为信任是与实体可靠性、诚信性有关的主观概念,是对实体行为可信度的评估,实体行为信任等级的高低用信任度来表示,且信任度会随实体行为变化而动态变化。在行为信任研究的基础上,研究人员开展了动态信任管理的相关研究,主要针对当前大规模开放系统环境所造成的信任环境复杂化及信任关系动态化等问题,基于社会学、行为学的视角研究能够应用于不同系统环境的动态信任模型及管理技术。动态信任管理通过量化模型对信任关系的动态特征进行详细描述,将信任关系理解为随上下文信息、时间、信任关系特性等因素动态变化的量,最终通过管理动态信任关系实现可信决策。动态信任管理研究中一般需要构建信任度空间、信任度获取、信任度评估及进化等三种类型的数学模型。动态信任建模的任务包含信任关系的初始化、交互实体间行为的观测、信任度的评估与预测等。动态信任管理的体系结构如图 2 - 2 所示,包含用户层、信任管理层和服务层三个层次,其中信任管理层由认证授权模块、环境监控模块、动态信任关系模型、策略库和上下文信息数据库等构成。

　　① Blaze M,Feigenbaum J,Lacy J. Decentralized Trust Management[C]. Proceedings of the 17th Symposium on Security and Privacy. Oakland,CA:IEEE Computer Society Press,1996:164 - 173.

　　② 李建欣,怀进鹏,李先贤,等. DTM:一种面向网络计算的动态信任管理模型[J]. 计算机学报,2009,32(3):493 - 505.

　　③ X. 509:Information Technology-open Systems Interconnection-the Directory:Public-key and Attribute Certificate Frameworks [EB/OL]. [2014 - 08 - 28]. http://www. itu. int/rec/T-REC-X. 509.

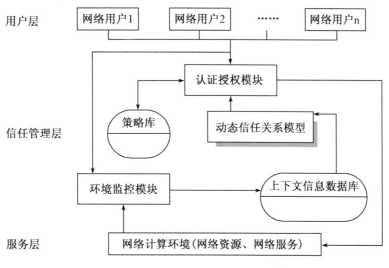

图 2 - 2 动态信任管理体系结构①

2.1.3 凭证信任管理系统

1. PolicyMaker 信任管理系统

与传统访问控制策略不同的是,作为较为全面的解决方案,PolicyMaker 主要在网络服务当中的安全授权方面发挥重要作用。该系统为了便于服务请求安全凭证和安全策略的匹配,提出一种独立于应用的一致性验证算法,是基于 M. Blaze 信任管理思想实现的较早的信任管理系统②。

PolicyMaker 在描述相关安全凭证及策略的时候主要应用了完全可编程方案,通过断言的形式将相关安全凭证及策略进行表征。断言可以表达为 (f, s),f 表征的内容包含两个方面,一是委托授权,二是实际授权,s 代表权威源。不同类型的断言当中 s 的含义也有所不同,其中在安全凭证断言中 s 被赋予安全凭证签发者的公钥。在安全策略断言中 s 被赋予关键字 POLICY,安全策略断言描述了应用系统判断请求是否可接受的最终权威根源,是信任管理引擎必需的输入参数。用于表征断言内容 f 的程序设计语言,PolicyMaker 并没有特殊要求。M. Blaze 等学者在早期试验性研究中专门开发了 AWK 程序语言用于对授权信息进行详细描述。

PolicyMaker 没有对断言描述语言进行规定,策略一致性验证算法与断言描述语言呈现出相对独立的关系。进行一致性验证的步骤是建立一个只包含请求字符串 r 的黑板,然后对断言进行调用。在断言 (f_i, s_i) 开始运行的初始阶段,必须对黑板中包含的相关内容进行读取操作,然后依据具体内容进行接受记录 (i, s_i, R_{ij}) 的添加操作,这里添加的接受记录可能不只一条。值得注意的是,已经存在于黑板当中的接受记录无法被清除。R_{ij} 表征的是某种特定操作,而且能够被权威源 s_i 进行证明,上述特定操作能够规定为不同断言的交互,也能够规定为特定的输入请求 r。面向特定应用的断言程序 f_i 对 R_{ij} 进行处理,而算法本身不需要对 R_{ij} 进行处理和理解。一致性验证成功的重要标志就是最终黑板中接受记录的存在,该接受记录用于证明输入请求 r,并且是在所有断言都已经调用结束的情况下。在实际的一致性验证过程中,有关断言调用次序、调用次数等问题还需要予以重点考虑。针对上述难题,M.

① Blaze M, Kannan S, Lee I. Dynamic Trust Management[J]. Computer, 2009, 42(2): 44 - 52.
② 徐锋, 吕建. Web 安全中的信任管理研究与进展[J]. 软件学报, 2002, 13(11): 2057 - 2064.

Blaze 等①利用相关数学方法对一致性校验问题进行了较为准确的表征。PolicyMaker 实现的一致性验证算法具有一定的局限性，仅仅能够对具备单调性的断言进行相应的处理。PolicyMaker 信任管理系统实现的系统功能较为单一，并没有提供对安全凭证验证功能的支持。

2. KeyNote 信任管理系统

为了切实推动信任管理系统的标准化进程，Blaze 等学者设计了不同于 PolicyMaker 的 KeyNote②信任管理系统。上述信任管理系统在表征安全策略、凭证断言过程中使用了特定的描述语言，针对凭证的可靠性校验等相关功能也被添加进来。这种系统设计理念切实有效地降低了系统负担，同时使得 KeyNote 更易于集成在应用系统当中，还有利于推动安全凭证、安全策略描述格式的标准化，便于应用系统对安全策略和安全凭证进行更有效的传播、获取和使用。

KeyNote 基于类似电子邮件信头的格式来对安全凭证、安全策略进行形式化描述③。*Authorizer* 字段与 PolicyMaker 中的断言权威源 *s* 具备相同的内涵。接下来，被授权的相关实体通过 *Licensees* 字段进行指定，被委以授权的相关实体同样通过 *Licensees* 字段进行指定。*Comment* 字段的功能是对断言进行解释。断言判断程序通过 *Conditions* 字段进行详细表征，还能够对相关的操作环境变量进行相应的测试工作。测试工作阶段涉及的运算操作：一是数值运算，二是模式匹配，三是字符串匹配，四是数值比较等。作为一种深度优先算法，KeyNote 中的一致性验证方案设计思想主要是基于递归方式对满足请求的安全策略进行查找。断言的 *Conditions* 字段和 *Licensees* 字段同时被满足则称满足一个断言。

在 KeyNote 系统中，接受记录同样可以被生成出来，但是这种接受记录对于其他断言程序是不可见的，其使用场合只是限于验证模块。请求被证明需要满足的条件可以表述为：基于断言、断言证明关系以及请求的结构图被成功构建出来。与 PolicyMaker 存在不同的是，KeyNote 系统一致性校验过程对输入断言的相关要求十分严格。现阶段 KeyNote 信任管理系统开展多方面的实践研究工作，一方面应用于网络交易的离线支付④，另一方面应用在 IPsec 协议⑤当中。

3. REFEREE 信任管理系统

Chu 等学者⑥所研制的 REFEREE 信任管理系统，主要用来降低当前 Web 浏览器正在面临的安全风险。REFEREE 信任管理系统能够比较全面、完整地对信任管理模型包含的多种要素进行实现。与 PolicyMaker 相似的是，REFEREE 采用了完全可编程的方式对安全策略和安全凭证进行描述，程序必须采用 REFEREE 约定的格式。

程序的输入用声明列表（STATEMENT-LIST）来进行表示，上述声明列表中可以定义的内容主要包括：凭证验证的上下文、策略验证的上下文及其相关附加参数等。判断结果及声明列表作为程序的输出。REFEREE 信任管理系统具有较为复杂的一致性验证过程，一致性验证的实现主要依赖于安全凭证程序之间、安全策略之间的相互调用来实现。值得关注的是，具有非单调性的安全策略以及安全凭证

① Blaze M，Feigenbaum J，Strauss M. Compliance Checking in the PolicyMaker Trust Management System[J]. Lecture Notes in Computer Science，1998，(1465)：254－274.

② Blaze M，Feigenbaum J，Keromytis A D. KeyNote：Trust Management for Public-key Infrastructures[J]. Lecture Notes in Computer Science，1999，(1550)：59－63.

③ Blaze M，Feigenbaum J，Ioannidis J，et al. The KeyNote Trust Management System Version 2[EB/OL]. [2014－08－10]. https://tools.ietf.org/html/rfc2704.

④ Blaze M，Ioannidis J，Keromytis A D. Offline Micropayments Without Trusted Hardware[J]. Lecture Notes in Computer Science，2002，(2339)：21－40.

⑤ Blaze M，Ioannidis J，Keromytis A D. Trust Management for IPSec[C]. Proceedings of the Internet Society Symposium on Network and Distributed Systems Security (SNDSS 2001)，2001：139－151.

⑥ Chu Y H，Feigenbaum J，LaMacchia B，et al. Referee：Trust Management for Web Applications[J]. World Wide Web Journal，1997，2(3)：127－139.

同样能够通过 REFEREE 信任管理系统进行验证。此外，REFEREE 还具有对安全凭证进行自动采集的功能，进而对其可靠程度进行深入验证。虽然 REFEREE 灵活的一致性验证机制具有较强的处理能力，但其缺陷是功能实现的代价高，系统中存在的安全隐患不容忽视。

4. 基于角色的信任管理框架

Li 等人提出的 RT 框架[1]包含了 RT_0、RT_1、RT_2、RT^T 和 RT^D 在内的用于分布式授权的基于角色信任管理语言族，用上述语言表示分布式授权中的安全策略和安全凭证。RT 框架将基于角色的访问控制（Role-Based Access Control，RBAC）[2]与信任管理系统有机结合起来。基于 RBAC 的视角，引入分配权限用于帮助用户进行组织权限的分配、会话及角色选择等操作；基于信任管理的视角，RT 框架通过使用安全凭证来管理分布式授权的规则以及授权之间的指定关系；基于委托逻辑（Delegation Logic，DL）[3]视角，将逻辑编程的方法应用到信任管理当中。RT_0 是基于角色信任管理语言族中最基础的语言，角色术语中只包含角色的名称不包含任何参数；与 RT_0 相比，RT_1 增加了参数化视角；与 RT_1 相比，RT_2 增加了逻辑对象；RT^T 支持多样化角色和角色产生运算符，有助于表示阈值和职责分离（Separation-of-Duty，SoD）策略，SoD 安全策略需要两个或两个以上实体对敏感任务的完成负责以便于组织欺诈行为；RT^D 提供了角色激活委托的功能。RT 拥有直观形式化的定义和易于处理的语义，极具表达力。

Seamons[4] 和 Bertino[5] 等学者对凭证信任管理系统中需要满足的各项需求进行了总结，包括凭证合并、属性值约束、良好语义、单调性、凭证链传递、敏感策略、内部凭证约束、传递闭包、统一形式化、互操作语言、认证等。针对当前典型的凭证信任管理系统，例如 KeyNote、RT、SPKI/SDSI[6]、DL[7]、TPL[8] 等，表 2-1 比较分析了上述功能的支持情况，Y 表示支持，N 表示不支持，P 表示部分支持。

表 2-1　典型凭证信任管理系统功能比较

需求	典型的凭证信任管理系统				
	KeyNote	RT	SPKI/SDSI	DL	TPL
凭证合并	Y	Y	Y	Y	Y
属性值约束	N	Y	N	N	Y
良好语义	Y	Y	Y	Y	Y
单调性	Y	Y	P	P	N
凭证链传递	Y	Y	Y	Y	Y

① Li N H，Mitchell J C. RT：A Role-based Trust-Management Framework［C］. Proceedings of the DARPA Information Survivability Conference and Exposition，2003，(1)：22-24.

② Ferraiolo D F，Cugini J A，Kuhn D R. Role-based Access Control(RBAC)：Features and Motivations［C］. Proceedings of 11th Annual Computer Security Application Conference，1995：241-248.

③ Li N H，Grosof B N，Feigenbaum J. Delegation Logic：A Logic-based Approach to Distributed Authorization［J］. ACM Transactions on Information and System Security，2003，6(1)：128-171.

④ Seamons K E，Winslett M，Ting Y，et al. Requirements for Policy Languages for Trust Negotiation［C］. Proceedings Third International Workshop on Policies for Distributed Systems and Networks，2002：68-79.

⑤ Bertino E，Ferrari E，Squicciarini A. Trust Negotiations：Concepts，Systems，and Languages［J］. Computing in Science & Engineering，2004，6(4)：27-34.

⑥ 耿秀华，韩臻，金砺，等. 分布式的 SPKI/SDSI2.0 证书链搜索算法［J］. 计算机研究与发展，2008，45(7)：1133-1141.

⑦ Li N，Grosof B N，Feigenbaum J. Delegation Logic：A Logic-based Approach to Distributed Authorization［J］. ACM Transactions on Information and System Security，2003，6(1)：128-171.

⑧ Song S，Hwang K，Zhou R. Trusted P2P Transactions with Fuzzy Reputation Aggregation［J］. IEEE Internet Computing，2005，9(6)：24-34.

（续表）

需求	典型的凭证信任管理系统				
	KeyNote	RT	SPKI/SDSI	DL	TPL
敏感策略	N	Y	N	N	N
内部凭证约束	N	Y	N	N	Y
传递闭包	P	Y	Y	Y	Y
统一形式化	Y	Y	Y	Y	Y
互操作语言	Y	N	Y	Y	Y
认证	P	Y	Y	Y	N

2.1.4 行为信任管理模型

1. T. Beth 信任管理模型

Beth 等学者[①]将经验概念引入信任管理模型中，用于度量和表述信任关系。肯定经验、否定经验是构成经验概念的两种重要类型，经验概念的实质是特定形式的记录，主要用于描述实体完成任务的状态。肯定经验随着实体任务状态成功次数的增加而增加，否定经验随着实体任务状态失败次数的增加而增加。直接信任、推荐信任是上述信任管理模型中存在的两种信任关系类型，即主体对客体的经验可以通过两种方式获得：直接方式和推荐者提供方式，最终一条由主体到客体的信任链基于直接信任关系与推荐信任关系而形成。

直接信任形式化表示为：$Ptrust_x^{seq}\ Qvalue\ V$，其含义是如果 P 对 Q 所有获得的经验都是肯定经验，其获得方式包括直接获得和推荐获得，则称 P 对 Q 存在直接信任关系。seq 表示除 P 和 Q 之外的信任关系推荐路径，V 表示 Q 被信任评估的量化值。

推荐信任形式化表示为：$Ptrust.rec_x^{seq}\ Q\ when.\ path\ S_p\ when.\ target\ S_t\ value\ V$，推荐信任关系中存在目标约束集和路径约束集，设 p 和 t 分别表示 P 获得的有关 Q 的肯定经验记录与否定经验记录。

不同的信任推荐者，针对同一个信任关系，具备形成不尽相同的推荐路径的可能性，为了将所有推荐路径的推荐信息综合起来获取一致的信任评估，需要对信任推导算法进行研究。

Beth 信任管理模型存在的缺陷可以表述为：在主观信任模型的构建过程中直接借鉴概率模型，缺少一定的科学严谨性，因为信任关系的不确定特征以及主观特征与概率存在的随机特性是不能直接画上等号的，因此上述主观信任模型无法真实有效地反映出信任关系的确切情况。

2. Abdul-Rahman 信任管理模型

为了解决代理信任度的评估问题，Abdul-Rahman 等学者[②]通过借鉴信任的社会学特性，提出了基于经验和声望的行为信任模型。直接信任是基于特定上下文信息(c)，一个代理在其他代理(a)中的信任度，给出如下定义：$t(a,c,td),td\in\{vt,t,u,vu\}$，其中 vt 代表十分信任，t 代表一般信任，u 代表不信任，vu 表示非常不信任。推荐信任是基于特定上下文信息(c)，一个代理相信其他代理(b)对于另一个代理的推荐信任度，定义为 $rt(b,c,rtd)$，同样 $rtd\in\{vt,t,u,vu\}$。

Abdul-Rahman 信任管理模型的形式化定义为：设直接信任经验集合为 Q，推荐信任经验集合为

① Beth T, Borcherding M, Klein B. Valuation of Trust in Open Networks[C]. Proceedings of the Third European Symposium on Research in Computer Security, 1994: 3 - 18.

② Abdul-Rahman A, Hailes S. Supporting Trust in Virtual Communities [C]. Proceedings of the 33rd Annual Hawaii International Conference on System Sciences, 2000: 1 - 9.

$R,C=\{c_1,c_2,\cdots,c_n\}$ 是代理 x 知悉的上下文信息集合，$A=\{a_1,a_2,\cdots,a_n\}$ 代表直接或者间接与代理 x 进行过交互的代理集合，经验的取值结果集合定义为 $E=\{vg,g,b,vb\}$。

其中，对于每个代理 a 和上下文信息 c，存在相关的四元组 $s=(s_{vg},s_g,s_b,s_{vb})$，$s_j$ 是经验累加器，设 $S=\{(s_{vg},s_g,s_b,s_{vb})\}$。对于每个代理 a 和上下文信息 c，存在调整经验值 T_{vg}、T_g、T_b、T_{vb}，每个 T_e（其中 $e\in E$）表示代理 a 的信任调整值，设 $T=\{T_{vg},T_g,T_b,T_{vb}\}$，$T_e$ 的取值范围 G 设为：$G=\{-3,-2,-1,0,1,2,3\}$。

A. Abdul-Rahman 信任管理模型还需要进行语义距离（Semantic Distance）的评估和推荐者本身的信任评估，设存在四元组使得 $sd=(sd_{vg},sd_g,sd_b,sd_{vb})$。

以代理 a 的角度评估推荐代理 b 在上下文信息 c 情况下的可信度，可表示为 $rec(a,b,c,rd)$，其中 $rd\in E$。

直接信任度和推荐信任度计算过后，还需要信任更新的计算。其中直接信任的更新较为简单，直接根据最新获得的经验值进行加减操作。

通过对模型中信任管理的形式化定义分析可知，该模型中的信任关系具有如下属性：(1) 与信任上下文信息紧密相关，(2) 能够通过信任推荐交换声誉信息，以便于通过声誉机制协助信任决策，(3) 推荐的信任需要考虑推荐者本身的信任度，(4) 对于同一代理，不同的评估者具有不同的信任判定，(5) 信任具有动态性和非单调性。

3. Josang 信任管理模型

Josang 等人[①]提出一种基于 beta 概率密度函数的新型信誉引擎 beta reputation system，利用证据空间和观念空间对信任关系进行描述与度量[②]，通过定义一组主观逻辑运算子对信任度进行计算与推导。系统基于 beta 概率密度函数表示二项事件（肯定事件和否定事件）的概率分布，这为整合反馈信息和表达信誉评级提供了良好的数学基础。利用 beta 分布来表示二项事件的后验概率。实体产生的一系列事件构成了证据空间，用 $\{x,\bar{x}\}$ 表示事件两种可能的结果，即肯定事件与否定事件。设 r 为肯定事件 x 的观察数量，s 表示否定事件 $\bar{x}$ 的观察数量，设 $\alpha=r+1$，$\beta=s+1$。由于实体的感知满意度不是二项的，因此电子商务交易中的信任信息反馈整合不同于二项事件的统计观察。

Josang 信任管理模型中的观念空间是一个三元组，表示为 $\omega=(b,d,u)$，b 表示信任（belief），d 表示不信任（disbelief），u 表示不确定（uncertainty），三元组中的参数满足 $b+d+u=1,b,d,u\in[0,1]$。假设存在两个代理 X 和 Y，X 对于 Y 的观念可以表示为 $\omega_Y^X=(b_Y^X,d_Y^X,u_Y^X)$，$\omega_T^Y=(b_T^Y,d_T^Y,u_T^Y)$ 表示 Y 对于目标代理 T 的观念。

Josang 认为观念空间与 beta 函数在描述主观信任度上是等价的[③]。Josang 信任管理模型中没有对直接信任和推荐信任进行明确区分，模型中利用三元组对信任度进行表示，提供了用于信任度计算的主观逻辑算子，运算主要包含合并、合意、推荐等。合并运算用于综合计算不同信任内容的信任度；合意运算用于综合计算多个相同信任内容的信任度，其分类标准是参与运算观念（这里指信任度）之间的关系[④]；推荐运算主要用于实现信任度的推导计算。

行为信任管理模型的核心内容之一就是研究基于声誉的信任机制，依据不同的信任值计算方式，基

① Josang A，Ismail R. The Beta Reputation System[C]. Proceedings of the 15th Bled Electronic Commerce Conference，2002：1-14.

② Josang A，Ismail R，Boyd C. A Survey of Trust and Reputation Systems for Online Service Provision[J]. Decision Support Systems，2007，43(2)：618-644.

③ Josang A. A Logic for Uncertain Probabilities[J]. International Journal of Uncertainty，Fuzziness and Knowledge-Based Systems，2001，9(3)：279-311.

④ Josang A. The Consensus Operator for Combining Beliefs[J]. Artificial Intelligence，2002，141(1-2)：157-170.

于全局声誉的信任机制、基于局部声誉的信任机制、利用置信因子综合全局声誉与局部声誉的混合声誉信任机制[1]共同构成当前基于声誉的信任机制的研究内容。典型的行为信任管理模型包括 Beth、Josang、PTM[2]、EigenTrust[3] 等，其中 Beth、Josang 和 PTM 属于基于局部声誉的信任管理模型，EigenTrust、PowerTrust 和 P-Grid 属于基于全局声誉的信任管理模型，而 PeerTrust 属于基于混合声誉的信任管理模型，上述行为信任管理模型的功能比较如表 2-2 所示。

表 2-2　典型行为信任管理系统功能比较

| | 典型行为信任管理系统 | | | | | | |
| | 全局声誉 | | | 局部声誉 | | | 混合声誉 |
	Eigen-Trust	Power-Trust	P-Grid	Beth	Josang	PTM	Peer-Trust
身份	Y	Y	Y	Y	Y	Y	Y
声誉	Y	Y	Y	N	Y	Y	Y
动作	Y	Y	Y	Y	Y	Y	Y
能力	N	Y	Y	N	N	N	Y
信心	Y	Y	N	N	N	N	Y
历史	Y	Y	Y	Y	Y	Y	Y
上下文	Y	Y	N	N	N	Y	Y
动态评估	Y	Y	Y	Y	Y	Y	Y
第三方	Y	N	N	N	N	Y	N
商业价值	Y	Y	Y	N	Y	N	Y
合谋攻击	中	好	低	低	低	中	中
收敛性	好	更好	低	无	无	无	好
精确性	好	更好	中	低	中	好	好

2.2　自动信任协商

自动信任协商支持跨安全域的资源访问，是在传统信任管理研究的基础上发展起来的。从广义角度讲，自动信任协商属于信任管理研究的范畴，从狭义角度看，两者的区别主要在于事先是否知道对方的访问控制策略。

2.2.1　自动信任协商基本概念

完整的自动信任协商系统所包含的基本要素有信任凭证、认证、授权、委托、访问请求、访问控制策略、信任协商策略、一致性校验器等。

---

①　姜守旭,李建中. 一种 P2P 电子商务系统中基于声誉的信任机制[J]. 软件学报,2007,18(10):2551-2563.

②　Almenarez F, Marin A, Campo C, et al. PTM: A Pervasive Trust Management Model for Dynamic Open Environments[C]. Proceedings of the 1st Workshop on Pervasive Security, Privacy and Trust, 2004.

③　Kamvar S D, Schlosser M T, Garcia-Molina H. The Eigentrust Algorithm for Reputation Management in P2P Networks[C]. Proceedings of the 12th International Conference on World Wide Web, 2003: 640-651.

1. 信任凭证

信任凭证[①]是带有数字签名的断言,是一种由凭证颁发者向凭证持有者进行授权的数字化工具,该工具的主要功能是对身份、属性等信息进行存储与携带。当前先进的加密技术为证书的不可伪造性和可验证性提供了强有力的保障。按照用途不同可以分为身份凭证和属性凭证,身份凭证主要用于军事系统、邮件系统等安全级别要求较高的环境中,例如 X.509 标准[②]和 PGP(Pretty Good Privacy)[③]等;属性凭证主要应用于图书共享管理系统等方便管理和易于操作的环境中,例如 SPKI、SDSI[④] 等。凭证持有者可以利用私钥对凭证的所有权进行验证,同时能够通过自己的私钥为第三方颁发凭证。

2. 认证

认证的主要功能是对信任协商参与双方身份真实性的确认,防止隐私信息泄露以及非法授权访问。自动信任协商过程中必须首先确认交互双方的身份信息是否合法,即验证双方所提交信任凭证的真实有效性。

3. 授权

授权的主要功能是首先对请求方提交的信任凭证进行属性分析,然后针对不同的属性信息向请求方进行访问权限的分配操作。自动信任协商中存在两种资源方为请求方授予访问权限的方式:如果请求者持有的信任凭证能够满足资源提供者要求的访问控制策略,资源提供者执行保留相关资源的操作,这是第一种方式;如果请求者持有的信任凭证能够满足资源提供者要求的访问控制策略,资源提供者对请求者执行颁发授权凭证的操作,这是第二种方式。

4. 委托

在协同工作、角色备份等情况下会发生委托操作,委托方须对被委托方的行为负责,临时性、部分性是委托操作所具备的两类特征。其中,临时性特征的内涵是:委托的权限具有时效性,委托权限的使用次数具有有限性;而部分性特征的内涵是:权限拥有方不仅能进行全部权限的委托操作,同样能够进行部分权限的委托操作。

5. 访问请求

信任协商的启动由用户向资源提供方发送访问请求开始,访问请求中携带有对想要访问资源权限的请求信息。访问请求中包含的内容有:用户需要的资源种类、用户想要对资源进行操作的类型等,资源提供方依据相关访问请求生成相应的访问控制策略,能够直接过滤掉无效的访问请求。

6. 访问控制策略

自动信任协商过程中服务、资源、凭证都可以定义相应的访问控制策略[⑤]。根据不同的保护对象,访问控制策略可以分为服务控制策略(Service Governing Policy,SGP)和凭证访问策略(Credential Access Policy,CAP)。服务控制策略用于保护敏感的服务或者资源,凭证访问策略用于保护包含敏感信息的信任凭证。两种策略都规定了请求方需要提交的凭证要求,满足之后才能访问其保护的对象,服务控制策略是服务提供者为保护所提供的服务或资源而指定的访问控制策略,凭证访问策略是信任协商者针对敏感的信任凭证而定义的访问控制策略。

---

① Brands S. Rethinking Public Key Infrastructures and Digital Certificates:Building in privacy [M]. Cambridge:The MIT Press,2000.

② 曹自刚,熊刚,赵咏. 基于 X.509 证书测量的隐私泄露分析[J]. 计算机学报,2014,37(1):151-164.

③ 宋玉璞,周爱霞,肖汉. E-mail 安全协议 PGP[J]. 计算机科学,2008,35(3):46-48.

④ 耿秀华,韩臻,金砺,等. 分布式的 SPKI/SDSI2.0 证书链搜索算法[J]. 计算机研究与发展,2008,45(7):1133-1141.

⑤ Seamons K E,Winslett M,Yu T. Limiting the Disclosure of Access Control Policies During Automated Trust Negotiation[C]. Proceedings of Network and Distributed System Security Symposium,2001:45-56.

7. 信任协商策略

信任协商策略[①]的主要功能是引导信任协商过程的顺利实现。信任协商策略需要具备两种特性：一是完备性，即当信任协商存在成功路径时，信任协商策略能够引导协商成功进行，当信任协商成功路径不存在时，信任协商策略能够及时终止协商，避免不必要的信任凭证泄露出来；二是高效性，如果把信任协商策略看作函数，那么信任协商当前的状态构成了函数的输入部分，信任凭证与访问控制策略的集合构成了函数的输出部分。Winsborough 等学者[②]提出了热心策略和吝啬策略。热心策略基于 PUSH 的方式实现，协商双方将自己不受保护的信任凭证都发送给对方，然后能够进一步解锁更多的凭证，直到一方收到的凭证不能再解锁更多的凭证且不能满足访问控制策略时，信任协商过程被终止，热心策略的缺陷是会导致无关凭证的泄露。吝啬策略采用 PULL 方式，即根据资源提供方的访问控制策略，资源请求方提供相应的信任凭证，直到信任关系建立，吝啬策略的优势是能够改善热心策略对敏感信息保护的不足，缺陷是信任协商效率较低。基于上述两种信任协商策略，Yu 等人[③]提出一种改进型的回溯信任协商策略——削减策略(Prunes)，原理是按照深度优先的方式搜索"安全泄露序列"空间。

8. 一致性校验器

一致性校验器主要功能是判定请求方的信任凭证能否满足资源方的访问控制策略，是信任协商系统不可或缺的重要组成部分[④]。一致性校验器的基本功能是：当一致性校验器收到包含访问请求、信任凭证集合、访问控制策略的一组信息集合时，检验信任凭证的有效性，有效的信任凭证集合能否满足资源方的访问控制策略，最终根据检验结果对请求方做出响应，即是否提供服务或者提供何种类型的服务。此外，一致性校验器还具备高级功能，当请求方提供的信任凭证集合无法完全满足资源方的访问控制策略时，一致性校验器可以提供有价值的反馈信息用以引导信任协商的持续进行。

2.2.2 定义

当前开放、分布的网络环境下，在线服务、供应链管理等领域往往存在若干安全管理域，为了实现上述安全管理域之间全面、有效的协作计算、资源共享等目标，亟须研发高效机制为动态分散、数目庞大的个体以及组织建立信任关系。针对上述现实难题，自动信任协商(Automated Trust Negotiation, ATN)的概念被 Winsborough 等[⑤]研究人员提出，自动信任协商所要实现的功能是帮助资源请求者、资源提供者在交互过程中进行信任关系的自动构建，该功能主要依赖于交互双方拥有的信任凭证、访问控制策略的逐渐披露来实现[⑥]。当资源或服务提供方与访问者不属于同一安全域时，基于凭证和策略的常规访问控制方法不能对访问者的行为进行有效控制，ATN 可以防止非法用户的非授权访问，为合法用户访问资源或服务提供安全保障。

---

① Yu T. Dynamic Trust Establishment in Open Systems[D]. Urbana-Champaign: University of Illinois, 2003.

② Winsborough W H, Seamons K E, Jones V E. Automated Trust Negotiation[C]. Proceedings of the DARPA Information Survivability Conference and Exposition, 2000: 88 - 102.

③ Yu T, Ma X S, Winslett M. PRUNES: An Efficient and Complete Strategy for Automated Trust Negotiation over the Internet [C]. Proceedings of the 7th ACM Conference on Computer and Communications Security, 2000: 210 - 219.

④ Liao Z S, Jin H. A RT0-based Compliance Checker Model for Automated Trust Negotiation[C]. Proceedings of the 2007 Pacific Asia Conference on Intelligence and Security Informatics, 2007: 129 - 140.

⑤ Winsborough W H, Seamons K E, Jones V E. Automated Trust Negotiation[C]. Proceedings of the DARPA Information Survivability Conference and Exposition, 2000: 88 - 102.

⑥ Winsborough W H, Jacobs J. Automated Trust Negotiation Technology with Attribute-based Access Control[C]. Proceedings of the DARPA Information Survivability Conference and Exposition, 2003: 60 - 62.

此外,Yu 等学者①对信任协商的相关策略进行了形式化定义。凭证和服务都被认为是系统包含的资源,分别被记为 C 或者 R。每个资源 R 严格对应一个凭证泄露策略(访问控制策略)。

自动信任协商的工作原理如图 2-3 所示,信任协商的两方通过各自对应的安全代理完成相应的协商过程,信任协商协议(Negotiation Protocol)是实现协商过程的重要支撑,整个通信过程遵循通用的安全通信协议(Secure Sockets Layer)。协商过程的开端由资源请求者向资源提供者发送请求服务开始。安全代理依据信任协商策略(Negotiation Strategy)选择访问资源,在确定被访问资源之后,安全代理依据被访问资源所对应的访问控制策略,进一步泄露所需的信任凭证和安全策略,按照上述流程进行交互,直至完成信任协商。这里访问控制策略实际描述了资源请求者为了获取资源应该泄露的信任凭证。

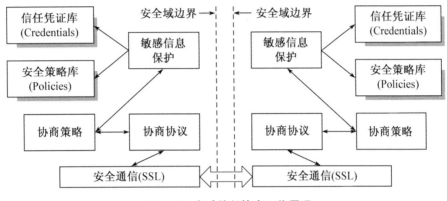

图 2-3　自动信任协商工作原理

本章小结

本章首先深入阐述了信任管理涉及的相关概念,从凭证信任管理和行为信任管理两个方面对当前的典型系统及经典模型进行探讨。在此基础上对自动信任协商的工作原理和基本要素进行分析,并详细研究了典型的自动信任协商系统。最后从 P2P 网络、普适计算、网格计算、Ad hoc 网络、电子商务等不同领域对当前信任管理机制的应用模式进行了详细阐述。本章的研究内容为数字资源互操作的信任管理研究和数字化服务融合的自动信任协商研究提供了良好的实践研究依据。

---

① Yu T,Winslett M,Seamons K E. Supporting Structured Credentials and Sensitive Policies Through Interoperable Strategies for Automated Trust Negotiation[J]. ACM Transactions on Information and System Security,2003,6(1):1-42.

第 3 章　数字资源互操作及服务融合模式分析

由于本篇的研究主旨是从图书、博物、档案数字化服务融合的全局过程考虑,基于数字资源互操作和数字化服务融合两个方面,将信任管理机制应用于图书、博物、档案数字化服务融合的具体环境当中。因此对当前数字资源互操作及数字化服务融合的实践模式进行深入分析是本篇必需的研究工作。本章在分析国内外四类典型工程项目及实践的基础上,分别对数字资源互操作应用模式、数字化服务融合模式、跨域环境下安全互操作的应用实践进行详细探讨。

3.1　数字资源互操作模式探析

数字资源的内在关联呈现出复杂的网状关系,上述关联需要深层次、多角度地揭示与挖掘才能满足用户一体化的信息资源服务需求,全面、深入的数字资源互操作成为保障数字资源有效整合的重要策略。本节首先对当前数字资源整合的原则及典型方法进行分析,然后详细探究三种典型的数字资源互操作系统架构。

3.1.1　数字资源整合原则与方法

泛在信息和泛在知识环境下,数字资源整合受到日益关注,理论、应用、技术已经成为国内外数字资源整合领域的重要课题和发展脉络[①]。数字资源整合就是根据用户需求对相对独立的数字资源中的信息对象、功能结构及其对应关系进行聚类、揭示、融合、重组,进而整合出效能优化的新型数字资源体系。数字资源整合需要遵循的五项基本原则是:鼓励私人投资、提供开放获取、促进竞争、建立灵活的管理环境、提供通用普遍的服务。目前常见的数字资源整合方法对比汇总如表 3-1 所示。

3.1.2　Metalib with SFX 系统

艾利贝斯集团(Ex Libris Group)是全球领先的图书馆软件国际厂商[②],该集团陆续开发的图书馆统一资源发现与获取门户系统 Primo、完全集成的图书馆系统 Aleph 500、原创的开放链接系统 SFX、图书馆学术资源门户系统 MetaLib、电子资源管理系统 Verde、数字资产管理系统 Digitool、下一代图书馆服务框架 Alma 等产品,形成了完整的数字资源整合构建方案。

MetaLib 系统是由艾利贝斯集团推出的数字资源整合系统,该系统提供了强大的远程信息资源的整合检索环境,帮助用户快速而有效地找到所需信息,同时与 SFX 开放链接服务器集成在一起,为用户的资源发现提供上下文敏感的链接服务,例如:直接获取全文信息、查看印刷馆藏目录、提交文献传递或馆际互借请求等。MetaLib 在清晰熟悉的用户界面中为用户呈现出来自不同信息供应商的内容,无须了解不同的检索方法和界面,进而简化了资源发现的过程。MetaLib 由通用网关(Universal Gateway)、资源库(Resource Store)、个性化定制与用户管理、扩展服务(Extended Services)四种核心技术组成,

---

① 马文峰,杜小勇. 数字资源整合的发展趋势[J]. 图书情报工作,2007,51(7):66-70.

② Exlibris The Bridge to knowledge[EB/OL]. [2014-10-20]. http://www.exlibris.com.cn/new/index.asp.

MetaLib 原理框架如图 3 - 1 所示。

表 3 - 1　数字资源整合方法汇总[①]

方法	整合原则	适用条件	面临难题	相关技术
集中资源法	数字资源集中存储在同一数据库	本地整合,本地访问 数字资源相对稳定 具备丰富的本地接口	数字资源所有权 存储空间	Ingest
元数据整合法	元数据求同存异	具备大量的资源存储 提供快速检索 元数据标准统一	访问路径 元数据标准 不同程度的数字化对象 搜索结果的最终资源	OPAC
	整合元数据	更新内容频繁	现有资源数量有限 部分选项有待开发	RSS
站点信息搜罗法	整合元数据	搜索目标为站点集合	访问路径 搜索结果的呈现方式	Google
联合检索法	整合搜索机制	元数据无法集中 时间原因导致无法分别访问 不同类型的资源 资源发现 用户检索少量信息 更新内容频繁	缺乏标准 维护成本时耗 副本的存放展示 服务器荷载 搜索结果 职员培训	跨库检索

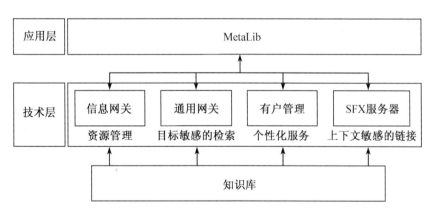

图 3 - 1　MetaLib 原理框架图[②]

完成跨协议的查询工作是通用网关实现的主要功能之一,此外通用网关还具备抽取查询结果的功能,包含 FIND DUPLICATES、FIND、PRESENT、COMBINE SET 四个组件[③]。资源库可以视为信息网关,是图书馆跨库检索系统的核心目录,支持基于 DC 的资源著录格式,支持许可使用和版权控制。个性化定制与用户管理支持依据用户身份级别差异开放许可权限制的数字资源和特定服务,提供机构成员(Member)和临时访客(Guest)两种类型的使用权限。为了更好地实现个性化的检索环境,机构成员需要具备定制资源目录的功能。扩展服务指的是 MetaLib 系统嵌入了 SFX 服务器,存在于数据库当

①　沈涌.数字信息资源整合策略与服务共享模式研究[D].长春:吉林大学,2009.

②　Chen X T. MetaLib, WebFeat, and Google-The Strengths and Weaknesses of Federated Search Engines Compared with Google [J]. Online Information Review, 2006, 30(4): 413 - 427.

③　姜爱蓉,王平,郑小惠.分布异构资源整合管理系统的技术特点和应用趋势——MetaLib & SFX 综述[J].现代图书情报技术,2004,(4):1 - 5.

中的 metadata 被 SXF 进行标准 OpenURL 格式①的相关定义。

SFX②实质是基于开放统一资源定位器标准的参考链接系统，最初产生于比利时根特大学与美国洛斯阿拉莫斯国家实验室 LANL 联合开展的有关参考链接的研究中。SFX 可以为电子期刊全文、OPAC 信息、主题网关信息等任何资源的记录提供相应能够获得内容和服务的链接，有助于不同来源数字资源实现无阻碍的导航功能。OpenURL(Open Uniform Resource Locators)③是开放的数字资源与查询服务之间的通信协议标准，提供了在信息资源服务者之间传递对象元数据的格式，该协议标准是 SFX 的核心内容。SFX 利用 OpenURL 标准将复杂数据库之间的互通互连通过简单的链接实现，完成了二次文献到全文、引文到全文、文摘到文摘的整合。其核心思想是把提供链接源的数字资源与链接服务进行分离，进而 SFX 链接服务器作为第三方组件能够参与链接过程，成为目标解析和服务提供的主体，SFX 的工作原理如图 3-2 所示。信息提供商根据用户提交的检索条件返回相应的基本链接，与此同时，信息提供商将 OpenURL 语句提供给服务程序组件，上述 OpenURL 语句包含 HTTP 请求和元数据传递两部分内容。OpenURL 语句的功能是以 SFX 服务器能够解析的语法对元数据进行编码，而 SFX 服务器在收到 OpenURL 语句之后对其进行解析，并创建到目标信息源的链接。SFX 中采用了智能链接的方式，与以往采用的由初始链接向链接目标直接映射方式不同的是，智能链接的实现过程需要链接服务器的参与才能完成。

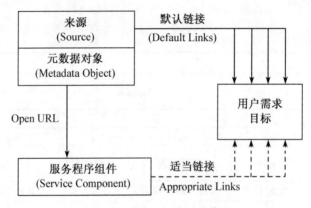

图 3-2　SFX 工作原理示意图

3.1.3　MAP 系统

MAP(Millennium Access Plus)④是由 Innovative Interfaces 公司开发的数字资源整合系统，能够整合包括档案资料、视听资料、全文数据库、摘要和索引数据库在内的各类数字馆藏，由资源链接、联合检索、认证管理三个功能模块组成，通过多重协议整合式检索、上下文链接、识别确认三种功能提供管理与控制数字资源的工具，其结构原理如图 3-3 所示。

---

①　殷菲菲，李亚子. 开放链接解析器的实现研究[J]. 现代图书情报技术，2009，(6)：19-23.

②　Liu G Y, Zheng H X. Access to Serials: Integrating SFX with Evergreen Open Source ILS[J]. Library Hi Tech, 2011, 29(1): 137-148.

③　Ponsford B C, Stephens J, Sewell R R. Improving OpenURL Menus: User Testing of Revisions to SFX (R) Menus [J]. Serials Review, 2011, 37(3): 162-170.

④　Millennium[EB/OL]. [2014-10-20]. http://www.iii.com/products/millennium.

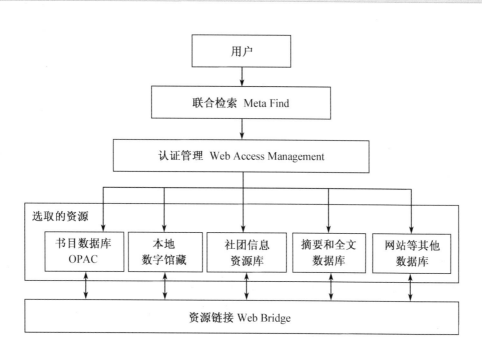

图 3-3　MAP 系统结构原理图①

Web Bridge 对各类资源进行注释的同时提供对各类资源的动态链接，或到电子全文的直接链接，此外 Web Bridge 还支持 CrossRef② 和 OpenURL 标准。Web Bridge 能够将多个图书馆的数字资源链接起来，具有智能链接功能，可以从 Web Bridge 驱动的图书馆馆藏的任何数字资源中建立相应的信息资源列表。OpenURL 管理的资源与 Web Bridge 是兼容的，Web Bridge 解析服务器根据传递来的 OpenURL 信息、图书馆相关规定和现有资源状况，返回适当的数字资源。Web Bridge 与 Millennium 图书馆馆员模块完全整合在一起，提高了工作流程当中的效率。为了便于图书馆自身定义启动何种信息资源服务，Web Bridge 拥有自己的管理界面，与 Millennium 馆员模块、Web OPAC 组成 OpenURL 驱动的外部资源链接都可以通过管理界面进行设定。Web Bridge 存在的优点包括：（1）外部数字资源与 Millennium 模块、Web OPAC 进行实时链接，保障了用户和馆员对数字资源的充分使用；（2）各个链接可通过高级管理界面由图书馆进行自定义，且链接具有动态性和关联性等特征；（3）Web Bridge 链接与其他远程访问工具和代理服务器保持兼容。

Meta Find 包含对数字资源进行整合检索的功能，同时能够将检索得到的结果与其全文内容进行链接。单一检索以及整合检索结果、充分访问以及有效控制是 Meta Find 具备的两类特征。Meta Find 作为一种全能的检索引擎，能够实时对不同数字资源进行检索，还具有多协议检索的能力。单一检索界面能够胜任检索不同种类数字资源的任务，检索结果能够将书目引用文献、数字媒体、商业性 Web 资源等同时列出。应用 Meta Find 的优势一方面能够在用户检索不同种类数字资源时进行简化操作，一方面加强了图书馆对于数字资源的统筹管理。与此同时，图书馆具备对 Meta Find 进行自行定义的权限。利用 Meta Find 进行检索的过程中主要借助 XML、XTML、XSL 等实现，检索结果的格式同样基于上述工具进行定义，有利于各类数字资源在整合过程中实现较为统一的显示模式。超链接也存在于检索结果当中，检索结果不仅可以与 Web Bridge 进行整合操作，还能够进一步与其他数字资源进行链接。Meta Find 在与 Web Access Management 进行整合的过程中，访问控制机制的构建是十分必要的，其功

① 沈涌. 数字信息资源整合策略与服务共享模式研究[D]. 长春：吉林大学，2009.
② 周晓英. 知识网络、知识链接和知识服务研究[J]. 情报资料工作，2010，（2）：5-10.

能是阻止不合格用户的访问行为。为了有助于图书馆对 Meta Find 访问的资源使用情况进行精确监测，深入而全面的统计报告是必不可少的。

Web Access Management 的本质属性是管理工具，该工具的主要功能是对合法用户的访问操作进行授权与管理，而这部分合法用户并没有在授权 IP 的范围之内。各类用户如果想要对网络数据库进行访问，必须经过代理服务器的相关认证操作，合法用户进行数字资源的合理访问是被允许的。Web Access Management 代理服务器设置操作简单，与用户数据库集成，便于对用户进行身份认证，限制非法用户盗用数字资源。Web Access Management 具有强大的 URL 认证功能，能够在规定时间内对数据库地址进行检查，及时提出错误的 URL 清单。

3.1.4　TPI 系统及 USP 平台

清华同方 TPI(Team Person Improve)[①]信息资源建设与管理系统作为智能内容管理系统，其实现的本质功能是非结构化的文档管理。全文检索数据库是上述系统非常重要的组成部分之一，其系统架构主要是三层 C/S 架构，而检索方式主要基于 B/S 浏览器进行实现，支持的功能包括：电子书制作、全文检索、元数据标引、文档统一转换、内容动态发布、文档分类管理等，实现对文本、图像、音频、视频等各种类型数字资源的管理，具有操作简单、检索功能强大、发布灵活多样、管理功能规范、稳定性强等特点，目前已经广泛应用于数字图书馆特色库建设、数字档案馆建设和各种类型的文档管理系统中。不同种类的子系统是 TPI 系统的重要组成部分，例如：数字资源采集、数据库发布与检索、数字资源加工、数字参考咨询、个人数字图书馆、数字资源管理、网上用户教育。对网络相关信息进行精确采集、在多种元数据标准之间进行合理转换、对电子文件格式进行及时转换等都是数字资源采集子系统应当实现的基本功能；数字资源加工子系统实现对传统资源的分类标引与数字化加工功能；数据库发布与检索子系统的功能是全文检索、异构数据库统一检索、分布式检索，同时还具有内容发布、订阅推送和全文传送等功能；个人数字图书馆子系统用于个人资源的个性化存储、收集与管理的功能实现；数字资源管理子系统的功能是实现数据库维护、用户权限管理、统计和计费等；网上用户教育子系统能够实现基于网络实时交互技术的远程教学。通过资源调度系统和索引系统，TPI 检索服务器对数字资源进行索引与组织管理，并存储在分布式的存储设备当中。其信息检索访问流程描述如下：用户利用 TPI 客户端或者浏览器将检索请求发出，上述请求必须首先通过安全认证，然后才能以分布式的模式向全文检索服务器进行传递操作。为了准确地对用户请求进行响应，数字化资源调度系统、数字化资源存储系统、检索服务器都需要参与进来，最后将请求结果通过网络传递回用户。

USP(Union Search Platform)[②]网络数据库统一检索平台的重要特性就是具有智能性。为了得到全面、准确的信息检索结果，USP 基于统一的用户界面进行不同种类数据库检索平台的检索操作，实现了智能化整合多种检索工具的功能，主要由统一检索模块、用户注册模块、引擎配置模块、检索结果显示模块等部分构成。其中，有效满足不同用户对检索设置的个性化需要是用户注册及引擎配置模块能够实现的主要功能，例如调用的搜索引擎种类、需要进行个性化用户名及密码的设置、需要进行检索结果显示风格的设置等；为了满足各类搜索引擎的本地化检索要求，用户产生的各类检索请求必须被转换成相应的匹配模式，这就是统一检索模块能够实现的主要功能；检索结果显示模块的功能是对检索结果进行合并、去重和输出处理等操作。USP 采用了双层 B/S 体系结构，为了实现对网页的智能化分析功能，USP 采取了基于 COM 组件的模式，其优势就是针对不同搜索引擎的检索结果进行多线程分析功能的

---

① TPI 信息资源建设与管理系统[EB/OL].[2014 - 10 - 20]. http://tpi.cnki.net/cpzx/qysshxxzygl/Document/225/225.html.
② 朴英花.基于 TPI 的企业特色型数字图书馆建设研究[J].情报科学,2006,24(11):1709 - 1712.

存在,并将合理的检索结果快速传递给用户。USP 工作流程图见图 3－4。

图 3－4　USP 工作流程图

3.1.5　数字资源互操作典型系统总结

MetaLib & SFX 系统基于 Oracle 和 MySQL 等通用数据库平台作为底层数据库,支持基于网络的知识库配置,但是其知识库的装载与维护较为复杂,资源提供方有关用户界面、使用控制、数据库结构等方面的变化都需要修改知识库中的相应配置,此外在网络环境下数字资源的访问管理方面功能比较简单。MAP 系统的应用提高了数字资源之间的互联互通,支持多语种和字符集的检索与显示,虽然提供读者身份认证功能,但是无法有效满足当前动态、开放网络环境下数字资源互操作过程中的安全交互及认证需求。TPI 系统采用基于分词策略的全文检索,提供灵活的内容发布平台和异构检索平台,用户认证支持集群服务器的逻辑划分,能够进行访问控制的灵活定制,基本实现了由静态资源处理到网络资源实时整合、由单一资源管理到集群检索服务的转变,但是与 MetaLib & SFX 和 MAP 系统相比整合数据库的种类与数量较少,实现的系统功能还不够全面。

3.2　跨域环境下安全互操作的实践分析

当前以数字资源互操作以及数字化服务融合为代表的跨安全域资源共享、多机构业务合作协同等不同类型的分布式应用不断涌现,传统的访问控制机制以及多自治域环境下的安全协作问题面临巨大挑战[①],总结起来主要包括三个方面:一是安全可靠的互操作如何保障实现,二是数字资源共享最大化与安全性之间的平衡如何保障实现,三是如何有效消除互操作中面临的安全威胁。现阶段功能相对简单的本地安全访问模型不能很好地满足全新形态的分布式应用当中的多种类型的高层次安全需求,上述安全需求包括对上下文环境进行感知方面、细粒度的控制与约束方面、异构架构中的安全集成方面、决策因素的访问判定方面等[②]。近年来,越来越多的大规模分布式系统呈现出系统内部各个安全域高度自治的状态,当前分布式访问控制领域的热点研究问题可以概括为如何更好地实现数字资源的安全管理与控制,上述过程主要基于跨域环境下的安全互操作来完成。

———————————

①　王艳辉,肖雪梅,贾利民.互操作信任的模糊变权动态综合评价方法[J].计算机研究与发展,2012,49(6):1235－1242.

②　金莉,卢正鼎,赵峰.多域环境下安全互操作研究进展[J].计算机科学,2009,36(2):47－54.

3.2.1 安全检测实施维度下的互操作

安全检测实施是安全互操作过程中的核心问题和基本问题，安全检测模式分为基于协调中心（Mediator-based）和无协调中心（Mediator-free）两种。基于协调中心模式多出现在早期的安全互操作实施方案中，其本质是集中式管理的被动式后期安全实施方案，需要首先建立安全域之间的映射链接，相对独立的协调中心负责对链接的安全程度进行全面的分析与判定，避免安全隐患。该模式能够应用于自治域总体规模较小，且访问受控约束情景较为单一的场景中，然而无法应用在大规模动态开放式的协作场景中，原因归结为前期的映射关系没有基于映射原则、逻辑原则进行严格的推导，基本上依赖于人为管理。后期用于安全检测的运算开销可能会变得非常大，都是映射关系人工建立的缘故。基于路由器实现消息转发的设计思想，研究人员构造出无协调中心的安全检测模式，以往基于集中式的安全检测操作被转移到不同安全域的内部分别进行，同时将基于历史的简单推理规则引入安全检测过程中，并在互操作建立中考虑映射合理性的问题。

1. 基于协调中心的安全互操作

Shafiq 等人[①]利用概念类将域间的角色关系定义为相等、包含、相交、无关四种类型，在域间协作中通过迭代方式进行角色整合。假设 $r_a \in$ 域 A，$r_b \in$ 域 B，如果 r_a 与 r_b 角色相等，双向映射关系可直接建立；如果 r_a 包含 r_b，通过生成 $r_{a1} \leqslant r_a$，使得 r_{a1} 与 r_b 角色相等，进而建立双向映射关系；如果 r_a 与 r_b 相交，通过生成 $r_{a1} \leqslant r_a$、$r_{b1} \leqslant r_b$，使得 r_{a1} 与 r_{b1} 角色相等，进而建立双向映射关系。域间按照角色层次关系，从最高级别的角色开始比较进行角色整合，最终形成全局互操作策略视图。为了对互操作全局视图中存在的策略冲突进行有效解决，整数规划的设计思想被研究人员用于把安全约束转换为线性不等式组，必须满足不等式组，互操作过程才可视为有效。但是面对自治域数量众多、RBAC（Role-Based Access Control）结构复杂情况下的全局策略整合问题，整数规划方案无法实时解决。

权限 p 可以推导出继承角色 y 在时间约束 t 内同样拥有权限 p；角色激活继承的含义是用户 u 在时间约束 t 内可以激活角色 x 可以推导出用户 u 在时间约束 t 内同样可以激活角色 y。本域当中的外输型角色用于放置允许其他域拥有的共享权限，外输型角色与本域当中的其他在 GTRBAC（Generalized Temporal Role-Based Access Control）模型[②]研究的基础上，带有时间约束的安全互操作框架[③]将权限继承和角色激活继承两种新型继承方式引入进来，如图 3-5 所示。权限继承的含义是角色 x 在时间约束 t 内拥有角色保持权限继承的关系。上述方式有效区分了角色属性的传递以及角色附带权限的传递，同时时间约束机制的应用提高了安全互操作的细粒度控制。

2. 无协调中心的安全互操作

Shehab 等人[④]提出 SERAT（Secure Role Mapping Technique）方案，是一种能够避免协调中心的分布式安全互操作协议，该方案在安全检测过程中引入访问路径和基于访问路径的约束，并利用数字签名协议保障访问路径的正确性。SERAT 方案中把位于安全域边界的角色定义为 $r_{status}^{domain\_name}$，其中 $domain\_name$ 表示角色所在的自治域标识，$status$ 表示角色所处的状态，即 $status \in (entry, exit)$，代表角色在安

① Shafiq B, Joshi J, Bertino E, et al. Secure Interoperation in a Multidomain Environment Employing RBAC policies[J]. IEEE Transactions on Knowledge and Data Engineering, 2005, 17(11): 1557 - 1577.

② Joshi J B D, Bertino E, Latif U, et al. A Generalized Temporal Role Based Access Control Model[J]. IEEE Transactions on Knowledge and Data Engineering, 2005, 17(1): 4 - 23.

③ Piromruen S, Joshi J. An RBAC Framework for Time Constrained Secure Interoperation in Multi-domain Environments[C]. Proceedings of 10th IEEE International Workshop on Object-Oriented Real-Time Dependable Systems, 2005: 36 - 48.

④ Shehab M, Bertino E, Ghafoor A. SERAT: Secure Role Mapping Technique for Decentralized Secure Interoperability[C]. Proceedings of the 10th ACM Symposium on Access Control Models and Technologies, 2005: 159 - 167.

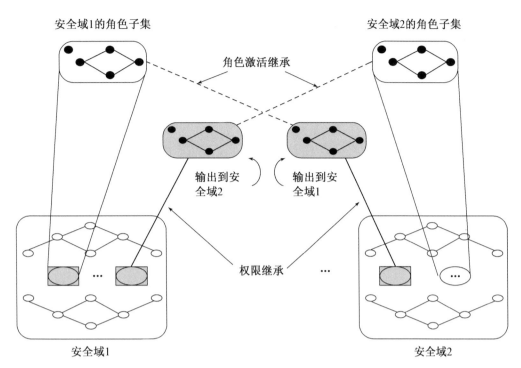

安全域1的角色子集　　　　安全域2的角色子集

角色激活继承

输出到安全域2　　输出到安全域1

权限继承

安全域1　　　　　　　　　　安全域2

图 3-5　基于角色继承和权限继承的安全互操作示意图

全域边界处于进入(E)和离开(X)状态。集合 F 由所有安全域间的角色映射链接组成,集合 R 由所有安全域间的限制性链接组成。SERAT 安全互操作示例如图 3-6 所示,存在由安全域 A 中的角色 r_{A1} 到安全域 C 中的角色 r_{C1} 的访问路径,即 $P=\{r_{A1},r_{B3},r_{B1},r_{C2},r_{C1}\}$。在安全域 B 中,r_{B3} 可以定义为 r_E^B,r_{B1} 可以定义为 r_X^B。为了防止角色 r_{C1} 获得角色 r_{A3} 的访问权限等违反安全的状况出现,SERAT 安全互操作对访问路径的安全性进行了相应约束。假设安全域间的访问路径定义为 $P=\{r_1,r_2,\cdots,r_n\}$,$Domain(r_i)$ 定义为 r_i 所在的安全域标识,其中 $i<j$ 表示在访问路径 P 中 r_i 位于 r_j 的前面,访问路径的约束包含以下 3 条:① 对于所有存在的 $i<j$ 且 r_i,$r_j \in P$ 的情况下,若 $Domain(r_i)=Domain(r_j)$,则

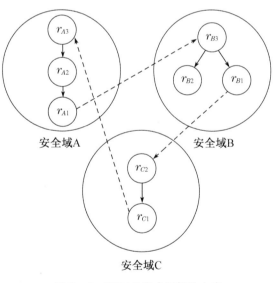

安全域A　　　　　　　安全域B

安全域C

图 3-6　SERAT 安全互操作方案

称为角色 r_j 继承角色 r_i;② 对于所有存在的 r_i,$r_{i+1} \in P$,若 $Domain(r_i) \neq Domain(r_{i+1})$,则 (r_i,r_{i+1}) 称为安全域间的角色映射链接,即 $(r_i,r_{i+1}) \in F$;③ 对于所有存在的 $i<j$ 且 r_i,$r_j \in P$ 的情况下,(r_i,r_{i+1}) 不属于明确禁止的安全域间访问链接,即 $(r_i,r_{i+1}) \notin R$。

3.2.2　协作架构维度下的互操作

当前大多数互操作实现方案按照安全域间协作架构的不同,分为联邦域间协作模式和松耦合域间协作模式两类。联邦域间协作模式所适用的多自治域环境具有信任关系相对稳固、职能相似和业务关联紧密等特性。该模式中通常存在用于负责全局策略制定和业务协同工作的主安全域,而其他安全域称为从安全域,全局策略到从安全域策略的等价转换揭示了该模式的互操作过程,联邦域间协作模式的

逻辑空间包含桥型映射结构和星型映射结构两种。松耦合域间协作模式主要适用于具有临时特性的动态协同组织，其含义是各安全域只在特定时期内共享资源，形成以具体任务为驱动的有效耦合关系。松耦合域间协作模式的逻辑空间主要是网状映射结构。

1. 基于 X-RBAC 的安全互操作

Joshi 等人[①]在提出适用于多安全域访问控制语言 X-RBAC (XML Role-Based Access Control)的基础上，分别构造出联邦式和松耦合式的策略复合框架，如图 3-7 和图 3-8 所示。联邦式协作场景以业务关联程度为基础，具有较高的耦合程度，逻辑主安全域中的全局角色 R 依据相关上下文约束映射为多个联邦成员中的本地角色，形成星型映射结构。能够进行平等的业务协作是松耦合式安全互操作中各安全域具备的特征，低层次的临时资源共享是该模式下安全域间映射链接需要完成的重要任务之一。

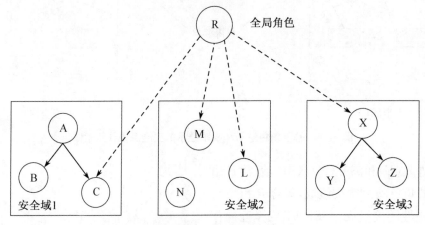

图 3-7 联邦式安全互操作方案

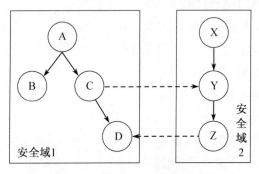

图 3-8 松耦合式安全互操作方案

2. 基于 dRBAC 的安全互操作

dRBAC(Distributed Role-Based Access Control)模型[②]是一种包含第三方委托、证书预订和值属性等特点在内的分布式信任管理与访问控制机制。该模型通过 PKI 对执行信任敏感操作实体的身份进

① Joshi J B D, Bhatti R, Bertino E, et al. Access-control Language for Multidomain Environments[J]. IEEE Internet Computing, 2004, 8(6): 40-50.

② Freudenthal E, Pesin T, Port L, et al. dRBAC: Distributed Role-based Access Control for Dynamic Coalition Environments [C]. Proceedings 22nd International Conference on Distributed Computing Systems, 2002: 411-420.

行识别,并对委托证书进行验证,实现了跨域动态联盟环境下的资源访问控制①。Lee 等研究人员②在此基础上提出分布式角色(distributed roles)的概念,其互操作实现方案如图3-9所示。分布式角色用于表示协作组织内部若干公共职位的高级别抽象层,具体来讲分为两种类型,即 *dRole_Requester* 和 *dRole_Provider*。安全域中的内部角色指向分布式角色中的 *dRole_Requester*,图中简写为 *dRole_Req.*,并通过 *dRole_Provider* 指向其他安全域中的外域角色,图中简写为 *dRole_Pro.*,本地用户或内部角色通过上述过程中建立的转接链实现了安全域间的互操作。方案中转接链的迭代指向通过利用扩展 XACML(eXtensible Access Control Markup Language)③角色继承描述结构来表达。图3-9中,为了能够使安全域1中的用户可以访问到安全域4中的资源,中间通过多个分布式角色策略将转接链建立起来,该方案中的全局角色与本地角色组成了桥型映射结构。

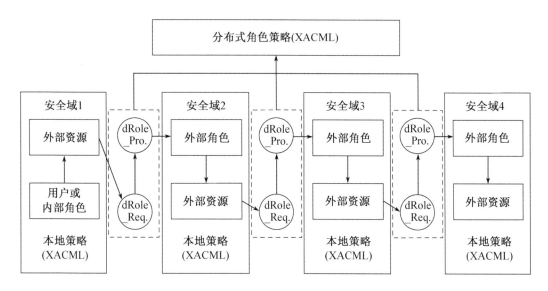

图 3-9　基于分布式角色的互操作方案

3.2.3　建模辅助维度下的互操作

长期以来,安全域间的协作始终具有特征复杂和场景多样的重要特征,互操作决策过程中的多种影响因素不能通过访问控制模型准确描述出来,基于风险、语义、信任等互操作辅助技术能够对安全域间的协作授权进行更为准确的建模。

1. 基于风险的安全互操作建模

应用于多自治域间安全互操作的 R^2BAC 模型④将风险与角色两者有机结合起来,域间角色映射关系的建立采用了混合映射方式,在互操作过程中增加了基于用户历史行为对用户风险进行实时评估的内容,以便于及时调整权限授予,防止恶意行为的发生,该模型的工作流程如图3-10所示。分布式环境中存在两个自治域 A 和 B,自治域 A 中的用户需要对自治域 B 进行访问,自治域 B 的首要任务是对共享函数和风险函数进行定义,在自治域 A 制定角色映射建立请求后,向自治域 B 发送请求;自治域 B 收到请求之后依据共享函数和安全策略对角色映射集合进行计算,并返回给自治域

①　廖俊国,洪帆,杨秋伟,等. dRBAC 模型的安全分析[J]. 小型微型计算机系统,2007,28(7):1177-1180.

②　Lee H K, Luedemann H. A Lightweight Decentralized Authorization Model for Inter-domain Collaborations[C]. Proceedings of the 4th ACM Workshop On Secure Web Services,2007:83-89.

③　李晓峰,冯登国,徐震. 基于扩展 XACML 的策略管理[J]. 通信学报,2007,28(1):103-110.

④　李瑞轩,胡劲纬,唐卓,等. R^2BAC:基于风险的多自治域安全互操作模型[J]. 通信学报,2008,29(10):58-69.

A，然后自治域 A 中的用户 u 才能够请求访问自治域 B；自治域 B 对用户 u 的身份进行验证，并依据角色映射集合和风险对 u 授予相应的角色，用户 u 根据其被授予的角色执行相应的权限；最后，自治域 B 评估用户 u 的行为用以对其相应的角色和风险进行及时调整。对于用户 u 的访问请求 $req(r,s,p,h)$，其中 r 表示 u 在自治域 A 中的角色，s 表示访问请求所属的会话，p 表示 u 请求的自治域 B 的权限，h 表示与上述请求相关的历史记录。自治域 B 需要进行定性风险评估和定量风险评估，其依据就是请求权限和历史记录，在比较风险阈值和风险评估值之后才能决定 u 是否能够进行互操作访问。

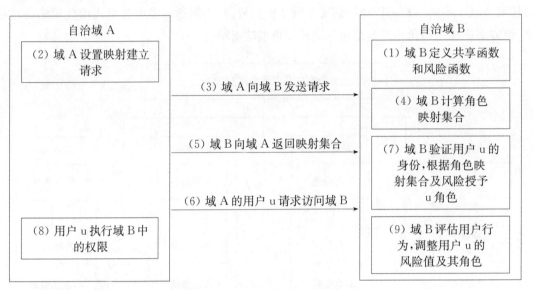

图 3-10 R^2BAC 模型工作流程①

2. 基于语义的安全互操作建模

Semantic Access Control(SAC)的思想是在本体语义层面对异构的 RBAC 策略和资源定义进行统一描述，并建立起实体间的关系②。不同安全域内部的策略结构依据本体概念、资源客体和语义范畴等进行等价转译。语义访问控制原理如图 3-11 所示，$SE(obj_1)\subset SE(concept_A)$，角色 A 的权限通过 $concept_A$ 来定义，其中 SE 表示语义范畴，obj 是资源客体(object)的简写，$concept$ 表示本体概念，同时 $SE(obj_2)\subset SE(concept_B)$，角色 B 的权限通过 $concept_B$ 来定义，由于角色 A 与角色 B、本体概念 A 与本体概念 B 分别存在映射关系，因此分别基于本体 A 和本体 B 构建出的 RBAC 策略能够进行等价互译，进而实现异构系统的安全互操作。语义访问控制中包含复杂映射规则、本体二元关系映射、基于函数的映射、职责分离映射等多种语义映射规则，增强了对异构环境的适用性。

① 唐卓，赵林，李肯立，等. 一种基于风险的多域互操作动态访问控制模型[J].计算机研究与发展，2009，(6)：948-955.

② Pan C C，Mitra P，Liu P. Semantic Access Control for Information Interoperation[C]. Proceedings of the 11th ACM Symposium on Access Control Models and Technologies，2006：237-246.

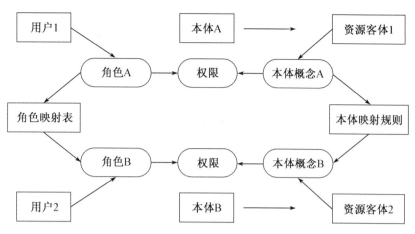

图 3 - 11　语义访问控制示意图①

3. 基于信任的安全互操作建模

TrustBAC 是由 Chakraborty 等人②提出的将角色访问控制和凭证访问控制的优点结合起来的新型访问控制授权模型，模型由用户、用户属性、会话实例、会话类型、会话历史记录、信任级别、角色、资源客体、行为、权限、约束等元素组成，其相应的集合分别表示为：USERS、USER_PROPERTIES、SESSION_INSTANCES、SESSION_TYPES、SESSIONS、SESSION_HISTORY、TRUST_LEVELS、ROLES、OBJECTS、ACTIONS、PERMISSIONS、CONSTRAINTS。其框图如图 3 - 12 所示，其中单向箭头表示一对多的关系，双向箭头表示多对多的关系，直线表示一对一的关系。$UTA \subseteq USERS \times TRUST\_LEVELS$，定义为用户与信任级别间的分配关系；$STA \subseteq SESSIONS \times TRUST\_LEVELS$，定义为会话与信任级别间的分配关系；$RTA \subseteq ROLES \times TRUST\_LEVELS$，定义为角色与信任级别间的分配关系；$PA \subseteq PERMISSIONS \times ROLES$，定义为权限到角色的分配关系；$RD \subseteq ROLES \times ROLES$，role dominance(RD)类似于角色分级的概念；$TLD \subseteq TRUST\_LEVELS \times TRUST\_LEVELS$，trust_level dominance(TLD)指的是与角色分级相对应的信任分级。

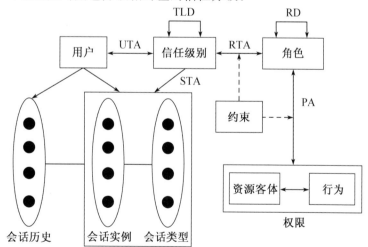

图 3 - 12　TrustBAC 模型框图

①　沈海波. 基于语义的访问控制模型及其推理机制[J]. 计算机科学,2010,(3):162 - 163.

②　Chakraborty S, Ray I. TrustBAC—Integrating Trust Relationships into the RBAC Model for Access Control in Open Systems [C]. Proceedings of the ACM Symposium on Access Control Models and Technologies,2006:49 - 58.

本章小结

　　本章选取 Metalib with SFX 系统、MAP 系统、TPI 系统及 USP 平台，系统阐述数字资源互操作平台的系统架构和工作原理。然后从数字化服务融合的可行性、数字化服务融合的广度和深度等方面详细探讨服务融合的应用模式。最后针对跨域环境下的安全互操作问题，从安全检测实施维度、协作架构维度、建模辅助维度等方面对安全互操作的实施方案进行细致研究。

第 4 章　数字资源互操作中的信任管理

如何基于动态的、开放的网络环境实现协同的、可信的数据资源、计算资源、服务资源、软件资源等的有效共享与利用是当前数字化服务融合进程中面临的现实难题。由于互联网是一个不断成长且无序的系统环境,网络中大量分布异构资源不断进行更新与扩展,并且不同自治系统间的关联关系处于动态变化的状态,缺乏有效的安全控制及组织管理机制,进而增加了网络资源协作与共享的难度,当前面临的三个基本问题是可管理、可协同、可信任。本章从图书馆、档案馆、博物馆数字化协作的内涵入手,构建数字化协作系统架构,在此基础上进行数字资源互操作信任管理模型的构建,并对动态信任评估中的反馈信任聚合问题进行深入研究。

4.1　OAI-PMH 协议

开放文档先导(Open Archives Initiative,OAI)致力于促进网络信息资源的发布与共享,其推出的 OAI-PMH 元数据互操作协议能够在分布式网络环境中获取元数据信息,已广泛应用于跨库检索、学科信息门户建立、数字资源整合和个性化服务等领域[①]。OAI-PMH 中仓储与收割者之间的传输框架主要基于 TCP/IP 协议进行构建,采用基于 HTTP 协议的请求方式和基于 XML 格式的响应方式。OAI-PMH 协议将元数据互操作的主体分为数据提供者和服务提供者,数据提供者承担元数据发布方的角色,采用 OAI 技术框架发布拥有多个仓储的元数据信息,元数据收割方的实质是一种服务提供者,服务提供者对数据提供者发出的数据请求必须满足 OAI 协议的相关规定,并接受返回的元数据信息,基于 OAI-PMH 协议的元数据操作架构如图 4-1 所示。为了完成数据提供者与服务提供者之间的交互,OAI-PMH 协议定义了 Identify、ListMetadataFormats、ListSets、ListIdentifiers、ListRecords 和 GetRecord 六种谓词,其详细参数及作用说明如表 4-1 所示。

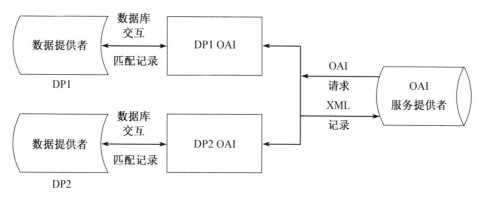

图 4-1　OAI-PMH 元数据互操作架构

---

① Devarakonda R,Palanisamy G,Green J M,et al. Data Sharing and Retrieval Using OAI-PMH[J]. Earth Science Informatics,2011,4(1):1-5.

表 4 - 1　OAI-PMH 中 6 种命令参数及作用①

命令	参数	作用说明
Identify		用于描述协议版本信息、服务 URL、本地数据仓储名称等本地信息资源仓储以及系统基本信息
ListMetadataFormats	Identifier	得到数据提供者支持的元数据格式
ListSets		取得数据提供者数据仓储资料集的结构（分类列表）
ListIdentifiers	From，Until，Set，MetadataPrefix	返回满足查询条件记录的标识
ListRecords	From，Until，Set，MetadataPrefix	取得数据提供者指定范围的所有记录
GetRecord	Identifier，MetadataPrefix	取得指定唯一标识符的记录

OAI-PMH 元数据互操作协议所具有的技术特点主要包含以下四个方面：

（1）职能分工明确，提高互操作效率：如前所述，OAI-PMH 元数据互操作协议的主体包括数据提供者和服务提供者两种。其中数据提供者是拥有数字信息资源的主体，职责在于以 XML 格式对其拥有的元数据信息进行编码且以统一的格式进行揭示，最终以记录的形式形成 OAI 仓储②。服务提供者是面向公众提供数字化服务的主体，是 OAI-PMH 协议中的数据收割方，其职责在于利用 OAI-PMH 协议制定的命令向多个 OAI 仓储发送元数据获取请求，按需进行元数据的收割聚合工作。OAI-PMH 协议中的互操作主体双方各司其职，职能划分明确，有效提高了元数据互操作的效率。同时服务提供者把收割到的数据信息进行进一步的开发和利用，构建数字化服务平台，这种本地检索的方式与分布式检索方式相比极大地提高了服务响应速度。

（2）独立于应用程序，降低互操作成本：OAI-PMH 协议的关注点在于数据的发布和获取，使得元数据的互操作具有与具体平台无关的特性，从而极大简化了 OAI-PMH 协议的配置和实施流程，有效降低了互操作执行的成本和协议的门槛。数据提供者拥有的数据仓储独立于应用平台，因此服务提供者能够避开复杂的应用程序，且不需要进行分布式检索。与此同时，服务提供者能够把更多的精力投入相关应用系统的研发中，以便为公众提供更完善的数字化增值服务。正是 OAI-PMH 协议所具有的上述特性，数字资源的互操作才变得更加灵活、简单、高效。

（3）具备元数据筛选功能，实现同步更新：OAI-PMH 协议具备基于数据集和基于时间戳的元数据筛选功能，有助于服务提供者有选择地收割数据。数据提供者能够按照主题对元数据进行划分，把不同节点作为不同分类的区分，以分层架构对元数据进行表示，每个节点是一个数据集，因此服务提供者能够按照不同主题，对数据集内的数据进行有选择的收割。此外，OAI 仓储中存储的每条记录都包含唯一标识符，其中的时间戳用来对记录的创建和修改时间进行标记，因此服务提供者能够根据时间戳对所需数据进行筛选和收割。

（4）基于主流技术，易于完善和推广：OAI-PMH 中仓储与收割者之间的传输框架基于 TCP/IP 协议进行构建，采用基于 HTTP 协议的请求方式和基于 XML 格式的响应方式，并且支持多种元数据格式的查询。OAI-PMH 协议都是采用当前主流的相关技术进行设计与配置，具备较好的通用性，有利于在多种环境下广泛应用。

然而 OAI-PMH 协议中没有包含安全认证和访问控制等功能，目前依靠 HTTP 中的安全设置进行简单的监督管理，安全性差且不够灵活，已经无法满足在日益复杂多变的网络环境中进行元数据安全互操作的需要。

---

①　高曼，金玉玲，王全红.基于 OAI-PMH 的本地资源元数据开放研究[J].图书情报工作，2008，52(4)：89 - 92.

②　郭少友.OAI-PMH 元数据的关联数据化方法研究[J].图书情报工作，2011，55(2)：107 - 111.

4.2　数字化协作模式构建

　　协作通俗的含义是指在目标实施过程中,部门与部门之间以及个人与个人之间的协调与配合,按照协作的内容划分,主要包括资源协作、技术协作、配合协作、信息协作[①]。数字化协作(Digital Collaboration)指的是依托数字信息技术、计算机技术、互联网技术所进行的协调与配合工作。图书馆、档案馆、博物馆作为当前重要的社会公共文化基础设施,为了更加方便、快捷、全面地向社会公众提供多样化的数字资源和超越时空的服务,有关图书馆、档案馆、博物馆的协作研究一直以来都是学界的关注热点。在当前数字化环境和网络化环境中,数字资源的互操作与数字化服务融合是图书馆、档案馆、博物馆协作重要的表现形式。本篇认为以数字资源互操作与数字化服务融合为代表的图书馆、档案馆、博物馆协作过程中包含资源协作、服务协作、技术协作三方面的内容,如图 4-2 所示。

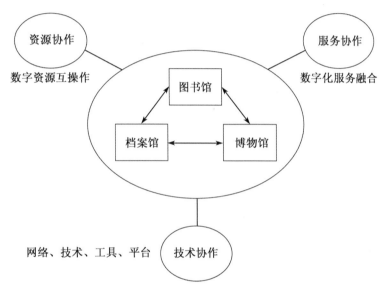

图 4-2　图书馆、档案馆、博物馆协作内涵

　　图书馆、档案馆、博物馆数字化协作的内涵是三类公共文化服务机构借助计算机、互联网、电子通信等先进技术,以各个机构现有的数字资源为基础,对种类多样的数字资源依据集成管理思想进行优化组合[②],在拓展图书馆、档案馆、博物馆业务空间的同时创造新型服务模式,实现三类机构的合作共赢。图书馆、档案馆、博物馆数字化协作的目标是消除地域分散所带来的机构数字资源共享障碍,构建整合图书馆、档案馆、博物馆数字资源内容的基础架构以便于在更为宽泛的框架内对数字资源进行合理配置,进而向社会公众提供一体化、深层次的数字资源信息服务[③]。目前图书馆、档案馆、博物馆所处的各自为政的管理格局短期基本无法改变,因此数字化协作主要依据集成的方式而不是流程再造,即不同机构的数字资源进行耦合集成。数字化协作架构的设计还应当充分考虑各参与方的利益诉求,使得各参与方具有参与数字化协作的动力。此外,数字化协作架构不会对各类机构前期已经建设的数字化工程或者项目产生弱化或者否定作用。

　　在上述分析的基础上,本篇构建的图书馆、档案馆、博物馆数字化协作架构如图 4-3 所示,由下至

①　徐树维.同步协作检索中的协作感知机制[J].图书情报工作,2012,56(13):129-134.

②　赵生辉,朱学芳.我国图书馆、档案馆、博物馆数字化协作框架 D-LAM 研究[J].情报资料工作,2013,(4):57-61.

③　肖希明,郑燃.国外图书馆、档案馆和博物馆数字资源整合研究进展[J].中国图书馆学报,2012,(3):26-39.

上分为数据供应层、核心服务层、用户应用层。图中数据供应层内部虚线表示的数字图书馆资源库、数字档案馆资源库和数字博物馆资源库分别代表了图书、档案、博物三种数字资源各自的整合过程，而实线表示的数字图书馆资源库、数字档案馆资源库和数字博物馆资源库分别代表了近年来图书、档案、博物领域已经启动建设的数字化工程项目。核心服务层所包含的操作主要有元数据收割/XML 转换、交叉著录、RDF 著录、OWL 语义映射、数据关联标引和 SPARQL（Simple Protocol and RDF Query Language）检索[1]服务等。数据供应层与核心服务层之间的桥梁就是 OAI-PMH 元数据互操作协议，而图书馆、档案馆、博物馆数字化协作正是基于 OAI-PMH 协议对来自数字图书馆、数字档案馆、数字博物馆的元数据进行收割与加工所形成的虚拟数字资源服务体系。数字图书馆、数字档案馆、数字博物馆分别向核心服务层注册自身数字资源相应的元数据信息，核心服务层对元数据信息进行深层次加工处理后通过应用客户端向用户发布，这样的协作方式更加有利于从信息服务的深度和广度两方面贴近社会公众的真实需求。基于上述数字化协作架构，社会公众的关注点只在于数字资源内容，不需要关注数字资源的存储地点与存储方式。

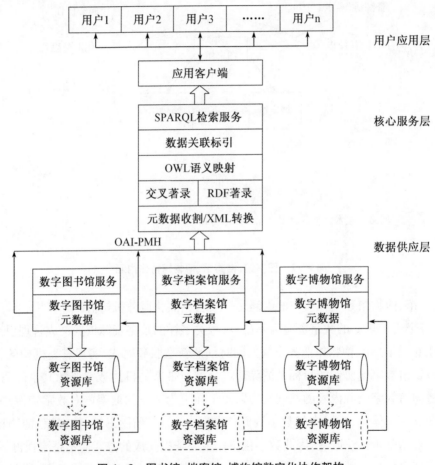

图 4-3 图书馆、档案馆、博物馆数字化协作架构

交叉著录[2]是图书馆、档案馆、博物馆数字化协作过程中的重要组成部分之一。图书馆、档案馆、博物馆数字资源保存与收集的目标不尽一致，图书馆的目标在于构建公共知识资源库，档案馆的目标在于构建社会记忆资源库，博物馆的目标在于构建公共文化资源可视化的展示平台，鉴于三类机构业务领域

① 徐雷. SPARQL 查询优化[J]. 现代图书情报技术，2012，(10)：42-48.
② 赵生辉，朱学芳. 图书、档案、博物信息共享空间的理论模型与建设思路初探[J]. 图书馆论坛，2014，34(10)：15-23.

的交叉性,其拥有的数字资源同样存在相互交叉的现象。为了维护机构数字资源完整性的需求,图书馆、档案馆、博物馆数字化协作过程中所进行的交叉著录是对同时归属多个机构范畴的数字资源,依据各自领域著录的标准与规范进行多次的著录,上述操作的目的是使同一数字资源对应多个元数据信息,进而通过多个元数据链接都能对该数字资源进行访问。此外,为了满足对元数据信息进行深度加工的需要,可以利用知识领域本体模型对数字资源之间的深层关联进行揭示,领域本体模型的构建主要依赖于网络本体语言 OWL(Web Ontology Language)①,然后数字资源需要根据本体模型库进行语义映射与语义标引,最后就能借助 SPRQL 进行数字资源的集成检索。

4.3　数字化协作模式面临的问题

技术问题是图书馆、档案馆、博物馆数字化协作面临的重要问题之一。目前在数字信息标准规范的制定方面,国内外学者及相关科研机构已经进行了大量卓有成效的研究,形成了若干较为成熟的与数字资源互操作及数字化服务融合密切相关的技术标准,例如用于对数字对象描述性元数据、管理性元数据、结构性元数据进行编码和交换的标准 METS②、用于安全域之间传输授权凭证与身份验证的 SAML(Security Assertion Markup Language)安全信息交换架构③、用于元数据检索和数据传输的开放数字资源参考链接标准 OpenURL④、如前文所述的用于开放文档元数据获取的互操作协议 OAI-PMH、用于异构系统之间互操作的开放数字资源仓储系统参考规范 OAIS(The Reference Model for an Open Archival Information System)⑤等。上述技术标准为图书馆、档案馆、博物馆之间数字资源互操作及数字化服务融合提供了规范框架,使得跨系统的数字化协作成为可能。与此同时,计算机技术、互联网技术的飞速发展也为图书馆、档案馆、博物馆的数字化协作提供了良好的基础设施及平台支撑。图书馆、档案馆、博物馆一直是信息技术应用的先锋,以图书馆行业为例,从二十世纪八十年代应用 UNIX 主机终端系统,到九十年代应用关系型数据库与客户机/服务器模式,再到九十年代末互联网技术普及时期应用 Web 浏览器方式,而当前图书馆已经进入了云服务与移动计算的时代⑥。例如:OCLC 的 WorldShare Management Services⑦提供在开放和基于云的平台上创建整套图书馆管理应用程序和平台服务,目前已经有超过 200 家图书馆全面采用了 WorldShare 管理服务(WMS)。Ex Libris 集团的 ALMA 利用统一资源管理框架,通过云服务模式支持图书馆的全部业务⑧。ProQuest 公司推出的 INTOTA⑨同样是基于云服务的图书馆服务平台,该平台整合关联数据法则和可交互操作性,对图书馆资源生命周期提供完整支持,图书馆合作联盟(Cooperating Libraries in Consortium,CLIC)于 2014 年正式采用这一平台。Kuali OLE(Open Library Environment)⑩开放图书馆环境的设计目标是实现开放社区,能够以开源软件组合对各类资源进行管理、访问。此外还有来自 Innovative Interfaces 公司的 Sierra 服务平台采用了 PostgreSQL 数据库和 Lucene 搜索引擎等开源工具。

---

①　刘家益,张学福,孙巍.OWL 扩展方法研究[J].图书情报工作,2012,56(15):93－98.
②　王琛琦,马自卫,李高虎.基于 ResCarta 的数字仓储应用研究[J].现代图书情报技术,2010,(5):73－78.
③　张斌,王曦.面向 Web 服务的 SAML 路径验证协议及其性能分析[J].计算机科学,2013,40(3):192－196.
④　邱玉婷.国外开放链接质量控制的进展及启示[J].图书与情报,2013,(3):80－86.
⑤　张雅君.OAIS 研究及对我国电子文件管理的启示[J].图书情报工作,2012,56(2):149－152.
⑥　殷红,刘炜.新一代图书馆服务系统:功能评价与愿景展望[J].中国图书馆学报,2013,(5):26－33.
⑦　WorldShare[EB/OL].[2014－11－10].http://www.oclc.org/en-asiapacific/worldshare.html.
⑧　Ex Libris Alma[EB/OL].[2014－11－10].http://www.exlibrisgroup.com/category/AlmaOverview.
⑨　CLIC Selects ProQuest Intota Library Services Platform as its Next Shared System[EB/OL].[2014－11－10].http://www.proquest.com/about/news/2014/CLIC-Selects-ProQuest-Intota-Library-Services-Platform-as-its-Next-Shared-System.html.
⑩　Open Library Environment[EB/OL].[2014－11－11].http://www.kuali.org/ole.

新一代的图书馆服务系统已经表现出面向服务架构和基于云计算技术两个显著特点，那么以图书馆服务系统为研究基础的图书馆、档案馆、博物馆数字化协作架构也必将延续上述技术趋势。当前以云计算为代表的开放式、分布式计算环境的形成，使得图书馆、档案馆、博物馆的基础设施由传统的封闭集中式环境转变为分布开放式环境，其中包含三种明显的特征：(1) 计算环境由相对静态、封闭转变为相对动态、开放；(2) 参与实体由熟识转变为无完整信息甚至是完全陌生；(3) 管理方式由系统集中控制转变为参与实体自主决策。当前新型网络环境下，传统安全管理工具和策略应用的有效性大幅降低，云计算、移动阅读终端、社交媒体和其他新兴技术的应用，导致信息接入点的数量大幅增加，海量敏感数据分布在不同的信息节点上，现有的数字化协作架构难以对信息节点进行全面、安全的审查机制，不能有效保证数字资源互操作和用户服务的安全。数字化协作面临着用户隐私数据泄露、数字资源质量及可用性易受恶意破坏的威胁，严重影响了数字化服务的质量和用户使用的满意度。上述特征为图书馆、档案馆、博物馆数字化协作过程中的参与实体身份认证、访问控制、数据保护、信息保密和安全审计等方面提出了新的挑战。另一方面，Yarrow 等人在《公共图书馆、档案馆与博物馆：合作趋势》[1]报告中认为图书馆、档案馆、博物馆之间的合作给三类机构带来了日益显著的收益与风险问题。Walker 等学者[2]在其撰写的报告中指出四种类型的风险：战略风险、能力风险、授信风险、相容性风险，鉴于三类机构之间的合作项目都存在不同程度的风险，因此每个合作机构对风险认识程度的不同会极大地影响到彼此合作力度的不同，报告中还指出风险主要来自复杂性、创新性、体制的相互依赖性。上述风险问题同样会体现在新型网络环境图书馆、档案馆、博物馆数字化协作过程当中。

4.4 数字资源互操作信任管理模型构建

4.4.1 动态信任管理的内涵

针对大规模开放系统所造成的信任关系动态化以及信任环境复杂化等难题，动态信任管理技术从社会学与行为学视角研究能够适用于不同应用环境的动态信任关系管理技术和动态信任模型。与基于策略的静态信任管理不同的是，对动态信任管理的设计思想表述如下：在信任关系建模与管理的过程中，综合审查包括行为上下文在内的影响实体可信度的多种因素，对主观因素和客观证据的变化进行动态收集，实时进行可信度评测、管理、决策，且对实体的可信度进行动态更新与演化。信任关系动态性因素及分析、信任关系动态性的体现、动态性对信任关系建立与传播的影响共同构成了动态信任关系研究的内涵。动态信任研究中更加强调分析信任关系的不同属性，更加注重分析信任环境、信任上下文、不确定因素等信任相关因素，是一种全面而深入的研究而非基本要素的提取。

动态信任模型的研究内容包括：对动态信任关系进行合理表征的抽象形式研究、动态信任关系形成与传播的抽象表示等。由于信任关系的形成与传播受到若干变量的动态影响，动态信任关系需要表达的抽象变量更多，因而其模型复杂度更高。与传统的信任管理机制相比，动态信任管理表现出如下新型特征：(1) 需要尽可能全面地对信任关系的相关信息进行收集，同时转化为影响信任关系的量化输入；(2) 在整个信任管理周期中，着重考察信任关系的多种属性以及不同信任关系的关联性，强调对信任关

① Yarrow A, Clubb B, Draper J L. Public Libraries, Archives and Museums: Trends in Collaboration and Cooperation [EB/OL]. [2014 - 11 - 11]. http://archive.ifla.org/VII/s8/pub/Profrep108.pdf.

② Walker C, Manjarrez C A. Partnerships for Free Choice Learning: Public Libraries, Museums, and Public Broadcasters Working Together[EB/OL]. [2014 - 11 - 12]. http://www.urban.org/uploadedpdf/410661_partnerships_for _free_choice_learning. pdf.

系进行动态监督与调整;(3)在决策支持中综合考虑信任关系中的影响因素和其他相关安全因素,需要更加复杂的策略来支持动态信任管理中的可信决策;(4)动态信任管理主要采用分布式信任评估与分布式决策支持。

4.4.2　LAM 信任管理模型构建

为了有效解决当前图书馆、档案馆、博物馆数字化协作过程中所面临的安全与风险难题,本节将动态信任管理技术与图书馆、档案馆、博物馆数字化协作架构相结合,在简化数字化协作架构的基础上构建 LAM 信任管理模型。LAM 信任管理模型由用户应用层、核心服务层、数据供应层、行为跟踪层和信任管理层构成[①],如图 4 - 4 所示。数据供应层和核心服务层是 LAM 信任管理模型的监控对象,也是图书馆、档案馆、博物馆数字化协作的主要组成部分。其中数据供应层是图书馆、档案馆、博物馆数字化协作的重要基础,包含图书馆、档案馆、博物馆行业的数字资源库及其对应的元数据库,没有数据供应层的参与,图书馆、档案馆、博物馆数字化服务融合就无从谈起。核心服务层的功能包括元数据收割及 XML 转换、图书馆、档案馆、博物馆数字资源的交叉著录、OWL 语义映射及数据关联标引、基于 SPARQL 的集成检索等。

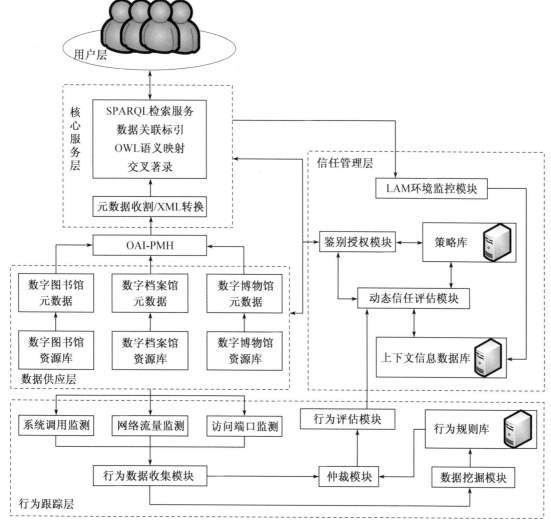

图 4 - 4　LAM 信任管理模型

———————————

① 郝世博,朱学芳.基于信任管理的图书馆、档案馆、博物馆数字化协作可信监督模型构建[J].情报资料工作,2014,(3):43 - 48.

数据供应层中的数据提供者与核心服务层中的服务提供者都是 LAM 信任管理的参与方。为了减少图书馆、档案馆、博物馆数字化协作过程中数据提供者的数字资源及元数据信息被滥用成非法使用的几率，同时对服务提供者的服务质量进行保障，两类参与方之间需要进行实时的信任评级，服务提供者可以选取信任度等级高的数据提供者进行数字化协作，数据提供者可以只允许信任度等级高的服务提供者访问自身资源，这种信任度量可以为图书馆、档案馆、博物馆数字化协作提供柔性的监督机制，有助于图书馆、档案馆、博物馆数字化协作可信环境的形成。LAM 信任管理模型的核心部分是行为跟踪层和信任管理层，下面详细阐述两者的功能及其构成。

当前安全可靠的可信计算环境的形成需要动态演化的可信保障机制。行为跟踪层依托网络系统运行时的可信监控与感知技术，其主要功能是对数据供应层的系统状态，如系统调用、网络流量和端口等进行全面、实时监测，比较监测数据与行为规则库中的相关信息，进行系统行为评估，并与信任管理层及时通信。由行为监测模块（系统调用、网络流量、访问端口）、行为数据收集模块、仲裁模块、数据挖掘模块、行为规则库和行为评估模块组成。

（1）行为监测模块：是实现行为跟踪的基础模块，包含系统调用监测、网络流量监测、访问端口监测及消息分析等功能。系统调用作为操作系统为应用进程执行提供系统级服务的唯一入口，是当前动态和不确定的网络环境中最需要监测的内容[1]。网络流量监测主要对网络通信的流量进行监测，其目的是保护网络系统中的计算代理。访问端口监测及消息分析的功能是负责监测计算节点开放的 TCP/UDP 端口，对可疑端口的通信行为进行消息抓包分析。该模块在图书馆、档案馆、博物馆数字化协作中实时监测数据供应层中 LAM 数字资源库及其元数据信息的系统调用情况、出向的网络通信流量和访问端口。行为监测是实现行为跟踪的基础，也是后端进行准确行为评估及信任评估的前提。

（2）行为数据收集模块：实时收集行为监测模块发送的数据供应层的行为报告，同时向仲裁模块和数据挖掘模块进行传输。

（3）数据挖掘模块：对日志记录和行为数据收集模块发送来的信息进行挖掘，形成一定的规则之后保存在行为规则库当中。

（4）行为规则库：是定义了本地安全规则策略的数据库，数据库中列出非法行为的判定规则以及非法行为的特征和危害程度，规则由基于正则表达式及推理逻辑结构的规则描述语言进行描述。

（5）仲裁模块：将行为数据收集模块传送来的监测数据与行为规则库中存储的安全规则进行匹配，判定数据供应层中是否存在非法行为，实时向行为评估模块汇报。

（6）行为评估模块：将仲裁模块汇总的信息打包发送到信任管理层中的动态信任评估模块，作为动态信任评估模块进行信任评级的依据。

信任管理层的功能是分别对核心服务层中的服务提供者和数据供应层中的数据提供者进行信任评估，将核心服务层的环境监测数据与行为跟踪层的行为数据同时作为信任评估的依据，由鉴别授权模块、LAM 环境监控模块、上下文信息数据库、策略库和动态信任评估模块组成[2]。

（1）鉴别授权模块：功能是核心服务层和数据供应层中实体的身份鉴别、可信授权、可信访问控制和可信分发等。区分提出信任评估请求的实体，如数据提供者或者服务提供者；调用动态信任评估模块对实体的信任度进行评估；给实体分配权限和相应的服务等级。

（2）LAM 环境监控模块：对核心服务层中实体的行为进行实时监测，得到上下文数据作为动态信任评估的依据。

---

① 李珍，田俊峰，杨晓晖.基于系统调用属性的程序行为监控[J].计算机研究与发展，2012,49(8):1676-1684.

② 郝世博，朱学芳.云图书馆可信服务监督模型及关键技术研究[J].图书情报工作，2014,58(13):113-117.

（3）上下文信息数据库：存储 LAM 环境监控模块持续对核心服务层中实体行为进行监控的数据。动态信任评估模块通过分析上下文信息数据库存储的信息，发现并预测可能出现的意外状况。

（4）策略库：存储信任度计算、推荐路径的获取、信任值反馈及更新等相关策略，包括信任评估策略、反馈策略和访问控制策略。其中信任评估策略指定信任值获取过程中使用的各类参数；反馈策略指定信任链的长度及反馈信任度的阈值等；访问控制策略授权节点访问资源，指定访问资源须满足的条件与义务。

（5）动态信任评估模块：是信任管理层的核心模块，其总体架构如图 4－5 所示。由上下文访问接口、处理器组件和上下文发布组件组成。处理器组件是实施动态信任评估的核心组件，用于执行信任度初始化、计算、更新和动态访问控制授权等功能。上下文访问接口的功能是读取上下文信息数据库中核心服务层的环境数据和行为评估模块发送来的行为数据。上下文发布组件的功能是响应来自其他节点的反馈查询，实时发布服务提供者或数据提供者的信任评估结果。

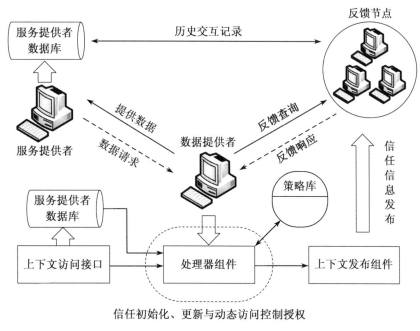

图 4－5　动态信任评估架构

4.4.3　动态信任评估模型的设计原则

动态信任评估的建模研究是动态信任管理研究的核心工作，本节重点阐述在动态信任评估建模过程中需要遵循的设计原则。

1. 准确性

信任值与可信决策是衡量动态信任评估模型准确性的两个层面，动态信任评估中信任计算部分的准确与否可以通过信任值评估来反映，动态信任评估中决策策略的准确与否可以通过可信决策评估来反映。基于客观事实做出反映主体主观倾向的可信度评估及预测是动态信任评估模型的核心内容，因此模型的准确性通过两个方面的指标进行评估，一是信任度评估的准确程度，二是可信决策制定的正确程度。动态信任评估模型的评估结果与被评估对象客观能力的匹配程度是指当主体通过信任模型对客体进行信任评估时，客体实际能力与评估结果的一致性程度；动态信任评估模型的评估结果与主体主观意愿的匹配程度是指当主体通过信任模型对客体进行信任评估时，主体对客体产生的评估结果的认同程度。

2. 动态适应性

动态适应性指的是在不确定因素的影响下，信任评估模型能够提供稳定服务的能力。根据信任关系种类的不同可以采取不同的评估指标对动态适应性进行考察。鉴于静态信任关系中实体具有稳定的实际能力，主要通过考察两方面的匹配程度来反映信任评估模型的适应能力，即信任评估结果与客体实际能力的匹配程度，评估标准包含信任评估收敛的程度与收敛的速度，理想状况下经过足够长时间的考察，信任评估结果应该收敛于客体的实际能力，且收敛程度越高、收敛速度越快，说明信任评估模型的动态适应性越好。鉴于动态信任关系中实体实际能力具有动态变化的特点，动态适应性的评估主要通过考察信任评估结果能否及时对客体能力的动态变化进行反映。

3. 可扩展性

网络中节点数目的增加导致了更多信任关系信息的出现，进而导致节点增加更多的存储与计算开销，网络中存在大量节点也会导致信任信息查询请求量的增加，因此需要综合考虑资源存储成本、带宽成本和负载均衡等方面的问题，提高动态信任评估模型的可扩展性。

4. 健壮性

健壮性是衡量动态信任评估模型性能优劣的重要指标，指的是能够抵御网络环境中节点发起的恶意行为对信任评估系统所造成的破坏的能力。优良的信任评估模型不仅能够有效处理当前的攻击行为，还应能够分析、预测并处理未来的攻击行为。

5. 激励机制

优良的信任评估模型应具备提供适当激励机制的能力，其作用是能够激励节点给出对其他节点的正确评价，同时能够对节点的良好行为产生激励，使节点具有积累信誉的动机。

4.5　动态信任评估算法设计

由构建 LAM 信任管理模型可知，动态信任评估模型中的信任评估算法设计是动态信任管理研究工作的重中之重，本节在前期研究的基础上，为了改善当前大规模分布式环境图书馆、档案馆、博物馆数字化协作过程中信任评估运算的慢收敛性，减少网络带宽开销，重点进行反馈信任聚合机制的改进研究。实体之间的信任关系与度量值相关联，信任程度的定量表示称为信任度，信任度是主体对客体可靠度、能力和诚实度认识的反映，也可称为可信度、信任级别、信任值等。信任度分为直接信任度与反馈信任度两种，实体之间通过直接交互经验得到的信任关系度量值称为直接信任度，实体之间通过第三方间接推荐形成的信任关系度量值称为反馈信任度。动态信任评估模型中实体之间信任关系是通过综合衡量直接信任度与反馈信任度而最终获得的，称为总体信任度或全局信任度。

4.5.1　传统反馈信任聚合机制研究

现有的动态信任评估机制中，反馈信任信息的搜索主要通过基于信任链的广播方式进行[①]，即节点将反馈信任信息搜索请求直接发送到所有的邻居节点中，而邻居节点再将上述请求消息发送到自己的邻居节点中。如图 4-6 所示为基于广播的反馈信任聚合机制示意图，图中虚线箭头代表查询信任信息，实线箭头代表反馈信任信息。图中服务提供者 P_0 向数据提供者 P_1 请求获取某种数据，P_1 需要对 P_0 的信任级别进行计算以保障自身数据的安全。P_1 为了获取其他节点对 P_0 的反馈信任信息，通过广播的方式把查询消息发送给邻居节点 P_2、P_3、P_4、P_5，上述四个节点再把查询消息转发给它们各自的邻

① 徐明迪，张焕国，张帆，等. 可信系统信任链研究综述[J]. 电子学报，2014，42(10)：2024-2031.

居节点,依次传递转发。若广播查询过程中,存在中间节点有 P_0 的信任信息,则中间节点逐层返回反馈信任信息,图中 P_6、P_{12}、P_{14} 保存有节点 P_0 的信任信息,它们将反馈信任信息都返回到 P_1。随着网络中参与节点数量的急剧增加,通过广播方式查询反馈信任信息所产生的系统开销会非常大,且动态信任评估的收敛性也会变得非常慢,如何保障动态信任评估的可扩展性和收敛性是基于广播方式反馈信任聚合面临的巨大挑战。

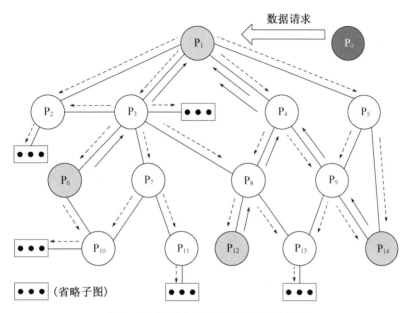

图 4-6　基于广播的反馈信任聚合机制

4.5.2　新型反馈信任聚合机制研究

当前反馈信任主要依据信任关系的传递性来计算,即节点 A 信任节点 B,节点 B 信任节点 C,则节点 A 就部分信任节点 C。在现实社会的推荐行为中,人们更倾向于相信自己所熟识人的推荐信息,不太会相信陌生人的推荐信息。本节依据人类社会反馈过程的认知分析提出一种新型的反馈信任聚合机制,其直观示意如图 4-7 所示。图中虚线箭头代表查询信任信息,实线箭头代表反馈信任信息,加粗连接线代表的是可信链接。在新型反馈信任聚合机制中,节点 P_1 为了获取其他节点对 P_0 的反馈信任信息,只需要把查询消息发送给自己信任的邻居节点 P_3、P_4,不需要发送给不可信节点 P_2、P_5,而节点 P_3 和 P_4 同样只需发送给可信的邻居节点查询消息,直至查询过程结束。通过对比图 4-6 与图 4-7 可知,新型反馈信任聚合机制能够有效降低查询消息的发送量,提高了动态信任评估在大规模分布式环境下的可扩展性。

上述提出的新型反馈信任聚合机制简称为 DT-FTA(Direct Trust-Feedback Trust Aggregation),而直接信任关联网络(Direct Trust Linked Network,DTLN)的构建是实现 DT-FTA 的基础。在直接信任关联网络中,任何节点的邻居节点都可分为可信邻居节点和普通邻居节点,可信邻居节点(Trusted Neighbor Nodes,TNN)指的是近期与自身有过直接交互行为的节点,普通邻居节点指的是近期与自身没有过直接交互的节点。任何节点的本地数据库中都包含用于记录邻居节点信息的邻居节点表(Neighbor Nodes Table,NNT)。设节点 P_i 对 P_j 的直接信任度表示为 $T_D(P_i,P_j)$,且 $T_D(P_i,P_j)\in$ [0,1],0 表示完全不满意,1 表示完全满意。直接信任关联网络用 LEVEL 表示节点所在的层数,其中规定根节点 LEVEL=0,根节点的直接邻居节点 LEVEL=1 等。DTLN 的详细构建过程如图 4-8 所示。图中的表格是存储在各个节点本地数据库中的邻居节点表 NNT。DTLN 的构建从根节点 P_1 开

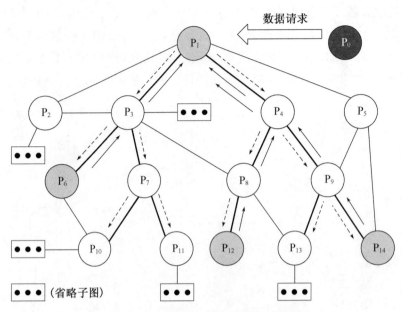

图 4-7　新型反馈信任聚合机制示意图

始,由节点 P_1 的邻居节点表可知,节点 P_3 和 P_4 是与根节点 P_1 发生过直接交互行为的可信邻居节点 TNN,那么 P_1 对 P_3、P_4 的直接信任度构成了直接信任关联网络中有向边的权重,这样就形成了一个 $LEVEL=1$ 的直接信任关联网络;继续查询下去,分别根据 P_3、P_4 的邻居节点表可知,P_3 拥有 P_6、P_7 两个可信邻居节点,P_4 拥有 P_8、P_9 两个可信邻居节点,这样就形成了一个 $LEVEL=2$ 的直接信任关联网络;再分别根据 P_7、P_8、P_9 的邻居节点表可知,P_7 拥有 P_{10}、P_{11} 两个可信邻居节点,P_8 拥有 P_{12} 一个可信邻居节点,P_9 拥有 P_{13}、P_{14} 两个可信邻居节点,这样就形成了一个 $LEVEL=3$ 的直接信任关联网络。

DT-FTA 反馈信任聚合算例如图 4-9 所示,在图 4-8 直接信任关联网络构建的基础上,节点 P_1 共得到 P_6、P_{12}、P_{14} 三个可信节点与 P_0 发生过直接交互行为,它们返回的反馈信任信息分别为：$T_D(P_6,P_0)=0.7$,$T_D(P_{12},P_0)=0.9$,$T_D(P_{14},P_0)=0.6$(图中未标注)。

若在反馈信任聚合过程中出现从根节点到某一可信反馈节点路径不唯一的情况,采取的策略是将根节点到某一可信反馈节点路径最短的可信链路作为反馈信任聚合计算的依据,舍弃掉其他可信路径。

通过以上分析可知,利用 DT-FTA 反馈信任聚合机制能够有效降低反馈信任查询消息的数量,提高动态信任评估的运算速度,但是面对图书馆、档案馆、博物馆数字化协作过程中众多的参与机构所形成的规模巨大的数据结构,反馈信任的搜索仍然是非常耗时与艰巨的任务,如何合理控制反馈信任聚合的搜索规模是亟须解决的难题。以往的网络系统中通常采用 TTL(Time to Live)①值来控制反馈信任信息搜索的生存周期,TTL 作为一种被动控制方式并不能很好地适用于动态变化的分布式系统。本篇在反馈信任聚合中引入信任因子 λ 和深度因子 μ,其中信任因子 λ 是系统设定的常数,且 $\lambda \in [0,1]$,其含义是当反馈节点的直接信任度 $T_D(P_i,P_j) \geqslant \lambda$ 时才认定该反馈节点的反馈信任信息是可信的,若直接信任关联网络中某节点存在 $T_D(P_i,P_j) < \lambda$ 情况时,该节点及其子节点的反馈信息都认为是不可信的。深度因子 μ 的作用是控制反馈信任请求消息在直接信任关联网络中的传播深度,设定为大于等于 1 的常数,当 $LEVEL \leqslant \mu$ 时,节点将反馈信任请求消息发送给邻居节点,否则停止转发。信任因子 λ 的引入能够对反馈信任聚合计算的规模进行有效控制,在增强运算收敛性的同时降低了低信任值节点恶

---

①　陈香香,吴开贵,陈明.基于兴趣域的对等网络动态搜索机制[J].计算机应用研究,2011,28(1):226-229.

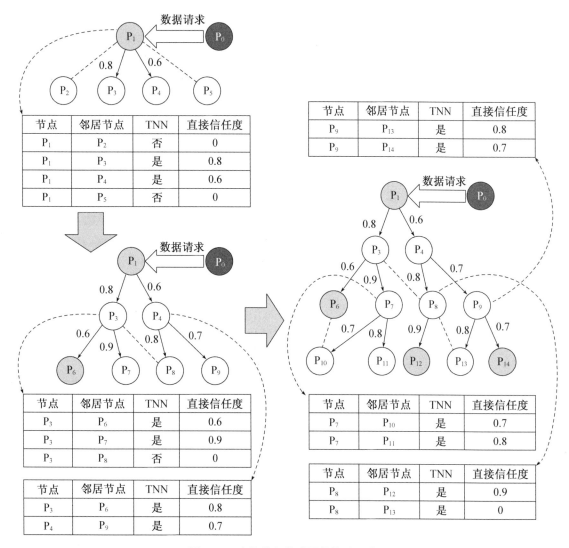

节点	邻居节点	TNN	直接信任度
P_1	P_2	否	0
P_1	P_3	是	0.8
P_1	P_4	是	0.6
P_1	P_5	否	0

节点	邻居节点	TNN	直接信任度
P_9	P_{13}	是	0.8
P_9	P_{14}	是	0.7

节点	邻居节点	TNN	直接信任度
P_3	P_6	是	0.6
P_3	P_7	是	0.9
P_3	P_8	否	0

节点	邻居节点	TNN	直接信任度
P_3	P_6	是	0.8
P_4	P_9	是	0.7

节点	邻居节点	TNN	直接信任度
P_7	P_{10}	是	0.7
P_7	P_{11}	是	0.8

节点	邻居节点	TNN	直接信任度
P_8	P_{12}	是	0.9
P_8	P_{13}	是	0

图 4-8　直接信任关联网络构建示意图

意反馈的几率,提高了系统安全性;深度因子 μ 的引入能够有效缩短直接信任关联网络中可信链路的长度,提高反馈信任聚合的运算速度。

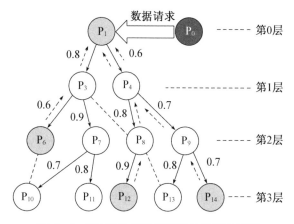

图 4-9　DT-FTA 反馈信任聚合算例示意图

4.5.3　仿真实验及结果分析

仿真实验是当前学界广泛采用的用于对动态信任评估模型的有效性进行检验的手段之一，主要通过计算机对应用场景和实体间的交互行为进行模拟，对动态信任评估模型解决实际问题的效果进行多角度的评估[①]。为了对上节提出的反馈信任聚合机制进行性能分析，本节通过 NetLogo 集成环境[②]模拟当前大规模分布式网络环境进行仿真实验，对提出的动态信任评估模型进行可扩展性与准确性两个方面的检验。NetLogo 是由美国西北大学链接学习与计算机建模中心（The Center for Connected Learning and Computer-Based Modeling）开发的用于对自然和社会现象进行仿真的多主体可编程建模集成环境，其主要包含建模、仿真运行控制、仿真输出、实验管理、系统动力学仿真和参与式仿真等功能。

为了使基于 NetLogo 设置的模拟仿真环境最大限度地贴近图书馆、档案馆、博物馆数字化协作所依存的网络社区环境，我们给出如下设定。（1）反馈信任信息提供者包含四种类型：A 类实体，即一直能提供真实评价的反馈实体；O 类实体，即总是给出相反评价的反馈实体；E 类实体，即总是给出扩大评价的反馈实体；U 类实体，即对联盟内实体给出评价为 1，非联盟内实体给出评价为 0。（2）数据提供者（DP）包含三种类型：总能提供可靠与稳定的数据资源，简称为 SDP；总是拒绝提供任何数据，简称为 RDP；根据时间变化动态地扮演 SDP 与 RDP，简称为 UDP。部分模型参数与运行参数的缺省值如表 4-2 所示。

表 4-2　模型参数及运行参数设置

	参数	描述	缺省值
模型参数	N	历史交互记录数量	10
	μ	深度因子	4~8
	λ	信任因子	0.5
	TTL		4~8
运行参数	M	节点总数	2000
	S	模拟实验次数	2000
	A 类实体	百分比	20%~80%
	SDP	百分比	20%~80%

可扩展性的评估通过聚合运算时间和平均存储开销两个指标来进行，聚合运算时间定义为反馈信任聚合运算在不同网络实体规模下的平均时间开销，表示为 t_{ACT}；平均存储开销定义为动态信任评估中各种类型数据结构和控制消息占据的平均存储空间的大小，表示为 m_{ASC}，即 $m_{ASC} = m_{total}/M$，其中 m_{total} 表示存储开销的总量，M 表示节点总数。在可扩展性检验仿真实验中，假定大部分数据提供者能积极提供高质量的数据资源，大部分反馈信任信息提供者都能如实提供反馈信息，依据上述假定节点类型设置如下：A 类实体＝80%，O 类实体＋E 类实体＋U 类实体＝20%；SDP＝80%，RDP＋UDP＝20%。为了便于比较算法的优化程度，EigenTrust[③]、PeerTrust[④] 和 PowerTrust[⑤] 三种经典的信任评估方案也

①　朱重，吴国新. 分布式多信任域信任管理技术研究综述[J]. 计算机科学，2011，38(4)：38-42.

②　NetLogo[EB/OL].［2014-11-20］. http://ccl. northwestern. edu/netlogo/.

③　Kamvar S D, Schlosser M T, Garcia-Molina H. The Eigentrust Algorithm for Reputation Management in P2P Networks[C]. Proceedings of the 12th International Conference on World Wide Web, 2003：640-651.

④　Xiong L, Liu L. PeerTrust: Supporting Reputation-based Trust for Peer to Peer Electronic Communities [J]. IEEE Transactions on Knowledge and Data Engineering, 2004, 16(7)：843-857.

⑤　Zhou R, Hwang K. PowerTrust: A Robust and Scalable Reputation System for Trusted Peer to Peer Computing[J]. IEEE Transactions on Parallel and Distributed Systems, 2007，18(4)：460-473.

通过 NetLogo 仿真环境实现,它们都是基于 TTL 的广播方式实现反馈信任信息的搜索。图 4-10 展示的是深度因子 μ 为 4 和 TTL 为 4 时聚合运算时间的比较结果,图 4-11 展示的是深度因子 μ 为 8 和 TTL 为 8 时聚合运算时间的比较结果。

根据图 4-10 与图 4-11 所示的聚合运算时间比较结果可知,在深度因子与 TTL 设置的两种情况下,DT-FTA 所需的聚合运算时间都更短一些,而 EigenTrust、PeerTrust 和 PowerTrust 三种信任评估方案都需要更多的聚合运算时间。与此同时还能观察到的是随着网络环境中节点数量的不断增加,EigenTrust、PeerTrust 和 PowerTrust 三种信任评估方案中聚合运算时间增长曲线的斜率都比较大,而 DT-FTA 方案的聚合运算时间随网络规模增大而缓慢增加。上述仿真实验结果一方面表明 DT-FTA 具有良好的运算收敛速度,一方面表明 DT-FTA 具有更好的时间可扩展性。

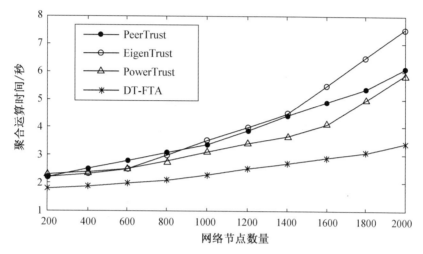

图 4-10 聚合运算时间比较结果统计 1

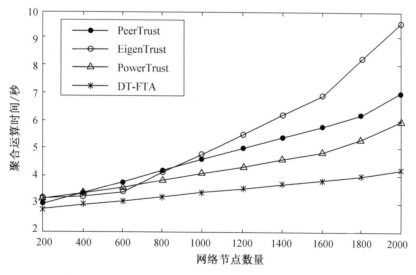

图 4-11 聚合运算时间比较结果统计 2

图 4-12 展示的是深度因子 μ 为 4 和 TTL 为 4 时平均存储开销的比较结果,图 4-13 展示的是深度因子 μ 为 8 和 TTL 为 8 时平均存储开销的比较结果。根据图 4-12 与图 4-13 所示的平均存储开销比较结果可知,在深度因子与 TTL 设置的两种情况下,DT-FTA 所需的平均存储开销都更少一些,而 EigenTrust、PeerTrust 和 PowerTrust 三种信任评估方案都需要较多的存储开销,因此 DT-FTA 具有良好的空间可扩展性。值得注意的是,随着网络环境中节点数量的增加,四种信任评估模型的平均存

储开销都呈现出缓慢降低的趋势，其原因在于平均存储开销反映的是一种平均值，即网络存储平均分布在各个节点之中的含义，因此随着网络规模的不断扩大，它们各自的平均存储开销都表现出下降的趋势。

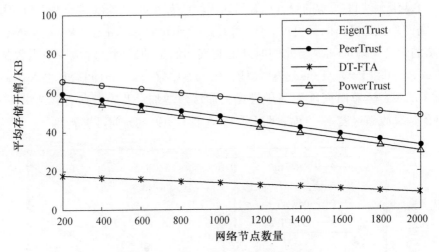

图4-12　平均存储开销比较结果统计1

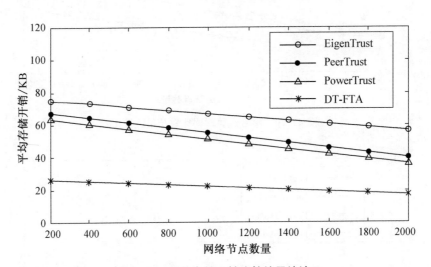

图4-13　平均存储开销比较结果统计2

准确性评估主要通过交互成功率的计算来进行。

若交互成功则返回1，若交互失败则返回0。$\varphi(t_S)$得出的值越大且趋近于100%，表明动态信任评估模型具有良好的准确性。为了更加全面地对动态信任评估机制的准确性进行考察，设定两种网络环境：正常网络环境与恶意节点占比较高的网络环境。其中正常网络环境设置如下：A类实体＝80%，O类实体＝10%，E类实体＝5%，U类实体＝5%；SDP＝80%，RDP＝10%，UDP＝10%，这样的参数设置较为符合实际网络环境的特征，即诚实节点占据大部分比例，恶意节点占据少部分比例。恶意节点占比较高的网络环境设置如下：A类实体＝50%，O类实体＝20%，E类实体＝10%，U类实体＝20%；SDP＝50%，RDP＝20%，UDP＝30%。交互成功率仿真实验结果分别如图4-14和图4-15所示。

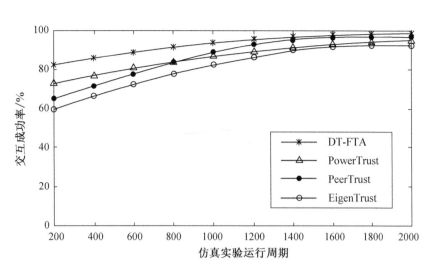

图 4 - 14　正常网络下交互成功率比较结果统计

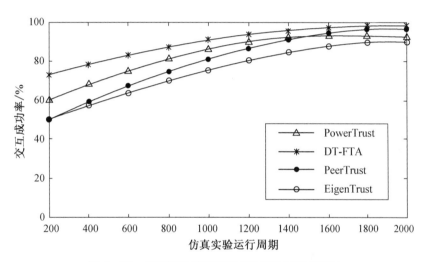

图 4 - 15　非正常网络下交互成功率比较结果统计

在正常的网络环境中，本篇提出的 DT-FTA 动态信任评估机制和 EigenTrust、PeerTrust 和 PowerTrust 三种信任评估方案都表现出的较高的交互成功率，其中 DT-FTA 模型的交互成功率略高于其他三种方案。图 4 - 14 的实验结果表明，在正常网络环境下以上四种信任评估方案都具有比较可靠和稳健的信任评估性能。而在恶意节点占比率较高的网络环境中，本篇提出的 DT-FTA 动态信任评估机制和 EigenTrust、PeerTrust 和 PowerTrust 三种信任评估方案的交互成功率都有不同程度的降低，其中 DT-FTA 模型的性能最为稳定。

本章小结

本章从图书馆、档案馆、博物馆数字化协作的内涵入手，构建数字化协作系统架构，在此基础上构建数字资源互操作中的信任管理模型。对模型中行为跟踪层与信任管理层所包含的相关模块进行详细设计，重点对信任管理层中的动态信任评估架构进行设计，并给出动态信任评估模型的设计原则。在上述研究的基础上，针对当前动态信任评估中反馈信任聚合的缺陷，设计新型反馈信任聚合机制 DT-FTA，并从聚合运算时间、平均存储开销、交互成功率三方面对 DT-FTA 进行仿真实验，对比分析该反馈信任聚合机制与 PowerTrust、PeerTrust、EigenTrust 的优劣。

第 5 章　数字化服务融合的信任协商

作为当今社会重要的公共文化服务基础设施的图书馆、档案馆和博物馆等机构,伴随互联网环境的形成与数字信息技术的发展普及,其馆藏资源数字化工作已经取得阶段性成果。结合前文的研究内容,本篇认为 LAM 数字化服务融合是把地理上广泛分布的图书馆、档案馆、博物馆的数字资源有机地整合起来,为社会公众提供相对透明的数字化信息服务,最终实现信息资源、知识资源的全面共享。然而当前数字化服务融合过程中资源主体的参与数量巨大,数字化服务开展所依托的计算机及互联网环境具有自主性、异构性、动态性等新型特点,与此同时各类资源主体又具有不同权威管理机构的归属。上述现状导致共享资源的敏感性与交互主体之间的生疏性成为跨管理域信任关系建立的屏障。在数字化协作架构构建、数字资源互操作信任管理机制研究的基础上,本章通过引入信任协商技术,重点对核心服务层与用户应用层之间的安全交互保障机制进行研究。

5.1　信任协商策略需求

前文中提到的热心(eager)策略和吝啬(parsimonious)策略都是传统信任协商研究中使用的策略。其中热心策略的协商过程描述为:当协商一方收到协商另一方发来的访问控制策略后,立即将满足该访问控制策略的所有信任凭证暴露出来,发送给对方进行检验,不需要等待对方发送对上述信任凭证的请求,进而完成信任协商过程。简单、高效是热心策略表现出的显著特点,存在的缺点就是在暴露信任凭证的同时对敏感信息的保护力度不足。吝啬策略描述为:当信任协商过程中资源或服务请求一方向资源或服务拥有一方发送请求后,资源或服务拥有方根据其自身的访问控制策略向请求一方发送相关信任凭证的请求,如果请求方拥有未受保护的信任凭证,那么向资源或服务拥有方暴露最小未受保护的信任凭证集合,如果请求方拥有的信任凭证受到保护,则请求方根据自身的访问控制策略向资源或服务拥有方请求相应的信任凭证。协商过程如上述过程反复进行,直至信任协商成功或失败。吝啬策略的显著特点是尽可能暴露最少信任凭证集合,缺陷是基于吝啬策略的信任协商并未沿着尽可能协商成功的方向进行,而是过于吝啬地暴露最少信任凭证集合[①]。

在分析当前已有的信任协商策略基础上,这里列出新型网络应用环境下 LAM 数字化服务融合过程中信任协商策略需要满足的几项需求:

(1) 完整需求:当信任协商双方的协商过程中至少存在一种可行的信任凭证、访问控制策略交互披露方式能够引导信任协商成功完成时,则信任协商策略应当能够指导协商双方成功进行信任协商并建立起信任关系。

(2) 安全需求:信任协商的安全需求指的是信任协商策略不应该允许协商双方将与此次协商无关的信任凭证暴露给对方,导致相关隐私信息泄露,总体来说信任协商策略应当具有只暴露必要信任凭证的能力。

(3) 隐私需求:在信任协商的整个过程中,信任协商策略应当对包括协商双方个人信息、敏感策略、

---

① 官尚元,伍卫国,董小社,等.自动信任协商的形式化描述与验证研究[J].通信学报,2011,32(2):86-99.

敏感信任凭证在内的多种敏感信息进行有效保护,确保不泄露协商双方的隐私。

（4）正确需求:信任协商策略引导的协商结果不能够出现具备被授权资格的请求方被拒绝的情况,同样也不会出现将不能授权的资源或服务授予请求方的情况。

（5）高效需求:从计算开销与通讯开销两方面衡量信任协商策略,策略都应该具有较高的协商效率,即能够快速引导协商双方完成信任协商过程,建立信任关系。信任协商策略不应该出现因协商效率低下而导致无法使用或不可使用的情况。

（6）可终止需求:在信任协商过程中,若协商双方不存在任何可行的对信任凭证进行暴露的策略,导致信任协商过程无法完成的情况下,信任协商策略应当具有及时终止协商过程的能力,避免出现无限循环交互的状况。

通过上述需求分析可知,传统信任协商中的热心策略和吝啬策略已经无法满足 LAM 数字化服务融合过程中信任交互的需求。

5.2　LAM-AATN 模型构建

为了保障 LAM 数字化服务融合的可持续发展,同时有效解决热心策略可能导致敏感信息泄露、吝啬策略协商过程复杂且效率低的问题,本节将信任度评估集成在自动信任协商过程中,提出新型自适应自动信任协商模型（LAM-AATN）。该模型中的信任协商策略与热心策略和吝啬策略不同的是,主要依据信任协商参与方的信任度对采取的访问控制策略和信任凭证披露规则进行动态调整。

如图 5－1 所示,信任度评估模块、决策协调模块、检索引擎模块、证书链处理模块、一致性校验模块、策略管理器、证书管理器共同构造出 LAM-AATN 模型中的信任协商层,该层次架构还包括三类数据库,即策略库、证书库、声明库。决策协调模块的主要功能是对核心服务层与用户应用层间的信任协商过程进行统筹协调,根据协商需要对检索引擎模块、信任度评估模块、一致性校验模块、证书链处理模块进行调用。再对信任协商参与双方发送来的消息进行接收和处理,然后做出相应的响应。若决策协调模块接收到的是请求消息,则获取对方的信任度信息并返回对应的访问控制策略;若决策协调模块接收到的是访问控制策略消息,则调用一致性校验模块,对满足该访问控制策略的信任凭证集合进行检索,然后返回消息;若决策协调模块接收到的是含有信任凭证的消息,则调用一致性校验模块对信任凭证集合及其对应的访问控制策略进行检验并返回结果;若出现协商一方无法提供满足对方访问控制策略的信任凭证或者信任协商超时的情况,决策协调模块可以终止该信任协商过程。

一致性校验模块的主要功能是接受决策协调模块的调用请求,判定请求消息、访问控制策略、信任凭证集合、信任度信息等,检验信任凭证的有效性,并对信任凭证集合能否满足访问控制策略进行验证。此外一致性校验模块具有列出信任凭证集合中满足访问控制策略所有子集的功能,能够依据信任凭证的敏感程度列出代价最小的信任凭证集合。

信任度评估模块用于动态评估信任协商双方的信任度,依据动态变化的信任度对信任协商策略和访问控制策略进行及时调整。资源或服务拥有方在收到请求方发来的信任协商请求的同时,也可以收到由信任度评估模块颁发的记录有请求方信任信息的信任凭证。

证书链处理模块负责验证信任凭证集合是否能够构成信任凭证链。检索引擎模块通过策略管理器和证书管理器对策略及信任凭证进行检索,反馈检索结果。策略管理器用于管理信任凭证的访问控制策略和资源或服务的访问控制策略。策略库中主要包含资源或服务的访问控制策略、信任凭证的访问控制策略。若决策协调模块接收到请求方请求资源或服务的消息时,需要调用策略管理器在策略库中对相应的访问控制策略进行检索,并返回到决策协调模块。若决策协调模块得到协商对方要求的信任

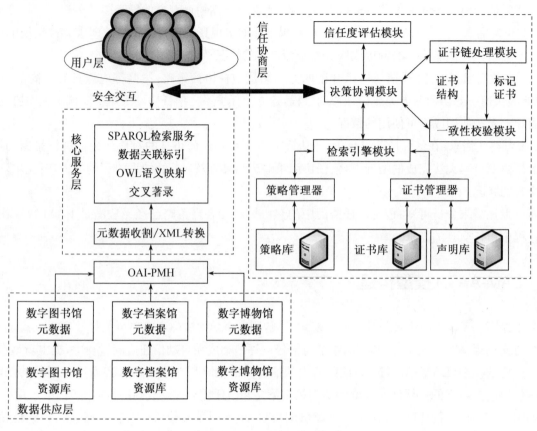

图 5 - 1　LAM-AATN 模型架构

凭证集合，也需要调用策略管理器在策略库中对信任凭证集合相应的访问控制策略进行检索。证书管理器用于管理信任凭证与声明，其中证书库中包含信任凭证，信任凭证用于描述其持有者的身份及属性信息，必须由信任权威机构认证，信任凭证具有不可伪造性和可验证性等特点。声明库中包含描述信任凭证持有者的特殊信息，无须由信任权威机构认证。

5.3　LAM-AATN 信任协商流程

请求方和被请求方是 LAM 数字化服务融合中信任协商的两类主体，其中请求方指的是 LAM 数字化服务用户，而被请求方指的是 LAM 数字化服务融合中提供的数字资源或数字化服务。首先，请求方向被请求方发送信任协商会话请求，若被请求方不同意信任协商的会话请求，则信任协商立即终止，导致协商失败，请求方不能对被请求方的资源或服务进行访问；若被请求方同意信任协商的会话请求，则请求方接受被请求方发来的消息，对消息包含的是资源或者服务访问授权信息，还是信任凭证和访问控制策略进行判断；若是资源或服务的访问授权信息，那么请求方能够对资源或服务进行访问，若消息中包含的是信任凭证和访问控制策略，则需要进一步判断是信任凭证还是访问控制策略；若是访问控制策略，请求方需要在证书库中检索满足上述访问控制策略的信任凭证，若检索到未受保护的信任凭证，则直接将满足被请求方访问控制策略的信任凭证发送给被请求方，若检索到的信任凭证受到保护，则需要查看被请求方的信任度等级，并依据信任度等级检索与信任凭证匹配的访问控制策略，然后发送给被请求方；若是信任凭证，则请求方通过一致性校验模块验证信任凭证能否满足访问控制策略，如果满足则将解锁的信任凭证发送到被请求方，如果不满足则信任协商失败，请求方不能对被请求方的资源或服务进行访问。

　　被请求方在接收到请求方信任协商会话请求之后,若同意进行信任协商,则对会话请求中要求的资源或服务的存在性进行检查,如果相应的资源或服务不存在则导致信任协商失败,请求方无法对被请求方的资源或服务进行访问;如果相应的资源或服务存在,被请求方需要依据请求方的信任度等级在策略库中检索出匹配的访问控制策略,并发送给请求方;再次接收来自请求方的信任协商会话消息,查看消息中包含的是信任凭证还是访问控制策略,若是信任凭证,被请求方通过一致性校验模块对信任凭证能否满足访问控制策略进行验证,不满足则导致信任协商失败,请求方无法对被请求方的资源或服务进行访问;如果满足则被请求方还需对接收的所有信任凭证进行检查,判断是否存在能够满足资源或服务访问控制策略的最终信任凭证集合,若存在则被请求方授予请求方相应资源或服务的访问权限,信任协商成功,若不存在则被请求方将解锁的信任凭证发送给请求方;若是访问控制策略,被请求方需要在证书库中检索能够满足该访问控制策略的信任凭证,如果没有则信任协商失败,请求方无法对被请求方的资源或服务进行访问,如果存在匹配的信任凭证,还需判断信任凭证是否受到保护,若检索到的信任凭证未受到保护,则直接将满足请求方访问控制策略的信任凭证发送给请求方,若检索到的信任凭证受到保护,则需要查看请求方的信任度等级,依据信任度等级检索与信任凭证匹配的访问控制策略,然后发送给请求方。LAM 自适应自动信任协商是请求方与被请求方之间多次披露消息的过程,访问控制策略和信任凭证的披露过程在一次信任协商中会执行多次。LAM-AATN 信任协商流程如图 5-2 所示。

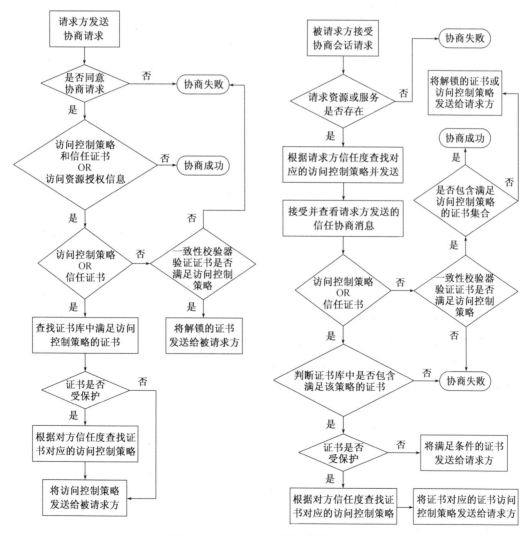

图 5-2　LAM-AATN 信任协商流程图

5.4　LAM-AATN 信任协商实例

　　本节通过实例对上述自适应自动信任协商流程进行说明，并与前文提到的吝啬策略和热心策略进行比较分析。这里假设单次消息传递单个信任凭证或是访问控制策略。假定博物馆 M 和图书馆 L 是数字化协作的参与方，用户 U 是博物馆 M 的注册会员，该用户若想在图书馆 L 以优惠价格购买学术资源，图书馆 L 会要求用户 U 出示注册会员 ID 以及支付宝账号，鉴于支付宝账号涉及个人隐私信息，用户 U 只能向经过信誉授权机构认证的组织机构公开支付宝账号。基于吝啬策略和基于热心策略的信任协商流程分别如图 5-3 和图 5-4 所示。

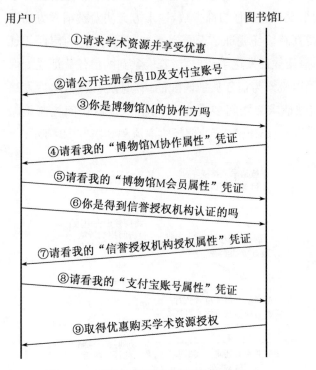

图 5-3　基于吝啬策略的信任协商流程

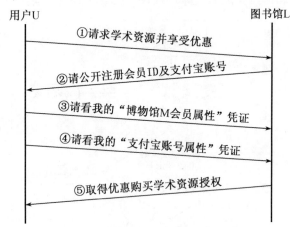

图 5-4　基于热心策略的信任协商流程

　　基于吝啬策略的信任协商流程描述如下：(1) 用户 U 向图书馆 L 发送消息：请求学术资源并享受优惠，(2) 图书馆 L 对用户 U 返回消息：请公开注册会员 ID 及支付宝账号，(3) 用户 U 向图书馆 L 发送消息：你是博物馆 M 的协作方吗，(4) 图书馆 L 对用户 U 返回消息：请看我的"博物馆 M 协作方属性"凭证，(5) 用户 U 向图书馆 L 发送消息：请看我的"博物馆 M 会员属性"凭证，(6) 由于图书馆 L 需要用户 U 提供支付宝账号，而用户 U 只能向经过信誉授权机构认证的组织机构公开支付宝账号，因此用户 U 向图书馆 L 发送消息：你是得到信誉授权机构认证的吗，(7) 图书馆 L 对用户 U 返回消息：请看我的"信誉授权机构授权属性"凭证，(8) 用户 U 在看到信誉授权机构认证凭证之后，向图书馆 L 发送消息：请看我的"支付宝账号属性"凭证，(9) 最终用户 U 获得了图书馆 L 赋予的优惠购买学术资源的授权。吝啬策略采用 PULL 方式，即根据资源提供方的访问控制策略，资源请求方提供相应的信任凭证，直到信任关系建立，吝啬策略的优势是能够改善热心策略对敏感信息保护的不足，缺陷是信任协商效率较低。

　　基于热心策略的信任协商流程描述如下：(1) 用户 U 向图书馆 L 发送消息：请求学术资源并享受优惠，(2) 图书馆 L 对用户 U 返回消息：请公开注册会员 ID 及支付宝账号，(3) 用户 U 直接向图书馆 L

公开:请看我的"博物馆 M 会员属性"凭证,(4) 用户 U 直接向图书馆 L 公开:请看我的"支付宝账号属性"凭证,(5) 最终用户 U 获得了图书馆 L 赋予的优惠购买学术资源的授权。热心策略采用 PUSH 方式,协商双方将自己不受保护的信任凭证都发送给对方,然后能够进一步解锁更多的凭证,直到一方收到的凭证不能再解锁更多的凭证且不能满足访问控制策略时,信任协商过程被终止,热心策略的缺陷是会导致无关凭证的泄露。

　　下面通过上述实例详细阐述本章提出的自适应自动信任协商流程。假设图书馆 L 的信任度等级为 3(信任度区间[0,5]),用户 U 的信任度等级为 0(信任度区间[0,5]),用户 U 则会根据图书馆 L 的信任度对自身的访问控制策略进行调整,即无须对图书馆 L 的"博物馆 M 协作方属性"凭证进行验证,其信任协商流程如图 5-5 所示。

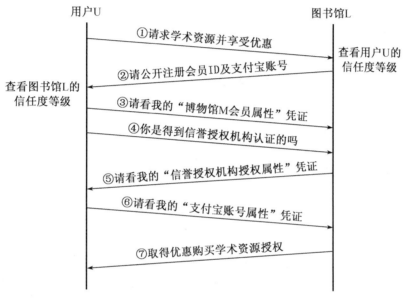

图 5-5　自适应自动信任协商流程 1

　　随着图书馆 L 信誉度的提升,在自适应自动信任协商过程中图书馆 L 的信任度等级也得到提高,假设图书馆 L 的信任度等级为 5,用户 U 的信任度等级为 0,用户 U 则再次根据图书馆 L 的信任度对自身的访问控制策略进行调整,即图书馆 L 无须公开任何属性凭证,用户 U 直接将图书馆 L 所需的属性凭证向图书馆 L 公开,其信任协商流程如图 5-6 所示。

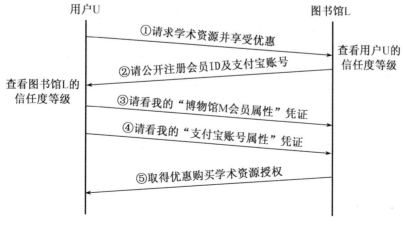

图 5-6　自适应自动信任协商流程 2

随着用户 U 在图书馆 L 购买学术资源次数的增加，图书馆 L 与用户 U 互相更加信任对方，假设图书馆 L 的信任度等级为 5，用户 U 的信任度等级为 4，这种情况下双方在信任协商过程中无须公开属性凭证，用户 U 就能够在购买学术资源时享受优惠服务，其信任协商流程如图 5-7 所示。

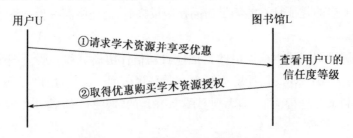

图 5-7　自适应自动信任协商流程 3

通过上述比较研究可以看出，当用户的信任度等级较低时，自适应自动信任协商策略的执行步骤与吝啬策略较为相近，而热心策略的执行步骤最少；伴随用户信任度等级的提高，自适应自动信任协商策略的执行步骤逐渐减少，开始向热心策略的执行步骤靠近；当用户的信任度等级达到某一阈值时，自适应自动信任协商过程中不再需要进行访问控制策略与信任凭证的交互，因此执行步骤最少。随着信任协商过程复杂度的提高，自适应自动信任协商策略的优势会体现得更加明显。

5.5　AM-AATN 策略语言

5.5.1　策略语言功能需求

策略语言用于对访问控制策略进行描述，结合前文 LAM-AATN 模块功能、信任协商流程特点以及访问控制策略描述研究等内容，本节将 LAM-AATN 模型对策略语言的功能需求归纳为：

（1）单调性：信任凭证与访问控制策略的交互披露应当对用户的授权操作产生影响，如果用户想要获得额外的资源或服务操作权限，只能通过额外的信任凭证与访问控制策略的披露来实现。

（2）语义定义规范：策略语言的语义应当具备紧凑、简单、定义规范等特征，利用策略语言描述的访问控制策略，应该具有含义与语言特殊应用不相关的特性。

（3）属性值约束：信任凭证作为结构化的对象，其中主要包含主体属性的相关信息，为了便于对信任凭证进行规范与管理，信任凭证应当能够与指定的信任凭证类型进行关联。

（4）信任凭证关联：策略语言应当具备较强的表达能力，能够把描述特定主体不同特征的多种信任凭证关联在一起，满足特定的访问控制策略。

（5）敏感信息保护：访问控制策略或者信任凭证当中可能包含个人隐私等敏感信息，策略语言应当具有敏感信息的保护机制，从而有效避免重要隐私信息的泄露。

（6）信任凭证链：当某信任凭证中的主体是信任凭证链中下一信任凭证的发布者时，策略语言应当具备相应的描述能力对信任凭证链进行约束与表达。

（7）适用性：该功能需求强调了信任协商的应用能力，在策略语言的设计过程中，需要对能否应用于真实环境，能否集成于已有的上下文中进行考虑。

5.5.2　LAM-AATN-Jess 策略语言

Jess(Java Expert System Shell)语言出现于 20 世纪 90 年代中后期，由美国 Sandia 国家实验室分布式系统计算组的 Ernest Friedman-Hill 基于 Java 实现。Jess 作为经过扩充的 CLIPS(C Language

Integrated Production System)能够支持正向推理和逆向推理,此外具有在系统运行环境中对 Java 类库进行直接调用的功能。Jess 语言结合了 Java 语言与专家系统开发过程,因此基于 Jess 实现的专家系统具有可嵌入性与可移植性等特征。为了更加适用于 LAM 自适应自动信任协商的相关需求,在对 Jess 语言简化与提升基础上,本节对 Jess 语言进行了改进研究。

LAM-AATN-Jess 策略语言对 Jess 语言所具有的编程环境友好、编写策略方便等特性进行了保留,在一定程度上修改了 Jess 语言的语法结构,即 LAM-AATN-Jess 策略语言不再需要把信任凭证涉及的相关内容封装为对象,一方面 LAM-AATN-Jess 策略语言具备更易于理解的语法,另一方面提高了自适应自动信任协商模型对策略语言的解析效率。LAM-AATN-Jess 策略语言具有的特性描述如下:(1) 友好的开发环境。LAM-AATN-Jess 提供了基于命令行的交互式开发环境,同时支持利用文本编辑器对代码进行编辑,进而以批处理的方式、通过系统命令进行系统载入操作,有利于用户自行编写描述相应的敏感资源、敏感信任凭证的访问控制策略。(2) 强大的知识表示能力。LAM-AATN-Jess 支持面向过程的编程模式,通过提供相应的语句对规则后件的操作流程进行控制,因此具有较强的知识表示能力。(3) 高效的协商效率。与 Jess 相比,LAM-AATN-Jess 在编写过程中去掉了封装对象的操作,在简化语法结构的同时也在一定程度上提高了协商效率。(4) 较好的系统兼容性。鉴于 LAM-AATN-Jess 是基于 Java 语言开发出来的以及 Java 语言所具有的跨平台特性,有利于 LAM-AATN-Jess 在不同系统中的应用。

5.5.3　LAM-AATN-Jess 语法结构

LAM-AATN-Jess 语言由模板(Template)、规则(Rule)、规则左键(LHand-rule)、规则右键(RHand-rule)、模式(Pattern)、函数(Function)、匹配(Match)、槽值(Solt)、多槽值(MultiSolt)九种要素构成,上述构成要素之间的嵌套组合共同描述出信任协商的访问控制策略。

一个或者多个模板及规则共同构成了相应的访问控制策略文件。其中每个模板由槽值和多槽值组合而成,存放的是访问控制策略要求的信任凭证属性。每个规则都由一个规则左键和一个规则右键组合而成,规则左键与规则右键之间通过符号"=>"进行连接,规则左键定义的是访问控制策略对信任凭证的相关约束,规则右键定义的是在信任凭证集合满足规则左键定义的相关约束时所产生的断言。规则左键由多种模式和函数构成,如上所述,是对访问控制策略针对信任凭证的相关约束进行定义。规则右键由多种模式构成,用于对产生的断言进行包装。其中每个模式由多种函数和匹配组合而成。而每个匹配由前半部分与后半部分构成,前半部分包含变量名,后半部分包含与之匹配的值或是约束该值的函数。每个函数由变量、函数、值等多种操作对象以及操作符构成。LAM-AATN-Jess 的语法逻辑构造如图 5-8 所示。

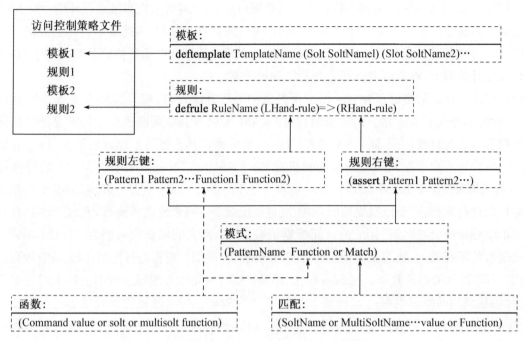

图 5 - 8　LAM-AATN-Jess 语法逻辑图

本章小结

本章首先给出了信任协商的策略需求，即完整需求、安全需求、隐私需求、正确需求、高效需求和可终止需求，在此基础上针对核心服务层与用户应用层之间的安全交互，设计了自适应自动信任协商模型 LAM-AATN，对信任协商层中各个模块的功能进行了详细阐述，深入研究了请求方与被请求方之间的信任协商流程。然后针对 LAM 自适应自动信任协商中的一致性校验问题，重点进行了访问控制策略描述研究、一致性校验算法研究和策略语言的改进研究。

本篇总结

当前全面推进我国信息化和数字信息资源建设，已经成为我国社会、经济发展新阶段面临的重要且紧迫的战略任务。图书馆、博物馆、档案馆等机构作为当今社会重要的公共文化服务基础设施有力推动了数字信息资源的建设与共享，并且众多学者开始在以图博档为代表的公共文化服务机构中探索数字资源整合及服务融合等方面的研究。如何形成知识资源的无缝集成与协同共享环境，成为近年来国内外图情领域十分关注的研究课题。与此同时，协同计算、服务计算、普适计算、对等计算、移动计算等基于开放网络的新兴分布式计算模式越来越多地出现在人们日常生活中，并开始应用于图博档等公共文化服务机构。数字信息资源共享与服务融合环境总体呈现出参与实体高度自治、环境异构多变、交互协作灵活复杂等显著特征。在上述新型环境下实现充分的数字信息资源共享和安全的交互协作面临若干新的问题。本篇从数字资源互操作和服务融合的双重角度出发，为满足分布式开放环境中数字资源互操作和服务融合的安全需求，进行新型动态信任管理机制的相关研究。

数字资源整合架构及其平台实现是当前国内、国外相关平台建设过程的主要关注方向，对数字资源互操作过程和数字化服务用户交互过程的管理监督机制研究较少，且动态多变的网络环境成为制约

LAM 协同发展的重要因素之一。为了厘清研究相关基本概念,对互操作、服务融合、信任定义及信任属性等重点概念进行阐述,对本篇研究工作所涉及的系统论、协同论、知识组织理论进行论述,为后续研究的顺利开展奠定理论基础。在此基础上深入探析典型的凭证信任管理系统和行为信任管理模型,分别进行系统功能的比较研究,对自动信任协商的工作原理及系统基本要素进行研究,对比分析当前典型的自动信任协商系统架构,并从 P2P 网络、普适计算、网格计算、Ad hoc 网络、电子商务等领域对目前信任管理机制的应用模式进行详细阐述。为了更好地将信任管理机制应用于数字资源互操作及数字化服务融合过程中,深入剖析当前具有代表性的工程项目实践,选取若干典型平台系统阐述数字资源互操作平台的系统架构及工作原理,并针对跨域环境下的安全互操作问题,从安全检测实施维度、协作架构维度、建模辅助维度等方面进行细致研究。针对数字资源互操作过程,从图书馆、档案馆、博物馆数字化协作的内涵入手,构建数字化协作系统架构,在此基础上进行数字资源互操作中的信任管理模型的构建,重点对信任管理层中的动态信任评估架构进行设计。在上述研究的基础上,针对当前动态信任评估中反馈信任聚合的缺陷,设计新型反馈信任聚合机制,从聚合运算时间、平均存储开销、交互成功率三方面对新型反馈信任聚合机制进行仿真实验,与 PowerTrust、PeerTrust、EigenTrust 等三种典型信任管理模型中的反馈信任聚合机制相比,本篇设计的新型反馈信任聚合机制具有一定的优势。最后针对数字化服务融合用户交互过程,构建自适应自动信任协商模型,深入研究请求方与被请求方之间的自适应自动信任协商流程,针对自适应自动信任协商中的一致性校验问题,重点进行访问控制策略描述研究、一致性校验算法研究以及策略语言的改进研究。本篇的相关研究成果在一定程度上满足了分布式开放环境中数字资源互操作及数字化服务融合用户交互过程中的安全需求,为数字资源互操作及服务融合安全可靠、方便快捷的网络环境的形成提供了有力支撑,很好地推动了数字化服务融合的发展,有利于更加完善的数字化公共文化服务平台的建立。

第六篇 立足国情的图博档数字化服务融合

第1章 引 言

　　数字资源数量急速增长，人类的生活习惯逐渐发生改变。很多信息用户，特别是未接受图书馆、博物馆、档案馆使用方法培训的用户，第一时间想到的获取信息的手段就是 Google、百度等一站式搜索引擎，不仅查不到权威、真实、完整的信息，而且使得像图书馆、博物馆、档案馆等真正作为人类文化共同遗产的文化典藏单位的资源的使用价值得不到发挥。

　　图书馆、博物馆、档案馆有着相同的历史源头。在我国，夏、商、周时代，有一种建筑颇为重要，就是宗庙，在周代也被称为"天府"。据《周礼》记载："天府，掌祖庙之守藏与其禁令"。它收藏的范围很广，包括大法典、盟约、谱牒、版籍、文书等，就是现代所谓的档案；有"镇国之大宝器"，即指青铜器、玉器等传世宝物，就是现代人所称的文物；另有"贤能文书"，就是当时学者对以往史实和礼仪的解释性文献[①]，属现代人所讲的图书[②]。在西方也有相似的机构，最早的是希腊时代的"缪斯庙"（拉丁文：Mouseion），博物馆的现代英文 Museum 即源于该词，这是供奉主掌音乐、艺术等七个美神的地方，也就是当时的综合性文化学术机构[③]，一直都是一个具有学术研究基础、能引领人民群众感染人文艺术、学习科学知识的地方。而公元前 3000 年出现最早的博物馆就是缪斯庙和附属于希腊哲学书院的藏书之所。由此可见，图书馆、博物馆和档案馆是同根同源的，三者之间的共性非常明显，都是文化事业部门，彼此应该有很多相互学习和相互借鉴的地方。

　　历史发展到今天，图书馆、博物馆、档案馆等文化收藏及信息服务机构面临着极大的挑战，通过数字化获得的信息资源浩如烟海、新产生的数字资源数量蓬勃增长，不仅对传统资源进行永久典藏保护，也给信息服务模式带来革新，逐渐为人类提供更方便的、多元化的服务。图书馆最早开始重视资源共享，由此开始出现实体资源合作组织，经过互联网络，信息服务范围愈加扩大。现有的馆藏随着广大读者信息使用与图书馆提供服务模式发生变化，购买数字资源量在不断增加，实体馆藏购买数量逐渐减少。在网络的世界里，信息获取的可能性无限延伸，实体馆藏的显著性和可用性越来越低，合作和数字化的必要性已经越来越明显[④]。

　　中国是世界上人口最多、国土面积最大的国家之一，有着 5000 多年的文化历史。然而，LAM 机构的成立时间相对较短。LAM 在资源整合中的历史功能定位较低，服务融合更低。在一定程度上，中国丰富的文化资源使得服务融合比世界上任何一个国家都要困难。因此，加强对我国数字图博档资源服务融合问题的研究，提高我国数字图博档资源服务融合的效率和满意度势在必行。

　　目前，我国关于图书馆、博物馆、档案馆数字资源服务融合的研究侧重于某一类机构数字资源的融

---

① 赵红杰.试论我国档案馆、图书馆、博物馆的协作与共建[D].武汉：湖北大学，2009.

② 许俊平.档案馆与博物馆学界的对话[J].档案管理，2000(4)：21-23.

③ 陈国宁.博物馆学[M].台北：空中大学出版社，2003.

④ 林秋燕.跨越 ACROSS——数位资源的整合与共享[R].台北：档案管理局，2011.

合。但是,总体说来,对于图书、博物和档案数字资源融合服务的研究尚未引起国内学者的重视,与使用者息息相关的服务融合模式的相关研究成果,也是屈指可数。因此,有必要针对中国图书、档案、博物资源及服务特色和中国图书馆、博物馆、档案馆特性进行数字化服务融合模式探讨,提供我国未来发展图书、档案与博物数字化服务融合模式以及进行建设实践的参考。

本章选择了一些比较原始的资料,因为具有较高的权威性又具有较高的参考价值,不能随意改动,只能比较大幅地引用展现出来。

图书馆、博物馆、档案馆是集中保存文献、历史文物以及档案的专业机构。一个国家的图书馆、博物馆、档案馆的整体服务工作水平在一定程度上反映了整个国家的组织机构、文化事业、精神文明建设等方面的发展水平(但有些国家图书馆、博物馆、档案馆藏有侵占别国时盗抢的图书、文物、档案等文化资源,这种情况则另当别论)。

图书馆、博物馆、档案馆具有一定的社会独立性,并承担国家和社会相应的管理职能,是为社会提供专业服务的社会组织机构,因此,三者在机构的设置和组织方面有一定的相似之处。由于历史文化、政治与行政管理体制的因素,我国图书馆、博物馆、档案馆总体来说呈现出多层级、多种类的分布态势。

1.1　中国图博档典藏机构概况

考察中国图书馆、博物馆和档案馆机构基本规模、基本活动及隶属概况。

1.1.1　图书馆概况

据资料[①]介绍:

"根据图书馆的管辖部门和隶属部门划分为国家、公共、高校、科学和专业图书馆以及学校图书馆。""中国的公共图书馆大部分是在省、市、县、乡等地域划分的基础上由政府投资建立的。另外各个高等学校都有自己的图书馆,截至 2015 年,全国有国家级图书馆 1 个,省级 39 个,市级 365 个,县级 2734 个。全国各级公共图书馆共计 3139 个。"

2012—2017 年中国公共图书馆数量(单位:个),如图 1-1 所示。

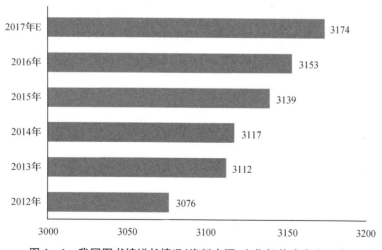

图 1-1　我国图书馆增长情况(资料来源:文化部前瞻产业研究)

---

①　姚凌娟. 图书馆管理过程中存在的问题及措施. 中文信息[EB/OL]. [2017 - 09 - 21]. http://fx361. com/page/2016/1212/387651. shtm.

百度地图上标明北京市区有各种图书馆(含阅览室和自助图书馆)大约550家。南京市区有各种图书馆138家。

首都图书馆联盟正式成立,2012年3月12日有12所高校对外有限制地开放了一些图书阅读。[①]

1.1.2 博物馆概况

据网上新闻报道：

"博物馆是属于社会科学领域的具有自己特色的科学研究和科学教育机构。我国博物馆三十年来的历程所显示的基本情况：中央,省、市、自治区和市县三级博物馆体制已初步形成,特别是北京几大国家博物馆的建立与事业的发展,以及新建了一批省、市、自治区博物馆。主要分为社会历史类、自然类、科学技术类、艺术类等四大类别。

中国国家博物馆以755万的参观人数成为全世界人气最旺、最受欢迎的博物馆,自2011年3月新馆对外开放以来,国家博物馆的参观人数急剧上升,2013年以后基本保持在720万人次以上,并逐年攀升。同时,馆内的外国面孔也更多见。"[②]

"截至2016年底,全国登记注册的博物馆已达到4873家,比2015年度增加了181家。全国共有4246家博物馆向社会免费开放,占全国博物馆总数的87.1%,博物馆体系更加健全,行业博物馆和非国有博物馆如雨后春笋般蓬勃发展。目前,文物部门所属博物馆2818家,其他部门所属行业博物馆758家,非国有博物馆1297家。"[③]而2018年底为5136家。

另据网上新闻报道：

"这一年中国20家博物馆参观者总数是108(百万),亚太地区前二名的地区也在中国,是北京和上海,分别为7.55(百万)和6.32(百万)。"[④]

"近年来,我国博物馆每年举办展览3万余个,举办约11万次专题教育活动,参观人数约9亿人次。"[⑤]

目前,北京市有大小各种博物馆250多家,上海市有大小各种博物馆130多家。我国博物馆分类和博物馆管理机构[⑥]分别如表1-1和表1-2所示。总的看,中国对博物馆采取分系统和分级相结合的管理体制[⑦]。

---

① 首都图书馆联盟正式成立北京34所高校将向社会免费开放图书馆[EB/OL]. [2017-08-19]. http://henan. china. com. cn/news/china/201203/41595. html.

② 2016年755万人数拔得头筹最旺、最受欢迎的中国国家博物馆[EB/OL]. (2017-07-10)[2017-08-19]. http://news. vsochina. com/undisplay/27038. html.

③ 全国博物馆达4873家免费开放近九成[EB/OL]. (2017-06-01)[2017-07-29]. http://www. sohu. com/a/145102493_114886.

④ 新华社. 中国国家博物馆2016参观量世界之最[EB/OL]. (2017-07-09)[2017-09-18]. http://www. sohu. com/a/155659968_769150.

⑤ 我国博物馆每年接待约9亿人次参观者[EB/OL]. (2017-07-10)[2017-08/19]. http://ws. xinhuanet. com/shuhua.

⑥ 2017年中国博物馆行业发展趋势及市场前景预测[EB/OL]. (2017-07-01)[2017-08-12]. http://www. chyxx. com/industry/201701/485943. html.

⑦ 中国博物馆事业管理体制[EB/OL]. [2017-10-09]. https://baike. baidu. com/item.

表1-1　我国博物馆分类表

按收藏分类	综合　考古　艺术　历史　民族　自然历史　科学　地质　工业　军事
"非物质遗产"博物馆 按管理分类	政府　地方　大学　军队　独立/慈善基金会　企业　私人
按服务地域分类	国家　区域　生态　城市　地方
按观众分类	综合性　教育性　专业性

表1-2　博物馆管理机构表

级别	详情
国家层面	国家文物局是博物馆的最高管理机构(副部级)。
各省各地	部分省份设置有相对独立的文物局或由省文化厅代管的文物局,经过职能部门整合的省份设置有文广新局(文化文物、广播电视、新闻出版),来管理各省的博物馆。
行业博物馆	根据馆藏性质和历史成因,行业博物馆的管理归口部门不同,如,地质、农业、纺织、煤炭、邮电等专门类博物馆,分别属有关专业部门领导管理。军事博物馆可能是由部队管理,自然博物馆可能由当地科委管,各地情况不同;民政局、宣传部门等也可能参与管理博物馆。
高校博物馆	高校博物馆是国有博物馆里面较特殊的一类,它为教学、科研服务。但是由于博物馆管理制度要求法律意义上正规的博物馆必须是独立法人,而高校博物馆的管理模式是举办学校的一个分支部门或者机构,所以在功能和保障上受到一定的限制。
企业博物馆	国有大中型企业创办的博物馆,按照现行政策,不能下设事业单位。这类博物馆也只能登记注册为民办博物馆,但其藏品所有权显然是公有的,这一类实际属于行业博物馆。

总体而言,国有博物馆,无论历史、规模、藏品数量、质量还是影响力,在国内都占据主流地位。国内民办博物馆要求:经过文物部门审核,民办非企业单位登记管理机关批准许可取得法人资格设立的博物馆,设立和审核一般由属地进行管理。原则上藏品不少于300件,注册资金不少于50万,厅面积≥400平方米。决策机构:理事会/董事会,多于1/3的理事/董事拥有5年以上博物馆从业经验,而管理人员:技术和管理人员≥6人,60%以上专职。另外,不得要求取得经济回报(盈利不得分配)。

1.1.3　档案馆概况

"我国相当多的档案馆是依行政区划设立的,人们也常常以政府级别去划分档案馆,这是档案馆类型划分的主要原则之一。中央档案馆是党中央、国务院或是国家档案局直接领导或指导的档案馆。在我国,目前有中央、中国第一历史、中国第二历史档案馆。在它的后一位的是中央、国家机关职能部门所属的档案馆,如外交部档案馆等。省(自治区、直辖市)档案馆一般都是省委或省政府的直属事业单位。省(区、市)档案馆的后一位是指省(区、市)政府职能部门所属的档案馆。地、市亦然。县档案馆是县委或县人民政府的直属事业单位,或归同级档案局领导①。"

"根据档案的形成情况和用途,政府部门档案一般分为:文书、科技、会计、基建、人事、照

----

① 杨继波.试论我国档案馆类型的划分[J].档案学研究.1988(4)41.

片、录音录像、印章档案等。另外对于一些专业性、业务性较强的业务，也可以建立专门档案，如：税务、工商、诉讼、公证、海关档案等等。"

"企事业部门和学校的档案实际情况而定，例如，学校档案分为党群、行政、教学、学生、科技研究、产品生产与科技开发、基本建设、仪器设备、出版、外事、财会、声像载体、资料、人物类等 14 大类档案。[①]"

国家档案局概况

"国家档案局中央档案馆为一个机构两块牌子，履行中央档案保管利用和全国档案事业行政管理两种职能，为党中央和国务院直属机构、副部级单位。

主要职能（一）对全国档案工作实行统筹规划、宏观管理。依据党和国家的政策、法规，拟定档案工作的方针、政策、法规和规章制度；组织、指导、检查、监督、协调中央、国家机关、军队、群众团体和省、自治区、直辖市的档案业务工作。（二）集中统一管理党和国家中央机关的重要档案资料，保守党和国家机密，维护档案的完整，确保档案资料的安全。（三）负责接收、征集、整理、保管党和国家中央机关的重要档案资料，推进档案工作的科学化管理和现代化建设，做好档案编研出版工作，为社会提供利用。收集散失在境外的中国档案材料以及与中国有关的档案文件和史料。（四）制定档案工作人员队伍建设规划，组织档案专业教育和档案专业干部培训工作。负责档案专业技术职务评聘的有关工作。（五）统一组织领导全国性档案工作外事活动和国际交流的有关工作。（六）完成党中央、国务院交办的有关事宜。"[②]

据国家档案局政策法规研究司统计资料显示[③]：

"截至 2016 年，全国共有各级档案行政管理部门 3127 个。其中，中央级 1 个，省（区、市）级 31 个，地（市、州、盟）级 427 个，县（区、旗、市）级 2668 个。"

2018 年 9 月，全国共有各级各类档案馆 4210 个。其中，国家综合档案馆 3333 个，国家专门档案馆 234 个，部门档案馆 202 个，企业集团和大型企业档案馆 167 个，省、部属事业单位档案馆 274 个。

1.2 中国图博档典藏机构历史发展及组织管理概况

随着时代的进步与发展，现代图书馆、档案馆和博物馆都各自建立了丰富的数字资源，例如国家档案局网站中国档案资讯网等，通过国家档案局网站我们可以了解到最新的关于档案方面的新闻资讯、政务信息；还有在线服务和公众参与栏目，其中在线服务中下设有档案展览馆、珍档芸翠等，可以了解各省各具特色的照片档案、历史珍品照片；公众可以参与其中的网上调查、意见征集等栏目，可以使档案工作者更好地了解用户，更好地为其提供更好的服务。

---

① 档案馆案例［EB/OL］．［2016 - 05 - 27］．https://zhidao. baidu. com/question/2015102661748236628. html.
② 国家档案局 2015 年度部门决算［EB/OL］．［2016 - 09 - 21］．http://www. saac. gov. cn/zt/site2/20160722/00e04ce0897018fc1a3301. pdf.
③ 国家档案局［EB/OL］．［2016 - 09 - 21］．http://www. saac. gov. cn.

1.2.1　图书馆发展及组织管理

这里选择中国国家图书馆和南京图书馆历史及发展简单介绍,展示其基本发展情况。

据网上百科资料显示,中国国家图书馆[①]

"中华人民共和国成立后,该馆归属文化部领导。1949 年 9 月 27 日更名为国立北京图书馆,1958 年 6 月,该馆改属北京市领导。1960 年 11 月,该馆重归文化部领导。

中国国家图书馆的自动化工作起步于 70 年代中期。1989 年大型计算机综合管理系统启动,进行图书馆自动化应用系统的开发与实践。从 1995 年开始,按照数字化、网络化建设的思路,制定了《国家图书馆网络建设发展规划(1997—2000)》,集中力量,在网络建设、软件开发、数据加工等方面开展攻关。

1999 年 2 月,在中国国家图书馆界率先采用先进的千兆位以太网络技术,开通了拥有 3000 个信息节点的馆域网,将各个应用子系统连接起来。在互联网建设方面,开通了国际互联网中国国家图书馆站点;分别与国务院办公厅、清华大学、北京大学等实现了 100M 速率的专线联接;与中国计算机公用网、中国教育科研网、中国科技网及北京有线电视网、国家广播电影电视总局全国有线电视网、网通等实现了高速互联,使国家图书馆初步建成网上信息资源的中心枢纽。

2001 年 11 月,经国务院批准,"国家图书馆二期工程暨国家数字图书馆工程"正式立项,作为国家信息产业基础建设的重要内容,已列入国家"十五"计划,国家经费总投入为 12.35 亿元,开始付诸实施。

资源服务现代化方面:数字资源及互联网服务、多媒体资源阅览、手持阅读器借阅服务、残障人士特殊服务、全国文化信息共享工程资源体验、用户信息素质培训等。

中国国家图书馆扩建后馆舍面积世界第三亚洲第一,藏书量世界排名第五。"

南京图书馆[②]

"南京图书馆前身为 1907 年创办,是中国第一所公共图书馆,1933 年国民政府创建国立中央图书馆,1952 年国学图书馆和原来的中央图书馆合并为现在的南京图书馆。

信息资源开发部负责馆藏文献资源的开发和数字化资源的加工制作;编制各类专题数据库;负责江苏文化网和南图网站的建设;做好网络信息资源的组织与开发。

信息技术应用部负责全馆业务自动化系统和网络的管理与维护及数字图书馆建设的技术应用;做好全馆各部门应用软件的二次开发与维护;对全馆自动化设备进行统一管理与维护;做好全省文化信息资源共享工程省级分中心工作;负责自动化软件的研制、开发与推广。

现代化服务技术:提供 Internet 访问以及 60 个中外文数据库、电子书刊、全国文化信息资源共享工程资源的查阅服务。多媒体欣赏室配备先进的多媒体欣赏设备,提供资料片播放、音乐欣赏服务。"

---

① 中国国家图书馆[EB/OL]. [2017 - 4 - 01]. https://baike.baidu.com/item/.
② 南京图书馆[EB/OL]. [2017 - 3 - 29]. https://baike.baidu.com/item/.

1.2.2 博物馆发展及组织管理

这里选择中国国家博物馆、故宫博物院和南京博物院的历史及发展简单介绍，展示其基本发展及变化情况。网上百科资料显示：

中国国家博物馆①

"1949 年 10 月，改名为国立北京历史博物馆，隶属中央人民政府文化部。

北京历史博物馆更名为中国历史博物馆。

1969 年 9 月，中国历史博物馆和中国革命博物馆合并，称中国革命历史博物馆。

1983 年初，分设为中国历史博物馆和中国革命博物馆。

2003 年 2 月，两馆正式组建中国国家博物馆。

国家博物馆是以历史与艺术并重，集收藏、展览、研究、考古、公共教育、文化交流于一体的综合性国家博物馆。基本职能为文物和艺术品收藏、陈列展览、公共教育、历史和艺术研究、对外文化交流。"

故宫博物院②

"1949 年 2 月，北平解放，故宫博物院由中国人民解放军北平军事管制委员会文化接管委员会接管。同年 10 月 1 日，中华人民共和国建立，故宫博物院隶属中央人民政府文化部，是在明朝、清朝两代皇宫及其收藏的基础上建立起来的中国综合性博物馆，涵盖几乎整个古代中国文明发展史和几乎所有文物门类，也是中国最大的古代文化艺术博物馆，其文物收藏主要来源于清代宫中旧藏，是第一批全国爱国主义教育示范基地。

自 1950 年开始，组建了文物修复工厂，1980 年扩建为文物保护科学技术部，继承、利用传统工艺技术和引进自然科学新成果，对残损的文物进行修复，数十年来为本院及兄弟单位累计修复文物达十一万余件。"

南京博物院③

"1949 年新中国成立后，称"国立中央博物院"，直接由中央文化部领导。

1950 年 3 月 9 日经文化部批准正式改为"国立南京博物院"，是全国综合性历史艺术博物馆，由文化部文物事业管理局领导，经费由中央拨款，任务由文化部直接布置。1950 年 7 月改由华东文化部领导，属华东大区博物馆，包括东南地区五省一市（江苏、安徽、浙江、福建、台湾、上海）。1954 年 9 月，南京博物院改由江苏省政府文化局领导，属全国综合性历史艺术博物馆。"

---

① 中国国家博物馆[EB/OL]. [2016-12-09]. http://www.chnmuseum.cn/tabid/66/Default.aspx.
② 北京故宫博物院[EB/OL]. [2016-12-30]. https://baike.baidu.com/item/.
③ 南京博物院[EB/OL]. [2017-12-09]. https://baike.baidu.com/item/.

1.2.3　档案馆发展及组织管理

这里选择中华人民共和国国家档案局(馆)、中国第一历史档案馆和中国第二历史档案馆的历史发展及组织管理简单介绍,展示其基本发展变化情况。

网上百科资料显示,中华人民共和国国家档案局(馆)①②

"国家档案局,中共中央直属机关的下属机构。

1954年11月成立。

1959年根据中共中央《关于统一管理党政档案工作的通知》,改由中共中央办公厅主任直接领导。

1985年重归国务院领导。

中央档案馆,是中共中央和国务院直属的文化事业机构,1959年成立,集中保管自"五四"运动以来的,具有全国意义的革命历史档案和中华人民共和国成立后党和国家中央机关的具有永久保存价值的档案。馆藏档案80余万件,资料80余万册,珍藏了大量领袖人物的手稿,是我国新民主主义革命和社会主义建设的历史见证。它为党和国家各项工作服务,为党史、军史和革命史研究服务③。

随着档案事业的发展和档案信息化进程的加快,我国档案网站建设也日益成熟和丰富起来。我国已经建立起国家、省级、市级和县级档案局(馆)四级档案行政主管部门的档案网站体系,团体档案网站体系,档案产品企业、档案服务企业等档案企业网站体系,家庭档案、宝宝成长档案、民生档案等各项专题档案网站体系,各高校档案网站体系,特别是还出现了以档案网和档案网论坛为代表的民间自办档案管理指导网站。"

中国第一历史档案馆④

"成立于1925年,是专门保管、整理编目、编辑研究、查阅利用、修复复制明清两朝中央政府和皇室档案的中央级国家档案馆,1925年故宫博物院下设古物馆和图书馆,图书馆下又分设图书部和文献部,文献部即是中国第一历史档案馆的前身。

1951年改称故宫博物院档案馆。

1955年12月移归国家档案局领导后改称第一历史档案馆。

1959年10月并入中央档案馆称为中央档案馆明清档案部。

1969年明清档案部又改属故宫博物院。

1980年4月重归国家档案局领导,成立中国第一历史档案馆。

中国第一历史档案馆保管的明清历史档案1000余万件(册),其中明代档案3000多件,其余绝大多数为清代档案。馆藏档案中,汉文档案约占80%,满文档案约占20%,蒙文档案5万多件(册),还有少量其他民族文字的档案以及英、法、德、俄、日等外国文字的档案⑤。"

---

① 中华人民共和国国家档案局[EB/OL]. [2018-08-21]. https://baike. baidu. com/item/.
② 中华人民共和国档案局[EB/OL]. [2017-12-09]. http://www. saac. gov. cn/xxgk/node_140. htm.
③ 中华人民共和国国家档案局[EB/OL]. [2018-05-23]. https://baike. baidu. com/item/.
④ 中国第一历史档案馆[EB/OL]. [2017-12-09]. http://www. lsdag. com/nets/lsdag/page/index. shtml? iv=.
⑤ 中华人民共和国国家档案局[EB/OL]. [2016-12-18]. https://baike. baidu. com/item/.

中国第二历史档案馆

"集中保管中华民国时期(1912—1949)各个中央政权机关及其直属机构档案的国家级档案馆,成立于 1951 年 2 月,隶属中国科学院近代史研究所,1964 年改隶国家档案局,并易现名,1980 年,中国第二历史档案馆正式对外开放馆藏档案。

专门从事民国档案的收集、保管、保护、整理、编目、接待利用和编研出版等工作。馆内备有摄像、照相、复印和电子计算机等现代化设备以及多种检索工具。

中国第二历史档案馆馆藏档案卷帙浩繁,截至 2008 年底,共收藏有 948 余个全宗,计 180 多万卷,排架长度达 50 000 余米,收藏的民国时期图书资料有 5 万余册。"

随着中央和地方党政机关办公自动化工程的推行以及我国政府上网工程的实施,国家档案馆也逐步将计算机及其网络技术应用于档案服务工作中。当前,我国各级档案馆正在基于网络平台积极探索档案在线提供利用的方式,不断完善档案数据库的采集、异地查询和档案传递功能。例如,中华人民共和国国家档案局网站中推出"查档指南"、"媒体链接"、"公布档案"、"网上展览"、"珍档芸萃"、"在线访谈"等在线服务项目;中国第一历史档案馆在互联网上分期分批开放馆藏数字化档案目录;中国第二历史档案馆已完成数字化的教育部、社会部、农林部、国史馆四个全宗的档案实行开放。

近些年,国家各级档案馆对档案宣传工作比较重视,不断加大此项工作的人、财、物投入。例如,北京电视台推出的《档案》栏目,选题广泛而深刻,涉及政治、军事和历史等精彩内容。通过解密档案中的历史秘密,告诉观众历史事件背后的真实故事。主持人通过翻阅档案材料,播放影像,展示实物、道具等行为,把本来枯燥的档案资源展现得生动有趣,深受广大观众的欢迎和喜爱,因此还培育了一批忠实的"档案迷",这从一定程度上增强了档案的宣传力度,提高了公众的档案意识和素养;还有由中央档案馆、国家博物馆共同主办的"巨人毛泽东——毛泽东书法与当代名家雕塑绘画展"在国家博物馆一号中央大厅开展。

1.3 欧美图博档典藏机构组织、管理及功能

1.3.1 图书馆组织、管理及功能概况

始建于 1800 年的美国国会图书馆是美国四个官方国家图书馆之一,虽然现在已经对公众开放,但为国会的立法与研究提供服务仍然是其首要任务[①]。服务对象决定了国会图书馆的经费来源主要以政府拨款为主,但因为其规模化和专业性的特点,自 1925 年起开始接受馈赠和基金会捐款[②]。国会图书馆实行馆长负责制,馆长由总统提名,并由参议院审核任命。图书馆具体工作主要由执行委员会开展,其组成人员主要来自馆内各服务部门。根据国会图书馆的近期规划[③],它的服务目标主要体现在以下方向:1. 向国会提供权威的研究、分析和信息;2. 对各种馆藏知识资源和有关美国创造的历史记录进行采访、保存和提供使用;3. 保持有效的国家版权系统;4. 领导和开展与外部机构的协作,促进知识发展和创新;5. 针对可展示结果实施前瞻性管理。

① 美国国会图书馆_百度百科[EB/OL]. [2017 - 12 - 20]. https://baike. baidu. com/item/.
② 柯平. 美国国会图书馆巡礼[J]. 图书馆工作与研究,2001(02):25 - 29.
③ 2016—2020 Library of Congress Strategic Plan[EB/OL]. [2017 - 04 - 17]. https://www. loc. gov/portals/static/about/documents/library_congress_stratplan_2016—2020. pdf.

世界上最大的图书馆——大英图书馆是英国的国家图书馆,拥有超过1.5亿件许多国家收藏品。它是由文化、媒体和体育部赞助的非独立的公共机构。在1973年之前,图书馆是大英博物馆的一部分。1972年的英国图书馆法案将图书馆部门从博物馆中分离出来,但直到1997年,大英博物馆继续在同样的楼宇里的同样阅览室保留大英图书馆,现在已分离。新大英图书馆是1982年开始建造的英国一级图书馆。①"英国图书馆理事会负责管理英国国家图书馆,理事会为独立公共法人,理事会的任务是把该馆办成一个兼顾科技与人文的国家参考、研究、目录及其他信息服务中心。理事会成员包括主席一人;副主席兼馆长一人负责主持日常工作;理事若干名,分别代表女王、大学图书馆、大英博物院受托管理人以及与图书馆有关的专家,他们必须具备图书馆业务、财经、行政管理等与图书馆管理相关的专长。英国图书馆90％的资金从文化、传媒与体育部获得拨款"。②

波士顿公共图书馆是美国第一个公众投资的大型免费市立图书馆,又是美国最大的城市公共图书馆。与美国国会图书馆不同,波士顿公共图书馆在美国首创了全体公民免费借阅的模式。该图书馆的宗旨在于保存并提供社会的历史记录,向整个波士顿市和马萨诸塞州的人民提供文化、教育及信息需求方面的服务③。因此,除了市政的拨款以外,大量社会捐款以信托基金的形式支撑图书馆运营。经费来源和捐赠目的多样性,使得图书馆的管理必须民主、科学、公正。作为波士顿公共图书馆的选择,市长授权下理事会制度无疑是满足这一要求最佳管理方式之一,多年以来持续推动该馆健康发展。

"德意志联邦共和国国家图书馆。成立于1946年,设在美因河畔法兰克福。最初由书商协会经营,1949年后,法兰克福市和黑森州相继给予财政援助,1952年联邦政府开始拨款,三方各提供经费的三分之一。1969年后经费完全由联邦政府负担。其领导机构是由馆内外11人组成的理事会,馆长执行理事会的决议。"④属于非借阅图书馆,承担着从1913年以来所有德语出版书籍的保藏工作,德国约有1.4万个图书馆,藏书1.3亿册⑤。

1.3.2　档案馆组织、管理及功能概况

与图书馆体系相似,档案机构也分为国家级和地区(组织)级两大类。前者如美国国家档案馆、英国国家档案馆等,主要面向国家政府需求提供服务;后者如美国密歇根大学档案馆、伦敦大都会档案馆等,服务于本地区(组织)。虽然大部分档案馆都面向公众提供服务,但是较前述图书馆而言,其服务仍然具有针对性,这使得各机构在档案管理中的边界非常明显。因此,这些机构基本依靠服务对象所提供的经费维持运营,除接受藏品捐赠以外,鲜有通过社会募集资金的案例。这种政府(组织)直接出资的方式也决定了英美的档案机构都处于行政化管理体制下。例如,美国国家档案与记录署(NARA)便由总统直接领导⑥,伦敦大都会档案馆则接受当地金融城政府的管辖⑦。

联邦德国:联邦德国的档案事业是在美、英的扶持下建立的,其档案事业管理体制也仿效美、英,没有全国统一的档案行政管理机构,中央和地方档案馆亦无隶属关系,各自为政。中央

①　British Library[EB/OL]. [2017 - 02 - 08]. https://en. wikipedia. org/wiki/British_Library.
②　大英图书馆[EB/OL]. [2017 - 03 - 08]. https://baike. baidu. com/item/大英图书馆/.
③　Boston Public Library Mission[EB/OL]. [2017 - 03 - 22]. http://www. bpl. org/general/trustees/mission. htm.
④　德国图书馆[EB/OL]. [2015 - 08 - 23]. https://baike. baidu. com/item/.
⑤　Sabrina, Zhang[EB/OL]. [2015 - 10 - 28]. http://liuxue. tiandaoedu. com/de/sq/663464. html.
⑥　李海军,王瑾,吴先年. 美国档案管理体制及信息化工程建设[J]. 兰台世界,2007(18):4 - 5.
⑦　冷旭川. 英国伦敦大都会档案馆工作印象[J]. 北京档案,2014(01):33 - 35.

级的国家档案馆是联邦档案馆，1952年在科布伦茨建立，受联邦政府内务部领导，负责接收和保管联邦政府机关的档案以及德国历史档案。[1]

法国档案局：是法国档案事业管理机关，负责领导全法国的公共档案馆。1884年成立时归属教育部，后归内政部，1959年起隶属于文化部。法国档案局和法国国家档案馆设在同一大楼内，合署办公。自1897年至今，档案局长兼任国家档案馆长，是全法国档案工作的最高领导人。该馆自成立起即对法国人开放。1979年《法兰西共和国档案法》规定，存入档案馆前已供查阅的档案进馆后继续开放；公共档案除有特殊规定者外，满30年均可自由查阅。利用者不仅可到该馆阅览室借阅，还可将档案转到利用者所在的省档案馆阅览室使用。除阅览室外，该馆还辟有永久性的展览大厅，将法国历史上最著名的珍贵档案长期陈列。[2]

此外，外国档案管理中还存在着一些有别于图书馆体系的机制。以耶鲁大学、密歇根大学为例[3]，这些组织中的档案管理部门隶属于图书馆。在这种一体化管理模式下，各种档案、资料与图书采取统一的方式进行著录、存储和检索，为档案信息的共享提供了便利的条件。由于缺乏市场调节，美国对公立档案馆采取绩效考核机制，从档案利用率、服务价值等多方面指标进行考量，并与财政拨款金额挂钩，刺激档案馆提升档案服务成效[4]。

1.3.3 博物馆组织、管理及功能概况

"法国国家博物馆联合会(RMN)创始于1895年，成立宗旨是募集管理收购艺术作品的基金、丰富国家馆藏，RMN当时即掌管卢浮宫、凡尔赛宫、卢森堡博物馆及Saint-Germain-en-Laye城堡(国家古代文物博物馆)。自1990年起，RMN成为国家级公家机构，并隶属法国文化暨宣传部管辖，同时被赋予开发工商业的角色。"[5]

"法国中央政府的文化和通讯部主管全国博物馆事业，由其下设的法国博物馆管理局具体负责，并推动国家在博物馆管理方面的政策；管理并监督所有的国家博物馆，包括国家财政资金的分配和人员的使用；对属于地方和各个协会的博物馆的日常管理运作进行科学监督；指导、建议并评估地方文化事务管理部门在博物馆方面的工作。现在由文化部博物馆局直接管理的国家级博物馆共有34座，其中包括享誉世界的卢浮宫、奥赛、凡尔赛与特里亚农、罗丹、毕加索博物馆、蓬皮杜国家艺术文化中心等，此外还有一些国家级的博物馆分别隶属于国防部、教育部、青年和体育部。"[6]

据统计，美国是当今世界第一的博物馆大国，2010年美国博物馆总数为17 000家，超过三分之二的美国博物馆为私立博物馆[7]，基金和捐赠是这些博物馆最为重要的经费来源，其次是各级政府办的博物馆(国立、州立、郡立等)和学校、协会主办的博物馆(公立)。在美国，建立和注销一座博物馆均须经州政府批准。无论创办主体是联邦政府、地方政府，还是社会组织或企业、私人，美国的博物馆一旦建立并通

---

① 德国档案事业[EB/OL].［2017－03－29］. https://baike. baidu. com/item/德国档案事业.
② 法国档案局[EB/OL].［2017－03－23］. https://baidu. com/item/.
③ 李海军，王瑾，吴先年. 美国档案管理体制及信息化工程建设[J]. 兰台世界，2007(18)：4－5.
④ 王俐涵. 美国档案馆公共服务现状研究[J]. 档案学研究，2014(01)：83－85.
⑤ 法国国家博物馆联合会[EB/OL].［2017－03－24］. https://baike. baidu. com/item/.
⑥ 黄磊. 法国博物馆管理体制、发展现状的启示[N]. 中国文物报/2005－7－22(第005).
⑦ 段勇. 博物馆理事会制度大有可为[N]. 光明日报. 2014.04.14.

过认证后,就成为事实上"公有公营"的非营利性公共机构,享有几乎同等的社会权益,并且不能再被创办者随意支配。因而,私立博物馆的藏品是博物馆的法人财产,不再属于创办者私人所有。复杂的所有权结构带来的是多样化的管理机制,相比图书馆行业,博物馆的理事会机制更加灵活,博物馆内部普遍实行理事会领导下的馆长负责制,馆长由理事会挑选、任命,全权负责日常事务。作为美国政府唯一资助的半官方性质的博物馆机构——美国史密森尼博物馆的收入有一半来自自身经营,另一半则来自利息和私人捐助,少量的政府拨款有严格的用途限定①。作为国家象征,其理事会基本由总统或参众两院任命,主要完成咨询职能②。而同在美国的大都会艺术博物馆,却能够从来自各界的公众群体中票选出理事会,为博物馆决策服务③。

灵活的管理机制使得博物馆拥有更加多元化的服务形式。还是以大都会博物馆为例,在传统公共展览服务基础上,融合了各式公益性文化休闲活动④,可以在观展同时得到全方位服务。该馆甚至还将服务延伸至展馆以外,在诸如商场、机场等公共场所开设纪念品商店,为自身带来收益的同时,进一步扩大博物馆的影响⑤。

博物馆、图书馆和档案理事会(MLA)一直到 2012 年 5 月,在英国成立的一个非部门公共机构和注册慈善机构,以促进博物馆、图书馆和档案领域的改进和创新。它的职能跨越了英国,并为英国政府在政策和优先事项方面提供咨询,从文化、媒体和体育部门(DCMS)获得资金。2008 年,MLA 与国家档案馆合作,制定了一份关于"21 世纪档案"的咨询文件。2009 年,MLA 出版了"Leading Museums",为博物馆提供了一个愿景和行动计划⑥。在挪威,文化部承担维护国家档案馆、图书馆和博物馆的全部责任。

数字信息资源的特征对服务模式构建有着重要影响⑦。随着来自政府和公众对数字信息需求的增长,图书、博物和档案管理机构中的信息数字化水平在不断提高,为数字化服务的开展和融合创造了前提条件。但是在融合过程中,仍然需要将这些机构的固有特征纳入影响因素的分析中来,以便深入分析图博档的服务融合。

---

①　周静. 现代博物馆管理模式探析[J]. 东南文化,2009(04):94 - 97.

②　宋新潮. 关于博物馆理事会制度建设的若干思考[J]. 东南文化,2014(05):6 - 12.

③　Annual Report for the Year 2016 - 17[EB/OL]. [2017 - 08 - 22]. https://www. metmuseum. org/-/media/Files/About%20The%20Met/Annual%20Reports/2016 - 2017/Annual%20Report%202016 - 17. pdf.

④　胡俊. 关于美国博物馆公共文化服务的研究及启示——以大都会艺术博物馆等为例[J]. 上海文化,2013(12):121 - 127.

⑤　张颖岚. 美国博物馆的运营理念与文化产业[N]. 中国文物报. 2007 - 08 - 09.

⑥　MLAC[EB/OL]. [2017 - 11 - 09]. https://en. wikipedia. org/wiki/Museums,_Libraries_and_Archives_Council.

⑦　穆向阳,朱学芳. 图书、博物、档案数字化服务融合模式研究[J]. 情报科学,2016(03):14 - 19.

第2章 图博档数字化服务发展现况

2.1 图书馆数字化服务发展现况

2.1.1 中国图书馆数字化服务发展现况

我国图书馆数字化服务研究,1995年开始跟踪研发进展,1996年数字图书馆成为"IFLA"的讨论专题,1997年中国试验型数字式图书馆项目立项,1998年启动"中国国家数字图书馆工程",1999年初国家图书馆完成"数字图书馆实验演示系统"开发,1999年3月国家图书馆文献数字化中心成立。[1]

经过二十多年的发展,我国政府、IT业、图书情报界在数字图书馆理论研究、资源建设、标准体系、技术研发和数字图书馆服务等方面有了较大的进展,取得了一定成果。包括:中国国家数字图书馆、全国文化信息资源共享工程、中国高等教育文献保障系统、开世览文、大学数字图书馆国际合作计划(China Academic Digital Associative Library,CADAL)、国家科技图书文献中心、中国科学院国家科学图书馆。其中以中国国家数字图书馆,规模最大且具代表性。[2]

2008年,中国国家数字图书馆办证处采购并使用了"公民二代身份证识别阅读器",极大地简化了办证工作人员对读者身份的识别和信息录入工作;2009年配置了自助办证系统,该系统不仅在办理读者卡、自动化注册、缴纳押金和充值消费等方面方便了读者,而且大大提高了办证处的服务效率,开创了办证服务在信息化、电子化、网络化环境下采用新服务模式的先河。[3]

我国国家图书馆数字工程,为了实现建设全国大部分地区图书文献资源联合目录系统的目标,计划通过组织与实施资源建设工作,联合引进和共享多种国内需要的国外专题信息资源库,建设成为世界上超大规模的、高质量的分布式中文数字化资源库群,提供多种网上服务。[4] 截至2011年底,国家数字图书馆数字资源总量已达561.73TB,其中外购数据库71TB,馆藏特色资源数字化466.8TB、网络导航和网络资源采集19.2TB。并结合技术发展趋势,重点开展基于手机、数字电视、网络电视等新媒体服务的资源建设。[5] 其资源内容包括但不限于文学、艺术、法律、科技、教育、旅游等各种类型的信息,已经成为世界上最大的数字信息保存基地与服务基地。

2011年,为了提供全国范围内有效的数字资源保障环境,财政部、文化部发出了"十二五"期间建设

---

[1] 申晓娟,齐欣.国家数字图书馆工程概述[J].国家图书馆学刊,2008,(03):7-11.

[2] 谢强.数字图书馆建设与服务概述[EB/OL].[2017-04-24].http://www.lzlib.com.cn/shuzitushuguan/zhengce/lzlib_582.html,2013-04-22.

[3] 王谢文,董旭,王琰.浅议国家图书馆办证服务模式的现状和未来[J]科技情报开发与经济.2013,23(1),1-5.

[4] 王勇.通用数字图书馆管理系统设计和实现——资源存储管理和服务[D].北京:清华大学,2004.

[5] 国家数字图书馆推广工程.国家数字图书馆资源建设情况[EB/OL].[2013-04-01].http://www.ndlib.cn/szzyjs2012/201201/t20120113_57990.htm.

全国"数字图书馆推广工程"的通知,该项工程以国家数字图书馆为主要核心,以各级数字图书馆为节点,建设覆盖全国的数字图书馆虚拟网和分级分布式的数字图书馆资源库。① 截至 2012 年底,已实现全国 33 个省级图书馆、85 个地市级图书馆的数字图书馆推广工程。②

2015 年 11 月,北京、天津、河北三地公共图书馆在石家庄签署合作协议,成立了京津冀图书馆联盟,2016 年底,京津冀图书馆联盟在首都图书馆召开了京津冀图书馆合作发展研讨会,旨在"加快规范管理体制、制度规范和组织建设;打造京津冀信息资源共建共享平台,积极开展联合参考咨询服务、馆际互借、文献传递等工作;打造具有高品质和广泛影响力的图书馆文化精品;促进京津冀三地人才合作,建设专业技术培训基地,实现三地优质培训资源共享"③④。

我国台湾地区 2011 年提出"图书馆发展政策及推动策略计划"⑤,其中专门有关于数字图书馆的目标——"善用资讯科技,以数位文化保存文化纪录"。通过联合收藏数字文化资源,建立数字文化资产取用保障机制,完善收藏数字出版成果;通过充实数字资源购买与服务、强化公共图书馆信息设计及服务计划、推广数字资源应用素质等策略,发展数字资源、缩小数字落差;通过电子资源永久保存系统(Dark Archives)等策略,建立电子资源文献保存机制,确保电子资源的持续取用。目前已完成建立台湾学术电子书籍联盟⑥(Taiwan Academic E-Books Consortium,简称 TAEBC,http://taebc.lib.ntnu.edu.tw/),全台学术电子信息资源联盟(Consortium on Core Electronic Resources in Taiwan,简称 CONCERT),引进电子资源进行永久保存,保障电子资源的永久取用。台湾学术电子书籍数据库联盟共建共享成果见表 2-1。

表 2-1　台湾学术电子书暨数据库联盟共建共享成果⑦

年度	语言	平台总数	Collections		Pick & Choice		总采购数	赠送
			笔数	册数	笔数	册数		
2012	西文	11	6848	6878	4017	4243	12 114 笔 12 395 册	16 复本
	中文	2	374	383	875	891		—
2011	西文	13	8126	8126	3532	3620	12 413 笔 12 507 册	1 复本
	中文	5	422	422	333	339		—
2010	西文	14	—	9926	—	3007	12 933 册	2604
2009	西文	12		8907		4152	13 059 册	1692
2008	西文	10		6804		6762	13 566 册	

---

① 数字图书馆推广工程.文化部财政部关于实施"数字图书馆推广工程"的通知[EB/OL].[2012-05-12].http://www.ndlib.cn/cswjxz/201210/P020121023600959317575.pdf.

② 数字图书馆推广工程.数字图书馆推广工程 2011、2012 年实施地区名单[EB/OL].[2012-05-12].http://www.ndlib.cn/ssdq/201211/t20121106_67557.htm.

③ 京津冀三地公共图书馆签约合作成立图书馆联盟[EB/OL].[2020-06-10].http://he.people.com.cn/n/2015/1119/c192235-27135760.html.

④ 京津冀图书馆 2017 年将加强馆际互借、文献传递等服务[EB/OL].[2019-11-03].http://www.sohu.com/a/121293307_161623.

⑤ 台湾图书馆.全国图书馆发展政策及推动策略[M].台北:台湾图书馆,2011.

⑥ TEADC.台湾学术电子书暨资料库联盟[EB/OL].[2013-04-22].http://taebc.lib.ntnu.edu.tw/.

⑦ TEADC.台湾学术电子书暨资料库联盟共建共享成果[EB/OL].[2013-04-22].http://taebc.lib.ntnu.edu.tw/?q=node/9.

台湾大学图书馆①数字化过程中，特别注重服务的教育与推广，通过新生学习入门书院与新生活动、推广活动、资源利用课程、数字学习、参观服务、文艺展览与讲座、纪念品开发等，将图书馆的功能与服务推广开去。在创新性服务方面，台湾大学图书馆开发以 Web 2.0 为基础的网上公用目录与移动服务、快速响应码（QR Code）服务、跨校整合查询服务（Metacat）与馆际互借服务（NDDS）、及时信息推送服务，②并于 2011 年推出"探索游乐园"在线游戏，希望以寓教于乐的方式教导大一新生认识与利用图书馆的服务与资源。③

2.1.2 美国图书馆数字化服务发展现况

1993 年 9 月美国总统克林顿发布国家信息基础设施建设蓝皮书（The National Information Infrastructure：Agenda for Action），掀起了全球性的国家信息基础设施建设热潮，美国于 1994 年 6 月开始进行数字图书馆首创计划（US Digital Libraries Initiative Projects），美国国会图书馆（Library of Congress）也在同一年宣布展开国家数字图书馆计划（National Digital Library Program，NDLP），带动了国际一系列数字化计划的开展。

美国建设数字图书馆，是美国科学基金会 NSF、高级研究工程局 ARPA 和美国国家宇航局 NASA 联合资助的美国数字图书馆，首创计划（Digital Library Initiative，DLI）从 1994 年持续到 1998 年，其目标在于升级数字化信息的搜集、存储、组织，使其能够通过网络系统进行查询、检索和处理。这个项目主要由六个大学项目组成，加州大学伯克利分校（UC Berkeley）注重图片文件的分析和用户工具研究；卡耐基梅隆（Carnegie Mellon）大学主要研究视频文件（最初的研究存储量达 1000 GB，时长达 1000 小时）的分段和索引；伊利诺伊（Illinois）大学搜集处理数万篇文本篇件；密歇根（Michigan）大学研发互动软件以为用户提供服务；加州大学圣巴巴拉分校（UC Santa Barbara）运用图片处理技术和区域元数据技术对 50 多万份地理图片做标引；斯坦福（Stanford）大学研究不同搜索服务之间的互操作。④

与第一期计划相比，美国数字图书馆第二期计划（DLI2）覆盖范围更广，其得到的资金支持增加了两到三倍，管理团队扩大了一倍。由以上三个机构以及国家医学图书馆、国会图书馆和国家人文基金会资助，与国家档案记录管理局、史密森尼研究中心合作，持续时间为 1998 年到 2003 年。得益于广泛的机构支持，这一项目超脱于图书馆领域，关注范围扩展到医学和人文科学。⑤ 美国数字图书馆的第二阶段目标为：以人为中心，研究数字图书馆技术，改善人们在生产、查询和使用信息活动中的体验；基于内容的研究，使得人们可以理解与存取新颖的数字化内容；基于系统的研究，利用组件技术和系统集成方法构建动态、灵活的信息环境。⑥

美国国会图书馆的数字图书馆服务包括美国记忆（American Memory），THOMAS（有关法律与信息结合的数字图书馆计划）和 CORDS（电子形式资料版权注册方面的数字图书馆计划）三种。其中美国记忆的内容以美国的文化和历史为主，是在 1982—1987 年的光碟首创计划（Optical Disk Pilot Project）和 1990—1995 年的美国记忆首创计划的基础上发展起来的。其目标是将反映美国历史、文化的主要史实性实体文献转换成数字化资源，以方便在国会图书馆主页上提供给研究人员、学生、普通公众等全球互联网用户使用。该计划提供五种方式检索：主题（Topic）、年代（Time Period）、素材类型

---

① 陈雪华. 2010—2011 NTU Library Annual Report[M]. 台北：台湾大学图书馆，2012.

② 陈雪华. 台湾大学图书馆的创新服务[J]. 新观点新学说学术沙龙论文集 24：数字时代图书馆的创新与共享. 2008，76 - 82.

③ 童敏慧. 线上游戏在大学图书馆利用指导之应用[J]. 大学图书馆，2012，16(02)：125 - 148.

④ Edward A F, Ohm S. Digital Libraries[J]. Encyclopedia of Computer Science，2003，(04)：576 - 581.

⑤ Michael L. Perspectives on DLI - 2—Growing the Field[J]. Bulletin of the American Society for Information Science，1999，(11)：12 - 13.

⑥ 李力. 数字图书馆：美国的建设与启示[J]. 现代情报，2005，(01)：95 - 97.

(Containing)、地区(Place)及所有项目(List all collections)等。[①]

美国于 2013 年 4 月 18 日正式成立了开放的数字图书馆(The Digital Library of America,简称 DPLA),并于当天设立一个入口及开放一个平台,用以传输他们在美国图书馆、数据库、博物馆及文化遗产机构所搜集的素材给学生、老师、学者及社会大众,这将远超过一般的搜索引擎。有意思的是,主页搜索框旁边显示"a wealth of knowledge from libraries, archives and museums",即"来自图书馆、档案馆和博物馆的丰富知识",表明其提供的数字化资料已经远超过一般的图书馆涵盖的范围。其特色包括动态地图、时间轴等,使得用户在使用中有视觉上的浏览,另外还提供 APP 应用。该计划始于 2010 年,已经从众多的图书馆、数据库及博物馆收集了数以百万的数字化资源。

总的来说,美国数字图书馆研究与建设实践经过了三个阶段[②],见表 2-2:

表 2-2　美国数字图书馆建设的三阶段

	建设目的	建设内容	特点
第一阶段	最大程度积累数字化信息资源,变实体信息为数字信息	以文献的数字化加工及数字化信息资源的采集为核心	面向资源
第二阶段	为数字化信息资源存取与服务提供技术支持	注重分布式数字资源集成与服务的技术解决方案	面向技术,强调技术或标准的应用
第三阶段	围绕用户的信息活动提供信息服务与知识服务,强调知识交流与知识发现	构建以数字图书馆为核心的知识网络	面向用户,提供高质量的信息服务

由上表可以看出,美国数字图书馆建设的重心逐渐由特色化资源服务转为基于资源的高质量信息服务为主,以技术主导转为用户主导,从应用某项单独技术或标准作为服务手段到不同系统、不同服务内容之间的集成和整合,从新技术不断引入促使服务方式被动变革到建立服务模型来提高系统的扩展性和应对环境变化的主动性。

2.1.3　欧洲图书馆数字化服务发展现况

欧洲数字图书馆的概念出现于 20 世纪 90 年代中期,其研究与建设紧随在这一领域领先的美国,10 多年来经历了较大的发展。在众多欧洲国家,英国较早展开数字图书馆的建设。1992 年,英国 De Monfort大学的一所分校就开始研制数字图书馆,其主要目标是构建一个数字图书馆原型系统,使 De Monfort 大学师生能通过校园网利用个人电脑或服务工作站直接存取经常使用的图书、期刊、课程资料的全文以及多媒体学习软件包等。随后联合信息系统委员会 (Joint Information Systems Committee, JISC)发起的 Elib14 项目也于 1995 年春季掀起了第一浪热潮。1996 年以来,德国、法国、俄罗斯纷纷斥巨资建设数字图书馆。在这个过程中,欧洲各国合作进行数字图书馆建设也是这一进程中的重要特点,如 1995 年开始的"G7 全球信息社会数字图书馆项目"、2004 年开始的 DILIGENT、2005 年开始的 i2010 等。2004 年年底 Google 计划的推出促成了欧洲六国倡议建设欧洲数字图书馆,整个欧洲开始在这一领域走向更进一步的联合。

1995 年 G7 高峰会中,各国参与的领袖共同强调了发展一个全球信息社会的必要性,Bibliotheca Universalis 电子馆藏计划应运而生。此计划的目的在于建立一个先进的基本架构,以便于世界各地现存的数字化计划能够相互联系,进而成为一个广大而分散的虚拟信息库,以记录人类宝贵的知识和记

---

① 郑兆喻. 美国数字典藏在中小学信息教育推广的运用研究——以美国记忆学习网为例[D]. 台东:东华大学教育研究所,2009.

② 李伟超,王兰敬. 美国数字图书馆项目建设回顾[J]. 国外图书馆,2000,(03):63-69.

忆，让这些资料能够通过网络提供给人们公开存取。该计划由日本与法国领导，参与的会员还包括意大利、德国、英国、葡萄牙、西班牙、比利时等国家级数字图书馆计划。欧洲图书馆计划（The European Digital Library，EDL），从2001年到2004年，从最开始的9个成发展至今，串联了总共45个国家图书馆，使得全世界的信息用户，无论是专业人士或一般的读者，能够通过简单的方式来连接到共同的欧洲文明宝藏。在3年的EDL先行评估建置计划，建立连接到各个国家图书馆的Gabriel系统（Gateway and Bridge to Europe's National Libraries）之后，该计划于2005年夏天正式整合到欧洲数字图书馆项目中。英国的eLib由英国高等教育委员会JISC资助，从1994年到2001年，共三阶段，执行70个计划。内容大致涵盖范围为七大领域：电子出版、文献传递、电子期刊、数字化、教育训练、网络资源检索及学习支持。eLib中也包含标准建立的计划Cedars，探讨数字保存的议题，包含数字化文件的取得、长期保存、保存诠释资料描述及永久使用①。

纵观欧洲数字图书馆的发展历程，呈现多国数字图书馆联合筹建与各国根据各自特点分别建设数字图书馆共同发展的局面，服务范围也从单一逐步走向综合。从欧洲数字图书馆服务可以看出，建设数字图书馆的过程中涌现出大量引起业界关注的项目，尤其是G7数字图书馆项目、i2010等，这些都是合作建设的成果。数字图书馆工程涉及的问题千头万绪，仅仅凭借某个单位或某个人单独的力量肯定无法完成的，相互合作相当重要。无国界的互联网使得合作的空间范围进一步扩大，小到某个大学，大到某个州、某个国家、某个大洲乃至全球。建设过程中出现的问题，也都要寻求国际国内合作方式才能予以解决。②

总的来说，欧洲数字图书馆的建设主要基于图书馆馆藏进行各种网络服务，如网络信息检索、电子文献传输、预印本服务、虚拟联合目录等。从建设初衷来说，学校图书馆主要是利用现代技术为教学科研服务，科研机构和各种非营利性组织致力于建设科学研究的信息化、推进全球范围的e-Science，而政府机构建设数字图书馆则主要是出于保护欧洲文化的考虑。

根据数字图书馆建设的基点和解决的关键任务，数字图书馆数字化服务现状可以总结为不断递进和深化的三个阶段③：

1. 以数字化资源为中心，第一代数字图书馆所关注的是文献资源的数字化，目标是构建数字化的信息资源体系，嵌入传统图书馆信息服务系统中。可以理解为数字化的图书馆，是数字图书馆的初级形式。

2. 以集成信息服务为中心，在积累了一定的分布式、异构的数字信息资源之后，数字图书馆的发展目标转化为支持用户对分布式资源与服务的集成化利用。在资源集成方面，将传统馆藏、数字馆藏、外购数据库、网络资源等集成在一个统一的平台，提供集成的检索与统一的揭示；在服务集成方面，将虚拟参考咨询、信息定制与推送等服务进行集成。针对不同用户的信息使用偏好，提供个性化、有针对性的信息服务。

3. 以用户信息活动为中心，随着用户信息环境的不断丰富与多元化，用户在信息利用方面的主动性凸显，信息活动的中心逐渐偏离图书馆。数字图书馆的发展围绕用户的信息活动和信息系统来进行，研究重点转化为如何将数字图书馆的资源和服务集成、嵌入用户信息利用的过程中去，从而更有效地协助用户检索、利用信息来解决问题并进行知识发现。

---

① 王美玉.数字博物馆专案计划成果［J］.科学发展月刊,2000,28(4):249-253.
② 曹勇.21世纪数字图书馆发展之我见［J］.黑龙江教育学院学报,2008,(10):153-154.
③ 台湾图书馆.台湾图书馆发展政策及推动策略［M］.台北:台湾图书馆,2011.

2.2 博物馆数字化服务发展现况

2.2.1 中国博物馆数字化发展进程与现况

20世纪末期,我国数字化博物馆开始兴起。20世纪80年代中国国家文物局在上海召开博物馆信息化会议,虽然只是一个小小的内部会议,却拉开了博物馆数字化工作的序幕。1998年8月,河南博物院网站第一次出现在互联网上以后,随着互联网的发展,这样的博物馆网站越来越多。后来,博物馆意识到应该将藏品这一核心进行数字化,河南博物院、上海博物馆等率先对馆藏文物进行数字化处理。

1999年,北京市文物局独立研发出藏品管理系统,以开展北京地区的博物馆数字化工作。2001年9月,中国国家文物局开始"文物调查及数据库管理系统建设"项目,这是中央行政管理部门首次进行全国性的博物馆数字化工作。虚拟现实技术的出现,使博物馆在互联网上的三维立体展示成为可能,数字化博物馆开始出现,其中著名的有故宫博物院、新"首都博物馆"、南京博物院等。[①] 故宫博物院网站专门开设数字资料馆,开设建筑、藏品、古籍、出版、明清宫廷、文物保护、在线阅读栏目,用户可以访问浏览故宫博物院所属相关文物的图片、信息,并附有相关研究论著,作为辅助供进一步学习研究。2006年,甘肃省博物馆网站正式开通,2010年,新版网站上线,使用虚拟展览技术建立网上博物馆。南京博物院先后完成网站、藏品管理系统、图书管理系统、多媒体展示系统等,较具有代表性。

中国博物馆学会于2003年11月28日成立了数字化专业委员会,国家文物局将数字博物馆的研究正式立项,开始研究与建设"中国数字博物馆"。敦煌研究院率先与国外科研机构合作,探索建设"数字敦煌",2006年9月北京数字博物馆上线,2007年8月通过验收,已开通科学与艺术数字博物馆、北京民俗数字博物馆和北京中医药数字博物馆。为迎接2008年奥运会,北京奥组委建立"数字奥运博物馆"。"故宫博物院于2017年10月起,全网售票由试行进入正式实施阶段,可大大降低观众参观等候时长,提升观众参观舒适度。目前每日有15 000至20 000名观众在网络售票未售罄的情况下,可以通过现场手机扫描二维码购买当日门票。同时,端门地区设置有5个票务服务咨询台,每个咨询台安排2~3名票务服务人员和1~2名安全保卫人员,为广大观众提供咨询服务。对于老年游客、外籍游客和没有手机的游客,故宫博物院安排了综合服务窗口代客下单"[②]。

中国博物馆行业信息技术应用发展趋势[③],是技术化、多媒体化增强互动体验,多媒体互动手段逐渐成熟,多媒体展示技术已经在博物馆陈列展览中不断渗透,采用声、光、电多媒体技术和自动控制手段,把幻影成像、实时人景合成、虚拟/激光/三维动态成像乃至VR/AR/全息技术等高新技术结合传统的展示内容,合成脚本,产生全新的展示效果,增强了展示的可看性和参与性。科学博物馆收藏功能弱化,逐步转变为科学中心,成为"科学家的工作坊"、"技术商品交易会"、"历史储藏室"和"娱乐场"。

台湾地区科学委员会为了加强人文社会科学的研发以及科学教育工作,从1998年5月开始推动"迎向新千禧——以人文关怀为主轴的跨世纪科技发展"方案[④]。"数字博物馆"专案即计划之一,其主要目标为:整合建立一个适合本土情况并具有特色的数字博物馆,以发展并丰富教育互联网内涵[⑤]。借

---

① 李文昌. 发展中的中国数字化博物馆[J]. 国际博物馆全球中文版,2008,(01):61-69.
② 故宫博物院10日起正式实施全网络售票[EB/OL]. [2018-05-06]. http://travel. cnr. cn/list/20171011/t20171011_523981932. shtml.
③ 中国博物馆事业管理体制[EB/OL]. [2017-12-09]. https://baike. baidu. com/item.
④ 陈雪华. 台湾地区数位化典藏与资源组织相关计画之发展[J]. 图书资讯学刊,2011,(16):49-65.
⑤ 黄镇台. 以"人文关怀"为主轴的跨世纪科技发展[J]. 科学发展月刊,1999,27(7):715-718.

助网络建立并推动文化、艺术、科技等教育网站内涵，使一般大众能够不受时空限制，随时上网检索、浏览并利用其信息，进而丰富人民生活的内涵，享受终身学习的乐趣[①]。更希望借此计划的推动，刺激多媒体数字典藏技术与产业的发展。

该专案计划自1998年9月推动，大致区分为主题计划和技术支持计划等两大类。另外还有推广教育计划，培养数字典藏种子人才，将主题与技术支持计划推广给各界使用。分项计划如下：

① 台北故宫数字典藏计划：将岛内重要一级典藏机构，如"中央研究院"、台北故宫、台湾大学、原住民族委员会、台湾图书馆、台湾档案管理局、台湾自然科学博物馆等机构计划公开征选，1987年台北故宫博物院成立信息中心。1989年配合信息基础建设计划，开始推动"故宫文物数位博物馆"计划，2001年在台湾科学委员会"绿色硅岛——台湾数位典藏计划"带动与资助下，全面展开故宫数字化作业。其愿景在于：数字化故宫、结合科技的展览、推广教育、带动文化创意产业。将大部分藏品数字化，通过数字科技的运用，建立起普世分享的管道，赋予典藏新活力，创造文化新价值。建立十种语言版本的台北故宫全球信息网，包含20种文物主题网站。配合主题网站，制作多媒体光盘，结合声音、影像、图片、文字，了解文物内容信息，提供观众多元化选择。开设展场虚拟实景导览系统，提供策展人简介、策展理念、策展甘苦谈及展场介绍等深入导览资源。从2002年12月起，发行《"故宫"电子报》，让感兴趣的网友通过电子报掌握最新的展览信息与活动信息。制作文物影片《历史典藏的新生命》、《经过》、《盛世里的工匠技艺》、《透视内幕：台北故宫博物院》、《无墙博物馆》、《皇帝的玩具箱》等，在博物馆本身的展览厅播放，或者投放到相关教育电视台，提供给观众观看。另外还有独具特色特点的数字学习计划，如：2007年玉器中英日文版系列课程、文物的新认识中英文版系列课程② 台北故宫数字典藏之Google art project：台北故宫博物院加入Google Art Project，成为该网站上的亚洲地区代表博物馆之一，并上传超高画质像素、高画质文物影像及故宫陈列室街景影像，以将代表中华文化的文物资源呈现给全球观众，拓展中华文化影响力。

2.2.2　英国大英博物馆

英国博物馆协会认为博物馆促使人们通过探索藏品获得灵感、进行学习和娱乐。它们是受社会所托收藏、保管人工制品和标本并向公众开放的机构。

英国大英博物馆数字化主要计划为COMPASS，主要目的在于让用户通过不同的管道探索大英博物馆的收藏。大英博物馆由不同的典藏部门共同选出5000种著名的收藏，放在网上供用户浏览查询。COMPASS有一个内容处理系统（Content Development System，CDS），分别对文字、图像进行处理，并且选择数字化作品中可以以动画表现的物件，进行动画设计。由于并非每一个物件都适合动画表现，且动画设计与制作费时较大，目前5000件作品中，仅有30件进行了动画处理。为不同用户的目的，COMPASS提供三种界面，第一种是在馆内使用的界面，影像解析度较高、画质优美、浏览与检索的界面更加亲和，具有3D动画，如将一具木乃伊从干扁的尸体还原模拟回原来活生生的人。第二种是给一般成人观看的网络版界面，一致性的画面设计，简单、美观、好用，文字说明用字与长短恰到好处。第三种是给儿童用的画面，少了需要输入文字的查询，改以简单有趣的点选查询或浏览，文字说明也更为简短，完全为儿童阅读而重新改写[②]。比较特别的是，其"精品守藏"栏目展示的藏品"乌尔皇室博弈棋"，所含信息完整全面，除了基本描述以外，还提供展品源头流派、对当代现实社会的影响、文物所处时代的

---

① 王美玉.数字博物馆专案计划成果[J].科学发展月刊，2000，28(4)：249-253.
② 陈昭珍.数位典藏欧洲参访纪要——大英博物馆、大英图书馆、自然历史博物馆[R].台北：档案管理局，2002.

历史背景以及相关的文物信息①等,这种以展品为中心充分整合相关文化信息的方式值得借鉴。

2.2.3　Google art project

与现代信息技术结合的数字化博物馆的一般有以下几种:一是纯网站式的,即图片、文字、多媒体信息等平面的集成,如我国的数字科技馆、数字工程,以及欧洲跨国、跨机构、跨资源、跨中央地方的Europeana 计划。二是以网络为基础的虚实整合形式,我国首都博物馆即为此种类型,以实体馆为基础,以数字科技进行场景重现,Google Art Project 即属于这种类型。三是通过虚拟现实(VR)设备提供使用者互动和仿真观赏,这种一般造价较高,目前还未普及。②

谷歌艺术计划(Google Art Project)自 2011 年 2 月首度推出以来,已有超过 2000 万人次造访该网站,并建立了 18 万个个人在线收藏集。2012 年,Google 再度集结 40 个国家、151 家博物馆/文化机构之力,推出第二波上线内容,以高像素图像呈现 30 000 多件世界各地的重要文物作品,几乎已经网罗世界上最重要的全部博物馆,其能见度与完成度都具有指标性的意义。囊括包括台北故宫在内的 46 家知名博物馆的室内实景,让观众不必行遍天下即可在网络上 360 度参观虚拟陈列室实景。观众可直接将喜欢的文物推荐至 Facebook 等社交网站,提供储存图片的个人化虚拟收藏库(My Gallery),用户可在这里自行依兴趣做跨越国度与博物馆的整合,并对喜欢的作品进行收藏、下载、评论、分享。其检索工具(Discover),可以协助网友搜索想浏览的博物馆或作品,让网友自行跨国、跨博物馆检索,甚至在个人储存空间中策划一个自己的在线虚拟展览,展示所有依个人兴趣或不同主题搜索的作品,让网友也可以模拟担任线上策展人,其教育及个人化功能独具特点。Google Art Project 希望借此可以打破贫穷与偏远的限制,开放资源,以服务各种年龄与身份的观众,让所有对于艺术有兴趣的人都享有同等的机会,这正是博物馆身为社会教育机构所不能或忘的职志。③ 2015 年,Google Art Project 在平台上又增加了一些功能——内容托管、可嵌入图像查看器、展示工具,以及让谷歌技术为博物馆工作——高分辨率成像、移动出版和虚拟现实技术。建造这些项目需要对图书馆、档案馆、博物馆的实践和标准有深入的了解,同时也需要提供一些工具,这些工具可以在不同的编目和数字化的不同阶段被广泛的合作伙伴使用。④

谷歌艺术计划的资源组织模式与世界数字图书馆项目类似,但服务方式却存在很大差异,其服务模式如图 2-1 所示。

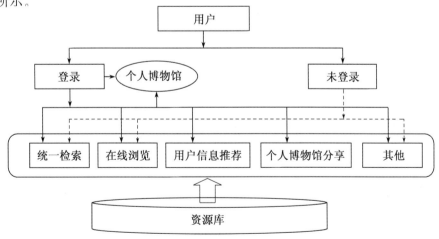

图 2-1　谷歌艺术计划服务模式

---

① 杨美华. 数位化对档案馆经营影响之研究(RDEC-NAA-典-096-001)—档案管理局研究计划[M]. 台北:档案管理局,2007.
② 汪彦君. 数字时代的"文艺复兴"——Google Art Project 引发的思考[J]. 现代出版, 2011,(03):60-63.
③ 林慧贤. 出席 Google Art Project 国际发表会暨巴黎地区博物馆考察报告[R]. 台北:故宫博物院,2012.
④ Adamczyk P. The Google Cultural Institute:Tools for Libraries, Archives, and Museums,2015:1-1.

谷歌艺术计划的数字化服务模式特色：第一，浏览模式上它提供了按地理位置进行浏览的方式。第二，它提供了"个人博物馆"服务，用户登录后可以根据自己的爱好将艺术品收集起来，并可以提供给其他用户浏览。第三，它主要提供艺术品、艺术家两种分类导航，用户也可以按照来源馆进行浏览。第四，它提供了艺术品的幻灯式浏览。另外，谷歌艺术计划和世界数字图书馆都充分利用 Web2.0 的优势，提供了 Google＋、Facebook、Twitter 等快捷方式以随时与好友分享信息。

值得注意的是谷歌艺术计划并没有提供基于时间轴的浏览方式，另外也并没有提供主题分类，这些差异主要是由资源的内在特征决定的。谷歌艺术计划收藏的资源更注重其具有的艺术价值，所以在构建 LAM 融合服务模式时应该充分考虑 LAM 数字资源内在特征的影响。

2.2.4 史密森尼博物馆群

美国博物馆联盟定义：博物馆通过收藏、保管和诠释这个世界上的事物为公众做出其特有的贡献，虽然宗旨有所差别，但非营利性的组织形式和为公众服务的义务是相同的。

史密森尼博物馆教育研究中心（Smithsonian Center for Education and Museum Studies，http://www.smithsonian.org/）系列博物馆群，成立于 1846 年，资金源于英国科学家詹姆斯·史密森尼（James Smithson）对美国的捐赠，其目的是积累和传播知识，除了华盛顿特区外，另外有 2 个馆位于纽约[①]。史密森尼博物馆群为世界最大的博物馆系统，拥有 18 座博物馆、美术馆和国家动物园。在馆藏方面，共收藏约 1.365 亿件世界各个国家艺术品和标本，供美国人民观赏。该博物馆群还有一个研究中心，是全世界最优秀的科学、艺术和人文研究中心之一，致力于公共教育、国家服务以及艺术、科学和历史领域的学术研究，与其他文化机构建立长期合作关系，使美国人民在自己的社区中便可观赏到艺术作品，并筹办艺术、文化、历史、美国史料和科学等展览，在各地的博物馆、大学和其他公共活动中巡回展出。[②]

Smithsonian 博物馆群与图片社交网站 Flickr 合作，通过把 Smithsonian 的内容放到 Flickr 环境中，帮助自己逐渐认识到 Web 2.0 世界需要什么样的内容，如何把集中大量的信息带入专业策划好的精品集中，怎样把多种机构的技能集中在一个合作计划中。Kalfatovic 等人意识到，在公共数字化资源环境中，还没有人考虑到缺乏和滥用的问题，会导致"公地悲剧"。但是在 Flickr 这样一个开放获取、用户共同参与建设的环境中，如此公地悲剧将会避免。[③]

史密森尼博物馆群通过由加州大学伯克利分校（UC Berkley）倡导的 VertNet 计划案，结合美国自然历史博物馆（American Museum of Natural History）、巴黎国家自然历史博物馆（National Museum of Natural History in Paris）等单位，以及超过数百项脊椎动物的收藏及研究，VertNet 整合了 MaNIS（哺乳动物）、ORNIS（鸟类）、HerpNET（爬行两栖动物）以及 FishNet（鱼类）四个数据库的丰富馆藏内容，提供田野调查资料、照片、音源纪录以及组织样本信息等数字化档案，使研究者利用云端服务能随时取得所需要的研究信息，并且由单一研究单位管理，让藏品搜索比传统数据库更易于查询并且更加可靠。

ViCT 等人展示了与英国美术馆跨学科合作的研究和设计见解，在英国伦敦展出的六周多感官展示系列就是新技术应用独特案例研究的结果。这次展览不但考虑到艺术体验，同时考虑到所有的感官（即视觉、声音、触觉、嗅觉和味觉），特别是触觉，作者利用了一种新颖的触觉技术，即半空中触觉。此

① 萧富隆，黄淑惠，林志祥. 赴美国考察历史文献机构纪要[J]. 文史馆馆讯，2009，1（1）：40-64.

② 陈国宁. 推动博物馆专业培训及研究发展中心期末成果报告书[R]. 台南：艺术大学博物馆学古物维护研究所，2008.

③ Kalfatovic M R, Kapsalis E, Spiess K P, et al. Smithsonia Team Flickr: a Library, Archives, and Museums Collaboration in Web 2.0 Space[J]. Arch Sci, 2008,（8）：267-277.

外,作者还收集了来自2500名访问者的调查问卷反馈结果,并进行了50次访谈,结果显示全新的触觉模式提升了与无触摸时相比的艺术体验,更使人感觉身临其境,使艺术更具有情感吸引力和刺激性,尤其是抽象艺术,十分具有创新性和新颖性,为相关领域研究者提供了全新的角度。[①] Pietroni考虑到景观虚拟重建对人们文化交流所具有的前景,探讨了台伯河谷虚拟博物馆这类文化景观的例子,这种多感官景观能让游客更好地参与和感觉身临其境。[②]

2.3　档案馆数字化服务发展现况

2.3.1　中国档案馆数字化服务现况

20世纪90年代末期,我国档案部门受到图书馆数字化建设的启发,提出了档案馆数字化的设想,并开始这一领域的尝试工作[③]。深圳市数字档案馆系统工程是这方面比较早的建设成果,也是我国第一个数字档案馆。2000年5月,该项目正式在国家档案局立项,2001年3月,进入实质性的研究开发阶段。这个项目的建设特点及目标主要表现在以下几方面:以数字化档案信息为主,包括但不限于领域广阔的有关文件、资料、语音、视频、图形、图像等各类数字信息资料库;与市政府网站链接,对各立档单位形成电子文件实时远程监控,实现电子文件及时归档;加强同全市各事业单位信息网络互通,实现信息共享,为决策提供可靠依据;提供用户通过网络获取存储在各个站点的档案信息资源;提供超越时空限制的个性化服务[④]。紧接着,青岛档案信息网于2002年8月正式开通。随后,柳州市、苏州市、哈尔滨市等相继开展档案馆数字化工作。到2012年底,大陆地区31个省级档案网站都已提供数字化服务,主要包括基本信息和接受社会监督的信息。中国第一历史档案馆和中国第二历史档案馆都进行了数字化,中国第一历史档案馆提供的数字化阅览档案包括[⑤]:

表2-3　中国第一历史档案馆数字化阅览档案

1. 内阁户科题本　乾隆朝—光绪朝
2. 内阁刑科题本命案类—婚姻奸情专题　乾隆朝—光绪朝
3. 内阁刑科题本土地债务、贪污、违禁专题　乾隆朝—光绪朝
4. 军机处汉文录副奏折　雍正朝—宣统朝
5. 军机处汉文档册　包括上谕档、随手档(嘉庆朝—宣统朝)、电报档
6. 宫中汉文朱批奏折
7. 内务府奏案
8. 清代灾赈档案专题史料
9. 清实录
10. 清会典

---

① Vi C T, Ablart D, Gatti E, et al. Not Just Seeing, but also Feeling Art: Mid-air Haptic Experiences Integrated in a Multisensory Art Exhibition[J]. International Journal of Human-Computer Studies, 2017, 108: 1 - 14.

② Pietroni E. Virtual Museums for Landscape Valorization and Communication[J]. ISPRS-International Archives of the Photogrammetry, Remote Sensing and Spatial Information Sciences, 2017, XLII-2/W5: 575 - 582.

③ 孙晓红,郭英. 关于建立中国国家数字档案馆的思考[J]. 湖北档案,2004,(07):26 - 27.

④ 深圳市档案局. 深圳数字档案馆研究开发的思路及实践[J]. 办公自动化,2002,(01):49 - 52.

⑤ 中国第一历史档案馆. 中国第一历史档案馆启事[EB/OL]. [2013 - 04 - 10]. http://www.lsdag.com/showinfo.asp? info_id=401.

中国第二历史档案馆也已基本完成全国范围内的民国档案目录数据资源的采集工作，共采集到14 500余条全宗级和800余万条案卷级目录数据，编辑出版了《全国民国档案通览》，在以全国民国档案国家总目数据管理系统为核心的基础上，建立起了全国民国档案目录信息检索及管理的体系。①

开放档案情况和利用档案、文件及资料情况②：

"截至 2015 年底，全国各级国家综合档案馆建有 632 个数字档案馆，馆藏电子档案 706.3 万 GB。其中，文书类电子档案 453.5 万 GB，数码照片 208.5 万 GB，数字录音、数字录像 44.3 万 GB。馆藏档案数字化副本 3844.3 万 GB。

2016 年度，全国各级国家综合档案馆开放 9707.9 万卷、件档案，其中，新中国成立前档案 1474.0 万卷、件，新中国成立后档案 8233.9 万卷、件；接待利用者 655.2 万人次，提供利用档案 2033.7 万卷、件次；接待现行文件利用者 42.6 万人次，提供利用现行文件 65.8 万件次；接待资料利用者 19.3 万人次，提供利用资料 50.9 万册次。

2016 年，全国各级国家综合档案馆建有 545 个数字档案馆，馆藏电子档案 218.4 万 GB。其中，文书类电子档案 161.6 万 GB，数码照片 10.1 万 GB，数字录音、数字录像 46.7 万 GB。馆藏档案数字化副本 2243.0 万 GB，馆接待电子档案利用者 206.3 万人次，提供利用电子档案 456.4 万件次。"

我国台湾地区在档案馆数字化方面成果较为丰厚。鉴于台湾地区档案资源各自发展，缺乏整合查询的便捷服务，档案管理局于 2009 年 2 月邀集"国史馆"、台史馆台湾文献馆、台湾史研究所、近代史研究所档案馆、台湾图书馆及台湾大学图书馆共同商讨，采用分布式实时整合查询（简称 Meta-search），规划建立岛内第一个跨机构的档案资源整合查询平台③（Archives Cross Boundaries，简称 Across）。该平台于 2009 年 12 月完成，2011 年 3 月启用并纳入该局台湾档案信息网。其目标除了提高档案资源能见度、方便档案资源查询、促进档案资源共享外，也在于增进数字化服务的整合营销目标，建立档案资源整合查询平台，提高各类型档案资源的可及性、消除查找资源的时空限制、提供岛内档案资源研究的广度和深度。

整合档案资源包括政府机关（构）、私人机构、团体处理业务产生的记录，以及由家庭或个人产生的私人记录，档案载体除文书纸质类外，还包括照片、图像、影音、音乐、电子文献等，为使用者提供查询档案资源的功能。后来分阶段逐渐扩大整合范围，便于进一步与其他国家及地区档案资源系统进行合作。该整合查询平台收录台湾研究院历史语言研究所—内阁大库档案目录、台史馆—"国民政府"档案、台史馆台湾文献馆—台湾"总督府"府报数据库系统、台北故宫博物院—大清国史人物列传及史馆文件传包传稿目录索引数据库、档案管理局—台湾档案信息网、新竹县县史馆—数字典藏、高雄市立历史博物馆—典藏文物—公共事务、台湾大学—伊能嘉矩手稿等约 50 余种数据库。其特色如下：

---

① 吴艺博. 我国档案信息资源整合实践探索行为研究[J]. 档案学研究，2012，(04)：41-45.
② 中华人民共和国档案局[EB/OL]. ［2017-12-09］. http://www.saac.gov.cn/2017-10/17/content_208000.htm.
③ 档案管理局. 档案资源整合查询平台简介[EB/OL]. ［2013-04-11］. http://across.archives.gov.tw/.

表 2－4 档案资源整合查询平台(ACross)系统特色①

资源范围	整合 11 个机构,29 个数据库,包括图书馆、博物馆及档案馆三类机构
资源内容	官方档案、民间文书
时间涵盖	民国时期、日治时期、明清时期
文件类型	图像/照片、文书
实时查询	采用 metasearch 及 database API 技术
知识导引	如查询词提示、相关词建议、查询结果后分类、树状浏览与可视化浏览
个人化服务	Web2.0 用户互动功能服务

2.3.2 英国国家档案局

英国国家档案局为该国国家档案典藏与管理的最高主管机关,典藏超过 1000 年以上的历史数据,其档案均已完成电子目录建设,并在网站上提供检索查询服务,部分图像文件允许用户以加入购物车(Add to Shopping)的方式,提出在线申请,将该图像文件下载,以 PDF 格式提供档案在线浏览,有效发挥档案数字化服务的方便快捷性②。具体来说有以下服务:

1. 文件上网:提供使用者通过网络在线获取已经数字化的馆藏。

2. 在线指导与学习指南提供家族历史等主题性学习,以及特殊珍贵档案的在线指导。

3. 取用档案(Access to Archives-A2A)计划:建立虚拟国家档案联合在线目录查询联盟,目前约有 10 700 万笔资料,提供用户查询从 12 世纪到 20 世纪的国家、区域及地方档案资料。

4. 人口调查资料上网:源自该馆自 2004 年起与 Ancestry 公司合作的家族历史记录与资源网络服务。

5. 档案数字化服务:于 2006 年推出随选数字化服务(Digitalisation on Demand - DoD),也称为数字快递(Digital Express)服务。

英国国家档案局建立的联合查询档案目录的平台 A2A(Access to Archives),其整合查询档案范围主要为英格兰办事处、图书馆、大学和博物馆等,提供用户由单一入口网站查询,可选择简单查询或多字段高级查询,查询结果采用通用标准来描述档案,提供个别链接 A2A 的源数据库网站,进一步搜索或浏览,使得用户在档案查询应用的整体服务上更为快速简便。由于 A2A 整合查询平台深受使用者喜爱,目前英国国家档案局更进一步积极推动 A4A(Archives for All)计划,将联合查询的范围扩大至小区团体的档案,把各种地区性信息和不同形态档案均整合起来,以充分发挥档案增值服务的效果。

UK Data Archives(UKDA)英国国家数据档案项目,成立于 1967 年,致力于数字资料在研究、教育、学习等方面的应用推广。UKDA 主要执行数字资料典藏维护与使用流通、元数据规范标准建立推广、信息管理技术服务提供和信息分析工具研究开发等工作。现由英国埃塞克斯大学(The University of Essex)负责经营维护并持续发展的英国国家数据档案,在英国经济与社会研究委员会(The Economic and Social Research Council,ESRC)、联合信息系统委员会(The Joint Information Systems Committee,JISC)和国家档案局(the National Archives,TNA)等机构的支持下,通过与该校经济与社会信息服务(Economic and Social Data Service,ESDS)的信息共享,整合历史信息服务所典藏的数字化信息,建立起全英国最丰富的人文社会领域数字典藏,共收录超过 5000 种、平均每年持续新增 200 种人

---

① 张郁蔚,陈淑华.图书馆、博物馆于档案馆资源整合与分享研讨会论文集[C].台北:政治大学图书资讯与档案学研究所,2010.

② 柯皓仁,杨美华,林素甘.数位化发展对档案应用服务之影响[J].档案季刊,2008,7(1):4－21.

文社会主体数据集；所提供的量化数据、文本、影像和各种多媒体资料，内容涵盖人口、社会、政治、经济、行政、法律、历史等领域，近年逐渐增加环境和医疗领域的相关资料；为了能够让使用者对来源繁杂的各数据集的背景脉络与特性有比较深刻的认识，UKDA 还建立了内容完整的元数据资料使用指南①。

2.3.3 澳大利亚国家档案馆

澳大利亚国家档案馆在 1995 年开始建立网站，提供有关澳大利亚国家档案馆政策服务与馆藏等信息，并开放少数馆藏影像作为辅助说明，1999 年进一步在网站上提供 RecordSearch——馆藏数据库的查询，让使用者能够获得澳大利亚国家档案馆馆藏档案和产生这些档案的政府机关的信息，2001 年 4 月开始通过网站提供随选数字化服务（Digitization on Demand），让研究人员能够要求该馆对其有兴趣的文书档案进行数字化，并可通过 RecordSearch 检索获取，包括数字影像浏览下载与打印②。

澳大利亚国家档案馆针对数字化档案的另一应用服务为"数字包装（Digital Packaging）"，依据特定的主题或目的整理已经数字化的文本档案，提供特定用户群体使用，例如针对新闻记者提供每年澳大利亚国家档案馆公布的内阁档案目录，以数字档案取代原先的纸本目录，让这些新闻记者直接在家里或办公室检索，而不需要亲自到馆拿取相关文件。另外，针对学校课程或研究需要，将相关主题的数字化档案聚集成为专题，让学生或研究者更容易使用。

2.3.4 美国国家档案与文件署

美国国家档案与文件服务署成立于 1949 年，负责全国档案管理监督工作，1984 年改名为美国国家档案与文件署③（National Archives and Records Administration，NARA），为推广档案信息化，NARA 提出"电子化检索计划（Electronic Access Project，EAP）"，并且公布档案资料数字化指南（NARA Guidelines for Digitizing Archival Materials），以便于电子化检索。截至目前，已经有约 124 000 件档案完成数字化，为便于这些资料能提供在线查询，设置了"档案研究目录查询网站（The Archival Research Catalog，ARC)"，提供档案目录及数字化电子档案的查询窗口，此三项重要计划内容分别说明如下：

1. 电子化检索计划（Electronic Access Project，EAP），目的在于建立一个在线档案目录，以便提供用户了解 NARA 的馆藏情况，并将其核心馆藏或用户最有兴趣的馆藏，以数字化方式提供检索。

2. 档案资料数字化指南（NARA Guidelines for Digitizing Archival Materials for Electronic Access)，本项指南作为 NARA 执行电子化检索计划，仅供内部人员使用，并不是作为各机关进行档案影像数字化的标准，也不供联邦政府各机关作为制作文书或移转档案至国家档案馆的指南。其内容区分为数字影像要求、品质确认程序及操作指南三部分。提供的服务包括：线上展览、档案副本订购、有利于档案研究的在线数据库与工具。

3. 美国档案研究目录查询网站 ARC，为提供档案目录信息检索，NARA 原建美国国家档案查询目录（National Archival Information Locator，NAIL），改称美国档案研究目录查询网站后，档案目录收录范围包括华盛顿特区、各地区档案馆及总统图书馆所收藏的全国性档案目录检索服务。目前收录的资料量已达 869 979 立方米的馆藏，但其中仅有 20% 的档案是收藏在国家档案馆，所有目录资料包括：470 个文件群（record groups），9898 个文件系列（series），311 119 个案卷（file units），245 683 个文件

---

① 台湾大学数位人文研究中心电子报. UK Data Archives（UKDA）英国国家资料库［EB/OL］.［2013 - 04 - 10］. http://www.digital. ntu. edu. tw/epaper/17/international. htm

② 林素甘、杨美华，柯皓仁. 数位化发展对档案典藏与保存之影响［J］.台湾图书馆管理季刊，2008,4(3)：67 - 88.

③ 林巧敏. 美国档案管理组织及制度［J］.图书馆学会会报，2004,(72)：119 - 131.

(items)，其中也包含 124 000 个已经数字化的影像档案。

除 ARC 提供联合目录查询服务外，NARA 另外建置档案数据库检索(The Access to Archival Databases，AAD)系统，专门提供 NARA 典藏的电子文件检索服务，选取具有特殊价值的个人或组织的电子文件，共计 30 个电子文件系列、350 个案卷以及 5000 万份文件，检索结果可直接提供在线浏览、打印或下载电子文件。

关于档案及其在美国的使用，玛丽安·哈蒂卡(Mary Ann Hadyka)曾在一个研讨会上发言说[①]：

"NARA 与联邦政府各部门一起来决定哪些档案文件值得收集进馆，最终进入档案馆保存的档案文件只占联邦政府各部门形成文件总量的 2%～3%，这部分档案都是最重要的。

这些档案不仅保存在我们位于华盛顿特区的档案馆内，还分别保存在美国其他 40 个不同的地方，其中包括地方文件机构、图书馆以及我们 13 个总统图书馆内。在密苏里州圣路易斯市的大型文件中心内，保存着那些在过去一个世纪内曾在军队服役或政府任职人员的档案。

在所有的档案馆藏中，我们将超过 100 亿张纸质档案、720 万张地图、图表和建筑图纸，4000 万张照片，还有数以亿计的机读数据组和数英里长的胶片和录像带列为永久保存。到目前为止，我们接收了超过 100 亿兆字节(TB)的电子文件，其中 82TB 是小布什总统任期内形成的档案文件，里面包括超过 24 亿封电子邮件。

事实上，我们不可能把所有这些文件都向公众开放利用，其中一些是涉密的或在某种程度上限制开放的。一旦这些涉及敏感信息的档案公开，将危害到我们的国家安全，使美国与其他国家的关系复杂化，削弱或危及美国的防务工作，这也是我们有一套严格的档案保密和解密系统的原因。我们一直在努力把握好开放与不开放之间的分寸，为了做到平衡，我们在做决定前会充分与用户——美国公众进行沟通，因为我们只是文件的保管者，而他们才是档案真正的主人。"

---

① 美国国家档案馆:保存历史 走近国民[EB/OL]. [2019-03-05]. http://blog. sina. com. cn/s/blog_674374ae0102yu5n. html.

第3章 图博档三馆数字化服务功能及管理

3.1 图书馆数字化服务功能分析

数字图书馆是美国1992年信息基础建设与科技法案所推动的一项重要方案,数字图书馆的建设包括快速与正确的资料转换技术及相关标准,将各类印刷型资料转换并储存为电子形式,开发数据库管理软件,有效提供正确的信息查询、筛选和结果呈现。此外,提升网络速度与开发音像资料的视觉科技也是数字图书馆服务的重点发展方向[1]。

20世纪90年代,各国学者对于数字图书馆的研究产生了极大的兴趣。许多学者提出过数字图书馆定义,如Arms认为数字图书馆是"馆藏和相关的服务"(Collections with associated services)[2]。数字图书馆联盟(Digital Libraries Federation,DLF)的定义是"保存数字作品馆藏以便快速地经济有效地提供给既定的社会群体"。欧洲数字图书馆工作小组DELOS将数字图书馆定义为:可能是一个虚拟的组织,它综合负责收集、管理和长期保存丰富的数字内容,并依据已有政策,向其用户群体提供相当品质的,针对数字内容的专门服务功能[3]。最常被引用的数字图书馆定义是Borgman于1999年提出的,"馆藏由一个社区的使用者构建、征集、组织和使用,数字图书馆的功能足以支持该社区的信息需求和使用"[4]。所有数字图书馆的定义都有两个方面的意义:从研究的角度看,数字图书馆是为用户搜集和组织起来的数字化内容;从图书馆实践的角度看,数字化图书馆是以数字形式提供信息服务的机构或组织。因此数字图书馆的核心概念或主要构成,应该是馆藏、服务和读者群。关于数字图书馆目前归纳为:数字图书馆是传统图书馆功能在网上的延伸,它使传统图书馆的信息服务产生了质的飞跃[5]。它的馆藏以数字格式存储,并可通过计算机读取[6]。在信息对象分布式存储的环境下,促成信息对象与信息用户之间的信息传达,数字图书馆就是一个提供这种功能的实体。具体功能包括:获取、发布、传递、保存、个性化服务等[7]。佛罗里达大学的Larry教授认为,传统图书馆的功能主要是发展馆藏、提供参考服务,而新形势下的图书馆,包括深入各个社区的小图书馆,已经将功能扩展到技术培训以及信息素养培养[8]。

---

① 刘伟松. 浅谈digital library之发展与应用[M]. 台北市:华泰书局,1997.

② Arms,W Y. Digital Libraries[M]. MIT Press,2000.

③ Canadela L,Castelli D,Ferro N,et al:The DELOS Digital Library Reference Model-Foundations for Digital Libraries. Version 0.98[EB/OL]. [2013-01-20]. http://eprints. port. ac. uk/4104.

④ Borgman C L. What are Digital Libraries? Competing Visions[J]. Information Processing and Management,1999,35(3):227-243.

⑤ 何怀. 关于数字图书馆发展过程中的服务工作[J]. 苏州大学学报(工科版),2005,25(06):69-70.

⑥ Greenstein D I,Thorin S E. The Digital Library:A biography[M]. Washington,DC:Digital Library Federation,Council on Library and Information Resources,2002.

⑦ Vittore C. DELOS-Reference Model for Digital Libraries[EB/OL]. [2013-04-22]. http://èlag2007. upf. edu/papers/casarosa. pdf.

⑧ Larry D. Cultural Heritage Information Professional(CHIP) Workshop Report(R). Sarasota:Ringling Museum of Art,2008.

表 3-1　传统图书馆与数字图书馆特点比较表

传统图书馆	数字图书馆
稳定,成长缓慢	不稳定,高度动态
馆藏内容多为文字及印刷物体	包含多媒体、多种尺寸的数字物体
有清楚的定义和分类	内容常不完整,定义和分类也不够清楚
内容组织结构简单	内容组织包含有意义的内部结构
元数据极少	元数据丰富
提供有限的检索点	提供虚拟的、无限的检索点
馆藏集中管理	分布式的馆藏及内容管理
实体的馆藏	馆藏可以是虚拟的
按类号排列于书架上	借由网络联结取用
互动慢,通常只有单向沟通	双向沟通、及时,有丰富的互动
有开放时间及地理的限制	可突破时空的限制并且全年无休

我国从 2000 年左右起,有关数字图书馆服务的相关研究与探索逐步增多,并在 2002 年激增,形成图书情报学界的一个研究热点。此后每年的研究文献呈现快速增长的态势,同时相关研究进一步细化。从研究的内容上来讲,大致可分为三个层次:基础理论研究(数字图书馆服务范式、理念、模式等)、服务实践研究(各种具体服务方式)以及服务衍生的相关问题研究(技术、知识产权、质量评价等)。总体来说,在数字图书馆服务研究领域尚无公认的研究体系,关于数字图书馆信息服务模式的研究还不是很多,各家的认识也各不相同,尚未形成共识。

国外数字图书馆服务[①]相关研究主要集中在以下三个方面:一是在现代信息技术环境下,对传统图书馆各项服务功能的继承、发展和完善,主要包括已有资源的数字化及发布服务、资源的集成化服务、虚拟参考咨询等;二是由全新存储、访问方式的数字化资源带来的新服务方式,如网络信息资源的采集和揭示、开放存取、数字资源长期保存、分布式资源和服务登记系统、知识服务、个性化服务、网格服务等;三是用户信息素质教育、多种服务类型的交叉融合等。关于数字图书馆服务模式的整体研究还不多见。

纵观全球,英、美、日、中的数字图书馆发展策略与重点并不相同,美国是以技术开发与创新为主要目的,以发展出新的数字图书馆技术,并促进相关的研究发展,同时以大学的教育研究单位为基本对象。英国早期的 eLib Programme 及大英图书馆的相关计划中,是以图书馆馆藏为主要对象,以服务为主要目标,开发技术以达成信息服务为首要任务。后期英国 JISC 所赞助的计划中,延伸到了数字学习与数字研究,日本和英国大致雷同。

数字图书馆的根本目标是为使用者搜集和组织信息内容,通过一系列服务机制有效地支持用户利用信息来学习解决现实问题和创造知识。在未来,服务主导型的数字图书馆将占主体,也是现在广大图书馆的发展方向[②]。总之,数字图书馆服务是现代图书馆服务的一部分,利用新技术、以网络的方式提供数字馆藏及相关数字资源的检索、发现、获取或推送、咨询、教育服务。

具代表性的数字图书馆服务依功能分为五大类别[③]:

---

①　张炜. 国家数字图书馆服务框架研究[M]. 北京:国家图书馆出版社,2012.

②　谢强. 数字图书馆建设与服务概述[EB/OL]. [2013-04-22]. http://www.lzlib.com.cn/shuzitushuguan/zhengce/lzlib_582.html.

③　Brogan M L. A Survey of Digital Library Aggregation Services[M]. Washington,D. C. Scholarship at Penn Libraries,2003.

① 开放获取的电子档案与服务器服务(Open access e-print archives and servers)；

② 跨数据库档案查询服务与整合服务(Cross archive search services and aggregators)；

③ 从数字馆藏发展到数字图书馆环境服务(From digital collections to digital library environments)；

④ 从同行评审中转中心发展为入口网站服务(From peer-reviewed "referratories" to portal services)；

⑤ 专业搜索引擎服务(Specialized search engines)。

第一类主要是为促进科学传播，支持作者"自助式建档"(self-archiving)的概念，而提供学术产出的服务，包括全文的印刷前版本、印刷版本、技术报告等取用服务。就目的不同有同行评审的研究结果快速服务、公开发布的科学技术报告及为论文数字化保存而以出版社为主的期刊数据库服务系统。第二类为跨数据库整合查询服务，有以社区为基础的，有以主题为基础的，大部分主要是图书馆的联合目录①。

数字图书馆首先要实现的功能，就是知识组织与服务，使得数据管理、信息管理升级为知识管理。在各种智能化知识挖掘和管理工具的支持下，对其资源管理体系进行重新定位，变数据、信息管理为知识管理。具体而言，知识管理要在知识组织的过程中进行元数据抽取和关联性分析，依据已有的或潜在的元数据标准，以元数据为基本单位开展工作；并在此基础上，建设、更新和维护知识库，构建知识检索平台，推进知识评价系统的完善，实现数字图书馆对知识的本地管理功能。对于数字图书馆而言，知识组织只是手段，而非最终目的，这些工作都是为了面向用户形成知识产品或提供知识服务，因此知识服务是其核心职能，当然这需要前期工作的支撑。数字图书馆必须基于其优化战略，通过整合网络资源和数字化资源，抽取知识要素，为用户提供跨区域、跨平台、跨系统、统一界面的知识服务功能。这些功能主要包括统一方位、知识检索、集成化数字参考咨询、个性化知识定制、知识专题服务等。

3.2 博物馆数字化服务功能分析

我国博物馆学始于19世纪末和20世纪初，1905年张謇先生在南通开办了我国第一座博物馆——南通博物苑，开创了我国博物馆的先河。关于博物馆的服务功能的说法颇为丰富，三种功能说：收藏、研究和传播；四种功能说：收藏、研究、教育、展示。也有两种功能说，分为内部功能：收集、整理、保管、研究；外部功能：展览、教育、普及。欧美普遍比较接受的是博物馆的三E功能：教育国民(Education)、提供娱乐(Entertain)、充实人生(Enrich)。Goode认为：博物馆不在于它拥有什么，而在于它以其有用的资源做了什么。这应该是对博物馆功能本质的最好诠释。Burcaw在《博物馆这一行》一书中表示，博物馆重要的功能是为了提供全民教育、启发、培养美感、个人发展以及与其他教育机构合作，博物馆必须收藏有意义的物件，并给予其系统的照顾②。国际博物馆协会章程第二条第一款将博物馆定义为："一种非营利性的永久机构，在其服务的社会，为大众开放，促进社会发展，并以教育、研究及娱乐的目的，致力于收集、保护、研究、传播与展示人类及其环境的物质证据。"

博物馆数字化是指博物馆将自身的文物与标本藏品及陈列展览采用计算机数字化技术进行处理、加工、整理并广为社会观众浏览观赏③，是一种以数字技术为存在载体的虚拟博物馆，博物馆数字化的重点在于展示、保存数字化的文物④。与网络技术相结合的博物馆数字化，形成以用户为中心的网上数字虚拟博物馆，这是以CMS(Content Management System)为基础平台的，能够发布实时信息、展示藏

① 林珊如. 数位图书馆使用者研究趋势之考察[J]. 图书馆学与资讯科学，2006，32(2)：18-31.

② Burcaw G E. Introduction to Museum Work[M]. 张誉腾等译，台北：五观艺术管理出版社，2000.

③ 张妮佳，张剑平. 现代大教育观下的数字博物馆[J]. 中国博物馆，2006(03)：71-77.

④ 张小朋. 博物馆信息化工作PPT[EB/OL]. [2013-04-22]. http://www.sach.gov.cn/download/zhuanti/2005092109.ppt.

品、与用户互动,兼具实用价值和娱乐功能的一种科普网站[①]。邱澎生[②]认为博物馆数字化就是,结合实体博物馆经营运行,将藏品信息运用数字化科技方式储存,并且根据一般大众、亲子家庭、老师学生以及学术研究使用群体的需求,通过信息、通讯与数字科技增值运用,发挥博物馆的展示、搜集、教育、研究、娱乐功能。

数字化了的博物馆与原始实体博物馆功能各有侧重[③],但是博物馆数字化以后,实体博物馆原有的各个功能都多了许多的可能性。在收藏方面,改变了藏品类别登录与元数据模式;在研究方面,开放给大众对数字藏品进一步研究与使用的可能;在展示方面,打破了时空的限制,提供个人化、更具自主性的呈现方式;在教育方面,依赖数字化资源,提供终身学习、自我学习、与教材资源结合的功能。博物馆的数字化能让一般博物馆所应具有的展示、收藏、教育、研究等功能以数字化的方式呈现,使其不再受到必须坐落在特定建筑物中,或是必须有实物收藏的传统博物馆的限制。扩大了一般博物馆的收藏功能,使用户通过互联网的展示,更容易亲近博物馆,通过与博物馆的互动,认识更多丰富的博物馆珍藏,原有实体博物馆的四大功能够各自有了新的优点。

英国博物馆学者肯尼斯·赫德森在其所著《八十年代的博物馆》一书中表示:1974 年在哥本哈根举行的国际博物馆理事会第十届大会清楚地表明,全世界博物馆逐渐认为自己是所在的区域文化中心。这种认知的改变,意味着博物馆除了担任保管国家文化和自然遗产的角色外,还有提供社会教育的服务功能。博物馆数字化为博物馆公众教育效果的加强提供了一个更可资利用的平台,有效利用这一平台,改变和增加博物馆的教育和宣传方式,是在信息时代真正实现社会教育意义的根本途径。博物馆数字化以后组织、设计和开展的公共教育活动,应当以一种激发观众的学习热情的互动方式,提供给学习者学习的挑战、信心和快乐,从具有沟通性的学习交流过程中获得知识,将使得博物馆的教育形式由传统的单方面的"说教"式,转变为双方能够互动的情景式教育。简而言之,数字博物馆能够主动提供教学、引导、辅助资源的角色;并能主动引起学习者的兴趣,让学习者由被动学习转为主动探索。另外,博物馆数字化后通过网络,加强与社区及社会各种群体的合作,吸引更多的社会人群关注博物馆。

博物馆内开展网上虚拟图书参考咨询[④],也是博物馆另一种创新的服务,可在常用问题项目里包含一些使用者常提的基本知识问题及与博物馆展览的相关话题,或是搭配当时正举办的展览文献推荐书目等内容。或是在线互动、在线填写表单等实现类似咨询服务,如果参考咨询员刚好在线,可以获得用户需求,并在合适的时间段内做出反馈。参考馆员还可以通过对网络信息的筛选、综合、分类等工作,在繁杂无序的网络中筛选出有价值的、具有潜在用户需求的信息资料,以文摘的方式从其他媒体中选取优秀的、具有独到见解的信息,发布在图书馆网站以提供给用户参考,也是另一种形式的参考咨询。

3.3　档案馆数字化服务功能分析

OCLC 全名为 Online Computer Library Center,成立于 1967 年,是一个应用电脑与网络科技服务图书馆和学术研究机构的非营利机构,它将数字档案馆描述为:以数字形式记录而成的资料汇整机构,这些机构具有财政能力且致力于奉献,将这些数字档案以最佳的模式,安全储存在机构中,确保档案的完整性及长期保存。而数字化档案服务则是将数字文件存储在具有安全管理的特定环境中,并有一定

[①]　科学与艺术数字博物馆. 一个虚拟的网上博物馆[EB/OL].［2013 - 04 - 25］. http://www. e-museum. com. cn/col/col4096/index. html.

[②]　邱澎生. 2012 全方位数位博物馆建置[M]. 台北:历史语言研究所,2012.

[③]　常樱. 论数字博物馆的传播策略[J]. 河北学刊,2012,32(04):198 - 201.

[④]　唐晶,辛璐,马新蕾. 图书馆与博物馆公共休闲服务合作初探[J]. 图书与情报,2012,(04):48 - 51.

的数字化作业及保存流程，不受限于时空环境，均可使用档案内容。[①]

将原始的以纸张为载体的实体档案馆的档案进行数字化处理，加以网络设备进行管理和利用，延伸其功能和形式后，便是数字档案馆。2010年6月，国家档案局发布了《数字档案馆建设指南》，对数字档案馆做出了科学权威的定义：数字档案馆是指各级各类档案馆为适应信息社会日益增长的对档案信息资源管理、利用的需求，运用现代信息技术对数字档案信息进行采集、加工、存储、管理，并通过各种网络平台提供公共档案信息服务和共享利用的档案信息集成管理系统。[②] 数字档案馆能够存储大量的、各种形态的信息，信息存储和利用不受时间、地域的限制。

在总结我国2007—2011年数字档案馆方面的研究论文后，肖秋会等人得出关于数字档案馆信息服务的下列四种模式：集成服务模式，实现一站式的信息服务；个性化服务模式，这是数字档案馆"以人为本"服务理念的体现；小众化服务模式，将用户划分为不同的群体，为其提供信息服务；知识服务模式，这是未来信息服务的主流模式，能够为用户群体提供深层次的个性化的知识服务。[③]

档案管理的最终目的是为各界提供应用，充分发挥档案功能，妥善保管档案和积极提供应用是档案馆的两大基本职能。也有研究人员认为信息化科技对档案在学术研究、教育、经济及休闲娱乐等方面的应用服务带来了新的可能性，归纳如下：

1. 数字典藏研究：数字档案馆、数字知识库、多媒体资源库
2. 展示应用：数字展示、虚拟展示、多媒体导览
3. 教育学习：数字学习、移动学习、教育光盘、电子书
4. 生活娱乐：数字影音、网络线上游戏等

表3-2 数字档案馆的三种类型[④]

类型	资源	功能	特点
基于实体档案馆信息化	仅来自某一实体档案馆，限于接收范围之内的文档信息	仅限于实体档案馆的功能（查证，展览）	只是实体档案馆的数字化版本
基于档案信息资源共享	与一定的主题相关的档案信息资源	将某一主题的档案信息通过网络整合在一起并提供多元化利用（搜索、查询、展览、在线下载）	数字档案信息资源共享平台系统
基于信息资源综合共享	与某一主题相关的所有可以收集到的信息资源（包括档案、图书等其他各式信息资源）	远远超越传统档案馆，将相关主题资源统统整合到一个系统利用平台之上，提供多元化的利用，并展示不同类型信息之间的关联	在主体上呈现出多元化的特征，其建设模式比较符合未来信息资源共享的大趋势

从项目的定位与建设内容来看，数字档案馆大致可以分为三种类型：基于实体档案馆信息化的数字档案馆、基于档案信息资源共享的数字档案馆以及基于信息资源综合共享的数字档案馆等。其实，不管是哪一种数字档案馆类型的发展，都需要考虑到前瞻性、安全性、实用性、协同性等四大原则，才能使数字化档案馆服务发挥最大效能。

从表3-2可以看出，未来的档案馆数字化趋势，所能提供的资源已经不限于档案信息，而是扩展到

① OCLC. Long-term Storage of Master Files-Digital Archive Service[EB/OL]. [2013 - 04 - 22]. http://www.oclc.org/content/dam/oclc/services/brochures/213444usf_DigitalArchive.pdf.

② 梁毅.对英美数字档案馆建设模式分析与借鉴[J].中国档案,2011,(11):66 - 69.

③ 肖秋会,冯亚兰.2007—2011年我国数字档案馆研究综述[J].档案,2012,(3):9 - 11.

④ 张宁.基于国外最佳实践对我国数字档案馆建设的几点思考[J].档案学通讯,2010,(4):49 - 52.

图书等其他信息，其服务也超越提供查证的基本功能，而是逐渐向知识服务方向发展，显示出与图书馆数字化服务相融合的端倪。

随着信息技术的发展，加上互联网的覆盖范围快速扩大，档案馆数字化服务联合目录整合查询机制，已普遍存在于国内外信息资源存储机构，以先进国家档案馆为例，英国国家档案局网站整合 22 个档案系统，以档案馆、博物馆、图书馆等查询网站为主，其中 14 个档案系统可提供直接搜寻的功能，是服务用户需求的单一入口查询平台①。系统架构属于分散式管理、集中式查询，将分散各地的多个档案系统，整合集中于英国国家档案局网站的检索系统，查询结果依照个别档案系统方式顺序呈现，以加速结果反馈和资料整合效果。新加坡国家档案馆提供横跨 8 个不同档案类型资料库的档案目录整合查询系统，澳大利亚则建立档案信息网连接全国各地方档案馆及档案组织的资源成果。②

3.4　国外图博档数字化服务融合组织管理机制

3.4.1　美欧国家层面图博档数字化服务融合组织管理

目前，几乎所有的数字图书馆都是物理图书馆的组成部分。作为国会图书馆的一个组成部分，《美国记忆》就是这种风格的一个例子（https://www. loc. gov/item/lcwaN 0018882/h）。同样，数字档案馆和博物馆也与实体机构相关联。

2003 年，美国修订了 1996 年制定的《博物馆和图书馆服务法》（Museum and Library Services Act，MLSA），确立了博物馆和图书馆之间的关系，从法律层面上确保博物馆和图书馆的持续合作。MLSA规定，图书馆和博物馆都是促进教育的机构，需要共同努力，这给它们提供了一个很好的合作机会，并为观众提供集中的服务。为了更好地促进 LAM 之间的合作，博物馆与图书馆服务研究所（IMLS）积极制定了相关的 LAM 合作政策，并为相关合作项目提供资金支持③。IMLS 的愿景指出：博物馆和图书馆携手合作，改变个人和社区的生活。④

加拿大颁布了《加拿大图书馆档案法》（Canadian Library Archives Act，CLAA），以支持加拿大国家图书馆和档案馆之间的合作，并实施了一些成功的做法，如加拿大国家图书馆和档案馆的成功合并⑤。2003 年加拿大图书馆及档案馆共同建立了 LAC（Library & Archive Canada）虚拟社区，利用数字化技术搭建的虚拟界面实现了跨越图书馆、档案馆物理界限的透明式文化遗产信息资源服务。不列颠哥伦比亚省皇家博物馆（Royal British Columbia Museum Corporation，RBCM）成立于 2003 年 4 月，由不列颠哥伦比亚省的博物馆、省级档案馆和其他几个保存该省历史的文化机构合并而成。2004 年，加拿大国家图书馆和加拿大档案馆合并为一个机构。因此，它们具有良好的数字图博档服务融合背景。魁北克国家档案馆（Bibliothèque et Archives nationales du Québec，BAnQ）是魁北克的国家图书馆、国家档案馆和主要城市的公共图书馆的统称。作为知识社会的重要参与者和一个真正的文化中心，BAnQ 致力于实现知识获取的民主化⑥。Alexandra 等人评论道："BAnQ 为所有魁北克人整合的服务

---

① 档案管理局. 档案资源整合查询平台简介[EB/OL]. [2013 - 04 - 11]. http://www. stat. gov. tw/public/Data/0551471471. pdf.
② 陈淑华. 英国国家档案查询网站功能简介[J]. 档案季刊，2010，9(4)：130 - 133.
③ Allen，N，Bishoff，L. Collaborative Digitization：Libraries and Museums Working Together[J]. Advances in Librarianship，2002，26：43 - 81.
④ IMLS Vision[EB/OL]. [2019 - 04 - 01]. https://www. imls. gov/about/mission.
⑤ Library and Archives Canada[EB/OL]. [2019 - 04 - 26]. http://www. bac—lac. gc. ca/eng/Pages/home e. aspx.
⑥ 魁北克的国家图书馆档案馆[EB/OL]. [2019 - 04 - 23]. http://www. banq. qc. ca/collections/collection_numerique/index. html.

是独一无二的,标志着为魁北克居民提供新的优化服务水平的开始。BAnQ的资源优化了该省的服务,保护了遗产材料,并有史以来第一次通过数字门户提供了对这些材料的普遍访问。"①

博物馆、图书馆和档案馆委员会(Museums,Libraries and Archives Council,MLAC)于2000年4月在英国成立,是促进英国LAM合作的重要机构。其目标是在战略层面为图博档教育机构之间的合作提供指导和支持,为英国公民创造更好的文化和教育环境,并最终促进社会正义。联合信息系统委员会(JISC)在英国扩展到数字学习和数字研究。2013年,英国国家健康服务(National Health Service,NHS)委员会推出了一个新的客户服务平台,通过网络、电话等多种渠道为用户提供服务②。

德国于2001年成立了联邦—国家部际工作小组EUBAM(Europ ische An-gelegenheiten fur Bibliotheken,Archive und Museen),积极参与LAM在德国的合作组织和运营实践,以及各种欧洲资助项目③目标是推动在德国国内和欧盟各国两个层面的图书馆、博物馆、档案馆、美术馆在文化科学信息领域的合作;欧盟于2005年宣布实施"欧洲文化和科学内容数字化协作行动计划",推动图书馆、档案馆和博物馆等文化机构数字化服务的协作。

西班牙成立了名为FESABID(西班牙档案学、图书馆学、文献学和博物馆学协会联盟)的组织,目的是推动图书馆、文化管理中心、档案馆、博物馆的协作。挪威成立了档案馆、图书馆与博物馆管理局(ABM)以促进三馆之间的合作服务;丹麦建立的北日德兰半岛文化历史数据库(NOKS),整合北日德兰县历史档案馆、文化历史博物馆、艺术博物馆及县中央图书馆的书目数据,以单一的网络门户为读者提供多机构馆藏检索服务。

此外,越来越多的组织为LAM合作项目提供资金支持,例如美国的NLG(National Leadership Grant)赠款基金④。2008年之前,仅在美国,LAM就完成了9项区域和地方电子资源合作倡议,如西北太平洋的美洲印第安人、华盛顿大学⑤。

3.4.2 国外图博档数字化服务融合项目管理机制剖析

3.4.2.1 世界数字图书馆

1. 组织管理模式

美国国会图书馆与联合国教科文组织是世界数字图书馆(WDL)的发起者,二者于2007年缔结的关于世界数字图书馆发展的谅解备忘录,标志着合作的开始。世界数字图书馆项目的管理由执行委员会和项目主管单位负责。执行委员会由七名人员组成,五人从项目参与单位中选举产生,另两人分别来自联合国教科文组织和项目主管单位。执行委员会主席从七名成员中选举产生,所有人员的任期为五年(可以连任),每年至少举行一次会议。项目主管单位任期五年(可以连任),由参与单位选举产生,负责世界数字图书馆项目工作人员的管理及维护项目的可持续发展、审核其他机构的项目参与申请,美国国会图书馆为第一任项目主管单位,WDL网络平台的日常管理维护由其负责。

执行委员会和项目主管单位在协商的基础上从项目参与单位中指定常设委员会,成员主要由参与

① Alexandra Y, Barbara C, Jennifer-Lynn D. Public Libraries, Archives and Museums: Trends in Collaboration and Cooperation. The Hague, IFLA Headquarters. [EB/OL]. [2019 - 04 - 23]. http://archive. ifla. org/VII/s8/pub/ Profrep108. pdf.

② Gann B, Grant M J. From NHS Choices to the integrated customer service platform[J]. Health Information & Libraries Journal, 2013, 30(1): 1 - 3.

③ 刘美玉,王海荣. 德国图书馆、档案馆和博物馆合作的组织运行实践[J]. 高校图书馆工作. 2016,35(5):37 - 40.

④ National Leadership Grants[EB/OL]. [2013 - 08 - 14]. https://www. imls. gov/ grants/available/national-leadership-grants-libraries.

⑤ France F G, Emery D, Toth M B. The Convergence of Information Technology, Data, And Management in a Library Imaging Program. Library Quarterly. 2010, 80(1): 33 - 59.

单位的代表构成。WDL 目前有三个常设委员会:内容选择委员会负责根据 WDL 确立的内容选择标准,审核参与单位提交的各种类型数字化资源,以确保网站服务内容的质量;技术架构委员会承担世界数字图书馆网站整体的设计、更新、维护①;翻译和语言委员会负责所有数字资源和描述元数据的内容翻译。

任何国家的图书馆、博物馆、档案馆、音像馆、教育机构及其他收藏保存文史资源的机构都可以自愿参加世界数字图书馆项目②,但必须向项目主管单位提交参与申请供其审核,审核结果通过,经执行委员会批准,同意并签署世界数字图书馆章程后才能正式成为项目参与单位。参与单位自筹参与经费,所有参与单位至少每年举行一次年会。为了确保参与单位能够向世界数字图书馆提供高质量的数字化文化资源,WDL 与多个国家的合作伙伴协商在当地建立了数字转换中心,负责资源的数字化处理。

2. 资源组织与程序

世界数字图书馆采用集中式信息服务模式,项目参与单位需要向内容选择委员会提交 WDL 内容申请表,表中包含所提交资源的详细说明、数量、类型、提交方式、预计提交时间、相关负责人联系方式,及不大于 2M 的附带说明内容③。内容选择委员会 37 名成员根据《世界数字图书馆内容选择指南》确定内容是否符合要求。项目参与单位提交申请后,需要遵循《WDL 数字图像标准》、《文件命名指南》、《WDL 描述元数据元素集》、《WDL 元素映射标准和详细说明》等对原始资源进行数字化处理,生成符合 WDL 要求的数字资源内容和格式,在拟定的时间内传递给内容选择委员会和相关专业委员会审核,审核结果一般两周内反馈给项目参与单位,根据反馈结果进行修改然后重新提交内容选择委员会,最终审核通过的数字资源交给翻译和语言委员会转换成其他六种语言版本,所有资源导入数据库并最终在网站发布。

3. 保障措施

① 资金保障

世界数字图书馆的持续性发展离不开稳定的资金支持。根据世界数字图书馆章程,所有的项目参与单位自愿参加,并自筹参与经费。世界数字图书馆网站的管理维护由项目主管单位负责,相关费用也由项目主管单位承担。WDL 网站的资金主要来源于各种基金会、私营企业、个人捐赠,例如,纽约卡耐基公司和卡塔尔国家图书馆就曾捐助 300 多万美元的资金,美国国会图书馆的第三世纪基金会、杰斐逊基金会、谷歌、微软、苹果公司、沙特阿拉伯的阿卜杜拉国王科技大学,还有相当一部分个人都曾赞助该项目的运作④。联合国教科文组织、国际图书馆协会和机构联合会(IFLA)、OCLC 等国际组织的支持也促进了世界数字图书馆的发展。正是这些来源于多机构的资金援助保障了 WDL 项目的持续运行。

② 资源产权保护管理

世界数字图书馆接收来自所有参与单位的数字文献资源和相关描述元数据,文化遗产资源的数字复制与全球传播必然要面对知识产权保护问题。为此,世界数字图书馆章程中对各个项目参与单位的权利义务进行了详细说明,亦包括知识产权保护内容在内。

首先,WDL 的参与单位授权世界数字图书馆在世界范围内、免除版税、以非独享的方式存储及显示其所提交的文化遗产数字文献资源及相关元数据。即世界数字图书馆可根据章程,获得参与单位的特许全权,使用其所提交的资源和相关元数据,但不得用于商业开发利用,或侵犯任何第三方的版权、公开权、隐私权或相关权利。

---

① 秦雪平. 图书馆、档案馆与博物馆数字资源整合研究——以世界数字图书馆为例[J]. 情报探索,2013(01):69-72.
② 世界数字图书馆项目. 世界数字图书馆章程[EB/OL]. [2013-08-13]. http://project. wdl. org/about/org. html.
③ WDL. WDL 内容工作流程[EB/OL]. [2013-08-13]. http://project. wdl. org/content/.
④ World Digital Library[EB/OL]. [2013-08-13]. http://www. wdl. org/zh/contributors/.

其次，世界数字图书馆及项目参与单位对其他任一参与单位提供的数字文献资源和相关元数据不具备任何所有权或控制权，内容所有权仍属于提交资源的机构所有。参与单位任何时候都可提出书面申请移除自己提交的内容，但不得要求移除其他参与单位提供的内容。如果参与单位所提交的数字资源，已经/可能违反版权法或其他适用的法律，项目主管单位可以当即删除该内容。

再次，对本机构自有资源，参与单位享有自主权，即参与单位保留提交给世界数字图书馆的任何软件、硬件、计算机应用程序、翻译或其他知识产权的所有权，可不受约束地将自有资源内容用其他方式或其他文件格式提供给他人使用；基于商业用途的资源使用，必须与数字资源所属机构取得联系以获得使用权。

③ 元数据交互规范

高质量的资源和有序的信息组织是开展信息服务的前提，世界数字图书馆的数字资源来自各个机构、数据格式各异，为了解决异构数据的组织实现便捷的网络访问，WDL 制定了《WDL 描述元数据元素集》，包含标题、描述、创建者、出版者、出版地、创建时间、语言、地点、时间、主题、资源类型、附加学科、备注、物理描述、收藏标题、机构、相关网站字段[①]，及相应的元数据映射标准。WDL 支持的元数据格式有 MARC(XML/二进制)、都柏林核心元数据集(XML)、MODS(XML)、TEI(XML)、UNIMARC(二进制)，国会图书馆机构名表、图片材料主题词表、盖蒂地名主题词表、杜威十进制分类法、ISO 639 - 3 代码表等受控词表的应用进一步规范了元数据的描述。

3.4.2.2 欧盟的 Europeana

欧盟委员会赞助实施的 Europeana 项目因涉及国家广、资源内容涵盖丰富而备受关注。早在 2000 年，欧盟委员会信息社会总局支持的一项调查报告就提出，要建立网络环境下欧洲图书馆、博物馆、档案馆合作框架，以统一的资源门户向欧洲公众提供创新性的文化信息服务。2005 年欧盟委员会宣布在其欧洲信息社会 i2010 政策框架下支持 Europeana 项目的实施，该项目的目标是为研究人员、学者和公众提供了一个访问、查询、参与、共享欧洲文化资产的综合性数字资源服务平台，使欧洲图书馆、博物馆、档案馆、美术馆丰富多样的馆藏资源能够在互联网环境下得到广泛传播。

1. 组织管理模式

Europeana 基金会是 Europeana 项目的管理机构，它由 Europeana 网络成员、参与董事会和执行委员会三部分组成。执行委员会由八名成员组成，负责 Europeana 项目的战略与预算制定；参与董事会成员由来自欧洲图书馆、博物馆、档案馆等专业机构的代表以及其他类型合作机构的代表组成，负责选举任命执行委员会成员，对 Europeana 项目的政策与策略提供建议；Europeana 网络截至 2012 年底有 511 个成员，均是 Europeana 项目参与机构的代表，作用是为基金会的重要决策提供建议、协商与讨论内容，Europeana 网络选举产生六名参与董事会成员。围绕项目开展的相关问题，Europeana 项目形成了不同专题的项目工作组，如内容发展工作组、用户参与工作组、财务/可持续发展工作组、社会意识宣传工作组、技术工作组和法律研究工作组等，Europeana 项目合作机构可以选择加入不同的工作组。每年一度的 Europeana 成员全体会议，是一个泛欧洲的论坛，参会成员审议执行委员会关于本年度的工作汇报，就项目实施中遇到的问题展开广泛的讨论，并形成新一年度的工作计划。

2. 数据收集与内部协调机制

Europeana 的各种类型合作伙伴遍布欧洲大陆，尤其是在各个国家/地区的文化资产数据的收集整理涉及机构众多，为了提高机构之间的协调运作效率，Europeana 项目采取了基于数据聚合机构/项目的沟通协调机制。聚合机构/项目充当 Europeana 与内容提供机构之间的沟通桥梁，负责从内容提供机

---

① WDL. WDL Descriptive Metadata Element Set[EB/OL]. [2013 - 08 - 13]. http://project. wdl. org/standards/meta data. html.

构收集资源传递给 Europeana、促进 Europeana 的服务理念和数据描述标准在合作机构的应用。Europeana 不直接从内容提供机构接收数据,而是由聚合机构/项目从内容提供机构接收数据进行映射后再传递给 Europeana 平台,Europeana 的各种标准、数据规范也依靠聚合机构/项目向其所合作的内容提供机构传递与监督执行。层级式协调工作机制避免了 Europeana 与上千个合作机构之间的直接沟通,提高了项目运作效率。

Europeana 的资源聚合通过各种类型的聚合机构/项目实现(见图 3-1),聚合机构/项目可以是单一的机构或多机构协作的项目,具体又分为多种类型,如按照覆盖的地区有欧洲级、国家级、地区级三类聚合机构/项目;按照涉及的领域可以划分为专题聚合、单一领域(垂直)聚合、跨领域(水平)聚合三种类型[①]。专题聚合主要收集特定主题的数字内容,如 Judaica Europeana 就是专门收集欧洲的犹太文化遗产提供在线访问的项目[②];单一领域(垂直)聚合则在国家级或地区级层面收集某一特定领域的数字内容,如 APENet 项目专门收集欧洲的档案资源;跨领域(水平)聚合指同时收集来自图书馆、博物馆、档案馆等不同部门资源的项目,如 BHL-Europe、HOPE、ATHENA 等项目,国家级聚合通常都属于此类。Europeana 现有的 2600 多万个数字资源中,有 44% 来自跨领域(水平)的聚合项目或机构,来自图书馆、博物馆、档案馆、视听资料机构的分别占到 33%、11%、5%、7% 的比例。

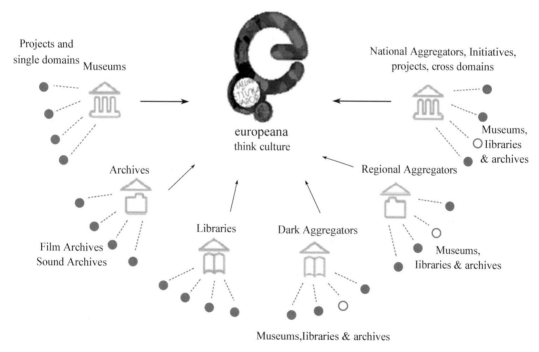

图 3-1 Europeana 的资源聚合模式[③]

3. 内容组织

Europeana 的定位是文化资产数字资源的代理机构,它并不直接通过门户网站向公众提供文化资产内容,而只是将收集整理的关于文化资产信息资源的元数据,以及与该信息资源相对应的缩略图提供给公众检索或浏览。数字资源内容仍由参与项目的各个图书馆、博物馆、档案馆自行保存和维护,

---

① Europeana. The Europeana Aggregator Handbook 2011[S/OL]. [2013-05-13]http://pro. europeana. eu/documents/858566/858665/Aggregators+Handbook.

② Judaica[EB/OL]. [2013-5-13]. http://www. judaica-europeana. eu/.

③ Friberg A, Smith D, Scholz H. Europeana Partner Strategy and Development Plan 2013[R/OL]. (2013-01) [2013-05-13]. http://pro. europeana. eu/documents/866067/983522/D2. 2+Partner+Strategy+and+Deve lopment+Plan+2013.

Europeana 平台仅负责对提交给网站的各种文化资产元数据进行统一的编目索引和维护超链接的有效性。

Europeana 的资源服务融合模式为如图 3－2 所示，整个过程可描述如下：合作机构对馆藏资源数字化后形成数字对象、元数据和缩略图，然后将元数据、缩略图提交给 Europeana 的聚合机构/项目，再由聚合机构/项目依照 Europeana 的数据模型标准对元数据格式进行聚合转换后传递给 Europeana，由其专家团队依据标准化的分类框架和受控词表对聚合后的元数据进行编目和分类索引。在技术层面，Europeana 设计了基于语义网的数据模型 EDM（Europeana Data Model），来自图书馆、博物馆、档案馆等的异构元数据都可以用统一的 Europeana 数据模型来描述。2011 年起，Europeana 将用户生成内容（User-generated Content，UGC）纳入资源整合中，注册用户可直接上传 UGC 到 Europeana.eu，然后由 Europeana 进行分类标引。Europeana 接受四种类型的用户生成内容：① 元数据，如标签、地理标识信息和描述信息等；② 数字故事，用户基于时间、空间或主题对数字资源进行串联后形成的故事/叙事作品；③ 数字对象，即与其个人记忆相关的摄影作品、纪念品、评论和注解等；④ 来自链接开放数据项目的特定数据集。

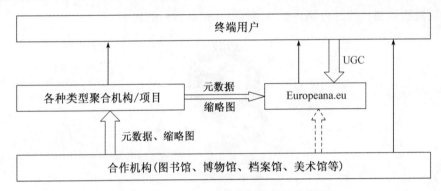

图 3－2　Europeana 的资源服务融合模式

4. 交互参与式服务管理

Europeana 是 Europeana 平台为用户提供的个性化服务窗口，也是用户与 Europeana 进行互动的主要媒介。用户注册后就可以在个人空间保存某一特定主题的文化资产信息、添加标签、上传文化资产信息、向社会媒体分享资源、进行 API 程序开发、数据混合再利用等。Europeana 1914—1918 项目是提供一战信息的主要服务项目，引入用户参与后，用户上传分享了 30 多个关于家庭的一战历史路线数字故事，该项目中提交的用户生成内容还允许用户进行混合再利用生成新的媒体形式进行传播。支持 API 应用程序开发是 Europeana 平台提供的另一种文化资产元数据再利用形式，开发人员注册成功后可以获得个人私有认证密钥，通过 API 控制台进行基于 Europeana 元数据的应用程序开发，已有 50 多个机构和个人在使用 API 服务功能。

5. 资源产权保护管理机制

知识产权障碍是所有的文化机构在开展数字化服务中都会面临的一个问题，为了最大限度地促进各种文化遗产数字资源在 Europeana.eu 平台的传播与共享，Europeana 根据信息服务模式的特点，基于知识共享许可协议（Creative Commons Licences，简称 CC 许可）分别制定了数字对象、元数据、缩略图、用户生成内容的版权许可政策，并在《Europeana 数据交换协议》中明确了 Europeana 与其合作（者）机构之间在法律上的权利义务关系。

Europeana 认为，馆藏资源数字化后形成的数字对象、元数据及缩略图，其版权仍属于合作机构，但可以采取不同版权许可形式授权给公众再利用。数字对象和缩略图可以使用公共领域作品版权许可、免费使用版权许可、限定条件版权许可、版权状态不明四大类共 12 种许可标记进行版权状态声明[①]；元数据是 Europeana 项目中资源整合的核心，为了最大限度地促进元数据的再利用，合作机构提交给 Europeana 的元数据进入公共作品领域不再受知识产权保护，而是以 CC0 版权许可形式发布，任何人都可以不受任何限制地加以再利用，但在利用元数据时必须声明元数据的来源机构。

用户上传给 Europeana 的各种数字内容不仅是和 Europeana 的分享，也是和 Europeana 其他用户（合作伙伴、赞助者、终端用户）的分享。基于这一思想，Europeana 对注册用户所提交的用户生成内容也制定了知识产权保护条款[②]，比如注册用户必须确保自己所上传的内容不会侵犯他人版权；Europeana 可以不受限制地使用用户上传的资源，但是必须清楚注明所有者信息；允许注册用户在 CC BY-SA 版权许可下对其用户生成内容进行再利用等等。

3.4.2.3　美国 LMA 服务融合

在美国，国会图书馆和美国博物馆与图书馆服务学会（the Institute of Museum and Library Services，IMLS）是推动图书馆、博物馆、档案馆数字化服务融合的重要力量。国会图书馆发起实施的"美国记忆"项目，以及与联合国教科文组织实施的世界数字图书馆项目，对世界各国文化机构的资源整合与数字化服务有着深远的影响和推动作用。美国博物馆与图书馆服务学会隶属于全美人文科学基金学会（NEH），该机构通过"数字化联通倡议"、"数字化人文倡议"等项目以及图书馆博物馆合作基金、IMLS/NEH 数字化合作基金支持了许多图书馆、博物馆、档案馆之间的合作活动，以经济赞助的形式推动图博档数字化服务融合。

IMLS 的使命是激励图书馆和博物馆促进终身学习、加强能力建设和增加公众参与度，通过研究调查、政策制定和给予拨款的形式为使命实现提供支持。2012 年发布了 IMLS2012—2016 战略计划，主要从提供平等学习机会、保护开发馆藏内容、强化社区服务功能、提升信息访问质量等方面进行阐述。社会公众在图书馆、博物馆的学习体验，能够帮助他们快速与国际社会融合起来；IMLS 大力提倡利用先进技术、创新技术去探索新的知识和文化资产；IMLS 推动图书馆、博物馆成为社区强大的支撑，努力增加公众对文化资产的了解机会，极大提高公众参与程度，同时激发社区的经济活力；IMLS 可以向总统和国会提出有关计划、政策和活动的建议，有助于支撑和改善公众获取信息的条件。

1. 美国记忆

美国记忆（American Memory）即美国国会图书馆启动的国家数字图书馆项目，旨在让所有的图书馆、学校、家庭、社会公众通过网络自由地访问美国的文化资产信息资源。美国记忆于 1990 年正式启动，1990—1994 年属于试点阶段，首先选择了一批国会图书馆馆藏的历史影片、录音、文本、照片等进行数字化，以 CD-ROM 形式分发到了全国各地的 48 个学校和图书馆进行使用，试点结束时对 44 个学校和图书馆的调查显示，读者、学校师生对这些数字资源反应热烈，尤其是初中和高中的教师希望得到更多的数字资源。考虑到文化资产信息资源门类、种类较多，而单一机构实施很难确保高效、准确性的数字化建设，美国记忆在项目实施第二阶段，尝试多主体机构参与、分工协作的组织管理模式，1996—1999 年与美国科技公司联合实施"数字图书馆竞赛"项目，以竞赛方式吸引全国各地图书馆、博物馆、档案馆及历史学会等文化机构参与到数字资源建设中，并将竞赛中的特色资源纳入美国记忆资源库，形成了面向全美的历史文化资源整合服务网络，实现了不同机构间文化资产资源的优势互补与服务共享。目前

————————

①　Europeana. Guidelines for the Rights in Objects Submitted to Europeana[S/OL](2012 - 02 - 09)[2013 - 5 - 13]. http://pro. europeana. eu/documents/900548/0d423921 - 23e0 - 45fa - 82a4 - 2ac72b3e6f38.

②　Europeana. Knowledgeland, Netherlands Institute for Sound and Vision[A]. Europeana Policy on User-generated Content[C]. (2010 - 11 - 01)[2013 - 5 - 13]. http://pro. europeana. eu/documents/844813/851957/D1. 4＋UGC＋policy. pdf.

美国记忆已有900多万件与美国历史文化有关的信息资源、100多个专题展览①，各个专题的在线内容均由国会图书馆信息技术服务处的系统工程组负责管理维护，与数字资源相关的技术标准均由网络开发与MARC标准办公室进行协调。

2. 加州档案在线

加州档案在线（Online Archive of California，OAC）是美国IMLS曾经资助的多个项目之一，也是加州数字图书馆的一个重要组成部分。该项目缘起于1993年，1993—1995年加州大学伯克利分校图书馆Daniel及其同事开发了一个以SGML文档形成的原型系统，1995年测试后称为伯克利检索帮助系统（Berkeley Finding Aid Project，BFAP），该系统得到了档案界的热烈支持，后来使用范围进一步扩大，1995年9月美国档案协会和国会图书馆将其发展称为档案元数据标准EAD。随后，由39个来自各个文化机构的代表在加州大学召开了一次会议，决定寻求资金支持实施UC-EAD项目，在得到加州图书馆的支持后，1995—1997年UC-EAD开发了档案检索帮助的原型系统，伴随1997年加州数字图书馆的建立，UC-EAD项目更名为加州档案在线，成为加州数字图书馆的一个永久部分②。1998年加州数字图书馆发起了博物馆与加州档案在线项目，希望能将EAD格式应用到博物馆领域。目前加州档案在线已经发展成为由包括加利福尼亚州大学、图书馆、博物馆、档案馆、历史学会等200多个机构联合形成的数字资源服务平台，成为公众获取加州历史文化信息的重要渠道③。

加州档案在线的管理隶属于加州数字图书馆，这个非营利性联盟机构实行的是会员制管理，加州的文化机构可以向该组织提交申请成为会员，审核通过并同意签署《CDL/UC数字资源提交协议》和《CDL/UC数字资源提交目录》，即可成为会员并分配coroEAD账户，用于在线上传该机构的资源。按照知识产权保护协议，加州档案在线规定上传的资源版权仍属于上传机构所有。

3.4.2.4 加拿大LMA服务融合

在加拿大，图书馆、博物馆、档案馆三个机构素有渊源，1912年成立的加拿大公共档案馆收集保存殖民地时期和联邦政府成立后的文化、政治、经济等各方面的文献材料，是加拿大历史文化资料源薮，其后成立的国家图书馆、国家人类博物馆、战争博物馆、邮政博物馆、国家货币博物馆等文化机构很多馆藏都来自公共档案馆的移交。在国家文化政策的引导与相关法律的规范下，加拿大图书馆、博物馆、档案馆之间紧密配合，呈现出一体化的发展趋势，如图书馆与档案馆一体化的国家图书档案馆；博物馆与档案馆一体化的不列颠哥伦比亚博物馆集团、奇利瓦克博物档案馆、彼得伯勒博物档案馆；图书馆与博物馆一体化的South Grey博物馆与历史图书馆等。可见，加拿大的图书馆、博物馆、档案馆存在着千丝万缕的关系，它们开展了各个层次的紧密合作，创新性地为公众提供文化资产信息资源服务，体现出共生共荣的和谐发展态势。

皇家不列颠哥伦比亚博物馆集团（the Royal BC Museum Corporation，RBCM）是2003年4月合并不列颠哥伦比亚省博物馆、省档案馆和其他几家记录该省历史的文化机构组建而成的。RBCM采用董事会管理机制，董事会成员由政府任命，含一名主席和10名成员，董事会包括财务和审计组，确保财务和审计政策符合博物馆法，财务报告满足董事会的要求；监管与提名组，负责监督董事会的管理、标准的制定、提名管理人员、评价董事会的管理；战略基金发展组，参与资金发展活动支持资金计划的实施；场馆发展组，负责场地的管理与维护。首席执行官由董事会任命，负责RBCM的日常运作，政策执行和目标实现。

---

① American Memory[EB/OL]. [2013 - 08 - 13]. http：//memory. loc. gov/ammem/about/about. html.

② Chandler R L. Museums in the Online Archive of California（MOAC）：Building Digital Collections Across Libraries and Museums[J/OL]. First Monday 2002，7（5 - 6）. [2013 - 09 - 10]. http：//firstmonday. org/ojs/index. php/fm/article/viewArt icle/952.

③ Online Archive of California[EB/OL]. [2013 - 08 - 14]. http：//www. oac. cdlib. org/about/.

3.4.2.5　澳大利亚 Trove

澳大利亚也较早地关注到网络环境下数字馆藏内容的长期保存与服务，以及文化遗产机构之间基于数字馆藏集成服务的合作。澳大利亚国家图书馆在其中发挥着重要的作用，早在 1996 年澳大利亚国家图书馆就与其他机构联合实施 PANDORA 项目，有目的地选择澳大利亚网站上展现的在线出版物、信息加以保存，以确保这些原生的数字资源在未来仍然能够服务于澳大利亚公众。

Trove 把用户参与服务分为两大类，数据参与（Data engagement）和社会参与（Social engagement），两者的区别在于：数据参与通常只是基于个体利益的参与活动，而社会参与鼓励和培养虚拟社区成员一起提供服务内容[①]。澳大利亚报纸项目实施中发动用户参与报纸文本内容的校正，这种做法体现了 Web 2.0 中的众包参与，实践返回的良好效果使得澳大利亚国家图书馆继续将该模式沿用到 Trove 中。

在 Trove 中融入了社会媒体技术，注册成为 Trove 用户可以参与网站数字资源的组织与分享。Trove 的数据参与功能包括：为资源添加标签、评论、重要性评级；在评论中添加 Trove 与外部上下文环境的超链接；合并/拆分不正确地自动分组形成的条目内容；校正数字报纸文本内容；在个人空间中建立虚拟的列表保存个人收藏的数字资源；通过 Flick 平台的图片澳大利亚项目上传自己的图片和描述信息到 Trove；在个人空间中查看数据交互的历史、RSS 订阅新的报纸内容、浏览最近的检索历史、浏览最近获得的条目、使用 Trove 的 API 查询功能。

Trove 的社会参与功能包括：通过主页的数据统计功能浏览每天、每月、每周用户与 Trove 的数据交互行为，即添加评论、标签、列表、文本纠正、拆分/合并内容；查看其他用户最近添加的标签、评论和文本校对；与其他用户合作以众包形式参与报纸文本的校对；在数字报纸检索结果中显示曾经校对该文本内容的用户名字；查看所有类型资源的增长情况、上传内容的机构、文本校正排行榜的月排名和整体排名；回复其他用户的评论；向 Twitter、Digg、Delicious、Facebook 网站传播 Trove 超链接；在用户论坛中与其他用户合作、交互，帮助别人回答问题。

以用户为中心的参与式服务模式吸引了大量的注册用户，他们积极参与到了 Trove 的资源建设与服务中。根据数据显示，Trove 有 7.5 万注册用户，它们添加了 4.6 万个评论、创建了 2.9 万的个人资源列表、校正了 7800 万行的报纸文本内容，85％的数字报纸文本内容的校正是由 Trove 用户完成的，相当于节约了 1200 万美元的人力成本[②]。

3.5　图博档数字化服务融合组织管理

3.5.1　图书数字化服务融合组织管理

关于我国图博档数字化服务融合案例可参见第一篇 3.2 节中有关内容，这里不再赘述。无疑，我国图书数字化服务融合是明显优于博物和档案领域的，图书数字化服务融合成功的案例——中国高等教育文献保障系统 CALIS，它是一个很好的高校图书数字化服务融合系统。这里顺便简单介绍一下 CALIS 组织管理方式，它对我国图书、博物、档案数字化服务融合系统的构建、运营、维护，特别是组织管理具有良好的参考价值。

---

①　Holley R. Trove：Innovation in Access to Information in Australia ［J］. Arindae，2010. 7(64)：1 - 9.

②　Hagon P. Trove Crowdsourcing Behaviour. National Library of Australia Staff Papers［R/OL］.（2013 - 03 - 04）［2013 - 08 - 19］. http://www. information-online. com. au/pdf/Tuesday_Concurrent_2_1125_Hagon. pdf.

中国高等教育文献保障系统 CALIS[①] 是经国务院批准的我国高等教育"211 工程"、"九五"、"十五"总体规划中公共服务体系的重要组成部分。CADLIS 作为分布式数字图书馆体系，由 CALIS 各中心与参建馆共同组成，主要包含门户层、应用服务层、加工/管理层、数据层、基础设施层。CADLIS 服务体系主要包括 CADLIS 中心、CALIS 全国文献中心/地区中心/省级中心/子项目中心、CALIS 参建馆及其他成员馆三个层次，CADLIS 中心由 CADLIS 中心门户、认证中心、计费中心、资源调度中心、全国联机编目中心、全国高校联合资源仓储服务平台等共同组成。工程、文理、医学和农学四大中心机构共同组成了 CALIS 全国文献信息服务中心，上述中心作为核心馆共同参与 CALIS 联合参考咨询网及文献传递网等项目的建设。CADLIS 具有分布性、协同性、开放链接、联邦式松耦合性、标准化五大特性，已经推出四大类数字图书馆应用系统，包括数字图书馆门户系列软件、资源发现与获取服务软件、数字资源加工与管理系列软件、基础系统系列软件等。

CADLIS 中要实现各类资源分布式的加工与共享、不同应用系统的整合、各数字图书馆的互联互通，具有较强可操作性的技术标准规范必不可少。数据规范方面：CADLIS 在采用《我国数字图书馆标准与规范建设》[②]制定的十四种描述性元数据规范基础上，针对元数据的可重复性、取值规范、私有元数据映射规则等进行了专门规范的制定，CADLIS 针对数字对象制定了管理型元数据规范、数字对象逻辑模型与 METS(Metadata Encoding and Transmission Standard，元数据编码和传输标准)[③]基本规范、常规资源 METS 结构规范和数字对象唯一标识符命名规范等，此外，为了便于 METS 数字对象及其相应元数据能够同时传输，CADLIS 制定了数字对象交换协议规范、元数据命名与 OAI 仓储规范、OAI 数据供应服务器记录查询规范、OAI 与 METS 数据导出规范等。功能规范方面：制定了 CADLIS 门户组件开发规范、门户及子项目门户的建设规范，此外针对高校重点学科网络资源导航库、高校分布式联合虚拟参考咨询系统、高校学位论文全文数据库制定了应当遵循的技术规范。接口规范方面：为了确保应用系统间的有效集成，CADLIS 制定了数字对象唯一标识符本地解析规范、统一认证接口规范、异构资源元数据检索接口规范与开发指南、馆际互借网关接口规范、OpenURL 资源调度规范、虚拟参考咨询系统问题提交接口规范、知识库查询接口规范等。

在 CALIS 一期与二期项目建设的基础上，数字图书馆集成服务平台的构建成为三期项目的重要建设任务，该集成服务平台具备低成本、标准化、可扩展、自适应等特征。为了面向高校提供全方位咨询服务、文献服务等个性化服务，由成员馆构成了高校数字图书馆共建、共享以及馆间服务协作的联合体系[④]。

图博档数字服务融合是一项极其复杂的工作，需要多方沟通与协调，并进行充分的论证，因此，在图博档进行数字化服务融合的建设的过程中，需要一套有效的管理机制，除了参与融合共建的主体协调进行横向管理的同时，能够对各主体和部门进行监督和管理的纵向管理机制会更加行之有效。

3.5.2 图博档数字化服务融合纵向管理意义

1. 统一管理

图博档数字化服务融合采取纵向管理机制可以实现各参与主体间的统一管理，由于参与数字信息融合的主体级别相等，不存在隶属关系，因此，如果没有统一的上级管理机构，其在共建的管理过程中容易出现互不理睬、各自为战的情况，这样肯定会降低数字信息服务融合的进程，而纵向管理则会让各参与主体的资源、经费、人力等得到统一管理，提升融合共建的效率。

---

① 中国高等教育文献保障系统[EB/OL]. [2014-10-17]. http://project. calis. edu. cn/calisnew/calis_index. asp? fid=1&class=1.
② 中国数字图书馆标准规范建设[EB/OL]. [2014-10-17]. http://cdls. nstl. gov. cn/.
③ 程妍妍. 国际电子文件元数据封装方法 VEO 和 METS 的比较研究[J]. 现代图书情报技术，2011，(10):7-11.
④ 杨新涯，王文清，张洁，等. CALIS 三期共享域与图书馆系统整合的实践研究[J]. 大学图书馆学报，2012，30(1):5-8.

2. 利益协调

在图博档进行数字化服务融合的过程中,由于是多方参与的数字化融合项目,因此很容易出现利益冲突。而实现纵向管理之后,参与主体的上级管理机构就可以充当利益协调仲裁机构的角色。除了仲裁职能外,上级管理机构也可以根据数字化信息服务融合的实际需要,去进行资源的协调或寻求政府的帮助,以获得更多的补偿和政策支持,而这些工作对于参与数字化服务融合的个体而言,则是很难独立完成的。

3. 有序共建

图博档数字化服务融合实施纵向管理,可以使所有参与主体实现有序共建,高效参与。因为图博档在独立运行期间的级别相当,因此在进行数字化服务融合过程中的合作只能依靠参与主体间的约定或自律来进行,这样的关系因为缺乏约束,而使得各主体间的参与并不高效,同时,共建时也缺乏有序性。而实施纵向管理以后,数字化信息融合的主体之间会形成一个严整的纵向管理体系,自上而下实现指令的传达和统一布置,从而实现各主体的高效参与。

4. 问题解决

在图博档数字化信息服务融合的过程中,除了利益问题外,还有很多其他问题存在,而这些问题的解决只依靠其中一个参与主体可能无法解决,这就需要多个主体共同完成,而对于多个参与主体的协调,只能依靠相关的领域管辖部门来完成,此时,纵向管理的优势就会体现出来。当问题出现时,可以及时向上报告,上级根据实际情况考虑问题所涉及的主体,从而实现问题的高效解决。

3.5.3　图博档数字化服务融合纵向管理机构职责

图博档数字化服务融合实施纵向管理机制以后,各个部门以及参与数字化服务融合的主体会根据管理机构的部署,高效且有序地完成融合任务。纵向管理的上层机构主要有以下职责。

1. 组织领导

图博档数字化服务融合的基础是一个信息资源数字化融合过程,也是数字信息资源体系组织和优化的过程,在这个过程中,会牵涉多个部门、多个领域、多个层面的问题,这些问题仅仅依靠图博档根据原来的工作模式和简单的沟通是不可能实现的。而所有参与主体都认可的上级纵向管理部门则可以通过缜密的规划、细致的分工、有效的监督和科学的管理使所有参与主体各司其职、各显其能,不断增强组织的活力。[①] 在此过程中,纵向管理部门需要从整体上把握各参与主体的责权体系,为实现融合目标,打破原有系统的组织边界并接受统一的管理调配和优化,使各参与主体间紧密合作,从而使图博档数字化服务融合高效完成。

2. 标准制定

图博档虽然都属于公共文化服务体系,但是三者所拥有的资源却存在很大的差异,尤其是三者的信息资源组织形式存在很大的区别。图书馆的信息资源大多采用《中国图书馆分类法》和《中国分类主题词表》对资源进行管理和描述,并且以学科知识体系作为分类依据。档案馆的信息资源主要以《中国档案分类法》和《中国档案主题词表》对资源进行管理和描述,并且以职能作为分类依据。而博物馆因为其所收藏资源多而杂,主要按时代、区域、存在形态、质地等特点分类,暂时还没有统一的文物分类依据。因此,图博档的信息资源在进行数字化融合时的统一描述标准的制定就成为一个必须解决的问题。而这一问题的解决就需要纵向管理部门来进行统一标准的制定,并实现图博档跨系统数据的融合与交互。

3. 指导培训

图博档进行数字化服务融合之前,参与共建主体的人员一般只对原来所属机构的资源和工作比较

---

① 姜晶. 跨系统协同信息组织联盟理论与实证研究[D]. 郑州:郑州大学,2012.

了解，而对于融合机制下的资源服务工作了解甚少，而要进行图博档的数化服务融合，相关人员必须掌握更多自己以前不曾涉足的知识领域和技术范畴，从而使图博档的信息资源能够进行真正意义上的有机融合。而对于相关人员的指导培训工作，就应该由纵向管理部门来进行统一组织或个性化实施。纵向管理部门可以结合图博档数字化服务融合工作的实施进度来掌握不同阶段的培训重点、范围和规模，从而保证相关指导培训效益的最大化。

4. 制度规则制定

图博档数字化服务融合是需要多个主体共同参与的工作，各参与主体在进行共建融合的过程中的使命和分工各不相同。如何使这些主体能够高效有序地完成各自的工作内容，这就需要相应的规则和制度来对其进行约束。如果没有健全的法规和制度，参与主体很容易因为分工不明确而产生纠纷，相关人员也很容易因为无规章制度可依而无所适从。而这些规章制度的制定就是纵向管理部门的重要职责，因为各参与主体原有机构的各项法规制度并不一定适合其他机构，也并不具备权威性，无法让所有参与主体都信服。而纵向管理部门在考量各参与主体的工作职责和服务融合的实际情况所制定出来的规章制度更具有普适性和针对性，也更容易被接受。

3.5.4 图博档数字化服务融合纵向管理体系构建

图博档虽然同属于公共文化服务机构，但是在进行服务融合之前，三者都分属于不同行政管理部门，而且长期以来已经形成了各具特色的专业化管理模式，这种分而治之的管理体制是很难被改变的，尤其是图博档融合共建的初期，会有特别多的问题出现，因此，在进行融合之前，需要成立专门的、权威的领导部门，实施纵向管理，并构建合理的管理体系。①

3.5.4.1 组织架构

图博档数字化服务融合纵向管理体系的组织架构应该充分体现纵向管理的思想，尽量使各参与主体和部门避免权责不清互相推诿的现象。图博档数字化服务融合纵向管理的组织架构中应该包括政府部门、服务融合领导部门、资源融合部门、技术研发部门、资源保障部门，以及其他一些相关的部门。这些部门之间的从属关系如图3-3所示。

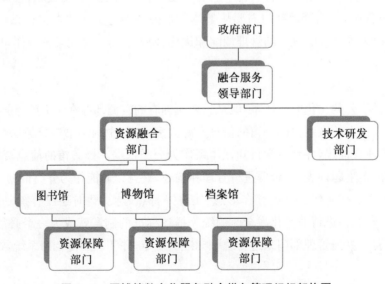

图3-3 图博档数字化服务融合纵向管理组织架构图

---

① 陆俊，邓瑞芬，胥伟岚.我国LAM资源共享推进机制研究[J].图书馆工作与研究，2016(11)：22-26.

服务融合的领导部门负责数字化服务融合的统筹管理工作,包括相关规章制度制定,对多个参与主体间的沟通协调,各类人才的组织、资金的统筹分配等。技术研发部门负责对数字化服务融合所需要进行的融合方案、步骤、内容等进行制定,并对融合中所需的技术和标准等核心问题进行解决。资源融合部门根据技术研发部门提供的融合方案进行服务融合工作的具体实施。资源保障部门则是根据数字化融合工作的需要,提供相应的信息资源,该部门除了提供自身所拥有的资源外,还负责提供配合融合工作所需要的一些辅助性资源。图博档数字服务融合纵向管理体系除了图3-3中所示的部门外,其实还应该有教育培训部门和资源推广部门等,但是由于这些部门属于服务融合实施后期才突显其作用的部门,因此本部分内容没有对其进行详细阐述。

3.5.4.2　人才组织

图博档数字化服务融合过程中,最为关键也最为活跃的因素就是人才因素,而对于人才的组织则是图博档数字化服务融合纵向管理体系中非常受重视的问题,综合各方面情况来看,图博档数字化服务融合过程中主要需要五种人才。

管理人才

图博档数字化服务融合是一项非常复杂的工作,需要多方协作共同完成。如何使多个参与主体都能各司其职,各尽其用,发挥最大的作用,此时,管理人才的作用就会被凸显出来。对图博档数字化融合工作的管理其实就是对人的管理,而优秀的管理人才会对所有工作人员做出整体的统筹和规划,发掘不同人员的优势,解决出现的问题。管理人员也会根据工作的重要程度、难易程度、紧急程度等对工作和人员做出合理的安排和分工,从而达到最高的工作效率。

技术人才

图博档数字化服务融合的基础是资源的数字化融合,而融合中的每一个环节都需要以各类技术做支撑,技术人才就显得尤为重要。数字化服务融合不是数字资源的简单组合和叠加,而是深层次的融合,融合过程中需要多种技术的参与,如网络技术、信息技术、大数据技术、数据仓储技术、3D打印技术、人工智能等等,每一项技术的应用都需要专门的人才来具体操作,而且这些技术往往需要经过长期的学习与实践才能被掌握。而且,图博档数字化服务融合中的很多攻关性内容,都是依靠强大的技术人才团队来解决的。

科研人才

技术人才在图博档数字化融合过程中一般负责解决技术上问题,但是对于数字化信息服务融合的相关标准的制定、融合的方向、成果的预判、效果的评价等内容都需要有足够经验的科研人员来进行。科研人才是图博档数字化融合过程中非常重要的因素,他们决定着数字化服务融合发展方向和完成的效率,如果没有科研人员的指导,图博档的数字化服务融合工作很难取得很好的效益。

培训人才

前文提到的图博档数字化服务融合纵向管理机构职责中,有一项就是指导培训,只有通过指导培训才能让工作人员尽快掌握相关的知识和技能,而这些指导和培训并不是随便找一个人就能完成的,他不但要对要培训领域有充分的了解,同时还要具备教育培训的技能。培训人才往往是很多机构容易忽视的人才类型,而真正的培训人才会让相关人员在最短的时间内掌握核心的知识和技能,从而迅速提升员工的工作效率。

推广人才

图博档进行数字化服务融合之后,大多数资源都与原有资源在使用方法或展示方式上不同样,用户在利用新资源时可能一时无法适应,甚至会不知所措,此时就需要在资源推广上投入相应的人才。推广人才不仅需要充分掌握融合后的资源,同时还要具备资源营销能力、活动策划与组织能力、交流沟通能力等多方面的综合能力，而能将这些能力都集中于一身的推广人才并不是很多，他需要经过不断的学习和长期的实践才能完成。[①]

3.5.4.3　岗位设置

图博档数字化服务融合纵向管理的组织架构和管理体系，需要相匹配的岗位设置，管理者在进行岗位设置时，一般需要做到设置合理，简单高效，权责明确，职能互补。图博档数字化服务融合一般需要设置如下岗位。

领导管理岗

任何组织都需要设置领导管理岗位，因为此岗位可以决定组织的发展方向和长远未来。图博档数字化服务融合的领导管理岗位一般应该选择对于图博档有充分的了解，同时也有足够的领导能力的人才来担任，领导管理岗位设置的人数不宜太多，领导管理岗位人员可以根据需要设置相应的助理岗或者选择机构内的相关人才组成领导小组对重要工作内容做出集体决策并把握图博档服务的发展方向，同时，领导管理岗也是机构内各项法规制度的制定者。

人事管理岗

图博档数字化服务融合从筹划到真正实施的任何一个环节都需要各类人才的加入，人才的水平决定了数字化服务融合的质量和效率，因此，对这些人才的招募和选择是对数字化服务融合起到了非常重要的作用，如何在最短的时间内招募到最合适的人才是人事管理岗位人员所面临的最大问题。同时，如何对招募到的人才进行管理，防止人才流失也是人事管理岗位需要认真考虑的问题。从事人事管理岗的人员必须经过专业的训练和长时间的实践，才能胜任此项工作。

技术研发岗

在图博档数字化服务融合的纵向管理岗位设置中，技术研发岗是最核心的岗位，因为从事技术研发的人员决定着数字化融合的效率和效果。因为图博档的数字化融合工作是一项多类别、多角度的融合工作，因此，此项工作的技术研发岗位只是一个统称性岗位，其可以下设若干细化的技术岗和研发岗，同时技术岗和研发岗依然可以细化出多个分支，从人数分布上来看，图博档数字化服务融合的技术研发岗位的人员应该在总参与人数中占据较大比例。

资源保障岗

图博档数字化服务融合是将多个参与主体所拥有的信息资源进行有机会融合的过程。而这些被融合的资源分布在不同的主体当中，因此，每个主体都应该在所属的部门中设立资源保障岗，以使资源融合部门在需要相应的资源时，能够及时做出响应并迅速提供，由于不同主体所拥有的信息资源的内容和种类各不相同，因此，从事资源保障岗的人员必须对本部门的资源有充分的了解，并且在本部门内有一定的权利及时调用这些信息资源。资源保障岗的人员并不需要太多，在一些特殊时间，管理者可以为资源保障岗提供一些辅助人员，以保证临时重大任务的顺利完成。

评估监督岗

图博档数字化服务融合需要多个主体、多个部门、多个岗位、多种人才的共同参与，他们能否各司其职，各尽其能，他们是否真正做到了最佳配置是一个需要认真考虑的问题，因此，图博档数字化服务融合纵向管理体系中需要设置评估监督岗，用以对图博档数字化服务融合的阶段性成果进行评估，以便及时做好改进方案，同时也对各部门和各岗位的人员做出监督，同时评估监督岗还可以兼具仲裁机构或仲裁机构的监督部门的职责。

---

①　孙超美.论文献资源区域合作共享中的人才队伍建设问题[J].科技情报开发与经济,2012,22(14):70-71.

其他岗位

除了设置以上的核心工作岗位外,在图博档数字化融合的过程中还可能设置教育培训岗,以便相关人员能够迅速掌握各个领域的核心知识,从而更快地融入工作岗位当中。在图博档数字化服务融合完成以后,还需要设置资源推广岗位,以便让用户更快地掌握融合后的资源布局和特点,从而更快更好地利用新的数字化资源。在图博档数字化服务融合的过程中,还可根据实际需要设置一些临时岗位或特色岗位,以使图博档的数字化服务融合建设在最短的时间内产生最大的效益。

第4章　图博档数字化服务融合模式分析

我国图书馆、博物馆、档案馆三馆跨系统的资源整合及服务研究还不多见,三种资源保存比较分散,三个馆的信息管理系统一般都由众多的开发商采用不同技术自主开发,系统兼容性较差,服务各自独立,缺少融合性。因此,有效地融合图博档的数字化资源、深入地进行服务融合模式分析,是建立图博档数字化服务融合环境的基础性工作,以下将分别就三馆数字化服务的特殊性和共通性,以及具体可能的服务融合模式等内容进行分析研究。

4.1　图博档数字化服务分析

4.1.1　图博档数字化服务特殊性分析

由于馆藏机构、馆藏资源、服务目的的不同,图书馆、博物馆和档案馆服务方式和服务内容存在一些差异。下表列出三馆在功能及馆藏方面的差别。

表4-1　图书馆、博物馆、档案馆服务及内容比较表

	图书馆	博物馆	档案馆
功能	组织信息、教育、学习、研究	学习、研究、教育、宣传	佐证、研究、学习、教育
资料类型	图书、期刊、报纸、光盘、数据库	书画、实物、手工艺流程	文书、照片、图像、影音、乐谱、电子文献等
载体形式	纸本	纸本、实物	纸本、实物
信息加工顺序	二次信息、三次信息	一次信息、二次信息	一次信息、二次信息

而经过了数字化的图书馆、博物馆、档案馆同样存在差异。

数字化图书馆:图书馆的服务对象几乎是全社会,只要是交一定费用的公民,都可以得到对应的信息服务。[①] 数字化图书馆在提供服务中所涉及的安全和法律问题主要是版权问题,只要处理好了版权,图书信息就可以向全社会公开。数字图书馆的信息处理技术已经相当成熟,从知识的搜集、整理、呈现到为读者提供虚拟参考咨询,都有系统的理论知识和实践经验。可以说,数字图书馆逐步积累起来的大量技术,涉及数据与信息的采集、存储、表示、处理、传输、交换、管理、组织、检索等,使得它已经能够顺利地处理海量的图书等文献信息资源。同样,面对海量的经合作的图书馆、博物馆和档案馆三馆信息资源,数字图书馆有足够的能力处理。

数字化博物馆:依赖多媒体信息处理技术,已经实现将实物数字化处理、存储、展现,甚至能够运用动画技术,再现古代的工艺流程,将呆板的文物转变成古代的生活情景。利用数字化表现技术,举办各种形式的展览,甚至将展览放到互联网上,使得用户超越时间、空间的限制,观察、欣赏到多种藏品,提供大众研究、学习,起到宣传和教育作用。在图书馆、博物馆和档案馆合作服务中,数字化博物

---

① 叶晗.论转型期的档案信息资源管理模式[J].档案学通讯,2007,(03):31-33.

馆的角色应该是提供广大用户的实际体验,配合图书资料说明,使得用户实现感性和理性的统一。

　　数字化档案馆:与博物馆一样,拥有丰富的原始资料,依赖多媒体处理技术,变实物信息为可上网、可数字化处理的信息。与数字图书馆不同,数字档案馆的重点服务对象是党和国家机关,对社会公众则根据不同的对象,提供不同层次的服务内容,提供全文还是片段,网上阅览还是下载阅读,这些都有区别。主要功能在于提供历史资料的佐证,研究、学习功能次之,教育大众功能更次之。与博物馆或图书馆相比,数字化档案馆更加注重机密性,常常不得不限制提供。档案馆数字化除了考虑版权问题以外,还必须考虑档案信息的真实性、完整性(档案信息可作为法律凭证)、秘密信息的安全保密性(泄密档案信息要承担法律责任),可见在档案馆数字化工作及运行中所要面对和处理的法律问题,比数字图书馆复杂得多。①　在图、博、档三馆的数字化服务融合中,要特别注意使用权限的处理,其服务对象可能更加限定为个人或者单位团体,而不是广大的读者用户。

4.1.2　图博档数字化服务共通性分析

　　图书馆、博物馆与档案馆三者同属于文化事业的机构,其藏品也都与文化资产有密切关系,三者在藏品性质方面,具有同质性的关系,如果跳脱三馆在各自藏品的特色,而以较高的角度,从文化层面的观点来看,无论是图书馆所藏的图书及各类型的文献资源,档案馆的各机关所产生的档案、私人文书及博物馆的各种器物,三者的典藏品都可归属于文化资产的类别。在服务对象和服务目的方面:图书馆、博物馆、档案馆工作都具有双重性,兼具专业性和服务性;通过对信息进行存储、开发、利用,实现信息的价值,都可为社会各方面发展提供文献信息保障,为读者和用户的需求提供多种服务;在管理手段和未来发展方向方面:图书馆、博物馆、档案馆部门都要对有关文化资料进行搜集、整理、加工、开发和传递;在信息的输入、加工、存储、输出等工作中,都要经过分类、标引、编目、组织目录等环节,以及检索、借阅等基本方法。②

表 4 - 2　图书馆、博物馆和档案馆数字化服务功能比较

服务功能		图书馆数字化	博物馆数字化	档案馆数字化
搜集	数字化永久保存	◎	◎	◎
	数字资源征集与典藏	◎	◎	◎
	论文呈缴系统	◎		
	数字版权保护	◎		
处理	虚拟联合目录	◎	◎	◎
	依主题整理	◎	◎	◎
	依时间轴浏览			◎
	网络导航资源	◎	◎	◎
应用	在线检索、浏览	◎	◎	◎
	整合查询	◎	◎	◎
	使用指南	◎	◎	◎
	文献传递	◎		
	馆际互借	◎		

---

①　王红.浅谈图书馆、博物馆、档案馆的馆际合作及实现[J].图书情报工作,2011,Supplement,(1),352－353.
②　季晓琳.图书、情报、档案一体化管理的探索和思考[J].情报资料工作,2005,(05):91－93.

(续表)

服务功能		图书馆数字化	博物馆数字化	档案馆数字化
	联机咨询	◎		
	虚拟参考咨询	◎		
	预印本服务	◎		
	电子资源出版	◎		
	信息素养推广与培训	◎		
	探索游乐园在线游戏	◎		
	电子阅览室管理系统	◎		
	数字文化资产取用保障	◎		
	自助办证充值、自助复制、RFID 自助借还书、智能架位查询	◎		
	数字学习	◎	◎	
	虚拟现实	◎	◎	
	社交网站分享	◎	◎	
	个人在线收藏		◎	
	线上展览		◎	
	在线数据库与软件工具	◎		◎
	在线申请并下载			◎
	副本订购			◎

依据前述相关论文、研究项目以及相关定义，归纳出数字化图书馆、数字化博物馆以及数字化档案馆功能，如表 4 - 2 所示。

从表 4 - 2 可以看出，数字化图书馆、数字化博物馆和数字化档案馆共同的服务功能包括：数字化永久保存、数字资源征集与典藏，对馆藏资源建立虚拟联合目录并依照主题进行整理，提供用户在线检索、浏览、查询并以用户指南等形式对用户进行使用培训。另外，数字学习、虚拟现实、与社交网站连结分享、在线数据库工具和软件的提供，则是图博档之间其中两者能够合作提供的服务融合。总体来说，图博档数字化服务融合需要提供的功能不脱离于独立形式的数字化图书馆、数字化博物馆和数字化档案馆的基本功能，其他的服务功能可以在三者基本功能的基础上，从用户需求的角度出发，探索出能够发挥三馆合作特殊优势的新方式。

4.2 图博档数字化及服务融合用户调查

鉴于图书馆、博物馆、档案馆数字化服务的理论研究成果已经颇为丰厚，实践建设方面，也已经具备一些代表性的成果。为考察用户实际使用现况，本篇选取在数字化服务方面具有一定成果的三个文化机构单位：南京图书馆、南京博物馆、江苏省档案馆，用问卷调查的形式，在现场对其用户进行调查。

4.2.1 问卷设计

针对用户对于图书馆、博物馆和档案馆的服务需求、满意度及对于数字化服务的使用情况与服务融合意向等因素来设计调查问卷，问卷当中各变量的衡量尺度采用 Likert 五点量表问卷的设计以纸本方式呈现。

4.2.2　调查对象与方式

调查对象为到南京图书馆、南京博物院、江苏省档案馆内进行使用资源与服务的用户。问卷发放的方式为实地调查,于馆内请用户填写问卷以取得数据。

4.2.3　样本数据说明与叙述性统计分析

问卷共回收 127 份,扣除没有填写完整的 6 份之后,共得到 121 份有效问卷,问卷有效率为95.3%。在填答者的信息方面,性别部分,男性读者 58 人,占 47.9%,女性读者 63 人,占 52.1%;在年龄方面,以 18 岁至 25 岁最多,共有 58 人,占 48%,其次为 26 岁至 40 岁,共有 41 人,占 34%,见图 4 - 1。

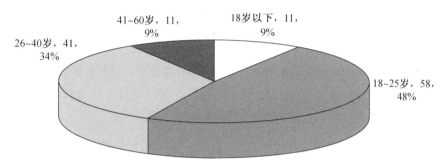

图 4 - 1　受访者年龄分布

填答者的数字化服务使用经验方面,具有数字化服务使用经验者,共有 61 人,占 50.4%,不具有使用者经验者,共有 60 人,占 49.6%,比例接近 1∶1。具体使用经验,以使用 3 个月以下经验者最多,共有 36 人,占 59%,其次为 3 至 6 个月经验,共 8 人,占 13%,具有 2 年以上使用经验者,比例最低,仅有4.7%,见图 4 - 2。

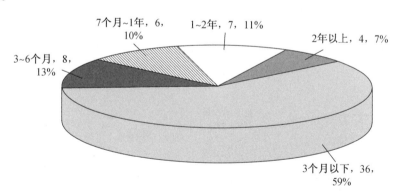

图 4 - 2　用户使用经验分布

在填答者的职业方面,以学生为最多,共有 48 人,占 40%,其次为企业工作人员,共 42 人,占 35%,见图 4 - 3。

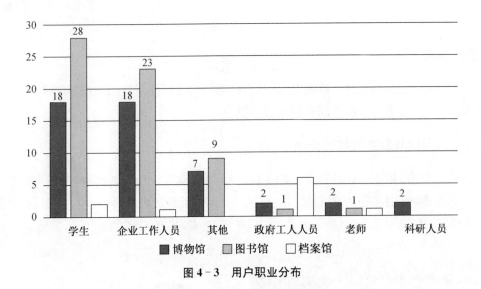

图4-3　用户职业分布

就图书馆、博物馆、档案馆调查的用户身份进行分析，可以看出，无论是图书馆或博物馆，其主要用户均来自学生或企业工作人员，合计占75%以上。而档案馆则以政府工作人员为主，比例占60%。显而易见，档案馆用户信息需求与图书馆及博物馆有明显差异，见图4-图6。

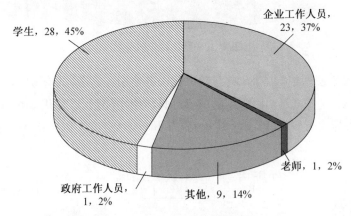

图4-4　图书馆用户职业分析

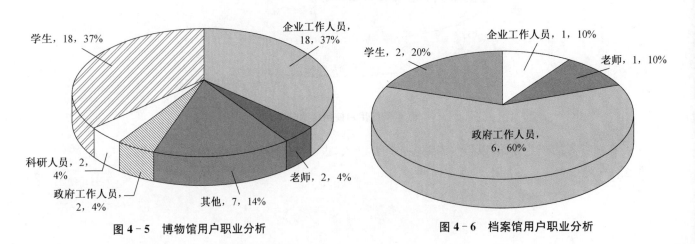

图4-5　博物馆用户职业分析

图4-6　档案馆用户职业分析

而就用户使用数字化服务目的分析，图书馆与博物馆用户的使用目的，以搜索馆藏资源比例最高，占43%，其次为获取展览、讲座信息或咨询馆藏信息和使用指南，两项均占13%，合计占26%，见图

4－7。比较值得进一步探究的，在于档案馆的受访者，均未曾使用过数字化信息服务，未来如果要进行数字化信息服务融合，建议要先了解档案馆使用者使用行为的特殊性。

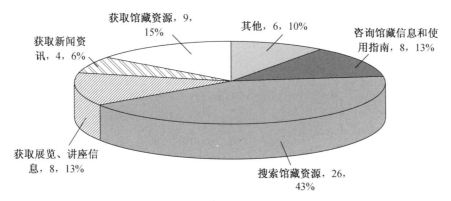

图 4-7　用户使用数字化服务目的分析

　　然而不使用数字化服务的原因，有 72％的受访者表示不清楚有数字化服务，这显示，无论是图书馆、博物馆或是档案馆，如果要发展数字化服务，除了提供服务用户期待的馆藏信息外，应该要加强对用户的推广，以使其能充分了解相关数字服务，提高使用意愿。就使用数字化服务经验的年龄层分析，可以看出，在 18 岁以下之使用者，具使用经验的人数，明显高于不使用的人数，由此可以看出年轻人对于数字化环境的接受度较年长者为高，见图 4－8。

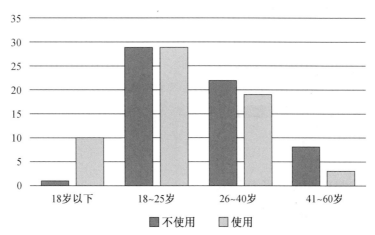

图 4-8　各年龄段使用数字化服务情况

　　此外，只有 3％的用户，因为担心数字化服务需要额外付费，而不使用所谓的数字化信息服务。因此，假如数字化信息服务能够提供使用者所需的信息，由本研究可以推测，大多数用户并不担心数字化相关信息服务需要额外付费的问题，见图 4－9。

　　就数字化服务内容满意度进行分析，图 4－10 表明：图书馆用户，无论是对于图书馆数字化内容、服务方式或是服务设备的满意度，均高于博物馆数字化服务，显示博物馆用户对于数字化服务期望较高，或者博物馆的数字化服务可进一步与图书馆数字化服务进行合作，以提高其用户满意度。

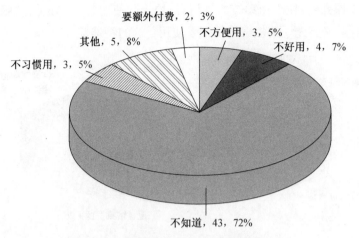

图 4-9　用户不使用数字化服务原因分析

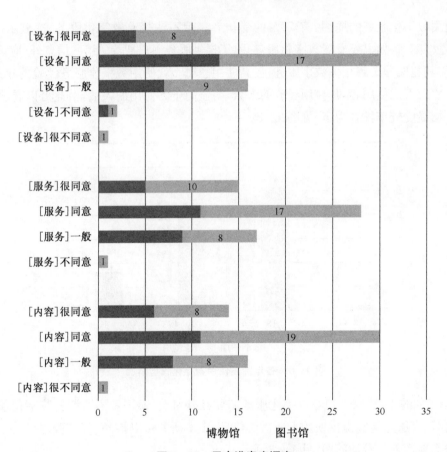

图 4-10　用户满意度调查

　　就用户到馆的使用目的（本题为多选题）进行分析，可以发现，以旅游观光需求为最多，共有 43 位，占 29%，其次为阅读休闲读物，共有 28 位，占 19%，见图 4-11。查证档案资料或是找学术资料，则仅分别占 8% 及 13%，显示用户对于图书馆、博物馆或是档案馆服务需求，日趋多元，并非局限于原始实体机构的服务目标，而是逐渐朝向一站式信息服务方式，无论以哪一个机构为使用馆，都希望能够得到所需要的信息。而数字化服务融合，则正好可以满足这样的服务需求。

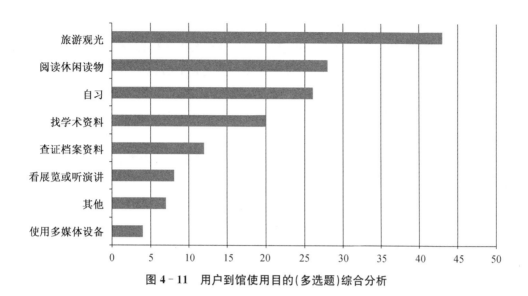

图 4‑11　用户到馆使用目的(多选题)综合分析

对用户到馆首要目的进行分析,图书馆用户有 71.8% 的使用目的为阅读休闲读物,博物馆用户有 77.6% 的使用目的为旅游观光,而档案馆的使用者则有 70% 使用目的为查证档案资料,显示用户在缺乏一站式信息服务之情况下,仍会以机构特性为主要的使用目的。

就用户是否希望图博档三馆数字化服务能够融合的意向进行分析,高达 97% 的使用者表示同意,只有 3% 的使用者不同意这样的服务形态,显示用户对于图博档三馆数字化服务融合有着高度期待,见图 4‑12。关于图博档数字化服务融合的需求调查还可参见本书第四篇 3.3.4 节的"一站式信息服务"有关调查内容。

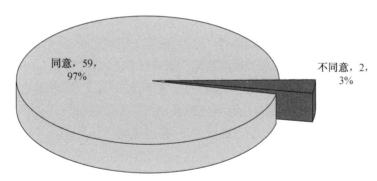

图 4‑12　图博档三馆数字化服务融合意向调查

4.3　我国图博档数字资源服务融合发展态势

4.3.1　组织统筹

"全国文化信息资源共享工程"是由政府部门牵头实施的一项国家重大文化惠民工程,2002 年四月文化部、财政部联合发出《关于实施全国文化信息资源共享工程的通知》,是良好的纵向组织模式,融合了各系统之间的合作共建与共享,调动各有关方面的积极性,统筹规划,统一标准,克服了条块分割制式的不足。它的信息收录范围包含图书馆、博物馆、美术馆、艺术院团、研究机构等,实行了整体协调,形成资源有序建设开端,"国家数字文化网"和"中国数字图书馆工程"的核心也是以各种中文信息为主的资源库群,它们的建设迅速扭转互联网上中文信息匮乏的状况,形成中华文化在互联网上的整体优势,促进服务融合的理论与实践研究蓬勃发展。中国高等教育数字图书馆（CADLIS）等项目也是图博档合作的积极实践。党和国家最高领导人的高度重视加上国家层面的一系列综合性、基础性、指导性规划文件，如 2015 年国务院办公厅印发的《关于加快构建现代公共文化服务体系的意见》[①]，2017 年国务院发布的《"十三五"推进基本公共服务均等化规划》等，科学规划公共数字文化资源，建设分布式资源库群，实施"互联网＋中华文明"行动计划，鼓励各地区挖掘整合中华优秀文化资源，开发特色数字文化产品，对"建设具有中国特色的现代公共文化服务体系，实现中华民族伟大复兴中国梦"[②]提供强大的精神动力和文化支撑，既具有重大的现实意义，又具有深远的历史意义。基层政府和社会各界都积极响应，踊跃参与。可以说，在组织统筹方面，政府主导，社会参与。

4.3.2　理论研究

早期国内外在数字资源统一组织与共享以及信息服务模式理论大都来自图书文献文本资源保护利用、服务层面的研究成果。从 1998 年图博档数字资源整合理论出现到 2013 年，我国图博档相关的业界学者数字资源整合模式有了很大进步。国内较早探讨图博档数字资源共享与整合的论文《我国图书馆、档案馆与博物馆资源整合初探》（武汉大学刘家真）发表于 2003 年。结合世界潮流和中国特色的图博档数字资源组织及服务融合的理论研究广度以及深度不断加强。近几年来，国家投入图博档领域的社会科学基金不断加大。如：国家社会科学基金立有相应的重大、重点、规划、青年等研究基金项目；天津、江西、湖南等许多市省也以各种方式相继设立有关研究基金项目，等等。随着中国政府投入的力度不断加大，各基层机构参与广度和深度都在不断扩展，也在不断激励和引导公众的参与热情不断高涨。国家图书馆、故宫博物院、国家档案馆、历史学会等多个专业机构，北京、武汉、南京、上海、天津等多个城市的高校相关的院系和当地的图博档专业组织纷纷开展相应的理论和方法的研究活动，各自在目标、内容、方式等方面都在进行着不断调整和创新。

目前，国内不同学者分别从各自视角出发对信息集成服务模式进行了研究，结合互联网思维的信息服务融合模式领域的理论研究仍然取得了很多共同认识，取得不少理论成果，相关研究论文、书籍、研究报告等甚至接触到了云计算、大数据、移动互联网、社交媒体、数字人文、城市记忆、文化遗产保护等前沿领域，这些深入而新颖的研究成果为图博档数字资源共建共享及服务融合理论模式及方法的构建探讨奠定了坚实的基础。可以说，在理论研究上，顺应发展，拓展深化。

4.3.3　技术探索

图形图像技术、网络技术、三维扫描、立体显示、人机交互、虚拟现实技术、支持多操作系统和设备、智能搜索和大数据分析等先进技术已经开始在数字图书馆、博物馆的网络服务平台开始零星应用，其水平有些超过国外同类领域的研究与应用水平。

值得指出的是将有关文物、古迹的虚拟化，三维场景建立等相关方面的研究项目。如 21 世纪初，故宫博物院采用计算机图形工作站、三维虚拟现实技术、高清晰超宽屏幕和环绕立体声数字音响的演播，"虚拟剧场"建立；[③]浙江大学 CAD&CG 国家重点实验室展开的"大规模复杂场景的高效建模和实时绘制新技术研究"、"虚拟奥运博物馆关键技术研究"等；北京航空航天大学的"中国数字科技博物馆关键技术研究"和"真实物体表面属性建模与绘制技术研究"等相关课题。

---

①　国务院关于印发"十三五"推进基本公共服务均等化规划的通知［EB/OL］．［2017 - 08 - 15］．http://www. gov. cn/zhengce/content/2017 - 03/01/content_5172013. htm.

②　《"十三五"推进基本公共服务均等化规划》［EB/OL］．［2017 - 08 - 20］．https://baike. baidu. com/item/.

③　故宫博物院［EB/OL］．［2017 - 08 - 22］．http://www. dpm. org. cn/Home. html.

2014 年无锡博物院林琰发表论文指出，早在 2010 年无锡博物院建成了全国首家虚拟艺术馆，突破传统实体博物馆的框架式展示方式，通过雾幕成像、VR、VRP、动态捕捉仪、脑电波控制仪、互动悬浮投影、多触点触摸屏、超短距超大屏投影机、3D 幻影成像、3D 环绕全息影像等三十多种先进现代高科技，对现实进行虚拟仿真浏览漫游式的延伸，为公众提供了虚拟的视觉、听觉的感官经历，得到好评。① 他还高度评价了"数字故宫"、国家博物馆、上海博物馆、南京博物院等在推动整个行业的数字化发展中发挥的重要的引领和示范作用。"进入南京博物院就可以用手机接入南博网络，了解数字馆的每一个展项，推送自己的信息到展项中，还可以操作一部分展项内容，博物馆也可以将文字、图片、影片、语音、音乐等资源，都融合到一起，为公众呈现一个多角度的信息讲解服务，公众也可以利用手机将自己想要表达、传递、保存的资源推送到数字博物馆中。在实体数字馆中全面支持苹果的 IOS、谷歌的安卓和微软的 WP 三大手机操作系统，也支持这三大系统的平板电脑。参观者使用智能手机通过扫描二维码，还可以操作展项内容，感受控制博物馆内容展示方式的新奇体验。对于孩子们，数字馆提供了活动的缩微模型、手势控制游戏。目前，南京博物院数字博物馆所采用的技术都是全国首创，在世界范围内也尚未见先例"②。

数字资源相互链接服务方面，比如中国数字科技馆③，可以链接到科协系统网站及科普工作平台，如其相关的中国科学技术馆等多个平台和机构，是一个名副其实的基于互联网传播的国家级公益性科普服务平台。地区性的博物馆，如唐山博物馆的网站上就可以链接其他博物馆，此外，还可以在一方的网站都有其他两方的链接，如唐山市图书馆的网站上同时有唐山档案馆和博物馆的链接，这样更加方便用户使用。最近上线的"文化云"上具有智能搜索和大数据分析功能④。可以说，在技术探索方面，是开拓进取，亮点频现。

4.3.4　建设实践

国家"十五"重点文化建设项目《数字图书馆标准与规范建设》⑤由科技部委托国家科技图书文献中心协调国家图书馆等 20 多家相关研究机构及大学合作，从 2002 年底开展大规模系列规范的研究活动⑥。国家档案局于 2010 年发布了《数字档案馆建设指南》⑦。《国家图书馆网络资源元数据规范和著录规则》，也于 2013 年出版。⑧ 除此之外，还有将全国图书馆、博物馆、档案馆、艺术院团、美术馆、文化馆直至农家书屋等文化资源进行的数字化建设与统一组织与共享，并通过现代信息技术提供服务，旨在进一步发展中华文化信息服务融合。

"国际敦煌项目"1997 年开始文献数字化工作，建立了多种语言的网络平台，通过 IDP 网站向公众展示⑨。该项目目前已上传敦煌西域文献数字化图片 46 万余幅。项目合作成员包括：大英图书馆、大英博物馆、中国国家图书馆、印度国家博物馆、法国国家图书馆、吉美博物馆、美国加利福尼亚大学洛杉矶分校图书馆、摩根图书馆等多个国家、城市、高校和相关文化服务机构。

---

① 林琰.数字化博物馆建设发展规划路径探讨[J].江南论坛 2014.03.52－53.

② 南京博物院数字博物馆[EB/OL].［2017－08－22］. https://tieba. baidu. com/p/2904574269.

③ 中国数字科技馆[EB/OL].［2017－08－25］. https://www. cdstm. cn/.

④ 文化云[EB/OL].［2017－12－10］. https://baike. baidu. com/item/.

⑤ 张晓林,曾蕾,李广建,等.数字图书馆建设的标准与规范[J].中国图书馆学报.2002(06).7－11.

⑥ 赵悦,申晓娟.国家数字图书馆标准规范建设[J].数字图书馆论坛.2008(08),37－41.

⑦ 国家档案局《数字档案馆建设指南》(2010)［EB/OL］.［2017－7－12］. https://wenku. baidu. com/view/c9bc73c28bd63186bcebbc84. html.

⑧ 国家图书馆网络资源元数据规范和著录规则[EB/OL].［2017－8－07］. https://baike. baidu. com/item/.

⑨ 国际敦煌项目[EB/OL].［2016－11－23］. https://baike. baidu. com/item/.

中国的数字化服务融合组织建设正在实践中不断发展完善：从参与主体来看，数字化服务融合组织建设渐渐成为一项由政府部门主导，多种组织部门联合开发，社会力量共同参与的社会联动工程。这种组织建设大部分是图书、博物、档案部门的工作，其他文化部门与相关机构积极参与，也是其数字资源融合建设的历史使命所在。地区性的工程有："北京记忆"隶属于首都图书馆，是关于北京历史文化资源的一个专题网站①。建设特色馆藏数字化和专题数据库方面、突出专业特点或地域特色方面，涵盖北京文献、索引资源、特色专题、口述历史和非遗传承等内容，其中含有北京文汇、燕京金石、京城舆图、昨日报章和旧京图典，索引资源中包含报刊资料索引和论文索引，特色专题有古都、胡同、戏剧和民俗文化的历史演变②。

2013 年，上海市档案馆与市旅游局联合开发"外滩记忆之旅"特色文化旅游活动，美术馆与多家博物馆均参与其中。"天下湖南网"③是湖南图书馆主办的湖湘文化网站。网站依托于湖南图书馆丰富的馆藏文献资源，聚集大批研究湖湘文化的用户，开设有关湖南的十多个特色文化栏目，建有相应的多个资源库，提供相应的图博档数字资源的检索和使用。中国国家图书馆·中国数字图书馆的"在线浏览"栏目就有"古琴文化大展"、"红色记忆"、"中国楹联文化"等方面不同时期的发展演变的介绍，包含档案、博物方面的许多知识内容服务融合。我国台湾地区也将其丰富的馆藏资源与通过各类渠道收集的各种台湾史料进行数字化典藏。唐山市的图书馆、档案馆和博物馆在信息参考源方面采取多种方式进行组织与采集。2017 年 11 月，由上海创图网络科技股份有限公司以"互联网＋"模式建设与运营的数字公共文化平台——"文化云"上线，它具有整合零散资源进行服务融合的功能④。可以说，在建设实践方面，善用资源，有机融合。

4.3.5　服务成效

注重均衡地域性和多样性，实现服务的精准推送、个性化服务，保障服务到达率；通过网络便捷、快速、真实、直接地表达文化需求，形成良好互动。这是服务融合建设工作的相应目标。

"国家数字文化网"平台是"全国文化信息资源共享工程"共享主站，数字资源以经典文化视频为主，还为农民、儿童和少数民族群体专门设置了相应版块。北京数字博物馆网站⑤上建有虚拟博览馆、自然科学馆、人文科学馆、艺术博物馆、趣味动漫馆等，内容很充实。服务方式多样化的是南京博物院数字博物馆，大量利用了现在几乎普及的智能手机来实现观众与展项的交流。

图博档数字资源之间的"信息孤岛"现象进一步减少，图书馆网站上同时有档案馆网站和博物馆网站的链接。中国数字博物馆的"中国记忆"项目——"城市记忆工程"在具体实施中采取了各种方式来使这些"记忆"能够为民所用，包括通过网络资源库的建设与检索平台的搭建来向公众提供利用，使公众能及时、迅速地获得相关资料；主动采用各种宣传方式来实现双向互动，包括民间征集、论坛、展览、比赛及开发文化旅游等文化活动，力图在城市记忆传承中加强公众的认同感等等。

"文化云"能满足人们想要"知道"、"参与"、"评论"、"互动"需求⑥，帮助文化单位快速提升公共文化服务效能，实现文化消费的供需精准匹配，推动社会文化信息公平获取。

中国国家图书馆充分利用现代传播方式的双向互动性、接触规模和人群覆盖的广泛性，推动服务的普及率。在重视均等化的基础上，加强个性化的市场服务意识，全国文化信息资源共享、数字图书馆博

---

① 首都图书馆[EB/OL]. [2015 - 9 - 17]. http://www.clcn.net.cn/.
② 北京记忆[EB/OL]. [2017 - 01 - 09]. http://www.bjmem.com.cn/web/guest/special-reports.
③ 天下湖南[EB/OL]. [2016 - 10 - 24]. http://www.txhn.net/.
④ 文化云[EB/OL]. [2017 - 11 - 09]. http://www.wenhuayun.cn/frontIndex/index.do.
⑤ 北京数字博物馆[EB/OL]. [2018 - 10 - 15]. http://www.beijingmuseum.gov.cn.
⑥ 文化云[EB/OL]. [2017 - 11 - 09]. http://www.wenhuayun.cn/frontIndex/index.do.

物馆建设等公共数字文化工程建设以来,有力地传播了经典而优秀的中华文化艺术,也支持了农村村民经济发展的技术服务,引领了新农村文化艺术潮流,等等。各地不同方式的服务合作共建共享机制简便、透明和高效,满足社会日益增长的文化需求。可以说,在服务成效方面,是以人为本,获益面广。

与整个世界比较,由于国情不一样,各国都有自己的特殊性,不太好比较。要充分认识到中国是有着悠久文化历史的文明古国,而国外的国家一般都是人口小国、地域小、图博档文化资源少。我国则相反,工作量和难度要比它们大许多许多倍。各个国家民族性格、国家治理方略模式或政治生态理念不一样,三馆历史渊源与图博档作用定位上的差异,与如下每个方面先开展的或者先进的国家比较起来,不好一概而论(有些也不好认为哪样更好),从宏观上看,目前情况:假如打分(10 为最高,优秀=9 分以上,良好=8 分以上,中等=7 分以上,较差=6 分以上,差 6 分以下),括号里认为通过 5～10 年可努力达到的期望值:

(1) 图博档传承、保护工作与成就方面 7.5(8～8.5)

① 在图博档实物传承、保护方面 7～9(8～9)

② 在图博档实物融合传承、保护方面 4～7(5～7)

③ 在图博档数字化融合传承、保护方面 5～7(6～8)

④ 在图博档数字化保护建设方面 8～9(9～9.5)

(2) 图博档作用发挥效果方面 9(9～10)

⑤ 在图博档为国家建设发展,国家文化繁荣的贡献方面 9(9～10)

⑥ 在为教育、科学研究、经济建设的贡献方面 9(9～10)

(3) 服务开展与技术研究应用进展方面 8～9(9～10)

⑦ 在图博档数字化服务开展方面 9(9～10)

⑧ 在图博档数字化服务技术研究与应用方面 8～9(9～10)

⑨ 在图博档数字化服务融合方面 6～7(7～8)

总体看,我国在图博档服务融合方面做的分值比较低,但其他单个方面做的成就比较大,分值比较高,发挥的作用较大,在先进技术应用方面与服务方面分值较高,努力的目标,大概可以认为是:扬长避短或以长补短。

4.4　图博档数字化服务融合模式

随着数字信息技术与互联网环境的发展与普及,馆藏资源数字化的工作重点与公众对"一站式"检索的三馆跨越组织边界加强合作需求,期望消除多年来图书馆、博物馆和档案馆各自为政管理、分散多头服务及数字资源重复建设的不足,促进数字化信息资源的深层次共享。[①] 而图博档数字化服务合作发展,将有下列几项优点[②]:

有效运用人力与经费:不同机构的人力与经费,可集中有效运用,例如:不同机构负责搜集与采购的人员,可以加以整合,由原有的多人负责,改变为由专人负责,将可减少不必要的人力浪费。此外,在采购预算方面,也可由数个单位负责的分散经费,加以统整与运用,可避免原有因竞争所产生的采购价格之争,且可将有限的采购经费做更有效率的支配与运用。

各机构的馆藏更为专精:原来的分散模式,因缺少横向与纵向的联系,导致各相同类型的机构之间争夺资源的情况发生,一些古籍资料,图书馆、博物馆与档案馆的单位都有收藏,如果能够通过各机构之

---

① 周磊,郑燃.图书馆、档案馆与博物馆合作模式研究[J].图书情报知识,2012,(05):42-49.
② 薛理桂,吴宇凡.三种文化典藏机构进行跨机构馆藏发展初探[J].台湾图书馆管理季刊,2010,6(3):66-74.

间的馆藏发展合作，将可以使得各机构的馆藏更为专精。

机构间可以分享资源：各机构之间如果能够通过合作发展馆藏，将可使得各机构之间的资源更能够分享。资源分享除了上述的人力与经费之外，机构之间还可以进行合作典藏、馆际合作及合作参考服务等资源分享。

Michele（加拿大图书馆档案馆馆长）把用户的经历描述为："一个整合的、一站式的布局，一个参考模型，其基本功能就像急诊室里的分流系统一样。所有到这里来的读者，其特定问题和需求层次马上就可以得到评估。"这就是为什么今天的图博档必要建立跨越所有专业层次的多桥，以满足读者需求。① 从用户的角度来说，记忆典藏机构之间的合作带来多重好处，因为它打破了由于不同的格式所带来的人为障碍，提供了保存在图书馆、博物馆、档案馆的人类知识的整体视角。② 数字化科技在整合图书馆与博物馆的工作上已经扮演了一个连结性的角色，而图书馆与博物馆的部分任务也因此开发整合，并因为数字资源的共同开发和经费补助的鼓励而加强合作。图书馆与博物馆未来可以在数字化计划的合作基础上进行跨学科的研究，共同进行读者信息需求、整合检索、协助教学等各方面的合作研究，以解决在各自的学科领域中无法完全独立应对的研究问题。

在全球化发展趋势下，数字化信息服务除不再受到空间与时间的限制之外，新的信息理论和技术，也得到了迅速的推广和应用，新的建设模式和服务模式层出不穷。在信息管理领域，知识创造模式、应用模式也呈现出数字化和网络化的趋势③。信息服务模式的任务是，描述用户、服务者、服务内容和服务策略各种要素和他们之间的相互关系④。下面从图书馆、博物馆、档案馆的数字化合作服务的用户、服务者、内容和服务策略等方面来进行分析与总结。

1. 用户：三馆的用户首先应该是广大的读者群体，可以依据年龄及使用目的分为儿童、成人，或者学生、研究人员、企业工作者、政府工作者等。考虑到数字化档案信息的机密性以及使用权限，可以特别增加实名身份认证。

2. 服务者：就是三馆的工作人员，除了必须掌握本馆特有的知识以外，还应该能够指引读者如何找到相关的其他馆藏资源。例如在解决读者问题的过程中，针对其需求，指引读者可以参考某些图书资料，或者去博物馆寻找实物资料、去档案馆寻找佐证资料。

3. 服务内容：即三馆的数字化资源，为便于用户的检索、浏览，需要将数字化内容依主题、依时间等综合整理，提供数字学习专题内容并不断积累，形成专项数据库。

4. 服务策略：包含了三馆共同的服务功能，如数字化永久保存、数字资源征集与典藏，对馆藏资源建立虚拟联合目录并依照主题进行整理，提供用户在线检索、浏览、查询并以用户指南等形式对用户进行使用培训。此外，还应该开展用户研究，不断探索用户需求以及满足其需求的新内容和新形式。

一般服务合作模式，依业务逻辑及数字化资源的组织位置，区分成集中式、分布式及混合式等三种服务合作模式。

4.4.1 集中式合作服务

集中式合作服务，具体来说，就是将分散在各地的图博档典藏数据或信息资源集中，数字化后提供

① Diane M Z, Gunter W and Ricky E. Beyond the Silos of the LAMs: Collaboration Among Libraries, Archives and Museums [[EB/OL]. [2016-09-12]. https://www.oclc.org/content/dam/research/publications/library/2008/2008-05.pdf, 2013-04-22.

② Manžuch Z, Huvila I, Aparac-Jelusic T. Digitization of Cultural Heritage[J]. European Curriculum Reflections on Library and Information Science Education, 2005, (03): 35-59.

③ 吕竹筠. 信息资源管理与云服务融合的内涵及共性技术体系研究[j]. 理论与探索, 2012, 35(9): 26-31.

④ 陈建龙. 信息服务模式研究[J]. 北京大学学报(哲学社会科学版), 2003, 40(03): 124-132.

联合服务。优点是效能佳,其缺点是建立成本昂贵。近年来集中式合作服务,已逐渐转型为建立集中式网上数据库或直接利用云计算服务,如图 4 - 13 所示。

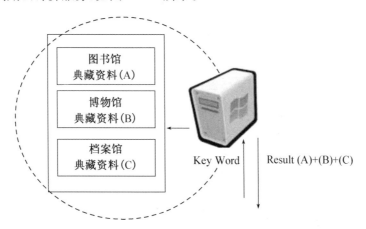

图 4 - 13 集中式合作服务(单一窗口检索与搜索服务)

例如谷歌推出的"Google Art"(http://www.googleartproject.com/),使得人们可以通过这一网络渠道看到高质量的物品图像,观赏自己喜欢的博物馆展品,并了解到展品的很多细节,由这些展品细节,连结查询图书及档案信息。这个集中式的数据库,还为全球各展览馆,建立全球一致性的集中开放管理渠道,希望借助这个平台,展现集中服务的优点和品质,同时兼顾类似分布式合作服务的信息广度。完全集中云计算模式,虽然具有免除设备和软件维护的优势,但本地数据需提交到远程部署,典藏机构存在不便。云计算模式,界面也部署在远程,图博档三馆基本不能实现个性化配置,也无法 MushUP 更丰富的内容。

4.4.2 分布式合作服务

近年来,由于个别数字化信息资源的使用不便,数字信息机构的服务便开始导入电子资源整合查询系统,帮助用户从一个单一的检索接口,可以检索多个分布式数据库资源[①]。达到实体环境分散,但查询服务融合于单一检索接口,更带动图博档资源数字化分布式服务合作模式。图博档分布式数字化合作服务,有单一窗口检索服务、提供分布式联合目录浏览服务,见图 4 - 14。

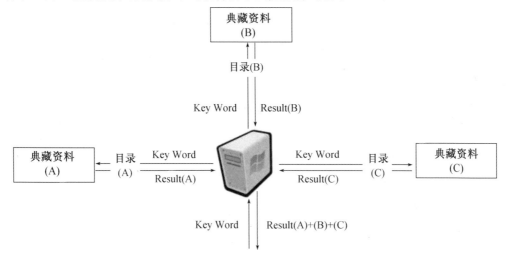

图 4 - 14 分布式合作服务(单一窗口检索与搜索服务)

---

① Needleman, M H. The NISO Metasearch Workshop[J]. Serials Review, 2003, 29(3), 256 - 257.

具体来说，接口程序通过共同的通信协议与服务器沟通，对分散于各地，各个不同检索服务器送出数据检索的指令，服务器接收指令后对各个数据库进行数据检索，最后把所有服务器的检索数据记录传送到接口程序，在同一个融合接口，呈现出所有数据检索的结果给用户[①]。

4.4.3　混合式合作服务

混合式合作服务模式，是为改善分布式缺点，同时利用集中式特点所发展出的服务合作模式，见图4-15。在混合模式下，本地数据提交至本地仓储，在灵活性和数据安全性方面具有优势，且由于界面部署在本地，可以实现个性化配置和MushUP更丰富的内容。

由于混合式合作服务界面部署在本地，数字化界面可根据服务馆的特点弹性发展，因此陆续衍生出以数字图书馆为中心，或是以虚实整合跨领域的数字博物馆为合作服务的系统架构。所谓的虚实整合的混合式合作服务模式，是以统整式知识内容管理为核心技术，进一步统整数字与实体服务场域间跨领域的知识内容、应用服务及多元使用者资源，以虚实整合、创新加值、分众服务、无所不在推广和永续经营为发展模式[②]。

然而，无论是数字图书馆或是以数字博物馆等为图博档三馆合作服务出发点，其整体运作框架均是以资源管理为核心框架，进而扩展出不同特点的服务。

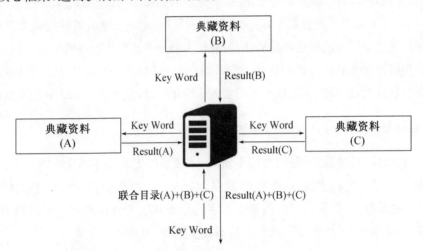

图4-15　图博档混合式合作服务（联合目录浏览服务）

总体而言，无论是采用集中式、分布式或是混合式合作服务方式，均有其优缺点，衍生之数字化服务亦不尽相同，相关项目差异整理如表4-2所示。

表4-2　合作服务模式比较

比较项目	分布式	集中式	混合式
信息容量	信息容量大	受限于接收范围	信息容量大
数据安全性	安全性较佳	复杂度较高	安全性较佳
信息整合程度	各类信息资源实现最大程度整合	受限于接收信息量	受限于资源整合程度

---

①　Needleman, M. H. The NISO Metasearch Workshop. Serials Review[J], 2003, 29(3): 256-257.

②　邱澎生. 2012全方位数位博物馆建置[M]. 台北:历史研究院历史语言研究所, 2012.

（续表）

比较项目	分布式	集中式	混合式
在线查询服务	内容分散且多元,不易进行准确检索	资源聚合程度高,分类检索方便且准确	资源聚合程度高,分类检索方便且准确
灵活性	灵活性中等	较不灵活	灵活性较佳
个性化配置	受到限制	受到限制	容易配置

4.4.4　图博档(数字化)服务融合模式

经过多年研究,并参考国内外现有的图博档服务融合实践,探索总结出如下五类图博档服务融合模式,包括数字化的和非数字化的服务融合。

模式1　在相同背景下机构间服务融合

服务融合模式如图4-16(a)所示,其中X和Y代表两种不同的文化机构,分别代表L、A或M,但X不能等于Y,L、A和M分别代表图书(馆)(library)、档案(馆)(archive)和博物(馆)M(museum)。

模式2　机构内服务融合或相互融合

这是一种一个机构(Y)与另一个处于同一机构(Y)中的机构(X)的服务融合的协作、共建与整合。例如,第一篇3.2节中提到的香港海事博物馆与其内部图书馆的服务融合就是图4-16(b)所示模式的典型例子。

模式3　单双边服务融合

这是典型的双边融合服务形式,只有两家机构参与相互合作。如图4-16(c)所示,X和Y之间的有交叉区域。XY表示机构X和机构Y两种不同文化资源机构的融合服务。它还包括在一个相对较小的地区或城市的数字协作和内部资源的共同建设,例如第一篇3.2节中提到的天津开发区图书馆和档案馆。这种融合模式在加拿大、美国、英国和其他一些国家很常见。

模式4　多双边服务融合

这是一种更为复杂的机构间融合服务形式,涉及三家机构。如图4-16(d)所示,在LA、LM或MA之间只有一个交叉区域,但在中心的LAM之间没有交叉区域。在此模式中,一馆或一种类型的文化资源与两馆或其他两类的文化资源进行服务融合,注意与模式3的区别。这种服务融合模式是理论分析的结果。但事实上,形态变异形式并不是不常出现的,即中心有一个主要机构与另外两个不同的文化机构的服务融合,如图4-16(f)所示。

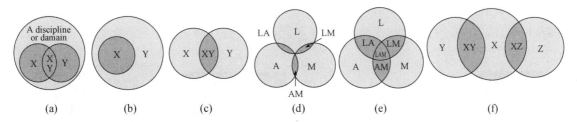

图4-16　数字LAM资源的五种融合服务模式,X、Y、Z表示三种不同文化机构中的任何一种,L(图书馆),A(档案)或M(博物馆)　(a) 同一背景下机构间的融合;(b) 机构内融合;(c) 单双边融合;(d) 多双边融合;(e) 完全融合;(f) 变异方式融合

模式5　完全服务融合

在图书馆、档案馆和博物馆中,收集和保存与古籍、档案等类似或密切相关的馆藏资料,进行文化资产资料和档案资料的协作、共建和数字化服务整合。如图4-16(e)所示,不仅在LA、LM或MA之间

有交叉区域,而且在 LMA 中间也有交叉区域。基本上,第一篇 3.2 节提到的台湾数字典藏科学技术项目、香港记忆,以及美国国家档案馆的总统图书馆和博物馆都属于这种模式。通常,这种模式中是否存在 LA、LM 或 AM 并不重要。当然,图 4 - 16(e)中的中心交叉区域越大越好。

在图 4 - 16 中,我们可以看到服务融合难度从(a)到(e)逐渐增加,因此,如果文化机构想要进行服务融合,他们可以通过机构内部或机构间合作与服务融合建立 LAM 之间的信息资源共享机制,向数字服务的整合发展,直至进一步融合,为广大用户带来可持续的一站式数字服务。

在加拿大和美国,LAM 之间更常见的服务融合模式属于模式 1～3 即,分别如图 4 - 16(a)～(c)所示,其中有一些属于模式 5。一般而言,一般图书馆、博物馆、档案馆或两者之间的数字 LAM 资源服务融合难度较大,而上述融合模式将逐步扩展,以实现进一步服务融合。

4.5 图博档数字化服务融合创新应用趋势

图博档数字化服务融合,除了带动统一式知识管理的概念和方法,还可以整合图博档跨领域所产出累积的各种知识内容,让来自不同学科、部门、计划及个人产出的知识,可以有效地剔除重复性高的知识内容外,让其中有关联性的知识内容得以串连,提升知识内容再利用的效益与价值,使得这些知识在之后的研究、展示或学习教育等相关服务方面有更好的应用和传播。

随着数字科技的演进及创新,图书馆、博物馆及档案馆也重新定义其所能提供给社会服务的深度与广度,新时代的图博档馆服务,不应该是以消极、被动的方式提供各种内部服务,应该善于运用各种创新科技,融入三馆数字化的资源建设与服务中,提供社会大众结合人文与科技的学习与生活空间。

4.5.1 适地性服务

适地性服务(Location-Based Services,LBS)是一种以 IP 位置为基础提供的移动服务,一开始主要是应用于特定的紧急救援或外勤人员管理,随着移动工具或可携式导航装置的普及,以及全球卫星定位系统(GPS)、辅助式全球卫星定位系统(AGPS)技术的进步,移动定位的功能也更为精确,在大众消费市场广泛使用。LBS 除了提供 GPS 导航应用以外,也可以进行安全管理(如人身安全、车队管理)、社群交友(分享旅游景点或路况信息等)、广告宣传(如区域广告、折价券推销)等应用。配合移动工具与App,博物馆也利用适地性服务,应用在博物馆导览展示上。例如伦敦博物馆开发了一款名为“StreetMuseum”的 iPhone App,将博物馆展示功能的触角延伸至整个伦敦街道,参见 4 - 17。App 会根据你所在的位置,显示出该地点与影像,并结合扩增实境技术,覆盖上历史街景的旧照片及相关图博档馆典藏信息,游客在游览现代的伦敦城外,也如同回到过去一般,探索历史的场景与轨迹,及增广见闻。

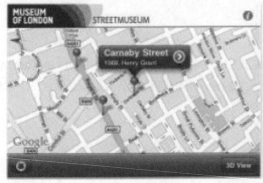 

图 4 - 17 伦敦博物馆“StreetMuseum”App 画面

4.5.2 电子发布

电子发布(Electronic Publishing,或称数字出版)是指文字、图像等信息,经由数字化后再进行编辑加工,通过 CD-ROM 等电子媒体,或互联网进行发布的一种活动,但并不单纯指内容的数字化,它应该还包括相关可搭配的阅读工具与服务。2007 年 Amazon 所推出的电子书阅读器,结合原本 Amazon 电子商务网站与云端服务,带给了全世界出版业不小的冲击,也很成功地建立起数字发布产业模式,为"内容"加上"服务"与"载体"的典范。随后 Google eBookstore、Apple 的 iBookStore 也在 2010 年时,陆续推出电子书服务,其中不乏免费的公开版权书,供大家下载阅读。图博档馆的性质虽然不同于商业出版,但依然可以通过电子发布,让身为知识内容的提供商,可以根据不同观众群体的特性,提供与分享丰富、多元且适当的内容,也不用像过去花费昂贵且费时的印制过程,就能容易地更新,建立不同版本的出版品,同时也可以增加影音等多媒体呈现方式。

法国国家图书馆(Bibliothèque nationale de France,BnF)与大英图书馆一样,进行许多古籍的影像数字化,在网页上提供浏览,同时利用社交网站,不定期进行典藏古籍电子书的分享,观众可以直接在 Facebook 上进行电子书的阅读、翻页,书本下方也有书籍的介绍与说明,便于用户与好友分享阅读,用户可回复对于古籍的阅读感想,参见图 4-18。

图 4-18 法国国家图书馆电子书服务网站画面

4.5.3 与社会网络互动

2016 年 1 月由迈阿密大学和其他 14 个学术机构的行政主管部门和图书馆举办的一个工作峰会,旨在探讨博物馆与图书馆合作的障碍和机遇。此次峰会由安德鲁 W 梅隆基金会和塞缪尔 H 克雷斯基金会共同资助,并在学术画廊、图书馆、档案馆和博物馆(GLAM)领域进行了主题报告。Ibekwesanjuan 等人调查了图书馆、档案馆、博物馆等文化遗产机构正在进行的变革,这些机构面临着广泛使用 Web 2.0 平台和实践的问题[①]。

在 Web 2.0 环境下的文化机构,已经不能再像过去那样等待用户上门,而应该主动走到用户群体中,扩大自己的影响力,开发潜在用户。从 2009 年到 2010 年,由五个国家的成员组成的 RLG 社交元数

① Ibekwesanjuan F, Ménard E. Preface: Archives, Libraries, and Museums in the Era of the Participatory Social Web[J]. Canadian Journal of Information & Library Science. 2015,39(3-4).

据工作组研究了与图书馆、博物馆和档案馆相关的 76 个网站，考察其社会互动媒体功能，如标注、评论、浏览、排序和推荐等，考察结果表明，在现在的环境下，主动深入网络社区与用户互动，才是长期维运的可行之策。[①]

通过数字化技术，现在的用户已经可以由单向的阅读者，转换为内容创造者，通过社交媒体使用简单的操作接口，以及现成的工具，用户可以与来自世界各地的人们分享文字、图像、影音、链接、文件等。也因为社交媒体有撰写、分享、沟通等功能，与传统平面媒体或网站相比，具有更高的传播速度、传播广度与影响力，可强化品牌认同，增加曝光度与品牌沟通，增强与用户的联系。

图书馆、博物馆及档案馆本质上均属于文化典藏机构，提供包括典藏、保存、研究、展示、教育、文化休闲娱乐的功能与服务，并肩负起促进社会发展的责任，而政府设立的图博档机构更有持续经营的使命，社交媒体的出现，正好提供三馆服务或营销推广的另一种选择，社交媒体提供了一个机会让图博档资源得以延伸到新的观众，并且建立忠实群体，简单地将人们与文化典藏机构的关系连接起来，提供机构与观众对话与分享学习经验的具体渠道。

拥有大量档案数据的美国国会图书馆，将其 Prints and Photographs Reading Room 所收藏 1910 年的棒球新闻照片，以及 1920—1930 年劳工活动照片，从中挑选约 3000 多张，公开于 Flickr 的相片平台，用户通过平台可以在相片标记，也可以回复提供这些照片的相关影像与文字补充数据，进而加速典藏机构补齐这些历史影像的描述信息。而类似的功能，也体现在人人网站上。

透过数字技术，使图博档文件数字化，以激发出多种创新应用与服务。然而，在图博档服务融合仍处理萌芽阶段的现在，在人力、经费等可用资源有限的情况下，很难运用全部创新科技，不同的创新科技特性，也未必都适合每一典藏馆。因此，在选用数字化技术时，应该仔细思考如何将服务与科技适当的结合，以提供用户最需要的优质服务。

---

① Karen S. Social Metadata for Libraries, Archives, and Museums[M]. Dublin, OCLC Research, 2012.

第5章 立足国情的图博档数字化服务融合

5.1 正确看待外国的理论与实践

图博档数字资源共建共享及服务融合研究思路上，既要放眼世界，又要立足国情。他国的经验虽然丰富，但是在借鉴时要正确看待外国的理论与实践，充分考虑到中国幅员辽阔、人口众多、有着悠久历史、文化资源丰富的国情。而学者或相关人员多从自己的学科或领域关注资源共建共享与服务模式的融合，而在宏观层面充分关注图博档数字化服务融合的人比较少。需要深入了解图博档的属性、中国三馆历史渊源、长期各自管理的成功经验和数字时代服务融合的不足。要谨慎分步有限融合建设和服务，可以试点开展，总结经验，逐步推广，从而建立并完善比较完整的有中国特色的图博档数字资源共建共享与服务融合体系。

5.1.1 认识多种，差别较大

5.1.1.1 关于图书博物档案的认识

1. 外国关于图书博物档案认识

美国于2003年全力修改了1996年制定的博物馆图书馆服务法（Museum and Library Services Act：MLSA），明确了"图书馆与博物馆是促进教育的机构"。[①]

加拿大多伦多大学教授 Duff 的项目组认为文化遗产和图书馆、档案馆和博物馆是"记忆机构"[②]。

津巴布韦的 Chaterera 在新德里召开的国际会议 International conference on the Convergence of Libraries，Archives and Museums 上发表论文认为"图博档它们都是公共知识的宝库"（RPK）。加拿大的 Ibekwesanjuan，Ménard 和韩国的 Choi 认为，"图博档是文化遗产机构（cultural heritage institution）"。[③]

还有人认为"博物馆、档案馆和图书馆是人们生活的中心；对人们快乐和灵感、文化价值、学习潜力、经济繁荣和社会公平有帮助作用。"[④]

日本国家档案馆（国立公文馆）是在国家机关制作的庞大的公文中，选择重要的资料作为历史资料，并将其进行保存和使用的机构。保存的公文是为了将日本的进步传给后世的国民共享的不可替代的财产。[⑤]

---

① 李农. 欧美图书馆、博物馆、档案馆馆际合作趋势[J]. 图书馆杂志. 2008，(8)：59－61＋37.

② Duff W M，Carter J，Cherry J M，et al. From Coexistence to Convergence：Studying Partnerships and Collaboration among Libraries，Archives and Museums[J]. Information Research An International Electronic Journal，2013，18(3)：26.

③ Choi Y. A Study on Analysis of Remodeling Target Institution for Larchiveum Spatial Planning[J]. Journal of the Korean Society for Information Management. 2013，30(2)：113－120.

④ Impact Evaluation of Museums，Archives and Libraries：Available EvidenceProject. [EB/OL]. [2015－12－01]. http://www4. rgu. ac. uk/files/imreport. pdf.

⑤ 国立公文書館[EB/OL]. [2020－01－08]. https://www. digital. archives. go. jp/.

2. 在网站主页上体现的混乱

挪威文化部在其网站上的"文化—体育和非盈利工作"（culture-sports-and-non-profit-work/）栏目下，醒目地写着"档案馆，图书馆和博物馆"[①]，如图 5-1 所示。但在其 Resources（资源）介绍时，又分三行，即：

The National Museum of Art，Architecture and Design 艺术、建筑和设计国家博物馆

The National Archives of Norway 挪威国家档案馆

The National Library of Norway 挪威国家图书馆。

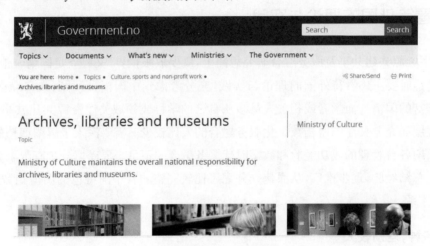

图 5-1　挪威文化部网站主页

分类时，分成"档案、图书、博物和文化遗产"，如图 5-2 所示。

图 5-2　挪威文化部网站主页文化资源分类

再如，一家成立于 1964 年专为图博档三馆提供空气净化设备的行业龙头公司的主页广告，贴着图书馆的大幅照片，图题却为"博物馆，档案馆，图书馆"[②]，如图 5-3 所示。

---

① Archives-libraries-and-museums［EB/OL］.［2017-01-19］. https://www. regjeringen. no/en/topics/culture-sports-and-non-profit-work/Archives-libraries-and-museums/id86986.

② Museums-archives-libraries［EB/OL］.［2016-03-05］. http://www. clcair. com/applications/museums-archives-libraries.

图 5-3　图书馆的大幅照片图题却为"博物馆　档案馆　图书馆"

3. 中国对图书、博物、档案的认识举例

例如,姚凌娟认为"公共图书馆能够普及当地人民的基础知识,提高社会公众的知识水平,公共图书馆的发展程度和普及程度能够体现出一个国家对知识的重视程度和人民生活水平。"①

我国关于博物馆有这样的定义:

"博物馆是属于社会科学领域的具有自己特色的科学研究和科学教育机构。"②

关于博物馆中的文物,据网上百科资料介绍,③

"中国社会科学院语言研究所编辑的《现代汉语词典》中,称文物是:<u>历史遗留下来的在文化发展史上有价值的东西</u>,如建筑、碑刻、工具、武器、生活器皿和各种艺术品。《辞海》中对文物的解释是:遗存在社会上或埋藏在地下的历史文化遗物,一般包括:

(1) 与重大历史事件、革命运动和重要人物有关的、具有纪念意义和历史价值的建筑物、遗址、纪念物等;

(2) 具有历史、艺术、科学价值的古文化遗址、古墓群、古建筑、石窟寺、石刻等;

(3) 各时代有价值的艺术品、工艺美术品;

(4) 革命文献资料以及具有历史、艺术和科学价值的古旧图书资料;

(5) 反映各时代社会制度、社会生产、社会生活的代表性实物。"

"1988 年 1 月 1 日实施的《中华人民共和国档案法》诞生,才对档案的定义有了一个比较一致的认识基础。该法称:<u>档案是指过去和现在的国家机关、社会组织以及个人从事政治、军事、经济、科学、技术、文化、宗教等活动直接形成的对国家和社会有保存价值的各种文字、图表、声像等不同形式的历史纪录。</u>"

---

① 　姚凌娟. 图书馆管理过程中存在的问题及措施. 中文信息[EB/OL]. (2016-12-12)[2017-09-21]. http://fx361.com/page/2016/1212/387651. shtm.

② 　王英. 略论博物馆的类型[J]. 江苏社联通讯,1980(01):36-41.

③ 　文物[EB/OL]. [2017-10-09]. https://baike. baidu. com/item.

"中华人民共和国档案行业标准《档案工作基本术语》对档案的定义表述是：国家机构，社会组织或个人在社会活动中直接形成的有价值的各种形式的历史记录。

"档案的最新定义是：档案是组织或个人在以往的社会实践活动中直接形成的清晰的、确定的、具有完整记录作用的固化信息。（冯惠玲《档案学概论》第二版）"

除了本篇前述国家级档案馆以外还有大量的基层档案部门，数量最多的是大中型机关（包括团体、学校、工厂、企业、事业单位等）档案室，它们是

"统一保存和管理本机关档案的内部机构，是整个机关的组成部分，是属于机关管理和研究咨询性质的专业机构。党、政、军等机关单位的档案室，又是机关的机要部门之一。从全国档案工作来说，档案室是国家档案工作组织体系中最普遍、最大量、最基层的业务机构。"①

地方政府机构里档案馆（局），比较常见的是市县级的档案馆，如南京市馆（局），其馆藏档案来源，

"根据档案工作统一领导、分级管理的原则，南京市档案馆收藏档案的范围包括中共南京市委、市政府及其工作部门、市人大及其常务委员会、市政协、市法院、市检察院、市总工会、共青团、妇联等机关、团体以及市一级的临时机构和市直属单位形成的具有永久保存价值的档案；市委、市政府派出机构以及市政府各部门所属的有全市影响或有代表性的企业事业单位形成的具有永久保存价值的档案；中华人民共和国成立之前南京市的新民主主义革命时期档案；旧政权机关、社会组织和企事业单位的档案。此外，还收藏知名人士和其他有保存价值的档案等。馆藏档案的主要来源和进馆方式是接收市级各机关、团体和有关企业事业单位形成的档案和征集散存在社会上有保存价值的档案。"②

该档案馆"档案资料利用工作综述"第三条规定为：

"查档手续。到档案馆查阅利用档案需持本人身份证、工作证、学生证等合法有效证件，并详实填写利用申请。档案馆依申请，按规定提供相应服务。利用未开放档案，利用者须出具本人所属组织、街道（乡、镇）以上国家机关或委托人、委托机构开具的证明查阅人身份和查阅目的、用途及内容、范围的介绍信函、委托书。

开放和控制使用档案范围。开放范围为中华人民共和国成立以前的历史档案（包括民国时期的机关、团体、企事业单位形成的档案和革命历史档案）和中华人民共和国成立后形成的已满三十年（经济、科学、技术、文化等可以提前）不属控制范围的档案。凡涉及国防、外交、公安、国家安全等危害国家重大利益的，不利于安定团结及属个人隐私等档案均属控制使用范围。

利用档案方式方法。已有复制件和档案史料汇编的，一般提供复制件（复印件、缩微胶片）或档案史料汇编。"

① 档案室/[EB/OL]. [2016-08-20]. baike. baidu. com/item/档案室/11003817? fr=aladdin.
② 南京市档案馆（局）[EB/OL]. [2017-12-18]. http://daj. nanjing. gov. cn/jgjs/gcjs/201706/t20170608_4525589. html.

"利用者查阅档案资料在本馆阅览室进行。查阅档案资料过程中,经本馆同意,可以摘录档案内容,如需复制档案,须向本馆申请,经批准后,由本馆代为复制。摘抄或复制的档案内容可以在著述中节引(无权全文公布),但均应注明出自本馆及档号。"

各省、市、自治区等都有档案管理条例,全国的档案馆(室)管理规定基本一样,如《江苏省档案管理条例》:

"是为了加强对档案的管理和收集、整理工作,有效地保护和利用档案,为社会主义现代化建设服务而制定的法规,具体规定了档案的管理主要目的、工作范围和县级以上档案管理部门行使行政管理职能的主要职责。"①

"而北京市发布的'北京市实施《中华人民共和国档案法》办法',号召"国家机关、社会团体、企业、事业单位和档案工作由本市管理的其他单位(以下简称单位)以及公民,应当遵守本办法。"②

北京市主要行业或部门都有档案管理条例,这一点基本只有北京市有如此细化的要求。

在档案的利用管理规定方面,各国都有不同程度的限制。

5.1.1.2　关于图书博物档案融合的认识

大英图书馆八项职能之一是"开展与国内外图书馆、档案馆和信息机构的合作,帮助读者在更广阔的领域里获得所需要的资料"③;"大英图书馆最近收藏的两项藏品也将在 2018 年在约翰·里布拉特爵士珍宝画廊免费展览,分别是迈·佩林和佩内洛普·菲茨杰拉德的档案。该图书馆也将进行 70 年前帝国 Windrush 船抵达埃塞克斯的蒂尔伯里码头的自由展览。这些展览和佩内洛普·菲茨杰拉德的档案的收藏,是大英图书馆 2018 年的主要馆藏亮点。"④大英图书馆的人文及社会科学部收藏有英国国家音声档案。由此可见该图书馆的工作与博物与档案联系多么密切。

美国的博物馆图书馆服务法(MLSA)构筑起了博物馆与图书馆间继续合作的关系。MLSA 的制定,明确了图书馆与博物馆是促进教育的机构,需要相互协作的定位,而且,还明确指出它们是共同承担"适应高度信息化和缩小信息差距的共同课题"的机构,赋予了两者合作的绝好机会。⑤

加拿大多伦多大学的教授 Duff 的项目组研究表明,在接受调查的机构中,尽管文化遗产和像图书馆、档案馆和博物馆这样的记忆机构类似,但有一些例外,这些还是三种不同的机构。事实上,这些机构在 18 世纪的公共机构出现的时候,在概念上更比今天显得相互靠近。有许多原因,从实体从事融合或合作的性质(两个机构的合并或跨机构融合)或服务的性质和活动来改进藏品融合,联合数字保存策略,合并参考服务,等等。这种多样性本身就说明了这个过程的复杂性,它被称为图书馆、档案馆和博物馆的融合。⑥

———————————

①　《江苏省档案管理条例》[EB/OL].[2016-10-09].https://baike.baidu.com/item/.

②　北京市实施《中华人民共和国档案法》办法[EB/OL].[2016-10-13].https://baike.baidu.com/item/北京市实施《中华人民共和国档案法》办法/9156230.

③　大英图书馆[EB/OL].[2015-10-28].https://baike.baidu.com/item/大英图书馆/3689624?fr=aladdin.

④　Libray British[EB/OL].[2017-11-29].https://www.britishlibrary.cn/en/events/windrush-songs-in-a-strange-land/https://www.bl.uk/news/2017/november/the-british-librarys-programme-for-2018-revealed#.

⑤　李农.欧美图书馆、博物馆、档案馆际合作趋势[J].图书馆杂志.2008(08):59-61+37.

⑥　Duff W M,Carter J,Cherry J M,et al. From Coexistence to Convergence:Studying Partnerships and Collaboration among Libraries,Archives and Museums[J]. Information Research An International Electronic Journal,2013,18(3):26.

Robert 认为"许多信息领域的人都宣称图书馆、档案馆和博物馆必须合作否则将面临灭绝。目前，这一趋势正受到技术举措的推动，这些举措旨在吸引新用户的数字化参与"。他介绍了近年来的一些举措，旨在将这些机构整合在一起，并探讨了两者之间的交流历史。他认为对博物馆里的档案进行更尖锐的检查，可以质疑科技促进深层次合作的能力。对 LAM 的历史及其当前挑战的解读引发了一种担忧，在这种运动中，档案似乎很容易失去它们的自身决定性特征。①

根据明尼苏达历史学会的迈克尔·福克斯(Michael Fox)的说法，博物馆需要变得更像图书馆和档案馆，就像图书馆和档案馆应该适应博物馆的某些特点一样。

马来西亚萨巴(Sabah)博物馆馆长 Joanna 女士认为艺术馆、图书馆、档案馆和博物馆(GLAM)在确保其信息资产和遗产得到妥善管理和妥善保存方面发挥了重要作用。由于 GLAM 功能有交集，有图书馆与博物馆，博物馆与档案馆，图书馆与档案馆、博物馆合并的例子。她回忆了 30 多年图书馆和档案馆合作的成果时，介绍了他们两馆合作的历史。萨巴州档案馆(The Sabah State Archives，SSA)，自 1980 年成立以来，就和马来西亚国家档案馆之间建立了一个关于教育和培训外联方案的合作伙伴关系。在 1984 年 SSA 与萨巴博物馆合并成为文化、青年和体育部下属的一个部门，虽然档案馆职能部门合并到博物馆但工作还是在原来的地方。财政预算集中在博物馆。1992 年又分开。但是 30 多年来合作了很多项目。②

加拿大图书馆与档案馆的前身是两个独立的国家级组织机构，即加拿大国家图书馆(the National Library，NLC)和加拿大国家档案馆(the National Archives of Canada，NAC)，2004 年两个机构合并，并创新性地成立了 NAC 这一新的国家级知识型组织机构。

作为国家图书馆、国家档案馆和一个主要大城市的公共图书馆，魁北克的国家图书馆(Bibliothèque et Archives nationales du Québec，BAnQ)汇集、保存和推广与魁北克有关的遗产材料。作为知识社会的重要参与者和真正的文化中心，BAnQ 在魁北克的 12 个公共设施中开展活动。BAnQ 已经采取了一项范围广泛的数字化项目，涵盖了自 17 世纪以来在魁北克生产的整个出版和档案文献遗产，或者是与魁北克有关的来自外国的藏品。所有类别的材料包括：印刷和手写材料、照片、录音等。BAnQ 的数字收藏正在不断发展，所有这些资源都是免费的。③

这些资源的数字化和网络化是在遵守版权法的情况下进行的。BAnQ 保证，根据现行法律的条款，所有受保护的作品都获得了合法所有者的必要授权。

美国国家档案馆的美国总统图书馆和博物馆(Presidential Libraries and Museums of the National Archives)网站上主页是"总统图书馆 Presidential Libraries"，里面的介绍是总统图书馆和博物馆，见图 5-4 箭头所指处。美国现有 13 座总统图书馆和博物馆，其实也包含档案馆，又包含纪念馆，因为不仅收藏总统的档案文件，还收藏总统接受的赠品、个人物品、图书、照片、纪念品、邮票、货币等等。④

日本筑波大学 Lo 等人在意大利期刊上发文，论述香港海事博物馆与图书馆联络(link)案例，总结图书馆与博物馆合作的目标和效益⑤如下：

① Robert V. Converging Libraries，Archives and Museums：Overcoming Distinctions，but for What Gain？[J]. Archives & Manuscripts，2012，40(3)：136-146.

② International Institute for Archival Science of Trieste and Maribor[EB/OL]. [2017-09-06]. http://www.iias-trieste-maribor. eu/fileadmin/atti/2013/Marquez. pdf.

③ 魁北克的国家图书馆档案馆[EB/OL]. [2019-04-23]. http://www. banq. qc. ca/collections/collection_numerique/index. html.

④ Presidential Libraries[EB/OL]. [2020-11--8]. https://www. archives. gov/presidential-libraries.

⑤ Lo P，But K，Trio R. Links between Libraries and Museums：a Case Study of Library-Museum Collaboration at the Hong Kong Maritime Museum[J]. JLIS. It. 2014，5(1)：103-120.

图5-4　美国总统图书馆主页

"吸引新观众群体;改善公共博物馆和图书馆单一机构的传统观念;鼓励文化遗产调查研究;促进最佳实践的博物馆和图书馆,共享物理资源,如空间和材料;分享收藏保存和保护政策;经历协同工作,共享专业知识;分享员工培训成本。"

该论文中提到健康社会的"第三场所"(The third place):不是工作,也不是家,第三个地方都是一个中立的社区空间,人们自发地、非正式地聚集在一起,以一种减少社会不公平的方式,促进社区的参与和社会联系。随着共集会场被组织在公共服务区域、个人的信息交换和思想的交流,博物馆和图书馆是独特的"第三场所"。

图书馆、档案馆和博物馆在资产、人员、专业训练和使用的术语可能有很大的不同,部分原因是每个人收集和处理的材料不同,对于怎么融合,有些人的主张是博物馆图书馆的融合。

5.1.1.3　图博档数字化与图博档数字化服务

2014年10月,欧盟预算投资促进和保护欧洲文化遗产。例如,每年的欧洲遗产日计划允许2000多万人享受数千个很少开放的网站。2017年12月,欧盟在文化领域的活动——包括保护和分享欧洲的文化遗产,支持文化产业,文化产品和艺术家在欧洲的活动[1],欧盟国际组织开展的这种图博档服务融合,不属于我们的重点研究范畴,本书关心的重点是国家范围里的图书、博物和档案数字化服务融合研究。

1993年英国图书馆就提出了建立数字化图书馆的目标,其内容包括:增加数字形式出版物的保存;为读者提供网络和数字化服务;利用数字化技术保存和修复馆藏等。

随着来自政府和公众对数字信息需求的增长,图书、博物和档案管理机构中的信息数字化水平在不断提高,为数字化服务的开展和融合创造了前提条件。但是在融合过程中,仍然需要将这些机构的固有特征纳入影响因素的分析中来,以期提高融合的质与效。

---

[1]　Europan Union[EB/OL].[2016-06-27].http://europa.eu/geninfo/query/resultaction.jsp.

了解三馆用户信息寻求服务之差异化，本研究整理如下表 5-1[①]：

表 5-1　国外用户信息寻求服务之差异化

	需要内容	内容范例
图书馆	书目数据、信息	书籍、手稿、照片、地图
博物馆	搜索自动化、典藏、管理信息	数字图像、展示品
档案馆	标记档案	数字图像、存盘资料

5.1.1.4　国外图博档数字化服务融合程度与类型案例

前面我们曾经介绍过欧洲跨国的图博档数字化服务案例也介绍过美国、德国、英国、澳大利亚等国家图博档数字化服务，这里根据加拿大多伦多大学和蒙特利尔大学 2013 年初合作的研究报告[②]，他们对新西兰和加拿大的图博档机构进行了融合情况调查，我们择取部分整理如表 5-2 所示：

表 5-2　新西兰和加拿大的图博档机构融合情况

新西兰博物馆，新西兰惠灵顿	包含自然历史收藏、艺术收藏以及图书馆和档案收藏	博物馆的融合（汇集了三种不同的博物馆类型）和机构，也收藏了图书馆和档案馆的藏品
泰勒家庭数字图书馆，加拿大卡尔加里	大学图书馆、档案馆和博物馆	被设计成融合的实体，融合了现存的图书馆、档案馆和博物馆
新西兰图书馆，新西兰档案馆	国家图书馆，档案馆	均没有开展图博档融合，打算进行数字化收藏

在韩国，图书馆、档案馆、博物馆等功能的融合刚刚由研究人员提出处于开始进行理论研究阶段，Choi 认为，需要通过使用法律和指导的手段，对此是一种可能有效的措施。[③] 如何将图书馆、档案馆和博物馆的合作从一个好想法变成现实？合作行动的好处是什么呢？Waibel 介绍了协作统一体中相互依赖的工作关系的不断增加的益处和风险，并强调了促进协同行动的制度和环境催化剂的作用[④]。

1998 年加州数字图书馆发起了博物馆与加州档案在线项目，希望能将 EAD 格式应用到博物馆领域。目前加州档案在线已经发展成为由包括加利福尼亚州大学、图书馆、博物馆、档案馆、历史学会等 200 多个机构联合形成的数字资源服务平台，成为公众获取加州历史文化信息的重要渠道[⑤]。

加州档案在线经过多年的运行，已经收集了来自加州图书馆、博物馆、档案馆、历史学会及加州大学的艺术品、手稿、文件、历史照片等 2 万多个专辑的数字资源，包括 22 万个数字图像和文件，OAC 并不拥有这些资源本身，而只是借助 EAD 和 MARC 元数据将这些资源组织整理，为师生、研究人员及社会公众准确定位所需的资源提供帮助，以促进加州文化的传播。

加拿大图书档案馆（Library and Archives Canada，LAC）是在政府推动下，国家图书馆与国家档案馆于 2004 年 5 月合并后形成的机构。

---

① Jennifer N. Library，Archival and Museum（LAM）Collaboration：Driving Forces and Recent Trends[J]. The Journal of the New Members Round Table，2012，3(1)：1-10.

② Duff W M，Carter J，Cherry J M，et al. From Coexistence to Convergence：Studying Partnerships and Collaboration among Libraries，Archives and Museums[J]. Information Research An International Electronic Journal，2013，18(3)：26.

③ Choi Y. A Study on Analysis of Remodeling Target Institution for Larchiveum Spatial Planning[J]. Journal of the Korean Society for Information Management. 2013，30(2)：113-120.

④ Waibel G，Zorich DM，Erway R Libraries，Archives and Museums：Catalysts Along the Collaboration Continuum[J]. Art Libraries Journal，2016，34(2)：17-20.

⑤ Online Archive of California[EB/OL]. [2014-08-14]. http：//www. oac. cdlib. org/about/.

皇家不列颠哥伦比亚博物馆(the Royal BC Museum Corporation,简称RBCM)集团是2003年4月合并不列颠哥伦比亚省博物馆、省档案馆和其他几家记录该省历史的文化机构组建而成的。

5.1.2　管理机制不同

融合意味着跨界,要在不同的隶属关系及管理条块中开展合作[①],不同机构及项目整体的管理机制契合与否,将成为融合的根本性问题。在国外已经开展的图博档数字化服务融合实践项目中,按照参与机构的国别范围,大致可以分为世界、国家和地区三个级别。在美国国家级项目"DPLA"[②]中采取了一种类似于理事会的管理机制,使得分散的图博档管理机构间能够迅速进入协作状态。由机构方及出资方代表构成的工作指导委员会提出原则性框架,并对项目进行整体指导;专业委员会成员来自各成员组织,负责具体工作的执行。项目通过召集会议形式获取各方意见,协调存在的问题,甚至以此为基础,创造融入更高一级别项目的可能。

波士顿工艺美术图书馆博物馆"Museum of Fine Arts Library BOSTON"由威廉·莫里斯·亨特纪念图书馆和其他八个部门的图书馆组成,[③]综合图书馆馆藏超过32万件,反映了博物馆馆藏的优势,……这里的博物馆由多个图书馆组成,"博物馆"主页上明显写着"图书馆和档案馆"。

图 5 - 5　Museum of Fine Arts Library BOSTON"博物馆"主页上明显写着"图书馆和档案馆"

①　赵红颖.图书档案资源数字化融合服务实现研究[D].长春:吉林大学,2015.
②　宋玉武."DPLA(地普乐)":美国数字公共图书馆[J].数字图书馆论坛,2012(10):30-38.
③　Libraries-and-archives[EB/OL].[2015-11-28].http://www.mfa.org/collections/libraries-and-archives.

图博档数字资源具有很高的文化属性，具有很强的民族、地域、政治和民族文化背景和特点，其中图博档行政管理机制是图博档资源收集、保存和服务的最重要因素。此外，不同的国家有不同的民族性格、国家治理策略和思想观念。它们的传统管理机制在一定程度上影响着 LAM 的数字资源共享和服务融合。图书馆、博物馆、档案馆只有在积极、开放、包容、自我较少的氛围中才能更好地开展合作。

从总体上看，我国图博档机构的历史渊源、组织职能和管理体制与国外不同。尤其是档案机构的大部分资料也是保密和有限开放、使用的。正如美国国家档案和记录管理局（National Archives and Records Administration）前官员 Mary 曾经说过的那样："不可能把所有这些文件都公之于众，其中一些文件是保密的，或者多少受到了限制。我们有一个严格的文件保密和解密系统……我们一直试图在开放和不开放之间取得平衡"[①]。同样，档案在中国政府属于一个更严格的行政部门。此外，由于档案是"公司机构的独特记录和个人的文件"。在美国，对个人的公开访问并不容易，这使得他们很难进入档案。它的服务融合更是难上加难。对于个人或团体来说，审查一些重要的录音和官方文件的障碍相当大。有人认为，学术档案可以与美国校园的图书馆合作，例如，在互惠互利的方式下，许多学术档案与大学图书馆物理位置相同，有可能使图书馆员和档案管理员之间的合作更容易[②]。但是，中国校园的图书馆、档案馆和博物馆一般都是独立设置的，前者比其他两个部门规模大得多。

此外，文化背景往往涉及宗教信仰、意识形态等因素，因此要尊重彼此的文化差异，树立正确的合作意识，促进 LAM 数字资源的共享和服务融合。

5.1.3　服务延伸方式不同

信息环境的变化使得用户信息需求也随之改变，直接影响了图博档管理机构的服务方式。在互联网中，用户对信息内容的关心胜过了信息来源等其他因素[③]，他们需要一种简便的、跨机构的整体式知识服务。现有的服务方式中已经体现了这种趋势，但需要在广度和深度上进一步扩大和延伸。在社区模式的案例中，英国北约克郡的 Unnetie 数字化项目[④]联合当地图博档机构，利用数字化照片进行在线展示，对当地居民历史记忆、身份认同和社会归属感的强化起到了良好效果。

根源于国家行政体制，美国与欧洲的三馆服务有着分明的两级结构，从而对其机构服务产生直接影响。国家级别的三馆基本属于行政或半行政体制机构，服务对象以政府为主；而地区性的机构则兼具公共服务属性，服务对象较为广泛。同时，又因三馆具体业务的不同，各机构间仍有区别。

由于发展历程、服务对象及管理目标的不同，国外图书、博物和档案数字化服务融合中所涉及的机构及其服务方式、功能都存在较大差异。因而，有必要对相关对象、关系和机制做一定的梳理，以便分析服务融合对三馆工作带来的影响。

由于国情不一样，我国国家档案馆在网络信息化服务、档案宣传服务和出版档案汇编方面与美国国家档案馆存有较大不同。

结合第一章和 5.1.1 部分内容，整体看来，在新中国近 70 年历史上：

（1）我国图博档三个领域除了中国第一历史档案馆和故宫博物院在 1951—1980 年 30 年中两段时期有交集，即由故宫博物院管中国第一历史档案馆，其他均未有任何类似情况。

---

① 个人图书馆[EB/OL]. [2019 - 11 - 28]. http://www.360doc.com/content/13/0827/08/176053_310165089.shtml.

② Diana K W, Christine S B. Experiencing Archives at Universities: Archivists, Librarians, Understanding, and Collaboration[J]. Reference Services Review, 2015, 43(2): 182 - 198.

③ Marty P F. An introduction to Digital Convergence: Libraries, Archives, and Museums in the Information Age[J]. Archival Science, 2008, 8(4): 247 - 250.

④ 张卫东. 全球化视野下中国 LAM 合作模式研究[J]. 图书情报工作, 2016(12): 14 - 21.

（2）我国很重视制度建设、管理比较有序,按章办事。

（3）我国的文化事业是为社会主义（中国特色社会主义）现代化建设服务的,在档案的管理和收集、整理、保护和利用方面比较明显。

（4）我国各级档案馆保管的档案内容与外国的有比较大的区别（如党、政、军等机关单位的档案）。

（5）我国的档案使用管理比外国的档案使用管理更严格。

5.2　充分借鉴,注重国情

中国是世界上人口最多、国土面积最大的国家之一,有着 5000 多年的文化历史。然而,LAM 机构的成立时间相对较短。中国最早的省级公共图书馆是 1904 年 10 月 20 日建成开放的湖北图书馆[①],建成最早的档案馆是 1925 年 10 月建成的中国第一历史档案馆[②]。南通博物馆成立于 1905 年,是中国第一家公共博物馆[③]。LAM 在资源整合的历史功能定位较低,服务融合更低。在一定程度上,中国丰富的文化资源使得服务融合比世界上任何一个国家都要困难。因此,加强对我国数字图博档资源服务融合问题的研究,提高我国数字图博档资源服务融合的效率和满意度任重道远。

在充分认识我国图博档事业各自工作特点和差别基础上,在图博档等数字资源和实物资源建设和数字化服务融合、版权管理等方面研究,要充分借鉴图书情报学科的文献服务经验,借鉴符合国情的他国经验。

1. 充分借鉴我国图书情报学科的文献服务经验

我国图博档事业在新中国建立以来,发展迅速,为我国的社会主义事业的发展发挥了巨大作用,特别是"十八大"以来我国图博档数字资源共建共享及服务（融合）结合我国国情和我国文化资源特色,在质和量上的建设和发展态势良好,网络上一位有图书服务专业知识或实践认识的人士回答读者提问时说:

"你在这个图书馆借的书,不需要再还到这个图书馆,你可以还到任何一家只要加入了'总分馆'的公共图书馆。另外,总分馆内所有公共图书馆的信息资源都是共享的,包括电子资源,如数据库。这个你可以通过访问图书馆的官网然后用自己的读者证登录获得。"[④]。

"深圳文献港"[⑤]包括 CALIS（高等教育文献保障系统）资源,深圳图书馆和深圳图书馆之城,深圳大学城图书馆资源以及深圳职业技术学校图书馆资源。这是教育、科技以及文化三个系统的数字文献中心。读者足不出户就可以发现、了解、获取文献信息,包括中小学图书馆等等。据介绍,只要是身在深圳的市民,就可在"深圳文献港"上查询 280 万种图书目录,了解国内中文图书的出版情况以及该市各大图书馆的收藏情况。如果再拥有一张图书馆的读者证,就可以免费享受"深圳文献港"提供的更多服务,包括试读正文的前 17 页甚至电子图书全文,获取 1.5 亿条期刊论文、报纸、学位论文等的全文等等。

《中国期刊全文数据库(CJFD)》是目前世界上最大的连续动态更新的中国期刊全文数据库,积累全文文献 800 万篇,题录 1500 余万条,分九大专辑,126 个专题文献数据库,贮文献全

---

① 王国平. 中国最早的公共图书馆考[J]. 理论与实践. 2015(4). 96 - 99.

② 李湘凡. 中国档案馆之最[J]. 兰台世界. 1999(10):43.

③ 南通博物苑简介[EB/OL]. [2019 - 11 - 28]. http://www.ntmuseum.com/.

④ 一个城市所有图书馆连在一起,这是有可能的吗？[EB/OL]. [2017 - 03 - 18]. https://www.zhihu.com/question/56916538/answer/153390229.

⑤ 佚名[EB/OL]. [2018 - 04 - 18]. http://www.szdnet.org.cn/primo_library/libweb/action/search.do? vid=szdnet.

文并能提供全文检索的源数据库。

在数据库的数据质量控制方面：

从 1996 年起就花了近两年时间组织专家研究制订《中国学术期刊（光盘版）检索与评价数据规范》，并经新闻出版署召开专家评审会审议通过后以正式文件下发至各入编期刊编辑部，从源头上提高了 CJFD 来源数据的规范化、标准化程度。其次，我们有审读组负责对收到的期刊文章（主要是社科类文章）进行"审读"，保证数据库内容的"质量"。再次，由加工人员使用先进的软件对文章进行数字化处理，并保证数字化处理中的误差最小。然后，由专业人员对文章进行标引分类，并实施规范控制。最后，还有终审程序和数据上网后的监测程序。这些措施有效地保障了 CJFD 的数据质量。

在版权保护方面，

"清晰的版权不仅是数据库建设的先决条件，也是辨别数据库产品真伪的试金石。CJFD 在解决电子出版物著作权问题上是一个成功的范例，已引起海内外学术界和出版界的广泛注意。"[1]

2. 借鉴他国经验一定要符合国情

有些研究论文中认为"我国的相关政策通常是较为宏观的，整体上针对性和可操作性不强；由专门的共同文化机构制定的战略规划较少；公共财政的支出也并没有直接用于支持数字文化资源的整合与集成。从国外的实践看，欧美等发达国家形成了比较完备的规划体系，从国家战略层面的法律到行业性的专业规划较为齐备，既有战略前瞻性又具有可操作性；同时有专门的预算和资金用于支持 LAM 合作项目。"[2]

他国的经验要看有参考价值的，比较类似的，共性发展经验。借鉴他国经验的同时要充分认识到中国是有着悠久文化历史的文明古国，而国外的国家一般都是人口小国、地域小、资源少。我国则相反，工作量和难度要比它们大许多倍。也不要把欧盟等国际组织的文化资源的服务方式与一个国家的文化资源的服务方式等同对待。

要全面地、历史地、全局地认识事物，充分认识国情，社会发展的历史过程；充分了解中国文化事业和文化资源的社会价值，国家发展社会科学的意义、发展文化事业的目的，政府和民众对文化资源应用共同性和差异性。充分认识我国与外国政治体制的差别、意识形态的差别和对意识形态的保护需求；语言文字的差别（表现在我国学者在国外发表图、博、档论文极少，可是在国内发表研究论文很丰富），管理机制契合性等。

系统地、历史地、准确地分析国情，把握繁荣文化、知识传播、文化资产保存、保护、利用的目的；分析图博档在国内外的融合或协作的历史、阶段过程、程度以及方式方法，进行数字化服务融合的可能性、可行性、范围深度及方式探讨。

---

① 中国期刊全文数据库[DB/OL].［2017-12-28］. https：//baike. baidu. com/item/中国期刊全文数据库/6089223.
② 张卫东. 全球化视野下中国 LAM 合作模式研究[J]. 图书情报工作，2016(12)：14-21.

5.3　密切注视国家发展战略

2017 年 5 月 7 日,中共中央办公厅、国务院办公厅印发《国家"十三五"时期文化发展改革规划纲要》[①],提到"融合"二字的地方仅有:

在第 7 条里提到:"促进文化资源与文化产业有机<u>融合</u>"、"鼓励演出、娱乐、艺术品展览等传统业态实现线上线下<u>融合</u>"、推动"三网<u>融合</u>";在"专栏 17"中提到"开发智能电视操作系统和<u>融合</u>终端"。

与本项目相关联的内容有:"允许社会资本参与图书馆、文化馆、博物馆、剧院等公共文化设施建设和运营。";"推动公共文化馆、图书馆、博物馆、美术馆等建立事业单位法人治理结构。";"完善公共文化服务网络。……立足实际,注重实效,做好公共文化馆、图书馆、博物馆、美术馆、乡镇(街道)综合文化站、村(社区)综合性文化服务中心等的规划建设。";"推进数字图书馆、文化馆、博物馆建设"。

与博物馆相关的还有"专栏 18 文化遗产保护工程"里"文物数字资源共享:加快文物藏品数字化保藏,推进数字故宫、数字敦煌、数字丝绸之路和中国人民抗日战争数字博物馆建设"。

全文 13 608 个字,另加 22 个专栏,共 40 页,都没有提到"档案馆"三个字。与"档案"直接有关的仅有"专栏 19 中华文化传承工程"里"……推进基础性古籍、失散海外中华古籍、出土文献、古代社会<u>档案</u>等整理出版……",也算是唯一与图博档三者有点相关的内容。

文化部根据《中华人民共和国公共文化服务保障法》和《国家"十三五"时期文化发展改革规划纲要》制定的《"十三五"公共图书馆事业发展规划》[②],在第二条"主要任务"的第二款"加强文献信息资源保障能力建设"第三项中,提出"完善文献资源协调与共享机制。充分发挥省级公共图书馆作为地区性文献资源保障中心的作用,联合本地区各级公共图书馆共同开展地方文献资源的建设与服务。加强各级公共图书馆与其他系统图书馆之间的资源共建共享,实现分工协作、优势互补。……"

在第四款"加强新技术应用,提升数字化服务能力"中,第二项"加强新技术研发和应用。……,利用云计算、大数据等信息技术,推动图书馆信息化装备和系统软件的研发应用,促进图书馆数字服务手段升级换代,提升公共图书馆的现代化服务水平。通过互联网等新技术手段,深入开展用户需求数据分析,推广线上线下互动的服务模式。"第四项"依托国家数字图书馆建设成果,提高基层公共图书馆数字化服务水平;建设优质数字文化资源库群,促进对数字资源的整合与共享,……为社会公众提供基于全媒体的资源与服务。"

全文 9457 个字,虽然对本项目很有指导意义,但没有提到"图书博物档案服务融合",唯有一处提到"融合"两个字的,是在第二条"主要任务"第六款中提到"加强政策理论研究,完善相关法律法规和行业标准加强图书馆领域关键技术的研发应用,推动公共图书馆事业与科学技术融合发展。"

5.4　立足国情的图博档服务融合方式

一般国外的图博档服务融合方式,我国理论界比较认可,但我们认为结合中国国情,比较可行的、可操作的是如下三种服务融合模式:

(一)共性资源　古籍图书文献类型的文化遗产资料和古籍(文献)档案资料的资源数字化协作共

---

①　新华社[EB/OL]. [2017 - 11 - 24]. http://www.gov.cn/xinwen/2017 - 05/07/content_5191604.htm.

②　文化部印发"十三五"公共图书馆事业发展规划[EB/OL]. [2017 - 09 - 26]. http://www.chnlib.com/wenhuadongtai/2017 - 08/323248.html.

建和数字化服务融合(古籍图档服务融合)；我们认为该类资源属性不唯一,可以(容易)实现数字化共建和服务融合(这是国务院和文化部希望促进的)。

(二)单位内部　我们认为单位内部的资源因为不改变属性,组织操作容易,可以开展实现数字化服务融合。主要指"馆中馆"内部两馆的业务相关的数字资源协作共建和数字化服务融合(领域内部的图档服务融合、博档服务融合、图博服务融合等)；

(三)不同领域之间上下级业务关系　我们认为是某一单位(领域)与其他单位(领域)的下属部门存在业务相似性以及典藏资源相似性,他们往往是上下级业务关系,如某一馆和其他"馆中馆"中同类型的业务、类似资源之间的机构(馆)协作共建和数字化服务融合(领域外部的图档服务融合、博档服务融合、博图服务融合等)。

需要特别说明的是,如与档案资源进行数字化服务融合,则需要遵守档案馆(局)的相关规定,区分一般用户与特殊用户,各自在自己的有序范围内接受服务。从图书馆领域到其他领域,从少数到多数,直至在一些特殊的公共领域实现 LAM 资源的数字化共建与融合服务。

广义的一般图书(馆)、博物(馆)、档案(馆)三者之间的数字化服务融合,一般情况下暂缓考虑,特殊条件好的地区可以考虑,大力提倡图书(馆)、博物(馆)、档案(馆)两者之间的数字化服务融合；同时,加大行业(或机构)内部自身资源数字化协作共建和数字化服务融合力度。

5.5　未来研究方向

在图博档等数字资源和实物资源建设和服务融合理论与实践研究方面：

(1)坚持正确导向,坚持以人民为中心,立足中华优秀传统文化,大力培育和弘扬社会主义核心价值观。符合国家文化事业发展战略,重视我国图书馆、博物馆、档案馆特点和图博档文化资产特色,立足于我国国情和社会发展特色。符合系统化、体系化的要求,立足图博档文化系统各自的优势资源,结合其他系统的优秀资源体现优秀传统、红色历史、当代艺术与群众喜爱的文化资源数字化服务融合特色。[①]

(2)树立中国文化的自信心,在充分汲取中国多年来的理论与实践的成果,多方考虑、充分论证、循序渐进,不断探索我国图博档服务融合模式。

(3)图书文献资源服务融合先行,文化资源服务融合和数字化服务融合在时机成熟以后进行,广义的一般图书(馆)、博物(馆)、档案(馆)三者之间的数字化服务融合,一般情况下的大规模的数字化服务融合,要从长远规划,条件好的部分地区可以考虑局部进行建设实践,大力提倡图书(馆)、博物(馆)、档案(馆)两者之间的数字化服务融合；需要考虑的重点一是古籍文献类型的文化遗产资料和古籍(文献)档案资料的资源数字化协作共建和数字化服务融合；二是"馆中馆"内部两馆的业务相关的数字资源协作共建和数字化服务融合；三是一馆和其他"馆中馆"中同类型的业务、类似资源之间的机构(馆)协作共建和数字化服务融合；四是加大行业(或机构)内部自身资源数字化协作共建和数字化服务融合力度。

(4)努力满足群众需求,提高服务内容的丰富性、针对性、适用性,开展形式多样的图博档服务融合活动。

为了使图博档三馆合作服务能够持续经营,需要规划出一套可长久依循的机制,持续地将实体和数字信息、资源与服务整合,持续吸引虚拟入口网用户进入实体图博档三馆,引导实体图博档三馆用户进

---

① 文化部关于印发《文化部"十三五"时期公共数字文化建设规划》的通知[EB/OL].［2017－09－28］. http://www.lc123.net/laws/2017－08－01/312526.html.

入虚拟入口网,增加对典藏馆的依赖性,创造虚实整合后的强大吸引力。具体而言,需考虑的重点有:

(1)重视使用者意愿与社会网络力量、强化知识内容分类结构与浏览分类检索及个性化推荐功能。

(2)建立可跨异质资源的资源共享规范及协调委员会,统一规划、统筹安排,协同推进资源互联,服务互通。

(3)服务融合规划仍需要考虑馆藏特性,及资讯分级与分类。

(4)维持数字档案馆接收、鉴定、存储、管理、安全维护等要件。

(5)导入强调共创、分享、互动、参与的 Web 2.0 概念,打造图博档服务 2.0。

(6)善用新兴信息科技,提供更全面的个人化一站式便捷服务。

第一,尊重各个机构原有的管理方法。图书馆、博物馆、档案馆虽然同宗同源,管理的资源本质上都是存储不同载体的文化信息,但在长期历史发展中也形成了各自独具特色的管理方法和学科理论,并渗透到信息服务的方方面面。三个机构的数字化融合应当尊重三个机构独立的学科属性特点,它们各自现有的科学管理原则和方法没有必要改变,对三个机构各自的行政管理不做干涉,即无须"创造"新的、共同的管理方法。

第二,主要对数字资源开展服务融合。数字资源具有不占用物理空间、加工存储转换方便、网络传输便捷、可共享的特点,以数字资源为主要服务内容开展图博档数字化服务融合,既不会影响图博档现有的文化资源及服务、管理方式,而且还能拓展图博档的信息服务空间。图书馆、博物馆、档案馆都是我国重要的文化信息服务机构,而且各有特色、缺一不可。在数字化服务融合中,三个机构应该是地位平等的合作伙伴关系,重点围绕数字化的文化资产信息资源提供信息服务融合。

5.5.1 实践步骤

我国应以国际上 LAM 合作的成功范例为参考,结合实际国情,树立全球化视野,借鉴西方国家在图博档数字化服务融合有关制度体系构建、专业机构推动、多元化资金支持等方面的经验,积极推动 LAM 合作的本土化行动,探索以校园/机构模式、社区模式以及项目化推动模式为主的多种合作模式,从细小的创意和行动开始,自下而上地推动我国 LAM 合作实践从局地向全国乃至全球扩展。[①]

良好的合作关系和成功的协作需要深思熟虑和精心的准备。Alexandra[②] 在其文章中归纳出从始至终,能够确保积极成功合作的各项步骤,分别为:预规划合作的预规划阶段,规划阶段,实施,评估,经验分享等阶段。说明如下。

(1)预规划合作的预规划阶段:选定一个已经建立了合作电子资源的机构,征求其对所开展的项目的具体意见。进行文献检索以调研类似的项目,同时了解选用的藏品是否受版权保护。

(2)实施阶段:视具体情况而定,确保项目执行之前举办多样的推广合作的活动。

(3)评估阶段:一旦合作完成,或在适当时机,评估合作的效果。

(4)经验分享阶段:采用新工具,如社交网站和 Web 2.0 工具,向其他专业人士和公众宣传合作项目。这是一个让同行知道自己成功项目的机会,同时也可以发布失败的合作项目,使他人也能从错误中吸取经验。

(5)建立基于 XML 语言的公共数字文化资源整合平台,将符合 MARC、EDA、TEI 等标准的资源描述数据转换为 XML 格式,并建立元搜索引擎来实现分布式数据库的资源检索。

---

① 张卫东. 全球化视野下中国 LAM 合作模式研究[J]. 图书情报工作,2016(12):14 - 21.

② Alexandra Y, Barbara C, Jennifer-Lynn D. Public Libraries, Archives and Museums: Trends in Collaboration and Cooperation. The Hague, IFLA Headquarters. [EB/OL]. [2019 - 04 - 23]. http://archive. ifla. org/VII/s8/pub/ Profrep108. pdf.

5.5.2 以用户为中心解决问题

充分注重用户需求，并想方设法满足其需求，是图书馆、博物馆和档案馆等机构进步的唯一路径。开展用户调查、注重用户体验、提升用户满意度，应该是图博档三馆数字化服务融合需要解决的关键问题。本研究通过文献分析方法，将目前图图博档文件数字化服务融合常见问题及解决措施与效果整理如表 5-3 所示，可见，充分尊重并依赖用户，以用户为中心，能够有效解决很多问题[①]。

表 5-3　图博档文件数字化合作服务常见问题及解决措施[②]

问题	解决方式	融合效果		
		措施(1) 通过用户	措施(2) 通过机构内部	措施(3) 通过信息技术
形态及范围均有显著差异	建立诠释数据(metadata)	○	×	△
知识本体论或分类差异	透过数据/沟通之标准协议	○	△	○
社群网络差异	建立社群	△	○	○
范围差异	建立参访与传播管道	○	×	○
需求差异	进行保存	○	○	○

效果：好：○　普通：△　差：×

5.5.3 技术实验及应用实践

1. 人工智能与大数据挖掘

随着人工智能和大数据挖掘技术的快速发展，用户希望感知和认知服务方面有深入的智能检索和统计分析。今后，研究人员可以尝试使用智能规划、深度学习、云计算、文本挖掘等方法来支持高效的数字 LAM 资源管理和服务融合。

2. VR/AR/MR 与可视化

在 LAM 资源检索服务中仍然需要更多的可视化信息。进一步研究三维数据、虚拟环境和实体建模、虚拟现实、增强现实、混合现实(VR、AR、MR)等的可视化和在 LAM 资源数字化如展示、检索服务融合中的应用。在对收集资源的一些必要数据进行规范化、有效集成、科学分析之后，利用可视化技术开发一套可用于聚合服务的工具包。可以探索应用信息可视化软件(例如，可以使用 JavaScript 中的开放源码可视化软件)来深入揭示藏品的知识。

3. 版权保护与管理

版权保护和管理包括用户身份识别、信息隐藏、数字水印、电子签名、操作跟踪和信息加密。特别是加强图博档中数字图书、图片、音/视频、动画等数字资源的产权保护研究与实践应用。

4. 多模态交互与多媒体信息检索

人们自然希望通过多种感知方式与世界互动。尝试研究使用更自然、更强大、更有说服力的交互方式，比如不仅仅通过文字和还通过声音、表情、手势、情绪等交互通道，让人类与计算机或机器进行自然

---

① 韩文靓. 图博档数字化服务发展趋势研究. [D]. 南京：南京大学，2013.

② Constantinescu N. Adapting the Information Professionals to the Digital Collections Universe[EB/OL]. [2016 - 04 - 21]. E-prints in Library & Information Science，2010，http://eprints. rclis. org/14755/.

交互的理想的交互方法。尝试研究设计和构建多模式交互工具,探索更好地实现与 LAM 服务融合网站或其他展示平台的沟通途径,获得更好的使用体验,以便支持一个以上的用户远程协作应用。此外,进一步研究多媒体信息处理技术,如内容分析、基于内容的检索、媒体流等,用于多媒体 LAM 信息融合服务,也可用于其组织和管理。

当然,需要探索不同的技术在教育、展览、增强、探索、资源共建等图博档数字化服务融合上的应用程度和效果。

5.6　进一步发展建议

进一步发展的建议如下:

(1) 研究方法上,要充分立足国情,历史地、全局地认识中国与别国图博档事业、服务、服务融合发展及数字化服务融合的特点。

坚持正确的研究方向,在图博档数字资源共建共享及服务融合研究方法思路上,既要放眼世界,又要充分认识国情、社会发展的历史过程;充分了解中国文化事业和文化资源的社会价值。系统地、历史地、准确地分析国情,把握繁荣文化、知识传播、文化资产保存、保护、利用的目的;分析图博档在国内外的融合或协作的历史、阶段过程、程度以及方式方法,进行数字化服务融合的可能性、可行性、范围深度及方式探讨;充分研究别国的服务进展历史与现状,也不要将国际组织的文化资源的建设与服务方式与一个国家的文化资源的建设与服务方式等同对待。要充分看到中国图博档数字化服务方面的成就,别国的经验要看有参考价值的,比较类似的,共性发展经验,体现"有中国特色"。

(2) 在理论研究上,要不断联系实际、着眼长远、面向需求,进一步深化拓展。

结合互联网思维,数字时代的信息服务、信息资源服务融合建设、管理领域的理论研究需要在云计算、大数据、移动服务、社交媒体、文化遗产保护等方面进一步深化,并拓展至数字人文、城市记忆、智慧城市等前沿领域。紧密结合我国文化事业数字资源建设与服务发展战略需求,进一步做好省市级以下基层资源数字化共建共享建设组织和服务融合建设管理方法的研究,以及在规划、宣传方面的研究。图书馆、博物馆、档案馆服务融合是建立在 LAM 数字资源共享基础上的,信息资源共享会涉及不同主体之间的利益冲突,其中较为突出的是知识产权问题,涉及知识产权问题包括信息资源采集、数字化、自建数据库等诸多过程[①],建议设立版权代理机构、制定完善相关法律法规,构建信息资源整合的法律保护体系等。另外图书馆、博物馆、档案馆分属于不同的管理系统,因此需要不同系统进行协调管理,制定良好的管理政策为构建 LAM 数字资源服务保驾护航,以保证 LAM 信息资源共享及服务的融合能够顺利开展。

(3) 技术探索上,进一步重视图博档数字化服务融合的多种新兴技术方法应用探索研究。

技术探索上,进一步继续有针对性地加强多媒体(尤其是图形图像)技术、网络技术、三维扫描、立体显示、人机交互、虚拟现实技术、保护知识产权的数字水印技术、云存储与云服务技术、智能搜索(如自动推荐、自动问答系统)和大数据分析等先进技术在图博档数字化服务融合平台应用方式方法、程度、可行性的实验研究,密切关注大数据智能挖掘、移动 APP 跨平台应用与方向。加强对社会发展进程中各类海量数据(包括用户移动数据)的采集与保存,建设用户知识管理体系,搭建以用户(移动)资源为主要内容的用户自媒体知识管理平台,充分发掘数据所含的信息价值。[②] 在图博档数字资源共建共享与服务

---

①　王建,胡翠红.信息资源整合中的相关知识产权法律问题研究[J].情报杂志,2013,32(3):155 - 158.
②　"十三五"规划[EB/OL].[2017 - 11 - 30]. http://www. jslib. org. cn/pub/njlib/njlib_ntgk/201701/t20170109_150741. htm.

融合研究与发展过程中，还要充分考虑图博档界具体的建设人员的业务能力与用户承受的技术水平，既要体现先进性，又要体现实用性。

（4）服务形式上，进一步巩固基础、加强用户研究，扩大社会参与、加强图博档三馆馆员联络交流。

① 我国图博档资源共建共享以及带有融合性质的数字化存储服务已见成效，巩固图书馆、博物馆和档案馆数字化服务功能基础，进一步总结已有的建设经验，进一步制定相关标准，要分步试点有限融合建设和服务，进行图博档服务融合的可能性与可行性的反复论证研究。

② 借鉴我国在图书、文化、科技信息等资源多年来共建共享服务取得的成果，结合我国文化事业数字资源建设与服务发展战略，进一步做好省市级以下基层资源数字化共建共享和服务融合建设组织与管理的规划、宣传及局部试点建设工作。

③ 以用户为中心，开展图博档数字化合作服务用户研究，探索用户心理、用户行为、用户需求，开展针对性的新的服务内容与形式，并对建设人员进行培训。

④ 开创图博档三馆数字化网站的社交网络功能，深入开发 Web 2.0 环境下的服务形式和服务模式，强调用户互动、用户参与，发动广大民众关注、学习、利用我们丰富的文化资源，并再接再厉为文化信息资源建设的完善出力。

⑤ 打造开放性平台，与文化事业发展相关企业互动，鼓励技术人员开发创新应用，鼓励文化产品企业开拓文化资源的商业潜能，借由文化资源的开发促进文化创意产品的开发，提高文化产业的活跃度，借助商业活动的力量拓展中华民族的文化影响力。

⑥ 进一步创新图博档服务融合形式，加强图博档三馆馆员之间的协作与交流，可以就某一主题进行再创造，例如充分发掘三馆信息资源，就某一主题深入研究，拍摄成纪录片，并通过有偿或者无偿的方式提供给用户，丰富用户的知识结构，提升文化素养。

结论

图书馆、博物馆、档案馆三者同属于文化机构，且均为人类社会文化资源的典藏单位，有着共同的工作目标，虽然储藏的信息类型不同，提供信息服务的具体方式、具体目的不同，但总体在数字馆藏资源的利用服务上，存在一定的相似性与共通性。随着时代的发展，图博档朝数字化服务融合发展，是个必然的趋势，而这样的服务融合，可以扩大原有服务范畴，且不受到空间与时间之限制。由于互联网的日益普遍化，为了加强管理，各级图书馆、博物馆、档案馆都相继开发网站、数据库。图书馆、博物馆、档案馆已经基本实现工作自动化、业务标准化、信息网络化，用户可以通过网络查找并获取信息，实现续借图书、查看图片等动作，这也大大提高了三馆透过数字化服务融合，进行馆际合作及共同发展，创造增值服务与社会效益的可能性。研究方向和研究内容上结论为如下两条：

坚持正确导向，坚持以人民为中心，立足中华优秀传统文化，大力培育和弘扬社会主义核心价值观，符合国家文化事业发展战略，重视我国图书馆、博物馆、档案馆特点和图博档文化特色，立足于我国国情和社会发展特色。符合系统化、体系化的要求，立足图博档文化系统各自自身的优势资源，结合其他系统的优秀资源体现优秀传统、红色历史、当代艺术与群众喜爱的文化资源数字化服务融合特色。树立中国文化的自信心，充分汲取中国多年来的相关理论与实践的成果，多方考虑、充分论证、循序渐进，不断探索我国图博档服务融合模式。

广义的一般图书（馆）、博物（馆）、档案（馆）三者之间的数字化服务融合，一般情况下的大规模的数字化服务融合，要从长远规划，条件好的部分地区可以考虑局部进行建设实践；需要考虑的重点一是古籍文献类型的文化遗产资料和古籍（文献）档案资料的资源数字化协作共建和数字化服务融合；二是"馆中馆"内部两馆的业务相关的数字资源协作共建和数字化服务融合；三是一馆和其他"馆中馆"中同类型的业务、类似资源之间的机构（馆）协作共建和数字化服务融合；四是加大行业（或机构）内部自身资源数字化协作共建和数字化服务融合力度。

　　服务融合是水到渠成的事情，那么多数字资源长期保存是基本目的，但更要体现其使用价值。数字资源给人们浏览应用时，它不像实物，对其本身没有任何损坏。要更加重视文化资产尤其是文物的三维数字化保存，这项工作量非常非常大，图博档信息资源大规模数字化存储、高效应用、良好服务和管理，可以帮助有效地保护数字资源原始权威性和长期的真实可用性。数字资源共建共享与图博档服务融合是相互促进的。

　　今后的研究上，还需要继续加强运用数字信息技术解决信息资源服务融合问题方法的研究，在图博档信息资源服务融合的理论与实践研究上赶超世界领先水平。虚拟与现实结合，进一步重视开发图形图像技术、网络技术、三维扫描、立体显示、人机交互等技术充实服务形式，带给用户更新的文化体验。进一步采用现代数字媒体技术、云存储与云服务技术，密切关注大数据和智能挖掘技术等。

下　集

技术与实证研究

第七篇 数字图博档影像信息资源建设与检索服务

第1章 引 言

1.1 研究背景

近年来,各行各业都产生了大量的图像、音频和视频等影像信息资源,这些资源极大地丰富了文本载体的信息内涵,能够将文本信息以生动活泼的动态形式表现出来,具有内容丰富、生动形象、使用方便、易于存储、便于网络传输、支持智能化信息检索等特点,已成为人们生产和生活不可缺少的组成部分,能够为人类社会发展提供重要的信息资源。

随着互联网的普及和影像信息技术的不断发展,影像信息资源已逐渐成为人们生产生活中的重要信息资源,人们对影像信息资源的需求越来越高,特别是全球范围的馆藏资源数字化建设的兴起,在诸如 Facebook、Flicker、Twitter、Sina Microblog、微信等信息共享和交互平台中,海量的图像信息资源构成了巨大的且仍在不断膨胀的图像信息资源库,使得影像信息数字化资源建设与数字化服务越来越受到重视。

同时,随着影像信息获取技术的不断改进,图书、档案、文物在数字化过程中,90％以上都转换成影像信息资源,其数据量都以惊人的方式增长。如何运用计算机和网络获取、组织和建设高质量的网络影像信息资源,如何提供多样化的网络影像信息资源的检索与服务,如何采用合适的保存方法及技术,便于影像信息的长期存储等等,这些都关系影像网络信息资源的应用效果。将影像信息资源充分应用到生产、科研、生活和娱乐等各个方面,从而促进社会发展和进步、增强生产力和推进科学发展、提高人们生活质量和水平,已经成为国家、社会和科技发展许多重大应用需求的关键科学问题。

国外的数字影像信息资源建设由于起步早、技术先进、资金投入足,在理论和实践上都取得了不少的成果。相比之下,我国的影像信息资源建设还存在着一定的差距。目前,我国的数字图博档影像数据库较少,质量不高,共享率和利用率虽然逐年上升但整体不够高,与我国历史文化悠久的大国身份比较起来相对较低,对影像信息资源的采集、存储缺乏系统研究,影像信息资源的检索方式单一,尚未完全实现自动化的影像信息标注系统,影像信息资源的服务内容有待创新等等。如何改变这种状况是我国影像信息资源建设急需解决的关键问题。

现有研究中,大多是关于文本信息资源的建设及服务,涉及影像信息资源的较少,本研究通过研究影像信息资源的特点,建设目标内容和功能等方面,构建数字图博档影像信息资源管理系统框架,总结归纳影像信息资源的信息采集方式及其质量控制,创新性地利用改进的标签传播算法对影像信息进行自动而有效地描述及标注,总结和归纳了目前数字图博档影像数据库资源的服务方式及特色服务,比较了传统存储介质存储方式的优缺点，并对影像信息资源的长期保存提出了相关的建议。此项研究，有助于充分满足用户对影像信息资源的需求，有助于序化数字图博档影像信息资源，从而有效地开发、整理、组织和管理信息，有助于资源的保护和保存，便于人们更好的检索和利用信息。

本篇研究对象和内容主要是馆藏数字图博档影像数据库的建设、采集与数字化、存储、组织与标注，以及检索与服务；本篇的主要研究工作包括四个方面：

第一，分析了目前我国影像信息资源的建设现状，系统阐述了数字图博档影像信息资源的数字化建设目标、原则、建设模式和建设流程；构建了基于语义元数据的分布式数字图博档影像信息资源管理系统框架，利用元数据 CIDOC CRM 模型，提取影像信息资源的特征，利用标签传播算法（Label Propagation Algorithm，LPA）建立语义元数据映射，从而完成基于内容的影像信息的标注与检索；利用分布式系统实现总馆与子馆的信息交换与共享，并提出了加强影像信息资源建设的措施。

第二，总结了数字图博档影像信息资源的组织原则和内容，介绍了数字图博档影像信息标注的两种主要方法，分别是基于元数据和基于内容的影像信息标注；提出利用 LPA 对影像信息进行标注；概述了 LPA 的基本理论、特点和应用领域，实验发现 LPA 的标注的参数设置对其效果有很大程度的影响，目前有两种参数估计方法，第一种是最小生成树方法，该算法实现简单但是标注效果不好，第二种是最小熵方法，该算法实现复杂而且具有多个局部极小值点；本篇提出采用遗传算法来求解熵函数的最小值，得到最小熵函数对应参数，再用此参数代入 LPA，从而获得较好的标签分类。

第三，根据理论联系实际的理念，总结了目前我国影像信息资源建设的采集途径、数字化技术、存储方式和检索系统及服务内容，分析了国内外相关案例，并提出了相应的改进措施，从而更好提高信息质量，加快影像信息资源建设，为创新影像信息服务融合打下基础。

第四，本篇提出了一种基于组合视觉特征的标本描述方法，改进 Hu 矩的特征提取算法，消除了数据冗余，并增强了边缘细节的描述，提高了轮廓描述过程的实时性，保证了算法的高计算效率和向量维度的紧致性。实验结果显示出了优于其他算法的检索性能。

总之，本篇致力于我国信息资源数字化建设与服务研究，重点是从信息采集、数字化、存储、组织与标注、检索与服务等方面探讨我国影像信息资源数字化建设，对于指导我国影像信息资源数字化建设、加强服务管理，具有重要意义。

1.2　相关概念及研究对象

数字图博档影像信息资源建设与服务管理这一课题，涉及很多关键的概念，如信息、信息资源、网络信息资源、信息资源建设和信息资源服务等等，这些概念广泛地应用于图书馆界、情报界和其他信息工作领域中。学者们对上述的概念却一直有不同的理解。本篇试图通过厘清相关概念，从而明确我们的研究内容和研究对象①。

1.2.1　相关概念

关于信息的概念，毕强等②认为：信息是依附于一定的物质载体形式，是客观世界中各种事物的变化和特征的反映和经过传递后的再现，是事物的存在状态、运动形式和运动方式的表征。

涉及影像信息资源的相关文献较多，但是关于影像信息资源的概念却提及的很少，在不同的领域有

---

①　张俊丽. 网络影像信息资源建设与服务研究[D]. 南京：南京大学. 2012.
②　毕强，陈晓美. 数字资源建设与管理[M]. 北京：科学出版社，2010.

不同的意义。盛希贵[①]认为影像可分为两种，一是狭义的影像（Photo-image）是指通过光学装置、电子装置或感光材料等，将由对光的反射造成的被摄物通过光的投影、电子脉冲等途径获得图像、声音和摄影等。二是广义的影像，包括造型、绘画、各种实物、碑刻、遗迹遗址、古建民居、地图、视频等种类。本篇所指的影像信息，主要是指利用照片扫描仪、数码摄像机、数码相机、录音等途径获取的图像、声音和视频等。

1986 年，美国著名的信息管理学家霍顿在《信息趋势：如何从你的信息资源中获利》一书中指出，信息资源具有四个方面的内容：（1）具有与信息相关技能的人才；（2）信息技术中的硬件和软件；（3）信息机构，如图书馆、计算中心、信息中心等；（4）信息处理服务提供者。本篇所指的影像信息资源是指一种以图像、视频、声音等形式，直观感性和形象化地展示信息内容为核心的各种信息活动要素的集合。

黄晓斌[②]认为网络信息资源是将文字、图像、声音和动画等多种形式的信息，以数字化形式存储，并借助计算机与网络通信设备发布、收集、组织、存储、传递、检索和利用的信息资源。他认为网络信息资源就是通过计算机网络利用的各种信息资源的总和。本篇所指的数字图博档影像信息资源，主要是指互联网上能够被利用的以图像、声音、视频和动画等多媒体形式表述的信息集合，包括数据库和网页等信息资源。由于本篇篇幅有限，本篇所指的数字图博档影像信息资源，主要是馆藏数字图博档影像资源。

肖希明[③]指出："信息资源建设是人类对处于无序状态的各种媒介信息进行选择、采集、组织和开发等活动，使之形成可资利用的信息资源体系的全过程。"其主要内容有：信息资源体系规划，信息资源的选择与采集，馆藏资源数字化与数据库建设，网络信息资源开发，信息资源组织管理，信息资源共建共享和信息资源建设基本理论与方法研究。

信息化环境下，信息资源建设的重点和主要目的是更好地为人们的生产生活服务，满足人们的个性化信息需求，帮助人们更好更方便地获取所需信息资源，根据用户的信息使用行为、习惯、偏好和特点而展开有针对性的增值服务。它强调以用户为中心，通过对信息资源的深层次开发和深度挖掘，从而提高信息资源服务绩效。信息资源建设能够保障信息服务顺利进行，信息服务也促进了信息资源建设的快速发展。单纯强调任何一方面都是片面的，不利于信息资源的整体规划和发展。

Venkatalakshmi 等人[④]认为，数字信息服务是通过集成访问不同表现形式的信息资源（本地的、远程的、拥有的、许可的、免费的、商业的、数字的、书目的、全文的、链接的、多媒体的、跨越时空的数据），向用户提供所需信息的一种服务。

本篇认为信息资源服务主要是利用信息资源快速找到自己所需要的信息，能够更大程度上满足用户的需求。信息服务包括了信息服务的特点、服务模式及其服务内容等，信息服务包括了信息检索，信息检索是信息服务中最重要的一部分。随着信息服务的发展，信息服务的主体和客体之间的关系也在不断地发生变化，信息服务经历了从"馆员中心"、"资源中心"、"产品中心"到"用户中心"的发展演变过程，其发展趋势是更强调信息服务的个性化。

1.2.2　研究对象

本篇中所指的数字图博档影像信息资源建设和服务，是指数字图书馆、博物馆和档案馆中能够被利

①　盛希贵. 影像传播论［M］. 北京：中国人民大学出版社，2005.

②　黄晓斌. 网络信息资源开发与管理［M］. 北京：清华大学出版社，2009.

③　肖希明. 信息资源建设：概念、内容与体系［J］. 中国图书馆学报，2006(5)：5 - 8.

④　Venkatalakshmi K，Sharad K S. Challenging Aspects of Digital Information Services［EB/OL］. ［2012 - 04 - 21］. http://eprints. rclis. org/archive/00000307/01/CAFDIS. pdf.

用的以图像、声音、视频和动画等多媒体形式表述的信息的选择、采集、组织、开发建设与服务管理。数据库是信息资源管理的重点，是实现影像信息资源共享、提高信息质量和系统服务能力的重要手段。本篇篇幅有限，因此选择以数字图书馆、博物馆和档案馆中部分馆藏的数字图博档影像数据库的建设与服务研究为主要研究对象，主要研究数字图博档影像信息资源的系统构建框架，总结归纳数字图博档影像数据库信息资源的信息采集方式及其质量控制，概述了数字图博档影像信息资源的存储格式和存储技术，利用基于遗传算法的标签传播算法对影像信息进行自动而有效地描述及标注，总结目前馆藏数字图博档影像数据库资源的检索与服务的特点和内容，并提出相关的建议。

1.3 研究意义

社会正在步入一个高度数字化、网络化的信息时代，基于影像信息资源的网络数据库应用和服务越来越多，如 KUKE 数字音乐数据库、中国近代图像数据库、World eBook Library 等以图像和音视频为主要资源形式的网络数据库资源日渐涌现。而现有文献中，主要是关于网络文本信息资源建设与服务的研究，数字图博档影像信息资源独有的特性决定了数字图博档影像信息资源的建设与服务与文本信息资源有所不同。

数字图博档影像信息资源具有如下特点：从载体形式看，数字图博档影像信息资源的内容更丰富；从网络资源的构成比例看，目前网络上的影像资源越来越多，影像信息资源在网络资源中所占的比例逐步增加；从信息的检索功能来看，文本文献的检索相对于影像资源检索更准确，传统的关键词检索很难形象和准确地描述影像资源特征，基于内容的影像信息检索技术更具有优越性；从信息的服务功能来看，文献信息的专业性更强，而影像信息则更形象生动、更直观地表达出物体图片或者影视的特点。

本篇认为研究数字图博档影像信息资源建设与服务主要有以下几个方面的意义：

1. 有助于充分满足用户的需求

现代社会正在步入一个高度数字化、网络化的信息时代，网上教学、虚拟社区、视频会议、视频点播、城市记忆等大量的以多媒体为存储形式的信息资源日渐涌现。人类对数字图博档影像信息资源的需求是影像信息资源建设的前提，正是由于人们的信息需求，才使得影像信息资源的合理配置、利用、开发成为必要，建立不受时空限制的网络化、数字化、知识化的影像信息服务体系，方便用户利用影像信息资源，推进知识创新和发展，是影像信息资源建设最基本目标之一。

2. 有助于序化数字图博档影像信息资源

随着计算机的普及，网络的延伸，人们对网上各种类型的影像信息资源的利用也正在趋于依赖和信任，然而因特网上存在着大量的无序的影像信息，缺乏有效的组织，而且随着 web 2.0 的产生，用户参与到网络信息资源的建设与使用中，大量的、非官方的信息发布极其随意，甚至不乏虚假信息，大量的影像信息缺乏必要的过滤和整理。研究数字图博档影像信息资源建设与服务管理能够帮助我们有效地开发、整理、组织和管理信息，使无序信息变成有序信息，便于人们的发布、检索和利用信息。

3. 有助于资源的保护和开发利用

由于纸质介质不易保存的特性，很多珍贵的纸质图像信息容易出现破损和遗失，还有一些珍贵的博物馆藏品和非物质文化遗产等，无法用文字描述其展品特点，需要利用影像形式对这些藏品进行展示。而这些藏品或者纸质图像信息等需要特殊的保护措施，因怕破损、遗失而限制用户借阅和使用，给开发利用带来了不便，不能充分发挥它的使用价值。因此需要对这些文化遗产或藏品进行数字化，利用数字化信息处理技术，将这些宝贵资源转换成为可反复浏览和下载使用的图片、声音、视频或音乐等形式的影像信息资源，从而更好地保护稀缺物质和文化资源。

4. 有助于实现资源共享和合作开发

很多影像资源和传统文化遗产数字化后,通过整合、加工和处理,并运用多媒体方式,能够更加逼真、形象和生动地显示信息内容。用户可以通过网络快捷方便地访问这些影像信息资源,可以按照关键字、类别、年代等进行检索,从而实现资源共享。此外,馆际、地区间的影像信息资源可以相互利用,相互合作,充分实现数字图博档影像信息资源开放与共享。

5. 有助于信息机构自身的发展

网络上大量的繁杂无序的信息给用户检索和利用信息带来了一些不便,信息机构需要利用自身的资源优势和专业优势,对这些信息进行合理的开发、组织和加工整理。一方面能够丰富信息机构的相关资源,避免盲目开发和无节制的利用所带来的危害;另一方面开发和利用数字图博档影像信息资源是各大信息机构的长远发展趋势,能够促进信息机构自身的发展;最后,对一些文化遗产、非物质文化遗产、数字城市等资源的开发,能够发展人文经济,扩大知名度,促进旅游开放和塑造品牌优势。

1.4　研究现状

关于网络信息资源建设的理论方面,我国很多学者关于这一内容开展了一系列的研究,如《我国社会科学信息资源网络建设研究》(袁名敦,1996),《网络信息资源开发与管理》(黄晓斌,2009),《网络时代的信息资源建设与信息服务》(林菁,2000),《网络时代的信息资源建设与信息服务》(陈平殿,2011)《信息资源建设的变革与发展》(肖希明,2010),《信息资源管理研究进展》(胡昌平,2010)等三十多篇相关书籍。关于网络信息资源建设论文几百篇,但是纵观这些论文及其书籍,学者们大多偏重网络文本信息资源建设与服务研究,特别是图书馆、档案馆、农村、电子商务和电子政务等领域的网络信息资源建设与服务,对于影像信息资源的建设与服务研究的比较少。

肖希明[1]提出信息资源建设的主要内容包括:信息资源体系规划、信息资源的选择与采集、馆藏资源数字化与数据库建设、网络信息资源的开发、信息资源的组织管理、信息资源共建与共享与信息资源建设基本理论与方法的研究。"新泽西数字高速公路"能够通过文本、图片、音视频和三维动画等方式显示信息资源,并提供资源的检索与浏览[2]。张兴旺等人[3]提出:"将云计算与数字化信息资源建设的业务特征相结合,建基于云计算的数字化信息资源建设体系架构模型、实施方案,同时通过对 MapReduce 架构的核心思想和开发技术的研究,初步实现了"数据云"服务,完善和验证了这一体系架构模型。"Scholl[4] 探讨了电子政府、政府信息资源管理、公共信息资源管理等问题。Reddick[5] 探讨了地方政府中信息资源管理者在促进电子政府工作效率中的作用。

关于影像信息资源数据库建设方面,根据中国互联网信息中心发布的《2005 年中国互联网络信息资源数量调查报告》[6],全国在线数据库约 29.5 万个,其中图像数据库占在线数据库的 11.5%,音视频

①　肖希明. 信息资源建设:概念、内容与体系[J]. 中国图书馆学报,2006(5):5-8.

②　Anderson N. Harnessing NASA Goddard's Grey Literature: The Power of a Repository Framework[J]. Publishing Research Quarterly, 2007, 23: 58-64.

③　张兴旺,李晨晖,秦晓珠. 基于云计算的数字化信息资源建设模型的研究[J]. 情报理论与实践,2011(8):100-105.

④　Scholl H J. Electronic Government: Information Management Capacity, Organizational Capabilities, and the Sourcing Mix[J]. Government Information Quarterly, 2006, 23: 73-96.

⑤　Reddick C G. Information Resource Managers and E-government Effectiveness: A survey of Texas State Agencies[J]. Government Information Quarterly, 2006, 23: 249-266.

⑥　中国信息产业网. 2005 年中国互联网络信息资源数量调查报告[EB/OL]. [2012-3-8]. http://www. cnii. com. cn/20050801/ca352713. htm.

数据库占 2.7%，大型在线图像数据库少，更新速度一般，免费服务是主流。尽管我国在影像数据库建设中取得了一些成绩，但是影像数据库建设总量及单馆可供存取的数据库依旧偏少。经过调查，单个图书馆、博物馆或档案馆中可供使用的影像信息资源（包括自建的和购买的）大多不超过十个，数据库建设总量少，共享程度低，利用率低。故宫博物院提出了建设"数字故宫"的构想，即采取数字虚拟现实技术，对故宫的建筑、藏品和档案进行模拟、复原与数字化建设，并于 2001 年 7 月 16 日开通了数字故宫网站。

近年来我国各馆中对外开放的影像数据库主要有：KUKE 数字音乐数据库、"知识视界"、新东方网络多媒体数据库、新华社多媒体数据库、环球英语、CNKI 图片知识库、中国近代图像数据库、红色记忆（图像数据库）、百年商标（图像数据库）、江苏文化多媒体数据库、乐儿少儿科普动漫数据库、古籍插图库、北京记忆（多媒体数据库）、中华连环画数字阅览室、宝成多媒体外语学习、搜音客有声图书馆、天方有声、万方视频数据库、文津讲坛在线讲座视频库、音视频数字化资源库、VOD 视频点播、厦门记忆、浙江记忆、敦煌遗珍数字化资源库、年画数据库、南京博物院的文物鉴赏数据库、辛亥革命与南京图片展、档案馆的秘密（视频数据库）、国家博物馆藏品数据库、故宫博物院藏品数据库、建筑数据库和明清宫廷数据库等。

国外信息资源数字化建设起步较早，项目多，技术先进，影像信息资源丰富，研究成果也较多。1995 年美国国会图书馆开始建设"美国记忆"，各大图书馆的资源进行数字化，其内容包括美国的历史、文化和科研等[1]。美国西蒙斯大学的陈钦智教授发起并建设的"全球记忆网"，陈教授也因此获得了 2006 美国 Kilgour 奖，"全球记忆网"项目由美国国家科学基金会和中国"211 工程"建设办共同赞助[2]。其主要目的是融合全球的图书、博物和档案资源，着重实现历史、文化和遗产信息的全面共享和个性化服务。目前参与到该网站建设的国家有十余个，包括中国、日本、泰国、越南、克罗地亚、意大利等，该项目利用藏品内容描述（Collection content descriptions）和 DC 兼容元数据，对各种类型的信息进行组织和描述，采用的检索方式除了传统的基于文本的多媒体信息检索（包括创作者、标题、位置、时间段、内容描述、关键字、参考源等）和浏览检索外，还提供了基于内容的多媒体信息检索和多语种信息检索（目前包括英语、汉语、克罗地亚语、法语、德语、意大利语、日语、韩语、俄语、泰国语、乌克兰语和越南语等），并且该系统与其他检索系统也建立了广泛的联系，如 OCLC's World Cat、谷歌搜索等；该系统所有的数据均存储在 MySQL 数据库中，并保存在西蒙斯大学[3][4][5]。美国卡内基梅隆大学的多媒体数字录像和演说资料实验基地制作了约 2400 小时的录像[6]。加州大学伯克利分校建设了关于环境、地理和生物等领域数据库，约有 7 万多件数字图像、100 多万条数据[7]。1995 年法国国图加入了"欧洲电子图书馆图像服务"计划，并对其馆藏图书资源进行数字化[8]。日本在建设国会图书馆分馆——关西电子图书馆时，投入 4 亿美元以进行文献数字化建设[9]。

世界上很多图书馆博物馆或者档案馆，都拥有大量的可供使用的影像数据库资源。如仅在剑桥大学图书馆，其拥有的影像信息资源有：Cambridge Digital Library、Cambridge University Library Digital

① 申慧. 我国信息资源数字化建设及其体制构建研究[D]. 湘潭：湘潭大学，2006.

② 邓小茹. 浅谈全球记忆网在药学信息资源搜集方面的应用前景[J]. 医学信息学杂志，2006(2)：120-121.

③ 全球记忆网[EB/OL]. [2012-9-16]. http://www.memorynet.org.

④ Zhang S Q, Chen C C. Global Memory Net and the Development of Digital Image Information Management System：Experience and practice[J]. Journal of Zhejiang University Science，2005，6A(11)：1216-1220.

⑤ Chen C C. New Mode of Universal Access and Global Memory Net[J]. Journal of Zhejiang University (Science)，2005，6A(11)：1206-1215.

⑥ 美国卡内基梅隆大学[EB/OL]. [2012-2-6]. http://www.infomedia.cs.cmu.edu.

⑦ 加州大学伯克利分校数字图书馆[EB/OL]. [2012-2-9]. http://elib.cs.berkeley.edu.

⑧ 刘阳，丁银燕. 论图书馆信息资源数字化建设[J]. 图书馆工作与研究，2002，(2)：22-24.

⑨ 李先保. 高校图书馆信息资源数字化建设探讨[J]. 高校图书情报论坛，2004，(4)：8-11.

Image Collections、Europeana portal、British Cartoon Archive、University of Exeter Digital Collection、First World War Poetry Archive、Freeze Frame：historic Polar images、Fürer-Haimendorf collection (tribal cultures in South Asia and the Himalayas)、Image Path (Virtual Pathology)、John Johnson collection：an archive of printed ephemera、Medieval Stained Glass in Great Britain (Corpus Vitrearum Medii Aevi)、Pre-Raphaelite Online Resource、The Serving Soldier、The Virtual Manuscript Room (Univ. of Birmingham)、A Vision of Britain、Visual Arts Data Service、Archival Sound Recordings service、East London Theatre Archive、Independent Radio News audio archive、Musicians of Britain and Ireland 等 20 余种,从世界范围看,我国的影像数据库资源数量占世界影像数据库总量比例较低,而且其中大部分影像信息资源共享程度和利用率极低。因此,必须大幅提高数据库建设的数量和质量,提高其利用率。

随着信息技术的发展,国内外的研究中心以及商业研究机构纷纷开发了个性化影像信息检索与服务系统,比较有代表性的有 IBM 研究中心设计与开发的基于图像内容查询的 QBIC(Query By Image Content)通用系统①,美国的哥伦比亚大学研制全自动图像查询系统 Visual SEEK 系统②,圣巴巴拉加州大学的"亚历山大数字图书馆",可以通过图像的颜色、纹理、形状等内容特征检索图像,Google 也提出了基于示例和相关反馈的图像信息资源检索;卡内基梅隆大学的 Informedia③ 和美国的 Muscle Fish④ 公司,它们的音视频信息检索技术很成熟。

国内开发的影像信息检索与服务系统有:中科院和北京图书馆研制的基于特征的多媒体信息检索系统 MIRES,清华大学计算机系研制的 MIGRETR 图像检索系统,中国科学技术大学计算机系研制的用于个性化图像检索和服装设计的情感信息获取系统等。

关于影像信息服务与应用方面,美国图书馆开展了图书借阅、数据库检索、参考咨询和个性化信息服务,也开办了学生辅导服务,除了传统的借阅、信息检索与共享之外,还开办有学生辅导项目,帮助残疾人检索信息资源,开展免费信息咨询,建立弱势群体数据库并提供相关信息服务;澳大利亚图书馆能够为残疾人提供盲文书籍、助听器和电脑等专用设备,使他们能充分享受相关的影像信息服务⑤⑥。日本东京的基层图书馆对残障人员的服务包括:当面朗读、录音图书制作和外借、邮寄或上门服务等,对于婴幼儿,开展的有讲故事、浏览图画和播放视频等服务⑦。

国内各馆目前关于影像信息资源的服务和应用,除了传统的影像信息资源的整合与导航、检索与下载、参考咨询及个性化信息服务等,还包括:部分大中型馆对残障群体举办免费电脑培训班,开展有声化 OPAC 建设与服务,并利用先进的辅助器具扩大服务资源等;另外北京大学图书馆率先为读者开展个人典藏数字化服务,上海交通大学图书馆提供了多媒体试验区、制作室和演播室等,用户可以访问、创作音频和视频作品等。

朱学芳、穆向阳⑧调查了北京、上海、天津、郑州、秦皇岛五个城市数字图像信息资源应用状况,结果发现数字图像信息资源已经成为人们学习、工作、生活中的重要资源,用户对图像信息资源的利用场所和目的多样化,获取图像信息资源途径多样化,用户具备了一定的数字图像信息资源处理能力,对相关

① Brunelli R，Mich O. Image Retrieval by Examples[J]. IEEE Transactions on Mutimedia，2000(3)：164－171.
② Smith J R.，Chang S F. Visually Searching the Web for Content[J]. IEEE Multimedia. 1997，4(3)：12－20.
③ Informedia Digital Video Library[EB/OL].[2012－5－6]. http://www. informedia. cs. cmu. edu/.
④ Muscle Fish[EB/OL].[2011－12－17]. http://www. musclefish. com.
⑤ 李娟. 澳大利亚社区图书馆的管理与服务[J]. 高等函授学报：哲学社会科学版,2008(10)：30－32.
⑥ 刘冬梅,龙叶. 社区图书馆个性化服务模式研究[J]. 图书馆工作与研究,2010(8)：27－29.
⑦ 李国新. 东京公共图书馆的布局与服务[J]. 山东图书馆学刊,2009(4)：39－44.
⑧ 朱学芳,穆向阳. 我国数字图像信息资源发展对策研究[J]. 情报科学,2010,28(1)：29－34.

知识也有了一定的了解，对数字图像信息资源管理状况基本满意，然而数字鸿沟现象和数字图像信息资源分布差距还明显存在。

从总体上看，我国的影像信息资源建设与服务还存在着一些不足，具体如下：

（1）数字图博档影像信息资源数据库建设尚不够健全。

数字图博档影像信息资源的核心部分是数据库资源，特别是馆藏影像数据库资源，这部分资源的特点是其信息丰富，资源经过了有序组织和整理，信息质量较高，是人们获取科学文化信息的最佳途径，是实现资源共享、节省开支、提高信息利用水平的重要手段。但是，我国数字图博档影像数据库较少，质量不高，单个馆中可供使用的影像信息资源（包括自建的和购买的）不超过十个，数据库建设总量少、共享程度低、利用率低。因此，必须大幅提高数据库建设的数量和质量，提高其利用率。

（2）数字图博档影像信息资源采集尚缺乏系统总体研究。

影像信息资源采集是影像信息资源建设的重要组成部分。目前大部分馆主要是对本馆现有资源进行数字化，而对分散于民间的和网络上的资源，不够重视。而且影像信息资源的质量，很大部分与信息采集过程中的数字化技术和质量控制有关，而目前我国关于这方面内容缺乏系统整体的研究。

（3）数字图博档影像信息资源的组织自动化程度较低。

现有的影像信息资源组织大多是通过人工进行标注，工作量大，而且每幅图片，每段音频或者视频，其包含的信息量非常大，人为对信息进行标注，带有很大的主观性，如果信息标注员与用户之间，对信息的理解有所偏差，会给信息检索带来不便。因此，对于大量的影像信息而言，实现基于内容的自动化的影像信息标注是未来发展趋势。因此，构建自动化的信息标注技术，为海量的影像信息提供高效的充分的准确的信息标注很有必要。

（4）数字图博档影像信息资源的服务功能不够完善。

目前各数字图博档影像数据库资源缺乏统一的规划、协调与合作。很多影像数据库在建设过程中基本上各自为政，检索功能相差比较大，缺乏统一的标准，而且大多数据库检索功能比较单一，不够齐全。如 KUKE 提供的检索方式是利用曲目、专辑和音乐家进行检索，而国图的音视频数据库则利用题名、著者、音乐类型、曲目、主题词、出版者进行检索，缺乏统一的检索标准。另外，对影像信息服务功能也不够完善，各馆应该在现有资源基础上，转变服务理念，创新服务方式，面向社会各界群体，提供特色的影像信息服务。

（5）数字图博档影像信息资源的存储标准不统一。

影像信息资源具有数据量大、处理复杂等特点，但占用存储空间大，目前很多馆藏的影像资源尚无统一的数据标准和存储格式，影像资源质量良莠不齐，并在一定程度上影响藏品图像的清晰度。如何对数字图博档影像信息资源进行存储是影像信息资源建设的重要部分。

第2章　图博档影像信息资源的数字化建设

2.1　图博档影像资源数字化建设的目标和原则

要从整体上保证影像信息资源的数字化建设的数量及质量,往往需要考虑到信息开发机构自身的性质、服务对象、软硬件配置、发展目标、采集范围、服务效果等等多方面因素,从而确定符合机构自身情况及发展的建设目标、原则、构建模式、服务内容及服务功能。

2.1.1　图博档影像资源数字化建设的目标

图博档影像信息资源的数字化建设应该充分发挥机构自身的资源、技术、人才优势,并积极引进相关资源,有组织、有计划、有步骤地进行,逐步建立起一个结构科学、布局合理、层次分明、内容全面、功能完善、可持续支持数字图书馆信息服务,从而满足相关领域用户的多元化信息需求。本章将数字图博档影像信息资源的建设目标划分为宏观目标和微观目标。

1. 宏观目标

宏观目标是馆藏数字图博档影像资源建设的总体目标和远景规划,本章认为,其宏观目标是在国家宏观指导下,根据社会发展需求和人们的实际生活需要,加快建设数字化、标准化和多样化的数字图博档影像数据库,从而形成规模化的分布式数据库群,并通过网络向政府、企业及公众提供高效的多样化的服务,培养一批高水平的专业队伍,促进影像信息资源建设持续、快速、健康发展。

2. 微观目标

微观目标是数字图博档影像信息资源建设所需要达到的具体目标,包括以下几个方面:

① 建立以影像信息资源为主,包括各种相关文件,音频、视频、图形图像等各类多媒体资源,构建馆藏数字图博档影像信息数据库。丰富的信息资源是各馆建设、服务、发展的基础,是各馆开展网上信息服务的前提条件。

② 构建一套完善的数字图博档影像信息资源检索与服务系统。对馆藏资源进行数字化,建设数字图博档影像信息资源不是目的,只是手段,其最终目的是为了服务于政府、企业与大众。通过与互联网的无缝链接,以及对馆藏资源的数字化,多渠道提供资源检索与服务方式,通过资源共享扩大信息服务范围,最大限度满足各层次用户的需求,使用户能够随时随地获取所需的影像信息资源,也是数字图博档影像信息资源建设的目标之一。

③ 建立影像信息资源的组织与标注机制。影像信息资源建设中,资源的组织是连接资源建设与资源服务的中间环节,良好的资源组织能够方便用户的检索与查找。

④ 建立影像信息资源的存储与安全机制。影像资源类型繁多,数据占据的物理空间也很大,需要建立一套多种形式的数据库存储机制,实现影像信息资源的海量存储及安全管理,它是数字档案馆信息资源建设的重要保障。

⑤ 实现影像信息资源共享①。由于多方面的因素，数字图博档影像信息资源并未得到充分的共享和利用。建设影像信息资源，需要参与到社会信息资源建设的"大海"中，从而实现不同地区、不同类型、不同资源之间能够形成互补和信息共享。

⑥建立一套信息资源建设人才机制。影像信息资源的建设与服务离不开人的参与，需要相应的专业技术人才和管理人才，如计算机技术人才、信息开发人才、信息服务人才和信息资源管理人才等。因此各馆在建设数字图博档影像信息资源时，需要制定相应的人才引进机制。

2.1.2　图博档影像资源数字化建设的原则

数字图博档影像信息资源建设是一项复杂的系统工程，需要制定相应的科学的信息建设原则，根据本馆实际情况和社会发展要求进行可持续的建设。具体而言有如下几个原则：

（1）整体性原则。不能孤立地开展影像信息资源建设，要从整体上、全局上进行信息建设规划，并纳入全国信息资源建设的宏观计划中，妥善处理国家影像资源建设的全局规划与单馆资源建设规划的问题，要避免出现"大而全"、"小而全"的问题，避免人、财、物力的重复投资，确保影像信息资源的有效合理配置。

（2）科学性原则。在对馆藏资源进行数字化时，应该评估本馆的实际情况、资源的价值、财力支撑、各部门工作的协调与配合等因素。坚持科学的发展的观点，有重点有选择地对资源数字化。一般而言，应该首选有价值需要重点保护的馆藏资源和具有重大潜在需求价值的资源。同时，在资源建设中，要用发展的眼光看待信息资源建设，构建可持续的、可扩展的信息系统。

（3）标准化原则。影像信息资源建设的最终目的是需要通过网络检索和共享使用，这就需要资源的标准化建设。标准化内容广泛，涉及影像信息资源建设和服务的各方面，如信息存储标准化，检索标准化、标引标准化、阅读器的标准化等。这将为影像信息资源的数据库群建设和信息资源共享奠定基础。

（4）产权保护原则。影像信息资源的建设要增强版权保护意识，加强版权保护力度。一方面要把馆藏资源数字化的重点放在公有领域物品或作品，同时尊重作者的知识产权。另一方面要确保影像信息资源的合理使用，限制批量复制或恶意下载，尤其是限制带有商业目的的批量下载。

（5）特色化原则。影像信息资源建设要追求特色化，各馆要立足自身特色，充分利用传统馆藏优势，确保信息资源的人无我有，人有我全，人全我精。通过网络检索、社会采集、个人捐赠、市场购买等手段，建设本馆实体和虚拟馆藏的特色数据库。

（6）服务性原则。各馆在进行影像信息资源建设时，必须坚持服务性的原则，充分了解用户的需求，有重点有步骤地建设内容丰富、信息新颖有特色的资源，提供不同层次的、个性化的信息服务及特色馆藏服务，充分满足需求。

（7）经济性原则。影像信息资源的建设需要考虑到投入与产出关系，确保资源的使用效益，力争在确保质量的情况下，节省成本，提高各种资源的社会效益和经济效益。

（8）资源共享原则。信息资源的广泛共享，能够大大地减少资源的重复投入，共同分担影像信息资源建设成本，实现信息资源的广泛使用。信息资源的共享的前提是实现信息资源建设的标准化，通过统一的技术标准和管理标准，实现资源的互补和转化、共建与共享，发挥资源的整体优势。

---

① 吕元智.数字档案馆信息资源建设管理研究[D].武汉：武汉大学.2004.

2.2　图博档影像资源数字化建设的模式及流程

2.2.1　数字图博档影像信息资源的建设模式

（1）按照影像信息资源建设的主要导向划分

何隽[1]将数字化信息资源的建设可划分为四种类型，即资源保存型、技术探索型、资源服务型和混合型。并认为资源保存型是以收藏/保存为导向模式，对大量珍贵的资源需要进行保护性数字化，技术导向模式大多探索数字化建设的新技术，服务导向建设模式是资源服务为主，混合型兼有资源保存与资源服务这两种模式的特点。

（2）按照影像信息资源建设的业务模式划分

影像信息资源建设的业务模式，可分为业务外包模式、自主建设模式和混合模式。其中，业务外包模式[2]（Business Process Outsourcing，BPO）是一种以长期合同的形式，将信息资源建设的某项业务或某个流程交由外部业务部门去完成，从而提高整体工作效率，减少成本，取得更大效益的业务建设模式。BPO模式能够充分利用外部资源，克服单馆在人力、物力、财力及技术力量相对落后的局限，使单馆能够更好发挥自己的特色优势，集中力量做好其他工作，减少影像信息资源的建设成本，取得较大的经济效益。但该种模式也可能会留下安全隐患。自主建设模式是单馆依靠自己的人力物力财力技术等独立进行营销信息资源的建设。其优点是充分利用本馆的资源，避免资源浪费，培养信息化人才队伍，能够有效地保障影像信息资源的质量和安全性。但是这种模式对单馆各方面要求较高，需要拥有雄厚的人力物力财力及专业技术。混合模式是指各馆在影像信息资源建设过程中，根据本馆特色及经济条件，利用少量外部力量，从而完成资源建设的一种业务模式。这种模式充分发挥了BPO模式和自主建设模式的优点，弥补了前两种模式的不足，具有很大的灵活性和可适应性。

（3）按照影像信息资源建设的进程模式划分

按照影像信息资源建设的流程和进程推动顺序，其建设模式可分为自上至下模式、自下至上模式和同步模式。自上而下模式是由上级部门和主管机构发起的一种推动影像信息资源建设的模式，是一种政府规划和引导模式。自下而上模式主要是信息建设机构根据市场需求和自身发展需要，主动发起的一种建设模式。同步模式是在影像信息资源建设过程中，兼顾政府规划要求和市场需求的一种同步的信息资源开发模式。

（4）按照影像信息资源建设的合作模式划分

从与其他信息资源建设部门的合作关系来看，影像信息资源建设可以分为独立建设模式和多馆融合建设模式。独立建设模式是指各独立馆依靠本馆力量，对本馆的图书、档案或者博物等资源，对其进行数字化建设，这种模式能够集中本馆资源，充分发挥馆内特色资源的优势，形成独特的影像信息资源库，提供特色信息服务，其不足之处在于信息范围较窄，难以满足用户日益增长的影像信息需求。多馆融合建设模式是指多馆共同建设影像信息资源，如欧洲虚拟博物馆（Europeana），它是一个综合性网站，集中了欧洲27个成员国的数字图书馆、博物馆和档案馆的资源，致力于将整个欧洲文化遗产领域所有具有代表性的内容进行整合，不仅丰富了数字图博档影像信息资源内容，而且也大大提高了资源的传

---

[1]　何隽.高校图书馆数字化信息资源建设研究［J］.贵州大学学报，2008（4）：4-10.

[2]　Wikipedia. Business Process Outsourcing(BPO)［EB/OL］.［2012-3-8］. http://en.wikipedia.org/wiki/Business_ process_ outsourcing.

播效率和服务效果[①]。

2.2.2 数字图博档影像信息资源的建设流程

通常情况下，影像信息资源的建设流程主要是：首先分析影像信息资源的需求状况，制定影像信息资源建设总体规划，开展影像信息资源业务建设，将数字化后的资源发布到网上，并开展相关信息服务，最后根据用户的反馈，对影像信息资源进行维护和更新。如图 2-1 所示：

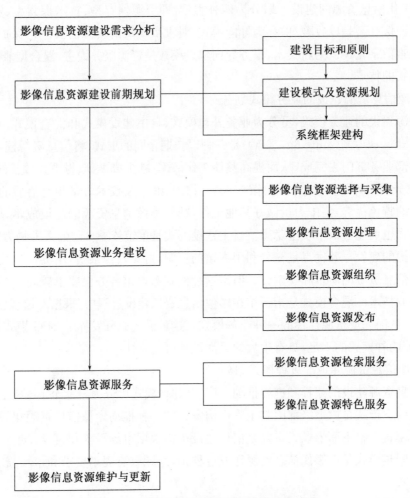

图 2-1　数字图博档影像信息资源建设流程

具体每个阶段的建设内容：

第一阶段：分析影像信息资源的社会需求。结合地区经济、社会发展形势及本馆实际情况，分析读者在科研、教育、管理、生产、经营等所需的影像信息，需求分析是构建影像信息资源建设和服务的基础。

第二阶段：制定影像信息资源建设规划。影像信息资源建设是一个庞大的工程，必须有一个良好的规划，规划内容包括建设目标、建设原则、建设模式等。同时需要协调多方力量，对多部门进行相应的组织和协同，需要确定资源建设的标准规范，联合国内其他机构，制订全国影像信息资源组织、压缩、保存、传输、检索等标准，建立适用于资源共建共享的标准规范体系和影像信息资源管理系统框架体系，确保计划如期进行。

第三阶段：开展影像信息资源的业务建设。这一部分是影像信息资源建设的重要部分，主要包括以

---

① 朱学芳.图博档信息资源数字化建设及服务融合探讨[J].情报资料工作，2011(5)：57-60.

下几个方面：

（1）影像信息资源的选择与采集。选择有价值的有需求的资源进行数字化，将档案或者博物或者教学等利用扫描仪或数码相机或 DVD 等进行采集，影像信息资源的采集质量直接影响到信息质量和服务质量，往往需要利用高分辨率的图像扫描仪，或高像素的数码相机及 DVD，并根据不同的采集对象和采集标准，拍摄多幅影像信息资源，通过比较和分析，选择效果好的信息进行格式转换和存储等。

（2）影像信息处理。信息处理包括从对信息的采集、存储、转化与传输等过程中信息的技术处理和信息展示。如影像信息压缩、信息存储、信息安全、数字水印等。

（3）对影像信息进行特征提取，然后进行资源组织。对于图像而言，主要是提取图像的纹理、颜色、形状及空间关系等特征；对于音频而言，主要是提取音频文件的格式、乐曲提名、曲作者、曲目内容特征等；对于视频资源而言，主要是提取视频序列（帧、镜头、场景和幕）、视频特征（颜色特征、纹理特征、形状特征及运动特征）和视频摘要。然后，将影像信息资源库与特征库进行匹配。也就是对系统资源按照一定的原则和方法，以及匹配结果，对信息进行组织和标注，使无序信息转换成为有序信息。目前数字图博档影像信息资源的组织方式主要是采用元数据和基于内容的信息组织两种方式。

（4）影像信息的发布。将影像信息资源发布到互联网上，更好地展示和揭示影像信息资源的内容，并提供相应的界面，方便用户浏览、检索和利用。

第四阶段：开展影像信息资源服务，包括信息检索和特色信息服务两种，其中信息检索服务是核心。用户通过数据库提供的检索界面和相关的查询语句，检索相关影像信息。不同的数据库提供的检索界面和方式有所不同。用户提出检索需求后，系统自动匹配检索式与特征值，并将符合条件的检索结果输出，最后按照一定的排序方式（如按照相关度、年份、数据类型等排序）显示给用户。

第五阶段：影像信息资源的维护与更新。

2.3　基于语义元数据的影像信息管理系统

目前影像信息资源的迅猛发展，海量信息呈现出分布式、多样性及异构性等特征，用户较难实时高效的获取所需信息，如何构建数字图博档影像信息资源管理系统为用户提供一站式的信息检索服务是一个关键问题。

传统的影像信息资源检索主要分为基于内容和基于元数据两种模式。基于内容的检索主要是通过分析信息的内容，提取出相关特征，建立特征索引，并对其进行有效的检索。如图像的颜色、形状、纹理等可视特征，视频数据中的帧、镜头、运动对象和场景等，音频数据中的音调、音色和旋律等特征。元数据（Metadata）是关于数据的数据，是描述、定位、检索、利用、管理信息资源的结构化信息；基于元数据的信息检索主要是基于关键词的检索。这两种方法各有优缺点，基于内容的检索方法是发展趋势，具有不可替代性，然而却不能完全替代元数据检索。本章提出一种基于语义元数据的数字图博档影像信息资源服务系统框架。

2.3.1　语义元数据

1. 元数据

元数据常被定义为"数据的数据"，但由于这一定义过于抽象化、简单化，是人们对元数据本质的认识，但迄今尚未形成一个真正统一的元数据定义。Haynes 认为元数据[①]是一种用于描述信息资源的内

---

① Haynes D. Metadata for Information Management and Retrieval[M]. London：Facet publishing，2004.

容、格式或者数字属性的数据；UKOLN[①]英国研究中心认为元数据是关于数字及非数字资源的结构化数据，并支持对这些资源的广泛操作，包括资源描述、发现、管理及长期的存储；国际图联（IFLA）[②]将其定义为："描述资料的资料，可用来协助对网络电子资源的辨识、描述、指示其位置的任何资料"；张晓林[③]认为"元数据是描述信息资源等对象的数据，用于识别资源、评价资源、追踪资源在使用过程中的变化，实现信息资源的有效发现、查找、组织和管理"。

目前可用于描述影像信息资源内容的模型很多，如都柏林数据（Dublin Core，DC）[④]和资源描述框架[⑤]（Resource Description Frame-work，RDF）等。栾悉道等[⑥]指出："这两种方式对影像信息资源的描述不够准确和精细，缺乏对视频中镜头、场景等结构单元信息以及运动对象等高层语义信息的描述。"还有一种从视听角度来综合探讨多媒体数据语义的内容描述模型 MPEG - 7[⑦]多媒体内容描述接口，其目标是提供一个完整的多媒体信息描述模型和统一的底层框架，提高信息的通用性和重复利用率，满足用户的应用需求。

本章采用的 CIDOC CRM，这是一种用于图书馆、档案馆、博物馆或文化遗产领域的元数据，目前欧洲虚拟博物馆主要采用这种模型作为元数据。CIDOC CRM 模型[⑧]提供了一种定义和描述文化遗产中的概念和关系结构的方式，其目的是提供一个共同的、可扩展的、可映射到所有文化遗产信息资源的语义框架，以促进文化遗产信息的融合，被称为是图书馆、博物馆和档案馆的"语义桥梁"。它经过十多年的发展，目前最新的是 2011 年发布的 v5.0.4 版本[⑨]，该版本将对图博档或文化遗产领域定义了 90 个实体、149 个关系，内容包括了历史、人物、人文、来源、时空、艺术内容和版本等信息。图 2 - 2 描述了

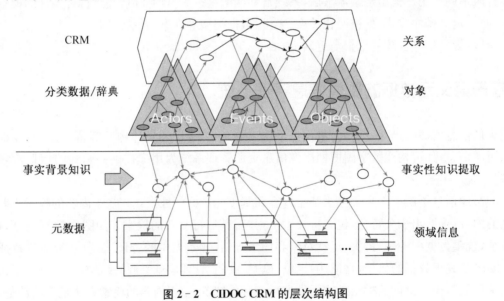

图 2 - 2　CIDOC CRM 的层次结构图

①　UKOLN 研究中心. 元数据[EB/OL]. [2012 - 4 - 6]. http://www.ukoln.ac.uk/metadata/.

②　李郎达. Metadata 初探[J]. 情报科学. 2001,19(6):605 - 607,616.

③　张晓林. 元数据研究与应用[M]. 北京:北京图书馆出版社,2002.

④　Ward J. Unqualified Dublin Core Usage in OAI-PMD Data Providers[J]. OCLC Systems & Services, 2004, 20(1): 40 - 47.

⑤　Stuckenschmidt H, Vdovjak R, Broekstra J. Index Structures and Algorithms for Querying Distributed RDF Repositories[C]. Processing. 13th International Conference World Wide Web, 2004: 631 - 639.

⑥　栾悉道,谢毓湘,谭义红,等. 多媒体语义模型研究进展[J]. 计算机科学,2010,37(11):1 - 5,37.

⑦　Benitez A B, Zhong D, Chang S F. Perspectives on MPEG - 7: Metadata for Multimedia Enabling MPEG - 7 Structural and Semantic Descriptions in Retrieval Applications[J]. Journal of the American Society for Information Science and Technology, 2007, 58 (9): 1377 - 1380.

⑧　CIDOC CRM. What's the CIDOC CRM[EB/OL]. [2012 - 5 - 8]. http://www.cidoc-crm.org/.

⑨　CIDOC CRM. CIDOC CRM Official Release[EB/OL]. [2012 - 5 - 8]. http://www.cidoc-crm.org/official_release_cidoc.html.

CIDOC CRM 的层次结构图,其中,模型中的所有实体和关系名称都来自 CIDOC CRM 规范。

CRM 具备如下功能:① 引导信息系统开发者了解概念模型的优良建构法,以便有效地组织和关联文化文献中的信息资源。② 扮演共同语的角色,以便领域专家能够对信息资源制定相关规格或条件,并在系统功能性方面达成共识。③ 扮演形式语言的角色,以确认不同数据格式中的共同信息内容;支持自动数据变换算法,从局部数据结构发展成全局性数据结构,并确保在过程中没有任何意义上的流失。④ 提供建构查询的基本类别及其关联的全局模型,支持集成信息资源之下的关联查询。⑤ 先进自然语言算法和特定经验启发法算法能利用 CRM 将信息资源解析为正式的逻辑形式。

CIDOC CRM 作为一种文化遗产领域共用的元数据标准,是具有一定的可扩展性和可适应性的。各馆对信息的需求不同,所使用的实体和关系也有所不同。如对于古代艺术作品而言,故宫博物院侧重于对艺术信息资源的作者、内容、时代、长度、历史背景等方面进行描述;而考古博物馆则侧重于墓葬遗址、时代、质地、出土时间地点等。两者虽然突出的重点不同,但是可以利用 CIDOC CRM 元数据进行相互转换,从而便于信息共享和交流①。

不同馆之间的信息共享和交流模式图如图 2 - 3 所示:

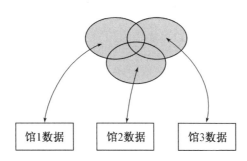

图 2 - 3　不同馆的信息共享和交流模式

图 2 - 3 中,三个不同的馆分别对应同一对象,依据 CIDOC CRM 的概念模型,从三个不同的侧面对该对象展开描述,然后将 CIDOC CRM 概念模型转换成为网络本体语言 OWL②(Ontology Web Language)表示的逻辑模型。

2. 语义网

互联网的创始人 Tim Berners-Lee③ 指出:语义网能够准确地描述事物或文档间的信息关系,包括语义关系,以便于计算机对信息的识别和处理,使之成为互联网中通用的信息媒介,其基本思路是通过对互联网上的各种多媒体信息资源,包括网页代码和程序等的语义描述,将多媒体资源转化为计算机可识别的信息。

语义网是 WWW 网络的扩展与延伸,主要是面向文档所表示的数据,从而利用计算机进行理解、判断和处理。常被应用于智能信息检索、Web 服务、P2P、基于代理的分布式计算、企业间数据交换与知识管理和基于语义的数字图书馆以及构建大型的知识系统等。

3. 语义元数据

语义元数据是对数据信息的语义描述,也就是利用统一的、形式化的元数据表示语言,描述网络信息资源的语义信息,以便于计算机对多媒体信息的识别和处理,解决异构数据库之间存在的结构异构、语义异构和媒体类型异构等问题,有效地实现对影像信息资源的语义内容扩充,对从各种途径的基于内

①　刘宏哲,鲍泓,余杰华. 基于 CIDOC CRM 的虚拟博物馆语义网络架构[J]. 计算机应用研究,2006(4):50 - 53.

②　W3C. OWL Overview[EB/OL]. [2012 - 02 - 10]. http: //www. w3. org/TR /owl-features/.

③　Lee T B, Handler J. The Semantic Web[J]. Scientific American, 2001, 184(5): 34 - 43.

容和元数据的多媒体进行自动集成和标注，从而实现不同类型不同结构不同数据库的影像信息资源的集成。

由于手工标注元数据需要花费大量的时间，来自 LLC 对分类策略的研究报告表明①，每年需要创造分类的文档超过 100 000 份，对这些文档的创建及维护费用四年内高达 120 万美元，因此需要尽量减少人工标注和分类数量。本章提出在语义元数据的创建过程中，通过对少量的样本数据进行人工标注，然后利用半监督的机器学习算法自动完成语义元数据的生成工作。

2.3.2 基于 LPA 和 CRM 的语义元数据创建

1. 语义元数据创建的研究现状

有很多学者研究通过研发一些标注技术来简化人工标注工作，从而降低语义元数据生成过程中人的劳动量，目前主要有以下研究：

① 半自动构建语义元数据：S-CREAM② 通过从手工标注的实例中抽取规则来自动处理跟以前标注实例相近的情况，同时构建一个包装器（Wrapper）来处理结构相似网页。Cimiano 等③ 提出 PANKOW 方法，使用一个无监督模式的方法，将实例匹配到一个给定的本体中。文献④中就利用了预先定义规则的办法，基于正则表达式的有限状态转换，通过 JAPE 预先设定的各种规则来识别实体。从这类方法所采用的技术特征来看，这些辅助手段的生成往往需要专业知识工程师通过了解一定量的待处理文件，归纳出其中相关信息出现的规律，然后按照系统要求来进行表述。

② 自动构建语义元数据：Chidlovskii 等人⑤ 避免了半自动方式下要靠知识工程师预先设置辅助手段的局限性，尝试了利用自动获取模板的方式来取代手工定制；Mao 等人⑥ 提出利用一个基于规则的自动标签模块（称为 Zone Czar），自动标注美国国图的医学期刊。Yin 等人⑦ 采用隐马尔科夫模型（Hidden Markov Model，HMM），通过学习样本获得模型参数，选择最可能的状态序列生成元数据；Huang 等⑧ 提出了一个基于 Web 的自动主题元数据生成系统，通过 Hier-Concept Query Formation 方法构建每一个种类的主题向量表示，然后将文本送到搜索引擎并获得该文本的向量表示，最后利用最近邻方法确定文本的主题。Dingl 等⑨ 提出 Armadillo 框架，首先从结构化数据源中提取样本信息，然后通过 Bootstrap 标注语义信息。Graubitz 等⑩ 提出利用 DIAsDEM 框架自动标注语义信息，并生成 XML

① Sophiasearch Blog[EB/OL].[2011-12-22].http://blog.sophiasearch.com/2011/08/03/discovering-semantic-metadata-to-enhance-search-content-manag-ement-systems/.
② Handsehuh S, Stabb S, Ciravegna F. Scream Semiautomatic Creation of Metadata[C]. EKAW2002,2002:358-372.
③ Cimiano P, Handsehuh S, Staab S. Towards the Self Annotating Web[C]. Proceedings of the 13th International Conference on World Wide Web,2004:462-471.
④ Maynard D, Bontcheva K, Saggion H, etal. Using a Text Engineering Framework to Build an Extendable and Portable IE-based Summarisation System[C]. Proceedings of the ACL Workshop on Text Summarisation,2002:19-26.
⑤ Chidlovskii B. Wrapping Web Information Providers by Transducer Induetion[C]. Proc. of the 12th int of European Conf. on Machine Learning,2001.61-72.
⑥ Mao S, Kim J W, Thoma G R. A Dynamic Feature Generation System for Automated Metadata Extraction in Preservation of Digital Materials[C]. Proceedings of the 1st International Workshop on Document Image Analysis for Libraries,2004:225-232.
⑦ Yin P, Zhang M, Deng Z H, et al. Metadata Extraction from Bibliographies Using Bigram HMM[C]. Proc. of the Int' Conf. of Asian Digital Libraries,2004:310-319.
⑧ Huang C C, Chuang S L, Chien L F. Using a Web-based Categorization Approach to Generate Thematic Metadata form Texts[J]. Journal ACM Transactions on Asian Language Information Processing. 2004(3):190-212.
⑨ Dingli A, Ciravegna F, Wilks Y. Automatic Semantic Annotation Using Unsupervised Information Extraction and Integration[C]. Proceedings of the 2nd International Conference on Knowledge Capture,2003:1-8.
⑩ Graubitz H, Winkler K, Spiliopoulou M. Semantic Tagging of Domain-specific Text Documents with Diasdem[C]. Proceedings of the 1st International Workshop on Databases, Documents, and Informarion Fusion,2001:61-72.

的 DTD 文件。西班牙的马德里卡尔洛斯第三大学 2008 年开展了 SEMSE 项目①,该项目旨在构建一个基于语义元数据的搜索引擎,通过开发一个用于连接的 DTD 架构模式和元数据,定义信息的各元素间的映射。格拉斯哥大学②从 2005 年开始研究适用于图书馆、档案馆的文本语义元数据,从而进行自动语义标注。

③ 关于影像信息的语义元数据构建:Codina 等人③研发了 PATExpert 工具,该搜索引擎系统由四种不同的搜索技术进行组合而成。这个技术融合了元数据、关键词、语义搜索和图像搜索,并提出了一个基于 Web 服务的语义元数据的通用架构,改善了搜索引擎的单一模式,提高了搜索效率。

从上述语义元数据的构建来看,人工手动标注元数据的方式费时费力,且只适用于规模较小的数据,自动化或者半自动化语义元数据的标注,是未来发展的趋势,但是目前大多学者主要是研究文本语义元数据的构建,较少有对影像信息资源构建语义元数据,且目前尚未有对图博档等馆藏资源的影像语义元数据的构建和标注的相关研究。

2. 语义元数据的获取方式

本章的语义元数据主要获取方式是机器学习和人机交互,具体如图 2-4 所示。

① 基于人机交互的方式

基于人机交互方式获取语义元数据的方式,主要是通过人工添加影像信息的元数据,利用 CIDOC CRM 模型,根据编者对影像信息资源的理解,标注该影像信息的语义;也可以通过用户反馈,系统自动学习,从而修正影像信息的语义描述。人机交互方式的优点是信息直观,易于检索,然而对于数据量众多,结构复杂的影像资源而言,该方式显然工作量太大。

② 基于机器学习的方式

基于机器学习方式,主要是计算机通过自动或者半自动的学习相关规则或者模型,提取语义元数据。本章主要是利用标签传播算法,标签传播算法是一种半监督的算法,需要与人工标注相结合,具体内容在论文第五章有所阐述。

利用机器学习方式提取语义元数据的一般过程是:首先从影像信息中提取相关特征,对于图像信息而言,其主要特征包括颜色、纹理、形状和空间结构等等;音视频的特征主要是关键帧、场景、片段、音强、音调、时长等;然后,建立概念与特征的映射,也就是将提取出的特征与人工标注样本进行相似度识别,根据相似度对影像资源分配相应的标签。从而完成对影像信息资源的语义元数据标注。

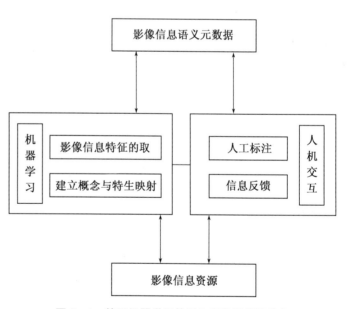

图 2-4　基于机器学习的语义元数据提取流程

①　SEMSE. SEmantic Metadata Search[EB/OL]. [2012-5-22]. http://163.117.147.101:9000/semse/index.php

②　Digital Preservation Europe. Automating Semantic Metadata Extraction [EB/OL]. [2012-3-6]. http://www.digitalpreservationeurope. eu/publications/briefs/semantic%20metatada. pdf.

③　Codina J, Pianta E, Vrochidis S, et al. Integration of Semantic, Metadata and Image Search Engines with a Text Search Engine for Patent Retrieval[EB/OL]. [2012-5-20]. http://ceur-ws. org/Vol-334/semsearch08-complete-proceedings. pdf#page=20

3. 语义元数据的创建

本章通过对其他学者研究的总结分析，根据馆藏数字图博档影像信息资源的特点，从资源融合的角度，提出了本章语义元数据的构建流程。该流程主要创新在两个方面：第一，对数字图博档影像资源的语义异构性问题的处理，通过设计统一的平台结构，创建并管理元数据，便于异构信息的集成服务。第二，本框架基于CIDOC CRM 元数据模型，通过提取影像信息资源的特征，利用半自动的语义标注算法——标签传播算法（Label Propagation Algorithm，LPA）建立与本体共享概念的语义映射，从而完成对影像信息的标注，而不是在用户提出请求后实时去计算资源的语义匹配度进行服务。这样设计的优点在于能够提高用户检索的准确度和系统的响应时间。本章设计的语义元数据创建流程如图 2-5 所示。

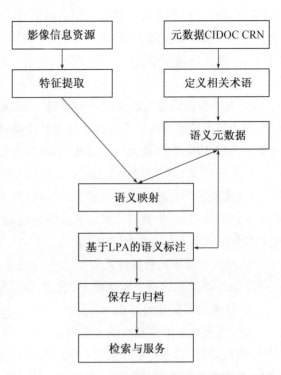

图 2-5　基于 LPA 和 CRM 的语义元数据创建流程

① 确定元数据模型：本章选择 CIDOC CRM 模型，根据影像信息的实际需要，明确元数据模型的应用领域、范围和规模。

② 定义相关术语：这一步主要是确定元数据所描述的实体、关系及实例，包括定义类术语、属性术语和实例。定义类术语主要是创建类的层次结构、定义同义类术语、近义术语、反义术语、包含术语等，明确实体之间的关系，关系包括并列关系、类属关系、包含关系、组合关系、时序关系等；建立属性术语时，可组织相关的领域专家，列举出元数据模型所要描述的概念和常识，并形成相应的属性集，其属性集中包含了影像信息资源的基本的信息，如标识号码、名称、时代、质地、来源等。定义实例术语，根据上述定义的实体及关系，抽象为某个类的实例，并进行实例声明。

③ 建立语义元数据：将初步建立的语义元数据描述出来，并提供一定的扩展机制，以便于语义元数据的扩展和更新，生成初始的语义元数据库。值得注意的是，语义元数据不是固定不变的，而是在信息资源与语义元数据的不断匹配和标注中，不断学习，将标注后的资源加入语义元数据中，形成样本案例，从而更新和维护语义元数据库。

④ 影像信息处理：对影像信息数字化，提取出影像信息资源的特征，如图像的颜色、形状、纹理等信息。

⑤ 语义映射：语义映射是将一个模式中某些特定的元素映射到另一个模式中某些特定的元素。映射内容包括实体和实体关系。

⑥ 语义标注：根据语义映射结果，利用 LPA 将分布在两个不同模式的元素进行匹配，并输出其匹配结果，对影像信息资源进行语义标注。

⑦ 保存与归档：将标注后的结果保存并存档，并发布到网上。

⑧ 检索与服务：方便用户通过统一检索入口查找信息资源，提供相应的信息服务。

2.3.3　分布式影像信息资源管理系统

影像信息资源作为馆藏资源的重要管理对象，其生成环境、采集渠道、存储方式及访问方式都很复杂，数据量巨大，既需要满足各级影像信息资源的管理系统的需求，又要满足不同层次用户的需求，因此本章提出了构建分布式的影像信息资源管理系统的体系结构,阐述了在这个体系结构下,该系统框架,以及子馆与总馆的互操作框架,建设可管理的、支持异构系统兼容与集成,共建与共享,该系统结构具有一定的扩展性、延伸性和安全性。

1. 系统需求及功能设计

① 系统应能够满足各级图博档资源管理的需求,实现不同机构对资源的共享和服务。国家级的图书馆、博物馆和档案馆既是各省市分馆的管理部门和指导机构,同时在某种程度上也扮演着数据管理的角色,从资源配置的角度而言,只有省市的综合馆具有一定的统一规划和资源建设能力。因此,本章主要采用分布式的数字图博档影像信息资源管理系统。一方面是为解决单个问题而紧密结合在一起工作的多处理机的集合,另一方面是由地理上分散的各自独立的处理机组成计算机网络,这些处理机连接在一起以实现对不同资源的共享[①]。这种方式因其自由灵活、可扩展性强等特点,广泛应用于各馆的信息资源建设中,如江西省档案馆、深圳图书馆等。

② 系统应满足各种来源的影像信息采集需求。各级馆藏的影像信息资源来源非常广泛。有的来自各馆工作人员采集的网络资源和民间资源,有的来自本馆资源的数字化建设,有的是本馆购买或交换使用的外来资源,还有的是下级部门提交备份的影像信息等。不同来源的资源其管理方式不一样,安全性和使用方式等也不相同,因此需要有不同的资源采集入口,满足不同来源的影像信息采集,信息自动接收和元数据获取。

③ 满足海量用户并发式检索需求。用户的检索和应用并不是均衡的,具有一定的集中趋势,如时间集中或者资源集中,构建的影像信息管理系统应该能够满足海量用户的并发式检索需求,否则容易造成系统死机或崩溃,给用户访问和检索应用带来不便。

④ 满足海量信息的存储需求。影像信息资源的最大特点是信息存储量大,存储格式多样,系统应该制定统一的存储格式和存储标准,具有海量信息的存储功能。

⑤ 系统应具有较高的安全性能。部分馆藏资源涉及国家机密,因此需要重视影像信息资源管理系统的安全性。数字图博档影像信息资源在实现资源共享和服务的同时,也给馆藏资源的安全带来了隐患,随着网络信息侦听、窃取等技术手段与工具的发展,网络泄密事件常有发生,严重威胁到馆藏影像信息资源的安全性。因此,系统应该具有较高的安全性能,确保资源的安全性。

2. 数字图博档影像信息管理系统框架

本章设计了分布式系统,从而实现上文中所述的总馆对各子馆的信息资源管理等要求。也就是各级的图书馆、博物馆和档案馆从整体上是一个基于数据中心和分布于各地的多个子馆的分布式系统。子馆系统主要是处理、维护和管理本地的影像信息资源及元数据,并且能够和总馆的数据进行交互及共享。而总馆的数据处理功能比子馆要强大,性能更加优越,能够对各子馆提供的数据资源和元数据副本进行长期存储,最终实现对用户的个性化信息服务,如图2-6所示。

① 资源层

资源层由各种分布的异构资源库组成,主要是各馆的各种影像信息资源如图像、音频、视频等。各地方馆藏资源经过信息资源存储、处理、接口和通信后,与中心馆进行数据传输。其中地方馆的信息存储主要是保存所有数字资源的元数据及其相关信息,各种类型的影像信息资源存储在文件系统中;信息资源处理主要是对各种类型的影像信息资源进行预处理、对资源进行编辑、标注、组织等;应用定制接口模块主要是提供接口,使各子馆能够利用系统维护的各种资源进行应用开发,开发具有自己风格的子馆资源展示系统;通信管理模块是负责通过网络与数据中心进行影像信息资源和相关数据的传输与共享。

---

① Jie W. 分布式系统设计[M]. 高传善译. 北京:机械工业出版社,2001.

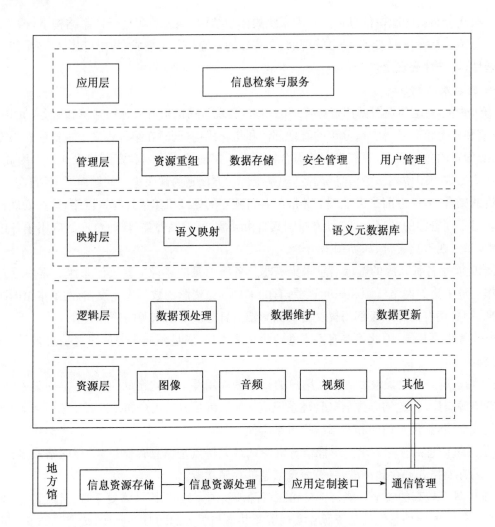

图 2-6　分布式影像信息管理系统框架

② 逻辑层

逻辑层是对资源层进行的逻辑整合，如根据统一元数据标准对信息资源进行资源分类、格式转换、信息压缩等信息预处理，对影像信息资源进行数据维护和更新，将各局部资源的数据模式集成为全局数据模式，经过逻辑层的资源整合，从而将影像信息资源描述成机器可读的数据。

③ 映射层

将经过逻辑层处理的各种影像信息资源与映射层中的语义元数据库进行匹配和映射，从而完成影像信息资源的组织和标注。语义元数据库包括了各种实体、关系及示例，存储了各种领域知识资源的描述信息。

④ 管理层

该层包括信息资源重组、数据存储、安全管理和用户管理。信息资源重组是对经过标注和组织的影像信息，根据其自身资源特点，进行信息分类和重排；数据存储是存储所有经过处理后的影像信息资源及其他信息；安全管理和用户管理是解决系统的访问安全，控制不同用户对信息的访问权限，用户管理模块主要是管理用户的账号信息、权限信息、访问记录等。

⑤ 应用层

应用层是一个信息检索与服务平台，面对不同的用户提供不同的服务，可以是 web 浏览器或者图形化界面，用户可以通过检索平台输入自己的资源需求，系统通过调用各种内部管理单元，检测用户的权限,对用户需求服务进行匹配,并提取服务所需的资源数据,最后将相关结果显示给用户。

3. 子馆与总馆的互操作框架

由于数字图博档影像信息资源构成的复杂性、多样性和用户群体的分布性、层次性及动态性,为了保障系统安全,各子馆对总馆资源的访问控制要解决访问控制和权限管理等问题。本章构建基于门户认证和基于SSL-VPN技术的访问控制模型,从而实现互联网用户与子馆分别通过验证,并根据各自的访问权限,实现对总馆资源的访问和操作。具体流程见图2-7。

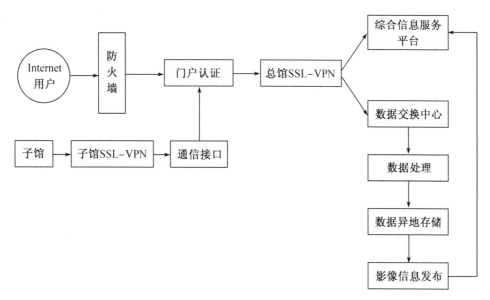

图2-7　子馆与总馆的互操作

其中,门户认证采用基于角色的访问控制技术[①](Role-Based Access Control,RBAC),它是由Fenaiolo等人提出的,其主要思路是通过分配用户角色,并规定各角色拥有不同层次的权限,使角色与权限相联系,角色与用户相联系,从而完成为不同用户分配不同角色,拥有不同权限的任务。通过引入角色概念来实现用户与权限的逻辑分离。

SSL-VPN是基于安全套接层的虚拟专用网技术[②](Secure Sockets Layer-Virtual Private Network,SSL-VPN),是采用SSL协议实现远程接入的一种新型VPN技术,该技术的特点是[③]:无须安装客户端,部署容易,支持多种结构的应用程序,多重身份认证,基于用户权限的细粒度访问控制管理,Site to Site(站点到站点)虚拟组网功能。这种技术目前已被各大馆所采用,用户可以随时随地通过VPN认证访问馆内资源。

① 互联网用户登录和访问

互联网用户主要通过Internet(总馆内网访问除外)访问总馆资源,当用户进行访问时,通过系统的防火墙后,接受总馆的门户认证系统验证,如果验证失败则拒绝用户访问,如果验证成功,计算用户的访问权限,并以哈希表形式存放到登录用户的全局会话中;再将请求发送到总馆SSL-VPN,总馆SSL-VPN根据相应的权限,确定用户的不同服务范围,包括用户信息浏览访问和数据交换等。在访问期间,

① Fenaiolo D,Cugini J,Kuhn D R. Role based Access Control:Features and Motivations[EB/OL].[2013-02-17].http://csrc.nist.gov/groups/SNS/rbac/documents/ferraiolo-cugini-kuhn-95.pdf.

② 周维彬.区域数字图书馆的访问控制体系及其功能扩展研究——以RBAC和SSL-VPN为技术支撑[J].图书馆建设,2011(11):102-105.

③ 毕道玲.浅析SSL VPN及其优势[J].科技资讯,2009(27):14-15.

系统利用会话(session)来控制用户的访问时间和权限，在一定的时间范围内，如果用户没有任何操作则会话自动结束或过期，用户如需要继续操作则必须重新输入账号密码登录，获取会话权限，如果用户会话有效，则可以根据相应的权限，访问总馆影像信息资源。

② 各子馆对总馆资源的访问和数据交换

各子馆权限用户可以通过子馆 SSL-VPN 认证，并访问子馆资源，如果是具有子馆管理权限的用户，可以通过子馆的应用定制接口进行系统维护和资源开发，也可通过通信管理接口，将子馆资源与总馆资源进行交换、处理和信息共享。子馆资源通过通信管理接口，经过总馆的门户认证和 SSL-VPN 认证，确定子馆管理员身份，进行数据交换，交换的数据不仅是影像信息资源，还包括其元数据信息，然后经过信息处理、组织，并将交换或上传的信息存储于总馆(异地存储)，除了部分保密资源只需要异地存储外，有些可资利用的资源可以对外发布，上传到综合信息服务平台，便于用户的访问和检索。

2.4 数字图博档影像信息资源建设管理

目前我国影像信息资源数字化建设中存在着许多问题，如影像信息系统、信息采集、影像信息资源组织与检索、影像信息资源存储、资源的共享不足，重复建设、人才缺乏、资金投入不足等问题。本章提出构建基于语义元数据的分布式影像信息系统，利用分布式存储、分布式建设与分布式检索，对于加强影像信息资源建设，提高其共享服务融合程度，避免资源重复建设，促使信息资源的充分利用等有积极作用。

然而，影像信息资源建设是一个庞大的系统的工程，涉及政策、管理和技术等多方面因素，要想使这一巨大工程有序进行，需要宏观政策指导和扶持、完备的管理体制和制度，先进的管理技术支撑，才能促进影像信息资源的建设朝着健康的、可持续的方向发展，才能全面提高信息利用率，因此，还需要做好以下几个方面的工作。

1. 政策指导

① 统一规划，合作建设，强化政府职能，加快影像信息资源建设进程。政府在影像信息资源建设中，应该遵循"统筹规划，国家领导；统一标准，联合建设；互联互通，资源共享"的指导方针[①]，建立数据库产业基地，开发数据库产品，加大影像信息数据库开发的比重，特别是对珍贵藏品的数字化建设，必须走集成和联合的道路，由政府对各机构进行宏观指导、统一规划，采用协同开发、合作建设和资源共享的方式，各馆发挥本馆特色，建设特色数据库，从而避免重复建设，优化资源配置。

② 加强信息资源共享。信息不能互通互享，信息"孤岛"的存在，会严重阻碍行业信息化的发展，资源的整合和共建共享已经迫在眉睫。政府应该强化信息资源共享理念，各机构各部门应该强化信息资源共建共享工作，从而实现对行业信息资源的有序、高效、快速的管理，最大限度地挖掘信息资源，消除资源重复建设，扩大信息共享的范围，全面实现资源的价值，便于用户能够跨越时空更方便地检索和利用。

③ 加快影像信息资源的公共设施建设。一方面要加强计算机网络、电信等基础设施部门的建设，让更多的人能够享受网络服务；另一方面要加强对各馆的公共设施建设，构建一个良好舒适的、休闲愉悦的资源馆(图书馆、博物馆和档案馆)，加大对影像信息资源的采集设备、存储设备和安全设施的建设，使馆藏资源能够更好地得到管理和利用；最后，要特别加大西部地区和东北地区的投入，在政策、技术和人才等方面给予倾斜和帮助，尽量缩小"数字鸿沟"。

---

① 风风雨雨：中国信息化发展时间简史[EB/OL]．[2012-2-6] http://news.zptc.cn/Article_Show.asp? ArticleID=78.

2．管理先行

① 制定完备的法律规范。网络资源的建设管理和应用涉及社会方方面面,需要相关的法律和规范作为保障。制定知识产权法保障知识生产者的权益和利益,如著作权、商标权、专利权等;制定相关法律保障信息的商品属性;制定信息安全法保障网民的个人隐私权等等。总之,在进行影像信息资源建设中,需要制定完备的法律规范,以充分保障影像信息资源的组织、建设与开发利用。

② 完善网络信息安全机制。解决网络信息安全要多方面着手,首先要建立信息安全保障法律规范;其次,要强化网络安全基础设施建设,如购买好的网络安全设备,建立网络安全预警与应急处理中心等;第三,要加强信息安全教育和网络安全人才培养;第四,加强网络安全技术的研究与开发,从技术上保障网络信息安全。

③ 培育信息市场。影像信息资源建设如果仅靠政府的扶持是不行的,一方面政府投入资金有限,另一方面也不利于资源的优化配置。可在政府主导的同时,培育高效的影像信息市场,激活信息资源生产企业活力,加快数字信息资源的建设,通过市场杠杆来实现资源的优化配置。具体实现方式可根据实际情况,采取托管、代理、承包和共建等。

④ 人才培养。影像信息资源建设需要的人才既能熟练操作计算机,了解信息的采集技术、存储技术、检索技术及信息安全等,又要具备一定的专业领域知识,其基本途径之一是建立和健全合理的人才培养途径,加大培养力度,提高人才质量。同时,各馆内部也要有计划地、分期分批地举办各类培训,或者公派本馆职工学习,选拔技术骨干参加各种技术培训。加大人才引进力度,提高人才的物质待遇,提供人才发展空间,吸引优秀人才。

⑤ 加大资金投入,拓展资金来源渠道。数字图博档影像信息资源的建设需要硬件、软件等各方面的投入,需要大量的资金支持。而在我国大部分馆的信息资源建设主要资金来源还是财政拨款,其财政投入严重受到地区经济发展水平等多方面因素的制约,各级政府应加大对影像信息资源建设的投入,同时各馆也应该积极开拓思路,通过吸引各界人士捐赠、开发文化衍生品等途径扩大资金筹集来源。

⑥ 加强影像信息资源管理的道德建设。网络给人们的生产生活娱乐等各方面都带来了巨大的便利,但同时也给人们的思维方式、道德理念产生了深刻的影响,由于网络监控的弱化,网络道德建设的匮乏,目前呈现出了一些不太好的新变化和新动向,有的网络侵犯他人肖像权、偷窃他人资产、病毒侵害等犯罪行为时有发生。因此需要从根本上加强道德监控,确立网络道德规范,加强网络信息监管,健全道德维护机制,加强网络道德教育,促进个体道德自律。

3．技术支撑

信息技术是影像信息资源建设的技术保障,能够维护整个网络系统的稳定性、安全性和信息的高效共享、检索和利用。我们应该在借鉴国外的成功经验,发展本国信息技术。

① 提高影像信息数据库建设的质量。影像信息数据库的质量与文本数据库很重要的区别在于,影像信息资源的采集、摄影、拍摄技术极大程度地影响了影像信息的质量,要严格控制影像信息资源的质量,坚持以质取胜。另外,要根据本馆自身特色,将分散于各种载体的有价值的信息予以收集、整理、加工和数字化建设,从而达到资源重组和再利用的目的,建立有特色的、高质量的影像信息数据库。

② 建立统一的标准、规范。影像信息资源建设过程中,为了便于信息资源的共建与服务融合,需要建立统一的标准和规范。如影像信息资源的采集标准、存储标准、信息组织标准等。如目前国际上常用的数字图博档影像信息描述和组织标准有：Dublin core,PICS,MCF,RDF,HTML,XML,CIDOC CRM和 MPEG - 7 等,但尚无统一的标准,各影像信息资源的转换、共享和互操作需要有相关的软件接口。没有统一的标准和规范会造成数据质量低下,制约影像信息资源的建设和利用。我们应该联合国内相关领域专家,主要影像信息建设机构等制定相关的行业标准和规范,从而指导网络信息资源建设。

③ 服务融合需要统一数字图博档影像信息检索分类体系，创建新型浏览器。影像信息资源的检索和分类体系众多，不同机构开发的影像信息资源检索方式之间存在着较大的差别，有的图像是按照图像主题进行分类，有的是按照其实体材料分类（如博物馆里面的丝绸、瓷器等），有的是按照年代分类等等。不同搜索引擎的大类设置与划分、类名的描述和类目的排列等各不相同，这对信息共享和检索不利，甚至会造成信息迷航。各馆如果使用相同的分类体系组织信息，构建新型的数字图博档影像信息检索浏览器，从技术角度改进搜索引擎，从而更好地满足用户需求，使用户能够多元化、个性化检索所需资源。

④ 从技术上保障信息的知识产权和安全性。采用如数字水印、防火墙、门户认证等技术，保障影像信息资源的知识产权和用户的合法使用，从技术上防范网络中可能存在的各种风险、威胁和攻击，及时恢复及处理各种网络安全事故，维护网络安全实施的正常运行等。

本章小结

本章分析了图博档影像信息资源的数字化建设目标、原则，根据数字图博档影像信息资源的特点，构建相应的数字化建设模式和流程，构建了基于语义元数据的分布式数字图博档影像信息资源管理系统框架，采用广泛实用于图书馆、档案馆、博物馆和文化遗产领域的元数据 CIDOC CRM 模型，通过提取影像信息资源的特征，利用半自动的语义标注算法——标签传播算法建立与本体共享概念的语义映射，从而完成对影像信息的标注和组织。利用分布式系统实现总馆对各子馆的信息资源管理、信息交换和共享等要求。最后，文章从政策、管理和技术三个方面阐述了加强数字图博档影像信息资源建设的措施。

第3章　图博档影像信息资源的采集与数字化案例

3.1　影像信息资源的选择与案例

馆藏的数字图博档影像信息资源主要有三种来源：一种是自建，一种是购买，还有一种是资源交换使用。而自建的馆藏网络信息来源包括两种：一种是直接对馆藏现有的以数字化形式存在的信息，经过一定的格式转换成为影像信息数据库，如各馆的 VCD 光盘、磁盘磁带、教学视频、网上发布的影像信息等；另一种来源是目前以非数字化形式存在的信息。如将古籍文献或者文物馆藏或珍稀档案等各种资源，经过数字化后，再经过一定的整理成影像信息资源，而这一种基本是各馆自建影像信息资源的重点，这种资源建设属于特色资源建设，特别是对于地方馆而言具有很重要的意义。

目前全国乃至全世界的影像信息资源建设都处于初级阶段，数字化生产技术不成熟，影像信息资源的建设需要付出很大的人力、物力和财力，因此，每个机构应该根据自己的实际情况，有选择地进行信息化。美国国会图书馆对数字信息采集的标准是：现在或将来，能够满足国会和研究员的需要，内容丰富独特，具有学术价值，能够流通的信息[①]。

一般而言，对于规模较大、资金充裕、有较多实体资源和特色馆藏、用户群规模较大的机构，可以对本馆的实体资源（如档案、博物等）全部数字化，从而增加本馆影像信息资源的拥有量，更好地进行影像信息资源服务，同时也便于馆内实体资源的开发与保护。

对于规模较小、资金匮乏的馆，则需要对本馆资源的数字化建设有所选择。为了优化数字图博档影像信息资源的质量，避免重复建设，减低影像信息资源建设成本，主管部门应该加强对各馆影像信息资源建设的规划、协调和指导。对有价值的资源和有需求的资源优先数字化，对于部分易损坏的珍贵资源有选择性的数字化，而对于一些不宜公开的、保密性高的档案和博物资源不需要数字化加工。本章认为以下资源可以优先考虑数字化：

（1）有价值的资源：如资源内容具有馆藏特色的、具有一定的学术水平和学术价值，需要长远保存的资源。

（2）有需求的资源：如那些具有较高知识含量，拥有较高利用价值和使用率的资源。考察资源开发与用户需求之间的关系，充分满足用户的现实和潜在需求，提供高质量的信息。

实例分析：南京图书馆在制定《中国近代文献图像数据库》时[②]，根据中华人民共和国《中国阶段文献图像数据库》收录文献的时间范畴，原计划将收录文献的时间段定为 1840 年到 1949 年。在组织实施时，决定分阶段实施。主要是考虑到以下几个因素：

① 结合馆藏民国文献的特色资源与数据库建设，突显图像数据库的特色。据统计，南图馆藏约有民国文献 70 余万册，其中图书有 40 余万册，期刊约万种，报纸千余种。内容广泛，几乎囊括了当时的政

---

① Library Congress. Plan for the National Digital Information Infrastructure and Preservation Program A Collaborative Initiative of the Library of congress [EB/OL] [2012 - 6 - 5]. http://www.digitalpreservation.gov/ documents/ndiipp_plan.pdf.

② 周小平.图像数字资源建设研究[J].图书情报工作,2006,增刊(2):85 - 87,185.

治、经济、文化、军事、教育等各个领域。

② 没有数字版权纠纷。

③ 馆藏资源中，1911 年以前出版物中图像资源数量较少，图像数据库建设难以在短期内达到一定的数量和规模。

④ 图像数据库建设中，需要考虑到资源的发布问题，首先建设那些适合于在互联网上发布的图像信息资源。

综合考虑这些因素，南京图书馆将数据库馆藏文献收录时间起止点确定为：从 1911 年辛亥革命后到 1949 年 9 月中国出版的中文文献，并且计划在对这些资源的数字化取得一定绩效和影像后，再考虑对该数据库的扩展和延伸。

3.2　影像信息资源的采集途径及案例

收集和整理影像信息资源是建立影像信息资源的重要部分，建设影像信息资源，不仅要采集本馆现有资源，还需要将分散于网络和民间的资源，以及那些重要会议、重要报告等内部灰色信息进行采集和整理，对于部分重要资源也可采取购买的形式获取。本章以广西民族博物馆的影像信息资源采集为例，介绍并总结了数字图博档影像信息资源的采集途径，主要有以下几种：

(1) 馆藏资源的数字化。这部分是数字图博档影像信息资源建设的重要内容，各馆要着眼于知识创新和信息服务，根据本馆特色，充分利用馆藏资源，建设有特色的高质量的影像信息数据库。

(2) 以馆藏为主，收集网络资源和民间资源。如广西民族博物馆①，它是一所新建的民族类专题博物馆，于 2003 年开始启动，2009 年正式对外开放，为了丰富馆藏资源，馆里通过网络搜索，并多次深入广西各少数民族地区，广泛搜集各地的古籍文物和文化遗产，并以文字、图片和音视频的方式记录和保存，从而建立了具有民族特色的民俗服饰、宗教信仰等图像数据库，为政府和科研单位提供最全面的影像信息资源。其中民族服饰类藏品数量最多，约有 15000 余件套，主要以广西 12 个世居民族为主，以壮族、瑶族、苗族、侗族服饰最具特色，这些民族服饰不仅类别齐全、美观大方，而且难能可贵，具有很高的艺术、研究和欣赏价值。再如档案馆对民歌的采集和集成，这些民歌绝大部分都是来源于网络和民间。

(3) 灰色信息采集。灰色信息是档案馆和博物馆中比较重要的一类信息来源，其特点是内容复杂、信息量大、内部科技报告、内部会议图片和视频等。这部分资料往往能够更直接地反映历史，具有独特的参考价值。但这类信息数量少，保密性强，获取较为困难，主要来源于民间捐赠或馆外购买。

(4) 购买影像信息资源。广西民族博物馆通过与广西文化音像出版社、广西民族音像出版社等单位以及个人联系，直接征集、购买他们的音像制品，其中包括代表大量的非物质文化遗产的作品，如戏曲类、歌舞类、节庆类作品。

3.2.1　图像信息采集与数字化案例

对图像信息的采集方式主要有以下几种：

(1) 图像信息扫描技术。一般是采用平板扫描仪扫描，但其分辨率低，扫描精度一般，可根据扫描对象特点，设置相应的扫描参数，提高扫描质量。对于超出扫描仪扫描范围的文件，系统可将该文件分割成几部分，分别对其扫描，然后进行图像无缝拼接处理，最终获得整个大幅图片的完整图。还有一种是对馆藏的传统影像胶片、照片、图版等进行扫描，可以直接利用底片扫描仪，便可将底片上的图片扫描

---

① 广西民族博物馆[EB/OL].[2012-3-3]. http://www.gxmn.org.

并上传,而不用先冲洗成照片后再扫描[①]。

（2）数字拍摄技术。即利用数字拍摄设备（如照相机）对静态或动态图像进行数字描述和采集,并将描述和采集的结果存储在数字载体上的一个过程。

对于二维影像,如新乡博物馆的图像信息采集方法是[②]:使用尼康 D100 数码相机,在室内用两到三盏连续光摄影灯具,使用摄影专用的黑、白、灰背景纸,拍摄的数字文件格式为 RAW（文件大小为 9.4MB）,根据具体情况对每件实体拍摄 3～5 幅图像,并利用"馆藏文物数据库采集软件 V2.0"将图像与文本合成。对于那些具有特色的古董文物或文化遗产,还需要对其特色部分进行放大特写,以便更清晰更全面地展示信息。温州博物馆的图像采集[③]主要是利用单反数码相机进行拍摄,经过人工挑选和编号,将图像批量导入媒资系统,并提供给数字博物馆内容管理平台调用和处理。

对于三维影像采集,采集工具很多,如三维坐标测量仪、非接触式激光三维扫描仪、计算机断层分析仪 TC 等。其中常用的彩色三维扫描仪的采集设备 Inspeck 公司的 3D Capturer,美国 Cyberware 公司的 3030RGB scannerhead,北京大学发明的三维激光扫描仪等,每种设备都有自己的优缺点,各馆根据自己的实际情况,选择合适的采集设备。如西北大学考古数字博物馆[④]采用 3D Scanner 扫描物体,该系统通过柱状激光束精确扫描到物体的颜色和空间等信息后,能够自动拼接成完整的带纹理的实物,并在网上以三维空间展示该物体。

在数字拍摄采集图像信息资源的过程中,摄影师扮演着一个很重要的角色,故宫博物院的影像采集工作是由专门的摄影科和专业的摄影师承担[⑤],摄影师的拍摄水平和角度,对藏品和档案的理解等决定了影像信息的内容和质量。因此,各摄影师除了要具备一定的拍摄技能,还需要具备一定的专业技能,即对藏品的专业性理解,同时需要有一定的计算机和图像信息处理能力。在拍摄过程中要注意器材的选择、拍摄的角度、拍摄背景、镜头焦距和光线选择,并遵守相关图像信息采集规范。为了不多次搬动藏品,尽量一次性采集藏品较多的信息,从不同角度多拍摄几张相片。数码采集中尽量采用高分辨率,各馆的影像信息资源在不同的阶段,不同的存储介质上,存在着不同的存储格式。一般而言,显示在网上的都是经过处理后的缩略影像资源,如果用户对某张图片或音视频感兴趣,可以通过与各馆联系,从而获取相应的高清影像资源。

3.2.2　视频信息采集与数字化案例

许多图书馆、博物馆和档案馆中保存有大量的音视频信息资源,以声音和视频的形式,记载了我国的历史文化,具有非常重要的研究价值,是人们生活、教育、学习和研究的重要工具,越来越多的人利用网络访问馆藏的音视频信息资源。音视频采集与数字化是音视频信息资源建设的基础工作。

（1）音视频信息的采集:动画作品、录像资料、教学视频、电影和电视剧等都属于音视频资源。音视频信息的采集设备有录像机、视频采集卡以及多媒体计算机、DVD 播放机、视频软件开发工具 VFW（Video for Windows）等,通过视频采集设备,依次对各像素点进行采样、量化与编码,便可将模拟信号转化为数字信号并存储,便可以得到未经处理的基带数字编码信号。可通过设置亮度、取样标准等采集参数,改善视频信息采集质量。

---

①　马凌云.基于 Web 的照片档案数据库建设研究[D].武汉:武汉大学,2004.

②　张宁.关于博物馆数字影像系统[J].中原文物,2008(3):109－112.

③　董姝.数字博物馆建设的实践与探索——以温州博物馆为例[J].博物馆研究,2011(3):19－26.

④　朱晓冬,周明全,耿国华,等.西北大学考古数字博物馆的设计与建立[J].西北大学学报(自然科学版),2004(10):522－526.

⑤　胡锤.故宫博物院的信息系统建设[J].东南文化,2010(4):92－98.

温州博物馆的音频数字内容采集[①]一部分是以 WAV 格式存储的馆藏展览中录制的导览词，另外一部分是以 MP3 格式存储的，通过专业录音设备录制的信息资源；其视频信息采集主要是历年展览积累下的数字影像，将采集后的音视频信息由人工批量存入，并上传到媒资系统中，提供给数字博物馆内容管理平台调用。

（2）音视频信息的处理：为了方便读者使用，需要对经过数字化后的音视频信息进行适当的编辑和整理，如剪切和拼接，从而把不同素材中的音视频片段组织在一起，以形成新的节目单元。还可以利用非线性编辑系统（如 AdobePremier 等），对视频片段衔接处进行过渡处理，视频与音频的合成和分离，多路节目的叠加等[②]。对于音频资料，可利用音频编码器，将声音模拟信号转换成数字信号。对于视频信息，可利用相应的设备如摄像机及多媒体信息处理软件，将录像带、电视中播放的动态画面转化成为数字视频信息资源。对于胶片可通过专业的处理后，转换成数字视频信息。目前常用的视频编辑软件有：台湾友立公司的绘声绘影（Ulead Video Studio 中文版）、美国 Adobe 公司的 Adobe Premiere 或 Video Maker 等。

首都博物馆在 2006 年前视频信息主要存储载体是以 SONYmimiDV 为代表的模拟带，2006 年后则主要是以数字化形式进行存储。其方法是利用数字化设备和专业数字化软件，对其进行编辑和处理，将模拟带上的模拟信息转换为数字信息，其数字信号来源可分为 CD/DVD 光盘和松下 P2 卡两类，将采集完后的数字信息根据其不同用途分为三类，并选择不同的存储格式进行存储[③]。

音视频信息资源非常占用存储空间，其采集、存储、编码解码方式等各个环节都会影响音频视频信息的质量，应该尽可能地使用高保真、占用资源空间少的软件或系统。保障影像信息资源的数字化效果和质量，增强数字化资源的可读性和保真性。

3.3 影像信息采集的质量控制

影像信息采集的质量控制是一项复杂繁琐而又非常重要的数字生产基础工作，是将影像信息采集与质量控制相结合。本章提出从信息采集的细节入手，加强六个方面的控制和管理，从而最大限度地提高影像信息资源的质量。

1. 提高摄影、录音和摄像的技术

在影像信息资源采集过程中，其摄影、录音和摄像的技术水平在很大程度上决定了影像信息的质量。要把握好采集加工流程中对影像信息资源的色彩控制，色彩管理的核心概念就是建立起的一个与设备无关的色域空间（PSC）使颜色能在不同设备的不同色域空间之间进行有效的映射[④]，利用专用的工具和软件进行色彩校准；加强影像信息资源采集过程中的光源控制，明确影像采集照明设备，根据拍摄对象特点，对光源进行预热，使用相应设备对光源进行特性采集，正确处理光斑和投影；采用高分辨率拍摄设备，保证影像信息的质量；构图平稳，曝光准确，做到主体突出，画面简洁，色调和谐；对拍摄对象的背景配置应简洁平整，色调素雅，注意视点的选择和镜头焦距，减少影像透视产生的视差，为保证影像信息含量，拍摄对象应尽量充满画面。

2. 重视质量审核工作

质量审核是利用馆藏信息采集软件对已录入的影像信息进行审核，从而提高影像信息准确性的必

---

① 董姝. 数字博物馆建设的实践与探索——以温州博物馆为例[J]. 博物馆研究，2011(3)：19-26.
② 蔡荣生. 浅谈图书馆数字资源建设中视频与音频信息的采集[J]. 图书馆工作与研究，2010(5)：41-43.
③ 彭昕. 数字视频影像在首都博物馆的发展[C]. 创意科技助力数字博物馆. 北京市科协，北京数字科普协会，2011：211-215.
④ 余宁川. 数字影像技术在博物馆工作中的应用[J]. 文博，2011(6)：94-95.

要手段,包括人工审核和计算机审核两种。一般情况下是采用人工审阅和计算机程序审查两者相结合的审核方式。在20世纪80年代中期,祝敬国先生[①]提出了"三重校验"原则,其主要思路是系统操作员借助于审查软件进行人工审核的方式。陈红京先生[②]提出将录入人员与审核人员分开,通过分工协作的方式,利用审核库顺序修改功能,逐条核对信息。如故宫博物院就是采用这种分工审核的方式,上海博物馆则是将录入和审核工作合于一身,即管理员独自负责录入和审核[③],苏州博物馆《藏品信息管理系统》是由录入员和审核员共同审查和修改录用数据[④]。

3. 完善标准和规范建设

影像信息采集工作是馆藏资源数字化的根本,是一切数字化的基础,必须高起点高标准高要求,数据采集加工和处理时,需要制定严格的加工规范和流程,保障数据的准确和提高加工效率。

目前国家制定了相关的标准和规范,如科技部的《我国数字图书馆标准规范建设》和《数字资源加工标准与操作指南》等范本,国家文物局颁布的《文物藏品信息指标体系规范》、《文物藏品二维影像信息规范》等;关于口述档案采集有宁夏回族自治区档案局制定的《口述历史档案采集标准》;国家档案局规定的《纸质档案数字化技术规范》、《归档文件整理规程》等。这些标准规范涉及影像信息资源的获取、设计、维护、建设及服务等方面,为规范全国的信息化建设起着重要的作用,为更好地进行影像信息资源建设提供前提和保障。

各馆根据自己的情况,选择适当的标准和规范,如南京图书馆建设的中国近代文献图像数据库建设中,采用的是《中国数字图书馆标准规范建设》所明确的数字图书馆数字加工标准和规范[⑤]。而西北大学考古数字博物馆和新乡博物馆等绝大多数博物馆数字化规范都采用的是国家文物局颁布的《二维影像信息规范》,对文物影像本身的文物格式、大小等做了具体的规定,不仅要有每件文物的整体影像,而且还要采集能够反映文物特征的局部影像[⑥]。

4. 加强对摄影师的重视及培养

在影像信息资源的采集中,摄影师的工作非常重要,是决定影像信息资源数字化展示水平的重要角色。应该加强对摄影师的重视,开展摄影师的培养工作。摄影师对藏品的理解程度和技术再现能力决定了影像信息资源展示的藏品的特点,不同的拍摄角度、采光曝光效果等,都能够揭示出不同的文化信息。因此,一个好的摄影师,能够洞察藏品文化精髓,掌握精湛的摄影技术、良好的计算机知识,并善于数字影像后处理[⑦]。各馆要有一支相对固定的摄影队伍,加强摄影师培训工作,正确处理文物摄影署名权,充分调动摄影师积极性和责任心。

5. 加强影像信息资源的存储管理

影像信息资源采集后,一般会根据其不同的用途,划分为几种类型,如保存型、浏览型和下载型等,分别保存为不同的存储格式、命名标准和压缩标准等,既保证信息资源的高效利用,减少存储空间,同时保障信息资源的质量。文物藏品的影像采集后,为确保高效率的应用,保障影像信息资源的质量。对其按照统一元数据进行组织和标注,利用管理信息系统对已经录制好了的影像信息资源审核存储并上传,同时对加工好的影像信息资源做好备份工作,建立有效的在线存储、近线存储和离线存储方案,保障影

①　祝敬国. 藏品管理的电脑检索系统[J]. 中国博物馆,1985(2):64-68.
②　陈红京,吴勤旻. 数字博物馆资源建设规范与方法[M]. 上海:上海科学技术出版社,2006.
③　彭代佳. 博物馆藏品信息数字化采集模式及相关问题研究[J]. 经济与社会发展,2012(1):74-76.
④　浙江省现代科普宣传研究中心. 全国首届数字(虚拟)科技馆技术与应用学术研讨会论文集[A]. 朱恪勤. 藏品信息管理系统在苏州博物馆的建立[C]. 北京:科学技术文献出版社,2007.
⑤　周小平. 图像数字资源建设研究[J]. 图书情报工作,2006增刊(2):85-87,185.
⑥　朱晓冬,周明全,耿国华,等. 西北大学考古数字博物馆的设计与建立[J]. 西北大学学报(自然科学版),2004(10):522-526.
⑦　胡锤. 博物馆数字资源建设[J]. 文博,2010(2):93-96.

像信息资源数据安全。

6. 加大资金投入

影像信息资源的建设是一项长期的持续性的工作，需要有固定经费的支持，要保障影像信息资源质量，需要购买先进的摄影器材、存贮设备、影像加工软件，影像信息资源的更新与维护等，都需要大量资金，加大资金投入，能够保障影像信息资源建设顺利进行。

本章小结

本章分析了数字图博档影像信息资源的采集及数字化建设。首先提出对馆藏资源有计划有步骤地进行数字化，根据各馆自身条件，对部分有价值的有需求的资源优先数字化，对于易损珍贵馆藏有选择性数字化，对于某些保密性高的资源暂缓数字化；总结了数字图博档影像信息资源的采集途径，采取以馆藏资源为主，广泛收集网络资源和民间资源的策略，加强灰色信息采集，并购买相关影像信息资源；总结并介绍了影像信息资源采集技术及部分馆的影像信息采集方案，最后从提高摄影、录音和摄像的技术、重视质量审核工作、完善标准和规范建设、加强对摄影师的重视及培养、加强影像信息资源的存储管理和后期处理和加大资金投入等六个方面，阐述了加强影像信息采集的质量控制方法。

第 4 章　数字图博档影像信息资源存储与案例

4.1　影像信息存储方案的选择原则

随着网络技术的发展和数字图博档影像信息资源的全面建设,各馆的数字化资源数量急剧增长,存储容量的需求量呈指数增加,而与此同时,用户访问量也在不断增加,对系统的处理能力要求较高,需要有较高的系统存储配置。信息资源的存储和管理成了各馆所需要面对的一个重要问题,因此,寻求低成本、合适的存储方式,高效率的存储设备,保障数据的完整性、可用性、安全性、实现资源的高效管理,是各馆实现影像信息资源建设的关键一环。据调查,美国的服务器与备份设备的连接已经达到 60% 以上。而国内服务器连有备份设备的比例不到 15%,即 85% 以上的数据面临着被破坏的危险[①]。影像信息资源的存储与管理成为当前迫切需要解决的问题。

存储方案有多种,而每种存储方案都有其自身的优缺点,各馆要根据自身情况,选择最合适的存储方案,在满足当前需求的基本要求下优化资源配置,使存储方案具有一定的实用性、可靠性、稳定性、安全性、可扩展性、经济性等特点,以满足各馆的可持续发展。一般而言,需要把握以下几个原则:

(1) 实用可靠性能好

各馆在考虑影像信息存储方式时,要对数据存储容量需求、用户访问量和用户访问频率等进行估算,应用技术成熟可靠的存储设备,符合国际主流技术或经过国内外权威机构认证或已被广泛应用的产品。选择使用可靠性能良好的存储系统,保障数据传输与信息存储的不间断服务,同时系统还必须具有良好的操作性,易于管理和维护,支持多级并行运行。

(2) 稳定安全

系统的安全稳定是影像信息建设的关键,存储系统应该采用应用与数据分离的结构,一方面要拥有良好的性能,使存储系统能够具有快速响应的功能,提供更高的数据带宽,可以长时间承受大量用户极高的访问频率和访问速度;另一方面也要确保访问的安全性。各级子系统应该有相应的监督和管理能力,一旦发现异常情况,必须启动相应的保护性措施,具有一定的容错能力。适当考虑存储设备的冗余,以便系统崩溃时能够及时进行在线修复、更换和补充,支持用户的不间断访问。

(3) 设备的经济性

在选择设备时,要考虑系统的性能、价格、使用寿命以及存储系统使用后的后续成本等因素,综合考虑使用性价比高的产品,不要盲目选择高价存储产品,充分考虑各馆实际情况,如经济能力、存储需求及现有技术水平等因素,尽可能选择物美价廉的存储设备。

(4) 系统具有可扩展性

选择存储设备和存储方式时,要具有一定的前瞻性。随着数字化的深入,影像信息资源的不断增加,数据容量必定快速增长,对系统性能和容量要求越来越高,因此需要考虑到存储容量的扩展性。当系统需要扩展时,应能够最大限度利用原有设备和产品,做到存储容量和系统性能的同步扩充。充分考

---

① 牛云,徐庆,辛阳,等.数据备份与灾难恢复[M].北京:机械出版社,2004.

虑未来业务发展的需要，保留充分的扩容空间，满足未来几年内的用户和信息增长的需要。

（5）良好的兼容性

存储系统还应该能够具有良好的兼容性，应能与主流的操作系统、服务器、数据库系统、应用软件等较好的结合，支持异构系统，保证系统升级后能够进行平稳的系统过渡和数据转移，在总体设计中，应采用开放式的结构，便于系统扩充和兼容，减少系统对软硬件环境的依赖。

（6）易于管理维护

要求整个系统具有高度的灵活性，易于维护和管理，维护成本低，技术实现容易，系统管理人员在无额外培训的情况下，即可以胜任新的存储系统的配置、管理和维护。

4.2 影像信息存储格式介质及案例

影像信息资源的类型多样、用途也不一样，因而有很多种存储格式：有的格式方便信息浏览、有的格式方便信息传输、有的格式则专用于信息保存等等。影像信息资源在保存和存储时一定要根据不同的需要、不同的影像信息类型，选择适当的影像信息存储格式。

4.2.1 影像信息存储格式与介质

（一）存储格式

（1）图像存储格式

目前常见的图像存储格式有 JPEG、BMP、TIFF、GIF、CDR、PSD、PDD、PDF、PNG、COL、DIB、Dwo、Filmstrip、DXB、DXF、UFO、EMF 等多种，如此众多的影像信息存储格式，各馆需要根据需要选择适当的格式进行存储。本章主要介绍几个主流的图像存储格式[①]。

① 标签图像文件格式（Tagged Image File Format，TIFF）

TIFF 格式是一种应用程序和计算机平台相互独立的图像标准，能够应用于不同平台、不同应用软件上。所有的画图程序、图像编辑器和排版应用程序都支持 TIFF，由于压缩后的 TIFF 格式图片文件不会使影像失真，因此与其他格式相比，其占用的存储空间大，其大小是 GIF 图像的 3 倍，是相应的 JPEG 图像的 10 倍。该格式常常用于存储色彩丰富，对于图片资源像素要求较高的文件，一般而言，此类格式不适合于信息的浏览和传输，主要是应用于信息的保存。

② 图像交换格式（Graphics Interchange Format，GIF）

GIF 文件的数据，是一种基于 LZW 算法的连续色调的无损压缩格式，其压缩率一般在 50% 左右，可支持不同平台与不同软件，在一个 GIF 文件中可以存多幅彩色图像，GIF 只能储存最多 256 色的色彩阶数，因此其文件较其他格式小，可应用于网络图像的传输，但这种经过压缩后的图像不适合于原始数据的保存。

③ 联合图像专家组格式（Joint Photographic Experts Group，JPEG）

JPEG 是目前网络最流行的图像文件格式，是一种有损压缩格式，能够将图像压缩在很小的储存空间，容易造成图像数据的破坏。但 JPEG 压缩技术先进，能够在获得较高压缩率的同时展现出较好的图像，且 JPEG 格式能够调节图像质量，允许不同压缩比例（10∶1 至 40∶1）对图像进行压缩，如果压缩比例过高，则图片质量会降低，造成失真。高压缩的图片常常应用于网络信息传输，图片占用存储空间小，下载速度快。

---

① 朱学芳，智文广. 计算机图像处理导论［M］. 北京：科学技术文献出版社，2002.

（2）音频存储格式

目前常见的音频的存储格式有 WAVE、MIDI、MPEG、RealAudio、CD 格式、AIFF、AU、MP3、WMA、VQF、OggVorbis、AAC、APE 等多种格式。面对如此众多的音频信息存储格式，各馆可根据需要选择合适的存储格式。下文将介绍几个各馆常用的音频存储格式[1]。

① WAVE 格式

WAVE 格式是 Windows 的多媒体音频格式，应用非常广泛，文件的扩展名为"WAV"，采用 RIFF（Resource Interchange File Format）文件格式结构，支持许多压缩算法，多种音频位数、采样频率和声道，采用 44.1 kHz 的采样频率、16 位量化位数和 88K/秒速率，其音频文件质量和 CD 差不多，但是对存储空间需求太大不便于交流和传播。

② MP3 格式（MPEG Audio Layer3，MP3）

MP3 音频压缩技术能够将音乐以 1：10～1：12 的压缩率，压缩成容量较小文件，而且音质基本保持不失真。它丢弃掉脉冲编码调制（PCM）音频数据中对人类听觉不重要的数据，是一种有损音频压缩，因此得到了很高的压缩率，也正是由于这个特点，使得 MP3 成为网上音乐的通用格式。其存储量大约是 WAV 格式的 1/10，音质略逊于 CD 格式和 WAV 格式。各馆在采集音频信息时，如果期望得到较高的压缩率，同时保持音质质量，可使用 MP3 格式。

③ RA 格式（RealAudio，RA）

RA 是 RealNetworks 公司出品的音频格式，主要适用于网络上实时传送和播放的音乐文件，是目前网络上比较流行的流媒体技术，可以一边播放一边下载。采用的是有损压缩技术，由于它的压缩比相当高，因此音质相对较差，但是文件也是最小的，因此在高压缩比条件下表现好，但若在中、低压缩比条件下时，表现却反而不及其他音频存储格式。此外 RA 可以随网络带宽的不同而改变声音质量，带宽越高网速越快，其音频质量就越好，这样能够保障用户在得到流畅声音的同时，尽可能得到较好的音质。如果各馆需要音频文件空间占用量小，而且支持边下载边播放格式的，可以选择 RA 格式。

（3）视频存储格式

目前常见的视频信息存储格式有 AVI、QuickTime、MPEG、RM、MOV、ASF、WMV、NAVI、3GP、REAL VIDEO、MKV、FLV、F4V、RMVB、

WebM 等多种格式。面对如此众多的视频信息存储格式，各馆可根据需要选择合适的存储格式。下文将介绍几个各馆常用的视频存储格式：

① AVI 格式[2]（Audio/Video Interleaved，AVI）

AVI 是 Microsoft 支持在 windows 底下播放的动态影像格式，是一种有损视频压缩格式，但其画质和压缩比例并不理想，最多为 15frames/sec、单音、1/4 的屏幕。其优点在于，Windows 系统的媒体播放器即可播放 AVI 文件，提供无硬件视频回放功能，实现同步控制和实时播放，可以高效地播放存储在硬盘和光盘上的 AVI 文件，提供了开放的 AVI 数字视频文件结构，AVI 文件可以用一般的视频编辑软件如 Adobe Premiere 或 MediaStudio 进行再编辑和处理，并可以将音频和视频混合使用，在互联网上常用语播放影片的片段。在影像信息的采集和存储中，如果想要利用多媒体来保存电影、电视等各种影像信息，可选择 AVI 格式。

② MPEG 格式（Motion picture Experts Group，MPEG）

MPEG 是 ISO 国际标准协会制定的动态影像与声音的压缩编码格式。目前主要有 MPEG－1 至

①　朱铮.浅谈音频文件的数字化存储[J].中国档案，2005(7)：52－53.

②　蔡荣生.浅谈图书馆数字资源建设中视频与音频信息的采集[J].图书馆工作与研究，2010(5)：41－43.

MPEG-5 等级别。现已被几乎所有的计算机平台共同支持，兼容性好。MPEG 在保证影像信息质量的基础上，采用有损压缩方法减少运动图像中的冗余信息，从而达到高压缩比信息，其压缩比率最高可达到 200∶1，而对数据的损失较小，图像和声音的质量保存较好。MPEG-1 被广泛应用在 VCD 的制作上，几乎所有 VCD 都是使用 Mpge-1 格式压缩的（＊.dat 格式的文件）。各馆大多选择 MPEG 格式存储视频信息资源。

③ MOV 格式（QuickTime）

MOV 是苹果公司开发的一种音视频格式，其称为 QuickTime 影片格式，其文件扩展名为 ＊.mov。QuickTime 通过有损压缩的方式，能够在确保在获取较高压缩比的同时，拥有较完美的画面效果，其画质略好于 AVI 格式，而且该格式具有跨平台性，不仅能够支持不同的操作系统，还支持一些专业级多媒体视频处理软件编辑和处理，另外，Quick Time 也是一种流媒体格式，支持用户边下载边播放。

各馆如果需要通过 Internet 提供实时的多媒体信息及回放，可选择 QuickTime 文件格式。若需要存储单个的视频媒体内容，而且能保存对该媒体作品的完整描述，可以使用 Quick Time。

综上所述，各馆常用的图像信息存储格式主要是三种：TIFF 格式，用于原始数据的保存；GIF 格式，用于网络用户的浏览和参考的小型图像；JPEG 格式，较忠于原作的大型图像，可供读者浏览、下载。各馆常用的音频信息存储格式是 MP3，WAVE 和 RA，利用 WAVE 格式存储原始音频信息，利用 MP3 或者 RA 格式进行网络音频信息传输。而各馆常用的视频存储格式是 AVI、MPEG 和 MOV 格式。利用 MPEG 存储原始视频信息资源，利用 AVI 或 MOV 格式进行网络视频信息传输。

（二）存储介质

我国的《电子文件归档与管理规范》中明确指出[①]："本标准对归档保存的推荐采用的载体，按优先顺序依次为：只读光盘、一次写光盘、磁带、可擦写光盘、硬磁盘等。不允许用软磁盘作为归档电子文件长期保存的载体。"

4.2.2　案例

（1）河南省属博物馆

河南省文物管理局对其所属博物馆配发尼康 D100 数码相机，并利用该相机自带的 Capture4 冲图软件，将所采集的未加工的影像信息分按照其用途分为两类，分别是馆藏信息存储和网络传输，并分别转化为 TIFF 或 JPEG 格式[②]。

（2）国家图书馆

国图从 2000 开始音视频信息的数字化工作，并将用于长期保持的影像资源保存为 WAV 和 CD 格式，并将其利用 DVD 拷贝刻录的方式进行保存；对这些资源对于那些主要用户网络音视频信息服务的资源，其主要存储格式为 MP3 和 MPEG4 格式。

国家图书馆的影像信息资源的存储载体共有十一种，截至 2008 年，其各种存储类别及数量大致如下表[③] 4-1 所示。

① 赣州市档案局. 电子文件归档与管理规范［EB/OL］.［2012-6-6］http://www. jxgzda. gov. cn/UserFiles/20090417/128844288770156250. doc.

② 张宁. 关于博物馆数字影像系统［J］. 中原文物,2008(3):109-112.

③ 司铁英. 美国国会图书馆音视频资源保存及对中国的启示［J］. 科技情报开发与经济,2010,28:1-3.

表 4-1　国图音视频信息资源的存储方式

类别	CD	唱片	盒式磁带	MP3	1/2 录像带	3/4 录像带	Beta 录像带	高密度视盘	激光视盘	DVD	VCD
数量	45 188	1040	15 835	1521	14 514	1335	204	234	2192	27 594	77 853

（3）国内存储状况调查

刘家真[①]调查了我国 14 个省市 57 个图书馆、档案馆与信息中心的信息存储状况及存储方式。结果显示：大多数馆都选择了合适的存储方式，但对影像信息根据其不同需要，选择三种及以上不同存储格式的馆仅 50％，有 10％左右的馆只有一种存储格式；大多数馆都对信息存储硬件进行了投资，但是在存储介质上却有所忽视，目前尚有 47.62％的图书馆和 10.71％的档案馆还保留着软盘这种易损的存储方式，并没有将信息转移到其他更便于保存的存储介质上。

4.2.2　案例分析

本章选择了几个有代表性的影像信息资源馆，介绍了各馆的影像信息存储方式，这些分析和总结同时也对各馆根据自己的特点来制定数字化和存储方案，提供了很好的借鉴。

（1）美国国会图书馆[②③]

国会图书馆是世界上音视频资源数量最多的图书馆，包括了最早的有版权电影和最新上映的故事片。目前国会图书馆馆藏资源已达到 1.42 亿册，其中音频资料 2200 万件、视频资料 1400 多万件，是北美最大的音视频资料藏家。

在保存方面，国会图书馆建立了首家音视频保存机构——国家音视频保存中心（National Audio/Visual Conservation Center，NAVCC），并于 2007 年对外开放。同时美国国会图书馆还成立了国会图书馆动画存储中心（The Library of Congress Motion Picture Conservation Center，LCMPCC），对于电影信息资源，还发布了国家电影登记系统（National Film Registry，NMR），从而实现对影像信息资源的永久保存[④]。

在资源存储方面，国会图书馆针对 NAVCC 建立多层存储系统。构建一个巨大的数据仓库，存储有超过 11 亿个电影广告等视频信息，近 300 万音频信息，超过 210 万个电影剧本和图片信息。该数据仓库主要利用磁带进行存储，由 Sunx64Fire 服务器和 Sun 存储组成，运行的是 solaris10 操作系统，一年的存储容量多达 8PB 容量的媒体库。

（2）美国的电子文件档案馆[⑤⑥⑦]

电子文件档案馆（Electronic Record Archives，ERA）是由美国国家档案与文件署（National Archives and Records Administration，NARA）发起并创建的，其目的是为了满足人们日益增长的电子文件的需要，自动存储各种类型的数字信息，广泛适应于各种操作平台，使 NARA 保存的文件能够被永久使用，方便用户能够随时随地获取信息。该馆对于需要长期保存的数据主要采用 ASCII 码存储，从而增加数据对系统的可适应性和兼容性。

①　刘家真. 我国数字资源保存状况调查. 中国图书馆学报，2006(5)：71-75.
②　司铁英. 美国国会图书馆音视频资源保存及对中国的启示[J]. 科技情报开发与经济，2010，28：1-3.
③　臧国全. 基于调查案例的美国图书馆信息资源数字化项目实施分析[J]. 图书情报知识，2007(1)：29-32.
④　义乌工商学院图书馆博客. 美国图书馆的旗帜：国会图书馆[EB/OL]. [2012-5-8]http://www. chinalibs. net/bkjh/artcount. aspx? sgid=8273.
⑤　朱小怡. 数字档案建设理论与实践[M]. 上海：华东师范大学出版社，2007：102-133.
⑥　杜晓宇. ERA 电子文件管理战略[J]. 北京档案，2007(1)：44-45.
⑦　李超，王燕，徐震. 透视美国电子文件档案馆系统[J]. 湖北档案，2009(5)：16-18.

ERA 是在此前由国家档案馆在圣地亚哥超级计算中心的一个项目研究所开发的技术基础上建立的，以此为基础建立的电子文件档案馆能够对各种类型的文件进行保护，又具有一定的可扩展性。其中所有的档案全部以数据形式保存。系统采用技术插入方式（technology insertion）进行升级，在保障前期的投入的同时，确保系统功能的顺利升级。

ERA 系统采用基于组件的设计方法，面向服务（Service-Oriented Architecture，SOA）的体系架构，能够将应用程序的不同服务独立于不同的软硬件环境。ERA 采取了离线的数据备份这种主动式安全存储方法，当系统遭受病毒和恶意攻击时可以迅速恢复。这种方法需要注意系统信息和备份信息的同步操作，当系统信息有所增加、删除或修改或进行数据通信等操作时，其备份系统也保持同样的操作，从而提高系统的安全性和稳定性。同时，为了提高 ERA 系统服务的可靠性，ERA 系统采用软硬件冗余的方法，尽管单个的故障会影响系统运行，但不会对系统造成破坏性的危害，避免同一时间里整个系统崩溃。

（3）中国国家图书馆[①]

2002 年，国家图书馆完成了 SAN 局域网络建设第一期[②]，通过采用基于 SAN 的 LAN-Free backup 的备份技术，使备份数据无须经过面向应用的局域网络；采用 falsh backup（快闪备份）技术，提高系统的备份效率。在全国首个实现了异构平台对 SAN 数据进行块状信息共享，采用 SANshare Partition（SAN 共享分区）功能，对磁盘阵列进行逻辑分区，并能够根据不同的需要不同的权限，进行不同的访问和操作，每个人只能看到自己权限所能够访问的信息。

（4）中国电影资料馆[③]

随着消费者生活水平的提高，对电影的需求越来越大，电影市场的扩大和电影产业的迅速发展，对影像信息的积累越来越多，其存储需求越来越高，存储量也越来越大。中国电影资料馆以模拟磁记录的方式，将大量的影像信息保存于各种磁带中。为了更好地保存信息，电影资料馆采用 SAN 存储技术，利用光纤进行连接，在各个服务器、存储设备、工作站之间建立千兆级高速专用传输网络，确保网络传输数据的流畅。该系统能够在保障网络用户轻松访问的同时，减轻服务器、存储设备和工作站的信息存储负担，既保护前期系统投资，又具有一定的可扩展性，能够适应系统不断升级和发展的需求。

4.3　馆藏影像信息资源的存储管理

存储技术的发展给影像信息资源的存储发展带来了技术保障，各馆同时也要制定相应的管理措施，更好完善信息存储和保存。本章认为，应该从如下几个方面，加强馆藏影像信息资源的存储。

（1）宏观调控，合作存储，构建地区影像信息保存中心

我国各馆之间整体上条块分割、各自建设各自存储，数据共建共享程度很低，缺乏有力的宏观调控机制。各地应该建立起全省信息资源建设与服务的联合发展、统筹规划、资源共享，各尽所长，逐步建立起统一的资源管理机制、统一的资源存储规范，联合各馆的实力，构建地区信息保存中心，合理分配数字资源建设规模，避免重复建设，形成一个影像信息资源的分布式存储、集成化管理和一站式建设服务。

（2）制定合理的存储制度

制度是各馆信息资源存储能够得以实施的保障，各馆应该根据自身资源情况，结合存储介质存储系

①　肖红，李若滨，司铁英，等.国家图书馆音视频资源建设及其数字化方案研究[J].中外企业家，2010(5)：119-129.

②　马天懋.让图书馆走出围墙——国家图书馆存域网一期工程的实施[J].每周电脑报，2002(4)：44-45.

③　李若滨，司铁英.论馆藏音视频资料的数字化和保存[J].学理论，2010(2)：91-93.

统的适用环境,制定出一套行之有效的、细化的工作流程和操作规范,建立完善的规章制度和政策。确定各种资源的存储等级、存储格式、存储介质、存储系统、存储安全、访问权限及管理员分配等。根据各介质性能要求,配备专业存储设备,保持库房整齐干净,防火防灾,建立相应的资源备份制度,定期更新和保存资源,建立多重存储和异地存储制度,密切监视本地与异地数据访问情况,一旦发现异常要启用应急措施。对于备份的信息资源要有相应的记录和说明,如数据来源、产生时间、利用情况、保存时间目的和归档情况等等。

（3）明确定位,选择合适的存储方案

明确各馆的存储需求是科学地选择合适存储方案的前提,满足各馆现有需求和未来发展规划,是制定存储方案的出发点,一方面,存储系统要能够满足当前需要;另一方面,系统要具有一定的扩展性。能够平滑地对系统容量及性能进行扩充,最大可能地维护原有投资,选择合适的存储系统和存储格式,具体可以参考本章第一节,其最终目的是满足需求,优化资源配置,使存储方案具有一定的实用性、可靠性、稳定性、安全性、可扩展性、经济性等特点,以满足各馆的可持续发展。

（4）各馆分级分层,逐步实现信息存储

存储系统的建设需要投入大量资金,但一次性投入大量资金建立一个庞大的存储系统,对大多数馆而言都相对困难,而且也不合理,各馆应该根据自身特点,在充分论证,合理规划,明确定位,选择合适存储方案的基础上,分级分层,逐步投资,适时升级,分期建设,当资金许可后,再逐步扩充存储资源,扩展存储系统。在对存储系统扩充时,要特别注意保护原有投资,避免重复建设。

（5）做好中长期存储资金预算

在信息资源存储中,各馆要制定相应的资金预算,有的存储方式是前期投入多,后期投入少,而有的存储方式正好相反,前期投入多,但是后期投入资金少,各馆要根据本馆实际,在选择相应的存储方式的同时,要根据当前需求和未来数据增长情况,预算和配置相应的存储设备,做好相应的资金预算,做到总成本最小。

（6）加强人员管理

影像信息资源的存储和保存工作,需要专业的管理人员,他们应该具备一定的计算机系统维护和更新能力,同时又有相关的专业知识,能够耐心和细心的操作和管理影像信息系统。因此,各馆应该引进相关技术及管理应用人员,制定相应的培训计划,建立公正考评机制和管理机制,从而保障影像信息资源的长期保存。

第5章　基于 LPA 的数字图博档影像信息资源标注

5.1　数字图博档影像信息资源的组织

信息组织是以用户需求为导向,依据信息自身的属性特征,按照一定的原则、方法和技术,将杂乱无章的信息整理成有序的信息集合的活动和过程。其结果是形成各种方便用户利用的有序化的信息检索系统,从而达到信息增值的目的。

数字图博档影像信息资源组织主要思想是:对若干自然状态的无序数字图博档影像信息资源,按照某种属性特征(如类别、名称或题名等)排列成一个序列,并且用户能够利用互联网,根据自己的信息需求转换成相应的信息资源属性特征,通过检索,找到所需要的数字图博档影像信息资源。

影像信息资源的建设目的,不是为了收藏,而是为了更好的利用,而要实现资源充分利用,一个很重要的因素就是将无序资源转换成有序资源,这个过程便是资源组织,信息组织是信息检索和服务的基础。目前对于影像信息资源的组织主要有两种方式:一种是利用文本方式组织和检索,主要是管理员通过分析影像信息资源的外部特征信息(标题、责任者、主题、年代、媒体类型等)这种方式主要通过元数据来实现;另一种是基于内容的影像信息组织方式,主要是通过计算机自动提取信息特征,分析信息内容,并自动进行标注和检索来实现。

5.1.1　数字图博档影像信息资源组织的原则

(1)标准性原则

标准化是影像信息资源建设的重要原则。只有实现标准化,才能够实现影像信息资源的存储、检索与服务,从而最大程度上实现信息资源的共享,否则会限制资源的流通和服务范围,降低其使用价值。

信息资源组织的标准化包括数据格式的标准化、描述语言的标准化和标引语言的标准化等。其中数据格式是数字化信息的基本结构描述,它保证了不同计算机系统之间可以进行数据交换;数据描述语言是描述数据化信息基本特征的一组标准,可以促进系统和用户、系统与系统之间的交流;标引语言是用来描述信息的形式特征、内容特征以及检索要求的规范性语言,方便了用户与系统的交互,确保用户能够顺利查找到所需信息资源。

(2)客观性原则

在信息组织活动中,对信息的外在特征和内容特征必须描述得客观准确,要严格根据信息本身所反映的各种特征加以科学反映和序化,形成相应的信息组织的成果。也就是对信息的揭示和描述必须符合信息本身内容,不能损害信息的本来效用,不能歪曲信息内容,更不能人为添加不准确的主观的思想和观点。坚持信息组织的客观性原则还要求全方位、多维度、深入准确地表现出影像信息资源的特点和内容。

另外,信息组织的客观性原则还要求能够不断跟踪信息源的发展变化和信息组织技术的发展,使得信息资源组织与社会经济技术环境等保持同步,尽量采用新技术新方法,实现影像信息的组织。

（3）系统性原则

信息组织的目的是为了使杂乱无章的信息规律化、有序化。信息组织的过程本质上就是信息系统化的过程，要从不同的角度全面描述信息，如影像信息的年代、著者、内容、材质、主题等，形成不同的系统。正确处理四种关系[①]：信息组织部门、活动与其他部门和活动的关系，信息组织工作各个环节之间的关系，不同信息处理方法之间的关系和信息组织中宏观和微观的关系。使信息组织具有一定的系统性和完整性，同时满足用户的需求。

（4）实用性原则

影像信息资源组织的最终目的是为了满足用户的信息需求，因此在信息组织过程中，需要充分围绕用户的需求开展，坚持"用户为中心"的原则，用户对信息需求的满足程度，直接反映了信息资源组织的效果、信息资源的数量和质量等。各馆要积极开展用户研究，调查用户的信息需求，掌握用户利用信息的习惯和规律，不断改良信息资源的组织方法，提高信息组织水平，建立合理的信息组织体系，才能够满足用户的实际需要。如果在信息组织中，脱离了用户的实际需要，就无法实现信息资源的利用价值。

（5）先进性原则

先进性原则主要表现在两个方面，一是信息组织的思想理念的先进性，包括影像信息资源的组织标准、信息组织方法、信息组织系统的兼容性、信息组织管理和信息成果的共享能力等；二是信息组织技术的先进性，特别是信息标引技术，自动化的影像信息标引不仅能够减少人工劳动量，而且极大地提高了工作效率和工作质量，能够更好地满足用户的多样化需求。

5.1.2　数字图博档影像信息资源组织的内容

信息组织的目的是将无序信息，经过处理后，变成有序的可利用的信息，传统的信息组织内容分为信息描述、信息标注和信息集成这三个部分，本章认为，该信息组织内容同样适用于数字图博档影像信息资源的组织。

（1）信息描述

信息描述[②]是指根据信息组织和检索的需要，采用一定的管理规则和技术标准，对信息的外在特征和部分内容特征进行分析、选择、记录的活动。信息描述包括各种信息资源的描述方法、信息编码、通用标识语言的选择等等。信息描述的结果是一条由若干个信息描述组成的记录，也叫元数据。要利用元数据对信息进行确认并对要组织的影像信息资源，按照一定的规则选取数据项对其进行描述。元数据标准有很多，如MARC、DC、MPEG－7、CIDOC CRM等等，不同元数据其适用范围有所区别，各馆一般根据自身资源特色，选择某一种元数据作为信息描述标准。

（2）信息标注

信息标注是指对信息内容进行分析的基础上，根据一定的规则给信息的内容属性进行标识和描述的过程。信息标注对内容的揭示，是用户进行信息检索的重要依据。信息标注按照组织方法，可以被分为分类标注和主题标注两种。其中分类标注是按照信息内容的学科属性，或者信息载体的材质属性（如瓷器、纺织等）来揭示和组织信息的方法，其分类工具有中图、国图等分类法；主题标注是按照信息所揭示的主题或信息内容进行分类的一种方法，它可分为标题法、关键词法、自然语言标注等等。

按照信息标注手段，可以分为人工标注、半自动标注和自动标注三种，其中人工标注是由标注员对

①　储节旺、郭春侠、吴昌合.信息组织学［M］.北京：清华大学出版社，2007.
②　李青，张丽红.中小型图书馆数字化建设应用读本［M］.北京：北京图书馆出版社，2007.

信息进行专业标注；自动标注是利用现代信息技术，利用自然语言处理和机器学习方法，由机器自动完成信息标注工作；半自动标注是将人工标注与自动标注技术相结合，一般利用半监督算法实现。

对于影像信息资源而言，信息标注是一件非常重要的工作，是保障信息的有效组织和提高信息检索的重要环节，由于影像信息资源的多样性复杂性，利用自然语言和机器学习方法，对影像信息资源进行自动识别和标注，也是学术界研究的重难点。

（3）信息集成

信息集成包括信息排序和信息整合，将对信息的描述和标注的结果组织成一个有序的整体，并整合后显示给用户，便于用户的检索。信息标注的工作只是针对影像信息单位，需要把这些经过描述和标注的结果，进行排序和重新整合后，才完成了信息资源组织的过程。其中，信息排序就是按照一定的规则和方法把所有信息记录组织排列成一个有序的整体，同时提供信息资源位置的信息，便于用户的访问定位，其方法主要有分类组织法、主题组织法、号码组织法等，在网络环境中，一般体现为信息资源在网络中的地址；整合是连接数字化资源和传统馆藏资源的桥梁，各馆通过资源整合，将数字化信息与传统馆藏资源有机结合，从而组成一个广泛的、有序的和完整的信息资源组织体系。

5.2　CIDOC CRM 元数据

关于影像信息的组织与标注，目前主要有两种方式，一种是利用元数据，另外一种是基于内容的影像信息标注。由于在第二章我们已经介绍了部分元数据内容，并提出采用元数据 CIDOC CRM 模型，提取影像信息资源的特征，利用半自动的语义标注算法——标签传播算法进行影像信息标注的框架体系。因此，在此章，本章主要是简单介绍 CIDOC CRM 元数据及其类别和属性。

随着资源的快速增长，网络环境下，元数据成为资源描述和标注的关键技术，各国也制定了相应的元数据标准，如 1999 年欧洲标准化委员会发布的《多媒体信息元数据模型》，其标准编号为 CWA13699①，并将该元数据模型分为元数据类、角色和行为三部分。除此之外，还有专门针对某一特定的媒体类型的元数据标准，如图像元数据标准有 MOA2、CDL、Technical Metadata for Images 和 NISO/CLIR/RLG 等②。

CRM 是促进多样化的文化遗产信息源的集成、转接和相互交换的形式本体，由国际博物馆协会（International Council of Museums，ICOM）属下机构——国际文献工作委员会开发，其主要目的在于促进异构文化遗产信息源之间的信息交换和集成，其最大特点是系统灵活，具有很强的兼容性。CRM 不强制使用某个特定的解决方案，用户可以根据需要进行改造，使得部分数据结构与 CRM 具有一定的兼容性，同时它也提供了一定的扩展空间，用户可以根据需要进行适当扩展，允许自由文字信息与结构化信息相融合。由于 CRM 的这些优点，很多馆藏数字化资源采用 CRM 标准，如欧洲虚拟博物馆，台湾国立暨南大学图书馆等。

CRM 是一种通过逻辑或适当的知识代表语言进行表达的形式本体论。现实世界的实例知识可以利用 CRM 概念组成的陈述来描述。任何用来描述 CRM 实例的形式语言编码，若保持 CRM 类别（classes）、属性（properties）和继承规则（inheritance rules）之间的关系，可被称为"CRM 兼容形式"。因此任何 CRM 兼容形式所表达的数据都能被自动转为另一种 CRM 兼容形式，而且过程中不会出现意义的流失。CRM 的类别和属性都配有代码（如"E55"或"P12"）方便辨识。CRM 兼容形式的类别和属性

---

①　韩圣龙. 多媒体数字资源的开发和利用[J]. 数字图书馆论坛，2006(10)：72－78.

②　吴礼龙，谢学军. 数字图书馆中多媒体信息的组织与利用[J]. 图书馆学刊，2008(4)：9－12.

名称可以被译成任何一种区域性语言，但必须保留其代码。

类别层次结构的格式为[①]：每行的标识符由字母和数字组成，其中，数字前端的大写字母"E"表示实体（Entity）。每一个唯一的类别标识符后面有连字符号（"—"）位于类别名称的右边。这些连字符号代表了一定的等级顺序和层次结构，以"深度优先"为原则，分别列出从低到高的子层次结构。而若是有多重继承关系，从而出现了超过一个类别层次结构位置的类别，则将会以斜体字样加以注释。

属性层次结构的格式与类别层次结构格式相似，其每行的标识符也是由字母和数字组成的。其中数字前的大写字母以"P"表示属性（Property）。对于唯一的属性标识符后面有一系列连字号（即"—"），属性的英文名称位于连字号右边。名称后边括号内为其被动称呼，CRM 的属性层次结构还包含了属性的定义域类别和值域类别。同样，利用连字符表示属性之间的等级顺序和层次结构，以"深度优先"为原则，按照从低到高的子层次结构进行排列，同层级的属性则依照其号码进行先后次序的排列。对于因为多重继承而出现在超过一个属性层次结构位置的属性，会以斜体字样加以注释说明。

5.3　基于内容的影像信息标注

随着互联网技术的发展，人们对影像信息资源需求越来越高，而单纯依靠人工标注的元数据方式给管理员带来了沉重的负担，而且这种元数据的信息标注方式也不能够完全揭示信息的图片、声音和动画等内容信息和这些影像信息资源所表达的情感信息。而基于内容的多媒体信息标注已经得到越来越多学者的关注，逐步成为影像信息资源标注与检索的关键技术之一，为海量的多媒体信息的自动标注提供技术支持，更广泛地推动影像信息资源的建设与利用，全面提高影像信息资源的信息服务水平。

基于内容的多媒体信息标注是对各种类型的影像信息资源所描述的内容进行分析，利用机器学习方法，提取出相应的关键特征，匹配特征之间的相似度，并将相似的影像信息标注同一关键字的技术。其基本原理是自动识别信息内容特征并赋予其确切的标识。在此节，我们将分别介绍基于内容的图像、音频和视频信息的标注。

基于内容的多媒体信息检索是多媒体信息和用户需求的内容语义，分别进行分析和特征提取，分别标注，并进行两者之间匹配，并将匹配后的结果反馈给用户。因此，信息的标注和检索密不可分，标注是手段，检索是目的。

5.3.1　图像信息标注

基于内容的图像标注技术[②]是主要是提取出图像信息中的颜色、形状、纹理等特征，并将这些特征信息存储在图像特征库中，然后利用机器学习，将这些特征进行相似度匹配，并赋予相应的标注，用户对所需信息与之进行匹配，从而获得检索结果的过程。下面分别阐述图像信息标注与检索技术，包括基于图像颜色、形状、纹理和空间关系等四种。

（1）基于颜色特征的标注与检索

颜色特征在图像信息的标注中起着非常重要的作用。因为颜色特征和图像的大小及方向无关，而且对图像的背景颜色不敏感，所以基于颜色的图像检索应用较为广泛。一般用颜色直方图来描述，这一方法最早是由 Swain 和 Ballard 提出的[③]，利用直方图计算每种颜色在图像中所占的比例和频率分布，

---

① 国际文献工作委员会之概念参考模型（CIDOC CRM）的定义［EB/OL］.［2012－5－16］. http://www. cidoc-crm. org/docs/cidoc _crm_version_5. 0. 2_english＋Chinese.

② 朱学芳，智文广. 计算机图像处理导论［M］. 北京：科学技术文献出版社，2002.

③ Swain M，Ballard D. Color Indexing［J］. International Journal of Computer Vision，1991，7（1）：11－32.

通过两幅图的颜色差异来判断其图像的相似程度，用户也可以对图像的部分颜色进行指定，对指定的子图像进行颜色相似度匹配。颜色直方图的优点是简单，计算量小，缺点是无法描述出颜色分布的空间信息。

（2）基于纹理特征的标注与检索

纹理描述了图像中不同的表现材质，包含了物体表面的组织结构以及与环境之间的关系，Haralick等人[1]和周洁[2]提出了纹理特征的共生矩阵表示法，其基本思路是根据像素间的方向和距离构建一个共生矩阵，通过从共生矩阵中抽取有意义的统计量作为纹理表示法。其不足之处在于该方法不能够将纯粹的客观的数学统计意义上的特征向量，与人的主观视觉对纹理的感受和理解建立良好的联系。Tamura等人[3]从粗糙度、对比度、方向度、线像度、规整度和粗略度六个方面，对应心理学角度上纹理特征的六个属性，表示纹理性质。Smith等人[4]从小波波段中提取统计特征，作为图形的纹理表示，取得了良好的检索效果，Ma等人[5]评价了各种小波变换形式对纹理特征标注的效果，通过实验发现，基于Gabor小波变换的纹理效果最好。

（3）基于形状特征的标注与检索

人们在观察事物、分辨物体的时候，常常利用事物的形状特征来进行区分，而形状是描述物体轮廓和结构的重要特征，因此学者们注意到，可以利用物体的形状特征（包括形状参数、形状面积、周长、拐点数、圆形度、形状矩、曲率等），从而定量测度和描述事物的图像形状，并进行匹配和标注，也可以分割图像，进行边缘提取，得到目标的轮廓线，针对轮廓线进行形状特征检索。基于形状的分析方法主要有：几何参数法、自回归模型法、傅立叶描述符、微分法、小波轮廓表示法、不变矩法、向心链法、区域近似分割法和图像空间结构法等。形状特性对于图像检索很重要，但很难解决，因为缺乏严格的数学定义来描述人类主观感知到的形状的相似度。

（4）基于空间关系的标注与检索

基于空间关系的图像标注与检索就是依据图像中的目标与目标之间的空间位置关系，计算图像的相似度，进行匹配，并标注和索引的方法。目标的关系包括空间关系、朝向关系、拓扑关系（如相邻、覆盖、包含等）和结构关系[6]。早在1976年，Tanimoto[7]提出了利用像元方法表示图像中的实体；张系国[8]教授提出利用二维符号串（2D-String）的表示方法来描述图像空间关系。

5.3.2　视频信息标注

基于内容的视频信息标注与检索[9]是指，通过对非结构化的视频数据进行结构化分析和处理，提取出视频中的内容信息（如颜色、场景、形状等），根据这些内容特征进行视频标注，并通过与视频数据库中

① Haralick R M, Shangmugam K. Texture Feature for Image Classification [J]. IEEE Transaction on Systems, 1973, SMC－3 (6)：768－780.

② 周洁. 纹理分析新方法与非线性降维在图像检索中的应用研究[D]. 杭州：浙江大学, 2006.

③ Tamura H, Mori S, Yamawaki T. Texture Features Corresponding to Visual Perception[J]. IEEE Transaction on Systems, Man and Cybernetics, 1978(6)：460－473.

④ Smith J R, Chang S F. Transform Feature for Texture Classification and Discrimination in Large Image Database[C]. Proc. of IEEE int'l Conf. on Image Processing. 1994：407－411.

⑤ Ma W Y, Manjunath B S. Texture Features and Learning Similarity[C]. Proc. of IEEE Int'l Conf. on Computer Vision and Pattern Recognition. 1996：425－430.

⑥ 吴礼龙；谢学军. 数字图书馆中多媒体信息的组织与利用[J]. 图书馆学刊, 2008(7)：9－12.

⑦ Tanimoto S L. An Iconic/Symbolic Data Structuring Scheme[J]. Pattern Recognition and Artificial Intellgence. 1976：452－471.

⑧ 张系国. 图像信息系统设计原理[M]. 北京：科学出版社, 1990.

⑨ 林通；张宏江；封举富, 等. 镜头内容分析及其在视频检索中的应用[J]. 软件学报. 2002. 13(8)：1577－1585.

的其他信息进行相似度计算和匹配,将匹配结果反馈给用户,用户从而检索到所需视频数据。

视频信息标注与检索中,常用的技术有视频分割、关键帧和特征提取等。其中,视频分割是利用对视频进行处理,把视频自动分割成一个个的镜头;关键帧是描述视频中某个镜头主要内容的帧;特征提取是提取出视频中的内容信息。

5.4.3　LPA 应用

LPA 的上述特点决定了它具有较强的实用性,在多媒体信息检索与分类、网络社区发现、多媒体信息标注与处理等诸多领域都取得了令人鼓舞的成果。

多媒体信息的标注主要是将已标注的多媒体样本(如图像、音频视频等),看作分类系统中的类标签,利用机器学习算法从已标注的多媒体样本集中,自动学习语义概念空间与多媒体特征空间的关系模型,从而对未标注样本生成类别标签,完成多媒体样本信息的标注,常用的标注算法有贝叶斯(Bayes),支持向量机(Support Vector Machine,SVM),二维隐马尔可夫模型(Two Dimensional Hidden Markov Model,2D-HMM)等[1]。

多媒体信息的检索和分类问题,究其根本也是多媒体信息的标注与匹配问题,其基本过程是先建立多媒体信息内容的描述(如用户需求描述或者多媒体类别描述),然后利用机器学习方法,学习多媒体信息类别或用户需求信息并进行标注,最后利用学习得到的模型对未知信息进行检索、分类和匹配。有实验结果表明,LPA 在解决此类问题时,能够充分利用有限的标注数据,减少训练标签数据的人工量,不需要监督学习,即能准确完成信息标注,分类或检索效果较好,很适合复杂的多媒体信息处理。

随着网络多媒体视频数据的快速增长,有效的音频视频标注、分割和分类日益重要。很多学者将LPA 应用于音频视频信息标注中,并针对传统算法中存在的不同问题,各自提出了其解决方案。其主要思路是在视频序列的两端——开始帧和结束帧,分配人工标签,然后 LPA 利用较少的多媒体信息标签作为样本,将标签传播至视频序列的其他帧中,获得视频序列的像素级标签,从而进行音视频标注、检索和分类。

Badrinarayanan 等[2]为提高传统算法中,长视频信息标注的准确度,提出了一个概率图模型,在视频序列的开始帧和结束帧中给定手工标签,将视频视为多个静态的图片,利用隐马尔可夫模型(Hidden Markov Model,HMM)挖掘图像像素,图片补丁或者语义区域,在视频标注过程中,引入一个时间序列模型,然后基于 LPA 将视频两端的标签传播至未标注帧中,实现视频序列的分类和分割等。Budvytis I 等[3]通过手工标注视频的开始帧和结束帧,构建有向图,利用 LPA 和变分期望最大化算法(Variational Expectation Maximization Algorithm, VEM),将标签传播至视频的每个像素,每个像素被分配不同类别或者空标签,将分类器估计的像素标签反馈到 Bayes 网络中,构建原始序列及其时间反转序列的叠加传播。倪煜等[4]指出传统方法不能解决视频在时间上的延续性,未能考虑连续多帧的相互关系。提出利用 LPA 对镜头连续帧进行时-空分析,挖掘镜头视觉本征特性,针对不同镜头变换设置不同初始标签,利用视频流中连续多帧之间的相关性,将给定的初始状态标签通过相关性进行传播,从而获取镜头

①　Chih F T, Chihli H. Automatically Annotating Images with Keywords: A Review of Image Annotation Systems[J]. Recent Patents on Computer Science, 2008, (1): 55 - 68.

②　Badrinarayanan V, Galasso F, Cipolla R. Label Propagation in Video Sequences[C]. Proceeding of Computer Vision and Pattern Recognition. 2010: 3265 - 3272.

③　Budvytis I, Badrinarayanan V, Cipolla R. Label Propagation in Complex Video Sequences Using Semi-supervised Learning[EB/OL]. [2012 - 3 - 15]. http://mi. eng. cam. ac. uk/~cipolla/publications/ inproceedings/ 2010 - BMVC-label-propagation. pdf.

④　倪煜,赵耀,朱振峰. 结合标签传递的镜头边界检测与分类[J]. 中国图像图形学报,2011(6):995 - 1001.

边界特征，并利用 SVM 进行分类。Tang J H 等[①]为了解决语义分布中局部线性限制问题，提出将核线性近邻传播（Kernel Linear Neighborhood Propagation，KLNP）应用到视频标注，该算法将 LPA 结合一致性假设和局部线性嵌入算法（Local Linear Embedding，LLE），构建一个非线性映射内核空间，利用非线性核映射空间来优化重构系数，从而改进了 LPA 算法。

利用 LPA 进行图像标注的基本思想是[②]：利用已标注图像集或其他可获得的信息自动学习图像的语义概念空间与视觉特征空间的潜在关联或者映射关系，预测未知图像的标注。此类一般先将图像分割成子图像块，提取出其颜色特征，纹理特征等局部视觉信息，找出图像间的关系模型，计算分段子图像块的相似性，然后再对其进行信息标注和分类。

Zhong 等[③]基于模糊语境的 LPA 进行图像标注，分配图像语义区域。利用模糊表示和模糊逻辑描述空间不变量的语境信息，标签在图像间采用基于视觉特征双向层稀疏编码进行传播，根据空间不变量之间分段子图像块的相似性计算，然后利用 LPA 使标签在图像内传播形成图像内部的语义区域关系，最后利用基于 K 近邻的模糊 C-均值对图像分类。Liu 等[④]利用双层稀疏编码，将每一层稀疏编码产生的图像标签，分配给那些共享图像标签的子图像块和候选区域，利用 LPA 传播标签，当所有候选区域的双层稀疏编码结果被融合，并赋予一个区域标签，这样可将图像标签分配到相应的语义区域标签内。Wan 等[⑤]利用能量最小化的 HMM 模型，结合 LPA 算法，实现交互式多标签图像/视频分割。通过图像点阵像素，给定一个预先标注好的种子样本，反复传播该种子标签，从而为未标注数据进行标注，并允许用户根据分割结果调整初始标记的种子。

Yang 等[⑥]针对传统的社会化标签准确度不高的问题，提出先利用 LPA 挖掘音乐的内容相似性，然后利用主成分分析法寻找到标签空间的低维结构，从而探索音乐路径之间内容的相似性以及路径-标签矩阵中的语义冗余，计算基于音乐特征向量与人工标注之间的相似度，然后重标注社会化标签，剔除社会性标签中的噪声标签。

① Tang J H, Hua X S, Qi G J, et al. Video Annotation Based on Kernel Linear Neighborhood Propagation[J]. IEEE Transactions on Multimedia，2008,10(4)：620-628.

② Iimail M. Image Annotation and Retrieval based on Multi-modal Feature Clustering and Similarity Propagation[D]. University of Louisville，2011.

③ Zhong S H, Liu Y, Liu Y, et al. Region Level Annotation by Fuzzy Based Contextual Cueing Label Pro-pagation[J]. Multimedia Tools and Applications，2012(1)：1-23.

④ Liu X B, Cheng B, Yan S C. Label to Region by Bi-Layer Sparsity Priors[C]. Proceedings of the 17th ACM International Conference on Multimedia. New York，USA. 2009：115-124.

⑤ Wang F, Wang X, Li T. Efficient Label Propagation for Interactive Image Segmentation[C]. Proceeding of the 6th Int'l Conf. on Machine Learning and Applications. 2007：136-141.

⑥ Yang Y H, Bogdanov D, Herrera P, et al. Music Retagging Using Label Propagation and Robust Principal Component Analysis[C]. Proceedings of the 21st International Conference Companion on World Wide Web. 2012：869-876.

第6章 数字图博档影像信息资源的检索服务

6.1 数字图博档影像信息资源检索

随着影像信息的发展,越来越多的人利用互联网检索影像信息资源,影像信息数据库检索也经历了从简单到复杂,从人工标注式的基于文本的影像信息资源检索,发展到基于内容的影像信息检索,也有研究者提出基于语义和基于反馈的影像信息资源检索,但市面上的数字图博档影像信息资源检索系统主要以前两者为主。下面将阐述数字图博档影像信息资源检索的几种方式。

6.1.1 基于文本的检索系统

基于文本的影像检索方法[①]可以追溯到20世纪70年代,首先通过人工,对每一幅图像、音频和视频,采用关键字进行描述,并把每一幅影像资源的所有关键字描述、分类和存储路径一起存入系统数据库。在进行检索时,可以采用分类方式用户通过浏览查询,也可以由通过关键字检索,用户给出关键字后,系统通过匹配,给出相关信息资源,并予以显示,这种关键字检索的方式,其本质是文本检索。

常用的检索工具,如百度、雅虎、搜狗等,对于影像信息的检索,都采用的是基于文本的检索方法。对于馆藏影像信息资源,大多也是采用此方法。

"美国记忆"对影像信息资源提供了关键词检索和分类浏览功能。用户可以首先选择媒体类型,如图片、声音、视频、地图、动画等。然后利用关键词检索,用户可以选择将一个词组当成一个独立的运算耽误,进行严格匹配检索,也可以采用模糊检索方式。另外,用户可以采用分类浏览方式查阅信息,如主题分类、时间分类、地点分类、媒体格式分类、用户行为分类和收藏部门分类等[②]。

南京档案局给出的图像信息资源主要是通过分类方式,用户进行分类浏览,如其"网上展厅"主要给出了17个主题信息的图片展览,再如其"视频点播"栏目,也主要是通过分类浏览方式查阅。南京博物院系统提供了分类浏览、按关键词检索和按年代检索三种方式。南京图书馆对影像信息资源给出了分类浏览和关键词检索两种方式,该馆在对图像内容描述上,注重对文献内容的标引和对图像内容的全方位、深层次、多角度的展现,根据互联网用户的常用检索习惯,结合该馆所用检索软件提供的技术支持能力,确定利用题名、关键词、内容说明等作为主要标引款目,从而方便用户浏览和检索,并尽量做到图文并茂,易于用户解读和使用[③]。

相比较之而言,故宫博物院[④]对影像信息资源给出的检索方式比较全面,一方面故宫博物院在"时空漫游"栏目中给出了分类浏览功能;另一方面,用户也可以通过点击"资料搜寻",选择自己所需要的检索资料的主题,针对不同的主题,系统提供了不同的检索方式,如"建筑",系统提供了按照建筑形式、区

---

① Kan A H, Fitzgerald W J. A General Method for Unsupervised Segmentation of Images Using a Multiscale Approach[C]. Proc. of the 6th European Conf. Computer Vision, Part 2, Ireland, 2000: 69 - 84.

② 储节旺,郭春侠,吴昌合. 信息组织学[M]. 北京:清华大学出版社,2007.

③ 周小平. 图像数字资源建设研究[J]. 图书情报工作,2006(2):85 - 88.

④ 故宫博物院资料搜寻[EB/OL]. [2012 - 2 - 8]. http://www.dpm.org.cn/shtml/520/@/96565.html.

域、排序和建筑名称等方式进行检索，见图 6-1。

图 6-1　故宫博物院的检索界面图

这种基于文本的影像信息资源检索方式，简单易用，查准率和查全率都较高，但是由于影像信息资源所表达的内容是非常丰富的，很难使用文本形式完整的表达，而且特定的标注只适用于特定的信息检索，如果标注员与用户对该资源的理解有所偏差的话，就很难检索出相应的信息，而且无法挖掘各影像信息之间的内在联系，无法全面反映用户的需求。因此，很多学者提出了基于内容的影像信息资源检索技术。

6.1.2　基于内容的检索系统

在本篇第五章第三节，已经阐述基于内容的影像信息资源检索原理，因此本节主要是介绍基于内容影像信息资源检索系统。

目前基于内容的影像信息检索应用的不多，常见的如百度、谷歌等，其影像信息检索大多也是通过关键字查询，基于内容的影像信息检索由于其涉及的技术很多，实现起来比较复杂，因此目前主要处于实验和研究阶段。

网络图像信息资源检索的主要有：IBM 研究中心开发的基于图像内容查询的 QBIC（Query By Image Content）通用检索系统[1]，该系统中，图像可以按颜色、灰度、纹理和位置进行检索。检索要求可以利用图形的方式进行描述，如从颜色表中选取颜色，或从示例图中选择图像的纹理。查询结果可按相关的序列指导子序列继续查询。美国的哥伦比亚大学研制全自动图像查询系统 Visual SEEK 系统[2]，VIRAGE 公司开发的 virage 检索系统，PhotoBook 是麻省理工学院媒体实验室开发的检索人脸图像的

①　Brunelli R，Mich O．Image Retrieval by Examples[J]．IEEE Transactions on Mutimedia，2000(3)：164-171．
②　Smith J R，Chang S F．Visually Searching the Web for Content[J]．IEEE Multimedia．1997，4(3)：12-20．

系统①,中国科学院计算技术研究所和北京图书馆成功地研制的 MIRES 系统——基于特征的多媒体信息检索系统,中国科学技术大学计算机系研制的用于个性化图像检索和服装设计的情感信息获取系统,清华大学计算机系研究出的 MIGRETR 系统——基于 JAVA 的图像检索系统等等②。

　　网络音频信息资源检索主要有:卡内基梅隆大学的 Informedia③,音频处理技术很成熟;美国的 Muscle Fish④ 公司,也推出了以音频特征向量为基础对音频文件进行模式聚类和识别的系统。

　　网络视频信息检索系统主要有⑤:如哥伦比亚大学的 VideoQ 系统,该系统对传统的基于关键字的检索方法进行扩充和改进,提出了基于关键字、视觉特征和时空特征的视频检索技术。哥伦比亚大学和电信研究中心实验室共同研究开发的 VisualSEEK 系统主要是应用在互联网上,该系统实现了互联网上基于内容的图像检索和视频检索。国内清华大学开发的 TV-FI 系统,能够提供视频数据入库、基于内容的浏览、查询等功能,其访问和查询方式包括基于关键字的查询、示例查询、按视频结构进行浏览以及按用户自己预定义的类别进行浏览。

　　利用于各馆藏影像信息资源检索的例如:圣巴巴拉加州大学的"亚历山大数字图书馆",主要提供图像和空间参照信息的综合服务,包括地图、卫星图片遥感资料等数字化信息,可以通过颜色、纹理、形状和外观等特征检索图像,并且和传统的全文和相关数据库检索结合起来⑥⑦。

　　正如前文所述,虽然基于内容的多媒体检索取得了一定的进展,但目前仍处于实验阶段,各种相关理论和相关技术都不尽完善。随着技术的发展和完善,基于内容的影像信息检索技术将更广泛应用在实际生活中,以及应用于各馆馆藏影像信息资源的检索。

6.1.3　基于语义的检索系统

　　随着数字图博档影像信息数量的剧增,人们需要对网络中大量影像信息进行精确定位,然而,图像的低级视觉特征和高级语义特征之间存在着差距,由计算机计算出来的底层特征的相关性很难说明图像在语义层上的相似性,语义层上的相似性也无法证明低级特征的相关性,这种现象被称为"语义鸿沟"⑧。而且,同一对象的图像、声音及视频间不能实现跨媒体的信息检索,但不同媒介之间的信息具有语义关联。有学者提出利用语义信息,用户利用某一种媒体的示例,从而检索到其他类型的相关媒体。

　　语义知识在基于语义的影像信息资源检索中,起着非常重要的作用。对于图像而言,常见的图像语义知识描述方法是,利用文本对图像或图像的区域进行解释,使用相似性计算,利用机器学习方法,推导出该图像所表达的场景的自然语言描述。通过获取该图像的颜色、纹理、区域和空间等自然语义信息,输入到图像解释器,即可获得每一个图像区域所表达的含义,然后对整个图像场景产生语义描述,从而完成图像的语义信息检索⑨⑩。也可以利用词典将文本表示的语义概念联系起来,这样还可以大大增强这一方法的效果。

————————————

　　① Pentland A,Picard R,Sclaroff S. Photobook:Content-based Manipulation of Image Databases[J]. Inter-national Journal of Computer Vision. 1996,18(3):34－47.

　　② 金姣. 多媒体数据库的图像检索在数字化校园中的研究与应用[D]. 沈阳:沈阳理工大学,2008.

　　③ Informedia Digital Video Library[EB/OL]. [2012－5－6]. http://www.informedia.cs.cmu.edu/.

　　④ Muscle Fish[EB/OL]. [2011－12－17]. http://www.musclefish.com.

　　⑤ 纪丽婷. 基于内容的视频检索方法的研究[D]. 太原:中北大学,2010.

　　⑥ 金姣. 多媒体数据库的图像检索在数字化校园中的研究与应用[D]. 沈阳:沈阳理工大学,2008.

　　⑦ 朱丹红. 数字图书馆基于内容的图像检索技术的研究[D]. 福州:福州大学,2005.

　　⑧ 张治国,刘怀亮,马志辉,等. 基于高层语义的视频检索研究[J]. 计算机工程和应用,2007,43(18):168－170.

　　⑨ 许天兵. 一个用语义分类实现的图像检索框架[J]. 计算机工程与应用,2003,5(2):106－107.

　　⑩ 张海龙. 基于语义网络的图像检索系统设计与实现[D]. 武汉:武汉华中科技大学,2007.

目前基于语义的影像信息检索系统并不多，Informedia 系统①是 CMU 研制的多媒体信息检索系统，其初衷是要建立一个数字化图书馆。该系统支持语音识别、图像理解、自然语言处理及智能视频检索，可自动提取视频摘要，支持基于语义的视频检索。随着技术的发展，我们相信，基于语义的影像信息检索系统会越来越多，功能越来越完善。

6.1.4 基于相关反馈的检索系统

前文中提到的基于内容的图像检索主要是根据给定的检索算法和相似度计算方法，完全采用计算机自动完成计算，但这种检索结果往往并不如意。于是人们采用了对检索结果进行评价，将结果反馈给计算机，从而改进检索算法和相似度计算方法，这就是基于相关反馈的信息检索技术。

相关反馈的基本步骤为②：用户首先提交一个例子，系统返回初始的查询结果；用户对查询结果标上相关或不相关，提交给系统；系统通过反馈进行学习，给出新的查询结果；不断重复，直到用户得到满意的结果，结束查询。

目前常用的搜索工具中，Google 不仅提供了基于文本的图像信息资源检索，也提供了基于相关反馈的图像信息资源检索，而且用户也可以提供相应的图片，并上传，系统对用户提供的图片进行比对分析，并给出检索结果，如果检索结果不如意，用户可以选择下方的外观类似图片，继续检索，直至查找到满意结果③。

美国 UIUC(University of Illinois at Urbana-Champaign)开发的 MARS (multimedia Analysis and Retrieval System)系统④。MARS 将相关反馈技术集成到检索系统的不同层次中，其重点不在于找到单个最佳特征表示，而在于如何将不同的视觉特征组织成有意义的检索系统，以动态地适应不同用户。

中科院和北京图书馆联合开发的"基于特征的多媒体信息检索系统"⑤(Multimedia Information Retrieval System，MIRES)。用户可以提供要检索的样本图像或语义关键词给服务器，系统对其进行匹配，用户可以通过反馈使检索结果更符合用户需求，在检索过程中，允许用户根据图像资源特征设置参数。

随着多媒体信息技术的日益发展，影像信息资源的检索技术会日益完善，多种检索方法可以并行，无论在技术上，还是在功能上，都能给用户更好的检索体验，将对各馆影像信息资源的服务起到积极的推动作用。

6.2 数字图博档影像信息资源服务特点

（1）信息服务对象社会化

由于网络的发展和普及，用户不再受时空限制，随时随地可以通过网络，访问各地的信息机构网站，查询各种影像信息资源，及时地方便地获取到自己所需要的信息。各馆的服务对象也不再局限于本地用户，而是面向社会各阶层的网上用户。网络的出现，使得信息服务的对象扩大。

（2）信息服务需求多样化

随着网络的发展，用户对数字图博档影像信息需求更加迫切，对信息服务的需求要求多样化，首先

---

① Informedia Digital Video Library[EB/OL]. [2012 - 5 - 6]. http://www. informedia. cs. cmu. edu/.
② 王朝晖,孙惠萍. 图像检索中 IRRL 模型研究[J]. 计算机技术与发展,2008(12):35 - 37,40.
③ Google 图像检索[EB/OL]. [2012 - 1 - 1]. http://images. google. com. hk/.
④ Huang，T，Mehrotra S，Ramchandran K. Multimedia Analysis and Retrieval System (MARS) Project[C]. Proc of 33rd Annual Clinic on Library Application of Data Processing-Digital Image Access and Retrieval，1996：100 - 117.
⑤ 中国科学院成果鉴定报告. 基于特征的多媒体信息检索系统 MIRES(国家 863 高技术计划通信技术主题资助项目)[R]. 1999 - 12 - 15.

表现在信息服务的资源内容多样化,不仅要求具有相当数量的文献数字资源,也要求大量的图像、音频和视频资源,而这一块也是各馆数字化建设的重点。

用户对信息服务需求的多样化,还体现在多国化、多语种化,不仅仅需要本国的影像数据库资源,也需要其他国家的相关资源。

同时,用户服务需求的多样化,还体现在检索工具的多样化。用户不单满足于简单的关键字检索,而是希望能够通过基于内容的检索,或者语义检索或是反馈检索等,通过多种途径找到所需信息资源,提高信息资源的检索正确率。

信息服务需求的多样化,还体现信息服务中,服务内容的多样化,从简单的网络信息资源检索,拓展到查新服务、定题服务、课题跟踪服务、网络信息导航、咨询服务、信息传递服务和个性化服务等。从传统的用户上门服务到影像信息的主动推荐服务等。

（3）信息模式集成化

信息集成服务[①]是指在互联网环境中,以信息集成理论和技术为基础,通过对各种服务要素（功能要素、信息资源要素和技术要素）的集成与动态整合,来构建出优势互补的集成化服务体系,使用户能够在最短的时间里通过最小的成本,利用到最需要的资源和服务的一种服务理念和模式。

信息集成服务可以根据其侧重点,分为以资源为中心的信息集成服务、以技术为中心的信息集成服务、以机构合作为中心的信息集成服务和以用户为中心的信息集成服务4种类型[②]。在现代数字化网络环境下,用户信息需求呈现出越来越明显的集成化趋势。用户需要输入某一个检索词时,能够同时检索到与之相关的来自同一数据库或者不同数据库的图片、声音和视频信息,也就是需要信息资源体系中同时存在着多类型的信息,而这种需求的实现,有待于信息技术的发展,信息服务机构也应该尽其所能,尽可能提供集成化的信息资源,不断创新服务,保持其在信息服务市场上的竞争力和吸引力。如南京图书馆的《江苏文化数据库》,用户可以通过人物库中,查找到所需要的名人,点击其信息,系统可以自动链接到与该人物相关的作品、图片、音频和视频信息。再如《中国近代文献图像数据库》,该数据库支持任意字、词、句的全文检索。用户可以从标题、内容、关键词、主题或者作者、作品发表时间、地点等多种途径进行检索,也可选择多种方式的组配检索,用户使用简单方便。如输入检索词"第一",就会出现民国时期的多个第一图像:如中国第一条铁路、中国驾驶汽车第一人、中国近代史上第一届运动会等[③]。

服务模式的信息集成化还体现在对信息的深度加工,数据库不仅仅能够提供有用的原始信息资源,并能够对这些资源进行深度分析,挖掘出最深刻内涵、最新信息,按照用户指定的格式,提供给用户使用。

目前我国对于影像信息服务的集成化研究还在初始阶段,而且集成化服务的发展与信息技术的发展有着密切联系,但随着技术的发展,信息需求的多样化能够促进信息服务的集成化发展,从而更好地为用户服务。

（4）信息服务方式个性化

用户需求的多样化,促进了信息服务方式的个性化,而且网络上的过量信息,也导致用户难以迅速找到所需信息,在某种程度上,也促进了个性化信息服务的发展。个性化的信息服务是目前各信息机构服务的重要组成部分,其目的是满足不同目的、不同需求、不同层次用户的特定信息服务。个性化信息服务是基于信息用户的信息使用行为、习惯、偏好和特点,面向不同的用户信息需求,向用户提供满足其

---

① 刘昆雄,王秀丽.基于网络的信息服务转型理论研究[J].情报理论与实践,2009(10):40-44.
② 胡昌平,周永红.信息集成服务回顾与展望[J].图书馆论坛,2005(8):1-7.
③ 南京图书馆[EB/OL].[2011-12-1].http://www.jslib.org.cn/.

各种个性化需求的一种服务，包括服务内容个性化，服务方式个性化，服务时空个性化。这种个性化的信息服务方式，更重要的是一种服务理念的转变，是将由"资源为中心"的服务方式转变为"以用户为中心"，强调信息提供者与信息使用者之间的双向信息沟通和交流，这种方式更关心用户的目标和价值，有利于双向互动和个性化的直接沟通，引导用户更好地获取资源。

个性化服务的内涵包括三个方面：第一，各馆要提高服务意识，主动地为不同用户提供特定的服务。如有的用户通过查阅各馆的资源，需要某张图片的高清图，需要与资源馆联系，获取相应的信息，还有的可以通过资源馆的信息定制服务，由专业的信息管理员检索相关的影像数据信息等等。第二，构建个性化的影像信息服务推荐系统，传统的影像信息资源检索主要是通过关键词，随着技术的发展，人们越来越希望能够通过智能化的信息检索系统，不断地学习用户的检索习惯、检索个性、检索内容等信息，主动地为用户推荐相关的影像信息资源，挖掘用户未曾发现的信息，引导个性化的信息需求。第三，服务界面个性化。系统能够根据用户的个人喜好或审美角度，选择不同的界面风格，包括界面颜色、背景、常用的访问网站或检索主题、图标和窗口布局等。

6.3　服务内容

各馆为了更好地发挥影像信息资源在政治、经济、社会、生活等各领域的管理和服务职能，必须具有很强的信息服务功能，提供先进的全面的信息服务内容，这样才能提高信息资源的利用率。本章概述了影像信息资源的主要服务内容，并通过案例的方式进行阐述，其服务内容主要包括：

（1）网络信息资源的整合和导航服务

各馆需要对其所发布的信息进行整合，提供信息导航服务。网络信息资源数量庞大，而且杂乱无序，如何组织和整合分散的信息资源，指导用户有效获取，是一件迫在眉睫的任务。如各馆藏的随书光盘资源，传统方式不方便用户的查找，目前很多馆提出对这部分光盘资源进行数字拷贝、上传到网络镜像服务器，通过互联网，为用户提供相关资源的信息检索、浏览和下载等服务，从而大大提高了光盘的利用率，形成了如"天津高校图书馆非书资料联合系统"[①]这样的网络共享形式，大大方便了用户的使用。

在注重对随书光盘资源整合的同时，也要注重对馆藏其他资源的有效整合，确定馆藏资源的重点，逐步形成特色化资源。如英国国家肖像馆，用户通过人名，用户可以检索到其人物肖像及作品的作者，用户可以通过链接，访问相同作者的不同作品，也可以通过相关主题链接，访问具有相同主题的其他肖像[②]。再如北京大学多媒体资源检索，该馆在引进多媒体资源时，从总体上考虑到了用户的影像信息资源需求，一方面引进了"知识视界"、"新东方网络课程"、"爱迪科森"网上报告厅、"中国文化大观"、KUKE数字音乐等多媒体资源库，同时也根据本校学科资源的优势，将该校自建的"北大讲座"、"北大博文"、"北大名师"、"北大文库"等系列完整地收录进网络信息资源库，形成了北大图书馆的独特资源[③]。

各馆也需要提供一定的资源导航服务，影像信息资源利用率与用户的信息素养有很大的关系，各馆应该考虑到数字图博档影像信息资源服务对象的社会化特点，根据本馆的性质、规模、服务特色等，制定相应的资源导航系统，引导读者正确选择检索词和制定检索策略，并对搜索的信息进行加工整理，从而快速查找到有用的信息资源。如清华大学图书馆的"网络多媒体资源导航"，详细介绍了读者通过网络查找

---

①　天津高校图书馆非书资料联合系统[EB/OL].[2012-6-6].http://211.81.31.57/.
②　英国国家肖像馆[EB/OL].[2012-6-7].http://www.npg.org.uk/.
③　北京大学图书馆[EB/OL].[2012-6-8].http://www.lib.pku.edu.cn/portal/index.jsp.

影像信息资源的途径和方法,使读者更为方便、快捷、及时地利用网络多媒体资源,大大提高了服务水平①。

（2）信息公开与检索服务

影像信息资源建设的根本目的就在于利用,突破时空限制,为用户实时地提供信息服务。对于馆藏网络信息资源的服务,主要包括信息发布和信息检索。

馆藏网站上所发布的信息,一方面内容要丰富、分类清晰、重点突出、界面简洁易用,坚持"以用户为中心"的服务理念。另外一方面,要注意信息的实时更新,力求提供最新最准确的信息,提供高质量的,深度挖掘的信息资源,保障信息资源的价值。

馆藏网络信息资源的检索功能应该全面,简单易用,用户能够很方便地检索到所需信息资源,包括静态网页和数据库信息,并支持用户对信息的浏览、订阅、下载等功能。提供尽可能多的影像信息资源检索方式,采用先进的智能化的影像信息技术,尽可能使用智能化的信息检索系统,方便用户快速地查找到所需信息资源。

（3）影像信息参考咨询服务

馆藏影像信息资源的服务不仅仅是通过查询、浏览和借阅影像信息资源,同时各馆还要充分利用资源优势,为用户提供更多的增值服务,通过对影像信息资源的主题分析和深度研究,专题汇总,还可以提供影像信息资源的参考咨询服务。

网络环境下,影像信息资源参考咨询服务的手段包括:利用电子邮件、常见问题解答 FAQ、BBS、网络电话、设立读者咨询信箱或者设立网络咨询台或咨询讨论组等途径,参考咨询馆员通过在线实时解答或者离线回复的方式,把收到的信件整理,并针对读者的咨询进行相应的研究,及时回复用户提出的问题,为读者提供影像信息检索技术指导、政策解答及影像信息传递服务,对于某些需要较强专业背景及知识组织能力的信息,可由资深馆员担任。条件好的资源馆,可以给用户提供专题咨询和专题跟踪服务。这两种服务的信息需求层次较高,更强调对信息的浓缩化和集成化,信息质量较高,信息增值性较强,具有一定的保密性。

专题咨询服务是根据各馆特色,依托本馆数字资源,为社会开展有偿的信息采集、分析和整合服务。为政府和企业提供决策参考、通讯信息、技术发展等专题信息服务。这种服务特点是:以信息深入分析和知识的创新为基础,以解决专业问题为途径,以用户满意为目的,提供高度智能化、集成化的知识服务。从而满足不同层次用户的个体需求,提升信息服务的质量,使资源获得更大的效益,实现知识的创新。

定题跟踪服务则是各馆根据用户,选定有关课题或者需要解决的问题,在一定时期内,有针对性、及时、连续地为科研人员提供课题所需的全面准确的信息,直到课题完成或问题解决。各馆可以从本单位所申请到的项目或与其他单位合作的项目中,进行跟踪服务,主动与课题组负责人联系,及时了解项目进展,有目的、有组织、有系统地分析和整理出项目相关文摘、主题评述、进展报告等信息,及时反馈给项目组,这样不仅节省了科研人员查询信息的时间,还使他们从提供的信息中得到启发和借鉴,为他们更好更快地完成项目。

各馆也可以根据自身资源状况,开展以联合体为依托的协作模式。如全球性协作、全国性协作、地区性协作等。目前这种协作性的参考咨询服务主要是面向文本信息资源,对于影像信息资源的协作,开展的较少。

（4）个性化信息服务

个性化服务是提高各馆信息服务质量和资源利用率的重要手段,各馆应该根据自己资源状况,构建个性化信息服务体系。包括个性化信息推送、个性化信息推、个性化信息检索等。

---

① 清华大学图书馆[EB/OL].[2012-6-9].http://lib.tsinghua.edu.cn/dra/.

① 个性化信息推送服务，用户通过登录各馆网站，提交个人定制信息，系统根据用户的定制信息，以邮件或者频道方式主动推送给用户。系统也可以利用数据挖掘技术，挖掘出用户的其他可能兴趣偏好，更有效地为用户提供更具针对性和适用性的服务内容，优化推送服务。

② 个性化信息推荐服务，利用影像信息过滤和信息检索技术实现影像信息的自动推荐服务系统。这种方式与信息推送的区别在于，这种方式不需要用户个人定制信息，而是通过利用知识发现和数据挖掘技术，直接挖掘用户可能的兴趣爱好和访问习惯，推测用户的可能兴趣点，并推荐相关信息。

③ 个性化信息检索服务，如前文所述，个性化的信息检索服务表现在多个方面，如为用户提供高清的影像信息资源，如构建个性化的信息检索系统，包括其界面、检索方式、检索内容等。

（5）其他特色服务

① 面向特殊人群的影像信息服务

目前我国很多资源馆都为特殊人群提供了相应的信息服务。要发挥影像信息资源在为特殊人群的信息服务的优势，影像信息资源能够利用声音、图片和视频，为特殊读者提供生动的多样化的信息服务，以利于调动残障用户的积极性。

目前有很多馆利用多媒体推进面向残疾人的无障碍服务。其主要服务内容有：举办免费电脑培训班，开展有声化 OPAC 建设与服务，并利用先进的辅助器具扩大服务资源等，开展丰富多彩的读者活动，与相关机构合作，从而丰富残障人士的精神文化生活。中国国家图书馆、中国残疾人联合会信息中心和中国盲文出版社等联合打造的中国盲人数字图书馆网站于 2008 年开通；上海图书馆与邮局合作开展为视障读者的免费邮寄服务，并引进了听书阅读器——阳光听书郎，向视障读者提供免费外借服务；台北市立图书馆为读者开设了 3 条读报热线和 24 小时生活语音查询服务，读者媒体可以享受 20 分钟以内的免费读报服务；深圳图书馆视障阅览室与深圳市残疾人联合会视障中心共同成立了"深圳视障公益影院"，定期为视障人士举办讲电影活动，每个月组织 1～2 场①。

② 其他馆的特色信息服务

目前国内一些资源馆尝试着为读者提供更多的影像信息资源服务。如北京大学图书馆率先为读者开展个人典藏数字化服务，对读者典藏的纸本文献和多媒体资料进行数字化加工、编辑处理和复制输出，并首家与二十一世纪校园数字电影院线公司合作，提供集电影放映、电影赏析、相关讲座为一体的多媒体服务②。

上海交通大学图书馆提供了多媒体试验区、多媒体制作室、多媒体演播室以及高规格配置的视听区。用户可以在多媒体试验区访问影像信息资源，在多媒体制作室和演播室创作音频和视频作品。

6.4　影像信息资源服务管理

为了加强影像信息资源服务，提高服务质量和效果，我们认为，应该从以下几个方面，加强数字图博档影像信息资源的服务管理。

（1）转变服务理念，创新服务方式

各馆要转变服务理念，将工作重点由"资源拥有"转变到"资源使用"中来，如今人们不再像以往那样只是关注信息的数量，而更关注影像信息资源的质量和利用情况，各馆应该适应时代变化，实现观念创新、机制创新和管理创新。树立"用户第一"的服务理念，加强与用户的沟通和交流，定期调查用户的影

---

① 陈艳伟. 多媒体在推进图书馆无障碍服务中的应用研究［J］. 图书馆建设，2011(1)：71－74.

② 李杨. 高校图书馆开展多媒体资源服务的新思路［J］. 图书馆学研究，2010(4)：76－81.

像信息需求，有针对性地提供相应的服务，拓展用户的获取途径，尽最大可能满足用户的需求，提高资源的利用率。

各馆要创新服务方式，针对不同群体，提出相应的服务措施，特别是对于某些公共馆，要尽可能让全民都能享受到影像信息资源服务，应着眼于全社会的信息资源的需求，拓宽信息服务新的领域和信息传播的覆盖面，使信息服务工作向全民开放。同时，信息服务工作还必须引入市场竞争机制，树立信息服务的市场意识，改变传统大锅饭思维，为用户主动开展高质量的信息服务。

除了扩大服务群体外，各馆还应该创新服务内容。目前国内外各馆功能已经远远超过了其最初目标——信息浏览和检索，而是在这个最初目标之上，开展了多种增值服务，如信息传递、定题跟踪、参考咨询等服务。

（2）优化馆藏，推进数字化建设

影像信息资源的建设是影像信息服务的核心，各馆应该根据实际情况，引进购买或联合购买高质量的影像信息资源。在购买之前，先进行宣传和试用，并跟踪试用效果，及时分析用户的使用情况及相关反馈信息，做好购买前的调查研究，为购买数据库提供科学依据。

同时，还需要对数字图博档影像信息资源进行整合和分类，按照一定的体系进行分类排列和标引，并提供相应的网址或者访问方式，构建统一检索平台，利用通用的播放器，方便用户浏览和检索。如天津大学的"网络多媒体资源导航"栏目，CALIS的网络资源导航系统提供了国内外知名大学对外开放的教学视频、学术讲座的链接，收集各种国内或者国际会议的影像信息资料，分类整理并实现资源共享。从而扩充影像信息资源，提供更多的信息服务。

最后，加强馆藏资源的数字化建设，还需要根据本馆特色，构建特色资源。如南京图书馆自建的数字资源有：红色记忆、百年商标、老商标老广告数据库、江苏文化数据库和中国近代文献图像数据库等多个影像数据库，这些数据库资源极大地丰富了南京图书馆的数字馆藏。再如天津大学通过收集本校的特色视频教学资源、学者讲座视频和校内新闻视频，构建了具有天津大学特色的"天津市精品课程资源中心"等。

（3）做好宣传和培训工作，提高资源利用率

各馆可利用公告牌、BBS、馆内网站、微博、邮箱、电视报纸等各种媒介方式，对影像信息资源进行宣传和培训，介绍馆内所拥有的资源，并对其进行宣传，开展相关的资源培训，介绍各种数据库的特点和内容、使用方法等。帮助用户了解影像信息资源，提高资源利用率。

（4）加强人才队伍建设

信息服务质量的高低，很大程度上与信息服务人员的层次和素质有关。充分发挥馆员的主动性和创造性，是提高信息服务质量，促进信息服务业发展的重要因素。各馆要把提高馆员积极性，培养馆员的信息素养，提高馆员业务水平，视为一件重要工作。要加大人才培养力度，制定详细的人才培训规划，提高馆员的业务素质和业务能力，培养复合型人才，并努力创造宽松的工作环境和生活环境，努力培养一支适应新时期信息服务工作的高素质的信息服务人才队伍。

本章小结

本章节首先介绍了几种数字图博档影像信息资源检索方式，包括基于文本、基于内容、基于语义和基于相关反馈四种方式，并列出了每种检索方式的相对成熟系统，指出了数字图博档影像信息资源的服务特点，并通过介绍国内外影像信息服务的案例，总结了影像信息资源服务的主要内容，最后，文章提出了几种加强影像信息服务的措施。

第7章 基于形状特征融合的标本图像检索技术

7.1 形状检索

数字化馆藏共享是图书馆、博物馆以及档案馆实现信息化的一个重要标志。标本图库检索以及标本远程鉴定服务是相关数字化馆藏机构的重要服务内容。常见的标本识别系统多采用基于文本的检索技术，但随着模数字标本图库规模的日益海量化，以及数字化馆藏机构对信息在线共享服务需求的不断提高，基于文本的标本识别技术越来越受到其自身技术局限性的制约。在传统的文本检索系统中，对大规模标本图像数据库的手工注释，必然导致时间的大量消耗和错误率的升高。同时，标本图像的多样化和复杂化也导致单纯的文本信息难以对其特征进行完整有效的描述。较之传统标本识别和检索方法，图像分析方法有着识别率高、数据适应性广等优势[1][2]。

在基于内容的人工智能系统中，将图像的视觉信息作为图像特征来进行匹配，能够有效提高检索结果的完整性和精确度。在常见的基于内容的图像检索技术中，图像的形状特征能够有效地描述人类视觉系统对图像内容的感知，并能够在相似图像的区分识别中提供具有重要价值的视觉线索，因而具有较高的应用价值[3]。

当前流行的形状检索方法主要由基于形状区域和基于形状轮廓两大类组成。然而，在常见的馆藏标本形状识别和检索方法中，系统多依赖于单一的目标区域特征，或是目标轮廓特征，并不能充分提取标本图像的细节信息。轮廓特征主要关注形状轮廓线上的像素点分布信息，对于部分包含复杂内部结构的标本形状难以进行完整的描述。图像区域描述方法往往存在较多冗余信息，在目标发生形变时，目标整体会有较大的相似度变化，但某些局部相似度仍然较高。对于存在部分边缘线位置偏移或者遮挡的标本图像，其局部差异度较大，整体形状变化则较小。针对以上问题，本章提出了一种基于组合视觉特征的标本图像检索方法，对标本图像进行预处理和边缘分割，采用一种改进 Hu 矩的目标边缘特征提取算法，计算目标边缘区域的不变矩，得到包含丰富细节且无冗余信息的图像区域特征。为了使形状描述子具有高计算效率和向量维度的紧致性，通过一种基于特征点的方法来描述标本轮廓，并利用傅立叶描述子对其进行分析，从而更好地满足在线标本检索、识别以及实时共享等应用系统的要求[4]。

7.2 区域描述

7.2.1 边缘区域提取

典型的馆藏标本图像包含较多的目标边缘细节，且通常存在一定的噪声干扰。为了有效描述图像

---

① 张善文，黄德双. 一种鲁棒的监督流形学习算法及其在植物叶片分类中的应用[J]. 模式识别与人工智能,2010,2(4):836 - 841.

② 朱伟兴,金飞剑,谈蓉蓉. 综合颜色和形态特征的小麦田杂草识别方法[J]. 计算机应用,2007,27(11):2870 - 2876.

③ Wang B. Shape Retrieval using Combined Fourier Features[J]. Optics Communications, 2011，284(14)：3504 - 3508.

④ 师文. 基于形状分析技术的图像检索研究.［D]. 南京:南京大学. 2014. 6.

的区域特征,首先进行图像的边缘区域提取。对经灰度化转换的图像进行 3×3 的模板滤波处理,从而减少图像噪声的干扰。通过最大类间方差方法进行图像阈值分割,得到二值化的目标图像。处理结果如图 7-1 所示。

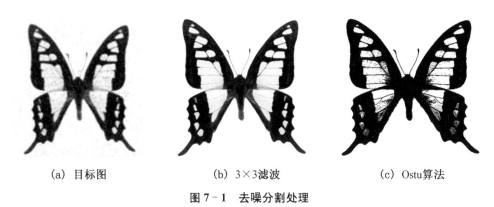

<table>
<tr><td>(a) 目标图</td><td>(b) 3×3滤波</td><td>(c) Ostu算法</td></tr>
</table>

图 7-1　去噪分割处理

为了增强算法的适应性,应用基于形态学梯度边缘算子进行边缘检测,并使用自适应的形态学结构元素提高边缘提取的精度。形态学梯度边缘算子如下式所示:

$$\begin{cases} e_{\max}=\max\{e_1,e_2\} \\ e_{\min}=\min\{e_1,e_2\} \\ E=\alpha \cdot e_{\max}+\beta \cdot e_{\min} \end{cases} \tag{7-1}$$

式(7-1)中有:$e_1=(f \cdot B) \cdot B-(f \cdot B)\Theta B$,$e_2=(f \cdot B)\oplus B-(f \cdot B) \cdot B$。

形态学边缘算子通过适当形状和尺寸的结构元素来度量和提取图像中的相应形状。为了有效地体现标本图像的方向细节信息,本篇采用包含八个方向的结构元素进行形态学边缘提取,自适应结构元素的尺寸大小为 $(2k+1)\times(2k+1)$ 个像素,其中 $k=1,2\cdots,n$。形态学梯度边缘的生成过程如图 7-2 所示,可以看到,目标图像在形态学梯度算子的处理下,得到梯度边缘图像,其中结构元素的选择是决定处理结果的重要因素,图示梯度边缘为 $k=1$ 时的处理结果。

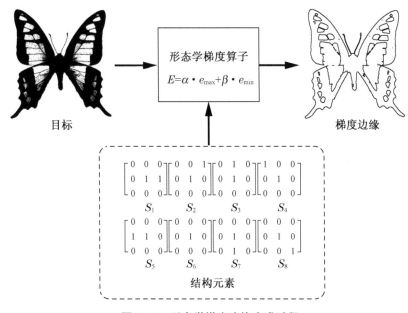

图 7-2　形态学梯度边缘生成过程

7.2.2 基于改进 Hu 不变距的图像区域描述

矩不变量是目标图像的一种区域描述，能够有效地提取目标形状的区域特征，从而对形状进行特征匹配。本篇采用一种改进 Hu 矩的目标边缘特征提取算法，通过对目标边缘区域不变矩的计算，来获取满足不变性条件的图像区域特征。

数字图像 $f(x,y)$ 的 $p+q$ 阶原点距可定义为

$$m_{pq} = \sum_x \sum_y x^p y^q f(x,y), p,q = 0,1,2,\cdots \qquad (7-2)$$

式中，m_{pq} 由 $f(x,y)$ 唯一确定，反之亦然。由于 m_{pq} 不具备平移不变性，则定义其 $p+q$ 阶中心距 μ_{pq} 为

$$\mu_{pq} = \sum_x \sum_y (x-x_0)^p (y-y_0)^q f(x,y), p,q = 0,1,2,\cdots \qquad (7-3)$$

其中 x_0、y_0 为图像的重心坐标，可由一阶矩表示为如下：$x_0 = m_{10}/m_{00}$，$y_0 = m_{01}/m_{00}$。

容易证明，通过变换后的中心距是满足平移不变性的，为了得到具有尺度不变性的中心距，可对其进行归一化处理，$f(x,y)$ 的尺度规范化矩可表示为

$$\eta_{pq} = \frac{\mu_{pq}}{\mu_{00}^{\gamma}} \qquad (7-4)$$

其中，$\gamma = \dfrac{p+q}{2}+1; p+q = 2,3,\cdots$

基于上述理论提出的 Hu 矩不变量具备对旋转、平移和尺度的不变性。对 Hu 矩的改进算法可以在保证算法实时性的前提下提高描述子的辨识度和鲁棒性[18]。为了提高特征向量的紧致性，在原有不变距基础上消去了其中的冗余项

$$H' = (3\eta_{21} - \eta_{03})(\eta_{30} - \eta_{12})[(\eta_{30}+\eta_{12})^2 - 3(\eta_{03}+\eta_{21})^2] + \\ (3\eta_{12} - \eta_{30})(\eta_{21}+\eta_{03})[3(\eta_{30}+\eta_{12})^2 - (\eta_{03}+\eta_{21})^2] \qquad (7-5)$$

通过添加阶数小于 3 且次数小于 4 的新构距，可以在保持较好算法实时性的基础上，实现特征向量精度的提高。本篇算法中添加的新构不变距如下

$$H_a = [(\eta_{20}-\eta_{02})^2 - 4\eta_{11}][(\eta_{30}+\eta_{12})(\eta_{30}-3\eta_{12})] - \\ [(\eta_{20}-\eta_{02})^2 - 4\eta_{11}^2][(\eta_{21}+\eta_{03})(3\eta_{21}-\eta_{03})] + \\ [4\eta_{11}(\eta_{20}-\eta_{02})][(\eta_{21}+\eta_{03})(\eta_{30}-3\eta_{12})] \qquad (7-6)$$

$$H_\beta = 2\eta_{11}(\eta_{30}+\eta_{12})(\eta_{30}-\eta_{12}) + 2\eta_{11}(\eta_{21}+\eta_{03})(3\eta_{21}-\eta_{03}) + \\ (\eta_{20}-\eta_{02})(\eta_{21}+\eta_{03})(\eta_{30}-3\eta_{12}) - (\eta_{20}-\eta_{02})(\eta_{30}+\eta_{12})(3\eta_{21}-\eta_{03}) \qquad (7-7)$$

其中，式(7-5)、(7-6)所示的新构不变距为无冗余的完全基组，且较低的多项式阶数和次数能够有效地提高算法效率，并减少计算中常见的离散化误差。新构不变矩与经紧致处理后的不变矩共同组成了本篇的 8 个无冗余的不变距 H_t。

7.3 轮廓描述

7.3.1 轮廓的多边形近似处理

在特征描述算法中，首先对标本图像进行滤波和二值化处理，并应用本篇提出的形态学轮廓检测算法提取图像的轮廓信息。由于提取到的目标轮廓具有较强边缘的连续性，因此对处理结果进行近似多

边形表示,不会出现大量的边缘线位置偏移现象。为了降低轮廓序列在频域变换中的计算复杂度,并消除轮廓曲线的噪声干扰,本篇对目标轮廓曲线进行去冗余处理,在设定近似精度 D 的条件下,用多边形近似算法来表示数字曲线,通过精简轮廓点来近似描述目标的轮廓曲线。

目标图像经过边界跟踪处理后可表示为平面坐标上的一个点列,将轮廓曲线的任意点作为起始点,沿逆时针方向追踪,可得到一组有序排列的像素点集合,其数学定义如下:

$$C=\{p_i=(x_i,y_i),i=0,\cdots,N-1\} \tag{7-8}$$

其中,N 表示轮廓点的个数,p_i 和 p_{i+1} 为相邻轮廓点,且当研究对象为闭合曲线时,满足 $p_{i+N}=p_i$。

本篇算法通过提取曲线上局部区域的最大曲率点作为近似多边形的近似轮廓点,算法过程描述如下:

步骤1:读取目标轮廓图像,得到轮廓像素点:

$$P=\{(x_0,y_0),(x_1,y_1),\cdots,(x_{N-1},y_{N-1})\},(x_i,y_i)\in R^2;$$

步骤2:令 P_0 为轮廓扫描的起始点,令 $i=0,j=i+4$;

步骤3:寻找曲线区间 (P_i,P_j) 上距离弦 P_iP_j 的距离 d 最远的点 P_m;

　　if $j>N$,停止扫描;

　　else 继续扫描最远点 P_m,使得 $d(i,j,m)=d_{\max}(i,j,k)$;

　　其中 $i<k<j,d(i,j,m)=\left|\dfrac{(y_j-y_i)x_m-(x_j-x_i)y_m+(y_ix_j-x_iy_j)}{((x_j-x_i)^2+(y_j-y_i)^2)^{\frac{1}{2}}}\right|$

步骤4:设置近似精度 D 为 3 个像素;

　　if $d(i,j,k')>D$,则将 P_m 视为新的轮廓点;

　　令 $i=0,j=i+4$,跳转至步骤 2;

　　else 令 $j=j+2$,跳转至步骤 2;

步骤5:输出近似多边形图像的像素序列。

经过多边形近似算法处理的目标轮廓包含的顶点数较为精简,因而能够有效地降低边界信息的存储量,并提高傅立叶变换过程的实时性。图 7-3 显示了标本图像的轮廓处理效果。

(a) 二值目标图像　　　　　　　　　(b) 近似轮廓图像

图 7-3　图像的轮廓表示

7.3.2　基于特征点的轮廓描述算法

经多边形近似处理的目标轮廓可表示为一组有序排列的轮廓点集合。轮廓近似多边形上任意一点 p_i 的支持域 $U=\{p_{i-L_1},p_{i-L_1+1},\cdots,p_{i-1},p_i,p_{i+1},\cdots,p_{i+L_2-1},p_{i+L_2}\}$ 决定了特征点在特征融合描述方法中,由于区域特征的组合运用提高了算法的描述能力,在轮廓描述中可以通过特征点的快速算法来提高检索过程的实时性。通过对约束条件进行相应的定义,来获取与快速算法相适应的支持域。约束条件

定义为 $p_{i-L_1}p_i = p_ip_{i+L_2} = R$，其中 $p_{i-L_1}p_i$ 和 $p_ip_{i+L_2}$ 分别表示点 p_i 沿支持域逆时针方向到达端点 p_{i-L_1} 所走过的弧长，以及点 p_i 沿支持域顺时针方向到达端点 p_{i+L_2} 所走过的弧长，其中 R 为支持域半径。

通过连接弧 $p_{i-L_1}p_{i+L_2}$ 内所有的相邻点构成封闭的区域，并将该封闭区域的形心 G 定义为特征强度计算时的参考点。通过计算轮廓点与参考点间的欧氏距离，可得到轮廓点的特征强度值，并通过特征强度筛选得到轮廓的特征点。较之传统的等弦长约束条件下得到的特征点，通过等弧长方法提取的轮廓特征点能够更有效地体现轮廓曲线的曲率特性。两种特征点提取方法的比较如图 7-4 所示，其中图 7-4 左侧图显示了等弦长约束条件下的特征强度计算示例，图 7-4 右侧图显示了等弧长约束条件下的特征强度计算示例，可以看到，等弧长约束条件下得到的特征强度更能反映轮廓点的曲率特性。

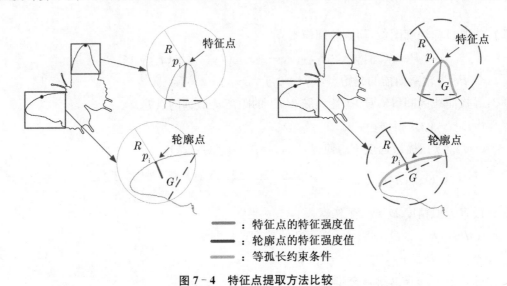

: 特征点的特征强度值
: 轮廓点的特征强度值
: 等弧长约束条件

图 7-4　特征点提取方法比较

在标本图像检索中，应用特征点与径向距离相结合的方式进行目标形状的描述，将二维轮廓转化为一维轮廓特征，通过建立对一维离散轮廓特征的函数表述，来实现图像形状特征的聚集和提取，为了提高算法在特征匹配过程中的效率，并降低轮廓特征的噪声敏感度。本篇采用离散傅立叶变换方法处理轮廓函数，从而避免了空域处理特征函数所需的复杂的归一化算法。

在上述傅立叶变换讨论的基础上，从起始点起沿逆时针方向处理轮廓点可建立基于特征点的轮廓函数：

$$L(X_i) = ((x_i - x_a)^2 + (y_i - y_a)^2)^{1/2} + ((x_i - x_0)^2 + (y_i - y_0)^2)^{1/2} \tag{7-9}$$

其中 $i = 0, 1, \cdots, K-1$，图像轮廓点 X_i 的记为 (x_i, y_i)，距离轮廓点 X_i 最远的特征点记为 (x_a, y_a)，轮廓中心点 O 的记为 (x_o, y_o)。

对傅立叶变换结果进行分析可知，离散傅立叶变换中的低频描述系数反映了目标的轮廓总体特征，高频描述系数则反映目标的轮廓细节特征，因此，可以使用适当数量的傅立叶系数来表示目标轮廓，并采用 FFT 对函数进行处理。经不变性处理后，傅立叶描述子具有更稳定的平移、旋转和缩放不变性，相应的轮廓特征定义如下：

$$a(\mu) = \left[\frac{|Z(\mu)|}{|Z(0)|}\right], \mu \in [1, K-1] \tag{7-10}$$

其中 $Z(\mu)$ 为经 FFT 处理后的形状描述子。为了使特征向量紧致而有效，并降低其对随机噪声的敏感度，在最终的轮廓特征生成过程中，取低频域的前 $P(0 < P < K-1)$ 个傅立叶系数。

7.4　组合相似性度量

在矩描述子和轮廓傅立叶分析的基础上,可以得到完整描述标本形状信息的特征向量,其中矩描述子能够表征标本图像的整体细节信息,傅立叶描述子则体现了标本轮廓的局部特征信息。

将表示目标图像区域信息的矩特征描述子集记为 T_m,表示轮廓信息的傅立叶描述子集记为 T_f,则相应的测试标本图像特征可表示为 T'_m 和 T'_f。在特征匹配算法中,计算测试标本图像的两种描述特征,并与数据集中的标本图像特征分别进行匹配,得到的相似度计算结果分别记为 H_m 和 H_f。将两种特征相似度进行组合,得到能够完整描述标本形状的相似度匹配算子 $H=[\alpha \cdot H_m, \beta \cdot H_f]$,其中 α、β 为特征向量权值,且满足 $\alpha+\beta=1, \alpha \geqslant 0, \beta \geqslant 0$。

本篇实验中,通过计算图像特征向量间的欧式距离来度量待检索图像与数据集图像的相似度。设待检索图像与数据集图像的特征向量表示为 H_q 和 H_b,其中 $H_q=\{q_1, q_2, \cdots, q_l\}$,$H_b=\{b_1, b_2, \cdots, b_l\}$,则两幅图像间的相似度定义如下:

$$H(q, b) = \sqrt{\sum_{i=1}^{l} (q_i - b_i)^2} \qquad (7-11)$$

其中 l 为特征向量的维度。

计算待检索图像特征与数据集中所有图像特征的相似度,并按照降序排列,返回数值最小的图像即为检索结果图。

7.5　实验结果及分析

7.5.1　实验参数设置及比较算法

本节的实验均是在 Intel Core2 Duo 2.26 GHz 处理器、4 GB 内存的 PC 机,以及 MATLAB 7.1 开发环境下完成。在实验参数设置中,为了提高算法实时性,实验图像被统一采样为 128 个像素点。支持域半径 $R=r_i/2$,其中 r_i 为轮廓点的径向距离。将 P 值设置为 10,通过特征向量的维度控制,来减少傅立叶高频系数带来的噪声干扰,并实现目标形状的描述。最终的特征向量权值 α 和 β 均设定为 0.5,以获得较稳定的性能。

为了测试提出的组合视觉特征算法的检索效果,在实验中,选择新近提出以及常见的几种检索算法与本篇算法进行比较。本篇算法通过改进不变距和径向距离描述子相互补充的方式,对标本图像的形状特征进行描述,因此在对比实验中,选取几何矩描述子(Hu Moment Descriptor, HMD)和径向距离(Radial Distance, RD)描述方法作为两个基本比较方法。在常见的局部及全局描述方法中,选择自适应曲率(Adaptive Curvature, AC)描述方法和角半径变换(Angular Radial Transform, ART)描述方法[22]进行对比实验。

7.5.2　动物标本测试分析

实验系统搜集了 30 个不同类别的标本图像,对标搜集到的标本图像进行 50% 到 100% 的尺度规格化,平移定长距离图,旋转 0 至 360 度的角度图。经上述仿射变换后,得到了 600 幅图像的数据集,其中每种标本包含 20 个类间图像。实验中还从 MPEG-7 标准数据集中选取了 10 个与标本图像相关的类,每类包含 20 个类间图像,从而构成了包含 800 幅图像的实验数据集。图 7-5 显示了部分来自实验数据集的图形样本。

图 7－5　实验数据集中的部分样本

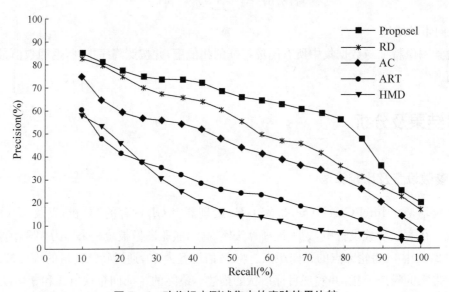

图 7－6　动物标本测试集中的实验结果比较

图 7－6 显示了本章算法及比较算法在检索实验中的 P-R(Precision、Recall)曲线。可以看到,在返回图像数统一设置为 40 幅时,本章算法在不同查全率下均拥有优于其他算法的查准率。特别的,当查全率为 79％时,本章算法的查准率较之径向距离描述方法和自适应曲率描述方法高出了近 20 个百分点。几何矩和角半径变换方法在动物标本测试集中则显示了较低的 P-R 曲线。

表 7－1　噪声测试集中的实验结果比较

算法	平均查准率(查全率≤50％)	平均查准率(查全率>50％)
Proposed	75.24	44.83
RD	70.45	34.40
AC	58.21	24.88
ART	38.69	13.67
HMD	34.83	7.42

为了客观评估检索算法在不同查全率条件下的检索性能,实验中统计了本章算法以及其他比较算法在动物标本测试集中的平均查准率。由表 7-1 可见,在检索实验中,本章算法表现出了较好的平均查准率。当本章算法在查全率小于等于 50% 时和大于 50% 时,分别得到了 75.24% 和 46.83% 的查准率。由数据分布趋势可知,当本章算法的查全率>50% 时,查准率性能出现了一定程度的下降,但仍高于排名第二 RD 算法 12.43 个百分点。在其他比较算法中,AC 算法表现出了一定的检索性能,但在高查全率情况下,其查准率水平较低。ART 算法和 HMD 算法的检索性能则明显低于上述算法,在查全率高于 50% 时,两种算法得到的查准率均不足 15%。

7.5.3　叶形标本测试分析

在本小节实验中,将检索算法的测试集设定为来自"LEAF"的叶形标本图像集[①]。该图像集包含 795 种树叶标本形状,所有标本形状按照物种不同,分为 90 个形状类。由于叶形标本测试集中的标本形状具有较高的类间图像相似度以及一定的类内图像差异度,因此标本测试集中的图像检索测试对于各种算法提出了较高的要求。图 7-7 显示了部分来自实验数据集的图形样本。

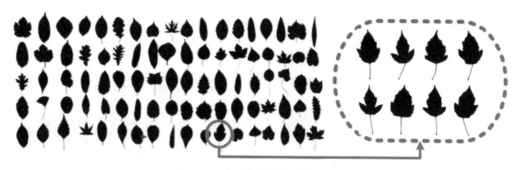

图 7-7　实验数据集中的部分样本

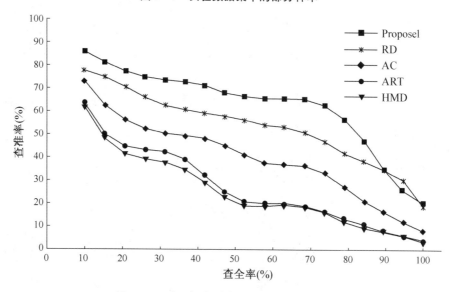

图 7-8　叶形标本测试集中的实验结果比较

图 7-8 所示实验结果比较中显示了提出算法及比较算法在叶形标本测试集中的 P-R(Precision、Recall)曲线。由观察可知,在返回查询结果数设定为类内图像的两倍时,提出算法在大部分查全率下

[①]　LEAF-Tree Leaf Database,Inst. of Information Theory and Automation ASCR,Prague,Czech Republic[EB/OL]. [2014-05-09]. http://zoi. utia. cas. cz/tree_leaves.

均得到了优于其他算法的查准率。可以看到，本章算法的 P-R 曲线，明显高于排名第二的 RD 算法，然而在查全率大于 90％时，曲线下降速度较快，略低于 RD 算法。值得指出的是，当查全率为 70％时，本章算法的查准率高出了 RD 算法约 15 个百分点，表现出了明显的性能优势。

表 7 - 2　噪声测试集中的实验结果比较

算法	平均查准率(查全率≤50％)	平均查准率(查全率＞50％)
Proposed	75.42	48.25
RD	65.87	39.89
AC	54.60	24.61
ART	41.83	12.67
HMD	38.66	11.64

在上述实验的基础上，我们通过统计各种算法在叶形标本测试集中的平均查准率表现，来测试检索算法在不同查全率条件下的检索性能。如表 7 - 2 所示，在查全率小于等于 50％和大于 50％时，本章算法分别得到了 75.42％和 48.25％的平均查准率。在叶形标本的检索实验中，RD、AC、ART 和 HMD 算法在查全率大于 50％时，平均查准率水平均低于 40％，本章算法则表现出了较优的平均查准率。

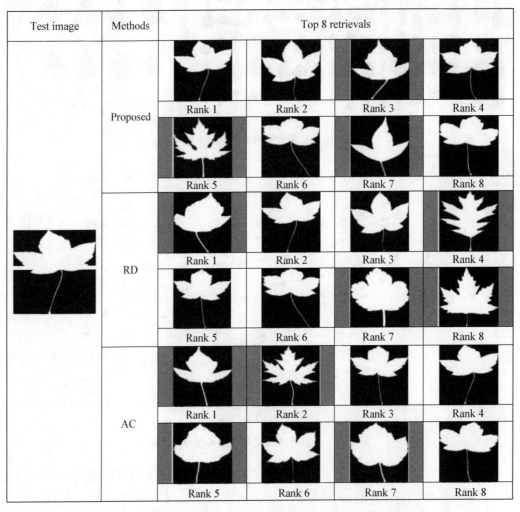

图 7 - 9　叶形标本测试集中 Acer pseudoplatanus 类的检索结果比较

图 7 - 9 显示了以 Acer pseudoplatanus(欧亚槭)类中的一个标本图像作为示例图像时，本篇算法与

其他两种表现较好算法的检索结果。可以看到,在前 8 幅返回结果图像中,本章算法检索到了 5 幅同类图像,而 RD 和 AC 算法得到的同类图像仅为 4 幅,其中误检图像由深色框标记。进一步分析可知,在本章算法的检索结果中,首幅图像即为示例图像,且在前 4 个返回结果中,同类图像达到了三幅。较之本章算法,RD 和 AC 算法在首个检索结果中,都出现了误检现象,且在前 4 个返回结果中仅得到了两幅同类图像。通过上述实验分析可知,本章算法在检索难度较大的叶形标本测试集中仍具有较优的检索性能。

本章小结

　　本章在形状分析技术的基础上,对标本检索相关算法进行了研究。在传统不变矩和傅立叶描述子的基础上,提出了一种基于组合视觉特征的标本图像检索算法。在图像预处理的基础上,应用形态学方法对标本图像进行分割,通过改进 Hu 矩的特征提取算法,对目标边缘进行描述,减少数据冗余,并同时得到了有效的边缘特征。在形态学轮廓检测算法基础上,对得到的目标轮廓进行多边形近似处理,进而构建一种基于特征点的轮廓描述方法,并利用傅立叶描述子对描述函数进行分析,保证了算法的高计算效率和向量维度的紧致性。在实验环节中,选取经仿射变换的动物标本测试集和通用性较强的叶形标本测试集对算法性能进行测试评估。实验结果表明,本章算法在动物标本以及叶形标本构成的数据环境中,都显示出了高效的检索性能。同时,在与基本比较算法和常见比较算法的对比测试中,本章算法都表现出了更优的检索结果。

第八篇　图博档多媒体资源服务融合中的版权管理技术

随着移动通信网络的飞速发展和智能终端的普及,在现代多媒体技术的支撑下,图像、音频、视频等多媒体信息资源的存储、传输和使用更加便捷,从而推动了多媒体资源共享和服务融合的进一步发展。然而,共享的多媒体资源极易被非法复制和篡改,给非法盗版侵权行为带来了可乘之机。因此,如何有效保护多媒体资源的知识产权,尊重多媒体资源原创作者和服务商的合法权益,成为迫切需要解决的问题。数字水印技术透明性和实时性的优势不仅可以保证图像和视频资源的视觉效果,而且能够满足图博档多媒体资源版权保护的实时性需求,促进大数据环境下图博档信息资源共享和服务融合。

本篇结合图博档多媒体资源服务融合的研究课题,详细分析了数字水印技术的应用模式,对数字水印技术在多媒体资源版权鉴别、内容认证和访问控制中的应用进行详细的论述,设计了相应的水印算法和应用模型。最后,构建基于数字水印技术的图博档多媒体资源版权管理系统。具体而言,本篇主要研究工作包括:

第一,多媒体资源版权鉴别中的鲁棒水印技术研究。针对多媒体资源开发过程中存在的版权鉴别问题,设计了用于版权鉴别的鲁棒水印算法,包括基于小波变换的图像水印算法、基于提升小波变换的音频水印算法以及基于原始视频帧的视频水印算法等内容,并通过仿真实验对水印算法的透明性、鲁棒性和实时性进行了验证。

第二,多媒体资源内容认证中的半脆弱水印技术研究。针对多媒体资源传播过程中存在的内容认证问题,设计了用于内容认证的半脆弱水印算法,包括基于小波变换的图像水印算法、基于 Arnold 置乱的音频水印算法以及基于 MPEG-4 压缩编码的视频水印算法等内容,并通过仿真实验对水印算法的透明性、鲁棒性、实时性以及篡改定位能力进行了验证。

第三,多媒体资源访问控制中的水印标签技术研究。在分析多媒体资源访问控制需求的基础上,针对现有访问控制模型安全性和灵活性上的不足,设计了一种基于数字水印技术和上下文感知的用户组访问控制模型,描述了模型的形式化定义和特点,并通过一个应用实例对模型的工作流程展开详细论述。

第四,图博档多媒体资源版权管理系统的构建与实现。针对现有版权管理系统存在的问题,构建了基于数字水印技术的图博档多框架媒体资源版权管理系统,分析了系统的功能需求和运行环境,并对系统的框架结构和数据库进行了详细阐述,最后通过软件实现了系统的各个功能模块。

本篇所研究的多媒体资源服务融合中的数字水印技术,也可以应用于数字文本资源的版权保护领域,包括数字化转换为数字图像资源的版权保护。此外,本篇的研究方法不仅在图博档多媒体资源服务融合中的版权管理方面有重要理论价值,在数字多媒体资源共建及共享过程中也具有重要应用价值。从广义角度,可以称为图博档数字信息资源服务共建共享及融合中的版权管理技术研究。

第1章 引 言

1.1 研究背景

自 20 世纪中叶至今,随着数字信息技术的发展,各行各业都产生了大量的图像、音频和视频等数字多媒体资源。相对于传统的文本资源,多媒体资源的表现形式更加生动形象,包含内容更为丰富多样,更易为用户所接受,已成为人们日常生产生活中不可或缺的一部分,是人类社会发展和精神文明建设重要的知识信息来源。

与此同时,高速宽带网络的逐渐普及促使多媒体资源的存储、传输和使用更加便捷,图书馆、博物馆、档案馆等文献收藏和资源服务机构以及单个用户都可以借助网络平台将自身的多媒体资源进行共享和整合,从而获得个性化与集成化的服务。然而,多媒体资源共享和服务融合在提高用户信息资源获取能力的同时,也使得多媒体资源的版权受到了前所未有的冲击。在资源共享和服务融合环境下,人们可以不受限制地编辑、拷贝、传播和共享多媒体资源,这给一些团体和个人的非法盗版侵权行为带来了可乘之机。因此,如何有效保护多媒体资源原创作者和开发商的知识产权,尊重多媒体资源供应商和运营者的合法权益,鼓励其创作积极性,以进一步推动多媒体资源共享和服务融合,已成为各国政府、研究机构和相关学者亟须解决的问题。

版权即著作权,是指文学、艺术、科学作品的作者对其作品享有的权利(包括财产权、人身权)。版权来自作者的创造性劳动,专有性是其一个重要属性。伴随第三次科技革命的浪潮,计算机技术及通信网络技术的迅速发展,以及社会数字化进程的加速,数字信息资源的数量越来越多,数字版权的概念也随之而来了。数字版权就是指所有者享有数字信息资源的保存、复制、发行等权利。

数字信息资源相对于传统的信息资源具有方便获取性、便捷传输性、任意修改性、强大检索能力等特性。但由于这些特性,使得数字信息资源比较容易地、低成本地进行非法复制和对原作品进行非法任意篡改,从而严重地损害了数字信息资源所有者的利益。

对于数字资源保护的主要方式包括:司法保护、行政保护、社会保护以及技术保护。国际组织和各国政府已经在司法保护、行政保护及社会保护方面做了大量的工作,国内外学者也在技术保护领域做了大量的研究及实践工作,数字版权保护的技术手段是数字版权保护的一种重要保护手段。

数字版权保护(Digital Copyright Protection)是指采用信息安全技术手段在内的系统解决方案,在保证合法的、具有权限的用户对数字信息(如数字图像、音频、视频等)正常使用的同时,保护数字信息创作者和拥有者的版权。数字版权管理最主要的目的是保护数字内容,并使数字内容的购买者在指定的授权范围内使用。数字版权保护技术主要包括密码技术、数字签名技术、数字水印技术。

密码技术的基本思想是对秘密信息进行伪装,主要研究对信息进行变换,以保护信息在传输的过程中不被敌手窃取、解读和分析。密码技术可以在数字信息在所有者和接受者传输的过程中进行保护,因此密码技术可以应用到数字版权保护中。但是解密了的信息资源就不能再被保护,并且不能追踪非法的发布者。

数字签名(又称公钥数字签名、电子签章)是一种类似写在纸上的普通的物理签名,但是使用了公钥加密领域的技术实现，用于鉴别数字信息的方法；可以实现数字通信中可认证性、完整性和不可否认性的重要技术，但数字签名技术是一种基于公钥密码技术，因此数字签名技术应用到数字版权保护中也有缺陷。

数字水印（Digital Watermarking）技术是将一些标识信息（即数字水印）直接嵌入数字载体（包括多媒体、文档、软件等）当中，但不影响原载体的使用价值，也不容易被人的知觉系统（如视觉或听觉系统）觉察或注意到。其中，秘密信息可以是版权标志、用户序列号或者是产品相关的信息。通过这些隐藏在载体中的信息，可以达到确认内容创建者、购买者、传送隐秘信息或者判断载体是否被篡改等目的。因此数字水印技术可以作为数字信息资源版权保护的一种手段。

数字水印利用数字信息资源对人类知觉的冗余性和随机性嵌入版权信息，从而来保证数字资源的完整性和保护数字资源的版权。因此数字水印技术在数字版权管理系统中占有重要作用，典型应用可为以下几类：（1）保护元数据；（2）盗版取证和追踪；（3）数据加注解和访问控制；（4）篡改提示与完整性保护；（5）保护许可证信息。多媒体资源的版权保护方案可以分为法律方案和技术方案。目前，在版权保护方面主要有两大类技术，一类是加密技术，另一类是数字水印技术。数字指纹、数字签名、安全容器等都属于加密技术。加密技术的核心是密码学，使用时将多媒体资源加密为乱码，用户从认证中心或授权中心获得密钥才能得到多媒体资源，但密码系统往往属于国家管制的对象，实施成本较大，不适合单一或者局部的应用①。作为一种新兴的版权保护技术，数字水印技术的提出为多媒体资源共享和服务融合中存在的版权问题提供了可行的解决思路和应对方案。作为数据加密技术的补充和进一步改进，数字水印技术虽然无法完全遏制和制止非法盗版和篡改等侵害知识产权的行为，但它可以有效地应用于多媒体资源版权鉴别和内容认证等领域。目前，已有相关机构和研究学者就数字水印技术在多媒体资源版权保护中的应用展开了研究，但大多数研究针对的只是多媒体资源所有权的认证和鉴别，并没有从资源共享和服务融合的全局角度考虑。随着资源共享和服务融合的进一步发展，多媒体资源的版权保护不仅仅是所有权的归属鉴别，还包括在传输、共享过程中的内容认证以及使用服务过程中的访问控制和盗版追踪。

因此，本篇在相关研究的基础上，从多媒体资源共享和服务融合的全局角度出发，对数字水印技术的应用模式进行分析。在整个资源共享和服务融合过程中，对数字水印技术在版权鉴别、内容认证和访问控制中的应用进行了详细的论述，并以图博档多媒体资源为例，构建一个图博档多媒体资源版权管理系统。

1.2 国内外研究综述

1.2.1 图博档资源服务中多媒体技术应用及研究现状

杨新涯等人②从图书馆和读者的需求出发，提出图书馆必须构建多媒体资源管理系统 MRMS，通过实践提出 MRMS 的系统架构和系统功能。李广丽等人③认为优良的多媒体信息检索系统是提升数字图书馆交互性，促使其知识服务升级的关键，调研主流数字图书馆的多媒体信息检索系统，发现主要存在"未充分利用跨模态相关性"、"未有效组织多媒体资源"等问题。从"跨模态相关性分析"、"层次化知

---

① 牛盼盼，杨思宇，沈鑫，等.稳健局部特征非下采样小波域数字水印[J].中国图象图形学报，2020，25(6):1091-1103.
② 杨新涯，刘尚武，罗丽，等.图书馆多媒体资源管理系统 MRMS 的现状与实践研究[J].图书情报工作，2020，32(20):1-8.
③ 李广丽，朱涛，刘斌，等.面向大数据的数字图书馆多媒体信息检索系统优化研究[J].情报科学，2019，37(2):115-119.

识推理"等方面提出优化方案并实证分析。李玲等人①以中国人民大学图书馆"微服务"为例,通过分析微服务的特性和实践,阐述微服务的核心价值和对未来多媒体空间服务发展的思考。张军亮、朱学芳②从用户角度出发,设计一个面向大众用户的、集数字图像采集、处理、存储和共享等功能于一体的数字图像管理系统,系统能够自适应地处理不同类型的图像资源,具有透明、灵活、可操控的特点,能够满足大众用户对于图像资源共享的需求。

数字多媒体服务与信息资源管理典型案例有"美国记忆计划",大量的地图、报纸、照片、图片、期刊、书籍的照片及扫描件、音频、视频文件以 TIFF 等文件形式存放在公共网络上,来自世界各地的网络用户可以下载或者可以用 RealAudio、QuickTime 等一些常见的播放软件在线获取、应用各种资源。在美国记忆计划成功启动之后,联合国教科文组织发起的"世界记忆工程"也紧锣密鼓地开展起来,其收录的资源除了这些图档资源外,还增加了文物、古迹、遗址的图片、视频、甚至虚拟显示等内容。比如美国纽约大都会艺术博物馆、大英博物馆、俄罗斯冬宫博物馆、法国卢浮宫博物馆、日本东京国立博物馆等,另外还有许多大型的国际项目,比如"国际敦煌项目"、"西奈抄本项目"、"Planets 项目"等,都在藏品、文物、古迹等的多媒体虚拟化展现中取得了极高的成果。

Mills 注意到美国科罗拉多州和康涅狄格州的两个图书馆各自针对儿童设计的多媒体服务应用案例,开始引入研究多媒体设备及应用在全国图书馆的影响。他运用网络社区访谈调查了美国的 408 个图书馆并得到 415 份回复 71% 的受访者表示在图书馆中使用多媒体服务。他发现当前图书馆用户有很多机会使用多媒体工具进行互动,这些互动可以促进学习效果以及增强人们之间的联系,是非正式学习环境中不可缺少的一部分。同时在互动过程中,用户也需求得到图书馆员更多的指导③。Jordan 也指出当前多媒体已经渗入图书馆的各个领域,其丰富的形式和海量的内容要求图书馆员成为一个内容专家,更多地关注社会、贴近用户,根据不同的需求为用户提供个性化服务,成为用户的多媒体顾问④。

Farkas 指出地方音乐对地区和城市的文化结构有非常大的价值,而图书馆和档案馆作为地区的文化中心,在对地方音乐的收集、支持和推广方面发挥着重要作用。他介绍了华盛顿公共图书馆、麦迪逊公共图书馆和爱荷华公共图书馆,这些图书馆中有专门的场地保存和展示当地音乐及文化,用户可以通过网络下载和流媒体服务享受图书馆的音乐收藏。值得一提的是,他以德克萨斯科技图书馆为例说明了图书馆建立录音工作室的意义,该馆通过提供专业音质的音频录制服务,吸引了众多用户以音乐形式表达他们对文化的喜爱和追求,同时也有效地实现了对地方音乐的搜集和保存⑤。

Salo 等人发现博物馆一直在积极探索多种多样的形式来吸引参观者,并认为利用音频故事是其中一种很好的方法。他们开发了一个模块化的音频故事平台,用户在该平台上能轻松实现音频故事的录入分享。该平台的特点是引入了"情感"因素,把相关的场景与音频故事合成后最终保存和展示,所有的音频故事都由专门的数字资产系统进行管理。研究人员用这个音频故事平台在芬兰赫尔辛基科技博物馆进行实地试验,让参观者在欣赏艺术品的时候能接触到关于艺术品的故事。试验表明,参观者受到相应故事感触后都非常愿意分享自己的故事,而当平台上的音频故事越来越多又能吸引更多的参观者。

───────────────

① 李伶,王玮,张璇. 基于多媒体空间的高校图书馆微服务实践与思考[J]. 情报资料工作,2016(2):63－66.

② 张军亮,朱学芳. 数字图像管理系统模型设计与实现[J]. 现代图书情报技术,2011(11):67－72.

③ Mills J E, Romeign-Stout E, Cen C, et al. Results from the Young Children, New Media, and Libraries Survey: What Did We Learn? [J]. Children & Libraries: The Journal of the Association for Library Service to Children,2015, 13(2): 26－35.

④ Jordan J. Sources: Becoming a Media Mentor: A Guide for Working with Children and Families[J]. Reference & User Services Quarterly, 2017, 56(3):209.

⑤ Farkas, Meredith. Beautiful Music Together: Libraries Preserving and Promoting local music[J]. American Libraries. 2017, 48(6): 86－86.

博物馆可以用这种方法来吸引更多的人参观，还能从这些由用户提供的内容中开发新的服务①。

视频分享网站如 YouTube 的当前环境以及直接向消费者的数字音乐发行模式，向学术音乐图书馆提出了挑战，因为后者的主要任务是收集素材，以支持学术和艺术创作。使用智能移动设备，允许个人存储大量音乐和使用 YouTube 等网站，使人们越来越期望找到和访问音乐曲目应该是方便和容易的。阐明了教师如何看待他们的机构图书馆与 YouTube 等网站的比较，并探讨这些对图书馆馆藏未来的影响②。

Wong 等人针对圣迭戈模型铁道博物馆面临很难吸引到铁路爱好者以外的群体前来参观的现状，设计出一套可以让用户以第一视角观看火车模型视频并且实现交互式操作的物联网系统。通过使用该系统在乐高积木搭建的微型仿真场景上进行试验，结果表明这种模式增加了用户的参与感，能吸引更多的用户前来参观体验，证明了在缺少技术基础设施的传统博物馆环境中，实现交互功能的可能性，同时也为将来在博物馆进行大规模、长时间、多用户的物联网运用提供了宝贵经验③。

杨应威认为由于时代变迁带来了武术组织形式的变化，在这一环境下武术视频档案显得越发重要。武术视频档案可以满足个性化学习的需要以及弥补武术师资力量的不足，使抽象、难以模仿的武术动作变得直观化、具体化，并能使动作示范和同步讲解得到很好的结合，从而提高武术教学和技术传授的实际效率④。

尹子业针对当前博物馆安防系统中视频信息繁杂、监控效率低等问题，提出可以引入智能视频监控系统。通过对视频数据的自动化分析，可以防范非法入侵和群体事件和监控馆内藏品，更有价值的是可以弥补传统消防报警系统对火灾初期探测能力的不足，从而实现及时报警，这对于图书馆、博物馆和档案馆这种地点十分重要⑤。

从国内研究来看，由于多媒体信息资源类型的差异性、管理标准不统一以及存储的特殊性，关于多媒体资源共享和服务融合理论研究较多，但实践研究及实践较少。因此，我国文献收藏和资源服务机构事业单位需要大力加强多媒体信息资源的共建、共享以及数字化融合服务的研究和实践工作。

1.2.2 数字水印技术在多媒体资源版权保护中的研究综述

数字水印作为一门直接由应用推动的快速发展的信息安全技术，对多媒体资源共享和服务融合过程中的版权保护起着重要的作用。目前国外关于数字水印在多媒体资源版权保护中的应用研究十分广泛，在政策体系、算法理论及应用实践等领域均有比较深入的研究。如，IBM 公司（International Business Machines Corporation）在其开发的"Digital Library"软件中就应用了数字水印技术，著名的图像处理软件 Photoshop 中也集成了 Digimarc 公司的开发的数字水印插件。与此同时，美国政府也委托相关研究机构和高校（如卡耐基梅隆大学）在信息输出设备中添加水印标识的功能，对信息资源的真伪进行快速辨识⑥。

国外研究学者也对数字水印在多媒体资源版权保护中的应用和多媒体资源的安全性展开了相关研究，Zhang 等人对目前多媒体资源开发及数字图书馆资源的版权问题及相关的法律条文进行了详细的

① Salo K, Zinin V, Bauters M, et al. Modular Audio Story Platform for Museums[C]. Proceedings of the 22nd International Conference on Intelligent User Interfaces Companion. 2017：113 - 116.
② Dougan K. Music, YouTube, and Academic Libraries[J]. Notes, 2016, 72(3)：491 - 508.
③ Wong L, Shimojo S, Teranishi Y, et al. Interactive Museum Exhibits with Embedded Systems：A Use-Case Scenario[J]. Concurrency and Computation：Practice and Experience, 2017, 29(13)：e4141.
④ 杨应威. 武术视频档案建立及应用模式研究[J]. 山西档案, 2016, (06)：93 - 95.
⑤ 尹子业. 智能视频分析技术在博物馆安防系统中的应用[J]. 电子科学技术, 2017, 04(04)：69 - 72.
⑥ 张灵. 数字水印技术在现代档案管理中的应用[J]. 兰台世界, 2014(08)：96 - 97.

阐述，讨论了 ECMS、数字水印、指纹、数字签名等数字版权保护技术，认为应建立起一个全球化的数字知识产权体系①。Karthigaikuman 等人②指出近年来多媒体资源版权保护问题越来越受到人们的关注，多媒体资源完整性和原始性容易受到非法攻击。传统的脆弱水印、半脆弱水印技术有着明显的缺点，如资源的消耗和空间浪费，该文所提出的一种强壮图像水印技术可以有效地克服这些缺点。

除了版权保护，国外研究学者还就数字水印在多媒体资源管理、服务访问控制中的应用展开了相关研究。Mihailidis 等人③对目前美国文化资源服务机构的用户访问和内容控制的技术策略进行了综述。目前应用于用户访问的技术策略主要是用户 IP 限制和网络 ID 授权，应用内容控制的技术策略主要是通过分辨率和可见水印来限制。已有一些研究机构已将一些新技术应用到该领域，如窗口弹出、禁用右键复制保存、不可见水印、跨系统认证等。Legland 等人④提到对图像、视频等多媒体资源的管理是目前数字图书馆研究的重要课题，希望可以实现对多媒体数据的高效存储、快速检索及版权保护。作者提出一种基于图像纹理和小波水印的图像检索算法，可有效地检索亚历山大数字图书馆数据库中的地图和卫星图像资源。

在实践应用方面，建在瑞士的国际奥林匹克博物馆利用数字水印技术与高解析光学识别传感两大核心技术，通过点触嵌技术实现了利用多达 8 种语言进行朗读、解说等功能⑤。英国诺森比亚档案馆将数字水印技术引入档案资源检索，利用数字水印独特的视觉特征（如纹理、形状）进行基于内容的图像检索，同时对数字水印技术在项目管理、数据库资源组织和版权保护等领域的应用进行了研究和实践⑥。

目前国内关于数字水印技术在多媒体资源版权保护中的研究较具有代表性的是南京大学信息管理学院多媒体信息研究所，他们论述了数字水印技术在数字档案馆中的应用，指出数字水印技术的有效应用可以使数字档案馆的工作更加规范，保证数字档案资源的可用性和真实性，促进数字档案信息服务效率的提高。同时，对其他文献收藏和资源服务机构也有一定的借鉴价值⑦。朱鹏、朱学芳⑧针对各类数字教学资源的特点，设计了基于数字水印技术的教学多媒体资源版权保护方案，可以对各种类型的教学资源进行保护，能够较为完善地保留资源的版权信息，并对该方案进行了技术实现和实验验证。张军亮、朱学芳⑨针对古籍图像资源多为二值图像的特征，设计应用二值图像数字水印技术保护其版权的方案，分析水印嵌入的安全性和不可见性。实验结果表明，该方法能够有效地满足数字化古籍的版权保护需要。其他研究学者也就数字水印技术在信息资源版权保护中的应用展开论述，如邱均平、朱少强⑩在文中对数字版权管理技术和应用框架在数字图书馆中的应用进行了详细的阐述，分析了目前主流数字版权保护技术的优缺点，并探讨了这些技术的应用前景。邵景霞⑪首先对数字水印技术和档案信息资

①　Zhang X，Yin Y. Research on Digital Copyright Management System Based on Blockchain Technology[C]. 2019 IEEE 3rd Information Technology，Networking，Electronic and Automation Control Conference (ITNEC). IEEE，2019：2093 – 2097.

②　Karthigaikumar P，Baskaran K. FPGA Implementation of High Speed Low Area DWT Based Invisible Image Watermarking Algorithm[J]. Procedia Engineering，2012，30：266 – 273.

③　Mihailidis P，Viotty S. Spreadable Spectacle in Digital Culture：Civic Expression，Fake News，and the Role of Media Literacies in "post-fact" Society[J]. American Behavioral Scientist，2017，61(4)：441 – 454.

④　Legland D，Arganda-Carreras I，Andrey P. MorphoLibJ：Integrated Library and Plugins for Mathematical Morphology with Image[J]. Bioinformatics，2016，32(22)：3532 – 3534.

⑤　爱国者[EB/OL]. [2012 – 03 – 16]. http://www. aigo. com/web/NewsInformation-362-16. aspx.

⑥　Brown A J E，Mulholland R，Graham M. When Images Work Faster than Words：the Integration of Content-based Image Retrieval with the Northumbria Watermark Archive[J]. Restaurator，2002，23(3)：187 – 203.

⑦　朱学芳. 数字档案信息开发及应用管理中的图像水印保护技术[J]. 档案学通讯，2010(5)：72 – 75.

⑧　朱鹏，朱学芳. 数字教学资源版权保护技术研究[J]. 中国电话教育，2010(4)：125 – 127.

⑨　张军亮，朱学芳. 基于二值图像水印的古籍数字化图像版权保护及其实现[J]. 现代图书情报技术，2010(9)：79 – 83.

⑩　邱均平，朱少强. 数字图书馆版权保护技术及其规避行为的法律对策[J]. 情报科学，2006，24(1)：1 – 7.

⑪　邵景霞. 简说数字水印在数字档案管理中的应用[J]. 档案管理，2015(01)：55＋51.

源的数字化进行了介绍,接着对档案信息资源数字化可能带来的问题、数字档案的原始性、完整性和版权保护进行了分析,就数字水印在这方面的应用进行了探讨,并给出了相应实例。姜明芳[①]提出一种新的文档图像多功能水印算法,首先生成依赖于用户身份信息与文档图像特征的数字指纹,然后在文档图像正交分离的两不同区域分别嵌入可擦除可见水印与数字指纹,通过嵌入可擦除可见水印权衡版权告示与用户浏览之间的冲突,利用数字指纹实现图像认证和追踪合法用户泄密行为。

沈晓艳等人[②]通过分析图书馆馆藏数字资源的版权问题及其研究现状,认为数字水印技术是解决版权问题的最关键技术之一,总结归纳了数字水印技术在数字图书馆中的应用现状,着重阐述了实际应用中存在的理论研究、水印评价标准、水印类型选择等问题,最后针对这些问题对未来的研究提出几点建议。谢瑞霞[③]将数字水印技术与目前数字图书馆中存在的一些问题联系起来,针对数字图书馆中存在的知识产权问题,着重探讨了数字水印技术在多媒体资源版权保护、安全传输和用户服务等方面的扩展应用。许德合等人[④]总结了目前国内外关于矢量数字地图水印技术的相关研究工作,分析了矢量数字地图资源在表示及使用方式上的特点以及对嵌入数字水印的要求,并指出了目前研究中存在的问题。朱鹏等人[⑤]首先讨论了数字教学多媒体资源的版权保护问题,并对数字水印做了概述。在分析了数字水印在教学多媒体资源版权保护方面有效的作用后,提出了应用数字水印实现教学多媒体资源版权保护的方案,并设计了基于数字水印的教学资源版权保护系统。

综合来看,目前相关研究大多仅仅关注数字水印技术在多媒体资源版权鉴别上的应用,并没有考虑多媒体资源在传输和服务过程中对内容认证和使用跟踪方面的需求。本篇从多媒体资源共享和服务融合的全局角度出发,在整个共享和融合周期中对数字水印技术在多媒体资源版权鉴别、内容认证和使用控制中的应用进行详细论述[⑥⑦]。

1.2.3 研究内容

（1）应用模式分析

研究内容主要包括对多媒体资源共享和服务融合模式进行分析,明确共享和融合过程中存在的版权问题,针对目前存在的问题提出数字水印的解决思路和应对方案,主要包括需求分析和应用分析。

（2）多媒体资源版权鉴别中的鲁棒水印技术研究

在多媒体资源共享和服务融合过程中,信息资源服务机构会根据用户需求,针对不同类型的多媒体资源进行不同方式、不同深度的整序和加工,使其实现增值,并以多样化的形式提供给用户。多媒体资源的收集、加工、再生产,牵扯到不同部门和机构的知识产权问题。因此,数字水印在多媒体资源版权鉴别中的研究内容主要包括对多媒体信息资源版权鉴别问题的分析,讨论鲁棒水印算法的选择,以及详细阐述水印算法在图像资源、视频资源和音频资源版权鉴别中具体实现。

（3）多媒体资源内容认证中的半脆弱水印技术研究

数字信息技术和互联网技术的迅猛发展,使得多媒体资源在共享和传播过程中存在着被恶意篡改的风险,这会造成不良的社会影响,并给用户造成极大的损失。因此数字水印技术在多媒体资源内容认证中的应用目的是对多媒体资源在传播过程中内容的真实性和完整性进行有效保护,研究内容主要包

① 姜明芳. 一种用于版权保护与盗版追踪的文档图像多功能水印方案[J]. 图书情报工作,2013,57(18):127-132.
② 沈晓艳,崔新春,于建峰. 数字水印技术在数字图书馆中的应用现状分析[J]. 山东图书馆学刊,2011(5):50-54.
③ 谢瑞霞. 数字水印技术在数字图书馆中的应用扩展[J]. 现代情报,2010,30(9):75-77.
④ 许德合,朱长青,王奇胜. 矢量地图数字水印技术的研究现状和展望[J]. 地理信息世界,2007(12):42-48.
⑤ 朱鹏,朱学芳,赵明生. 数字教学资源版权保护技术研究[J]. 中国电化教育,2010(04):125-127.
⑥ 朱光. 多媒体资源共享和服务融合中的数字水印技术研究. [D]. 南京:南京大学. 2013.
⑦ 郝世博,朱学芳. 面向图博档的分块压缩感知图像零水印算法[J]. 现代图书情报技术,2014(06):87-93.

括对多媒体信息资源内容认证问题的分析，讨论半脆弱水印算法的选择，以及详细阐述水印算法在图像资源、视频资源和音频资源内容认证中的具体实现。

（4）多媒体资源访问控制中的水印标签技术研究

不同的多媒体资源有着不同的访问权限，数字水印在多媒体信息资源使用和服务中的应用需要在用户和目标资源之间介入一个水印安全机制，验证访问者的身份和权限，以决定用户是否可以访问多媒体资源，同时还需要对多媒体资源进行盗版追踪，研究内容主要包括分析多媒体信息资源服务中存在的访问控制问题，阐述现有访问控制模型的不足，讨论水印标签技术在访问控制中的应用，并给出具体应用实例。

（5）图博档多媒体资源版权管理系统构建

研究内容主要包括现有版权管理系统的介绍，图博档多媒体资源版权管理系统的需求分析，基于数字水印技术的图博档多媒体资源版权管理系统的构建，并分析该系统对图博档数字化服务融合的促进作用。

主要研究内容思路图如图1-1所示。

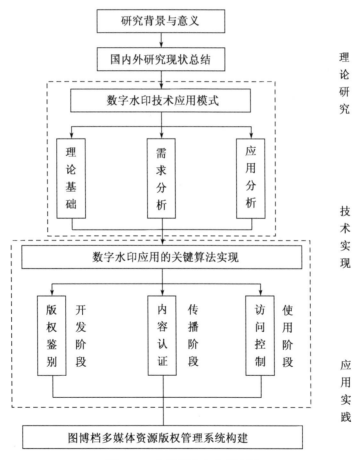

图1-1　主要研究内容思路图

1.2.4　图博档多媒体数字水印应用模式分析

多媒体资源共享和服务融合过程可以划分为三个阶段：多媒体资源开发阶段、多媒体资源传播和共享阶段、多媒体资源使用和服务阶段。在不同阶段，数字水印技术的应用模式也有所差异。

（1）图博档多媒体资源开发阶段中的版权鉴别

随着网络技术的发展，多媒体资源共享和服务融合逐渐深入，人们通过网络方便地使用多媒体资源的同时，也产生了诸多版权纠纷问题。因此，如何对网络共享环境中的多媒体资源版权实现专有性和唯一性的有效鉴别，维护信息资源开发原创者的合法权益成为迫切需要解决的问题。本篇通过引入鲁棒水印技术来弥补传统版权鉴别方案的不足，在发生版权纠纷时，水印信息可以用来对多媒体资源的版权进行鉴别和认证，证明资源作者或服务商的资源所有权，保护多媒体资源的知识产权。

（2）图博档多媒体资源传播和共享阶段中的内容认证

多媒体技术和互联网技术的发展，使得信息资源的传播、交流、共享达到前所未有的深度和广度，但同时资源也存在被恶意篡改的风险。因此，在网络环境中，如何对多媒体资源在传播共享过程中资源内容的真实性和完整性进行有效保护，成为一个严峻的现实问题。本篇通过引入半脆弱水印技术可以对多媒体资源是否失真或遭受恶意篡改进行判断，而且能够提供有关篡改性质的信息。

（3）图博档多媒体资源使用和服务过程中的使用控制

在信息资源共享的基础上，众多文献收藏机构和信息服务机构都加强了网络中信息服务系统的纵向整合和横向整合，促进全方位、一体化的信息服务融合。与此同时，如何有效地对信息服务系统进行保护，明确用户权限，阻止非授权用户对敏感、保密的信息资源进行访问受到了广泛的关注。本篇设计的基于水印标签的访问控制模型可以对用户访问权限进行动态调整，提升系统访问的安全性，并可以对多媒体资源的使用、传输进行跟踪控制。

本篇针对多媒体资源共享和服务融合过程中版权保护所包含的三个方面内容，分析数字水印技术的应用模式。数字水印技术的应用涉及多媒体资源共享和融合过程中的开发、传播和共享、使用和服务等阶段。这一过程首先向资源的原创作者和提供商提供版权专有性和唯一性的鉴别，并在传播和共享过程对多媒体资源的真实性和完整性进行认证，同时对终端用户提供安全保障，对非法用户进行服务访问控制，防止信息资源遭到攻击，同时对多媒体资源的使用进行盗版跟踪。

数字水印在多媒体资源共享和服务融合中的应用包括版权鉴别、内容认证、使用控制三个方面，如图 1－2 所示。

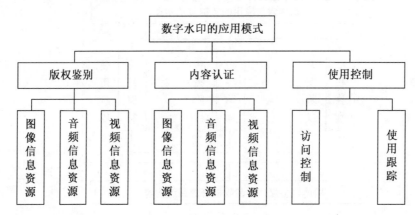

图 1－2　数字水印的应用模式

第 2 章　版权鉴别中的鲁棒水印技术

近年来,信息技术与互联网的迅猛发展为多媒体资源的存储和交换提供了极大的便利,但是,数字化技术便捷、低成本和易大规模复制的特性,结合互联网对传播范围的全球性扩展,给版权保护带来了极大的冲击。如何打击非法复制、盗版,保护多媒体资源的版权,维护信息资源开发商和原创作者的知识产权已经成为亟须解决的关键问题。只有有效保障开发商和原创作者的知识产权,才能激发他们的创作热情,开发出更多的优质信息资源,从而推动多媒体资源共享和服务融合的健康发展,为用户提供更加优质的信息服务。

传统的密码学技术和数字签名技术由于安全性和私密性的缺陷,已经无法满足多媒体资源开发过程中版权鉴别的需要。本篇通过引入数字水印技术来弥补传统版权鉴别方案的不足,在发生版权纠纷时,通过提取的水印标识信息可以对多媒体资源的版权归属进行鉴别和认证,要求用于版权鉴别的水印算法必须具有很高的鲁棒性。本章就如何设计一种可以用来进行多媒体资源版权鉴别的鲁棒水印算法展开研究,第 1 节主要介绍图像资源版权鉴别中的鲁棒水印算法实现,第 2 节论述了音频资源版权鉴别中的鲁棒水印算法实现,第 3 节阐述了视频资源版权鉴别中的鲁棒水印算法实现。

2.1　图像鲁棒水印算法

2.1.1　概述

目前,在多媒体技术的支撑下,数字图像以其逼真、生动、形象的特点跻身于主要信息资源形式之列,如何对网络环境中海量的图像信息资源进行合理开发,并促进其共享,以满足用户的信息需求,成为当前研究的热门问题[①]。目前,研究学者就图像信息资源开发、运营方式、共享模式以及技术路线等方面进行了相关研究,取得了一定成果,但图像信息资源共享中仍存在着运行体制、数据安全、版权保护等方面的问题[②]。本节尝试利用鲁棒水印技术研究图像信息资源的版权鉴别方案,维护信息资源服务商的合法权益,更好地保护图像信息资源的知识产权。

目前用于图像鲁棒水印算法可以分为空域水印算法和时域水印算法,空域算法计算速度快,时间复杂度低,但鲁棒性差。时域算法是对图像进行时域变换,如傅立叶变换、离散余弦变换、小波变换等,再通过修改变换系数的方式嵌入水印信息。时间域水印算法较复杂,但具有较强的稳健性[③]。用于版权鉴别的水印算法要求能抵抗常见的信号操作,因此本篇主要关注时间域水印算法。

早期性能较优越的水印算法是 Cox 等人[④]提出的基于离散余弦变换(Discrete Cosine Transform, DCT)的扩频水印算法,该算法首先计算图像的 DCT 系数,然后将水印信息叠加到 DCT 域中幅值最大

---

①　曹梅,朱学芳.图像检索需求描述的研究进展[J].现代图书情报技术,2009(12):31-36.

②　朱学芳.计算机图像信息资源管理研究[J].现代图书情报技术,2004(12):21-24.

③　刘瑞祯,谭铁牛.数字图像水印研究综述[J].通信学报,2000,21(8):39-48.

④　Cox I J, Kilian J, Leighton F T, et al. Secure Spread Spectrum Watermarking for Multimedia[J]. IEEE Trans on Image Processing,1997, 6(12): 1673-1687.

的前 k 个系数上，再对系数做离散余弦反变换得到水印图像。此后，又有学者为了调节水印的鲁棒性与透明性之间的矛盾，对 Cox 等人提出的水印算法进行了改进和完善，通过修改 DCT 域的中频系数来嵌入水印信息[1]。

其他的一些经典算法，主要包括 Abdulrahman 等人[2]对图像进行 8×8 分块操作，将伪随机序列作为水印信息嵌入离散余弦变换的中频系数，可以有效地提高水印算法的抗压缩性。Moosazadeh 等人[3]通过修改离散余弦变换的低频系数嵌入水印信息，以保持水印算法的鲁棒性，同时在图像的中频区域内嵌入一个水印序列，以获得较好的透明性。Makbol 等人[4]提出一种基于小波变换的水印算法，根据人眼视觉模型，将水印信息通过量化调制的方式嵌入图像的小波系数中。

近年来，国内外学者对鲁棒性水印算法进行了研究和改进，Najafi 等人[5]提出了一种基于奇异值分解和离散小波变换的鲁棒水印算法，首先对原始图像进行 8×8 分块，再将每一子块区域进行离散小波变换，通过奇异值变换的方式，将水印信息嵌入原始图像的小波系数中；Chen 等人[6]提出了一种结合 NMF 非负矩阵分解的小波域水印算法，首先对图像进行离散 DWT 变换提取子带系数，对待嵌入的高斯水印序列进行 NMF 非负矩阵分解，并将分解后的多分辨率序列嵌入子带系数中；Vali 等人[7]提出一种利用小波系数幅值关系进行水印嵌入的算法，原始图像通过小波分解得到小波系数，将中频子带中多个不重叠的小波系数伪随机地分为一组，利用系数幅值的相对关系特征和水印信息生成密钥，并在密钥的控制下提取水印。

目前大多数鲁棒水印算法容易引起图像块效应的产生，从而导致水印鲁棒性和透明性相互矛盾，不可兼得。因此，本节在相关图像鲁棒水印算法的研究基础上，提出了一种基于小波包变换（Wavelet Packet Transform，WPF）和奇异值分解（Singular Values Decomposition，SVD）的图像鲁棒水印算法，首先对二值水印图像进行 Arnold 置乱，再对原始图像资源进行 8×8 分块，为了解决鲁棒性和透明性矛盾的问题，对分块图像进行两层小波包分解，并根据人眼视觉模型和图像的内容特征确定水印信息的量化步长，通过量化调制的方式将置乱后的水印信息嵌入小波系数的奇异值中。

2.1.2 算法设计

主要包括如下三个方面：
（1）SVD 理论应用
（2）水印嵌入

5 个步骤嵌入水印信息后，对子带系数的奇异值进行 SVD 逆分解和小波包逆变换，得到含水印图像。

① Piva A. DCT-based Watermark Recovering Without Resorting to the Uncorrupted Original Images[C]. Proceedings of ICIP'97, 1997(1)：520-523.

② Abdulrahman A K, Ozturk S. A Novel Hybrid DCT and DWT Based Robust Watermarking Algorithm for Color Images[J]. Multimedia Tools and Applications, 2019, 78(12)：17027-17049.

③ Moosazadeh M, Ekbatanifard G. A New DCT-based Robust Image Watermarking Method Using Teaching-learning-based optimization[J]. Journal of Information Security and Applications, 2019, 47：28-38.

④ Makbol N M, Khoo B E, Rassem T H, et al. A New Reliable Optimized Image Watermarking Scheme Based on the Integer Wavelet Transform and Singular Value Decomposition for Copyright Protection[J]. Information Sciences, 2017, 417：381-400.

⑤ Najafi E, Loukhaoukha K. Hybrid Secure and Robust Image Watermarking Scheme Based on SVD and Sharp Frequency Localized Contourlet Transform[J]. Journal of Information Security and Applications, 2019, 44：144-156.

⑥ Chen Z, Li L, Peng H, et al. A Novel Digital Watermarking Based on General Non-negative Matrix Factorization[J]. IEEE Transactions on Multimedia, 2018, 20(8)：1973-1986.

⑦ Vali M H, Aghagolzadeh A, Baleghi Y. Optimized Watermarking Technique Using Self-adaptive Differential Evolution Based on Redundant Discrete Wavelet Transform and Singular Value Decomposition[J]. Expert Systems with Applications, 2018, 114：296-312.

（3）水印提取

对提取的水印信息进行解密，得到最终的二值水印图像。

考虑该部分研究涉及专业算法和理论，因此略去部分方法和实验过程。

2.1.3　实验结果分析

为了验证本篇提出的图像鲁棒水印算法的有效性，以 matlab7.0 为仿真实验平台。选取大小为 512×512 的南京大学鼓楼校区图书馆、仙林校区图书馆、浦口校区图书馆等 10 幅图像为原始宿主图像，原始水印图像采用 32 * 32 的二值标识图像。

2.1.3.1　透明性分析

透明性的客观评价指标采用 $PSNR$（$Peak~Signal\text{-}to\text{-}Noise~Ratio$），即峰值信噪比。$PSNR$ 值越高，透明性越好。若 $I(i,j)$ 表示原始图像，$I'(i,j)$ 表示嵌入水印的图像，则 $PSNR$ 的计算公式为[①]：

$$PSNR = 10\lg \frac{MN\max\left[(I(i,j))^2\right]}{\sum\limits_{i=1}^{M}\sum\limits_{j=1}^{N}\left[I(i,j)-I'(i,j)\right]^2} \tag{2-8}$$

以南京大学仙林校区图书馆图像（$image_1$）为例，图 2-1(a)、(b)、(c)分别为原始图像资源、二值水印标识图像、Arnold 置乱后的水印图像，图 2-2(a)、(b)、(c)分别为嵌入水印信息的图像资源、提取的水印图像、Arnold 解密后的水印图像。对图 2-1(a)和图 2-2(a)进行比较，可以看出本篇算法具有良好的透明性。

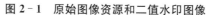

(a)原始宿主图像　　　　　(b) 原始水印图像　　　　(c) 置乱后的水印图像

图 2-1　原始图像资源和二值水印图像

(a) 含水印图像　　　　　(b) 提取水印图像　　　(c) 解密后的水印图像

图 2-2　嵌入水印的图像和提取的二值水印图像

---

① 孙圣和，陆哲明.数字水印处理技术[J].电子学报，2000，28(8)：85-90.

将本篇算法的实验结果同 Lu 等人提出的算法进行比较，以 $image_1$ 为例，表 2-1 为嵌入水印图像后的 PSNR 值比较，比较结果显示，本篇水印算法的 PSNR 值略低于 Lu 等人的算法，但人眼仍感觉不到差别，具有良好的透明性。

2.1.3.2 鲁棒性分析

鲁棒性的评价指标为相关系数($Normalized, NC$)，是指原始水印图像与提取的水印图像之间的相似程度。若 $W(i,j)$ 表示原始水印图像，$W'(i,j)$ 表示提取出的水印图像，则 NC 的计算公式如式(2-8)所示[①]：

$$NC = \frac{\sum_{i=1}^{M}\sum_{j=1}^{N}W(i,j)W'(i,j)}{\sum_{i=1}^{M}\sum_{j=1}^{N}[W(i,j)]^2} \tag{2-8}$$

常见的图像攻击方式包括 $JPEG$ 压缩、高斯噪声、滤波处理、几何攻击等，无任何攻击时，相关系数为 1。

表 2-1　透明性比较

PSNR	本篇算法	Wei Lu 等人的算法
$image_1$	47.2472	48.1831
$image_2$	47.6231	48.0316
$image_3$	47.0394	47.6241
$image_4$	47.3319	47.7418
$image_5$	46.8713	47.2397
$image_6$	47.2916	47.6618
$image_7$	47.0261	47.5817
$image_8$	47.4227	47.9362
$image_9$	47.7269	48.0125
$image_{10}$	47.2557	47.6981

（1）$JPEG$ 压缩

以 $image_1$ 为例，对嵌入水印信息的图像进行不同质量因子 QF 的 $JPEG$ 压缩后，仍可以提取出较清晰的水印图像，如图 2-3 所示。

a. $QF=90\%$ 时，$PSNR=36.2521$，$NC=1$，如图 2-4(a)所示。

b. $QF=75\%$ 时，$PSNR=33.0293$，$NC=0.9921$，如图 2-4(b)所示。

c. $QF=50\%$ 时，$PSNR=31.1642$，$NC=0.9673$，如图 2-4(c)所示。

d. $QF=30\%$ 时，$PSNR=30.0134$，$NC=0.8964$，如图 2-4(d)所示。

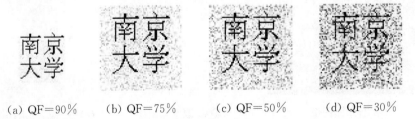

(a) QF=90%　　(b) QF=75%　　(c) QF=50%　　(d) QF=30%

图 2-3　图像压缩后提取的水印图像

① 牛夏牧,陆哲明,孙圣和.基于多分辨率分解的数字水印技术[J].电子学报,2000,28(8):1-4.

其余测试图像针对 $JPEG$ 压缩的鲁棒性测试结果如图 2-4 所示，从图中可以看出水印算法对 $JPEG$ 压缩可以保持较强的鲁棒性。

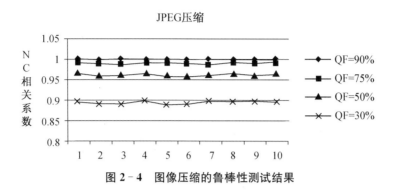

图 2-4　图像压缩的鲁棒性测试结果

（2）添加噪声

以 $image_1$ 为例，对嵌入水印信息的图像添加均值为 0，不同方差的高斯噪声，如图 2-5 所示，仍能提取较清晰的水印图像。

　a. $\sigma=0.002$ 时，$PSNR=30.0172$，$NC=0.9142$，如图 3-8(a)所示。

　b. $\sigma=0.004$ 时，$PSNR=26.4754$，$NC=0.8769$，如图 3-8(b)所示。

　c. $\sigma=0.006$ 时，$PSNR=24.6541$，$NC=0.8463$，如图 3-8(c)所示。

　d. $\sigma=0.008$ 时，$PSNR=21.7527$，$NC=0.8127$，如图 3-8(d)所示。

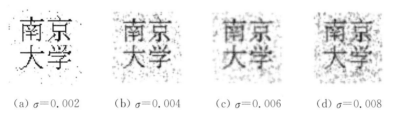

(a) $\sigma=0.002$　　(b) $\sigma=0.004$　　(c) $\sigma=0.006$　　(d) $\sigma=0.008$

图 2-5　添加高斯噪声后提取的水印图像

其余测试图像针对高斯噪声攻击的鲁棒性测试结果如图 2-6 所示，从图中可以看出水印算法对高斯噪声攻击可以保持较强的鲁棒性。

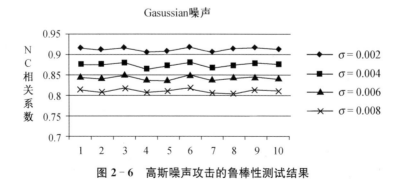

图 2-6　高斯噪声攻击的鲁棒性测试结果

（3）滤波处理

以 $image_1$ 为例，对嵌入水印信息的图像进行高斯滤波和中值滤波，如图 2-7 所示，仍能提取较清晰的水印图像。

　a. 3×3 高斯滤波，$PSNR=37.0531$，$NC=0.9024$，如图 2-7(a)所示。

b. 5×5 高斯滤波，$PSNR=35.4274$，$NC=0.8713$，如图 2-7(b)所示。

c. 3×3 中值滤波，$PSNR=36.1259$，$NC=0.8865$，如图 2-7(c)所示。

d. 5×5 中值滤波，$PSNR=34.7912$，$NC=0.8204$，如图 2-7(d)所示。

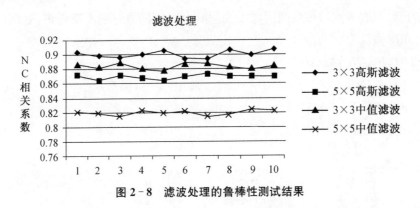

(a) 3×3 高斯滤波　　(b) 5×5 高斯滤波　　(c) 3×3 中值滤波　　(d) 5×5 中值滤波

图 2-7　滤波处理后提取的水印图像

其余测试图像针对滤波处理的鲁棒性测试结果如图 2-8 所示，从图中可以看出水印算法对滤波处理可以保持较强的鲁棒性。

图 2-8　滤波处理的鲁棒性测试结果

（4）几何攻击

以 $image_1$ 为例，对嵌入水印信息的图像进行常见的几何攻击（旋转或裁剪），仍能提取出较清晰的水印图像，如图 2-9 所示。

a. 旋转 10 度，$PSNR=16.0434$，$NC=0.8073$，如图 2-9(a)所示。

(a) 旋转 10 度　　　(b) 裁剪右下角

图 2-9　几何攻击后提取的水印图像

b. 转裁剪右下角，$PSNR=17.7682$，$NC=0.7839$，如图 2-9(b)所示。

其余测试图像针对几何攻击的鲁棒性测试结果如图 2-10 所示，从图中可以看出水印算法对几何攻击可以保持较强的鲁棒性。

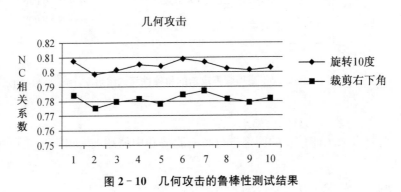

图 2-10　几何攻击的鲁棒性测试结果

将本篇算法的实验结果同 Lu 等人提出的算法进行比较,以 $image_1$ 为例,表 2-2 为水印图像遭受各种攻击后的鲁棒性比较。同时在面对各种图像攻击时,本篇算法具有更高的鲁棒性。

表 2-2　鲁棒性比较

攻击类型	PSNR		NC	
	本篇算法	Wei Lu 等人算法	本篇算法	Wei Lu 等人算法
JPEG 压缩(30%)	30.013	31.219	0.8964	0.7923
Gaussian 噪声($\sigma=0.008$)	21.752	22.526	0.8127	0.6423
3 * 3 高斯滤波	37.053	37.662	0.9024	0.8592
3 * 3 中值滤波	36.125	36.294	0.8865	0.8273
几何旋转(10 度)	16.043	17.846	0.8073	0.6983
几何裁剪(右下角)	17.768	18.119	0.7839	0.6754

2.1.3.3　实时性分析

对相同条件下同一幅图像的水印信息的嵌入时间和提取时间进行比较,以 $image_1$ 为例,比较结果如表 2-3 所示。

表 2-3　水印嵌入时间比较

变换方法	嵌入时间/s	提取时间/s
本篇算法	1.4263	1.6347
Wei Lu 等人算法	1.8967	2.0162
Santa Agreste 等人算法	2.1125	2.4118

实验表明本篇提出的算法有较高的计算速率,水印嵌入速度相对于 Lu 等人提出的算法提高了 24.8%,相对于 Santa 等人提出的算法提高了 32.48%,因此更适合实时实现。

综上所述,本节提出的图像水印算法具有良好的透明性和鲁棒性,算法执行效率较高,可有效地应用于图像资源的版权鉴别。

2.2　音频鲁棒水印算法

高速宽带网络的普及和数字压缩技术的逐渐成熟促进了音频资源在互联网上的广泛传播。一些个人或团体通过非法复制和传播盗版音频资源获利,使得版权所有者和资源提供商的利益受到了极大损害。数字音频水印技术可以有效地对数字音频资源的版权进行鉴别和认证,与图像水印算法相同,音频水印可以分为时域水印算法和频域水印算法。时域算法在时间域上直接将水印嵌入至数字音频信号,算法较易实现,但对常见的信号处理操作(噪声、滤波、重采样等)抵抗能力较差,常见的时域音频水印算法包括回声隐藏算法、最低有效位(LSB)算法、相位编码算法等[1][2]。

频域算法一般对水印信号和音频载体信号进行频域变换(包括 DFT、DWT、DCT),然后在变换后

---

① Guhl D, Lu A, Bender W. Echo Hiding[C]. Proceedings of the First International Workshop on Information Hiding. 1996: 295-315.

② Cveji C, Keskinarkaus A, Seppanen T. Audio Watermarking Using M-sequences and Temporal Masking[C]. Proceedings of the 7th IEEE Workshop on Applications of Signal Processing to Audio and Acoustics. New York, 2001: 227-230.

的频域系数中嵌入水印信息。李文治等人[1]引入扩频机制和纠错编码等技术，通过调整音频信号低频系数能量的相对关系来实现水印信息的嵌入，但透明性较差，也较难实现水印信息的盲检测；鲍德旺等[2]根据音频信号的局部能量特征，提取稳定的音频特征点为标识，采用量化调制策略嵌入水印信息，缺点在于特征点提取不稳定，且设定阈值过多；Lei等人[3]将同步信号在时域内嵌入至音频信号中，同时将水印信息嵌入至音频信号的 DCT 系数上，但对随机裁剪、抖动等操作缺乏足够的鲁棒性；Wu等人[4]提出了一种基于小波变换的自同步水印算法，将同步码嵌入至音频信号的统计均值中，并通过修改小波低频系数的平均值嵌入水印信息，但计算量大，且难以在鲁棒性和透明性之间取得均衡。

因此，在前人研究的基础上，为了提高水印算法的实时性，提出了一种基于提升小波变换和奇异值分解的音频水印算法，利用提升小波变换（Lifting Wavelet Transform，LWT）计算速度快的优点，提高了水印信息嵌入和检测的执行效率，并将水印信息通过量化调制的方法嵌入至音频资源的小波低频系数的奇异值中，兼顾了水印信息的鲁棒性和透明性，同时降低了算法复杂度，更有利于硬件实现。

限于篇幅，音频鲁棒水印算法在这里不做叙述，关于音频和视频水印算法，在下面一章各举一例详细叙述我们的设计的相应方法与实验结果。

2.3 视频鲁棒水印算法的实验结果分析

为了验证本篇算法的有效性，以 matlab7.0 为仿真实验平台，选取 10 组视频序列 $mov_1, mov_2, \cdots mov_{10}$ 作为测试视频信号。视频序列的大小为 176 * 144，长度为 32 帧，相关帧阈值 T＝0.7，二值水印图像大小为 32 * 32。视频水印性能的评估主要包括三个方面：透明性、鲁棒性和实时性。

与图像水印算法相同，视频水印透明性的客观评价指标也采用峰值信噪比（PSNR），图 2 - 11 显示了嵌入水印前后视频序列 mov_1, mov_2, mov_3 第 4 帧显示的图像。不难看出，水印嵌入前后视频质量没有受到明显影响，人眼感觉不到水印信息的存在。关于鲁棒性与实时性分析，也与图像水印相同，不再赘述。

(a) 原始视频序列中第 4 帧显示的图像

① 李文治，张晓明，殷雄. 一种基于能量关系的鲁棒音频扩频水印算法[J]. 微电子学与计算机，2009，26(8)：144 - 147.

② 鲍德旺，杨红颖，祁薇，等. 基于音频特征的抗去同步攻击数字水印算法[J]. 中国图象图形学报，2009，14(12)：2619 - 2622.

③ Lei B Y, Soon I Y, Li Z. Blind and Robust Audio Watermarking Scheme Based on SVD-DCT, Signal Processing, 2011，91(8)：1973 - 1984.

④ Wu T, Lin H, Hu W, et al. Audio Watermarking Scheme with Dynamic Adjustment in Mute Period[J]. Expert Systems with Applications, 2011，38(6)：6787 - 6792.

（b）嵌入水印后的视频序列中第 4 帧显示的图像

图 2 - 11　原始视频和嵌入水印后的视频帧比较

　　总之，本节提出的视频水印算法具有良好的透明性，对常见的视频水印攻击具有较强的鲁棒性，算法实时性好，可有效地应用于视频资源的版权鉴别。

本章小结

　　本章对多媒体资源共享和服务融合过程中存在的版权鉴别问题进行了分析，详细阐述了在图像、音频和视频资源开发过程中用于版权鉴别的鲁棒水印算法。仿真实验和分析结果表明，本篇提出的鲁棒水印算法具有良好的透明性、鲁棒性和安全性，执行效率较高，可以有效地对图像、音频、视频等多媒体信息资源进行版权鉴别，具有一定的应用价值。

第3章　内容认证中的半脆弱水印技术

随着数字信息技术的发展,一些非法团体或个人为达到某种目的,在没有合法权限的情况下,对传播和共享的多媒体资源进行恶意篡改和伪造,使多媒体资源内容的真实性和完整性受到严重威胁。若篡改资源涉及国家安全、法庭举证以及历史文献等重要内容,比如档案馆和博物馆存放的重要历史文物和档案资料,会造成极大的损失。因此,对共享环境下传播的多媒体资源进行真实性和完整性的认证,具有重要的实用价值。

传统的多媒体资源认证采用基于哈希函数的消息认证码和基于密码的数字签名技术,该方法的缺点在于需要传输额外的加密数据,并且很容易被去除,也无法确定篡改的位置[①]。近年来发展很快的数字水印技术可以克服传统方法的缺点,不仅能判断多媒体资源是否失真或被恶意篡改,而且能够对篡改区域进行定位。本章将介绍多媒体资源(图像、音频、视频)内容认证的具体水印算法实现,第1节主要介绍了半脆弱水印的概念和特征,第2节分析了图像资源内容认证中的半脆弱水印算法实现,第3节讨论了音频资源内容认证中的半脆弱水印算法实现,第4节阐述了视频资源内容认证中的半脆弱水印算法实现,最后一节为本章小结。

3.1　半脆弱水印概述

根据认证目的的不同,多媒体资源的内容认证对篡改的敏感性要求也不同。内容认证可以分为"完全级认证"和"内容级认证"两类。"完全级认证"要求对图像的任何数据部分均不允许更改,检测系统对多媒体资源的任何轻微改动都会做出拒绝判断;而"内容级认证"则强调保护多媒体资源内容所传递的信息,而不是资源的具体表现形式。因此,对于任何保持资源内容的操作,检测系统都应该认为是可接受的更改,而不会做出拒绝判断。在多媒体资源共享和服务融合过程中,对多媒体资源在传播过程中的资源内容认证属于"内容级认证",多媒体资源在传播和共享过程中会经历格式转换、有损压缩等操作,要求水印对这些操作保持一定鲁棒性的前提下,可以较敏感地检测到恶意篡改和内容的替换。这类水印比完全脆弱性水印的鲁棒性稍强,称为半脆弱水印。面向多媒体资源内容认证的半脆弱水印应具有如下基本特征[②]:

(1)可靠性:准确地对多媒体资源的真实性和完整性进行认证,并可以准确对篡改的位置进行定位。同时系统应具有较小的误检率和漏检率,由于认证检测结果直接关系到资源内容的真伪及其所具有价值的大小,因此误检率和漏检率是评价认证算法的重要指标,确保检测的准确可靠是认证算法设计的关键。

(2)透明性:同鲁棒性水印一样,半脆弱水印也是不可见的;

(3)安全性:半脆弱水印算法应是公开的,其安全性应依赖于对密钥的设置。系统应具有很强的抗非法破解能力,以防攻击者破译水印算法后进行非法复制,使得篡改后的图像依然能够被检测系统接受。

---

① 张宪海,杨永田.基于脆弱水印的图像认证算法研究[J].电子学报,2007,35(1):34-39.
② 陈明奇,钮心忻,杨义先.数字水印的研究进展和应用[J].通信学报,2001,22(5):71-79.

（4）盲检测性：不需要提供原始图像，即可完成图像资源认证。

半脆弱水印嵌入与鲁棒水印嵌入的原理是基本相同的，从信号处理的角度分析都是对原始载体进行调制的过程，但是由于半脆弱水印需要对原始资源被篡改的位置进行检测和定位，水印信息需要与原始资源的特征融合在一起。水印检测时，通过嵌入位置来重构水印信息，并将提取的水印信息与原始半脆弱水印信息进行比较，得到最终的内容认证结果[①]。

3.2　图像半脆弱水印算法

用于图像信息资源认证的半脆弱数字水印算法可以分为以下几类[②]：

（1）与 JPEG 结合的半脆弱数字水印算法。这类水印认证算法一般是根据 JPEG 编解码的特点设计的，故水印算法通常对 JPEG 压缩具有较好的鲁棒性，而对其他的操作较敏感。比较具有代表性的是李春等人提出的一种抗 JPEG 压缩的半脆弱图像水印算法[③]。

（2）从鲁棒水印算法演变而来的半脆弱水印算法。这类算法主要借鉴鲁棒水印算法的一些经典方法（如扩频水印）来设计相应的认证算法。比较具有代表性的是魏伟一等人提出的一种基于 CDMA 调制的数字水印算法[④]。

（3）基于视觉掩蔽模型的半脆弱水印算法。这类算法将人眼视觉掩蔽模型应用于数字水印系统，从而使嵌入水印后的图像信息资源具有更好的视觉质量。比较具有代表性的是车生兵等人提出的一种基于视觉特性的半脆弱水印算法[⑤]。

（4）基于小波域的半脆弱水印算法。小波变换是一种空间/频率分析方法，可以同时反映图像的空间位置和频率。小波变换的局部分析能够检测到图像被篡改的区域，小波变换的频域则反映了被篡改的尺度，因此可以满足图像信息资源在互联网传输和共享过程中的内容级认证的要求。比较具有代表性的是 Seng 等人提出的一种基于小波域的自适应半脆弱水印算法[⑥]。

出于算法实时性的需求，我们设计了一种基于小波变换的彩色图像认证水印算法。该算法首先将 RGB 真彩色图像转换为 YUV 彩色图像，再对原始图像的亮度分量进行三层小波变换，并通过 JND 阈值模型将混沌调制后的水印信息嵌入至小波分解后的高频系数中，兼顾了水印透明性和鲁棒性的要求，并可以较准确地对图像资源遭受的恶意篡改进行判断和定位。

限于篇幅，在本章仅叙述"音频半脆弱水印算法和视频半脆弱水印算法"，省去对"图像半脆弱水印算法"的详细叙述，算法原理可参考有关文献。

3.3　音频半脆弱水印算法

3.3.1　概述

随着数字信息处理技术的发展，图书馆、博物馆、档案馆等文献收藏和信息服务机构纷纷将自身的

---

① 王向阳，祁薇. 用于版权保护与内容认证的半脆弱音频水印算法[J]. 自动化学报，2007，33(9)：936－940.

② 孙圣和，陆哲明. 数字水印处理技术[J]. 电子学报，2000，28(8)：85－90.

③ 李春，黄继武. 一种抗 JPEG 压缩的半脆弱图像水印算法[J]. 软件学报，2006，17(2)：315－324.

④ 魏伟一，张贵仓，秦娜. 一种用于图像认证的半脆弱数字水印算法[J]. 计算机仿真，2008，25(7)：121－124.

⑤ 车生兵，黄达，李光. 基于视觉特性的半脆弱水印算法[J]. 通信学报，2007. 28(10)：134－140.

⑥ Seng W C, Du J, Pham B. Semi Fragile Watermark with Self Authentication and Self Recovery [J]. Malaysian Journal of Computer Science，2009，22(1)：64－84.

音频资源数字化，数字音频资源日益普及。现代数字音频编辑和处理技术使得高质量的伪造和篡改成本降低，可以通过重排或删除几个小的片段就可以对音频资源的真实性和完整性进行篡改和破坏，而单靠人类听觉系统无法对篡改后的音频资源进行认证。因此，利用前文介绍的半脆弱水印技术对音频信息资源进行认证变得愈发重要。

目前已有学者就半脆弱音频水印算法展开了相关研究，王秋生等人[①]利用离散小波变换的多分辨率特性，将二值水印图像通过等概率随机量化的方法嵌入音频信号不同频率子带的小波系数中；全笑梅等人[②]以改进的心理声学模型为基础，对音频信号进行自适应小波包分解，采用量化小波包系数的方法自适应地嵌入水印信息；范明泉等人[③]提出了一种基于数字音频内容的时域空域混合的脆弱水印算法，对音频信号进行奇异值分解产生脆弱水印信息，并将水印信息嵌入离散小波变换和离散余弦变换构成的混合域。Takahshi等人[④]在不同频段进行相位调制嵌入鲁棒水印和脆弱水印，相当于在两个不同的信道中单独传输不同的信息，使两种水印互不干扰。

针对音频信息资源在互联网传输和共享过程中的实时性和鲁棒性需求，本章设计了一种基于Arnold置乱的半脆弱音频水印认证算法，利用置乱后图像像素比例的变化进行音频资源认证，在无须原始音频资源和水印信息的情况下，可以对音频资源遭受的恶意篡改进行判断和定位。同时，该算法对于网络传输中的常见信号操作（如 MP3 压缩）具有较强的鲁棒性。

3.3.2　算法设计

3.3.2.1　理论分析

设二值水印图像为 $W = \{w(i,j), 1 \leqslant i \leqslant M, 1 \leqslant j \leqslant N\}$，其中 $w(i,j)$ 代表二值水印图像第 i 行第 j 列的灰度值，M, N 分别为二值水印图像的行数和列数。根据篡改精度来确定嵌入水印信息的长度，段长越短，音频分段越多，定位精度越高，但嵌入水印信息量越大，执行时间越长；相反，若水印信息段长越长，定位精度越低，嵌入水印信息量越少，执行时间越短[⑤]。针对算法实时性的考虑，本篇将 $32 * 32$ 的二维水印图像的每一行作为一段水印信息嵌入音频信号中，每段水印信息的长度为二值水印图像列数 N。

设水印图像上的白色像素值为 1，黑色像素值为 0。则原始水印图像中第 i 行白色像素点的比例为：

$$\delta(i) = \frac{\sum\limits_{j=1}^{N} w(i,j)}{N} \tag{3-1}$$

本篇 2.1 节已经介绍了 Arnold 置乱的相关概念，大多数情况下二值水印图像中黑色像素点与白色像素点的分布较为集中。对二值水印图像进行 Arnold 置乱可以消除水印图像的空间相关性，使得水印图像中的黑色像素点及白色像素点近似均匀分布，δ 分布在一个安全区域内，如图 3-1 所示。

若 δ 超出此安全范围，则认定音频资源遭受恶意篡改，安全区域的边界 ξ 定义如下：

$$\frac{1}{M}\sum_{i=1}^{M}\delta(i) - \Delta \leqslant \xi \leqslant \frac{1}{M}\sum_{i=1}^{M}\delta(i) + \Delta \tag{3-2}$$

① 王秋生，孙圣和，郑为民. 数字音频信号的脆弱水印嵌入算法[J]. 计算机学报，2002，25(5)：520-525.

② 全笑梅，张鸿宾. 用于篡改检测及认证的脆弱音频水印算法[J]. 电子与信息学报，2005，27(8)：1187-1192.

③ 范明泉，王宏霞. 基于音频内容的混合域脆弱水印算法[J]. 铁道学报，2010，32(1)：118-122.

④ Takahashi A, Nishimura R, Suzuki Y. Multiple Watermarks for Stereo Audio Signals Using Phase-modulation Techniques[J]. IEEE Transactions on Signal Processing，2005，53(2)：802-815.

⑤ 赵红，崔永瑞，沈东升. 用于内容认证的半脆弱音频水印算法[J]. 小型微型计算机系统，2009，30(1)：140-143.

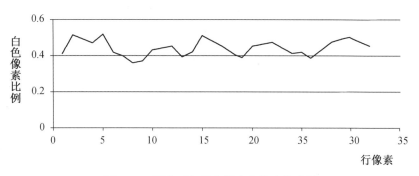

图 3-1 置乱后行图像的白色像素值比例

其中,$\triangle$ 为调节系数,可通过 $\triangle$ 调节安全区域边界的大小。若 $\delta(i)\notin\xi$,则判断对应的第 i 段音频遭受了恶意篡改。

3.3.2.2 水印嵌入

假设原始数字音频资源为 $A=\{a(i),0\leqslant i<L_a\}$,其中 L_a 为音频信号的长度,$a(i)$ 为音频信号的幅度。根据二值水印图像的行数 M,将音频资源 A 分为 M 个数据段,每个音频数据段包含有 $L=floor\left(\dfrac{length}{M}\right)$ 个数据,其中 $floor$ 为向下取整函数。

(1) 将每个音频子段划分为前后两个部分,采用本篇 2.2 节的方法在时域范围内将同步信号嵌入音频信号段的前端部分。

(2) 对音频段后端部分进行提升小波变换,并提取其小波低频系数 f,利用量化调制的方法嵌入水印信息,嵌入公式如下[①]:

$$f'=\begin{cases} Q(M)\times d+d/2,若 \bmod(Q(M),2)=1 \\ Q(M)\times d-d/2,若 \bmod(Q(M),2)=0 \end{cases} \tag{3-3}$$

$$Q(M)=floor(f/d) \tag{3-4}$$

其中 d 为量化步长。

(3) 对修改后的系数进行逆提升小波变换,并重组得到嵌入水印信息后的音频资源。

3.3.2.3 水印检测

(1) 采用帧同步逐比特比较方法来检测同步信号,确定水印检测的初始位置。

(2) 对嵌入水印后的音频信号分段,并进行提升小波变换,获取变换后的低频系数 f''。

(3) 提取行号及水印信息,提取公式如下[②]:

$$w=\begin{cases} 1,若 \bmod(floor(f''/d),2)=1 \\ 0,若 \bmod(floor(f''/d),2)=0 \end{cases} \tag{3-5}$$

(4) 将行号恢复为十进制,根据行号重构水印,并进行篡改定位。

(5) 对重构的水印信息进行 Arnold 逆置乱,获取最终的二值水印图像。

3.3.3 实验结果分析

为了验证本篇算法的有效性,以 matlab7.0 为仿真实验平台,选取采样频率为 $44.1\,\text{kHz}$,分辨率为

---

① Licks V, Jordan R. Geometric Attacks on Image Watermarking Systems[J]. IEEE Multimedia, 2005,12(3):68-78.

② Li W, Yuan Y Q, Li X Q, et al. Overview of Digital Audio Watermarking[J]. Journal on Communications, 2005, 26(2):100-111.

16 bit/s，种类不同的 6 段数字音频作为测试信号，分别为长度 10 s 的 music1、music2，18 s 的 music3、music4，40s 的 music5、music6，60 s 的 music7、music8，90 s 的 music9 和 120 s 的 music10。水印信息采用 32 * 32 大小的二值标志图像。提升小波变换采用常见的 Haar 小波基，小波分解层数为 3，选用了码长为 16bit 的巴克码作为同步信号。

3.3.3.1　透明性分析

（1）客观评价

以 music2 为例，原始音频资源和嵌入水印后音频资源的波形图分别如图 3－2(a)和(b)所示，二者几乎没有任何差别，SNR＝58.4967 dB。其余测试信号的实验结果如表 3－1 所示。

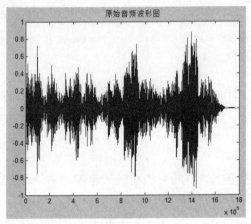 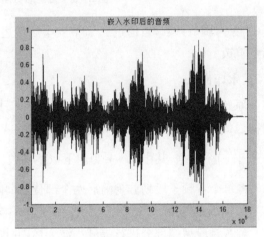

（a）原始音频波形图　　　　　　　（b）嵌入水印后的音频波形图

图 3－2　音频信号波形图

表 3－1　算法透明性测试结果

	SNR(dB)
music1	57.6521
music2	58.4967
music3	59.9743
music4	60.2846
music5	61.3165
music6	61.7881
music7	63.0508
music8	63.1127
music9	64.7192
music10	66.3458

（2）主观评价：随机选取 20 个调查对象，采用 MOS 方法对音频质量进行主观评价，测试结果如表 3－2 所示。

测试结果为 1 名调查对象可以听出嵌入水印后的音频信号与原始音频信号有微小的差别，其余调查对象认为没有差别，MOS 得分为 4.95 分。

表 3-2　嵌入水印音频的 MOS 评价

分数	人数	分数	人数
5	19	2	0
4	1	1	0
3	0		

3.3.3.2　算法鲁棒性分析

基于半脆弱水印的音频资源认证算法需要将偶然失真和恶意篡改区分开来,因此水印算法需对音频信息资源传输和共享中可能遇到的操作保持一定的鲁棒性,本篇对嵌入水印后的音频信号进行了一系列攻击以评价算法的鲁棒性,包括:(1) 添加均值为 0,均方差为 0.01 的高斯噪声;(2) 将音频信号采样频率降低为 22.05 kHz,再利用二项插值技术将采样频率还原;(3) 将音频信号采样频率提升为 88.2 kHz,再利用插值技术将采样频率还原;(4) 对音频信号进行有损压缩(截止频率 32~320 kHz),再解压缩。以 music2 为例,受到攻击后提取的水印图像如图 3-3 所示。

(a) 添加噪声　　(b) 重采样　　(c) 重量化　　(d) 有损压缩

图 3-3　受到攻击后提取的水印图像

其他测试信号的鲁棒性测试结果如图 3-4 所示。

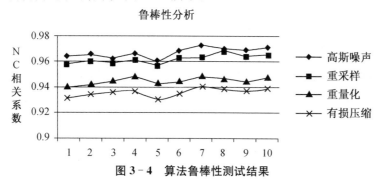

图 3-4　算法鲁棒性测试结果

3.3.3.3　篡改定位

为了测试水印算法对恶意篡改的定位能力,对嵌有水印信息的音频信号进行了不同位置的恶意攻击,并通过所提取的水印信息确定被篡改的位置。以 music2 为例,图 3-5 描述了本篇算法对恶意篡改的定位能力,通过同步信号和逆置乱前的水印图像可以对被篡改的音频段进行定位。同时,由于置乱技术的应用,即使嵌入水印图像的音频资源遭到恶意篡改,仍可以提取到效果较好的水印图像,如图 3-6 所示。

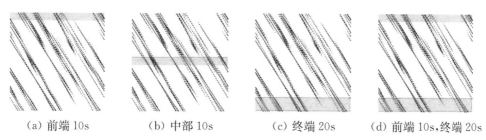

(a) 前端 10s　　(b) 中部 10s　　(c) 终端 20s　　(d) 前端 10s,终端 20s

图 3-5　置乱水印图像对恶意篡改的定位

图 3-6　提取的逆置乱水印图像

遭受恶意篡改的音频资源波形图如图 3-7 所示，将波形图与置乱水印图像进行对比，可以验证本篇对恶意篡改的定位能力。

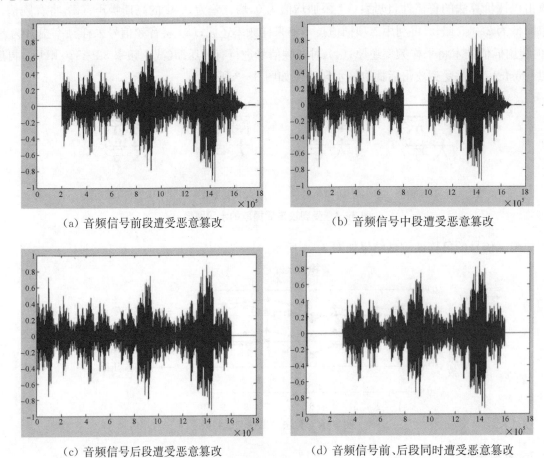

（a）音频信号前段遭受恶意篡改　　　　　　　（b）音频信号中段遭受恶意篡改

（c）音频信号后段遭受恶意篡改　　　　　　　（d）音频信号前、后段同时遭受恶意篡改

图 3-7　遭受恶意篡改后的音频信号波形图

3.3.3.4　实时性分析

对相同条件下同一段音频信号的篡改定位时间进行比较，以 music2 为例，比较结果如表 3-3 所示。比较结果表明本篇提出的算法更适合实时实现。

表 3-3　音频篡改定位的实时性分析

篡改类型	前端篡改	中端篡改	后端篡改	前后端篡改
	定位时间（s）			
本篇算法	2.2455	2.3216	2.3681	2.7886
范明泉等人算法	2.6139	2.7022	2.7325	3.4335
TAKAHASHI A 等人算法	2.5027	2.6343	2.6844	3.2468

仿真实验表明本篇提出的算法可以精确定位被篡改区域（尤其受到裁剪攻击时），在篡改定位的过程中，无须原始音频资源和水印图像的参与，对常规信号处理也具有较好的鲁棒性。该算法易于实现，执行效率高，具有一定的应用价值。

3.4　视频半脆弱水印算法

3.4.1　概述

随着多媒体技术的发展，如何对日益增多的视频资源进行完整性和真实性认证成为关注的焦点。目前，研究学者就基于半脆弱水印技术的视频资源认证方案已进行了相关研究，视频半脆弱水印的任务是将视频特征作为水印或水印信息的一部分，在透明性的前提下嵌入视频资源中，可以对一般的信号操作（如 MPEG 压缩）保持一定的鲁棒性，同时判断是否遭到恶意篡改，并确定具体的篡改位置。

Fridrich[①] 提出一种基于图像分块，采用类似矢量量化方法的半脆弱视频水印算法，但算法对 MPEG 压缩不够鲁棒；Park 等人[②] 提出了一种用于区分 MPEG 压缩和恶意篡改的可逆半脆弱水印算法，首先对原始视频进行分割，对每一视频帧 8×8 分块的 DCT 变换，利用 DCT 变换直流系数（DC）的不变性将水印信息嵌入视频帧的最低有效位中；曾凡智等人[③] 提出了一种基于压缩感知的视频半脆弱水印算法，对视频关键帧的图像基本特征进行分析，根据图像内容生成半脆弱水印信息，并将其嵌入关键帧图像的中高频小波系数中，实现视频帧内的内容认证；林志高等人提出一种基于 VLC（Variable Length Coding）的半脆弱水印认证算法，通过提取特征码宏块的低频能量之间的关系，构建宏块级别的内容特征码，再通过修改宏块拖尾系数的编码方式实现半脆弱水印信息的嵌入。

本节在相关研究的基础上，提出了一种基于 MPEG－4 压缩编码中的半脆弱视频水印算法。在关键帧（I 帧）嵌入能够篡改定位的半脆弱水印，可准确对篡改位置进行定位。

3.4.2　算法设计

视频资源遭受的恶意篡改主要包括空间域篡改和时间域篡改。空间域篡改是指对视频帧图像内容的恶意篡改和攻击，跟图像资源的恶意篡改含义基本相同，而时间域篡改指视频帧删除、帧重组以及帧替换等时间轴上的恶意攻击[④]。因此，需嵌入两类水印，第一类水印用于图像帧内容认证和帧间篡改定位，第二类水印用于帧内篡改定位。算法流程如图 3－8 所示。

3.4.2.1　水印嵌入

首先需要嵌入第一类水印对图像帧内容和帧间篡改进行认证和定位，具体步骤如下：

（1）获取原始视频资源关键帧的亮度分量，对其进行 8×8 分块的离散余弦变换，得到相应的 DCT 系数；

（2）计算 DCT 系数的 hash 值，图像帧内容遭受恶意篡改和攻击时，DCT 系数会发生变化，从而引

① Fridrich J. Image Watermarking for Tamper Detection[C]. Proceedings of the International Conference on Image Processing. Chicago，IL，USA，1998：404－408.

② Park J Y，Lim J H，Kim G S，et al. Invertible Semi-fragile Watermarking Algorithm Distinguishing MPEG－2 Compression from Malicious Manipulation[C]. Proceedings of International Conference on Consumer Electronics. New York，NY，USA：IEEE Press，2002：18－19.

③ 曾凡智，卢炎生，周燕. 基于压缩传感的半脆弱水印的视频篡改检测算法[J]. 电路与系统学报，2011，16(4)：86－93.

④ 曾骁，陈真勇，范围，等. 用于内容认证的半脆弱可逆视频水印算法[J]. 中国图象图形学报，2010，15(8)：1189－1195.

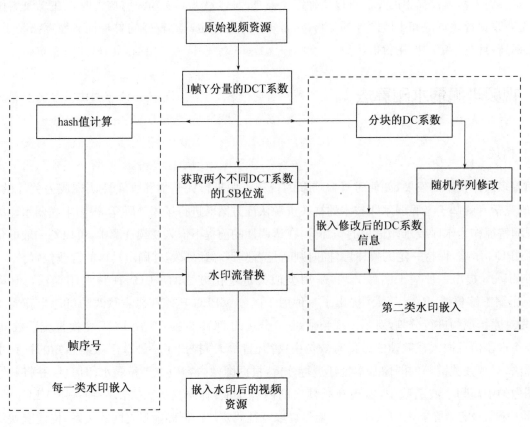

图 3-8　算法流程图

起 hash 值的改变。

hash 运算就是将任意长度的输入信号，通过散列算法，转换成固定长度的输出，该输出就是 hash 值。hash 值运算常用于语音识别、信息安全和秘密通信等领域[①]。

（3）从 8×8 分块中选取一个量化系数，并提取这一系数的最小有效位，将最低有效位、hash 值和视频帧序号进行组合，用此组合位流替换分块量化系数的最低有效位，完成第一类水印信息的嵌入。

第一类水印信息通过 DCT 系数的 hash 值对视频帧内容的完整性和真实性进行认证，通过帧序号来判断是否存在时间域上的攻击和篡改。

第二类水印用于帧内篡改定位，嵌入过程如下[②]：

（1）选取 8×8 分块的直流（DC）系数，并设定密钥，生成长度相同的二值伪随机序列 $L(i)$。

（2）利用伪随机序列对 DC 系数进行调制，调制规则如下：

$$\begin{cases} L(i)=1, DC\text{ 系数为奇数} \\ L(i)=0, DC\text{ 系数为偶数} \end{cases} \tag{4-13}$$

（3）根据修改的 DC 系数完成第二类水印信息的嵌入。

嵌入水印后的视频经过 MPEG-4 压缩，DC 系数保持不变，从而对 MPEG 压缩具有一定的鲁棒性。另外，水印算法通过密钥生成的伪随机序列对 DC 系数进行调制，提高了安全性。

3.4.2.2　水印提取

（1）对嵌入水印的 MPEG-4 压缩视频的关键帧的亮度分量进行 DCT 变换。

---

① 李建华. 现代密码技术[M]. 北京:机械工业出版社,2007.
② 傅德胜,王建荣,孙文静. 一种基于能量差比率与扩频的双重视频水印技术[J]. 计算机科学,2009,36(12):259-262.

（2）获取 8×8 分块中的两个量化系数，提取对应系数的两个最低有效位流，其中第一个最低有效位所包含了 hash 值、帧序号和原 DCT 量化系数的最低有效位，第二个最低有效位包含了每个 8×8 块 DC 系数的修改信息。

对视频资源是否遭受恶意攻击和篡改认证分为时间域认证和空间域认证两部分，对于时间域认证，根据提取的帧序号判断每两个关键帧之间是否存在帧删除、帧添加、帧替换等操作。对于空间域认证，需要计算视频帧的 hash 值，并将该值与第一类水印信息中的 hash 值进行比较，判断步骤如下所述[①]：

（1）若两个 hash 值相等，证明视频资源没有遭到恶意篡改，也没有进行有损压缩；

（2）若两个 hash 值不相等，则 LSB 位流中 DC 系数发生了变化。如果 DC 系数是由正确密钥生成的随机序列修改的话，证明视频资源经过有损压缩，但没有遭受恶意篡改；

（3）若 DC 系数的更改不符合随机序列，则说明视频资源已遭受恶意篡改和攻击。

3.4.3　实验结果分析

为了验证算法的有效性，以 matlab7.0 为仿真实验平台，选取 10 组视频序列 $mov_1, mov_2, \cdots mov_{10}$ 作为测试视频信号。视频序列的大小为 176×144，长度为 32 帧，二值水印图像大小为 32×32。

3.4.3.1　透明性分析

与图像水印相同，视频水印透明性的客观评价指标同样采用峰值信噪比（PSNR），图 3-9 显示了嵌入水印前后视频序列第 1 帧显示的图像，表 3-4 给出了嵌入水印后的视频序列相对于原始视频序列的 PSNR 值。不难看出，水印嵌入前后视频质量没有受到明显影响，人眼感觉不到水印信息的存在。

（a）原始视频序列中第 4 帧显示的图像

（b）嵌入水印后的视频序列中第 4 帧显示的图像

图 3-9　算法透明性比较

---

① 雷红雨，戴跃伟，王执铨，等. 基于内容特征的视频半脆弱水印方案[J]. 兵工学报，2004，25(5)：613-618.

表 3-4　嵌入水印前后视频的 PSNR 值

视频序列	PSNR
mov_1	38.6432
mov_2	38.5744
mov_3	37.4324
mov_4	38.3327
mov_5	37.9143
mov_6	37.5742
mov_7	37.3834
mov_8	38.0432
mov_9	37.6321
mov_{10}	38.4193

3.4.3.2　鲁棒性分析

对嵌入水印信息的视频进行高斯噪声攻击、MPEG-4 压缩等常见的信号操作，鲁棒性测试结果如图 3-10 所示，从图中可以看出本节提出的水印算法对常见的信号操作可以保持较强的鲁棒性，可以区分视频的偶然失真和对视频的恶意篡改。

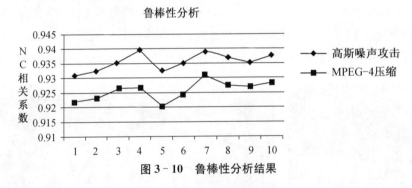

图 3-10　鲁棒性分析结果

3.4.3.3　篡改定位

对水印算法的篡改定位能力进行验证。首先针对帧图像内容的篡改定位进行讨论，以 mov_2 为例，恶意篡改后的帧图像和原帧图像视觉效果上没有差别，篡改定位结果如图 3-11 所示。

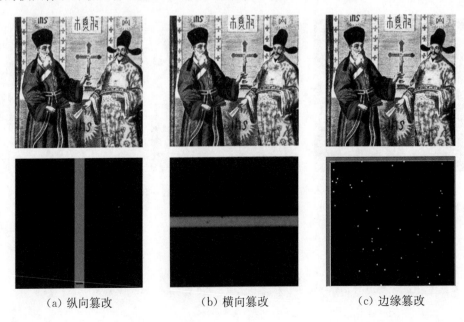

（a）纵向篡改　　　　　　（b）横向篡改　　　　　　（c）边缘篡改

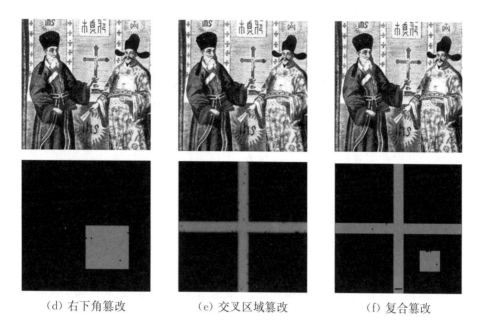

（d）右下角篡改　　　　（e）交叉区域篡改　　　　（f）复合篡改

图 3‑11 帧图像内容的恶意篡改及定位结果

3.4.3.4 实时性分析

对相同条件下同一组视频序列的篡改定位时间进行比较，以 mov_1 为例，比较结果如表 3‑5 所示。比较结果表明提出的算法更适合实时实现。

表 3‑5 视频篡改定位的实时性分析

篡改类型	纵向篡改	横向篡改	边缘篡改	右下角篡改	交叉区域篡改	复合篡改
	定位时间（s）					
本文算法	4.3247	4.6214	5.1342	4.2326	5.5431	5.8372
Park 等人算法	5.1462	5.3263	5.8561	4.7538	6.0975	6.3018
曾凡智等人算法	4.8337	2.5022	5.4836	4.4944	5.8862	6.0219

仿真实验表明，我们提出的视频水印算法可以对视频资源进行时间域认证和空间域认证，并能对恶意攻击和篡改进行准确的定位，对 MPEG 编码压缩具有一定的鲁棒性，可以满足视频资源在网络中传输、存储的要求。

第 4 章　访问控制中的水印标签技术

随着多媒体资源共享和服务融合的进一步深入,用户可以十分便捷地获取网络上共享的多媒体资源及相关信息服务。其中,有一部分资源会涉及公共安全或者个人的私密信息,因此对这类资源的访问和使用,必须通过相关技术手段的引入,在用户和待访问的资源之间建立一个访问控制机制,用来对用户的访问权限进行认证,防止非法攻击以提高系统的安全性。

在共享和融合环境下,多媒体资源访问控制方案的研究需要考虑以下两个方面[①]:

(1) 资源安全等级

不同类型的多媒体资源有着不同的私密程度,应从实际出发,综合考虑经济成本和安全风险,设定多媒体资源的安全等级,具体来说包括以下两点:

① 受保护资源本身特征的差异性,包括特征属性差异、实际运行情况和所处环境差异等,决定了资源安全级别的不同。

② 安全级别的选择需要根据对象要求的保护程度,在安全风险和经济成本两者之间进行权衡,在最低的成本下实现适度的安全保护。

(2) 用户访问权限

针对多媒体资源安全等级的不同,应制定灵活的用户访问策略。同一系统中不同类型的信息资源,其安全等级会存在差异,访问者应拥有不同的访问权限[②]。比如在档案馆,个人档案和历史绝密档案有着不同的安全等级,因此,普通用户只能访问相应的个人档案资源,而只有系统管理员和高级用户可以访问历史绝密档案资源。

针对上述需求,本章在资源共享和服务融合环境下,对多媒体信息资源的访问控制策略展开了相关研究,第 1 节对访问控制的基本概念和现有的访问控制模型进行介绍,第 2 节详细论述了基于水印标签和上下文的用户组访问控制模型(WRGBACC, Watermark and Role Group Based Access Control Model with Context)的结构,并给出了完整的形式化定义,第 3 节介绍了 WRGBACC 模型在网络视频服务系统中的应用实例,最后是本章小结。

4.1　应用实例

随着高速宽带网络的普及和流媒体技术的发展,网络视频服务逐渐兴起,用户可以便捷地观看和下载视频资源。与之相对应的是,需要提供一个安全可靠的访问控制策略来保障服务提供商的经济利益。通常来说,访问控制策略需要做到以下两点:

(1) 不同类型的用户有着不同的访问权限,用户只能访问与其权限相对应的视频资源;

(2) 用户下载视频资源后,访问控制方案可以对下载到客户端的视频资源是否恶意传播进行跟踪,并检测到是谁在非法传播。

---

① 朱学芳. 图博档信息资源数字化建设及服务融合探讨[J]. 情报资料工作,2011(5):57-60.

② 曲建峰,施晓华,蔡峰华. 图书馆管理系统用户访问控制研究[J]. 图书馆论坛,2011,31(5):76-78.

针对上述需求,本篇将 WRGBACC 模型应用于一个网络视频服务系统,设计了 WRGBACC 模型的应用模式,并就 WRGBACC 模型对角色权限的动态调整以及水印信息的处理流程展开了详细的分析和论述。

在不同时间和空间的动态环境下,用户的访问权限也不同。因此,访问控制模型应根据用户当前上下文信息和上下文约束条件,对用户的实时访问权限进行动态调整。与静态访问控制模型相比,WRGBACC 模型在网络视频服务系统中通过时间约束条件和空间约束条件对角色的访问权限进行实时调整,更加适应动态的网络服务环境。不同类型用户的访问权限和上下文约束条件如表 4-1 所示。

表 4-1　用户访问权限和上下文约束条件

用户类型	权限分配	资源等级	时间约束条件	空间约束条件
非注册用户	浏览	公开资源	8:00—17:00	任意 IP 地址
普通用户	浏览、登录、观看	一般资源	8:00—20:00	任意 IP 地址
高级用户	浏览、登录、观看、下载	全部资源	8:00—24:00	任意 IP 地址
管理员	浏览、登录、观看、下载、设置	全部资源	全天	特定 IP 地址

用户 A 登录视频服务系统后,系统会根据用户类型和登录时间给 A 分配相应的访问权限,假设 A 为高级用户,登录时间为 23:00,用户 A 获取系统分配的权限后,可以对系统内的视频资源进行浏览、登录、观看、下载操作。在 23:50 时,系统会提示十分钟后用户的访问权限将会失效,若用户正在观看或下载视频资源,请尽快记录和保存相关信息。在 24:00 时,系统会剥夺用户 A 的所有访问权限。用户 A 下次登录系统时,系统会根据访问时间重新激活 A 的访问权限,并提供上次的访问记录。非注册用户、普通用户和高级用户可以在任意空间位置,通过任意 IP 地址访问视频服务系统,而出于安全性的考虑,管理员只有通过特定 IP 地址登录系统才能获取相应的系统设置权限,通过其他 IP 地址登录只能获取浏览、观看、下载等权限。

4.2　水印信息处理

视频服务系统在视频资源中嵌入两类水印,第一类水印用于对资源的访问进行控制,第二类水印对下载后的视频资源进行盗版追踪。

将两类水印信息定义为 (W_S^L, W_A),W_S^L 为第一类水印,其中 L 表示资源 S 的等级,L 与用户的访问权限相对应,系统依靠 W_S^L 处理用户的访问请求;W_A 为第二类水印,表示用户的个人身份信息,系统依靠 W_A 追查非法传播者的身份。

水印信息处理流程包括水印申请、水印生成、水印加载和水印检测四个阶段。

4.2.1　水印申请

网络视频服务系统和访问用户首先需要申请相应的数字证书以获取访问请求与处理时所需的密钥。用户利用申请的密钥对访问请求信息和通信数据进行加密,同时密钥的不可抵赖性可以为资源访问的安全性提供保障[①]。

视频资源中嵌入的水印信息包括资源等级 L_S 和用户的个人身份信息 I_A,I_A 可以是用户的注册名、证件号或智能卡号等信息。资源的申请信息 M 可以表示为:

---

① 杨波. 现代密码学[M]. 北京:清华大学出版社,2003.

$$M = E_W(S \parallel L_S \parallel I_A \parallel Sig_S) \tag{4-1}$$

其中，函数$E()$为公钥加密函数，Sig_S为系统对信息M做的签名，以提供资源的完整性和不可否认性认证。

4.2.1.1 WRGBACC 模型的应用框架

WRGBACC 模型的应用框架可以分为前台操作和后台处理两个部分，如图4-1所示。其中，前台操作包括身份验证和访问控制决策两个模块，后台处理包括水印加载单元和水印检测单元两个模块。

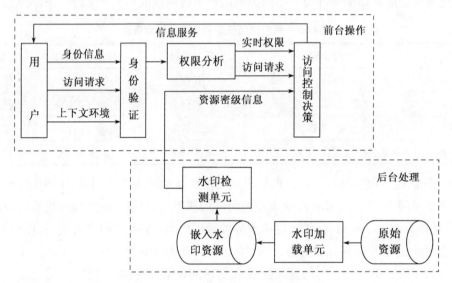

图 4-1 WRGBACC 模型的应用框架

首先，用户通过系统登录界面提交身份信息和访问请求，系统对用户的身份进行验证。同时，系统对用户所处的上下文信息进行采集分析，判断用户在当前环境下的访问权限。然后系统提取请求资源中的水印信息，判断资源的等级，并与用户访问权限进行比较，以决定用户是否可以进行访问。若用户权限低于资源等级，则认为该用户没有权限进行访问，否则允许其访问。

WRGBACC 模型通过对用户的实时访问权限进行验证来实现多媒体资源的访问控制，通过对水印标签的提取和检测对多媒体资源的传播进行有效跟踪。下文就 WRGBACC 模型对角色权限的动态调整以及水印信息的申请、加载和检测展开详细论述。

4.2.2 水印生成

系统为资源S生成两个水印：S的密级水印W_S^l由 WEF（Watermark Embedding Function，水印加载单元）根据S的密级信息L_S产生，而 WMC（Watermakr Management Center，水印管理中心）根据I_A的信息产生一个标识水印W_A，可以标识用户的角色权限。例如，WMC 可以使用用户的数字证书序列号和证书签发机构的标识符作为用户标识水印信息。

$$W_A = \Psi(SN_A \parallel UID_A) \tag{4-2}$$

$\Psi()$表示信息置换操作，SN_A为用户A的证书序列号，UID_A为用户A的标识符。WMC 首先利用用户的公钥对用户标识信息W_A进行加密，并通过 WEF 的公钥对密文加密，并将其发送至水印加载单元。

$$WMC \rightarrow WEF : W_U^e = E_{WEF}(E_A(W_A) \parallel Sig_{WMC}) \tag{4-3}$$

其中，Sig_{WMC}为WMC对$E_A(W_A)$的加密签名。

4.2.3　水印加载

WEF 收到 WMC 发送来的信息,解密后得到 $E_A(W_A)$ 和 Sig_{WMC},并验证 WMC 的签名,然后设定一个随机置换函数 σ,利用数字水印算法将 W_S^l 和 $\sigma(E_A(W_A))$ 嵌入资源 S 中:

$$S' = S\Theta W_S^l \tag{4-4}$$

$$E_A(S')\Theta\sigma(E_A(W_A)) = E_A(S'\Theta\sigma(W_A)) = E_A(S_\Delta) \tag{4-5}$$

4.2.4　水印检测

系统使用用户的私钥对 $E_A(S_\Delta)$ 进行解密,得到资源副本 S_Δ,然后将 S_Δ 交给 WDF(Watermark Detection Function,水印检测单元)进行检测,WDF 从 S_Δ 中提取水印信息 $W(W_S^l, W_U)$,并根据 W_S^l 还原 S 的密级属性 L_S,根据 W_A 还原用户的角色权限信息 I_A。系统根据访问控制模型,比较用户权限和资源等级标识,处理用户的访问请求。

4.2.5　资源的使用跟踪

WRGBACC 模型通过在资源中嵌入用户标识的水印信息,可以对资源的使用传播进行跟踪。假设用户 A 具有对资源 S 的下载和使用权限,从网络视频服务系统中下载资源 S 的副本 S_Δ,用户 B 没有对 S 的使用权限,但 A 将副本 S_Δ 非法拷贝给用户 B。因此,当用户 B 在使用资源 S_Δ 时,系统可以追踪到嵌入在资源 S_Δ 中的用户标识水印 W_A,从而判断是用户 A 将资源 S_Δ 进行非法复制和传播。

同时,只有用户 A 才能使用自身的密钥对 S_Δ 进行解密,这就确保用户 A 将不能抵赖。

本章小结

本章首先对多媒体资源的访问控制需求进行了阐述,介绍了访问控制的基本概念及访问控制模型的分类,并指出了目前访问控制模型存在的不足。在相关研究的基础上,提出了基于数字水印和上下文感知的用户组访问控制模型(WRGBACC)。该模型通过引入上下文感知和用户组的概念,对 RBAC 模型进行了扩展和完善,可以对用户访问权限进行动态调整,并利用水印技术提高了系统访问的安全性,并可以对多媒体资源的使用、传输进行跟踪控制。本章全面分析了 WRGBACC 模型的定义和特点,并给出了该模型的一个具体应用实例。

第5章 图博档多媒体资源版权管理系统构建与实现

5.1 系统运行环境

LMA-DRM(Library Museum Archives Digiral Resources Management)前台资源服务系统采用了 B/S 架构,这一架构体系可以大大简化客户端计算量,减少更新与升级系统所需的运营成本,且可以提高工作效率,用户界面利用 Visual Studio[①] 编程实现。数据处理和存储在数据库端进行,利用 SQL Server 2005[②] 实现。整个前台资源服务系统通过 IIS7.0[③] 发布。后台水印处理系统利用 Matlab 编程实现[④]。

5.2 系统数据库设计

在 SQL Server 2005 中,创建一个名为 LMA Resources Service 的数据库,并在其中创建用户管理表 TB_Users,表中包括用户 ID、登录名、用户密码以及用户身份等信息,其结构如表 5-1 所示。

表 5-1 用户管理表 TB_Users 的结构

字段名	数据类型	长度	描述
UserID	Int	4	用户 ID,标识
LoginName	varchar	20	用户登录名
PassWord	varchar	20	用户的密码
UserName	varchar	20	用户的名称
Address	varchar	100	用户的住址
E-mail	varchar	50	用户的电话
IsAdmin	bit	1	是否管理员

在数据库中创建资源类型表 TB_ResourceType,包括资源类型的 ID 和资源类型名称字段,其结构如表 5-2 所示。

表 5-2 资源类型表 TB_ResourceType 的结构

字段名	数据类型	长度	描述
TypeID	Int	4	类型 ID,标识
ProdType	Varchar	50	资源类型

在数据库中创建资源档案表 TB_Resources,包括资源 ID、资源标号、资源类型及资源展示图片等

---

① 王华杰,张帆,戴伯勇. Visual Studio. NET 程序设计教程[M].北京:中国铁道出版社,2003.
② 陈漫红. 数据库系统原理与应用技术[M].北京:机械工业出版社,2010.
③ IIS[EB/OL]. http://www.iis.net/. [2012-12-5]
④ 杨高波,杜青松. MATLAB 图像/视频处理应用及实例[M].北京:电子工业出版社,2010.

字段,其结构如表 5 - 3 所示。

表 5 - 3　资源档案表 TB_Resources 的结构

字段名	数据类型	长度	描述
ResID	Int	4	资源 ID,标识
ResNO	varchar	50	资源编号
ResType	varchar	50	资源类型
ResName	varchar	50	资源名称
ResUnit	varchar	20	资源出处
Remark	varchar	255	备注
ImageURL	varchar	255	备注
IsLock	bit	1	是否禁用

在数据库中创建资源申请表 TB_Orders,包括申请表 ID、用户登录名、申请表编号、申请日期及资源编号等字段,其结构如表 5 - 4 所示。

表 5 - 4　资源档案表 TB_Orders 的结构

字段名	数据类型	长度	描述
OrderID	Int	4	申请表 ID
LoginName	varchar	20	用户登录名
OrderNO	varchar	50	申请表编号
OrderDate	datetime	8	申请日期
ResNO	varchar	50	资源编号

5.3　前台资源服务系统构建与实现

按照功能划分,前台资源服务系统可以分为以下几个模块:注册模块、登录模块、修改密码模块、资源类型管理模块、资源管理模块、资源浏览模块、资源申请模块、订单生成模块,各模块之间的结构关系如图 5 - 1 所示。

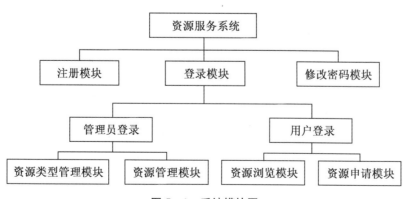

图 5 - 1　系统模块图

利用 Visual Stduio. NET 创建一个类库,将数据访问层和逻辑层封装在一起。类库中所包含类的功能如表 5 - 5 所示。

表5-5　类库中包含的类功能说明表

类名	功能描述
CommonSQL	实现对数据库访问的基本操作
UsersManager	实现对用户信息管理的相关操作
TypeManager	实现对资源类型管理的相关操作
ResourceManager	实现对资源进行管理的相关操作
OrdersManager	实现对资源申请表管理的相关操作

前台资源服务系统各个功能模块实现如下：

（1）注册模块：注册模块主要完成用户的注册功能，用户需要填写登录名、姓名及 E-mail 等基本信息，本系统中管理员已由系统指定，不需要注册。用户注册界面如图 5-2 所示。

（2）登录模块：登录模块实现用户和管理员的分别登录，采用相同的登录界面并根据数据库中的身份信息进行权限区分，以便对访问进行控制。管理员可以对资源类型和内容进行添加、删除、编辑和发布等操作，普通用户可以对系统发布的资源信息进行浏览，并提交申请进行下载和使用。

（3）修改密码模块：该模块实现用户和管理员的修改密码功能，需要填写登录名、旧密码和新密码等信息，如果登录名和旧密码通过身份认证则可以实现密码的修改。

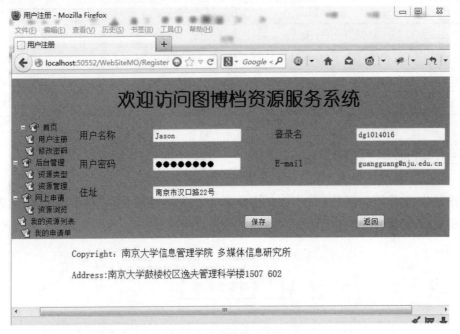

图 5-2　用户注册界面

（4）资源类型管理模块：该模块实现用户对资源类型的管理，资源类型在资源管理及资源浏览中使用，该模块对资源类型名称实现新增以及删除等功能。资源类型管理界面如图 5-3 所示。

（5）资源信息管理模块：该模块实现管理员对资源档案的管理，可以对资源档案进行新增、修改、查询、删除、禁用及发布操作，新增资源档案时，默认为发布状态，即用户在资源浏览界面可以查看到该资源，新增时除了要输入资源的编号和名称等基本信息，还可以上传资源的相关图片以便用户浏览。禁用功能则使用户无法在资源浏览中查看到保密的资源，发布功能则是将禁用的资源重新设置为发布状态。资源信息管理界面如图 5-4 所示。

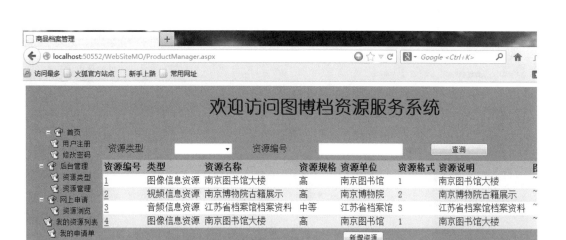

图5-3 资源类型管理界面

图5-4 资源信息管理界面

（6）资源浏览模块：该模块实现对当前发布资源的查询浏览功能，登录的用户可以申请自己感兴趣的资源下载和使用。资源浏览界面如图5-5所示。

（7）申请单模块：该模块实现对当前登录用户的资源申请进行查看，并可以按申请单号和申请日期进行查询。资源申请界面如图5-6所示。

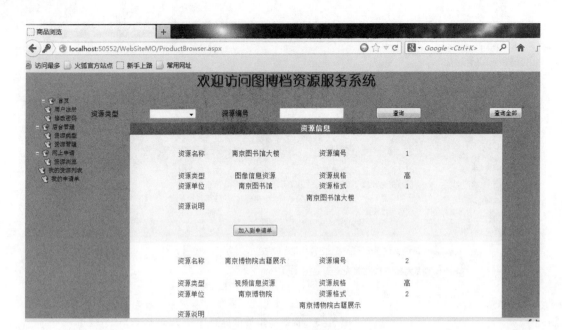

图 5-5 资源浏览界面

图 5-6 资源申请界面

5.4 后台水印处理系统构建与实现

按照功能划分，后台水印处理系统可以划分为以下几个模块：多媒体资源基本操作模块、单幅/多幅图像水印嵌入和提取模块、单个/多个音频水印嵌入和提取模块以及单个/多个视频水印嵌入和提取模块。后台水印处理系统主界面如图 5-7 所示。

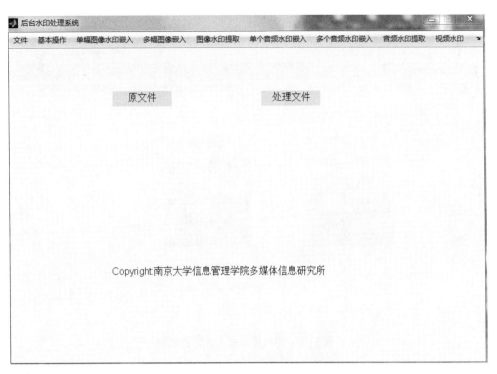

图5-7　后台水印处理系统主界面

后台水印处理系统各个功能模块实现如下：

（1）多媒体资源基本操作模块：负责读取多媒体资源（图像、视频、音频）的基本信息，包括资源的存储路径、资源格式、资源的最后修改时间、资源大小等信息，并对多媒体资源进行相关的预处理操作。实现界面如图5-8所示。

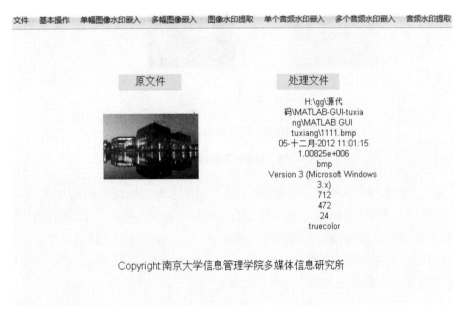

图5-8　操作界面

（2）单幅/多幅图像水印嵌入和提取模块：为单幅或多幅图像添加水印信息，当发生版权纠纷或需要判断图像是否被篡改时，系统处理前台提交的版权鉴别和内容认证请求，并通过提取图像资源中的相应水印信息进行认证。系统采用本篇第3、4章介绍的图像水印算法，处理的图像格式为". bmp"，对灰度图像和彩色图像都可以进行处理。图5-9和图5-10为图像资源嵌入和提取的操作界面。

图5-9　图像资源嵌入水印界面

图5-10　图像资源提取水印界面

（3）单个/多个音频水印嵌入和提取模块：与图像水印嵌入和提取模块相同，可以为单个音频资源添加水印信息，或连续对多个音频资源添加水印信息。对单个音频文件嵌入水印时，系统管理员可以选择含水印音频资源的存储位置；对多个音频文件批量嵌入水印时，系统自动将含水印音频资源存放至当前路径的子文件夹中。系统采用本篇第3、4章介绍的音频水印算法，处理的音频格式为". wav"。图5-11和图5-12为音频资源嵌入和提取的操作界面。

（4）单个/多个视频水印嵌入和提取模块：与图像和音频水印嵌入和提取模块功能相同，此处不再赘述。系统采用前文介绍的视频水印算法，处理的视频格式为". yuv"和". avi"。

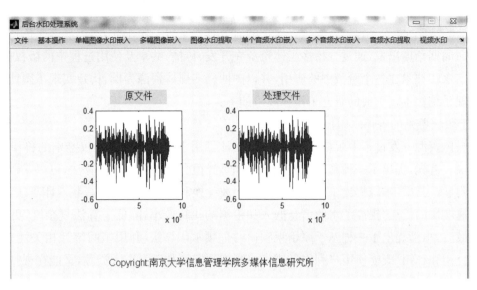

图 5‑11　音频资源嵌入水印界面

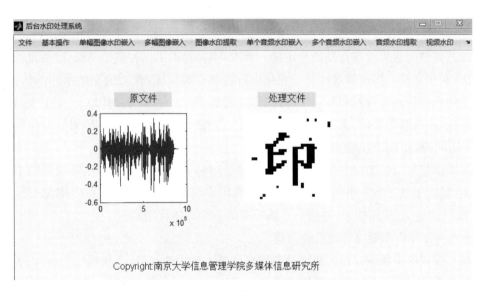

图 5‑12　音频资源提取水印界面

本章小结

　　本章主要介绍了基于数字水印技术的图博档多媒体资源版权保护系统的构建实现,首先叙述了现有版权保护系统存在的缺陷及数字水印技术的优势,然后分析了 LMA‑DRM 的功能需求和运行环境,并对系统框架结构和数据库构架进行了设计,最后详细阐述了系统各个功能模块的实现。仿真结果表明该系统具有可靠性、实用性和通用性,通过采用相应的水印算法,系统可以在资源共享和服务融合过程中对图博档三馆中存储的图像、音频、视频等多媒体资源进行版权保护、内容认证和使用跟踪。

本篇总结

　　随着多媒体资源共享和服务融合的逐渐深入,多媒体资源的版权保护已成为一个亟需解决的问题。

从技术角度分析，传统的密码学方案在版权保护领域有着明显的不足，近年来发展很快的数字水印技术恰好弥补了这些缺陷，成为多媒体资源版权保护的有效技术手段。鉴于此，本篇从多媒体资源共享和服务融合的生命周期角度出发，通过分析多媒体资源在开发、传播、共享及使用过程中的版权保护需求，详细阐述了数字水印技术在各个阶段中的应用，并以图博档多媒体资源为例，构建实现了图博档多媒体资源的版权管理系统。本篇主要的研究工作和成果如下：

（1）用于版权鉴别的鲁棒水印技术研究

针对多媒体资源开发过程中版权鉴别的需要，设计了用于多媒体资源版权鉴别的鲁棒水印算法和版权鉴别协议。首先，提出了一种基于小波包分解和奇异值分解的图像水印算法，可以兼顾水印图像的鲁棒性和透明性。其次，本篇提出了一种基于提升小波变换和奇异值分解的音频水印算法，利用提升小波变换计算速度快的优点，提高了水印信息嵌入和检测的执行效率，降低了算法复杂度，更有利于硬件实时实现。最后，本篇提出了一种基于原始视频帧的扩频水印算法，利用帧间统计相关性来嵌入水印，通过设计的公钥和私钥，既能使用户利用公钥来检测视频资源是否为正版资源，又能在视频遭受公钥攻击后，使用私钥进行版权鉴别。

（2）用于内容认证的半脆弱水印技术研究

针对多媒体资源传播和共享过程中内容认证的需要，设计了用于多媒体资源内容认证的半脆弱水印算法。首先，设计了一种基于小波变换的用于彩色图像资源的内容认证水印算法，该算法可以较准确地对图像资源遭受的恶意篡改进行判断和定位。其次，本篇提出了一种基于 Arnold 置乱的半脆弱音频水印认证算法，利用置乱后图像像素比例的变化进行音频资源认证，在无须原始水印的情况下，可以对音频资源遭受的恶意篡改进行判断和定位。最后，本篇提出了一种基于 MPEG－4 压缩编码中的半脆弱视频水印算法，在视频资源的 I 帧内嵌入能够篡改定位的半脆弱水印，可准确对篡改位置进行定位。

（3）用于访问控制的水印标签技术研究

分析了多媒体信息资源的服务访问控制需求，总结归纳了目前静态访问控制模型的不足。在相关研究的基础上，提出了基于数字水印和上下文感知的用户组访问控制模型（WRGBACC），详细阐述了WRGBACC 模型的定义、应用框架，并给出了该模型的一个具体应用实例。

（4）图博档多媒体资源版权管理系统构建

叙述了现有版权保护系统存在的缺陷及数字水印技术应用的优势，在此基础上，讨论了图博档多媒体资源版权管理系统（LMA-DRM）的功能需求和运行环境，对系统框架结构、系统实现协议和数据库构架进行了详细的阐述和设计，利用 matlab 和 visual studio 平台实现了系统的各个功能模块。

第九篇 图博档数字化服务融合知识图谱构建

本篇针对当前图博档数字资源存在的无法有效共享、知识获取困难等问题和可视化需求,阐述基于关联数据与本体协同的图博档数字资源的语义组织过程,构建面向图博档数字化服务融合的可视化服务框架,并阐述和详细设计其中各个功能模块。在可视化服务框架下构建面向图博档知识图谱模型;阐述图博档数字资源的语义关联实现机制,论述关联数据的核心作用以及本体在机制中起到的协同功能;研究和设计知识图谱构建过程中的核心功能:知识抽取和知识融合的算法并进行算法优化,通过实验验证该算法的有效性和高效性;阐述基于复杂网络的语义关联网络设计及分析方法,并进行实验检验该方法的有效性;设计图博档知识图谱存储模型,以"辛亥革命"主题为例进行实证研究,论证以上理论,阐述图博档知识图谱的绘制实现过程,并讨论知识图谱的验证和检验。

第 1 章 引 言

1.1 研究背景

随着大众的知识服务需求的不断攀升,三馆数字服务从以往的信息服务逐渐向知识服务转变。因此,如何将来自不同系统的、不同类型且在语法和结构上处于异构状态的三馆海量信息资源深度整合并统一关联起来,挖掘其中隐性知识和发现知识,为用户提供知识可视化服务,成为当前三馆数字服务融合研究中的一项迫切的重要任务。

但是倘若资源整合只是停留在数据层面,语义的缺失致使无法深度揭示三馆馆藏资源的内在特征和知识内容,也无法挖掘并建立隐性知识之间的关联,进而无法很好地实现知识资源的重组开发和深度利用。语义关系是抽象的概念之间或实体之间的关联,描述概念之间或实体之间潜藏的关系,在语义层面通常通过元数据来实现语义关联[1]。语义技术具有清晰描述语义信息的显著优势,利用语义技术以语义丰富、机器可读的方式描述图博档资源[2],能为图博档数字资源在语义层面深度开发与利用提供有力的技术支点[3],从而有效解决三馆异构资源因无法深度整合而提供知识服务的痛点。因此,三馆的信

---

① 张辉.基于语义关联技术的信息检索策略[J].计算机工程与设计,2011,32(12):4291-4294.

② Huang W, Harrie L. Towards Knowledge-based Geovisualisation Using Semantic Web Technologies: a Knowledge Representation Approach Coupling Ontologies and Rules[J]. International Journal of Digital Earth, 2020, 13(9): 976-997.

③ 刘颖.基于语义关联的数字图书馆知识检索系统研究[J].图书馆学刊,2018,(6):107-110.

息资源整合必须借助语义相关技术从数据层面上升到语义的细粒度层面，使信息服务升华到知识服务[1]，才能使用户便捷高效地获取到自身所需的个性化知识服务。

关联数据是面向网络环境中异构多源数据而建立关联链接的语义网规范与应用实践。关联数据的最大优势在于能使语义关联的数据在彼此创建链接，并成为能直接被访问的数据。它已然变为语义网发展的核心驱动力之一，故而被国际互联网理事会（W3C）推荐为语义网的最佳实践[2]。关联数据在实现异构数字资源语义关联的技术优势成为本篇研究中技术选择的主要依据，它为图博档数字资源的知识抽取与可视化研究及实践应用提供了技术支撑。

构筑图博档数字资源融合的可视化新业态是由当前图博档的内在与外部环境共同促发的，不仅从图博档在社会文化中的定位、发展需求和技术环境，而且一般用户与科研用户对知识可视化服务呈现出个性化、直观化、一站式等新诉求，均要求图博档为用户提供语义关联的知识可视化服务，这些都是图博档数字化服务融合纵深研究的发展趋势。知识图谱是可视化技术常用的手段之一，具备强大的语义处理和表示能力，且开放互联组织特性优越。故而，选择知识图谱应用到图博档知识可视化服务的实践中是最佳解决方案之一，具备理论与实践的可行性和必要性，探索基于关联数据的图博档数字资源的知识图谱就成了本篇的研究愿景和努力目标。

1.2 相关概念阐述

1.2.1 知识图谱

20 世纪中叶，人们对知识的获取和利用越来越重视，知识工程、知识库系统[3]等知识相关概念先后开始出现，随之与知识表示、知识组织、知识库构建相关的研究层出不穷[4]。21 世纪随着网络和知识相关技术的迅猛发展，搜索引擎逐渐成为用户获取信息的重要工具。当下大数据时代，用户希望能有更智能更有效的互联网信息获取的新方式，从一定程度上刺激了知识图谱的问世，知识图谱支持更加有序高效的组织知识，并为用户提供友好的可视化访问方式。尤其是近年来，语言学、计算机科学、情报学等多领域众多的研究学者关注和进行知识图谱方面的研究，寄希望于可视化方式更加科学智能地描绘现实世界映射的抽象概念之间的联系，并更好地支撑人工智能的发展[5][6]。

美国谷歌首次提出了知识图谱概念并注入了新的内涵，且通过知识图谱优化谷歌搜索引擎[7]，使之更智能地实现用户搜索，获取更精准的检索结果。相对于传统的关键词搜索，知识图谱能分析理解用户语义并更准确地匹配复杂的语义关联信息，进而提升搜索性能。例如在谷歌搜索文本框中输入提问"Who is the wife of Bill Gates?"后，谷歌搜索引擎能准确搜索并显示结果：他的妻子"Melinda Gates"，这验证了该搜索引擎依托知识图谱准确理解了用户提问中的语义[8]。

① 张军亮. 基于语义关联的多源医学信息资源发现服务系统研究[J]. 图书情报知识,2019,(189):113-122.
② 赵夷平. 基于关联数据的机构知识库资源聚合与知识发现研究[D]. 长春:吉林大学,2018.
③ 袁国铭,李洪奇,樊波. 关于知识工程的发展综述[J]. 计算技术与自动化,2011,30(01):138-143.
④ 张晓林. 机构知识库的发展趋势与挑战[J]. 现代图书情报技术,2014(02):1-7.
⑤ 曹倩,赵一鸣. 知识图谱的技术实现流程及相关应用[J]. 情报理论与实践,2015,38(12):127-132.
⑥ 胡芳槐. 基于多种数据源的中文知识图谱构建方法研究[D]. 上海:华东理工大学,2015.
⑦ WIKIPEDIA. Knowledge Graph [EB/OL]. [2018-03-15]. https://en.wikipedia.org/wiki/Knowledge_Graph.
⑧ 李文哲. 知识图谱的应用. [EB/OL]. [2017-12-10]. https://zhuanlan.zhihu.com/p/20394260.

图1-1　谷歌搜索优化示例

从图谱结构看,实体之间的关系是连接两个节点之间的有向边[①],有些关系也称为属性。通常用三元组的知识表达方式描述事实,即 $G=(E,R,S)$,其中 $E=\{e1,e2,\cdots,e|E|\}$ 是若干实体,实体的数量为 $|E|$;$R=\{r1,r2,\cdots,r|R|\}$ 为关系[②],关系个数为 $|R|$;$S\subseteq E\times R\times E$ 为三元组集合。

假设用知识图谱来描述一个事实:"孙中山创建同盟会"。这里的实体是"孙中山"和"同盟会",关系是"创建"。同时,这两个实体也可能与其他实体存在某种类型的关系。当把实体"中华民国成立"节点加入知识图谱中,"孙中山"和"中华民国成立"之间就呈现出另一种"领导"关系,如图1-2展示了这两种不同的实体关系。

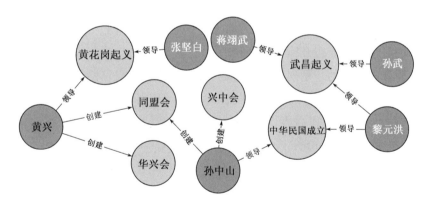

图1-2　知识图谱中实体关系示例

此外,可以把时间"1905年"作为属性添加到"成立"关系中标识孙中山成立同盟会的时间属性。属性既能添加到实体关系中,又能添加到实体中,当添加完成所有的关系和实体的属性,图谱就称为属性图(Property Graph),属性图与传统的 RDF 资源描述框架三元组格式同样都能表示和存储知识图谱[③]。

知识图谱通常分为通用知识图谱与领域知识图谱。前者可视为面向通用领域的百科知识库,它囊括了海量覆盖广泛的现实世界中的常识性知识。而后者往往面向领域行业需求设计数据资源的存储模式,而要依据领域行业的具体情况与领域专家的充分交互而定制构建,但尽管如此,该两类知识图谱的

---

① 刘峤,李杨,段宏,等.知识图谱构建技术综述[J].计算机研究与发展,2016,53(03):582-600.

② 徐增林,盛泳潘,贺丽荣,等.知识图谱技术综述[J].电子科技大学学报,2016,45(04):589-606.

③ 李文哲.知识图谱的应用.[EB/OL].[2017-12-10].https://zhuanlan.zhihu.com/p/20394260.

构建和应用也存在相似相通的地方，概括所有知识图谱的构建过程可分为六个进程，即知识图谱的生命周期，如图1-3所示，分别为知识建模、知识获取、知识融合、知识存储、知识计算与知识应用①。

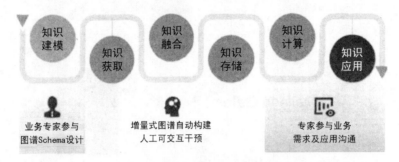

图1-3　知识图谱的生命周期

1.2.2　关联数据

关联数据概念是万维网的创始人 Tim Bemer-Lee 在2006年作为万维网上用来发布数据的一种方式首次提出的，此后关联数据成为 W3C 的推荐标准并且受到信息技术领域学者和用户的广泛欢迎和关注。2007年 W3C 正式启动了关联开放数据（Linking Open Data, LOD）项目②，用来规范发布和连接各种数据、信息。目标是利用语义网技术来实现 Web 智能化，用协议来规范发布和连接 Web 的各种数据。目的是希望在万维网的基础上，建立一个计算机能理解的、可描述的、富含语义的、具有结构化的、互联互通的知识网络，从而使人们更加高效地利用这些相互关联的信息③。

在普遍联系思想中产生的关联数据将传统互联网打造成为以富含语义链接机制与结构化为特征的数据网络。作为开放网络中结构化与非结构化数据语义化、关联化与开放化的最佳实践方案，关联数据在异构数字资源的组织聚合、语义关联融合等方面具有技术实现层面上与生俱来的优势④，为探索图博档数字化服务融合的可视化新业态开辟了新路径。

伴随着全球关联开放数据的一系列项目的落地实施，基础数据集急剧增长膨胀，关联数据的爬取、浏览、搜索和应用等方面也随之出现不少亟待解决的问题。随着对关联数据的认识逐渐深入，关联数据的相关国际会议主题内容从早期以普及为目标转变得更加具有深度和影响力⑤，如 Linked Data on Web（LDOW），International Semantic Web Conference（ISWC），Linked Data in Future Internet（LDFI）等；美国国立卫生研究院的（Pub Med Central（PMC））作为 OA 仓储数据库和资源整合中心，存档生物医学和生命科学科研文献，以电子副本的形式收录存档生物与医学文献，它能提供被引文献与施引文献、生物实体析出与关联等，还能语义化处理论文文本；学者 Bikakis 等人提出并研发了层次关联数据的视觉探索与分析的框架 rdf:Synops Viz⑥，关联数据网络使得海量数据面向普通用户变得更为可用；伦敦大学的 Raimond 等人研究成功自动互联音乐相关数据集的互联算法，算法具有良好性能；Franc 等

①　张兆锋.基于知识图谱的技术功效图自动构建及其应用研究[D].南京：南京大学，2018.
②　Structured Dynamics LLC. Linked Data FAQ[EB/OL].[2013-03-06]. http://structured-dynamics. com/Linked_ data. html.
③　曹玉平，龚主杰，陈德容，等.关联数据技术及其研究现状[J].图书馆理论与实践，2014(11)：42-45.
④　赵夷平.基于关联数据的机构知识库资源聚合与知识发现研究[D].长春：吉林大学，2018.
⑤　陈毅波.基于关联数据和用户本体的个性化知识服务关键技术研究[D].武汉：武汉大学，2012.
⑥　Bikakis N, Skourla M, Papastefanatos G. rdf: Synops Viz-A Framework for Hierarchical Linked Data Visual Exploration and Analysis[C]. The Semantic Web: ESWC 2014 Satellite Events, 2014: 292-297.

人采用关联数据技术成功聚合源自多个信息源的相关信息并实现信息之间的语义关联[①];关联数据也被应用于资源描述框架 RDF[②]、知识组织系统 KOS 等[③];后来随着研究的不断深入,关联数据研究的逻辑体系和应用范围也得到了极大的扩展,比如关联数据被应用于元数据上下级关系发现[④],基于元数据构建异构数字资源语义互操作框架[⑤]。关联数据也被作为重要的分析工具应用于情感识别、智慧服务等新的领域[⑥],比如利用关联数据进行疾病方面的预测等[⑦]。Neubert 等人阐述了图书馆和信息中心的关联开放数据等数据集及构建的服务,并探讨它们在关联数据领域中发挥的作用,这也意味着关联数据正式被应用于文化机构馆藏资源组织中[⑧]。

1.3 国内外研究综述

为了详细深入了解国内外关于图博档数字服务融合、关联数据、数字资源可视化、知识图谱等方面的研究现状和发展趋势,笔者不仅广泛研读了涵盖三大引文数据库和中国知网上的《中国学术期刊网络出版总库》、《中国博士学位论文全文数据库》、《中国优秀硕士学位论文全文数据库》中与本篇研究相关的论文,而且梳理和阅读了包括三大引文数据库:科学引文索引 SCI、社会科学引文索引 SSCI 和艺术与人文科学引文索引 A&HCI 的综合性引文索引数据库 Web of Science 中的相关论文。

1.3.1 国内外知识图谱研究

1.3.1.1 国内研究

近些年我国中文知识图谱的研究已经起步并逐渐成为研究热点,与此同时很多通用领域中的中文知识图谱也逐渐兴起并有井喷式的发展态势,并取得了许多有价值的研究成果,如百度用于中文搜索引擎智能化而研发的中文知识图谱"知心"[⑨],搜狗构建的知识图谱"知立方"[⑩]等商业应用,而且在很多专业领域也层出不穷,譬如,Lei 等人使用通用知识图谱构建方法绘制电火花制造知识图谱,以此辅助提升机械制造效率,并基于图谱研究挖掘非传统机械制造中的相关知识[⑪];Zhao 等人依据开放的工业知识

① Franc B，Santha O，Marginean A．Events as Linked Data-Aggregation and Classification of Published Events[C]．Intelligent Computer Communication and Processing(ICCP)，2014 IEEE International Conference on IEEE，2014：83-90．

② Hardesty J L．Transitioning from XML to RDF：Considerations for an Effective Move Towards Linked Data and the Semantic Web[J]．Information Technology and Libraries，2016，35(1)：51-64．

③ Golub K，Tudhope D，Zeng M L，et al．Terminology Registries for Knowledge Organization Systems：Functionality，Use，and Attributes[J]．Journal of the Association for Information Science and Technology，2014，65(9)：1901-1916．

④ Wickett K．A．Logic-based Framework for Collection/item Metadata Relationships[J]．Journal of Documentation，2018，74(6)：1175-1189．

⑤ Leiva-Mederos A，Senso J A，Hidalgo-delgado Y，et al．Working Framework of Semantic Interoperability for CRIS with Heterogeneous Data Sources[J]．Journal of Documentation，2017，73(3)：481-499．

⑥ Cerrillo-martinez A．Big Data and Open Data for an Intelligent Governance[J]．Profesional de la Informacion，2018，27(5)：1128-1135．

⑦ Kim T J，Lee J S，Oh M，et al．Predicting Functional Outcome Based on Linked Data After Acute Ischemic Stroke：S-SMART Score[J]．Translational Stroke Research，2020．

⑧ Neubert J，Tochtermann K．Linked Library Data：Offering a Backbone for the Semantic Web[M]．Knowledge Technology．Springer Berlin Heidelberg，2012：37-45．

⑨ 百度．百度知识图谱[EB/OL]．[2018-11-21]．http://tupu.baidu.com/xiaoyuan/．

⑩ 搜狗．搜狗知立方[EB/OL]．[2018-11-21]．https://baike.sogou.cora/v66616234.htm? fromTitle=搜狗知立方．

⑪ Fu L，Bai.Y，Zhong Z．Constructing a Vertical Knowledge Graph for Non-traditional Machining Industry[C]．2018 IEEE 15th International Conference on Networking，Sensing and Control (ICNSC)，2018：1-5．

图谱，设计了具备函数匹配、数值匹配和特征匹配功能的分层对接程序，用以实现机械制造的智能化[①]；Qiu 等人构建了"维吾尔语"知识图谱，以此研究维吾尔语的历史沿革[②]；Lian 等人绘制了展示社会媒体中大众观点与专业法律知识之间关联的知识图谱[③]，用以研究两者之间的关联关系；中国农科院[④]关注水稻领域，整理聚合农业相关的数字资源构建了水稻知识图谱，为该领域的科研学者提供水稻领域的知识服务。在学术界，中国科学院计算机语言信息中心董振东主持的知网（How Net）项目虽然其中的知识库规模有待扩大，但具有高质量的知识而且领域专业性很强[⑤]；清华大学研发了国内第一个大规模中英文双语关联的知识图谱 XLore[⑥]，该图谱采集汇聚了中文和英文维基百科以及百度百科等知识库而构筑的大规模中英双语言知识平衡知识图谱，为中外用户提供百科知识服务；中国科学院计算技术研究所以开放知识网络（Open KN）[⑦]为基础构建了"人立方、事立方、知立方"的知识图谱平台；中科院陆汝铃院士提出知件（Know Ware）的概念，通过抽取百科数据中的结构化数据聚合了庞大规模的知识库；复旦大学知识工场实验室[⑧]抽取了多个百科网站页面中的非结构化文本，通过数据清洗、实体识别、知识融合、推理等加工处理后获取到高质量的结构化数据[⑨]，基于这些数据研发了面向通用领域的结构化百科知识图谱"CN-DBpedia[⑩]"。以上这些知识图谱项目的特征是知识库规模巨大，知识覆盖了几乎所有的领域，并能够基于知识图谱为用户提供语义搜索、个性化推荐或智能问答等服务。

图书情报知识图谱是指关注图书情报领域中具体子领域，基于该领域数字资源聚合而构建的知识图谱，并依托图谱主要为行业领域内的用户提供知识可视化、语义知识搜索、辅助决策支持等形式的知识应用服务。

近些年在国内范围中，知识图谱的应用逐渐被重视，众多中文知识图谱出现在国内图书情报、博物和档案领域，如上海图书馆[⑪]参考美国国会书目框架 BibFrame[⑫] 构建了名人、手稿与家谱等资源知识体系，依托家谱服务平台为用户提供古籍循证知识服务；陈雪、黄奇基于共词分析方法对近十年 CNKI 中的图情领域本体研究的论文，通过知识图谱可视化分析发现本体研究的热点集中在本体与语义网、关联数据、知识服务和构建本体研究等方向[⑬]；向剑勤、赵蓉英绘制目前国内外图书情报学研究主题知识图谱，并据此从学科结构组成、分支主题（学术群体）之间关系与最具影响的学术群体等三个方面客观剖析

① Zhao Y, Liu Q, Xu W. Open Industrial Knowledge Graph Development for Intelligent Manufacturing Service Matchmaking[C]. 2017 International Conference on Industrial Informatics-Computing Technology, Intelligent Technology, Industrial Information Integration (ICIICII), Wuhan, 2017: 194-198.

② Qiu L, Zhang H. Review of Development and Construction of Uyghur Knowledge Graph[C]. 2017 IEEE International Conference on Computational Science and Engineering(CSE) and IEEE International Conference on Embedded and Ubiquitous Computing (EUC), 2017: 894-897.

③ Lian H, Qin Z, He T, et al. Knowledge Graph Construction Based on Judicial Data with Social Media[C]. 2017 14th Web Information Systems and Applications Conference(WISA), 2017: 225-227.

④ 中国农科院. 国家水稻数据中心[EB/OL]. [2018-9-13]. http://www.ricedata.cn/.

⑤ 刘峤,李杨,段宏,等. 知识图谱构建技术综述[J]. 计算机研究与发展,2016,53(03):582-600.

⑥ 楼仁杰. 基于中文百科的知识图谱分类体系构建研究[D]. 杭州:浙江大学,2016.

⑦ 王元卓,贾岩涛,刘大伟,等. 基于开放网络知识的信息检索与数据挖掘[J]. 计算机研究与发展,2015,52(02):456-474.

⑧ 复旦大学知识工场实验室[EB/OL]. [2015-9-13]. http://kw.fudan.edu.cn/.

⑨ Chen X, Jin X, Wang Y, et al. Survey on Big Data System and Analytic Technology[J]. Journal of Software, 2014, 25(9): 1889-1908.

⑩ Xu B, Xu Y, Liang J, et al. CN-DBpedia: A Never-Ending Chinese Knowledge Extraction System[C]. International Conference on Industrial, Engineering and Other Applications of Applied Intelligent Systems, 2017: 428-438.

⑪ 夏翠娟,刘炜,陈涛,等. 家谱关联数据服务平台的开发实践[J]. 中国图书馆学报,2016(3):27-38.

⑫ Kroeger A, Ogata Y. The road to BIBFRAME: the Evolution of the Idea of Bibliographic Transition into a Post-MARC Future [J]. Cataloging & Classification Quarterly, 2013, 51(8): 873-890.

⑬ 陈雪,黄奇. 基于共词分析的国内图书情报领域本体研究热点探析[J]. 图书馆学研究. 2019(08):2-8.

了国内外图书情报学情况,比较了学科主题分布的差别①;李明鑫、王松统计分析了 CNKI 中近十年国内知识图谱的研究主题和趋势②;宋玲玲借助知识图谱可视化手段,采用 LibQUAL 模型方法研究高校图书馆学科服务质量评估指标监测机制,从五个维度对高校图书馆服务测度满意度水平,研究结果能有效地为高校图书馆的管理水平提升和优化资源配置等问题提供有价值的决策参考③;翟倩、祝琳琳以知网中 1769 篇知识图谱相关的期刊论文为数据,梳理了知识图谱的研究现状并分析了其发展趋势,并且以知识图谱理论和应用的视角观测到我国当前学术研究的热点④;陈程、李菲借助知识图谱分析我国学者对真人图书馆的研究动态并了解读者的需求,认为当前我国真人图书馆发展状况未达到读者期望,距离读者需求尚有提升空间⑤。

博物领域的知识图谱常见的是面向博物馆文物展示的应用主题,由于从海量的文物资料中很难抽取文物信息,不能获取大量高质量的数据就无法很好地绘制知识图谱,因此大规模博物知识图谱很少出现。例如邱超设计了一种基于 Web 自动生成文物知识图谱方法,然而使用该方法构建的文物图谱结构信息不够丰富,缺乏文物之间的关联描述,相关的博物馆、创建者、历史背景故事等内容未能在图谱中体现,且文物数据的准确性得不到保证,尽管有一定的实用价值,但学术价值不高⑥;林炀平提出了一种面向文物创意设计的文物素材知识图谱的构建方法,采用了人工方式定义文物本体并绘制知识图谱,却未能实现自动化构建图谱⑦;具有代表性面向实践的文物知识图谱有张万如团队为故宫博物院创建的故宫养心殿主题的知识图谱⑧,向公众全面可视化展示了养心殿相关的历史和建筑等方面的知识;围绕历史名家的代表性知识图谱有上海博物馆"董其昌数字人文"书画为主题内容的知识图谱,其中构建了"董其昌人物关系图谱"⑨。

在档案领域,清华大学的科技情报知识服务系统 AMiner 实现了专家档案智能抽取和智能检索功能;李菁等人绘制了面向高校档案数字资源的知识图谱框架,推进了高校档案数字资源的知识化,提升了档案利用效率和服务水平⑩;舒忠梅定位于学校档案馆藏数字资源和数字人文的融合,定义了数字档案的本体模型,并设计数字档案数据的抽取模型,选择学生学习和成长主题档案为例实现基于关联数据的档案知识图谱,通过可视化方式展现珍贵的数字校园记忆,拓展开发和创新利用档案馆藏资源,实现档案资源增值⑪;李姗姗、邱智燕借助可视化软件 CiteSpace,构建近十年来我国少数民族档案文献遗产保护研究成果的知识图谱,提炼出成熟的研究主题,并总结了研究的不足⑫;基于本体、机器学习、知识图谱等技术,雷洁等人组织和表示科研档案知识资源,并实现了智能化采集档案与归档、档案数据碎片化加工、智能识别并自动抽取档案数据,语义关联以及档案数据审核与档案发布,有力地提升了科研档

---

① 向剑勤,赵蓉英. 国内外图书情报学研究主题的知识图谱比较研究[J]. 情报杂志,2014,33(2):96-94,98.
② 李明鑫,王松. 近十年国内知识图谱研究脉络及主题分析[J]. 图书情报知识,2016(04):93-101.
③ 宋玲玲. 基于知识图谱和 LibQUAL 模型的高校图书馆学科服务质量评估指标监测机制研究[J]. 图书馆学研究,2019(10):75-83.
④ 翟倩,祝琳琳. 基于文献计量的国内知识图谱研究综述[J]. 图书馆学研究,2016(18):13-19.
⑤ 陈程,李菲. 基于知识图谱的我国真人图书馆的发展趋势研判[J]. 智库时代,2020(13):126-128+180.
⑥ 邱超. 基于 Web 文本的文物知识图谱自动生成方法研究[D]. 西安:西北大学,2016.
⑦ 林炀平. 文物知识图谱构建与检索关键技术研究与实现[D]. 杭州:浙江大学,2017.
⑧ 故宫博物院. 故宫博物院 92 周年院庆"发现·养心殿——主题数字体验展"端门数字馆开展[EB/OL]. [2017-10-10]. http://www.dpm.org.cn/show/246075.html.
⑨ 李婷. 国内首个博物馆数字平台建成,上博参观路线最优解,董其昌朋友圈一手掌握[EB/OL]. [2018-05-04].)https://www.whb.cn/zhuzhan/xinwen/20180504/196957.html.
⑩ 李菁,黄仁彦,徐鸿飞. 基于知识图谱的高校数字档案资源数据知识化实现[J]. 兰台内外,2019(35):3-5.
⑪ 舒忠梅. 数字人文背景下的档案知识图谱构建研究[J]. 山西档案,2020(02):53-60.
⑫ 李姗姗,邱智燕. 基于 CiteSpace 的我国少数民族档案文献遗产保护研究述评与展望[J]. 档案学研究,2020(01):91-96.

案智能管理的层次[①]。

1.3.1.2　国外研究

目前，通用知识图谱和领域知识图谱都有很多成功案例和应用。谷歌公司最早提出知识图谱的概念，其中的关键技术包括从互联网网页中抽取出实体及其属性信息，以及实体间的关系。这些技术非常适用于解决与实体相关的智能问答问题，由此创造出一种全新的信息检索模式。2012 年 5 月谷歌发布知识图谱项目，此后，许多科研机构和知名公司都积极参与知识图谱的基础资源构建。例如，Freebase[②]是创作数据共享的网站，其中的条目都采用结构化数据的形式；美国谷歌公司早在 2015 年就构建完成了具有 5 亿多实体及、35 亿多实体关系的海量规模的知识图谱，并利用该知识图谱优化谷歌搜索引擎，以此平台提供智能问答等多种知识服务，另外还有微软等机构也建立了大量的知识图谱资源[③]；Yago[④]多语言知识库聚合了维基百科和单词网络中体量巨大的知识库本体，其中囊括了十多种语言、459 万多实体、2400 万多条知识；Babelnet[⑤]集成了单词网络词典和维基百科，构筑了当前全球规模最大的多语言知识库，涉及 271 种不同语言、1400 万多同义和近义词组、36.4 万多实体关系以及 3.8 亿多个链接关系，可谓真正的包罗万象。

国外知识图谱在图情、博物领域中的应用出现较早且应用广泛，如大英博物馆对馆藏博物的数据资源进行语义组织，通过标注多媒体资源、细化语义处理等方式向用户提供包括知识图谱在内的多种知识服务形式[⑥]；Larivie 等人通过知识图谱对图书情报学科百年发展历史进行可视化分析，包括作者、期刊、参考文献、引文、术语与主题发展的演变情况，以及该学科与其他学科相互引用情况[⑦]；Medina 等人运用引证网络理论，并应用知识图谱识别特定种子期刊中最重要的期刊，该知识图谱与传统期刊分类系统不同而具有新视角特性[⑧]；Chung 等人借助知识图谱评价了传播领域学者的网络出现度与影响力，具体包括各国学者的出现度、学者之间的共现关系网络、学者网络共现和在 SSCI 数据库中的共现对比分析[⑨]；美国国家医学图书馆研发了一体化医学语言系统（Unified Medical Language System，UMLS），它能实现病案记录、书目数据库、事实数据库和生物医学情报的一体化检索，其中包含对超级叙词表概念分类和分类之间关联进行可视化展示的知识图谱[⑩]。

综上所述，可视化的知识图谱是以关联数据、URI、RDF、OWL 等语义网相关研究成果为基础，并且是对语义网技术的一次升华。知识图谱已经广泛深入地应用于国内外图书情报、博物和档案领域，主要用以聚合专业领域内的数字资源，观测领域内专业发展趋势、知识体系脉络和研究热点，展示馆藏数字

① 雷洁，赵瑞雪，李思经，等. 知识图谱驱动的科研档案大数据管理系统构建研究[J]. 数字图书馆论坛，2020(02)：19－27.

② Bollacker K D，Evans C，Paritosh P，et al. Freebase：a Collaboratively Created Graph Database for Structuring Human Knowledge[C]. Sigmod Conference，2008：1247－1250.

③ Wu W，Li H，Wang H，et al. Probase：a Probabilistic Taxonomy for Text Understanding[C]. Proceedings of the 2012 ACM SIGMOD International Conference on Management of DataMay，2012：481－492.

④ Hoffart J，Suchanek F，Berberich K，et al. Yago2：Exploring and Querying World Knowledge in Time，Space，Context，and Many Languages[C]. Proceedings of the 20th International Conference on World Wide Web，2011：229－232.

⑤ Navigli R，Ponzetto S P. BabelNet：The Automatic Construction，Evaluation and Application of a Wide-coverage Multilingual Semantic Network[J]. Artificial Intelligence，2012，193：217－250.

⑥ 张兆锋. 基于知识图谱的技术功效图自动构建及其应用研究[D]. 南京：南京大学，2018.

⑦ Larivière V，Sugimoto C R，Cronin B. A Bibliometric Chronicling of Library and Information Science's First Hundred Years[J]. Journal of the American Society for Information Science and Technology，2012，63(5)：997－1016.

⑧ Medina C M，Leeuwen T N. Seed Journal Citation Network Maps：A Method Based on Network Theory[J]. Journal of the American Society for Information Science and Technology，2012，63(6)：1226－1234.

⑨ Chung C J，Park H W. Web Visibility of Scholars in Media and Communication Journals[J]. Scientometrics，2012，93(1)：207－215.

⑩ 罗爱静，于双城，马路，等. 医学文献信息检索[M]. 北京：人民卫生出版社，2015.

资源等方面,从而提升馆藏数字资源的管理和开发应用水平,但知识图谱几乎都是面向单一垂直领域构建的,知识涵盖范围有限,知识体系不够完整,图博档多领域的知识无法整合互补、共享相融,尚不能完全满足图博档领域用户的需求,且现阶段国内还未见面向图博档资源融合的知识图谱,因此本篇以辛亥革命主题为例,探讨跨越单一领域知识壁垒的、面向图博档数字化服务融合的知识图谱构建,旨在促进图博档领域知识的共享、互补与融合。

通过上文梳理本篇相关研究主题的国内外研究现状,能够发现图书、博物、档案的数字化服务融合中的可视化理论和实践研究需要积极开展和深入。国外众多的政府机构或专业组织通过相关基金项目驱动图博档各级机构携手进行馆藏数字资源聚合与数字化融合服务平台的共建,主要聚焦在三馆的宏观战略合作规划和资源聚合模式、方法等方面,对图博档多领域多机构的数字资源在语义层面进行深度聚合的研究及以此为基础的可视化研究都很少。国内相关理论和实践研究均相对薄弱,分散异构的三馆数字资源各自为政的格局成为制约图博档数字化服务融合发展的主要障碍之一,使得用户无法或很难在海量异构资源中获取自己诉求的知识。基于三馆知识融合的知识图谱可视化机制对解决上述问题提供了可行的解决思路和方案。

1.3.2　国内外关联数据研究现状

1.3.2.1　国内研究

关联数据技术自出现以来,其各方面的研究不断拓展和深入,发展快且研究成果累累。例如国内学者朝乐门等人将关联数据的应用划分为用户界面类、语义标注类、数据挖掘类和跨域共享与服务类共四类应用[1];胡明玲、王建涛深入研究分析了关联数据的特点和发布,为关联数据的实践应用提供参考[2];张春景等人围绕开放数据的相关许可协议在国内范围的应用问题提出倡议[3];娄秀明梳理综述了关联数据的发布技术方案,为关联数据技术应用和研究工作的开展做出指南导向[4];沈志宏、张晓林总结了关联数据的发布技术方案,为研究者们厘清了思路[5];夏翠娟等人分析了关联数据的实现途径,当前关联数据的发布模式,关联数据发布的工具包,并详细阐述了开源平台,并以"中国历史纪年和公元纪年对照表"为例发布其为关联数据[6];刘雪梅剖析了机构知识库的各分支条目数据集之间的潜在语义关联,并基于此与外部关联数据集,如 Web 数字资源、商业数据库资源或其他数字资源进行语义关联,并实现基于语义的检索,拓展了机构知识库知识的利用方式[7];周宇、欧石燕在国内外研究成果的基础上提出了两种机构知识库关联数据的扩展方法:(1) 映射多个分布式异构系统中的本体模型,实现异构系统数字资源之间的语义互操作和知识关联;(2) 将机构馆藏数据发布成为关联数据,并集成了机构知识库与互联网上的其他知识库和大规模数据集[8];李强采用关联数据技术探索了图书馆数字资源的整合模式及服务框架[9];赵夷平深入详细地探讨了关联数据用于机构知识库建设及知识发现的机理与方法[10];贾君枝、李衍总结了国内外知识组织系统的关联数据化发展研究情况,进一步明确了传统知识组织系统语

① 朝乐门,张勇,邢春晓. 面向开放关联数据的知识地图研究[J]. 图书情报工作,56(10),2012:17 - 24.
② 胡明玲,王建涛. 关联数据特点及发布研究[J]. 图书馆界,2011:4 - 6.
③ 张春景,刘炜,夏翠娟,等. 关联数据开放应用协议[J]. 中国图书馆学报,2012,38(01):43 - 48.
④ 娄秀明. 用关联数据技术实现网络知识组织系统的研究[D]. 上海:华东师范大学,2010.
⑤ 沈志宏,张晓林. 关联数据及其应用现状综述[J]. 数字图书馆,2011:1 - 9.
⑥ 夏翠娟,刘炜,赵亮,等. 关联数据发布技术及其实现—以 Drupal 为例[J]. 中国图书馆学报,2012:49 - 57.
⑦ 刘雪梅. 基于关联数据的机构知识库服务模式构建与实现[J]. 图书馆学刊,2016(4):4 - 7.
⑧ 周宇,欧石燕. 面向关联数据的高校机构知识库构建方法研究[J]. 图书情报工作,2016,60(1):105 - 113.
⑨ 李强. 基于关联数据的数字图书馆资源聚合及资源服务平台设计研究[J]. 图书馆理论与实践,2017(07):93 - 97.
⑩ 赵夷平. 基于关联数据的机构知识库资源聚合与知识发现研究[D]. 长春:吉林大学,2018.

义化、关联化的实施需经过 SKOS 模型化、RDF 序列化和关联数据发布三个主要步骤，并对各部分进行详细描述[①]。

1.3.2.2　国外研究

世界互联网大会的分会议 LDOW 自 2008 年以来每年均召开，已成为关联数据领域最重要的国际会议，会议讨论了关于关联数据的构建和发布、关联数据的技术软件、关联数据的应用和链接、关联数据的可视化等议题。关联数据社区网站（http://linkeddata.org/home）是一个面向全球学者公开发布关联数据相关的理论研究成果的网站[②]。此外，众多国外学者还发表了关联数据相关的国际会议。如 David 等人在其著作中阐述了关联数据的相关基础理论，具体包含关联数据的检索与互联、RDF 模型等[③]。国外学者对关联数据的研究已从理论研究拓展到实际应用的阶段，出现了关联数据构建与发布工具，例如 D2R Sever[④]、Tails platform[⑤]、Pubby[⑥]、Virtuoso[⑦] 等；在关联数据浏览方面出现了很多浏览器；在检索方面，Senmantic Web Search Engine（SWSE）[⑧]是代表性的关联数据搜索引擎，具有强大的关联数据检索功能。

近年来，国外学者对关联数据的关注热度持续增长，在关联数据的可视化研究方面，例如政府、商业和图书情报等多领域中的关联数据可视化应用研究越发越多，如 2010 年 W3C 为了推进关联数据在图书馆领域的应用而组建了图书馆领域关联数据孵化工作组负责推进事宜[⑨]；美国国会图书馆则将其标题表发布为具有应用价值的关联数据；德国国家图书馆构建和发布了联合权威文档为开放的关联数据[⑩]；美国谷歌公司、雅虎公司和微软必应公司提出了在互联网环境中公开发布结构化数据的规范"schema.org"。

---

①　贾君枝,李祈. 传统知识组织系统的关联数据化发展[J]. 数字图书馆论坛,2020(03):33-40.

②　Heath T. Linked Data-connect Distributed Data Across the Web[EB/OL]. [2016-02-02]. http:// linkeddata. org/home.

③　Wood D, Zaidman M, Ruth L, et al. Linked data[M]. Manning Publications,2014.

④　Cyganiak R. D2RQ: Accessing Relational Databases as Virtual RDF Graphs[EB/OL]. [2016-04-14]. http://d2rq_org/.

⑤　The World Wide Web Consortium. Talis Platform[EB/OL]. [2016-06-11]. http://www. TaHs. com/platform/.

⑥　Cyganiak R, Bizer C. Pubby-a Linked Data Frontend for Sparql Endpoints[EB/OL]. [2016-05-15]. http://wifo5-03. informatik. uni-mannheim. de/pubby/.

⑦　PenLinksoftware. Deployinglinkeddata[EB/OL]. [2016-06-22]. http://virtuoso. openlinksw. com/dataspace/doc/dav/wiki/MainA-irtDeployingLinkedDataGuide.

⑧　W3C. Semantic Web Search Engines[EB/OL]. [2016-06-28]. https://www. w3. org/wiki/ TaskForces/CommunityProjects/-Linking Open Data/Semantic Web Search Engines.

⑨　W3C. Library Linked Data Incubator Group[EB/OL]. [2016-06-27]. http://iskocn. org/lld/LLD_Report_Use_Cases_zh. htm.

⑩　Haslhofer B. Linked Dataisan Attempt to Continue the well Established Information Organization Tools Knowning Libraries [EB/OL]. [2016-06-15]. http://tomheath. com/papers/Bizer-heath-bemers-lee-ijswis-linked-data. pdf.

第2章 面向图博档服务融合的知识图谱模型构建

本章围绕图博档数字资源与语义关联技术,探讨了语义关联方案设计和基于关联数据与本体协同的图博档资源组织方法,并借鉴 Card 信息可视化的参考模型,借助关联数据、RDF、XML、语义关联、复杂网络、自然语言处理等相关技术,构筑图博档资源融合的多层次可视化服务框架,并在此框架下构建面向图博档数字化服务融合的知识图谱结构模型。

2.1 面向图博档数字化服务融合的知识图谱结构模型

知识图谱是可视化技术中最常用的方式之一,它是用以展现知识之间的关联、学科知识发展进程等多种不同形式的图形,借助可视化方式描述并挖掘知识资源,并解析揭示知识之间的联系。换言之,知识图谱是融应用数学、计算机图形学、信息可视化技术等多学科理论以及共现与引文分析等方法为一体的综合性技术,它能把学科整体知识体系以及其中核心结构、前沿领域热点或发展趋势等知识集中通过图形化形式呈示出来,融合多学科的可视化的语义网方法[①]。知识图谱能采用数据挖掘、图形绘制、语义关联、知识存储等技术途径展现抽象复杂的专业领域知识,并能充分揭示知识领域的发展趋势和规律,为领域知识的研究提供有意义的借鉴[②]。基于知识图谱集以上诸多优点于一身,并且非常契合图博档异构、多态、复杂、分散等资源特征问题的解决,故而本篇首选了知识图谱作为研究手段和目标。迄今为止,国外知识图谱已广泛应用在各个领域,并取得了研究成果,相比之下在国内的应用还停留在起始阶段[③],在图博档领域开展知识图谱可视化研究意义重大。

图情领域的知识图谱构建通常采用自顶向下的方式进行知识建模,通常从资源类型数据开始入手。本节依据图博档领域知识特征,借助自然语言处理、语义网技术,参考通用知识图谱的构建规范,以自顶向下的方式进行设计知识图谱结构模型,见图 2-1,从初始的图博档数字资源中创建语料库,再先后进行知识抽取(实体、属性、关系抽取)、知识融合(实体对齐)、知识发现、质量评估等步骤处理,最终演变为知识图谱呈现。

(1)图博档数字资源的关联数据

图博档数字资源是构建知识图谱的数据源头和基础,经过语义组织和发布可转变为机器可理解的关联数据 RDF 文档,为知识图谱的构建提供了优质的源数据。语料库中的文本首先需要进行文本预处理,具体包括合并统计语料、加载自定义词表和停用词表、分词和停用词去除、统计词频和单词总类别等等,为知识抽取做好准备。

(2)知识抽取

知识抽取是知识图谱构建中核心的工作。实体关系是事物之间的联系,而属性则丰富了人们对事物本身的认知。该层目标是对于不同类型的数据应用不同的方法抽取实体、属性和关系。早期知识抽

---

① 胡泽文,孙建军,武夷山.国内知识图谱应用研究综述[J].图书情报工作,2013,57(03):131-137,84.
② 姚萍,李坤伟,张一帆.知识图谱构建技术综述[J].信息系统工程,2020(05):121+123.
③ 刘峤,李杨,段宏,等.知识图谱构建技术综述[J].计算机研究与发展,2016,53(3):582-600.

取比较多地使用启发式算法与规则相结合的方式，而当前更多是使用本体与词汇集，自然语言处理，多层神经网络等技术。

① 结构化数据处理

结构化数据通常是数据结构清晰的关系型数据库表，借助 ETL 工具进行抽取、清洗、转换、装载处理，再依据图博档知识图谱的数据模型要求，使用 D2R 技术将其转换为 RDF 三元组的资源描述和知识表示方式，如：{孙中山，领导发动，辛亥革命}。

② 非结构化数据处理

对于非结构化的文本数据，需要从中识别并抽取实体、实体之间的关系与实体属性。实体有概念、人物、组织机构、事件、地名、时间等，如孙中山、同盟会、武昌、三民主义等；关系反映实体的外部联系，关系抽取是抽取实体之间的关系，可使用深度学习的方法将两个实体及其之间的关系和所在的句子作为训练数据，训练生成模型，然后借助模型抽取测试数据中的实体关系和实体内部特征属性信息，此外也可用句法依存特征来实现，如抽取出"孙中山"与"同盟会"之间的创建关系；"重庆同盟会会员之间进行联络的信物《蜀中同盟会》会章。章内'高野大雄君'为孙中山在日本的别号"，抽取出实体"[日本，重庆，蜀中，孙中山，同盟会]"。

③ 半结构化数据处理

图博档网页中的数据是处于前两者之间的半结构化数据，具有一定的数据结构，但需要进一步提取整理。包装器能够从网页中抽取出数据，并将其转化为结构化数据，包装器再借助有监督学习的算法自动从已标注的训练样例数据集中学习知识抽取规则，再对具有相同网页模板和相同标注的目标数据抽取其中的实体、关联和属性。所有数据经过以上知识抽取处理之后的图博档初步知识可采用关联数据、本体等形式表示。

（3）知识融合

由于描述的侧重点不同，同一实体在图博档不同数据源中的表述往往不同，并且含义和指代粒度上也有差异，依据一定的数据规范，知识融合实现对获取的不同实体描述进行链接整合处理，主要完成实体消歧与共指消解，从而获得实体较为完整并无歧义的描述即新的知识，其中核心工作是实体、关系和属性的对齐，借助语义、模糊集理论等相关的知识融合算法，以及相似度计算、聚合、聚类等算法来实现。例如，孙中山的主要历史功绩在图博档数字资源中描述不尽相同："孙中山的新三民主义不仅促成了国共的第一次合作以及之后的国民革命，还对共产党后来的新民主主义产生了巨大的影响"；"1912 年孙文在南京组阁中华民国政府，并颁布临时约法，结束了中国两千多年的封建专制制度"。将以上知识进行融合处理后可获取到孙中山历史功绩更为全面的描述。在知识融合完成之后的图博档标准知识存储于非关系型的图数据库（NoSQL）中。

（4）知识发现

该层主要通过知识推理完成知识发现，并进行知识质量评估。知识推理就是依据已完成知识融合的图博档标准知识以及数据模型（三元组、关系数据库等），依据推理规则，获得满足语义的新知识。推理更强调的是固有的逻辑，规则一般是和业务相关的自定义逻辑，但推理和规则都是通过逻辑准则，获取新的知识或发现。例如孙中山和黄兴均参与创建了中国同盟会，依据实体的分类关系推理可知"孙中山和黄兴是盟友"。

为了甄选出质量达标的数据，须评估知识融合处理后的知识质量，把评估达标的知识并入知识图谱的知识库。不同领域或类型的知识图谱对知识质量的要求标准也不同，选用的质量评估方法自然也不同。因此图博档知识图谱应该由图博档领域专家进行质量评估。

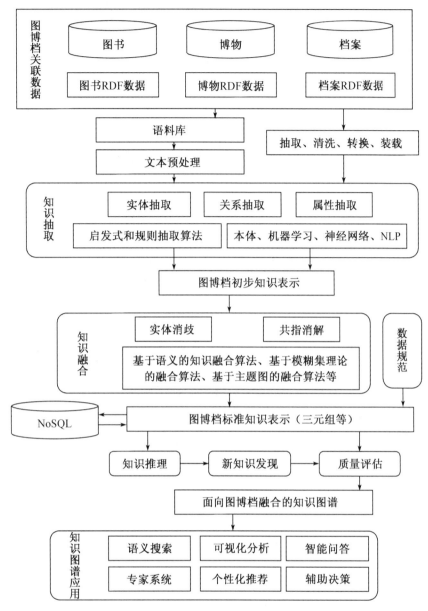

图 2-1　基于关联数据的图博档知识图谱结构模型

（5）知识图谱存储及应用

经过以上各层的数据整合与知识处理后，依据规范设计知识图谱的存储模式，以 RDF 三元组形式存储或图数据库存储的形式暂时存储到二维表中，为最终导入图数据库创建知识图谱做知识准备。

2.2　图博档资源聚合与共享体系中的语义关联方案

围绕图博档多源异构的信息资源的语义关联设计，具体包括图博档元数据描述、图博档资源的语义存储、语义解释机制以及语义关联实现机制的设计，方案设计如图 2-2 所示。

2.2.1　基于 RDF 的图博档元数据描述设计

元数据的组织是图博档数字资源共享的基础，是资源语义逻辑组织和互操作的起点工作。当前三

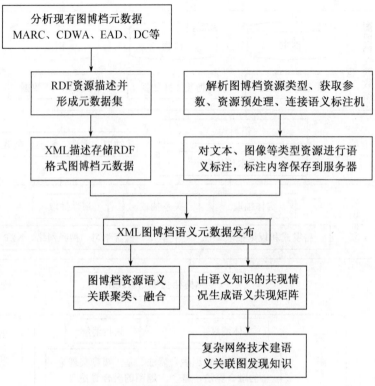

图 2-2　图博档资源语义关联设计方案

馆的数字资源使用的是符合自身资源特征的元数据标准，例如 DC、CDWA、MARC 等。借助 XML（可扩展标记语言）的语法，图博档多种异构的元数据在 RDF 框架中能被统一地描述，很好地实现语义关联[1][2]，并使人和计算机都能够理解它们。示例[3]如下所示：

```
<rdf:RDF<                                                    ! ―― RDF 文档根元素――>
    xmlns:rdf="http://www.w2.org/1999/02/22―rdf―syntax―ns#"
                                            <! ――声明带前缀 rdf 的元素的源头命名空间――>
    xmlns:ex="example.org/stuff/1.0/"
        <! ――声明 ex 的命名空间――>
    xmlns:t="http://description.org/schema/">       <! ――声明 t 的命名空间(如 DC、MARC 等)――>
<rdf:Description about="http://www.w2.org/Home/Ralph R.Swick ">   <! ――声明待描述资源――>
    < ex:AUTHOR type ="WWW">          <! ――ex 元数据描述的作者类别属性值为"WWW"――>
                            <t:Author>Ralph R.Swick</t:Author>
                        <! ――t 元数据描述的作者属性值为"Ralph R. Swick"――>
    </ ex:AUTHOR >
</rdf:Description>
</rdf:RDF>
```

示例代码的第 3 行声明 ex 元数据词汇集的 URI（统一资源标志符），第 4 行声明了 t 的词汇集 URI，第 5 行指定了待描述图博档资源的 URI，第 6 行引用了 ex 命名空间的元数据元素"AUTHOR

①　朱鹏，朱星圳，王莉，等.基于时间序列与信息融合的突发事件信息瀑布溯源方法[J].现代情报,2018,38(10):38-42+50.
②　黄伟红，张福炎.基于 XML/RDF 的 MARC 元数据描述技术[J].情报学报,2000,19(4):326-332.
③　李刚，朱学芳.基于语义关联的图博档数字资源可视化服务模型构建研究[J].情报科学,2020,38(07):147-152.

type"属性值"WWW",第 7 行是引用了 t 命名空间的元数据元素"Author"属性值"Ralph R. Swick",而 RDF Schema 能为图博档不同元数据词汇集间提供关联方案与实现机制[①]。

2.2.2　图博档资源的语义存储设计

（1）XML 语义存储

XML 具有较强的信息资源描述和保存能力，三馆均具有表示本领域海量知识的 XML 元数据，如 DC、EAD 等，例如：

```
<Resource ID="">                         //资源描述 ID 自动标记资源标号
    <type></type>                        //资源类型
<origin></ origin >                      //资源存储外在特征和位置
<semantic>                               //资源语义描述
……
        <subject></subject>             //语义标注词
    </semantic>
</Resource>
```

其中＜semantic＞与＜/semantic＞之间是多种语义形式，＜subject＞与＜/subject＞之间是通过语义标注机完成填充的语义内容，也是语义关联分析的重要依据。三馆 XML 元数据能借助自动语义标注技术转换为语义元数据，使计算机可以理解并进行互操作。例如期刊文献的存储如下所示：

```
<type>期刊文献</type>                     //资源类型
<origin>                                 //资源来源
    <journal> 中国图象图形学报</journal>    //期刊名称
    <year>2018</year>                    //发表年份
……
    </origin>
<semantic>                               //语义元数据
<subject>虚拟现实</subject>
<subject>触/力觉感知</subject>
    <subject>数字文物</subject>
<subject>多模态</subject>
……
    </semantic>
```

2.2.3　图博档资源的语义解释机制设计

本节构建包含资源解析机和语义标注机在内的语义解释机制，对三馆各类型的信息资源进行自动语义提取和采集，语义解释机制具体内容为：图博档资源解析机判别信息资源类型并获取资源的各个属性值，同时完成规范化图像资源的数据量大小等资源预处理工作，再自适应连接到相应的语义标注机，语义标注机根据不同类型资源选择不同的方案标注语义，并在服务器上存储标注的语义内容[②]。

---

① 穆向阳,朱学芳. 图书、博物、档案数字化服务融合模式研究[J]. 情报科学,2016,34(03):14－19.
② 李刚,朱学芳. 基于语义关联的图博档数字资源可视化服务模型构建研究[J]. 情报科学,2020,38(07):147－152.

（1）语义标注方案的设计

应用自然语言处理、机器学习等技术对不同类型的图博档资源自动抽取语义特征并进行语义标注，设计方案如下：

① 将文献数据库资源的关键词、主题词等转换为规范的语义描述；

② 将文本资源先进行概念术语识别，再用自然语言处理技术获取其属性和关系，最后将概念术语依据设计的语义元数据进行规范化语义标注；

③ 影像资源通常包含文本和图像资源，文本依照文本方案①进行语义标注，而使用机器学习算法抽取图像底层语义特征进行判别类型再标注语义。

（2）文本型语义标注机设计

自然语言处理、命名实体识别方法是文本型资源语义标注机的核心技术，具体机理为：采用中文分词技术对文本分词，通过命名实体识别技术获取中文分词结果中包含的情报学术语，最后分别将识别出的概念术语对照情报学术词语表获取其映射的语义，并将其存储到 XML 资源语义描述的＜subject＞＜/subject＞中。

（3）影像资源的语义标注机设计

图博档影像资源往往包含图像信息和文本，图像资源的语义标注分为手工和自动标注两种方式，手工标注通常是专业人员根据图像内容特征进行标注的，效率比较低，而自动语义标注则是凭借机器学习方法完成学习过程，结合图像技术对图像资源对象抽取其底层语义特征（如轮廓、纹理特征）进行特征分类处理，判断该实例与已判别实例是否为等同关系，如果判断为"是"，则两个实例对象语义相关，自动进行语义标注，否则不做标注。其中的文本语义标注同上文所述。

2.2.4 语义关联的实现方法及实例分析

2.2.4.1 语义关联的实现方法

存在资源关联与知识关联两个层面的语义关联。一方面 XML 语言中"＜subject＞语义描述内容＜/subject＞"是建立资源关联的主要依据，通过该语义标注能把具有语义关系的所有资源关联并完成聚类，将三馆中的期刊文献资源、电子档案、博物图像等资源孤岛聚合起来形成若干个逻辑上的主题知识单元，进而使图博档数字资源实现了基于语义关联的聚合，为图博档数字服务融合提供新的理论支撑和技术可行性，例如三馆资源与语义的关联如图 2-3 所示。

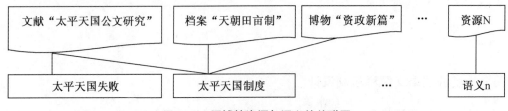

图 2-3　图博档资源与语义的关联图

图中资源是任意类型的图博档资源，对用户是透明不可见的，其中资源：文献"太平天国公文研究"、档案"天朝田亩制"和博物"资政新篇"均含有标注语义"太平天国制度"，因此该三个图博档资源借助该语义的桥接作用便建立起了语义关联关系。

而知识层面的语义关联建立则是通过挖掘统计潜藏在不同资源中语义内容的共现频次而实现的①。

---

① 张军亮.基于语义关联的多源医学信息资源发现服务系统研究[J].图书情报知识,2019,(189):113-122.

众所周知,关键词能够集中地反映数字资源(如论文、文献等)所表达的主题,同一主题资源的关键词往往相似或一致。文献的特征性描述信息可能会共同出现,这种现象就称之为共现,共现矩阵的外在表现形式如同二维表,却本质上与二维表不同。通常情况下共现矩阵细分为文献关键词共现、共词、共被引、共链等多种形式[①],然而国内研究中往往把共现矩阵和共词矩阵等同看待和处理。共词分析则是一种基于内容的分析方法,主要用来观测学科领域的研究热点。基于共词分析的主题结构可视化方式常常用来观测特定领域概念网络及其发展趋势。该方法的基本原理是关键词汇在同一篇论文中同时出现的次数与主题之间的关联度成正比,基于一篇文献中多个关键词的出现频次统计,通过聚类的方法分析这些关键词之间的关系紧密或疏远程度,因此观测它们所在学科领域中的研究主题脉络和前沿热点[②]。

共词分析可视化的方法有多种,其中主要的三种可视化方法是:聚类树、战略坐标图和社会网络图[③],这三种方法各有特点且存在知识差异。聚类树可以显示主题结构;战略坐标图可以揭示出主题在结构中的重要性;社会网络图可以用来解释主题之间的相互联系。可以根据具体应用场景综合应用三种可视化方法,能充分利用各自方法的优势,更好地帮助研究者掌握特定领域的概念网络及其发展趋势。本篇选择社会网络图方法作为共词分析的可视化方法,最契合观测和分析关键词汇之间的相互联系的目标和要求,共词分析方法通常可分解为以下四个步骤[④],如表 2-1 所示:

表 2-1　共词分析方法步骤

输入:若干高频共现关键词;
输出:知识图谱。
统计并选取高频共现关键词;
构造共现矩阵;
利用聚类分析和社会网络分析方法绘制知识图谱;
分析生成的知识图谱。

以上步骤前后衔接紧密,每一步均是下一步进行的基础和前驱,同时也是上一步处理的结果,最终通过分析构建的知识图谱发现语义关联知识,为研究者提供客观精准的研究参考,共词分析具体处理过程为:

先筛选出核心术语或关键主题词,再梳理并统计 XML 资源语义标注"<subject></subject>"中语义知识的共现情况,由此生成对称的语义共词矩阵,再通过基于聚类分析与社会网络分析方法的语义可视化软件进行知识图谱绘制,最后用户通过观测知识图谱得到有价值的分析结果。

2.2.4.2　实例分析

以太平天国研究主题为例,在中国国家数字图书馆、上海图书馆、南京博物院、中国第二历史档案馆官网上获取太平天国研究主题相关的文献、档案及博物相关 XML 资源,并统计其中语义标注"<subject></subject>"中语义知识的共现情况,其中合并相近或相似关键词汇,如"失败因素","失败原因","不成功原因"等合并为"失败因素",其他词汇做类似处理。最终筛选出共现频率最高的 8 个关键词汇作为分析对象,如表 2-2 所示。

在高频关键词统计的基础上生成 8×8 共现矩阵,如下表 2-3 所示,矩阵中数值是行列对应的主题

① 周磊,杨威,张玉峰. 共现矩阵聚类分析的问题与再思考[J]. 情报杂志,2014,33(06):32-36+27.
② 陈雪,黄奇. 基于共词分析的国内图书情报领域本体研究热点探析[J]. 图书馆学研究. 2019(08):2-8.
③ Yang Y, Wu M, Cui L. Integration of Three Visualization Methods Based on Co-word Analysis[J]. Scientometrics, 2012, 90(2): 659-673.
④ 张军亮. 基于语义关联的多源医学信息资源发现服务系统研究[J]. 图书情报知识,2019,(189):113-122.

在三馆资源中共现的频次，数值越大两主题关系越近，否则关系越疏远①。目前矩阵对角线元素的取值是共现矩阵预处理过程中值得探讨的焦点问题，通常有以下三种处理方法：矩阵对角线元素取元素自身的属性值；把元素所属行或列值的最大值加1，再赋值给对角线元素，以此能保证自相关关系的最大化；第三种方法则不考虑自相关性，把对角线元素均赋值为0。

表 2－2　高频共现词汇

序号	共现关键词汇	共现词频
1	阶级的局限性,失败因素	232
2	失败因素,思想理论不科学	168
3	无科学的革命纲领,失败因素	132
4	中外反动势力勾结,失败因素	92
5	战略失误,失败因素	88
6	失败因素,领导集团分裂	77
7	湘军淮军镇压,失败因素	66

本章则认为选择哪种处理方式应该遵循具体情况具体分析的原则，根据应用场景和分析目标选择合适的方式处理，此处的应用场景和分析目标主要需考虑因素之间的相关性，不需要考虑自相关性。因此将对角线元素均赋值为0。

表 2－3　共现矩阵

	失败因素	阶级的局限性	思想理论不科学	战略失误	中外反动势力勾结	领导集团分裂	无科学的革命纲领	湘军淮军镇压
失败因素	0	232	168	88	92	77	132	66
阶级的局限性	232	0	108	64	32	84	96	3
思想理论不科学	168	108	0	79	58	65	35	1
战略失误	88	64	79	0	35	74	56	33
中外反动势力勾结	92	32	58	35	0	24	42	45
领导集团分裂	77	84	65	74	24	0	24	7
无科学的革命纲领	132	96	35	56	42	24	0	11
湘军淮军镇压	66	3	1	33	45	7	11	0

　　Gephi 是一款开源免费基于 JVM 跨平台的复杂网络分析平台，动态和分层图的交互可视化与探测工具，其主要用于各种网络和复杂系统，它支持 Windows，Mac OS X 以及 Linux 等环境，主要功能包括提供了 10 种以上不同的布局算法、网络社区分析和分类、网络属性计算和动态网络分析等，Gephi 已经被广泛用于互联网、生物医学、社会网络分析等领域。最后，本章采用可视化分析软件 Gephi，以高频共现关键词的共现矩阵为数据来源，将共现矩阵生成语义关联网络图谱，再经过颜色、线条等修饰后展示出来，太平天国研究主题关键词语义关联图谱如图 2－4 所示。

　　图谱中共有八个节点，分别指代太平天国研究中的八个高频关键词，为了更直观地展示太平天国研究关键词之间的关系，相互之间有共词关系的关键词节点通过连线连接起来，连线的粗细则描述共词强

---

① 李刚,朱学芳. 基于语义关联的图博档数字资源可视化服务模型构建研究[J]. 情报科学,2020,38(07):147-152.

度的强弱。因为节点之间的连线粗细描述了主题之间关系的紧密程度,观察得出"失败因素"、"阶级的局限性"、"思想理论不科学"和"无科学的革命纲领"关系最为紧密且相互作用影响较大,说明这些关键词之间的共现频次较高,其中三个主题都连接了"失败因素",因此得出"阶级的局限性"、"思想理论不科学"和"无科学的革命纲领"是太平天国失败的最主要因素。同时节点的大小与关键词频次正相关,图中节点直径大小表明研究主题热度的高低,从图中看出"阶级的局限性"、"失败因素"、"无科学的革命纲领"和"思想理论不科学"是太平天国研究领域中热度最高的研究主题[①],并且能较强地影响其他关键词的共现,也是太平天国历史研究的重点主题。

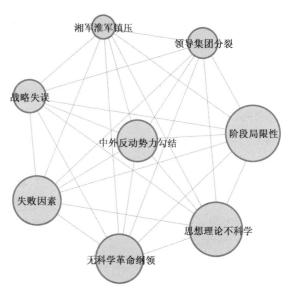

图 2 - 4 太平天国研究主题的语义网络图

2.3 基于关联数据的图博档数字资源组织

首先考虑研究主题的选择,需覆盖图书、博物、档案中现存的相关数字资源,且可视化展示维度多样,其中相关事件、时间、人物、组织、地点等信息丰富,综合以上因素考虑,本章研究选择辛亥革命领域作为研究主题,图书馆馆藏有辛亥革命相关的电子文献、电子图书等,档案馆存有相关的历史档案,例如"临时约法","大总统就职宣誓誓词","民报"等,博物馆保存有相关的博物,例如临时大总统印章、大元帅服等。该主题领域研究相对抽象,具有较深的知识语义关联,地域跨度比较广,时代特色明显,为可视化研究提供了内容丰富的素材。

2.3.1 图博档数字资源组织的技术路线

当前三馆的数字资源异构分散、形式多样,然而这些数字资源之间都客观存在显性或隐性的语义关系,需借助语义相关技术语义化三馆数字资源,再采用计算机可理解的方式描述,关联数据正是该问题的实践解决方案之一,关联数据能为三馆分散、无序的资源数字在语义层面深度开发与利用,为数据网络提供了数据获取、标识定位方法及逻辑结构模型。基于 RDF 数据模型的关联数据具有语义描述和链接功能,用户能通过其中 URI 标识的数据资源和 URI/HTTP 的链接机制方便获取到所需关联的数字资源。然而,关联数据的语义表达能力不足,而本体能使三馆数据具有丰富的语义,而且能提供规范词汇与概念模型,有效提升数据质量与应用潜力。关联数据与本体在图博档资源关联中能充分发挥各自的作用,两者优势互补的协同作用能够通过本体编辑器 Protégé 定义和创建特定的辛亥革命知识本体并构建数据间的内在语义联系。本体和关联数据相结合的资源融合方式在三馆资源聚合的深度和广度上都优于传统的聚合方式,并且在检索的智能性和查全率上也具有相当大的优越性。因而,基于以上的技术分析,本章设计基于关联数据与本体的图博档数字资源组织技术路线[②]如图 2 - 5 所示。

首先,依据本体构建 7 步法进行辛亥革命主题本体模型的设计,分析本体所需的核心概念,并借助本体编辑软件 Protégé 进行本体模型的实现;

① 李刚,朱学芳. 基于语义关联的图博档数字资源可视化服务模型构建研究[J]. 情报科学,2020,38(07):147 - 152.
② 王若宸. 面向非物质文化遗产图像资源的语义知识研究[D]. 南京:南京大学,2020.

其次，基于设计的本体模型，采集图博档辛亥革命主题相关数据，并进行实例化，完成语义关联的初步构建；

再次，为所收集的关联数据设计数据库存储模型，并使用 D2R 软件将存储在数据库中的数据正式发布，将三馆的网络数据升华为人和机器都能理解的关联数据，为辛亥革命的语义信息提供更加智能便利的浏览方式，并且为知识图谱的构建准备好优质的数据源。

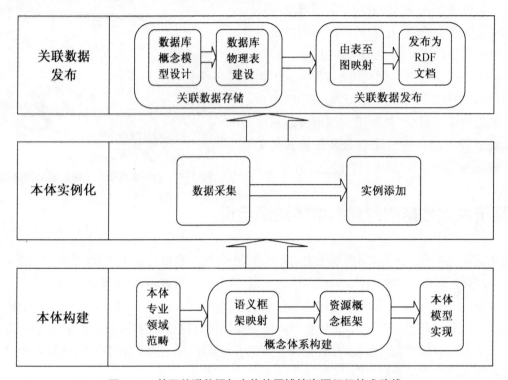

图 2-5 基于关联数据与本体的图博档资源组织技术路线

2.3.2 图博档数字资源本体的构建

2.3.2.1 本体构建方法

本章以图书、档案、博物数字资源中的辛亥革命主题为例，借助本体将辛亥革命领域中的实体与知识单元进行形式化的表达并有效组织。因此，本小节将因循该方法进行本体的构建。

众多学者深度研究和实践了包括 7 步法、IDEF5 法、TOVE 法、骨架法等常用的本体构建方法，并比较发现 7 步法的通用性很好，符合历史学科知识特点需求，同时能很好地支持本体构建工具软件 Protégé。基于本体相关文献研究可知，7 步法的步骤分别为：

（1）选择本体的专业领域及范畴；

（2）考量现有本体复用的可能性；

（3）罗列本体中的重要术语；

（4）定义本体的类及类的等级关系；

（5）定义类属性；

（6）定义类属性的分面；

（7）实现本体实例[1]。

---

[1] 马旭明，王海荣. 本体构建方法与应用[J]. 信息与电脑（理论版），2018，(05)：33-35+38.

目前,由于尚未发现可复用的辛亥革命主题本体,需要遵循本体构建的规范和流程全新构建,因此基于7步法的优化调整,本章将按辛亥革命领域本体构建范畴与框架设计、定义类属性与分面、本体实例化步骤详细阐述实现过程。

2.3.2.2　本体构建的专业领域与范畴

在建立本体之前首先需要明确的是该本体构建所属的领域、范畴和构建目标,即该本体的应用场景。本章研究选择中国近代史上的历史大事件辛亥革命,该历史事件发生于中国农历辛亥年,旨在推翻清朝专制帝制、建立共和政体的全国性革命[①]。该历史时期涌现出众多的重要历史人物,也创建了很多革命组织、团体和机构,发生了很多的重要历史事件,保留下众多的珍贵历史档案和具有重要历史意义的文物,图书馆收藏了众多的相关电子文献、图书等资源,为本章研究提供了丰富的研究素材。

辛亥革命本体构建的逻辑主线是依据三馆数字资源中抽取的特征关键词类别将其分类到本体相应的类(Class)或设置为类的数据属性(Data Property),以此逻辑主线构建辛亥革命本体。

由于尚未见到辛亥革命领域相关的可复用本体模型,在实际本体构建过程中邀请中国近代史专家参与和咨询顾问工作,同时依靠现有的相关分类词表中的专业词汇界定本体中的概念。另外,在实例研究中主要描述的数字资源对象为图书馆中的电子期刊、文献资源、档案馆中的文字资源、博物馆中包含文本的博物资源,并且依据辛亥革命本体的应用场景,定义本体实例化的数据源为图博档相关数字平台中可获取的辛亥革命主题相关数字资源,还包括这些资源的外部属性与内在语义信息的描述。本体有以下三方面的构建目标:

(1) 定义描述辛亥革命领域的知识;

(2) 为实现辛亥革命领域知识的语义关联提供工具支持;

(3) 构建辛亥革命领域数字资源语义聚合后的具有可扩展性的知识库。

对于我国近代史研究的用户而言,辛亥革命领域本体构建后,能将辛亥革命领域众多的人物、事件、地点、组织机构、刊物等大量知识凝练压缩以知识图谱可视化形式展示出来,从而帮助用户快捷了解这一领域的基本信息。因此,本章提出的本体具有一定的实用价值和应用前景。

2.3.2.3　本体的框架体系设计与构建

辛亥革命本体是对图博档中辛亥革命主题知识进行高度概括抽象而形成的形式化知识共享模型。图博档数字资源中与辛亥革命主题相关的资源有相关历史内容和对辛亥革命研究内容,其中档案馆和博物馆馆藏辛亥革命历史相关的实物档案和博物,图书馆馆藏相关的研究文献、期刊、图书等。通过文献调研和图博档网站资料查阅,以及参考《革命历史档案主题词表》,数字资源中主要涉及的关键性术语为事件、地点、人物、刊物、时间、机构组织等,其中人物指历史参与者或数字资源的创作者,即辛亥革命的人物或研究学者;组织机构分为组织团体和机构。发行机构指现代相关研究文献的发行方,如期刊杂志社、图书出版社等,与之对应的可设置期刊杂志名、出版社等。辛亥革命本质上带有近代历史的特征烙印,内容层面自然含有时代属性和历史的记忆,常用的公历纪年法同样适用于近代和现代,本体中均使用公历纪年法表示时间。基于以上的分析,本章设置了人物(Character)、地理位置(Location)、职位职业(Position)、事件(Event)、时间(Time)、组织机构(Organization)、刊物(Publication)等几个类别的关联模型,以此来描述辛亥革命相关知识,构建"辛亥革命"领域数字资源本体的框架体系。

针对图博档中的辛亥革命主题的文本资源,本章定义了语义描述规则,包含"Who——What——Where——When——Abstract"维度,同时根据辛亥革命史实特征和数字文本的特点,进行了修改和优

---

① 辛亥革命.百度百科.[EB/OL].[2020 - 08 - 10]. https://baike.baidu.com/item/辛亥革命/5560.

化，并且将图博档辛亥革命数字资源语义描述中的概念映射到本体核心概念体系中的类。本章根据本体模型的结构特征设计了由语义描述中的特征字段映射本体模型中的核心概念表，如表2-4所示。在该表中第三列是拟构造的本体概念框架包含的类及其属性。Abstract 抽象概念字段与 Who、What、Where、When 字段并列，描述与辛亥革命相关的概念、象征、风格、主题[①]等。

表2-4 语义字段映射本体核心概念表

维度	辛亥革命语义描述	辛亥革命本体概念体系
人物/机构/组织 Who	G1(头衔职位、职业)	职位职业(Position)类
	S1(组织机构)	组织机构(Organization)类
	S1(参与人)	人物(Character)类
刊物/事物/事件 What	G2(刊物)	刊物(Publication)类
	S2(事物)	物理实体(Form)类
	S2(事件)	事件(Event)类
地点 Where	G3/S3(地点)	地理位置(Location)类
时间 When	G4/S4(时间)	具体时间(SpecificTime)类
		抽象时间(AbstractTime)类
抽象概念 Abstract	A(抽象概念)	抽象概念(Abstract)类

在明确了本体模型中的基本概念类之后，构建本体概念框架体系结构图如图2-6所示。在图中，共有7个大类：人物类、组织机构类、地理位置类、事件类、时间类、刊物类、抽象概念类，为了完整地展示本体语义组织的关系，又增加了个别类及属性，它们共同构成了辛亥革命领域知识组织的整体概念框架。其中，人物类指代与辛亥革命相关的个人，因此其下属包含了职位职业子类；组织机构类指代辛亥革命相关的组织和机构，该类有组织和机构两个子类。组织子类指代辛亥革命相关的组织团体，其数据属性包含创建时间、创建人、创建地点、组织宗旨等，机构子类指代辛亥革命相关的机构，其数据属性包含成立时间、性质、成立地点、创办人等；地理位置类为辛亥革命人物、事件或刊物所在的地点，下属划分

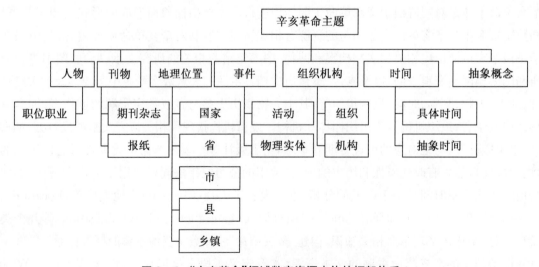

图2-6 "辛亥革命"领域数字资源本体的框架体系

---

① 王若宸.面向非物质文化遗产图像资源的语义知识研究[D].南京：南京大学，2020.

出国家、省、市、县、乡镇五种不同行政等级的地区;事件类指代辛亥革命相关的人物参与的事件,具体又可划分出活动类和物理实体类两个子类,前者为辛亥革命具体化活动,后者为具体的物理实体;时间类指代与辛亥革命相关的时间节点或时间段,根据语义又可以划分出具体时间和抽象时间两个子类;刊物类指描述与辛亥革命期间公开发行的期刊杂志、报纸,包含期刊杂志和报纸两个子类,其数据属性包含创刊时间、创刊地点、创办人、总编辑等;抽象概念类指与辛亥革命相关的抽象概念、象征、风格、主题等。

2.3.2.4　构建领域本体模型

在分析辛亥革命本体的框架体系的基础上,本章设计了辛亥革命领域的本体模型,共有 17 个类,其中 10 个为子类。在本体的类与子类之间是存在继承关系的,同时类与类之间又存在着一定的语义关联。依据对辛亥革命领域本体中相关概念的梳理和归纳,具体的类与子类的具体内容与等级关系如图 2-7 所示。

(1) 人物类

人物类(Character)指代与辛亥革命相关的个人,其包含了职位职业子类。人物类可理解为整个本体模型的中心节点,与其他几个类均有关联;除此之外,人物类还包含了字、号、籍贯、职业职位、生卒年份等数据属性。

(2) 组织机构类

组织机构类(Organization)指代辛亥革命相关的组织和机构,该类有组织(Association)和机构(Institution)两个子类。组织子类(Association)指代辛亥革命相关的组织团体,例如同盟会、文学社等,其数据属性包含创建时间、创建人、创建地点、组织宗旨等,机构(Institution)子类指代辛亥革命相关的机构,例如清政府、南京临时政府、北洋政府等,其数据属性包含成立时间、性质、成立地点、创办人等。

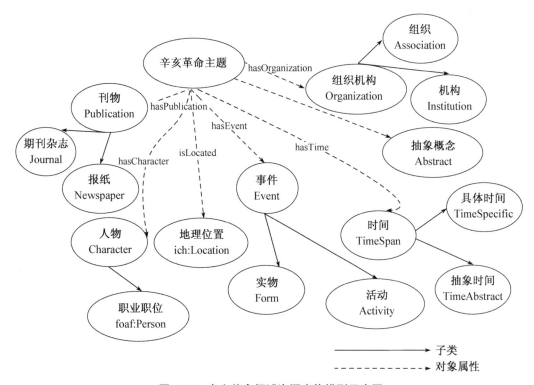

图 2-7　辛亥革命领域资源本体模型示意图

(3) 地理位置类

地理位置类(Location)是指为辛亥革命人物、事件或刊物所在的地点,考虑到辛亥革命人物、事件或刊物在发展过程中可能会跨越多个地区，因此将地理位置单独设为一类。不同的行政区划之间又存在隶属关系（国家、省、市、县、乡镇），因此为该类分别设置 5 类对象属性用以标注隶属关系。

（4）事件类

事件类（Event）指代辛亥革命相关的社会事件，具体又可划分出活动类（Activity）和物理实体类（Form）两个子类，前者为辛亥革命具体化活动（如保路运动、黄花岗起义等），后者为具体的物理实体（如勋章、大炮、枪支等），这两类是用以描述辛亥革命核心内容的重要类，因此事件类由对象属性相关联。

（5）时间类

时间类（Time Span）指描述与辛亥革命相关的时间节点或时间段，根据语义又包含具体时间（Time Specific）子类（如 1911 年、1911 年 10 月 10 日—12 日等）和抽象时间（Time Abstract）（民国初年等）两个子类。

（6）刊物类

刊物类（Publication）指描述与辛亥革命期间公开发行的期刊杂志、报纸，包含期刊杂志（Journal）和报纸（Newspaper）两个子类，例如期刊杂志有"新青年"、"东方杂志"等，报纸有"民报"、"新民丛报"等，其数据属性包含创刊时间、创刊地点、创办人、总编辑等。

（7）抽象概念类

抽象概念（Abstract）类指代与辛亥革命相关的抽象概念、象征、风格、主题等，例如"民主"、"退位"、"里程碑意义"等。

（8）本体中的属性

本体中除了核心类的构建，还需定义类之间的关系，这样才能建立起一个完整的知识网络。在上面定义的 7 个大类之间建立对象属性关联，梳理出人物与事件、组织机构、刊物的关系，事件与时间、地理位置的关系，刊物与地理位置的关系，人物与图像的关系，图像与事件、地理位置之间的关系等，如表 2-5 所示。根据本体中的量词约束、数量约束和含值约束三种对类设定的约束，可以对本体中的知识元进行关联和推理。

表 2-5　对象属性一览

含义	对象属性	定义域	值域
人物与组织机构的隶属关系	isBelongedTo	Organization Character	Character Organization
人物与事件的相关关系	documents isRelatedTo	Character Event	Character Event
组织机构与其地理位置的关系	hasAddress	Organization Location	Location
辛亥革命与其事件的关系	hasEvents	Xinhai	Event
事件与地理位置的关系	isLocated	Location crm：Event	Event Location
地理位置之间的行政区划隶属关系，是……的国家/省/市/县/乡镇	country province city county town	Location	Location
刊物与其责任人的隶属关系	isBelongedTo	Publication Character	Publication Character
辛亥革命事件与其时间段的关系	hasTime	Event TimeSpan	Event TimeSpan

最终,在辛亥革命项目及其数字图像构建的本体模型构建的基础上,利用本体专业开发工具 Protégé 5.5.0[①]进行本体模型的构造和实现,最终完成的本体模型中包含 7 个核心类、10 个子类,结果如图 2 - 8 所示。

图 2 - 8　辛亥革命数字资源本体定义

2.3.3　领域本体的实例化

在建立好辛亥革命图像资源的本体模型之后,为验证本体内部逻辑的一致性和可行性,详细展现知识内在的丰富关联,本节将进一步在已有的模型之上获取数据并添加实例。

将获取并整理好的示例数据暂以 Excel 格式进行存储,将数据导入 Protégé 工具中进行实例化,最终形成 200 个实例,以 owl 格式进行存储,其中相关的 XML 格式语句如表 2 - 6 所示。

表 2 - 6　类及其属性的 XML 语句

<! ——http://www.co—ode.org/ontologies/ont.owl♯辛亥革命主题 ——>
<owl:NamedIndividual rdf:about="http://www.co-ode.org/ontologies/ont.owl♯辛亥革命武昌起义">
　　<rdf:type rdf:resource="http://www.co-ode.org/ontologies/ont.owl♯Events"/>
　　<ont:documents rdf:resource="http://www.co-ode.org/ontologies/ont.owl♯蒋翊武"/>
　　<ont:documents rdf:resource="http://www.co-ode.org/ontologies/ont.owl♯孙武"/>
　　<ont:documents rdf:resource="http://www.co-ode.org/ontologies/ont.owl♯刘公"/>
　　<ont:hasAddress rdf:resource="http://www.co-ode.org/ontologies/ont.owl♯湖北省"/>
　　<ont:hasAddress rdf:resource="http://www.co-ode.org/ontologies/ont.owl♯武昌镇"/>
　　<ont:hasTime rdf:resource="http://www.co-ode.org/ontologies/ont.owl♯1911 年 10 月"/>
　　<ont:hasEvents rdf:resource="http://www.co-ode.org/ontologies/ont.owl♯武昌起义"/>
</ont:orgaddress>

---

①　Stanford Univerdity. Protégé[EB/OL]. [2020 - 03 - 01]. https://protege.stanford.edu/.

（续表）

<ont:orgname rdf:datatype="http://www.w3.org/2001/XMLSchema#string">辛亥革命武昌起义</ont:orgname>

<ont:orgtype rdf:datatype="http://www.w3.org/2001/XMLSchema#string">文化中心</ont:orgtype>

</owl:NamedIndividual>

2.3.4 图博档关联数据的存储与发布

在前文中实现了对辛亥革命主题信息在理论层面上的本体构建。在本节中,将对本体模型中的实例数据实现存储与语义组织,最终进行关联数据的发布。

2.3.4.1 关联数据的存储

获取的数据以实例的形式保存在本地的 owl 文件中,但这种文件存储格式在以后难以进行修改、维护和管理,资源实体之间的关系难以进行规范,广义上的数据库包括用户、数据库、应用程序以及管理系统四部分,其集结构化、共享化、独立性和安全性等优点为一体,是现有的对文件数据的一种有效的管理方式。根据在底层逻辑上所依赖的关系模型,数据库可以被分为关系型数据库和非关系型数据库,但目前非关系型数据库的发展仍处于起始阶段,性能和操作不如关系型数据库成熟,故本章将采用关系型数据库 MySQL 对语义数据进行有序存储和管理,需要进行数据库表的设计。

辛亥革命人物 Character 表,表中包括人物编号、姓名、性别、出生年月、籍贯、职业职位、生卒年份、隶属的组织机构和主要活动等字段,详细情况如表 2-7 所示。

表 2-7 Character 表结构详情

字段名称	类型	主/外键	注释
person_id	varchar(10)	主	人物编号
name	varchar(50)	否	人物姓名
sex	varchar(10)	否	人物性别
birthday	varchar(20)	否	人物生日
skill	varchar(50)	否	职位职业
resume	text	否	人物履历
has_org	varchar(50)	外	隶属的组织机构
has_location	varchar(30)	外	活动地区
……	……	……	……

辛亥革命事件 Event 表的内容为辛亥革命相关的事件,详细情况如表 2-8 所示。

表 2-8 Event 表结构详情

字段名称	类型	主/外键	注释
event_id	varchar(10)	主/外	事件编号
event_time	date(10)	外	事件时间
event_type	varchar(10)	外	事件类型
event_name	varchar(10)	外	事件名称
person_id	varchar(10)	外	参与人编号
……	……	……	……

上述为人物类和事件类转化而成的物理表结构，其他类别的表与之相似，此处不再赘述。

2.3.4.2　关联数据的发布

（1）从关系型表到关联数据的映射

D2RQ是目前应用较为广泛的RDF文件映射平台[①]，它可以通过创建虚拟RDF图的方式来访问关系型数据库，借助核心mapping机制文件将关系数据库的结构转化为RDF格式的文件。再通过其中的D2R server对关联数据进行发布，让用户可以使用http浏览器查看存储在关系数据库中的RDF数据。另外D2R server还附带了使用SPARQL语句对RDF文档进行手动查询的endpoint断点，借助这一功能可以将SPARQL语句进行封装，以供可视化分析界面使用。本章中，使用的是D2RQ－0.8.1版本，首先建立数据库物理二维表至RDF三元组的映射，借助D2RQ的mapping功能，可以自动生成由表到图的映射文件。

D2RQ映射功能的核心是其自身的映射语言，将关系数据库转化为Turtle格式的RDF文档，根据其官方文档，d2rq:ClassMaps和d2rq:PropertyBridges是映射语言中的两个核心属性：前者将数据库中的物理表转化为本体模型中的类，而后者则将表中每一列字段转化为本体中的对象和数据属性，形成了"数据库——物理表——列属性——RDF三元组"的四级映射框架。dataStorage字段指将数据库中所有数据映射至虚拟RDF图中；uriPattern是指为每一张物理表分配一个uri标识；而column则表示物理表中的列属性字段；Classmap将表映射成类；PropertyBridge是指将列属性字段映射到本体模型中类的属性。通过D2RQ自带的mapping工具，生成具体的mapping.ttl代码文件，在代码中还可以根据需求参照官方文档对其进行自定义修改，例如改变发布页面的标题、属性字段的别名等。

（2）图博档关联数据的发布

使用D2RQ软件自带的server发布功能，在命令行中输入相关命令语句发布关联数据，再使用浏览器在本地的"localhost：2020"端口即可访问浏览语义网信息。D2RQ还为用户提供了基于Ajax技术的SPARQL定制化查询功能。SPARQL语言与结构化查询语言SQL在语法上有相似性，是专门用于RDF结构数据的查询，因此用户还可以用SPARQL进行查询所需信息。

本章小结

本章围绕图博档数字资源的可视化研究目标，探讨面向图博档数字化服务融合的知识图谱结构模型的构建。通过分析图博档数字资源可视化服务内涵和服务方式，借助语义关联、可视化等技术设计图博档资源的语义关联方案，实现图博档资源在语义层面上的关联、互补、融合，在此基础上构建图博档知识图谱结构模型，阐述基于关联数据与本体协同的图博档数字资源的语义组织过程，解析模型中每个部分的功能和实现原理，为三馆资源可视化服务提供理论依据和实践探索，为后续的知识图谱构建奠定理论基础。

[①]　Chris Bizer. D2RQ[EB/OL].［2020－03－10］. http://d2rq.org/.

第3章 图博档数字资源语义关联与知识抽取

实现图博档数字资源的多维度关联与链接是三馆知识交叉融合的脉络主线，它能成为建立在三馆资源基础上的可视化服务的优质数据源。本章基于三馆资源现状、特征及其元数据，阐述关联数据的具体应用方法，以此构建面向关联数据的图博档数字资源的可视化体系框架，并论证了三馆资源的多维度语义关联过程中关联数据的主体作用、本体的协同作用以及两者的协同方法。最后基于以上理论构建基于关联数据的图博档资源语义关联理论模型。

3.1 关联数据的应用方法

关联数据是通过结构化、标准化、语义化和开放共享机制来实现数据交换和表示的语义网技术标准，主要包括 3 部分：统一资源定位符 URI，统一数据描述规范 RDF（Resource Description Framework）和超文本传输协议 HTTP。关联数据借助 URI 机制标识的数据资源以 RDF 形式表达，然后运用 HTTP 协议来实现对图片、视频、音频或学术论文等信息资源的定位获取。因此，关联数据应用机制的核心特征是 URI、RDF、HTTP、语义关联和可参引。关联数据的最大优势是使潜在相关的数据链接起来，从而实现相关数据的直接访问。关联数据具有较强的实践操作性，使其为语义网的重要驱动力，因此，W3C 将其作为语义网实现的最佳实践之一。

关联数据是针对网络中异构多源数据的问题而创建语言链接的一种推广规范和应用实践标准。关联数据最基本的目的是揭示数据内在的关联，而语义关联则更深层次的分析数据关联。数据关联的实现主要涉及构建语义关联关系的描述模型，构建语义关联关系和关联数据的发布。

在中国国家数字图书馆、上海图书馆、重庆图书馆、南京博物院、中国第二历史档案馆官网上获取辛亥革命主题的非结构化、半结构化文本和结构化的关系型数据，作为本体实例数据来源，并进行关键词的提取，以及对信息进行整理和清洗。最终，共提取 200 条辛亥革命主题数据。表 3-1 为基本核心类实例信息。

表 3-1 实例数据展示

人物	事件	时间	组织机构	地理位置	刊物	抽象概念
蒋翊武,孙武,刘公	武昌起义	1911 年 10 月 10 日	文学社,共进会	湖北武昌	大江报	兵变

3.2 关联数据与本体协同实现的语义关联

关联数据为分散异构的数据信息资源建立关联提供了一种理论和方法，也为用户在数据网络向语义网络的转化过程中提供丰富知识资源，为数据网络中数据获取、标识定位提供了方法和逻辑框架模型；并且本体能赋予数据丰富的语义，从而有效提升数据质量与应用潜力。本体在关联数据网络中的词汇规范和可重用的概念模型方面起到重要作用。关联数据与本体在图博档资源多维度关联中的作用方法表现在两个方面：一方面是借助本体编辑器，创建图博档的本体，以构建资源间的内在联系；另一方面是复用 LOD 云图中的本体拓展图博档的关联数据①,如图 3-1 所示。

本体对关联数据的作用体现在它不仅提供了形式化描述框架,还提供了可复制的词汇规范②。资源的语义标注是进行关联分析的前提和基础。本体语言 OWL 在 RDF 和 RDFS 的基础上增加用于描述属性、类的潜在关系的建模语言,并提供定义和属性描述。运用 OWL 描述图博档资源的基本过程:(1)运用 RDF 对图博档信息资源进行数据结构化;(2)运用本体语言进行建模;(3)语义信息的 RDFS/OWL 描述;(4)URI 关联数据发布③④。

VIVO 作为一种开源的、可实现数据关联与发布的工具,被业界广泛应用。数据源关联数据化处理主要实现 RDF 数据的导入。在应用中,VIVO 系统语义关联模式采取"核心本体＋当地本体"应用模型,实现资源的有效利用。同时,VIVO 将 DC、FOAF、SKOS 等通用本体整合到系统中。

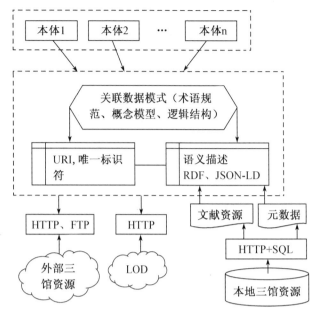

图 3-1　关联数据与本体在图博档资源关联中的作用

以语义网为理论支撑,运用 VIVO 本体实现资源的语义互联和共享,为关联数据的语义关联关系提供新的思路。数据以 RDF/XML 等多种格式发布后,依据不同用户的需求,获得下载或再开发等授权⑤。

综上所述,关联数据为图博档数据整合和语义关联提供简便可行的途径和方法,目标是为创建更智能的应用而实现具备语义功能的数据网络⑥。以上探讨了基于关联数据技术和本体互操作的三馆资源语义关联协同作用方法,为关联数据技术在三馆知识组织过程中实现资源语义关联和数据共享奠定理论基础。

3.3　图博档数字资源可关联性的层次

从关联维度的视角,重点讨论图博档资源知识单元之间、实体之间、内部知识群落与外部知识群落之间相互影响、规律与模式。基于世界上的事物普遍相互联系关联的观点,三馆资源中任意实体对象都不是孤立存在的,而是和其他实体存在着某种显性或隐性的关联关系,这些关系可以通过 URL 和语义构建具有导航和发现价值的关联关系,显性关系可以通过 URL 连接来实现,隐性关系是语义层次的语义关联。因此,本章将图博档资源可关联性按相关性程度分为应用层次关联和语义层次关联。

3.3.1　应用层面关联

图博档资源可关联性的应用层,元数据通过关联对象的互操作获取,运用 URL 将对象资源进行有

① 赵夷平. 基于关联数据的机构知识库资源聚合与知识发现研究[D]. 长春:吉林大学,2018.
② 娄秀明. 用关联数据技术实现网络知识组织系统的研究[D]. 上海:华东师范大学,2010.
③ 朝乐门,张勇,邢春晓. DBpedia 及其典型应用[J]. 现代图书情报技术,2011(3):80-87.
④ 白海燕. 关联数据及 DBpedia 实例分析[J]. 现代图书情报技术,2010(3):33-39.
⑤ 李柏炀. 基于关联数据的科研关系揭示研究[D]. 长春:东北师范大学,2016.5.
⑥ 李亚婷,曹洁,彭洋,等. Web 环境下关联数据的应用[J]. 情报理论与实践,2010(11):122-125.

序化排列和关联。URI 不仅在不同数据间建立链接，而且实现数据唯一语义表示。RDF 链接通过三元组将三个不同 URI 知识对象关联起来，其中主语、宾语由各自相应资源的 URI 标识，RDF 谓语的 URI 表示资源间关系类型的定义。在图博档资源的关联中，主语和宾语的 URI 标识分别来自相同或不同的图书馆、博物馆和档案馆数据集；应用层次关联谓语的 URI 标识进行语义层面的表示和描述可来自内含语义属性词汇集。应用层关联是通过 RDF 谓词词汇集将图书馆、博物馆和档案馆中相同或不同数据集中的实体对象链接起来，从而构建知识关联[①]。应用层关联的基本规则：同一性关联，实体别名统一规范化处理，从而建立同一性连接关系；资源间关联，不同资源的关联通过属性间的关系建立关联。应用层面的关联的核心任务是"发现关联"，即通过核心实体的属性元素进行关联，可以将不同类型的数据集有效关联起来，将关联数据集规模扩大，但较少触及数据集深层次的语义关联。

大数据时代，图书馆、博物馆和档案馆产生了大量数据，且需要实现资源共享，数据融合理论和技术为其融合提供了方法。早期，三馆借助于共享、共建来实现跨组织间的组织合作，实现数据融合[②]。

3.3.2 语义层面关联

语义关系是知识系统中概念或实体间的关系，反映两者间的隐含关联，一般通过元数据来描述语义关联[③]。语义关联是通过语义角色和动词核心作用的关联组合来实现。图博档语义层关联是将"集合、关系、集合"三元体语义关系框架逻辑运用到三馆中信息资源的概念中；关联通过动词起核心作用，用来揭示主体间的语义关系。目前，语义层语义关联是从三馆的关系数据库中去获取语义知识[④]。在语义层，使用本体来描述三馆中的各类实体、属性、属性值以及语义关系等。在语义关联中运用和本体一致的描述模式，任何 URI 资源都是关联数据的标准资源，语义层将 URI 作为对象，语义关联通过属性—值对联系，资源—属性—值三元组来描述。因此，三馆中的每一种资源语义关系通常采用"模式"进行定义描述[⑤]。为提高图博档语义层的语义关联的实现，本章研究中设计了在本体的基础上基于关联数据和本体协同的三馆资源语义关联，其实现步骤：

（1）为三馆特定内容类型的关联数据集建立轻量级本体模型；

（2）融合不同本体模型中的实体及实体关系，并构建图博档知识；

（3）三馆资源的语义化发布和语义信息关联[⑥]。

图博档语义层关联设计中，运用本体定义并描述三馆数字资源，大幅弥补并提升了关联数据的语义功能，本体与关联数据相得益彰的协同方法为发现信息资源间隐性的、潜在语义关系提供了条件。

3.4 图博档数字资源语义关联体系

基于图博档资源可关联性的层次分析，构建基于关联数据的图博档资源语义关联体系，如图 3-2 所展示。体系包含三馆资源的链接标识、关联数据模型、三馆知识的语义表示及知识关联、三馆资源数据发布为关联数据等处理过程，其中不可或缺相关的知识组织方法和规范支持三馆资源链接和语义关联，该构建为图博档知识图谱的结构模型奠定研究基础和理论支撑。该体系依据实现的功能差异划分

① 司徒俊峰，曹树金，谢莉.论基于关联数据的知识链接构建与应用[J].图书情报工作，2013,57(16):123-129.
② 李利.大数据环境下图书馆应用关联数据的思考[J].情报探索，2017(11):60-64.
③ 张辉.基于语义关联技术的信息检索策略[J].计算机工程与设计，2011,32(12):4291-4294.
④ 王思丽，祝忠明，姚晓娜.机构知识库语义知识获取方法分析及实验研究[J].现代图书情报技术，2014(04):7-13.
⑤ 贾君枝，李捷佳.基于关联数据的语义互操作研究[J].情报理论与实践，2017,40(08):131-134+111.
⑥ 王思丽，马建玲，王楠，等.开放知识资源登记系统集成关联数据的方法及试验研究[J].情报理论与实践，2016,39(02):124-128.

为以下四个层次：

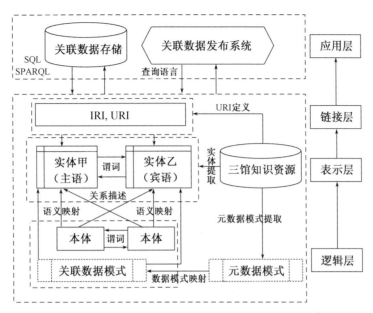

图 3－2　基于关联数据的图博档资源语义关联体系[1]

（1）逻辑层

该层位于框架最低基础层，主要是清洗多源异构的元数据，实现规范的 RDF 数据模型的功能。语义知识获取是通过数据模式映射功能将三馆的关系型二维表数据转变为关联数据模式即语义知识模型，运用 RDF 逻辑结构模型完成图博档资源的数据结构化和语义关联。

（2）表示层

该层在基础逻辑层之上，通过本体语义模型、词汇表等知识工具来表示三馆资源中各类实体、属性等[2]。

（3）链接层

该框架中第三层是链接层，通过 URI 作为资源的唯一标识，借助 HTTP、URIs 协议进行解析，并为用户提供访问机制。在图博档语义关联设计中，关联数据使用 HASH、URIs 等方式对图博档等实体以及抽象概念进行语义标注，在使用 303URIs 方法时需要通过该数据转换方式实现。

（4）应用层

该层是体系中的最高层，关联数据使用内容协商机制，应用层的职能是负责检查客户端发送过来的 HTTP 传输协议，根据所获取的数据依照响应反馈对应格式的文件。

3.5　图博档知识抽取与知识融合算法

知识抽取作为面向非结构的文本数据挖掘的关键技术，已被广泛应用于知识图谱、摘要自动生成、自动问答等方面[3]，包括自动分词、命名实体识别、实体关系抽取等重要子任务。上文中已分析了图博档资源的类型和特征，其中非结构和半结构化的文本数据在资源中占据的比例很高，为了构建面向图博

①　赵夷平.基于关联数据的机构知识库资源聚合与知识发现研究[D].长春：吉林大学，2018.
②　刘炜，胡小菁，钱国富，等.RDA 与关联数据[J].中国图书馆学报，2012，(01)：34－42.
③　鄂海红，张文静，肖思琪，等.深度学习实体关系抽取研究综述[J].软件学报，2019，30(6)：1793－1818.

档资源融合的知识图谱，就必须借助自然语言处理技术实现知识的抽取而获得语义三元组，为知识图谱构建做好基础工作。

3.5.1 图博档知识抽取算法设计

3.5.1.1 实体抽取的算法设计

（1）面向图博档文本资源的语义描述映射规则设计

依据上文2.3.2.3辛亥革命领域本体的框架体系设计与构建内容可设计面向图博档文本资源的语义描述映射规则，如表3-2所示。使用字母和数字的组合方式分别编码语义框架中8种类别的实体，G字段代表通用概称型的概念名词，S字段代表有具体名称的概念名词，A字段代表抽象型名词。

在Who的类别中，G1表示与辛亥革命相关的一般性的职业或组织、机构，S1表示辛亥革命相关的具体组织、机构或参与人。

在What的类别中，G2和S2字段分别定义为通用和具体的辛亥革命相关刊物、事物或事件。

在Where类别中，G3字段表示概称性的地点或建筑内部的方位，用以描述辛亥革命人物、组织机构所处的概述性位置，事件发生的地点，而S3字段表示有具体命名的地理方位，即与辛亥革命相关的地理位置①。

在When类别中，G4字段表示某种通用的时间周期，S4字段表示具体的时间点或时间段，通常与辛亥革命事件发生时间所联系，鉴于辛亥革命内容中包含更多的S4字段，而G4字段出现频次较少，因此将两个字段合并，用"G4/S4"统一指代。

A字段是抽象概念字段，统一指代辛亥革命中包含的概念、风格、主题等高层语义信息。通过以上8类编码的描述，本章试图建构起辛亥革命非结构化文本的语义描述框架。

表3-2 面向图博档文本资源的语义描述映射规则

维度	通用概念 General	具体概念 Specific	抽象概念 Abstract
人物/机构/组织 Who	G1：一般性的职业或组织、机构（如：教师、都督、报社）	S1：辛亥革命的具体组织、机构和参与人（如：同盟会、孙中山）	A：与辛亥革命相关的概念、象征、风格、主题等（珍贵、惨烈、活泼）
刊物/事物/事件 What	G2：辛亥革命刊物、事物和事件（如：报纸、武装起义）	S2：辛亥革命的具体刊物、事物和事件（如：广益丛报、舞蹈、改编、武昌起义）	
地点 Where	G3：概称性地点或建筑方位（如：广场、街道、码头）	S3：具体的地理名称（如：武汉三镇、邹容路）	
时间 When	G4/S4：周期性的时间统称（如：四季、秋天）；具体的时间点或线性的时间段（如：1912年、辛亥年）		

（2）面向辛亥革命主题的关键词提取

本章定义了多种类型的语义描述词，如辛亥革命专有性的地名词、人名词和机构组织词（S3、S1、G1）；辛亥革命特征意义的名词、地点名词和时间名词（S2、G3、S4）；具有与辛亥革命相关的概念、象征、风格、主题等，多为形容词或副词（A）；还有特殊词（G1、G2）。面向这些辛亥革命相关的多种类别和层次的词汇，本章借助自然语言处理相关技术设计知识抽取算法进行关键词提取并完成映射。

（3）命名实体识别算法设计

依据自然语言处理中的实体抽取技术分析，以辛亥革命主题为例，本章设计面向图博档中非结构化

---

① 王若宸.面向非物质文化遗产图像资源的语义知识研究[D].南京：南京大学，2020.

数据实体抽取算法,算法具体流程图如图 3-3 所示。

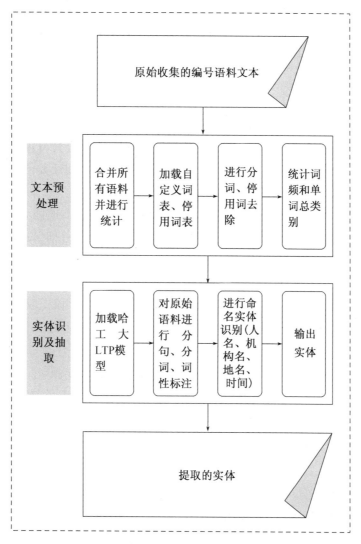

图 3-3　面向图博档中非结构化数据的实体抽取算法

算法主要包含了文本预处理和实体识别及抽取两个核心处理过程,文本预处理过程包括语料的预处理和统计,加载辛亥革命自定义词表和停用词表,使用分词工具自动进行分词,剔除停用词,对分词结果统计词频和单词总类别;实体识别及抽取包括加载哈工大 LTP 模型,采用 LTP 模型对原始语料库进行分句、分词以及词性标注,通过该模型实现命名实体识别,提取特征词和映射类别,最终输出识别的实体。

算法可分为四个步骤:

1)数据的收集和准备

首先,由于以辛亥革命为主题,所以数据收集的来源为国内各个数字图书馆、博物馆、档案馆的官方网站,收集用于构建语料信息的非结构化文本数据,同时爬取每一条辛亥革命的相关组织机构、人物等信息,以及获取结构化的图博档数据库二维表。

2)对收集的文本信息预处理和分词

使用 LTP 模型对文本进行分词处理,由于现有的分词工具功能强大,具有自带的词典,因此对大多数文本具有一定的分词识别功能,但由于数据集以辛亥革命为主题,有一些的历史专有名词,为保证召回率,可以通过构建用户自定义词典的方式补充领域词表。之后对分词结果进行清洗,即过滤停用词,依据停用词表,剔除连词、介词、助词、语气词、代词以及标点符号等无实际意义的字符。收集分词和清洗后结果中的词汇并映射至 S1、S2、S3 字段,对分词结果标注词性,这些字段大多事先被收录进领域词表(人名、地名等),或具有明显的区分性,因此错分概率较小。最后,为了保证文本预处理结果的质量,本章对所有分词结果进行了统计。经过预处理和初步抽取之后,还存在部分专有名词无法被识别,且时间性词汇容易被当成无意义的数词被剔除。

3) 采用 LTP 模型中的机器学习功能进行命名实体识别

如果分词和命名实体识别采用不同的工具,例如采用 Jieba 工具进行分词,但是用 LTP 去识别实体,那么 Jieba 工具的分词过程中产生的错误可能会影响下游实体识别任务的性能。因此本章遵循常用的做法,即借助 LTP 模型工具来完成分词和实体识别。LTP 模型不仅能很好地实现分词,而且能够很好地实现命名实体的识别,特别能有效地识别人名、地名、组织机构名、时间名词等,并且 LTP 具有机器学习功能模块,能够在已经标注好词性的大型语料库上训练学习,另外如果再提供部分具有明显主题信息的训练集,可以提升模型识别的性能。

4) 文本特征词提取

本章采用 LTP 模型实现对文本中的特征词进行提取。前两步的字段提取更多覆盖的是专有名词,而其他的字段偏向通用化,因此需要从文本中筛选具有高权重的特征词,这类在文本中的特征词具有丰富的语义。

在实体抽取过程中使用的 LTP 模型囊括了基于规则、模板、机器学习、算法等多种抽取的方法,这种多方法综合使用的形式能很好地发挥各种方法的优势以达到优势互补的最佳效果,同时构建丰富的知识库作为支撑,以更好地实现实体的获取。

3.5.1.2 实体关系抽取算法设计

(1) 依存句法分析

依存语法是指基于语言单位内成分之间的依存关系分析而辨析其句法结构。它的部分标注关系[①]及含义如表 3-3 所示。例如对句子"依据语法通过分析语言单位内成分之间的依存关系揭示其句法结构"进行依存句法分析,结果示意图如图 3-4 所示。

通过句法分析结果,就可以容易看出,即使"依存关系"、"语言单位"或"成分之间"这些名词距离谓词"揭示"更近,"揭示者"也不是它们,而是"依存语法"。

(2) 基于依存句法的三元组抽取算法设计

表 3-3 依存句法分析标注关系及含义表

关系类型	Tag	Description	Example
主谓关系	SBV	subject-verb	我送她一束花(我＜——送)
动宾关系	VOB	直接宾语,verb-object	我送她一束花(送——＞花)
间宾关系	IOB	间接宾语,indirect-object	我送她一束花(送——＞她)
前置宾语	FOB	前置宾语,fronting-object	他什么书都读(书＜——读)

---

① LTP 依存句法分析标注关系[EB/OL].[2020 - 05 - 21]. https://blog. csdn. net/haoronge9921/article/details/106261503/.

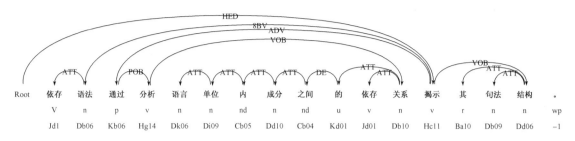

图 3 - 4　依存句法分析示意图

本章研究是在命名实体抽取的基础上，采用依存句法的方法抽取三元组，具体算法策略和步骤如下：

① 每个词创建其依存句法的儿子节点，用以存储关系与儿子词的位置信息；

② 每个词创建其父子数组的依存结构，用以依据词性标注规则记录该词的词性、父节点的词性以及他们之间的关系；

③ 循环遍历所有词，搜索到存在动宾关系、定语后置动宾关系、介宾的主谓动补关系并进行提取；

④ 对于提取主宾中的词，需要在里面寻找具有相关依存结构的词，剔除不需要的词。

3.5.1.3　算法的优化

由于知识抽取中采用了较多的通用算法和工具，缺乏对近现代辛亥革命历史领域中的专属名词和关系识别的针对性，包括人名、历史地名、年号、官职称谓、特定事件名称等，从而影响知识抽取过程中识别的精准率和召回率，因此需要对算法进行针对性和领域专业性的优化，可以从以下几方面入手。

（1）第一种优化方案是增加辛亥革命领域自定义词表，通常情况下增加自定义词表会有利于知识抽取精准度和召回率。具体方法是将领域中的特有专属名词进行定义并存入词表中，降低知识抽取过程中识别遗漏和错误识别，提高召回率和精准率，并且哈工大 LTP 模型支持增加自定义词表的应用方案。

（2）第二方案是增加使用预训练的语言模型，对知识抽取的准确度也有一定的提升作用。当前有通用的在大规模语言文本上训练好的语言模型，同时也有清华大学刘知远团队为代表的融入知识图谱的预训练语言模型，这两类预训练语言模型都是可以直接引用到算法中使用。

（3）第三方案是采用基于机器学习的有监督学习方法，具体方法是邀请中国近代历史学学者人工标注训练数据，获得一定数量的辛亥革命领域的知识标注数据集，将原本使用的知识抽取模型在对应的标注数据上进行训练或者微调，这将会使得知识抽取性能有效提升。哈工大 LTP 模型完全支持在已经标注好词性的大型语料库上进行训练学习，与前两个方案相比该方案更加有效且可行性强，另外如果再提供部分具有明显辛亥革命主题特征信息的训练集，可以更好地提升模型识别的性能。

3.5.3　知识融合算法设计

图书、博物、档案属于相近或相似领域，数字资源中存在众多不同概念指代现实世界中相同的事物。知识融合技术是知识图谱的关键技术之一，其主要任务是将新获得的知识融入知识图谱中，保证知识图谱知识准确率的前提下高效地引入新知识，是知识融合的关键。知识融合与知识抽取工作衔接紧密，是其后继工作。本章上节具体阐述了图博档知识抽取的算法研究和设计，构建了辛亥革命主题知识库，接下来的核心问题是如何对知识库进行语义上的融合，实现实体对齐，据此本节主要分析实现图博档知识融合中的关键技术、策略和基于同义词的图博档知识融合算法设计，为图博档知识图谱构建提供知识融合集的知识基础。

实体对齐的策略和算法设计：

（1）存在的问题

实体是指现实世界中的人、事、物以及抽象概念或联系，实体对齐是指异构数据源中的各个实体，找寻到属于现实世界中的相同实体。实体对齐当前主要存在以下三种问题：

① 命名相同的概念可能指代不同的实体，例如"大总统"可能指代"孙中山"、"袁世凯"、"黎元洪"或"冯国璋"；

② 命名不同的概念可能指代相同实体，例如"孙中山"、"孙文"、"孙逸仙"、"日新"和"中山樵"均指代同一个人；

③ 概念指代的粒度不同。知识库中的实体类型通常为层次结构的组织形式，因此实体可以形成类型路径，即类型层次，例如，"孙中山"可以按照如下类型的路径归类：革命家/历史人物/人。换言之，概念"孙中山"粗粒度的识别目标的是"人"，而细粒度需要进一步细分为"历史人物"、"革命家"等。

（2）策略和算法设计

本章通过文献学习，针对实体对齐的问题设计了面向图博档辛亥革命主题的实体对齐算法，具体如表3-4所示：

表3-4 实体对齐算法设计

输入：由知识抽取生成的知识三元组； 输出：实体对齐后的三元组（知识图谱）。 数据预处理：语法正规化和数据正规化处理； 记录链接：通过相似度将实体进行链接； 相似度计算：分成属性相似度和实体相似度； 分块处理，负载均衡； 结果评估。

① 数据预处理

图博档数字资源中的实体信息很多，获取到的三馆数据在知识抽取阶段已经完成了数据预处理，包括采用哈工大LTP模型的分词模块进行分词处理，之后使用《哈工大停用词表》去除语料库中的所有停用词，最后留下的均是有代表性的词汇。再经过命名实体识别和关系抽取，最终生成了知识三元组，在此过程中已经完成了语法正规化和数据正规化。

② 记录链接

记录链接也称为数据链接，依据相似度将实体进行链接。记录链接是在数据集中查找跨越图博档不同数据源引用同一实体记录的任务。当基于可能共享或可能不共享公共标识符的实体加入不同的数据集时，记录链接是必要的。经历了面向记录链接对帐的数据集被称为交叉链接。记录链接分为基于规则的确定性记录的记录链接和概率记录链接两类。确定性记录链接基于在可用数据集中匹配的单个标识符的数量来生成链接。概率记录链接有时也称为模糊匹配，通过考虑更广泛的潜在标识符，采用不同的方法来解决记录链接问题，并根据其正确识别匹配或不匹配的估计能力为每个标识符计算权重，并使用这些权重来计算两个给定记录引用同一实体的概率。

③ 相似度计算

相似度计算分成属性相似度和实体相似度计算。属性相似度可以通过编辑距离集合相似度或计算基于向量的相似度。实体相似度可通过聚合、聚类，其中聚类可分为层次聚类和相关性聚类。

④ 分块处理

所谓分块是从所有三元组中找到潜在的匹配并分到一块中，以减少运算量为目的，保证所有的分块中实体数量相当,再进行映射和归约处理,实现所有块的分布式计算量的负载均衡,避免计算量过大或过小。

⑤ 结果评估

通过人工方式计算精确率、召回率、F1 值量化评估实体对齐的结果。

3.5.4　算法实验

3.5.4.1　图博档知识抽取实验

（1）实验方式、环境及实验数据获取

实验采用的编程语言为 Python3.6,Python 程序的集成开发环境为 jupyter notebook,操作系统平台为 Windows10,内存 8 GB,硬盘容量 1 TB。

以辛亥革命主题为例,数据源为上海图书馆、重庆图书馆、南京博物院、中国第二历史档案馆的官网网页,如表 3-5 所示。例如,中国第二历史档案馆的"辛亥革命在南京"主题的图文数据如图 3-5 所示。

图 3-5　中国第二历史档案馆的"辛亥革命在南京"主题

表 3-5　辛亥革命主题数据源

图博档辛亥革命主题数据源	网址
中国国家数字图书馆	http://www.nlc.cn/
上海图书馆	https://library.sh.cn/#/index
重庆图书馆	http://www.cqlib.cn/
南京博物院	http://www.njmuseum.com/
中国第二历史档案馆	http://www.shac.net.cn/

　　前人的研究表明，无论是网页、电子图书还是文献中，图文排版方式能更好地表达作者表述的内容，因此环绕图像的上下文中包含了比纯文本更丰富语义的信息，将是知识抽取良好的实验数据来源，因此选择了一部分辛亥革命图像上下文作为语料。例如中国第二历史档案馆官网中"孙中山主持内阁会议情形"，如图 3-6 所示。

图 3-6　孙中山主持内阁会议情形

　　因此，本章通过网络爬虫程序在以上网站抓取了一部分辛亥革命主题图像上下文和辛亥革命主题相关的非结构化和半结构化文本，并以 001~200 进行文件名称编号。为了实验程序处理方便，将这 200 个纯文本文档合并为一个文档，命名为 alltext.txt，每一段文字占一行，一共有 200 行，生成 200 条文本语料，其中部分如图 3-7 所示。

> 重庆同盟会会员之间进行联络的信物《蜀中同盟会》会章。章内"高野大雄君"为孙中山在日本的别号。
> 陈天华一生救亡图存、忧国忧民、宣传革命、矢志不移，是辛亥革命时期杰出的鼓动家和宣传家。所著《猛回头》和《警世钟》成为当时宣传革命的号角和警钟。
> 1910年11月，孙中山在马来亚召集黄兴、赵声、胡汉民等人开会，决定再发动一次仍以广州新军为主干的大规模的广州起义。
> 于1913年5月林伯渠逃亡日本，并加入到孙中山重新组织的中华革命党，受命回国后，曾任湖南省署秘书兼总务科长、政务厅长等职。
> 1911年1月，革命党人温朝钟、王克明、程昌琪、谭茂林等领导了同盟会在保路斗争发动前的四川最后一次武装起义—黔江武装反清起义。这是四川同盟会发动的起义中唯一攻占了县城的一次。图为《大公报》关于黔江起义的报道。
> 1911年10月10日晚，驻守武昌的新军工程第8营在熊秉坤领导下首先发难，打响了辛亥革命第一枪。图为起义士兵赶到楚望台。
> 1913年8月2日晨，孙中山被迫离开上海转赴广州。袁世凯接到密报后，授意其亲信化名"寄吾"，于8月3日密电香港威灵顿街"德宝华霍公实寿先生"，设法除掉孙中山。中国第二历史档案馆就藏有一份北京政府当年下达的"暗杀令"，其杀气腾腾、亟欲除之而后快之意，跃然纸上。

图 3-7　语料库部分示例

（2）文本预处理

1）首先需要加载哈工大的 LTP 自然语言处理库，有数百兆数据量，Python 程序加载库的代码如

图 3-8 所示。采用 LTP 分词模块对 200 条语料文本进行分词处理(程序中的文件名为 1-文本分词预处理. ipynb),同时加载 LTP 中自带的停用词词表(stopwords. txt),相关程序核心代码如下所示,部分停用词表如图 3-9 所示,将完整语料 alltext. txt 文件中出现的所有停用词删除,如图 3-10 所示,保留有意义的词汇,处理输出后的分词结果保存在 seg. txt 中,如图 3-11 所示。

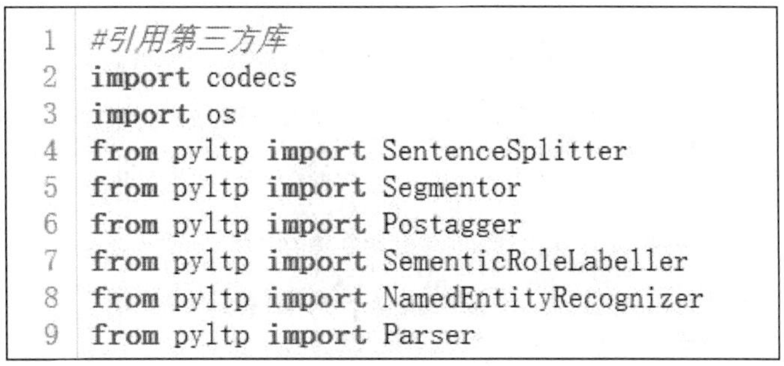

```
1  #引用第三方库
2  import codecs
3  import os
4  from pyltp import SentenceSplitter
5  from pyltp import Segmentor
6  from pyltp import Postagger
7  from pyltp import SementicRoleLabeller
8  from pyltp import NamedEntityRecognizer
9  from pyltp import Parser
```

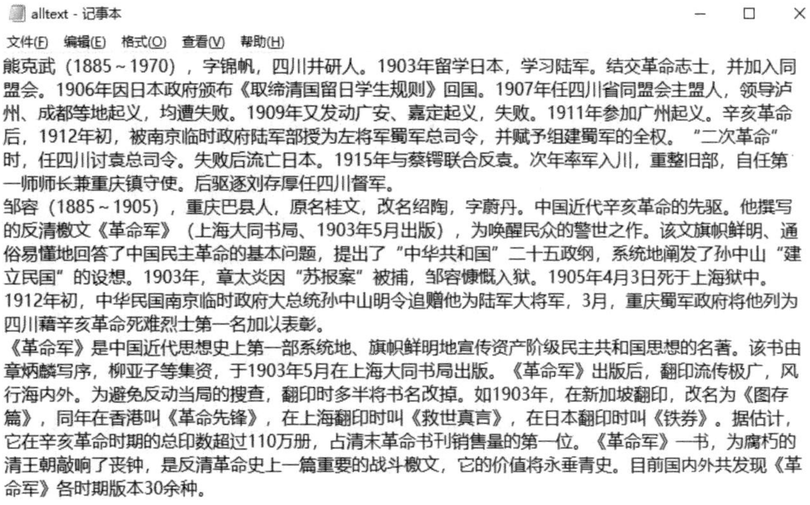

图 3-8　Python 程序加载哈工大 LTP 自然语言处理库

　#分词

　import os

　from pyltp import

Segmentor, Postagger, Parser, NamedEntityRecognizer, SementicRoleLabeller

　result_dir＝r'. /result_dir'

　class LtpParser：

　　def __init__(self)：

　　　LTP_PATH = ". "

　# 加载停用词表,储存在 stopwords 列表中

　fstop = open(dir2＋'stopwords. txt', 'r＋', encoding＝'utf-8')

　stopwords = fstop. read(). split('\\n')

　　　fstop. close()

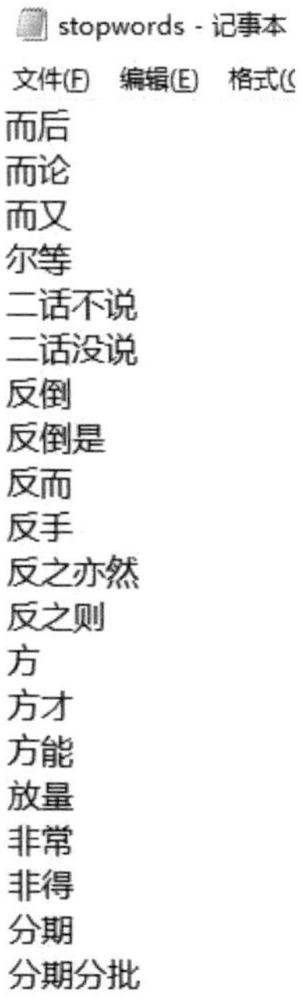

图 3-9　停用词表　　　　　　　　　　**图 3-10　部分语料文本**

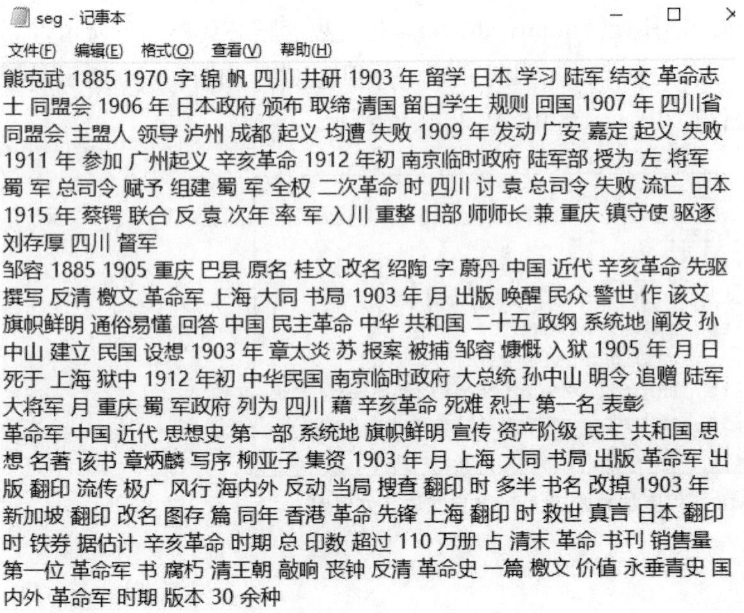

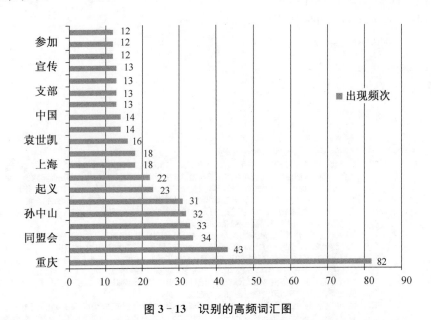

seg - 记事本

文件(F) 编辑(E) 格式(O) 查看(V) 帮助(H)

熊克武 1885 1970 字 锦 帆 四川 井研 1903 年 留学 日本 学习 陆军 结交 革命志士 同盟会 1906 年 日本政府 颁布 取缔 清国 留日学生 规则 回国 1907 年 四川省 同盟会 主盟人 领导 泸州 成都 起义 均遭 失败 1909 年 发动 广安 嘉定 起义 失败 1911 年 参加 广州起义 辛亥革命 1912 年初 南京临时政府 陆军部 授为 左 将军 蜀 军 总司令 赋予 组建 蜀 军 全权 二次革命 时 四川 讨 袁 总司令 失败 流亡 日本 1915 年 蔡锷 联合 反 袁 次年 率 军 入川 重整 旧部 师师长 兼 重庆 镇守使 驱逐 刘存厚 四川 督军

邹容 1885 1905 重庆 巴县 原名 桂文 改名 绍陶 字 蔚丹 中国 近代 辛亥革命 先驱 撰写 反清 檄文 革命军 上海 大同 书局 1903 年 月 出版 唤醒 民众 警世 作 该文 旗帜鲜明 通俗易懂 回答 中国 民主革命 中华 共和国 二十五 政纲 系统地 阐发 孙中山 建立 民国 设想 1903 年 章太炎 苏 报案 被捕 邹容 慷慨 入狱 1905 年 月 日 死于 上海 狱中 1912 年初 中华民国 南京临时政府 大总统 孙中山 明令 追赠 陆军 大将军 月 重庆 蜀 军政府 列为 四川 藉 辛亥革命 死难 烈士 第一名 表彰

革命军 中国 近代 思想史 第一部 系统地 旗帜鲜明 宣传 资产阶级 民主 共和国 思想 名著 该书 章炳麟 写序 柳亚子 集资 1903 年 月 上海 大同 书局 出版 革命军 出版 翻印 流传 极广 风行 海内外 反动 当局 搜查 翻印 时 多半 书名 改掉 1903 年 新加坡 翻印 改名 图存 篇 同年 香港 革命 先锋 上海 翻印 时 救世 真言 日本 翻印 时 铁券 据估计 辛亥革命 时期 总 印数 超过 110 万册 占 清末 革命 书刊 销售量 第一位 革命军 书 腐朽 清王朝 敲响 丧钟 反清 革命史 一篇 檄文 价值 永垂青史 国内外 革命军 时期 版本 30 余种

| 单词：重庆，次数：82 |
| 单词：四川，次数：43 |
| 单词：同盟会，次数：34 |
| 单词：革命，次数：33 |
| 单词：孙中山，次数：32 |
| 单词：辛亥革命，次数：31 |
| 单词：起义，次数：23 |
| 单词：军政府，次数：22 |
| 单词：上海，次数：18 |
| 单词：革命军，次数：18 |
| 单词：袁世凯，次数：16 |
| 单词：成立，次数：14 |
| 单词：中国，次数：14 |
| 单词：成都，次数：13 |
| 单词：支部，次数：13 |
| 单词：重庆市，次数：13 |
| 单词：宣传，次数：13 |
| 单词：1911，次数：12 |
| 单词：参加，次数：12 |
| 单词：创办，次数：12 |

图 3-11 部分分词结果显示   **图 3-12 分词结果中频次前 20 单词统计**

对语料文本分词结果进行统计出现频次最多的前 20 的高频词汇单词，如图 3-12 所示，由于语料库主题是辛亥革命，辛亥革命的代表性地名和组织机构词出现的频次较高，如"重庆"、"四川"、"同盟会"等词均为在语料库中的常见词，以上高频词说明了分词结果以常见的地名和组织机构名词为主。同时，经过统计得知本次语料库中总共分得 6109 个词汇，总共出现 10 986 次，即平均每个词出现不到两次，这个结果验证了"长尾理论"，即词频服从幂律分布：少数词具有高分布频次，而其余的大量低频词占据分布曲线的尾部，如图 3-13 所示。

图 3-13 识别的高频词汇图

在这一节中的处理中，已初步获取分词的结果，通过筛选候选的关键词字段，选取与辛亥革命的具体组织、机构和参与人 S1(nz)、辛亥革命的具体刊物、事物和事件 S2(n)、具体的地理名称 S3(ns) 相关的词填入语义映射表中。

（3）命名实体识别及抽取

接下来是对分词结果进行命名实体识别、抽取流程（程序文件名为：2－命名实体识别（NER）.ipynb），具体包括分词、词性标注、分句、命名实体识别等功能函数的调用，程序可以识别文本中的人名、地名、组织机构名和时间名词等。具体过程为：以语料库文件 alltext.txt 为处理对象，程序打开该文本文件，对每一行文本进行识别和词性标注，最终将所有 200 条实体识别结果存储在 NERResult.txt 文本中，如图 3－14 所示。

['四川', '同盟会', '主盟人', '广安', '南京', '嘉定', '泸州', '重庆镇', '日本', '成都', '刘存厚', '熊克武', '四川省', '蔡锷', '政府', '日', '1903年', '1906年', '1907年', '1909年', '1911年', '1912年', '1915年']
['四川', '孙中山', '南京', '中华共和国', '邹容', '桂文', '重庆', '中国', '大同', '书局', '上海', '章太炎', '政府', '蜀军', '近代', '1903年5月', '1905年4月3日', '1912年', '3月']
['章炳麟', '中国', '民主共和国', '大同', '书局', '新加坡', '上海', '日本', '柳亚子', '香港', '近代', '1903年5月', '清末', '目前']
['四川', '重庆', '中国', '英', '宋育仁', '1894年', '1896年', '1897年']
['龙巷', '宋育仁', '梅际郁', '成都', '杨道南', '潘清荫', '1898年4月']
['朱必谦', '重庆', '杨庶堪', '同盟会', '1902年', '清王朝', '近代']
['朱之洪', '陈天华', '四川', '东华', '肖九垓', '章太炎', '重庆', '邹容', '火柴厂', '上海', '杨庶堪', '蔡元培', '杨沧白', '卞小吾', '周拱极', '早年',

图 3－14　部分实体识别结果

（4）实体关系抽取

采用上文中依存句法分析方法抽取实体关系三元组，抽取结果如图 3－15 所示，实体关系知识图谱如图 3－16 所示。

[['孙中山', '让位', '袁世凯']]
[['改良派', '发起', '立宪运动']]
[['孙中山', '成立', '兴中会']]
[['孙中山', '建立', '兴中会总部'], ['孙中山', '规定', '誓词为驱除鞑虏恢复中国建立合众政府鲜明提出中国资产阶级民主革命第一个纲领'], ['誓词', '恢复', '中国']]
[['清政府', '推行', '新政']]
[['清政府', '宣布', '预备立宪']]
[['改良派', '发起', '立宪运动']]
[['孙中山', '让位', '袁世凯']]
[['由宋教仁', '出任', '内阁总理']]
[['孙中山', '发动', '二次革命'], ['武力', '讨伐', '袁世凯']]

图 3－15　部分依存句法分析方法抽取实体关系三元组

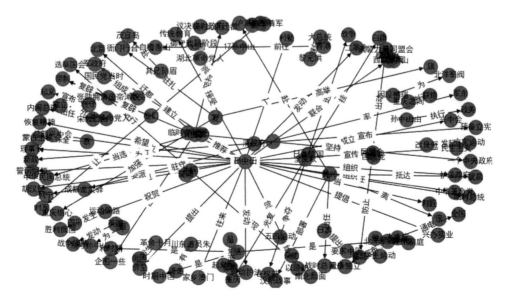

图 3－16　实体关系抽取的知识图谱

3.5.4.2 图博档实体对齐实验

基于上文的实体对齐算法，选取辛亥革命领域中的核心实体"孙中山"为例进行实体对齐，完成记录链接和相似度计算，将与实体"孙中山"指代相同或相似度大的实体都映射到"孙中山"实体中，在语料库中通过命名实体识别和实体关系抽取到实体"孙中山"相关的若干知识并生成知识图谱可视化展示，如图3-17所示。

```
['孙中山','成立','同盟会'],
['孙中山','提出','三民主义'],
['孙逸仙','出生于','广东香山县'],
['孙文','就任','临时大总统'],
['临时大总统','颁布','临时约法'],
['孙总理','发动','二次革命'],
['中山樵','倡言','革命'],
['孙逸仙','抨击','清廷'],
['孙日新','学习','西医学']
```

采用Python编程实现实体对齐程序，部分核心代码如下所示：

```python
import networkx as nx
import matplotlib. pyplot as plt
plt. rcParams['font. sans-serif'] = ['SimHei']
plt. rcParams['axes. unicode_minus'] = False
svos=[
    ['孙中山','成立','同盟会'],
    ['孙中山','提出','三民主义'],
    ['孙文','出生于','广东'],
    ['孙中山','创立','兴中会'],
    ['孙中山','成立','同盟会'],
    ['孙中山','提出','三民主义'],
    ['孙逸仙','出生于','广东香山县'],
    ['孙文','就任','临时大总统'],
    ['临时大总统','颁布','临时约法'],
    ['孙总理','发动','二次革命'],
    ['中山樵','倡言','革命'],
    ['孙逸仙','抨击','清廷'],
    ['孙日新','学习','西医学']
    ]
```

通过程序的执行，输出实体对齐后的知识图谱如图3-18所示。在图中，与'孙中山'相同指代的实体实现了实体对齐，即实体'孙中山'、'孙文'、'孙逸仙'、'孙日新'、'中山樵'、'临时大总统'、'孙总理'均统一指代为'孙中山'实体，进而实现了'孙中山'实体的知识融合。

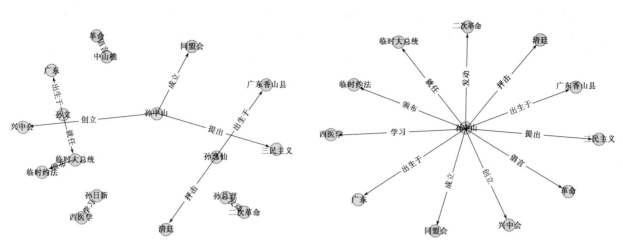

图 3-17　实体对齐前的知识图谱　　　　　图 3-18　实体对齐后的知识图谱

（5）算法评测

本章采用人工方法对抽取结果进行评测，对以上 200 条语料数据作为测试集。采用算法精准度、召回率和 F1 三个评价指标对命名实体识别的算法和实体关系抽取算法评测，Precision 为算法精准度，公式为：

$$precision = \frac{TP}{TP+FP} \tag{3-1}$$

Recall 为算法召回率，公式为：

$$recall = \frac{TP}{TP+FN} \tag{3-2}$$

在 3-1 和 3-2 式中，TP 真阳性是预测正确且实际正确的数量，FP 假阳性是预测正确但实际错误的数量，FN 假阴性是预测错误但实际正确的数量，而 F1-score 是精准度和召回率的调和平均数，通常作为机器学习模型的最终测评指标[①]，其公式为：

$$f1 = \frac{2 \cdot precision \cdot recall}{precision+recall} \tag{3-3}$$

本实验中实体识别算法的精准度、召回率和 F1 值的平均分别为 0.921、0.910、0.915，实体关系抽取算法的精准度、召回率和 F1 值的平均分别为 0.861、0.843、0.852，说明本章的实体识别算法有较高的精准度，在召回率方面也良好，而实体关系抽取算法相应值偏低，达到可用标准，有优化提升空间，整体上看算法有效性较好。同理，对实体对齐算法进行评估，计算精准度、召回率和 F1 值的平均分别为0.930、0.901、0.915，实体对齐算法的以上三项指标值良好，表明算法的有效性较好。

本章小结

本章研究基于关联数据的图博档数字资源的语义关联方法，深入剖析分散孤立、异构多样的图博档资源现状与特征，比较三馆采用的主要元数据标准，三馆资源之间的关联和链接是知识交叉、融合的逻辑脉络主线。通过深度解析图博档数字资源语义关联方法，为实现三馆资源融合与可视化服务奠定了坚实的基础。最后基于以上理论借助语义关联相关技术设计图博档资源的语义关联方案，在此基础上构建图博档资源可视化服务体系，为三馆资源可视化服务提供理论依据和实践探索方向，进而促进提升

---

① 王若宸. 面向非物质文化遗产图像资源的语义知识研究[D]. 南京：南京大学，2020.

三馆数字服务融合的深度和质量。并且本章还研究了自然语言处理技术中的知识抽取和知识融合技术，首先分析了针对图博档中的文本数据进行知识抽取和知识融合的策略，并进行算法设计，阐述算法步骤，最后通过 Python 语言编程实验验证算法的有效性，为知识图谱的构建做好知识准备工作。

第4章 图博档知识图谱的存储与实现

知识图谱是应用广泛的知识化组织的可视化手段,是知识及其关联关系的谱系化展示,究其本质为语义网络,也可以称之为一种基于图的数据结构,通常采用"实体—关系—实体"[①]形式构建 RDF 三元组结构以此描述实体、实体之间的关系和实体关系[②]。知识图谱具备强大的语义处理和表示能力,且开放互联组织特性优越,因此知识图谱可以清晰地展示图博档领域知识之间的关联关系以及整体知识脉络,并能分析和优化图博档知识,为智能问答、语义检索等延伸功能的实现提供基础和支持。

4.1 图博档知识图谱的构建流程

上一章阐述了知识图谱的构建涉及自然语言处理技术[③]。知识图谱构建主要有两方面的工作:

(1) 通过概念及概念之间的联系从上层设计,建立知识图谱的知识模型;

(2) 在模型的规范下填充实体及关系[④]。

本章依据上文的图博档知识图谱的结构模型进行构建图博档知识图谱,首先进行知识图谱的需求分析,梳理知识图谱需要实现的功能,其次围绕辛亥革命主题进行数据的获取,包括图博档的结构化、非结构和半结构数据,对不同类型的数据使用不同的方法进行 RDF 三元组规范化的处理,最后进行知识图谱存储模型的设计,将所有图谱数据以点和边的集合形式暂时存储在关系型数据库二维表中,借助图数据库 Neo4j 的 Cypher 查询语言,通过 CQL 命令将所有图谱数据的二维表导入图数据库 Neo4j 中,最终通过 CQL 编程生成图博档辛亥革命主题知识图谱并呈现,具体构建流程如图 4 - 1 所示。

4.2 图博档辛亥革命主题知识图谱需求分析

知识图谱不仅需要理解业务逻辑,而且也要求预估未来业务可能的变化,才能设计出最符合需求且性能优良高效的知识图谱系统。知识图谱领域专家李文哲曾提出知识图谱设计的 BAEF 原则[⑤]。

本章依据以上知识图谱设计原则进行本章的需求分析:

图博档数字资源几乎覆盖了所有学科门类的知识,实际无法完成覆盖图博档资源全集的知识图谱,基于本章研究知识图谱的实验性质,兼顾图书、博物、档案资源以及可行性和可操作性,选择"辛亥革命主题知识"进行知识图谱的构建研究,具体需求如下:

(1) 对获取的所有结构化、半结构化和非结构化实验数据进行知识抽取,识别其中辛亥革命相关的人物、时间、地点、机构组织、事件等实体,通过关系和属性抽取识别其中辛亥革命相关的实体关系,剔除

---

① 谭玉珊,罗威,毛彬,等.从对通用知识图谱深入剖析中探究军事知识图谱建设思路[J].情报理论与实践,2020,43(02):143 - 149.

② 李菁,黄仁彦,徐鸿飞.基于知识图谱的高校数字档案资源数据知识化实现[J].兰台内外,2019(35):3 - 5.

③ 吴运兵,杨帆,赖国华,等.知识图谱学习和推理研究进展[J].小型微型计算机系统,2016(09):2007 - 2013.

④ 胡芳槐.基于多种数据源的中文知识图谱构建方法研究[D].上海:华东理工大学,2015.

⑤ 张兆锋.基于知识图谱的技术功效图自动构建及其应用研究[D].南京:南京大学,2018.

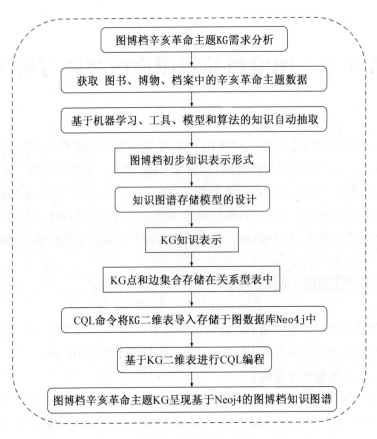

图4-1 知识图谱(KG)构建流程图

重复和筛选出不重要的信息，该类信息不在知识图谱中显示。

（2）知识图谱需能够展示图博档数字资源中辛亥革命主题知识脉络，描述辛亥革命相关的人物、时间、地点、机构组织、事件等实体，以及展示实体之间的语义关联，为用户提供可通过实体语义关联的直观可视化方式进行简单的知识推理和发现的服务，并按人物-机构组织关系、人物-人物关系、人物-事件关系等类型构建子集知识图谱。

（3）知识图谱需面向图博档数字化服务融合，要求图谱中的知识，即实体及实体关联需来源于三馆的馆藏数字资源，并且由知识图谱以可视化方式实现三馆知识的互补、交叉和融合。

（4）知识图谱中的知识需要经过知识融合处理，实现实体消歧、实体对齐。

（5）知识图谱需具有良好的动态性、可维护性和可扩展性，随着知识图谱数据集的更新扩充可动态的增长和扩展，并且知识图谱中的实体和实体关联具有动态编辑修改功能，知识图谱之间具有互联互通的功能，即多个图谱可借助交叉的实体或实体关联实现互联扩展。

4.3 知识图谱的数据获取

图博档数字资源发布后的关联数据是构建知识图谱的数据来源，在中国国家数字图书馆、上海图书馆、重庆图书馆、南京博物院、中国第二历史档案馆官网上通过网络爬虫程序抓取了辛亥革命主题的非结构化、半结构化文本和结构化的关系型数据，经辛亥革命本体构建和实例化后发布为关联数据，从关联数据中生成200条语料文本和100条结构化数据记录，获取的结构化数据见表4-1。

表 4-1 部分获取的结构化数据

参与人	重大事件	时间	地点
蒋翊武	武昌起义	1911	武昌
黄兴	黄花岗起义	1911	广州黄花岗
孙中山	中华民国成立	1912	南京
黄明堂	潜袭镇南关	1907	广西
熊野萃	游学译编发刊	1902	东京
徐锡麟	创办大通师范学堂	1905	绍兴
宋教仁	民报创刊	1905	东京
徐锡麟	皖浙起义	1907	皖浙

4.4 知识图谱存储与呈现

知识图谱究其本质是语义网络形式的可视化知识库,由节点与边两部分构成,节点指代现实世界中的"实体",边指代实体与实体之间的"关系",它把不同种类的信息(Heterogeneous Information)汇聚在一起而生成的一个可视化的关系网络,可谓是关系的最有效的揭示方式。知识图谱以"关系"的视角去描绘和分析问题。

经过上文数据整合与知识处理后,依据规范设计知识图谱的存储模式,以 RDF 形式存储或图数据库存储的形式暂时存储到二维表中,为最终导入图数据库创建知识图谱做知识准备。

4.4.1 图博档知识图谱的存储模型设计

借鉴通用知识图谱的构建规范,知识图谱构建分解为图谱的数据库存储模式设计与应用 Neo4j 图数据库软件存储及呈现知识图谱两部分工作。以辛亥革命主题知识为例,本章设计图博档主题知识图谱的存储模型和数据库存储模式,将图博档主题知识图谱中的实体映射为图数据库中存储的节点,而实体间的关系和属性则存储为节点之间连接的边[①],如图 4-2 所示。

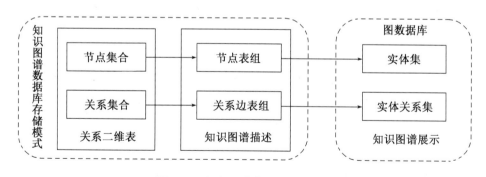

图 4-2 知识图谱存储与呈现模型

因而,作为知识表示的三元组中的实体集合就映射为数据库中的节点集合,实体关系映射为关系边集合,这两部分数据共同构成了辛亥革命主题知识图谱,如式(4-1)所示:

---

① 黄恒琪,于娟,廖晓,等.知识图谱研究综述[J].计算机系统应用,2019.28(6):1-12.

$$XHR\_KG=\{<XHR\_N>,<XHR\_R>\} \qquad (4-1)$$

式中 XHR_KG 是辛亥革命主题知识图谱，$<XHR\_N>$ 表示辛亥革命主题的节点集合，节点即各个实体，它是知识图谱结构和内容的最基本要素和最小单位，如孙中山、武昌起义、同盟会等；$<XHR\_R>$ 表示辛亥革命主题知识中关系边的集合，边即映射为实体属性或实体间关系，如式(4-2)所示：

$$<XHR\_R>=\{<XHR\_T>,<XHR\_D>,<XHR\_G>\} \qquad (4-2)$$

式中 $<XHR\_T>$ 表示关系的类型集合，例如"人物—组织团体关系"，"人物—事件关系"；$<XHR\_D>$ 表示关系的方向集合，例如"人物—>组织团体"；$<XHR\_G>$ 是语义三元组集合，即一个知识单元，如式(4-3)所描述：

$$<XHR\_G>=\{(XHR\_N1,XHR\_T1,XHR\_N2)\} \qquad (4-3)$$

式中 XHR_N1 与 XHR_N2 为不同的实体，XHR_T1 为两实体之间的语义关系，方向是 XHR_N1—>XHR_N2。例如：黄兴创建华兴会，三元组表示为(黄兴，人物—组织团体关系，华兴会)。

结合上文中涉及的主要三种数据类型并依据知识图谱的表示方法，明确的定义图博档中获取的辛亥革命主题知识中的实体及关系且规范建模，并设计知识图谱的数据库存储模式。

(1) 结构化的数据源主要是各种关系型数据库或 Excel 工作表等，对表和字段信息抽取关系模式，设计映射转化规则，从而生成辛亥革命主题知识的 Neo4j 图数据库表。组织团体信息数据库二维表，如表4-2所示。依据辛亥革命主题知识图谱的表示可将表映射转化获得节点集合与关系边集合。

表4-2　辛亥革命组织团体信息表(部分)

组织团体编号	组织团体	成立地点	成立时间
T01	同盟会	日本东京	1905
T02	华兴会	湖南长沙	1904
T03	兴中会	美国檀香山	1894
T04	光复会	上海	1904

节点集合：组织团体＝{同盟会，华兴会，兴中会，光复会，…}；

成立时间＝{1905,1904,1894,1904,…}；

成立地点＝{日本东京，湖南长沙，美国檀香山，上海，…}等；

关系边集合：人物—组织团体关系＝{<人物—组织团体关系，人物—>组织团体，(孙中山，人物—组织团体关系，同盟会)>，<人物—组织团体关系，人物—>组织团体，(黄兴，人物—组织团体关系，同盟会)>，…}；

人物—事件关系＝{<人物—事件关系，人物—>事件，(黎元洪，人物—事件关系，武昌起义)>，<人物—事件关系，人物—>事件，(黄兴，人物—事件关系，黄花岗起义)>，…}；

辛亥革命主题知识图谱存储模式也就是节点、关系边集合的存储设计，由式4-1可知，节点集合映射为图数据库存储的节点表组，既能保留数据的层次结构，又能容易地扩展实体节点数据。同理，关系集合映射为关系边表组，它由三元组形式表示事实，能保持语义关系的层级关系，还能有效保存和扩展实体间的其他语义关系。以人物—事件关系为例，人物和人物组织团体关系见表4-3、表4-4。

(2)半结构化与非结构化数据经过知识抽取和融合处理后输出知识三元组，进而获取到节点与关系边集合，处理方法与以上结构化数据处理过程相同，此处不再赘述。

表 4 - 3　人物节点表(部分)

人物编号	人物姓名	人物标签
P001	孙中山	人物
P002	蔡元培	人物
P003	黄兴	人物
P004	张坚白	人物

表 4 - 4　人物—组织团体关系表(部分)

人物编号	关系	组织团体编号
P001	人物创建组织团体	T01
P003	人物创建组织团体	T01
P003	人物创建组织团体	T02
P002	人物创建组织团体	T04
P008	人物创建组织团体	T01

4.4.2　主流图数据库的比较分析

知识图谱既能存储在非关系型数据库中,又能存储在关系型数据库中,但前者中的图数据库能存储富含语义的关联数据,还能揭示数据的关联特性[①],同时易于挖掘和描绘实体间潜在的语义关系,相比后者更易于存储多关系型数据。

图数据库应用图形理论存储实体之间的关联关系,例如使用关系型数据库存储社会网络中人与人之间的关系数据,效果就不理想,其查询复杂且缓慢耗时长,而图形数据库的结构能很好地契合这种关系数据的存储和查询要求,能方便地实现存储和快捷地查询,从而很好地弥补关系型数据库的不足。随着当前业务场景需求的增多,图数据库的应用越发广泛。当前具有代表性的图数据库有:Neo4j、Titan、OrientDB、JanusGraph、Trinity、HugeGraph、TigerGraph 等[②]。2020 年 9 月全球权威机构 DB-Engines 发布了最新的图数据库流行度排行榜和趋势图[③],如图 4 - 3、4 - 4 所示,图中显示在 2020 年 9 月最新排行榜中 Neo4j 排名第一,趋势图描绘了各种主流的图形数据库在最近 7 年的发展情况,Neo4j 在所有图数据库中流行度自 2013 年至 2020 年一直高居榜首,其他图数据库均难望其项背。

☐ include secondary database models　　　　32 systems in ranking, September 2020

Rank			DBMS	Database Model	Score		
Sep 2020	Aug 2020	Sep 2019			Sep 2020	Aug 2020	Sep 2019
1.	1.	1.	Neo4j ⊞	Graph	50.63	+0.44	+2.41
2.	2.	2.	Microsoft Azure Cosmos DB ⊞	Multi-model ⓘ	31.67	+0.94	+0.80
3.	3.	↑4.	ArangoDB ⊞	Multi-model ⓘ	5.80	+0.06	+1.44
4.	4.	↓3.	OrientDB	Multi-model ⓘ	5.48	+0.47	+0.42
5.	5.	5.	Virtuoso ⊞	Multi-model ⓘ	2.56	-0.09	-0.24
6.	6.	↑7.	Amazon Neptune	Multi-model ⓘ	2.35	+0.20	+1.15
7.	7.	↓6.	JanusGraph	Graph	2.34	+0.32	+0.89
8.	8.	↑17.	FaunaDB	Multi-model ⓘ	1.86	+0.15	+1.43
9.	9.	↑10.	Dgraph ⊞	Graph	1.61	+0.15	+0.65
10.	↑11.	↑13.	Stardog ⊞	Multi-model ⓘ	1.45	+0.09	+0.73
11.	↓10.	↓8.	GraphDB ⊞	Multi-model ⓘ	1.42	+0.03	+0.32

图 4 - 3　2020 年 9 月 DB-Engines 发布的图数据库流行度排行榜

① 丁洪丽. 基于 Neo4j 图数据库的人员关系挖掘[J/OL]. 电讯技术: 1 - 7[2020 - 07 - 20]. http://kns. cnki. net/kcms/detail/51. 1267. TN. 20200706. 1001. 002. html.

② 巴黎右海岸. 图数据库选型对比: HugeGraph、JanusGraph、Neo4j[EB/OL]. [2020 - 03 - 12]. https://blog. csdn. net/hellohiworld/article/details/104824764.

③ DB-Engines Ranking of Graph DBMS. [EB/OL]. [2020 - 09 - 24]. https://db-engines. com/en/ranking/graph+dbms.

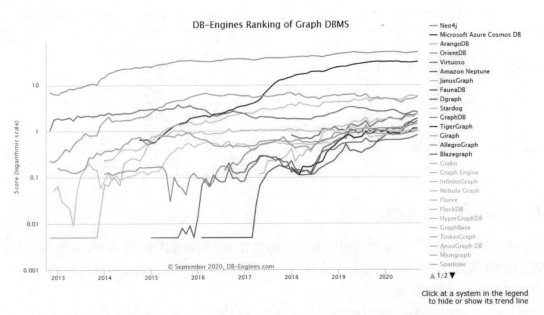

图 4-4　2020 年 9 月 DB-Engines 发布的图数据库流行度趋势图

　　本章研究需要使用图数据库实现知识图谱的存储和绘制，因此对当前主流图数据库进行选型分析，选择其中比较流行的图数据库 Neo4j、HugeGraph、JanusGraph 在性能、功能的完备度和易用性维度进行分析比较。

　　（1）性能方面的分析（数据量大小、是否为集群等因素）：

　　① Neo4j：单机性能明显，企业版是集群模式（非分布式）。

　　② Hugegraph：单机性能（rocksdb 后端）和 Neo4j 相近或更好；同时还可以通过配置存储引擎，适用集群存储可支持大数据超千亿级以上（性能相对单机会有所降低）。

　　③ JanusGraph：开源的分布式图数据库，单机性能较差。但是分布式可支持大数据超千亿级以上，和 apache 下的 spark、hbase 等结合度高。

　　（2）功能的完备度、易用性等方面分析：

　　① Neo4j：功能比较齐全，但是功能都比较独立。和别的存储引擎耦合性低，不能相互组合使用。有可视化操作系统，简单功能可以实现。支持灾备，支持事务锁等。

　　② Huegraph：功能支持健全，导入组件支持各种数据源。可视化操作组件 hubble 支持功能齐全，存储后端引擎支持宽泛，能和相关的数据库搭配使用，更适合刚上手的用户。整体上常用算法都进行封装过，易用性强。有 HA 组件支持灾备，事务方面的支持较弱。

　　③ JanusGraph：功能方面支持（不支持可视化界面、HA 灾备）其他相关功能都具备。整体上各功能使用没有 Hugegraph 便捷易用。

　　此外，对 Neo4j、Janusgraph、Hugegraph 图数据库的功能支持和性能进行差异分析[①]，具体包括图存储功能、图查询、工具链、软件部署方面的比较结果，如表 4-5 所示：

---

　　① 巴黎右海岸. 图数据库选型对比：HugeGraph、JanusGraph、Neo4j［EB/OL］.［2020-03-12］. https://blog.csdn.net/hellohiworld/article/details/104824764.

表 4-5　Neo4j、Janusgraph、Hugegraph 图数据库的功能和性能比较

图存储	Neo4j	JanusGraph	HugeGraph
是否支持事务	支持	支持	支持 RC 级别事务
图分区	不支持	支持	支持
全文检索功能	Neo4j 用的搜索引擎是 Lucene。	通过 ES 实现，集成操作复杂。	内置支持全文索引，不依赖额外存储，易维护。
二级索引	支持	支持	支持
图查询语言	cypher	gremlin 图存储	Neo4j gremlin
图查询	**Neo4j**	**JanusGraph**	**HugeGraph**
RESTFUL API	支持	支持	支持
高频图算法	通过 cypher 代码自行实现	通过 Gremlin 代码自行实现	封装了（ShortestPath、k-out、k-neighbor 等），使用更友好
大规模查询	单机查询，数据到达一定规模，性能会降低	支持千亿级数规模查询	支持千亿级数据规模查询；支持大规模分页查询
属性图	支持	支持	支持
工具链	**Neo4j**	**JanusGraph**	**HugeGraph**
可视化工具	可视化工具，可以创建图，删除图，可以支持图数据查询。不支持数据导入等操作，不支持多图管理。	无可视化界面，但是可集成 Cytoscape、Gephi 等（集成操作复杂）。	提供原生的可视化界面，支持多图管理、图查询、数据导入、schema 复用。易用性强，新手更容易使用。
数据导入	本地 csv 文件	支持本地 csv 等文件、hdfs 导入。	支持本地 csv，json，text，hdfs 文件导入；也支持常用的数据库 mysql、oracle、sqlServer 等数据导入
软件部署	**Neo4j**	**JanusGraph**	**HugeGraph**
部署方式	部署较复杂（配置项多）	单节点部署简单，多节点部署复杂（依赖 hadoop、hbase/zookeeper）	可以一键部署（修改配置可以更换存储引擎）
社区支持	Neo4j 公司	IBM	百度

　　从以上图存储功能、图查询、工具链、软件部署方面比较结果看出，Neo4j 被视为高性能的图引擎[①]，具有成熟数据库的所有特性，具有优越的图存储功能、强大的图处理和查询功能、可视化工具强大、方便部署，而且用户生态更加完整，再依据本章研究的需求是实验性质为主，数据量有限，而非商用需求，因而本章选用 Neo4j 图数据库存储并可视化知识图谱数据。

4.4.3　基于 Neo4j 图数据库的知识图谱呈现

　　（1）图数据库 Neo4j 的安装与部署[②]

　　首先，需要安装 Java JRE 并配置 Java 开发环境，Java JRE 的安装与配置此处不再赘述。然后，再安装 Neo4j 服务。其次，从 Neo4j 官网下载最新版本的 Neo4j：Neo4j-community-3.5.17，并解压至本

①　曹皓伟，徐建良，窦方坤. 基于 Neo4j 生物医药知识图谱的构建[J]. 计算机时代，2020(06)：35-38.
②　Neo4j 第一篇：在 Windows 环境中安装 Neo4j[EB/OL]. [2019-10-19]. https://www.cnblogs.com/ljhdo/archive/2017/05/19/5521577.html.

地主机的外存上,配置 Neo4j 的环境变量,主要是配置 Java JRE 的环境变量,启动测试运行且连接成功,如图 4 - 5 所示。

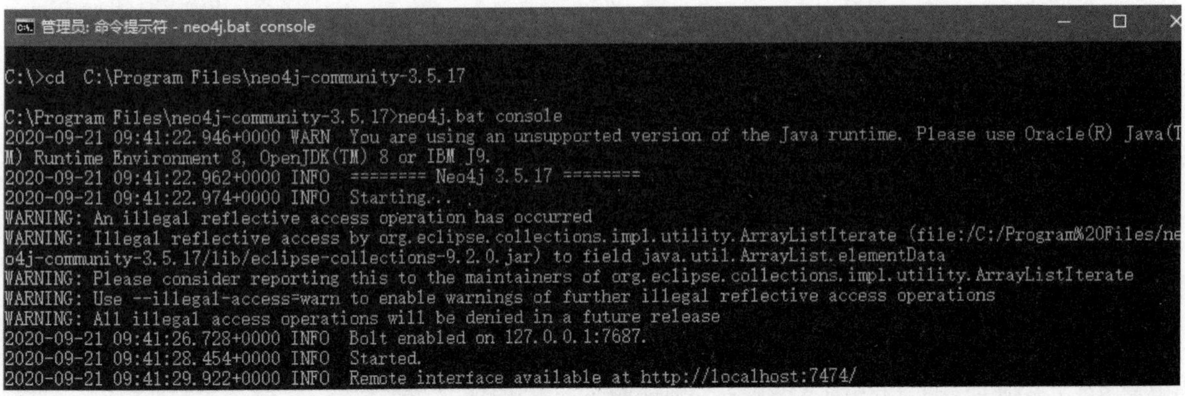

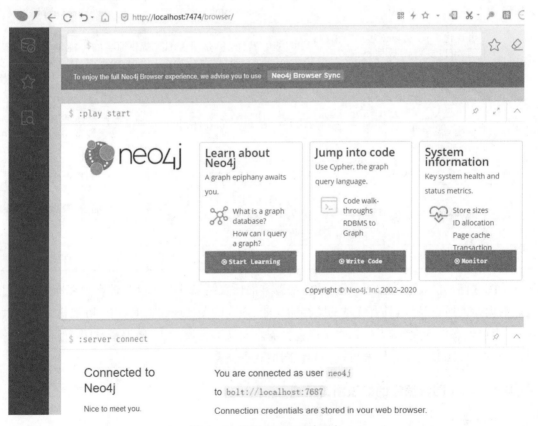

图 4 - 5　启动验证 Neo4j 的安装和环境变量配置

启动程序后,打开浏览器,在地址栏中输入"http：//localhost：7474/",就可以登录 Neo4j 系统平台了,如图 4 - 6 所示,成功登录平台后就可以编写知识图谱程序了。

图 4 - 6　登录 Neo4j 系统平台

（2）知识图谱的存储设计

首先使用描述性图形查询语言 Cypher 将设计好的节点表组、关系边表组的二维表文件导入 Neo4j 图数据库,再使用 CQL 查询语言绘制知识图谱。为了避免字符乱码的出现,要用记事本软件打开 CSV 文件,另存为编码 UTF - 8 格式,否则表中数据会出现乱码。

1）借助 CQL 查询语言中的 LOAD 语句导入数据库表,并创建节点以及属性,例如导入人物和组织团体节点表、人物—组织团体关系表，如下语句代码所示。

```
LOAD CSV WITH HEADERS FROM "file:///person.csv" AS row//导入人物表"person.csv"
CREATE (:Person {PersonName:row.personName,PersonID:row.personID, Personlabel:row.personLabel});
//创建人物节点组，节点标签为 Person,节点包含 PersonName,PersonID,Personlabel 属性
LOAD CSV WITH HEADERS FROM "file:///organization.csv" AS row//导入组织团体表"organization.csv"
CREATE (:Organization {organizationName:row.organization,OrganizationID:row.organizationID,
organizationlabel:row.organizationLabel});
//创建组织团体节点组，节点标签为 Organization,包含 organizationName,OrganizationID,organizationlabel 属性
LOAD CSV WITH HEADERS FROM "file:///relation.csv" AS row//导入人物-组织团体关系表"relation.csv"
CREATE (:Relation {RelationID:row.relationID,RelationName:row.relation, PersonID:row.personID,
OrganizationID:row.organizationID});
//创建人物-组织团体关系组，标签为 Relation,包含 RelationID,RelationName,PersonID,OrganizationID 属性
```

2）调用 Cypher 查询语言 CQL 中的 LOAD、MATCH、MERGE 语句定位相应的数据集并在节点之间创建有向关系边，生成辛亥革命主题知识图谱，如下语句代码所示。

```
LOAD CSV WITH HEADERS FROM "file:///relation.csv" AS row
MATCH (relation:Relation {RelationID:row.relationID})
MATCH (organization:Organization {OrganizationID:row.organizationID})
MATCH (person:Person {PersonID:row.personID})              //分别定位关系、人物、组织团体数据集
MERGE (person)-[pr:创建]->(organization)
ON CREATE SET pr.time = row.organizationTime,pr.place = row.organizationPlace
//创建有向关系边，并定义关系的时间、地点属性
return person,pr,organization;                             //返回人物、组织团体实体及之间的关系
LOAD CSV WITH HEADERS FROM "file:///relation2.csv" AS row
MATCH (relation2:Relation2 {Relation2ID:row.relation2ID})
MATCH (person:Person {PersonID:row.personID})
MATCH (incident:Incident {IncidentID:row.incidentID})      //分别定位关系、人物、事件数据集
MERGE (person)-[pi:领导]->(incident)                       //创建人物-事件的有向关系边
ON CREATE SET pi.time = row.incidentTime,pi.place = row.incidentPlace
                                                          //定义关系的时间、地点属性
return person,relation2,incident;                         //返回人物、事件实体及之间的关系
```

通过以上程序的执行绘制辛亥革命主题知识图谱，其中部分图谱如图 4-7、图 4-8 所呈现，用户能够直观地获取来自图博档数字资源中不同时空的辛亥革命人物、事件、组织团体等实体以及它们之间的语义关联关系。例如，通过知识图谱直观地获知"孙中山参与了民报创刊、黄花岗起义和中华民国的成立"；孙中山与黄兴均参与创建了中国同盟会和中华民国，依据实体的分类关系推理可知"孙中山和黄兴是盟友，也是民国政府同僚"。原本孤立分散在图博档各馆中的信息融合衍变为富含语义联系的可视化图谱，既方便用户分析和研究辛亥革命主题的知识体系，又大幅降低了用户的知识获取难度，并且有助于挖掘与发现潜在的知识，并且为后期开展基于知识图谱的各种应用奠定基础。

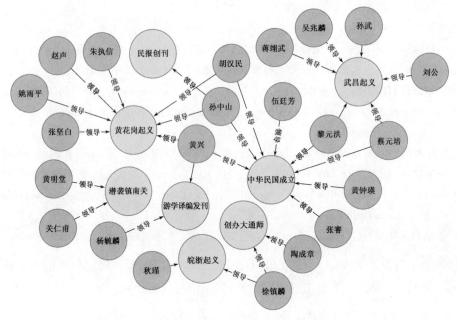

图 4-7 辛亥革命重大事件知识图谱（部分）

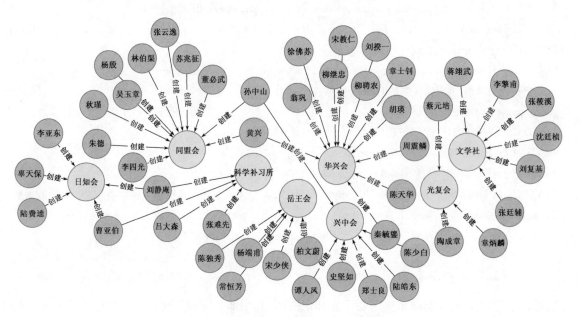

图 4-8 辛亥革命主要团体知识图谱（部分）

4.5 知识图谱应用

依据前文分析可知图博档数字资源的数据量巨大、形式多样且语义信息缺失，致使三馆资源的整合与利用难度极大。知识图谱为多源异构的三馆资源开发与利用提供了可视化的解决方案，本章运用知识图谱技术研究图书、博物、档案数字资源融合的可视化问题，通过知识图谱技术将三馆知识以可视化图谱的方式呈现出来，让用户能方便高效地掌握图谱中的知识，因此在生成图博档辛亥革命主题知识图谱之后，在该知识图谱基础上可以开发很多应用，例如基于知识图谱的语义检索、个性化推荐、智能问答系统、专家系统、辅助决策等系统。

（1）基于知识图谱的语义检索

知识图谱提出的初心是实现谷歌搜索引擎的语义检索功能，借助知识图谱帮助谷歌搜索引擎完成基于知识语义层面的精准检索。在此之前传统意义上的检索几乎都是围绕关键词检索，搜索引擎只能切分获取到的用户输入信息而获得关键词，通过关键词匹配目标数据，若匹配成功则将结果按排序策略向用户输出显示[①]，用户需要通过人工筛选的方式在输出结果中筛选需要的结果，然而整个检索过程中搜索引擎完全不能理解用户输入信息中的语义内容，因此检索的准确性不够理想。例如用户在输入关键词"孙中山"后，搜索引擎只能凭借"孙中山"匹配数据库中的目标数据，而不理解"孙中山"和"孙逸仙"均指代同一个现实世界中历史人物，因此也无法检索出用户所需的"孙逸仙"相关的信息，造成了低查全率，而知识图谱辅助的语义检索就能够借助图谱中的语义关联信息很好理解用户的语义信息从而掌握用户的意图，进而检索获取到用户真正需要的信息。

语义检索的核心要义是正确理解用户输入的检索诉求，并将检索获取的全面完整的答案反馈给用户。分析语义检索处理过程主要分为三个步骤[①]：

1）通过分词、命名实体识别等自然语言处理技术识别抽取用户输入内容中的实体、实体关系和属性等知识；

2）在识别结果的基础上，借助知识图谱数据模式，理解用户检索意图；

3）搜索引擎将语义层面理解的结果在目标数据集范围中检索，把检索到的结果反馈输出给用户，并将理解结果同时反馈给用户[①]。

例如输入检索词"孙中山参与所有的机构组织、事件和刊物"，

match q＝(n：Person{PersonName：'孙中山'})－[]－()return q；

经过以上的智能语义检索可以获取到检索结果：

"同盟会"，"兴中会"，"民报创刊"，"黄花岗起义"，"中华民国成立"。

（2）与知识图谱结合的个性化推荐系统

该系统借助知识图谱中知识在语义层面的关联内容进行语义推理而获得原本隐藏的实体关联知识，相比于基于关键词的数据搜索具有更高的准确性，同时能更精准地推理计算出用户和实体及实体之间的相关性，依据计算出的相关性和用户的个性化喜好提供更契合用户诉求的个性化推荐服务，主要采用以下几种方法：

1）基于特征的推荐方法

该方法是抽取知识图谱中的一些实体属性视为特征，放入传统的模型中，引入了实体特征，但没有引入关系特征。

2）基于路径的推荐方法

该方法构造实体之间的 meta-path 或 mata-graph 的特征。前者是连接两个实体的一条特定的路径，例如 meta-path：辛亥革命"人物－>机构组织－>重大事件－>机构组织－>人物"可以联系两个不同人物，可视为挖掘人物之间隐藏关系的方式。该方法需人工方式设计 meta-path 或 meta-graph，实际难以到达最优效果，并且该方法无法必须要求实体属于同一个领域的场景[②]。

---

① 胡芳槐. 基于多种数据源的中文知识图谱构建方法研究［D］. 上海：华东理工大学，2015.
② Momo66. 知识图谱与个性化推荐［EB/OL］. ［2020－04－20］. https://blog. csdn. net/momo66_/article/details/105646251.

3）知识图谱特征学习

该方法又分为基于距离的翻译模型、基于语义的匹配模型等方式。前者采用距离的评分函数计算三元组的概率，而后者则采用相似度评分函数计算三元组的概率，代表性的模型如 SML，NTN，MLP，NAM 等[①]。

4.6　知识图谱的验证和检验

规范化的知识图谱测试与评估指标及方法是保障其相关产品、服务及解决方案质量的重要基础。IEEE P2807.1《知识图谱技术要求及测试评估规范》于 2019 年 9 月正式立项并开展研制工作，拟就知识图谱技术指标和要求、评估准则、测试用例等内容进行研究[②]。知识图谱的构建工程中涉及的处理步骤繁杂，技术环节众多，每个步骤和环节都可能产生一些问题和错误，如同软件工程，知识图谱的质量和性能难以保证，必须要借助检验规范和方法验证，本章的知识图谱研究也不例外。

4.6.1　知识图谱的评测方法

通常情况下，知识图谱评判会采用准确率和覆盖度两个指标，常用基于基准本体的评估方法、基于应用的评估方法、基于数据的评估方法和基于人工评估的四种评估方法。第一种方法是通过把学习的本体与一些"黄金本体"进行对比；第二种评估方法是指把学习本体在实际应用场景中使用，从它们对业务的支撑角度来衡量本体[③]；第三种方法指把本体与行业的数据集进行对比；最后一种基于人工评估方式是指通过人工方式评估本体的准确率[④]。在本章知识图谱的评测中，主要借鉴第四种人工方式的评测方法。

4.6.2　技术要求检验

首先，面向不同场景构建的知识图谱，需要验证图谱在不同维度和不同难度上是否符合技术要求，本章构建的图谱处在图博档数字资源领域中的辛亥革命历史场景中，从以下几个方面进行检验：

（1）图谱动态性：知识图谱中的知识，即实体、实体关系和实体属性是否能在人工不干预的情况下，图谱能动态更新，本章构建知识图谱采用的图数据库 Neo4j，该软件绘制的图谱具有动态性，即一旦更新图谱数据，在没有人工干预的情况下知识图谱能动态更新，例如在创建知识图谱之后，补充增加了辛亥革命的刊物《中国日报》，观测知识图谱在人工不干预的情况下，创建刊物《中国日报》实体后，自动识别刊物的创建人"陈少白"并在两实体间创建关联[⑤]。

（2）图谱多样化：知识图谱中是否明确定义了多种的目标类别，例如本章创建的知识图谱能根据事件类别将重大事件定义为多种类别，如刊物发刊、武装暴动起义、政府机构成立、创办学堂等，并能自动识别新目标事件的类别；当事件类别附带关系限制时，能否无人工干预情况下自动补全这些关系？例如图谱自动识别出"保路运动"是武装起义时，也自动识别出事件的领导者是"蒲殿俊"、"罗纶"等，并在事件与领导者之间自动创建关系。

---

①　Momo66. 知识图谱与个性化推荐[EB/OL]. [2020 - 04 - 20]. https://blog. csdn. net/momo66_/article/details/105646251.

②　中国电子技术标准化研究院. 我院组织召开《知识图谱技术要求及测试评估规范》标准工作组第二次会议[EB/OL]. [2020 - 05 - 20]. http://www. cesi. cn/202005/6451. html.

③　王曙. 自然语言驱动的地理知识图谱构建方法研究[D]. 南京：南京师范大学，2018.

④　胡芳槐. 基于多种数据源的中文知识图谱构建方法研究[D]. 上海：华东理工大学，2015.

⑤　网感至察. 如何评价知识图谱的质量水平高低[EB/OL]. [2018 - 07 - 13]. https://www. sohu. com/a/240976000_100111898.

（3）图谱中的实体关系细粒度：除了实体因为类型不同存在多样化的情形，实体之间的关系也可能有细粒度不同的情况。知识图谱能否准确细分处理这些关系，并自动识别新的关系[1]。例如，辛亥人物之间的关系有很多种，有同僚、盟友、父子、师生、同学、上下级、朋友等，本章构建的知识图谱主要描述了人物与组织机构，人物与事件之间的联系，人物实体未能实现细粒度程度，这将是本章后续研究的内容之一。

4.6.3　知识图谱的质量评估

通常情况下，知识图谱的质量评估问题可转化为知识图谱精炼问题，又可细分为：知识图谱错误检测与知识图谱补全[1]。前者是指检测知识图谱中的事实三元组是否出现错误。后者是预测知识图谱中三元组缺失的部分，并且补全知识使图谱完善[2]。

（1）知识图谱错误检测

图谱错误检测主要是评估检测概念、属性、逻辑性和上下位关系是否会出现以下几种问题：

1）上下位关系问题：检验知识层次结构的构建完整性指标[2]。通常情况下知识图谱具有层次属性的树状结构，因此需要检验知识图谱中是否出现环状结构，如果出现就意味着无法辨别实体之间的层次结构，很可能出现了错误，依次全面检验本章创建的知识图谱并无环状结构；

2）属性问题：实体属性出现偏差，由于在知识抽取环节中抽取算法对实体与其属性抽取出现偏差，即错误地将其他实体属性当作当前实体的属性，全面检验本章创建的知识图谱并无属性偏差现象；

3）逻辑问题：指实体关系间的逻辑不符合客观事实[3]，这是由于在知识抽取环节中抽取关系时发生了错误，由采用的关系抽取算法造成的。例如在辛亥革命知识图谱中出现了"袁世凯"创建了"华兴会"，显然与史实不符，发生了逻辑问题。全面检验本章创建的知识图谱尚无逻辑问题。

（2）知识图谱补全

如果试图判断知识表示的知识图谱性能优劣，可将一些已知正确与否的三元组作为测试集，而这些测试集的数据不需要训练，利用训练好的模型和已有的测试集来判断知识图谱模型的三重分类与链路预测的指标，最终通过这两个指标判断图谱性能的优劣。此外，知识图谱补全已经不局限于通过知识图谱的信息了，可采用一些知识图谱补全的方法，例如元关系学习方向[4]，对知识图谱中出现频次较少的关系使用元关系学习的方法进行补全。然而，实际应用的过程中，这些补全的信息是基于模型的判断，例如 TransE 模型中针对每个关系都会保留一个阈值，当判别一个新三元组(h, r, t)的时候要依据计算新三元组的距离和阈值比较判断该新三元组的正确性[1]。

本章小结

本章围绕图博档数字资源的可视化研究目标，以辛亥革命主题为例进行实证研究，首先阐述知识图谱构建流程，其次进行知识图谱需求分析，再次构建图博档知识图谱的结构模型，设计其存储模式，以及借助当前主流的图数据库 Neo4j 存储和实现面向图博档资源融合的知识图谱，通过构建跨图博档领域的知识图谱能够很好地解决目前三馆数字资源时空上孤立、无法整合互补融合、缺乏语义关联，以及用户获取大量知识集困难等问题。最后阐述了知识图谱的验证方法并通过人工方式检验本章创建的知识图谱。

①　CSDN. 知识图谱的构建与质量评估[EB/OL]. [2020 - 06 - 07]. https://blog. csdn. net/jxsdq/article/details/106598350.

②　胡芳槐. 基于多种数据源的中文知识图谱构建方法研究[D]. 上海：华东理工大学,2015.

③　CSDN. 知识图谱的构建与质量评估[EB/OL]. [2020 - 06 - 07]. https://blog. csdn. net/jxsdq/article/details/106598350.

④　知乎. 如何进行知识图谱补全[EB/OL]. [2020 - 06 - 26]. https://www. zhihu. com/question/403056317/answer/1303360180.

本篇总结

本篇从基于关联数据的图博档资源语义关联的视角出发，分析并揭示了构建基于关联数据的图博档资源语义关联的方法，在此基础上概括出图博档资源多维度关联聚合的策略，丰富了关联数据应用的研究体系与资源聚合的理论，并在此基础上构建了面向图博档数字化服务融合的知识图谱结构模型，还研究了图博档中非结构化数据的知识抽取和知识融合策略并设计了算法。最后根据研究条件进行了图博档知识图谱的实现研究。

知识图谱构建是一项复杂系统工程，本篇研究只涉及了实验性质的知识图谱人工构建探索，面向海量的图博档数字资源，低效率的人工方式构建知识图谱显然杯水车薪，半自动化和自动化构建知识图谱有更大的迫切需求。这三种方式各有利弊，如果要兼顾效率和精度，最合理的方式是半自动化结合人工方式，当前多数知识图谱研究是半自动构建[①]，因此研究半自动化结合人工方式构建图博档知识图谱，图像、视频、音频等多媒体数据的知识抽取结合人工智能技术完善图博档知识图谱研究，是今后该领域研究的主要方向。

---

① Ji S X, Pan S R, Cambria E, et al. A Survey on Knowledge Graphs：Representation，Acquisition and Applications［J/OL］. arXiv preprint［2020-02-28］. http：//arxiv.org/abs/2002.00388.

第十篇　图博档数字化服务融合中的问答系统

第1章　引　言

一般而言,自动问答系统是指能够接受以自然语言方式提问,在大规模异构文档集中检索答案,以准确、简洁方式回答用户的信息检索系统。自动问答系统使用自然问句替代关键词检索式,返回结果也不再是文档集合,而是有针对性的答案。相对于传统检索系统,这种方式能更加有效地理解用户的信息检索需求;本篇探索在图博档数字化服务融合中自动问答系统的实验构建与实验应用。

典型的开放域自动问答系统一般由三个关键部分串行构造而成,依次为问题分析、信息检索和答案产生[1]。用户提出的问题首先被自然语言处理分析为若干语法、语义成分及其关系,以便系统从中分析答案类型,提取查询关键词;其次,系统通过检索获得与答案相关的句、段等文档片段;在最后的步骤中,这些文档片段通过抽取被进一步精炼为答案集合,系统在进行排序后,选择最佳答案输出。

从最初的概念模型到现在的实际应用,自动问答系统受到多个领域研究人员的关注,不断融合多种理论和技术,发展经历了截然不同的几个阶段。因此,有必要建立一个可理解的分类框架,帮助分析研究的进展情况。常见的分类框架有基于问题来源维度、基于答案数据类型维度等,但分类依据基本上源于自动问答系统的三个处理流程。

1.1　自动问答系统

自从第一台计算机的诞生,研究者就开始研究如何使计算机能够理解人类的自然语言,进而帮助人类方便地获取和处理信息。图灵最早提出采用自然语言的方式测试计算机的智能程度[2]。问答系统的研究可以分为基于数据库问答系统、基于自然语言处理的问答系统两个阶段。

最早的问答系统是利用数据库的自然语言接口,即首先系统将人们的自然语言转换成数据库的查询语言,然后从特定领域的专业数据库中查找答案,返回给问题提问者。Green[3] 等人研究的BASEBALL 系统能够回答人们提问的关于美国棒球联盟的比赛和规则的事实性问题。类似的系统还有 Bill Wood[4] 设计的 LUNAR 系统,该系统提供阿波罗飞船采集的月球土壤、岩石等样品相关的知识。

---

① Moldovan D, Pasca M, Harabagiu S, et al. Performance Issues and Error Analysis in an Open-domain Question Answering Systems[J]. ACM Transactions on Information Systems, 2003, 21(2): 133-154.

② 王树西. 问答系统:核心技术、发展趋势[J]. 计算机工程与应用,2005,41(18):1-3.

③ Green B, Wolf A K, Chomsky C, et al. BASEBALL: An Automatic Question Answerer[A]. In: Feigenbaum E A and Feldman. J. Editors, Computers and Thought[M]. Boston: The MIT Press. 1963: 207-216.

④ Woods W A. Progress in Natural Language Understanding: an Application to Lunar Geology[C]. Proceedings of the National Computer Conference, 1973: 441-450.

以上的这两个系统仅仅是那个时期典型的问答系统，还有许多局限于某一个较小领域的问答系统，一般都采用人工处理的小部分文档集或者知识数据库作为答案采集的信息源。这一类问答系统的问句都是具有特定格式的，且还包含有一些表示特殊关系的词语。

到 20 世纪 70、80 年代，随着计算语言学理论的发展，文本理解和问题回答的研究也得到了发展。20 世纪 90 年代国际上关于问答系统的研究方兴未艾，如微软研究院、IBM 沃森研究中心、麻省理工学院、新加坡国立大学、德国萨尔大学、中国科学院和台湾地区的"中央研究院"等科研机构和 IT 公司都积极投入其研究中。

Boris Katz 和他的 MIT 计算机科学和人工智能实验的团队在 1993 年发布了第一款基于 Web 的能够回答用户用自然语言提问的地理、历史、文化、科技、娱乐等方面问题的问答系统 START[①]。该系统首先利用自然语言处理技术对英文文档进行处理，并形成一个知识库；然后，当用户用自然语言的方式提问时，系统利用与子模式匹配的方法分析问句和抽取知识库中相关的知识片段；最后，利用设定的答案模板把知识片段整合成符合人们阅读理解习惯的句子。

1996 年美国的 Ask Jeeves 公司发布的 Ask Jeeves[②] 是目前常用的自然语言搜索引擎系统之一。该系统利用自然语言处理技术对用户提问的问题进行分析，首先在服务器的数据库中进行检索查询，如果能够匹配到相关问题的答案就将答案展示给用户，然后提供其网页地址以便用户进行进一步的查询。但是，目前该系统只支持 HTML 文件格式的搜索；只支持 10 种拉丁语系的语言检索，不支持东亚地区的语言检索。图 1-1 是该系统的 Web 搜索界面。

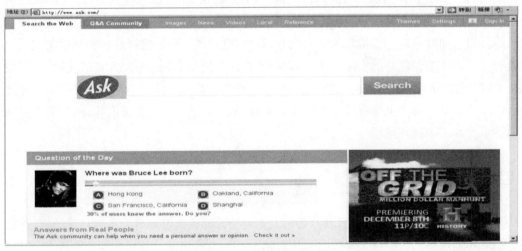

图 1-1　Ask Jeeves 页面[③]

AnswerBus[④] 是一个集英语、德语、法语、西班牙语等多种语言为一体的开放域问答系统。实现过程：首先判断提问句子是否为英文或者系统支持的其他语言，如果不是英文，翻译工具自动将句子翻译成英文；然后，利用五大搜索引擎和目录（Google，Yahoo，WiseNut，Alta Vista，Yahoo News）检索可能包含答案的 Web 页面；最后，从 Web 文档中抽取相关答案，并排序返回给用户。

智慧型中文问答系统[⑤]是我国台湾"中央研究院"咨询科学部开发的一款中文问答系统。该问答系

①　ATART[EB/OL].［2011-4-25］. http://start. csail. mit. edu/.

②　ASK[EB/OL].［2011-4-25］. http://www. ask. com/.

③　ASK[EB/OL].［2011-11-27］. http://www. ask. com/.

④　Answerbus[EB/OL].［2011-4-25］. http://answerbus. coli. uni-saarland. de/index. shtml.

⑤　"中研院"ASQA 问答系统[EB/OL].［2011-4-25］. http://asqa. iis. sinica. edu. tw/.

统主要处理人物、地点、组织、时间、数字等事实性问题的答案,其数据源主要是新闻语料库。该系统还参加第二届 NTCIR-6 跨语言问答系统比赛,并且获得优异的成绩。图 1-2 是该系统的自然语言问句的输入界面。

图 1-2 智慧型中文问答系统①

2002 年 Google 推出了一种服务 Google Answers,其实现过程是,用户提问一个问题,通过互联网将问题发布,同时知道答案的用户也通过网络编写答案,并反馈给问题的提问者。Google Answers 的实现思想是社区问答系统的雏形。中文的百度知道是一个面向开放域的中文社区问答系统。

为了促进关于问答系统的学术交流活动和统一评估系统性能,1999 年美国国家标准与技术研究院(National Institute of Standards and Technology,NIST)将 QA Track 加入 TREC②(Text REtreival Conference)中,为参赛者提供统一开放域的评测数据集,并且提出不同的实验要求和评价标准。2008 年 TREC 不再进行 QA Track 测试,NIST 又在文本分析会议(Text Analysis Conference,TAC③)加入了关于 QA 研究的内容,为其提供一个平台。日本的 NTCIR④(NACSIS Test Collections for IR)中也包含问答系统的测评,欧洲的 CLEF⑤(Cross Language Evaluation Forum)也对欧洲语言的问答系统进行评测,其中包括单语言任务(以单一的语言进行提问和回答)和多语言任务(任何语言提问,英语文本作为答案回答语言)。中文问答系统评测直到 2005 年才由日本 NTCIR 会议主办,另外中科院自动化研究所依据 TREC QA Track、NTCIR 和 CLEF 建立了一个汉语问答系统的评测平台⑥。ACL、SIGIR、COLINC、NAACL、EACL、HLT、IJCNLP 等重要的国际会议都有关于问答系统的相关研究。

1.2 问题分析技术

在现代计算机诞生之前,著名的图灵测试便是构建在自动问答过程之上。在计算机、互联网技术的

---

① "中研院"ASQA 問答系統[EB/OL]. [2011-11-27]. http://asqa.iis.sinica.edu.tw/
② TRECK [EB/OL]. [2011-4-25]. http://trec.nist.gov/.
③ TAC [EB/OL]. [2011-4-25]. http://www.nist.gov/tac/.
④ NTCIR[EB/OL]. [2011-4-25]. http://research.nii.ac.jp/ntcir/index-en.html.
⑤ Cross-Language Evaluation Forum[EB/OL]. [2011-4-25]. http://www.clef-campaign.org/.
⑥ 吴友政,赵军,段湘煜,等. 问答式检索技术及评测研究综述[J]. 中文信息学报,2005,19(3):1-13.

爆炸式发展的时代，人类仅凭自身能力已无法在信息海洋中觅得所需，信息检索成为必需的能力和必要的工具。作为当今流行的信息检索手段，搜索引擎采用关键词作为索引、检索过程中信息组织的核心方式。在这种方式中，用户依靠关键词来组织检索式，不符合其自然语言习惯，并且检索结果是文档集合，未上升至语义层面。人们希望计算机能像以往期待的那样，直接回答用户提出的问题，因此，自动问答研究再获关注。随着自然语言处理技术的提升以及大规模文本语料库的产生，自动问答从理论研究层面走向技术实践，相关研究也受到 SIGIR、ACL、TREC 等国际会议的持续推动，出现了大量较为成熟的产品，并有可能成为搜索引擎今后的发展趋势[①]。

目前，已有部分文献对自动问答领域的前期基础性研究进行了总结，但得益于近年来机器学习、深度学习技术的应用，自动问答中的语言处理方法开始由表层分析向深层理解转化。

因此，本篇将按照问题分析和答案生成两部分对相关研究进行述评。

问题分类是问题分析的主要任务。现有分类方法大致可分为基于规则的方法和基于统计的方法。前者具有较高的分类精度，但是规则本身不易建立，且不适合领域间的迁移；后者的模型训练过程则需要大量带标注数据集，训练成本较高。

针对上述两类方法间存在的矛盾，相关研究试图从不同角度解决问题。邱锡鹏[②]等通过主动学习方法进行问题类别标注，并应用于大规模中文问题分类数据集的构造中。实验证明，这种主动式特征选择方法有效地提高了语料库构建效率。刘小明等[③]提出基于焦点的问题分类方法。在将问题语义表征为焦点二元组的基础上，借助领域本体直接标识问题类别。由于焦点抽取规则的通用性，只需结合不同领域本体，便可实现多领域的问题分类。

现阶段问题分类研究中的问题特征处理需要耗费大量人工，一些研究者开始考虑将深度学习方法应用于问题分类，通过自学习深层次词序语义构建问句模型，从而降低人工代价。Nal 等[④]在不依赖任何语法结构的前提下，完成了动态卷积神经网络（DCNN）对句子的语义建模，展示了深度学习方法应用于问题分析的可能性。李超等[⑤]改进了长短期记忆人工神经网络（LSTM）和卷积神经网络（CNN）模型，将两者组合成为一种新的学习框架（LSTM-MFCNN）。CNN 通过利用多粒度卷积核对问题的词向量进行卷积操作，更好地挖掘问题的特征，LSTM 则可以更好地表示问题中词序序列的语义。

问题分析的另一项重要工作是关键词的提取。语法分析通常会采用自然语言处理方法进行，识别出相应的语法结构作为关键词[⑥]。依存句法分析是问句中心词识别的基础方法，在此之上，一些研究将现有的问句理解方法从简单句向复合句拓展，扩大了问答系统可接受问句的范围。刘雄等[⑦]将复合型问句的句法结构进行标识，采用基于树核的支持向量机完成问句分类，最后使用依存句法分析进行分解，得到子句及子句间关系。针对不同领域相同问句表达方式不一的情况，冶忠林等[⑧]提出一种多领域问句理解研究方法。首先基于 CRF 算法对问句进行分类和主体识别，然后使用谓词词典和句法分析识别出问句的谓词，最后使用一种谓词消歧方法来解决相同问句具有不同表达方式的问题。

① Etzioni O. Search Needs a Shake-up[J]. Nature, 2011, 476(7358)：25 - 26.

② 邱锡鹏,缪有栋,黄萱菁. 基于主动学习的中文问题分类数据集构建[J]. 哈尔滨工业大学学报,2012,59(05):125 - 128.

③ 刘小明,樊孝忠,李方方. 一种结合本体和焦点的问题分类方法[J]. 北京理工大学学报,2012,57(05):498 - 502.

④ Kalchbrenner N, Grefenstette E, Blunsom P. A Convolutional Neural Network for Modelling Sentences[J]. Eprint Arxiv, 2014：arxiv：1404, 2188.

⑤ 李超,柴玉梅,南晓斐,等. 基于深度学习的问题分类方法研究[J]. 计算机科学,2016,43(12):115 - 119.

⑥ Liu Z J, Wang X L, Chen Q C, et al. A Chinese Question Answering System Based on Web Search[C]. International Conference on Machine Learning and Cybernetics, Lanzhou, 2014.

⑦ 刘雄,张宇,张伟男,等. 基于依存句法分析的复合事实型问句分解方法[J]. 中文信息学报,2017,32(3):140 - 146.

⑧ 冶忠林,贾真,尹红风. 多领域自然语言问句理解研究[J]. 计算机科学,2017,44(6):216 - 221.

　　问答系统与传统检索的重要区别之一在于返回结果的形式。对文档片段的进一步精炼是问答系统寻得准确答案的重要步骤，其中文档排序是较为常见的方法。Sarrouti 等人[①]利用词干与 UMLS 所提供的概念作为特征，通过 BM25 公式进行文本相似度计算，实现了对候选答案的评分。

　　受制于对传统搜索引擎技术的依赖，大部分问答系统仍然必须使用关键词构造检索式的方式来获得答案文档。在问题分析阶段所提取的大量问句语义特征无法直接应用于检索过程，尽管部分研究[②]尝试用关键词元数据、伪关联反馈等方式提升检索效果，但并未从根本上改变检索特性，瓶颈依然存在。鉴于此，开放网络知识库系统[③]有望替代传统搜索引擎，成为问答系统的下一个信息来源。

1.3　答案生成技术

　　在获得了回答问题所需的答案形式后，从检索结果中准确选取内容，便可以生成答案。根据产生方式的不同，可将答案分为两种：从文档中抽取而成的答案和从知识库中推理而成的答案。

　　在文档信息抽取领域，早期的简单模板式抽取方式已难觅踪影，自然语言处理技术大行其道。于根等[④]利用实体多层特征匹配进行答案排序，辅助答案提取。在问题分析阶段就按照实体关系、实体和关键词三层模型对问题进行分类，对应得到答案集后，依次匹配基础特征、命名实体特征和实体关系特征，最后排序输出。

　　有学者提出一种强化词汇语义模型。作为一种浅层语义分析过程，答案生成可以被视为一种潜在的对位语义匹配。模型将语义匹配定义为三种关系：同义与反义、上位与下位、语义相似。前两种关系可以在 WordNet 中查询，后者可以利用诸如向量空间模型来估算。实验表明，这种对位模型不但有效，而且可以与非结构化模型结合，优化效果显著。

　　深度学习对文本表层特征的需求较为简单，同时又能保持良好的性能，可以用于候选答案的深度特征构造与筛选。李超等[⑤]将问句和候选答案表征为词向量，结合依存句法树表示句法结构，利用长短时记忆神经网络主动学习其深层语义，解决文本抽取方法无法涉及的问题句、答案句和候选答案之间的内在关联信息发现，将答案抽取问题转化为特征学习与分类问题。

　　专业知识库的构建往往需要大量领域专家的参与，人工成本较高。Ryu 等[⑥]基于维基百科半结构化的知识数据，构造了一个通用问答系统。系统利用维基特有的知识源结构，直接为不同类型的问题解答提供服务。该研究既避免了高昂成本，又得到了更好的语义分析效果，在知识库与文档抽取两种方式中间找到一条折衷的途径。

　　随着自然语言处理研究的不断深化，诸如命名实体识别等技术已可以对文本进行精细化表达，但仍无法进行深入层次的理解。Sun 等[⑦]使用 Freebase 中的实体对问题答案进行标注，将两种底层技术的

　　①　Sarrouti M, Ouatik E A. A Passage Retrieval Method Based on Probabilistic Information Retrieval Model and UMLS Concepts in Biomedical Question Answering[J]. Journal of Biomedical Informatics, 2017, 68(Supplement C): 96 - 103.

　　②　Bilotti M W. Linguistic and Semantic Passage Retrieval Strategies for Question Answering[D]. Carnegie Mellon University, 2010.

　　③　王元卓,贾岩涛,刘大伟,等. 基于开放网络知识的信息检索与数据挖掘[J]. 计算机研究与发展,2015,58(2):456 - 474.

　　④　于根,李晓戈,刘睿,等. 基于信息抽取技术的问答系统[J]. 计算机工程与设计,2017,38(4):1051 - 1055.

　　⑤　李超,柴玉梅,高明磊,等. 句法分析和深度神经网络在中文问答系统答案抽取中的研究[J]. 小型微型计算机系统,2017(6):1341 - 1346.

　　⑥　Ryu P, Jang M, Kim H. Open Domain Question Answering Using Wikipedia-based Knowledge Model[J]. Information Processing & Management, 2014, 50(5): 683 - 692.

　　⑦　Sun H, Ma H, Yih W T, et al. Open Domain Question Answering via Semantic Enrichment[C]. International Conference on World Wide Web, 2015: 1045 - 1055.

结合研究又向前推进一步。Freebase 是一个具有实体资源的开放语义网络。利用其对问题答案进行标注，意味着答案中的实体将获得丰富的语义信息，对答案的去重、查询将变得更加容易，甚至使得知识间的简单推理变为可能。

Chen 等[①]构建了一个大规模阅读器，通过读取维基百科的内容来回答用户提问。与前述直接使用维基百科内容作为答案的系统不同，这个阅读器要在大量百科内容中找到关联文章集，并在理解文本的基础上生成答案。系统基于三元哈希、TF-IDF 匹配以及一个多层循环神经网络来构建。在机器阅读基础上，研究希望整合搜索、弱监督学习和多任务学习形成一个更加有效的系统。

在新兴的问答系统中，社区问答系统也受到相关研究的关注。社区问答系统不仅为用户信息获取与知识分享提供便利，也积累了大量的用户生成内容，成为问答系统实践的宝贵资源。近年来问答社区中的研究热点集中在问题匹配、专家发现、用户满意度分析、答案质量评价等方面。刘秉权等[②]阐述了答案摘要对于社区问答系统中问答对资源再利用的重要意义，概括了答案摘要的主要任务，分析了答案摘要和多文档自动文摘的异同点，对答案摘要国内外的研究现状进行了概述，并且总结了答案摘要中需要进一步解决的关键技术问题。

伴随着计算机技术的不断变革，问答系统的发展经历了几个有着明显特征的阶段。从带有早期人工智能色彩的知识推理系统，到基于互联网的开放域问答，再到今天网络环境下的语义知识库检索，是互联网、自然语言处理乃至今天人工智能等不同技术持续推动、相互融合的结果。至今人们对于问答系统仍然初心依旧，本质上需要其对任何形式的提问进行语义上的理解，并在大规模数据集上自动学习，返回正确结果。迄今为止，问答系统的两条实现路径均未能达到此要求。基于自然语言处理的方法难以逾越"语义鸿沟"，基于知识库的形式化方法则无法回避完备性的缺陷。但是，我们也应关心相关领域中的一些新趋势，或为今后研究提供启迪。一方面，互联网不断走向开放，相关实体属性知识集合不断聚合。例如由 Freebase 演化而来的 Google"知识图谱"计划已包含亿级别的实体；CMU 在 DARPA、NSF 支助下开展的 Read the Web 研究，致力于研发一个不间断对互联网信息进行学习的系统- NELL。这些开放的海量规模知识库为抽取和挖掘知识提供了新基础。另一方面，人工智能研究不断升温，相关学习技术为文本特征处理开辟了全新的视角，势必对问答系统的发展带来巨大影响。

本篇主要研究内容包括自动问答系统研究现状，基于混合策略的图博档知识服务 FAQ 系统研究，问句分类与答案抽取，基于云服务的面向图博档知识服务融合的问答系统构建实现[③]。

---

① Chen D，Fisch A，Weston J，et al. Reading Wikipedia to Answer Open-Domain Questions[C]. Meeting of the Association for Computational Linguistics，2017：arxiv：1704：00051.

② 刘秉权，徐振，刘峰，等. 面向问答社区的答案摘要方法研究综述[J]. 中文信息学报，2016，31(1)：1－7.

③ 张军亮. 面向"三农"问答系统的关键技术研究.[D]. 南京：南京大学. 2012.6

第 2 章　基于混合策略的图博档知识服务 FAQ 系统

常见的问题与对应问题的解答,简称为常见问题即 FAQ(Frequently Asked Questions)。该系统的基本实现思想是应用信息技术,以问题答案对的方式把分散、无序、变换的信息资源进行整合、加工、存储,进而为用户提供优质、高效的信息服务。它是一种有效的数字信息服务形式,已经被广泛地应用于不同领域的信息服务[①]。FAQ 服务方式和以往的专家咨询相比具有以下优点:对用户来说,只要互联网存在,他们就可以不受时间和空间的限制,方便地查询相关问题的答案;对相关的专家、学者或信息服务提供商而言,他们也可以避免经常地、重复地回复同一个问题,从而有更多的时间和精力为其他用户提供更多的信息服务和研究其他的问题。

用户或浏览者、专家、政府部门积累了大量的信息资源查询使用中的问题和解决的方法,其中有些问题是信息资源查询使用中经常遇到的问题,人们利用不同的载体把这些信息记录下来,这样就形成了关于图博档知识服务的常见问题集。

随着计算机和互联网技术的发展,常见问题集的载体也转换为数字媒体,用户可以更方便地获取相关的信息资源。目前 FAQ 系统的研究主要是集中于问句和问题答案对中问句的匹配,然而事实上,答案部分反映多个问题的主题,因此,本篇设计图博档知识服务 FAQ 系统包括基于用户的提问和问题集中问题匹配以及问句和问题集中答案部分匹配两部分。第 2 节主要介绍目前的 FAQ 系统中核心部分句子相似度相关研究;第 3 节主要阐述基于问句词的表层、语义以及问句与问题答案对语义相似度等计算方法,以及组合这些相似度到一起的混合策略算法;通过设计实验模型验证本篇提出的基于混合策略的图博档知识服务 FAQ 系统的相似度算法的有效性;最后对本章的工作做了总结。

2.1　FAQ 系统相关研究

一般完整的 FAQ 系统包含问题收集和问题检索两部分。问题收集和组织是建立 FAQ 系统的第一步[②],其工作就是把问题答案对存储到数据库或文件系统中,依据问题答案生成方式实现的自动化程度可以分为人工静态收集、自动收集和半自动收集。目前大部分 FAQ 系统的问题收集是信息服务者把问题答案对输入计算机,这种方式比较简单方便,内容比较准确,本篇就是采用该方式收集问题答案对;同时,整个互联网就是一个大的信息库,可以形成巨大的问题图,动态地形成问题答案集,Adam Westerski[③] 对动态的 FAQ 系统知识组织、管理等方面进行研究。

问句相似度匹配是 FAQ 系统的核心部分,其实质就是计算用户提问问句与常见问题集中的问句之间的相似度。在机器翻译、多文档摘要和自动问答等自然语言处理的领域,计算语句相似度是一个关

①　吴英梅,黄婧,郝永艳. 国内外 FAQ 研究综述[J]. 长春工业大学学报(社会科学版),2009,21(2):113 - 115.

②　秦兵,刘挺,王洋,等. 基于常问问题集的中文问答系统研究[J]. 哈尔滨工业大学学报,2003,35(10):1179 - 1182.

③　Adam W. Dynamic FAQ systems: the State of the Art and Related Work Overview[EB/OL]. [2011 - 10 - 26]. http://www.adamwesterski.com/wp-content/ files/docsCursos/dynFAQ_doc_AgentesInt.pdf.

键问题①。大量的学者研究利用多种方法来提高问句匹配的能力，方法概括起来包括基于词干的方式、基于语义的方式以及两者混合的方式。基于词干的方法就是利用句子的表层词语特征计算句子之间的相似度，本篇的基于句子词的表层结构相似度计算就是基于该方法进行的。

语义相似度的计算主要是利用语言词典中词语概念之间的联系的相似度来计算词语之间的相似度。FAQ Finder 系统利用语法剖析问句中的动词和名词短语，然后把 WordNet 语义学概念知识应用到词语的语义匹配中②。Auto-FAQ 系统利用基于浅层语义的自然语言理解分析关键词匹配方法来处理问句匹配③。在中文句子匹配研究中，首先利用 HowNet 作为语义辞典计算词语之间的相似度，然后再计算句子之间的相似度④。刘群⑤和李峰⑥分别利用 HowNet 计算词语相似度的方法（本篇的基于 HowNet 相似度计算部分中有详细阐述）。车万翔⑦等人在计算句子相似度时，以普通编辑距离算法为基础，结合使用了 HowNet 和《同义词词林》辞典资源中的词汇语义距离，并且对于不同编辑操作赋予不同的权重，提出了基于改进编辑距离的语句相似度算法。

除了改进句子相似度的方法以外，学者还加入了用户的访问日志来减少用户提问和问题集中问题语义鸿沟。Harksoo Kim⑧结合用户日志设计了一个用户问句和问题答案对匹配的方法。该方法定期地收集和整理用户查询的问句日志，然后利用聚类的方法把日志分到预先定义的 FAQ 聚类类别中，当用户提问时，就先计算与 FAQ 聚类类别之间的相似度，最后通过相似度排列和返回相关的问题答案。

以上关于 FAQ 的问题匹配主要是基于问句中的词表层和语义方面，但是，这类算法就存在召回率比较低的问题。导致以上问题的主要原因是问题答案对中的问题都是针对某一主题方面设置，但是实际上答案的内容是多主题、多方面的。本篇从提问问句和常见问题集问句的匹配以及问句和答案之间的匹配两方面分析，提出了一种基于混合策略的相似度算法。本算法利用句子表层相似度和基于语义相似度计算问句之间的相似度，同时利用 LSA 计算问句和答案之间的相似度，然后通过二者的组合计算其相似度。

2.2 图博档知识服务 FAQ 中问题相似度算法

句子是通过语法结构把词语排列起来，描述一件事情，表达一个思想，提出一个问题。因此，匹配两个句子需要从构成句子的词、语义以及句子的结构方面进行研究。由于答案部分的多主题性，本篇将问题答案对的语义主题和提问问句匹配也作为一个特征。本节通过将句子词的表层特征、语义特征以及问句和问题答案对主题语义相似度进行组合，构造一种基于混合策略的相似度匹配算法（流程如图 2-1）。

① Oliva J, Serrano J, Castillo M, et al. SyMSS: A Syntax-based Measure for Short-text Semantic Similarity[J]. Data & Knowledge Engineering. 2011, 70(4): 390-405.

② Robin D B, Kristian J H, Kulyukin V A, et al. Question Answering from Frequently-Asked Question Files: Experiences with the FAQ Finder System [J]. AI Magazine. 1997, 18(2): 57-66.

③ Sneiders E. Automated FAQ Answering Continued Experience with Shallow Language Understanding [EB/OL][2011-12-01]. https://www.aaai.org/Papers/Symposia/Fall/1999/FS-99-02/FS99-02-017.pdf.

④ 张亮, 尹存燕, 陈家骏. 基于语义树的中文词语相似度计算与分析[J]. 中文信息学报. 2010, 24(6): 23-30.

⑤ 刘群, 李素建. 基于《知网》的词汇语义相似度的计算[J]. 第三届汉语词汇语义学研讨会. 2002.

⑥ 李峰, 李芳. 中文词语语义相似度计算——基于《知网》2000[J]. 中文信息学报. 2007, 21(3): 99-105.

⑦ 车万翔, 刘挺, 秦兵, 等. 基于改进编辑距离的中文相似句子检索[J]. 高技术通讯. 2004, 14(7): 15-19.

⑧ Kim H, Lee H, Seo J. A Reliable FAQ Retrieval System Using a Query Log Classification Technique Based on Latent Semantic Analysis[J]. Information Processing and Management. 2007, 43: 420-430.

从图 2-1 所示的本篇算法流程中可以看到实现过程：首先利用句子表层相似度计算问句和问题答案对中的问句之间的表层相似度，如果大于设定阈值，那么就选择为答案；反之，如果小于阈值，就计算两个句子的语义相似度，以及问句和答案进行 LSA 相似度，然后对这三个相似度加入权重计算混合相似度，判断是否大于设定阈值，如果大于设定阈值，就把其作为问句的答案返回，如果不能满足，就转到下一个问题答案对，循环执行以上的步骤。下文详细解释句子词的表层相似度、语义相似度、问句和问题答案对中的答案部分 LSA 相似度以及混合策略相似度计算方法。

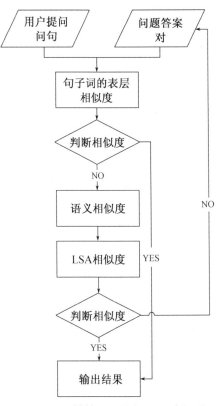

图 2-1　图博档知识服务 FAQ 中问题
相似度算法流程图

2.2.1　基于句子词的表层相似度

词是中文信息处理中最小的语义单位。因此，通过词在句子词的表层特征能够反映出句子之间的相似程度，本篇利用两个句子之间的相同词语覆盖度、句子长度相似度、词序等特征表征句子词的表层相似度。本篇依据对于整个句子词的表层相似度的影响不同，赋予其大小不等的权重值，最后计算句子词的表层综合相似度。

2.2.1.1　相同词语覆盖度

相同词语覆盖度是两个句子中的相同词语数目占两个句子中所有词语数目的比例。两个句子中共现词语反映两个句子的相似度，其中覆盖度越大，两个句子相似性越高；反之，则两个句子相似性越低。

每个问句 q 是由若干个词组合而成的序列，利用中文分词的方法对其分词以后，除去停用词，就形成了问句的词语集合 $set(q)$，q 的长度 $len(q)$ 为集合中词语的数目，两个问句 q_1 和 q_2 相同词的集合为 $set(q_1) \bigcap set(q_2)$，记为 $set(q_1 \bigcap q_2)$，其长度记为 $len(q_1 \bigcap q_2)$，两个问句中所有词语组成的集合为 $set(q_1) \bigcup set(q_2)$，记为 $set(q_1 \bigcup q_2)$，长度记为 $len(q_1 \bigcup q_2)$。q_1 和 q_2 相同词语的覆盖度为：

$$CSim(q_1,q_2) = \frac{len(q_1 \bigcap q_2)}{len(q_1 \bigcup q_2)} \tag{2-1}$$

$CSim(q_1,q_2)$ 值的范围是 0 到 1。如果两个句子的词语完全相同，覆盖度就为 1；两个句子没有相同的词语，覆盖度就为 0。两个句子相同的词语越多，覆盖度值就越大，两个句子相似性越大；反之，覆盖度就越小，两个句子的相似性就越小。

2.2.1.2　句子长度相似度

句子长度相似度是通过两个句子中包含实词的数目之间的关系来表示两个句子形态上的相似性。句子长度相似度也能够反映两个句子词的表层相似度，两个句子长度的相似度越大，那么两个句子在形态结构上的相似性就越好，即两个句子包含的实词数量相差越少；反之，句子长度的相似性越小，两个句子包含的实词数量相差越多。句子长度相似度为：

$$LenSim(q_1,q_2) = 1 - \frac{|len(q_1) - len(q_2)|}{len(q_1) + len(q_2)} \tag{2-2}$$

$LenSim(q_1,q_2)$ 值的范围是 0 到 1。如果两个句子词语数目完全相同，长度相似就为 1；两个句子词语的数目差别越大，那么长度相似度就越小；两个句子词语的数目差别越小，句子长度相似度就越大。

2.2.1.3　词序相似度

词序是句子中词语出现的先后位置顺序。词序相似度是以两个句子中共现的词语之间位置关系来表征其相似关系的。共现词语之间的先后位置关系变化越小，两个句子的词序相似度越高，其相似性就越好；反之，共现词语之间的先后位置关系变化越大，词序相似度越低，其相似性就越差。设两个句子之间相同词的数目为 m，然后任意取其中的一个词 w_i，在句子 q_1 中，位于 w_i 前面的词语形成集合 w_b1_i，w_i 后面的词语形成集合 w_a1_i，在句子 q_2 中，位于 w_i 前面的词语形成集合 w_b2_i，w_i 后面的词语形成集合 w_a2_i，集合 w_b_i 是集合 w_b1_i 和集合 w_b2_i 的交集，集合 w_a_i 是集合 w_a1_i 和集合 w_a2_i 的交集，$len(w\_b_i)$ 和 $len(w\_a_i)$ 分别表示两个集合中词语的个数，则两个句子的词序相似度为：

$$OrdSim(q_1,q_2)=\frac{\sum_{i=1}^{m}\dfrac{len(w\_b_i)+len(w\_a_i)}{m-1}}{m} \tag{2-3}$$

其中 m 是 $set(q_1\bigcap q_2)$ 词语元素的数量，如果两个句子词序完全相同那么其相似度为 1，如果两个句子的词序完全不相同，那么其相似度为 0。

2.2.1.4　句子词的表层相似度

为了全面反映句子词的表层相似程度，本篇把两个句子词的表层覆盖度、长度、语序等特征综合起来，计算两个句子词的表层相似度。句子词的表层相似度值越大，表明两个句子词的表层越相似；反之，该值越小，表明两个句子之间的相似度越低。句子词的表层相似度计算方法：

$$BSim(q_1,q_2)=\lambda c\times CSim(q_1,q_2)+\lambda l\times LenSim(q_1,q_2)+\lambda o\times OrdSim(q_1,q_2) \tag{2-4}$$

其中 λc、λl、λo 是依据不同的特征在相似度计算中作用的大小不同而设定的权重，且满足 $\lambda c+\lambda l+\lambda o=1$。$BSim(q_1,q_2)$ 值的范围是 0 到 1。1 表示两个句子词的表层完全相同；$BSim(q_1,q_2)$ 值越大，两个句子词的表层相似性越高。

2.2.2　基于句法分析的语义相似度

完整的句子是由主语、谓语、宾语、定语、状语、补语等几种成分组成，其中主语、宾语、谓语能够表达出句子的主题思想，是句子的主要成分。两个句子的主要成分词语的语义相似度能够表征其相似度。因此，本篇提出了一种基于句法分析的语义相似度算法。本方法首先通过句法分析获得句子的主要成分；然后分别计算其主要成分的语义相似度，并根据不同成分的作用大小不同，赋予相应权重值；最后利用权重把不同成分的语义相似度组合起来，从而计算两个句子之间的语义相似度。

2.2.2.1　句法分析

句法分析是利用现有的语法知识标注词语在句子中的语法功能，是进行自然语言理解处理的基础。目前国内外大量的学者对中文的句法分析进行了研究，主要的方法包括基于规则模型的方法和基于概率统计的方法，关于句法分析的实现原理和实现方法在本篇的第二章有详细的介绍。本篇主要利用句法分析来抽取句子中的主干成分，即主语、宾语和谓语，以便于计算两个句子主干成分的语义相似度。

本篇在进行语法分析的过程中，利用 Stanford 大学开发的句法分析程序[①]。例如，对"为什么博物馆要进行文物年代鉴定？"进行语法分析：

首先，利用中科院分词工具对其进行分词，结果为"为什么 博物馆 要 进行 文物 年代 鉴定？"；

然后，利用 Stanford 句法分析器对其进行句法分析，得到以下的句法树（图 2 - 2），(a) 是该句法树

---

① The Stanford NLP (Natural Language Processing) Group [EB/OL]. [2011 - 12 - 1]. http://nlp. stanford. edu/.

的层次结构,能够方便计算机对其进行处理。(b)是该句法的树形结构。

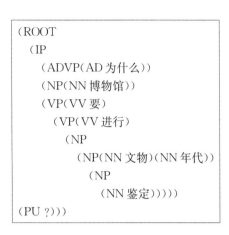

(a) 分析结果的嵌套结构显示

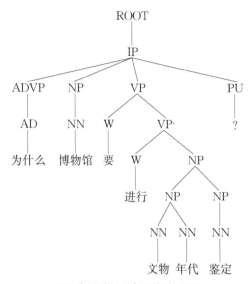

(b) 分析结果的树形结构显示

图 2 - 2　Stanford 句法分析结果

通过图 2 - 2 所示的句法树,能够容易地获得句子的谓语是"进行",主语是"博物馆",宾语是"文物"、"年代"和"鉴定",为以后的语义相似度比较奠定基础。

2.2.2.2　基于 HowNet 的语义相似度计算

语义相似度的计算方法主要包括基于语料库共现的统计方法和基于语义词典的方法。本节主要通过语义词典 HowNet 计算词语之间的语义相似度。

刘群[1]通过计算两个词语的主义原节点在 HowNet 义原树之间的距离来计算语义相似度,表示为:

$$Sim(p_1, p_2) = \frac{a}{D(p_1, p_2) + a} \tag{2-5}$$

其中 p_1 和 p_2 是两个义原,$D(p_1, p_2)$ 表示义原 p_1 到达义原 p_2 之间的距离长度,a 是一个调节参数。

李峰[2]等人在刘群的基础上进一步探讨了义原的层次对相似度的影响,计算方法为:

$$Sim(p_1, p_2) = \frac{a \times \min(depth(p_1), depth(p_2))}{D(p_1, p_2) + a \times \min(depth(p_1), depth(p_2))} \tag{2-6}$$

其中 $depth()$ 是计算义原在义原树中的层次深度。与刘群方法相比,其调节参数体现了义原层次深度的影响。

以上的两个方法主要是基于 HowNet2000 版本,在 2007 版本推出以后,张亮等人[3]假设节点的语义信息的关系与其到根节点的距离成正相关,节点语义的重要程度的关系与其到根节点的距离成负相关,义原间的相似度就表示为:

$$Sim(p_1, p_2) = \frac{2 \times \sum_{i=1}^{n} \frac{1}{a+i}}{\sum_{j=1}^{m} \frac{1}{a+j} + \sum_{k=1}^{h} \frac{1}{a+k}} \tag{2-7}$$

① 刘群,李素建. 基于《知网》的词汇语义相似度的计算[C]. 第三届汉语词汇语义学研讨会. 2002.

② 李峰,李芳. 中文词语语义相似度计算——基于《知网》2000[J]. 中文信息学报,2007,21(3):99 - 105.

③ 张亮,尹存燕,陈家骏. 基于语义树的中文词语相似度计算与分析[J]. 中文信息学报,2010,24(6):23 - 30.

其中，p 是 p_1 和 p_2 重叠的最深的义原节点，$n=depth(p)$、$m=depth(p_1)$、$h=depth(p_2)$，a 是一个调节参数。

本篇假设两个义原之间的相似度受其所在的层次深度和重叠的层次深度的影响，也就是说，两个义原的重叠的层次越深，对于两个义原的相似度影响越大；距离根节点越远，说明义原表示信息细小，那么相似度越小。因此，设计相似度计算公式为：

$$Sim(p_1,p_2)=\frac{depth(p)}{\max(depth(p_1),depth(p_2))+a} \tag{2-8}$$

其中，p 是 p_1 和 p_2 重叠的最深的义原节点，a 为设置的一个调节参数，实验中该值设置为 1。如果两个节点重叠的层次深度越大，那么两者之间的共性越大，两者之间的相似度就越大；如果两个节点都比较靠近根节点，那么两者之间的差异性越大，两者之间的相似度就越小。

本篇中对于语义的要求没有其他语义相似度那么高，因此，词语相似度等价于其主义原的相似度。

2.2.2.3 动词相似度

一个问句中可能包含多个动词性质的词语，但是只有其中的谓语动词在表达句子的主题思想方面的作用比较大，所以在计算句子语义相似度时，对于动词部分要把它们区分开来进行计算。

w_1,w_2 分别是两个句子的动词，它们之间的关系包括：两者都是谓语动词；一个是谓语动词，另外一个不是；两者都不是谓语动词。句子中动词之间相似度通过式(2-9)计算

$$Vsim(w_1,w_2)=\begin{cases} Hsim(w_1,w_2) & w_1,w_2 \text{ 都是谓语动词} \\ \alpha\times Hsim(w_1,w_2) & w_1,w_2 \text{ 中一个是谓语动词，一个不是} \\ \beta\times Hsim(w_1,w_2) & w_1,w_2 \text{ 都不是谓语动词} \end{cases} \tag{2-9}$$

$Hsim(w_1,w_2)$ 是两个动词在 HowNet 词典中的相似度，w_1,w_2 的相似度利用它们在 HowNet 中的义原之间相似度进行度量，通过式(2-8)计算。α,β 是权重系数，其中 $\alpha<\beta<1$。

两个问句中动词相似度为表示为：

$$Vsim(q_1,q_2)=\frac{1}{m\times n}\sum_{j=1}^{m}\sum_{i=1}^{n}Vsim(w_{1i},w_{2j}) \tag{2-10}$$

其中 m 是 q_2 中包含的所有动词的个数，n 为 q_1 中包含的所有动词的个数，w_{1i} 是问句 q_1 中第 i 个动词，w_{2j} 是问句 q_2 中第 j 个动词。

2.2.2.4 名词相似度

利用句法分析获取句子中的主语和宾语成分，其主要是由名词或名词短语组成，计算句子中主语和宾语相似度的实质就是计算其中名词的语义相似度。在图博档知识服务问句中名词包含图博档知识服务领域的专业名词和通用领域的名词两种，由于其没有包括在一个统一知识库中，其相似度计算方式也不同。通用领域的名词相似度计算也是利用 HowNet 中的义原进行计算，该方法在基于 HowNet 的语义相似度中有详细阐述。图博档知识服务领域中的专业名词相似度利用《中国大百科全书图书馆学、情报学、档案学》和《中国大百科全书文物、博物馆》中词的特征向量之间的距离计算得到。图博档知识服务领域中的专业名词基于图博档知识服务概念簇的相似度表示为：

$$NACsim(w_1,w_2)=\begin{cases} \dfrac{I(w_1)\cdot I(w_1)}{|I(w_1)||I(w_2)|} & \text{如果 } w_1,w_2 \text{ 在同概念簇中} \\ 0 & \text{如果 } w_1,w_2 \text{ 不在同概念簇中} \end{cases} \tag{2-11}$$

其中 $I(w)$ 为 w 的特征向量，$|I(w)|$ 是特征向量的模，$\cdot$ 表示两个向量的内积。

另外，专业名词还有一个特性是一个概念的下属概念一般都包含其上属概念，那么其下属概念之间就有相同的字共现，能够作为两个概念词语之间度量的特征。如"万佛堂石窟"、"龙门石窟"、"云冈石

窟"都是关于"石窟",它们之间都含有"石窟"这两个字。两个概念词之间的相同字符的相似度表示为:

$$NAw(w_1,w_2)=\frac{len(set\_s(w_1)\bigcap set\_s(w_2))+NAw}{len(set\_s(w_1)\bigcup set\_s(w_2))}\tag{2-12}$$

其中,$\bigcap$和$\bigcup$是一个概念词中字符的集合运算;$len()$同前面的含义一样是集合中元素数据的运算;NAw是一个权重调节参数,由于有一些词语之间不存在共现的词,需要通过NAw参数进行调节。

把上述的参数加入领域中专业名词基于图博档知识服务概念簇的相似度的计算中,可以得到:

$$NAsim(w_1,w_2)=\lambda_a\times NACsim(w_1,w_2)+(1-\lambda_a)\times NAw(w_1,w_2)\tag{2-13}$$

图博档知识服务领域的专业名词相似度$NAsim(w_1,w_2)$是通过两个概念词之间的相同字符的相似度$NAw(w_1,w_2)$和基于图博档知识服务概念簇相似度表$NACsim(w_1,w_2)$进行计算的,既包含词语组成的字符级别,同时也包含了词语的概念级别。其中,λ_a是一个权重参数,表示$NACsim(w_1,w_2)$对$NAsim(w_1,w_2)$影响程度。

两个问句中所有名词相似度为表示为:

$$Nsim(q_1,q_2)=\lambda\times NAsim(q_1,q_2)+(1-\lambda)NCsim(q_1,q_2)$$
$$=\lambda\times\frac{1}{ma\times na}\sum_{j=1}^{ma}\sum_{i=1}^{na}NAsim(w_{1i},w_{2j})+(1-\lambda)\times\frac{1}{mc\times nc}\sum_{j=1}^{mc}\sum_{i=1}^{nc}NCsim(w_{1i},w_{2j})\tag{2-14}$$

其中$NAsim(q_1,q_2)$是图博档知识服务领域专业名词间的相似度,$NCsim(q_1,q_2)$是通用领域中名词之间的相似度,ma是q_2中包含的所有图博档知识服务领域名词的个数,na为q_1中包含的所有图博档知识服务领域名词的个数,mc是q_2中包含的所有通用领域专业名词的个数,na为q_1中包含的所有通用领域中专业名词的个数。λ是权重系数,调节专业领域的名词和普通领域名词的权重系数。

2.2.2.5　句子语义相似度

问句中谓语、主语、宾语之间的语义相似度特征一起表征两个句子之间的语义相似程度。谓语是由动词组成,主语和宾语是由名词组成,因此,句子的语义相似度就是句子中的动词语义相似度和名词语义相似度之和。两个问句的语义相似度表示为:

$$Ssim(q_1,q_2)=\frac{1}{2}\times Vsim(q_1,q_2)+\frac{1}{2}\times Nsim(q_1,q_2)\tag{2-15}$$

其中$Vsim(q_1,q_2)$、$Nsim(q_1,q_2)$分别是两个句子中动词相似度和名词相似度,$\frac{1}{2}$是权重系数,即名词和动词对于句子语义的重要程度是一样的。句子语义相似度值的范围是0到1。0表示两个句子语义完全不相似;数值越大表明两个句子之间的语义相似程度越大。

2.2.3　基于LSA的问句与答案主题相似度

问题答案对的答案部分不仅包含FAQ数据集中对应的问题一方面的主题信息,还包括了其他方面的主题信息,因此,答案部分也可以作为其他问句的答案。仅仅通过上述的问句匹配方案,无法回答此类相关的问题。如何把问句的主题和答案的主题有效地结合起来是完善FAQ问答系统亟待解决的问题。潜在语义索引是Landauer等人[1]提出的一种基于语义空间组织文档信息的索引方式,该方法利用统计方法发掘隐藏在文本中字词之间的语义关系,从而消除各个词之间的相关性,降低文本向量。本篇通过潜在语义索引构建问句-答案集的语义向量空间,并且把提问的问句也映射到该语义向量空间

---

① Landauer T K, Foltz P W, Laham D. Introduction to Latent Semantic Analysis[J]. Discourse Processes. 1998,(25):259-284.

上，最后通过问句向量和问句-答案对向量计算两者之间的语义相似度。

2.2.3.1 词项-文档权重形成

词项在问句-答案对中不同位置的出现对于其主题的影响是不同的，问句是依据答案部分的信息而抽取的某一方面的主题，因此其重要性相对较高，答案部分的重要性相对较低。词项 t_i 在问句-答案对 d_j 中的权重表示为：

$$w_{i,j} = \begin{cases} 1 & \text{词项同时出现在问句和答案中} \\ \alpha & \text{词项仅仅出现在问句中} \\ tf & \text{词项仅仅出现在答案中} \end{cases} \qquad (2-16)$$

其中 α 是设置的常数，其中 $tf = \dfrac{n_{i,j}}{n}$（$n_{i,j}$ 是词项 t_i 在问句-答案对 d_j 的答案部分出现的次数，n 是 d_j 的答案部分中出现的所有词项的次数）是词项在答案部分的词频。$w \in [0,1]$，如果词项在问句和答案中同时出现，表明其能够表达主题思想，就把其权重设置为1；如果词项只出现在问句中，表明答案中有与问句相关的主题思想，则将该词项的权重设置为 α；如果词项值出现在答案部分，出现的次数越多越能表现答案的主题思想，那么其权重值为 tf。

2.2.3.2 潜在语义分析理论

潜在语义分析的实质是代数方法中的矩阵奇异值分解（SVD）理论对矩阵的分解，以下详细阐述潜在语义分析实现的过程：

首先，利用问题答案对集的词项-文档权重建立词-文档矩阵 $A_{m,n}$

$$\begin{array}{c} \begin{array}{cccc} d1 & d2 & \cdots & dn \end{array} \\ \begin{array}{c} t1 \\ t2 \\ \vdots \\ tm \end{array} \begin{bmatrix} w_{1,1} & w_{1,2} & \cdots & w_{1,n} \\ w_{2,1} & w_{2,2} & \cdots & w_{2,n} \\ \vdots & \vdots & \ddots & \vdots \\ w_{m,1} & w_{m,2} & \cdots & w_{m,n} \end{bmatrix} \end{array}$$

其中 $d1, d2, \cdots, dn$ 表示文档集中的各个文档，$t1, t2, \cdots, tm$ 是文档集中所有的文档中的词项，$w_{i,j}$ 是词项 ti 在文档 dj 中的权重。

然后，利用 SVD 分解对词-文档矩阵 A 进行分解，计算方法：

$$A = U\Lambda V^T \qquad (2-17)$$

其中 U 是 $m*r$ 的词项矩阵，V^T 是 $r*n$ 文档矩阵，Λ 是一个 $r*r$ 对角矩阵

$$\Lambda = \begin{bmatrix} \delta_1 & \cdots & 0 \\ \vdots & \ddots & \vdots \\ 0 & \cdots & \delta_r \end{bmatrix}$$

最后，通过下式计算 $A_{m,n}$ 的潜在语义矩阵

$$A_k = U_k \Lambda_k V_k^T \qquad (2-18)$$

以上是利用 LSA 理论构建的一个潜在的语义空间 A_k，有效地降低了数据的维度，其中元素项不仅表示文档的词项频度，而且包含每个特征项的语义关系的权值，根据 A_k 能够计算两个文档之间的主题相似度。

2.2.3.3 问句和答案主题相似度

当用户提出新的问句时，首先把其转换成向量形式，然后通过 LSA 把问句 q 映射到潜在语义空间上。

$$q_k = q^T U_k \Lambda_k \tag{2-19}$$

映射到潜在语义空间上的问句向量 q_k 不但包含词语的权重,还包含了潜在的语义关系。因此,计算问句和问句答案对之间的相似度就转化为计算问句向量 q_k 和问句答案 d 在潜在语义空间下的相似度,该相似度采用两个向量之间的余弦值进行计算。

$$Lsim(q_k, d) = \frac{q_k \cdot d}{|q_k||d|} \tag{2-20}$$

$Lsim(q_k, d)$ 的值越大,则问句向量 q_k 和问句答案 d 的相似程度越高,表明 d 包含问句的主题的可能性越大。

2.2.4　图博档知识服务 FAQ 的综合相似度

在计算提问问句和 FAQ 集的问题答案对之间的语义相似度中,通过计算问句和问题答案对中问句词的表层相似度和语义相似度,并将问句和问句答案对之间的潜在语义相似度结合起来进行度量。如果提问问句和问题答案对中的问句词的表层相似度非常高,就直接将答案部分返回;当提问问句和问题答案对中的问句词的表层相似度比较低时,则进一步利用语义相似度和 LSA 的主题相似度进行比较。

$$FAQsim(q, q_i - a_i) = \begin{cases} Bsim(q, q_i) & Bsim(q, q_i) \geqslant \eta \\ \alpha \times Bsim(q, q_i) + \beta \times Ssim(q, q_i) + \gamma \times Lsim(q, q_i - a_i) & Bsim(q, q_i) < \eta \end{cases}$$
$$\tag{2-21}$$

其中 η 是句子词的表层相似度的一个阈值,如果 $Bsim(q, q_i)$ 大于阈值 η,就表明用户问句 q 与问题答案对 $q_i - a_i$ 中的问句词的表层有较高的相似性,则直接返回给用户作为答案;如果小于阈值 η,则计算两个问句的语义相似度和用户提问与 $q_i - a_i$ 中的答案 a_i 的潜在语义相似度,来判断答案能否满足用户问句。不同方面的相似度对于满足问句的答案要求的作用不同,所以设置了 α, β, γ,三个权重是设置的常数,且满足 $\alpha + \beta + \gamma = 1$。$FAQsim(q, q_i - a_i)$ 是一个大于 0,小于 1 的值。$FAQsim(q, q_i - a_i)$ 表征用户问句和问题答案对之间的相似程度。这里设置一个阈值,$FAQsim(q, q_i - a_i)$ 大于该阈值,图博档知识服务 FAQ 系统就将问句答案对作为答案返回给用户。

2.3　实验结果及分析

本部分主要设计了图博档知识服务 FAQ 问答系统,其中包括问题答案对的录入和处理,以及问句相似度匹配。通过实际的数据和多组实验对本篇提出的 FAQ 相似度进行测试,并且通过调节相似度计算参数,验证参数设置对于对 FAQ 混合相似度的影响。

2.3.1　实验设计

为了验证提出的基于混合策略的问句和问题答案对相似度匹配算法的有效性,本篇设计了一个图博档知识服务 FAQ 系统(如图 2-3),本系统主要包括问题答案对的搜集、文本分析、以及 FAQ 相似度的计算三部分,实现的过程如下:

首先,利用问题答案对输入系统收集大量关于图博档知识的服务答案对,组成 FAQ 文档集,为 LSA 分析奠定基础。

然后,对文档集中问题答案对进行 LSA 分析,形成潜在语义空间,并对其进行存储,便于检索时进行查询。

最后,利用用户提问问句,先对其进行文本分析,再分别采用不同的检索策略在问题答案对集合中进行检索，并对结果进行评价分析。其中的 FAQ 相似度是图博档知识服务 FAQ 系统主要部分，包括了句子词的表层相似度、语义相似度和问句答案之间的潜在语义相似度。实验中利用问题答案对输入系统和文本分析将其录入问题答案对的数据库中。

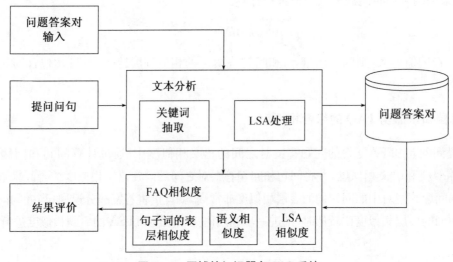

图 2-3　图博档知识服务 FAQ 系统

2.3.2　实验结果分析

（1）实验 1 语义相似度计算

表 2-1　HowNet 语义相似度结果

词语 1	词语 2	刘群	李素建	李峰	本篇（式 2-8）
男人	女人	0.833	0.668	0.94	0.857
男人	父亲	1	1	1	0.857
男人	收音机	0.164	0.008	0.045	0.375
男人	鲤鱼	0.208	0.009	0.374	0.625
男人	工作	0.164	0.035	0.013	0.286
男人	高兴	0.013	0.024	0.141	0
珍珠	宝石	0.13	—	0.859	0.857
中国	联合国	0.136	—	0.123	0.25
中国	美国	0.94	—	0.615	0.875
香蕉	苹果	1	1	1	0.857
发明	创造	0.615	—	0.891	0.778
跑	跳	0.444	—	0.606	0.8

表 2-1 对本章基于 HowNet2007 相似度和刘群、李素建和李峰的方法的计算结果（数据来自李峰等人的"中文词语语义相似度计算——基于《知网》2000"）进行了比较。表中的第 1、2 行显示了在主义原相同情况下不同方法得出的结果，"父亲"和"男人"语义相似度很高，但不是完全等价的概念，因此，语义相似度需要有所区别，这一点在其他算法中没有得到体现，本章的方法显示出了明显优势，此类情况在第 11 行也是能够看到；第 3 到 10 行是主义原不同的情况下，不同的方法得出的结果，其中第 6 行"男人"和"高兴"这两个词，两者属于不同词性，因此利用本章的方法获得的值为 0；"男人"和"鲤鱼"语义相

似度程度要高于"收音机"和"工作"的相似程度,本章的方法得出的相似度的差别要高于其他的方法;最后两行是关于动词相似度方面的结果。

(2) 实验 2 基于 TFIDF、句子表层、语义、混合策略相似度结果比较

实验中,FAQ 库的测试集为《实用技术名称:玉米 100 问》形成的 100 对问题答案对集,收集了关于问题答案对集合主题的 50 个问句,分别采用句子表层、语义、混合策略三种相似度方法进行实验,以下内容主要是对本实验结果进行描述和分析。

表 2 - 2　不同方式 FAQ 检索结果

	问句数	正确	错误	未结果
TFIDF	50	24	15	11
句子表层相似度	50	18	3	29
语义相似度	50	31	11	8
混合策略	50	39	9	2

表 2-2 是采用不同的检索策略对问题答案对进行测试实现的结果,表中的正确的问句数和未找到答案的问句数的数目表明语义的方法的检索效果明显优于其他方法;错误答案的问句数表明句子表层相似度的效果最好,TFIDF 的方式最差;本章的混合策略从问句之间的语义和问句答案对中的答案两方面计算语义,同时结合句子的表层结构相似度,因此,实现的效果也优于其他方式。

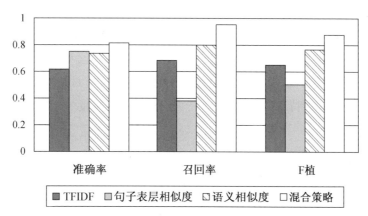

图 2 - 4　不同方式 FAQ 检索的准确率、召回率和 F 值图

图 2-4 是不同策略检索实验结果的准确率、召回率和 F 值的效果图,图中能够反映出采用不同方式获取的结果,表明本章的混合策略方式有较好的效果。

以上的三个实验分别验证了本章的句子词的表层相似度、基于 HowNet 语义相似度、基于领域知识的图博档知识服务概念相似度和基于混合策略的匹配 FAQ 检索方法的有效性。

本章小结

本章针对图博档知识服务 FAQ 系统的问句答案匹配问题,提出了基于混合策略的匹配方法。首先,介绍了图博档知识服务 FAQ 系统的必要性;然后,阐述了基于句子词的表层相似度和基于句法的句子语义相似度,以及基于 LSA 用户问句和答案部分之间的相似度的计算方法,并把这几个相似度混合来计算问句和问句答案对的相似度;最后,利用实验对以上的方法进行比较,基于混合策略的方法和其他的方法相比具有较好效果。

第3章 问句分类与答案抽取

3.1 图博档问句分类的特征选择

特征选取是分类研究中的一个重要环节。从第2节问句分类相关研究得到目前开放域问句分类的主要特征,包括表层的词语、Ngram等和语义方面的词性、语块、同义词、词义等。这些特征向量形成较高维度的特征向量,由于每个问句仅包含较少的特征,致使向量中大量的项为0值,形成稀疏向量。本节主要研究结合图博档知识、现有的通用语言知识库以及问句中的疑问词作为特征,形成一个包含问句的表层特征和深层次语义特征的向量空间。以下是形成的图博档问句向量空间中的特征,包括疑问词、图博档概念簇和HowNet义原。

(1)疑问词

疑问词是疑问句的一个重要标识,虽然在文本分类中,一般不作为特征,但在问句分类中,疑问词是问句分类中一个重要的特征项。

张建强[①]对现代语料库中的问句进行调查,整理出其中的特指问句中的疑问代词主要包括"什么"、"何"、"啥"、"为什么"、"为何"、"为啥"、"怎么"、"咋"、"怎样"、"怎么样"、"咋样"、"谁"、"如何"、"哪(儿)"、"哪里"、"多少"、"几"等。表3-1依据其疑问词的疑问对象等对其上述的疑问词进行分类,形成九个类型,从而减少了疑问词的特征数目,降低了特征向量空间的维度。

表3-1 疑问词分类

疑问词类别	实例词
What	什么、何、啥
What list	哪些
Who	谁
Why	为什么、为何、为啥
When	时间
Where	哪儿、哪里
How	怎么、咋、怎样、咋样、如何
How many	多少、几
What is	什么是、何谓

(2)图博档概念簇

一般图博档问句包含领域词,然而《中国大百科全书图书馆学、情报学、档案学》和《中国大百科全书文物、博物馆》中的词语有万余条,要是将其词语作为特征值,会导致特征维度过高,因此,本篇对图

---

① 张建强. 基于语料库的现代汉语疑问句使用情况调查[C]. 第五届全国语言文字应用学术研讨会论文集. 2007:446-460.

博档领域的词语利用图博档概念簇作为特征。

利用图博档概念簇作为特征项和以词语作为特征项相比较有两个优势：

第一，概念簇的数量远远少于词语的数量，从而有效地降低了特征维度；

第二，图博档词语是一个事物标识，概念簇是一组具有相同主题的词语聚集到一起形成的，代表一组事物，这样又是对词语级别的一个扩展，从一个事物扩大到一组事物，因而，概念簇特征是对训练集中问句的一个有效扩展。

把图博档领域词转换成图博档概念簇实际上就是通过本篇设计的图博档词表对其进行映射。其实现过程为：首先，查看图博档词表是否包含该词，如果包含，则该词就是图博档领域词，然后，抽取图博档概念簇；反之，如果不包含，则该词不是领域词，用 HowNet 义原处理。

（3）HowNet 义原

义原是 HowNet 对于概念进行刻画和描述的，不易再分的最小意义单位，代表着事物的本质。每个词语都包含有一个主义原，表示词语的本质概念。事件 Event 和实体 Entity 是主要的义原类，动词和名词的主义原都包含在其中，因此，将 HowNet 中的事件和实体义原类作为特征项。HowNet 义原作为特征项和图博档概念簇作为特征项一样，具有特征维度低和词语扩展性高的优势。HowNet 义原特征形成的实现过程，实质就是从 HowNet 中抽取词语主义原的过程。

3.2　基于规则模板的图博档问句粗分类

本节研究基于规则模板的图博档问句分类算法，以及利用疑问词及其周围词语的词性、HowNet 义原和图博档概念簇规则生成图博档问句粗分类模板的算法。

基于规则的问句分类算法实质是利用规则模板格式化用户提问的问句，并匹配问句类别规则库中的规则，如果能匹配成功，则返回问句类别。

步骤 1，通过中科院的分词软件对问句分词，然后利用词性，抽取其中的疑问词。如果包含疑问词，并抽取其前、后两个词语按照模板形成格式化的疑问句（生成的方式在问句规则模板的抽取中详细阐述），然后跳到步骤 2，否则跳到步骤 3。

步骤 2，格式化的疑问句在图博档问句规则类别库中进行匹配，如果能够匹配成功，则返回图博档问句的粗类别，否，查找不到类别。下一节详细阐述问句类别规则库中规则的形成方法。

步骤 3，判断问句是不是一个判断疑问句。如果是判断句，则返回判断疑问句，否则继续执行。

判断疑问句中包含有判断问句的特殊标识词，因此，通过判断疑问句中是否有这些标识性词语来确定其是否为判断疑问句。由于判断疑问问句不是本篇研究的重点，因此，本篇仅采用比较简单的判断依据进行判断。判断疑问句判断采用如下方法：（1）句子末尾是否包含"吗"、"呢"等疑问语气助词；（2）句子中间是否包含"是不是"、"好不好"等选择性的短语。如果包含这些词语，就判断是疑问句。

步骤 4，判断句子中的词语是否包含某种类别中经常包含的词语，如果包含就将其归为该类别，否则将其划为定义类型。

在用户提问的问题中，有些问题不以问句的形式提出，即问句中没有包含疑问词，但是句子的实质是用户咨询关于问题的答案。例如，"肉鸽养殖技术？"是查找肉鸽的养殖方法。在不包含疑问词句子中，通常存在特定的词语能够表明用户问题的需求，从而确定问句的类别，即可以将其划分到图博档问句分类体系中。本篇集中某一类别的答案的常用词形成常用类别词库，常用词库包含常用词语和问句类别。

常用类别词库的实现过程同本篇的第 3 章中的特征抽取的过程相似，首先是对不同类别的句子进行分词；然后，抽取常用的词语，并按照词语出现频率排列，通过人工选择和类别主题相关的词语，将其输入到数据库中，如果一个词语在多个类别中都被选中，则表示该词并非对应单一的问题类别，那么就将该词从常问类别词库中删除。

3.3 基于 SVM 图博档问句精细分类

本节研究对图博档方式性问句进一步精细分类的方法，下文详细阐述 SVM 分类器的基本思想和基于信息熵的图博档方式性问句特征向量的形成方法。

3.3.1 SVM 分类器

SVM[①] 是一种监督式的机器学习方法，其基本思想为：

（1）它通过某种非线性映射将低维向量映射到一个高维的特征空间中，并在这个高维空间中构造一个最优的分隔超平面，并且这个超平面使得两个类别之间的空隙最大，即分隔超平面使得两个相互平行的超平面距离最大。

（2）它将问题最终转换为解决一个凸二次规划问题，从而获得全局最优解，解决了在神经网络方法分类中无法避免的局部极值问题。

（3）它是专门针对小样本情况的机器学习方法，实现结构风险最小化。

图 3-1 所示的二维两类线性可分情况，其中的圆和叉号表示两类训练样本。实现过程：设线性可分样本集为 (x_i, y_i)，$i=1, \cdots, n$，$x \in R^d$，$y \in \{-1, +1\}$ 是类标识符，其线性判别函数记为 $g(x)=w \cdot x + b$，分类超平面表示为

$$w \cdot x + b = 0 \qquad (3-1)$$

其中 x 是超平面上的点，w 是垂直于超平面的向量，b 是一个常数向量，称为偏置向量。

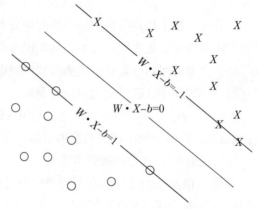

图 3-1　最优分类面示意图

根据 SVM 原理，就是寻找一个超平面，使得两类所有的样本都满足 $|g(x)| \geqslant 1$，即距离分类超平面的样本满足 $|g(x)|=1$，那么分类的间隔就为 $2/\|w\|$，因此，两类之间的间隔最大就是 $\|w\|$ 的最小值，要是所有的样本都能正确分类，那么就要求其满足

$$y_i(w \cdot x_i + b) - 1 \geqslant 0 \qquad (3-2)$$

这样就把求最优的超平面转化为一个二次规划的问题，也即在式（3-2）的约束条件下，求

$$\varphi(w) = \frac{1}{2}\|w\|^2 = \frac{1}{2}(w \cdot w) \qquad (3-3)$$

的最小值。通过计算可以得到

$$w^* = \sum_{i=1}^{n} a_i^* y_i x_i \qquad (3-4)$$

$$b^* = \frac{1}{n} \sum_{i=1}^{n} (w^* \cdot x_i - y_i) \qquad (3-5)$$

---

① 边肇祺,张学工. 模式识别(第二版)[M]. 北京:清华大学出版社. 2000.

通过计算可以获得最优的分类函数为

$$f(\vec{x}) = \text{sgn}\{(w^* \cdot x) + b^*\} = \text{sgn}(\sum_{i=1}^{n} a_i^* y_i (x_i \cdot x) + b^*) \qquad (3-6)$$

sgn()是符号函数,由于非支持向量对应的a_i均为0,上式中的a_i都是支持向量的,n是满足支持向量的样本数。图3-2概括了SVM实现的过程。

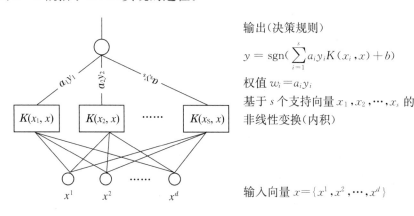

输出(决策规则)

$$y = \text{sgn}(\sum_{i=1}^{s} a_i y_i K(x_i, x) + b)$$

权值$w_i = a_i y_i$

基于s个支持向量$x_1, x_2, \cdots, x_s$的
非线性变换(内积)

输入向量$x = \{x^1, x^2, \cdots, x^d\}$

图3-2　支持向量机示意图

SVM最初是一种二值分类算法,然而,问句分类是一个多类分类问题,那么就需要构造多类分类器。构造SVM多类分类器的方法主要有两种:一种是直接法,直接修改目标函数,将多个分类面参数统一到一个最优问题中;第二种是间接法,就是通过把多个两类的分类器组合到一起实现多类分类器的构造,常见的方法有一对多方法(one-against-all)和一对一方法(one-against-one)。一对多方法是训练时依次把某个类别的样本归为一类,其他剩余的样本归为另一类,这样k个类别的样本就构造出了k个SVM。一对一方法是在任意两类样本之间设计一个SVM,因此k个类别的样本就需要设计$k(k-1)/2$个SVM。

3.3.2　图博档问句特征向量

问句中的特征值对于其分类的影响大小是有差别的,如果一类特征值大部分都出现在一个类别中说明其对于分类的重要性比较大;反之,特征对于问句的分类影响比较小。另外,在专门的领域内,领域内的词语对于问句的影响大于通用域的词。本篇根据这个影响因素来设定特征向量的权重。

信息熵是度量通过计算随机事件的发生的概率来计算随机事件的不确定性的。假设X是一随机变量,其范围为$\{x_1, x_2, \cdots, x_n\}$,$X$中任意一个量$x_i$(i=1,2,$\cdots$,n),$p(x_i) = P(X = x_i)$就为$X$的概率分布函数,则随机变量$X$的信息熵就定义为

$$H(X) = -\sum_{i=1}^{n} p(x_i) \log p(x_i) \qquad (3-7)$$

Dumais[①]利用信息熵优化信息检索中词语的权重,将每个词语作为一个随机变量,那么将词语i的信息熵定义为:

$$H(i) = \frac{1}{\log N} \sum_{i=1}^{N} \left(\frac{f_{ij}}{n_i} \log \frac{f_{ij}}{n_i} \right) \qquad (3-8)$$

f_{ij}是词语i在文档j中出现的次数,n_i是词语i在所有的文档中出现总次数,N为文档集中所有文

---

① Dumasis S. T. Improving the Retrieval Information from External Sources. Behaviour Research Methods[J]. Instruments and Computers. 1991,23(2):229-236.

档的数量。

图博档问句的特征项对问句的分类影响是有区别的，如一个特征项集中地出现在一类问句中，那么该特征项对问句的分类贡献就较大；反之，一个较均匀地分布在各个类别中，那么该特征项对问句的分类贡献就较小。信息熵能够度量随机变量的不确定性，因此，黄鹏[①]等人利用信息熵确定特征项的权重设置。本篇中的问句是面向图博档领域，图博档领域词对问句分类的贡献大于通用域词语对其的贡献，因此，本篇设计的特征项的权重值为

$$
w_i = \begin{cases} 1 + \dfrac{1}{\log N} \sum\limits_{i=1}^{N} \left(\dfrac{f_{ij}}{n_i} \log \dfrac{f_{ij}}{n_i} \right) & \text{如果特征项 } i \text{ 是"三官"概念簇} \\ \alpha \left[1 + \dfrac{1}{\log N} \sum\limits_{i=1}^{N} \left(\dfrac{f_{ij}}{n_i} \log \dfrac{f_{ij}}{n_i} \right) \right] & \text{other} \end{cases} \tag{3-9}
$$

N 是问句集合中所有问句的数量，f_{ij} 是词语 i 在问句类 j 中出现的次数，n_i 是词语 i 在所有的问句中出现总次数，α 实验设定的阈值用于区别领域特征项和通用域特征项对于问句分类贡献的不同，由于通用域的特征的贡献小于领域特征的贡献，该值一般取值小于 1。

特征项的权重和信息熵是相反的，如果其信息熵值越大，表明该特征值分布在多个类别中，那么对于分类的贡献相对比较小，因此，其权重值就比较小；反之，如果信息熵比较小表明该特征项聚集在于某个类别中，那么该特征对于分类的贡献比较大，因此，其权重值也较大。当图博档概念簇的特征项聚集在某个类别中，那么其权重值就为 1，如果平均分布在各个类别中，那么特征项权重就为 0；当通用域的特征项聚集在某个类别中时，其权重为 α，若均匀地分布在各个类别中，那么特征项权重值就为 0。

本章首先参考开放域和图博档领域知识，构建了面向图博档自动问答系统的问句分类体系；其次，选择图博档概念簇、HowNet 义原以及疑问词作为图博档问句分类的特征；然后，给出了基于模板的图博档问句粗分类的方法和基于 SVM 图博档方式性问句精细分类的方法；最后，通过采集网络上用户的图博档问句，验证了本篇提出的特征抽取和分类方法的有效性，实验结果表明本篇的方法能够满足图博档问句的分类需求。同时，在实验的过程中发现，由于图博档领域概念的不完整，会导致一些类别的分类效果较差，需要进一步改进和提高。

3.4　基于线索词的原因性问句答案抽取

图博档原因性问句也是被用户经常提问的图博档问句类型，如何从相关的文档中抽取问题的答案是本节主要研究的内容。张志昌等人[②]对原因性问题和其答案之间的关系形式研究指出两者之间存在 4 种关系：(1) 答案句与对应问题主题的句子存在因果关系；(2) 答案是对应问题主题的句子的某个从句；(3) 答案与问句主题之间存在因果关系；(4) 从篇章推理出答案。本节研究针对 (1) 和 (2) 两种关系情况，通过原因线索词作为判定因果句子或段落的标识，以及如何利用原因线索词的模板抽取图博档原因性问句的答案。

3.4.1　原因性问句的候选答案

张志昌等人对大量的语料的研究表明原因性问句的答案都是在表示因果的句子或者段落中，并且因果句子中大部分都包含有因果连词或因果角色词等线索词。中文因果句子中包含因果连词或因果角

---

①　黄鹏,卜佳俊,陈纯,等. 利用加权特征模型改进问句分类[J]. 浙江大学学报,2009,43(6):994-998.
②　张志昌,张宇,刘挺,等. 基于话题和修辞识别的阅读理解 why 型问题回答[J]. 计算机研究与发展,2011,48(2):216-223.

色词(文中将其定义为具有因果属性的原因性动词或名词)。

定义 3.1　原因线索词库就是具有因果关系的词语形成的集合,主要包括因果连词、包含因果关系的动词和名词。本篇从语言学和中文知识库 HowNet 中获取原因性线索词,包括因果连词和原因角色词。

因果连词是指在逻辑层面上可以表达事件的因果关系,且具有连接从句功能的语法词语[①]。中文对于因果连词的界定没有统一标准,吕叔湘主编的《现代汉语八百词》[②](增订版)把"从而、所以、以至、以至于、以致、因、因此、因而、因为、由于"10 个词作为因果连词,并被大多数因果关系研究应用,把这些因果连词作为识别因果关系句子的线索词存储到线索词库中。

因果连词一般存在于复杂的复合句子中,然而有些原因结果通过原因角色词用一个简单句就可以把其关联起来。对大量的没包含因果连词的因果句子分析表明,句子中存在包含因果关系的名词或者动词,这些原因性词语能够表明句子中的因果关系,通过检查句子中是否包含原因性特征的词语来判断句子是否为因果性句子。

HowNet 中原因性动词实例:

   NO. ＝141978

   W_C＝引发

   G_C＝V［yin3　fa1］

   E_C＝

   W_E＝initiate

   G_E＝V

   E_E＝

   DEF＝｛ResultIn|导致｝

HowNet 中原因性名词实例:

   NO. ＝145038

   W_C＝诱因

   G_C＝N［you4　yin1］

   E_C＝

   W_E＝cause

   G_E＝N

   E_E＝

   DEF＝｛cause|原因｝

以上的"引起"和"诱因"两个词是关于隐含因果性动词和名词的实例。两个实例表明 HowNet 中的原因性动词的 DEF 为 event 中的｛ResultIn|导致｝义原;原因性的名词的 DEF 为 entity 中的｛cause|原因｝义原。通过判断 HowNet 的 DEF 项是否为原因性义原抽取原因性动词和名词,并把这些词语加到线索性词库中。

本篇假设一个句子为原因性问句的答案,需要满足两个条件:

(1) 句子的主题和问句的主题相一致。

(2) 句子中需要包含原因性线索词。

---

① 彭湃. 现代汉语因果关系连接成分研究综述[J]. 汉语学习,2004(2):44-84.

② 吕叔湘. 现代汉语八百词[M]. 北京:商务印书馆. 1980.

因此，利用问句主题的语义相似度和原因性线索词库实现原因性问句的候选答案抽取的过程（如图3-3）：

步骤1，把检索到的文档分割成句子，并用中科院分词工具对问句和文档中句子进行分词，同时剔除停用词，形成问句和文档中句子的词语向量 W_q 和 W_i（其中 i 是句子在文档中的位置）。

步骤2，计算问句和句子之间的语义相似度。然后判断相似度是否大于设定阈值，如果大于阈值，则执行步骤3，否则执行下一个句子。

假设词语向量能够表达句子的语义，则通过词语向量计算句子相似度来判断句子是否为问句主题的句子。句子相似度的计算方法参照图博档FAQ中问题语义相似度的算法。

步骤3，判断句子中是否包含原因性线索词，如果包含原因性线索词，就将其作为候选答案，否则执行下一个句子。

判断句子中是否包含原因性线索词具体实现过程，首先检查句子中是否包含因果连接词，如果包含就将该句子和其前后两个句子作为候选句；否则查找前一个句子和后一个句子是否包含因果连接词，如果包含就把相关的句子都作为候选句。如果前后句子也没有包含因果连接词，那么利用线索词库查找该句子中是否包含原因性的动词或者名词，包含则将其作为候选句子，否则，放弃该句子。

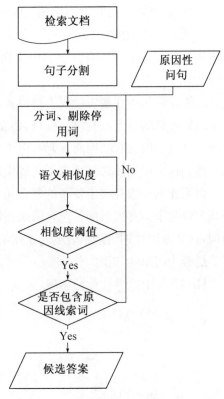

图3-3　原因性问句候选答案抽取流程

3.4.2　基于模板的答案抽取

上一部分已经从检索相关文档中抽取了包含原因线索词的候选答案，本节研究利用线索词形成模板从候选答案中抽取答案部分，进一步分析原因结果对中的结果和问句主题之间的语义相似度，并利用该相似度对答案进行排序。

在实际的语言环境中，包含原因线索词的句子以线索词为界限，前后两部分之间具有明显的因果关系。因此，利用线索词为界进行分割，从中抽取出原因和结果部分，形成包含原因和结果因果关系模板，利用模板比对的方法方便地抽取出句子中的原因和结果。因果连词和HowNet中包含因果关系的名词和动词数量比较少，本篇利用人工方式对这些原因线索词形成原因结果模板。

第4章 面向图博档知识服务融合的问答系统构建实现

随着图书馆、博物馆和档案馆对信息资源需求的大量提升、信息资源数量的急速增长和图博档信息基础设施的不断完善,如何提供有效的图博档信息资源服务以满足信息需求,已成为一个亟待解决的问题,图博档信息化建设成为我国信息化工作的重要组成部分。高效的问答系统能够从广泛的信息资源中,较准确地自动抽取提问问题的答案,因此,如果能有针对性地将问答系统技术应用到图博档信息资源服务中,构建面向图博档的问答系统,就能对解决图博档信息资源利用问题产生积极的推动作用,为用户或浏览者生活与工作、学者研究和管理者决策提供有效的图博档信息服务。

面向图博档知识服务问答系统是基于互联网的,包括图博档知识服务 FAQ 系统和自动问答系统两个子系统,以及用户管理、日志管理。本系统的实现是基于 B/S 架构,如果计算机能够连接到互联网,用户就可以利用网络浏览器向系统请求服务。系统的运行同时受到服务器、客户端以及网络环境等因素的影响。本章主要介绍本系统的运行环境以及系统在构建过程中采用的技术和实现的结果。

4.1 系统运行环境

本节主要详细介绍本系统在运行过程中需要的计算机环境配置,主要是服务器和客户端的环境。

4.1.1 服务器环境

本系统服务器采用 Windows Server 2003 企业版[①]＋MySQL 企业版[②]＋Apache Tomcat[③] 服务器架构。

4.1.2 客户端环境

图博档知识服务问答系统采用 B/S 架构,用户工作界面是通过浏览器来实现,主要的数据处理和事务逻辑的实现在服务器端进行,仅有少部分事务逻辑在浏览器端实现。这一架构体系可以大大简化客户端计算的运算,减少更新与升级系统所需的运营成本,提高工作效率。因此,系统对于客户端的要求比较低,仅仅要求客户端安装 IE 浏览器,用户使用系统时通过浏览器就可以向服务器发送服务请求,服务器处理请求,并返回结果。

4.2 系统技术

本节主要详细介绍本系统在实现的过程中所采用 Java、Ajax 编程技术和实现过程中应用的主要开

---

① Windows 2003[EB/OL]. [2011 - 10 - 5]. http://www.microsoft.com/china/windowsserver2003.
② MySQL[EB/OL]. [2011 - 10 - 5]. http://www.mysql.com/.
③ Tomcat[EB/OL]. [2011 - 10 - 5]. http://tomcat.apache.org/.

源工具，如采用 Google Ajax Search API 作为网络文档检索工具、HtmlParser 作为页面内容抽取工具。

4.2.1 Java

Java 是一种跨平台开发的、面向对象的计算机程序设计语言，是由 Sun Microsystems 公司在 1995 年 5 月推出的，包括 Java EE、Java SE、Java ME 三种不同版本。Java 的实现过程与普通的编译语言和解释语言是有区别的，其实现过程：首先是把源代码编译成不依赖任何操作系统的字节码形式；然后，通过不同计算上的虚拟机来解释执行字节码，从而实现了"一次编译、到处执行"的特性。

JDBC(Java Data Base Connectivity)是应用 Java 程序设计语言编写的执行数据库操作语言的应用程序接口。程序设计者可以通过该接口操作不同公司开发的关系数据库系统。使用 JDBC 需要做三件事：与数据库建立连接（实现过程如图 4-1）、发送操作数据库的语句并处理结果。图 4-1 是和 MySQL 数据库连接实现的程序片段。

```
//注册 JDBC 驱动程序
Class. forName("com. mysql. jdbc. Driver");//加载 mysql 驱动
//数据库连接设置
url="jdbc:mysql://localhost/test(数据库名)? user=root(用户)&password=yqs2602555(密码)";
  conn=DriverManager. getConnection(url, user, password);
```

图 4-1　JDBC 连接 MySQL 数据库

4.2.2 Ajax

AJAX(Asynchronous JavaScript XML)是 Jesse James Garrett[1] 用于建立一种快速动态网页的技术，使用它只需与后台服务器交换少量的数据，就可实现网页的异步更新。

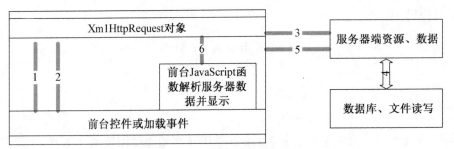

图 4-2　Ajax 与服务器的交互原理[2]

图 4-2 说明了 Ajax 技术和服务交互的过程，1 表示浏览器端触发交互事件；2 表示前台对服务器地址、请求方式等请求实例化；3 表示异步请求服务器；4 表示服务器和文件服务器进行交互，并生成返回的数据格式；5 表示服务器返回数据至浏览器；6 表示浏览器响应服务器的返回数据。

Ajax 实际是利用 Java 技术、XML 和 JavaScript 技术等结合到一起实现的，HTML 和 CSS 样式用来控制显示的格式，DOM(Document Object Model)用来和服务器交换数据，XML 控制数据交换的格式，JavaScript 处理浏览器前台数据。Ajax 技术已经广泛地应用到 Web 应用程序的开发中，如国外的 Google 搜索、国内的新浪博客等。

---

[1]　Ajax：A New Approach to Web Applications [EB/OL]. [2011-10-5]. http://www.adaptivepath.com/ideas/ajax-new-approach-web-applications.

[2]　洪石丹. AJAX 完全自学手册[M]. 北京：机械工业出版社. 2009.

4.2.3 Lucene

Lucene[1]是 apache 软件基金会 4 jakarta 项目组的一个子项目,是一个开放源代码的全文检索引擎工具包,但它不是一个完整的全文检索引擎,而是一个全文检索引擎的架构,提供了完整的查询引擎和索引引擎,部分文本分析引擎。Lucene 的目的是为软件开发人员提供一个简单易用的工具包,以方便在目标系统中实现全文检索的功能,或者是以此为基础建立起完整的全文检索引擎。Lucene 是一套用于全文检索和搜寻的开源程式库,由 Apache 软件基金会支持和提供[2]。Lucene 提供了一个简单却强大的应用程式接口,能够做全文索引和搜寻。Lucene 索引和检索的基本过程:

首先,建立索引实现,基本实现过程如图 4 - 3(a)。

然后,关键词查询,基本实现过程如图 4 - 3(b)。

最后,结果输出。

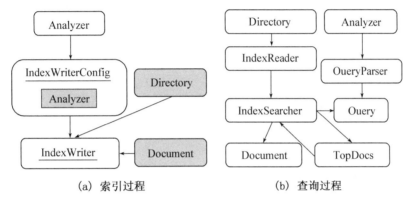

(a) 索引过程   (b) 查询过程

图 4 - 3 Lucene 索引和查询过程

本篇中利用 Lucene 检索异构网络中的图博档 web 文档,实现图博档知识服务自动问答系统信息检索功能。

4.2.4 HtmlParser

HtmlParser[3]是以 Java 语言编写的用来解析 HTML 页面的库文件,是一个开放源码的项目,主要用来分析和解析 HTML 文件。它主要有信息抽取和信息转换两个功能。信息抽取主要对 HTML 文档的文本、链接、以及资源信息进行抽取;信息转换主要把 HTML 文档转换成为格式文档。

本篇利用 HtmlParser 分析页面文档,抽取页面中的正文内容,为图博档知识服务自动问答系统中的方式性问句和原因性问句答案的查找和抽取做基础。

4.3 系统的设计构建与实现

面向图博档知识服务问答系统是一个针对图博档知识服务领域的信息服务系统,以前的章节是关于系统实现过程的知识组织、FAQ 和自动问答的关键技术实现的方法,本节从软件工程方面来详细阐述系统逻辑结构设计和系统实现的效果,在设计和实现的过程中遵循实用性、可靠性、开放性、安全性、

---

① Michael M,Erik H,Otis G. Lucene 实战[M]. 牛长流,肖宇(译). 北京:人民邮电出版社,2011.

② Apache Lucene[EB/OL]. [2011 - 10 - 5]. https://lucene. apache. org/.

③ HTML Parser[EB/OL]. [2011 - 10 - 5]. http://htmlparser. sourceforge. net/.

易管理维护性、可扩展性原则。①

4.3.1 系统逻辑结构设计

4.3.1.1 系统用例图

用例是从系统外部可见的行为，是系统为参与者提供的一段完整的服务，用例图的最主要功能就是用来表达系统的功能性需求或行为②。以下主要介绍普通用户、注册用户和管理员的用例，分析系统实现的功能。

普通用户是所有登录网站的人员，图4-4是该类用户的用例图，图中表明该类用户的主要需求包括注册、FAQ检索、自动问答检索、浏览统计等。FAQ检索是用户通过FAQ系统查找相关问句的答案；自动问答检索是系统通过Web网络查询问题的答案；浏览统计能够获得浏览问题的统计数据；用户通过系统的注册功能就能转换为注册用户，从而享有其他的功能。FAQ检索、自动问答检索和浏览统计是面向图博档知识服务问答系统的基本功能。

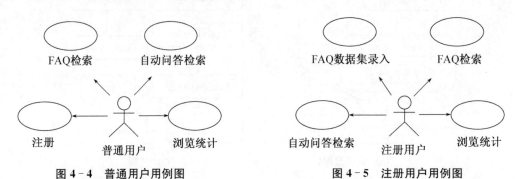

图4-4 普通用户用例图　　　　图4-5 注册用户用例图

注册用户是通过管理员认证的用户，图4-5是该类用户的用例图。和普通用户相比，注册用户具有FAQ数据录入功能，就是能够向FAQ系统的问句答案库中添加数据项，从而不断丰富、完善数据库的内容。

系统管理员是面向图博档知识服务问答系统的管理人员，图4-6是该类用户的用例图。图4-6说明该类用户主要是服务器端的设置和管理，主要需求包括数据库管理、用户管理和系统设置，数据库管理主要是数据备份、数据迁移和数据维护等。

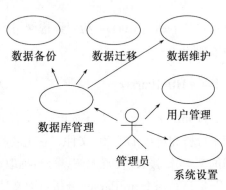

图4-6 系统管理员用例图

4.3.1.2 系统时序图设计

为了清晰地说明本系统的工作流程，本节主要利用时序图来解释FAQ系统和Web自动问答系统的各个模块之间的逻辑关系和消息传递关系。

时序图是显示对象之间的消息交互的顺序序列图，对象是按照时间顺序排列，是一种UML行为图。时序图中包括角色、对象、生命线、激活期和消息。

---

① 朱鹏.农村智能信息服务系统构建及关键技术研究[D].南京：南京大学.2011.

② 蔡敏，徐慧慧，黄炳强.UML基础与Rose建模教程[M].北京：人民邮电出版社.2006.

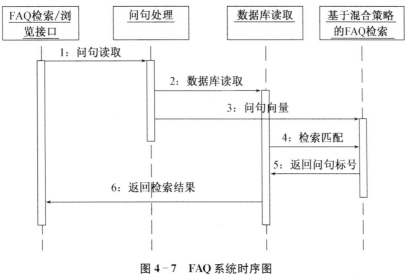

图 4-7 FAQ 系统时序图

图 4-7 是 FAQ 检索的时序图,图中表明了从用户提问到显示答案的整个过程。首先,用户在浏览器的检索界面用自然语言输入检索内容,并把内容提交到服务器;其次,服务器端对问句进行分析并读取 FAQ 问答对集合;然后,将其一起提供给混合策略检索模块,该模块根据本篇的匹配策略进行匹配,查询到较优的答案;最后,从数据库中查询到最佳的答案,返回给用户。

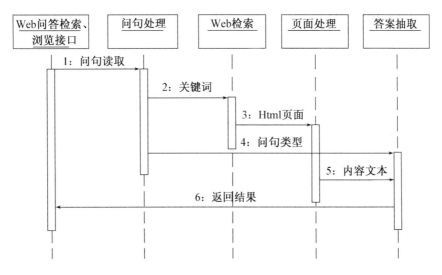

图 4-8 Web 自动问答系统时序图

图 4-8 是 Web 自动问答系统的时序图(时序图中不包含基于知识库的答案抽取),图中表明了从用户提问、Web 检索相关文档和答案抽取到返回给用户答案的整个流程。首先,用户采用自然语言的方式输入问句,同时把问句提交到服务器;其次,服务器对问句进行处理,包括用于检索的关键字抽取和问句类别的确定,同时把关键字传输给 Web 检索系统并把问句类别传输给答案抽取模块;然后,页面处理模块对 Html 页面进行处理,抽取页面的内容,并传给答案抽取模板;最后,答案抽取模块依据答案类型从页面内容中抽取答案,返回给用户。

4.3.1.3 系统体系结构

依据在图博档服务融合软件的实验平台上的使用环境,本系统采用基于云服务的架构,将整个面向图博档知识服务问答系统分为 5 层，分别为应用层、平台层、资源层、用户访问层和管理层，云计算的本质是通过网络提供服务，所以其体系结构是以服务为核心，整体系统的架构体系设计为图 4 - 9。

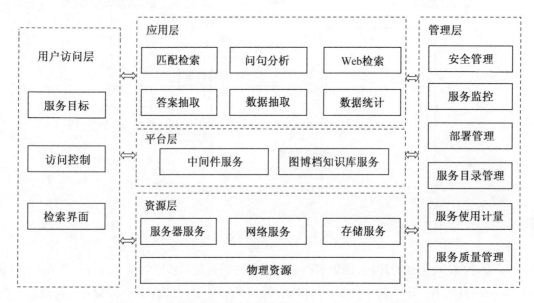

图 4 - 9　基于云服务的图博档服务融合知识问答系统体系架构图

图 4 - 9 中：

· 资源层是指基础架构层面的云计算服务，这些服务可以提供虚拟化的资源，从而隐藏物理资源的复杂性。主要包括物理资源、服务器服务、网络服务和存储服务四方面的内容。

· 平台层提供对资源层服务的封装，使用户进一步构建和扩展自己的应用，主要涉及中间件服务和图博档知识库服务。中间件服务为用户提供可扩展的消息中间件或事务处理中间件等服务。图博档知识库服务提供可扩展的知识库或数据库处理的能力。

· 应用层提供知识问答系统的相关服务，主要包括匹配检索、问句分析、Web 检索、答案抽取、数据抽取以及数据统计 6 个方面的内容。

· 用户访问层是方便用户使用云计算服务所需的各种支撑服务，针对每个层次的云计算服务都需要提供相应的访问接口，包括服务目录、访问控制和检索界面三部分内容。服务目录是一个服务列表，用户可以从中选择需要使用的云计算服务。访问控制是针对每种层次的云计算服务提供的访问接口，针对资源层的访问可能是远程桌面，针对应用层的访问提供的接口可能是 web。检索界面主要是为用户提供图书、博物、档案等相关领域知识的信息输入和反馈显示。

· 管理层是提供对所有层次云计算服务的管理功能，包括安全管理、服务监控、部署管理、服务目录管理、服务使用计量和服务质量管理 6 个方面的内容。安全管理提供对服务的授权控制、用户认证、漏洞通报和入侵检测等功能；服务监控提供对服务的健康状态的记录；部署管理提供对服务实例的自动化部署和配置，当用户通过订阅管理增加新的服务订阅后，部署管理模块自动为用户准备服务实例；服务目录管理服务提供服务目录和服务本身的管理功能，管理员可以增加新的服务，或从服务目录中除去服务；服务使用计量对用户的使用情况进行统计，并以此为依据对用户进行计费；服务质量管理对服务的性能、可靠性、可扩展性进行管理。

4.3.2　系统实现

本系统以中文信息处理、面向图博档知识服务问答系统的逻辑设计和系统设计的技术为基础，结合图博档知识服务概念簇、混合策略的图博档知识服务 FAQ 系统的方法、图博档知识服务问句分类和图博档知识服务问答系统答案抽取的方法，实现了面向图博档知识服务问答系统的原型系统。以下内容描述该系统的 FAQ 系统、面向图博档知识服务自动问答系统运行情况。

（1）在图博档知识融合服务实验平台上的入口

图 4 - 10　知识服务 FAQ 系统在图博档知识融合服务实验平台上的入口图

图 4 - 10 是面向图博档知识服务问答系统的 FAQ 系统的问句答案对收集的页面，本页面需要注册用户登录系统，然后登录到该页面，用户只要在页面的问题和答案的文本框输入正确的问句和答案提交到服务器，服务器就会对问句进行 LSA 处理并将其保存到数据库。

图 4 - 11 面向图博档知识服务问答系统的 FAQ 系统的用户提问问句的界面，本页面有一个问句输入的文本框，问句输入采用 Ajax 技术，根据用户的输入自动返回与用户输入相匹配的问句。面向图博档知识服务

图 4 - 11　图博档知识服务 FAQ 系统用户提问界面

FAQ 系统的实现过程依据 FAQ 系统的时序图（图 4 - 7）实现。

（2）面向图博档知识服务自动问答系统实现

图 4 - 12 是面向图博档知识服务问答系统的自动系统的用户检索界面。用户在界面的文本框中输入需要提问的问题，然后点击"提问"按钮，系统就将用户输入的问题提交到服务器端。"重置"按钮用于清空文本框的内容。

图书馆FAQ

数字图书馆

- 图书馆发展
- 图书馆学
- 数字图书馆
- 资源共享

传统图书馆与数字图书馆的关系？

数字图书馆的特征与功能是什么？

网络环境下图书馆的发展和转变趋势是什么？

图 4-12　图博档知识服务自动问答系统检索界面

博物馆FAQ

图书馆FAQ

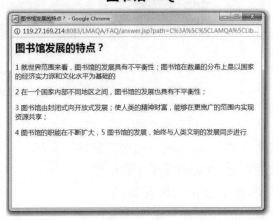

图 4-13　图博档知识服务自动问答系统检索结果界面

图 4-13 是面向图博档知识服务自动问答系统的结果显示页面。服务器接收到用户的提问后，按照本篇第 3 章介绍的方法对问句进行分类分析和关键词抽取，然后利用 Google 搜索引擎提供的 API 检索互联网相关页面对页面进行预处理，而后进行相应的答案抽取。面向图博档知识服务自动问答系统的实现过程依据 Web 自动问答系统的时序实现。

本篇总结

本篇从图博档领域知识和用户的图博档信息需求出发，构建了一个面向图博档知识服务融合的问答系统，其中主要贡献和创新之处包括：

（1）在 FAQ 问答系统检索匹配中，本篇采用不同方法计算用户提问问句和常见问题集中的问句答案对的相似度，并设计了基于混合策略的方式计算问句和问句答案对的相似度。实验中表明基于混合策略方案的整体效果优于其他的方法。将 LSA 引入问句和问句答案对的相似度计算是本篇在 FAQ 系统的检索匹配方面的应用创新。

（2）本篇将疑问词、HowNet 义原和图博档概念簇作为问句分类的特征。由于图博档概念簇表示具有相同属性的一组词语，且数量较少；HowNet 义原表示事物的本质，代表词语的语义，且数量远少于词语的数量。因此,和利用词语作为特征相比,这些特征能够有效地提高语义的覆盖面,并降低图博档问句分类特征维度。

（3）本篇构建了图博档问句分类体系,并且针对分类体系的两个层次,设计了基于模板的图博档问句粗分类和基于 SVM 的图博档问句精细分类的算法。实验表明这两个算法能够有效地满足系统需求。依据图博档问句类别的不同层次的特性设计不同的分类方法是本篇在问句分类方面的应用创新。

（4）在答案抽取方面,本篇针对不同类型的问句,设计了不同的抽取方法。利用关系组匹配的方法从图博档知识库中获得事实性问句的答案;将自动摘要技术、图博档领域知识、方式性问句答案的主题词三者结合形成的基于自动摘要的图博档方式性问句的答案抽取也是本篇在答案抽取方面的应用创新。

第十一篇 面向图博档数字化服务的交互技术

第1章 引 言

数据科学的兴起和智能化的技术变革给科学研究、机构转型和服务创新等带来新的视角和挑战[①]。随着数字化浪潮的来临,人们在拥有海量数据的同时,数字资源的形态呈现出富媒体、多模态和非结构化的发展趋势,语音、图像、图形等"原生态"信息资源的处理和分析正逐步成为研究热点,人的情感、行为与生理数据等新型资源形式[②]纳入计算的范畴。同时,数字资源和人通过新的"交互"进行连接,伴随着手势、语音、触控等新型交互模态[③]的不断涌现,信息的输入与获取朝着更加自然、便捷和高效的方向进行演进,而人工智能的发展进一步使计算机理解用户意图、实现个性化服务成为可能。交互的理念在近些年也迎来新的变化:人们逐步从信息的被动接受者走向主动理解者,由满足基本功能需求到开始强调用户体验[④]。因此,随着"资源—交互—需求"三者的不断演变,自然、便捷、高效和智能正逐步成为人与信息空间连接的主要趋势。

在数据科学时代,图书馆、博物馆和档案馆作为资源富集和信息服务的重要实体,所拥有的馆藏数据资源的价值逐步凸显,提供的数字文化服务在内容和形式上亦发生着转变。在当前信息环境下,纸质文献、实体文物以及数字资源等共同构成图博档机构的数据基础,同时其借助于实体场馆、通信网络等方式形成对公众的知识传播和群体间的信息流转。伴随着时代的迅速变革和发展,公众对于学习和知识的需求在内容和形式上发生着渐进的变化:从满足于单向被动式的藏品展览到开始渴望互动、开放和多样式的情景体验[⑤],由孤立、离散、悠缓的知识吸收转向主动、互动、探索和构建式的知识获取。此时,日益增长的公众学习及认知需求与传统的"以馆藏为中心"的图博档知识传播及服务方式就构成了一对主要矛盾。

当前,虚拟现实(Virtual Reality,VR)等新一代信息技术的发展方兴未艾,虽在探索过程中仍面临一系列理论、方法和技术问题[⑥][⑦],但凭借着广阔发展前景和应用价值受到全球各界的普遍关注,并迅速引发了其在教育、医疗以及图博档等诸多领域的应用讨论与探索。虚拟现实是指利用计算机模拟生成与真实环境在视、听、触感等方面高度近似的三维虚拟世界,用户借助必要的设备与虚拟空间中的对象进行交互作用、相互影响,从而产生身临其境的感受和体验。沉浸感(Immersion)、交互性(Interaction)、

① 张晓林. 颠覆性变革与后图书馆时代—推动知识服务的供给侧结构性改革[J]. 中国图书馆学报,2018,44(01):4-16.
② 琚春华,汪澍. 一种融入用户情绪因素的综合音乐推荐方法[J]. 情报学报,2017,36(6):578-589.
③ 张凤军,戴国忠,彭晓兰. 虚拟现实的人机交互综述[J]. 中国科学:信息科学,2016,46(12):1711-1736.
④ 戴艳清. 基于用户体验的公共数字文化服务营销研究论纲[J]. 情报资料工作,2017(01):49-53.
⑤ 夏立新,白阳,张心怡. 融合与重构:智慧图书馆发展新形态[J]. 中国图书馆学报,2018,44(1):35-49.
⑥ 赵沁平,蒋恺. 虚拟现实产业爆发的前夜[J]. 中国科学:信息科学,2016,46(12):1774-1778.
⑦ 赵沁平. 虚拟现实中的10个科学技术问题[J]. 中国科学:信息科学,2017,47(06):800-803.

想象力(Imagination)和智能化(Intelligence)是其标志性特征,三维场景的构建、感官的真实感体验以及自然的人机交互等是其核心技术体系。得益于长期以来的计算硬件和相关软件的积淀,近年来随着计算能力的迅速提高以及现实需求的持续推动,Google Cardboard、Oculus Rift、HTC Vivo 等基于不同应用场景的 VR 设备并喷式涌现①,在产品体积、价格和用户体验等多个方面都有着质的飞跃,使 VR 得以从科学专业领域向日常生活进行扩散,并逐步应用于工业设计、数字娱乐和在线教育等诸多领域②③。

　　回顾发展历程,我们知道每当高新技术诞生和应用之时,图博档都是应用探索与实践创新的先驱。新时代面对公众核心信息需求变化,利用虚拟现实、自然人机交互等先进的信息技术变革图博档的服务就成为应有之义。VR 等新兴技术的引入可解决传统图博档珍贵馆藏资源无法被公众亲密体验的问题和困境,使互动、感知和开放式的情境模拟成为可能;而在图博档知识服务过程中,VR 可提供给用户多模态的认知环境,将有助于用户获取感性丰富的经验。现有研究表明:馆藏资源的多模交互便于人们获得对所展示藏品更深层次的情感体验;抽象知识的形象化表达则对人们了解概念、原理的产生和发展过程,揭示知识的内在逻辑,加深对部分抽象晦涩知识的理解具有重要意义。因此,有效把握先进信息技术的发展趋势,深入探索"以人为本"的图博档认知服务方式与应用模式,将对图博档机构提供优质信息服务、提升自身社会价值具有重要意义。

1.1　交互技术研究及应用现状

1.1.1　虚拟现实与多模交互

　　多模交互全称是多模态交互④,多模态是相对于单一模态而言;交互即人机交互,是指人与计算机之间完成某项任务所进行的信息交换过程。伴随计算机形态和使用情境日益复杂多样,图形用户界面的局限性正逐步凸显,人们希望越过繁琐的菜单和参数选择,在诸多场景中凭借更自然的模态(比如说语音、手势、日常行为等)表达意图,同时能获取可理解性与感受效果俱佳的信息反馈⑤。多模交互,侧重于信息呈现和交互感知方面,是指通过视觉、听觉和触觉多个模态传递信息,高度模拟人与外界环境的交互过程;同时考虑到意图的表达,允许用户通过自然的交互手段在多样化(移动、桌面和空间)的环境中实现与机器互动⑥。

　　多模交互本身并不是一个凭空产生的概念,其从属于自然人机交互的范畴。伴随着近年来新型交互设备的不断涌现,交互界面经历着从人适应机器到机器不断适应人的发展变迁,以"人为中心"的自然用户界面正成为未来人机交互发展的主要方向⑦。图博档中馆藏实体所蕴含的文化寓意、时空情境等深层次信息,很难通过现有的文字、图像、实体展览等视觉模态单向传递的方式进行完整表达,资源价值的深入挖掘需要依赖更加丰富、多元的感知模态和呈现方式。其次,智慧图书馆等概念的提出促使图博

　　① 张文波,曹雷,熊君君. 虚拟现实技术的现实挑战[J]. 中国科学:信息科学,2016,46(12):1779 - 1785.
　　② Wang D, Zhao X, Shi Y, et al. Six Degree-of-Freedom Haptic Simulation of a Stringed Musical Instrument for Triggering Sounds[J]. IEEE Transactions on Haptics, 2017, 10(2): 265 - 275.
　　③ Vaughan N, Gabrys B, Dubey V N. An Overview of Self-adaptive Technologies Within Virtual Reality Training[J]. Computer Science Review,2016, 22: 65 - 87.
　　④ 王党校,郑一磊,李腾,等. 面向人类智能增强的多模态人机交互[J]. 中国科学:信息科学,2018,48:449 - 465.
　　⑤ Turk M. Multimodal Interaction: A Review[J]. Pattern Recognition Letters, 2014,36(36): 189 - 195.
　　⑥ Fernandes L, Matos G, Azevedo D, et al. Exploring Educational Immersive Videogames: an Empirical Study with a 3D Multimodal Interaction Prototype[J]. Behaviour & Information Technology, 2016, 35(11): 907 - 918.
　　⑦ 戴国忠,刘正捷,史元春,等. 智能时代的人机交互专刊编者按[J]. 中国科学:信息科学,2018,48:359 - 360.

档等机构重新审视自身的资源服务方式，"以人为本"的根本理念要求机构在知识服务中关注知识内容的同时，着眼于多模态知识情境的模拟，以帮助用户加深对知识的理解记忆[①]。同时伴随场景时代的来临，图博档等机构在关注资源收藏和功能性服务的基础上，也愈发重视用户在接受服务过程中的情感体验。相关研究工作正是基于这样的视角进行展开，Petridis 等人[②]认为通过多模态的方式访问馆藏文物可帮助用户更好地理解和欣赏博物馆所提供的物体和故事，同时也从时空上为用户和他的过往之间构建起更紧密的心理纽带。Chi 等人[③]将触觉和声音引入艺术的展示过程，从而增强视觉艺术的体验，通过调查问卷和深度访谈的方式对观展后访问者的体验与情绪反应进行定量和定性分析，研究结果表明：艺术作品展览过程中提供多感官信息可使用户拥有身临其境的感觉，并使抽象艺术具有更好的情感吸引力。Shaikh 等人[④]构建了多模态的学习情境以提升学生对科学抽象概念的理解，研究表明：多模态的认知环境的提供，将有助于用户获取感性丰富的经验，这对用户实现概念理解、知识应用以及能力迁移具有明显作用。

当前多模交互与 VR 技术深度交融，"交互"和"计算"亦是 VR 技术的核心问题，相关应用探索已被国外的图博档机构率先开展。早期用户意图的表达还是需要通过鼠标、键盘和轨迹球等传统交互方式完成，譬如：Chow 等人[⑤]给出的面向陶瓷文物的三维交互式虚拟展览的方法中，运用鼠标和键盘与重建后 3D 模型来进行交互，从而给用户提供良好的交互性和真实感体验。Bruno 等人[⑥]则在对文物进行 3D 重建的基础上，将音频样本、图片画廊、介绍性屏幕和电影等集成至文物展示的过程中，并通过使用轨迹球和按钮实现用户交互。后续伴随新型交互接口的不断涌现，交互方式朝着更加自然、便捷和高效的方向进行演进。以博物馆业较为发达的欧洲地区为例，英国伦敦的维多利亚和艾伯特博物馆利用 Kinect（一种体感交互设备）构建起一个互动式艺术品展示空间[⑦]。

受限于技术的发展，现有的交互过程中用户能获取的触觉体验极为贫乏。而在五大感官通道中，在外部信息的获取方面力触觉仅次于视觉，且是唯一具有双向信息传递能力的通道，因此，如何挖掘和充分利用人类触觉通道的巨大潜力就显得极为重要。力触觉交互作为一种新型的自然交互方式，兼顾力触感反馈和意图自然表达的特性，对多模态的构建和交互性的提升都具有显著意义。借助相应的力触觉设备[⑧⑨]，人们可以自由、真实的方式触摸、操纵和感知虚拟场景中事物，从而获取良好的逼真感和沉浸感。依据人体感受器的差异，人的力触觉具体可分为皮肤感受的触感和关节韧带感受的力感[⑩]，通常情况下这两种感觉相互交织，表现出交融呈现的情形。计算机为了模拟这两种感受，则分别形成了触觉感知（Tactile Perception）和力反馈（Force Feedback）技术。前者主要是通过物体表面的振动、纹理和温

① 夏立新,白阳,张心怡. 融合与重构:智慧图书馆发展新形态[J]. 中国图书馆学报,2018,44(1):35-49.

② Petridis P, Pletinckx D, Mania K, et al. The EPOCH Multimodal Interface for Interacting with Digital Heritage Artefacts[C]. International Conference on Virtual Systems and Multimedia. Springer, Berlin, Heidelberg, 2006:408-417.

③ Chi T V, Ablart D, Gatti E, et al. Not just Seeing, but also Feeling Art: Mid-air Haptic Experiences Integrated in a Multisensory Art Exhibition[J]. International Journal of Human-Computer Studies, 2017, 108:1-14.

④ Shaikh U A S, Magana A J, Neri L, et al. Undergraduate Students' Conceptual Interpretation and Perceptions of Haptic-enabled Learning Experiences[J]. International Journal of Educational Technology in Higher Education, 2017, 14(1):15.

⑤ Chow S K, Chan K L. Reconstruction of Photorealistic 3D Model of Ceramic Artefacts for Interactive Virtual Exhibition[J]. Journal of Cultural Heritage, 2009, 10(2):161-173.

⑥ Bruno F, Bruno S, Sensi G, et al. From 3D Reconstruction to Virtual Reality: a Complete Methodology for Digital Archaeological Exhibition[J]. Journal of Cultural Heritage, 2010, 11(1):42-49.

⑦ Price S, Sakr M, Jewitt C. Exploring Whole-Body Interaction and Design for Museums[J]. Interacting with Computers, 2016, 28(5):569-583.

⑧ Buxton B, Hayward V, Pearson I, et al. Big Data: the Next Google[J]. Nature, 2008, 455:8-9.

⑨ 宋爱国,田磊,倪得晶,等. 多模态力触觉交互技术及应用[J]. 中国科学:信息科学,2017,47(9):1183-1197.

⑩ Wang D, Xiao J, Zhang Y. Haptic Rendering for Simulation of Fine Manipulation[M]. Springer Berlin Heidelberg, 2014.

度来识别触摸的对象,后者则是通过重量、硬度和摩擦力等因素对接触对象进行判别①。

　　经过几十年来的努力,学者们就力触觉交互提出了多种不同类型的算法。最初,研究者的关注点主要集中于力触觉生成方法,主要分为基于惩罚的方法②③和基于约束的方法两类。前者是在划分物体的基础上,获取虚拟操作"化身"及与"化身"最近的物体表面点,根据两点间的距离直接计算力触觉。该方式在简单几何体的应用上存在一定的优势,但当物体结构较为复杂时,容易出现力触觉渲染不连续、局部表达有所欠缺和难以适用于细长对象等问题。为了解决这些问题,Zilles等人④和Ruspini等人⑤分别提出了God-object算法和Virtual-proxy算法,算法的基本思想是将运动的力触觉设备映射成虚拟场景中的操作点,当该操作点进入虚拟物体内部时,在虚拟物体表面生成一个理想的约束点(God/Proxy),并在两者之间构建弹簧阻尼模型实现力触觉计算和渲染。该方式可较好地满足复杂物体触觉渲染的要求,有效克服基于惩罚的触觉表达方法的局限性。在近十几年,研究者开始将力触觉交互与具体的应用领域相结合,并呈现出由科学专业领域向日常生活进行扩散的趋势。陈辉等人⑥提出一种具有力触觉交互的虚拟雕刻系统,该系统将体绘制、体触觉和体的局部变形进行有机结合,可为具体应用系统提供参考。王党校等人⑦提出一种面向牙科手术培训的力觉合成技术,重点研究了实时碰撞检测算法、切削力计算模型和多层次力觉渲染算法等,相关研究成果不仅可有效增强虚拟牙科手术的沉浸感,而且对其他外科手术培训也具有重要意义。汪莉等人⑧提出一种基于CHARMM(Chemistry at HARvard Macromolecular Mechanics)力场的蛋白质分子场能量的计算方法,通过触觉去感知分子间作用力,有助于设计人员更好地把握分子间相互作用,从而方便分子对接和药物设计。杨广卿等人⑨将力触觉交互引入虚拟绘制过程,提出一种基于力反馈技术的毛笔笔道仿真方法,该方法可有效增强虚拟绘制过程的真实感,保证用户良好的书写体验。

1.1.2　可视化交互呈现

　　可视化方法除了视觉方面的呈现,另一核心环节是用户交互。交互实现用户与系统之间耦合,使之可实现对数据的有效操作和理解。交互操作的引入缓解了有限的可视化空间和"数据过载"之间的矛盾,实现了信息表达空间的拓展,一定程度上缩减了有限空间与数据量、复杂度之间的差距;同时,交互也使得用户能更好地参与到对数据的理解和分析中,帮助用户进行数据探索、提高视觉感知。早期可视化信息搜索的基本原则是由Shneiderman⑩提出,其归纳了几种最基本交互操作,包括:概览、缩放、过

　　① 王党校,焦健,张玉茹,等.计算机触觉:虚拟现实环境的力触觉建模和生成[J].计算机辅助设计与图形学学报,2016,28(6):881-895.

　　② Iwata H,Noma H. Volume Haptization[C]. Proceedings of 1993 Symposium on Research Frontiers in Virtual Reality. IEEE,1993:16-23.

　　③ Massie T H,Salisbury J K. The Phantom Haptic Interface:A Device for Probing Virtual Objects[C]. Proceedings of the ASME Winter Annual Meeting,Symposium on Haptic Interfaces for Virtual Environment and Teleoperator Systems. 1994,55(1):295-300.

　　④ Zilles C,Salisbury J K. A Constraint-based God-object Method for Haptic Display[C]. Proceedings of IEEE/RSJ International Conference on Intelligent Robots and Systems,Human Robot Interaction,and Cooperative Robots. 1995:146-151.

　　⑤ Ruspini D C,Kolarov K,Khatib O. The Haptic Display of Complex Graphical Environments[C]. Proceedings of ACM SIGGRAPH,1998:345-352.

　　⑥ 陈辉,孙汉秋.虚拟体空间中的触觉雕刻[J].计算机学报,2002,25(9):994-1000.

　　⑦ 王党校,张玉茹,王勇,等.面向牙科手术培训的力觉合成技术[J].中国科学,2009,39(1):159-174.

　　⑧ 汪莉,万华根,彭群生.基于CHARMM力场的蛋白质分子场计算及触觉感知[J].计算机辅助设计与图形学学报,2009(7):886-892.

　　⑨ 杨广卿,侯增选,郭超,等.基于力反馈技术的毛笔笔道仿真[J].计算机辅助设计与图形学学报,2016(5):849-854.

　　⑩ Shneiderman B. The Eye Have it:a Task by Data Type Taxonomy for Information Visualization[C]. Proceedings of IEEE Sympo-sium on Visual Languages. Los Alamitos:IEEE Computer Society Press,1996:336-343.

滤、按需提供细节、关联、记录和提取等。后续 Keim[①] 提出了 5 类交互模式：投影、过滤、缩放、失真变形和链接与刷定。Ward 等人[②]在对交互操作分离的基础上，进一步提出了更完善的框架，将交互定义为操作符和操作空间的组合，其中操作符包括 3 类：导航、选择和变形；操作空间则涉及 6 种：屏幕空间、数据值空间、数据结构空间、属性空间、对象空间和可视化结构空间。以往大多数可视化中交互技术都可通过上述的操作符和操作空间进行表示。总结和归纳近几年可视化领域的交互研究，主要的研究热点包括：(1) 焦点＋上下文交互：其作为信息可视化领域的常用交互方法，基本思想是定义用户关心的区域为焦点区域，采用高亮的方式对细粒度信息进行显示；其他区域则设定为上下文区域，通过聚合等操作实现粗粒度信息显示。比较典型的焦点＋上下文交互技术包括鱼眼技术（Fisheye）[③]等，其可用于有选择性地突出焦点对象。(2) 直接交互：指通过直观操作（可视化）绘制结果进行深层次的挖掘和分析，其可有效提升交互效率与交互结果的可预测性，减少认知困难、精力分散等用户交互方面的障碍。未来直接交互的作用将进一步凸显，并逐步实现由精确向非精确、从单通道向多通道交互的发展转变，从而成为用户的数据操作更直接、更自然的分析手段。(3) 关联性交互：其作为多变量可视化交互的重要手段，在分析变量之间的相关性以及建立数据空间与各种抽象空间的联系方面，有着无可替代的作用；借助可视分析技术，用户可深入地探究数据集中深度隐含信息以及特征之间的关联性，多视图的表达亦可帮助用户实现不同属性的同步观测，并支持用户从不同角度、不同显示方式进行数据观察，以提升对复杂数据集的认知深度，具体案例可参见 Hurter[④] 和纪连恩等人[⑤]的相关研究。

可视分析综合人脑感知、假设、推理的优势与计算机对海量数据高速、准确计算的能力，变"信息过载"问题为机遇，正成为当下数据分析的研究热点[⑥⑦]。可视分析经历了 3 个阶段的发展：可视表达、交互式可视化以及可视化推理；这一发展过程十分明显地表明越来越多的人类智慧正被引入数据处理过程之中[⑧]。可视表达即数据的可视化、可视表征，帮助分析者以可视化的形式直观了解数据，属于对数据分布、异常、聚集等特征的描述性可视分析；描述性可视分析主要是数据驱动，直观展现不同类别时空数据的（场景数据、时序数据、轨迹数据、多元网络数据等）分布、异常、聚集、演化等一般性特征。其中，较为典型的分析方法包括：时序数据的可视分析[⑨⑩]、轨迹数据的可视分析[⑪]以及网络可

① Keim D A. Information Visualization and Visual Data Mining[J]. IEEE Transactions on Visualization and Computer Graphics, 2002, 8(1): 1-8.

② Ward M O, Yang J. Interaction Spaces in Data and Information Visualization[C]. Proceeding of the 6th Joint Eurographics/IEEE TCVG Symposium on Visualization. Aire-la-Ville: Eurographics Association Press, 2004: 137-146.

③ Furnas G W. A Fisheye Follow-up: Further Reflections on Focus＋context[C]. SIGCHI Conference on Human Factors in Computing Systems. ACM, 2006: 999-1008.

④ Hurter C. Color Tunneling: Interactive Exploration and Selection in Volumetric Datasets[J]. Proceedings of the 2014 IEEE Pacific Visualization Symposium. IEEE, 2014: 225-232.

⑤ 纪连恩,高芳,黄凯鸿,等. 面向多主体的大学课程成绩相关性可视探索与分析[J].计算机辅助设计与图形学学报,2018(1): 44-56.

⑥ Andrienko G, Andrienko N, Demsar U, et al. Space, Time and Visual Analytics[J]. International Journal of Geographical Information Science, 2010, 24(10): 1577-1600.

⑦ Keim D A, Mansmann F, Thomas J. Visual Analytics: how much Visualization and how much Analytics[J]. ACM SIGKDD Explorations Newsletter, 2010, 11(2): 5-8.

⑧ Zhuang Y T, Fei W U, Chen C, et al. Challenges and Opportunities: from Big Data to Knowledge in AI2.0[J]. Frontiers of Information Technology & Electronic Engineering, 2017, 18(1): 3-14.

⑨ Aigner W, Miksch S, Müller W, et al. Visualizing Time-oriented Data—a Systematic view[J]. Computers & Graphics, 2007, 31(3): 401-409.

⑩ Carlis J V, Konstan J A. Interactive Visualization of Serial Periodic Data[C]. Proceedings of the 11th Annual ACM Symposium on User Interface Software and Technology. ACM, 1998: 29-38.

⑪ Demšar U, Virrantaus K. Space-Time Density of Trajectories: Exploring Spatio-temporal Patterns in Movement Data[J]. International Journal of Geographical Information Science, 2010, 24(10): 1527-1542.

视分析①等。随着信息获取与社会交往的日益增进，传统的描述性可视分析越来越难以满足人们对信息理解与交流的动态需求。交互式可视化即实现在可视化环境下交互式的浏览数据和挖掘过程，属于对数据背后模式、规律的解释性可视分析。解释性可视分析是数据驱动与模型驱动结合，深度挖掘分析时空数据蕴含的规律和模式，应用的范围包括：可视化关联分析②、可视化降维分析③和可视化聚类分析④等。探索性可视分析是以可视化表征辅助人进行假设推理，包括探索发现数据间潜在的、有价值的关系和基于此构建模型进行假设推理和验证。探索性可视分析是交互驱动、模型驱动与数据驱动的有机结合，通过对抽象事物进行增强现实表达，并结合人的思维能力进行联想、假设和推理，适用范围主要包括：多粒度时空对象复杂关联关系、网络可视推理等⑤⑥。分析与可视化是信息系统的核心功能，4 个层次（描述、诊断、预测、处方）的分析功能与 3 个层次（展示、分析、探索）的可视化功能相互融合与协同，构成从描述性、解释性到探索性可视分析的多层次可视分析体系，为快速有效地从大数据中发现价值、诊断问题、检验预测和探索未知提供了可能。

与此同时，可视化与自然用户界面进行结合，佐以听觉、触觉等表现形式，增进了信息的可感知化（Perceptualization）。其中，力触觉再现作为新兴的信息表现方式，在感知的真实感和交互的自然性方面具有独特之处，在人们信息交流和沟通中的作用日益凸显。在信息的触觉呈现方面，相关研究已取得了较大的进展。就实体层面而言，物体可按由简单到复杂、从粗糙到精细的思路划分出轮廓形状、物理材质以及表面纹理等不同层级特征，而关于形状、刚度、纹理等特征信息的触觉感知呈现和表达正成为近年来的研究热点。以纹理的力触觉表达为例，其可分为两类：客观特征的纹理力触觉表达和主观特征的纹理力触觉表达。前者主要是指利用图像处理方式提取纹理几何特征从而实现触觉建模和表达，典型的研究成果包括：Minsky 等人建立的纹理梯度场与二维切向纹理力场的映射模型，模型中输出的纹理力的大小与纹理高度的梯度值成正比例关系⑦；Spisz 等人提出的利用纹理图像信息构建轮廓表达模型，该建模方法可较好实现对接触对象的轮廓信息的表达，但在细节表达上存在着一些不足⑧。除了利用纹理客观几何特征进行建模之外，物理特征的选取也被普遍采用，譬如：Vasudevan 等人提出的建模算法在获取力信号基础上估算垂直纹理表面方向的位移扰动，算法实现的虚拟力信号频谱图与真实力信号频谱图之间具有很高的相似性，反映出纹理的统计特征⑨。上述有关客观特征的纹理力触觉建模方法研究起步较早，但这种建模方法忽略了人在交互过程中的影响。因此，在力触觉表达中加入主观特征因素，是对传统表达方法的局部修正和改善。相关学者的研究包括：McMahan 等人通过实验发现扫描加速度这一参数能有效地表征人主观感知的纹理力触觉⑩；Lee 等人则在物体的硬度建模中加入了沙

　　① Cossalter M，Mengshoel O J，Selker T．Visualizing and Understanding Large-Scale Bayesian Networks[C]．Scalable Integration of Analytics and Visualization．2011．
　　② Hofmann H，Siebes A P J M，Wilhelm A F X．Visualizing Association Rules with Interactive Mosaic Plots[C]．Proceedings of the sixth ACM SIGKDD International Conference on Knowledge Discovery and Data Mining．DBLP，2000：227-235．
　　③ Díaz I，Cuadrado A A，Pérez D，et al．Interactive Dimensionality Reduction for Visual Analytics[C]．European Symposium on Artificial Neural Networks．2014．
　　④ Chen K，Liu L．VISTA：Validating and Refining Clusters via Visualization[M]．Palgrave Macmillan，2004．
　　⑤ 纪连恩，高芳，黄凯鸿，等．面向多主体的大学课程成绩相关性可视探索与分析[J]．计算机辅助设计与图形学学报，2018(1)．
　　⑥ 张慧军，张小龙．可视分析中的复杂认知活动研究[J]．计算机辅助设计与图形学学报，2018(1)．
　　⑦ Minsky M，Ming O，Steele O，et al．Feeling and Seeing：Issues in Force Display[C]．ACM SIGGRAPH Computer Graphics．ACM，1990，24(2)：235-241．
　　⑧ Spisz T S，Wood H R．An Image Acquisition Subsystem for Tactile Vision Substitution[C]．Proceedings of the Annual International Conference of the IEEE Engineering in Medicine and Biology Society，1991：1835-1836．
　　⑨ Vasudevan H，Manivannan M．Recordable Haptic Textures[C]．Haptic Audio Visual Environments and Their Applications，2006．HAVE 2006．IEEE International Workshop on．IEEE，2006：130-133．
　　⑩ McMahan W，Romano J M，Rahuman A M A，et al．High Frequency Acceleration Feedback Significantly Increases the Realism of Haptically Rendered Textured Surfaces[C]．Haptics Symposium，IEEE，2010：141-148．

漏错觉现象，实验结果表明：沙漏错觉现象能有效放大人体对虚拟物体的感知效果[①]。而在抽象概念方面，力触觉再现被引入科学概念和抽象几何信息的学习过程中，用于帮助人们更好地理解基础知识，使学习充满趣味和交互性。主要研究包括：Kim 和 Han 等人通过触觉方式进行热、温度、力等物理学相关科学概念呈现[②③]；Comai 和 Ucar 等人通过触觉方式进行分子和化学键等化学科学概念呈现[④⑤]等。与非触觉仿真相比，融入力触觉的多模态呈现环境可给用户有效地提供感性经验，实现知识的有效传递。

1.1.3 交互技术

1.1.3.1 人机交互基本理论

人机交互是人与计算机之间为完成某项任务所进行的信息交互过程[⑥]，其通过研究人机之间的交流、理解和通信，能在最大程度上帮助人实现对信息的管理、服务和处理。纵观发展历程，用户界面作为人机交互的"桥梁"，从早期的穿孔纸带开始，经历了命令行、图形界面和触屏界面的发展演变，逐步呈现出由人适应机器到机器不断适应人的变迁趋势，以"人为中心"的自然用户界面正成为未来的发展方向。人机交互是实现人与计算机之间通话的技术，其通过研究人机之间的交流、理解和通信，能在最大程度上帮助人实现对信息的管理、服务和处理。现有的人机交互，无论是交互效率还是用户体验，相比以往都取得了很大成功。

人机交互基础理论主要包括交互评价体系、交互认知机理、可计算的交互模型、交互情境感知等。交互评价体系方面，认知心理学家唐纳德·诺曼（Donald Norman）提出的以用户为中心的人机界面评价原则很有影响力，但它是针对以鼠标键盘输入、以屏幕输出的传统交互界面，而自然交互过程更加紧密和频繁，事件类型和关系复杂，现有方法不适用于多模态交互自然性的评价。交互认知方面，传统的用户信息处理模型围绕工作记忆、长时记忆、感知和运动系统来解释人处理信息的过程，但其描述的交互通道范围有限（感知只有视听觉的基本处理，运动只有使用工具的小范围准确操控动作），量化粗略。可计算交互模型方面，费兹定律（Fitts's law）是应用最广泛的人体运动控制模型，解释了指点空间目标时速度和精度之间的关系。然而该模型无法对连续交互运动过程的细节进行描述。交互情境感知方面，研究者开始融合各种简单情境信息，以推理人所处的活动、人的意图等具有更深层语义的情境。研究者也发现，符合情境和用户心理模型的交互通道和界面将改进用户体验，但心理模型（Mental model）具有内隐性，目前还没有测定用户心理模型的方法。

近年来，交互理论最新进展主要包括：扩展费兹定律解释自然交互通道上的精确控制能力，比如手指、压力控制；对自然交互动作中多点观测的行为的信道容量进行测量；通过生理参数信号对交互认知的状态进行评价，替代主观评价方法等。这些研究都一致地指向了更加深层次的问题，即在交互系统中，用户通过自然的交互通道进行输入输出时，自然性如何定义，自然交互是否有优化目标，如何进行优化等。

---

① Lee J，Kim Y，Kim G J. Rich Pinch：Perception of Object Movement with Tactile Illusion[J]. IEEE Transactions on Haptics，2016，9(1)：80 - 89.

② Kim H N. Haptic User Interface Design for Students with Visual Impairments[C]. Proceedings of the 11th International ACM SIGACCESS Conference on Computers and Accessibility. ACM，2009：267 - 268.

③ Han I，Black J B. Incorporating Haptic Feedback in Simulation for Learning Physics[J]. Computers & Education，2011，57(4)：2281 - 2290.

④ Comai S，Mazza D. A Haptic-Based Framework for Chemistry Education：Experiencing Molecular Interactions with Touch[M]. Technology Enhanced Learning. Quality of Teaching and Educational Reform. Springer，Berlin，Heidelberg，2010：338 - 344.

⑤ Ucar E，Ustunel H，Civelek T，et al. Effects of Using a Force Feedback Haptic Augmented Simulation on the Attitudes of the Gifted Students Towards Studying Chemical Bonds in Virtual Reality Environment[J]. Behaviour & Information Technology，2017，36(5)：540 - 547.

⑥ Turk M. Multimodal Interaction：A Review[J]. Pattern Recognition Letters，2014，36(36)：189 - 195.

1.1.3.2　自然人机交互

当前,自然交互尚未形成统一的定义,学者们基于自身的认识从不同的角度对自然人机交互进行阐述。D'Amico 等人①从经验角度给出自然交互的定义,认为人与机器的交互应与日常生活中人与人的交互相似。Wang 等人②着眼于自然交互方式特征,认为可通过手势、言语、笔迹等单通道的自然方式(模态)进行互动,也可融合多个通道进行人机信息交流。史元春③认为自然交互是人机交互未来的发展趋势,是指在诸多场景中人们以更自然的模态(比如语音、手势、日常行为等)表达意图,同时能获取可理解性与感受效果俱佳的信息反馈。得益于长期以来的计算硬件和相关软件的积淀,新兴的交互设备和交互技术不断涌现,自然用户界面的设计与实现取得较大进展,主要包括眼动控制④、手势交互⑤等。同时,研究者开始将自然交互与具体的应用领域相结合,并呈现出由科学专业领域向日常生活进行扩散的趋势。Hachaj 等人⑥通过运用手势交互构建了新型的虚拟现实教学系统,评测结果表明自然交互对于不同年级阶段的人群都有良好的适用性。Lahav 等人⑦在盲人定向行走技能的学习和训练中引入触觉交互,研究表明该方法可帮助盲人构建有效的认知地图(Cognitive Mapping),提升其对未知空间的认知和探索能力。

1.1.3.3　图博档中的多模交互

人机交互领域的研究为相关机构带来了可借鉴的技术框架,以多模交互为特点人机交互技术能够弥补传统方式单模态、单方向的缺点,为馆藏实体带来全新的呈现方式。多模交互通过视觉、听觉、嗅觉和触觉等多个模态传递信息,高度模拟了人类与客观世界的交互过程,是虚拟/增强现实的重要实现技术之一⑧。以其中的触觉交互为例,通过对文物实体的触觉信息进行采集、分析和建模,用户能够在虚拟三维空间内"触摸"物体,感知物体表面的纹理和材质等实体特征。同时,交互过程中用户的运动及施力数据会被记录,进而可以分析其行为特征甚至情感状态。显然,感知模态的增加使得实体呈现出了更有深度的信息,而基于触觉的力反馈则让用户由被动接收信息变为主动感知。因此,多模交互能够给用户带来真实、自然的交互体验。此外,在复杂任务环境下,多模交互还能够均衡各感观模态的工作负荷⑨,从而提高交互效率,增强交互效用。

图书馆、博物馆及相关机构的馆藏资源具有较高的数字化水平,是开展多模交互应用的首选领域。就现状而言,国内研究仅涉及视觉模态的单向呈现⑩⑪,而国外研究则更加深入,结合虚拟现实等技术,采用多模态方式,开展了一系列触觉交互的应用尝试。在美国南加州大学互动艺术馆项目中,

————————————

①　D'Amico G, Del Bimbo A, Dini F, et al. Natural Human-Computer Interaction[M]. Multimedia Interaction and Intelligent User Interfaces. Springer, London, 2010: 85 – 106.

②　Wang H A, Tian F. Natural and Efficient Human Computer Interaction[A]. In: 10000 Selected Problems in Sciences[M]. Beijing: Science Press, 2011. 625 – 627.

③　史元春. 自然人机交互[J]. 中国计算机学会通讯, 2018, 14(5): 8 – 10.

④　Majaranta P, Bulling A. Eye Tracking and Eye-Based Human-Computer Interaction[M]. Advances in Physiological Computing. Springer London, 2014: 39 – 65.

⑤　高雄. 基于手势的自然用户界面开发环境研究与实现[D]. 西安: 西北大学, 2015.

⑥　Hachaj T, Baraniewicz D. Knowledge Bricks—Educational Immersive Reality Environment[J]. International Journal of Information Management, 2015, 35(3): 396 – 406.

⑦　Lahav O, Mioduser D. Haptic-feedback Support for Cognitive Mapping of Unknown Spaces by People who are Blind[J]. International Journal of Human-Computer Studies, 2008, 66(1): 23 – 35.

⑧　赵沁平. 虚拟现实中的 10 个科学技术问题[J]. 中国科学: 信息科学, 2017(6): 800 – 803.

⑨　Jeong W, Gluck M. Multimodal Geographic Information Systems: Adding Haptic and Auditory Display[J]. Journal of the American Society for Information Science & Technology, 2003, 54(3): 229 – 242.

⑩　林绮屏. 图书馆与博物馆数字资源开放式交互展示的融合研究[J]. 现代情报, 2014(10): 70 – 73.

⑪　吴志强、祝忠明、刘巍, 等. 机构知识库三维模型检索与展示技术研究与实践[J]. 数据分析与知识发现, 2017(1): 73 – 80.

Mclaughlin 等人①提出了一套基于三维模型的图像采集、力反馈及多人实时交互的方法，使得多名研究人员可以通过在线合作对虚拟馆藏进行探索，在提升用户体验的同时，为多机构在线协作研究提供一种基础环境；Bergamasco 等人②针对实体博物馆应用场景，描述了"The Museum of Pure Form"概念下多模交互的两种实现架构。该技术被应用于欧洲多个展馆，使用户在真实观展的同时可以虚拟触摸，解决了珍贵实体藏品展示与保护的矛盾，进一步挖掘了现有馆藏的文化价值。

作为人机交互领域前沿技术，多模交互在图博档领域的应用潜力已逐渐凸显。国外已有博物馆藏品虚拟呈现的应用③以及应用效果的评测④，国内还未见此领域的相关研究。因此，探索馆藏实体呈现领域的多模交互应用，研究交互过程中的用户行为，体现其相对于传统交互方式的比较优势，将有助于其交互界面的设计与优化，更好地满足图博档机构研究需求。采用实验研究方法对基于触觉的多模交互式呈现系统进行可用性评估，并与传统交互系统比较，结合主客观数据评价其效用、效率及用户满意度，有助于多模交互系统可用性的改进⑤。

1.2　图博档数字化服务中自然交互应用现状

当前，自然交互技术的发展方兴未艾，虽在探索过程中仍面临一系列理论、方法和技术问题，但凭借着广阔发展前景和应用价值已吸引一批知名企业和研究机构投身其中⑥⑦。伴随自然交互技术的发展，国外的一些图博档机构已率先开展相关应用尝试，构建起一批探索性项目。本节对图博档中自然交互应用的国内外文献进行搜集、鉴别和整理，采用案例研究方法列举出某项具体的自然交互技术或产品在图博档中应用的实际案例，从而分析出自然交互在图博档领域的总体应用现状，形成对自然交互在图博档领域应用的事实的科学认识。

研究的范围主要是自然交互技术的主要分支（手势交互、眼动交互、语音交互、多点触控、触觉交互等）在图博档等具体领域的应用。虽会涉及这些自然交互技术的工作原理、机制以及实现方式，但这并不是讨论的重点，超出图博档的领域也不是本节讨论的范围。另外限于作者知识结构、时间篇幅等因素，本节也不可能涵盖自然交互技术在图博档领域的全部应用。

1.2.1　自然交互在图书馆领域的应用

自然交互用于图书馆领域已经有较长的历史，其具体应用主要体现在馆藏书目检索、阅读体验与协作学习和残障用户服务这三个方面。

1.2.1.1　自然交互在馆藏书目检索中的应用

馆藏书目检索是图书馆为读者提供纸本资源查询和获取的重要方式。为了改善读者在智能移动终

①　Mclaughlin M L，Sukhatme G，Shahabi C，et al．The Haptic Museum[C]．Proceedings of the EVA 2000．Florence：Conference on Electronic Imaging and the Visual Arts，2000．

②　Bergamasco M，Frisoli A，Barbagli F．Haptics Technologies and Cultural Heritage Applications[C]．Computer Animation．IEEE Computer Society，2002：25．

③　Vi C T，Ablart D，Gatti E，et al．Not just Seeing，but also Feeling Art：Mid-air Haptic Experiences Integrated in a Multisensory Art Exhibition[J]．International Journal of Human-Computer Studies，2017，108(12)：1-14．

④　Hamam A，Saddik A E，Aaljaam J M，et al．A Quality of Experience Model for Haptic Virtual Environments[J]．ACM Transactions on Multimedia Computing，Communications，and Applications，2014，10(3)：28．

⑤　项欣，祁彬斌，朱学芳．图博档馆藏实体多模交互式呈现的可用性评估[J]．图书馆论坛，2019，39(01)：92-99．

⑥　张亚勤．未来计算的三大趋势[J]．IT 时代周刊，2012(5)：15-15．

⑦　朱倩倩，吴娜．清华与阿里成立联合实验室[N]．人民日报海外版，2018-04-04(02)．

端进行馆藏检索的使用体验,惠州学院图书馆将语音交互技术引入信息检索中,提出一种基于语音识别的图书馆馆藏书目检索系统[①],基本思路是在对读者输入的语音进行识别、分析后获取到文本形式,然后将语音内容的文本形式作为关键词进行馆藏书目数据的检索,最终将检索结果推送给用户,实现通过语音交互对馆藏书目检索。第二炮兵工程大学图书馆将体感交互技术与图书馆的应用体验平台相结合,利用 Kinect(一种体感交互设备)设计出图书馆资源检索导航系统[②]。在使用过程中,用户无须借助于外部的操控设备,可在一定范围内凭借肢体动作或语言浏览图书馆的新闻、数据库检索系统、参考咨询台等各种服务资源。

融合型书架(Blended Shelf)[③]是德国康斯坦茨大学图书馆浏览和检索图书的重要平台,书架上的书籍以 3D 模拟的方式进行显示,并与实体书架实时同步。用户通过触控交互和手势操作相结合的方式来简化以往书架探索与书籍查找等工作,多点触控交互打破了鼠标、键盘等输入终端的操作模式,手势操作可实现点击、缩放、旋转和 3D 拖拽等交互动作,是一种极为自然的互动方式。总体上,用户可基于自身的知识和习惯实现对馆藏书目浏览和快速检索,为检索过程中信息偶遇的发生提供了契机。

1.2.1.2　自然交互在阅读体验和协作学习中的应用

自 20 世纪 90 年代信息共享空间的理念在美国兴起之后,对合作、共享、交流和创新学习的支持服务陆续受到国内外图书馆学界的关注。康斯坦茨大学的人机交互团队经过调研发现,实体图书馆普遍存在着以下问题:信息阅读时纸质书本存在着注释和便签添加方面的不便,知识建构时无法直接追溯到某段引文的出处;传统的台式机、鼠标键盘等硬件设备和图形用户界面无法支持多人的交互和共享等。这些在信息阅读和协作共享方面存在的不足,严重影响了学习过程中用户的体验、效率以及满意度。

针对上述问题,该校的人机交互团队于 2010 年着手构建"融合图书馆"项目[④],并在近两年引起国内学者的关注[⑤⑥]。团队在调研用户的知识需求和实体图书馆现存问题的基础上,将触控、笔式、手势等新型交互方式引入信息处理过程中,设计出支持多点触控、社交协作和可视呈现的自然用户界面,在增强馆藏资源可利用性的同时,可有效支撑用户在实体图书馆中进行的信息搜索、协作学习等活动。其中,个人平板、多点触摸桌、搜索令牌、展示墙四者构成了协作学习的基本工具,在学习过程中用户将多点触控、实体令牌等作为交互的主要手段,采用实体、文本和视觉元素相结合的形式进行信息的输入和呈现。

为了方便用户开展小组学习活动,康斯坦茨大学图书馆基于多点触控技术开发了支持用户协同学习和分析讨论的平台 TwisterSearch[⑦],平台采用 Post-WIMP 的分布式界面,它能在桌面上为每个人分配一方颜色区域,各颜色区域通过配套令牌与对应平板共享信息,方便小组随时搜索、共享和讨论。后续考虑到在缺乏多点触摸桌时用户无法开展团队学习的情形,HuddleLamp[⑧] 被该校的人机交互团队设计出来。HuddleLamp 是一种安装有深度相机的"台灯",其内部特殊的深度相机能支持对覆盖在桌

①　黎邦群. 微信语音找书研究[J]. 图书情报知识,2014(06):54-61.

②　李东旭,江澄,刘海峰. 体感技术驱动下的图书馆应用平台架构创新与体验革命[J]. 大学图书馆学报,2012,30(05):12-17.

③　Kleiner E, Reiterer H. Blended Shelf: Reality-based Presentation and Exploration of Library Collections[C]. CHI'13 Extended Abstracts on Human Factors in Computing Systems. 2013:577-582.

④　Reiterer H, Raedle R, Mueller J. Blended Library: New Ways to Access the Collections of Scientific and Public Libraries[J]. Bibliothek Forschung Und Praxis, 2016, 40(1):7-20.

⑤　龙朝阳. 融合交互:图书馆界发展新理念[N]. 中国社会科学报,2018-03-02(007).

⑥　王世伟. 融合图书馆初探[J]. 图书与情报,2016(01):54-61.

⑦　Rädle R, Jetter H C, Reiterer H. TwisterSearch: A Distributed User Interface for Collaborative Web Search[C]. Workshop on Distributed User Interfaces: Collaboration & Usability. 2012:53-67.

⑧　Roman Rädle, Jetter H C, Marquardt N, et al. HuddleLamp: Spatially-aware Mobile Displays for Ad-hoc Around-the-table Collaboration[C]. ACM International Conference on Interactive Tabletops & Surfaces. ACM, 2014.

面上的手机、平板以及手位移的精确追踪，实现多用户间的跨设备交互。总体而言，在融合图书馆的项目中自然交互的合理嵌入改善了用户录入、处理和获取信息的方式，并渗透到信息组织、检索、交流和知识建构等各个环节，实现了数字空间和物理空间的无缝衔接，提供了图书馆知识服务的新范式。

1.2.1.3 自然交互在残障用户服务中的应用

在服务残障用户方面，图书馆一直是引领者，始终致力于为残障用户提供平等的机会和途径，以方便他们使用图书馆的资源和服务，提升图书馆对于残障人士的易用性。馆藏资源通常是以文本、音视频等形式呈现，用户经由视听通道获取知识。但对于存在视听、阅读和认知障碍等问题的特殊人群来讲，这样的信息呈现方式远远不够，而现在更丰富的信息呈现方式借助自然交互得以实现。利用增添语音、触觉等交互通道实现感官模拟，通过多通道交互、感官补偿等方式能够较好地拓宽特殊人群的学习路径，降低其信息获取的难度。例如：LG 上南图书馆启动的数字语音图书馆项目[①]的宗旨是为那些阅读障碍人士（盲人或有物理缺陷的人）提供一种舒适的信息环境。在语音图书馆的构建过程中，为提高阅读障碍人士的收听效果，图书馆加强与外界的合作，将语音交互（语音识别、语音合成以及语言菜单指导等）技术添加到阅读障碍人士使用的产品中，可为阅读障碍用户提供良好的知识服务环境，缩小阅读障碍与无阅读障碍人士之间的信息差距。

1.2.2 自然交互在博物馆领域的应用

从文献回顾总结出自然交互在博物馆领域的应用活动，重点讨论以下三个方面：自然交互在个性化服务、体验式观展以及视障人群访问中的应用。

1.2.2.1 自然交互在个性化服务中的应用

基于个人差异化需求和行为进而提供个性化的服务已经成为博物馆服务工作的重要特征，自然交互技术的发展和成熟为博物馆机构创建个性化体验、改善自身的沟通服务方式提供了可能。其中，以色列 Haifa 大学的研究人员基于 Pupil labs 公司的便携式眼动仪开发了一套博物馆观展导览系统，并在本校的 Hecht 博物馆进行应用[②]。该设备通过室内定位和眼动跟踪，可以检测用户的视觉注意力焦点，结合对用户视野中展品的识别，最终感知用户的观展情境，并向用户精准地推送导览信息。

语音也是具有自然交互属性的感官通道之一，在触觉或手势占用双手的情况下，能够有效地保证自然交互的高可用性。BaiduEye 是百度公司研发的一款专注于自然用户界面的头戴式智能设备，其依靠从头势、手势、语音三个通道采集的数据来进行交互，目前该设备已成功应用于国家博物馆的现代艺术馆。用户在进行艺术品观展时，可以通过手势指向作品中的细节，然后向智能语音助手提问，以收听详细的语音解说。

1.2.2.2 自然交互在体验式观展中的应用

同为交互新技术实践的重要领域，国外博物馆也开展了一系列应用，以提升交互性和用户体验。以博物馆业较为发达的欧洲地区为例，英国伦敦的维多利亚和艾伯特博物馆利用 Kinect（一种体感交互设备）构建起一个互动式艺术品展示空间[③]。经过设备处理，中国传统艺术品"九龙图"被投射到展示空间的墙壁与地面，参观者的站立位置与身体姿势亦被实时捕捉，进而引发艺术品图像的改变。譬如，靠近

---

① 张剑，徐刘靖. 韩国 LG 上南数字语音图书馆的建设经验与启示[J]. 图书馆学研究，2011(02)：20-23+56.

② Mokatren M, Kuflik T, Shimshoni I. Exploring the Potential of a Mobile Eye Tracker as an Intuitive Indoor Pointing Device：A Case Study in Cultural Heritage[J]. Future Generation Computer Systems，2018，81：528-541.

③ Price S, Sakr M, Jewitt C. Exploring Whole-body Interaction and Design for Museums[J]. Interacting with Computers，2016，28(5)：569-583.

"明珠",将触发"龙"与参观者"戏珠"。这种完全自然的互动不但可展示艺术对象动态特征,而且能调动观展者主观情绪,激发其观展兴趣。

2016 年纽约无畏号海空博物馆开放了一场名为《铭记珍珠港》展览,举办方将国会图书馆及美国国家二战博物馆的数据进行整合,在 VR 环境中虚拟出战舰沉没的战场实境,并将电台广播和亲历者的口述穿插其中,融合多种感官特性为观展用户营造出一种"超真实"①场景。这是在模拟真实场景基础上的进一步强化,目的是唤起用户的情感共鸣,加深用户对展示所传递含义的印象。

1.2.2.3　自然交互在视障人群访问中的应用

在用户无法感知视觉信息的情况下,提供多模态的信息呈现方式亦是自然交互的优势所在。Park 等人则利用触觉交互,并结合深度相机和远程机器人,构建起基于触觉界面的远程博物馆访问系统②,使视障用户能够借助触觉形式远程实现对博物馆场景的探索和 3D 展品的触觉感知。通过引入自然交互,可较好地解决特殊人群对博物馆中资源与服务的可访问性问题,保证服务的公平性。

除了对展品和场景的真实再现,自然交互技术还可用于转换现有展品的感知模态,以便特殊人群观展。位于西班牙首都马德里的普拉多博物馆③使用名为"迪杜"复制技术,将名画的细节信息数字化提取,利用 3D 打印技术生成立体图画供视力障碍人士触摸式"观赏"。该馆还创造性地将视障用户的感知特征融入触觉呈现中,不仅促进了博物馆服务的公平性,而且还将艺术品的呈现模态进行了有益拓展,是一种全新的尝试。此外,类似的案例还包括德国博物馆与残疾人社区联合成立工作组用于解决柏林画廊中的导航问题,后续其还顺利举办了面向盲人和弱视人的触觉展览。

1.2.3　自然交互在档案馆领域的应用

相比于图书馆和博物馆应用领域,自然交互技术在档案馆领域的应用案例相对较少。当前的应用情况主要体现在档案机构资源服务和数字记忆构建这两个方面。

1.2.3.1　自然交互在档案机构资源服务中的应用

国内外档案界越来越重视技术对档案事业和服务产生的重要影响,在第 18 届国际档案大会上虚拟现实技术受到广泛关注,在 2018 年全国档案工作者年会上"档案信息化新理念新技术"被列为 8 个专题之一。其中,自然交互应用于档案机构服务中的具体案例,如:米兰比科卡德利大学的研究人员提出了一种适用于档案机构的多触控桌面图像数据库浏览系统④。该系统的核心是一套多点触控和图像识别设备,并配置了与之相适应的图像数据库和检索软件。当一张物理图片实体被用户置于工作桌面后,系统会自动检索相关图像资源并将其影像投射到图片实体四周。用户可以通过触摸手势同时操作实体和影像,对资源进行浏览、排序和分组等操作,这些操作的结果也将被记录到资源数据库中,实现图像档案的自然交互检索。

当前自然交互技术与虚拟现实技术呈现出深度交融的趋势,虚拟现实具有的自然交互特征,能在档案服务中增强真实感。在"月球漫步"项目中,阿波罗计划档案馆通过拼接馆藏的 25 张照片形成完整的

---

①　Fenu C, Pittarello F. Svevo Tour: The Design and the Experimentation of an Augmented Reality Application for Engaging Visitors of a Literary Museum[J]. International Journal of Human-Computer Studies, 2018(9): 185 – 197.

②　Park C H, Ryu E S, Howard A M. Telerobotic Haptic Exploration in Art Galleries and Museums for Individuals with Visual Impairments[J]. IEEE Transactions on Haptics, 2015, 8(3): 327 – 338.

③　中国新闻网. 西班牙博物馆 3D 打印名画:盲人摸到蒙娜丽莎微笑[EB/OL]. [2018 – 03 – 22]. http://www.chinanech.com/cul/2015/03 – 20/7144492.shtml.

④　Ciocca G, Olivo P, Schettini R. Browsing Museum Image Collections on a Multi-touch Table[J]. Information Systems, 2012, 37(2): 169 – 182.

月球全景，让体验者仿佛与宇航员赛尔南、施密特一起站在月球表面上，体验他们的各种行为，例如：在"月球"表面插上美国国旗，远眺广袤的橙色土地，在低重力环境中行走。在互动过程中，多种自然交互设备的综合运用使体验者产生完全投入、沉浸交互的感觉，实现以往的生硬被动向主动交互转变。同时，虚拟现实环境根据用户行为做出相应反馈，这种自然的交互方式无形中拉近了用户与虚拟空间背后档案的关系，可更加真实地反映档案内容。

1.2.3.2 自然交互在数字记忆构建中的应用

近年来，受联合国教科文组织对吴哥窟的数字化保护等案例的影响，自然交互在"城市记忆"、"文化遗产"等电子档案的应用中逐渐崭露头角，应用特色侧重于地理景观的信息自然呈现。例如：美国国家档案馆号召公众在 Historypin 网站分享个人的照片、视频等数字文件，以形成虚拟街景地图。通过将该地区的历史和现状进行对比，帮助用户回顾当地社区的历史发展，构建集体记忆①。

澳大利亚"巴拉瑞特"可视化地理信息数据库是一个专业化的遗产档案项目，旨在帮助多学科研究者对城市景观的变化进行管控。针对传统景观的呈现对象较为单一的问题，项目突破性地将人文与自然环境整体纳入呈现范畴，并强调对城市发展历程中景观演化的持续再现。在地理信息系统(GIS)坐标的基础上，技术人员通过对天际线、地质和道路等环境进行建模、记录，同时与传统的城市遗产等自然、历史景观图像衔接，并经由 3D 投影或头戴显示器进行呈现，从而为用户营造出四维城市历史时空场景。该应用将 VR 与 GIS 相结合，对城市自然、历史景观及环境进行精确定位、逼真记录和全景呈现，既是对传统档案资源结构及价值的重新组织和深度发掘，也是对档案服务方式更加人性化的诠释。同时该应用还体现了自然人机交互良好的包容性，为更多技术与之融合共生提供了范例。

---

① The National Archives on Historypin [EB/OL]. [2017 - 6 - 7]. https://www.archives.gov/social-media/history pin.html.

第2章 图博档数字化服务融合中多模交互可用性评估

图书馆、博物馆和档案馆馆藏资源丰富,如何从中进行知识发现并向用户提供更好的知识服务融合,是当今图博档机构面临的重大挑战。而智慧时代的来临意味着该问题需要从更深的层次及更高的维度进行考量。首先,"智慧数据"概念的产生将数据的范畴从结构化拓展到无结构化,能够表现实体信息并适于交流、阐释、处理的表现形式都应被视为数据①。图博档数字化服务融合中,仅仅通过现有文字、图片、实体呈现等视觉单模态方式并不能完全展现,资源价值的体现需要更加智慧的数据呈现方式。其次,智慧图书馆、智慧博物馆概念的提出促使图博档机构重新审视资源服务方式,以人为本的智慧服务应在与用户的交互中感知需求,构建个性化的知识获取环境②。图博档机构的现有服务模式往往是单向度的,即用户通过观展、浏览等临场(在线)的方式获得资源(电子资源),而作为资源的呈现方,机构却无法了解用户的行为特征和认知过程。因此,智慧服务的提供期待机构与用户交互方式的改变③。

2.1 多模交互可用性研究

可用性是多学科交叉概念,一直受到数字图书馆、人机交互、信息系统等领域学者的关注,研究内容各有特色④。人机交互中典型的可用性通常被定义为特定用户界面的效力、效率和用户满意度⑤。这些可用性的指标共享着一组相似的属性,但是在面向特定对象时,仍然需要引进一些针对性的指标来完善评估体系。在此背景下,Makri 等人⑥将可用性评估与用户信息行为模型进行关联,通过实证研究来使指标体系适应具体领域,为可用性评估给出一种可行的方法理论。

在可用性评价研究方面,可用性测试得到了较多关注⑦。该方法遵循以用户为中心的原则,获取用户的使用反馈,以便改进产品设计。在测试过程中,该方法应用观察、发声思考和问卷⑧等技术收集定量数据,具有很强的可操作性。部分研究⑨在实验中模拟用户执行真实任务的过程,通过任务完成率和完成时间测量有效性与效率,通过问卷获得用户满意度,结合主观与客观数据综合评价可用性,评价结果较为全面。作为前沿性技术,多模交互可用性也受到众多关注,现有研究主要来自国外。Jeong 等

---

① 曾蕾,王晓光,范炜. 图档博领域的智慧数据及其在数字人文研究中的角色[J]. 中国图书馆学报,2018(1):17-34.

② 夏立新,白阳,张心怡. 融合与重构:智慧图书馆发展新形态[J]. 中国图书馆学报,2018(1):35-49.

③ 项欣,祁彬斌,朱学芳. 图博档馆藏实体多模交互式呈现的可用性评估[J]. 图书馆论坛,2019,39(01):92-99.

④ 王建冬. 国外可用性研究进展述评[J]. 现代图书情报技术,2009(9):7-16.

⑤ Wikipedia. Usability[EB/OL]. [2018-01-24]. https://en.wikipedia.org/wiki/Usability.

⑥ Stephann M, Ann B. Using Information Behaviors to Evaluate the Functionality and Usability of Electronic Resources: From Ellis's model to evaluation[J]. Journal of the American Society for Information Science and Technology, 2008, 59(14): 2244-2267.

⑦ Jeng J. What is Usability in the Context of the Digital Library and how can it be Measured? [J]. Information Technology and Libraries, 2005, 24(2): 47-56.

⑧ Hashim A S, Wan F W A, Ahmad R. Usability Study of Mobile Learning Course Content Application as a Revision Tool[M]. Berlin Heidelberg: Springer, 2011.

⑨ 黄晓斌,付跃安. 基于用户体验的移动阅读终端可用性评价[J]. 图书馆论坛,2011(4):6-9.

人[①]基于地理信息呈现系统研究了不同交互方式对用户交互绩效带来的影响，将感知模态、任务复杂度等4种可能的影响因素纳入实验设计，并通过用户任务表现比较不同因素组合间的差异。但是，此研究在用户满意度测量部分缺少成熟量表的支撑，满意度评价较为简略。Bateman等人[②]针对视力障碍学生的需求对触摸屏开展了可用性测试。除了对准确度和效率等常规指标的评价以外，研究还基于测试结果对用户触觉行为进行了分析，发现设计在触摸屏边缘的交互元件能提高任务效率，很好地促进了被试交互系统的可用性改进。

2.2 研究方法

在虚拟呈现的使用情境下，本研究通过实验方法，引导被试者在不同交互系统中完成预先设定的感知任务，利用观察法、问卷法和访谈法获取任务过程中的主客观数据，在量化的指标体系下对两种交互系统进行可用性评估及对比。

2.2.1 测量指标与量表设计

本研究通过有效性、效率、用户满意度和易学性四个维度来测量交互式呈现的可用性。有效性指交互方式应能准确呈现藏品的属性，有效完成交互过程；效率指交互方式应保证用户的交互效率，从时间及难度上降低用户的交互成本；用户满意度反映了用户主观层面对交互方式的偏好；此外，考虑到多模交互的新颖性，用户需要花费一定时间来适应操作，本研究还考察了交互方式的易学性。具体指标体系设计如表2-1所示。

用户满意度量表参考系统满意度量表(SUS)[③]设计，采取5点李克特量表测量，根据本研究需求增加了部分项目。

2.2.2 实验设计

2.2.2.1 实验环境

本研究分别选取了两种交互系统进行实验。多模交互系统基于美国斯坦福大学CHAI-3D技术框架构建，被试者通过多模交互设备与显示器中虚拟三维场景互动；传统交互系统基于Web-3D技术框架构建，被试者通过鼠标与显示器中虚拟三维场景互动。两系统配置在相同的台式电脑上，在不易受到干扰的场所完成实验。实验过程通过屏幕录制软件进行记录，以便后期进行分析。

---

① Jeong W, Gluck M. Multimodal Geographic Information Systems: Adding Haptic and Auditory Display[J]. Journal of the American Society for Information Science & Technology, 2003, 54(3): 229-242.

② Bateman A, Zhao O K, Bajcsy A V, et al. A User-centered Design and Analysis of an Electrostatic Haptic Touchscreen System for Students with Visual Impairments[J]. International Journal of Human-Computer Studies, 2018, 109(1): 102-111.

③ Lewis J R, Sauro J. The Factor Structure of the System Usability Scale[C]. Human Centered Design, First International Conference. DBLP, 2009: 94-103.

表 2 - 1　多模交互可用性评估指标体系

指标维度	指标名称	指标解释
有效性	形状呈现	实体形状呈现任务正确完成计数,以用户能够正确识别外观轮廓等属性为准,下同
	色彩呈现	实体色彩呈现任务正确完成计数
	相对大小呈现	实体相对大小呈现任务正确完成计数
	纹理(沟纹)呈现	实体纹理(沟纹)呈现任务正确完成计数
效率	任务时间	完成某个任务所耗费的时间
易学性	学习时间	学习交互操作所需时间,以通过测试为准
用户满意度	感知有效性	用户对交互过程中呈现效果、真实程度和新颖性的主观评价
	感知效率性	用户对交互过程中操作难度、延迟感和疲劳感的主观评价
	感知易学性	用户对交互操作学习难度、可记忆性的主观评价

2.2.2.2　实验任务

　　虚拟呈现是馆藏实体的数字化,通过对形状、色彩、材质、纹理等属性[①]的记录与再现,以求真实还原藏品的人机交互过程。根据上述使用情境,本实验通过启发式专家讨论设计了 4 个虚拟呈现任务,考虑到交互系统的多种呈现功能,每个任务只针对性测量一种可用性指标。在每个任务结束后,向被试者提出一个针对性问题,根据回答正确与否来判断交互系统的某一种功能是否有效。同时,记录任务完成时间用于测量交互系统效率。此外,考虑到多模交互系统较为新颖,本研究在呈现任务前增加了学习任务,用于评价系统的易学性。具体任务内容如下,任务 0:学习任务。被试者首先观摩实验人员对虚拟藏品的触碰、移动和旋转等交互操作演示,然后进行练习直至能够熟练完成相同操作;任务 1:形状呈现任务。呈现一个虚拟雕塑藏品,要求被试者改变藏品的位置与角度,感知并回答虚拟藏品的外观形状;任务 2:色彩呈现任务。呈现一个虚拟绘画藏品,要求被试者从不同视角观察,感知并回答虚拟藏品的色彩;任务 3:相对大小呈现任务。呈现多个大小不一的虚拟藏品,要求被试者观察或移动藏品,感知并回答指定两个虚拟藏品间的大小关系;任务 4:纹理(沟纹)呈现任务。呈现多个纹理不同(平滑或粗糙)的虚拟藏品,要求被试者通过观察或触碰表面,感知并指出纹理最粗糙的虚拟藏品。

　　实验采用被试间设计方式进行。所有被试者被分为两个小组,每小组完成一种交互系统的可用性测试。为了避免学习效应对实验结果造成的影响,虚拟呈现任务按照 4×4 拉丁方设计编排为 4 种顺序。本研究在正式实验前进行了前测,针对出现的问题及时修改了相关任务及问卷。

2.2.2.3　实验对象

　　根据任务需求,本次实验在线下招募了 40 名被试者,年龄范围从 22 岁到 39 岁,平均年龄 26.05岁,男女比例分别 47.5% 和 52.5%。通过实验前调查与测试,被试者的视觉、触觉等感知能力正常,且无实验系统的使用经验。实验按照完全随机的方式将被试者平均分配到两个组中,同时一并确定任务顺序。具体分组情况如表 2 - 2 所示。

---

① 林绮屏. 机构博物类资源数字化服务系统的设计与实现[J]. 现代情报,2015(12):55 - 59.

表 2-2　实验分组及任务顺序

多模交互		传统交互	
被试者编号	任务顺序	被试者编号	任务顺序
U38,7,33,35,40	T0,1,2,3,4	U30,8,39,3,10	T0,1,2,3,4
U9,17,22,14,4	T0,2,3,4,1	U21,26,27,23,31	T0,2,3,4,1
U29,6,15,34,13	T0,3,4,1,2	U16,36,24,18,37	T0,3,4,1,2
U2,19,11,25,5	T0,4,1,2,3	U1,20,28,12,32	T0,4,1,2,3

注：T0 为学习任务，其余为呈现任务

2.2.2.4　实验流程

整个实验流程由研究人员引导被试者完成。实验过程中，实验人员只做必要说明，并提示被试者进入任务界面，任务中不提供任何帮助。具体步骤如下：向被试者介绍本次实验的目的、步骤、注意事项等，声明实验隐私保护政策，并向用户提示实验大致耗时，保证被试者尽量以自然状态完成实验；引导被试者完成基本信息问卷填写；向被试者演示交互系统操作，引导被试者进入系统自行学习操作，以能够复现所学操作为标准终止学习；依次完成 4 个呈现任务，在每个任务后提示被试者回答问题；所有任务完成后，提示被试者完成满意度问卷，并进行访谈。

2.3　实验结果

实验结束后，本研究收集了任务正确完成的次数、任务完成时间和满意度评价等数据。其中任务完成时间通过研究人员观看任务过程的屏幕录像回放后计算得出。本研究将所有数据整理后按交互方式分为两组，并使用 SPSS 22 软件分析组间数据差异，在对应指标上比较两种交互方式的可用性。

2.3.1　有效性

根据可用性指标体系，有效性可以从任务完成情况来测量。本研究通过分类变量交叉表卡方检验，来比较两组间 4 个任务的正确完成次数是否有显著差异。

表 2-3　不同交互方式任务完成次数统计分析

任务	完成情况	多模交互	传统交互	渐进显著性
形状呈现	正确	18	20	0.468
	非正确	2	0	
相对大小呈现	正确	18	2	0.000
	非正确	2	18	
色彩呈现	正确	20	20	N/A
	非正确	0	0	
纹理呈现	正确	15	7	0.011
	非正确	5	13	

由表 2-3 可知，两种交互方式在相对大小与纹理（沟纹）呈现两个任务正确完成次数上的检验显著性分别为 0.000、0.011，均小于 0.05，说明在这两种功能上，不同交互方式间存在显著差异。多模交互

对展品大小和纹理呈现的有效性明显高于传统交互方式。而在形状呈现任务中,检验显著性表明两种交互方式间不存在显著差异,传统交互方式表现略优。两种交互方式在色彩呈现任务中的表现完全一致,不存在差异。有效性分析结果真实地反映了实验中的情况,在虚拟呈现时,视觉提供的信息模态较为单一,不能帮助被试者有效地感知到展品的某些属性。而触觉使得被试者的感知能力得到增强。交互效果明显提升。

2.3.2　效率与易学性

在对两个实验组分别进行的 K-S 检验中,效率与易学性指标数据均不满足正态分布。因此,本研究使用非参数方法 Mann-Whitney U 检验来比较两组数据。

表 2-4　不同交互方式任务完成时间统计分析

任务	多模交互均值(标准差)	传统交互均值(标准差)	U 统计量	渐进显著性
学习	45.30(28.400)	17.65(9.642)	351.500	0.000
形状呈现	17.45(20.610)	8.50(2.929)	219.500	0.500
相对大小呈现	15.95(6.143)	11.25(6.781)	298.000	0.008
色彩呈现	1.25(0.639)	1.75(2.918)	208.000	0.706
纹理(沟纹)呈现	50.40(38.215)	8.80(5.327)	386.500	0.000

从表 2-4 中的检验结果中可以看出,两组学习任务的完成时间存在显著的差异性。相较使用鼠标操作的传统交互任务,被试者需要更长时间的学习才能掌握多模交互操作。在效率指标的比较中,出现了与有效性评估相似的结果。针对相对大小及纹理呈现任务的完成时间,两组间均体现出显著性差异。在实验中具体表现为多模交互组完成对应任务的时间更长。而针对形状及色彩呈现任务,两组任务效率指标间无明显差异。

2.3.3　用户满意度

用户满意度评价通过比较两组量表对应问项的评分,从而分析被试者主观层面上对不同交互系统可用性的评价差异。本研究在量表中设置了反向问题,因此,剔除无效数据后,共有 39 份个案数据进入分析环节。分析结果的统计显著性来自 Mann-Whitney U 检验。

表 2-5　不同交互方式用户满意度统计分析

满意度指标	多模交互均值(标准差)	传统交互均值(标准差)	U 统计量	渐进显著性
使用意愿	4.68(0.582)	3.80(0.768)	304.000	0.000
真实性	4.53(0.513)	4.10(0.553)	261.000	0.021
新颖性	4.79(0.419)	3.70(0.865)	320.000	0.000
操作自然	4.47(0.612)	4.25(0.639)	226.000	0.259
操作流畅	4.68(0.582)	4.25(0.550)	268.500	0.013
无疲劳感	4.74(0.562)	4.35(0.587)	260.000	0.023
易学习	4.68(0.478)	4.85(0.366)	158.500	0.225
易记忆	4.47(0.612)	4.80(0.410)	136.000	0.065

由表 2-5 中的检验结果可知,感知可用维度下的两个指标都具有显著性差异,尤其以新颖性上的

差异最为明显。可见，多模交互确实带来了更加优异的呈现效果与用户体验。在感知效率性维度下，多模交互的操作体验在流畅感和无疲劳感上显著优于传统交互，在自然感体验上与后者持平。在感知易学性维度下，两种交互方式间不存在显著差异，都较为容易学习。总体满意度的数据显示，用户使用意愿显著偏向于多模交互方式。

2.4 可用性分析与建议

通过对实验数据的统计分析，可知两种不同的交互方式在可用性指标上的评价结果。从交互效果、交互效率、交互易学性及用户满意度四个维度来看，多模交互在呈现效果上明显优于传统交互方式，用户的主观体验也较为满意，而在任务执行效率及易学习性上不及后者。单个指标评价结果的对比能够体现多模交互方式的一些基本特性，但是对特性间的关系以及形成原因的解释能力有限，难以形成可用性改进建议。因此，本研究需要结合客观实验数据、主观量表数据及实验后访谈内容，挖掘数据间关联，从任务层面、评价方法层面综合考虑，进一步开展可用性分析，并为未来的研究与实践提供建议。

2.4.1 任务差异对可用性评价的影响

在所有呈现任务中，多模交互方式在相对大小和纹理呈现任务（大小—纹理任务）中正确完成任务的次数更多，完成时间也更长，与传统交互方式的评价结果相比有显著差异。而在形状与色彩呈现任务（形状—色彩任务）中，两种交互方式的评价结果相似。本研究认为任务的差异在一定程度上影响了可用性评价结果。

一方面，从任务结构上看，两组任务的复杂程度有别。形状主要指单一展品的外形轮廓，而色彩是展品的某一局部的概括特征；相比之下，相对大小描述了多个展品间的外观差异，纹理则是一种细节信息。从一到多，由概括到细节，大小—纹理任务复杂程度高于形状—色彩任务。

另一方面，从用户与任务交互程度上看，大小—纹理任务属于互动类任务，而形状—色彩任务属于非互动任务。当用户面对相对大小比较任务时，用户所要感知的展品处于（虚拟）三维空间中，视差的存在使得单纯通过视觉比较相对大小变得困难。而虚拟展品的放大倍数有限，也让单一的视觉观察受到限制，难以完成对纹理的感知；相比之下，形状—色彩任务所需的感知模态较为单一。色彩感知基本通过单一视觉模态进行，形状感知虽然可以依赖视觉或触觉模态完成，但用户通常会倾向于使用效率更高的视觉模态。因此，大小—纹理任务需要用户使用更丰富的感知模态与任务进行互动。

较传统方式而言，本研究中多模交互系统拥有视觉和触觉两种模态的处理能力。用户可以在虚拟呈现任务中以多模态方式感知：既有视觉感知能力，能够应对形状—色彩组的简单任务需求；在面对大小——纹理组的复杂任务时，更能发挥其多模感知特长。具体而言，在多模交互系统中可以在单一场景内放置多个展品，并允许用户进行展品的移动、旋转等交互操作，从而可以直接比较展品相对大小；而且，利用多模模态双向传递信息的特性，用户可以与虚拟展品表面接触，施加力量摩擦、按压并接收反馈，从而感知展品纹理结构。所以，在面对前述两组任务时，多模交互在较复杂的互动类任务上体现了更好的呈现效果，有效性指标评价较高。

同时，也应注意到互动类任务传递了更多的信息，用户需要在视觉和触觉两个模态上进行感知，从而延长了任务完成时间。因而，在效率指标上，多模交互的评价结果不及传统交互方式。基于同样的原因，这种差距也体现在两种交互方式的学习时间上。

2.4.2 评价方法对可用性评价的影响

从任务完成次数与完成时间等客观数据的对比上，本研究解释了任务难度差异对可用性评价的影响,在引入主观量表数据后,进一步丰富上述解释。

来自量表的用户满意度分为 3 个部分,感知有效性、感知效率性和感知易学性。感知有效性维度的用户评分直接支持了呈现任务的有效性评价。具体体现为,用户对多模交互方式真实性和新颖性的评分较高。与之对应,用户使用多模交互正确完成呈现任务的次数也较多,主观与客观数据对呈现有效性的评价保持一致。

与感知有效性维度不同的是,感知效率性和感知易学性维度的用户评分则与对应的任务完成效率指标发生了背离。两种交互方式在易学性和操作自然性上获得的主观评分并无显著差异,多模交互方式在操作流畅指标上获得的评分显著高于传统交互。但是在学习和完成任务环节,多模交互则耗费了更多的时间,如在典型的操作流畅指标下,多模交互和传统交互的主观评分均值分别为 4.68 与 4.25,但纹理呈现任务完成时间均值分别为 50.40 与 8.80,前后两种对比的差异显著,表明主观与客观数据对呈现效率和易学性的评价出现了矛盾。

对此,本研究尝试从不同视角给出解释。从人机交互的根本目标出发,交互界面应以最小的输入实现最大的输出[①]。这就意味着在保证交互功能的实现的前提下,应最大限度地减少用户在交互过程中耗费的时间、精力等成本。但是,如果从用户角度来考虑,交互功能的实现仅仅是人机交互的基本维度之一。用户需要在任务、信息等更高维度上交互以获得最佳体验[②]。

实际上,在诸如心流理论[③]的描述中,用户满意度可能会随着交互时间的增加而极大化。反之,较短的交互时间将无法产生满意效果,交互效率也无从谈起。可见,以时间作为交互效率指标,仅仅适用于基本交互功能的评价,并不能简单沿用到高级交互的评价中。

虚拟呈现的目的之一是向用户营造真实感,是一种需要用户持续完成任务赢得交互体验的过程。鉴于此,本研究选择了实验过程中较为专注的用户进行了访谈,要求其回忆任务完成时间。从用户的反馈来看,大多数人对任务完成时间的估计都少于实际完成时间。这种时间感的丧失意味着实验过程中用户心流体验存在的可能,间接解释了上文主客观评价矛盾的问题。因此,本研究认为交互维度的高低决定了交互评价方法的选择,任务完成时间适合用于评价界面功能效率等低维度交互指标,而主观评价更多地反映了用户体验等高维度交互特征。

2.4.3　对多模交互研究及应用的建议

本研究继承了传统可用性研究的框架。但是在虚拟呈现的使用情境下,更应该关注用户的沉浸、愉悦等高层次交互体验,以期获得更好的交互效果。因此,在对多模交互效果的后续评价中,一方面应注意经典可用性框架的使用场合,有选择地应用在基本交互功能的评价中;另一方面,在针对高层次交互任务时,应完善指标维度或引入新的评价方法,更准确地描述交互特征,以便改进多模交互过程。在此基础上,将任务层面的研究进一步深入,结合认知负荷理论,量化多模态人机交互中用户的认知负荷,发现任务中的影响因素,并与任务效果和效率关联,建立用户—任务效率模型。从而更全面地反映用户特征,为图博档机构用户提供更加精准的服务。此外,可以考虑从用户信息行为角度对多模交互进行研究。利用触觉模态的双向感知特性,记录用户在交互活动中的主动行为,从而更直观地揭示用户行为中的情绪、感觉等语义信息,为图博档机构的用户研究开辟可能的新领域。

在应用实践中,本研究发现简单呈现任务并不能完全体现多模交互的优势。因此,多模交互应面向

---

① Wikipedia. User interface[EB/OL]. [2017 - 11 - 1]. https://en. wikipedia. org/wiki/User_interface.

② 李月琳,梁娜,齐雪. 从交互维度到交互功能:构建数字图书馆交互评估理论模型[J]. 中国图书馆学报,2016(1):66 - 82.

③ Csikszentmihalyi M. Flow: the Psychology of Optimal Experience[M]. New York: Harper & Row, 1990:303.

多模态互动体验开展服务。首先，在远程呈现（Telepresence）类应用中，可将收藏于不同机构，来自不同年代的馆藏实体集中在多模交互系统中呈现，按不同组织策略进行历史场景的重现，以供研究人员直观地感知，并开展交互式研究，为人文研究带来新的范式。而且，通过远程登录方式，这种系统允许多名研究者进行在线协作研究，将促进人文机构间的合作。其次，多模态交互应用中的触觉应转移承担其他模态的认知负荷，改变知识传播方式，提升服务的可获取性和可利用性。如在民族艺术品呈现中，多模交互比语言文字能够更自然地描述呈现对象细节信息，帮助民族文化跨语言传播；又如多模交互可以帮助视力障碍人群感知文化信息，促进公共文化服务的公平供给。最后，现有图博档数字人文仓储①的多媒体数据中隐含了大量的触觉信息，通过数字图像处理技术提取后，能够更真实地还原馆藏实体属性，充分挖掘馆藏资源，实现资源的价值再造与创新。

本章小结

多模交互是智慧时代的最新产物。本研究基于可用性框架，在馆藏实体虚拟呈现的使用情境中，对比研究了两种呈现方式。实验结果表明，在呈现效果和用户满意度两个方面，多模交互呈现明显优于传统呈现方式，用户的主观体验效果也较好，而在任务执行效率及易学习性上不及传统呈现。本研究基于主客观数据对可用性测试结果进行了深入分析，同时探索性地为实践应用提出了建议，以期为图博档领域的多模交互研究提供参考借鉴。

---

① 赵生辉，朱学芳. 数字人文仓储的构建与实现[J]. 情报资料工作，2015(4)：42-47.

第3章　自然人机交互在图博档服务中的应用

以往的图博档数字文化服务中,人机交互无论是在三馆服务的提供还是馆藏资源的获取方面都发挥着重要作用[①];而在《新一代人工智能发展规划》中,"人机交互能力"再次受到关注,被列为是关键共性技术体系中研发部署的重点。因此,随着人们步入智能时代,人机交互的重要性极可能进一步凸显。面对人机交互新的发展趋势,我们希望分析其对图博档的活动可能产生的影响,并借助新型交互的优势和特点推动图博档机构的服务创新。基于此,本章将主要讨论两个问题:(1)上述所提到的自然交互的理念、特点和优势是什么?(2)自然交互技术已经开始或有希望应用于图博档领域的哪些方面?[②]

3.1　自然交互的特征

根据前文的分析,自然人机交互在机器维度是指构造一个更便捷、更符合人类自然感知交流的智能人机交互系统,在人的维度则是在诸多场景中人可凭借更自然的模态表达意图,并能获取可理解性与感受效果俱佳的信息反馈。"自然"从界面方面分析其体现在用户的交互知识、交互环境以及交互方式的自然性和直觉化,从认知方面则表现为用户能更快地掌握其正确的使用方法,使用时心理负担更低,以及可产生更愉快的情感体验。交互方式自然性、交互过程连续性、交互意图非精确、多通道输入和多感官并用是自然交互的标志性特征,信息交流的多样化与并行化是其重要表现形式。同时,自然交互也在克服传统图形交互中存在的方式单一、带宽过窄等问题的同时,实现功能间的互补和交叉,可有效地减轻用户的认知负担、提升交互效率、增进自然程度。

相比于传统的人机交互技术,自然交互技术的特点和优势主要体现在 7 个方面,可参见表 3 - 1。首先,自然交互对用户最显著的影响是交互方式,在自然交互系统中,用户无须借助鼠标、键盘等交互工具,可通过语音、姿势等自然行为与系统直接交流。新型的交互方式使交互摆脱图形用户界面下桌面计算环境的限制,能较好地支撑手持设备、家居设备、穿戴设备、虚拟现实等诸多情境的应用需求。其次,随着各种新型交互设备的出现,人机交互的信道进一步拓宽,呈现出多通道输入多模态输出的基本特征;同时,相比于传统交互通过一系列的系统命令实现人机交流,自然交互在意图理解方面转变为机器主动去理解用户自然交互行为背后的真实意图。最后,自然交互也突破了传统交互下单人模式,实现了对多人协调或远距离操作的支持。

表 3 - 1　传统交互和自然交互技术的对比分析

	传统交互技术	自然交互技术
信息模态	文字、图像、图形等	文字、语音、表情、姿势和情感等
交互方式	借助鼠标、键盘等交互工具	语音、姿势等自然行为与系统直接交流,更加直观、易用

①　肖希明,唐义.图书馆学博物馆学档案学课程体系整合初探[J].中国图书馆学报,2014,40(3):4-12.

②　祁彬斌,项欣,朱学芳,等.自然人机交互在图博档中的应用分析[J].图书情报知识,2019(03):53-61.

（续表）

	传统交互技术	自然交互技术
交互信道	输入侧仅支持精确点取和离散按键,输出端局限于视听通道	多种信息输入通道,输出模态包含视听触等
交互情境	面向桌面计算环境,交互情境固定	手持设备、可穿戴设备、VR 和 AR 等诸多情境
意图理解	用户通过执行系统命令实现意图的清晰表达	机器主动理解用户交互行为背后的真实意图
用户界面	图形用户界面	自然用户界面
协同合作	单人模式为主	支持多人协同或远距离操作

3.2 自然交互在图博档中应用

依据自然人机交互技术的优势,结合国内外的应用现状以及图博档等机构资源利用和服务需求,本章将基于"资源—服务—空间"三个递进层次对自然人机交互在图博档等领域中可能的用途进行探讨。

3.2.1 促进馆藏实体与数字资源融合开发

在"融合图书馆"项目中,德国康斯坦茨大学对自然交互应用于馆藏资源融合开发进行了有益探索。其中,融合型书架应用对馆内的数字库与实体库中各类资源进行实时关联,当实体图书被借出时,融合型书架上的书籍会立即同步为半透明状。以色列 Haifa 大学基于眼动交互开发了博物馆观展导览系统,通过检测用户在观展时的注视点情况,实时提供展品相关的数字语音信息,进而实现数字与实体两类资源的互补呈现。这些案例体现出自然交互的引入可打破不同形态信息间的壁垒,促进馆藏实体与数字资源融合开发和呈现。

在目前泛在信息环境下,纸质文献、实体文物以及数字资源等共同构成图博档机构的数据基础,相比于数字资源的蓬勃发展,实体文献(包括纸质文献和实体文物)的利用却日益经受冲击。本章通过分析上述的"融合图书馆"案例,认为自然交互技术可用于提升实体馆藏资源的利用率。例如,在以往的图博档馆藏资源的利用过程中,用户往往会遇到对纸质资料的查找耗时严重、借阅的图书不能随意添加注释和标签等问题。当新型的自然交互平台引入图博档机构时,数字桌面可自动感应实体文献的标签并显示图文信息,用户利用笔式或手势自然交互的方式实现图文提取、注释添加、全文检索和引文追踪等一系列功能性需求。此外,在帮助解决馆藏文献阅读诸多限制的同时,自然交互平台还可依据位置分布进行资源的自动整合,并帮助用户实现思维导图的构建。

在珍贵馆藏资源的利用方面,总存在着资源开发和服务共享等诸多方面的限制。AR 技术作为典型的自然交互技术,为馆藏实体和数字资源的融合呈现提供了一条可行的路径。在用户查阅珍贵馆藏资源时,AR 可突破原稿保护的限制,在原稿周围显示数字图片、文本、音视频以及图博档机构中收藏的其他资料,实现各种实体和虚拟资源的有机连接。同时在交互操作方面,结合触控、语音和手势等自然输入的方式,可实现数字化典籍"放大"、"翻页"等交互操作,从而在"强化"实体资源的基础上提供一种虚实结合的学习体验。

3.2.2 支撑特殊人群的无障碍服务

长期以来,图博档等公共机构致力于为残障人士提供文化服务,以提升包容性。然而随着技术的发展,用户对信息的获取方式发生转变,数字资源与服务的可访问性迎来新的挑战。在前述案例中,LG上南图书馆启动的"数字语音图书馆项目"、Park 等人开发的"基于触觉界面的远程博物馆访问系统"都可用于支撑图博档机构对特殊人群的无障碍服务,但适用的人群主要是盲人或视障人士,相对缺乏服务于其他残障人群的应用。

对视障人士而言,由于视觉受损,需要借助自身的其他感知能力来补偿受损的视觉能力。当前主流的无障碍服务方式分为听觉和触觉两种,前者将视觉信号转换为音频信号,通过文本朗读的方式进行信息的传递;后者一般是指将传统文字翻译为专为盲人设计的凸点盲文以便于盲人感知,该方式也是现阶段最基本的服务方式。但这两种服务方式主要是针对文本形式的信息资源,面对图博档机构拥有的诸多图像、图形类信息资源,现有的服务方式无论是听觉还是触觉都未能很好地解决这一问题。与语音交互、视觉交互相似,力触觉交互作为一种新型的自然交互方式,在人们信息交流和沟通中的作用日益显著。图博档机构可利用力触觉交互技术构建面向视障群体的触觉交互服务,将图像、图形等馆藏信息资源通过转换机制处理成虚拟环境中的触觉对象模型,视障人士可借助触觉交互设备实现对触觉对象的交互、感知和识别,从而了解图像或展品的轮廓形状、材质、纹理、颜色、空间关系以及展品重量等基本特征,实现虚拟环境下的真实触摸。

除了视障群体的服务工作之外,图博档机构还应能提供对其他特殊人群的无障碍服务。当前,电子查询屏和移动设备已成为图博档环境中人们获取信息的主要方式,但对于肢体残障人士而言,由于手部或上肢缺陷无法有效操作这些日常设备,进而可能导致信息获取方面的障碍。面对这样的服务问题,图博档机构可利用自然交互拥有的自然、便捷和多样化的信息输入方式,解决用户意图自然表达的问题。譬如:眼控交互可作为肢体残障人士表达意图的主要方式,通过将眼控交互应用于自主查询屏和移动设备中,可帮助用户通过眼控操作挑选感兴趣的信息进行浏览,消除肢体残障人士信息输入和浏览方面的障碍。在用户意图理解方面,典型的案例是:在图博档等机构的服务情境中,馆内工作人员无法理解语言障碍人士用来沟通的手语,而聋哑人士亦不能听到或理解工作人员的口语,从而引发的沟通交流或意图理解方面的障碍。此时,图博档机构可利用手势(手语)识别和合成技术进行聋哑人士所用手语与日常口语之间的全面转换,从而使聋哑人士与馆内工作人员实现无障碍交流。

3.2.3　营造协作共享的知识服务形态

在康斯坦茨大学图书馆的案例中,自然交互技术和设备被用来支持团队的协作学习,实现了在协同检索、团队讨论、分析整合等多个阶段用户间的高效互动。我们分析发现:在此过程中,自然交互使用户避免了对各式设备中复杂的界面和操作逻辑的记忆与理解,而将自身的精力集中于任务本身;同时可有效支撑多用户间的互动协作,保证了团队学习活动的有效开展。由信息提供深化到知识服务正成为图博档机构服务发展的总体趋势[1][2],因此基于康斯坦茨大学图书馆的案例,我们推测若能将自然交互嵌入知识探索、创造、传播和服务的流程中,将有助于提升用户学习的体验和效率,营造出协作共享的知识服务形态。在发展理念方面,全面感知、立体互联和共享协同等先进的理念可被融入我国的图博档机构智慧化建设过程中,以便图博档机构提供给用户更优的交互感知体验,协助用户(个人与团队)达成既定的任务目标。在实践层面,图博档机构可尝试逐步地将自然交互技术和设备引入自身场馆中,通过组合相应技术和设备形成的多模态互动构建良好的知识工作环境,为用户的协同学习和科研提供支撑。

目前图博档机构普遍采用的是个人计算机来帮助完成多项任务,人与机器间的对话更多侧重于人

---

① 夏立新,白阳,张心怡. 融合与重构:智慧图书馆发展新形态[J]. 中国图书馆学报,2018,44(1):35－49.
② 周鑫,倪丽娟,陈媛媛. 国内档案服务研究进程探析[J]. 档案学研究,2017(02):68－73.

利用机器去对信息进行管理、分析和服务。随着新一代人工智能的发展，"人机协同"渐成主旋律[1][2]，其在图博档机构服务中的典型应用是清华图书馆的"小图"和南京大学的图博档机器人"图宝"。作为智慧机器人馆员，其通过语音交互的方式实现了导航指向、图书查询和参考咨询等功能[3]。虽然它们仍处于初步开发应用阶段，但是机器智能助手仍是一种可预见的应用形式。在未来的图博档服务中，若能将智能的自然交互系统引入机构服务中，自然交互系统可借助于多通道的输入去感知服务对象的语言和行为习惯，并构建清晰的心智模型，同时与图博档内部的系统和知识库形成无缝对接，将可为科研人员或普通用户提供精准的数字化服务，协助其完成学习和研究工作，进而引发新的行为形态和服务业态。

3.2.4 创造情感、认知体验情境

对图博档机构而言，服务是连接馆藏资源与用户的桥梁，总结三馆现有的数字化服务，主要包括：数字典藏、资源导览、在线检索和整合查询等。在新形势下，智慧图书馆、创客空间等概念的提出引发了图博档等机构对"空间"环境的关注，这里的环境既包括实体空间，又涉及虚拟情境。分析上述的纽约无畏号海空博物馆的《铭记珍珠港》展览、阿波罗计划档案馆"利用虚拟现实技术现实月球漫步"的等诸多案例，我们认为：自然交互将交互由人类、计算机的二元拓展至人类、计算机和环境的三元维度，在环境维度上既包括物理空间，又涉及沉浸式虚拟环境和混合现实环境。

伴随场景时代的来临，图博档等机构在关注资源收藏和功能性服务的基础上，情感体验愈发受到重视。自然交互技术有望于创设良好的情感体验情境，将有助于图博档机构吸引大众（尤其是年轻群体）的目光，使其主动走近传统历史文化。自然交互技术可使图博档机构摆脱过去文字、图像、音视频和实体展览等单向分散式的信息传递方式，通过构建三维场景还原图书、博物、档案的历史原貌，依托丰富、多元的感知模态深入地挖掘馆藏资源的价值，从而完整表达馆藏资源蕴含的文化、时空情境等深层次信息。自然交互拥有的多模态交流方式可帮助用户理解和欣赏博物馆所提供的物体和故事，在时空上为用户与其过往经历构建起更紧密的心理纽带。Chi等人的研究[4]也表明：艺术作品展览过程中提供多感官信息可使用户拥有身临其境的感觉，并使抽象艺术具有更好的情感吸引力。

以往的图博档机构很难帮助用户去应对知识（概念）的深层次理解、长久记忆以及利用知识解决实际问题等难题。相关研究表明，好的知识环境是用户学习知识、构建认知体系的必要条件[5]。因此，在图博档等机构知识服务过程中，自然交互可被用于构建面向用户的个性化、沉浸式的虚拟学习认知环境，帮助用户去获取感性丰富的经验。图博档机构可通过自身开发或与技术团队的跨机构合作构建出基于VR的认知体验情境，在线上、线下环境中展示知识的内在逻辑，模拟现实世界中可能发生的现象、发展的状态。这对于用户了解概念、原理的产生和发展过程，理解和记忆部分抽象晦涩的知识具有重要意义。

本章小结

目前，伴随着语音识别、机器视觉以及力触觉等技术的不断发展，自然人机交互开始成功应用于医

---

① 新一代人工智能发展规划[EB/OL].[2017-7-20]. http://www.gov.cn/zhengce/content/2017-07/20/content_5211996.htm.

② Ren X. Rethinking the Relationship between Humans and Computers[J]. Computer, 2016, 49(8): 104-108.

③ 傅平, 邹小筑, 吴丹, 等. 回顾与展望：人工智能在图书馆的应用[J]. 图书情报知识, 2018(2): 50-58.

④ Chi T V, Ablart D, Gatti E, et al. Not just Seeing, but also Feeling Art: Mid-air Haptic Experiences Integrated in a Multisensory Art Exhibition[J]. International Journal of Human-Computer Studies, 2017, 108: 1-14.

⑤ Han I, Black J B. Incorporating Haptic Feedback in Simulation for Learning Physics[J]. Computers & Education, 2011, 57(4): 2281-2290.

疗诊断、工业设计、数字娱乐和在线教育等诸多领域,呈现出由科学专业领域向日常生活进行扩散的趋势。在国外,自然交互技术在图博档中应用探索亦不断涌现。但总的来说,自然人机交互在图博档中究竟能发挥多大作用,尚有待进一步探讨,相关的理论和应用研究仍是崭新的领域。面对这样的情形,一方面,图博档等机构应采取开放的态度和长远的眼光,主动结合自身业务特点,努力探索自然交互在图博档中应用方式和服务模式;同时也要看到,尽管自然人机交互前景广阔,但在全面实用化之前,图博档仍应保持审慎的态度,避免项目实施时盲目的经费投入和浪费。在具体实践过程中,则应在遵循由浅入深、先易后难等基本原则的基础上,贴合用户的沉浸式、探索式需求,以互动性、情境性的体验项目为切入点,有机整合图博档机构中的优质实体和虚拟资源,实现数字文化服务模式的创新。

第4章 面向感知服务的触觉交互模型

力触觉交互技术方面的理论和算法基本成熟，并逐步与具体的应用领域相结合。我们认为技术的发展和成熟可为图博档数字化服务融合研究工作提供新的研究视角和思路，本章拟从应用的角度对面向感知服务的触觉交互模型研究工作进行探讨。

4.1 触觉交互模型

触觉交互模型可细分为4个部分：信息资源库、主体模块、视觉辅助模块和操作者。信息资源库主要是用于文档、图像和图形等数字资源的收集和整理，在整理加工的过程中，考虑到数字资源的类型多样性和格式标准化问题，需采用相关技术和标准对数字资源进行处理以形成统一的、易于利用的数字形式。主体模块是触觉交互模型的核心部分，主要负责触觉对象的交互、感知和识别。在主体模块的处理过程中，其一方面将信息资源库中的数字资源通过转换机制处理成触觉对象模型，另一方面则将用户的外部操作信息通过运动映射算法转化为虚拟环境的操作代理。并通过引入碰撞检测模块，使操作者能够在虚拟环境中真实地触摸和感知模型的表面和相应特征，完成触觉的交流和信息的交互。视觉辅助模块是将信息资源库中的数字资源通过图像渲染的方式进行视觉呈现，其不但可用于监督盲人的阅读过程，不断优化和提升认知和阅读效果；而且对于具有残余视力的视障人士而言，还可进一步达到辅助其进行触觉认知的目的。操作者模块也称之为人机交互模块，主要涉及两部分内容：触觉交互设备获取操作者的运动状态，以及触觉交互设备将主体模块计算得到的触觉信息进行触觉渲染，通过力感或触感的形式传递给操作者。图4-1为面向盲人阅读的触觉交互模型。

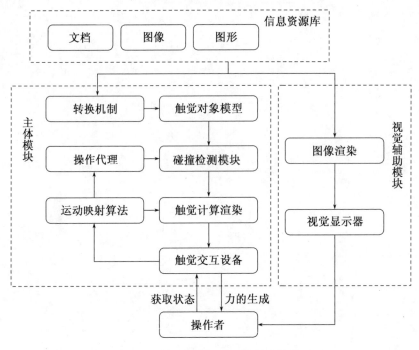

图4-1 面向盲人阅读的触觉交互模型

4.2　触觉模型构建

对于视障人士而言,文字、图像和图形等信息的获取大多通过手指触摸的方式来完成,这与常人使用眼睛了解外部世界有所不同。考虑到人的生理学特性和触觉感知的特点,如何从触觉认知角度构建语义明确、便于理解的触觉对象模型就显得尤为重要。

在实际触觉阅读的过程中,研究者发现视障人士的触觉阅读效果会受到自身现有的知识结构、触摸行为偏好以及所构建的触觉对象模型等因素的影响。因此,保证现有知识结构和感知对象模型之间的合理映射以及触觉对象模型的有效呈现两方面内容就成为研究的关键环节。

4.2.1　认知训练机制

认知训练机制主要是用来解决在视障人士现有知识结构下无法有效认知触觉对象的问题。在具体的触觉阅读过程中,可能会出现以下三种情形。图4-2为本章认知训练机制的流程图。第一种是触觉感知的结果与视障人士的现有知识结构出现偏差或混淆的情况,此时认知训练机制需对受训者进行认知方面的训练,以纠正阅读过程中的认知误差,实现对象认知的合理匹配。第二种是当视障人士对模型进行触觉感知后,若此时其脑海中并未出现对应模型的相关概念,则须对相关概念进行学习和建构,从而实现模型的有效认知。最后一种情况表现为现有的知识结构和对象的触觉感知基本一致,此时模型的认知过程无须进行特殊干预。此外,认知训练机制还应提供相应的反馈功能,该功能可在阅读的实践中进一步完善和丰富阅读者的知识结构,提高对触觉对象模型的认知效率。

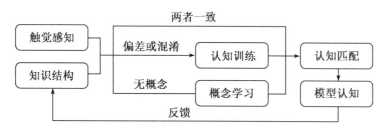

图4-2　认知训练机制的流程图

4.2.2　触觉对象模型

图像是触觉对象模型中最为关键的一环,它的存在有助于人们构建一种形象的思维模式,便于人们学习和思考问题。常用的图像特征包括轮廓形状特征、材质特征、纹理特征、颜色特征以及空间关系特征5类,我们按照由简单到复杂,从整体到局部的方式对这些特征划分层级。具体的阅读过程中,视障人士可从低层级出发进行感知,并根据自身需求自主选择更高层级的内容,划分的具体方式为:轮廓形状特征、材质特征为第一层,纹理特征、颜色特征为第二层,空间关系特征则位于最高层。轮廓形状主要是用来描述形状的总体特征[1],材质则体现为接触物表面的粗糙度、硬度和温度等信息[2],这两者可让阅读者对图像有一个直观、全局的初步认识。图像纹理为图像的某种局部性质,或是对图像局部区域中像

---

[1]　师文,朱学芳.基于轮廓重构和特征点弦长的图像检索[J].软件学报,2014(7):1557-1569.

[2]　柏俊杰,李建清,陈从颜,等.虚拟环境热触觉的显示装置与材质识别实验[J].东南大学学报(自然科学版),2011,41(6):1197-1201.

素之间关系的一种度量①。在计算机图形学中，图像纹理主要涉及两方面的内容：物体表面凹凸不平的沟纹以及光滑表面的彩色图案。我们本处主要关注前者，彩色图案和颜色特征具有共通之处，因此放在颜色特征中进行统一讨论。我们知道图像是真实世界中三维物体在二维平面上的投影，其本身并不具有高度信息。因而，在图像纹理触觉呈现的时候，应考虑为其恢复合适的高度信息，保证凸凹感的合理的触觉呈现。而对视障人士(尤其是全盲人士)而言，颜色特征几乎是一种不能被理解和感知的特征。本章借鉴文献②的研究思路，构建颜色和空间感的心理学效应，研究表明，心理学效应会受到人的主观条件和个性因素的影响，但共同的生活条件和社会环境促使共性的心理认知的形成。如暖色调拥有扩散效应，给人以前进、凸起、靠近的感觉；而冷色调则与之相反，给人的感觉表现为后退、凹进、远离。从这个角度来看，可在阅读的过程中提供给阅读者不同的空间距离感，实现空间感到颜色的反向映射。上述两者用户可根据个人需要自主选择，便于加深对细节的理解。最后，依据相关人士的函询记录和阅读的参考文献，我们发现视障人士由于长期视觉缺失，部分人的空间思维能力相对较差，因此，图像的触觉模型中空间关系特征应被放置于最高层，从而避免在图像阅读的初期给用户造成过多干扰。

图形是指由计算机绘制而成画面和形体，有二维和三维之分，二维图形的触觉模型的构建和关注点同上述的图像触觉构建基本一致。而三维图形一般是由若干个三角面片组合而成，其局限性在于难以获取对象的物理属性参数，如表面硬度、内部组织粘度、摩擦的系数等信息。同时，与30 Hz的图像刷新频率有所不同，由于皮肤的触觉感受器具有高感知带宽的特点，要求触觉方面刷新频率需达到1000 Hz方可保证真实的触摸感受。因此，图形尤其是三维图形在触觉模型呈现方面需着重探索物理属性的数据获取方式以及不同精细粒度的多分辨率图形触觉模型的构建方式。

4.3　碰撞检测模块

碰撞检测是判断确定空间范围内两个或多个物体之间是否发生接触或穿透的技术，广泛应用于虚拟现实、系统仿真、CAD/CAM、计算机动画等诸多领域。在现实的三维空间中，当物体被放置于空间中某一位置时，其他物体则无法同时共享此空间。而在虚拟空间中，同一时刻两个物体甚至多个物体之间有可能出现空间位置上的重叠，此时就需要使用相关算法来求解物体间碰撞或重叠发生的时刻和空间区域。本章中我们在触觉对象和操作代理之间添加了碰撞检测模块用于判断两者间是否发生接触，当碰撞或交互发生时算法输出必要的触觉响应，从而保证整个触觉阅读过程的真实感和沉浸感。

按检测的时间特征划分，碰撞检测算法可分为静态碰撞检测、离散碰撞检测和连续碰撞检测③三类。静态碰撞检测判断两个静止物体之间是否发生空间位置上的重叠，该类方法通常对检测的实时性不做特殊要求，但对算法的精度要求较高；离散碰撞检测将物体的运动过程按确定的时间步长进行离散化处理，在固定的时间间隔点对物体进行碰撞检测，判断物体间是否发生碰撞。由于离散碰撞检测只在离散时间点进行检测，容易产生所谓的"隧道效应"问题，即不能及时检测到物体在相邻时间点之间发生的碰撞，从而发生"穿透"现象。连续碰撞检测通常是指在确定时间区间内，使用线性插值方法来计算目标物体的运动轨迹，根据运动轨迹检测目标物体在当前时间段内是否发生碰撞，并确定碰撞发生的时间点。该类方法可有效地解决"隧道效应"问题，但相对于前两类碰撞检测算法，其处理过程更为复杂，计算量也较大。在视障人士的阅读过程中，任何影响触觉交互真实感和精确性的因素都会对阅读的效果

① 邹垂国，宋爱国，吴涓. 基于DELTA手控器的纹理的力触觉表达方法[J]. 仪器仪表学报，2008，29(11)：2310-2314.
② 李佳璐，宋爱国，张小瑞. 彩色图像的纹理力/触觉渲染方法[J]. 计算机辅助设计与图形学学报，2011，23(4)：719-724.
③ Zhang X，Redon S，Lee M，et al. Continuous Collision Detection for Articulated Models Using Taylor Models and Temporal Culling[J]. ACM Transactions on Graphics，2007，26(3)：Article No.15.

产生很大的干扰。因此,为了保证良好的阅读效果,连续碰撞检测算法就自然成为研究中需要关注的重点环节。与此同时,为了有效地提高算法的效率,我们将整个检测过程分为两个阶段:粗粒度检测和细粒度检测。在粗粒度检测阶段,主要是采用物体包围盒算法①、运动的时间连续性特征等降低碰撞检测的计算量,快速剔除确定不会发生碰撞的触觉对象,以达到初步过滤的效果。对阅读过程中可能发生碰撞的物体,则通过树状层次结构、保守前进法②等进行细粒度的检测,获取触觉对象间碰撞发生的时刻和空间区域。研究表明,当参与碰撞的触觉对象较为复杂时,由于受到计算机内存和计算速度的限制,复杂的在线计算和频繁的触觉刷新频率就会成为一对矛盾。此时,对于图像、图形而言,按简单到复杂划分层级、从粗糙到精细多分辨率的方式进行触觉呈现,对保证碰撞检测的实时性、触觉阅读交互的高效率具有重要意义。

当碰撞检测模块给出操作代理与触觉对象两者之间接触状态和碰撞位置后,可根据位置、姿态变量等信息实现对受到的反作用力/力矩的计算,实现触觉的合理呈现。具体内容将在后续的触觉计算渲染模块进行阐述。

4.4　触觉计算渲染

触觉计算渲染也称之为触觉再现,是触觉交互模型的基础性工作,可分为触觉计算和触觉渲染两部分内容。触觉计算是指根据阅读过程中手的运动或运动趋势对受力情况进行分析,触觉渲染则通过一定的手段或方式对该力或触觉信息进行合理化呈现。前者回答"是什么"的问题,后者则解决"如何表达"的问题。

本节首先对现有的触觉渲染方式进行探讨,其基本模式分为主动感知和被动响应两类。其中,被动响应是指受到环境因素或牵引力等影响下系统自动响应过程,一般与操作代理点是否接触对象无关。主动感知是指接触对象的情况下,操作者主动进行探索和感知,分为基于惩罚的方式和基于约束的方式③两类。前者是在划分物体的基础上,获取操作代理点及与代理点最近的物体表面点,根据两点间的距离和方向实现力触觉的计算与渲染。该方式在简单几何体的应用上存在一定的优势,但当物体结构较为复杂时,容易出现力触觉渲染不连续、局部表达有所欠缺和难以适用于细长对象等问题。而后者采用表面约束的思想,当虚拟物体表面不能被穿透时,在物体表面生成适当大小的 Virtual-proxy 球模型,并依据渗透深度④实现力触觉的渲染和表达。该方式可较好地满足复杂物体触觉渲染的要求,有效克服基于惩罚的触觉表达方法的局限性。

我们采用被动响应和基于约束的主动感知相结合的方式作为盲人阅读触觉渲染的基本框架,并在此基础上给出触觉计算的一般性模型。其计算公式如下:

$$F = f_e + f_t + f_s \tag{4-1}$$

其中,F 代表视障人士在点 p 处触觉感受的合力;f_e 表示操作者所受到的环境力,此类力的感知与操作者是否接触到触觉对象无关,操作者可在虚拟空间任意一点进行感知,具体涉及空间中重力、浮力等;f_t 表示在接触触觉对象的情况下,由于发生运动或产生运动趋势所感受到的力,这些力与触觉对象的表面

---

①　Wei Y M, Wu Y Q, Shi J Y. Research on Fixed Direction Hull Bounding Volume in Collision Detection[J]. Journal of Software, 2001, 12(7): 1056 - 1063.

②　Zhang X, Lee M, Kim Y J. Interactive Continuous Collision Detection for Non-convex Polyhedra[J]. Visual Computer, 2006, 22(9 - 11): 749 - 760.

③　Ruspini D C, Kolarov K, Khatib O. The Haptic Display of Complex Graphical Environments[C]. Proc. of ACM Siggraph, 1998: 345 - 352.

④　李毅. 基于渗透深度计算的触觉渲染算法研究[D]. 杭州:浙江大学,2015.

材质的粗糙程度密切相关；同时触觉对象有刚体和柔体之分，当柔性对象受力变形时，会产生一种垂直于对象表面的弹力，本章用 f_s 进行表示，而对于刚性对象而言，对象本身较难产生受力变形的情况，此时可根据渗透深度实现 f_s 的计算，f_s 则与物体表面材质的硬度信息相关联，下文将对此做具体的分析和探讨。

物体表面的材质是材料和质感的结合，从视觉角度，其表现为色彩、光滑度、透明度、发光度、反射率和折射率等可视属性；从触觉角度，其主要是指对象表面的刚度、粗糙度以及摩擦力等信息。其中，刚度是材料发生弹性形变难易程度的表征，在触感上表现为软硬，现实生活中金属或玻璃的刚度较大，而橡皮或硅胶的刚度相对较小。因此，f_s 的计算公式如下：

$$f_s = k \cdot x \qquad (4-2)$$

其中，k 为弹簧的刚度系数，x 表示的是柔性物体受力变形的位移量或刚性物体的渗透深度。而摩擦力是阻碍物体发生运动或运动趋势的力，与物体表面的粗糙度相关，有静摩擦力和动摩擦力之分。静摩擦是指物体之间具有相对运动趋势，但没有发生相对滑动时所受到的摩擦；动摩擦是指在物体表面上滑动时产生的摩擦，动摩擦力的大小为：

$$f_d = u_d \cdot f_n \qquad (4-3)$$

其中，f_d 代表动摩擦力，u_d 为动摩擦因子，f_n 表示垂直于对象表面的压力。考虑到物体在运动过程中会发生能量耗散的情况，因此本章也添加了阻尼模型。计算公式如下：

$$f_{dump} = c_{dump} \cdot v \qquad (4-4)$$

这里 f_{dump} 代表物体在运动过程中受到的阻尼力，c_{dump} 是阻尼因子，v 则表示运动的速度。

在对触觉计算渲染进行了理论探讨的基础上，我们认为在具体实现过程中，影响触觉渲染快速性和稳定性的因素应受到重点关注，从而保证触觉阅读过程的友好性，避免设备出现震动或噪声等失稳情况。同时，为进一步提升视障人士触觉阅读过程中的真实感，研究中也应关注与触觉交互相关的物理规律的探索。而考虑到网络/离线阅读等实际应用情形，触觉数据压缩、失真以及还原等问题都应成为研究的重点环节。

4.5　实验与讨论

我们通过引入典型的桌面式力触觉设备（Phantom Omni 手控器具有 6 自由度的位置和姿势检测，3 自由度的触觉反馈，检测精度约为 0.055 mm，工作空间＞160 W×120 H×70 D mm³，最大施加力 3.3 N）构建面向盲人阅读的触觉交互系统。在视觉辅助模块，使用 Open GL 开放图形库实现视觉渲染的功能。实验共分为两个阶段：第一阶段随机挑选志愿者进行信息资源触觉阅读的有效性实验；第二阶段则进一步邀请 34 名被试者（17 男 17 女，年龄 20～35 岁），分步骤完成不同层次信息资源可理解性的实验。图 4-3 为本章的面向盲人阅读的触觉交互实验系统。

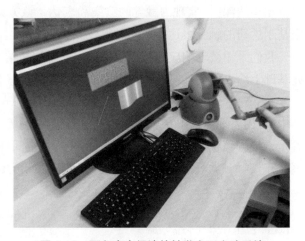

图 4-3　面向盲人阅读的触觉交互实验系统

4.5.1　实验方法

我们通过让志愿者或被试者佩戴眼罩来排除视觉因素对触觉感知的影响。在实验的过程中，操作者利用 Omni 手控器尾端的操作杆控制虚拟空间的操作代理(本实验中为虚拟小球)对各类信息资源进行"摸索"。实验结束后，对于第一阶段的实验，我们通过问卷的方式对操作者的阅读体验进行收集；对于第二阶段的实验，我们则对操作者每个步骤的感知正确率进行统计。最后，通过访谈的方式与受试者交流实验感受并进行记录。

信息资源阅读有效性实验：随机选取不同年龄、不同性别、无触觉训练背景的志愿者进行实验。实验中，首先让志愿者戴上眼罩，以避免视觉对触觉阅读的影响。其次，在具体感知的过程中，不进行任何训练和口头指导的情形下，志愿者自主地对虚拟环境中的信息资源进行 3～5 分钟的探索和感知。实验结束后，志愿者完成问卷的填写，填写的内容主要分为两部分，一是志愿者年龄、性别等背景信息；二是触觉阅读效果，主要涉及的因素包括触觉对象的模型感知、对象模型的细节辨认、触觉探索的有趣性、深入探索的意愿以及触觉交互的友好性等。

信息资源可理解性实验：邀请 34 名被试者参与实验，实验开始前，对被试者进行简单的触觉交互训练，并对实验内容进行简要说明。整个实验过程分成轮廓形状感知、材质感知和纹理感知三个不同层级，被试者在蒙眼的情形下，首先依据自身现有知识经验对不同层级的触觉对象进行探索。当被试者对触觉对象无法进行有效认知的时候，引入认知训练机制，并进行第二轮触觉对象的探索。实验结束后，对两轮触觉对象的识别正确率分别进行统计和分析。

轮廓形状感知：通过触觉方式阅读虚拟空间中的五种轮廓形状，分别是半圆形、矩形、三角形、梯形和五边形(如图 4-4 所示)，整个实验过程持续 5 分钟。实验结束后，被试者依据感知体验对相应的轮廓形状进行匹配，并对匹配的成功率进行分析。

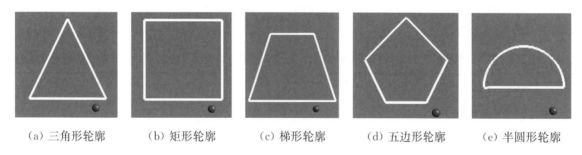

(a) 三角形轮廓　　(b) 矩形轮廓　　(c) 梯形轮廓　　(d) 五边形轮廓　　(e) 半圆形轮廓

图 4-4　轮廓形状感知的信息资源图像

材质感知：被试者对虚拟空间中 5 种不同的材质(主要是对象的硬度、摩擦信息)进行感知，实验过程持续 5 分钟，如表 4-1 所示。实验结束后，被试者依据感知体验选择相应材质的对应编号，同时对匹配的成功率进行分析。

表 4-1　图像信息资源的材质情况

	硬度	摩擦力
材质 1	适中	适中
材质 2	较大	适中
材质 3	较小	适中
材质 4	适中	较大
材质 5	适中	较小

纹理感知：被试者对触觉图像的纹理信息（主要是表面的沟纹信息）进行感知，我们选取5种不同的纹理图像进行实验（如图4-5所示），实验过程持续5分钟。实验结束后，被试者依据感知体验选取图像纹理的对应编号，并对匹配成功率进行分析。

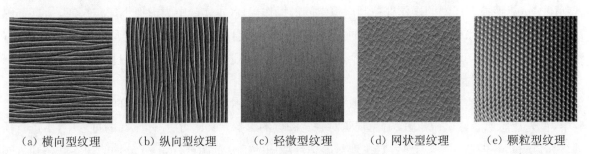

（a）横向型纹理　　（b）纵向型纹理　　（c）轻微型纹理　　（d）网状型纹理　　（e）颗粒型纹理

图4-5　纹理感知的信息资源图像

4.5.2　实验结果和分析

信息资源的有效性实验结束之后，我们对志愿者填写的问卷进行统计，从而完成对图像等信息资源阅读效果的调查和分析，具体情况如表4-2所示。

表4-3是触觉交互模型下信息资源可理解性实验的样本统计量。实验数据表明，在认知训练前不同层级的信息资源在触觉阅读和理解的难度上存在着差异，轮廓、材质和纹理三者的理解难度呈上升趋势。通过对表4-4的分析，我们进一步发现轮廓与纹理、材质与纹理的理解难度上都存在着显著性的差异，而轮廓与材质之间理解难度的差异性不显著。

表4-5为认知训练前后轮廓、材质和纹理感知的匹配成功率的配对 T 检验分析，当自由度 $df=33$，显著水平 $\alpha=0.05$ 时，临界值 $t=2.035$，而本次3组 T 检验的绝对值均大于临界值，即认为认知训练前后的匹配成功率均值存在显著差异。由此可以看出本章提出的认知训练机制对提升触觉对象的识别正确率具有很显著的效果。

表4-2　触觉交互模型下信息资源的阅读有效性评价

信息资源的阅读有效性评价	数量（共34人）
可感知到触觉对象	33
可感知触觉对象的形状	32
可感知触觉对象的软硬	32
可感知触觉对象的纹理	34
有助于探索图片等信息资源	32
对体验充满好奇和兴趣	34
人机交互体验较好	27

表4-3　触觉交互模型下信息资源可理解性实验的样本统计量

	均值	N	标准差	均值的标准误差
轮廓训前	7.59	34	2.190	0.376
轮廓训后	8.94	34	1.722	0.295
硬度训前	6.88	34	3.236	0.555
硬度训后	9.35	34	1.276	0.219
纹理训前	4.00	34	2.256	0.387
纹理训后	8.35	34	2.281	0.391

表 4-4　触觉交互模型下不同层级信息资源可理解性的配对 T 检验分析

	成对差分					t	自由度（df）	统计显著性 Sig.（双侧）
	均值	标准差	均值的标准误差	差分的 95% 置信区间				
				下限	上限			
轮廓训练前—材质训练前	0.706	3.778	0.648	−0.612	2.024	1.089	33	0.284
轮廓训练前—纹理训练前	3.588	2.548	0.437	2.699	4.477	8.212	33	0.000
材质训练前—纹理训练前	2.882	4.036	0.692	1.474	4.291	4.164	33	0.000

表 4-5　触觉交互模型下认知训练前后信息资源可理解性的配对 T 检验分析

	成对差分					t	自由度（df）	统计显著性 Sig.（双侧）
	均值	标准差	均值的标准误差	差分的 95% 置信区间				
				下限	上限			
轮廓训练前—轮廓训练后	−1.353	1.889	0.324	−2.012	−0.694	−4.176	33	0.000
材质训练前—材质训练后	−2.471	2.744	0.471	−3.428	−1.513	−5.250	33	0.000
纹理训练前—纹理训练后	−4.353	2.891	0.496	−5.362	−3.344	−8.780	33	0.000

本章小结

　　本章提出触觉交互模型，通过对触觉认知规律、感知特性进行分析，重点阐述了触觉模型构建、碰撞检测模块和触觉计算渲染等关键问题，并通过实验对文字、图像和图形等信息资源的触觉再现。实验显示：不同层级的触觉信息资源在阅读和理解的难易程度上存在着差异。在信息资源的阅读过程中，当触觉对象无法被有效认知时，合理地引入认知训练机制可有效提升操作者对信息资源的感知和识别能力。

第5章　基于多模感知的数字文物交互式展示方法

针对当前文物资源由传统的实体文物向虚拟展示和数字文物进行扩展的趋势，如何提供一种多模态的信息呈现方式就显得尤为重要。通过将力触觉技术引入三维文物展示领域，提出一种基于多模感知的三维文物交互式呈现的算法框架。在对文物的基本特征进行视、听、触觉多通道分析的基础上，依据用户与文物模型的接触状态对多通道信息进行计算和整合。在力触觉计算渲染方面，基于嵌入深度构建弹簧系统模拟轮廓形状的接触过程，引入动摩擦和静摩擦因数来反映表面摩擦力这一材质特征，通过法线贴图来实现文物表面纹理的触觉处理；针对交互的环境由二维平面拓展至立体空间，结合力触觉设备将操作时的行为和状态映射为虚拟环境中的操作代理，借助操作代理构建统一的"旋转"和"选择—移动—释放"交互模型来实现用户意图；最后，物理引擎的引入将物体的基本运动规律集成至虚拟场景，提升场景交互的真实感。使用 Phantom Omni 手控器搭建面向馆藏文物的多模感知实验系统，抽取志愿者对实验系统进行测评。

5.1　数字文物交互式展示

文物遗产是一个国家或地区文化传承与发展的有力见证。随着数字技术的发展和计算机通信技术的应用普及，文物作为人类历史文化遗产的重要形式，正步入数字化的研究、保存和展览阶段。数字化、集成化、可交互和多模态正成为三维文物展示发展的必然趋势。

经过十几年的研究和发展，三维文物数字化展示方面的研究已取得一定的成果。Chow 等人[1]给出一种面向陶瓷文物的三维交互式虚拟展览的方法，该方法通过一组多视角的图像序列重建 3D 模型，使用漫反射图像序列进行纹理映射，并运用鼠标和键盘来完成交互过程，从而给用户提供良好的交互性和真实感体验。Bruno 等人[2]在对文物进行 3D 重建的基础上，将音频样本、图片画廊、介绍性屏幕和电影等集成至文物展示的过程中，并通过使用轨迹球和按钮实现用户交互。Belen 等人[3]进一步将 VR 技术引入复杂文物模型的展示过程中，通过 Oculus Rift（一种 VR 眼镜）和 Kinect（一种体感交互设备）为数字文物提供沉浸式体验，并实现在 3D 场景中自由交互和导航。国内在文物数字化领域研究工作起步相对较晚，但相关学者在敦煌石窟的虚拟展示[4]、殷墟博物苑的三维呈现[5]、三维场景的移动导览[6]等诸多方面也取得了不俗的研究成果。

---

① Chow S K, Chan K L. Reconstruction of Photorealistic 3D model of Ceramic Artefacts for Interactive Virtual Exhibition[J]. Journal of Cultural Heritage，2009，10(2)：161-173.

② Bruno F, Bruno S, Sensi G D, et al. From 3D Reconstruction to Virtual Reality：A Complete Methodology for Digital Archaeological Exhibition[J]. Journal of Cultural Heritage，2010，11(1)：42-49.

③ Belen J F, Daniele M, Fabio R. Access to Complex Reality-based 3D Models Using Virtual Reality Solutions[J]. Journal of Cultural Heritage，2016，23：40-48.

④ 刘洋,鲁东明,刁常宇,等.敦煌285窟多媒体集成虚拟展示[J].计算机辅助设计与图形学学报,2004,16(11):1528-1534.

⑤ 段新昱,刘学莉,刘晨曦.虚拟殷墟博物苑的三维展示技术[J].系统仿真学报,2005,17(9):2187-2190.

⑥ 林一,陈靖,刘越,等.基于心智模型的虚拟现实与增强现实混合式移动导览系统的用户体验设计[J].计算机学报,2015,38(02):408-422.

尽管当前有关三维文物展示的研究成果已相当丰富,但不断涌现的新兴技术(如 Kinect 体感交互[①],计算机力触觉计算)以及应用对技术的持续需求,推动着文物展示研究进入更深层面。现有的文物展示工作仍存在两方面的不足:一方面,现有大多数文物数字化呈现方面的研究和应用主要针对视听通道,对触觉方面的涉猎相对较少。然而在现实生活中,人与环境之间的交互呈现多模态的特征:即人类每时每刻都使用视觉、听觉、触觉和嗅觉等多种方式去感知周围的环境。在现有文物展示过程中引入触觉等通道,实现用户对数字文物的多模感知就成为研究工作的一个技术难点。另一方面,主流的文物展示平台普遍采用鼠标、键盘作为人机交互的主要方式,该方式在传统的 2 维桌面环境中曾发挥重要作用;然而随着 VR/AR 的应用普及,人机交互的环境逐步由二维平面拓展到立体空间,交互的形式呈现多元化的趋势,交互的任务也变得更为复杂[②]。以一种简单、自然的方式实现人与虚拟世界中三维文物之间的合理交互就成为研究工作中的另一个难点。

针对这两个问题,本章提出一种基于多模感知的数字文物交互式呈现方法。该方法首先从视、听、触觉三个维度对三维文物进行分析,结合用户交互数据实现多通道信息的识别、计算、整合和处理,并传递给视、听、触觉设备完成多模感知;其次,通过引入新型的力触觉交互设备[③],将人的操作意图有效转换为计算机的交互隐喻,从而实现人与虚拟环境之间的双向沟通和有效交流。而考虑到虚拟场景的真实感特征,ODE 物理引擎[④]的合理引入则将物理学的基本规律集成至虚拟场景,在交互过程中实现操作者对物理世界的普遍感知,提升整体交互的真实感和沉浸感[⑤]。

5.2　多模感知算法框架

本章通过将力触觉技术引入三维文物展示领域,提出一种基于多模感知的三维文物交互式呈现的方法,并将该方法细分为 3 个模块:预处理模块、用户交互动作识别模块以及多模感知与交互式呈现模块。预处理模块主要负责三维文物的视听触觉信息分类获取,以及虚拟环境的真实感建模。整个过程只需执行一次,处理后可被后续操作多次调用。用户交互动作识别模块是整个系统流程的起点,负责人与文物、环境之间的数据交换和信息交流,共包括两部分内容:动作信息的获取和交互操作的选择。前者是将用户使用力触觉交互设备时的行为和状态转化为虚拟环境中的操作代理,后者则是根据用户的意图对文物模型施加基本操作(移动、旋转等),以便于用户更好地认识和感知文物信息。多模感知与交互式呈现则是文物展示流程的核心部分,其依据上述两个子模块生成的数据,确定用户操作的路径和方式以及多通道的文物对象模型,保证操作者能在虚拟仿真环境中触摸、感知和识别出文物模型的多维特征和动态效果,算法的基本框架如图 5-1 所示。

多模感知是指综合运用视觉、听觉、触觉等多种感官,通过图像、声音、动作以及力触感等多种手段和方式实现三维文物感知的过程。算法将首先从视觉、听觉、触觉多通道的角度对三维文物的基本特征进行分析,同时结合相应算法实现力触觉、声音和图像信息的实时渲染,依据用户与文物模型的接触状态实现多通道信息的计算和整合,并最终传递视、听、触觉设备完成多模感知。

①　Leyvand T, Meekhof C, Wei Y C, et al. Kinect Identity: Technology and Experience[J]. Computer, 2011, 44(4): 94-96.
②　张凤军,戴国忠,彭晓兰. 虚拟现实的人机交互综述[J]. 中国科学:信息科学,2016,46(12):1711-1736.
③　宋爱国,田磊,倪得晶,等. 多模态力触觉交互技术及应用[J]. 中国科学:信息科学,2017,47(9):1183-1197.
④　薛方正,刘成军,李楠,等. 基于 ODE 引擎的开放式仿人机器人仿真[J]. 机器人,2011,33(1):84-89.
⑤　祁彬斌,朱学芳. 引入力触觉的数字文物多模交互方法[J]. 中国图象图形学报,2018,23(08):1218-1230.

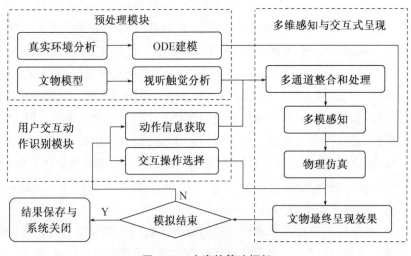

图 5 - 1　本章的算法框架

5.2.1　视听触觉分析

文物数字化以往是基于扫描数据或多视角图像[①]进行三维建模,通过纹理映射实现文物表面真实感处理,并嵌入文本、音频和视频信息完成多媒体展示。整个处理和展示过程主要立足视听双通道,关注的是文物的数字模型和几何属性。在此基础上,本章尝试为文物引入物理属性参数,并从视觉、听觉、触觉多通道的角度对三维文物的基本特征进行分析和重构。首先,几何轮廓是三维文物最基本的特征,为表达这一特征,视觉上需渲染具有纵深信息的立体图像,实现用户对文物的全局感知;触觉上当操作代理在虚拟空间接触到文物模型时,需约束代理于文物模型表面,并给用户反馈相应的力觉或触觉信息;听觉上则是当操作代理以不同速度敲击文物模型时,应提供合理的、富有差异性的声音信号。其次,纹理是反映文物表面具有缓慢变化或周期性变化的组织排列属性,主要涉及两方面的内容:物体表面凹凸不平的沟纹以及光滑表面的彩色图像。对于文物表面的颜色信息,主要是通过视觉通道进行渲染;而对于纹理中的沟纹特征,应考虑先为其恢复合适的高度信息,而后通过触觉通道实现局部凹凸感的合理呈现。最后,材质是保证文物模型真实感的重要因素,文物表面的材质是材料和质感的结合。从视觉角度,其表现为色彩、光滑度、透明度、发光度、反射率和折射率等可视属性;从触觉角度,主要需考虑文物对象的刚度、表面粗糙度以及摩擦力等信息。

5.2.2　多通道整合

在操作代理与三维文物模型交互过程中,依据两者接触状态的不同对多通道信息进行计算和整合,具体可分为:1) 当操作代理在虚拟空间自由移动但尚未与文物模型发生碰撞时,只需从视觉层面对文物模型和操作代理的运动状态进行渲染;2) 当操作代理与文物模型发生碰撞,在视觉呈现的基础上,算法还需依据接触瞬间的运动信息进行文物表面硬度的触觉计算和文物敲击时声响的渲染;3) 当操作代理紧贴文物模型并在模型表面进行滑动时,应着重考虑文物表面沟纹以及摩擦力等因素对触觉、声音的影响,实现多通道信息的整合和视听触觉同步渲染。图 5 - 2 为多通道信息整合的处理框架。

本章借鉴 Open AL 的思想构建文物交互过程中声音渲染的基本框架,所涉及的主要对象有:1) 用于发出声响的声源 AudioSource。该声源附着在操作代理上,通常依据用户的意图在虚拟空间中自由

---

① 邱兆文,张田文.文物三维重建关键技术[J].电子学报,2008,36(12):2423 - 2427.

移动,当与文物模型交互时启动音频播放;2)用于监听声音的听众 AudioListener。而获取的声音的响度和质量取决于 AudioListener 与 AudioSource 两者的相对位置和方向,在虚拟空间中 AudioListener 的数目通常是唯一的;3)用于存储声音的缓冲区 AudioBuffer。在用户交互的过程中,需要被存储的声音可分为两类:用户敲击文物时产生的声音以及用户在文物表面滑动时的摩擦声响;声音的整体渲染过程与交互时接触状态密切相关。与文物触觉计算渲染相关的内容将在下文进行系统阐述。而对于三维文物模型的图像渲染,相关研究成果已较为成熟,此处不再赘述。

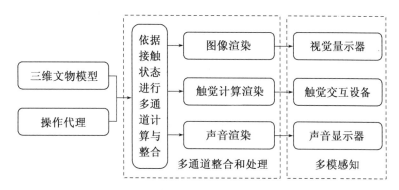

图 5－2　多通道信息整合的处理框架

5.3　算　法

下文将从触觉绘制、用户交互识别和物理建模三个方面,对本章算法的核心内容做具体阐述。

5.3.1　触觉绘制

在力触觉计算渲染方面,力触觉交互的控制模式主要包括两种:阻抗控制和导纳控制。前者依据用户输入的位置和方向信息进行力和力矩的计算,并实时反馈给用户;后者则是输入力和力矩后进行物理计算,生成当前时刻操作端的位置和方向。本章采用阻抗控制方式作为触觉计算渲染的基本驱动机制,按照由简单到复杂、从粗糙到精细的思路实现文物轮廓形状、物理材质以及表面纹理等不同层级特征的计算渲染。对于文物的轮廓形状,本章基于嵌入深度构建弹簧系统近似模拟文物表面轮廓的接触过程,弹簧的劲度系数与文物对象的刚度密切相关;为了反映文物表面的摩擦力这一材质特征,本章通过引入动摩擦因数和静摩擦因数来模拟文物接触过程中的摩擦,认为随着操作代理在文物表面运动趋势的变化,有限状态机在静摩擦和动摩擦之间交替更新;现有的文物模型通常是采用三角面片进行表示,离散的三角面片组虽可较好地逼近复杂形体,但仍存在一定的误差。此时,为了解决这一问题,实现文物表面沟纹特征的有效处理,本章通过法线贴图[①]来估算文物模型的梯度表面,并依据梯度表面对已生成力触觉信息进行局部修正。

算法的实现主要采用虚拟匹配的思想,虚拟匹配法是指力触觉设备控制操作代理的目标位置 p_t,在目标位置 p_t 与实际显示位置 p_s 之间构建弹簧模型进行关联,并依据 p_t 和 p_s 之间的位置差别进行反馈力的计算。其中,在运行阶段 p_s 的计算被分成两个部分:当操作代理未与文物模型发生碰撞时,代理物体的 p_t 与 p_s 两者位置保持一致;当两者确定发生碰撞,则需计算出 p_t 在文物模型表面对应的 p_s。算法的具体步骤如下:

---

① 朱晓峻,郭广礼,查剑锋.基于法线贴图的三维激光扫描数据模型重建[J].地理与地理信息科学,2012,28(06):35－38.

步骤 1. 依据操作代理当前时刻位置 p_t^n 和上一时刻位置 p_t^{n-1} 生成运动轨迹，计算获取该运动轨迹与文物模型的交点 p_c，根据 p_c 与操作代理的半径 r 设定显示位置 p_s；

步骤 2. 考虑到文物表面摩擦因素的影响，通过引入动摩擦因数 u_d 和静摩擦因数 u_s 进行物理仿真。当操作代理和文物模型之间有相对运动趋势但尚未发生相对滑动时，即粘着状态 $stick$，摩擦力的模拟选用静摩擦因数 u_s；当两者处于相对滑动状态 $slip$ 时，则选用动摩擦因数 u_d。在相同的接触情形下，静摩擦因数通常会略大于动摩擦因数，此时运动状态确定的规则如下：首先，分别求解动摩擦角 φ_d、静摩擦角 φ_s 以及全反力与表面法线的夹角 θ，可参考图 5-3，具体计算过程如下：

$$\varphi_d = \arctan(u_d)$$
$$\varphi_s = \arctan(u_s) \tag{5-1}$$
$$\theta = \arccos\left(\frac{v_1 \cdot v_2}{|v_1||v_2|}\right)$$

其中，v_1 的起点是操作代理的当前位置 p_t^n，终点是实际显示位置 p_s^n，v_2 表示的是文物模型在点 p_c 处法线。

然后，依据当前时刻 φ_d、φ_s 和 θ 三者之间的关系确定运动状态。当上一时刻两者处于相对滑动状态 $slip$ 时参考图 5-3(a)，当前时刻的运动状态为：

$$\begin{cases} state = stick & \theta < k_d \varphi_d \\ state = slip & \theta \geq k_d \varphi_d \end{cases} \tag{5-2}$$

其中，k_d 是设定的动摩擦滞后系数，用来避免两者状态切换时发生振荡现象。当上一时刻两者处于粘着状态 $stick$ 时参考图 5-3(b)，当前时刻的运动状态为：

$$\begin{cases} state = slip & \theta \geq \varphi_s \\ state = stick & \theta < \varphi_s \end{cases} \tag{5-3}$$

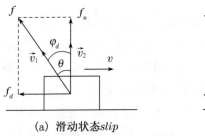 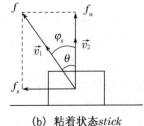

(a) 滑动状态 $slip$　　　　　　　　(b) 粘着状态 $stick$

图 5-3　摩擦情形下运动状态切换示意图

步骤 3. 依据运动状态确定摩擦因子 u，计算摩擦力因素影响下操作代理的实际显示位置 p_s。假设交点 p_c 处表面法向 $\vec{n} = (A, B, C)$，则经过点 $p_s(x_s, y_s, z_s)$ 且法向为 $\vec{n}$ 的平面为：$A(x - x_s) + B(y - y_s) + C(z - z_s) = 0$，计算点 p_t 到平面的距离即嵌入深度 d_p。由摩擦因子 u 和嵌入深度 d_p 确定摩擦力的作用半径 $d_f = u d_p$，比较 d_f 与操作代理目标位置 p_t 和显示位置 p_s 之间的距离 d_r，从而计算摩擦因素下操作代理的实际显示位置 p_s 为：

$$\begin{cases} p_s = p_s & d_r < d_f \\ p_s = p_t + d_f/d_r \cdot (p_s - p_t) & d_r \geq d_f \end{cases} \tag{5-4}$$

步骤 4. 已知操作代理的实际显示位置 p_s 和目标位置 p_t，设 k 为文物表面的刚性系数。利用胡克定律完成反馈力 f 的计算，计算得到的反馈力 f 可分为两个部分：垂直于文物模型接触表面的切向力 f_n 和平行于模型接触表面的法向力 f_t，具体公式如下所示：

$$f = k \cdot (p_s - p_t) = f_n + f_t \tag{5-5}$$

步骤 5. 当点云数据重建的三维文物为高细节模型时,模型表面的细小轮廓信息都可以被合理呈现。但通常情况下,文物重建只是选取体现模型特征的点云数据,并对该部分点云数据进行三角化处理,简化后的三维模型可能无法体现文物表面的局部细节。为了解决这一问题,本章通过计算高细节模型和简化模型的差异生成法线贴图,该法线贴图保留着高细节模型的表面细节,借助法线贴图获取高细节模型表面的法线信息,依据法线信息和接触时的三角面片进一步估算文物的梯度表面。法线贴图中的法线数据通常用贴图中 RGB 三个通道进行存储,法线的范围从 $[-1,1]$ 变换至 RGB 通道的灰度范围 $[0,255]$。此时,接触点处高细节模型法线的计算过程为:假设贴图的宽、高分别是 w、h,接触点在贴图上的相对纹理坐标为 (u,v),可获取与接触点最近的 4 个像素点 $pix_1(u',v')$、$pix_2(u'+1,v')$、$pix_3(u', v'+1)$ 和 $pix_4(u'+1,v'+1)$,边界情况需进行特殊考虑。其中,u',v' 的求解过程如式(5-6)所示:

$$u' = \lfloor (w-1) \cdot u \rfloor$$
$$v' = \lfloor (h-1) \cdot v \rfloor \quad (5-6)$$

像素点处的法线是通过法线贴图的颜色转化而来,可表示为:

$$pix_n^{normal} = 2 \cdot (pix_n^{color} - 128)/255 \quad n \in [1,2,3,4] \quad (5-7)$$

对接触点邻近 4 个像素的法线进行双线性插值,获取接触点法线信息,加权系数为 x、y,则 $pix^{normal}(dtx,dty,dtz)$ 通过插值公式求解过程求解:

$$x = (w-1) \cdot u - u'$$
$$y = (h-1) \cdot v - v' \quad (5-8)$$
$$pix^{normal} = (1-x)(1-y)pix_1^{normal} + x(1-y)pix_2^{normal} + y(1-x)pix_3^{normal} + xy\,pix_4^{normal}$$

步骤 6. 依据接触点所在的三角形顶点 v_0、v_1 和 v_2,顶点对应的纹理坐标 t_0、t_1 和 t_2,三角形对应的面法向 $\vec{n}$ 以及求解的 pix^{normal} 估算出梯度表面,并对原有的表面法向进行修正。首先,计算生成 v_1 与 v_0、v_2 与 v_0、t_1 与 t_0、t_2 与 t_0 之间的向量,定义向量的模长分别是 len_{v10}、len_{v20}、len_{t10} 和 len_{t20},单位向量为 vec_{v10}、vec_{v20}、vec_{t10} 和 vec_{t20};然后,通过 $vec_{t10}(m_{00},m_{10})$ 和 $vec_{t20}(m_{01},m_{11})$ 获取系数矩阵:

$$\begin{bmatrix} c_{01} \\ c_{02} \end{bmatrix} = \begin{bmatrix} m_{00} & m_{01} \\ m_{10} & m_{11} \end{bmatrix}^{-1} \begin{bmatrix} dtx \\ dty \end{bmatrix}$$

估算出来的梯度表面局部坐标 $p_{surface}$、修正后表面法线 $\vec{n'}$ 分别是:

$$p_{surface} = c_{01}/len_{v10} \cdot vec_{v10} + c_{02}/len_{v20} \cdot vec_{v20} + dtz \cdot \vec{n}$$
$$\vec{n'} = \frac{p_{surface}}{|p_{surface}|} \quad (5-9)$$

步骤 7. 最终反馈的力触觉信息被修正为

$$f = |f_n| \cdot \vec{n'} + f_t \quad (5-10)$$

5.3.2　用户交互识别

相比于二维交互,三维空间为用户交互提供的自由度更高,交互任务更为复杂。此时,通过对现实世界存在的一些机制进行比拟或抽象,并借用到交互过程中,实现全新的三维交互隐喻。在三维交互中,交互隐喻把用户使用力触觉交互设备产生的动作信息(主要是位置和姿势信息以及离散的按钮状态)映射为虚拟空间的操作代理,通过操作代理对文物模型施加一系列基本操作(例如移动、旋转等),最终完成特定交互任务。

5.3.2.1　"旋转"建模

在文物数字化展示过程中,每一时刻用户获取的文物图像信息都是基于特定视角的。此时,通过引入"旋转"操作可使用户根据自身需求自由变换视角,实现对文物模型多视角的观察和鉴赏。在现实生活中，人们通常使用手指转动文物所在的圆盘或底座实现文物查看。三维交互过程中，手指被隐喻为虚拟世界的操作代理，"旋转"操作本质上是物理学上的定轴转动运动。其运动学方程依据刚体转动定律确定，用来描述转动时角加速度、转动惯量以及合外力矩之间的关系。力矩可通过以下公式计算：

$$M = r \times f_o = J\beta = J\,\frac{\mathrm{d}w}{\mathrm{d}t} \tag{5-11}$$

其中，J 是刚体的转动惯量，w 为加速度，β 是角加速度，f_o 与上文的 f 互为一对作用力和反作用力，r 是转动轴到着力点的距离矢量。

在对着力点进行动力学分析后，运用数值积分对常微分方程进行求解，求解公式如下：

$$\begin{cases} \theta_{t+1} = \theta_t + \Delta t \cdot (\omega_t + \omega_{t+1})/2.0 & f_o = 0 \\ \theta_{t+1} = \theta_t + \Delta t \cdot \omega_t + \Delta t^2 \beta_t/2.0 & f_o \neq 0 \end{cases} \tag{5-12}$$

其中，ω_{t+1} 为下一时刻的位置角速度，ω_t 和 β_t 分别为当前时刻的角速度和角加速度，Δt 为时间步长。同时在 ω_t 和 ω_{t+1} 之间引入角速度衰减因子 c_d，即 $\omega_{t+1} = (1 - c_d)\omega_t$。最终迭代求解实现真实力感下文物"旋转"这一交互任务。

5.3.2.2 "选择—移动—释放"建模

在现实情况下，由于文物本身具有的唯一性、易氧化和不可再生等特点，文物的接触、移动和转移工作都需符合特定的操作规范和流程。对于参观者而言，此过程杜绝了用户直观感知文物重量、观察文物运动状态的可能性。因此，在三维交互过程中，提供"选择—移动—释放"等一系列基本文物模型交互操作，有助于用户在虚拟环境下实现对文物模型自由操作，提升对文物模型的整体认知。"选择"操作是指在虚拟场景的若干个文物模型选取一个文物作为操作对象，当操作代理接触到文物模型时，通过按下力触觉设备的按钮，设定文物模型的作用点 p_A。当操作代理根据用户意图继续运动时，此时操作代理的当前位置被设定为非约束点 p_B。由于力触觉设备本身性能参数和规格的限制，文物的真实重量无法直接在虚拟环境中进行体现，因此需在文物真实重量和力触觉设备可感知范围之间构建映射关系。本章借鉴心理物理学的"比例加工"(Proportional Processing)[①]这一概念，其认为人类在对物体刺激进行知觉加工和比较的过程中，遵循比较加工机制的基本原则，即依赖于刺激间的相对差异，而非刺激间的绝对差异。因此，文物真实重量和力触觉设备可感知范围之间的映射不该是一种简单的线性映射关系，随着文物真实重量的递增，相同的重量变化所引发的感觉强度应是逐步递减的。因此，本章通过参考"韦伯-费希纳定律"构建从文物真实重量范围 $[w_{\min}, w_{\max}]$ 到力触觉设备可感知范围 $[s_{\min}, s_{\max}]$ 的非线性映射关系，其表达式为：

$$s = (s_{\max} - s_{\min})\frac{\lg(w - w_{\min} + 1)}{\lg(w_{\max} - w_{\min})} + s_{\min} \tag{5-13}$$

本章在作用点 p_A 和非约束点 p_B 两者之间添加弹簧模型，设定弹簧形变阈值为 $\tau_{\max}$，则弹簧的刚度系数为 $k = s/(\tau_{\max} - l_0)$。然后，计算得到 p_A 处的作用力 f_A，计算公式如下：

$$f_A = k \cdot (|p_B - p_A| - l_0)\frac{(p_B - p_A)}{|p_B - p_A|} \tag{5-14}$$

其中，l_0 为弹簧的初始长度。此后，将文物模型上的作用点 p_A 和作用力 f_A 作为参数传递给 ODE 引擎可实现文物模型的"移动"。当交互过程结束后，用户松开力触觉设备的按钮，文物模型上设定的作用点和弹簧系统被取消，"释放"操作最终被完成。

---

① 孙霁，Alain C，孙沛. 数量表征和韦伯—费希纳定律：应用及发展[J]. 心理研究，2017，10(05)：35-39.

5.3.3 物理建模

为了进一步提升虚拟场景的真实感特征,本章考虑将 ODE 物理引擎引入文物交互的过程中,物理引擎的合理引入将物体的基本运动规律集成至虚拟场景,实现操作者对物理世界的普遍感知。

5.3.3.1 ODE 建模

ODE(Open Dynamics Engine)是由 Russell 等人设计的开源动力学引擎,可用来实现虚拟(仿真)环境下力的模拟和物体间的相互作用。ODE 通常使用 World、Body、Geom、Joint 和 Space 等基本元素来描述现实世界中的实体。其中,Body 是描述现实世界的最主要的元素,表示具有多种属性的刚体。这里的属性可细分为随时间变化和固定不变的两类,随时间变化的属性主要包括物体的位置、速度和姿势等,不变的属性则主要涉及质量、转动惯量以及质点的相对坐标等。Geom 表示刚体的几何形状,其支持的形式包括球、圆柱、平面、立方体以及三角网格模型等;对于单个 Geom 元素,有且仅有一个 Body 与之对应,两者的结合实现现实世界中物体的有效描述。Joint 主要负责描述现实世界刚体之间的约束关系,简而言之就是连接两个刚体之间的关节。Space 被称之为碰撞空间,负责检测场景中包含的若干 Geom 对象是否发生碰撞,并对碰撞的刚体进行处理。World 代表整个虚拟世界,包含所有 Body、Geom 和 Joint 对象,并负责重力加速度等动力学参数的设定。

本章三维文物展示过程中进行的 ODE 建模涉及 World、Body、Geom 和 Space 等 4 种基本元素,基本处理过程如下:(1)创建文物展示的虚拟世界 World,该虚拟世界包含展示场景和虚拟文物两部分内容,同时对其中的重力加速度、阻尼系数和最大角速度等环境参数进行设置;(2)通过使用 Body 和 Geom 两个基本元素实现虚拟环境中文物的描述,其中 Body 负责文物质量、初始位置以及姿势等信息的设置,Geom 负责使用三角网格模型对文物的形状进行描述;(3)创建碰撞空间 Space,包含文物和场景的 Geom 元素,主要负责检测虚拟世界中文物与文物之间、文物与静态场景之间的碰撞情况。

5.3.3.2 真实感处理

在人与文物真实交互的过程中,用户从视听触多个通道获取文物信息的同时,文物也在用户的作用下进行真实的物理运动。为了对这一运动过程进行仿真,进一步提升交互的真实感,本章采用 ODE 物理引擎进行动力学建模。图 5-4 是文物展示环节物理仿真流程图。

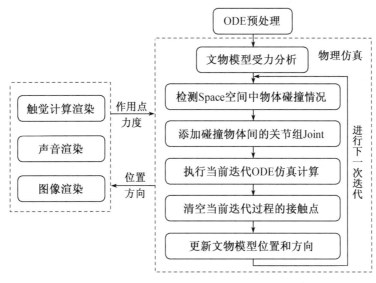

图 5-4 文物展示物理仿真的流程

当用户使用操作代理接触文物模型并对模型施加基本操作时，依据两者的接触状态对文物模型进行受力分析，判断受力点以及受力点处被施加的作用力。然后，检测当前迭代区间碰撞空间 Space 中物体的碰撞情况，在有可能发生碰撞的物体之间添加 Contact 类型的接触关节，并设置参数信息。在接触关节添加完成后，依据受力情况调用 ODE 函数执行当前迭代区间的动力学计算，生成虚拟场景中各物体当前时刻的位置和方向。计算完成后，清空当前迭代过程中添加的接触关节，将更新后的各物体位置和方向信息传递给主程序，完成当前时刻实现文物模型运动状态的图像渲染。若当前时刻仿真未结束，则 ODE 物理引擎自动进入下一次迭代过程。当仿真结束后，实现文物最终效果的呈现。

5.4　实验与讨论

我们通过引入典型的桌面式力触觉设备（Phantom Omni 手控器具有 6 自由度的位置和姿势检测，3 自由度的触觉反馈检测精度约为 0.055 mm，工作空间＞160 W×120 H×70 Dmm，最大施加力 3.3 N）构建基于多模感知的三维文物交互式呈现系统。使用 OpenGL 开放图形库实现视觉渲染的功能，实验系统的运行平台为安装了 Win7 操作系统、配备 Intel Core2 * 4 2.66 GHz CPU、内存为 4 GB 的 PC 机，开发工具是 Visual Studio 2013。图 5-5 为本章的基于多模感知的三维文物交互式呈现实验系统。

图 5-5　基于多模感知的三维文物交互式呈现实验环境

5.4.1　实验及结果展示

图 5-6 所示为阻抗控制下文物感知的输入/输出曲线，实验结果表明在操作代理自由探索文物表面的时间区间内，系统输出的力触觉信号较为精细，触觉感受流畅而无振荡感。

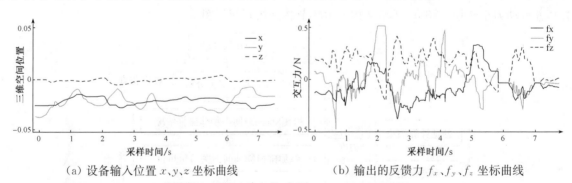

（a）设备输入位置 x、y、z 坐标曲线　　　　（b）输出的反馈力 f_x、f_y、f_z 坐标曲线

图 5-6　阻抗控制下文物感知的输入/输出曲线

图 5-7 是角速度衰减因子 c_d＝0.1 时，"旋转"操作下反馈力和转动角度的输入/输出曲线，该图采用双坐标轴的形式，左侧坐标轴对应反馈力在 x、y、z 三个方向上的分量，右侧则对应力作用下三维文物转动的角度。由图 5-7 可知，在角速度衰减因子的作用下，三维文物转动的角度呈逐渐下降的趋势；同时，外部作用力的施加会显著影响单位时间内三维文物的转动角度。图 5-8 为"选择—移动—释放"操作下反馈力的输出曲线。在本实验中，设定文物真实重量（单位 N）范围[0,300]，力触觉设备可感知力（单位 N）的范围[0,3]，实验中选取的文物真实质量为 10 kg，重力加速度为 9.81 N/kg，依据公式

(5-13)计算出虚拟空间的映射力约为 1.4 N。从图 5-8 中可看出在文物的拾取过程中,力触觉设备输出的反馈力逐步变大;在文物移动的过程中,反馈力和重力基本保持平衡状态,释放文物后,反馈力的各方向的分量保持为零。图 5-9(a)～(d)分别展示了 4 种三维文物的展示效果片段,可以看出,本章的文物交互式呈现实验系统是有效的,整体的展示效果富有真实感。图 5-10 和图 5-11 分别是"旋转"操作和"选择—移动—释放"操作下多视角的三维文物交互效果图。实验效果表明:系统能较好地完成用户的操作意图,且交互过程简单、自然、富有沉浸感。

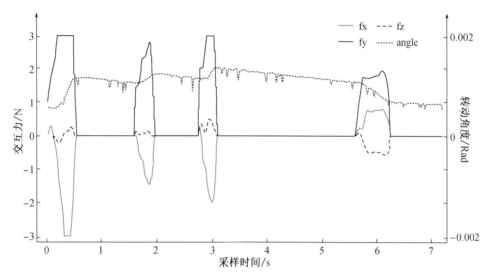

图 5-7　"旋转"操作下反馈力和转动角度输入/输出曲线

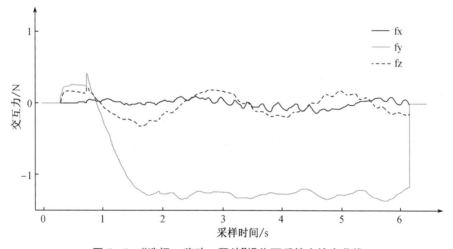

图 5-8　"选择—移动—释放"操作下反馈力输出曲线

（a）青花瓷瓶　　　　（b）青铜鼎　　　　（c）单耳瓷瓶　　　　（d）兵马俑

图 5-9　三维文物的呈现效果图

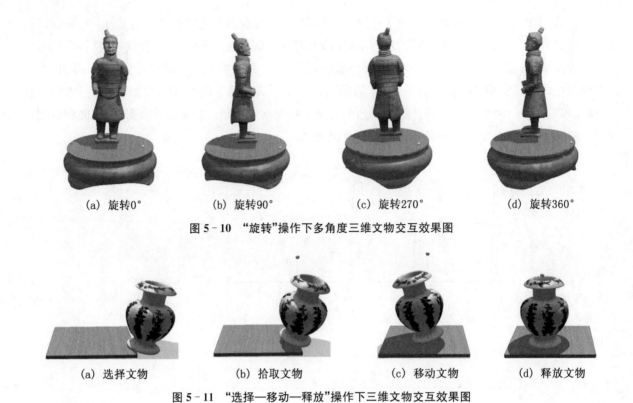

| (a) 旋转0° | (b) 旋转90° | (c) 旋转270° | (d) 旋转360° |

图 5‑10 "旋转"操作下多角度三维文物交互效果图

| (a) 选择文物 | (b) 拾取文物 | (c) 移动文物 | (d) 释放文物 |

图 5‑11 "选择—移动—释放"操作下三维文物交互效果图

5.4.2 用户体验反馈

用户体验(User Experience，UE)是指用户在产品的使用或体验过程中建立起来的主观感受。本章依据劳斯的用户体验理论，从可用性、感官体验和情感体验三个维度建立指标进行体验效果评估。

本实验邀请 15 名志愿者对展示系统进行了体验。体验开始前，对体验的内容和交互方法进行了简要说明。在具体感知的过程中，志愿者自主地对虚拟环境中的数字文物进行 3～5 分钟的探索和感知。体验结束后，志愿者完成问卷的填写，填写的内容主要分为两部分，一是志愿者年龄、性别等背景信息的收集；二是通过问题设定对用户的体验效果进行描述。设定的问题囊括视听触感官体验、易学性、易用性、舒适性、趣味性和探索感等诸多方面。用户打分采用 5 级量表，1 分代表完全不符合，5 分代表完全符合。

调查结果表明，本章实验系统在用户体验效果的三个维度上，可用性和情感体验两者的得分较高，感官体验方面的得分相对较低。就设定的问题而言，在满足用户的好奇心以及展示方式有趣性方面，用户的认可度较高；而在文物模型的局部细节信息和人与文物互动的自然性方面，用户的评分相对较低。实验结束后，通过对用户进行访谈发现，用户认为实验系统对文物局部细节的展示方面还有进一步优化的空间；与此同时，现有的交互方式虽相对于鼠标已较为自然，但相比真实环境下人与物体的交互尚有一定的距离。

本章小结

本章提出一种基于多模感知的数字文物交互式呈现方法。该方法首先从视听触觉多通道的角度对三维文物进行分析和重构，按照从简单到复杂、从粗糙到精细的思路实现文物轮廓形状、物理材质以及表面文物等不同层级特征的力触觉计算渲染，结合实时生成的图像和声音信息实现多模感知。在三维交互过程中,结合新型的力触觉交互设备完成用户操作意图向计算机交互隐喻的合理映射,利用操作代理构建统一的"旋转"和"选择—移动—释放"操作模型。考虑到虚拟场景的真实感特征,通过 ODE 物理引擎将物体的基本运动规律集成至虚拟场景,实现操作者对物理世界的普遍感知。

　　实验表明:本章系统可以从视觉、听觉、触觉多个通道对三维文物进行有效呈现,且整体交互过程简单、自然、富有沉浸感.后续的研究将主要围绕文物表面纹理等细节信息的处理和文物关联知识的添加开展工作,从而实现从感知到认知的跨越。

基于标签的推荐能让初次使用系统的用户有效地根据标签分类获取相关图书资源,解决冷启动的问题;而根据历史记录的推荐则可以隐式地获取用户的检索记录从而计算用户的喜好,根据这些信息更加针对、更加精确地为用户提供个性化推荐服务。以该推荐方法为基础,提出了以用户需求为中心、实现功能融合以及友好人机交互界面的移动端图书馆推荐系统的设计方案。完成基于 Android 的高校图书馆资源推荐系统软件开发过程中,采用 Java 语言为编程环境、Android Studio 软件为开发工具,搭建高校图书馆资源推荐系统的开发平台。实现数据库的配置与搭建,建立检索、推荐、历史记录 3 大功能模块及各自的实现检索、标签推荐、历史记录推荐等独立功能。还完成集信息服务系统和信息管理系统于一体的移动博物馆 APP 系统框架设计,基于 Android 的移动图书馆信息服务系统 APP 开发并针对 APP 进行操作测试并着重对资讯和发现功能模块进行优化①②。

第 1 章　引　言

信息推荐是指网站系统或其他应用系统根据发现的用户喜好,以推荐的方式动态地为用户提供所需信息或建议,简单地说,就是为用户提供个性化的服务和指导,目前已被广泛研究并应用于电子政务、电子商务、网站建设和信息检索等领域③。信息推荐系统通常具有主动学习的能力,可以通过分析用户浏览网站或系统的行为,概括出用户可能感兴趣的信息,自动地推荐给用户,实现个性化服务④。信息推荐的主要特征表现在两个方面:第一,个性化的专门服务,即根据个人的需求提供的个性服务;第二,主动的信息推荐服务,即系统能主动将信息推送给用户的服务⑤。

1.1　常用信息推荐方法

信息推荐方法是信息推荐系统中最关键的部分,推荐方法的好坏决定了信息推荐系统的优劣。当

---

① 陈玉鸣. 高校图书馆图书推荐系统的设计与实现. [D]. 南京:南京大学. 2019.5.
② 李雪莲. 高校移动图书馆信息服务需求分析与功能实现. [D]. 南京:南京大学. 2018.5.
③ 颜端武. 面向知识服务的智能推荐系统研究[D]. 南京:南京理工大学,2007.
④ Lin C H, Mcleod D. Exploiting and Learning Human Temperaments for Customized Information Recommendation[C]. Proceedings of the 6th IASTED International Conference on Internet and Multimedia Systems and Applications, ACTA, 2002, 430: 218 – 223.
⑤ 苏新宁. 网格环境下的个性化信息推荐服务模型研究[J]. 情报学报,2007,26(2):280 – 284.

前,主流的推荐方法主要为:基于关联规则推荐、基于内容推荐、协同过滤推荐、基于效用推荐及基于知识的推荐等。我们在本章对这些推荐方法进行了对比分析,并选择了适宜的推荐方法应用到我们的图博档信息服务系统的信息推荐/推送中。

(1) 基于关联规则推荐

基于关联规则的推荐(Association Rule-based Recommendation)[①]是以关联规则为基础,把用户已购商品作为规则头,推荐对象作为规则体。关联规则挖掘可以发现不同商品在销售过程中的相关性,在零售业中已经得到了成功的应用。关联规则就是在一个交易数据库中统计购买了商品集 X 的交易中有多大比例的交易同时购买了商品集 Y,其直观的意义就是用户在购买某些商品的时候有多大倾向去购买另外一些商品,比较经典的案例就是沃尔玛的啤酒与尿布的案例。基于关联规则的推荐算法的第一步为关联规则的发现,是算法最为关键的因素,也是该算法的瓶颈。同时,推荐中商品名称的同义性问题也是关联规则的一个难点。

以信息条目推荐为例,我们可以将基于关联规则推荐的主要流程归纳为:首先,数据清理,对用户和信息条目分别计数,过滤掉一些超不活跃的用户和超冷门的信息条目。其次,计算两两信息条目之间的支持度、置信度、提升度,根据最低支持度、最低置信度、最低提升度剪枝,把低于最小值的规则扔掉。最后,对信息条目 A 进行推荐,找出信息条目 A 的所有规则,按照置信度降序排序,Top-N 即为与信息条目 A 最相关的前 N 个信息条目。

(2) 基于内容推荐

基于内容的推荐(Content-based Recommendation)是信息过滤技术的延续与发展,它基于项目的内容做出推荐,不是依据用户对项目的评价意见,它更多地需要用人工智能、概率统计和机器学习的方法从关于内容的特征描述的事例中得到用户的兴趣资料[②]。在基于内容的推荐系统中,推荐项目和用户对象均是通过相关的特征属性来定义的,系统根据用户的特征,学习用户的兴趣,分析用户兴趣与预测的推荐项目的匹配程度。用户的资料模型取决于所用学习方法,常用的有决策树、神经网络和基于向量的表示方法等。基于内容的用户资料需要用户的历史数据,用户资料模型可能随着用户的偏好改变而发生变化。

(3) 协同过滤推荐

协同过滤推荐(Collaborative Filtering Recommendation)[③]是推荐系统中应用最早和最为成功的技术之一。它一般采用最近邻技术,利用用户的历史喜好信息计算用户之间的距离,利用目标用户的最近邻居用户对商品评价的加权评价值来预测目标用户对特定商品的喜好程度,从而系统根据这一喜好程度来对目标用户进行推荐。协同过滤对推荐对象没有特殊的要求,能处理非结构化的复杂对象。

协同过滤是基于这样的假设:为一用户找到他真正感兴趣的内容的好方法是首先找到与此用户有相似兴趣的其他用户,然后将他们感兴趣的内容推荐给此用户。其基本思想非常易于理解,在日常生活中,我们往往会利用好朋友的推荐来进行一些选择。协同过滤正是把这一思想运用到推荐系统中来,基于其他用户对某一内容的评价来向目标用户进行推荐。基于协同过滤的推荐系统可以说是从用户的角度来进行相应推荐的,而且是自动的,即用户获得的推荐是系统从浏览行为等隐式获得的,不需要用户

---

① Chun J, Oh J Y, Kwon S, et al. Simulating the Effectiveness of Using Association Rules for Recommendation Systems[G]. Systems Modeling and Simulation: Theory and Applications, Lecture Notes in Computer Science, 2005, 3398: 306 – 314.

② Martinez L, Perez L G, Barranco M. A multigranular Linguistic Content-based Recommendation Model[J]. International Journal of Intelligent Systems, 2007, 22(5): 419 – 434.

③ Liu D R, Lai C H, Lee W J. A Hybrid of Sequential Rules and Collaborative Filtering for Product Recommendation[J]. Information Sciences, 2009, 179(20): 3505 – 3519.

努力地找到适合自己兴趣的推荐信息，如填写一些调查表格等。

（4）基于知识推荐

基于知识的推荐（Knowledge-based Recommendation）在某种程度是可以看成一种推理技术，它不是建立在用户需要和偏好基础上推荐的[①]。基于知识的方法因它们所用的功能知识不同而有明显区别。效用知识（Functional Knowledge）是一种关于一个项目如何满足某一特定用户的知识，因此能解释需要和推荐的关系，所以用户资料可以是任何能支持推理的知识结构，它可以是用户已经规范化的查询，也可以是一个更详细的用户需要的表示[②]。

在综合分析了上述主流的推荐算法后，我们对它们的优缺点进行了归纳总结，具体见表1-1。

表1-1　主要推荐方法的比较

推荐方法	优点	缺点
基于规则推荐	不要领域知识，能发现用户新兴趣点	规则抽取难、耗时，信息条目名同义性问题，个性化程度低
基于内容推荐	推荐结果直观，无须领域知识，无冷启动、稀疏问题，能进行特殊推荐	内容特征要求高，新兴趣问题，复杂属性不好处理，要有足够数据构造分类器
协同过滤推荐	新异兴趣发现，不要领域知识，推荐个性化、自动化程度高，能处理复杂的非结构化对象	稀疏问题，最初评价问题，可扩展性问题，新用户问题，质量取决于历史数据集
基于知识推荐	能把用户需求映射到产品上，能考虑非产品属性	知识难获得，推荐是静态的

1.2　推荐系统的组成部分

一个完整的推荐系统主要包括三个部分：行为记录模块、模型分析模块以及推荐算法模块[③]。

（1）行为记录模块

行为记录模块用户收集用户信息，它负责记录下用户喜好，了解用户日常使用习惯，其最终目的是为了能够更好地针对不同用户展开个性化服务。以电子商务购物网站为例，行为记录模块收集用户对于某一商品的咨询问答、售后评分等用来直观地反映用户对目标商品的喜好情况的数据。

（2）模型分析模块

行为记录模块所收集的信息都是需要用户主动向系统提供的，然而有些用户会有着保护隐私的心理而不愿意向系统透露这方面信息，这时就需要模型分析模块工作了。模型分析模块用于收集能够间接反映用户对目标商品喜好的信息，例如用户的购买次数、浏览次数、购买频率等信息，系统将这些信息收集起来，建成模型用来描述用户的需求选择。

（3）推荐算法

系统利用推荐算法，将之前收集的所有数据通过一定的算法流程推导出迎合用户喜好的目标商品，并将其呈现给用户。推荐算法是推荐系统的核心，是决定推荐系统优劣的最关键因素，国内外专家学者在推荐算法方面的学术研究与论文著作是最多的。

行为记录模块，模型分析模块以及推荐算法，这三部分构成了推荐系统通用模型，如图1-2所示。

---

① Liang T P, Yang Y F, Chen D N, et al. A Semantic-expansion Approach to Personalized Knowledge Recommendation[J]. Decision Support Systems，2008，45(3)：401-412.

② Zhang W Y，Tor S B，Britton G A, et al. EFDEX: A Knowledge-based Expert System for Functional Design of Engineering Systems[J]. Engineering With Computers，2001，17(4)：339-353.

③ 刘建国，周涛，汪秉宏. 个性化推荐系统的研究进展[J]. 自然科学进展，2009，19(01)：1-15.

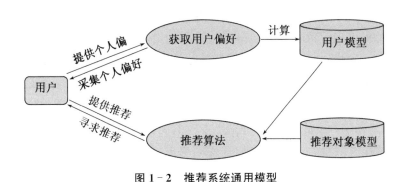

图 1-2　推荐系统通用模型

1.3　信息推荐技术在图博档中的应用研究现状

图书馆、博物馆和档案馆是一个国家或地区文化传承与发展的有力见证。随着计算机技术、网络技术及多媒体技术的发展,图博档三馆已经走过了馆藏资源的数字化这一初始阶段,资源集成、服务融合、个性推荐正逐步成为未来图博档数字化服务的发展趋势。在此过程中,新兴技术的层出不穷,一方面为用户提供了海量、多元、异构的信息资源,同时也进一步加剧了人们获取符合自身需求的信息资源的难度。因此,如何解决过载的信息资源与人们有限精力之间的矛盾,在有限的时间里为用户推荐符合其喜好的信息资源就成为图博档数字化服务融合中一个重要的研究内容。

借鉴 Resinick 等人[1]关于推荐系统的相关思想,我们认为在图博档应用领域中,一个完整的信息推荐系统模型应该涉及三方面的要素,分别是用户、馆藏资源以及推荐方法。通常而言,推荐系统依据用户的显性或隐含信息实现用户建模,参考馆藏资源的相关信息构建资源的评价度向量,推荐系统选取不同的推荐算法对用户兴趣和馆藏资源特征进行匹配筛选,并将查询到的用户可能感兴趣的信息资源推送给用户。

1.3.1　在图书馆领域中的应用现状

郭秋萍、王全兰[2]立足于 Web 挖掘的理论和技术,提出了一种主动式的图书馆服务推荐模型及其算法,该方法采用离线处理与在线实时推荐相结合的思路,可有效平衡服务推荐的实时性与准确性之间的矛盾。其基本思想是离线部分通过挖掘算法产生知识库,提供在线部分的基础性支撑;在线部分则在前者基础上,结合当前客户会话对象以及页面访问情况,及时生成符合客户个体兴趣特征的推荐服务。丁雪[3]认为在图书推荐领域中,相比于基于内容的推荐和基于协同过滤的推荐,基于关联规则的推荐方法是最为有效和可行的。原因在于关联规则的抽取可离线进行,有效解决了图书在线借阅的耗时问题;语义或词库的方式使图书名称的同一性问题得到有效改善;而考虑到新图书和新用户动态添加的情况,可根据现有的大量历史借阅记录离线生成可用的关联规则,保证用户上线情形下实现信息的直接推荐。董坤[4]通过分析发现,相同的年龄层、相似的知识结构、一致的角色使得高校读者的信息获取行为呈现聚类特征,因此通过引入对高校读者阅读行为产生较大影响的专业、学历、角色等因素构建读者特征模型,而后根据读者特征模型计算产生目标读者的候选最近邻集,根据目标读者最近邻的阅读行为进一步

①　Resinick P, Varian H R. Recommender Systems[J]. Communications of the ACM, 1997, 40(3): 56-58.
②　郭秋萍,王全兰. 一种基于 Web 挖掘的图书馆服务推荐模型及其算法研究[J]. 图书馆杂志,2010,29(06):53-56.
③　丁雪. 基于数据挖掘的图书智能推荐系统研究[J]. 情报理论与实践,2010,33(05):107-110.
④　董坤. 基于协同过滤算法的高校图书馆图书推荐系统研究[J]. 现代图书情报技术,2011,(11):44-47.

挖掘出包含读者潜在兴趣在内的个性化信息需求，实现针对高校读者的高质量个性化图书推荐服务。马健等人[1]则通过应用渐进遗忘策略和滑动窗口相结合的更新算法建立读者的兴趣词库和索引库，以形成读者的多兴趣特征库；并分别计算读者兴趣特征的特征词库、索引库与书籍的相似度，将这两种方法计算出的相似度进行线性叠加，从而构建具有可操作性和扩展性的混合推荐算法，实现图书馆书籍的个性化推荐方法。汪英姿[2]针对高校读者群具有特定专业或研究领域的特点，使用图书领域本体和用户本体来描述图书资源和读者资源，提出一种基于本体的混合式图书推荐方法，构建起图书资源本体和用户本体，设计推荐过程模型和语义推理规则，并对结果进行分析验证，实现图书资源个性化推荐。李静云[3]认为随着移动通信技术的发展，数字图书馆的知识服务更多会在移动端实施；考虑到当前移动图书馆对用户环境、场景等情境因素的感知能力不足，其基于用户情境感知设计和构建了移动图书馆知识推荐系统的框架，为移动图书馆提高用户情境感知的能力，增强知识推荐的准确性和针对性提供了一种新的探索途径。罗琳等人[4]以分众分类法标注数据的相似性理论为基础，试图构建一个基于用户标注行为的图书资源推荐系统，并提出了新的资源权值计算方法，系统包括标签推荐和资源推荐两部分内容，能为用户提供较好的个性化推荐服务。李胜、王叶茂[5]着眼移动互联网的发展趋势，结合 Wi-Fi 室内定位技术，提出一种基于本体和具有位置感知的图书馆书籍推荐模型，该模型通过构建书籍分类本体，基于从个人信息、借阅记录、交互日志中学习的用户长、短期偏好和从区域组模型中获取的相似用户共性偏好，在考虑推荐处理触发机制问题下进行推荐。马晓亭、陈臣[6]认为大数据反映的是大规律，小数据体现的是个性；因此，他们认为读者个性化服务中，应坚持大数据宏观预测和小数据个性化决策相结合的原则，利用小数据去匹配读者的个性化阅读和 QOS 的保障需求，使图书馆摆脱对传统经验的依赖，从而开拓基于小数据的个性化服务推荐形式。曾子明、金鹏[7]针对用户的兴趣变化具有时间敏感性特点，提出基于用户兴趣变化的数字图书馆知识推荐模型。首先融合标签和时间等因素，通过用户使用标签的频率以及对资源的标注时间等信息构建用户—资源评分矩阵；然后结合协同过滤算法，计算目标用户邻集从而完成知识推荐，并在此基础上设计个性化知识推荐服务模型。袁辉[8]认为当前高校图书馆推荐服务满意度总体较低，伴随确定事件而产生的文献需求具有很高的确定性，通过对各类用户信息进行挖掘分析，预测和标定依赖事件发生进程产生的各类文献需求，可有效提高图书推荐服务的准确性；因此，高校图书馆可将课程体系作为确定体系，结合用户信息数据预测出用户的各类潜在、确定的需求。李宇航等人[9]借鉴迁移学习概念，对移动图书馆收集的用户评分数据进行分析解决个性化推荐问题；其通过构建跨域协同过滤模型，共享跨域特征信息，重构评分矩阵最终实现个性化推荐；实验结果表明跨域协同过滤模型能够解决移动图书馆推荐系统初期数据量较少的冷启动的问题，同时可实现对用户多个领域的兴趣挖掘。针对基于协同过滤的推荐方法计算用户相似度时存在的高计算量的问题，Chen 等人[10]在 Hadoop 框架下基于 MapReduce 技术提出一种适用于数字图书馆的并行过滤算法，实验结果表明并行过滤算法是更加有效的，可较好地解决相似用户查找和个人本体比较的问题。Morawski J

① 马健,杜泽宇,李树青. 基于多兴趣特征分析的图书馆个性化图书推荐方法[J]. 现代图书情报技术,2012,(06):1-8.
② 汪英姿. 基于本体的个性化图书推荐方法研究[J]. 现代图书情报技术,2012,(12):72-78.
③ 李静云. 基于用户情境感知的移动图书馆知识推荐系统设计[J]. 图书馆理论与实践,2013,(06):19-21.
④ 罗琳,梁桂生,蔡军. 基于分众分类法的图书馆书目推荐系统[J]. 现代图书情报技术,2014,(04):14-19.
⑤ 李胜,王叶茂. 一种基于本体和位置感知的图书馆书籍推荐模型[J]. 现代图书情报技术,2015,(03):58-66.
⑥ 马晓亭,陈臣. 基于可信小数据的图书馆个性化服务研究[J]. 图书情报工作,2015,59(04):70-75.
⑦ 曾子明,金鹏. 基于用户兴趣变化的数字图书馆知识推荐服务研究[J]. 图书馆论坛,2016(1):94-99.
⑧ 袁辉. 基于确定事件的智慧图书馆推荐服务策略实施探究[J]. 图书馆建设,2017,(08):74-77.
⑨ 李宇航,夏绍模,程华亮. 基于跨域协同的移动图书馆个性化推荐模型研究[J]. 情报科学,2017,35(03):82-86.
⑩ Chen L C, Kuo P J, Liao I E, et al. Scaling Out Recommender System for Digital Libraries with MapReduce[M]. Grid and Pervasive Computing, 2013: 40-47.

等人①认为相比于城市中的公共图书馆,一般的图书馆通常馆藏规模相对较小、用户的数据集也相对有限;为了处理存在的"冷启动"问题,他们提出一种基于协作过滤和内容过滤的混合算法,实验结果表明针对稀疏数据集,该方法相比于现有的模糊推荐器更为精确和有效。为了提高图书推荐的准确率,田磊等人②将图书的个性化推荐过程分为聚类分析和协同过滤推荐两部分,利用改进的 *K-means* 算法对借阅用户的类别与偏好性进行系统的聚类分析,通过构建用户借阅偏好矩阵与用户相似度度量,采用协同过滤算法实现图书借阅的个性化推荐;实验结果表明,本章算法可根据用户的借阅爱好准确地为其推荐图书,整体上具有较高的性能。

1.3.2　在博物馆、档案馆领域中的应用

Bowern 等人③提出一种适用于实际博物馆环境中上下文感知的代理导游模型,其强调对讲解内容的个性化要求,却没能很好地体现对新文物的推荐功能。Aroyo 等人④通过用户与系统的交互过程,不断动态调整并完善用户描述文件(User Profile),进而提供个性化服务。Stock 等人⑤在 Peach 项目中主要研究的是如何为用户提供个性化服务,系统在用户浏览过程中采集与用户相关的各种信息,并根据这些信息为用户提供个性化的推荐和信息呈现,使用户能够得到符合其个人背景、需求和偏好的文物信息。周珊丹等人⑥提出了一种博物馆环境下个性化推荐模型,重点讨论了用户喜好的获取和推荐算法;模型采用显式和隐式评价相结合的方式获取用户喜好,实际推荐过程中考虑文物本身的历史评价度。针对 Web2.0 每个用户都可成为信息内容的提供者,Semeraro 等人⑦提出一种名为 FIRSt 的内容推荐系统,该系统通过在典型的内容推荐模型中集成社交标签的概念,使用户可以通过数字评分和免费标签注释项目表达对项目的偏好;实验表明在推荐过程中用户配置信息的丰富可使得推荐的准确性明显提升,可较好地服务于个性化博物馆的参观和浏览。王辰等人⑧为了适应于博物馆等类型应用场景,使用线性加权方式进行算法组合,构建结合全局、基于人口统计学和基于项目的协同过滤的综合性推荐算法;同时使用基于动态权值的方法来对室内环境进行建模,室内环境被划分为多个网格,每个网格拥有其属性及权重等信息,且该权重值可根据用户交互、用户偏好等动态改变,从而为每个用户建立一套个性化的室内环境模型。由于档案的少用性质决定了当前我国档案部门不会像图书馆那样门庭若市,档案利用者也因职业、学术研究、兴趣爱好等利用需求而形成小众的利用者群组。因此吴晨菁⑨认为,针对有需求的档案利用者群组,档案部分可以运用二分网络的相关内容,构建档案利用者与档案信息的二分结构,深度挖掘利用者之间、利用者与档案信息之间复杂的联系,进而将工作重点从如何扩大服务数量切实转换到如何提高档案部分服务的质量上来,真正创造纵深服务和精深服务。

---

①　Morawski J,Stepan T,Dick S,et al. A Fuzzy Recommender System for Public Library Catalogs[J]. International Journal of Intelligent Systems,2017,32(10):1062 - 1084.

②　田磊,任国恒,王伟. 基于聚类优化的协同过滤个性化图书推荐[J]. 图书馆学研究,2017(8):75 - 80.

③　Bowern J,Filippini-Fantoni S. Personalization and the Web from a Museum Perspective[C]. Proc of Museums and the Web 2004(MW2004),2004:63 - 78.

④　Aroyo L,Stash N,Wang Y,et al. CHIP Demonstrator:Semanticsdriven Recommendations and Museum Tour Generation[C]. Proc of the 6th Intl Semantic Web Conf(ISWC 2007),2007:879 - 886.

⑤　Stock O,Zancanaro M,Busetta P,et al. Adaptive,Intelligent Presentation of Information for the Museum Visitor in PEACH[J]. User Modeling and User-Adapted Interaction,2007,18(3)3:257 - 304.

⑥　周珊丹,周兴社,王海鹏,等. 智能博物馆环境下的个性化推荐算法[J]. 计算机工程与应用,2010,46(19):224 - 226.

⑦　Semeraro G,Lops P,Gemmis M D,et al. A Folksonomy-based Recommender System for Personalized Access to Digital Artworks[J]. Journal on Computing & Cultural Heritage,2012,5(3):1 - 22.

⑧　王辰,刘宇驰,金舟. 基于无线定位的个性化导览关键技术及其在博物馆中的应用[J]. 计算机应用研究,2016(5):1419 - 1423.

⑨　吴晨菁. 基于二分网络的档案小众推荐服务模型研究[J]. 档案管理,2017,(01):43 - 44.

1.4 推荐系统的评判

1.4.1 推荐算法评价

目前对于推荐算法评价的研究有许多，大多是采用定量原则，但对于这些准则的适用范围的讨论却很少提及，而且对于这些评判方法的总体的横向比较也并不常见。这样一来，如何选择评价方法就成了一个难题，因其复杂关系也会反过来导致对推荐系统本身的研究难度加剧。不同的专家学者提出各自的评价方法用来评价不同的推荐系统，会造成同一种推荐系统可能会在不同的评价体系下产生截然不同的效果。因此，对于推荐算法评价准则的分类就显得尤为重要。Sarwa 等人[①]认为，评价推荐系统推荐质量的度量标准主要包括统计精度度量方法和决策支持精度度量方法两类。朱郁筱、吕琳媛[②]将推荐算法准确度指标分为 4 类，即预测评分准确度、预测评分关联性、分类准确度和排序准确度。但若将推荐算法作为机器学习领域的一种算法，有两种评价标准可以参考：分类精度准则和预测精度准则。

（1）分类精度准则

分类精度准则用来计算一个推荐系统对于一个的推荐项目做出符合需求的推荐或不符合需求的推荐的频率。

召回率和准确率是评价信息系统时经常使用的准则之一。被评价的项目必须分为两类——相关系和与不相关集合。召回率的定义是检索到的相关项目占总相关项目的比：

$$R = \frac{N_{rs}}{N_r}$$

召回率反映了推荐内容被采纳的概率。

准确率则表示被推荐出来的信息数占所有相关推荐数的比例：

$$P = \frac{N_{rs}}{N_s}$$

准确率代表推荐出的信息符合需求的概率。

关于"符合用户需求"的定义与合适的计算方法，在信息检索领域研究中一直有很多争议。绝大部分信息检索评价关注的是客观的"相关项目"，其中的相关按照查询要求来定义，与用户无关。专家小组可以比较文档与查询要求，确定什么样的文档针对什么样的查询是相关的。然而在推荐系统中客观的相关项目定义是没有意义的。推荐系统是根据项目符合特定用户口味或偏好的似然度来做出推荐的，只有用户才能决定一个项目是否"相关"。因此，与传统文档检索不同，推荐系统中的"相关"从本质上是主观的。

（2）预测精度准则

推荐系统对推荐结果会有一个预测的评价值，而用户也会对结果有一个评价值，而对这二者相似程度的计算就是预测精度标准。预测精度的重要性尤其体现在那些基于上下文标记的场景，例如，MovieLens 电影推荐系统预测用户将给予每部电影的星级评级并将其呈现给用户。预测精度准则用于估计预测值与用户实际给予每部电影的星级评定的真实值之间的差异。即使推荐系统正确地向用户提供某种类型的电影，如果它想要向用户显示确切的预测值，它也可能失败。另一方面，由于预测值也可

① Sarwar B, Karypis G, Konstan J, et al. Item-Based Collaborative Filtering Recommendation Algorithms[C]. Proceedings of the 10th International World Wide Web Conference, 2001. 285 - 295.

② 朱郁筱, 吕琳媛. 推荐系统评价指标综述[J]. 电子科技大学学报, 2012, 41(02): 163 - 175.

以表示项目之间的序列关系,因此预测准确度也可以用于测量推荐系统根据用户偏好对项目进行排序的能力。

1.4.2　推荐系统评价

用户的满意程度是评价一款推荐系统的唯一标准。在实际推荐中,由于应用场景的不同,用户对于推荐结果的期待也有所不同。影响用户满意度的主要因素有 4 点:结果的可靠度、结果的新鲜度、结果的差异性、结果的价值。前两个因素可靠性和新奇性往往是矛盾的。在一些应用领域,用户所期待的理想的推荐结果通常是他们所不知道的内容。例如一部没有看过的电影、一本没看过的书等。McNee 等人[①]发现,如果推荐结果中只要有一个推荐内容不被用户所熟知,并且该推荐内容很好地满足了用户的需求,那么用户会对结果感到满意。这种推荐行为虽然正确,但却没有改标用户的信息行为。最理想的情况下,用户会根据这种意想不到的推荐从而改变用户的偏好。这种情况下该推荐系统则被认为十分成功。

实际应用中会出现一些特殊场合,同样影响着用户的满意度评价。

（1）使用即成功

在某些特殊商业场合,会存在使用即成功的情况。例如某用户是歌手 A 的狂热粉丝,只要是他的专辑,不管质量如何,都会购买正版专辑。如果向该用户推荐 A 歌手的某张专辑,该专辑在专业音乐人圈中口碑很差,网络上的听众反响也不好,然后系统请该用户反馈对该张专辑的评价,他或许会给出较低的评分,但是并不会降低推荐系统的可信度,反而会增加他对推荐系统的信任,因为推荐系统确实推荐出了该用户喜欢歌手的专辑,这就是使用即成功。这种情况下,用户满意度会和其对项目评分反馈相差巨大。如果系统坚持以用户浏览项目后对项目的评分,作为用户满意度评价,自然也是错的,而如果系统希望能够在用户浏览完项目后再对当时的推荐结果做出评价,用户可能已经忘了曾经向系统请求过推荐这件事了。

（2）使用非成功

在实际生活场景中,尤其是电子商务中,对于使用推荐系统的商家来说,其目的就是促进销售增长。只要推荐系统提供一个接口,能够允许用户访问、购买或浏览系统所推荐出的商品,那么对于商家来说这次推荐就是有价值的,这就是使用即成功。如果此时用户对系统进行满意度评估,或者系统默认设置为用户购买项目即对系统满意,则获得的满意度评估可能是用户对推荐结果满意。基于此积极评估,系统肯定会加强这次推荐中使用的模型。但是,用户对于推荐结果并不总是满意的。如果他们访问推荐的项目后,并发现他们并不喜欢该项目,那么推荐模式的增强是完全错误的。如果这种情况一直发生,推荐系统则会往错误的方向不断强化,其可信度将会大大降低。最终的结果往往会变得无用,并不会真正实现其促进销售的目标。这就是使用非成功。以上分析表明,用户浏览项目后,而不是给出推荐的第一时间,又或是系统默认的点击即好评,给出的满意度评价才是真实的评价。但是,在许多领域,用户在项目和项目之间进行选择,并且会有很长的时间间隔。例如,通过在线订购商品,邮寄时间需要数天。在如此大的时间跨度内,系统难以跟踪管理用户满意度评估。

---

① Rashid A M, Albert I, Dan C, et al. Getting to Know you: Learning New User Preferences in Recommender Systems[C]. International Conference on Intelligent User Interfaces. Jan. 11－13. 2002. San Francisco, Califorhia, USA.

第2章　基于内容的图博档信息推荐算法

我们进行信息推荐的目的主要是将 LAM 的信息主动推荐到用户端,方便用户获取信息。基于关联规则的推荐需要知道待推荐信息之间的关联规则,这是我们 LAMIS(LAM Information Service)系统所不具备的。协同过滤推荐是以用户兴趣的相似性为基础,把与当前用户兴趣相似的其他用户感兴趣的内容推荐给当前用户,这需要大量用户对资源的评分数据,然而 LAMIS 系统的推荐服务是要为用户快速推荐信息,较多的新增信息无法获得大量的用户评分,因而协同过滤方法对于新用户和新增资源推荐方面的局限性,使其难以适应 LAMIS 的需求。基于知识的推荐需要用户具有规范化的查询,具有详细的用户需要的表示,而 LAMIS 的用户主要为社会上的各种阶层的人员,很难达到上述要求,因此,基于知识的推荐也不适合。

基于内容推荐算法适用于内容类别便于标注的情况,由于 LAM 中的每条信息均属于一个特定分类,且信息接受对象(用户,即读者或访问浏览者)的需求性描述正好与 LAM 中的每条信息的属性分类匹配,便于内容标注,这就使得基于内容的信息推荐算法成为 LAMIS 信息推荐/推送的较好选择。

2.1　算法流程

信息推荐算法的一般流程主要包括用户信息行为采集、数据预处理、形成推荐结果及将结果推荐给用户等环节[①],我们根据此设计了基于内容的图博档信息推荐算法的流程,如图 2-1 所示。

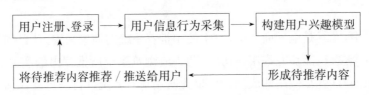

图 2-1　基于内容的信息推荐算法流程[②]

2.2　用户信息行为采集

用户信息行为的采集一般分为显式采集和隐式采集两种[③]。显式采集方式是指系统用户预先显式地直接输入推荐系统所需的信息,如用户对社会上各类人员信息的需求等。隐式采集方式指对用户在系统浏览中产生的行为(如浏览页面点击行为、页面停留时间、检索行为及收藏行为等)进行分析,获取用户的兴趣,从而了解用户所需的信息,隐式采集方式无须用户输入爱好信息。

本章的算法对两种采集方式都进行了运用。显式采集,主要是用户注册时一般要求用户勾选或者

---

① Liu Y, Huang X J, An A J. Personalized Recommendation with Adaptive Mixture of Markov Models[J]. Journal of the American Society for Information Science and Technology, 2007, 58(12): 1851-1870.

② 朱鹏. 智能农村信息服务系统构建及关键技术研究. [D]. 南京:南京大学. 2011. 6.

③ Robinson M A. An Empirical Analysis of Engineers' Information Behaviors[J]. Journal of the American Society for Information Science and Technology, 2010, 61(4): 640-658.

直接输入感兴趣或关注的栏目信息内容。隐式采集,LAMIS 设置了专门的用户信息行为隐式采集的控件。考虑到 LAMIS 是一个面向海量用户的系统,如果长时间对每个用户不间断采集用户的信息行为,会耗费非常多的资源,导致浪费。因此,我们在研究中,通过用户信息行为隐式采集的控件的开启和关闭,选择特定的时间段,来采集用户的信息行为,获取他们的兴趣特征。在隐式采集中,LAMIS 所有待推荐的图博档信息资源均存在目标用户,即用户的兴趣将影响到对图博档信息资源的选择。因此,LAMIS 为用户访问提供了特定的情景环境,与系统潜在用户的兴趣爱好分类一致,四个情景环境是按照情景分类的待推荐的图博档信息条目的集合。LAMIS 会采集用户的各类信息行为,将其作为数据与处理阶段的输入。

用户的信息行为,经 LAMIS 采集与处理后就存入了 LAMIS 数据库的用户信息行为数据表单中,如表 2 - 1 所示。

表 2 - 1　用户信息行为数据表

字段名	类型及长度	关键字	索引序号	备注
ID	Int(2)		Auto_increment	用户序号
User_id	Varchar(100)			用户名称
Scenario_en	Varchar(100)			图书、博物、档案三类情景环境
Content_id	Varchar(100)			情景环境下信息条目具体链接的 id
Content_count_num	Number(20)			情景环境条目点击次数
Information_count_num	Number(20)			具体信息条目点击次数
Last_modify	Date			最后修改时间
Introduce	Varchar(100)			用户简介
Appellation	Varchar(40)			用户称谓
Mobile_tel	Varchar(12)			用户手机号码
E-mail	Varchar(40)			用户电子邮箱

2.3　用户兴趣模型构建

采集了用户信息行为之后,我们就需要构建用户的兴趣模型。本章主要采用向量空间模型(Vector Space Model,VSM)作为用户兴趣爱好模型的形式化表示方法。根据采集到的用户操作信息对模型复制,形成用户兴趣数据,进而基于用户兴趣数据来形成最终推荐结果[①]。用户模型将图博档信息推荐问题领域的特点融入自身表示形式,即由情景环境的浏览次数、二级索引的浏览次数、信息条目列表的浏览次数三个方面的特征组成。因此,用户兴趣模型可以表示为:

$$U_{favor} = (m_s, m_c, m_e) \qquad (2-1)$$

其中,m_s 代表图书、博物、档案三类情景环境,m_c 代表二级索引,m_e 代表每个情景环境下具体的信息条目。这三个方面分别对应着各自的模型,最后把三方面的信息进行统一,计算出每个情景环境对应的用户兴趣值,就可以按照用户的兴趣值进行推荐了。

---

① Aseervatham S. A Concept Vector Space Model for Semantic Kernels[J]. International Journal on Artificial Intelligence Tools, 2009, 18(2): 239 - 272.

（1）情景模型[①]

情景模型与情景环境对应，可以表示为：

$$m_s = \{D_1, D_2, D_3, D_4\} \tag{2-2}$$

D_1, D_2, D_3, D_4 分别代表图书、博物、档案三类情景及用户在每个情景的浏览次数，D_i 可表示为：

$$D_i = (q, k) \tag{2-3}$$

其中，q 代表情景 D_i，k 代表用户在 D_i 的浏览次数。

（2）二级索引及具体的信息条目模型

二级索引模型表示为：

$$m_c = (q, k) \tag{2-4}$$

其中，q 代表索引栏目，k 代表用户在该索引栏目的浏览次数。

同理，具体的信息条目模型表示为：

$$m_e = (q, k) \tag{2-5}$$

其中，q 代表具体的信息条目，k 代表用户对该信息条目的浏览次数。

（3）生成用户兴趣值信息

本章阐述的信息推荐算法的实现，主要是利用上述用户兴趣模型，把情景的浏览次数，二级索引的浏览次数，具体信息条目的浏览次数这三个方面的得分加权，计算出系统用户对每个情景环境下内容的兴趣值，然后根据每个兴趣值权值大小的不同，按照一定比例取出该情景内容下的具体图博档信息条目推荐给用户。

用户兴趣值计算，可以表示为：

$$Value_f = W_s \cdot N_s + W_c \cdot N_c + W_e \cdot N_e \tag{2-6}$$

其中，W_s 代表情景浏览次数的权值，W_c 代表二级索引的浏览次数的权值，W_e 代表礼品列表的浏览次数的权值。N_s 代表情景的浏览次数，N_c 代表二级索引的浏览次数，N_e 代表礼品列表的浏览次数。

经我们前期验证，当 W_s 取值为 1，W_c 取值为 3，W_e 取值为 7 时可以取得最好的推荐效果。因而，用户兴趣值计算可以表示为：

$$Value_f = N_s + 3 \times N_c + 7 \times N_e \tag{2-7}$$

2.4　推荐结果的形成

在建立了用户兴趣模型，获得了用户对每个情景环境的兴趣值后，我们就可以根据这些兴趣值，计算每个情景环境下应当推荐的信息条目的数量，然后从数据库信息推荐/推送数据表（如表 2-2 所示）中取出相应个数的图书、博物、档案三类信息条目，推荐给用户。

推荐的图博档信息条目个数的计算式可以表示为：

$$Num_R = Value_f / \sum_{i=1, j=1}^{i=n, j=n} (Value_f)_{ij} \cdot TotalNum \tag{2-8}$$

其中，Num_R 代表某情景环境下的图书、博物、档案三类信息条目的推荐条数，$Value_f$ 代表该情景环境对应的用户兴趣值，$TotalNum$ 代表系统推荐信息条目的总数量。

在得到每个情景环境下图博档信息条目的推荐数目之后，从数据库中取出相应数目的图博档信息形成推荐结果。

[①] 曹毅，贺卫红.基于内容过滤的电子商务推荐系统研究[J].计算机技术与发展，2009，19（6）：182－185.

表 2-2　信息推荐/推送数据表

字段名	类型及长度	关键字	索引序号	备注
ID	Int(11)	Key_word	Auto_increment	信息序号
Title	Varchar(100)			信息标题
Content	Text			信息内容
User_list	Varchar(100)			推送对象列表
Mobile_tel	Varchar(12)			推送目标手机
Publish_date	Date			发布日期
Push_date	Date			推送时间

第 3 章　基于 Python 的图博档数字资源推荐

3.1　系统构建

3.1.1　开发平台

本章所介绍的推荐算法是基于 Python 编程语言在 Eclipse 平台上开发的，Python 是一种面向对象的解释型计算机程序设计语言，语法简洁清晰，拥有丰富和强大的库，是当今市面上主流的编程语言之一。

3.1.2　源数据

在图博档数字资源平台浩如烟海的数据资源中，存在着各种类型的数据。如果针对每一种类型的数据都用一种推荐算法，过程繁琐且工作量大。本章介绍的基于流行度的推荐系统可以适用于各种类型的数据推荐服务，简单有效。在实验中，我们将采用讲座类型的数据进行实验分析。

由于源数据的信息量很大，而很多信息对于我们所要实现的推荐功能来说是无效信息，因此我们要对这些信息进行加工，提取出我们所需要的信息序列，将其重新写入一个文本章档当作新的数据源。对于讲座类型的数据进行推荐，我们需要知道讲座所召开的时间、地点，主讲人是谁，讲座的主题等信息。

3.1.3　关键词获取

关键词获取是推荐算法的核心功能。在 Python 环境下，我们采用了 Jieba 中文分词。中文分词指的是将一个汉字序列切分成一个一个单独的词。Jieba 分词是一款比较成熟的中文分词工具，具有如下特点：

1. 支持三种分词模式：

a. 精确模式，试图将句子最精确地切开，适合文本分析；

b. 全模式，把句子中所有的可以成词的词语都扫描出来，速度非常快，但是不能解决歧义；

c. 搜索引擎模式，在精确模式的基础上，对长词再次切分，提高召回率，适用于搜索引擎分词。

Jieba 分词的基本思路如下：

1. 加载词典 dict. txt

2. 从内存的词典中构建该句子的 DAG(有向无环图)

3. 对于词典中未收录的词，使用 HMM 模型的 viterbi 算法尝试分词处理

4. 已收录词和未收录词全部分词完毕后，使用 dp 寻找 DAG 的最大概率路径

5. 输出分词结果

3.1.4　关键词匹配

通过对用户浏览记录的分词分析，得到用户所需求的关键信息，根据这些关键词，就可以在数据库

中进行查找,得到与用户所需相符合的讲座信息。

3.2　实验及结果显示

以 Eclipse Java Oxygen 为试验平台,搭载 Python2.7 语言,以推荐讲座为样例进行实验。

3.2.1　获取数据源

连接平台的数据库,如图 3-1 所示。再从存有讲座信息的表 lecture 里,获得讲座全部信息,择取其中主要属性如 data,time,topic,speaker,lectureInfo,place,address 等形成一组新的讲座信息,以文本章档的格式保存到本地文件 lecture.txt 里,如图 3-2 所示。

```
conn= MySQLdb.connect(
    host='localhost',
    port = 3306,
    user='root',
    passwd='root',
    db ='lam',
    charset='utf8',
    )
cur=conn.cursor()
```

图 3-1　连接平台数据库

```
aa=cur.execute("select * from lecture")
info = cur.fetchmany(aa)
f=open(Global_param.test_root+'Recommend/lecture.txt','w')
for ii in info:
    f.write(str(ii[1])+'\t'+str(ii[2])+'\t'+str(ii[3])+'\t'+str(ii[11])
f.close()
```

图 3-2　获取主要属性

运行结果如图 3-3 所示。

lecture.txt - 记事本						
文件(F)　编辑(E)　格式(O)　查看(V)　帮助(H)						
2014-05-24	(周六)	下午2:00—4:00	印象派艺术的法国特性	中国国家博物馆学术报告厅	北京市	国家博物馆
2014-04-12	(周六)	下午2:00—4:00	礼与礼器	中国国家博物馆学术报告厅	北京市	国家博物馆
2014-03-04	(周二)	下午2:00—4:00	从"巴比松"到"印象派"	中国国家博物馆学术报告厅	北京市	国
2014-01-11	(周六)	下午2:00—4:00	汉王朝与汉文化走向世界的考古学解读	中国国家博物馆学术报告厅	北	
2013-10-26	(周六)	下午2:00——4:00	中日历史问题与中日共同历史研究	中国国家博物馆学术报告厅	北	
2013-09-14	(周六)	下午2:00——4:00	佛教文化与佛教音乐	中国国家博物馆学术报告厅	北京市	国
2013-08-10	(周六)	下午2:00——4:00	中国古代文明化历程的启示	中国国家博物馆学术报告厅	北	
2013-06-29	(周六)	下午2:00——4:00	见微知著——中国古代青铜器的垫片及相关问题	中国国家博物馆学术		
2013-06-01	(周六)	下午2:00——4:00	秦始皇帝陵园设计理念	中国国家博物馆学术报告厅	北京市	国
2013-04-21	(周日)	下午2:00——4:00	敦煌莫高窟及其文化价值	中国国家博物馆学术报告厅	北京市	国
2013-03-30	(周六)	下午2:00——4:00	战国:一个有关生存与强大的时代	中国国家博物馆学术报告厅	北	

图 3-3　lecture.txt

以相同方式获取用户的浏览记录,这里主要获取用户浏览记录的 title 参数属性,将结果以文本章档的格式保存到本地文件 trace.txt 里。

3.2.2　获取关键词

定义 Get_Keywords()函数,用 open()函数打开 trace.txt 文件,调用 jieba 中文分词插件,获取用户浏览痕迹的关键词,以文本章档的形式保存到本地文件 keywords.txt 里,如图 3-4 所示。

```
def Get_keywords():
    fr = open(Global_param.test_root+'Recommend/trace.txt')
    f1=open(Global_param.test_root+'Recommend/keywords.txt','w')

    txt=''
    for line in fr.readlines():
        txt=txt+line.strip().split('\t')[0]+','

    t= jieba.analyse.extract_tags(txt,Global_param.number_jieba)
    for i in t:
        f1.write(i+'\n')
```

图 3-4　提取关键词

3.2.2.1　单行浏览记录

因为用户浏览记录是以表的形式存储的，而表存在换行问题，单行的浏览记录与多行的浏览记录可能存在差异，因此在这里我们将浏览记录分为单行和多行分别进行实验测试。

当浏览记录是单行记录时，如图 3-5 所示。

把获取的关键词数目设为 3 个，运行结果如图 3-6 所示。

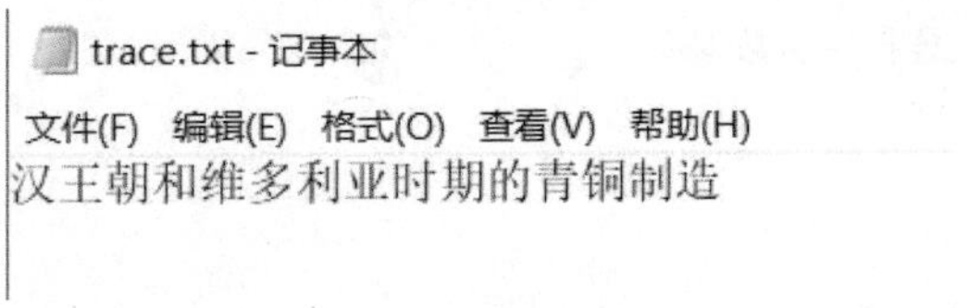

图 3-5　单行浏览记录 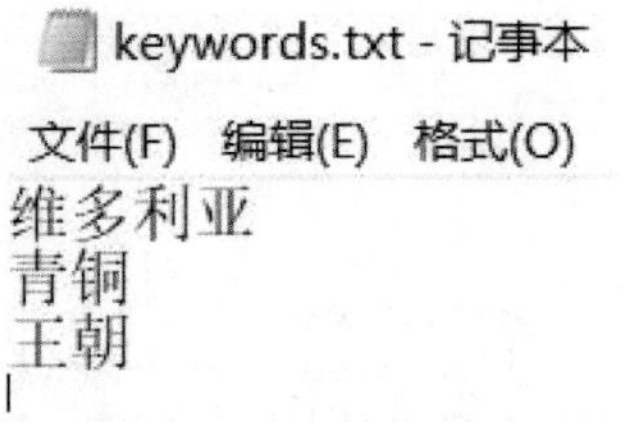　　　　　　图 3-6　单行记录运行结果

3.2.2.2　多行浏览记录

当浏览记录是多行记录时，如图 3-7 所示。

把获取的关键词数目设为 3 个，运行结果如图 3-8 所示。

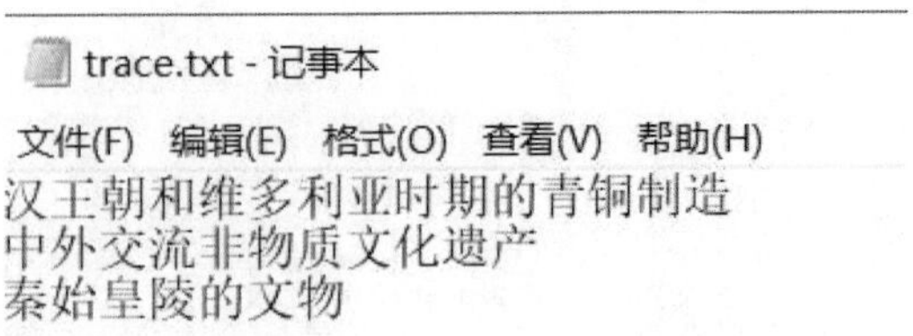

图 3-7　多行浏览记录 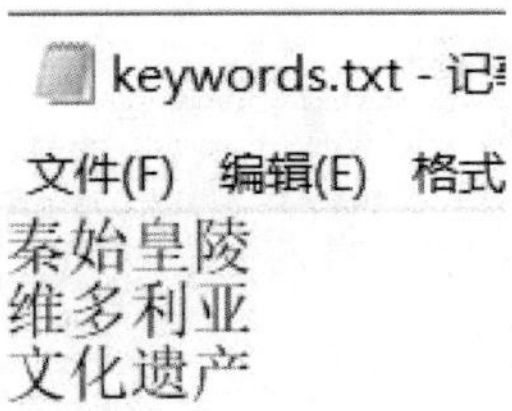　　　　　　图 3-8　多行记录运行结果

由上述实验结果可知，无论对于单行浏览记录还是多行浏览记录，该算法都可以成功获取用户浏览记录里的关键信息。

3.2.2.3　关键词匹配

定义 Find_match() 函数，我们将这些得到的讲座放进文本文档 result.txt，如图 3-9，系统平台可以将这些内容推荐给用户。

```
def Find_match():
    with open(Global_param.test_root + 'Recommend/keywords.txt') as fk:
        keywords = fk.read().splitlines()

    fa = open(Global_param.test_root + 'Recommend/result.txt', 'w')

    with open(Global_param.test_root + 'Recommend/lecture.txt') as fl:
        for line in fl:
            for keyword in keywords:
                if keyword in line:
                    fa.write(line)
    fa.close()
```

图 3 - 9　关键词匹配

3.2.3　单个关键词

同关键词获取所存在的问题一样，对于单个关键词和多个关键词，能否做到每个关键词逐行遍历是该算法的一个难点，我们将关键词设定为 1 个和多个分别进行试验来验证该算法的有效性。

当获取的关键词为单个时，如图 3 - 10 所示，预期的结果是能够在 lecture. txt 文件里筛选出所有包含该关键词的讲座条目。

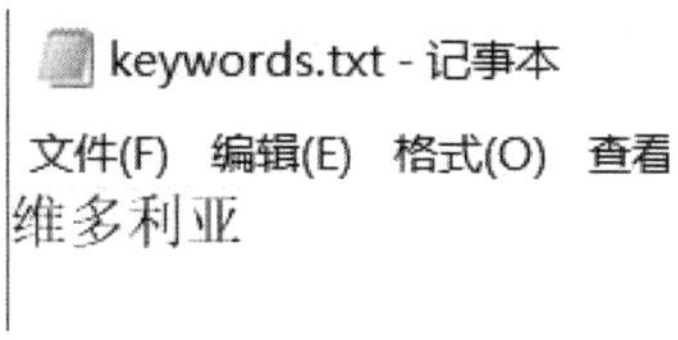

keywords.txt - 记事本
文件(F)　编辑(E)　格式(O)　查看
维多利亚

图 3 - 10　单个关键词

运行结果如图 3 - 11 所示。

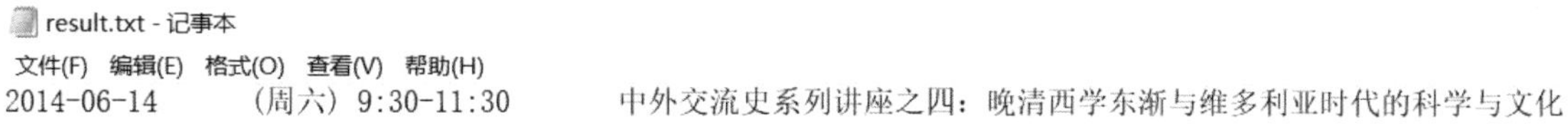

result.txt - 记事本
文件(F)　编辑(E)　格式(O)　查看(V)　帮助(H)
2014-06-14　　　（周六）9:30-11:30　　　中外交流史系列讲座之四：晚清西学东渐与维多利亚时代的科学与文化

图 3 - 11　单个关键词运行结果

3.2.4　多个关键词

当获取的关键词为多个时，如图 3 - 12 所示，预期的结果是能够在 lecture. txt 文件里筛选出所有包含一个或多个关键词的讲座条目。

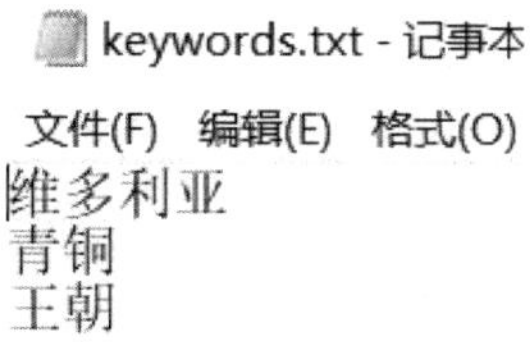

keywords.txt - 记事本
文件(F)　编辑(E)　格式(O)
维多利亚
青铜
王朝

图 3 - 12　多个关键词

运行结果如图 3 - 13 所示。

result.txt - 记事本

文件(F)　编辑(E)　格式(O)　查看(V)　帮助(H)

2014-01-11	（周六）下午2:00—4:00	汉王朝与汉文化走向世界的考古学解读	中国国家博物馆学术报告厅
2013-06-29	（周六）下午2:00——4:00	见微知著——中国古代青铜器的垫片及相关问题	中国国家
2012-12-01	（周六）上午9:30——11:30	《中国青铜技术的起源与早期发展》	中国国家博物馆学
2014-06-14	（周六）9:30-11:30	中外交流史系列讲座之四：晚清西学东渐与维多利亚时代的科学与文化	

图3-13　多个关键词运行结果

由此可见，无论是单个关键词还是多个关键词，该推荐算法都可以准确地推荐出所有包含这些关键词的讲座条目。

本章小结

数字时代的到来给图书馆、博物馆、档案馆的服务方式带来了巨大的改变，数字化将成为未来必然趋势，资源的数字化为图博档资源整合及服务模式的融合奠定基础。推荐系统可以很大程度上方便用户的信息需求，在未来必将成为图博档数字服务平台里不可缺少的一部分服务。

经实验论证，本章所介绍的基于 Python 的图博档数字资源推荐算法可以成功实现为用户推荐的功能，该推荐算法的优点是推荐内容全面且多样性，适用性强，其基于 Python 开发语言的特性，能应用于各种图博档数字服务平台。除了适用性，该算法灵活多变，管理者可以在后台更改推荐给用户的信息数量。本章提出的推荐算法目前的弊端是需要平台本身提供用户浏览痕迹，对于没有将用户浏览痕迹保存的平台的实用性将作为今后研究的课题。

第4章 移动博物馆 APP 信息服务

近年来,政府和社会各方面的支持为文博行业的发展注入了强大动力。国务院于 2015 年 2 月 9 日正式发布《博物馆条例》,旨在促进博物馆事业发展,更大程度上发挥博物馆功能[①];并于 2016 年 3 月 8 日又发布了《国务院关于进一步加强文物工作的指导意见》,指出进一步发挥文物资源在传承和弘扬中华优秀传统文化的重要作用[②]。2016 年 11 月 29 日由国家文物局、国家发展和改革委员会、科学技术部、工业和信息化部以及财政部联合印发的《"互联网＋中华文明"三年行动计划》,提出了把互联网的创新成果与中华传统文化的传承、创新和发展深度融合,丰富文化供给,促进文化消费[③]。国家文物局于 2017 年 2 月 21 日印发的《国家文物事业发展"十三五"规划》,指出了加强文物保护,坚定文化自信,满足人民群众精神文化需求[④]。这些政策的贯彻与落实不仅在更大的意义上促进了文物合理利用,让文物活了起来,而且促使了文博行业与文创产品形成"井喷式"发展。各家博物馆不再局限于向广大游客提供传统的馆内现场服务,还相继推出了新颖并各具特色的移动信息服务,并且已逐渐被越来越多的用户所接受和推崇。移动博物馆不仅是一种移动互联网技术的集成,也是一种互联网与传统文化的深度融合,体现了"让文物活起来"的发展理念。由于当前移动博物馆信息服务现状缺乏个性和互动,本章结合博物馆信息服务调查情况以及移动办公和联盟开发的设计思想,提出了集信息服务系统和信息管理系统于一体的移动博物馆 APP 系统框架,并对其结构层次进行了详细解析。

4.1 移动博物馆信息服务现状

当前移动博物馆最流行的两种主要信息服务模式分别是微信公众号和移动端 APP,每种模式都有其固定的用户群体,因此也能够相辅相成。本章选取故宫博物院和八家首批中央地方共建国家级博物馆[⑤]作为提供移动博物馆微信公众号和 APP 信息服务的研究对象,调查情况如表 4-1 和表 4-2 所示。

---

① 中华人民共和国国务院. 博物馆条例(国务院令第 659 号)[EB/OL]. [2015-03-02]. http://www.gov.cn/zhengce/2015-03/02/content_2823823.htm.
② 中华人民共和国中央人民政府. 国务院关于进一步加强文物工作的指导意见[EB/OL]. [2016-03-08]. http://www.gov.cn/zhengce/content/2016-03/08/content_5050721.htm.
③ 中华人民共和国中央人民政府. 五部门关于印发《"互联网＋中华文明"三年行动计划》的通知[EB/OL]. [2016-12-06] http://www.gov.cn/xinwen/2016-12/06/content_5143875.htm.
④ 国家文物局. 国家文物局印发《国家文物事业发展"十三五"规划》[EB/OL]. [2017-02-21]. http://www.sach.gov.cn/art/2017/2/21/art_1030_137374.html.
⑤ 百度百科. 中央地方共建国家级博物馆[EB/OL]. [2016-04-23]. https://baike.baidu.com/item/中央地方共建国家级博物馆/8192553? fr=aladdin.

表 4-1 移动博物馆微信公众号信息服务内容基本情况

移动博物馆公众号	微信公众号类型	认证/登录方式	服务内容
微故宫（故宫博物院）	服务号	微信账号	看一看：故宫资讯、展览信息、活动讲座 逛一逛：参观服务、故宫全景（VR）、故宫展览、故宫藏品、故宫微店 聚一聚：奉旨签到、一起嗨、爱上这座城、故宫 APP
上海博物馆	服务号	账号密码	品上博：珍品 100、活动预约、微导航、吴门书札 通古今：微电影、听声音、私艺术、专题 智天下：Smart Muse Kids、秀展览、爱文创、I Love SH Museum、志愿者
南京博物院	服务号	手机号	品南博：参观指南、南博概况、定位地图、展馆地图、南博动态 看展览：大展推荐、当期展览、展览导览 约活动：活动预约、我的预约、演出内容
湖南省博物馆	服务号	手机号/微信账号	参观服务：参观攻略、门票预约 展览导赏：当前展览、语音导览 学习分享：微社区、新闻资讯
河南博物院	订阅号	无	导览：本院概览、参观须知、移动网站 展览："金字塔·不朽之宫"展、大象中原、音乐文物展、抗战时期木刻版画展、淮阳平粮台遗址考古发掘成果展 服务：历史教室、华夏古乐、文博商店、国学讲坛
陕西历史博物馆	订阅号	账号	了解历博：历博概况、参观指南、三大展馆 走进历博：新年活动、精品栏目、公众教育、国宝档案 历博与我：故事征集、调查问卷、活动报名、招贤纳士、我的天地
湖北省博物馆	服务号	无	展览：展览预告、临时展览、常设展览 资源：礼乐学堂、文创商店、大家讲坛、最新动态、数字藏品 帮助：参观指南、我要预约、导览服务、找到省博、我要上网
浙江博物馆	订阅号、服务号	无	走进浙博：新闻通告、浙博导览、当前临展、固定陈列、馆藏精品 活动服务：当月活动、参观服务、琴音欣赏、旁浙博引 乾隆特展：语音导览、购票通道、展览详情
辽宁省博物馆	订阅号	无	无

表 4-2 移动博物馆 APP 信息服务内容基本情况

移动博物馆 APP	认证/登录方式	服务内容
故宫展览（故宫博物院）	邮箱/微信/QQ/微博	看展：随意看、按日期、按状态（全部、正在展出、过往展览） 搜展览：展品搜索、二维码、以图搜图 导览：VR 全景 我的：展览收藏、展品搜藏
湖南省博物馆	手机号/微信/QQ/微博	首页：参观指南、票务预订、活动预约、加入我们、展览资讯、精品文物、文创商店 服务：参观指南、票务预订、文创商店、服务设施、咨询建议、调查问卷 导览：地图、VR 教育：教育活动、学习单、互动游戏 个人：参观轨迹、我的预约、我的会员、我的收藏、我的消息、设置
掌上智慧博物馆（湖北省博物馆）	手机号/微信/QQ/微博	导览 宝库：用途、年代 娱乐：视频、游戏 发现：加油站、天下、圈子 我的：推荐、收藏、刀币、足迹

4.1.1　移动博物馆微信公众号信息服务现状

从表4-1可以看出,上述九家博物馆均开通了微信公众平台服务,且在微信公众号类型选择上,有五家设立了服务号,包括故宫博物院、上海博物馆、南京博物院、湖南省博物馆和湖北省博物馆;三家设立了订阅号,包括河南博物院、陕西历史博物馆和辽宁省博物馆;而浙江省博物馆同时开通了服务号和订阅号。从使用体验角度来看,由于订阅号主要偏向于为用户传达资讯,推送的消息显示在微信的订阅号文件夹中,因此用户很容易忽略或无法及时查看博物馆的最新资讯;而服务号主要偏向于用户与服务主体之间的交互,用户能够直接在微信对话列表中接收博物馆推送的信息,能够更加方便地及时了解博物馆近况[①]。

在认证/登录方面,上海博物馆和陕西历史博物馆用户均需在官网注册账户并在微信公众平台登录后方可使用个人服务功能,故宫博物院公众号可直接使用微信账号登录,南京博物院公众号用户可以利用手机号接收动态验证码进入个人预约功能,湖南省博物馆公众号用户可用手机号或微信账号两种方式登录个人功能界面。河南省博物院、湖北省博物馆和辽宁省博物馆因暂未开通票务/展览/活动/讲座等预约功能,因此无须用户登录。值得一提的是,浙江省博物馆公众号虽然不需用户登录其平台,但用户要将微信账号分别授权登录第三方公众号"古猫|陪你去看博物馆"以及"淘艺术 TaoArt"方可使用语音导览功能和购票功能,一定程度上增加了用户操作的繁琐性,不利于用户体验。

在信息服务方面,九家博物馆均会定期或不定期地向公众号订阅用户推送最新文章,内容包括馆内新闻/公告、讲坛/活动/展览/演出等,同时用户也可查看历史消息了解博物馆近期情况。此外,除辽宁省博物馆,其余八家博物馆在向用户提供参观指南、展览/活动/讲坛资讯、文创商店和预约等功能的基础上都推出了各具风格的特色服务。故宫博物院的"VR全景"使用户如临其境,以便用户在游览故宫前能够充分了解故宫布局与全貌;"聚一聚"也提升了用户体验,不仅可以每天签到累计积分兑换礼品,还可以下载皇宫相关小游戏 App,让学习知识的过程更具有趣味性。上海博物馆的"通古今"使用户看得到、听得到,让用户对历史有了更具体的掌握;"智天下"推出了亲子课堂 Smart Muse Kids,以便孩子能够从小接触、学习历史文化,英文界面的 I Love SHMuseum 体现了上海博物馆对外国友人的友善与包容,志愿者招募向用户提供了一个近距离接触博物馆的窗口。湖南省博物馆的"微社区"既促进了公众平台与用户之间的互动,也促进了用户与用户之间的互动,大大提升了用户粘度。陕西历史博物馆的"历博与我"拉近了用户与公众平台的距离,故事征集与调查问卷体现了博物馆对用户的人文关怀。浙江省博物馆的"旁浙博引"让用户更加了解历史典故及文物/古籍的今生故事,"琴音欣赏"能够使用户在古典音乐的引领下不受干扰地游览博物馆。

4.1.2　移动博物馆 APP 信息服务现状

从表4-2移动博物馆 APP 信息服务调查情况可以看到,九家博物馆中,只有故宫博物院、湖南省博物馆和湖北省博物馆向用户推出了移动端 APP。在认证/登录方面,用户不仅可以通过邮箱/手机号注册博物馆账户,也可直接授权微信、QQ 和新浪微博等第三方应用账户登录,从而在认证的方式选择上有了很大的灵活性。从使用权限来看,三家博物馆 APP 除预约和个人中心功能,均允许用户使用游客模式访问,体现了设计的友好性。

在信息服务内容方面,故宫博物馆 APP 有四个功能模块,其中"看展"、"搜展览"和"我的"三个模块提供基本信息服务,而"导览"模块的 VR 全景是最具特色的一项服务,使用户能够对故宫规模和全貌有

[①]　腾讯客服.公众平台服务号、订阅号、企业号的相关说明[EB/OL].[2019-07-21].http://kf.qq.com/faq/120911VrYVrA130805byM32u.html.

了基本的了解。湖北省博物馆APP除提供与故宫类似的展览资讯、参观指南、个人中心和VR全景等功能外，还向用户推出票务/活动预约、文创商店、互动等服务，并且更进一步地对用户展开寓教于乐的历史文化教育。湖北省博物馆APP同样提供了导览、指南、个人中心等基本服务，而其最具特色的功能当属"天下"和"圈子"："天下"是一种类似微博的功能平台，用户既可以发表微博，也可以与其他用户进行互动评论；"圈子"是一种知识社区，用户可以选择加入感兴趣的专题，与"圈子"内同好者相互切磋、学习。

4.2 移动博物馆信息服务的优劣势分析

4.2.1 移动博物馆微信公众号信息服务的优势

（1）服务内容友好

用户能够享受到更加友好、人性化的信息服务，例如：微信公众平台的自定义回复功能使用户发送关键字后即可立刻得到对应解答；博物馆服务主体可以根据后台用户数据将菜单功能调整到最佳匹配模式；文章评论与回复功能拉近了博物馆主体与用户之间的距离。

（2）信息推送及时

微信所采用的技术能够让博物馆主体的公众号账户可以将更新的文章在同一时间发送给所有粉丝用户，并使信息能够几乎无误地送达[①]。因此移动博物馆公众号可以定期向用户推送最新资讯、公告、新闻及展览信息等，方便用户能够及时获取信息并调整出行方案。

（3）跨越时空限制

移动博物馆用户能够随时随地通过手机接收、浏览公众号推送的信息，也可以充分利用碎片时间收听、收看讲座、微电影等多媒体服务，从而突破了传统意义上PC端服务的限制。

4.2.2 移动博物馆APP信息服务的优势

（1）多媒体集成

在开发移动博物馆APP过程中结合各类移动信息技术，如利用WIFI、4G技术和多媒体视听插件技术等，使馆藏数字资源能够在移动端实现集成并实时传送、在线视听和全媒体观看等功能。

（2）知识共享

网络公开课/讲座是近年来的热点，移动博物馆可以提供知名高校/研究机构嘉宾的授课/讲座视频，使用户能够不受时空限制地学习知识。此外，用户还可以对喜欢的数字资源进行评论、批注并将其分享到微博、微信和QQ等社交平台上，实现与非移动博物馆APP用户的知识交流和共享。

（3）社交互动

知识社区为用户提供了一个集众家思想、包容开放、相互学习的平台，用户可以在这里发表对文物、古籍等资源的见解，并与其他用户进行探讨。同时，在线交流与参考咨询等功能也为社交互动提供了技术支持。

---

① 百度知道.微信公众平台的优势与劣势[EB/OL].［2016-02-20］.https://zhidao.baidu.com/question/2012892204328603548.html.

4.2.3　移动博物馆信息服务的劣势

（1）个性化服务功能不完善

由于用户群体的广泛性，博物馆应根据其身份、职业、喜好及行为等信息提供差异化的信息和资源服务。因此移动博物馆系统应该融合情景感知、个性化推荐和大数据等技术并根据用户账户基本数据和用户行为计算出其兴趣爱好，进而形成个性化服务，更高效更准确地实现为用户推送信息资源的功能。

（2）缺乏互动交流

虽然微信是一个互动性极强的社交平台，但从移动博物馆微信公众号信息服务的调查情况来看，用户完全处在信息接收者状态，只能被动地接收公众号推送的信息，而无法与后台人员或其他用户进行在线咨询/交流、留言/建议等互动，同样，移动博物馆 APP 信息服务也出现了相同的情况，用户只能选择使用博物馆提供的基本功能服务，但无法与专家、工作人员或其他用户在线交流，因此移动博物馆应该推出相关功能，调动用户交流的积极性，进一步增加用户粘性。

（3）缺乏对移动图书馆系统管理人员的关注

以用户为中心的设计理念愈发影响着大量产品的研发生产。移动博物馆 APP 系统在设计过程中存在的一个缺陷就是过于关注用户的需求而忽略了后台管理人员的需求，因此，移动博物馆的设计不仅应该能够使用户随时随地获得信息服务，同样也应该突破时空限制，实现管理人员移动办公。

4.3　移动博物馆 APP 系统功能设计

根据对上述移动博物馆微信公众号和 APP 信息服务情况的调查及优劣势分析结果，可以看出，虽然微信用户基数巨大而使博物馆微信公众号具有得天独厚的优势，但其用户体验较差——经常跳转至移动网站的行为导致信息服务缺乏连贯性，而用户习惯尚未被完全培养起来——很多用户不习惯查看微信公众号推送的信息，此外微信公共号所能提供的服务受制于微信平台技术，无法做到个性化服务[1]。移动端 APP 不仅能够克服这些技术问题，并且随着版本不断更新迭代，其功能性、安全性以及用户体验的提升都能够得到保证。

另外，由于文物不可外借给访客且其在大多情况下只能用于展览，而博物馆的个性化服务开展也因自身环境十分受限，加之大多数访客很少重复参观游览同一家博物馆，使得目前很少有博物馆独立地向用户推出移动端 APP。因此，在综合考虑博物馆的环境、风格及现实因素等特点的情况下，本章据此提出了能够集成多家博物馆资源平台的移动博物馆信息服务系统和移动博物馆信息管理系统[2]，分别如图 4-1 和图 4-2 所示，用户在登录账户时选择身份即可进入对应系统。

① 爱考拉. 微信公众号会不会替代 APP 的作用[EB/OL]. [2014-12]. https://www.zhihu.com/question/2637315.
② 李雪莲，周庆山，朱学芳. 高校移动图书馆 APP 信息服务功能优化研究[J]. 山西档案，2017(5)：30-35.

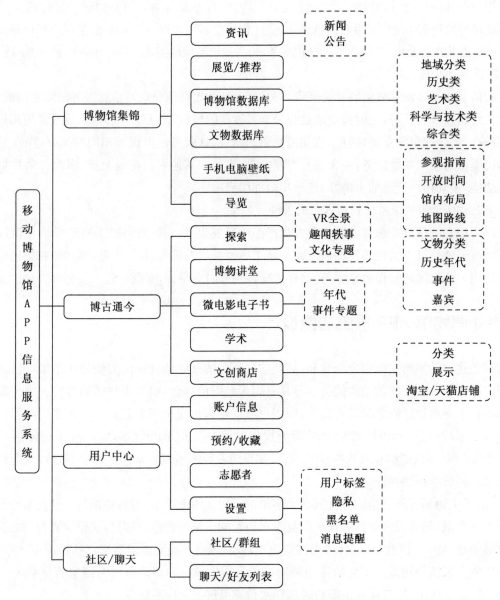

图 4-1　移动博物馆信息服务系统功能设计

（注：虚线框内文字表示与之相连的实线框内系统功能的服务内容枚举，下同图 4-2）

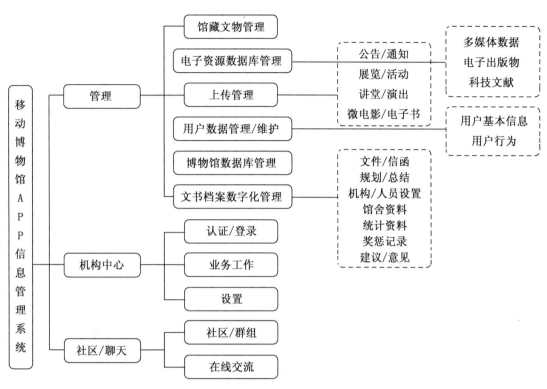

图4-2　移动博物馆APP信息管理系统功能框架

4.3.1　移动博物馆信息服务系统

图4-1是可以集成多家博物馆平台并能够满足用户的服务功能需求的移动博物馆信息服务系统，分为博物馆集锦、博古通今、用户中心和社区/聊天四个模块①。

4.3.1.1　博物馆集锦

博物馆集锦是集成多家博物馆进行联盟建设信息服务的功能平台，包括资讯、展览/推荐、博物馆数据库、文物数据库、手机/电脑壁纸、导览等六个子功能。

（1）资讯：能够向用户提供博物馆联盟内各家机构的大事件新闻、节假日开闭馆公告以及正在进行或过往的展览，方便用户及时了解各家博物馆最新动态，并实施、调整出行计划等。

（2）展览/推荐：当用户处于未登录的状态，该功能可以向用户推荐各类博物馆最新或当前热门的展览和讲座等活动；当用户处于登录状态时，该功能可以通过个性化推荐算法分析用户标签和行为，向用户推荐可能符合其兴趣爱好的博物馆活动。

（3）博物馆数据库：将联盟内博物馆按照一定标准归类，从而方便用户根据喜好或出行计划进行查询，并且可以点击链接进一步了解博物馆详情。

（4）文物数据库：在博物馆联盟中实现跨库检索，用户不仅可以按照文物分类或者输入文物关键字进行检索，还可以利用系统后台多媒体技术进行以图搜图，从而获得馆藏文物具体信息。

（5）手机/电脑壁纸：将博物馆文物、风景及建筑等图片处理成与手机/电脑桌面相匹配的壁纸，不仅做到了资源多用，而且能够提升用户体验。

① 辛艺华，庄黎，李洁莹.基于移动终端的数字化博物馆用户需求与信息服务研究——以观光休闲型用户为例［J］.设计艺术研究，2016，6（3）：8-13.

（6）导览：包括参观指南、日常开放时间、馆内布局和地图路线等信息，方便用户及时安排出行计划。

4.3.1.2 博古通今

博古通今是能够让用户充分了解历史文化的窗口，包括探索、博物讲堂、微电影/电子书和文创四个子功能。

（1）探索：包含 VR 全景、趣闻轶事、文化专题。VR 全景能够使用户在游览博物馆前能够充分了解馆内布局与全貌，趣闻轶事和文化专题能够寓教于乐，将历史文化普及教育变得更加生动有趣。

（2）博物讲堂：讲堂主题可以按照文物、历史年代、事件和演讲嘉宾等进行分类，同时也向用户提供检索功能，从而直达用户最喜爱的讲堂节目。

（3）微电影/电子书：博物馆可以将文物涉及的历史年代背景、事件制作成微电影/电子书供用户观赏、阅览，不仅能够使用户代入感更强，也能够加深用户对历史文物知识的认识。

（4）文创：文化创意产品既能够展现博物馆独特的历史传承和文化氛围，又体现了其大胆创新、与时俱进的勇气和立场。该功能向用户展示各具特色的文创产品，一方面能够让用户对本馆及文物历史的印象更加生动有趣，另一方面可以在一定程度上提高博物馆的经济收入。

4.3.1.3 用户中心

用户在进行身份认证/登录后方可使用用户中心功能，包括账户信息、门票/活动、志愿者、标记等。

（1）账户信息：包括账户绑定、隐私、用户标签、现金事物、黑名单和设置等服务内容，用户可以通过该功能获知账户基本情况。

（2）预约/收藏：用户能够在线预定博物馆门票、展览和其他活动等，并进行查看、取消预约。此外，用户还可以收藏并标记感兴趣的文物藏品、电子资源等。

（3）志愿者：用户一方面可以申请志愿者服务，如馆内导览、物品监管、轮椅升降等；另一方面也可将个人身份及简历信息提交到博物馆志愿者人才库中，通过各类所需考核后成为志愿者中的一员。

（4）标记：用户对博物馆游览计划中的文物、展览、演出等进行收藏或标记为感兴趣，并设置时间提醒，增强了用户体验。

4.3.1.4 社区/聊天

（1）社区/群组：用户自主选择加入文物、事件、年代、展览、演出等专题社区，与同好者共同学习，相互交流。

（2）聊天/好友列表：既可以使用在线咨询人工服务，也可以与专家或其他用户之间互加好友。

4.3.2 移动博物馆信息管理系统

基于上述移动博物馆 APP 信息服务系统的设计，本章提出了与其对应的如图 4-2 所示的移动博物馆信息管理系统功能框架，包括管理、机构中心和消息三个模块。

4.3.2.1 管理模块

管理模块包含馆藏资源管理、电子资源数据库管理、上传管理、用户数据管理/维护、博物馆数据库管理、文书档案数字化管理等六个管理功能。

（1）馆藏资源管理：博物馆可以对本馆内的馆藏（如文物、古籍等）进行电子建档，执行数据录入、编辑和删除等操作。

（2）电子资源数据库管理：管理人员对包括多媒体数据、电子出版物、研究报告等在内的电子资源进行的管理操作。

（3）上传管理：可随时将本馆发生的新闻、往期及正在举办的展览/讲堂/活动详情和其他事件的公告/通知等进行编辑整理并通过移动信息管理系统进行发布,用户即可在移动信息服务系统中获取相关信息。博物馆还可以上传关于本馆文物及历史的微电影、电子书,以便用户能够随时随地学习历史文化。

(4) 用户数据管理/维护:除基本账户信息外,用户的行为数据和咨询/反馈数据通常是非结构化的,将这些数据进行结构化处理有助于提取个性标签并形成用户画像,更加方便地提供个性服务。此外,管理人员还可以对本馆内有不文明言论及违规参观行为的账户进行注销,特殊权限的管理人员也可以对低权限管理人员账户进行注销。

(5) 博物馆数据库管理:拥有特殊权限的管理人员可以对联盟内博物馆信息进行编辑、修改或删除等操作。

(6) 文书档案数字化管理:对博物馆与其他上下级机构之间的往来文件/信函以及博物馆自身的规划/总结、机构/人员设置、馆舍资料、统计资料和奖惩记录等扫描后进行数字化分类存档。

4.3.2.2　机构中心模块

机构中心模块为联盟内博物馆成员提供认证/登录、业务工作和设置等三类服务功能。

(1) 认证/登录:鉴于博物馆自身环境和文物的重要性以及移动博物馆信息管理系统的权限特殊性,博物馆机构只有通过联盟认证并登录后,才可使用管理、机构中心和消息三个模块中所有功能。

(2) 业务工作:每个博物馆账户都有不同岗位的管理人员,且在不同的工作阶段有其不同的权限、职责和工作安排,该模块仅向当前移动设备登录系统的账户人员展示。

(3) 设置:不仅可以设置当前的工作状态(如空闲、忙碌等),也可以选择消息提醒方式。

4.3.2.3　消息模块

消息模块分为社区/群组和在线交流两类服务功能。

(1) 社区/群组:管理人员及馆内相关专家可以加入知识社区或专题群组与用户进行互动、答疑,从而调动用户学习历史文化的积极性。

(2) 在线交流:方便工作人员之间以及工作人员与用户之间的交流互动,并且可以相互加为好友并保存到通讯录,方便日常查找。

4.3.3　移动博物馆系统总体技术框架设计

集信息服务与信息管理于一体的移动博物馆系统,其功能的实现最终要落实到基础技术上,本章提出了体现分层设计的移动博物馆系统总体技术框架[①],如图4-3所示。

(1) 基础层:是实现移动博物馆信息服务/管理功能的技术和网络基础,包括服务器、网络互联、网络安全、操作系统四个模块。

(2) 数据层:包含了存储博物馆数据、文物/典籍数据、多媒体数据、文书档案数据、用户行为数据和用户反馈数据等多种类型数据的数据库。其中,博物馆数据、文物/典籍数据和多媒体数据是博物馆向用户提供基本信息服务的数据基础;用户行为和反馈数据在进行深度解析、提取标签并形成有效的用户画像后,有助于博物馆提供具有针对性的个性化服务;将博物馆与同类机构或上下级机构之间的往来文件/信函和自身的各种纸质文档扫描后进行数字化并分类存档,有助于防止原文件丢失、损毁,从而起到作为电子备份的作用。

(3) 应用层:是体现了移动博物馆系统总体技术框架核心功能的层级。联盟博物馆机构数据、各馆文物数据和用户数据等得到集成,并且不同类别的账户权限也会获得相关认证;数据库检索/管理、社交互动

---

① 郑丽姣. 个性化推荐技术在高校数字图书馆中的应用研究[D]. 长沙:湖南科技大学,2015:9-48.

及个性化服务等交互软件也集中于此；UI 设计和多媒体插件则向用户浏览多媒体资源提供了实现基础。

（4）表示层：是用户/博物馆机构获得服务/管理的系统可见层，不同的账户通过认证后即可连接到不同的系统界面，并获得不同的功能服务，完成系统任务。

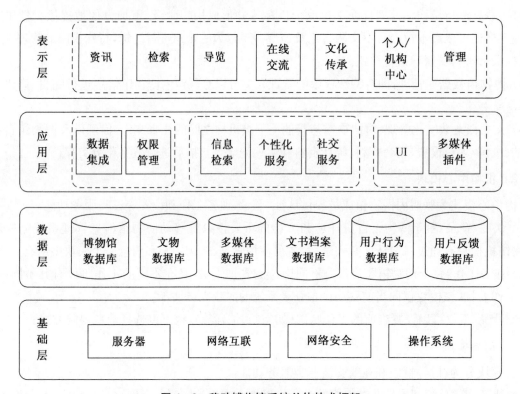

图 4 - 3　移动博物馆系统总体技术框架

（注：虚线框内文字表示关联功能技术的集成）

本章小结

在政府政策的支持下，从《我在故宫修文物》到《国家宝藏》的大热可以看出，文博行业及其成长已经逐步进入了公众视野并获得了极大的关注与支持。各家博物馆推陈出新，在巩固现有传统服务的基础上，结合移动互联网技术向公众提供了更多的新服务。

然而，根据本章对博物馆信息服务调查结果可得知，虽然目前每家机构都提供了移动端服务，但都缺乏互动性及个性化服务，难以提高用户体验和用户粘度。本章据此提出的能够集信息服务系统和信息管理系统于一体的移动博物馆 APP 系统框架，一方面加入了个性化服务和社交互动等功能设计，在一定程度上能够加强用户体验；另一方面结合了移动办公及联盟开发的理念，既使工作人员在工作的时空限制中得到缓解，也能够让用户获得更加便利的跨机构服务。移动博物馆的未来发展将会给公众带来不一样的体验，它不仅是一种移动互联网技术的集成，更是一种传扬历史文化、积极展现博物馆开发文创 IP、活跃文博市场的创新手段。

第5章 基于 Android 的移动图书馆信息服务 APP 实现

在移动图书馆信息服务 APP 开发过程中,本章以 Android Studio＋JDK＋SDK 为开发环境,以 Eclipse＋Tomcat＋JDK 为后台服务器环境,首先介绍了通用的公共组件和代码块的实现,然后按照系统框架设计方案设计出了具有注册/登录、书目检索、下载、图书馆公开课/视频资源观看以及馆内/校内资讯浏览等功能的 Android 版图书馆应用 APP。并且在此阶段中,资讯和发现功能既是重点开发的模块,同时也是本章中的实现难点;最后在系统实现后进行了操作测试,并针对使用体验不佳的功能进行了完善。

5.1 公共组件的实现

5.1.1 启动页和引导页的实现

启动页(Splash Screen)是移动应用软件 APP 的重要入口,它利用文字、图片、动画等视觉呈现形式向用户展示产品的服务理念及定位并使其产生情感共鸣。因此,为达到该效果,在启动页 SplashActivity 的布局 xml 文件中嵌入了 ImageView 控件并实例化后,通过 AlphaAnimation 类使启动页产生渐变的动画效果。同时,还在该 Activity 中定义了一个实现 Animation. AnimationListener 接口的内部类,通过重写 onAnimationEnd 方法来判断启动页动画结束后的跳转方向。而该判断流程是以一个缓存工具类 CacheUtils 为执行基础的,在此类中,利用 SharedPreferences 类定义保存应用软件的参数等数据(也就是缓存)的 putBoolean 方法以及获取缓存数据状态的 getBoolean 方法。如果用户是首次打开 APP,则系统界面将会从启动页跳转至引导页,否则直接跳转到主活动中。判断流程及启动页实现效果分别如图 5－1 和图 5－2 所示。

引导页主要是通过几张带有指导性文本和操作提示的页面来引导用户熟悉应用软件的工作流程或作用。当用户安装应用软件 APP 或清除已安装 APP 的缓存后首次打开应用,通常情况下,启动页展示完毕后会随即跳转到引导页。由于引导页在视觉呈现上一般是由多个页面组成,但其本质是在引导页 GuideActivity 的布局 xml 文件中嵌入 ViewPager 控件并在引导页 GuideActivity. java 文件中进行实例化,自定义实现适配器接口 Adapter 的内部类,利用 ViewPager 呈现多个图片视图(ImageView,即呈现指导性文本或操作提示的图片)控件的效果。

此外,还在引导页活动的 java 文件中定义了实现 ViewPager. OnPageChangeListener 接口的内部类 myOnPageChangeListener,一方面,对 onPageScrolled 方法进行重写,实现 ViewPager 中 ImageView 控件滑动后所产生的指示点状态的变化;另一方面,对 onPageSelected 方法的重写,实现了当移动到包含最后一个 ImageView 控件的 ViewPager 时呈现出可以跳转到 MainActivity 的 Button 控

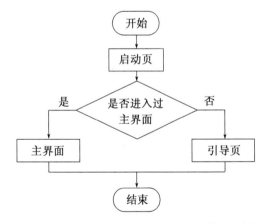

图 5－1 启动页动画结束后 Activity 跳转流程判断

件。引导页的实现效果如图 5－3 所示。

图 5－2　启动页实现效果　　　图 5－3　引导页实现效果

5.1.2　整体框架实现

　　APP 整体界面框架视觉呈现的 UI 设计如图 5－4 所示。从图中可以看出，整个界面效果以主活动（即 MainActivity）为根进行逐层次划分利用 setContentView 方法和 setBehindContentView 方法分别设置了主页面布局 activity_main. xml 和左侧侧滑菜单页面布局 activity_leftmenu. xml。自定义一个

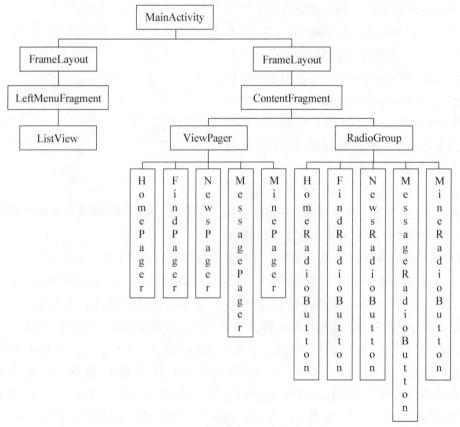

图 5－4　整体界面框架 UI 设计

初始化 Fragment 的 initFragment 方法，通过开启新的事务得到一个 FragmentTransaction 类对象，进而通过该对象的 replace 方法将 MainActivity 中的左侧菜单布局文件 activity_leftmenu. xml 和主活动界面布局文件 activity_main. xml 分别替换成自定义的左侧菜单 LeftMenuFragment 类对象和主页面内容 ContentFragment 类对象，得到左侧侧滑菜单视图和主页面视图，并通过 SlidingMenue 类对象的 setTouchModeAbove 方法实现特定的左侧菜单侧滑效果，代码说明如下：

```
Funtion(initFragment)
    声明并得到 FragmentManager 类对象 fragmentManager
    利用 fragmentManager 类对象开启事务得到 FragmentTransaction 类对象
    △替换
    主页面布局←new ContentFragment()
    左侧菜单布局←new LeftMenuFrament()
提交
EndFunction
```

左侧菜单 LeftMenuFragment 类和主页面内容 ContentFragment 类均是 BaseFragment 的子类，在该类中，定义了一个承担初始化视图作用的方法，通过继承使子类重写实现其自身视图从而达到特有的效果；此外，还定义了一个负责初始化数据的空方法，通过子类重写将数据绑定到初始化的视图上。

左侧侧滑菜单页面内容的实现相对来说，较主页面简单一些。LeftMenuFragment 类重写父类 BaseFragment 中的 initData 方法和 initView 方法，实现将初始化的数据绑定到视图中，进而呈现出侧滑菜单的页面效果。

主页面内容是基于继承 ViewPager 类的自定义 NotScrollViewPager 类控件和 RadioGroup 类控件实现的，其视觉效果包含五个页面，即"首页"、"发现"、"资讯"、"消息"和"我的"，分别通过继承自定义基类 BasePager 的 HomePager 类、FindPager 类、News Pager 类、MessagePager 类和 MinePager 类的对象集合 basePagers 实现。NotScrollViewPager 类的作用是通过类对象 viewPager 的 setAdapter 方法调用继承基类 PagerAdapter 的自定义 ContentFramentAdapter 类中的方法，实现集合 basePagers 中各个页面的初始化，并且重写了父类 ViewPager 中的 onTouchEvent 方法，使各个页面不能通过左右滑动进行切换。RadioGroup 类的作用是利用类对象的 setOnCheckedChangeListener 方法调用实现 RadioGroup. OnCheckedChangeListener 接口的自定义类 myOnChekedChangeListener 中的方法，使得通过 RadioGroup 中的 RadioButton 控件的切换实现集合 basePagers 中各个页面的切换，代码说明如下：

```
Case 首页 id：
    currentItem←0
    设置左侧菜单不可滑动
Case 发现 id：
    currentItem←1
    设置左侧菜单不可滑动
Case 首页 id：
    currentItem←2
    设置左侧菜单可滑出
Case 发现 id：
    currentItem←3
    设置左侧菜单不可滑动
```

Case 首页 id：

currentItem←4

设置左侧菜单不可滑动

End Case

整体界面框架实现效果如图 5-5 所示。

图 5-5　系统整体用户界面框架的实现图

5.2　资讯界面实现

5.2.1　联网请求

日前，大多数 APP 都需要用户在联网环境下才能使用，如社交类、影音播放类、图书阅读类以及新闻资讯类等。在服务器方面，Tomcat 是一类可以友好针对中小型系统体量、能够承担低数量级的并发访问线程的免费开放的服务器，因此本章采用 Eclipse+Tomcat 8.5+JDK 9.0 方式搭建了后台服务器环境。

在联网工具类方面，xUtils3 是一个轻量级的、可便于开发者进行扩展的第三方工具类库，在以下四个方面表现出了优势特性：（1）运行稳定，当执行任务结束后会被接口 Callback 调入结束方法 onFinish 让开发者了解当前状态，即使发生任何类型的错误也会被接口调入发生错误方法 onError 进行提示；（2）Orm 工具能够以高效率的方式支持 Http 模块处理负责存放用户数据的 Cookie 和缓存等；（3）支持 View 控件可以直接回收并持有 Image，使整个流程更加流畅，并且当 Image 被移除后也会避免在回退操作时出现闪烁；（4）轻小型的 View 模块能够支持各种形式的 Listener 接口，完成事件的绑定。

基于以上特性，本章采用通过 xUtils3 工具库的方式从 Tomcat 本地服务器获取联网数据。首先，在系统功能清单 AndroidManifest. xml 文件中进行配置所需权限：

```
<uses-permission android:name="android. permission. INTERNET"/>
<uses-permission android:name="android. permission. WRITE_EXTERNAL_STORAGE"/>
```

然后在 NannarTimesApplication. java 文件中进行如下初始化：

```
public void onCreate() {
```

```
super. onCreate();
x. Ext. setDebug(true);
x. Ext. init(this);
}
```

最后,利用 x. http(). get()完成通过 RequestParams 类对象发送联网请求,并重写 onSuccess、onError、onCancelled 以及 onFinished 方法,以便掌握具体联网事件。

5.2.2　资讯界面框架实现

资讯页面类名取为(NewsPager)的 UI 设计包括五个继承父类 MenuDetailBasePager 的详情页面:图书馆资讯(LibraryNewsDetailPager)、校内资讯(CampusNewsDetailPager)、南哪儿趣图(NannarPicturesDetailPager)、问答(QADetailPager)和投票(VoteDetailPager),通过重写 initData 和 initView 方法初始化各自特定的数据和视图。

首先,对 Tomcat 服务器中 Json 文件进行解析得到 NewsPagerBeanData 类,并在 NewsPager 中自定义 parsedJson 方法利用 Android 系统自带 API 解析 Json 数据;自定义 processData 方法,通过 MainActivity 类对象获取左侧菜单 LeftMenuFragment,并将解析得到的数据传递给 LeftMenuFragment 类对象,实现数据填充,代码说明如下:

```
Function(processData)
    解析 Json 数据
        leftMenuFragment←mainActivity. getLeftMenuFragment()
        添加图书馆资讯详情页
        添加校内资讯详情页
        添加南哪儿趣图详情页
        添加问答详情页
        添加投票详情页
        把数据传递给左侧菜单
End Funtion
```

通过重写左侧菜单 LeftMenuFragment 类中初始化视图方法,对左侧菜单 LeftMenuFragment 中 ListView 控件设置 Item 点击事件,利用自定义方法 switchPager 实现根据位置切换到详情页面集合中对应的页面视图,代码说明如下:

```
Function(onItemClick)
    点击变色
    关闭左侧菜单
    切换对应页面
End Funtion
```

然后对点击 Item 切换到详情页面集合中的页面视图框架进行实现,以图书馆资讯为例。在 LibraryNewsDetailPager. java 对应的布局文件 librarynews_detailpager. xml 中嵌入 TabPageIndicator 第三方控件、ImagBtton 控件和 ViewPager 控件,并在 Java 文件中重写 initView 方法进行初始化视图,代码说明如下:

```
Function(initView)
    填充视图
```

```
        imageButton 点击监听
        call view
    End Function
```

接着重写 initData 方法：利用 NewsPagerBeanData 类中内部类 NewsPagerData 再嵌套的静态内部类 childrendata 对象获取 Json 文件解析后在图书馆资讯下的孩子节点，并将每个节点添加到 Tab 页签页面 TabDetailPager 集合类对象中；通过自定义实现 PagerAdapter 接口的 myLibraryNews DetailAdapter 类，重写方法 instantiateItem 对集合 tabDetailPagers 中的对象 tabDetailPager 进行数据初始化；再对 viewPager 设置适配器，通过 TabPageIndicator 类对象 tabPageIndicator 的 setViewPager 方法将 tabPageIndicator 与 viewPager 进行关联，利用自定义实现 ViewPager. OnPageChangeListener 接口的 myOnPageChangeListener 类，实现 tabPageIndicator. setOnPageChangeListener 方法，监听页面变化，代码说明如下：

```
    Function(initData)
        tabDetailPagers←new ArrayList<>()
        for i←0 to children. size()
            添加页签
        end
        设置 viewPager 适配器
        viewPager 和 tabPageIndicator 关联
        设置 tabPageIndicator 监听页签变化
    End Function
```

5.2.3　资讯界面 Tab 页内容实现

以图书馆资讯为例，在该界面所详情页 TabDetailPager. java 所对应的布局文件 tab_detailpager. xml 中嵌入 ListView 控件，对顶部轮播新闻对应的布局文件 topnews. xml 中嵌入 ViewPager、TextView 以及 LinearLayout 等控件，将顶部新闻轮播视图以头部方式嵌入 listView，在 Java 文件中重写 initView 方法初始化视图，代码说明如下：

```
    Function(initView)
        填充视图 view
        填充顶部轮播图 topNewsView
        将顶部轮播图添加到资讯列表 listView 的头部
        call view
    End Function
```

自定义获取数据 processData 方法，对图书馆资讯下的 Json 文件对应的 TabDetailPagerBean 数据利用 Gson 进行解析得到类对象 tabDetailPagerBean，通过 tabDetailPagerBean. getData(). getTopnews() 方法获取顶部新闻轮播图数据 topnews；自定义实现 PagerAdapter 接口的 TabDetailPager TopNewsAdapter 类，重写 instantiateItem 方法进行联网请求数据，设置 ViewPager 对象 tabviewpager 的 Adapter；通过 tabDetailPagerBean. getData(). getNews() 方法获取列表新闻数据 news，自定义实现 BaseAdapter 接口的 TabDetailPagerListAdapter 类，重写 getView 方法获取新闻所对应的图片、标题和时间，设置 ListView 类对象 listView 的 Adapter；最后重写 initData 方法初始化数据，代码说明如下：

```
    Function(initData)
```

　　url←Constants. BASE_URL＋childrendata. getUrl()
　　取出缓存数据 saveJson
　　If saveJson 不为空
　　　　Then 解析并处理显示数据
　　End If
　　联网请求数据
End Function

资讯界面 Tab 页内容实现效果如图 5－6 所示。

图 5－6　资讯界面 Tab 页内容实现效果

5.2.4　实现下拉刷新、上拉加载更多以及资讯详情浏览

自定义 RefreshListView 类作为 ListView 的子类,利用 initHeadView 和 initFootView 方法载入视图,分别将负责呈现刷新与加载更多的界面元素添加到 listView 的头部和尾部形成整体;自定义接口 OnRefreshListener 用来负责监听控件的动作,实现两个方法,当用户手势向下拉动时回调 OnPullDownRefresh 方法实现刷新,而当手势向上拉动时回调 OnLoadMore 方法实现加载更多代码说明如下:

　　Interface(OnRefreshListener)
　　　　下拉刷新时回调 OnPullDownRefresh()
　　　　上拉加载时回调 OnLoadMore()
　　End Interface

在 TabDetailPager 类中,自定义实现 RefreshListView. OnRefreshListener 接口的 myOnRefreshListener 类,并重写下拉刷新 OnPullDownRefresh 方法和上拉加载 OnLoadMore 方法,利用第三方库 xUtils 的 x. http(). get()对通过 processData()解析 Json 得到的对应的数据进行联网数据请求,代码说明如下:

　　Class(myOnRefreshListener)
　　　　Function(OnPullDownRefresh)
　　　　　　联网获取数据

```
        End Function
        Function(OnLoadMore)
            If moreUrl 为空 Then
                弹出"没有更多数据"
                onRefreshFinished←false
            Else
                调用 getMoreDataFromNet()
            End If
        End Function
    End Class
```

然后，在 initView 方法中设置 listView. setOnRefreshListener(newmyOnRefreshListener())监听器，从而实现资讯 Tab 页面下拉刷新和上拉加载更多，其效果图略。

最后在资讯 Tab 页面 listView 的 Item 点击监听器中对已点击的资讯进行 Activity 跳转，进入资讯详情 NewsDetailActivity，自定义 getData 方法，通过 getIntent(). getStringExtra()来得到资讯详情页面 Url，再利用 WebView 类对象进行加载 Url 从而获取资讯信息，代码说明如下：

```
Function(getData)
    url←getIntent(). getStringExtra("url")
    webSettings←webview. getSettings()
    setJavaScript←true
    setUseWiddViewPort←true
    设置不让当前网页跳转到系统浏览器中
    加载 url 页面
End Function
```

5.3 发现界面实现

5.3.1 发现页详情列表实现

在 FindPager 布局文件 find_pager. xml 嵌入 ListView、TextView 和 ProgresssBar 控件，并在 java 文件中将子视图添加到 BasePager 中的 FrameLayout 里，代码说明如下：

```
Begin
填充视图 view
If fl_content 不为空 Then
    移除所有视图
End If
将 view 添加到 fl_content
End
```

自定义获取数据的方法 processData，在该方法中，通过解析 Json 数据方法 parseJsonn 获取动态数组媒体视频集合 mediaItems，对列表 mListView 对象设置适配器 NetFindPagerAdapter，使得能够根据参数 position 得到列表中对应位置的数据。然后，自定义初始化数据方法 initInfo，利用 x. http(). get

（　）进行请求联网并将获取到的数据进行初始化，代码说明如下：

```
Function(initInfo)
    声明请求参数 params
    x. http(). get()联网
        Function(onSuccess)
            输出日志"联网成功"
            处理已获取数据
        End Function
        Function(onError)
            输出日志"联网失败"
        End Function
        Function(onCancelled)
            输出日志"联网取消"
        End Function
        Function(onFinished)
            输出日志"联网任务结束"
        End Function
End Function
```

以影音视频资源为例，发现列表的 UI 界面如图 5-7 所示。

图 5-7　发现页列表实现效果

5.3.2　系统播放器

系统播放器是通过继承 Android 系统本身控件的类实现播放视频，具有体量小的特点，支持. avi、. flv、. mkv、. mpg、. wmv、. m3u、. mp4 等多种格式的视频播放，可作为播放 APP 影音视频的首选。自定义系统播放器类 SystemVideoPlayer，通过 findViews 方法和 initData 方法分别进行控件对象实例化和数据初始化，如得到屏幕的宽和高以及系统音量等信息；自定义 getData 方法，利用 getIntent. getSerializable()获取得到动态数组媒体列表集合，自定义 setData 方法，对 mediaItems 设置详细信息，如视频的名称、URI 和路径等，代码说明如下：

```
Function(setData)
    If mediaItems 不为空且长度大于 0 Then
        mediaItem←mediaItems. get(position)
        设置视频名称
        isNetUri←utils. isNetUri(mediaItem. getData())
        设置视频路径
    Else if uri 不为空 Then
        设置视频名称
        isNetUri←utils. isNetUri(uri. toString())
        设置视频 uri
    Else
        弹出"没有数据"
    End If
End Function
```

通过 setButtonState 方法对系统播放器播放界面"播放上一个"、"播放上一个"按钮的状态进行设置：列表里仅有一个 Item 且正在播放时，则同时设置两个按钮的状态为 false，即不能点击；列表里有两个 Item 且在播放第一个视频时，将"播放上一个"按钮设置为 false 且"播放下一个按钮"设置为 true，否则，将按钮状态设置为相反；当列表里有多个 Item 并在播放第一个视频时，将"播放上一个"按钮设置为 false 而"播放下一个按钮"设置为 true，播放最后一个视频时，将"播放下一个"按钮设置为 true 而"播放上一个"按钮设置为 false，播放其他视频时，两个按钮都设置为 true，代码说明如下：

```
If mediaItems 不为空且长度大于 0 Then
    If mediaItems 长度为 1
        设置按钮状态为 false
    Else if mediaItems 长度为 2 Then
        If position 为 0 Then
            设置"播放上一个视频"按钮为灰色
            设置此按钮状态为 false
            设置"播放下一个视频"按钮为可选
            设置此按钮状态为 true
        Else if position 为 mediaItems. size() - 1 Then
            设置"播放上一个视频"按钮为可选
            设置此按钮状态为 true
            设置"播放下一个视频"按钮为灰色
            设置此按钮状态为 false
        End If
    Else
        If position 为 0 Then
            设置"播放上一个视频"按钮为灰色
            设置此按钮状态为 false
            设置"播放下一个视频"按钮为可选
            设置此按钮状态为 true
```

```
Else if position 为 mediaItems. size( ) - 1 Then
        设置"播放上一个视频"按钮为可选
        设置此按钮状态为 true
        设置"播放下一个视频"按钮为灰色
        设置此按钮状态为 false
    Else
        设置按钮状态为 true
    End If
  End If
End If
```

自定义 setListener,分别对视频 videoview、视频进度拖拽条 seekbarVideo 和视频音量拖拽条 seekbarVoice 的状态进行监听。

当视频处于可以播放的、已经准备好的状态时,利用自定义的 MyOnPreparedListener 类,获取视频的宽和高,利用 vidioview. start( )开始播放视频;获取视频的总长度并隐藏控制面板;跟踪视频播放进度并使加载页面消除,代码说明如下:

```
Class(MyOnPreparedListener)
    Function(onPrepared)
        videoWidth←mp. getVideoWidth( )
        videoHeight←mp. getVideoHeight( )
        开始播放视频
        △设置视频总时长
        duration←videoview. getDuration( )
        seekbarVideo. setMax(duration)
        设置默认隐藏控制面板
        设置屏幕默认播放
        设置加载页面消失
    End Function
End Class
```

当当前视频结束放映后,自定义 MyOnCompletionListener 类覆盖重写结束方法 onCompletion,实现直接跳转到下一个视频并播放:当 mediaItems 不为空且大小大于 0 时,将当前位置参数 position 加 1,进行缓冲视频、获取视频数据,并再次设置播放界面按钮状态,代码说明如下:

```
Function(playNextVideo)
    If mediaItems 不为空且长度大于 0 Then
        position←position+1
        If position 小于 mediaItems 长度 Then
            设置加载页面可见
            mediaItem←mediaItems. get(position)
            设置视频名称
            设置视频路径
            设置按钮状态
        End if
```

```
      Else if uri 不为空 Then
              设置按钮状态
      End If
    End Function
```

接着自定义实现 SeekBar. OnSeekBarChangeListener 接口的 VideoOnSeekBarListener 类，实现当手指拖动 videoseekBar 时，调整当前视频播放进度；再自定义实现 SeekBar. OnSeekBarChangeListener 接口的 VoiceOnSeekBarChangeListener 类，实现当手指拖动 voiceseekBar 时，调整当前视频音量的大小，代码说明如下：

```
    Class(VideoOnSeekBarChangeListener)
        Function(onProgressChanged)
            If fromUser 为真 Then
                改变视频播放进度
            End If
        End Function
    End Class
    Class(VoiceOnSeekBarChangeListener)
        Function(onProgressChanged)
            If fromUser 为真 Then
                If progress 大于 0 Then
                    isMute←false
                Else
                    isMute←true
                End If
                改变视频声音状态
            End If
        End Function
    End Class
```

然后，通过对视频播放界面控件按钮定义方法 onClick，对不同的按钮实现不同的功能，进而进一步完善系统播放器，代码说明如下：

```
    Function(onClick)
        If v 为音量按钮 Then
            isMute←! isMute
            更新音量
        Else if v 为退出按钮 Then
            结束视频播放
        Else if v 为播放播放上一个视频按钮 Then
            播放上一个视频
        Else if v 为播放暂停按钮 Then
            切换播放或暂停
        Else if v 为播放下一个视频按钮 Then
            播放下一个视频
        Else if v 为切换显示屏幕按钮 Then
```

　　　　　　　切换显示屏幕
　　　　　End If
　　　隐藏控制面板
　　End Function

最后，对发现页列表 mListView 设置点击监听，自定义实现 AdapterView. OnItemClickListener 接口的 MyOnItemClickListener 类，重写 onItemClick，实现传递列表数据并序列化，最终实现启动系统播放器播放视频代码说明如下：

　　Class(MyOnItemClickListener)
　　　　Function(onItemClick)
　　　　　　传递列表数据
　　　　　　对象序列化
　　　　　　视频播放
　　　　End Function
　　End Class

5.4　登录/注册、检索与下载实现

5.4.1　注册界面实现

在 MinePager. java 的布局文件 mine_pager. xml 中嵌入 TextView 控件，利用如下代码将子视图添加到 BasePager 的 FrameLayout 中，并对 TextView 控件设置点击监听器实现点击事件，代码说明如下：

　　Begin
　　填充视图 view
　　If fl_content 不为空　Then
　　　　移除所有视图
　　End If
　　将视图 view 添加到 fl_content 中
　　监听登录/注册按钮动作事件
　　End

在注册界面布局文件 activity_register. xml 中嵌入三个 EditText 控件，分别用于输入用户的邮箱、用户名(学号)和密码，利用继承了 AsyncTask<>的 BackgroundWorker 类实现注册，代码说明如下：

　　Function(onRegister)
　　　　输入 emai
　　　　输入用户名
　　　　输入密码
　　　　Type←"register"
　　　　利用 BackgroundWorker 类对象注册
　　End Function

覆盖重写承担多线程任务执行类 BackgroundWorker 的方法 doInBackground，如果方法参数 params 数组第 0 个字符串等于"register"，则进行以下操作：创建注册链接 url，利用 url.

openConnection()返回一个连接 URL 的对象，设置其请求方式为"POST"、向其输出为 true 且从其读入也为 true，利用 httpURLConnection. getOutputStream()请求写入内容返回一个 OutputStream 类对象，将输入的注册信息（如邮件、用户名和密码）转化为 UTF-8 编码方式写入 BufferedWriter 类对象 bufferedWriter，刷新后关闭。

然后返回读取的数据：利用 httpURLConnection. getInputStream 请求读取内容返回一个 InputStream 类对象，将之前的信息转化为 iso-8859-1 编码方式返回给 BufferedReader 类对象 bufferedReader，通过 bufferedReader. readLine()返回读取的数据。

5.4.2　登录界面实现

在登录界面布局文件 activity_login__register. xml 中嵌入两个 EditText 控件，分别用于显示用户帐号和密码，对承担登录跳转作用的 Button 控件设置点击监听，实现登录，代码说明如下：

```
Function(onLogin)
        输入用户名
        输入密码
        Type←"login"
        利用 BackgroundWorker 类对象登录
End Function
```

在类 BackgroundWork 的 doInBackground 方法中，如果参数 params 数组第 0 个字符串等于"login"，则进行如下操作：创建登录链接 url，同注册操作一样，利用 url. openConnection()返回以"POST"方式远程连接 URL 的类对象，将输出与读入两者均设为 true，利用 httpURLConnection. getOutputStream()请求写入内容返回一个 OutputStream 类对象，将输入的登录信息（如用户名和密码）转化为 UTF-8 编码方式写入 BufferedWriter 类对象 bufferedWriter，刷新后关闭。

然后返回读取的数据：利用 httpURLConnection. getInputStream()请求读取内容返回一个 InputStream 类对象，将之前的信息转化为 iso-8859-1 编码方式返回给 BufferedReader 类对象 bufferedReader，通过 bufferedReader. readLine()返回读取的数据。代码实现与 5.4.1 中相同，不再赘述。

5.4.3　检索功能实现

在首页 HomePager. java 中，利用 View. inflate(context，R. layout. home_pager，null)返回的 view 对象将子视图添加到 BasePager 中的 FrameLayout 中，在布局文件 home_pager. xml 嵌入 ImageView 控件以填充首页内容，如图 5-8 所示。

以书目检索为例，对其控件设置点击监听事件，实现跳转到书目检索 BibliographyActivity。在 BibliographyActivity. java 布局文件中嵌入 WebView 控件类对象 webView，利用 webView. loadUrl()加载图书馆官网书目检索页面：首先使用 webView. getSettings()返回 WebSettings 类对象 webSettings，通过 webSettings 分别设置允许与 Javascript 交互、自适应屏幕、关闭 webView 中缓存、允许访问文件、支持通过 JS 打开新窗口、支持自动加载图片以及设置编码格式等。

然后设置通过 webView 来打开欲加载的网页而不是将流程跳转至

图 5-8　首页内容填充

系统浏览器中；重写方法 onKeyDown，使得点击返回能够回到前一页而不是直接退出；重写 onDestroy 方法，实现移除事先以空内容填充的 webView 已达到最后销毁 webView 并置空的目的，代码说明如下：

```
Function(onKeyDown)
    If (keyCode==KeyEvent. KEYCODE_BACK 且 webView 可返回上一页)　Then
        webView 返回上一页
        call true
    End If
    call 父类 onKeyDown 返回值
End Function
Function(onDestroy)
    If webView 不为空　Then
        清空历史信息
        移除视图
        销毁视图
        置空
    End If
    call 父类 onDestroy
End Function
```

书目检索操作的用户 UI 界面如图 5－9 所示。

图 5－9　书目检索实现

5.4.4　下载实现

对 ImageView 控件类对象 ivdownload 设置点击监听事件，实现跳转到下载活动 DownloadActivity，在其布局文件中嵌入 EditText 控件类对象——下载路径 et_path 和下载线程数 et_threadcount，以及 LinearLayout 布局类对象 ll_containiner 和 Button 类控件下载按钮 bt_download，并进行定义实现 download 方法。

首先，获取下载路径字符串和下载线程数字符串并将线程数转换成 Integer 类型，创建 ArrayList＜ProgressBar＞集合类对象，通过线程数量创建对应的 ProgressBar 数量，代码说明如下：

```
Begin
获取下载路径
获取线程总数
获取任务长度
pbs←new ArrayList<>()
for i←0 to 线程数
    创建 ProgressBar
End
End
```

通过 newThread()创建新的线程，重写 run 方法，利用 path 得到 URL 对象 url，进而得到以"GET"方式远程连接 URL 的对象。如果响应码为 200，则代码请求联网成功，初始化线程，通过 HttpURLConnection 类对象 getContentLength()获取下载文件的大小，创建一个空的文件并将其文件长度设置为欲下载服务器上的文件大小，通过文件长度除以线程总数量得到平均线程长度，并且通过设置每个线程开始下载和结束下载的位置，进入自定义线程类 DownloadThread 中实现文件下载，代码说明如下：

```
Begin
获取每个线程长度 blockSize
获取下载线程数
For threadId←0 to 下载线程数
    起始位置←threadId * blockSize
    结束位置←(threadId+1) * blockSize−1
    If (threadId==(totalThreadCount−1)) Then
        结束位置=任务总长度−1
    End If
End
创建下载线程任务
End
```

在 DownloadActivity.java 中对继承了 Thread 类的自定义内部类 DownloadThread 重写 run 方法，为每个线程创建一个 File 类对象 finfo，如果该 finfo 存在并且其大小为正数，则通过它获得记录的上次下载到的最后位置的字符串并转化为 Integer 类型，将此 Integer 类型数据赋值给此次该线程下载的初始位置，即实现断点续传，代码说明如下：

```
Begin
获取文件信息 finfo
If finfo 存在且其长度大于 0 Then
    创建 FileInputStream 对象
    创建 BufferedReader 对象
    读取记录上一次结束的位置的字符串
    将字符串转换成整数型
    开始位置←上一次结束的位置
```

End If

End

然后,同样通过 url 得到 HttpURLConnection 类对象 conn,并以 GET 方式获取下载响应码,若响应码为 206,利用 conn. getInputStream()得到字节输入流类对象 is,创建 RandomAccessFile 类对象 raf 并寻找到线程下载的起始位置,初始化 byte 数组 buffer、长度 len 以及已下载数据量 total;当 len=is. read(buffer)有意义时,使 raf 写入数据并更新已下载数据量,创建 RandomAccessFile 类对象 inforaf 用以保存当前线程数的下载位置,更新 ProgressBar 的下载进度。

5.5 系统功能体验与问题解决

5.5.1 资讯界面体验与问题解决

(1)实现资讯缓存

在浏览资讯列表页面时,当后台服务器未启动而导致客户端 APP 无法连接到服务器端,会发现资讯模块没有任何信息呈现,如图 5-10 所示。

因此,为解决上述所遇到的问题,可以通过实现缓存功能,使得客户端因服务器端故障而无法连接或断网的情况下,依然能够浏览手机 APP 在之前成功连接服务器时得到的资讯缓存数据。

在缓存工具类 CacheUtils 实现存放缓存数据方法 putString,当客户端成功连接到服务器端后,利用 SharedPreferences 对象将服务器端的资讯地址 URL 和资讯数据分别作为主键和与其配对的键值,以私有模式存放到手机内存中。

相应地,在该缓存类中实现获取缓存数据方法 getString,以手机缓存数据中资讯 URL 地址为主键,通过 SharedPreferences 对象获取与其对应的键值,返回给 NewsPager. java 文件中 initData()方法,进一步传递给 processData()方法进行 Json 数据解析后将缓存的资讯数据呈现出来,代码说明如下:

图 5-10 服务器连接断开并且无数据
显示的资讯界面

Function(putString)
    以私有方式创建 SharedPreferences 对象
    存入键值对并提交
End Function
Function(getString)
    以私有方式创建 SharedPreferences 对象
    通过键获取值
End Function

在完成上述操作后,断开客户端与服务器端之间的连接,通过缓存数据显示资讯界面的实现效果如图 5-11 所示。

图 5-11　资讯数据缓存实现

（2）实现资讯已读标识

在阅读资讯详情页面并返回资讯列表后，发现被浏览过的资讯 Item 没有任何已读标识，如图 5-12 所示，这影响用户的使用体验，造成用户无法准确分辨哪些资讯已阅读过哪些资讯没有阅读。

为解决的上述问题，在 TabDetailPager 类中对自定义内部类适配器 TabDetailPagerListAdapter 实现如下代码，通过缓存工具 CacheUtils.getString()获取存放 Tab 页面内已读资讯的 id 并赋值给字符串类型对象 idArray，若 idArray 包含某条资讯的 id，说明已阅读过，则将该条资讯的文本标题设置为灰色，否则设置为黑色。如果该条资讯的 id 不在 idArray 内，则将此 id 通过缓存工具 CacheUtils.putString()放置到手机内存，并刷新适配器。最后，实现资讯 Item 已读的标识效果如图 5-13 所示。

图 5-12　已阅读但未标识的资讯 Item　　　　**图 5-13　实现资讯 Item 已读标识**

5.5.2 发现界面体验与问题解决

随机选择某个视频列表 Item 进入播放后,会得到"视频播放出错"的反馈经过分析发现,前文利用 Android 系统自带控件已实现的播放器仅能支持日常生活中常见的视频格式,如. avi、. flv、. mkv、. mpg 以及. wmv 等,但对于非常见的. mov、. rm、. ts 和. tp 等格式的视频,则会出现图中显示的结果。

因此,要实现发现界面列表所有视频 Item 的播放,可进一步实现一个万能播放器,它是通过使用继承第三方库 Vitamio 控件类实现的。Vitamio 是可同时被 Android 和 iOS 两类移动系统接入的、具备多媒体加速和渲染等强大特性的开放框架,由于其简单而强大的 API,能够完成比继承于 Android 系统本身控件而实现的播放器更多格式的视频播放,可成功支持目前大众常见的流媒体协议,因此 Vitamio 吸引了众多开发者的关注。

自定义万能播放器类 VitamioVideoPlayer,其 java 文件代码块与前文系统播放器的实现几乎无异,不再重复陈述,值得注意的是,该类中用到的控件不再是继承 Android 系统本身的控件,而是改为继承第三方库 Vitamio 中控件类。并且,由于该类继承的是第三方控件库,因此体量较于系统播放器而言更大一些,因此不作为日常播放的首选。

当当前的视频格式不被系统播放器支持时则会弹出提示对话框,让用户选择使用万能播放器继续观看视频,如图 5-23 所示。自定义实现 MediaPlayer. OnErrorListener 接口的 MyOnErrorListener 类,重写 onError()方法,实现启动万能播放器 VitamioPlayer,代码说明如下:

```
Class(MyOnError)
    Function(onError)
        启动万能播放器
        call true
    End Function
End Class
```

此外,当视频万能播放器播放视频出错时,同样在类 MyOnErrorListener 中需重写 onError 方法,调出错误对话框,并请求结束视频播放,代码说明如下:

```
Class(MyOnErrorListener)
    Function(onError)
        创建 AlertDialog 对象
        设置标题
        设置提示信息
        设置按钮
        显示 AlertDialog 对象
        call true
    End Function
End Class
```

最后,利用万能播放器播放视频的实现效果如图 5-14 所示。

图 5-14 万能播放器实现效果

第6章　基于 Android 的移动信息推荐服务系统实现

6.1　软件总体架构

装载了 Android 操作系统的手机普遍价格低廉,深受收入水平较低的学生群体的欢迎。因此,Android 十分适合作为移动端图书馆资源推荐系统的开发环境。本章所介绍的基于 Android 的高校图书馆图书推荐系统总共分为检索模块、推荐模块和历史记录模块三大模块,每个模块相互独立,属于同级关系。为了美观又方便地将这三大模块在主页面完整地呈现出来,软件将采用 Fragment 控件实现选项卡式的布局。

在 MainActivity. java 里添加代码以实现页面切换,首先获取将要使用的各个标签控件,这里使用自定义的 initViews( )方法,然后获取 FragmentManager 的实例,FragmentManager 是用来管理 Fragment 的一个方法。最后调用选择页面的自定义方法 setTableSelection( )加载 Fragment,这里默认加载搜索页面,这样当用户打开软件的时候会呈现出搜索页面,其流程见图 6-1。

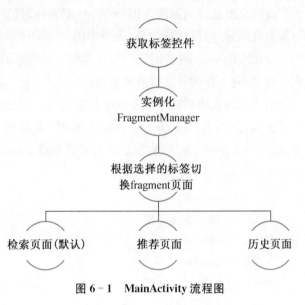

图 6-1　MainActivity 流程图

6.2　数据库构建

用户信息的获取是个性化推荐系统的基础,但是对于 Android 系统来说,许多数据都属于瞬时数据,即在手机关机或应用程序关闭的情况下数据会丢失。这显然不符合移动端推荐系统的使用需求,因此数据持久化技术显得至关重要。

LitePal 是一款开源数据库,通常来说,使用开源库需要下载开源库的 Jar 包或者源码,然后集成到项目中去。这种操作十分繁琐,而现在,大多数的开源项目都会将版本提交到 jcenter 上,因此我们只需要在项目的 app/build. gradle 文件中声明该开源库的引用即可。在 app/build. gradle 闭包里添加 implementation 'org. litepal. android:java:3.0.0',引入 LitePal,使其功能发挥作用。

6.3　检索模块的实现

（1）检索主页

检索主页是 App 启动后的默认加载 Fragment 页面,在检索主页里提供了图书馆推荐系统最基本的检索功能,为用户提供了检索图书馆书本、文献、资料、期刊的接口。

编辑 layout 文件夹下的布局文件,添加 EditText 控件作为检索输入框、Button 控件作为检索按钮,辅以一些图片边框作为美化,完成检索主页的基本布局。

检索主页的主要控件是作为检索输入框的 EditText 和检索按钮 Button,输入框需要捕获用户输入的内容作为检索记录,按钮需要在用户点击后将输入框的输入内容添加到数据库,并且跳转到该输入内容相对应的结果页面。新建 SearchHomePageFragment.java 文件,获取输入框 EditText 和检索按钮 Button 的控件实例,设置 Button 的点击事件,此时判断输入内容是否为空,若不为空则将 EditText 的输入内容和点击按钮的当前时间录入数据库,同时跳转到检索页面。

现在需要在数据库里新建一张表来存放检索记录和检索发生的当前时间。新建 SearchHistory.java 作为历史记录表,定义两个私有变量 inputName 和 inputTime 分别表示输入内容和当前时间,然后添加这两个变量的 setter 和 getter 方法,并添加相关声明。

（2）检索页

检索页主要有四个控件,用来显示网页的 WebView、检索输入框 EditText、检索按钮 Button 和返回检索主页的图片 ImageView。EditText 和 Button 的功能与检索主页的相类似,ImageView 控件需设置点击事件,用来返回检索主页,WebView 是用来显示网页的控件,通过开启一个 WebViewClient 类来加载网页,网页的网址则根据之前 EditText 输入框中输入的内容结合南京大学图书馆检索系统的结果页面呈现的一个复合网址。此外,WebView 还有多种属性可以设置,为用户提供更好的浏览体验,检索效果的界面显示见图 6-2。

图 6-2　手机端检索页面效果图

6.4　历史记录模块的实现

在 layout 文件夹里新建一个 history.xml 文件作为历史记录页面的布局,添加一个 RecyclerView 列表控件用来呈现历史记录,再用两个 TextView 控件来作为列表表头,最后添加两个 Button 控件来实现刷新历史记录和清除历史记录的功能。

列表（List）是 Android 中最为常用也是最为难用的控件之一,其中 ListView 控件更是在过去的 Android 开发中起到卓越的贡献,直到今天仍然有不计其数的程序继续使用这 ListVIew 控件。但 ListView 也是有缺点的,其本身的运行效率较差,必须要用一些技巧来提升它的运行效率,而这些额外的代码量也是相当庞大的,扩展性也不够好。

为了解决这些问题,Android 推出了一个功能更为强大的控件 RecyclerView 控件。它相当于是 ListView 的加强版,不仅可以轻松实现 ListView 可以实现的效果,还对 ListView 的许多不足之处做了优化和改进。

（1）历史记录显示

一条历史记录由用户输入的检索词和该次检索发生的时间所组成,因此我们需要将这两部分数据整合成一条数据作为 RecyclerView 的子项。在 layout 里新建 history_item.xml 作为 RecyclerView 子项的布局,只需添加两个 TextView 文件分别用来显示检索内容和检索时间,并将其水平排列,再辅以图片美化。

接下来需要实现让数据库内所保存的检索内容和检索时间一一对应到 history_item 里两个

TextView 控件上去，这就需要使用 Android 另一个重要组件 Adapter——配适器。Adapter 的功能是把各种数据以合适的形式显示在 View 上给用户看。

新建 HistoryFragment. java 文件，首先将 LitePal 数据库中保存的数据提取出来并保存至 ArrayList 列表里，由于最新的历史记录应该放在列表的最上面，因此可以利用 LitePal 数据库查询的 Order 方法将历史数据按照时间顺序从大到小进行排序。然后创建一个 LinearLayoutManager 对象，并将它设置到 RecyclerView 当中，接着将从数据库中提取出来的经过排序的数据列传入 SearchHistoryAdapter 的构造函数中，最后调用 RecyclerView 的 setAdapter() 方法来完成配适器设置，这样就实现了显示历史记录的功能。

（2）历史记录刷新

由于用于显示的记录需要从数据库中读取，而这一步读取工作是在 HistoryFragment 首次加载的时候完成的，之后再对选项卡进行切换只是将原本隐藏的 Fragment 再调用出来而已，不会重新加载，因此读取数据库这一步不会重复进行。然而，如果此时用户进行了新一轮的书目检索，那么数据库就会进行更新，但是此时历史记录界面所读取的数据则是数据库未更新时的旧数据，造成了信息不对等。因此需要添加刷新历史记录的功能。

编辑 HistoryFragment 文件，为之前在 history. xml 里添加的刷新按钮添加点击事件，首先需要将已经读取的旧数据全部清除，使用 list 类里的 clear() 函数可以轻松办到。然后再次读取数据库里的数据，这就和主程序里的功能一样了，之后 setAdapter 就完成了数据的刷新。最后为了提示用户，可以用 Android 自带的 Toast 方法弹出一条消息来告知用户，列表以完成刷新。

（3）历史记录清除

历史记录是属于个人隐私的内容，因此用户有权利将其删除，这里也向用户提供了清除历史记录的功能，其原理与刷新相类似，区别是在一开始进行了删除数据表的操作。这里值得注意的是，LitePal 数据库提供了 deleteAll() 方法用来删除数据库中表的数据，只需键入表名即可，由于 LitePal 数据库采用对象关系映射模式，表名即类名，在这里也就是我们之前创建的 SearchHistory 类，十分清晰。之后在调用获取数据库内容的方法就能得到空白数据，这就完成了历史记录的清除。

6.5 推荐模块的实现

6.5.1 根据标签推荐

使用自定义的 LablesView 控件添加标签，ListView 用来显示推荐出的图书。由于中图分类法和 13 门学科科目不能一一对应，再结合之前调查问卷里所显示的各学科学生的人数占比，我们简单制定了一个标签与中图法分类的对应表，如表 6-1 所示。当用户选择标签时，根据选择的标签，通过这种对应关系可以精确地找到目标区域，在目标区域里进行推荐。

表 6-1　标签与中图法分类对应表

标签	中图法分类	标签	中图法分类
艺术	J 艺术	文学	I 文学
经济	F 经济	技术	T 工业技术
军事	E 军事	语言、文字	H 语言、文字
哲学、宗教	B 哲学、宗教	数理化	O 数理科学与化学
政治、法律	D 政治、法律	历史、地理	K 历史、地理

需要被推荐的数据来源于南京大学图书馆推荐系统网站上的热门推荐菜单下的热门图书栏目,当用户选择相应的标签,程序将会在相对应的网址下进行检索,抽取相应书目作为推荐内容呈现给用户。我们使用 jsoup 来抓取网页信息,它的工作原理就是将 HTML 网页的各个节点逐一提取,其流程如图 6-3 所示。

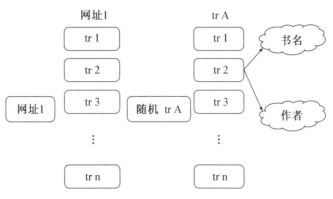

图 6-3　获取推荐内容示意图

图 6-4(a)～(c)分别显示了选择 1～3 个标签的不同推荐结果。从图上可以看出,在选择多个标签的时候,如选择"艺术"、"经济"标签,推荐结果中前三本《微观经济理论》、《经济学原理第 2 版》和《经济学原理》是根据"经济"标签推荐出来的经济学相关书目,而后三本《中国艺术精神》、《语法讲义》、《一本摄影书》则明显是根据"艺术"标签推荐出来的艺术类相关书籍。选择 3 个标签的时候则是"艺术"、"经济"、"军事"三种类别各 2 本。

(a) 1 个标签　　　　　(b) 2 个标签　　　　　(c) 3 个标签

图 6-4　标签选择推荐结果

6.5.2　根据历史记录推荐

首先需要获取数据库,这里我们依然使用南京大学图书馆检索系统网页的书目资源作为用来比对的数据库,和上一小节不一样,上一小节中,因为需要读取的数据量很小最多只有 6 条,因此没有必要保存到数据库里可以选择直接加载到 View 中显示,而这次需要将全部数据进行逐一比对,运算量较大,如果不断地通过网络连接读取数据则需要过长的加载时间，影响使用体验，因此我们需要将爬取的数据保存到数据库中，这样一来就可以在本地进行操作，节约了运算量。运用循环的逻辑将所有 22 个类目的热门书籍遍历，获取总共 2200 本书目信息，将其放入 LitePal 数据库中的 Book 表中，原理与上一小节提到的抓取方法相类似。比如用户之前检索了有关"编程设计"的内容，那么在推荐界面，系统会为用户推荐 6 本与"编程设计"相关的图书及其作者，如图 6-5 所示。

如果用户的历史记录只有一条，当然是根据该条历史记录进行匹配，但如果用户有着多条历史记录，那应该使用哪一条历史记录呢？这里我们采用用户最近的三条历史记录作为推荐的关键词，因为这最能反映用户当前这一段时期的文献偏好。

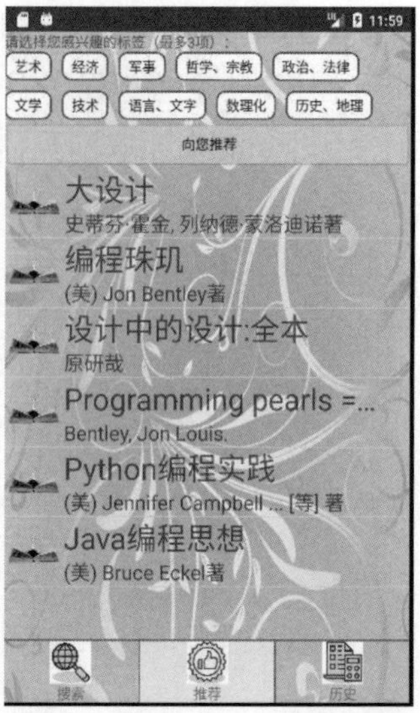

图 6-5　根据历史记录推荐效果图

6.5.3　根据标签与历史记录融合推荐

由于刚开始使用的时候是没有检索记录的，因此需要使用根据标签的推荐，当用户进行了几次检索，有了历史记录后就可以进行根据历史记录的推荐，但此时应该根据哪一条历史记录检索呢？如果采用全部的历史记录，那样本就会变得十分庞大，而且信息是具有时效性的，最初的检索需求不一定能够与当前的需求相符，而如果在这种情况下用户还选择了标签情况就会变得更加复杂，因此有必要对两种方法的推荐进行整合。

程序运行时，首先判断数据库中是否存在用户的检索记录表，也就是 SearchHistory 表，如果不存在，则根据标签选择进行检索，根据选择标签的数量推荐不同类型的资源。总流程如图 6-6 所示。

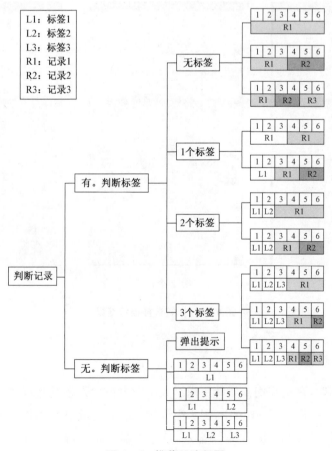

图 6-6　推荐总流程图

6.6　实验及结果分析

本节将对设计出的推荐系统进行实验,先分别使用标签推荐和历史记录推荐的两种推荐模式进行图书推荐,计算推荐结果的准确率和召回率;再使用同类高校图书馆的推荐系统进行对照实验,比较推荐结果。

6.6.1　基于标签推荐结果分析

推荐结果的准确率和召回率是衡量推荐系统性能的一种方法,而这里准确率是更为关键的指标。对于基于标签的推荐来说,召回率的测量变得很难实现,因为推荐系统并不需要将所有相关内容推荐出来,而是选择其中最合适的内容,况且在我们设计的推荐系统中,推荐个数是可以自己设定的,因此召回率的测量意义不大。

从南京大学图书馆网站爬取 2000 个书目信息作为测试实验的数据集,使用标签推荐方式从这 2000 条数据中进行推荐,计算推荐结果的准确率。采用不同的标签进行重复实验,计算准确率的平均值,并将其作为基于标签推荐的准确率。

实验中选取 10 个标签,按照标签个数分组;如果只选择 1 个标签有 10 种情况,选择 2 个标签时有 $C_{10}^2 = 45$ 种情况,选择 3 个标签时 $C_{10}^3 = 120$ 种情况。我们各选取选择 1 个标签、2 个标签和 3 个标签 10 种组合,总共 30 组推荐组合进行实验。对每一种组合进行一次试验,每次实验推荐出 6 个资源,计算每次实验的准确率,最后取均值作为标签推荐的平均准确率。

6.6.1.1　一个标签

选择一个标签"艺术"进行推荐,得到结果如图 6 - 7 所示。共得到 6 组数据,分别为《艺术的故事》、《礼仪中的美术:巫鸿中国古代美术史文编》、《图像学研究:文艺复兴时期艺术的人文主题》、《中国京剧史》、《普通语言学教程》、《中国现代戏剧史稿:1899—1949. 第 2 版》共 6 本书。

图 6 - 7　标签推荐结果测试图 1　　　图 6 - 8　标签推荐结果测试图 2　　　图 6 - 9　标签推荐结果测试图 3

其中只有《普通语言学教程》不属于"艺术"分类,由此可以算出该组实验的准确率为 83.33%。其余 9 个标签按照同样的方式进行推荐,得到的准确率如表 6 - 2 所示。

表6-2　一个标签推荐结果

标签	结果数量	推荐正确数量	准确率
艺术	6	5	83.33%
经济	6	5	83.33%
军事	6	5	83.33%
哲学、宗教	6	6	100%
政治、法律	6	6	100%
文学	6	6	100%
技术	6	5	83.33%
语言、文字	6	6	100%
数理化	6	6	100%
历史、地理	6	5	83.33%
总计	60	55	91.67%

6.6.1.2　两个标签

当选取2个标签时，抽取其中10种组合进行推荐，以"艺术"与"文学"标签为例，推荐结果如图6-8所示。得到的6组结果分别为《电影美学与心理学》《月亮与六便士》《美的历程》《围城》《文学回忆录：1989—1994》《平凡的世界》。推荐结果全部与"艺术"、"文学"标签相符，则准确率为100%。

以同样的方法进行另外9组测试，得到两个标签推荐结果如表6-3所示。

表6-3　两个标签推荐结果

标签			结果数量	推荐正确数量	准确率
艺术	AND	文学	6	6	100%
经济	AND	军事	6	4	66.67%
哲学、宗教	AND	技术	6	5	83.33%
政治、法律	AND	数理化	6	5	83.33%
语言、文字	AND	历史、地理	6	4	66.67%
技术	AND	军事	6	4	66.67%
经济	AND	语言、文字	6	5	83.33%
数理化	AND	技术	6	6	100%
文学	AND	军事	6	6	100%
艺术	AND	历史、地理	6	6	100%
总计			60	51	85.0%

6.6.1.3　三个标签

当选取3个标签时，抽取其中10种组合进行推荐，以"艺术"AND"文学"AND"军事"标签为例，推荐结果如图6-9所示。得到的6组结果分别为《华中解放区财政经济史料选编》《孙子兵法十五讲》、《时间—影像》《艺术的故事》《世界是平的：a brief history of the twenty-first century》《牛奶可乐经济学》(行为经济学版)。推荐结果中，《世界是平的：a brief history of the twenty-first century》以及《牛奶可乐经济学》(行为经济学版)不符合"艺术"、"文学"、"军事"标签,因此推荐准确率为66.67%。

以同样的方法进行另外9组测试,得到三个标签推荐结果如表6-4所示。

表6-4　三个标签推荐结果

标签					结果数量	推荐正确数量	准确率
艺术	AND	经济	AND	军事	6	4	66.67%
艺术	AND	哲学、宗教	AND	历史、地理	6	5	83.33%
政治、法律	AND	语言、文字	AND	技术	6	4	66.67%
经济	AND	技术	AND	数理化	6	5	83.33%
数理化	AND	文学	AND	哲学、宗教	6	6	100%
政治、法律	AND	技术	AND	语言、文字	6	6	100%
艺术	AND	数理化	AND	文学	6	6	100%
文学	AND	军事	AND	政治、法律	6	5	83.33%
历史、地理	AND	经济	AND	军事	6	6	100%
哲学、宗教	AND	文学	AND	语言、文字	6	6	100%
技术	AND	数理化	AND	历史、地理	6	6	100%
总计					60	53	88.33%

根据一个、两个和三个标签的推荐实验结果,可得平均准确率分别为91.67%、85%和88.33%,说明在只选择一个标签的时候,推荐的准确率最高,标签选择为2个时准确率最低。3组推荐总共推荐出180个资源,其中准确的结果共计159个,总准确率为88.33%。

6.6.2　基于历史记录推荐结果分析

在分析根据历史记录推荐的结果时我们可以把召回率作为判断指标之一,因为实验是在一个有限的样本空间中进行,在样本容量不大的情况下召回率有助于评判推荐系统的推荐结果。测试历史记录推荐准确率和召回率的实验方法与标签推荐实验方法类似,自定义10条历史记录进行基于历史记录的推荐,历史记录与预期得到的结果类型如表6-5所示。

表6-5　历史记录与预期结果对照表

历史记录	预期结果	样本空间预期结果总量
机器学习	机器学习等技术类相关书籍	2
毛泽东选集	毛泽东相关红色著作	15
离散数学	相关数学教材	12
Java实战	Java语言相关书籍	9
摄影艺术	介绍摄影的艺术类书籍	5
三体	科幻小说	4
太空之谜	探索太空的科普类书籍	9
计量经济学	经济学相关书籍	46
有机化学	有机化学相关内容	14
Python	Python技术、开发或习题	15

对这 10 条历史记录分别进行历史记录推荐，每次推荐 6 个资源，推荐结果情况如表 6-6 所示。

表 6-6　历史记录推荐结果

历史记录	结果数量	符合预期数量	符合预期总数	准确率	召回率
机器学习	6	2	2	33.33%	100%
摄影艺术	6	5	5	83.33%	100%
三体	6	4	4	66.67%	100%
总计	18	11	11	61.11%	100%
毛泽东选集	6	6	15	100%	40%
离散数学	6	4	12	66.67%	33.33%
Java 实战	6	2	9	33.33%	22.22%
太空之谜	6	4	9	66.67%	44.44%
计量经济学	6	6	46	100%	13.04%
有机化学	6	5	14	83.33%	35.71%
Python	6	6	15	100%	40%
总计	42	33	120	78.57%	27.5%

结果分析可知，在推荐结果锁定为 6 个的情况下，当样本空间中符合用户预期的资源数量大于 6 时，推荐结果往往具有较高的准确率，即在历史记录为"毛泽东选集"、"离散数学"、"Java 实战"、"太空之谜"、"计量经济学"、"有机化学"、"Python"时，其平均准确率为 80.57%；当样本空间中符合用户预期的资源数量小于或等于 6 时，推荐结果往往具有较高的召回率，即在历史记录为"机器学习"、"摄影艺术"、"三体"时，其平均召回率为 100%。

根据对标签推荐和历史记录推荐分别进行实验结果分析可知，作者设计的高校图书馆资源推荐系统的推荐结果较为准确，标签推荐功能总体准确率接近 90%，新用户能够根据标签分类较为准确地获取相关书籍；而根据历史记录推荐的准确率稍逊标签推荐，总体大约 80%，但是对于数量较少的目标资源时，可以从无数的资料中准确地获取相关内容，在测试组中召回率高达 100%。

6.6.3　推荐系统性能比较

国内九校联盟的 9 所院校中，其中 8 所高校的图书馆推荐系统提供个性化推荐服务。把这 8 所高校的图书馆推荐系统作为比较对象，与本章所设计的推荐系统进行比较，对相同的关键词分别进行个性化推荐，最后比较推荐结果的准确率。

从推荐出的资源中选取排名最靠前的 10 个资源计算推荐准确率，每次进行 10 组实验，将这 10 组实验结果取平均值作为该推荐系统的平均准确率，用来衡量推荐系统的推荐效果，实验结果如表 6-7 所示。

表 6-7　推荐系统准确率对比

	机器学习	摄影艺术	三体	毛泽东选集	离散数学	Java实战	太空之谜	计量经济学	有机化学	Python	平均
北京大学	60%	90%	40%	90%	100%	20%	80%	100%	90%	70%	74%
清华大学	80%	70%	90%	90%	100%	70%	30%	100%	100%	90%	82%
复旦大学	90%	50%	0	100%	100%	30%	50%	90%	90%	100%	70%

（续表）

	机器学习	摄影艺术	三体	毛泽东选集	离散数学	Java实战	太空之谜	计量经济学	有机化学	Python	平均
上海交大	90%	100%	90%	90%	100%	70%	20%	90%	90%	100%	84%
南京大学	70%	60%	90%	80%	100%	70%	40%	90%	100%	70%	77%
浙江大学	80%	50%	80%	80%	100%	60%	50%	100%	90%	70%	76%
中国科大	100%	80%	90%	100%	100%	100%	20%	80%	70%	30%	77%
哈工大	60%	70%	100%	100%	100%	80%	60%	80%	80%	50%	78%

由表6-7可知,其中2所高校的推荐系统个性化推荐服务准确率高于80%,其余6所高校都低于80%,其中南京大学推荐系统个性化推荐的准确率为77%;在6.6.2小节中,经过对所设计的推荐系统的测试,基于标签推荐的准确率为88.33%,基于历史记录的推荐的准确率为80.57%,均高于南京大学原有推荐系统的准确率,同时也高于参与实验的其余5所高校的图书馆推荐系统,表明我们设计的个性化推荐系统准确率性能比较优秀。

本篇总结

基于标签的推荐能让初次使用系统的用户有效地根据标签分类获取相关图书资源,解决冷启动的问题;而根据历史记录的推荐则可以隐式地获取用户的检索记录从而计算用户的喜好,根据这些信息更加针对、更加精确地为用户提供个性化推荐服务。以该推荐方法为基础,本篇提出了以用户需求为中心、实现功能融合以及友好人机交互界面的移动端图书馆推荐系统的设计方案。完成基于Android的移动图书馆资源推荐系统软件开发过程中,采用Java语言为编程环境、Android Studio软件为开发工具,搭建图书馆资源推荐系统的开发平台。实现了数据库的配置与搭建,建立检索、推荐、历史记录3大功能模块,又分别在三大模块中各自实现检索、标签推荐、历史记录推荐等独立功能,然后利用碎片的知识实现页面之间的切换。分别对标签推荐和历史记录推荐两大推荐方法进行了模拟实验以及实验结果准确率和召回率的分析。另外,本篇还对移动博物馆APP信息服务进行了研究,并进行了相应的功能模块设计,还完成基于Android的移动图书馆信息服务系统APP开发过程,采用clipse+Tomcat+JDK搭建了连接后台网络以及存储信息资源的服务器,利用Android Studio+JDK+SDK为通过Java开发设计的图书馆APP提供平台环境,然后按照系统框架设计方案设计出了具有注册/登录、书目检索、下载、图书馆公开课/视频资源观看以及馆内/校内资讯浏览等功能的Android版移动图书馆应用APP,最后针对APP进行了操作测试并着重对资讯和发现功能模块进行了优化。

第十三篇 图博档数字化服务融合中的可视化技术

第1章 引 言

1.1 信息可视化的内涵

随着 LAM 数字资源服务融合发展成为必然趋势,如何实现 LAM 数字资源的深度聚合,并利用可视化技术为用户提供深层次的文化服务成为国内外学者关注的课题。

信息可视化是一种跨学科领域,它与图形图像学、计算机科学、情报学等学科都有十分紧密的关系。1989 年,在第二届年度用户界面软件和技术研讨会上正式提出了"information visualization"这一概念,希望通过 2D 和 3D 动画可视化的集成来提高用户与界面的交互程度[①]。信息可视化的概念是从科学计算可视化和数据可视化发展而来的,它与前两者的区别大致在于被处理的数据类型不再仅局限于数值和空间类型,它能表达数据之间的关系,且处理技术更加丰富、处理过程也相对复杂化。

视觉是人类获取信息最重要的一种感官功能渠道,有研究表明人类 70％以上的信息都是通过视觉系统获得的[②]。信息可视化通过利用计算机交互式图形图像技术对大规模抽象数据进行交互式视觉表示[③],帮助用户增强对数据更深层次的认知[④],更快地获取数据视图中隐含的信息量。它是将数据、信息、知识等内容转换为图形进行展示的一种方法,最早出现于计算机科学领域。可视化分为科学可视化和信息可视化,其中信息可视化侧重于抽象和非物质数据,如文本、统计数据等[⑤]。它是一种以计算机为支撑,对抽象数据进行可视表示的方法与技术,目的是增强人们对抽象信息的认知[⑥],吴慰慈将其列为信息资源开发与利用的十个热点问题之一[⑦]。

信息可视化领域的经典模型就是该理论的提出者 Card 构建的,该参考模型描述了根据用户目标任务需求出发,从原始数据到数据表、可视化结构最后呈现用户视图的人机交互流程,其间需要经过数据转换、可视化映射和视图变换等步骤,而如何实现这些步骤就是信息可视化需要研究的问题(如图 1-1)。

---

① Robertson G，Card S K，Mackinlay J D. The Cognitive Coprocessor Architecture for Interactive User Interfaces［C］. Proceedings of the 2nd Annual ACM SIGGRAPH Symposium on User Interface Software and Technology，1989：10-18.

② 朱学芳. 数字图像信息资源开发及管理［J］. 中国图书馆学报,2002(06)：35-37.

③ Card M. Readings in Information Visualization：Using Vision to Think［M］. Morgan Kaufmann，1999.

④ 李小涛,邱均平,余厚强,等. 论智慧图书馆与知识可视化［J］. 情报资料工作,2014,(01)：6-11.

⑤ Mackinlay J D. Opportunities for Information Visualization［J］. IEEE Computer Graphics and Applications，2000，20(01)：22-23.

⑥ 周宁,程红莉,吴佳鑫. 信息可视化的发展趋势研究［J］. 图书情报工作,2008,52(08)：35-38.

⑦ 吴慰慈. 信息资源开发与利用的十个热点问题［J］. 中国图书馆学报,2008,34(03)：5-10.

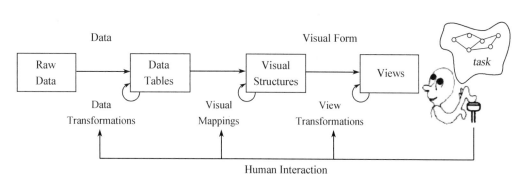

图 1-1　Card 信息可视化参考模型①

Shneiderman B 在与 Card 共同创作其经典著作时曾指出：根据原始数据的不同，可将其分为七种数据类型②，周宁据此将信息可视化的方法按照原始信息资源类型的不同也分为七种类型③，可参见图1-2。林夏④和孙巍⑤均在其文中对信息可视化的相关映射技术和显示技术有一定介绍，具体可参见表1-1。

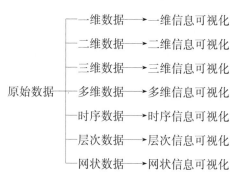

图 1-2　信息可视化的数据与方法分类

表 1-1　信息可视化的方法与技术概览

信息可视化技术	典型技术	使用场景
映射技术	自组织地图（SOM）、潜在语义分析（LSA）、寻径网络（PENET）、多维尺度（MDS）等	数据降维
显示技术	Focus＋Context 技术、Tree-map、ConeTree、Hyperbolic Tree 等	图形显示

目前越来越多的学者开始探讨 LAM 的信息资源融合模式，以及基于此的数字化服务的融合，以期能满足用户希望通过统一检索入口一次性获取分散在多个异构资源系统中的馆藏资源，又能获取到具有关联关系的知识性馆藏资源这样的信息需求⑥。而可视化技术的快速发展与广泛研究，为实现以用户需求为中心的 LAM 一体化融合数字化服务提供了良好的解决方案与技术保障，它有助于信息与知识以更直接、生动的视觉表现方式呈现在用户面前，来促进文化知识的传播、利用和创新⑦，因此馆藏信息馆藏资源的可视化也已成了当前十分热门的研究领域。但与国外相比，国内相关的研究起步较晚，相

① 孙巍. 基于引文的信息检索可视化系统研究［D］. 哈尔滨：黑龙江大学，2007.

② Card M. Readings in Information Visualization：Using Vision to Think［M］. Morgan Kaufmann，1999.

③ 周宁，张玉峰，张李义. 信息可视化与知识检索［M］. 北京：科学出版社，2005.

④ 林夏. 信息可视化与内容描述［J］. 现代图书情报技术，2004，（10）：3-13.

⑤ 孙巍. 基于引文的信息检索可视化系统研究［D］. 哈尔滨：黑龙江大学，2007.

⑥ 梁慧. 基于语义的馆藏资源深度聚合与可视化展示的保障机制研究［D］. 武汉：华中师范大学，2013.

⑦ 邱均平. 专题：馆藏资源可视化研究［J］. 情报资料工作，2014，（01）：5.

关实践项目不足，已有的一些平台的可视化技术运用不足，使用体验不够理想，无法为用户提供深层次的信息服务，实现知识共享。因此，在政府崇尚积极开展 LAM 这类文化机构与信息技术相结合的发展背景下，从高效利用文化信息资源和传承中华民族璀璨文明的目的出发，实现 LAM 数字信息资源的深度融合及"一站式"数字化服务融合的提供，是一项紧迫且有价值的工作。同时，可视化技术与 LAM 服务平台的结合也是现代文化机构发展的必然趋势，是满足人民精神文化需求的必然选择，也是顺应政府建设公共文化服务体系的需要。

1.2 图博档数字化服务中可视化技术研究现状

信息可视化的热潮在近几年来越来越受到关注，并且开始逐渐渗透到传统与新兴媒体平台当中，例如，纽约时报旗下的栏目，从政治宣传到食品营养都加入了可视化的因素。在图博档信息资源建设及服务融合的过程中，也不乏可视化的身影。

对于图书馆，在国外，美国西雅图的公共图书馆里设有一个实时更新的"仪表板"，显示最近的网络流通情况和复杂的关键字网络；哈佛图书馆实验室研究一种强大的工具，通过查看关键词标题，来得知数据存储量和流量的大小；印第安纳波利斯艺术博物馆拥有一个网页"仪表板"，用以大胆地展示他们不断变化的艺术品、会员、访问者以及 Facebook 粉丝的数量。

对于档案馆，Lemieux 于 2012 年总结了档案领域信息可视化和可视化应用的调查，在文中作者认为应该更多地将这些技术应用于未处理的档案材料而不是归档分析的输出，在分析档案工作者和不同类型用户的认知任务研究时，Lemieux 认为需要更加强调创造具有人机友好性的电子档案馆交互界面[1]。

Hu[2] 认为，作为人类文化遗产的主要载体，博物馆把其收藏的历史文化展品展现给人们，在这一过程中实现信息的表达、接受和认知。在这个过程中，信息以可视化的方式呈现。而一般的信息可视化设计倾向以二维设计，然而，随着设计科学的快速发展，随着平面设计逐渐与空间设计交叉，信息可视化的应用不能仅限于平面设计。以下将从资源建设和资源服务两个方面，介绍近三年以来世界范围内的信息可视化技术应用在图博档数字建设领域的一些成果。

1.2.1 图博档数字资源建设中可视化技术研究现状

钱力等人[3]从数字图书馆信息检索的角度出发设计可视化模型，应用了开源组件 BirdEye 在 B/S 的网络结构和 J2EE 技术基础上搭建了这样一个可视化模型，具体可实现信息资源主题化以及时间、来源库和作者合著关系的可视化检索，经测试后反响较为良好，其可视化成果已经应用到中科院国家科学图书馆的信息检索当中；秦健[4]为高校的数字图书馆的推荐模型设计了一个可视化模型。Graham 等人[5]介绍了一种档案数据集的可视化工具 Vesper（Visual Exploration of SPEcies-referenced Repositories），旨在减少生物学家们所花费的时间和精力，来确定他们正在生成或使用的数据的质量，Vesper 建立在 D3 JavaScript 库之上，以三个基本维度（分类学，地理学和时间）分析和显示生物种群数

① Lemieux V. Using Information Visualization and Visual Analytics to Achieve a More Sustainable Future for Archives: a Survey and Critical Analysis of Some Developments[J]. Comma，2012(2)：55 - 70.

② Hu J M. Application of Information Visualization in Museums' Display and Design[J]. Advanced Materials Research. 2014，989：5411 - 5414.

③ 钱力，张智雄，邹益民，等. 信息可视化检索在数字图书馆中的应用实践[J]. 现代图书情报技术，2012，28(4)：74 - 78.

④ 秦健. 基于信息可视化与数据挖掘的高校图书馆推荐系统的设计与实现[D]. 北京：北京交通大学，2014.

⑤ Graham M，Kennedy J. Vesper：Visualising Species Archives[J]. Ecological Informatics，2014，24：132 - 147.

据集,并为数据的每个方面提供可视化。

Short 等人推出了一个具有三个层次的数字图书馆可视化系统,用以简化用户在图书搜索方面的体验,用户可以浏览相关选择的整个存储库,缩小到少数利益,最后选择最相关的查询,在用户的查询过程中,借助信息可视化技术用户可以迅速识别出图书馆中的兴趣点①。

Borgherini 等人②建立了一个在线交互式访问威尼斯档案的原型平台,该项目是美国媒体实验室(DGA)委托美拉媒体实验室创建了一个互动的、灵活的在线展览空间,符合互联网标准,可以从威尼斯医院档案馆动态地显示文件,照片和图像。

Tian 等人③与古生物学家合作,建立了一个新型具有混合功能的无脊椎动物古生物知识库(IPKB)作为数字图书馆,研究者提出了一种方法来提取每个属的文本本体信息,以及建立一个化石图像数据集,其中每个图像标有其属名。基于这两方面的数据,通过集成文本和视觉特征来开发混合搜索系统,Chen 等人使用信息可视化的方式调查了美国南达科他州的一个印第安聚集地的当地大学图书馆的基本情况,涵盖运作、人力资源管理、财务运作、服务和方案管理以及和技术相关的活动。在这项研究中,作者采用了可视化软件 Tableau 来对该大学图书馆进行描述,这项研究是第一个通过探索报告数据和定量使用信息可视化技术来调查土著大学图书馆活动,但同时这个可视化研究仅局限在单一一所大学当中,有待进一步扩大研究的范围④。

Sherren 等人⑤采集了社交媒体上的数字图像数据集,将其存放在档案库中,档案库中的图像数据集经过了机器学习、图像数字化、数据聚合和可视化技术等方面的应用,来帮助研究者发现问题、预测问题,其实证背景是关于人们对加拿大新建水电站大坝的看法(即文中所说的 SIA),图片资料收集自 Twitter 和 Instagram。

1.2.2　图博档数字资源服务中可视化技术研究现状

1.2.2.1　国外 LAM 数字资源服务中的可视化相关研究

Cunningham 等人⑥在其研究中提出将从数字图书馆资源集合中提取的图像以流动拼贴的可视化方式进行展示是帮助用户更好理解内容的有效工具,并通过定性的方式验证了这种馆藏资源展示方式能帮助用户更好地获取馆藏资源信息。

在促进提高检索效率的可视化方面,Rayward⑦曾提出要关注情报学视野下的界面设计,这对于

---

① Short G, Kim B. Multi-tiered Visual Interfaces for Book Search with Digital Library Systems[C]. 2014 6th International Conference on Multimedia, Computer Graphics and Broadcasting (MulGraB). IEEE, 2014: 21 - 24.

② Borgherini M, Comacchio L, Garbin E. H VEN LC3 a Flexible Platform for Consulting Museum and Institution Archives Le Corbusier's Project (1960s) for the Venice Hospital[C]. Virtual Systems &. Multimedia (VSMM), International Conference on. IEEE, Hong Kong Dec. 09 - 12, 2014: 16 - 20.

③ Tian Y, Sompalli R, Wang G, et al. Textual Ontology and Visual Features Based Search for a Paleontology Digital Library[C]. Tools with Artificial Intelligence (ICTAI), 28th International Conference on. IEEE, 2016: 1089 - 1094.

④ Chen H M, Chen H M, Ducheneaux T, et al. How are we Doing in Tribal Libraries? A Case Study of Oglala Lakota College Library Using Information Visualization[J]. Library Management, 2017, 38(1): 20 - 44.

⑤ Sherren K, Parkins J R, Smit M, et al. Digital Archives, Big Data and Image-based Culturomics for Social Impact Assessment: Opportunities and challenges[J]. Environmental Impact Assessment Review, 2017, 67: 23 - 30.

⑥ Cunningham S J, Bennett E. Understanding Collection Understanding with Collage[C]. International Conference on Asian Digital Libraries, 2008: 367 - 370.

⑦ Rayward W B. Electronic Information and the Functional Integration of Libraries, Museums, and Archives[J]. E Higgs History &. Electronic Artefacts, 1998: 207 - 226.

LAM 领域的可视化设计、信息服务质量的提升提供了新的研究方向与思路。Shneiderman 等人[①]在 2000 年开发了一个简化的二维显示界面，能在搜索结果页中呈现出数千条的结果项，它通过分类和分类轴实现，作者将其称为 hieraxes，并进行了可用性测试。在界面的每个网格点会现实一组彩色编码点或者条形图，它会呈现结果中不同类型数据的分布情况，同时用户单击标签可移动到下个层次级。这种可视化展示方法提供了一种浏览搜索结果集的简单方法，用户可以通过以网格排列的颜色编码点或条形图来查看概览，并按熟悉的标记类别进行组织。Powell 等人[②]在其文中描述了他们设计的可视化工具在大型存储库中的应用，设计了一种搜索结果可视化工具——SearchGraph 以服务于科学家和工程师，用户可以通过排序、过滤等若干操作从多个视角观察数据，其视觉形式是多维交互式散点图。Yoshida 等人[③]设计了一个可对搜索结果的关键词进行可视化的系统，系统自动从搜索结果中提取重要术语并映射到二维图上，用户可自主查看并进行筛选，只需用鼠标移动这些术语便可对这些结果进行重新搜索和排序，直至用户找到满意的结果。该方法能够帮助用户以简便的操作来检索有效信息，并被尝试应用于网页搜索和数字图书馆来验证其可用性。Allalouf 等人在 2014 年就对大学图书馆的"下一代"目录进行了一定程度的研究，并展示了一个名为 VisFacet 的交互式分面可视化框，它扩展了目录界面，并允许用户以交互方式缩小或扩大由建议主题或方面过滤的搜索结果，还对该项目进行了用户满意度问卷调查[④]。

从具体的可视化展示技术研究上看，Hemminger 等人在论文中介绍了通过实物的捕捉而构建 3D 虚拟博物馆展示的方法[⑤]。近两年多模交互的引入为 LAM 领域的人机交互研究领域提供了全新的角度，例如力触觉[⑥]，它的应用能给用户带来视觉之外的独特艺术体验。虚拟博物馆作为民族文化和遗产文化的公共服务和教育基础设施的重要组成部分，能帮助游客仅通过鼠标、触摸屏和其他增强现实设备就获得真实博物馆般的用户体验，随着技术的成熟，虚拟现实等相关技术的使用也越来越常见。Miyata 等人在 2012 年就在其文中提到使用可视化技术改善参观者的体验，并在其案例研究中使用可视化交互装置来虚拟重建伊特鲁里亚墓，并观察用户探索其内容的情况[⑦]。Rattanarungrot 与 White 提出了一个移动增强现实的平台，对面向服务的个性化互动博物馆环境中的文化媒体对象进行可视化，让用户通过基于图像的重建技术能获得所选文物的虚拟 3D 模型，还可以进一步选择存储并保存以供稍后观看，便捷又具有吸引性，有助于提升用户体验。而随着互联网服务的普及，3D 图形在网络技术领域越来越占有一席之地。Aderhold 等人介绍了一个特别关注在线虚拟博物馆中的文化遗产的展示和可视化的平台，它允许用户上传大的 3D 模型，随后转换和优化用于 Web 显示到整个虚拟环境中，产生用户与系

① Shneiderman B，Feldman D，Rose A，et al．Visualizing Digital Library Search Results with Categorical and Hierarchical Axes [C]．Proceedings of the fifth ACM conference on Digital libraries，2000：57－66．

② Powell J E，Martinez M L B，Hettinga R K，et al．Information Visualization and Large-Scale Repositories[J]．Library Hi Tech，2007，25(3)：366－378．

③ Yoshida T，Nakamura S，Oyama S，et al．Query Transformation by Visualizing and Utilizing Information about What Users Are or Are Not Searching[C]．International Conference on Asian Digital Libraries：Universal & Ubiquitous Access to Information，2008．

④ Allalouf M，Mendelsson D，Mishustin E．VISFACET：Facet Visualization Module for Modern Library Catalogues [C]．Proceedings of the First Workshop on Knowledge Maps and Information Retrieval，2014：61－69．

⑤ Hemminger B，Bolas G，Carr D，et al．Capturing Content for Virtual Museums：from Pieces to Exhibits[C]．IEEE Conference on Digital Libraries，2004．

⑥ Vi C T，Ablart D，Gatti E，et al．Not just Seeing，but also Feeling Art：Mid-air Haptic Experiences Integrated in a Multisensory Art Exhibition[J]．International Journal of Human-Computer Studies，2017，108：1－14．

⑦ Miyata K，Oyabu U，Kojima M．Museum as an Integrated Imaging Device：Visualization of Ancient Kyoto Cityscape from Folding Screen Artifact[J]．Chinese Annals of Mathematics，2012，36(5)：871－882．

统的交互[①]。Beer 在其文中具体介绍了虚拟化的三种方法，并与数字博物馆的虚拟性进行了关联，而数字博物馆的虚拟性被作为在数字媒体中传播遗产的方式[②]。Bharti 等人以佛罗里达大学马斯顿科学图书馆为例介绍了其集成 3D 技术和可视化墙的尝试，展示了数字化服务融合对提升图书馆的研究和教学潜力的帮助[③]。

Wu 等人[④]根据儿童的特点，设计了一个以儿童为导向的数字图书馆定制界面，在本研究中，用于开发儿童信息检索的可视化工具的标准是基于与信息可视化系统的图形界面有关的人类感知理论，包括图标表示和可视化显示器上的信息密度。结果统计分析表明，与文本内容界面相比，图形界面提高了儿童搜索的成功率和速度。然而，还需要进一步的研究来确定影响儿童信息寻求行为模式的因素。

Bernard 等人[⑤]介绍了 Vis-Info，一个基于时间序列的网络数字图书馆系统(DLS)，其目标是提供时间序列基础上的数据的视觉访问。该系统使用户能够通过示例或草图来定义视觉查询。最后，VisInfo 提供了搜索结果的可视化交互功能。作者认为，这种新型的可视化数字图书馆需要跨学科专家的参与。

Pérez-Montoro[⑥]提出了一个可以提高可视化解决方案中的导航和搜索系统的清晰度的工具——Area。Area 是一个低成本的可视化工具，易于实现，可以与大量的文档集合使用。此外，它具有较短的学习曲线，增强了用户对于期刊和数字图书馆网站的体验和满意度。

Delport 等人[⑦]将数字图书馆的可视化应用于企业组织安全的背景下，首先作者研究了过去的文献，指出了企业组织信息系统中可能包含着的影响行政人员的机密性、完整性和可用性的潜在威胁，然后在这些威胁之上，作者提出了一个交互性的可视化数字图书馆，旨在提高组织内部行政人员的信息安全意识水平。这个数字图书馆以一种电子百科全书的方式呈现，并且可以实现用户与图书馆所在的电脑的互动。这样的一个图书馆目前仅能针对不同组织中行政员工的信息安全意识，而无法涵盖整体员工，还有待进一步的扩展研究。

Börner 等人[⑧]在 2016 年进行了一项调查，采访了 273 名博物馆参观者(包括青年和成人)对 20 个不同类型的博物馆内信息可视化模型的了解程度，这些模型包括 5 个地图，8 个图表和 5 个网络布局。结果显示，虽然大多数参与者对科学，数学和艺术有着浓厚的兴趣，但许多人很难具体识别和解释可视化。上述的结果证实了大众对于一般数据可视化具有较低的读写水平。这一研究对于博物馆和教育行业开创更为容易实用且高效的可视化模型具有积极意义。

Lanir 等人[⑨]介绍了一种室内的位置定位系统，这项系统以用户行为为导向，被引进了博物馆中，可以帮助博物馆管理者了解到博物馆中即时发生的事情，以及最受欢迎的展品，参展者最喜欢的游览路线

① Aderhold A，Jung Y，Wilkosinska K，et al. Distributed 3D Model Optimization for the Web with the Common Implementation Framework for Online Virtual Museums[C]. Digital Heritage International Congress，IEEE，2013.

② Beer S. Digital Heritage Museums and Virtual Museums[C]. Virtual Reality International Conference，2015.

③ Bharti N，Gonzalez S，Buhler A. 3D Technology in Libraries：Applications for Teaching and Research[C]. International Symposium on Emerging Trends & Technologies in Libraries & Information Services，2015.

④ Wu K，Tang Y，Tsai C. Graphical Interface Design for Children Seeking Information in a Digital Library[J]. Visualization in Engineering，2014，2(1)：5.

⑤ Bernard J，Daberkow D，Fellner D，et al. VisInfo：a Digital Library System for Time Series Research Data based on Exploratory search—a user-centered Design Approach[J]. International Journal on Digital Libraries，2015，16(1)：37 - 59.

⑥ Pérez-Montoro M，Nualart J. Visual Articulation of Navigation and Search Systems for Digital Libraries[J]. International Journal of Information Management，2015，35(5)：572 - 579.

⑦ Delport P M J，Gerber M，Safa N S. An Interactive Visual Library Model to Improve Awareness in Handling of Business Information[C]. Information Security for South Africa (ISSA)，IEEE，2016：18 - 26.

⑧ Börner K，Maltese A，Balliet R N，et al. Investigating Aspects of Data Visualization Literacy Using 20 Information Visualizations and 273 Science Museum Visitors[J]. Information Visualization，2016，15(3)：198 - 213.

⑨ Lanir J，Kuflik T，Sheidin J，et al. Visualizing Museum Visitors' Behavior：Where do they Go and What do they do There? [J]. Personal & Ubiquitous Computing，2017，21(2)：313 - 326.

以及博物馆哪些区域在哪些时刻最为繁忙，这些信息均以可视化的方式呈现给管理员。但是这个系统的局限性是难以捕捉到参观者的学习认知过程，并且存在着侵犯游览者隐私的嫌疑。

传统美术馆里举办的很多展览都留下了大量的记录（图片、视频和文字），这些记录分布在多个不同的地方，Nóbrega 等人提出了一个多媒体系统来重建这些展览的内容和空间，允许访问档案中的每张照片之间的空间关系，提供与用户交互的新维度[①]。

这些可视化方法为实现更好的 LAM 融合信息服务提供了一些思路，值得根据时代发展和需求的变化进行更深入的研究。

1.2.2.2　国内 LAM 数字资源服务中的可视化相关研究

国内关于 LAM 领域的可视化相关研究起步较国外稍晚，且可视化研究多针对数字图书馆领域，但结合中国的发展现状和特色国情也产生了许多优秀的研究成果。

国内较多研究学者对于图书馆馆藏资源的可视化做了较多的研究，而我们认为，馆藏资源应面向的是所有文化机构的资源，包括图书馆、博物馆、档案馆等。信息可视化作为人机界面设计与良好的用户体验中的关键因素将成为重要的研究领域。而 LAM 资源可视化是指将语义关联的数字资源，借助可视化技术将其转化为直观形象的图形或图像，采用动态交互的方式将可视化的结果展示给读者[②]。邱均平曾对国内的馆藏资源可视化研究相关文献进行了梳理，发现截至 2013 年国内对可视化方法与技术研究占比最多，对应用研究涉及最少，呈现技术为主、理论为辅、应用较弱的态势[③]。张继东看到了基于语义的数字图书馆信息可视化方法的优越性，比较分析了相关可视化模型，并提出自己的见解[④]。张玉峰、何超等相关学者在馆藏资源的深度聚合结果及可视化方面做了较多工作，探讨了不同聚合方法下的可视化框架[⑤⑥⑦]，创新性地尝试将层次可视化方法融入馆藏资源聚合结果的可视化展示中，并进行了简单的实验分析[⑧]。

许多学者面向用户、信息服务等开展了可视化方法与模型的相关研究，王曼茹从用户体验的角度出发讨论了信息可视化在数字图书馆中应用的可能性与重要性。李洁和毕强从知识聚合的粒度构建了数字图书馆可视化模型，核心运用了社会网络分析法，以期实现静动态交互呈现的可视化效果，满足用户的个性化交互操作需求[⑨]。田宁从读者需求出发，探讨了图书馆的资源发现系统中可视化服务的流程与可运用的可视化技术，强调以用户为中心的可视化服务理念[⑩]。也有学者开展了以用户为中心数字图书馆的界面设计研究，虽然这与 LAM 领域的可视化研究没有直接的关联，但是能够看到学界对人机交互的重视，可视化可以为 LAM 领域实现良好的界面设计做出突出的贡献[⑪⑫]。王婧则探讨了可视化技术具体在数字图书馆动态多维知识呈现服务中的应用情况，并提出三大保障措施[⑬]。

①　Nóbrega R，Correia N，Nobre C，et al. Navigation in Past Museum Exhibitions Using Multimedia Archives[C]. Proceedings of the International Working Conference on Advanced Visual Interfaces，2012：778 - 779.

②　刘学平. 馆藏数字资源语义关联可视化实现研究[J].情报科学,2015,33(05):21 - 27.

③　吕红,邱均平,李小涛,等. 国内馆藏资源可视化研究进展分析[J].情报资料工作,2014,(01):20 - 26.

④　张继东. 数字图书馆信息可视化应用模型研究[J].情报理论与实践,2011,34(01):103 - 106＋128.

⑤　何超,张玉峰. 基于本体的馆藏数字资源语义聚合与可视化研究[J].情报理论与实践,2013,36(10):73 - 76＋39.

⑥　张玉峰,曾奕棠. 语义环境下馆藏资源深度聚合结果可视化框架研究[J].图书情报知识,2014,(05):65 - 71.

⑦　何超,张玉峰. 基于 Web 链接挖掘的馆藏资源语义聚合与可视化展示研究[J].情报科学,2015,33(02):115 - 120.

⑧　张玉峰,何超. 馆藏资源聚合结果的层次可视化方法研究[J].情报理论与实践,2013,36(08):41 - 44.

⑨　李洁,毕强. 数字图书馆资源知识聚合可视化模型构建研究[J].情报学报,2016,35(12):1273 - 1284.

⑩　田宁. 读者服务视角下的资源发现系统可视化服务研究[J].图书馆学研究,2014,(17):71 - 75.

⑪　李惠. 数字图书馆网页界面的设计与优化[J].河南图书馆学刊,2017,37(10):95 - 97.

⑫　李雅洁. 服务于移动数字图书馆界面设计的数字图书馆使用调查研究[J].图书馆,2018,(10):29 - 37＋44.

⑬　王婧. 可视化技术在数字图书馆动态多维知识呈现服务中的应用研究[J].河南图书馆学刊,2017,37(07):88 - 90.

在可视化技术与应用的研究方面，众多新颖的可视化技术逐步在 LAM 领域成为研究对象，带来创新性的应用效果。任国栋等人[①]基于 Unity 3D 平台，为杭州的工艺美术博物馆的虚拟博物馆三维展厅设计了一个可视化展示模型，这一模型使用 Wed3D 客户端技术，具有比较优良的结构性，但是从文献中可以看出，该系统还存在着交互性差等缺点。

董智辉和冯兰萍以本体技术，结合知识地图来实现知识可视化，在介绍具体流程的基础上以城镇化建设对生态环境的影响为例进行了实例研究，更好说明了以本体为基础的可视化方式能够实现知识粒度的关联与呈现[②]。GIS 技术原本是用来处理互联网环境下的地理空间信息的，自动引入图书馆学领域后对于实现空间的信息可视化带了新的可能。鲍劼和朱世平在 2013 年的文献中就运营 WebGIS 技术实现了馆藏空间信息可视化系统的设计与构建，为该领域的发展提供了一个应用案例[③]。唐惠燕和包平在其研究中运用 GIS 技术尝试绘制了可视化专题地图，以提高知识服务的效果[④]。在馆藏资源分布的可视化方面，3D 地图、RFID 定位技术也是比较热门的可视化技术。陈路明等人基于 Viewshare 这一开源可视化工具介绍了详细的可视化操作步骤与实现效果，充实了 LAM 的可视化方法[⑤]。孙倩利用一些开源的可视化开发工具，为国家图书馆网站设计了词云、时间轴和列表展示的可视化呈现实例，以期优化用户的使用体验。虚拟现实（Virtual Reality，VR）作为人工智能的重要发展方向也较早引起了图请领域研究者们的重视，2016 年更是被国内众多媒体称为是虚拟现实元年。陆颖隽在其文中对相关文献进行调研总结，对 VR 在提升图书馆创新服务上的发展前景进行了展望[⑥]。而增强现实（Augmented Reality，AR）作为虚拟现实的一门重要分支技术也受到了极大的关注，例如付佳等人[⑦]。Hu 等人在其研究中提出了一个基于全景图像和三维模型的混合三维虚拟博物馆，展示了如何实现手持式虚拟博物馆的导航、三维浏览及随时随地的智能信息查询，这给用户带来全新的参观体验提供了可能[⑧]。

1.2.3　国内外图博档数字化服务融合可视化应用案例

国外目前已有较多成功的 LAM 馆际之间的合作项目，我们选取一些典型的案例对其运用的可视化技术进行介绍，以期为后面的可视化设计提供思路。国内的大型 LAM 合作项目较少，但由于博物馆藏品性质的特殊性，其数字平台通常采用了较多的可视化技术以全面展示丰富的文化资源。

（1）世界数字图书馆

该项目是合作范围最广、收录藏品涉及相对较多的一个大型文化领域合作案例，有学者对该系统的服务模式进行了一定的研究[⑨]，其中在资源展示方面，网站提供了时间轴、互动式地图、专题、分类探索等可视化布局，在进行信息检索时，还提供了筛选部分以及文字匹配的高亮显示，同时平台支持 7 种语言，便于用户精确地找到所需文化资源。网站整体的画面具有历史的厚重感，首页布局了显眼的全站统一检索框，方便用户进行检索，同时用户也可以选择从地点、时期、专题、条目类型、语言和典藏单位六个

①　任国栋，陈林华，陶学锋，等. 基于 Unity3D 的虚拟博物馆信息可视化系统[J]. 计算机系统应用，2013，22(9)：86－90.

②　董智辉，冯兰萍. 基于知识地图的知识检索可视化研究[J]. 网络新媒体技术，2015，4(03)：52－59.

③　鲍劼，朱世平. WebGIS 在馆藏空间信息可视化中的应用[J]. 现代图书情报技术，2013，(06)：90－95.

④　唐惠燕，包平. 基于 GIS 的图书馆知识服务实证研究[J]. 图书馆理论与实践，2016，(04)：92－94.

⑤　陈路明，陈丽君，毕强. 基于 Viewshare 的馆藏数字资源可视化研究[J]. 图书馆学研究，2016，(02)：26－31.

⑥　陆颖隽. 我国图书馆虚拟现实应用及研究述评[J]. 图书与情报，2017，(05)：120－127.

⑦　付佳，闫实，王国军. 增强现实技术在数字图书馆服务创新中的应用[J]. 图书馆学刊，2016，38(04)：120－123.

⑧　Hu Q，Yu D，Wang S，et al. Hybrid Three-dimensional Representation Based on Panoramic Images and Three-dimensional Models for a Virtual Museum：Data Collection，Model，and Visualization[J]. Information Visualization，2017，16(2)：126－138.

⑨　穆向阳. 图博档数字资源统一组织与服务模式融合研究[D]. 南京：南京大学，2014.

角度展开个性化的探索。时间线按照不同的主题,将历史发展中的重要事件随着时间轨迹不断推进,向用户以图片和文字的形式展现,生动且富有吸引力,见图1-3。此外,网站还提供互动式地图,将历史古迹和遗产以地图形式展开,富有趣味性又生动形象,将文化的地理因素展现出来了,见图1-4。

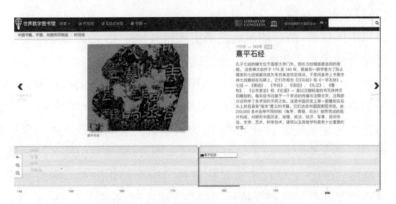

图1-3 世界数字图书馆时间轴

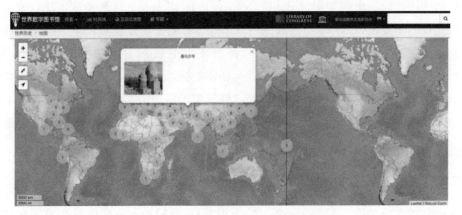

图1-4 世界数字图书馆互动式地图

但我们认为,该平台在使用过程中的可视化不足之处是:第一,检索后的资源结果呈现比较单调,文字介绍冗长不易阅读,且没有设置分页功能;第二,文化资源的呈现方式仅有图片一种形式,且对图书不提供在线阅读的功能,使用者无法了解与该资源有直接关联的其他文化资源,信息或知识获取的途径比较单一;第三,仅提供五个有限主题的时间轴展示项目,且用户无法直接获取整个时间维度的概览,只能进行前进与后退操作,无法直接定位到某个时间节点,展示维度也相对单一,难以满足用户的浏览需求;第四,互动式地图在查看某地的文化资源时只显示该资源的图片,无其他备注信息,且数量较大时无法对信息进行分类展示,仅提供显示全部的跳转按钮,对于用户使用地图功能带来了一定的不便。

(2)美国记忆

美国记忆(American Memory)项目于1990年启动,它将来自美国国会图书馆和其他文化及历史机构的藏品进行数字化,包括书面和口头的文字、录音、静态和动态图片、地图和记录美国生活的乐谱等,以期让公众通过互联网进行免费和开放的访问[1]。

美国记忆平台的界面也呈现出简洁的风格,背景纯白没有多余的点缀设计,首页上方设计了自动轮播的热门主题,方便用户快速找到自己感兴趣的资源。全平台的检索框布局在界面右上角,可以通过选

---

① About American Memory：Mission and History[EB/OL]. [2019-2-25]. http://memory.loc.gov/ammem/about/index.html.

择目标资源类型,快速筛选检索范围,便于精确检索,如图1-5。

图1-5 美国记忆首页截图

下方分布着平台的数字化资源,用户有四种排版方式可供选择:第一种是与世界数字图书馆的展示方式类似的列表,左侧为图片,右侧为某类主题的资源的简要文字介绍,包括主题名、内容简介、贡献者、收录时间、所含项目等;第二种是称作美术馆(gallery)的一种展示方式,它与第一种展示方式类似,区别在于图片是横向排列的,文字介绍在图片下方;第三种称为网格的展示方式,所有图片以网格的形式整齐排列,不按主题进行整合,也不展示文字介绍的内容;第四种展示方式是幻灯片形式,每个系列主题都展示一张代表图的缩略图,上方为放大版,下方横向排列着所有的某主题代表图,用户可通过点击箭头查看下个主题或直接点击某张特定的缩略图进行快速跳转,类似幻灯片,点击图片下方标示的主题名后可跳转至该系列全部内容,同时为了方便查看,用户还可以选择全屏展示每张幻灯片。与世界数字图书馆一样的是,美国记忆平台也提供了优化检索结果的分类可视化区,具体可见图1-6。

图1-6 美国记忆幻灯片式展示图

另外值得关注的是,当用户查看某个具体的系列主题内容时,除了可以欣赏图片与文字的内容,还能通过播放文字介绍的语音文件来实现边听边浏览馆藏图片,实现多感官交互。而与数字图书馆项目不同的是,美国记忆没有提供其他太多的可视化展示服务,例如地图、时间轴等来展示资源其他维度的信息。

（3）MICHAEL（Multilingual Inventory of Cultural Heritage in Europe）

MICHAEL 项目旨在向用户提供欧洲数字馆藏资源的信息服务，并希望教育、研究、医疗等其他领域为用户提供辅助的服务，该项目帮助用户更好获取欧洲数字文化遗产相关的知识[①]。

该平台的界面风格颜色以活泼与温暖的橙色为主，框架布局简单，首页不展示任何文化资源，仅在上方提供了统一检索入口，并提供高级检索功能，使用户更快定位到所需信息。网站支持五种语言，方便欧洲的其他国家用户使用，见图1-7。

图1-7　MICHAEL 平台首页图

MICHAEL 支持文本、幻灯片、图片、音频、视频、档案等多种类型的数字资源的检索服务，且将鼠标悬置在检索结果图片上时图片自动放大呈现。但该平台对于资源的呈现方式比较单一，仅展示资源本身及相关的文字摘要，暂无有关该文化遗产的相关文化资料、历史背景等，也没有应用更多样化的可视化技术来呈现知识粒度的资源间的关联、地图技术等，对获取文化知识来说使用体验相对较差一些。但比较有特色的是 MICHAEL 项目公开了自己的技术细节，用户可以查看其数据模型和模式等文档，并提供下载入口。

（4）国家数字文化网

国家数字文化网是全国文化信息资源共享工程的主站，它应用现代信息技术，将 LAM 等各类文化机构中存储的中华优秀文化信息资源进行数字化加工与整合来为公众提供文化服务，在全国范围内实现中华优秀文化资源的共建共享[②]。平台展示了图片、新闻、视频、书籍等文化形式，界面风格以红色为主要色调，内容针对不同年龄层的用户进行了较细致的分类，具有一定程度的个性化，方便用户查看。但在画面质量、界面设计上仍与国外有较大差距，界面排版、资源发布相对繁杂，难以阅读。在可视化技术运用方面也相对欠缺，网站主体以文字展示为主，图片搭配为辅，将相关视频、视频等文化资料进行简单的展示，以现代的文化活动为主要展示内容，缺少知识层面的成果。

---

① Multilingual Inventory of Cultural Heritage in Europe[EB/OL]. [2019-2-25]. http://www.michael-culture.org/.

② 国家数字文化网[EB/OL]. [2019-2-25]. http://www.ndcnc.gov.cn/.html.

图 1-8 国家数字文化网首页图

1.2.4 国内外研究现状述评

总之,对可视化技术灵活而充分的运用是推动图博档数字化服务融合有效开展的一股重要力量,对良好的人机交互效果有着深刻的影响,直接关系平台的服务质量。从上述国内外相关理论研究和应用案例上看,LAM 领域的数字资源聚合及融合可视化服务正越来越引起学界的重视,而对于 LAM 数字资源深度聚合理论的广泛讨论也为 LAM 数字化服务融合中的可视化展示服务打下了坚实的理论基础。

LAM 资源可视化主要分为两种:一是以馆藏实体为基础的数字化加工与管理可视化,二是对 LAM 资源进行深度聚合和挖掘的基础上进行可视化[①]。根据信息可视化馆藏资源中的研究与应用情况,学者对于馆藏资源可视化的分类都提出了各自的见解,但大致有包括馆藏实体资源分布与表示可视化、检索过程可视化、检索结果与资源呈现可视化等这几类。

显而易见的是,LAM 数字资源聚合的深度与质量将成为限制可视化技术选择范围和呈现效果的重要因素,而可视化又将直接影响到用户获取 LAM 服务融合的体验。为此,众多学者提出要构建面向用户的一站式检索框架,方便 LAM 跨平台语义聚合,运用丰富的可视化技术实现在统一的界面上对多种异构、分布式、多模态的数字信息资源的个性化便捷访问[②]。

（1）LAM 信息资源具有异构、海量、分布式、多模态等基本特性,如何实现知识粒度的信息检索并提供可视化的信息服务成为众多学者广泛关注的话题。从目前的研究现状看,解决海量数字资源和知识的组织与利用的重要途径主要有三种:基于本体的数字资源聚合模式、基于关联数据的数字资源聚合模式、基于语义的数字资源聚合模式,其中基于本体的方式受到了更多的关注与肯定。

（2）在馆藏数字资源可视化方面,学者们更多的关注可视化技术本身的研究,对在实际场景下的应用研究关注较少,且较少关注用户需求下的可视化设计。

（3）目前对于 LAM 资源融合后的可视化尝试相对欠缺,学者大多仅从数字图书馆领域或者博物馆领域去探讨可视化技术的应用问题。

① 邱均平,余厚强,吕红,等.国外馆藏资源可视化研究综述[J].情报资料工作,2014,(01):12-19.
② 罗小臣,罗红,曾小红.图书博物档案三馆文化遗产数字资源整合与服务[J].图书馆学刊,2016,38(04):43-46.

（4）随着互联网与技术的发展，对新类型数据的可视化已经成为可能，最先进的可视化展示技术在 LAM 领域的深入探讨和应用不断展开。

（5）LAM 数字资源有其独特的知识性、历史性及艺术性[①]，但目前对于该领域的可视化研究与实践多关注数字资源的外在特征，缺乏对其内部信息、资源之间的信息关联等的重视，难以为用户提供更多维度、更深层次的信息可视化服务。

本篇在对相关概念和研究背景有一定了解的基础上，对国内外相关文献进行了梳理，分析了目前国内外 LAM 数字资源建设与服务可视化研究的现状。通过问卷调研获取目前社会公众对 LAM 相关门户平台可视化服务的需求后，本篇选取了本体理论作为开展 LAM 数字资源深度聚合的最佳途径，并在已有学者研究成果的基础上，尝试构建了 LAM 数字资源服务融合可视化展示框架。基于此框架，本篇对 LAM 服务融合中的可视化界面、技术运用进行了深入研究，并选取主题进行可视化案例设计，为目前 LAM 门户网站的可视化展示提供一定的参考与建议。

---

① 穆向阳.图博档数字资源统一组织与服务模式融合研究[D].南京：南京大学，2014.

第 2 章 LAM 数字化服务融合中可视化技术需求

2.1 LAM 数字资源融合中的可视化服务内容及方式

基于 LAM 数字资源服务融合的定义,LAM 数字资源服务融合中的可视化主要研究的是 LAM 信息资源融合后所提供的一体化服务模式中所涉及可视化服务的内容,即在 LAM 数字资源深度聚合的基础上,利用先进、合适的可视化技术来帮助用户更好地浏览信息、利用资源、发现知识,以此提升 LAM 服务融合平台的信息服务水平[①]。

从 LAM 数字资源深度聚合后可能加以开展服务融合的方式上看,参考张玉峰[②]对馆藏资源深度聚合结果可视化框架的构建,可视化在 LAM 服务融合领域的研究内容主要包括:资源融合检索可视化、聚合资源统计可视化、资源融合展示可视化,详见图 2-1。

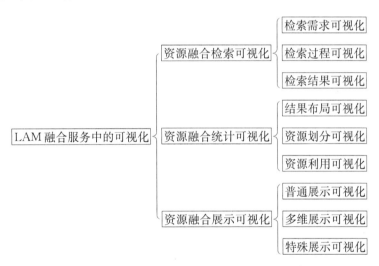

图 2-1 LAM 服务融合中的可视化应用分类

(1) 资源融合检索可视化是通过可视化技术帮助用户更好地实施检索行为,从清晰的检索需求表达,到形象的检索过程展示,最后获取到直观的检索结果,提升用户的检索效率,降低用户的信息搜寻成本。

(2) 资源融合统计可视化主要是对深度聚合的馆藏资源进行统计分析,让用户了解整体 LAM 资源的概况,包括时间与空间的分布、按主题或年代等不同分类方式的划分、资源利用现状的统计等,以可视化的方式让用户快速获知 LAM 资源储备,挖掘自身隐含的信息需求。这类统计分析结果能优化用户界面,促进用户对平台的功能使用与信息浏览。

(3) 资源融合展示服务是用户在使用 LAM 数字化服务融合平台过程中影响用户体验最重要的一项服务内容,也是本章着重研究的内容。它是指用户在浏览特定的资源信息、某主题分类下资源的信息

---

① 丁笑舒. 面向图博档数字资源融合服务的可视化研究[D]. 南京:南京大学. 2019.5.
② 张玉峰,曾奕棠. 语义环境下馆藏资源深度聚合结果可视化框架研究[J]. 图书情报知识,2014,(05):65-71.

关联等情况时，服务平台提供的一系列可视化服务内容，也是可视化技术面向用户时发挥空间最大、展示方式最丰富的一类服务内容，在促进用户浏览的基础上进一步扩展资源信息揭示的深度与广度，提高LAM服务融合平台的知识服务水平。

就LAM融合展示服务来说，有很多可使用的交互式图形、图像和可视化形式供用户观察、浏览与理解信息，以实现LAM数字资源的高效优质服务。按照用户参与该可视化形式的程度来划分，我们可以分为静态、动态与交互式可视化。静态可视化指用户无法通过计算机操作来改变该可视化的呈现结果，可视化结果按照系统设置以特定方式呈现，供用户查看。动态可视化和交互式可视化的呈现画面都有一定流动性，是动态变换的，但区别在于交互可视化能通过用户不同的操作行为而改变呈现的可视化结果，例如筛选、拖动等。不同的可视化类型都有不同的可视化工具与不同的可视化形式能够加以实现，同一种可视化工具也能同时实现静态、动态和交互式可视化，同一种可视化形式也能以静态、动态或交互的形式出现。杨斯楠在其文中总结了较多目前比较实用的可视化开发工具与可视化形式[①]，结合上文描述，可视化工具、类型与形式之间的关系可参见图2-2。同样，一个可视化视图里可以是综合使用了多种可视化技术的复合型可视化，更多维度、更深层次展现信息的全面性，降低用户利用信息的难度。

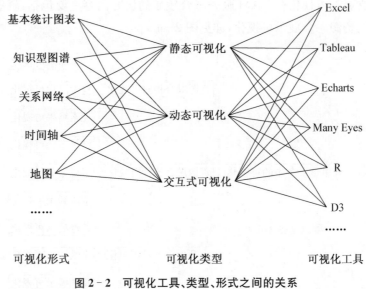

图 2-2　可视化工具、类型、形式之间的关系

2.2　LAM数字资源服务融合中对可视化的要求及其特点

2.2.1　LAM数字资源服务融合中对可视化的要求

LAM数字资源自身有其特征，媒体类型多样、数量庞大、富有知识性、历史文化感强等，因此通过融合数字化服务对这类数据进行可视化展示时，需要充分考虑资源的内容及外部特征，选择合适的可视化方式。在进行可视化功能设计时，我们认为应该满足以下几点要求：

（1）用户需求主导

LAM数字资源深度融合的目的就是为了更优质地为公众提供数字化融合服务，因此用户需求是

---

① 杨斯楠,徐健,叶萍萍. 网络评论情感可视化技术方法及工具研究[J]. 数据分析与知识发现,2018,2(05):77-87.

服务平台设计可视化展示方案甚至平台的全面功能配置时的首要关注焦点。在可视化展示形式与利用方式上，需对用户需求进行充分的调研，全方面考虑不同类型的用户在需求层面上的侧重点，加以平衡与扩展，以期实现个性化的可视化服务。

（2）直观形象多态

LAM 数字资源服务融合的可视化要选择丰富的、直观的、生动的可视化形式来表达信息，降低用户获取信息的难度。在使用基本图表的基础上，借助最新的多媒体与可视化技术，以 3D、动画、联动图表、知识图谱等多元化的展现形式来呈现丰富的文化信息资源，方便用户理解信息、获取知识、挖掘需求。

（3）操作简便

为了给用户提供更优质的服务，可视化作为 LAM 数字资源服务融合环节中的一个重要模块，需要最大程度上降低用户使用的难度，让用户花费最少的时间、最少的精力来获取自身所需的信息资源。在界面设计、可视化工具选择、按钮设置、核心信息突出等多个方面需要充分考量，以提高用户获取信息的效率。

（4）来源多元

LAM 数字资源服务融合中涉及的数据基础包含多种类型，从类型、介质、格式、内容侧重上都有所不同，面向多样化的原始数据，需要借助可视化技术将资源间的语义进行充分解读并通过便于理解的图形界面统一展示出来，实现服务融合的最终目标，节省用户去不同平台检索的时间与精力，以契合用户的基本需求。

（5）充分交互

信息可视化的生命力来自充分交互[①]，用户与可视化作品交流的过程是结合个人信息需求对可视化信息进行分析判断的过程。通过在有限的图形界面空间，尽可能多地向用户展示可能有价值的信息，并提供给用户主动参与的机会，在该可视化空间进行筛选、查询、分析，以满足用户更全面、更潜在的信息需求。

（6）讲究艺术与美感

由于 LAM 数字资源具有很强的历史性、文化性，不管是图书馆众多的文化书籍、档案馆丰富的历史记录、抑或是博物馆璀璨的藏品瑰宝，背后都带着历史的厚重与时间的影子，都是中华民族文化发展的珍贵记录，在对这类信息资源进行可视化展示时需要调动充沛的艺术美感，以体现信息资源的文化特性与艺术价值。

（7）知识关联

由于 LAM 数字资源内容的知识性特征，用户在很大程度上是带着一定的文化需求目标来接受该服务的，因此，在进行可视化方案设计时需要考虑到用户更深的需求层次，在相关主题下尝试提供特殊的知识性可视化服务。例如专题性的知识脉络、主题相关的知识图谱等，便于用户追寻知识发展轨迹，高效满足用户的知识文化需求。

2.2.2　用户可视化需求的特点

如前文所说，信息可视化是 LAM 数字资源服务融合中一项重点应用技术，有助于为用户提供优质高效的文化服务，因此用户对于平台所提供的可视化相关的需求是尤其需要关注的。提前获取用户的可视化需求，才能更好地设计可视化展示方式与内容，从而真正做到以用户为中心的系统设计与服务

[①]　张玉峰，曾奕棠. 语义环境下馆藏资源深度聚合结果可视化框架研究[J]. 图书情报知识，2014，(05)：65－71．

原则。

本章中的用户可视化需求指的是用户在接受 LAM 数字资源服务融合时对平台可视化空间建设的偏好，它需要探讨如何选择可视化工具、可视化呈现方式、可视化内容等能够最大限度地满足用户的文化信息需求，实现平台的服务目标。因此，用户可视化需求是平台可视化系统建设的参考标准，是一项重要的调研准备工作。

用户可视化需求与一般的信息需求相比，除了需要结合考虑平台特征、服务目标、技术难度等，它还需要考虑用户内容上的需求，并选择适当的方式加以呈现。我们认为，LAM 数字资源服务融合中的用户可视化需求有以下几个基本特点：

（1）因个人内在知识属性而异

不同教育与职业背景的群体其对于此类文化平台的可视化需求有不同程度的差异，这些差异与文化水平、知识储备、兴趣点等多个方面有关系，这些差异也会影响用户对信息获取深度和广度的期望，对操作难度、可视化呈现方式等的接受程度。

（2）真实性难以评估

用户表达的可视化需求并不一定是其真实的需要，有可能是所谓的伪需求，也可能有尚未表达的潜在的现实需求，因此，可以对用户的可视化需求进行多次深入的挖掘，以获取确切的真实的需求点。

（3）抽象程度高

通常用户难以表达清楚自身的可视化需求，只能从比较、过往使用经历等侧面大致了解、推测用户的一般偏好，因此需要通过不断的实践尝试、实验评估来验证用户的可视化需求。

2.3 用户可视化需求调研分析

在对目前 LAM 数字资源融合可视化服务的文献研究与实践应用现状进行了解的基础上，通过广泛调研使用受众的现实可视化需求、提出针对性的可视化展示方案也是实现优质服务的必要途径。只有认识到目前用户在使用中的痛点所在，再进一步获取用户的潜在需求，才能真正设计出以用户的需求为导向的可视化系统，实现 LAM 数字资源服务融合平台传承发扬中华民族优秀文化、满足公众文化信息汲取的需求，因此，这也决定了公共文化机构在实施 LAM 数字资源服务融合平台的可视化系统构建之前，需要对其服务对象进行深入的需求调研分析。

本章为了对目前社会公众对 LAM 数字服务平台中可视化服务的使用现状与内在需求有初步的了解，特设计了此次问卷调研，其调研内容从三部分展开：首先，收集受访者的年龄、学历、职业等基本信息；其次，通过调研用户对非融合性与融合性的文化服务平台的使用情况与原因、可视化服务情况的评价来了解受访者对目前已有的部分 LAM 门户平台的可视化服务现状有一定了解；最后，对 LAM 服务融合平台中用户可视化需求进行调研，主要通过了解受访者对于可视化展示服务的信任度、使用意愿，以及希望可视化服务中接受的可视化类型、可视化数字资源类型及可视化展示方式等，从宏观角度上获取用户的需求现状。

本次调研问卷是在大量文献研究与案例分析的基础上设计的，在正式发放前进行了小范围的预调研，根据预调研的结果进一步修改问题与一些细节误差，最终确定问卷内容并发放。

由于本次调研的目的是了解 LAM 数字资源服务融合中的实际可视化需求情况，因此目标调研人群是任何对图书、博物、档案等文化机构的数字文化服务有需求的人群，例如学者、专业文化艺术从业者、领域专家、学生、普通社会公众等，包括目前有现实需求或未来有潜在需求的所有用户群体。因此，本调研在进行时未对目标调研人群的基本属性进行特殊区分，以期尽可能保证调研对象分布的广泛性。

在调研问卷的发放方式上,主要选择了线上发放的方式,用户可通过点击链接即可在线填写问卷,方便问卷的传播与样本数量的扩大。另外我们也在本校图书馆进行了一定数量的线下调研以辅助调研结果,线下填写的问卷数据由我们手动录入结果数据中。

2.3.1　调研人群基本属性

本次调研共回收有效问卷363份,其中从线上填写的IP地址来看,用户所在地以江苏为主,但省份基本涵盖了全国的范围。受访者的基本属性在此次调研中的结果如下:(1)从性别分布上看,男性有117位,女性有246位,比例大约为1:2,在实际提供服务时可能也将面临更多的女性服务对象;(2)从年龄分布上看,21~30岁的占比最多,其次是20岁以下的群体,40岁以下的群体总占比97%,因此他们是LAM数字资源服务融合中的主要服务对象,也是可视化服务的主要受众。对于年龄较大的人群来看,使用现代化高新技术设备对他们来说有一定难度,因此他们更倾向于利用他们触手可及的工作。(3)从学历分布上看,大学生及以上的高学历人群还是占有绝对优势的,尤其是大学生他们更愿意使用这样的数字资源服务,而博士及以上的占比很少。(4)从职业分布上看,学生的占比达到61%,因此学生人群对这类数字化文化服务还是有极大的热情与使用需求的,此外,企业工作人员也是占比较高的职业,对于非职业所需的用户,获取这类文化知识对他们来说仍有很大的吸引力。

2.3.2　LAM相关平台可视化服务的使用情况

在调研用户对LAM相关数字资源服务平台的可视化服务使用情况之前,本章对受访者进行了融合性与非融合性的一般数字化服务的了解情况先进行了调研,将近84%的受访者都使用过非融合性的数字服务平台,例如数字图书馆、数字博物馆等,其中有27%的用户甚至对两种类型以上的平台都有过接触,了解数字图书馆的受访者比例是最高的,因此图书馆平台还是用户搜索信息、获取知识常用的平台。对于本章研究的LAM数字资源服务融合平台,受访者中仍有将近90%的人都听说或了解过融合性的LAM数字服务平台,使用过类似平台的受访者仅占42%。与受访者的性别、学历、职业等基本属性结合分析,使用过LAM数字资源服务融合的用户的基本属性主要分布在21~30岁、女性与学生这些属性上,这类用户是LAM数字资源服务融合的主要受众,见图2-3和图2-4。

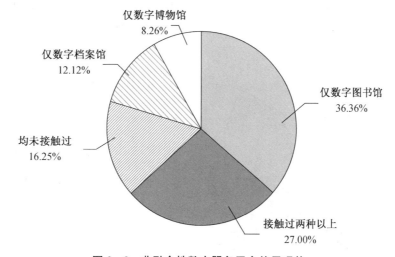

图2-3　非融合性数字服务平台使用现状

对于曾经使用过LAM数字资源服务融合的受访者,在使用原因的调研上被选择的比例最高的是用于完成工作和学业,其次是为个人知识和技能的获取,占比排名显著靠前的三类原因都是出于正式学

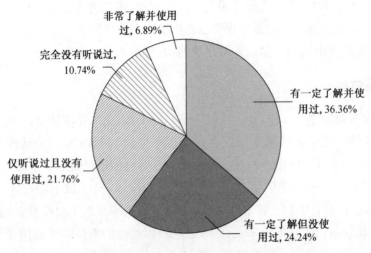

图 2-4　融合性数字服务平台使用现状

习或工作的原因，是带有明确的知识获取目的的信息行为（见图 2-5）。接着从受访者对使用该类文化平台的可视化服务体验的结果来看（见图 2-6），只有不到 6% 的受访者认为可视化的技术运用是基本

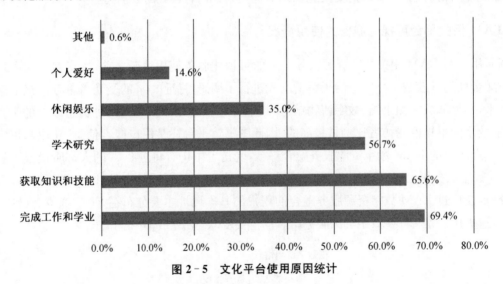

图 2-5　文化平台使用原因统计

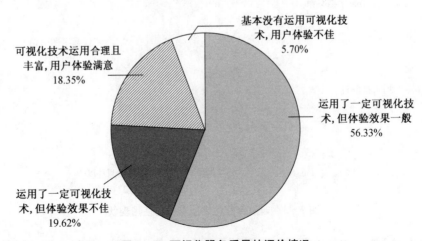

图 2-6　可视化服务质量的评价情况

不存在的,可见大家对于可视化服务的感知能力还是相对充足的。但75%的受访者都对目前使用的LAM相关数字服务平台的可视化服务效果不够满意,其中年龄在30岁以上的受访者群体绝大多数都对可视化服务感到不够满意,50岁以上的受访者均表示可视化体验不佳。这个现象可能与用户对于数字化服务的接受能力有关,操作上不够清晰简便的可视化服务对于年龄偏大的用户来说将是一种障碍。由图2-7可见,通过我们列举的一些影响可视化服务效果的原因上看,受访者觉得影响程度最高的是信息可视化的深度,这与用户使用这类平台的学习目的也是相匹配的,过于低知识层次的可视化内容对于用户的知识获取难以产生帮助。其次受访者认为影响可视化效果的最大原因是可视化的直观性与美观性不足,运用的可视化方法数量与可视化的交互性对于用户影响性程度相差无几,为第三大类的原因。

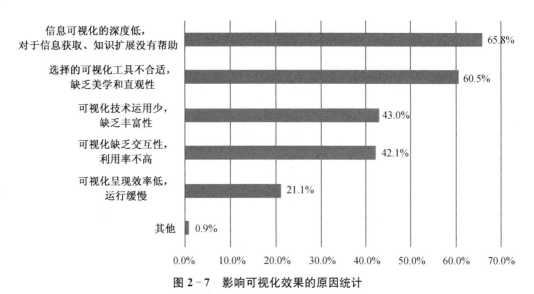

图2-7　影响可视化效果的原因统计

对于曾经听说过或对LAM数字化服务融合有过一定了解的用户,我们进一步调研了他们目前仍未使用相关服务的原因,见图2-8,其中最重要的一项因素是暂时无使用的需要,由于出于个人爱好和休闲娱乐来使用这类服务的人群占比并不高,这就从客观上决定了使用需求是影响用户是否主动受数字文化服务。

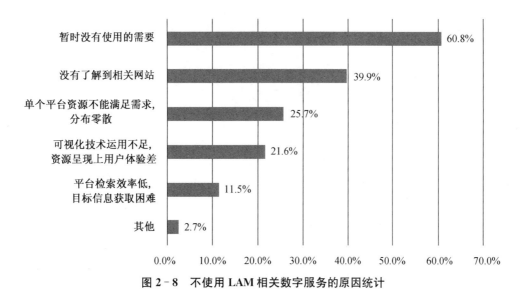

图2-8　不使用LAM相关数字服务的原因统计

2.3.3 LAM 服务融合平台的可视化需求

从受访者对于接受 LAM 融合可视化服务的需求程度上来看(见图 2-9 和图 2-10)，90%的受访者对于可视化展示服务与一站式可视化检索服务都是抱有正面的接受态度的，认为对于自己使用这类平台的服务是有不同程度的帮助的，同时有 98%左右的受访者表示愿意尝试这类可视化服务，有将近60%的受访者是明确表示了使用意愿，也有将近 40%的受访者表示根据可视化服务质量与服务水平来决定是否使用。由此可见，用户对于 LAM 数字资源服务融合中的可视化服务的需求是确实存在的，但同时也对服务质量提出了更高的要求，以提高服务对象的使用意愿。

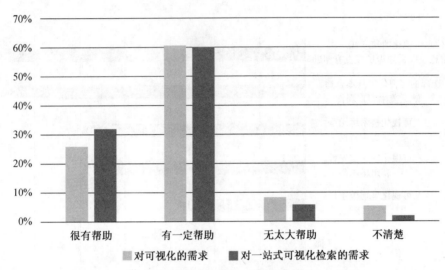

图 2-9 受访者对 LAM 融合可视化服务的需求程度

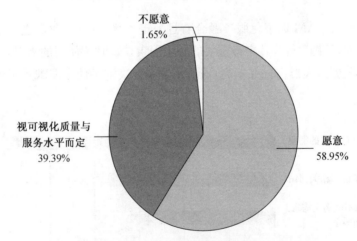

图 2-10 受访者对 LAM 融合可视化服务的使用意愿

从受访者对于可视化服务的优势判断来看(见图 2-11)，他们认为可视化能更好地展现信息间的关联，直观形象地展示多种用户可能需要的信息资源，从而降低用户的信息搜寻成本。可视化的交互性从此次调研情况来看，所占比例并没有明显的优势，但这不意味着不重视对可视化的交互性，可能用户是对于这样的服务没有很深的心理感知，因此难以引起很快的心理赞同。从受访者对可视化可能有的优势上我们能从侧面判断出用户对于可视化在数字化服务中的需求程度，以及用户希望满足的可视化需求。

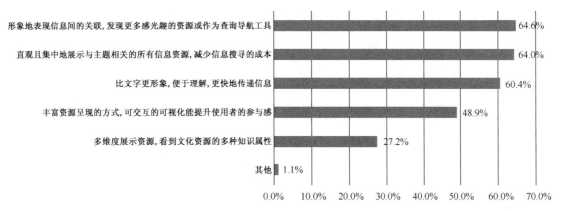

图 2 - 11 可视化服务的优势分析

受访者对于具体的可视化类型、方式与展示资源的偏好程度在调研结果中也有一定的体现,如图 2 - 12 所示,超过一半的受访者表示更喜欢动态的可视化类型,而有 34% 左右的受访者希望动态与静态可视化能够相互结合使用,以呈现最好的可视化效果。我们从结果中可以猜测用户喜欢趣味性与知识性相结合的方式来接受讯息,动态的可视化在一定程度上也更具有吸引力,更能激发用户的使用兴趣。而从受访者希望通过可视化展示的数字资源类型上看(见图 2 - 13),各种资源的需求程度相差程度都不大,可见用户对于平台覆盖资源类型的广度还是有很高的需求的,希望能在同一平台查看到多种媒体类型的数字资源,其中以图片资源的占比最高。在具体的可视化呈现方式调研上,我们大致对一些可视化图表样式进行了分类,由于我们采用的线上调研的方式,因此为受访者提供了每种类型的可视化参考图,供受访者更直观地进行选择。从调研结果来看(见图 2 - 14),受访者对网络关系图与概念图这类能体现信息资源中的一些信息甚至知识关联的可视化图表更为偏好,占比也是最高的,此外各类可视化展示方式在此次受访者中的需求程度没有太大差异,都在 40% 左右,分布比较均匀,可见用户对于各类可视化展示方式都比较支持,也都存在普遍的可视化需求。

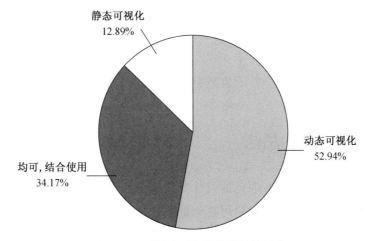

图 2 - 12 受访者对可视化类型的需求

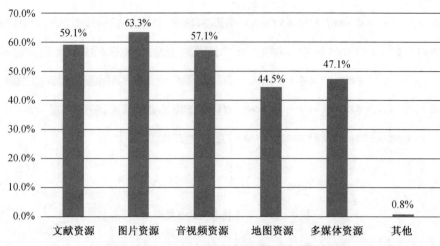

图 2‑13　受访者对可视化展示资源类型的需求

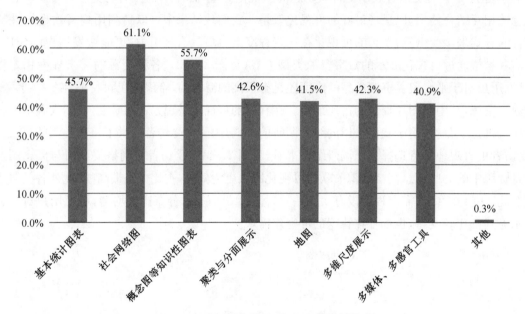

图 2‑14　受访者对可视化呈现方式的需求

2.4　用户可视化需求归纳总结

通过对 LAM 数字资源融合可视化服务的目标受众进行了问卷调研和调研结果分析，我们对用户可视化需求以及 LAM 服务融合平台中提供可视化服务时需要关注的问题归纳总结如下：

（1）讲究可视化设计的直观形象、简洁美观

从可视化需求调研的情况看，用户对于可视化画面的直观性与美学设计有较为强烈的需求，这一点的欠缺会直接影响到用户对可视化服务的体验，进而动摇用户使用 LAM 数字资源服务融合的意愿。作为 LAM 数字资源服务融合的平台，文化性是平台的特色，对美学的讲究能更好地体现文化作品的艺术魅力。另外，LAM 数字资源服务融合面向的社会公众，但主要受众是相对年轻的青年人群体，他们对画面的设计感要求会相对更高一些。而对年纪偏长的服务对象来说，画面过于复杂将不利于他们搜索信息、理解信息、使用服务，那么可视化的效果也会弱化。

（2）可视化服务操作便捷，易于理解

可视化系统的设计是为了更好地理解数据、挖掘数据中隐含的信息或者说是讲述一个故事，如果操作过于复杂就会背离可视化设计的初衷，难以达到最初的目的。另外，对于可视化服务的对象来说，有一大批是50岁以上的年龄稍大的用户，他们对于现代化数字产品的使用度不如青年人熟练，也会对他们使用可视化工具、感受数字文化服务带来很大的障碍。操作便捷，意味着用户仅仅需要简单的几步点击选择操作，用户就能到得到所需的信息。

（3）注重知识性挖掘，提升可视化信息深度

从此次调研情况来看，用户为了个人的学习、研究、工作等正式原因而使用 LAM 数字资源服务融合平台的占比很高，同样的，信息可视化的深度低也是造成用户可视化体验不佳的很大的因素。另外，LAM 中的图书馆机构是非常典型的知识性机构，博物馆中的藏品也是隐含了丰富的历史信息，基于以上情况，通过可视化技术对数字信息资源进行基于内容或语义层面的深度知识挖掘与加工，展示信息之间的关联，对信息的有效组织为服务对象提供富有深度的可视化结果，才能为用户带来更优质的数字化融合服务，提升用户的满意水平。目前使用比较多的体现知识关系的可视化方式有概念图、思维导图、认知地图等，结合其他可视化手段和美观的视觉设计，相信会给用户带去最满足的知识盛宴。

（4）可视化技术运用丰富，吸引力强

动态可视化在一定程度上展现更多的信息量，从此次问卷的情况也能看出来，它能为用户带来更强烈的视觉效果，因此也引起了用户更多的关注和喜爱，例如动画、可交互的可视化等。目前，尚有很多的用户并不了解和使用过 LAM 相关的数字服务平台，除了无相关使用需求，服务水平、可视化手段的运用也限制了一大批用户尝试使用这类平台。通过充分运用多种可视化手段和精心设计制作的可视化内容能更好更快地吸引用户并进一步提升数字服务水平。

本章小结

本章对用户可视化需求的概念进行了大致阐述，并针对 LAM 数字资源服务融合中的用户可视化需求进行了问卷调研，对调研结果进行了分析，从人群基本属性、受访者对 LAM 相关平台的可视化服务的使用与评价情况和受访者对于 LAM 服务融合平台的可视化需求这三个方面进行了具体分析。最后，对问卷调研的结果进行了归纳总结，进一步阐释了在 LAM 数字资源服务融合中的用户可视化需求及实施可视化设计时需要关注的事项。对于 LAM 数字资源服务融合平台实施的必然趋势，加之目前的 LAM 相关平台的服务水平尚不能满足使用需求，我们应该更注重可视化质量与服务水平的提高，借助可视化服务的力量激发广大社会群体的潜在使用需求。在扩展新的服务对象的同时，为已有的受众提供更优质高效的可视化服务，有助于他们持续使用此类文化信息服务。

第3章　LAM数字资源服务融合可视化展示框架

3.1　LAM数字资源服务融合可视化框架构建思路

LAM机构中所存储的信息资源数量庞大、多源异构,实现LAM服务融合模式需要对LAM的信息资源进行有效聚合,组织成计算机可识别的结构化数据。在对用户的可视化需求调研中了解到,社会公众对于LAM这类文化机构提供的信息服务有着较高的知识需求,且偏好于多样化的动态可视化展示方式,这就对可视化系统提出了较高的要求。而从可视化系统的角度看,资源组织的深度与质量将直接影响可视化引擎可利用的数据广度与深度,从而影响可视化展示内容的设计与可视化效果的呈现。因此,只有实现对LAM数字资源的深度加工、有效组织,挖掘资源间的语义关联,才能为可视化系统提供优质的原材料。与此同时,优化可视化引擎的处理效率,丰富可视化模型与可视化工具的选择,才能最终实现LAM数字资源服务融合中可视化展示服务的完美实施,最大程度满足用户的可视化需求,提升用户对LAM数字资源服务融合的满意度。基于此,本章从资源的深度聚合、跨媒体检索功能与可视化应用这三个层面来思考实现LAM数字资源融合可视化服务的整体框架,探讨实现优质融合可视化服务的必要内容。

（1）资源深度聚合层面

资源是服务的基础,结构化的数据是提供信息化服务的必要手段。对于LAM相关机构来说,即使单个馆藏的数字资源聚合也是颇有难度的,原因是数据类型多样、信息异构,难以挖掘其内容信息,仅能依靠外部描述性信息进行信息组织,从而为用户提供相关信息服务,这样带来的服务水平有限,服务方式单一。为了适应用户日益增长的精神文化需求,需要文化机构提升信息服务的深度与广度,丰富服务的模式,给用户提供知识再加工、再创造的可能。基于此,就给LAM数字资源的聚合提出了更高的要求,在LAM数字资源服务融合模式下,必须要实现数字资源在语义层面上的深度聚合,将文本、图片、音频、视频等各类信息资源中的外部信息特征、内部语义特征进行有效识别与提取,资源之间在语义层面形成充分关联,便于系统后续对资源的检索与利用。

目前,比较常见的是利用元数据技术对数字资源进行聚合,然而元数据仅能简单描述资源的外部描述性特征及简单的主题性内容特征,对于LAM这类文化机构中的具有明显历史与知识特征的信息资源并不能很好满足。此外,LAM数字资源具有文字、图片、音视频等多种媒体类型,不同的文化机构其资源类型分布特征有所不同。博物馆以图片型藏品资源为主,辅以一些先进的多媒体3D模型,且因文物的数量增长相对平稳,博物馆数字资源的数量增长也相对稳定。档案馆的数字资源主要是以数字化后档案原始材料,包括图片形式的文字档案材料和历史影像、音视频,且其特殊的保密性质使得档案馆内的数字资源并不能实现完全的公开化。图书馆是社会公共文化服务过程中重要的信息来源,其中主要的数字资源是文献型资源,包括期刊、图书、学位论文、报纸等,其存储格式为图片和PDF文档。虽然目前对于LAM相关的数字资源已经有了较为成熟的元数据标引体系,但仍停留在对资源的标题、作者、创作时间、主题等信息的关注层面上,因此元数据层面的资源聚合只能为用户提供元数据层面的基础信息服务。面对用户对于LAM数字资源服务融合有着更深层次的知识需求的现状,可视化展示服务也面临着知识性的深度。目前,本体被认为是表达知识体系的良好工具,能将数字资源的语义特征与相互之间的语义关联充分体现出来,因此在 LAM 数字资源深度聚合阶段是可以考虑利用的工具之一,以便为后续的可视化工具提供结构化的知识性数据。

(2)跨媒体检索层面

如上文中说到,LAM 数字资源的媒体类型多样,这就为一站式服务融合提出了新的要求。相同描述内容的信息可能有图片、文档等多种媒体存储格式,侧重点、表现形式等都有所不同,这就是简单的多模态信息。用户希望能从主题出发,检索到相关联的各种类型各种来源的数字资源,同时希望能通过不同资源类型的检索入口得到所需的检索结果,例如通过图片或音频检索到相关的文献信息、背景知识、关联资源等,跨越媒体形式的障碍,同时能感知到用户对于信息或知识领域的偏好,从而在可视化展示时能体现一定程度的个性化,提供更加针对性的服务。基于此目标,LAM 数字资源服务融合平台需要依靠强大的信息检索系统,通过优质的检索算法为实现跨媒体的检索服务提供有力支撑。

目前,相关跨媒体检索的研究已经受到了学界的广泛关注,从计算机领域、图情领域到数字图书馆领域,都对此开展了火热的理论与技术探讨。近年来有较多学者结合语义概念来思考多种媒体类型数字资源之间的检索思路,例如从语义匹配出发思考跨媒体检索方法[①],也有学者跨媒体知识图谱的研究出发来尝试解决跨媒体检索问题,并对跨媒体知识图谱构建过程中的语义相关性进行分析,通过实证研究提出了有效的模型设计[②]。跨媒体检索是 LAM 一站式服务融合平台实现优质信息服务的重要环节,但并非本章研究的重点,因此不再展开叙述,仅通过参考已有的理论与实践研究成果,为 LAM 数字资源服务融合框架中的检索模块设计提供一定思路。

(3)可视化应用层面

可视化服务是直接面向用户的一套服务体系,是用户感知系统质量与服务水平的直接渠道。优质的资源聚合基础能够为可视化提供数据支撑,可视化技术也能将丰富的资源信息、语义关联和文化内容充分地展示给用户,两者是相辅相成、互助合作的关系。在 LAM 数字资源深度聚合的基础上,需要思考如何通过可视化技术的运用来实现良好的人机交互,呈现高效丰富的检索结果,给用户带来优质的 LAM 数字资源服务融合体验。对于可视化的内涵、技术、类型等方面的研究已经相对较多,但面对不同的信息服务平台,尤其是 LAM 数字资源服务融合的一站式检索平台,如何针对用户需求选取合适的可视化工具、可视化内容、可视化展示方案、交互方式等是一个需要不断开展讨论、实践、反馈、优化的长期课题。

如前文所述,LAM 数字资源服务融合中的可视化内容主要分为融合检索可视化、融合统计可视化和融合展示可视化三大部分,不同部分可视化展示的方法、可视化内容的侧重点、交互难度的要求、用户的需求等有所不同,在设计时需要进行充分的考量。① 对于有明确信息需求的用户来说,可视化服务需要能将检索系统精确匹配的结果信息以清晰简洁的方式展示在用户的浏览界面上,方便用户以更快的速度找到所需信息,得到良好的检索体验。在提供必要的检索结果的同时,为用户提供更多的知识探索方向,满足用户更深层次的个性化信息需求。② 对于有潜在信息需求的用户来说,可视化服务需要能提供主动的预测服务,帮助用户挖掘出感兴趣的主题,以明确其信息需求。

3.2　LAM 数字资源服务融合可视化框架体系结构

LAM 海量的数字资源中有着丰富的知识,其服务融合需要利用不同类型数字资源间丰富的语义

① 陈祥.基于语义匹配的跨模态多媒体检索方法研究[D].济南:山东师范大学,2018.
② 熊回香,杨滋荣,蒋武轩.跨媒体知识图谱构建中多模态数据语义相关性研究[J].情报理论与实践,2019,42(02):13-18+24.

关联并利用先进的可视化技术手段为用户展示带有一定个性化色彩的知识信息，深入揭示资源对象间的内容关联、信息关联。参考部分学者对跨媒体检索①②、馆藏资源深度聚合③、数字图书馆资源聚合可视化④⑤等方面的理论研究成果，结合本章的用户可视化调研结果与框架构建思路，基于分层设计的原则，设计了 LAM 数字资源服务融合的可视化展示框架，可参见图 3-1。

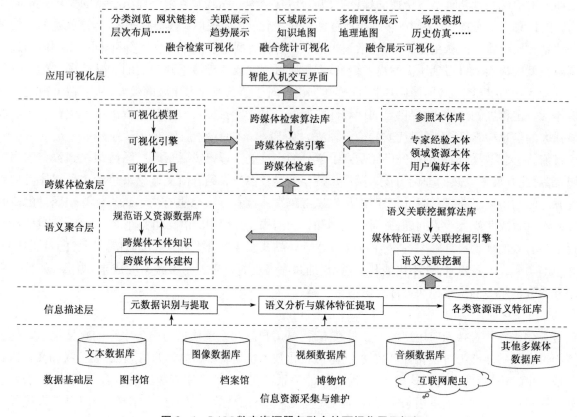

图 3-1　LAM 数字资源服务融合的可视化展示框架

该框架一共分为五层，自下而上依次为数据基础层、信息描述层、语义聚合层、跨媒体检索层和应用可视化层，对各层的系统设计进行简单描述如下：

（1）数据基础层

数字资源是信息服务的基础，因此 LAM 数字资源服务融合的第一步就是对来自图书馆、档案馆和博物馆的各类数字资源进行分类整理，包括文本类数据、图像类数据、视频类数据、音频类数据等。同时，随着互联网信息资源的爆发式增长，产生了与 LAM 相关的丰富的在线资源，在爬虫技术的辅助下，可以通过自动采集以进一步充实和完善 LAM 数字资源。对 LAM 数字资源统一且规范化的组织与处理能够解决传统 LAM 分别服务的模式下数字资源在物理上的聚合问题，减少数字资源的重复，排除资源的来源因素影响而进行统一分类存储。LAM 数字资源的数量不是相对稳定的，根据上节对于 LAM 不同机构的数字资源的特征，数字资源的储备量、某些领域的知识发展、新的文化事件产生都会影响 LAM 数字资源的特征演化。因此，对 LAM 数字资源采集和维护是一个不断积累的过程，是可视化服

① 李爱明. 数字图书馆中基于语义关联挖掘的跨媒体检索研究:模型设计与实验分析[J]. 情报科学,2014,32(01):85-88.
② 容海萍. 图书馆数字资源跨媒体语义关联检索的实现模型及保障措施[J]. 图书馆工作与研究,2018,(07):58-62.
③ 李劲,程秀峰,宋红文,等. 基于语义的馆藏资源深度聚合模型探析[J]. 湖北民族学院学报(自然科学版),2013,31(02):212-215.
④ 何超,张玉峰. 基于本体的馆藏数字资源语义聚合与可视化研究[J]. 情报理论与实践,2013,36(10):73-76+39.
⑤ 张卫东,左娜. 面向数字人文的馆藏资源可视化研究[J]. 情报理论与实践,2018,41(09):102-107.

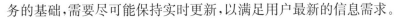

务的基础,需要尽可能保持实时更新,以满足用户最新的信息需求。

（2）信息描述层

该层主要是通过技术手段对 LAM 数字资源的外部描述信息与内部语义概念及媒体特征进行识别与提取,尽可能全面、丰富地描述资源在语义层面上的特征。在描述时可参考已有的领域本体知识等以提高语义标注的效率与质量,此后存入各类资源的语义特征库,形成结构化且计算机可理解的语义信息,例如以 RDF 三元组的格式对资源进行编码。通过对数字资源进行初步的语义标注,能够为后续的本体构建提供高质量的数据基础,同时各类媒体资源与语义特征甚至本体知识也产生了对应关系,在一定程度上消除了自然语言与非文字资源与计算机产生的语义鸿沟问题①。

（3）语义聚合层

语义聚合层的目的是实现 LAM 数字资源在逻辑层面上的知识化聚合,对已有的各类资源语义特征库中存储的初步结构化语义数据进行深度的语义关联挖掘,探索不同媒体类型的资源之间存在的不同程度的依赖关系。例如某博物馆的文物数字化图像的内容与某篇期刊的研究内容都是关于王羲之及其书法作品的,它们之间就存在了一定的语义关联。通过语义映射机制将语义关联知识转换为结构化、规范化、统一的数据格式,完成跨媒体本体建构。这是一个由规范的语义资源数据库和跨媒体本体知识组成的跨媒体检索视图,为后续的跨媒体检索创造了优质的数据环境。

（4）跨媒体检索层

该层是用户与检索系统之间交互与沟通的桥梁,跨媒体检索引擎通过储备的优质算法从跨媒体本体知识库中匹配用户的目标信息,并借助可视化引擎在智能化的人机交互界面为用户呈现多样化的信息服务。依靠关键词匹配的传统的信息服务,没有充分利用资源细粒度的语义关联,因此检索及交互结果的深度与广度十分有限,对于相似主题下不同类型的媒体资源信息难以有效呈现与获取。跨媒体检索是属于基于内容的多媒体检索,需要处理不同模态的媒体数据,对算法的复杂度、效率的要求将更高。为了体现 LAM 数字资源融合服务的个性化与专业性,在跨媒体检索过程中系统可以参考已有的用户偏好本体、专家经验与领域资源本体,为交互功能实现提供背景支撑。

（5）应用可视化层

该层主要功能是在智能化的人机交互界面上向用户输出经过系统组织、设计的可视化的 LAM 文化信息资源。同时,接收用户提出的检索请求,并转化为计算机可理解的语义概念,反馈至检索引擎,利用本体知识库并结合用户个人偏好筛选满足其需求的有效信息。在提交检索需求、呈现检索结果、多维度展示 LAM 关联信息、提供主动式知识服务时,都需要可视化技术的充分参与,在人机界面上绘制美观实用的可视化浏览模块。LAM 数字资源融合服务平台因其特殊的文化性、综合性、社会性,因此需要丰富的可视化展示手段帮助用户对信息进行二次加工,满足不同人群对该类文化信息资源的有效利用需求。主要体现在融合检索与融合展示可视化方面,针对不同的可视化内容需要选择不同的展示方式以更好地适应内容与用户的需求。

3.3　LAM 数字资源服务融合中的可视化展示服务与方法

有数据表明,用户对于检索结果的浏览耐心已经大幅度下降,用户期待在首页就获取到自己所需的信息②。在 LAM 数字资源融合服务中,用户主要是以主题的形式展开自身的信息需求的,或是特定的

①　张玉峰,何超.基于领域本体的语义文本挖掘研究[J].情报学报,2011,30(8):832-839.

②　田宁.读者服务视角下的资源发现系统可视化服务研究[J].图书馆学研究,2014,(17):71-75.

时代节点、事件、学科领域，或是特定的人物、作品、历史等。与此同时，用户对于获取信息的需求不是单一的，他们往往希望以更快、更形象、更简便的方式去筛选出自己所需或所感兴趣的信息。

LAM 数字资源的文件格式比较丰富，包括 pdf、jpg、rmvb 等，因此对 LAM 数字资源的检索涉及众多类型的结构化数据，并且检索结果应该考虑不同类型文件检索结果的显示方式等问题。

① 对于 LAM 数字化服务融合平台，用户的检索请求可通过统一的检索入口开始，当用户键入相关主题词汇时，系统可通过与规范语义库中的词汇进行对比，为用户自动联想规范的语义表达或者相关的主题词扩展，为用户提供一定预测型知识服务。

② 利用可视化技术增加交互功能，使得用户自己难以准确表达的信息需求，能够用图形化方式展示与用户需求相关联的一定主题信息及知识关联，并且获得启发，这一过程能够帮助用户有效地明确和深化自身信息需求。同时，检索过程能与用户产生一定的互动，接受用户的反馈信息，帮助系统了解与分析用户特征，存储用户偏好信息与使用习惯，在后续的信息服务中提供更加个性化的服务。交互界面可结合用户检索历史特征数据展示用户检索主题相关概念的知识图谱，用户可通过点击感兴趣的知识主题直接进行检索，省去检索命令的实施过程。

③ 浏览检索结果是用户获取所需信息的最后一步，为了免去用户频繁筛选、持续浏览检索结果的繁琐检索工作，系统需要在检索结果页中清晰地展示用户可能所需信息的概况，对于与用户检索词精确匹配的资源可进行高亮显示，便于用户从多维度进一步缩小检索范围。基于此，我们设计了 LAM 数字资源融合服务中的检索结果可视化显示方式，主要是通过多维矩阵来可视化展示检索结果，见图 3-2。

图 3-2　检索结果的多维矩阵可视化展示方案

本节利用 Axure 原型设计工具对该多维矩阵检索结果展示方案进行了概念设计,检索系统将与用户检索请求相匹配的检索结果按照不同维度进行二次汇总,该矩阵主要由来源馆和用户自定义的第二维度构成,用户可以通过偏好自主选择将检索结果按时代、地域或资源类型区分。例如,若选择按时代划分,相关资源就会按各自属性分布在矩阵的方格之中。方格内最初不显示具体资源内容,而只展示该维度下资源的不同类型数量分布特征,每种资源类型有其特定的颜色分类,编码点的数量差异代表资源数量的差异。用户可以在检索后清晰地获知检索结果的分布概况,当用户点击具体某方格时,即可在新的页面下查看所有相关资源结果。

(1)资源融合统计可视化。资源统计功能是用户了解平台整体资源分布概况的最佳渠道,对于暂无明确检索需求的用户,在浏览平台资源分布的过程中能够挖掘自身的信息需求,完成信息获取体验,达到信息服务的目的。由于 LAM 信息资源有着明显的时间特征,因此可从时间分布或资源在地理位置上的分布在对资源进行细分,例如通过简单的资源总量时间折线图,体现资源的变化。当然,以主题的方式对数字资源进行加工分类也是能更便捷地满足用户信息需求的分类方式,分类细致、覆盖全面、重点热点突出的主题布局能有效提升服务融合的效率。从资源利用情况可视化看,让用户获取到平台其他用户的需求热点也能从侧面挖掘用户的信息需求,获知平台的服务现状,在用户层面产生一定的互动,例如通过词云的可视化形式展示用户检索的高频热点主题词等。

(2)资源融合展示可视化。该部分可视化是用户在平台融合服务过程中接触最频繁的一类可视化,因此对于可视化服务质量要求也相对较高。其服务平台不仅需要为用户所选择的资源提供丰富的可视化展示手段,更需要提供主动与资源关联的知识信息服务。

① 从资源的普通展示可视化上,让用户可以通过点击操作轻松地查看资源详情,并提供图片、文字等多种浏览方式,能清晰介绍该数字资源的属性特征,例如名称、作者、创建日期、存储地、内容主题、特点等。在展示用户所选择的资源信息的基础上,为用户主动展示同类型、同主题的其他类型的相关信息资源,例如用户在查看某文物藏品图片时,为其展示同类型的其他文物图片资源,或与该文物藏品有关的音视频、文献资料等,供用户自主选择深入了解。

② 在多维展示可视化上,系统结合时间和空间因素,为用户提供资源在多种维度上的分布情况,使用户能直观形象地获取所关注主题在多维度上的分布及特点,更深入地挖掘自己的信息需求。该类可视化展示方案有某主题的藏品或档案资源在地图中的区域定位显示,用户可根据偏好的地理位置选择自己希望展示的数字资源,或展示不同类型的文献资源或不同来源的数字资源在时间轴上的分布情况,用户可根据偏好选择特定的时间范围进行了解。

③ 除了以上一些结合可视化手段的常用的资源浏览方式外,服务平台可以结合最近的技术手段为用户提供更具趣味性与真实度的资源展示方式。除了视觉层面,还可以结合听觉、触觉等感官,让用户可以从多角度感知信息,例如播放介绍资源内容的音频、利用辅助工具让用户感知资源的触感等。虚拟现实和增强现实也是目前最热门的多维人机交互技术,对于 LAM 这类文化机构来说,线下展览、阅读会等这类活动较多,且博物馆中的数字藏品具有典型的三维空间特征,常规的图片形式很难充分展示其原貌,因此,VR、AR 是很好的技术手段,让用户轻松点击就能在智能化人机交互平台中仿佛身临其境,跨越时间与地点的障碍,随时随地全方位感知 LAM 数字资源或 LAM 展览活动。此外,可视化可以为用户提供交互与反馈的入口,用户可以提供关于当前资源的最新观点、研究成果、关联信息等,帮助系统完善知识库,优化可视化方案,实现知识的再加工。当然,在对 LAM 数字资源进行融合展示时,需要充分重视资源的艺术价值,注重可视化的美学设计,动态静态可视化充分结合,给用户营造出充分的文化氛围。

3.4　LAM 数字资源融合可视化流程

　　LAM 数字资源服务融合的可视化是在数字资源深度语义聚合基础上的可视化，它从获取用户的检索需求开始，通过检索系统和语义基础的支持为可视化引擎提供数据基础，通过融入一系列可视化元素最终实现为用户提供资源与知识的动态展示。通过融入人机交互与用户反馈机制，能帮助系统实现知识再加工，实现知识的进一步传播与创新。本章将 LAM 数字资源服务融合的可视化基本流程绘制如图 3-3 所示。

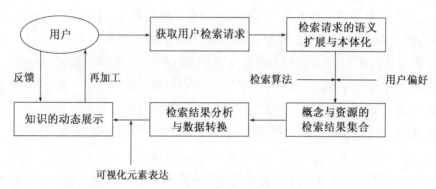

图 3-3　LAM 数字资源服务融合的可视化基本流程

　　（1）用户检索请求获取。用户从人机交互界面键入想要检索的资源主题，通常是以自然语言的形式或是某个不一定专业化的主题词，系统在用户点击检索提交按钮后获取用户的需求内容，并传递给检索系统。

　　（2）检索请求的语义扩展与本体化。系统将自然语言形式的用户需求与系统构建好的规范语义资源库和跨媒体本体知识库进行匹配，将其进行语义分解、扩展和本体化，使其转换成检索引擎可识别的计算机语言。

　　（3）检索结果集合。规范化、语义化检索请求传递给检索引擎后，利用高效优质的检索算法并结合用户偏好特征在系统的规范化知识库中进行信息检索，匹配出满足用户信息需求的相关概念知识和信息资源。

　　（4）知识的动态展示。面对已经得到的与用户需求匹配的检索结果，系统对其以适当的规则进行数据转换，得到结构一致、便于输出的数据。通过人机交互界面中的可视化展示需求，将检索结果融合充分可视化元素在交互界面中表达出来。

　　（5）知识反馈与再加工机制。用户可对得到的可视化检索结果进行体验反馈，并提出个人的合理化意见，例如用户反馈尚未列出的与 A 知识关联的 B 知识、对 C 资源的分类有异议等，系统接受并记录用户的反馈，在后续的知识服务中为用户提供满足用户需求的个性化再加工的可视化展示方案。

本章小结

　　本章从 LAM 数字资源服务融合的可视化框架的基本思路出发，从数据基础、跨媒体检索、可视化应用这三个层面来梳理可视化展示框架，并尝试构建基于跨媒体本体的 LAM 数字资源服务融合可视化展示框架。其次，对框架的各层体系结构进行了详细阐述，并针对可视化展示服务内容进行了更全面的分析。最后，基于构建的可视化框架结构，介绍了从用户发出检索请求开始的可视化基本流程。

第4章　LAM 数字资源服务融合主题可视化展示

4.1　明确可视化展示主题

在前文对 LAM 数字资源服务融合中的可视化理论研究基础上,本章将选择一个主题尝试进行本体构建和可视化应用实践。从主题的选择原则上,需要在图书馆、档案馆和博物馆中都存有相关数字资源,且可视化展示维度较为多样,相关活动、讯息丰富。由于图书馆的研究领域广泛,几乎涵盖了所有学科研究领域,而档案馆与博物馆以历史馆藏为主,展现我国文明发展轨迹。基于此,结合我们个人的偏好,本章选取了书法领域作为可视化展示的主题进行实例研究。根据中国分类主题词表可知[①],书法的上属分类为艺术,同属于该分类的主题词还有绘画、雕塑、摄影、音乐、舞蹈等,这一类对于档案馆、博物馆来说,是相对典型的资源主题,相对来说是比较合适的。同时,书法领域研究相对抽象,具有较深的知识关联,时代跨度和地域分布都很广,为可视化呈现提供了较多的创造可能。

4.2　领域本体构建

4.2.1　本体构建思路

在可视化展示主题选定的基础上,本章尝试构建"书法"领域的本体,并利用工具实现本体结构的可视化展示,以期为该领域在未来 LAM 数字资源深度聚合的实际应用提供一定的参考。

本体论发展以来,已经形成了较多的相关理论研究基础,从本体构建的原则、方法到工具等。就本体构建方法来说,国内外较多文献中都有介绍,目前常用的本体构建方法有七步法[②]、IDEF5 法[③]、TOVE 法[④]、骨架法等[⑤],这些方法的适用领域、构建步骤、构建工具都有所差异,但其核心思路上没有太大的本质差异[⑥]。有学者对 5 种典型的本体构建方法进行了简介,其中七步法具有较好的通用性,比较适用于学科知识领域,且具有开源性的本体构建工具 Protégé。该软件基于 JAVA 运行环境,具有一定可视化的操作界面,用户可以借助该工具进行领域本体模型在概念层次上的设计,包括类、关系、属性和本体实例等,同时软件也支持 XML、OWL、RDF(S)、OIL、DAML 等系统语言,其中 OWL 是适合于描述网络文档和应用,是 W3C 推荐的本体描述语言。

从文献研究中可知,七步法的七个步骤分别是:(1) 确定本体的专业领域和范畴;(2) 考查复用现

---

　① 中国分类主题词表[EB/OL]. [2019 - 3 - 9]. http://cct. nlc. cn/.

　② Ontology Development 101: A Guide to Creating Your First Ontology[EB/OL]. [2019 - 3 - 10]. http://protege. stanford. edu/publications/ontology_development/ontology101-noy-mcguinness. html.

　③ Benjamin P C. IDEF5 Method Report[R]. Texas: Knowledge Based System, 1994.

　④ Mark S, Gruninger F M. Enterprise Modeling[J]. AI Magzine, 1998, 19(3): 109 - 121.

　⑤ Uschold M, Gruninger M. Ontologies Principles, Methods and Applications[J]. Knowledge Engineering Review, 1996, 11(2): 1 - 62.

　⑥ 邱均平,杨强,楼雯. 资源本体构建理论与实证研究[J]. 情报理论与实践,2014,37(05):1 - 6.

有本体的可能性；（3）列出本体中的重要术语；（4）定义类和类的等级关系；（5）定义类和类的属性；（6）定义属性的分面；（7）创建实例①。考虑所选主题目前并没有规范化的可复用本体，因此通过将七步法整合与调整，本章将按照确定领域本体构建范畴、领域本体框架设计、定义类的属性与分面、添加实例这四个部分进行阐述。

4.2.2　领域本体构建范畴

本章中"书法"领域本体的研究对象是 LAM 中各类型的数字资源，包括资源的外部属性信息与内在语义信息的描述，其构建目的是：① 表达该领域的共享知识；② 为相关领域的语义关联提供工具支持；③ 构建该领域数字资源语义聚合后的具有可扩展性的知识库。

由于书法领域没有相关的可复用本体模型，且在实际本体构建过程中没有专家的参与，因此本体中的概念界定主要依靠现有的相关分类词表中的专业词汇界定。另外，虽然本章中的本体描述对象是 LAM 中的馆藏数字资源，但实际我们无法获取实际馆中存储的相关资源的信息，因此在本节的实例研究中主要描述的数字资源对象为：图书馆中的期刊、图书等文献资源，档案馆中的图片、文字资源，博物馆中的藏品图片资源及其他类型的多媒体数字资源，且选取了相关数字平台中可开放获取的主题相关数字资源与信息作为本体实例进行了可视化研究。

4.2.3　领域本体框架设计

从主体出发，LAM 中与书法主题相关的数字资源主要分为两大类：书法作品本身与对书法相关的研究作品，其中图书馆以书法相关的理论研究作品为主，档案馆与博物馆以书法相关的经典作品贮藏为主。观察中国知网等文献数据库、相关图书馆数字服务平台、档案馆和博物馆的官方门户网站，对于不同来源的数字资源来说其主要涉及的几个关键描述性术语为题名、机构、人物、作品类型、载体形式、时间等，另通过参考艺术科学叙词表②有关书法的一些相关主题词，还了解了用来区分传统书写字体、字形的规范描述词，即书体。书体是书法这个领域概念中在内容层面有重要描述意义的概念词，一般分为篆书、隶书、草书、行书、楷书这五类，其中每一类还可继续细分。从人物来看，也可以称作该数字信息资源的创作者，结合书法领域相关数字资源的大致分类，创作者也对应有两种类型，即书法家和研究学者。从机构来看，主要有两种类型的机构，即收藏机构和发行机构，收藏机构指代该数字资源的来源馆，以图书馆、档案馆和博物馆加以区分。发行机构主要指现代相关文献研究的发行方，例如期刊、图书和学位论文，因此与之对应的可设置期刊名、出版社和学校三类发行机构。时间层面上，由于书法这类文化瑰宝带有历史特征，因此从深层次内容层面上包含有时代属性，以表明历史文化发展的轨迹，与此同时，常用的公历计时法也同时适用于古代与现代。参考相关主题词表中对中国时代表的分类，从上古、先秦到近代、中华人民共和国，其中每个类目下仍有细分，本章将中华人民共和国以"现代"代替。从载体形式上，由于 LAM 数字资源的媒体类型多样，因此需要以音频、视频、图片、文档加以区分，同时文档类型还可以细分为期刊、图书和论文，以此表达资源的多模态特征。基于以上的讨论，确定了"书法"领域数字资源本体的框架体系结构，如图 4-1 所示。

---

①　马旭明，王海荣.本体构建方法与应用[J].信息与电脑（理论版），2018，（05）：33-35+38.
②　中国艺术研究院.艺术科学叙词表[M].北京：文化艺术出版社，1992：258.

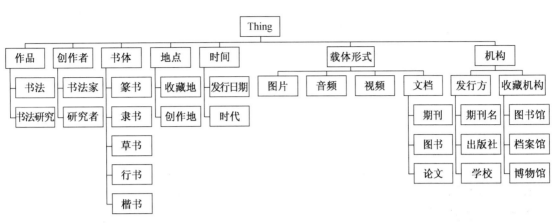

图 4 - 1　"书法"领域数字资源本体框架体系

在该框架体系中为将三级细分的内容描述出来,利用图 4 - 1 所示类目能够大致上描述 LAM 机构中关于"书法"领域的数字资源的基本信息。

4.2.4　定义类的属性与分面

在本体的类与子类之间是存在继承关系的,同时类与类之间又存在着一定的语义关联。根据前小节中对书法领域本体中相关概念的归纳,这里将时间与地点的概念囊括在数字资源的属性范围内,用来进一步界定书法作品或者书法研究的发表时间与时代,不将其设置为单独的类,具体的类与子类的具体内容与等级关系如表 4 - 1 所示。

表 4 - 1　书法领域本体中类的等级关系

类	一级子类	二级子类
人物	创作者	研究者
		书法家
	收藏者	
机构	收藏机构	档案馆
		博物馆
		图书馆
	发行方	出版社
		学校
		期刊名
载体形式	文档	论文
		期刊
		图书
	图片	
	音频	
	视频	
作品	书法	
	书法研究	

（续表）

类	一级子类	二级子类
	篆书	
	隶书	
书体	行书	
	楷书	
	草书	

就类与类之间的关系看，从"作品"出发，作品的实例是作品的题名，表示作品的内容，因此"创作者"与"作品"之间存在着创作与被创作的互逆关系，"发行方"与"作品"存在着发行与被发行的关系，"作品"与"作品"、"收藏机构"，"载体形式"与"书体"等都具有一定互逆关系。本体中存在的主要语义关系可详见表4-2。

表4-2 书法领域本体对象属性

类名	属性	类名
作品	由……创作/创作	创作者
作品	由……发行/发行	发行方
作品	被……引用/引用	作品
作品	收藏于/收藏	收藏机构
作品	涉及/被……涉及	书体
载体形式	涉及/被……涉及	书体

此外，依据表4-2存在的本体类之间的属性关系，还可以建立以下可推理得到的相关属性关系：

① 若同一题名的书法作品或书法研究作品具有不同载体形式，则这些不同载体的作品之间是多模态关系。

② 如果同一个作品名字有多个创作者，那么这些创作者之间就是合作者关系。

③ 如果某创作者创作的作品名与某书体有关，该创作者则是某书体领域的书法家或研究学者，则创作者与书体之间是领域研究关系。

④ 若某创作者创作的作品为书法，那么该创作者是书法家；研究学者的推理情况同理可得。

与表中所列出的对象属性存在的互逆关系类似，以上可推理得到的属性关系也存在对应的逆关系。根据本节内容中对书法领域本体中的类等级关系、类的属性及属性关系的描述，该书法领域本体能简单实现两种层面上的资源语义聚合：第一种是通过纵向上的继承关系实现语义关联，即子类对父类的继承、实例对上位类的继承；第二种是横向上的关联关系实现语义关联，即通过一定推理得到的类与类之间、实例与实例之间的关联。

为了降低该本体的复杂性，时间与地点相关信息未作为本体的类目，而是以数据属性的形式出现，作为具体实例的数据说明，具体定义域与值域的范围设定可参见表4-3。

与对象属性中的推理关系类似，对于数据属性我们设置如下推理：若书法家创作的书法作品其时代的值相同，那么书法家之间为同时代关系。

表 4 - 3　书法领域本体数据属性

数据属性	定义域	值域
发行日期	作品	Date 类型
时代	作品	String 类型
地点	收藏机构	String 类型

4.2.5　添加实例及可视化

　　为进行本体构建的示例,本章检索了本体中设定的各类数字资源,尽可能全面地覆盖本体中的各个类。其中文献资源主要代表图书馆中的数字资源,本章选取 CNKI 文献数据库作为检索来源,以"书法"在篇名条件下进行检索,文献分类目录限制在"书法、篆刻"这一分类下,在检索结果中选取一些经典的学术研究作品作为实例数据来源,类型包含期刊和学位论文两种。图书类型的数字资源主要通过各大高校的图书馆统一检索平台获取,本章选取了南京大学、北京大学、浙江大学、复旦大学和四川大学图书馆信息服务平台,地点分布较广,在篇名条件下以"书法"为关键词进行检索,得到相关图书资源的元数据信息。此外,我们通过在各省的数字档案馆、博物馆平台进行检索,获取了一些适合作为本章本体的实例数据的数字资源,主要来自浙江档案局、四川档案馆和上海博物馆,资源类型包括图片和视频,书法作品的朝代、书体分布广泛,以期尽可能覆盖各种类型、来源的数字资源。收集到的各类实例数据按一定格式要求记录在 Excel 中,供后期使用 Protégé 进行本体构建与实例添加时使用,具体的记录字段与部分实例数据可见表 4 - 4 所示,因页面篇幅原因作品名以省略号代替,同时将首行拆分作为两个表的表头进行展示,对于在某类目名称下无相关实例的数字资源则用"/"表示。

表 4 - 4　本体实例部分数据展示 - 1

作品类型	名称	收藏机构	地点	创作者类型	姓名
书法研究	……			研究者	叶智成
书法研究	……			研究者	张善伟
书法研究	……	南京大学图书馆	江苏南京	研究者	傅申
书法	……	上海博物馆	上海	书法家	赵孟頫
书法研究	……	上海博物馆	上海	研究者	

表 4 - 5　本体实例部分数据展示 - 2

书体	载体形式	发行日期	所属时代	发行方	名称
	期刊	2018 年 12 月 5 日	现代	期刊名	艺术教育
	论文	2017 年 6 月 30 日	现代	学校	中国艺术研究院
	图书	2018 年	现代	出版社	上海书画出版社
草书	图片	1286 年	元		
	视频	2016 年 5 月 4 日	现代		

　　在本体构建、实例数据获取的基础上,我们将使用本体构建工具对本体进行可视化实现,本章拟使用本体开发工具 Protégé5.2.0 版本进行本体编码与形式化。[①]首先通过操作面板,将书法本体的各个

---

① 　protégé 官网[EB/OL].[2019 - 3 - 11]. https://protege.stanford.edu/.

类的等级关系以及类的属性在软件中进行编码,重点注意父类与子类的上下位关系,在层次上不能产生偏差。通过 Protégé5.2.0 自带的 OWLViz 和 OntoGraf 插件能够实现对本体的可视化,本体构建完成后利用可视化插件进行效果展示,图 4-2 为利用 OntoGraf 插件实现中文可视化后的展示图。将检索到的数字资源相关数据选择其对应的类进行实例化,并进行可视化效果展示,以观察实例间丰富的语义关联,如图 4-3 所示。

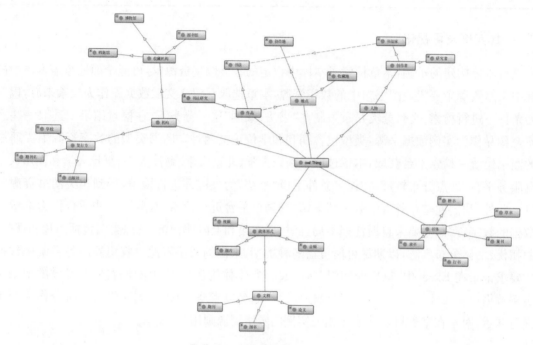

图 4-2　书法领域本体可视化

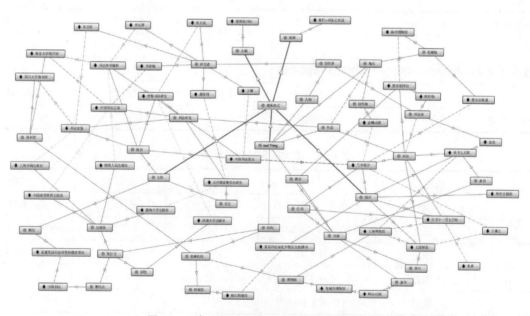

图 4-3　书法领域本体实例关系可视化(部分)

在可视化效果图(图 4-3)中,黄色圆形图例代表的是本体中的类,紫色的菱形代表的是类的实例,类与子类之间、类与实例之间以不同颜色的实线相连接,不同的对象属性以不同颜色的虚线在类之间、实例之间相连接,整体可构成复杂的语义网络。将鼠标移至连线上,可显示此连线代表的关系名称。当鼠标点击某个特定的类或实例时,会以该位置为起点,将与其产生语义关联的类或实例间的连线加粗显示,方便用户更清晰地查看这些关联情况。例如图4-3中的载体形式被选定后,与之相关联的文档、图片、音频、视频子类被凸显出来。发行时间、地点这类数据属性不会在本体与实例的可视化中以个体形式出现,而是附属于特定的实例对象,因此通过在可视化界面中点击实例对象或者在操作面板可以查看与之关联的数据属性内容,如图4-4、4-5就是通过两种方式查看数据属性的示意图。

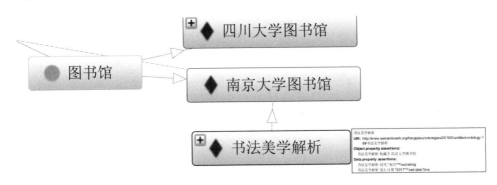

图4-4　可视化界面查看数据属性示例

图4-5　操作面板界面查看数据属性示例

前文介绍了本体中的推理,这里利用 Protégé 5.2.0 自带的 HermiT 1.3.8.413 推理机(Reasoner)可进行本体中一些类与类之间、类与实例之间一些关系的半自动推理,例如通过"王羲之"创作了"书法"作品,从而推理出"王羲之"是一位书法家,如图4-6中显示了推导过程的可视化解释。

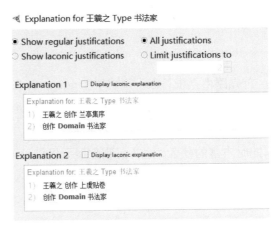

图4-6　推理过程示意图

4.3 可视化展示效果实施

在尝试构建融合 LAM 数字资源的领域本体后，本节将借助前文中对于 LAM 数字资源服务融合中的可视化研究成果，利用在线文化服务平台中的数字资源进行可视化方案的设计与实施。结合第二章中对用户可视化需求的调研结果，尤其是用户偏好的可视化类型与呈现方式，本章尝试从地图、词云、关系网络和时间轴这四种样式来呈现文化主题资源的概况，帮助用户进一步利用及获取知识。

ECharts 是一个使用 JavaScript 实现的开源可视化库，它有百度团队开发的可商用数据图表。ECharts 可以流畅地运行在 PC 和移动设备上，并兼容当前绝大部分浏览器，支持折线图、柱状图等 12 类图表类型，同时提供一系列可交互组件，能够实现多图表、组件的联动和组合展示。ECharts 依赖底层轻量级的矢量图形库 ZRender，以提供给用户直观、交互丰富、可高度个性化定制的可视化图表[①]。ECharts 能基本满足本章简单实例展示的需求，因此本节主要利用该开发工具来实现书法领域数字资源相关信息的可视化。

网页用 Flask 驱动做成，Flask 是一个使用 Python 编写的轻量级 Web 应用框架，应用该框架可以方便进行网页开发和部署，由于本章示例只是作为演示，因此只在本机环境 127.0.0.1 进行展示，不进行正式部署。

在 Flask 应用中，路由是指用户请求的 URL 与视图函数之间的映射。Flask 框架根据 HTTP 请求的 URL 在路由表中匹配预定义的 URL 规则，找到对应的视图函数，并将视图函数的执行结果返回 WSGI 服务器。因此使用 Flask 框架，只需要关注与业务逻辑处理而不必分心于协议处理。Flask 中视图是一个应用对请求进行响应的函数，Flask 通过模型把进来的请求 URL 匹配到对应的处理视图。视图返回数据，Flask 把数据变成出去的响应。Flask 也可以反过来，根据视图的名称和参数生成 URL，而蓝图是一种组织一组相关视图及其他代码的方式。与把视图及其他代码直接注册到应用的方式不同，蓝图方式是把它们注册到蓝图，然后在工厂函数中把蓝图注册到应用。

通过如下代码，即可创建一个蓝图，后续操作就在 bp 这个句柄上进行。

```
bp=Blueprint('search', __name__)
```

在 Flask 中，web 被视为某个模板的实例，通过 render_template(xx. html)函数来实现模板的渲染。示例如下：

```
@bp. route('/')
def index():
return render_template('index. html')
```

首先路由至根目录下，收到对 index. html 的请求后，flask 导入 index. html 并进行渲染。至此，网页的呈现流程已经完成了，后续只需要对 html 进行开发即可。

可视化展示部分在 ECharts 模板上进行二次开发，它具有良好的 API 接口和高度个性化的扩展能力，同时丰富的社区库也为可视化展示提供了大量的示例。对于确定的模板，导入所需的 js 文件后，即可进行适配工作。Js 文件需要额外的 node. js 解析工具进行解析。后续根据之前收集到的数据，根据模板进行展示即可。

---

① ECharts 简介[EB/OL].[2019-3-12]. https://echarts. baidu. com/echarts2/doc/doc. html.

4.3.1 地图的可视化形式

地图能够将资源与地理位置结合起来,从可视化需求调研情况来看,有较多用户都对资源的地理分布有一定需求。利用 ECharts 中的地图类型,可将用户检索结果在地理位置上的分布情况在可视化地图中得以呈现,用户通过鼠标在指定位置的悬浮就可以查看该地理位置下的资源分布情况,例如数量、资源的内容等信息,如图 4-7 所示。此外,通过点击省份,地图可下钻至用户选定的省份地图,展示该省份的区县地图,并展示资源在该省的各个区县中的地理分布情况,细化信息粒度,用户能够在更深的层次了解 LAM 数字资源内容。

地图中的饼图以不同的颜色代表不同类型的资源,不同颜色的比例代表不同类型资源的数量占比,点击饼图中的某块扇区可以显示该区域所在省份的主题资源的数量。另外,不同省份的饼图大小也有所不同,以此来体现不同省份资源总体数量的差异,面积越大、数量越多。

图 4-7 地图整体的可视化展示效果

4.3.2 词云的可视化形式

词云,或称文字云,是一种形式化网络文本的较好的可视化展示方式,它能将冗长的文本信息中的高频关键词予以视觉上的突出,用文字的颜色、大小、形式来控制文字在该可视化界面中的重要程度,从而让用户能轻易地观察到重点的内容。在可视化需求调研中曾对可视化的价值进行调研,较多的用户认为可视化比文字更为直观,容易理解。从这一需求出发,文字云可以省去用户阅读大量文本信息的时间与精力,直接获取关键信息,以决定进一步的信息需求和行为。通过词云可为用户提供某篇或者某类文献资源中的研究重点词汇,也可以为用户提供某些数字资源在外部特征与内部语义特征层面的主要信息,亦可为有类似信息需求的用户在检索或浏览时表示热门主题词等。

在 CNKI 中在篇名下以包含"书法"且不包含"作品"为条件进行检索,文献分类限制在书法、篆刻中,截至 2019 年 3 月 12 日,以相关度为排序标准将前 200 条检索结果的文献以参考文献格式导出到 Excel 中,手动筛选剔除与书法领域研究关系不够紧密的文章,将所有的参考文献信息导入 NLPIR-ICTCLAS 汉语分词系统中[①],将其进行分词处理,再获取这些题名信息中出现频次比较高的词汇,按其频次从高到低排列,给定其大致权重。利用 ECharts 将这 200 篇文献中出现的高频词汇进行词云展示,来表示学界对于书法领域研究的主要方向,效果如图 4-8 所示。同样,我们通过搜索引擎检索了一些书法藏品的题名信息,由于无法获取公众对这些书法作品的关注程度,因此以主观的了解程度来分配各个作品的权重数据,对相对熟知的作品给予更高的权重,相对不太熟悉的适当降低权重,以此来表征在 LAM 数字资源服务融合平台中用户对于不同书法作品的关注程度,得到的词云效果图如图 4-9 所示。

---

① NLPIR 官网[EB/OL].[2019-3-12].http://ictclas.nlpir.org/.

图4-8　书法领域热门研究词汇的词云效果展示

图4-9　热门书法作品的词云效果展示

词云中的不同词汇以不同的颜色加以区分，词汇的权重可以通过该词汇的出现频次或热门程度来赋予，权重越高，该词汇在可视化图中就在越核心的位置展示，且字号越大，更为显著。将鼠标置于任意一个词汇上均能突出显示，并展示其相关信息。

4.3.3　关系网络的可视化形式

关系网络在此指的是需要可视化展示的对象与对象之间有复杂的连线关系，关系的种类多样，因此众多的对象之间构成庞大的关系网络，这些关系可以是人物之间的社会关系，也可以是概念相关的知识关系等，目的在于通过挖掘信息单元之间复杂的语义关联，能帮助用户概览知识、重构知识、应用知识，充分发挥资源的聚合价值。在表达知识的可视化方法上，比较常见有概念图、思维导图、认知地图、语义网络和思维地图等，本章通过搜索引擎检索了不同历史时代的知名书法家，获取了他们之间存在的师承关系，以此来体现书法领域人物之间的关联关系，使用户能直观地了解到特定时代维度下的代表人物及其社会关系，有利于知识的扩展与兴趣点挖掘。

用户通过点击某个感兴趣人物，能弱化与其无关联的人物信息，直接展示与其相关联的人物，并显示该核心人物的相关信息。可视化图中每个人物所在球体的大小由该人物的领域地位、热门程度等决

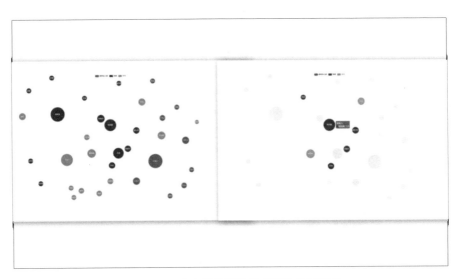

图 4 - 10　书法领域师承关系网络效果展示

定,越是重要的人物,其面积就越大,位置越显著。另外,人物以时代维度进一步划分,通过点击上方代表时代的图例,能筛选用户期望展出的时代人物信息,隐去不希望展示的人物信息。图中的球体还可以自动拖动,用户可以通过鼠标将其拖动至任意位置加以展示。

4.3.4　时间轴的可视化形式

除了地理空间维度,时间维度也是用户比较偏爱的可视化展示维度,尤其是 LAM 中饱含历史底蕴的文化资源,时间是表达资源分布的一个很好的维度。本节拟设计两种基于时间轴的可视化展示方案:一是利用 ECharts 中的时间轴组件与其他图表结合,联动的展示随着时间的变化,相关数字资源的数量变化差异(其中的数据为虚构,不具有现实意义),效果图可参见图 4 - 11。二是利用 HTML 语言进行网页端的时间轴控件开发,参考相关开源时间轴实现项目,以实现时间轴形式的书法领域的文化资源线下展览活动预告(预告信息取自浙江博物馆平台的展览预告①),效果图可参见图 4 - 12。

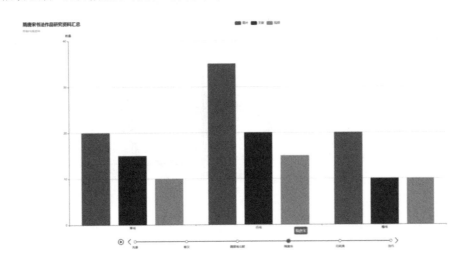

图 4 - 11　LAM 书法领域数字资源数量变化图

---

①　浙江博物馆.[EB/OL].[2019 - 3 - 12]http://www.zhejiangmuseum.com/zjbwg/index.html.

该时间轴可视化主要展示了从先秦时代到当代的时间范围内，草书、行书和楷书这三种书体的相关数字资源的变化情况，其中红色、深蓝、浅蓝色分别代表图片、文献和视频这种不同的数字资源类型，通过点击上方的图例，能选择显示用户希望展示的资源类型。

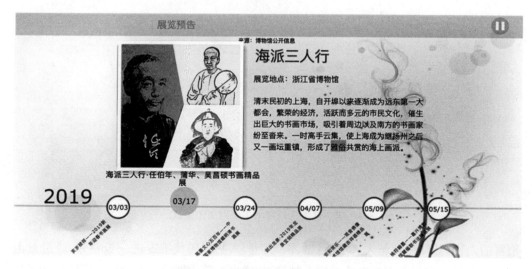

图 4-12　LAM 书法领域展览预告时间轴展示

该可视化实现了网页端的时间轴展示，根据时间的发展轨迹能展示与书法主题相关的展览活动预告信息，可自动以幻灯片的形式向后展示，也可以通过鼠标滚动和点击操作，跳转到任一特定时间进行查看。页面上展示了与该展览相关的主题、地点、简介等信息，供用户阅读。至于跨机构时间轴检索操作：进行导航栏→资源检索→跨机构时间轴检索，则将所有图博档机构的馆藏数字资源以"时间轴"＋"标题"＋"图片"的形式进行形象直观的展示。单击任意一个资源条目，即可放大查看资源详情，如图4-13 所示。

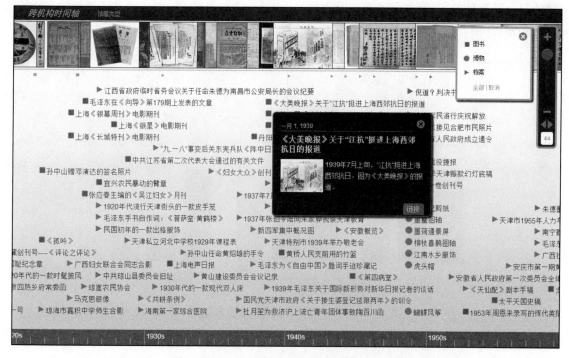

图 4-13　跨机构时间轴检索（图中黑框里内容是放大查看资源详情）

4.4　可视化效果评估

4.4.1　LAM 数字资源服务融合的可视化质量评估

在图书馆馆藏资源可视化研究领域,可视化评价是一个较为重要的研究方向,这对于反馈可视化效果、改进可视化流程、优化可视化方式、最终提升用户体验的满意度有着十分重要的意义。这是一项为可视化系统的进一步完善工作,因此任何一个可视化系统或者信息平台都需要不断地反复地对自己的服务质量进行评估,逐步对模型进行迭代优化。

通常评价方式主要分为定性评价、定量评价和定性定量相结合这三种,由于很少对单个独立的可视化组件进行评估,因此很多时候是对整个信息可视化系统进行质量评估。目前国内图情领域针对信息可视化系统的评价研究并不多见,相关研究仅有包括信息资源质量评价、资源聚合质量评价、图书馆等信息服务质量评价及界面设计评价等,其中会涉及一些研究指标与信息可视化服务相关,如闫晶等探讨的资源聚合质量评价体系中的实时可视性及增强审视性维度[①]。

在具体研究方法上,Hoeber[②] 在其论文中详细调查分析了一些对可视化 Web 搜索界面的评估方法,从文中得到的是,通常研究人员会通过两个角度去进行信息可视化系统评价研究:(1)用户在选择信息可视化系统时的倾向性。(2)完成特定系统的任务时,用户表现的优劣性。作者根据分析结果提出了阶梯式评估与细化模型,通过渐进式的逐步评估方式改进 Web 搜索界面的信息可视化系统,其中观察法适合作为初步原型设计后的第一步评估方式,例如基于一套设计指南的启发式评价法、基于执行特定检索任务的认知演练法等。

对于信息可视化的定性评估方法主要是通过观察和访谈[③],其主要方法有嵌套定性法、观察评估法、原位观察研究法、参与式观察法、实验室观察研究法等。定量评估方法是通过严格的假设发展、独立变量识别和控制因变量的观察与测量等一系列统计数据与分析手段,获得实验数据并分析后得出实验结论的方法。

4.4.2　评估框架

通常可视化设计是囊括在界面设计之中的,且学术与企业研究人员本身很难评估这些界面的潜在价值,因此鲜有单独对用户界面中的可视化效果进行评估的。从评估方法上看,Hoeber[④] 提出的阶梯式评估与细化模型对于可视化用户界面的评估是一种有效的渐进式评估方式,可用于改善以知识为中心的界面,其中启发式评估方法被认为是适合作为第一阶段的评估方式。启发式评估方法的成本较低,工作量较小,适合在初步的原型实现上进行,使得研究人员能够在开发过程的早期就识别并修复相关问题。有学者提到当可视化 Web 搜索信息的要求没有明确定义或仍在探索性设计期间时[⑤],启发式评估方式是一个不错的选择。启发式评估方法通常需要一些可用性评估专家或产品相关工程师的参与,根

---

① 闫晶,毕强,李洁.数字图书馆资源聚合质量评价指标构建[J].图书情报工作,2017,61(24):5-12.

② Hoeber O. User Evaluation Methods for Visual Web Search Interfaces[J]. Information Visualisation, 2009 13th International Conference, 2009.

③ Carpendale S. Information Visualization: Evaluating Information Visualizations[M]. Springer, 2008: 19-45.

④ Hoeber, O. User Evaluation Methods for Visual Web Search Interfaces[J]. Information Visualisation, 2009 13th International Conference, 2009.

⑤ Tory M, Moller T. Evaluating Visualizations: do Expert Reviews Work? [J]. IEEE Computer Graphics and Applications, 2005, 25(5): 8-11.

据设定的一套设计指南性的经验评估原则，对评估对象进行启发性的验证。Nielsen 在其文章中对 249 个可用性问题进行了充分的因子分析，提出了 10 种在解释性上覆盖相对最广泛的启发式问题：分别是系统状态的可见性，系统与现实世界的匹配性，用户的控制和自由性，一致性与标准，错误的预防性、易认性、灵活性、美观与简约性，帮助用户识别、诊断、修正错误与提供帮助能力[①]。也有学者指出，在用户界面评价中一个重要的评估指标是用户满意度[②]，但我们认为主观满意度测量相对抽象，且无论是用户界面还是单纯的可视化设计，其最终目标都是满足用户需求，帮助其获取满意的使用体验，因此，用户满意度的测量可通过启发式评价中的各项评估指标以侧面度量和反映出来。由于本章仅针对用户界面中的可视化设计部分进行效果评估，因此基于上述可视化用户界面的启发式问题，我们针对在 LAM 数字资源服务融合中的可视化设计理念、服务目标、用户需求等内容，综合并重新梳理 Nielson 文中提到的各项指标，确定了适用于对用户界面中的可视化设计效果评估的启发式问题，以期能从这些维度寻找出可视化设计中存在的可用性问题，提供优化方向，具体评估项及其评估标准描述可参见表 4-6。

表 4-6　可视化效果的可用性评估项及其描述

分类	评估项	评估内容描述
视觉维度	美观性	注重美学设计，色彩搭配合理，视觉上有吸引力
	简约性	设计简约，元素不会过于复杂，易于认识，减少记忆
	显著性	可用的行动项与功能不隐藏，选项与信息显著
使用维度	交互性	交互方式丰富，物理交互自然，用户自由控制
	可定制性	用户可自定义可视化效果，例如改变顺序、呈现效果样式等
	灵活与便捷性	操作上灵活高效，操作简单，有帮助提示，能为所有水平层级的用户服务
	容错性	能防止用户操作错误，提供撤销重做功能
	反馈性	页面对于用户的相关操作能给予及时反馈显示，提供系统状态信息
内容维度	可靠性	内容无错误，精确真实可靠，信息具有完整性
	一致性	内容与元素的样式有统一的语义和操作命令，设计与现实世界有一定匹配，看到的信息与获取的信息一致
	知识性	具备知识关联，能提供知识信息，有可视化深度

通过框架中的启发式问题，能从定性与定量结合的角度对目标可视化设计对象进行综合评估，以获得初步的原型改进方向，为下一步的专业评估奠定良好的原型基础。

4.4.3　评估实施与结果分析

基于本章针对可视化设计提出的启发式评估框架，拟对前文设计的各类可视化实例进行效果评估。此次可视化实例是初步的原型开发尝试，与启发式评估方法的适用场景也是相匹配的。

（1）评估人员

启发式评估法一般包括 3～5 名评估人员，但一般都是某些领域专家或者可用性专家，基于自身的专业判断与确定的启发式原则进行评价，因此得到的结果都相对主观。也有学者表明，由于评估者为专

---

① Nielsen J. Enhancing the Explanatory Power of Usability Heuristics[C]. Proceedings of the SIGCHI Conference on Human Factors in Computing Systems，1994：152-158.

② Calistru C，Ribeiro C，David G. Multimedia in Cultural Heritage Manuscripts：Integrating Description，Transcription，and Image Content[J]. Eurasip Journal on Image & Video Processing，2009，2009(1)：1-9.

家,因此其意见不能代表实际用户的观点,从而影响其有效性。为了平衡专家与实际用户之间的鸿沟,此次评估拟选取具有学科背景的实际用户来进行简单的实验。本章的评估者中4人为图书情报专业的硕士研究生,1人是电子工程专业的本科毕业生,他们具有优秀的信息学和计算机使用背景,且均对相关LAM文化服务平台较为熟悉,对可视化界面与可视化展示手段有较深的认识,能够针对启发式原则提出与其不符的地方,也能对其各个评估项的满足程度有较为清晰的判断,对于评估结果有一定的可信度。

(2)评估流程与任务

根据学者在文中对启发式评价过程的介绍①,确定了本章的评价流程与具体内容:1)向评估者介绍可视化评估对象;2)评估者熟悉评判的启发式问题和评估对象;3)评估者明确评估任务,实施操作行为,感知使用体验;4)评估者根据启发式原则进行评价并记录结果;5)讨论并记录评估者遇到的可用性问题。

在评估开始前需要对评估者进行研究背景和评估对象的详细介绍,让评估者尽可能处于体验LAM数字资源服务融合的环境中,并根据给定的启发式原则给予有效率和有价值的评价。评估任务的内容主要是让评估者从已知的可视化设计目标出发,充分感知体验该可视化设计,对于存在可交互的可视化方案评估者可进行全面体验。最后,以表4-6中所列的每个启发式问题的评估内容描述为依据,根据以下李克特五度量表对每个启发式问题的实现情况进行评级:1分—非常不赞同、2分—比较不赞同、3分—中立、4分—比较赞同、5分—非常赞同。

上述评分标准参考了部分文献②③④中的评分设定。

(3)评估结果与讨论

根据5位评估者的评估结果,得到本次研究中的四类可视化设计的总平均得分为3.47分,其中每个启发式评估项的得分情况统计如表4-7所示。

从上述启发式问题的得分情况来看,本篇的可视化设计在此次启发式评估中得到了相对正面的评估值,其中在简约性、显著性和灵活与便捷性上得到了较高的评价,但在可定制性、美观性、交互性和容错性上的得分相对偏低,需要在后续的可视化开发中进一步优化,可能是目前尚未实现可视化该类内容的实施,因此评分相对偏低或适中,另一种可能就是实现的质量不高,未能达到用户期望。

表4-7　启发式问题得分情况统计表

评估项	1分	2分	3分	4分	5分	平均分
美观性	0(0%)	1(20%)	2(40%)	2(40%)	0(0%)	3.2
简约性	0(0%)	0(0%)	1(20%)	3(60%)	1(20%)	4.0
显著性	0(0%)	0(0%)	1(20%)	4(80%)	0(0%)	3.8
交互性	0(0%)	0(0%)	4(80%)	1(20%)	0(0%)	3.2
可定制性	0(0%)	1(20%)	3(60%)	1(20%)	0(0%)	3
灵活与便捷性	0(0%)	0(0%)	1(20%)	3(60%)	1(20%)	4.0
容错性	0(0%)	0(0%)	4(80%)	1(20%)	0(0%)	3.2
反馈性	0(0%)	0(0%)	2(40%)	3(60%)	0(0%)	3.6

①　左春华,张建玲.产品用户界面可用性评价及方法研究[J].现代装饰(理论),2011,(07):194-195.

②　Alotaibi M B. Assessing the Usability of University Websites in Saudi Arabia: a Heuristic Evaluation Approach[C]. 2013 10th International Conference on Information Technology: New Generations. IEEE, 2013: 138-142.

③　Ahmed Z S M. A Comparison of Usability Techniques for Evaluating Information Retrieval System Interfaces[J]. Performance Measurement and Metrics, 2008, 9(1): 48-58.

④　李舒迪.《红楼梦》诗词活动的文本可视化设计研究[D].哈尔滨:哈尔滨工业大学,2017.

（续表）

评估项	1分	2分	3分	4分	5分	平均分
可靠性	0(0%)	0(0%)	3(60%)	2(40%)	0(0%)	3.4
一致性	0(0%)	0(0%)	3(60%)	2(40%)	0(0%)	3.4
知识性	0(0%)	0(0%)	3(60%)	2(40%)	0(0%)	3.4

此外，评估者还针对本章不同的可视化设计方案进行了逐一评估，指出了可视化设计中可能存在的问题。

4.4.4 优化建议

基于上述定量分析结果与定性的评估意见内容，对此次可视化设计提供进一步改进的方向，同时也为更多此次未开发的可视化展示方案提供设计建议。

（1）基于地理分布的数字资源分布可视化：调整地图样式，选项之间无重叠障碍；优化界面配色，使其更具有美观性；用颜色的深浅来描述数量差异，避免数据之间悬殊而导致大小差异过大，影响页面美观；增加可筛选项，可从图书馆、博物馆、档案馆的维度分别查看资源差异，扩大用户的可选择范围。

（2）基于词云的文本可视化：提供交互操作，用户能自定义设置词云的展示轮廓，同时能形成三维词云，供用户自由旋转查看数据；对于用户感兴趣的词汇能通过点击进一步扩展，点击后能以该词汇为关键词在新的页面提供新的检索结果，允许用户退回前一步操作；注重词云的色彩搭配，整体要能体现关键词汇的显著性，同时不会过于凌乱无序，同一类型的词汇可以采用同一种颜色。

（3）基于社会网络的人物关系可视化：丰富时代维度的内容，扩充网络节点的数量，但不能过于复杂从而增加用户的操作与记忆负担；解决网络中的多重关系问题，可增加关系维度或对于关系连线的内容进行标注，明确关系的内容，以免造成歧义或信息不完整。

（4）基于时间轴的资源数量变化与展览预告图：在可视化审美设计上进一步优化，调整色彩搭配，迎合用户偏好；增加用户操作途径，可通过滚动鼠标滚轮改变时间节点，弱化操作难度；提供数量标注，方便用户直观地看到信息，不必花费精力对应查找；用户可以通过点击感兴趣的展览内容而跳转至具体详情页进行深入浏览，可视化界面仍保留，允许用户继续点击新的展览信息。

（5）整体通用设计：提供更多解释性信息，为用户提供帮助性的可视化内容，便于用户更好地理解和使用可视化工具；深化知识展示深度，提供更多知识性的可视化内容，从资源内容层次来进行可视化展示；提供更多更丰富的交互手段，甚至可以允许视听障碍正常使用或者提供物理交互；提供可视化界面与相关资源的链接，用户能通过可视化内容扩展至新的兴趣领域。

本章小结

本章基于对 LAM 数字资源服务融合中的可视化服务内容的研究、对用户可视化需求的调研，以"书法"领域为例进行了本体构建的简单尝试与可视化实例研究。本体的构建采用七步法的构建思路，并选取了一些 LAM 特征信息资源进行了实例的添加与可视化，以期为 LAM 数字资源在语义层面的深度聚合提供一定实践参考。在可视化实例设计上，主要采用了 ECharts 和网页开发工具，结合地图、词云、关系网络和时间轴这些可视化形式进行了设计与实现。最后，构建了适用于 LAM 数字资源服务融合中可视化效果评估的启发式评估项目内容，并以此为评估原则进行了评估实验，对评估结果进行了定性与定量相结合的分析。

附录 图博档数字化信息服务技术融合分析

图博档机构不断地集成多种信息技术为公众提供一站式的服务融合平台,数字化服务的提供单凭一项技术难以达到预期的效果。技术融合是实现技术创新活动的重要一环,信息技术间的互补与借鉴、吸收与内化,可以拓宽单项技术的研究内容和发展空间,突破技术瓶颈、打破技术壁垒,有利于科研创新和应用转化,是实现企业自主创新的主要路径之一,是推动服务融合的直接动力,能够产生巨大的经济价值和社会效益。

学者关于技术融合的研究主要有三类:(1) 研究技术融合的定义、内容、方法和模式。采用统计模型,量化具体指标,研究技术间融合的驱动因素[①]。(2) 从专利的视角,采用宏观的基于引文网络分析方法探究技术融合演化路径[②];采用微观的基于共类分析研究融合领域中的技术会聚[③];采用链路预测等方法测度技术间的融合程度,识别融合趋势[④]。(3) 从文献计量的视角,以关键词表征技术,测度技术间融合程度[⑤]。

研究技术间的融合情况,对于规划研发活动、推动技术创新、变革产业结构、改良商业模式具有重要的理论意义和实践价值。笔者针对当前信息技术的跨学科跨领域融合情况,设计一套研究方法可以量化信息技术间的融合程度,分析融合内容,为技术改进和创新提供理论价值。基于文献的视角,引入技术融合的概念,对信息技术空间、属性空间、属性融合度进行了定义。以人工智能、大数据、模式识别、版权管理、问答系统、信息推荐、人机交互、信息可视化、图像检索 9 种图博档服务融合中所使用的信息技术为例,从 4 个属性空间维度检测其融合情况并进行了一致性分析。实验结果的一致性,说明了本研究数据选择和研究方法的有效性。这 9 种信息技术有不同程度的融合,并就其融合情况进行了分析。

1 图博档服务技术融合

1.1 服务融合与技术融合

就图博档领域而言,技术融合为服务融合的实现提供了强大的技术支持,同时也拓宽了理论研究的边界。服务融合理论研究为实践落地指明了方向,实践又从不同侧面验证并充实了理论。整体关系如图 1-1 所示。数字化服务融合是实现资源共享、历史记忆、文化传承、教育传播的有效手段。技术融合是图博档机构为应对服务融合所带来的需求变化、场景变化主动调配和衍生新技术的过程。对技术融合的研究有利于图博档机构在实施服务融合时的技术选优和采纳。

---

① 陈亮,张志强,尚玮姣. 技术融合研究进展分析[J]. 情报杂志,2013,32(10):99-105.
② 李姝影,方曙. 测度技术融合与趋势的数据分析方法研究进展[J]. 数据分析与知识发现,2017,1(07):2-12.
③ 翟东升,蔡力伟,张杰,等. 基于专利的技术融合创新轨道识别模型研究——以云计算技术为例[J]. 情报学报,2015,34(04):352-360.
④ 翟东升,刘鹤,张杰,等. 一种基于链路预测的技术机会挖掘方法[J]. 情报学报,2016,35(10):1090-1100.
⑤ 邱均平,杨强. 技术融合的计量分析——以 4 种新兴信息技术为例[J]. 图书情报工作,2014,58(14):90-97.

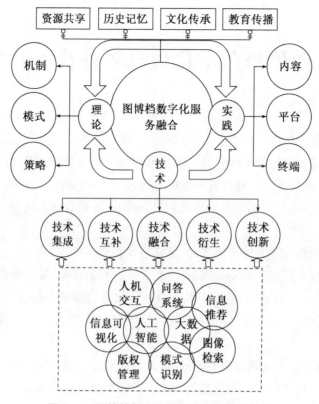

图 1-1　图博档数字化服务融合与信息技术

1.2　技术融合的表征

　　每一种技术可以独立表示为一个技术空间，由技术内涵和技术边界组成，技术融合即为多种技术越过边界的交叉融合⑥。目前文献是学者开展技术创新研究的主流数据源之一。文献是技术的载体，本研究使用文献界定一种信息技术；因高被引文献具有代表性①，在此，将某一种信息技术相关文献中的高被引文献集合定义为该项技术的技术空间。由技术空间表征某种技术。

　　在信息计量学中，通常用关键词、作者、机构、期刊来表征某个文献。文献中的关键词一定程度上代表了该文献的内在信息；具体来讲，技术文献中关键词是由作者标注的该技术的核心内容，关键词集合可以记为该项信息技术空间的一个属性，即关键词属性空间。作者是技术的改进者或创造者。机构是技术的发源地。期刊是技术的传递载体。作者集合、机构集合、期刊集合分别从不同维度描述了信息技术空间，可构成该技术空间的作者属性空间、机构属性空间、期刊属性空间。从文献的视角，通过研究该类技术空间的关键词、作者、机构、期刊的共现关系，可近似表征技术间的融合程度，依次记为关键词属性融合度、作者属性融合度、机构属性融合度、期刊属性融合度。因此，可由文献信息技术空间的这 4 个属性融合度度量信息技术的融合情况，如图 1-2 所示，阴影部分分别表示 4 个属性维度的融合情况。以关键词属性为例，图 1-3 描述了关键词属性融合数据计算框架。

---

　　①　陈月从. 基于 Clarivate Analytics 和 InCites 的图书情报学科高被引科学家及高被引论文分析[J]. 情报学报，2017，36(11)：1108－1118.

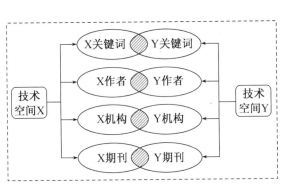

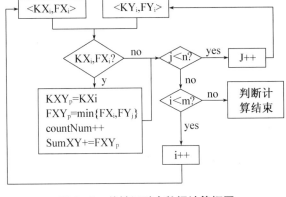

图 1-2 融合度框架图 　　　　　图 1-3 关键词融合数据计算框图

技术 X 的关键词属性标记为集合 $\{<KX_i,FX_i>,1\leqslant i\leqslant m\}$，其中 KX_i 为 X 的关键词，FX_i 为 KX_i 出现的频次；同理，技术 Y 的关键词属性标记为集合 $\{<KY_j,FY_j>,1\leqslant j\leqslant n\}$。图 3 的基本思想为：若技术空间 X 中关键词 KX_i 和技术空间 Y 中关键词 KY_j 相同，则将其标记为 KXY_p，对应的频次 FXY_p 为 FX_i 和 FY_j 中的最小值；共现关键词计数 countNum 增 1；共现关键词共现频次 sumXY 增 FXY_p。该过程计算了技术空间 X 和技术空间 Y 的共现关键词集合 $\{<$共现关键词，共现关键词共现频次$>\}$ 即 $\{<KXY_p,FXY_p>\}$、共现关键词个数即 countNum、共现关键词共现频次之和即 sumXY。技术 X 中所有关键词频次之和，记为 FX；同理，技术 Y 中所有关键词频次之和，记为 FY。据此，计算关键词融合度为 $KDgree=\dfrac{sumXY}{FX+FY-sumXY}$。作者、机构、期刊属性融合数据计算方法与关键词属性相似，不再赘述。

2 技术及研究领域

2.1 技术

人工智能（Artificial Intelligence，AI），是一项涉及神经科学、脑科学、生命科学、心理学、逻辑学、认知科学、计算机科学等多个领域的综合性学科技术；主要研究和开发用于模拟、延伸和拓展人的智能的理论、方法和技术[①]。人工智能革新着传统的产业模式，引起了全球各国的广泛关注，被认为是推动第四次工业革命的核心助力之一。从 2015 年起，美国、欧盟、中国等都积极筹备和出台了战略政策措施并成立了专业的科研创新机构。

大数据被认为是更具决策力、发现力和洞察力的高增长率的、复杂的、类型多样的数据资产。大数据概念起源于海量数据规模，并具有 3V 或 4V 的特点。随着图像、音视频数据、传感数据、网络数据等繁杂信息的爆发式增长，数据规模、数据类型愈加多样化，大数据的内容也愈加丰富。McKinsey 公司于 2012 年做的《大数据报告》[②]，详尽分析了"大数据"的影响、主流技术和应用情况。

模式识别是指通过对表征事件、物体或现象的各种形式的关系（如逻辑关系）或信息（如数字、文字、视觉、听觉信息等）加以处理和分析，以实现对目标的描述、判别、分类与解释；与心理学、生物学、统计

---

① 丁世飞.人工智能(第 2 版)[M].北京:清华大学出版社.2015.

② Chen H, Chiang R H L, Storey V C. Business Intelligence and Analytics: from Big Data to Big Impact[J]. MIS Quarterly, 2012, 36(4): 1165-1188.

学、语言学、控制论、计算机科学均有关系①。具有广阔的应用前景，如语音识别、生物认证、数字水印等。

版权管理采用技术手段实现对有形和无形资产版权和版权所有者关系的描述、定义、认证、辨别、交易、保护、监督和跟踪等，是一项涉及技术、法律、商业各个层面的系统工程②。版权管理技术贯穿了作品内容制作、存储、发行、接收、传播、使用等的整个生命周期。版权管理技术引起了各国政府、媒体、企业、法律等产业界和学术界的共同关注。作品内容的多元化和传播方式的多样性急需法律与技术的有效配合、双管齐下。版权管理技术明晰了作品归属权、署名权、传播权等，完善了作品线上线下的分发、编辑等合法传播与交易模式，辅助了行业主管部门的行政监管，为保证传统媒体和网络媒体融合有序健康发展保驾护航。

问答系统是指针对用户提供的自然语言问句，通过自然语言理解、模式匹配、检索或推理等技术，提供一个准确、简洁、人性化和个性化的解答③。主要涉及问题理解与分析、信息匹配与检索、答案抽取与组配等流程。问答系统灵活独特的交互方式，引起了产学研界广泛的研究兴趣。现有的问答系统主要包括问答式检索系统、基于知识库的问答系统、基于文本—音频—图像—视频及其转换形式的智能问答系统、聊天机器人等。

信息推荐是指通过表示、分析、利用用户的历史行为数据、兴趣偏好信息，计算与建模用户现在或将来的显性和潜在需求，主动向用户提供精确个性的项目推荐服务。信息推荐广泛借鉴了管理科学、市场分析与建模、预测理论、近似理论、信息检索、认知科学等多个学科和领域的知识与研究成果。

人机交互是实现人与计算机之间信息交流的技术通道和以人为本指导系统开发的方法论④。主要目的是以人的交互意图、需求目的为中心，完善计算机系统的设计，更好地满足用户功能性、情感性要求，提升交互质量和用户体验。人机交互技术从人机械式的操作计算机逐步发展为计算机感知式地适应人类⑤，大量融合了语音处理、图像分割、多通道交互、三维交互、虚拟现实、可穿戴设备、移动智能体等多项软硬件相关技术。

信息可视化以认知心理学和图形学为基础学科，实现非空间数据或海量抽象数据的可视化表示、转换、映射、整合，增强数据呈现效果，利用计算机交互的方式让用户清晰直观的观察数据，以发现数据中内含的或隐藏的关系、特征和模式⑥。信息可视化模型主要包括数据预处理、可视化映射、绘制转换、呈现与交互等⑦。目前，采用的信息可视化技术主要有层次信息可视化（空间、非空间填充方法）、文本信息可视化（内容、关系的可视化）、多维信息可视化（平行坐标、散点图、星形图）、网络信息可视化（社交网络图、布局图）。可视化已广泛应用于医学、工农业、生物学、金融、商业、军事等领域。

图像检索以多媒体技术与图像处理技术为支撑，使用图像视觉、内容、语义等特征信息从图像资源库中检索获得相似图像。其实现技术主要包括：基于内容的图像检索（颜色特征、纹理描述、形状轮廓、位置关系）、基于语义的图像检索（特征语义、目标语义、空间关系语义、隐含特征语义、高层语义）、基于反馈的图像检索（准许用户对检索结果评价标识，用以指导后续检索，提升检索质量）、基于知识的图像

①　张学工. 模式识别（第三版）[M]. 北京：清华大学出版社. 2010.

②　范科峰，莫玮，曹山，等. 数字版权管理技术及应用研究进展[J]. 电子学报，2007，46(06)：1139-1147.

③　王树西. 问答系统：核心技术、发展趋势[J]. 计算机工程与应用，2005，42(18)：1-3.

④　范俊君，田丰，杜一，等. 智能时代人机交互的一些思考[J]. 中国科学：信息科学，2018，48(04)：361-375.

⑤　Theis J, Darabi H. Behavioral Petri Net Mining and Automated Analysis for Human-Computer Interaction Recommendations in Multi-Application Environments[EB/OL]. [2019-02-26]. https://arxiv.org/abs/1902.08740.

⑥　刘芳. 信息可视化技术及应用研究[D]. 杭州：浙江大学，2013.

⑦　Card S K, Mackinlay J D, Shneiderman B. Readings in Information Visualization: Using Vision to Think[M]. San Francisco: Morgan Kaufmann, 1999.

检索(结合专家、用户先验知识,引入人工智能、机器学习、自然语言理解、知识表达等多项技术,提升图像检索精度)。目前,图像检索已应用于电商、搜索引擎、移动 APP 等行业。

2.2　研究领域

人工智能、大数据、模式识别、版权管理、问答系统、信息推荐、人机交互、信息可视化、图像检索等信息技术受到了政府、产业界和学术界等不同领域的广泛关注。

人工智能领域:学者分别对人工智能技术及其具体应用领域情况进行了综述,阐述了人工智能依托于大数据基础,伴随着计算机软硬件性能的提升、算法算力的改进,颠覆着传统的产业形态,并提供了全新的研究视角。

大数据领域:分析了大数据对信息检索、舆情分析、知识融合、信息管理等方面的影响,探讨了面对大量异构信息时,应采用专业化的适用于本领域的大数据感知与存储技术,大数据挖掘技术、大数据分析技术、大数据共享技术,能对多模态数据进行交叉分析以提炼高品质信息,提高资源探索与利用效率。用大数据说话,对行业进行客观科学的预测、判断与评估。

模式识别领域:改进或构建模式识别中使用的方法或技术(如核方法、图论、人工神经网络等),以处理多类别非线性的高维复杂模式;以及阐述模式识别的具体应用领域(如特征识别、故障诊断、检测扰动)。

版权管理领域:主要研发或改进数字版权管理中使用的关键技术,如数据加密、数字水印、内容封装、移动代理、身份认证、密钥管理等技术;以及研究版权管理技术在电子书、电子文档、多媒体(如图像、流媒体)、移动设备、电视广播中的实践应用。

问答系统领域:利用问答系统进行了用户行为分析、内容质量检测、问题检索与主客观评判等研究;将问答系统引入图博档(如数字参考咨询)等领域;将图像分割、视觉计算、语义推理、本体、深度学习等技术引入问答系统,改善提升问答系统的应答效果;并积极研发 GO(Goal-Oriented)、MILABOT 等智能问答机器人。

信息推荐领域:对信息推荐技术的研究主要包括用户信息的获取、分析与建模;推荐算法的研究(基于内容的过滤算法 CBF、协作过滤算法 CF、混合推荐算法 HR);推荐系统的评价(推荐结果的准确性和可信性);推荐系统的应用研究(与交通等其他信息系统的集成)。

人机交互领域:人机交互已逐步发展为一门综合交叉的学科技术。以桌面和非桌面、可见和不可见等界面形式多样化呈现,将不可见和可移动复杂多模态认知计算、多维沉浸式虚拟技术引入其中,以期实现无障碍、高效灵活的自然型人机交互。其研究热点主要为交互软硬件设备、智能交互平台的设计与开发、异构网络间无缝衔接、体感感知上下文计算等。

信息可视化领域:研究热点集中在可视化方法与技术(如基于时间序列数据的线形图、堆积图、动画等、基于层次数据的节点链接图、树图等)、可视化技术在相关行业的应用(如数字图书馆、生成制造过程控制、学科研究)等。

图像检索领域:研究主要集中在图像的抽象表示与标注(局部、全局、高维特征的提取与表示)、图像分类、分割与相似性判断(引入机器学习、深度学习等方法)、图像检索系统框架的设计与实现、相关性反馈(引入反馈机制)与性能评价等。

可见,学者关于每项信息技术的研究主要包括理论创新和实践应用两个方面。在理论方面,主要为算法或方法的改进,以及新型技术和模型的设计或引进。在应用方面,主要为信息技术在具体应用领域的使用。为了更好地应用于实践,创造更多的社会价值,部分研究已经使用了技术融合(如人工智能与模式识别的融合、问答系统、人机交互、图像检索的融合),与单纯使用某项技术相比,开拓了解决现实问题的新思路，简化了工作流程，提升了工作效率。

上述 9 种信息技术已经在产学研用方面受到高度重视。虽然已有相关研究同时使用了两种或多种技术，但是并没有认识到这些技术在具体的信息加工与处理工作流程中的内在联系，缺乏整体的技术融合研究视角。因此，这里采用科学计量的方法，探讨人工智能、大数据、模式识别、版权管理、问答系统、信息推荐、人机交互、信息可视化、图像检索这 9 种信息技术融合发展情况。

3 研究设计

3.1 数据来源

笔者选取中国知网数据库，对 9 种信息技术分别检索。选取 2009 - 01 - 01 至 2019 - 01 - 01 近 10 年的期刊文献；跨库选择：期刊；检索日期为 2019 年 4 月 18 日。具体检索策略为：(1) 人工智能技术领域：主题或关键词为"人工智能"或"Artificial Intelligence"；(2) 大数据技术领域：主题或关键词为"大数据"或"big data"；(3) 模式识别技术领域：主题或关键词为"模式识别"或"pattern recognition"；(4) 版权管理技术领域：主题或关键词为"版权管理"或"copyright management"；(5) 问答系统技术领域：主题或关键词为"问答系统"或"question answering system"；(6) 信息推荐技术领域：主题或关键词为"信息推荐"或"information recommendation"；(7) 人机交互技术领域：主题或关键词为"人机交互"或"human computer interaction"；(8) 信息可视化技术领域：主题或关键词为"信息可视化"或"information visualization"；(9) 图像检索技术领域：主题或关键词为"图像检索"或"image retrieval"。

3.2 研究方法

对技术融合的测度可以识别融合过程中发挥关键作用的技术，对于引导创新主体、拓展研究内容、确立研发思路起着重要作用。笔者以文献为基础，对信息技术空间中的关键词、作者、机构、期刊 4 个属性，分别计算属性融合数据，构建属性融合度矩阵，以表征技术融合的程度和效果。研究框架如图 3 - 1 所示。(说明：本研究中所有表和图中的人工智能、大数据、模式识别、版权管理、问答系统、信息推荐、信息可视化、图像检索分别标记为 AI、BD、PR、CM、QA、IR、IV、IMR)。

研究方法具体流程主要为 3 个步骤：(1) 按照人工智能、大数据、模式识别、版权管理、问答系统、信息推荐、人机交互、信息可视化、图像检索 9 个类别，分别选择 2009 - 01 - 01 至 2019 - 01 - 01 间每个年度的高被引文献，构成各项信息技术的技术空间。其中，人工智能、大数据、模式识别搜集每年前 5% 的高被引文献；版权管理、问答系统、信息推荐、人机交互、信息可视化、图像检索搜集每年前 20% 的高被引文献。(2) 基于第(1)步的技术空间，编写算法，利用 Python 编程，计算关键词、作者、机构、期刊 4 个属性的融合数据，包括融合数据频次矩阵与融合度矩阵。(3) 根据第(2)步中的 4 个属性融合度矩阵对 9 种信息数据做融合结果分析与一致性检验。

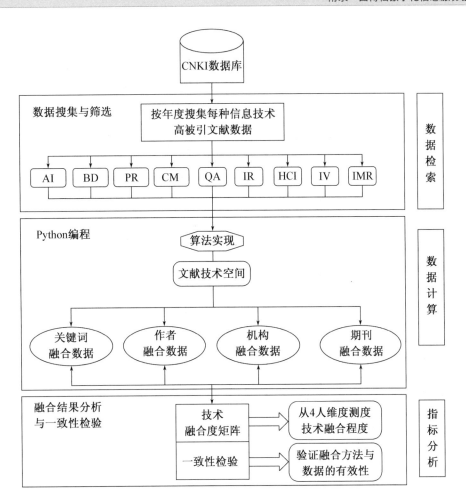

图 3‐1　研究框架

4　技术融合的计算与分析

4.1　文献按年度分析

选取 2009‐01‐01 至 2019‐01‐01 间每年度高被引文献,删除会议通知、报告、征文信息;对论文、作者、机构、期刊、关键词统计,得到基本样本数据,如表 4‐1 所示。其年度趋势变化如图 4‐1 所示,其中,由于版权管理、问答系统、信息推荐、人机交互、信息可视化、图像检索被选文献量较少,均参考次坐标轴。

表 4‐1　基本样本数据

技术名称	论文(篇)	作者(人)	机构(个)	期刊(种)	关键词(个)
A1	2915	6502	1671	1014	6613
BD	4781	8212	2753	1306	8188
PR	1241	3881	834	533	3174
CM	971	1113	443	313	1868
QA	333	770	231	165	832
IR	194	469	165	103	526
HCI	1355	3234	815	529	3287
IV	696	1644	507	364	1656
IMR	853	2021	494	286	1950

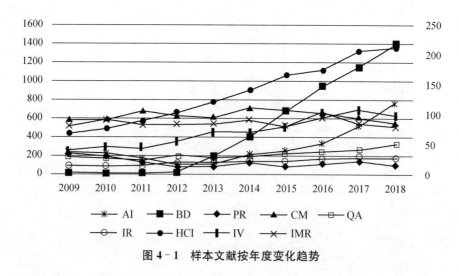

图4-1 样本文献按年度变化趋势

从图4-1可知，人工智能、大数据从2013年开始增长速度加快，而模式识别、版权管理、问答系统、信息推荐、人机交互、信息可视化、图像检索处于比较稳定的状态。说明选择2009-01-01至2019-01-01近10年的检索数据不影响本附录的研究内容。

4.2 构建技术空间

根据第1节方法基础，基于文献技术空间，从关键词、作者、机构、期刊4个维度构建属性空间。在此，分别列举9种信息技术关键词属性空间中的前20项，如表4-2～表4-4显示的是其中的版权管理、问答系统、信息推荐三种信息技术的关键词属性空间。作者、机构、期刊属性空间与其类似，不再赘述。

对9种信息技术计算融合数据，如表4-5～表4-8所示。斜对角线上的值为该项技术所具有的属性值；表格中其他值为两两技术的共现数据。其中，针对关键词数据，两两技术间关键词属性空间中共现关键词个数、共现关键词共现频次，如表4-5、表4-6所示结果。针对作者数据，作者属性空间中共现作者个数、共现作者共现频次，如表4-7、表4-8所示结果。

表4-2 版权管理关键词属性空间表　　**表4-3 问答系统关键词属性空间表**　　**表4-4 信息推荐关键词属性空间表**

(核心关键词,频次)	(核心关键词,频次)	(核心关键词,频次)	(核心关键词,频次)	(核心关键词,频次)	(核心关键词,频次)
(著作权,278)	(数字版权管理,32)	(问答系统,194)	(相似度计算,11)	(协同过滤,40)	(数字图书馆,8)
(版权,98)	(版权法,32)	(自然语言处理,22)	(深度学习,11)	(推荐系统,28)	(矩阵分解,8)
(版权保护,76)	(著作权集体管理,32)	(自动问答,21)	(句子相似度,10)	(个性化推荐,25)	(个性化信息推荐,7)
(著作权法,76)	(法定许可,27)	(问题分类,19)	(智能回答系统,10)	(信息推荐,18)	(信任,6)
(合理使用,58)	(孤儿作品,27)	(本体,19)	(问句相似度,9)	(社交网络,12)	(图书馆,5)
(知识产权,53)	(集体管理,24)	(信息检索,14)	(社区问答,9)	(电子商务,9)	(信任模型,5)
(图书馆,47)	(数字出版,24)	(答案抽取,14)	(知识库,9)	(情感感知,9)	(标签,5)
(利益平衡,40)	(侵权,23)	(问答社区,13)	(知乎,9)	(推荐算法,9)	(个性化,5)
(法律保护,33)	(数字图书馆,22)	(问句分类,13)	(知识图谱,8)	(大数据,9)	(信息服务,4)
(集体管理组织,32)	(著作权保护,21)	(自动问答系统,11)	(智能问答,7)	(个性化服务,8)	(相似度,4)

表 4-5 9种信息技术共现关键词个数

技术名称	AI	BD	PR	CM	QA	IR	HCI	IV	IMR
AI	6613								
BD	1500	8188							
PR	611	313	3174						
CM	223	283	39 186	8					
QA	185	169	81	34	832				
IR	123	152	49	39	55	526			
HCI	574	415	249	78	88	76	3287		
IV	312	457	116	74	78	60	253	1656	
IMR	279	189	267	33	72	57	139	103	1950

表 4-6 9种信息技术共现关键词共现频次

技术名称	AI	BD	PR	CM	QA	IR	HCI	IV	IMR
AI	13 133								
BD	3229	20 314							
PR	1359	572	5797						
CM	396	565	53 417	4					
QA	285	244	129	48	1400				
IR	184	257	69	56	74	831			
HCI	1035	713	446	120	127	110	5746		
IV	543	854	164	101	109	99	402	3001	
IMR	532	337	625	51	130	88	206	145	3730

表 4-7 9种信息技术共现作者个数

技术名称	AI	BD	PR	CM	QA	IR	HCI	IV	IMR
AI	6502								
BD	1132	8212							
PR	574	372	3881						
CM	107	123	66 111	3					
QA	119	104	48	16	770				
IR	59	84	29	14	23	469			
HCI	434	350	225	54	54	40	3234		
IV	161	279	97	30	27	22	172	1644	
IMR	231	214	166	34	33	17	117	69	2021

表 4-8 9种信息技术共现作者共现频次

技术名称	AI	BD	PR	CM	QA	IR	HCI	IV	IMR
AI	7637								
BD	1364	10 345							
PR	636	445	4462						
CM	118	134	69 142	8					
QA	128	119	52	16	915				
IR	66	92	29	14	27	519			
HCI	497	410	250	54	65	43	3795		
IV	174	307	103	31	30	22	194	1890	
IMR	253	248	185	34	37	18	130	73	2549

4.3 技术融合度分析

根据第 1 节理论基础,依次求出任意两种信息技术的关键词融合度,得到关键词属性融合度矩阵,如表 4-9 所示。以 AI、BD 为例,利用 Python 计算关键词属性融合度应为 3229/(13133+20314-3229)=0.107。

表 4-9 9种信息技术共现关键词融合度

技术名称	AI	BD	PR	CM	QA	IR	HCI	IV	IMR
AI	1.0								
BD	0.107	1.0							
PR	0.077	0.022	1.0						
CM	0.023	0.024	0.005	1.0					
QA	0.020	0.011	0.018	0.009	1.0				
IR	0.013	0.012	0.011	0.011	0.034	1.0			
HCI	0.058	0.028	0.040	0.012	0.018	0.017	1.0		
IV	0.035	0.038	0.019	0.014	0.025	0.027	0.048	1.0	
IMR	0.033	0.014	0.070	0.006	0.026	0.020	0.022	0.022	1.0

在表4-9中，以0.005为基准，从整体看来，人工智能与大数据的交叉研究最多，其次是人工智能与模式识别的交叉研究；而模式识别与版权管理的交叉研究最少。具体融合情况，如下：

(1) 人工智能与其他技术的融合程度由高到底依次为大数据(0.107)、模式识别(0.077)、人机交互(0.058)、信息可视化(0.035)、图像检索(0.033)、版权管理(0.023)、问答系统(0.020)、信息推荐(0.013)。

(2) 大数据与其他技术的融合程度由高到底依次为人工智能(0.107)、信息可视化(0.038)、人机交互(0.028)、版权管理(0.024)、模式识别(0.022)、图像检索(0.014)、信息推荐(0.012)、问答系统(0.011)。

(3) 模式识别与其他技术的融合程度由高到底依次为人工智能(0.077)、图像检索(0.070)、人机交互(0.040)、大数据(0.022)、信息可视化(0.019)、问答系统(0.018)、信息推荐(0.011)、版权管理(0.005)。

(4) 版权管理与其他技术的融合程度由高到底依次为大数据(0.024)、人工智能(0.023)、信息可视化(0.014)、人机交互(0.012)、信息推荐(0.011)、问答系统(0.009)、图像检索(0.006)、模式识别(0.005)。

(5) 问答系统与其他技术的融合程度由高到底依次为信息推荐(0.034)、图像检索(0.026)、信息可视化(0.025)、人工智能(0.020)、模式识别(0.018)、人机交互(0.018)、大数据(0.011)、版权管理(0.009)。

(6) 信息推荐与其他技术的融合程度由高到底依次为问答系统(0.034)、信息可视化(0.027)、图像检索(0.020)、人机交互(0.017)、人工智能(0.013)、大数据(0.012)、模式识别(0.011)、版权管理(0.011)。

(7) 人机交互与其他技术的融合程度由高到底依次为人工智能(0.058)、信息可视化(0.048)、模式识别(0.040)、大数据(0.028)、图像检索(0.022)、问答系统(0.018)、信息推荐(0.017)、版权管理(0.012)。

(8) 信息可视化与其他技术的融合程度由高到底依次为人机交互(0.048)、大数据(0.038)、人工智能(0.035)、信息推荐(0.027)、问答系统(0.025)、图像检索(0.022)、模式识别(0.019)、版权管理(0.014)。

(9) 图像检索与其他技术的融合程度由高到底依次为模式识别(0.070)、人工智能(0.033)、问答系统(0.026)、人机交互(0.022)、信息可视化(0.022)、信息推荐(0.020)、大数据(0.014)、版权管理(0.006)。

本附录以图博档数字化信息服务融合中的9种信息技术的研究为例，从文献视角测度技术融合程度。主要包含三个步骤：首先，利用各类信息技术的高被引文献表征其技术空间；其次，基于上述技术空间，从关键词、作者等共现关系计算属性融合数据，构建属性融合度矩阵；最后，依据融合度矩阵，分析了9种信息技术的融合结果，并验证了其一致性。说明了数据选择和研究方法的有效性。人工智能、大数据、模式识别、版权管理、问答系统、信息推荐、人机交互、信息可视化、图像检索均有不同程度的融合，并就融合情况进行了简要探讨。